문명 이야기

윌 듀런트

왕수민·한상석 옮김

동양 문명
1-2

수메르에서 일본까지

THE STORY
OF
CIVILIZATION

문명 이야기

윌 듀런트

WILL DURANT

왕수민 · 한상석 옮김

Our Oriental
Heritage

Ⅰ - Ⅱ

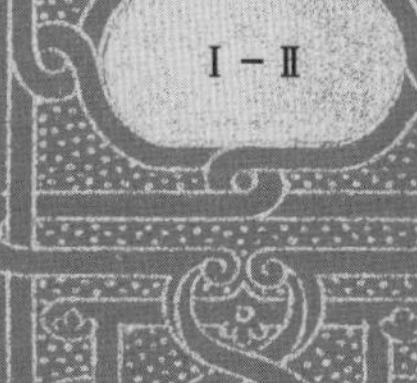

동양 문명

1-2

수메르에서 일본까지

민음사

인도와
그 주변국

"최고의 진리는 이것이다. 즉 신은 모든 존재에 내재한다. 모든 존재는 신의 다양한 형태이다. 추구해야 할 신은 존재하지 않는다. …… 우리가 원하는 것은 인간이 만든 종교이다. …… 우리를 나약하게 만드는 이러한 신비주의를 버리고 강해져야 한다. …… 앞으로 50년 동안 …… 우리의 머리에서 다른 신들은 사라지게 하자. 우리 자신의 종족, 이것이 살아 깨어 있는 유일한 신이다. 우리의 종족은 도처에 있는 신의 손이고, 모든 곳에 있는 신의 발이며, 어느 곳에나 존재하는 신의 귀이다. 신은 모든 것을 감싸고 있다. …… 가장 중요한 숭배는 주변에 있는 모든 존재들을 섬기는 숭배이다. …… 오직 다른 모든 존재를 섬기는 사람만이 신을 섬긴다." —비베카난다[1]

14장 인도의 토대

1. 드라마의 무대

인도를 최근에야 알게 되었다는 사실과 더구나 제대로 알지 못한다는 사실보다 현대의 학자들에게 더 부끄러운 일은 없을 것이다. 인도는 거의 510만 제곱킬로미터에 달하는 거대한 반도에 자리 잡고 있다. 이것은 미국의 3분의 2에 해당하며 미국을 지배했던 영국의 스무 배나 되는 넓이다. 인구는 3억 2000만이나 되는데, 이것은 남북 아메리카의 인구를 모두 합친 것보다 많으며 세계 인구의 5분의 1에 해당한다. 인도의 문명은 기원전 2900년이나 그보다 이른 연대의 모헨조다로 문명에서부터 간디(Gandhi)와 라만(Raman), 타고르(Tagore)에 이르기까지 끊임없이 계속 발전했다. 인도에는 원시적인 우상 숭배에서부터 가장 정교한 영적 범신론에 이르기까지 모든 단계의 종교가 공존하고 있다. 철학자들은 그리스도 이전 8세기의 우파니샤드에서부터 그리스도 이후 8세기의 샹카라에 이르기까지 일원론적인 하나의 주제를 다양하게 해석해 놓았다. 과학자들은 3000년 전부터 천문학을 발전시켜 왔으며 우리 시대에는 노벨상을 수상하기도 했다. 까마득한 옛날부터 부락에는 민주적인 제도가 정착되어 있었으며, 수도에는 아소카와 악바르 같은 지혜롭고 자비로운 통치자들이 있었다. 음유 시인들은 거의 호메로스만큼이나 오래된 위대한 서사시들을 노래했으며 시인들은 오늘날에도 전 세계에 독자들을 갖고 있다. 예술가들은 티베트에서부터 실론 섬에 이르기까지 그리고 캄보디아에서부터 자바 섬에 이르기까지 힌두교의 신들을 위해 거대한 신전들을 세우거나, 무굴 제국을 다스린 수십 명의 왕들과 왕비들이 세운 완벽한 궁전들에 조각품을 남겨 놓았다. 이것이 인도다. 어제까지 만해도 서구인들은 문명이란 유럽에만 존재하는 것으로 생각했다.* 그러나 인내심이 많은 학자들이 이제 이런 인도를 새로운 대륙처럼 그

---

* 기원전 302년에 인도를 그리스에 소개한 메가스테네스의 시대에서부터 18세기에 이르기까지 인도는 유럽인들에게 완전히 신비에 쌓인 곳이었다. 마르코 폴로(서기 1254~1323년)는 인도의 서쪽 변경을 모호하게 묘사했고, 콜럼버스는 인도로 가려다가 실수로 아메리카를 발견했고, 바스코 다 가마는 인도를 다시 발견하려는 목적으로 아프리카를 일주했으며, 상인들은 탐욕을 드러내며 "인도의 재물"에 대해 이야기했다. 인도에 파견된 네덜란드 선교사인 아브라함 로게르(Abraham Roger)는 『베일에 싸인 이교도 왕국』(1651년)을 써서 인도의 문을 열기 시작했다. 드라이든(Dryden)은 희곡 「아우랑제브」(1675년)를 써서 자신의 기민함을 과시했다. 그리고 오스트리아의 수도사 바르톨로메오(Bartolomeo)는 산스크리트어 문법책 두 권과 브라만교에 대한 논문 한 편을 써서 인도 문제를 발전시켰다.(1792년)[1a] 1785년 윌리엄 존스 경(Sir William Jones)은 칼리다사의 작품인 『샤쿤탈라(*Shakuntala*)』를 번역하여 인도학 최고 권위자 중 한 사람으로 경력을 쌓기 시작했다. 이 번역물은 1791년에 독일어로 다시 번역되어 헤르더(Herder)와 괴테(Goethe)에게 지대한 영향을 주었으며 슐레겔(Schlegel) 형제를 통해 낭만주의 운동 전체에 심오한 영향을 주었다. 낭만주의 운동이란 모든 신비주의와 불가사의가 서양의 과학과 계몽주의 때문에 소멸되었다고 보고 그것을 동양에서 찾고자 한 운동이었다. 존스는 산스크리트어는 유럽의 모든 언어와 동일한 계열에 속하며 베다 시대에 산스크리트어를 사용했던 힌두인들은 서구인들과 혈족 관계에 있는 인종이라고 선언하여 서양의 학문 세계를 깜짝 놀라게 했다. 현대의 언어학과 민족학은 이런 선언들이 만들어 낸 것이나 다름없다. 1805년 콜부르크(Colebrook)는 「베다론」을 써서 가장 오래된 인도 문학 작품을 유럽에 소개했다. 그리고 거의 같은 시기에 뒤페롱(Anquetil Duperron)이 우파니샤드의 페르시아어 판(版)을 라틴어로 옮겼다. 그 번역본을 셸링(Schelling)과 쇼펜하우어(Schopenhauer)가 읽게 되었고, 쇼펜하우어는 이것을 자기가 읽은 가장 심오한 철학이라고 했다.[2] 불교가 하나의 사상 체계임이 실제로 알려진 것은 1826년 뷔르노프(Burnouf)가 「팔리어론」(불교 문헌 언어론)을 발표하면서부터였다. 뷔르노프는 프랑스에서 그리고 그의 제자인 막스 뮐러(Max Müller)는 영국에서 학자들과 박애주의자들을 일깨워 "동양의 경전들"을 모두 번역할 수 있는 토대를 마련했으며, 리스 데이비스(Rhys Davids)는 평생을 불교 문헌을 주해하는 일에 바쳐 남은 과제를 추진해 나갔다. 이런 노력들에도 불구하고 그리고 이런 노력들 때문에, 우리는 인도를 겨우 알기 시작했을 뿐임이 분명해졌다. 우리가 인도의 문헌에 대해 알고 있는 지식은 유럽이 샤를마뉴 시대에 그리스와 로마의 문헌에 대해 갖고 있던 지식만큼이나 제한되어 있다. 오늘날 우리는 우리가 발

들에게 열어 놓고 있는 것이다.

인도의 역사는 만년설에 덮여 있는 히말라야 산맥에서 시작하여 영원한 더위를 안고 있는 실론으로 이어지는 역삼각형 모양의 광활한 지역을 무대로 하여 펼쳐졌다. 왼쪽 모퉁이에는 베다어를 사용하는 인도와 매우 비슷한 인종과 언어와 신들을 지닌 페르시아가 있다. 북쪽 국경을 따라 동쪽으로 가면 아프가니스탄에 도달하게 된다. 여기에 고대에는 간다라라고 불렀으며, 한동안은 그리스의 조각 양식과 힌두*의 조각 양식이 융합되었으나 그 후에는 영원히 다시 만나지 못하게 된 지역인 칸다하르가 있다. 그 북쪽에는 카불이 놓여 있다. 이슬람교도들과 무굴인들은 이곳을 거점으로 하여 인도를 습격하며 피비린내 나는 전투를 치른 후에 1000년 동안 인도를 지배하게 되었었다. 카불에서 말을 타고 한나절을 가면 인도의 국경 안쪽에 페샤와르가 있으며, 이곳에는 북부인들이 남부를 침략하는 오랜 관습이 아직 남아 있다. 파미르 고원과 힌두쿠시 산맥 쪽으로 가면 인도와 러시아가 얼마나 가까운지 모른다. 이곳은 앞으로 국제 정치가 격돌하는 무대가 될 것이다. 인도의 북쪽 끝에는 카시미르 지역이 있다. 카시미르라는 이름 자체가 인도의 직물 산업이 고대에 누렸던 영화를 생각나게 한다. 그 남쪽에는 "다섯 개의 강이 있는 땅"이라는 펀자브 지역이 있으며, 이곳에는 (눈의 본향(本鄕)인) 히말라야 산맥의 기슭에 자리 잡은 여름철 수도인 심라와 대도시인 라호르가 있다. 펀자브의 서부 지역에는 인더스 강이 그곳을 가로질러 힘차게 흐르며 1600킬로미터를 이어진다. '인더스 강(Indus)'이라는 이 이름은 원주민들이 '강'이라는 의미로 사용하던 말인 '신두(sindhu)'에서 온 것이다. 페르시아인들은 ('신두'라는 이 말을 '힌두

견한 내용에 들떠서 이 새로운 계시의 가치를 너무 과장하고 있다. 유럽의 한 철학자는 "인도의 지혜는 현존하는 가장 심오한 지혜"라고 생각한다. 그리고 한 위대한 소설가는 이렇게 쓰고 있다. "나는 오늘날 유럽이나 미국의 시인들 또는 사상가들, 대중 지도자들 중에서 인도의 그러한 사람들과 대등하거나 비교할 만한 사람을 아직 보지 못했다."[3]

* 이 책에서 '인도(Indian)'라는 말을 사용할 때는 일반적인 의미에서 인도(India)를 가리키는 의미로 사용할 것이다. 하지만 때에 따라서는 페르시아인들과 그리스인들의 관례대로 '힌두(Hindu)'라는 말을 동일한 의미로 사용하여 변화를 주기도 할 것이다. 그러나 혼란을 일으킬 수 있는 곳에서 '힌두'라는 말을 사용할 경우에는 의미를 좁혀 (이슬람교를 믿는 인도인들과는 구별되는) 인도 고유의 토착 신앙들 중 하나를 신봉하는 인도 주민들만 가리키는 말로 사용할 것이다.

(Hindu)'라는 말로 바꾼 후에) '힌두스탄(Hindustan)', 즉 '강이 많은 땅'이라는 자신들의 말로 인도의 북부 지역 전체를 지칭하게 되었다. 그리고 인도를 침략한 그리스인들이 '힌두'라는 페르시아어에서 '인도(India)'라는 말을 만들어 우리에게 물려준 것이다.

펀자브 지방을 발원지로 하여 줌나 강과 갠지스 강이 조용히 남동쪽으로 흐른다. 줌나 강은 새로운 수도인 델리에 물을 제공하고, 아그라에 있는 타지마할을 비추고 있다. 갠지스 강은 성지(聖地) 베나레스로 들어가면서 폭이 좁아지나 매일 1000만 신도들의 몸을 씻어 주고 있으며, 십여 개의 강어귀를 통해 벵골 지역과 영국 식민지의 구(舊)수도인 캘커타를 비옥하게 만들고 있다. 동쪽으로 더 가면 황금 탑들이 있는 양곤과 햇빛 찬란한 거리의 만달레이가 있는 버마(미얀마)가 있다. 만달레이에서 다시 인도를 가로질러 서쪽에 있는 카라치 공항까지 가는 길은 거의 뉴욕에서 로스앤젤레스까지 비행하는 것만큼 멀다. 이렇게 비행하다 보면 인더스 강 남쪽으로 유명한 도시들인 괄리오르와 치토르, 자이푸르, 아지메르, 우다이푸르가 자리 잡고 있으며, 영웅적인 라지푸트족의 땅인 라지푸타나 상공을 지나게 된다. 남서쪽으로는 수라트와 뭄바이, 푸나가 있는 뭄바이 '관구' 또는 지역이 있다. 동남쪽으로는 점진적으로 원주민들의 자치령이 되어가고 있는 아름다운 도시인 하이데라바드와 마이소르를 각각 수도로 하는 하이데라바드 공국과 마이소르 왕국이 있다. 서쪽 해안에는 고아 주(州)가 있고 동쪽 해안에는 퐁디셰리 주가 있다. 이곳을 점령한 영국인들은 패배한 포르투갈인들과 프랑스인들을 위로하려고 각 주에 십여 제곱킬로미터의 땅을 남겨 주었다. 벵골 만을 따라, 통치가 잘되고 있는 마드라스를 중심으로 하여 그 남쪽 주변으로 분위기는 음울하지만 아름다운 사원들이 있는 탄조레와 트리치노폴리, 마두라, 라메스바람이 소재한 마드라스 관구가 펼쳐져 있다. 그 다음에는 '애덤스브리지'(Adam's Bridge, 섬이 가라앉아 형성된 갈대숲)가 실론으로 이어지는 해협을 지나고 있음을 우리에게 알려 준다. 실론은 1600년 전에 문명이 번성했던 섬이다. 이 모든 것이 인도의 작은 일부분이다.

이제 우리가 명심해야 할 것은 인도는 이집트나 바빌로니아, 영국과 같은 한 나라로 생각하지 말아야 한다는 점이다. 인도는 유럽만큼이나 인구도 많고 언어도 많으며, 기후와 인종이 다양한 만큼이나 문학과 철학, 예술도 다양한 하나의 대륙으로 생각해야 한다. 인도의 북쪽 지방은 히말라야 산맥에서 불어오는 차가운 바람 때문에 그리고 이런 바람이 남쪽의 태양과 만날 때 형성되는 안개 때문에 어려움을 겪고 있다. 펀자브 지방에서는 여러 강들이 엄청나게 비옥한 드넓은 충적 평야를 만들어 냈다.[4] 그러나 강이 흐르는 계곡들의 남쪽에서는 태양이 절대 권력을 지닌 폭군처럼 지배하고 있다. 평야는 메마르고 황폐하여, 평범한 농부처럼 농사를 지어서는 어림도 없고 온몸을 혹사해야 하는 노예처럼 일을 해야 곡식을 거둘 수 있다.[5] 영국인들은 한 번에 5년 이상 인도에 머물지 않는다. 그러므로 영국인 10만 명이 그들의 3000배나 되는 힌두인들을 지배하고 있다면 그 이유는 그곳에 충분히 오래 머물지 않았기 때문이다.

인도의 곳곳에는 그 땅의 5분의 1이나 되는 원시림이 남아 있어 호랑이와 표범, 늑대, 뱀의 서식처가 되고 있다. 인도의 3분의 1을 차지하는 남부의 데칸 고원*은 바다에서 불어오는 바람 덕분에 수분이 공급되지만 여전히 건조하다. 델리에서부터 실론에 이르기까지는 무덥다는 사실은 인도에서도 정평이 나 있다. 이 더위는 몸을 약하게 만들어 청년기를 단축시키므로, 주민들의 종교와 철학에 영향을 주어 정숙하고 조용한 것으로 만들었다. 그런 더위에서 벗어날 수 있는 유일한 방법은 조용히 앉아 아무것도 하지 않고 어떤 것도 바라지 않는 방법뿐이다. 여름철의 몇 달 동안에는 계절풍이 바다에서 시원한 습기와 땅을 비옥하게 만드는 비를 몰고 오기도 한다. 그러나 계절풍이 불지 않게 되면 인도는 굶주림에 시달리면서 열반을 꿈꿀 것이다.

---

* '데칸(Deccan)'이라는 말은 '오른쪽'(라틴어의 'dexter')을 의미하는 '다크시나(dakshina)'에서 온 말이다. 이 말은 이차적으로 '남쪽'을 의미한다. 인도 남부는 떠오르는 태양을 마주보며 숭배하는 사람의 오른쪽에 있기 때문이다.

2. 가장 오래된 문명?

역사가들이 역사는 그리스와 더불어 시작되었다고 상상하던 시대가 있었다. 이 시절의 유럽은 인도는 유럽 민족들의 사촌인 "아리아인들"이 카스피 해 연안에서 이주하면서, 야만의 어둠 속에 묻혀 있는 반도에 예술과 학문을 전해 주기까지는 야만의 온상이었다고 생각했다. 그러나 이런 달콤한 그림은 최근의 조사 연구들을 통해 망가졌다. 그리고 앞으로 조사 연구가 계속 진행되면, 이 책에서 제시하는 전망도 바뀌게 될 것이다. 인도에서도 다른 곳에서처럼 문명의 기원이 되는 것들은 모두 땅 속에 묻혀 있다. 그러므로 고고학이 삽을 모두 동원한다고 해도 완전히 다 발굴하지는 못할 것이다. 구석기 시대의 유물들이 캘커타와 마드라스, 봄베이에 있는 박물관들의 많은 진열장들을 가득 채우고 있다. 그리고 신석기 시대의 유물들이 거의 모든 주에서 발견되었다.[6] 그러나 이런 유물들은 문화일 뿐이지 아직 문명의 단계는 아니다.

1924년 학계는 인도에서 날아든 새로운 소식으로 다시 들끓게 되었다. 존 마샬 경(Sir John Marshall)이 자기를 도와주는 인도인 도우미들, 특히 바네르지(R. D. Banerji)가 인더스 강 하류 서안에 있는 모헨조다로에서, 역사가들에게 알려진 어떤 것보다 더 오래된 문명으로 보이는 유물들을 발견했다고 전한 것이다. 그곳에서 그리고 북쪽으로 수백 킬로미터 떨어진 하라파에서 수직으로 겹쳐 있는 4~5개의 도시가 발굴되었다. 이 도시들에는 벽돌을 사용하게 견고하게 지은 수백 채의 가옥과 상점이 발견되었으며, 이 건물들은 좁고 넓은 길을 따라서 배치되어 있고 몇 층까지 올라간 경우도 많았다. 이 유물들의 연대를 평가하고 있는 마샬 경의 말을 직접 들어보자.

이 발굴을 통해 밝혀진 사실들은 기원전 4~3세기 중에 신드 주(봄베이 관구의 북쪽 끝 지역)와 펀자브 주에 매우 발달한 도시 생활이 존재했음을 확실하게 보여 준다. 많은 가옥에는 정교한 하수 시설은 물론 우물과 욕실도 갖춰져 있다. 이것은 시민들의 사회적 여건이 적어도 수메르에서 발견된 여건과 동일하며, 같은 시대의 바빌로니아와 이집트의 일반적인 여건보다 좋았다는 증거다. …… 건축적인 면에서 보면 우르에서 발견된 가옥들조차 모헨조다로의 가옥들에는 미치지 못한다.[7]

이 두 유적지에서 발견된 유물 중에는 가정용품들과 화장실용 집기들, 녹로에 올려놓고 손으로 돌려 틀을 잡은 후에 채색을 한 소박한 도기, 테라 코타, 주사위, 체스용 말, 이전에 알려진 어떤 것보다 더 오래된 동전, 대부분 알려지지 않은 상형 문자를 파서 새긴 1000개가 넘는 도장, 품질이 탁월한 파양스(faience) 도자기(광택이 나는 고급 채색의 도자기 – 옮긴이) 작품, 수메르인들의 것보다 솜씨가 더 나은 석상들,[8] 구리로 만든 무기와 도구, 이륜 짐마차를 본떠 만든 구리 모형(바퀴 달린 운반 수단을 보여 주는 가장 오래된 사례 중 하나) 등이 있었다. 금과 은으로 만든 팔찌와 귀장신구, 목걸이와 여타의 보석은 "마무리가 대단히 훌륭하고 광택도 매우 좋아서 5000년 전 선사 시대의 가옥에서 출토된 것이라기보다는 오늘날의 본드 가(街)에서 나온 것 같다."라고 마샬 경은 말한다.[9]

이상하게 들리겠지만, 이 유적지들 중 가장 낮은 층은 위에 있는 층들보다 더 발달한 문화를 보였다. 마치 가장 고대의 퇴적물들도 이미 수백 년, 어쩌면 수천 년 된 문명에 속했던 것처럼 말이다. 어떤 도구들은 돌로 만들어졌고, 어떤 것들은 구리로, 어떤 것들은 청동으로 만들어져 있어, 이 인더스 문화가 금석(金石) 병용 시대(즉 도구를 만드는 재료가 돌에서 청동으로 바뀌어 가는 과도기)에 발생했음을 시사하고 있다.[10] 여러 가지 정황으로 미루어 보아, 모헨조다로는 파라오 쿠푸가 큰 피라미드를 최초로 쌓았던 시기에 이미 절정기에 도달해 있었고, 상업과 종교와 예술 면에서 수메르 및 바빌로니아와 교류가 있었으며,* 그리스도

---

* 이런 교류가 있었음을 암시하는 것은 모헨조다로에서 발견된 도장과 수메르에서(특히 키시에서) 발견된 도장이 비슷하다는 점과 메소포타미아의 초기 도장에서 나가(Naga)(인도 고유의 뱀 신앙에서 형성된 뱀 신 – 옮긴이)가 나타난다는 점이다.[11] 1932년 헨리 프랑크포트 박사(Dr. Henrí Frankfort)는 현대의 (바그다드 부근에 있는) 텔아스마르에서 바빌로니아 시대의 엘람인들이 살던 한 마을의 유적지에서 도기로 된 도장들과 염주들을 발굴했다. (존 마샬 경도 동의하는) 그의 판단에 의하면, 이것들은 기원전 2000년에 모헨조다로에서 수입되었다.[12]

이전 3세기까지 3000년 이상 존속했던 것 같다.[13]* 우리는 마샬 경이 생각하는 것처럼 모헨조다로가 우리에게 알려진 가장 오래된 문명인지는 아직 말할 수 없다. 선사 시대의 인도를 발굴하는 작업은 이제 시작 단계일 뿐이다. 우리 시대에 이르러서야 고고학은 이집트에서 떠나 메소포타미아를 지나 인도로 향하고 있다는 말이다.**

3. 인도의 아리아인

신드와 마이소르에서 발굴한 유물들은 연속성을 보이지만, 모헨조다로가 전성기를 누린 시대와 아리아인이 도착한 시기 사이에는 우리가 알지 못하는 큰 공백기가 가로놓여 있다는 느낌이 든다. 그보다는 우리가 과거에 대해 갖고 있는 지식에는 가끔 우리가 모르는 여백이 있다. 인더스 문명의 유물 중에는 두 개의 뱀 머리 모양으로 되어 있는 독특한 도장이 있다. 그 모양은 인도의 역사 시대에서 가장 오래된 부족, 즉 뱀을 숭배하는 나가족의 독특한 상징이었다.

---

* 맥도넬(Macdonell)은 이 놀라운 문명은 수메르에서 유래되었다고 생각한다.[14] 홀(Hall)은 수메르인들은 인도에서 그들의 문화를 이끌어 냈다고 생각한다.[15] 울리(Wooley)는 수메르인들과 초기의 힌두인들 모두 발루치스탄이나 그 부근에 있던 모종의 공통된 조상과 문화에서 나왔다고 본다.[16] 학자들은 바빌로니아와 인도에서 발견된 비슷한 모양의 도장들이 메소포타미아 문화에서는 "초기"(수메르 이전) 국면에 속하지만 인더스 문명에서는 "후기" 국면에 속한다는 사실을 알고는 충격을 받았다.[17] 이 사실은 인도가 먼저라는 것을 암시하기 때문이다. 칠드(Childe)는 이렇게 결론짓고 싶어 한다. "기원전 4000년대가 끝날 무렵에는 아비도스나 우르, 모헨조다로의 문화는 페리클레스 시대 아테네의 문화나 모든 중세 도시의 문화와 비슷한 수준이었을 것이다. …… 가옥의 건축 양식과 도장, 우아한 도기로 미루어 보아, 기원전 3000년대가 시작되었을 때 인더스 문명은 바빌로니아 문명보다 앞서 있었다. 그러나 그것은 인도 문화의 후기 국면이었다. 그렇다면 그 문화는 그 이전에 그에 못지않은 시간이 있었을 것이다. 만일 그렇다면 수메르 이전 문명에 독특한 혁신적인 내용들과 발견들은 바빌로니아의 토양에서 발전한 토착적인 것이 아니라 인도에서 영감을 받아 나타난 결과였는가? 그럴 경우 수메르인들 자신은 인더스 문명에서 왔거나 적어도 그 문명의 영향을 받는 그 인근 지역에서 왔는가?"[18] 이런 매혹적인 질문들에 대해서는 아직 답변할 수 없다. 그러나 그 질문들은 우리에게 문명의 역사는 (우리 인간들의 무지함 때문에) 아마 문화가 실제로 발전했을 늦은 시점에서 시작되고 있음을 상기시키고 있다.

** 마이소르 주의 치탈두르그 부근에서 최근에 발굴한 자료들은 일찍이 기원전 4000년대의 것이 분명한 석기 시대의 도구들과 기하학적 문양으로 장식한 도기에서부터 서기 1200년대의 유물에 이르기까지 여섯 개 층의 문화들이 묻혀 있음을 보여 주었다.[19]

이 나가족은 아리아인들이 인도를 침략했을 당시 인도의 북부 지역을 소유하고 있었으며 지금도 산 속 오지에는 그 후손들이 남아 있다.[20] 더 남쪽으로 내려가면 피부가 검고 코가 둥글넓적한 부족이 땅을 차지하고 있었다. 우리는 말의 어원은 모르지만 그들을 "드라비다족"이라고 부른다. 아리아인들이 그들을 습격했을 당시 그들은 이미 문명화되어 있는 부족이었다. 모험심이 많은 상인들은 배를 타고 수메르와 바빌론까지 갔으며, 그들의 도시들은 세련된 물품들과 호사품들을 많이 알고 있었다.[21] 아리아인들은 바로 이들에게서 이들의 부락 공동체와 토지 보유 제도, 조세 제도를 물려받았다.[22] 오늘날까지도 데칸 고원은 인종과 관습, 언어, 문화, 예술 면에서 본질상 드라비다족이 지배하는 지역이다.

번영을 누리고 있는 이 부족들을 아리아인들이 침략하여 정복한 일은 정착하여 평화를 누리고 있는 남부인들을 북부인들이 간헐적으로 습격하던 고대 역사 과정의 일부였다. 그 일은 역사의 주요 흐름 중 하나였다.(그리고 문명은 시대적인 파동처럼 그 흐름을 타고 등장했다가 사라진다.) 아리아인들은 드리비다인들에게 쇄도해 내려갔고, 아카이아인들과 도리스인들은 크레타인들과 에게인들에게, 게르만인들은 로마인들에게, 롬바르드인들은 이탈리아인들에게 쇄도해 내려갔으며, 영국인들은 세계를 향해 쇄도해 갔다. 북부는 지배자들과 전사들을 배출하고, 남부는 예술가들과 성인들을 배출하며, 온유한 사람들은 천국을 차지하는 일은 영원히 반복된다.

약탈 민족인 이 아리아인들은 어떤 사람들이었는가? 그들은 자신들을 일컬을 때 그 호칭을 "귀족들"(산스크리트어 "아리아(arya)"는 "고상한(noble)"이란 뜻이다.)이라는 의미로 사용했다. 그러나 아마 애국심을 보여 주는 이 파생적인 의미는 나중에 만들어 내서 언어학에 우스꽝스러운 그림자를 드리우고 있는 의미 가운데 하나일 것이다.* 그들은 사촌지간인 페르시아인들이 "아리아나바

---

* 모니어 윌리엄스(Monier-Williams)는 아리아인을 의미하는 "Aryan"이라는 말이 "쟁기질하다"라는 뜻의 "리아르(ri-ar)"라는 어원에서 온 것으로 본다.[23] 참고로 라틴어 아라트룸(aratrum)은 쟁기라는 뜻이며, 아레아(area)는

에조"(아리아인의 본향)라고 하는 카스피아 해 지역에서 왔을 개연성이 매우 많다.* 아리아인 계열의 카시트인들이 바빌로니아를 유린한 것과 거의 같은 시기에 베다 시대의 아리아인들이 인도로 들어오기 시작했다.

이탈리아로 들어간 게르만인들처럼 이 아리아인들 역시 처음에는 정복자의 입장에서 인도로 들어오기보다는 이주민으로 들어왔다. 그러나 건장한 체격과 종류를 가리지 않는 왕성한 식욕, 타고난 잔혹성, 전쟁 기술과 용기 등을 갖추고 있었으므로 곧 인도 북부의 지배자가 되었다. 그들은 싸울 때면 전차를 타고 전투용 도끼를 휘두르고 창을 던지는 전사들을 주력부대로 앞세우며 활과 화살로 싸웠다. 이들은 원시적인 사람들이었으므로 위선을 보이지 않았다. 인도를 정복하면서도 인도를 위한 전쟁이라는 구실을 내세우지 않았다는 말이다. 그들은 땅을, 그것도 가축을 키울 목초지를 원했다. 그들이 싸우며 내건 구호는 국가의 명예와는 상관없이 단순히 "보다 많은 암소들을 얻으려는 바람"을 의미하는 말이었다.[26] 그들은 인더스 강과 갠지스 강을 따라 서서히 동진하여 힌두스탄** 전역을 장악했다.

전투 단계를 지나 정착 단계로 접어들면서 그들 부족들은 서서히 소규모 국가 체제들로 편성되었다. 각 국가에는 왕이 있었으며 이 왕은 전사 집단의 협의체에 의해 규제되었다. 각 부족에는 라자(raja)라는 족장이 있었고 이 족장의 권력은 부족 회의를 통해 제한되었다. 그리고 각 부족은 비교적 독립성을 지닌 부락 공동체들로 이루어졌으며 이 공동체들은 가장들의 협의체를 통해 다스렸

열린 공간을 의미한다. 이 이론에 의하면 아리아인이라는 말은 본래 귀족이 아니라 농부를 의미한다.

* 베다에서 전형적으로 나타나는 인드라와 미트라, 바루나와 같은 신들이 기원전 14세기 초에 아리아인 계열의 히타이트인들과 미탄니인들이 맺은 강화 조약에서 언급되고 있다.[24] 그리고 신성한 소마(soma) 음료를 마시는 베다의 독특한 의식도 '하오마' 식물의 수액을 마시는 페르시아 의식으로 되풀이되고 있다.(산스크리트어의 's'는 '젠드'에서 사용하는 페르시아어에서는 'h'로 나타나는 규칙성을 보인다. '신두(sindhu)'가 '힌두(Hindu)'로 바뀐 것처럼 소마(soma)도 하오마(haoma)로 바뀌고 있다.[25]) 그러므로 우리는 인도를 침입한 미탄니인들과 히타이트인들, 카시트인들, 소그디아인들, 박트리아인들, 메디아인들, 페르시아인들, 아리아인들은 카스피아 해의 해안 지역에서 퍼져 나올 때 이미 이질적인 요소들이 섞여 있었던 인도유럽족의 지파들이었다고 결론짓는다.

** 이 말은 고대의 페르시아인들이 나르바다 강 북부 지역을 침략하면서 사용했던 말이다.

다. 부처는 그리스도교의 성 요한에 해당하는 제자에게 이렇게 물은 것으로 묘사되고 있다. "아난다여, 밧지족이 자주 모이고 공개적인 씨족 모임을 빈번히 갖는다는 말을 들은 적이 있느냐? …… 아난다여, 밧지족이 그렇게 자주 모이고 공개적인 씨족 모임을 빈번히 갖는 한 쇠퇴하지 않고 계속 번영할 것이라고 기대해도 좋으니라."[27]

다른 모든 부족들처럼 아리아인들에게도 종족 집단 밖에서 결혼하거나 가까운 친족끼리 결혼하는 것을 금지하는 족내혼(族內婚)과 족외혼 규칙들이 있었다. 이런 규칙들이 모태가 되어 힌두인들의 가장 독특한 제도가 형성되었다. 아리아인들이 자신들보다 열등하다고 여기는 피정복민인들이 수적으로 우세했으므로, 그들은 통혼을 제한하지 않으면 곧 종족이 정체성을 잃고 동화되어 흡수될 것이라고 내다보았다. 그러므로 카스트를 구분했던 초기의 기준은 신분이 아니라 피부색이었다.* 카스트는 단순히 긴 코와 둥글넓적한 코를 구분하여 아리아인들을 나가인들 및 드라비다인들과 구분함으로써 결혼을 족내혼 집단으로 제한하려는 규제 조치였을 뿐이다.[28] 종족과 직종에 따라 세습적으로 구분하는 카스트 제도는 후대에 형성된 것으로 베다 시대에는 존재하지 않았다.[29] 아리아인들 자체 안에서는 (근친인 경우를 제외하면) 자유롭게 결혼했으며 출생으로 인해 신분을 규제하는 일도 없었다.

인도가 베다 시대(기원전 2000~1000년)에서 영웅 시대(기원전 1000~500년)로 옮겨 가면서, 즉 인도가 베다에서 묘사하는 여건에서 "마하바라타(Mahabharata)"와 "라마야나(Ramayana)"에서 묘사하는 여건으로 옮겨 가면서, 직종이 보다 전문화되어 세습화되어 갔으며 이에 따라 카스트 구분도 보다 엄격하게 규정되었다. 카스트 제도의 꼭대기에는 침상에서 죽는 것을 죄로 여기는 전사 계급인 크샤트리아가 있었다.[30] 초기 시대에는 심지어 종교 의식까지

---

* 카스트(caste)를 의미하는 초기의 힌두어는 '색깔'을 의미하는 '바르나(varna)'다. 이 말이 인도를 침략한 포르투갈인들에 의해 카스타(casta)로 번역되었다. 카스타라는 말의 어원은 "순수한(pure)"이라는 뜻을 지닌 라틴어 카스투스(castus)다.

도 족장이나 왕에 의해 집전되었다. 로마의 황제가 종교계의 수장을 겸했던 것처럼 말이다. 당시에는 승려 계급인 브라만들은 제물을 바칠 때 도와주는 단순한 도우미였다.[31] 라마야나에서는 한 크샤트리아가 "자부심이 강하고 견줄 짝이 없는 신랑"인 전사(戰士)를 "재잘거리기나 하는 승려인 브라만"과 짝을 맞추려는 일에 대해 거세게 항의하고 있다.[32] 자이나교의 서적들은 크샤트리아의 지도적인 위치를 당연한 것으로 받아들이고 있으며, 불교는 브라만을 "신분이 천하다."라고 말하기까지 한다.[33] 인도에서도 풍습은 변하기 마련인가보다.

그러나 전쟁이 끝나고 점차 평화가 자리를 잡게 되자 헤아릴 수 없는 자연의 힘 앞에서 농업을 도와주는 역할을 하던 종교의 사회적 비중이 커지며 의식이 복잡해졌다. 그 결과 인간들과 신들 사이를 연결해 주는 전문가들이 필요하게 되면서 브라만들은 수와 부와 권력이 커졌다. 그들은 젊은이들을 가르치는 교육자이자 종족의 역사와 문학과 법을 구두로 전달해주는 전승자였다. 그러므로 자기들이 마음먹은 대로 과거를 재창조하고 미래를 형성하여 세대에서 세대로 이어지며 승려들에 대한 존경심을 계속 키워 갔다. 그 결과 그들의 카스트는 하나의 특권 계층으로 굳어져 후대에는 힌두인들의 사회에서 최고의 지위에 오르게 된다. 부처의 시대에도 그들은 이미 크샤트리아가 차지하고 있는 최고 지위에 도전하기 시작했다. 그들은 이들 전사들이 열등하다고 선언했다. 크샤트리아가 승려들은 열등하다고 선언하는 것처럼 말이다.[34] 그러므로 부처는 양쪽의 견해에 대해 할 말이 많다고 생각했다. 하지만 부처의 시대에도 크샤트리아는 지적인 면에서의 주도권을 브라만에게 넘겨주지 않고 있었다. 그 결과 크샤트리아가 고상한 운동이라 판단한 불교 운동이 인도에서의 종교적 주도권을 놓고 천 년 동안 브라만과 경합을 벌일 수 있었던 것이다.

이런 소수의 지배 계급 밑에는 (부처 이전에는 하나의 카스트로 형성되지 않았던 상인들과 자유인들로 이루어진) 바이샤와 (대부분 원주민들로 이루어진 노동자들인) 수드라 그리고 끝으로 (찬달라인들처럼 전향하지 않은 토착민 부족들과 전쟁 포로들, 형벌로 노예 신분으로 전락한 사람들로 이루어진) 카스트에 들지 못하는 사람들인 천민들이 있다.[35] 카스트에 들지 못하는 사람들은 본래 소수 집단이었으나 오늘날 인도에서는 4000만 명의 "불가촉(不可觸) 천민"으로 늘어났다.

4. 인도의 아리아인 사회

아리아인 계열의 인도인들은 어떻게 생활했는가? 처음에는 전쟁과 약탈을 통해 생활했으나 후에는 중세 유럽의 모습과 다른 점이 없는 도시를 기반으로 하여 목축과 농업과 산업을 통해 생활했다. 경제와 정치 면에서 보면, 우리가 속해 있는 산업 혁명 시대 이전까지 인류는 신석기 시대 이후 본질적으로 동일한 상태를 유지해 왔기 때문이다. 인도의 아리아인들은 가축을 키우고, 암소를 신성한 동물로 여기는 일 없이 이용했으며, 기회가 되면 그 고기를 먹고 승려들이나 신들에게 바치기도 했다.[36] (부처도 젊은 시절에 금욕 생활을 하여 거의 굶주리다시피 한 후에 돼지고기를 배불리 먹고 죽을 뻔한 일이 있었던 것 같다.)[37] 그들은 보리를 재배했으나 베다 시대에는 쌀에 대해서는 몰랐던 것이 분명하다. 논은 각 부락공동체가 소속 가구들에게 분할해 주었으나 물을 대는 일은 공동으로 했다. 땅은 외부인에게는 팔 수 없었으며 남자 쪽의 직계 상속자들에게만 물려줄 수 있었다. 대다수의 사람들은 자기 토지를 소유한 자작농이었다. 아리아인들은 고용인으로 일하는 것을 수치로 여겼기 때문이다. 우리가 확신하거니와 지주도 없고 빈민도 없었으며, 백만장자도 없었고 빈민가도 없었다.[38]

도시에서는 독립해 있는 장인들과 수습공들이 번성하여 그리스도 이전 500년 전에 이미 금속공과 목수, 석수, 피혁 가공업자, 상아 가공업자, 바구니 제조업자, 가옥 도장업자, 실내장식업자, 도공, 염색업자, 어부, 선원, 사냥꾼, 덫 놓는 사냥꾼, 도살업자, 제과업자, 이발사, 마사지사, 원예업자, 요리사로 이루어진 강력한 조합이 조직되어 있었다. (이 목록 자체만 보아도 인도의 아리아인들이 풍요롭고 다양한 생활을 했음을 알 수 있다.) 조합들은 내부에서 일어나는 일은 스스로 해결했으며, 소속원과 부인 사이에서 나타나는 어려운 일들을 중재하기도 했다. 가격을 결정하는 요소는 우리들의 경우처럼 수요와 공급이 아니라 구매자의 어수룩함 수준이었다. 그러나 왕궁에는 공식적인 가격 사정인이 있어서, 우리 시대의 표준국처럼 구매할 상품을 검사하거나 공급자에게 규격을 지시하기도 했다.[39]

교역과 여행은 이륜마차를 이용하는 단계까지 도달했으나 여전히 중세 시대의 경우처럼 어려운 일이었다. 대상(隊商)들은 국경을 넘을 때마다 통행세에 발이 묶였으며 으슥한 길목마다 노상강도들에게 시달리기도 했다. 강이나 바다를 이용하는 운송 체계는 보다 발달해 있었다. 적당한 크기의 돛들과 수백 개의 노를 단 배들이 메소포타미아와 아라비아, 이집트로 인도의 특산물인 향료, 양념, 목화, 비단, 숄, 모슬린, 진주, 루비, 흑단, 보석, 금은 장신구 등을 운반했다.[40]

교역은 서툰 교환 방법 때문에 지체되었다. 처음에는 물물 교환으로 이루어졌으나 나중에는 가축을 통화로 이용했다. 호메로스의 「황소에 팔려 가는 소녀들」처럼 신부들도 암소를 주고 샀다.[41] 후대에는 무거운 구리 동전이 발행되고 보증되었으나 오직 개인들이 그렇게 했을 뿐이다. 은행은 없었다. 돈이 많아지면 집에다 숨겨 두거나 땅에 묻거나 친구에게 맡겨 놓았다. 부처의 시대에는 이런 풍습에서 신용 제도가 등장했다. 각기 다른 도시에 있는 상인들이 서로 신용 증서를 발행하여 교역을 촉진시킨 것이다. 융자는 로스차일드 가문 같은 곳에서 18퍼센트의 이율로 얻을 수 있었으며,[42] 약속 어음에 대한 이야기도 많았다. 동전만으로도 도박이 이루어지기 충분했다. 이미 노름은 문명의 필수 요소로 자리 잡았던 것이다. 많은 경우 도박장은 왕이 모나코와 똑같은 스타일은 아니지만 그런 식으로 마련해 주었으며 수입금의 일부는 왕실 재정으로 들어갔다.[43] 이런 제도가 추잡해 보이는 것은 우리가 공무원들을 직접 지원하는 도박장에 익숙하지 않기 때문이다.

사업상의 도덕은 높은 수준에 도달해 있었다. 베다 시대의 인도 왕들 역시 호메로스 시대의 그리스 왕들처럼 이웃에게서 가축을 빼앗는 수준을 넘어서지 못했으나,[44] 알렉산드로스와 동행했던 그리스의 역사가들은 힌두인을 이렇게 묘사한다. "놀라울 정도로 성실하고, 대단히 합리적이어서 소송에 의지하는 일이 거의 없으며, 매우 정직하여 대문을 잠그거나 계약서에 서명을 요구하는 일도 거의 없다. 이들은 상당히 진실하다."[45] 리그베다는 근친상간과 부녀자 유괴, 매춘, 낙태, 간통 등에 대해 말하고 있으며,[46] 동성애의 흔적들도 보인다.[47] 그러나 베다들과 서사시들에 나타나는 일반적인 그림은 성관계와 가족생활에서 높은 표준이 적용되고 있다는 것이다.

결혼은 신부를 강제로 유괴하거나 돈을 주고 사거나 서로 동의하는 방법을 통해 이루어졌다. 그러나 서도 동의하여 이루어지는 결혼은 약간 창피한 일로 여겼다. 여자들은 돈을 지불하고 데려가는 것을 더 명예롭게 여기고 훔쳐 가는 것을 대단히 자랑스러워했다.[48] 복혼(複婚)이 허용되었으며 지체 높은 사람들 사이에서는 장려되기도 했다. 몇 명의 아내를 부양하고 후세에게 능력을 전하는 것을 칭찬할 만한 행동으로 여겼다.[49] 한꺼번에 다섯 명의 형제와 결혼한 드라우파디의 이야기[50]는 서사시 시대에는 그런 생소한 일처다부제가 가끔 있었음을 보여 준다. 일처다부제란 한 여자가 여러 명의 남자, 특히 형제들과 결혼하는 것을 말하는데, 실론에서는 1859년까지 남아 있었고 티베트의 산골 마을에는 지금도 행해지고 있다.[51] 그러나 복혼은 일반적으로 남자들의 특권이었으며, 아리아인 남자는 가부장적인 전권을 갖고 가정을 지배했다. 남자는 아내들과 자녀들에 대한 소유권을 보유하여 특정한 경우에는 그들을 팔거나 내쫓을 수도 있었다.[52]

그러나 베다 시대에는 여자들이 후대의 인도에서보다 훨씬 더 많은 자유를 누렸다. 배필을 정하는 문제에 대해서는 결혼의 형태들이 암시할 수 있는 것보다 더 많은 발언권이 있었다. 자유롭게 축제에 참여하여 춤을 추기도 했고 남자들과 함께 종교 의식에 참여하기도 했다. 여자들도 공부를 할 수 있었으며 가르기처럼 철학 논쟁에도 가담할 수 있었다.[53] 과부가 된 경우에는 재혼하는 데 아무런 제약이 없었다.[54] 영웅 시대에는 이런 자유 중 무엇인가를 잃어버린 것 같다. 여자들은 "여자가 베다를 공부하게 되면 지역 사회에 혼란이 온다."[55]라는 이유로 정신적인 분야를 추구할 수 없게 되었다. 과부들의 재혼이 보기 드문 일이 되고 여자를 베일 뒤로 격리시키는 "푸르다(purdah)" 문화가 시작되었다. 그리고 베다 시대에는 거의 알려지지 않았던 사티(suttee)(고대 인도에서 아내가 남편의 시신과 함께 산 채로 화장되던 풍습 – 옮긴이)를 실시하는 경우가 늘어 갔다.[56] 이제는 이상적인 여인상이 라마야나의 여주인공으로 죽을 때까지 정절과 용기를 시험하는 온갖 테스트를 겪으면서도 겸손하게 남편을 따르며 순종하는 신실한 시타(Sita)로 표현되었다.

5. 베다의 종교

인도에서 알려진 가장 오래된 종교는 아리아인들이 나가족에게서 발견한 것이지만 거대한 반도의 벽지와 오지에는 지금까지 남아 있다. 이 종교는 돌과 동물, 나무와 개울, 산과 별에 살고 있는 많은 정령을 숭배하는 물활론적이고 토템 숭배적인 종교였음이 분명하다. 뱀들은 왕성한 번식력을 상징하는 신이었다. 부처 시대의 신성한 보리수나무는 조용하고 장엄한 나무들을 숭배하던 신비주의적이지만 건전한 신앙을 보여 주는 흔적이었다.[57] 용 신 나가와 원숭이 신 하누만, 황소 신 난디, 나무 신 야크샤가 인도의 종교 역사 속에 전해 내려오고 있다.[58] 이런 정령들은 선한 것도 있고 악한 것도 있으므로 대기에 가득 차 있는 무수한 마귀들 중 하나나 그 이상에게 사로잡히거나 고통당하는 환자나 정신이상자는 대단한 기술의 마술을 통해서만 고칠 수 있다고 생각했다. 그러므로 마술에 관한 지혜서인 아타르바베다(Atharva-veda)에 주문들이 수록되어 있다. 자녀를 갖거나, 낙태를 피하거나, 장수하거나, 악에서 벗어나거나, 잠

을 자거나, 적을 무찌르거나 괴롭히려면 주문을 외워야 한다.[59]*

　베다에 등장하는 최초의 신들은 (하늘과 태양, 대지, 불, 빛, 바람, 물, 성(性) 등) 자연 자체의 힘들이자 요소들이었다.[62] 디아우스(Dyaus, 그리스의 제우스, 로마의 주피터)는 처음에는 하늘 자체였다. 그리고 산스크리트어 데바(deva)는 후대에 와서는 신을 의미하게 되지만 원래는 밝음을 의미했을 뿐이다. 이런 자연적인 사물들이 (대단히 많은 신을 만들어 내는 시적인 자유를 통해) 인격을 갖추게 되었다. 예컨대 하늘이 아버지인 바루나(Varuna)가 되고 대지는 어머니인 프리티비(Prithivi)가 되었다. 식물은 이 둘이 결합한 결과 비를 통해 맺어진 열매였다.[63] 비는 신 파르자냐(Parjanya)였고, 불은 아그니(Agni), 바람은 바유(Vayu), 해로운 바람은 루드라(Rudra), 폭풍은 인드라(Indra), 새벽은 우샤스(Ushas), 밭고랑은 시타(Sita), 태양은 수르야(Surya) 또는 미트라(Mitra), 비슈누(Bishnu)였다. 그리고 한때는 신들과 인간들이 즐겨 마시는 신성한 수액을 지닌 신성한 식물인 소마 자체도 힌두인들에게는 디오니소스와 같은 신, 즉 쾌활하게 만드는 수액을 통해 인간들을 자비와 통찰력, 즐거움에 이르도록 고취시키고 심지어는 영원한 생명도 주는 신이었다.[64] 국가도 개인처럼 시(詩)로 시작하여 산문으로 끝나기 마련이다. 그리고 사물이 인격체가 된 것처럼 속성이 물체가 되고, 형용사가 명사가 되었으며, 성질을 나타내는 일반적인 이름이 신이 되었다. 생명을 주는 태양은 새로운 태양신인 생명을 주는 신 사비타르(Savitar)가 되고, 밝게 빛나는 태양은 빛나는 신 비바스바트(Vivasvat)가 되었으며, 생명을 낳는 태양은 위대한 신인 모든 생명체의 주(主) 프라자파티(Prajapati)가 되었다.[65]**

　한동안 베다의 가장 중요한 신은 불의 신 아그니였다. 이 신은 제물을 하늘

---

* 아타르바베다의 vi, 138과 vii, 35, 90을 보라. 이곳에는 "증오심으로 날이 서고", "여과되지 않은 난폭한 언어"로 되어 있는 주문들이 경쟁자들을 쫓아내거나 아이를 갖지 못하게 하려는 여자들에 의해 사용되고 있다.[60] 브리하다라냐카 우파니샤드(Brihadaranyaka Upanishad, 6~12)에는 주문을 통해 여자를 겁탈할 수 있고 "속이지 않고 죄를 짓는" 주문들을 제시하고 있다.[61]

** 프라자파티는 거의 단일신론에 가까울 정도로 숭배되었으나, 후대의 신학에서는 모든 것을 흡수하는 신인 브라마(Brahma)에게 흡수되었다.

로 들어 올리는 신성한 불꽃이고, 하늘을 활보하는 번개였으며, 세상의 뜨거운 생명이자 혼이었다. 그러나 인도의 만신전에서 가장 큰 인기를 누린 신은 천둥과 폭풍을 주관하는 인드라였다. 인드라는 인도의 아리아인들이 보기에는 태양보다 더 필요한 귀한 비를 주었기 때문이다. 그러므로 그들은 이 신을 가장 위대한 신으로 삼고는 전쟁터에서는 벼락을 쳐서 도와 달라고 빌었으며, 수백 마리의 황소를 먹고 호스처럼 많은 포도주를 마시는 거인 같은 영웅으로 묘사하며 부러워했다.[66] 이 신이 마음에 두고 있는 적은 크리슈나였으나, 베다에서 크리슈나는 크리슈나 부족만 섬기는 지역 신이었을 뿐이다. 대지를 몇 걸음으로 건너는 태양신 비슈누 역시 하위 신이었다. 이 신도 미래가 자신과 자기 짝인 크리슈나에게 돌아갈 것을 모르고 있었다. 베다가 갖는 한 가지 가치는 종교의 생성 과정을 보여 주어 정령 숭배에서부터 철학적 범신론에 이르기까지 그리고 아타르바베다의 미신에서부터 우파니샤드의 고상한 일원론에 이르기까지 신들과 신앙들이 생성되어 성장을 거쳐 소멸되는 과정을 보여 준다는 것이다.

이런 신들은 모습과 동기, 그리고 거의 무지(無知)라는 면에서까지 인간적인 신이다. 그중 한 신은 숭배자의 기도를 들으며 자기를 숭배하는 인간에게 무엇을 줄 것인가 깊이 생각하기도 한다. "내가 주려는 것은 이것인데 이것 갖고는 안 되겠다. 암소를 주어야겠다. 아니, 말을 줄까? 내가 정말 그에게서 소마를 받은 것은 맞나?"[67] 그러나 이들 중에는 베다 시대에 도덕적으로 중요한 위치까지 올라간 신들도 있었다. 바루나는 처음에는 모든 것을 에워싸고 있는 하늘로 시작하여 폭풍을 숨결로 삼고 하늘을 의복으로 삼고 있었으나 숭배자들이 발전하면서 베다에서 가장 윤리적이고 이상적인 신으로 성장했다. 바루나는 큰 눈인 태양을 통해 세상을 지켜보면서 악을 징계하고 선을 보상하며 자기에게 간구하는 인간들의 죄를 용서해 준다. 이런 면에서 바루나는 리타(Rita)라는 영원한 법을 수호하며 집행하는 신이었다. 그리고 이 법은 처음에는 별들의 행로를 확립하고 유지하는 법이었으나 점차 정의로운 법, 즉 모든 인간이 정도를

벗어나 멸망하지 않으려면 반드시 따라야 하는 우주적이고 도덕적인 리듬이 되었다.[68]

　신들의 수가 늘어나게 되자, 그중에서 세상을 창조한 신은 누구인가 하는 문제가 발생했다. 이런 최초의 역할은 아그니와 인드라, 소마, 프라자파티에게 번갈아 가며 귀속되었다. 한 우파니샤드는 자신을 주체하지 못한 어떤 최초의 창조자가 세상을 창조했다고 보았다.

　정말 그에게는 아무런 기쁨도 없었다. 자기만 혼자 있어서는 기쁨이 없는 법이다. 그는 자기가 상대할 존재를 갖고 싶었다. 실제로 그는 남녀가 꼭 부둥켜안은 것만큼 덩치가 컸다. 그는 그런 자신을 두 부분으로 떨어지게 하여 남편(pati)과 아내(patni)가 생기게 되었다. 그러므로 …… 사람의 자아는 반 조각과 같다. …… 그러므로 이 공간이 아내에 의해 채워지는 것이다. 그는 아내와 동침했고 그 결과 인류가 태어났다. 그러자 아내는 이렇게 생각했다. "그가 바로 자기 몸으로 나를 만들어 놓았는데 이제 어떻게 나와 관계를 갖는단 말인가? 차라리 내 모습을 감추자." 그래서 아내는 암소가 되고 남편은 황소가 되었다. 그 후 황소가 된 남편과 암소가 된 아내가 관계를 갖고 소를 낳았다. 그 후 아내는 암말이 되고 남편은 수말이 되었다. 이 둘은 진심으로 관계를 가졌고 그 결과 단단한 발굽을 가진 동물들이 태어났다. 아내는 암염소가 되고 남편은 숫염소가 되었으며 또 다음에는 암양이 되고 숫양이 되었다. 그 둘은 진심으로 관계를 가졌다. 그 결과 염소들과 양들이 태어났다. 이렇게 해서 그는 짝이 있는 것이면 심지어 개미에 이르기까지 모두 창조했다. 그는 이제 알게 되었다. "나는 정말 이 창조 자체다. 내 자신의 몸에서 이 모든 것을 유출해 놓았기 때문이다." 이렇게 해서 창조가 이루어진 것이다.[69]

　독특한 이 글에는 범신론과 윤회의 씨눈이 담겨 있다. 창조자가 자기가 창조해 놓은 것과 하나이며, 만유 즉 모든 형태의 생명이 하나기 때문이다. 모든 형태가 과거에는 다른 형태였으며, 현재에는 오직 편견에 사로잡힌 인지 상태와 시간이 피상적으로 갈라놓은 분리 상태 속에서만 구별된다. 이런 견해가 우파니샤드에서는 정리된 모습으로 제시되어 있으나, 베다 시대에는 아직 대중적인 신조가 되어 있지 않았다. 인도의 아리아인들 역시 페르시아의 아리아인들처럼 개인의 불멸성을 믿는 단순한 신앙을 받아들였다. 영혼은 죽은 후에는 영원한 형벌이나 영원한 행복으로 들어간다. 영혼은 바루나에게 떠밀려 반은 하데스며 반은 지옥인 어두운 심연으로 떨어지거나, 야마(Yama)에게 들림을 받아 극락으로 들어간다. 극락에서는 세상의 모든 즐거움이 완벽해지고 끝없이 계속된다.[70] “인간은 곡식처럼 썩어진다. 그러나 곡식처럼 다시 태어나기도 한다.”라고 카타우파니샤드는 말했다.[71]

확보된 증거에 의하면 베다 시대의 초기 종교에는 신전과 신상이 없었다.[72] 조로아스터교 시대의 페르시아에서처럼 제물을 드릴 때마다 제단을 새로 세웠으며 제물을 하늘로 바칠 때는 신성한 불을 이용했다. 거의 모든 문명의 초기 단계에서 나타나는 것처럼 이곳에서도 인간을 제물로 바친 흔적들이 보이지만,[73] 그 흔적은 소수이며 그나마 불확실하다. 페르시아에서처럼 신들에게 바치는 제물로 때로는 말을 불사르기도 했다.[74] 가장 생소한 의식은 말을 제물로 바치는 의식인 아슈바메다였다. 이 의식에서는 부족에서 가장 아름다운 여자가 신성한 말과 교접을 한 후에 그 말을 도살한 것으로 보인다.[75] 보통은 소마와 녹은 버터를 제물로 사용하여 헌주(獻酒)로 바치거나 불에 부었다.[76] 제사는 대체로 마술적인 관점에서 받아들였다. 제사를 제대로 드리면 숭배자는 도덕성과 관계없이 보상을 받을 것이라고 생각했다는 말이다.[77] 승려들은 한층 더 복잡해진 제사 의식을 도와주는 대가로 신실한 사람들에게 지나친 비용을 요구했다. 그들은 즉석에서 대가를 받지 않으면 필요한 주문을 외지 않았다. 그러므로 신들에게 제물을 바치기도 전에 대가를 먼저 지불해야 했다. 성직자들은 각 의식에 얼마나 많은 암소나 말이 필요하고 얼마나 많은 금이 필요한지, 그 비용에 대한 규칙을 제정해 놓았다. 물론 승려들이나 신들을 움직이는 데는 금이 특별한 효험이 있었다.[78] 브라만들이 작성한 의식서(儀式書)들인 브라마나는 승려를 초청하고도 합당한 대가를 지불하지 않는 사람이 있으면 그 사람이 모르게 기도나 제사를 그 사람에게 해가 되도록 바꾸어 놓는 방법을 승려들에게 가르쳤다.[79] 다른 조항들도 제정되어, 거의 모든 일상생활에서 승려의 도움이 일반적으로 필요한 의식과 그 절차를 규정했다. 브라만들은 이런 방식으로 서서히 세습적인 특권 카스트가 되었으며, 인도의 정신적 영적 생활을 장악하여 변화를 꾀하려는 생각을 완전히 소멸시키려고 했다.[80]

6. 문학 작품으로서의 베다

인도의 아리아인들이 사용한 언어에는 특별한 관심을 기울여야 한다. 산스크리트어는 영어권의 일상 언어가 속해 있는 인도유럽어족에서 가장 오래된 말 중 하나이기 때문이다. 우리는 (산스크리트어와 그리스어, 라틴어, 영어에서) 숫자와 가족 용어 그리고 도덕론자들의 모종의 실수로 인해 연계 동사로 일컬어지게 된 교묘하고 사소한 말들에서 유사성이 나타나는 모습을 보게 되면 문화가 엄청난 시공간을 연결하며 계속 이어지고 있다는 사실에 대해 잠시나마 기묘한 느낌을 받게 된다.* 윌리엄 존스 경이 "그리스어보다 완벽하고, 라틴어보

---

* 참고로 영어의 one, two, three, four, five를 산스크리트어의 ek, dwee, tree, chatoor, panch, 라틴어의 unus, duo, tres, quattuor, quinque, 그리스어의 heis, duo, tria, tettra, pente와 비교해 보라. (quattuor가 four로 바뀌고 있다. 이것은 quercus가 fir로 바뀐 것과 같다.) 또는 영어의 am, art, is를 산스크리트어의 asmi, asi, asti, 라틴어의 sum, es, est, 그리스어의 eimi, ei, esti와 비교해 보라. 가족 용어에 대해서는 1 - 1권의 562쪽 참조. 별개의 각 민족들이 지닌 서로 다른 발성 습관이 단어의 자음에 영향을 주어 나타나게 된 변화들을 정리해 놓은 그림(Grimm)의 법칙은 산스크리트어와 영어에 나타나는 놀라운 유사성을 보다 충분하게 밝혀 주었다. 이 법칙은 (많은 예외가 나타나긴 하지만) 다음과 같이 간략하게 요약할 수 있다.

1. 산스크리트어의 (kratu, '힘'의 경우에서처럼) k는 그리스어의 k(kartos, 강함)와 라틴어의 c 혹은 qu(cornu, 뿔), 독일어의 h 혹은 g, k(hart, 견고한), 영어의 h 혹은 g, f(hard, 단단한)에 해당한다.

2. 산스크리트어의 (jan, '낳다'의 경우에서처럼) g 혹은 j는 그리스어의 g(genos, 인종), 라틴어의 g(genus), 독일어의 ch 혹은 k(kind, 어린이), 영어의 k(kin, 친족)에 해당한다.

3. 산스크리트어의 (hyas, '어제'의 경우에서처럼) gh 혹은 h는 그리스어의 ch(chthes), 라틴어의 h 혹은 f, g, v(heri), 독일어의 k 혹은 g(gestern), 영어의 g 혹은 y(yesterday)에 해당한다.

다 어휘가 많고, 이 둘보다 더 정교하고 세련된"[82] 언어라고 선언한 이 고대어를, 침략자인 아리아인들이 구어(口語)로 사용했을 가능성은 대단히 적다. 우리는 그들이 어떤 언어를 사용했는지 모른다. 아베스타에 사용된 페르시아의 초기 방언과 밀접하게 연결된 언어였을 것이라고 추측만 할 뿐이다. 산스크리트어는 베다와 서사시를 기록한 시대에 이미 오직 학자들과 승려들만 사용하는 고전적인 문어(文語)의 특징들을 갖추고 있었다. 산스크리트(Sanskrit)라는 말 자체가 "준비되어 있는, 순수한, 완전한, 신성한"을 의미한다. 베다 시대의 사람들이 사용한 언어는 하나가 아니라 많았다. 부족마다 자체의 아리아 계열의 방언을 갖고 있었던 것이다.[83] 인도에는 '하나'의 언어만 있던 적이 없다.

베다에는 저자들이 글을 알고 있었다는 암시가 없다. 기원전 9~8세기가 되어서야 (아마 드라비다족이었을) 힌두 상인들이 서아시아에서 (페니키아의 필사본과 비슷한) 셈족 필사본을 하나 들여왔다. (후대에 일컬어지게 된 바) 이 브라마 사본을 모태로 하여 인도의 모든 후대 알파벳들이 형성되었다.[84] 수 세기 동안 글은 상업과 행정 분야로 용도가 제한되어 있었고 문학 분야에 사용한다는 생각은 거의 없었던 것 같다. "이 기본적인 기술을 발전시킨 것은 상인들이지 승려들이 아니었다."[85] 불경 역시 기원전 3세기 전에는 기록되지 않았던 것으로 보인다. 인도에서 현존하는 가장 오래된 비문들은 아소카 왕이 만든 것이다.[86] 우리는 (우리를 에워싼 대기에 말과 음악이 가득 찰 때까지는) 수 세기 동안 글과 인

---

4. 산스크리트어의 (tar, '가로지르다'의 경우에서처럼) t는 그리스어의 t(terma, 끝), 라틴어의 t(ter-minus), 독일어의 d(durch, 통하여), 영어의 th 혹은 d(through, 통하여)에 해당한다.

5. 산스크리트어의 (das, '10'의 경우에서처럼) d는 그리스어의 d(deka), 라틴어의 d(decem), 독일어의 z(zehn), 영어의 t(ten)에 해당한다.

6. 산스크리트어의 (dha, '놓다' 또는 '두다'의 경우에서처럼) dh 혹은 h는 그리스어의 th(ti-the-mi, 내가 놓다), 라틴어의 f 혹은 d, b(fa-cere, 행하다), 독일어의 t(tun, 하다), 영어의 d(do, deed, 행하다, 행위)에 해당한다.

7. 산스크리트어의 (patana, '깃털'의 경우에서처럼) p는 그리스어의 p(pteros, 날개), 라틴어의 p(penna, 깃털), 독일어의 f 혹은 v(feder, 깃털), 영어의 f 혹은 b(feather, 깃털)에 해당한다.

8. 산스크리트어의 (bhri, '나르다', '낳다'의 경우에서처럼) bh는 그리스어의 ph(pherein, 운반하다), 라틴어의 f 혹은 b(fero, 낳다, 나르다), 독일어의 p 혹은 f, ph(fahren, 타다), 영어의 b 혹은 p(bear, birth, brother, 낳다, 탄생, 형제)에 해당한다.[81]

쇄술을 통해 눈에 의지해 왔다. 그러므로 인도가 글 쓰는 법을 배우고 나서 오랜 세월이 지난 후에도, 기억과 암송을 통해 역사와 문학을 전달해 주던 과거의 방법들을 고수하며 얼마나 만족하고 있었는지 이해하기 어렵다. 베다와 서사시는 암송하는 사람들의 세대들을 거치면서 성장한 노래로, 보도록 만든 것이 아니라 듣게 하려고 만든 것이다.* 초기 인도에 대한 지식이 부족한 것은 글에 대한 이런 무관심 때문이다.

우리가 초기 인도에 대해 갖고 있는 이해는 거의 모두 베다에서 이끌어 낸 것이다. 그러면 베다란 어떤 것이었는가? 베다라는 말은 지혜**를 의미한다. 베다란 말 그대로 지혜에 관한 책이다. 힌두인들은 베다라는 말을 초기 시대부터 전해 내려오는 거의 모든 신성한 구전(口傳)을 지칭하는 말로 사용한다. 베다 역시 그리스도교의 성경처럼 한 권의 책을 가리키기보다는 하나의 문헌집을 지칭한다. 이 편집물을 배열하고 구분하는 것보다 더 혼란스러운 일은 없을 것이다. 과거에는 많은 베다가 존재했으나 현존하는 것은 네 가지뿐이다.

1. 리그베다(Rig-veda) 또는 찬양에 관한 지혜

2. 사마베다(Sama-veda) 또는 멜로디에 관한 지혜

3. 야주르베다(Yajur-veda) 또는 제사 주문에 관한 지혜

4. 아타르바베다(Atharva-veda) 또는 마술 주문에 관한 지혜

이 네 가지 베다는 각각 네 단원으로 구분된다.

1) 만트라(Mantras) 또는 찬양집

2) 브라마나(Brahmanas) 또는 승려들을 위한 의식과 기도, 주문에 대한 지침서

3) 아라냐카(Aranyaka) 또는 은둔 생활을 하는 수도자들을 위한 삼림서(forest-

---

* 아마 시는 사람들이 조용히 읽기보다는 다시 낭송할 때 사람들을 장악하던 힘을 다시 회복할 것이다.
** 그리스어의 '(f)oida', 라틴어의 'video', 독일어의 'weise', 영어의 'wit'와 'wisdom'.

texts)

　4) 우파니샤드(Upanishads) 또는 철학자들을 위한 특별 강론집*

　그 베다 중에서 종교나 철학, 마술에 속하기보다는 문학의 범주에 속하는 것은 하나뿐이다. 리그베다는 일종의 종교 명시 선집으로 인도의 아리아인들이 숭배한 태양과 달, 하늘, 별, 바람, 비, 불, 여명, 대지 등 다양한 대상들을 찬양하는 1028편의 찬송가 혹은 찬양 시들로 이루어져 있다.** 찬양 시들은 대부분 사실상 가축과 농작물과 장수를 구하는 기도문이다. 그러나 그중 소수는 문학의 수준에 도달해 있으며, 또 그중 일부는 그리스도교 성경의 시편에 나타나는 것과 같은 감동과 아름다움을 갖추고 있다.[90] 일부 찬양 시들은 자연을 노래하는 소박한 시들이며, 때 묻지 않은 어린이의 경이감을 보여 주는 것 같다. 한 찬양 시는 붉은 암소에게서 하얀 우유가 나오는 모습을 보며 감탄하고 있다. 다른 시는 태양이 내려오기 시작하는데도 땅으로 곤두박질치지 않는 이유에 대해 궁금해 한다. 또 다른 시는 "강에서 반짝이는 강물들이 모두 대양으로 흘러 들어가는데도" 어떻게 "대양이 채워지지 않는지" 묻는다. 한 시는 "죽음에 관한 고찰"의 양식으로 전쟁터에서 전사한 동료의 시신에 대해 노래한 애도 시다.

---

* 이렇게 분류하는 것은 자료를 분류할 수 있는 많은 방법 중 하나일 뿐이다. 일반적으로 힌두의 학자들은 브라마나와 우파니샤드에 수록되어 있는 "영감을 받은" 강해서들 외에도, 격언 형태로 된 보다 짧은 강해들을 모아 놓은 수트라(Sutra)(이 말의 문자적인 의미는 '실'이며, 어원은 '꿰매다'라는 뜻을 지닌 산스크리트어 'siv'다.)라는 편집물들을 베다에 포함시키기도 한다. 이 수트라들은 하늘에서 직접 영감을 받은 것은 아니지만 고대의 전승이라는 점에서 높은 권위를 인정받고 있다. 이 중 다수는 간략하게 핵심만 말하고 있으므로 이해하기가 쉽지 않다. 그러나 이것들은 글에 의지하기보다는 기억에 의존하여 배우는 수도자들을 위해 교리를 요약해 놓은 편리한 기억 장치였다.
　시와 신화, 마술, 의식, 철학을 묶어 놓은 이 편집물의 저자와 기록 연대에 대해서는 말할 수 있는 사람이 없다. 경건한 힌두인들은 그 경전에 수록된 모든 말이 영감을 받아 신성하다고 믿으며, 위대한 신 브라마가 황금 나뭇잎들에다 직접 쓴 것이라고 우리에게 말한다.[87] 그리고 이것은 쉽게 논박할 수 없는 견해다. 그들의 뜨거운 애국심에 걸맞게 많은 현지 권위자들은 가장 오래된 찬송가들의 연대를 기원전 6000~1000년으로 본다.[88] 그러나 그 자료는 기원전 1000~500년에 수집 및 편집되었을 것이다.[89]
** 이 시들은 일반적으로 각각 4행으로 이루어진 연들로 구성되어 있다. 그리고 행들은 5개나 8개, 11개, 12개의 음절로 이루어져 있다. 모든 음절은 길이와 상관없으나, 마지막 4음절은 보통 2개의 장단격(trochees)이나 하나의 장단격과 하나의 강강격(spondee)으로 이루어져 있다.

내가 죽은 사람의 손에서 그의 활을 집어 드는 것은

우리의 주권과 힘과 영광을 위함이다.

그대는 그곳에서 우리는 이곳에서 영웅의 후예답게

적의 공격을 다 물리칠 것이다.

대지인 어머니의 가슴으로 다가가니

대지여 두 팔을 활짝 벌리고 그를 위로하라.

부드럽고 신선한 대지여

그의 몸이 스러지지 않게 하라.

대지여, 품을 넓게 벌려 그가 눌리지 않게 하라.

편안하게 다가가 반겨 맞으며 그에게 친절을 베풀라.

아들에게 옷을 입혀 숨기는 어머니처럼

오, 대지여, 이 아들을 감싸 안으라.[91]

한 시(리그베다, x, 10)에서는 인류를 낳은 최초의 부모이자 쌍둥이 남매인 야마(Yama)와 야미(Yami)의 관계를 솔직하게 진단한다. 야미는 신이 근친상간을 금지했지만 오라비에게 자기와 동침하자고 유혹하며, 자기는 인류가 계속 존속하길 바란다고 주장한다. 그러나 야마는 고상한 도덕적 근거들을 제시하며 야미를 거부한다. 야미는 온갖 방법을 다 동원하여 야마를 유혹했지만 실패하자 최후의 수단으로 그를 약골이라고 부른다. 우리에게 남아 있는 이 이야기는 미완성으로 끝나고 있으므로, 정황 증거를 통해 사안을 판단할 수 있을 뿐이다. 시들 중에서 가장 품격이 높은 것은 놀라운 「창조 찬가」다. 가장 종교적인 민족이 쓴 가장 오래된 책에 수록된 이 시에는 경건한 회의주의라고도 할 수 있는 미묘한 범신론이 등장하고 있다.

어떤 것도 존재하지 않았고 무(無)도 존재하지 않았다.

푸른 하늘도 없었고 하늘의 드넓은 직물도 위에 펼쳐져 있지 않았다.

무엇이 모든 것을 덮고 있었는가? 무엇이 보호해 주었는가? 무엇이 숨겨 주었는가?

깊이를 알 수 없는 물의 심연이었는가?

죽음도 없었고 불멸의 존재도 없었으며

낮과 밤의 경계도 없었다.

오직 유일자만 숨도 없이 숨 쉬고 있었을 뿐,

그 이후 다른 것은 아무것도 없었다.

어둠이 있어 처음에는 빛도 없는 대양인 깊은 흑암 속에

모든 것이 가려져 있었다.

껍질 속에 여전히 덮여 있던 씨눈이

뜨거운 열을 받아 싹텄다.

그 후 제일 먼저 그 위에 새로운 마음의 샘, 사랑이 임했다.

시인들은 마음으로 알았으니

창조된 것들을 이어 주는 이 끈은 창조된 것이 아님을.

모든 것을 꿰뚫고 모든 것에 스며드는 이 불꽃은

땅에서 오는가 하늘에서 오는가?

이어서 씨앗들이 뿌려지고 강한 힘들이 솟아올라

자연은 밑에 있고 힘과 의지는 위에 있으니

이 비밀을 아는 자 누구인가? 여기서 선포할 자 누구인가?

이 다양한 창조가 어디서, 도대체 어디서 발생했는지.

신들조차 창조 후에 존재했으니

이 위대한 창조가 어디서 발생했는지 아는 자 누구인가?

이 모든 위대한 창조의 근원

그가 의지로 창조했든 침묵을 지켰든

가장 높은 하늘에 있는 가장 높은 보는 자

그가 알겠지만, 어쩌면 그도 모를 것이다.[92]

힌두의 정신이 낳은 가장 전형적이고 어쩌면 가장 위대한 산물에서 이런 문제들을 받아들여 이런 암시들을 자세히 설명하는 일은 우파니샤드를 쓴 저자들의 몫으로 남아 있었다.

7. 우파니샤드 철학

"온 세상에서 우파니샤드를 연구하는 것만큼 유익하고 마음을 고양시키는 것도 없다. 우파니샤드를 연구하는 일은 나의 삶에 위안을 주었다. 내가 죽을 때도 위안을 줄 것이다."라고 쇼펜하우어는 말했다.[93] 도덕을 다루는 프타호테프의 단편들을 제외하면, 우파니샤드에는 우리 인류에게 현재 남아 있는 가장 오래된 철학과 심리학이 있다. 인간이 정신과 세상을 이해하고 또 이 둘의 관계를 이해하고자 하는 놀랍도록 섬세하고 끈질긴 노력이 있다. 우파니샤드는 호메로스만큼 오래된 책인 동시에 칸트만큼 현대적인 서적이다.

우파니샤드라는 용어는 '가까운'이라는 의미의 '우파(upa)'라는 말과 '앉다'라는 뜻의 '샤드(shad)'라는 말로 이루어져있다. 본래는 스승에게 '가까이 앉아 있음'이라는 의미를 지녔던 이 용어는 스승이 가장 총애하는 우수한 제자들에게 맡기는 은밀한 가르침이나 비전(秘傳)을 의미하게 되었다.[94] 우파니샤드에는 기원전 800~500년에 활동했던 다양한 성인들과 현자들이 작성해 놓은 108편의 강론이 담겨 있다.[95] 이 강론들은 일관된 철학 체계가 아니라, 사물들이 다양하게 나타나는 피상적인 현상 세계의 저변에 놓여 있는 단순하고 본질적인 실재를 이해하고 경외하는 자세로 그 실재와 연합하고자 노력한 많은 사람들의 철학과 종교가 녹아 있는 견해들과 통찰들과 교훈들이다. 이 강론들은 불합리한 내용들과 모순되는 내용들로 가득 차 있으며 경우에 따라서는 헤겔의 말씨를 연상시키기도 한다.[96] 그리고 때로는 톰 소여가 사마귀를 고쳐 주려고 사용한 것 같은 기묘한 주문들을 제시하기도 하며[97] 때로는 철학사에 나타난 가장 심오한 사상인 것 같은 인상을 주기도 한다.

우리는 그 저자들 중 많은 사람의 이름은 알지만[98] 그들이 가르치면서 가끔 드러낸 내용을 제외하고는 그들의 생애에 대해서는 아는 것이 없다. 그중에서 가장 두드러지는 인물은 남자로는 야즈나발키아와 여자로는 초기의 철학자들 사이에 이름을 올리는 명예를 차지한 가르기가 있다. 이 두 사람 중에서 더 예리한 사람은 야즈나발키아다. 그의 동료 교사들은 그를 위험한 개혁자로 여겼으나 후손들은 그의 가르침을 도전이 불가능한 정통 교리의 초석으로 삼았다.[99] 그는 우리에게 은둔 생활을 하는 현자가 되기 위해 두 명의 아내를 떠나려고 어떤 노력을 기울였는지 말하고 있다. 우리는 그의 아내 마이트레이가 자기도 함께 데려가 달라고 간청하는 말에서, 인도가 수천 년 동안 종교와 철학을 추구해 온 열기를 어렴풋이나마 느낄 수 있다.

그 후 야즈나발키아는 다른 삶을 살려고 결심을 했다. "여보, 나는 지금과는 달리 유랑 생활을 하며 살아가려고 합니다. 그러므로 마지막으로 당신과 카티아야니가 살 길을 마련할 수 있게 해 줘요."

이 말을 듣고 마이트레이는 말했다. "하지만 이 세상에 쌓여 있는 재물이 모두 내 것이라도 내가 그 재물로 불멸성을 얻을 수 있을까요?"

야즈나발키아가 대답했다. "아니오, 얻지 못할 것이오. 재물을 통해서는 불멸성을 얻을 수는 없소."

그러자 마이트레이가 말했다. "불멸성을 얻을 수도 없는 걸 갖고 내가 무얼 하겠어요? 당신이 알면, 정말 안다면 내게 설명해 줘요."[100]

우파니샤드는 이해할 수 없는 이 세상에 담긴 모든 신비를 주제로 삼고 있다. "우리는 어디서 태어나, 어디서 살고 있으며, 어디로 가는가? 브라만을 알고 있는 자여, 우리가 누구의 명령으로 이곳에서 살고 있는지 말해 다오. …… 제1원인은 무엇인가? 시간인가, 자연인가, 필연인가, 우연인가, 4원소인가? 아니면 푸르샤(Purusha)라는 절대정신인가?"[101] 인도에는 인구수에 비해 "자신들이 안고 있는 물음들에 대한 해답을 재물보다 더 원하는" 사람들이 많았다. 마이트리 우파니샤드에는 검소한 생활을 통해 마음을 깨끗이 하여 깨달음을 얻어 우주의 수수께끼를 풀기 위해 자기 왕국을 등지고 숲으로 들어가는 어떤 왕에 대한 이야기가 수록되어 있다. 그 왕이 1000일 동안 참회를 하자 선각자인 한 현자가 그에게 왔다. "그대는 우주의 참된 본성을 깨달은 사람입니다." 왕이 말한다. "우리에게 그 본성을 말해 줄 것입니까?" 그러자 그 현자는 "다른 욕망을 선택하라."고 경고한다. 하지만 그 왕은 물러서지 않는다. 쇼펜하우어에게조차 쇼펜하우어적인 것으로 보였을 것이 틀림없는 한 단락에서 그는 힌두의 모든 사상을 관통하며 어두운 그림자를 드리우고 있는 삶에 대한 혐오감과 다시 태어날 것에 대한 두려움을 말한다.

"현자여, 뼈와 피부, 근육, 골수, 살, 정액, 피, 점액, 눈물, 콧물, 배설물, 오줌, 숨, 담즙, 담(痰)으로 뭉뚱그려진 악취 나는 이 허망한 몸으로 욕망을 즐긴다고 무슨 유익이 있겠습니까? 욕망과 분노, 탐욕, 잘못된 생각, 두려움, 낙담, 시기심, 배고픔, 목마름, 늙음, 죽음, 질병 등 바람직하지 못한 것은 모두 갖고 있고 바람직한 것과는 동떨어져 있는 이 몸으로 욕망을 즐긴다 한들 무엇이 유익하겠습니까? 그리고 이 온 세상은 이런 각다귀와 모기, 풀 그리고 생겨났다가 사라지는 이런 나무처럼 소멸되고 있음을 압니다. …… 그 외에도 넓은 대양이 말라 가고, 산봉우리가 깎이고, 북극성이 자리를 벗어나고, …… 대지가 가라앉고 있습니다. …… 이렇게 존재가 윤회하는데 욕망을 즐긴다고 무슨 유익이 있겠습니까? 욕망을 다 채운다 한들 다시 이 땅에 계속 다시 등장하게 되는데 말입니다."[102]

우파니샤드에서 현자들이 엄선한 제자들에게 가르치는 가장 중요한 교훈은 이성만으로는 충분하지 못하다는 것이다. 뇌는 잠시 있다가 스러지는 무한의 단편에 지나지 않는다. 조금만 계산해도 머리가 아파지는 연약한 뇌를 가지고 어떻게 복잡한 무한을 이해하길 기대할 수 있겠는가? 그렇다고 이성이 쓸모없다는 것은 아니다. 이성을 자기 고유의 영역이 있으며, 제반 관계와 사물들을 다룰 때는 많은 도움을 준다. 그러나 영원한 것이나 무한한 것, 4원소의 실재적인 것 앞에서는 얼마나 무기력한가! 겉으로 보이는 모든 현상들을 받쳐 주고 있고 또 의식 세계로 표출되고 있으면서도 침묵을 지키고 있는 조용한 실재를 대할 때 우리에게 더 필요한 것은 이런 감각들과 이성이 아니라 깨달아 알 수 있는 모종의 다른 기관이다. "(세상의 근본 원리인) 아트만은 배운다고 얻어지는 것도 아니며 책에서 배운 많은 지식이나 천재성을 통해서 얻어지는 것도 아니다. …… 브라만은 배움을 멀리하고 어린이처럼 되는 것이 좋다. …… 브라만은 말을 많이 하지 않는 것이 좋다. 혀를 피곤하게 할 뿐이기 때문이다."[103] 최고의 깨달음은 스피노자(Spinoza)식으로 말하면 직접 감지하여 깨닫는 것이며 직접 통찰하여 깨닫는 것이다. 베르그송(Bergson)식으로 말하자면, 고의로 영원한 감각의 출입구들을 최대한 닫아 버린 정신의 내면을 들여다보고 직관적으로 깨닫는 것이다. "자명한 브라만은 감각들이 바깥으로 향하도록 하기 위해 감각의 문들을 뚫어 놓았다. 그러므로 사람들은 바깥을 바라보고 자신의 내면을 들여다보지 않는다. 그러나 어떤 현자는 눈을 감고 영생을 얻고자 자아의 뒤를 살핀다."[104]

만일 어떤 사람이 내면을 바라보아도 아무것도 발견하지 못한다면, 그것은 그 사람이 내면을 정확하게 성찰했다는 것을 입증하는 것이다. 영원한 보편 세계가 아닌 덧없는 특수 세계 속에서 길을 잃었다면 자기 안에서 영원한 것을 발견하리라고 기대할 수 없기 때문이다. 내면의 실재를 느낄 수 있으려면 먼저 자신에게서 악한 행동과 생각, 몸과 마음의 모든 번뇌를 깨끗이 씻어 내야 한다.[105] 2주일 동안 단식을 하며 물만 마셔야 한다.[106] 그러면 (말하자면) 마음이 굶어 평온하고 고요해지며, 감각들이 깨끗하게 되어 고요해지고, 영혼이 평화를 누리며 자신이 일부에 지나지 않는 거대한 영혼의 대양과 자신을 느낄 수 있는 상태가 된다. 그런 상태가 갖춰지면 마침내 개별자는 사라지고 보편자인 실재가 나타난다. 내면을 들여다보는 이런 순수한 상태에서 선각자가 보는 것은 개별적인 자아가 아니다. 개별적인 자아는 일련의 뇌의 상태들, 즉 정신 상태들일 뿐이며 내면에서 바라보는 몸일 뿐이다. 선각자가 추구하는 것은 아트만(Atman)*이다. 이 아트만은 모든 자아들의 자아, 모든 영혼들의 영혼 그리고 우리가 우리 자신을 잊을 때 우리 자신을 담그는 물질도 없고 형체도 없는 절대자다.

그러므로 이 "은밀한 가르침"의 1단계는 이것이다. 즉 우리 자신의 자아의 본질은 몸이나 마음, 개별적인 자아가 아니고 우리 내면에 자리 잡고 있으나 형태도 없이 침묵하고 있는 심오한 존재인 아트만이다. 2단계는 브라만(Brahman)**이다. 브라만은 모든 곳에 존재하며, 중성이고,*** 인격과 무관하고, 모든 것을 감싸 안고, 모든 것의 근간이 되는 무형의 세상의 본질, "실재의 실재", "태어나지도 않고 부패하지도 않고 죽지도 않는 영혼"[109]이다. 그리고 아트만이 모든 영혼의 영혼인 것처럼 만유의 영혼이며, 모든 힘들과 모든 신들의 뒤에, 밑에, 위에 있는 유일한 힘이다.

그러자 비다그다 사카일라가 그에게 물었다. "야즈나발키아여, 신은 얼마나 많은가?"

야즈나발키아가 대답했다. "만신 찬양집에서 언급하고 있는 것만큼 많으니, 303의 신과 3003의 신이 있습니다."

---

* 아트만이라는 이 말의 어원은 확실하지 않다. 그러나 이 말은 (리그베다, x, 16에서처럼) 라틴어의 'spiritus'처럼 처음에는 '숨'을 의미했다가 나중에는 '중요한 본질'을 그리고 그 후에는 '영혼'을 의미하게 된 것이 분명하다.[107]

** 여기서 비인격적인 '세상의 영혼'이라는 뜻으로 사용하는 용어인 브라만은 힌두교의 세 신(브라마와 비슈누, 시바) 중 하나이며 인격적인 요소가 보다 많은 브라마(Brahma)와 구별해야 한다. 이 용어에서 파생된 것이 승려 카스트의 한 사람을 지칭하는 브라만이라는 말이다. 그러나 이런 구분을 항상 유지하는 것은 아니다. 브라마를 때로는 브라만의 의미로 사용하기도 한다.

*** 힌두의 사상가들은 신인동형동성론(神人同形同性論)을 가장 적게 사용하는 종교 철학자다. 후대에 리그베다에 수록된 찬송가에서도 최고 존재를 지칭하면서 남성 대명사와 중성 대명사를 무차별적으로 사용하여, 그 존재가 성(性)을 초월해 있음을 보여 주고 있다.[108]

"맞는 말이다. 하지만 야즈냐발키야여, 신은 얼마나 많은가?"

"33입니다."

"맞는 말이다. 하지만 야즈냐발키야여, 신은 얼마나 많은가?"

"6입니다."

"맞는 말이다. 하지만 야즈냐발키야여, 신은 얼마나 많은가?"

"2입니다."

"맞는 말이다. 하지만 야즈냐발키야여, 신은 얼마나 많은가?"

"1.5입니다."

"맞는 말이다. 하지만 야즈냐발키야여, 신은 얼마나 많은가?"

"하나입니다."[110]

3단계가 가장 중요한 것으로 아트만과 브라만은 하나라는 것이다. 우리 안에 내재하는 (비개별적인) 영혼 혹은 힘은 비인격적인 세계 혼과 동일하다. 우파니샤드는 이 가르침을 지치지 않고 끊임없이 제자들에게 주입시킨다. 모든 형태들과 베일들을 넘어서면 주체와 객체가 하나다. 개별성을 벗어던진 우리와 만물의 본질인 신은 하나다. 한 교사는 유명한 비유를 통해 이 점을 표현하고 있다.

"그곳에 있는 무화과를 이곳으로 가져오라."

"여기 있습니다."

"그 무화과를 갈라 보라."

"갈랐습니다."

"무엇이 보이느냐?"

"작은 씨앗들이 보입니다."

"씨앗 하나를 쪼개 보라."

"쪼갰습니다."

"무엇이 보이느냐?"

"아무것도 보이지 않습니다."

"사랑하는 제자여, 진실로, 가장 섬세한 본질은 감지할 수 없는 것이니라. 감지할 수는 없으나 그 본질에서 이 큰 나무가 생겨나느니라. 제자여, 나를 믿어라. 가장 좋은 본질, 그것이 온 세상의 영혼이니라. 그것이 실재니라. 그것이 아트만이니라. 슈웨타케투여, 그것이 바로 그대니라."

"훨씬 더 많은 깨달음을 주시려는 것입니까?"

"맞느니라."[111]

헤겔의 변증법이라고 할 만한 아트만과 브라만 그리고 이 둘의 통합, 이것이 우파니샤드의 핵심적인 가르침이다. 우파니샤드에서는 다른 것도 많이 가르치고 있으나 모두 부수적인 가르침이다. 우리는 이 강론집에서 이미 윤회*에 대한 믿음과 환생하는 고달픈 사슬에서 벗어나는 해탈에 대한 갈망을 발견한다. 비데하 왕국의 자나카 왕은 야즈나발키아에게 환생에서 벗어날 수 있는 방법을 가르쳐 달라고 부탁한다. 야즈나발키아는 요가를 설명하며, 금욕적인 생활을 통해 개인적인 욕망을 제거하게 되면 단편적인 개별적 자아를 벗어버리고 세상의 영혼과 하나가 되어 환생에서 벗어나 지고한 복락을 누릴 수 있다고 대답한다. 이 말을 들은 왕은 형이상학에 압도되어 이렇게 말한다. "고귀한 스승이여, 비데하 왕국과 나 자신을 스승에게 노예로 바치겠습니다."[113] 그러나 야즈나발키아가 제자들에게 약속하는 것은 심원한 극락이다. 그곳에서는 개별적인 의식(意識)이 사라지고[114] '존재'에 흡수되어, 현세에서 잠시 분리되어 있던 단편이 '전체'와 다시 연합하게 될 것이다. "강은 흘러 바다로 들어가 사라지며

---

* 윤회라는 말은 사타파타 우파니샤드에서 처음 나타난다. 이 경전에서는 태어나고 죽는 일이 되풀이되는 것을 신들이 악한 삶을 징계하는 형벌로 보고 있다. 대부분의 원시 부족들은 영혼이 사람에게서 동물로 옮겨 갈 수도 있고 반대로 동물에게서 사람에게로 옮겨 갈 수도 있다고 믿었다. 아마 아리아인이 도착하기 전에 이미 이 개념은 인도의 원주민들 사이에서 윤회 교리의 기반이 되어 있었을 것이다.[112]

이름과 형태를 잃는다. 이처럼 이름과 형태에 얽매이지 않는 현자는 모든 것의 너머에 있는 인격적인 신에게로 간다."[115]

정치 제도와 경제 제도만큼이나 개인주의에 젖어 있는 종교를 지닌 서구인이라면 태어남과 죽음에 대한 이런 이론을 좋아하지 않을 것이다. 그러나 철학적인 사고를 지닌 힌두인들은 놀라울 만큼 연속성을 보이는 이 이론에 만족하고 있다. 우리는 우파니샤드에서 제시하고 있는 이 철학(비인격적인 신비한 불멸성을 제시하는 일원론적인 신학)이 부처에서부터 간디에 이르기까지, 야즈나발키아에서부터 타고르에 이르기까지 힌두인들의 사고를 지배해 왔다는 사실을 알게 될 것이다. 우리들의 시대에 이르기까지 인도에서 우파니샤드는 신약성경이 그리스도교계에서 차지하고 있는 위상, 즉 실천은 경우에 따라 이루어지지만 일반적으로 존중되고 있는 고상한 가르침이라는 위상을 유지하고 있다. 심지어는 유럽과 미국에서도 깊은 생각에 잠기게 하는 이 신지학(神智學)은 외로운 여자들과 피곤에 지친 남자들에서부터 쇼펜하우어와 에머슨에 이르기까지 수많은 추종자를 얻고 있다. 개인주의에 젖어 있는 미국의 위대한 철학자가 개별성은 미망일 뿐이라는 힌두의 신념을 완벽하게 표현하리라고 누가 생각이나 했겠는가?

브라마

만일 피에 굶주린 살인자가 살인한다고 생각한다면
만일 상해당한 사람이 살해당했다고 생각한다면
그들은 잘 모르는 것이다.
내가 머무르고, 사라지고, 다시 돌아오는 오묘한 일들을.

내게는 멀리 떨어져 있거나 잊혀져 있는 것도 가까이 있는 것이요,
그림자와 햇살이 같은 것이요,

이미 사라진 신들이 나에게 모습을 드러내니,
수치스러움과 유명함이 내게는 같은 것이다.

나를 무시하는 사람들은 잘못 생각하는 것이요,
그들이 나를 날려 보내면 나는 두 날개다.
나는 의심하는 주체이며 의심 자체요,
브라만이 노래하는 찬양이다.

15장 　　　　　　　　　　　　　　　　　부처

1. 이단자들

심지어는 우파니샤드의 시대에도 회의적인 사람들이 있었다는 사실은 우파니샤드 자체에도 나타난다. 때로는 현자가 승려를 조롱하는 일도 있었다. 예컨대 찬도기아 우파니샤드는 당시의 정통적인 성직자를 앞에 있는 개의 꼬리를 물고 한 줄로 늘어서서 경건한 어조로 "음, 먹도록 합시다. 음, 마시도록 합시다."[1]라고 말하는 개에 비유하고 있다. 스와산베드 우파니샤드는 신도 없고 극락과 지옥, 환생, 세상도 없으며, 베다와 우파니샤드는 기만당한 바보들의 작품이라고 선언한다. 또한 사람들은 달콤한 말에 속아 신들과 사원들, "성스러운 사람들"에게 매달리지만 사실은 비슈누나 개나 차이가 없다고 선언하기도 한다.[2] 그리고 비로자나에 대해서도 이야기를 한다. 비로자나는 위대한 신 프라자파티와 32년 동안 직접 함께 생활하면서 유일한 자아에 대해 많은 것을 배웠다고 한다. 유일한 자아란 "악도 없고, 나이도 없고, 죽음도 없고, 슬픔도 없고, 배고픔도 없고, 목마름도 없으며, 바람을 실재에 두고 있는 자아"를 말한다. 비로자나는 그렇게 배우다가 갑자기 이 땅으로 돌아와 다음과 같은 대단히 이상한 교리를 전했다는 것이다. "인간의 자아는 여기 이 땅에서 행복을 누려야 한다. 자아는 시중을 받아야 한다. 여기 이 땅에서 자기 자신을 행복하게 하고 자신을 떠받드는 사람은 이 세상과 다음 세상을 모두 얻는다."[3] 아마 자기 나라의 역사를 보존해 온 훌륭한 브라만들이라면 힌두교의 신비주의와 신앙의 통일성에 대해 조금은 우리를 속였을 것이다.

실제로 학자들이 부처 이전의 인도 철학에 나타난 덜 유명한 일부 인물들을 조사한 결과, 브라만에 대해 명상하는 성인들 외에도 다양한 사람들이 모든 승려들을 멸시하고 모든 신들에 대해 의심함으로써 ("부정적인 말을 하는 사람들"이나 "허무주의자"라는 뜻을 지닌) 나스티크(Nastik)라는 이름을 아무런 불만 없이 받아들이고 있었음이 밝혀졌다. 상야는 불가지론자로서 사후 생명을 긍정하지도 않고 부정하지도 않았다. 그는 지식의 가능성에 대해 의문을 제기하고는 철학의 범위를 평화를 추구하는 방법들로 제한했다. 푸라나 카시아파는 도덕을 구별하는 세태를 받아들이지 않았으며, 영혼은 우연에 매여 있는 수동적인 노예라고 가르쳤다. 마스카린 고살라는 운명이 모든 것을 결정하며 인간의 공로와는 상관없다고 주장했다. 아지타 카사캄발린은 인간을 물과 불, 흙, 공기로 환원시키고는 이렇게 말했다. "어리석은 사람이든 지혜로운 사람이든 몸이 분해되는 순간 누구나 단절되어 소멸되므로 죽은 후에는 존재하지 않는다."[4] 라마야나를 쓴 저자는 자발리를 전형적인 회의론자로 본다. 자발리는 라마가 서약을 지키려고 왕국을 거절한다고 조롱하기 때문이다.

자발리는 많이 배운 브라만이며 말을 잘하는 궤변론자다.

그가 신앙과 법, 의무에 대해 의문을 제기하며 아요디아의 젊은 영주에게 말했다.

"라마여, 어찌하여 쓸모없는 공론으로 그대의 마음을 흐리게 하고 정신을 비꼬이게 만듭니까? 소박한 사람들과 생각을 할 줄 모르는 사람들을 잘못 인도하는 공론으로 말입니다.

난 잘못된 길에 빠진 중생들을 보면 눈물이 납니다.

그들은 잘못된 의무에 매달려 이 소중한 즐거움을 잃어버린 채 삭막한 삶을 살고 있습니다.

신들과 조상들에게 여전히 제물을 바치지만 헛된 일입니다.

그래봐야 음식 낭비입니다! 우리가 경건하게 공경해 봐야 신도 받아들이지 않고 조상도 받아들이지 않습니다!

게다가 어떤 사람을 대접하느라 내놓았던 음식을 다른 사람들에게 다시 내놓을 수 있습니까?

브라만에게 내놓았던 음식을 조상들에게 다시 내놓을 수 있습니까?

간교한 승려들이 이런 공론들을 꾸며 내 읊조리지만 다 사리사욕을 채우려는 것입니다.

'예물을 준비하고 참회하라. 세속적인 재물을 버리고 기도하라!'

라마여, 내세는 없습니다. 다 인간들의 헛된 희망이고 가르침일 뿐입니다.

현세의 즐거움을 추구하고 가련하고 헛된 미망을 버리십시오."[5]

부처가 자라 성인이 되었을 때는 인도 북부의 회당과 거리, 숲들에서 철학 논쟁이 벌어지는 소리가 울려 퍼지고 있었다. 그것도 대부분 무신론과 유물론 계열의 논쟁들이 말이다. 우파니샤드 중 후기 경전들과 가장 오래된 불교 서적 들은 이런 이단자들에 대한 말로 가득 차 있다.[6] 궤변을 늘어놓으며 유랑 생활을 하는 많은 무리도 있었다. 파립바자카(Paribbajaka, 유랑자들)라는 이들은 해 마다 지내기 좋은 곳을 찾아 한 지역에서 다른 지역으로 떠돌며 철학을 배우려 는 제자들이나 상대 논객들을 물색했다. 이들이 강의를 하거나 논쟁을 벌이는 곳에서는 많은 사람들이 모여들어 귀를 기울였으므로 그런 사람들을 수용하기 위해 큰 회당들이 세워졌다. 그리고 때로는 이런 지성 대결에서 승리한 사람들에게 제후들이 상을 주기도 했다.[7] 이 시기는 놀라울 정도로 사상의 자유가 허용되어 철학 분야에서 수많은 실험이 이루어진 시대였다.

이런 회의론자들에 대해서는 전해지는 것이 많지 않다. 그나마 남아 있는 기억들도 거의 전적으로 그들과 맞섰던 적들의 통렬한 비난을 통해서만 보존되고 있을 뿐이다.[8] 그중 가장 오래된 이름으로는 브리하스파티가 있으나, 그가 쓴 허무주의적인 수트라들은 소멸되고 시 한 편만 남아 있을 뿐이다. 그는 이 시에서 형이상학적인 모호함이 전혀 없는 언어로 승려들을 비판하고 있다.

극락도 없고 궁극적인 해탈도 없다.

영혼도 없고 다른 세상도 없고 카스트 의식(儀式)도 없다.

삼중의 베다와 삼중의 절제

그리고 참회하며 뒤집어쓰는 모든 티끌과 재들

이런 것은 모두 지성도 없고 남자다움도 없는

그런 사람들의 호구지책일 뿐이다.

먼지로 돌아간 몸이 어찌 다시 이 땅에 환생할 수 있는가?

영혼이 다른 세상으로 옮겨 갈 수 있다면

남기고 떠난 사람들을 깊이 사랑하면서도 어찌 돌아오지 않는가?

죽은 사람들을 위해 치르도록 명령하는 값비싼 의식들은

승려들이 만들어 낸 간교한 호구지책일 뿐이니

그 이상도 아니고 그 이하도 아니다.

삶이 이어지는 동안 편하고 즐겁게 지내고

모든 친구에게 돈을 빌려서라도

버터를 녹여 배불리 먹어라.[9]

브리하스파티가 남긴 경구들을 모태로 하여 힌두교 유물론자들이 생겨났는데, 이 새로운 학파는 그들 중 한 사람의 이름을 따서 차르바카라고 한다. 이들은 베다가 신에게 영감을 받은 진리라는 개념을 비웃었다. 이들의 주장에 의하면 진리란 감각을 통하지 않고는 알 수 없는 것이다. 심지어는 이성도 믿을 수 없다. 모든 추론의 타당성은 정확한 관찰과 올바른 사유 과정에만 의존하지 않고, 미래란 과거처럼 움직일 것이라는 가정에도 의존하기 때문이다. 하지만 흄(Hume)의 말처럼 이런 가정에는 확실성이 없다.[10] 차르바카에 의하면 감각을 통해 지각되는 것은 존재하지 않는다. 그러므로 영혼은 망상이고 아트만은 헛소리다. 우리는 경험을 통해서나 역사 속에서도 초자연적인 힘들이 이 세상에 간섭하고 있음을 관찰할 수 없다. 모든 현상은 자연적인 것이다. 자연 현상을 마귀나 신에게 돌리는 것은 바보나 하는 짓이다.[11] 물질만이 유일한 실재다. 몸이란 원소들의 조합물이며,[12] 정신이란 생각하는 물질일 뿐이다. 느끼고 보고 듣고 생각하는 것은 영혼이 아니라 몸이다.[13] "몸과 분리된 상태로 존재하는 영혼을 본 사람이 있는가?" 불멸성도 없고 환생도 없다. 종교란 정신착란이거나 질병이다. 혹은 속임수다. 이 세상을 설명하거나 이해하는 데는 신을 가정할 필요가 없다. 사람들이 종교가 필요하다고 생각하는 이유는 오직 종교에 길들어서, 지식이 많아져 이 신앙이 소멸되면 상실감이나 불편한 공허감을 느끼기 때문일 뿐이다.[14] 도덕 역시 자연적인 것이다. 도덕이란 사회가 편의상 만든 것이지 신의 명령이 아니다. 자연은 좋고 나쁨, 미덕과 악덕과는 무관하다. 태양은 악인과 성인을 가리지 않고 모두에게 고루 비춘다. 만일 자연에 윤리적 속성이 있다면 그것은 초월적인 불멸성이 갖고 있는 속성이다. 본능이나 정념을 통제할 필요가 없다. 이런 것들이야말로 자연이 인간들에게 가르치는 교훈이기 때문이다. 미덕은 실수다. 삶의 목적은 살아가는 것이며 행복만이 유일한 지혜다.[15]

차르바카 학파의 혁명적인 철학은 베다와 우파니샤드가 지배하던 시대에 마침표를 찍었다. 그 철학은 브라만들이 인도의 정신을 장악하고 있던 지배력을 약화시켜 힌두교 사회를 진공 상태로 만들어 놓았으므로, 새로운 종교가 성장하도록 강요하다시피 하는 결과를 낳았다. 하지만 유물론자들의 영향이 매우 철저하여, 새로 등장하여 과거의 베다 신앙을 대신하게 되는 두 종교는 모두 (이상하게 들리겠지만) 신이 없는 무신론적인 종교였다. 두 종교 모두 나스티카(Nastika, 탈베다주의자 또는 반베다주의자)라는 허무주의 계열에 속했다. 더구나 브라만 카스트에 속한 승려들에 의해 만들어진 것이 아니라, 성직자 중심의 의식주의와 신학에 대한 반동으로 전사 카스트인 크샤트리아에 속한 인물들에 의해 만들어졌다. 인도의 역사는 자이나교와 불교가 등장하면서 새로운 시대를 맞게 되었다.

2. 마하비라와 자이나교

기원전 6세기 중엽에 한 남자아이가 태어났다. 그의 아버지는 현재의 비하르 주에 속한 도시 바이샬리 근교에 자리 잡고 있는 리히차비 부족의 부유한 귀족이었다.* 그 아이의 부모는 부유했으나 그들이 속한 종파는 환생을 저주로 여기고 자살을 복된 특권으로 여겼다. 그들은 아들이 서른한 살이 되었을 때 스스로 굶어 죽는 방법을 통해 삶을 끝냈다. 젊은 청년은 이 사건으로 깊은 감화를 받아 세상과 그 방식들을 등졌다. 그는 옷을 모두 벗어 버리고는 고행자가 되어 벵갈 서부 지역을 유랑하며 자기를 깨끗이 하고 깨달음을 얻고자 했다. 그는 자기를 부인하는 이런 생활을 13년 동안 한 후에 일군의 제자들에게 지나(Jina, 승리자)로 받아들여지게 된다. 그들이 생각하는 지나란 일정한 간격을 두고 등장하여 인도인들을 교화하도록 운명이 정해 놓은 위대한 스승 중 한 명을 말하는 것이었다. 그들은 자신들을 이끄는 지도자에게 위대한 영웅이라는 뜻의 '마하비라(Mahavira)'라는 이름을 다시 붙여 주고 자신들에게는 (자신들이 믿는 신앙의 가장 독특한 특징을 나타내는 말로) '자이나교도(Jains)'라는 이름을 택

---

* 전승은 마하비라의 연대를 기원전 599~527년으로 잡고 있다. 그러나 야코비(Jacobi)는 기원전 549~477년이 사실에 더 가깝다고 생각한다.[16]

했다. 마하비라는 독신 생활을 하는 성직자들의 단체와 여승들의 공동체를 하나씩 조직했으며, 일흔두 살의 나이로 숨졌을 때 1만 4000명의 신도들을 남겼다.

이 종파는 종교 역사상 가장 생소한 가르침 중 하나를 점진적으로 발전시켰다. 그들이 처음에 펼쳤던 현실주의적인 논리에서는 지식이란 상대적이고 현세적인 것에만 국한되는 것으로 기술되었다. 한 가지 관점에서 볼 때를 제외하고는 참된 것은 없다고 그들은 가르쳤다. 다른 관점들에서 보면 아마 그 관점도 거짓일 것이다. 그들은 여섯 명의 맹인이 한 코끼리의 서로 다른 부분을 더듬는 이야기를 즐겨 인용했다. 귀를 더듬는 사람은 코끼리가 곡식을 까부르는 큰 키처럼 생겼다고 생각했다. 다리를 더듬는 사람은 그 동물이 크고 둥근 기둥처럼 생겼다고 말했다.[17] 이와 같이 모든 판단은 조건에 따라 제한되어 있다. 절대적인 진리는 주기적으로 찾아오는 구세주 지나에게만 나타난다. 그러므로 베다도 도움이 되지 못한다. 베다는 신에게 영감을 받은 것이 아니다. 신은 존재하지 않기 때문이다. 어떤 창조주나 제1원인도 가정할 필요가 없다고 자이나교도들은 말했다. 어린이라도 그런 가정은 창조되지 않은 창조주 혹은 원인이 없는 원인은 원인이 없는 세상이나 창조되지 않은 세상만큼이나 이해하기 어렵다는 점을 보임으로써 반박할 수 있다. 우주는 아득한 영원 전부터 존재해왔으며, 우주의 무한한 변화들과 순환들은 신의 간섭 때문이라기보다는 자연에 내재하는 본유적인 힘들 때문에 이루어졌다고 믿는 것이 더 논리적이다.[18]

그러나 인도의 분위기는 철저한 자연주의적 가르침을 받아들이기에는 적합하지 않다. 자이나교도들은 처음에는 하늘에서 신들을 깨끗이 비워 냈으나 곧 자이나교의 역사와 전설이 신격화시켜 놓은 성인들로 그 하늘을 다시 채웠다. 그들은 이런 성인들을 헌신과 의식을 통해 숭배했으나, 그 성인들조차 윤회와 소멸에는 미치지 못하는 것으로 여겼으며 어떤 의미로든 세상의 창조자나 통치자로 간주하지 않았다.[19] 또한 자이나교도들은 유물론자도 아니었다. 그들은 이원론을 받아들여 모든 곳에서 정신과 물질을 구분했다. 모든 사물에는 심지어는 돌이나 쇠붙이에도 영혼이 있었다. 어떤 영혼이라도 흠 없는 삶에 도달하면 최고의 영혼인 파람아트만이 되어 당분간 환생에서 벗어났다. 그러나 공로에 걸맞은 상을 다 받고 나면 육신으로 다시 태어났다. 완벽한 해탈에 도달할 수 있는 것은 오직 가장 고귀하고 가장 완전한 영혼들뿐이었다. 이들이 최고의 수행자 아라하트(Arahat, 아라한)였다. 이들은 에피쿠로스가 말하는 신들과 같아서, 멀리 떨어져 있는 그림자 같은 모종의 영역에서 생활하여 인간들의 일에는 영향을 미칠 수는 없으나 환생에서 완전히 벗어나 행복하게 지냈다.[20]

해탈의 길은 고행을 통한 참회와 완벽한 아힘사(ahimsha, 불살생과 비폭력)를 행하는 것이었다. 자이나교의 모든 수행자는 다섯 가지 서원을 해야 했다. 살생하지 않고, 거짓말을 하지 않고, 자신에게 주어지지 않는 것은 취하지 않고, 순결을 유지하며, 외적인 것에서 쾌락을 멀리하겠다는 것이 그 서원이다. 감각적인 쾌락은 언제나 죄라고 그들은 생각했다. 그러므로 이상적인 것은 쾌락과 고통에 대해 무관심하고 외적인 모든 사물에 얽매이지 않는 것이다. 자이나교도에게는 농업이 금지된다. 농업은 땅을 갈아엎는 과정에서 곤충이나 해충을 으깨기 때문이다. 훌륭한 자이나교도는 꿀은 꿀벌의 생명이므로 먹지 않으며, 물을 마실 때는 그 안에 들어 있는 피조물들을 해치지 않도록 걸러서 마신다. 또한 공기 중에 있는 유기체들을 들이마시거나 죽이지 않게 입을 베일로 가리고, 곤충들이 불 속으로 날아들지 못하도록 등에 가리개를 하며, 걸을 때는 맨발로 모종의 생명을 짓밟는 일이 없도록 발 앞의 땅을 깨끗이 빗질한다. 자이나교도는 동물을 도살하거나 제물로 바치지 말아야 한다. 철저한 교도라면 늙었거나 상처를 입은 짐승을 위해 아메다바드에 있는 것 같은 병원이나 보호 시설을 세운다. 자이나교도가 죽일 수 있는 생명은 오직 자기 생명뿐이다. 자이나교의 가르침은 자살, 특히 서서히 굶어 죽는 것을 높이 평가한다. 그것은 영혼이 맹목적인 생명 의지를 극복한 가장 위대한 승리이기 때문이다. 많은 자이나교도들이 이 방법으로 죽었다. 그리고 이 종파의 지도자들은 오늘날에도 스스로 굶어 죽는 길을 통해 세상을 떠난다고 한다.[21]

종교가 이토록 심오한 회의와 생명 부정을 기반으로 삼게 되면 생활이 항상 어려운 나라에서는 대중들에게서 어느 정도의 지지는 받을 수 있을 것이다. 그러나 자이나교의 극단적인 금욕주의는 인도에서도 제한적으로 받아들여졌을 뿐이다. 처음부터 자이나교도들은 엄선된 소수였다. 그리고 유안 츄왕이 7세기에 본 그들은 수도 많고 세력도 있었으나,[22] 그것은 자이나교의 조용한 역사에서 잠시 스쳐 지나가는 절정기였을 뿐이다. 서기 79년경 그들은 나체 문제를 놓고 큰 내분이 일어나 둘로 분리된 것이다. 이때부터 자이나교도들은 슈웨탐바라(Shwetambara, 백의파(白衣派)) 아니면 디감바라(Digambaras, 나체파)에 속하게 되었다. 그러나 오늘날에는 그 두 종파 모두 자신들이 정한 시간과 장소에서도 평범한 옷을 입는다. 벌거벗고 거리를 오가는 것은 그 종파의 성인들뿐이다. 이 종파들은 더 세분되어 디감바라는 4개 종파로 나누어지고 슈웨탐바라는 24개로 늘어났다.[23] 하지만 이 두 종파의 신도를 모두 합쳐도 3억 2000만 인구 중 130만에 지나지 않는다.[24] 간디는 자이나교에게 깊은 영향을 받아 아힘사를 자신의 정책과 삶의 기반으로 받아들였다. 지금은 허리에 두르는 간단한 옷으로 만족하고 있는데 어쩌면 앞으로 굶어 죽을지도 모르겠다. 그러면 자이나교도들은 그를 위대한 영혼이 세상을 구하기 위해 주기적으로 육신을 입고 환생한 존재라는 지나 중 일인으로 추대할지도 모른다.

3. 부처에 대한 전설

자이나교와 불교처럼 금욕적이고 염세적인 종교들이 등장한 시대에서 2500년이 지난 지금에 와서, 당시의 경제와 정치, 도덕이 어떤 여건이었는지 살펴보는 것은 쉬운 일이 아니다. 아리아인이 인도를 지배하는 상황이 정착된 후에는 물질 면에서는 많은 발전이 이루어졌음이 분명하다. 파탈리푸트라와 바이샬리 같은 큰 도시들이 건설되었다. 산업과 교역은 부를 창출하고, 부는 여가를 만들어 냈으며, 여가는 지식과 문화를 발전시켰다. 아마 바로 이런 인도의 부유함이 기원전 7세기와 6세기의 쾌락주의와 물질주의를 만들어 냈을 것이다. 종교는 이런 번영에 묻혀 번성하지 못했다. 종교적인 굴레에 묶여 있던 감각들이 제약에서 해방되어, 그 해방을 정당화하는 철학들을 만들어 냈다. (우리 자신이 속한 시대는 말할 것도 없고) 유교가 지배하던 중국과 프로타고라스 학파가 지배하던 그리스에서 그러했듯이, 부처 시대의 인도에서도 유서 깊은 종교가 지적인 면에서 쇠퇴하게 되자 회의주의와 도덕적인 무정부 상태가 등장했다. 자이나교와 불교는 미몽에서 깨어난 시대의 음울한 무신론을 통해 잉태되었다. 하지만 이 두 종교는 "종교의 굴레에서 해방되어" 세속적인 여가를 즐기는 계층에서 가르치는 쾌락주의에 반발하여 등장한 종교였다.*

힌두에서 전해 내려오는 전승에 의하면 부처의 아버지 숫도다나는 세속적인 사람으로 자부심이 강한 샤캬 부족에 속하는 카우타마 씨족의 일원이며, 히말라야 산맥의 기슭에 자리 잡은 카필라바스투 왕국의 왕자 혹은 왕이었다고 한다.[25] 그러나 우리는 사실 부처에 대해 확실하게 아는 것이 없다. 그러므로 만일 여기서 그의 이름을 둘러싸고 형성된 이야기들을 전한다면, 그것은 그런 이야기들이 역사이기 때문이 아니라 힌두 문학과 아시아 종교에서 중요한 부분이기 때문이다. 학자들은 그의 출생 시기를 대략 기원전 563년경으로 잡을 뿐 그 이상은 말하지 않는다. 전설은 설화를 받아들이고는 우리에게, 인간이 어떤 생소한 방법들로 수태될 수 있는지 보여 준다. 『자타카(*Jataka*)』** 중 한 권은 이렇게 말하고 있다. 그 당시에

카필라바스투라는 도시에서 보름달 축제가 …… 선포되었다. 마야 왕비는 보름이

---

* 이 시대는 천재들이 많이 등장한 시대라고 일컬어지는 경우가 많다. 인도의 마하비라와 부처, 중국의 노자와 공자, 유대의 예레미야와 제2이사야, 그리스의 소크라테스 이전 철학자들 그리고 어쩌면 페르시아의 자라투스트라 등. 이렇게 많은 천재들이 같은 시대에 동시에 태어났다는 사실은 이런 고대 문화들이 오늘날 분명하게 추적할 수 있는 것보다 더 많이 서로 교통하고 서로 영향을 주고받았음을 암시한다.
** 서기 5세기 무렵에 기록된 부처의 전생 설화집. 다른 전설 랄리타비스타라(Lalitavistara, 방광대장엄경)는 에드윈 아놀드 경(Sir Edwin Arnold)이 의역하여 「아시아의 빛」이라는 제목으로 발표했다.

되기 7일 전부터 술을 입에 대지 않고 화환과 향으로 몸을 꾸미고 축제를 즐겼다. 7일째 되는 날은 아침 일찍 일어나 향내가 나는 물로 목욕을 하고는 40만 냥을 풀어 크게 보시를 했다. 왕비는 갖가지 단장을 하고 맛있는 음식을 먹은 후에 우포사타(Uposatha, 포살(布薩))의 서원들*을 지켰다. 그리고 잘 꾸며진 침실로 들어가 침상에 누워 잠이 들었다. 잠이 든 왕비는 이런 꿈을 꾸었다.

네 명의 위대한 왕들이 함께 왕비를 침대째 들고 히말라야로 데리고 가서는 마노실라 고원에 내려놓은 것 같았다. …… 그런 다음 그 왕들의 왕비들이 와서 마야를 아노타나 호수로 데리고 가서 인간의 때를 벗긴 후에 하늘의 옷을 입히고 향을 바르고 신의 꽃으로 단장시켰다. 거기서 멀지 않은 곳에 은산이 있고 그 산에는 황금집이 한 채 있었다. 그 왕비들이 그 집에서 침대 머리가 동쪽으로 향하게 한 후에 마야를 그 침대에 눕혔다. 그러자 보디사트바(Bodhisattwa, 보리살타, 보살(菩薩))**가 흰 코끼리로 변했다. 그곳에서 멀지 않은 곳에 황금산이 있었다. 코끼리는 그곳으로 가더니 금산에서 내려와 북쪽 방향에서 은산으로 다가갔다. 코끼리는 은으로 만든 밧줄처럼 생긴 코로 흰 연꽃을 집어 들었다. 나팔 같은 소리를 내더니 황금으로 된 집으로 들어가 자기 어머니가 누워 있는 침대 주변을 오른쪽 방향으로 세 번 돌았다. 그러고는 어머니의 오른쪽 옆구리를 열고 모태 속으로 들어갔다. 이렇게 하여 보디사트바는 …… 새로운 존재를 얻었다.

다음 날 왕비는 일어나 왕에게 꿈 이야기를 해 주었다. 그 꿈 이야기를 듣고 왕은 예순네 명의 유명한 브라만을 부르고는 경의를 표한 후에 좋은 음식으로 접대하고 다른 선물들도 주었다. 브라만들이 이런 좋은 대접을 받고 만족스러워하자 왕은 그 꿈 이야기를 해 주고는 어떤 일이 일어나겠느냐고 물었다. 그러자 브라만들은 이렇

---

* 즉 보름과 초하루 그리고 그 둘 사이에 8일째 되는 날 두 번, 이렇게 한 달에 4일을 우포사타라는 신성한 날로 잡고 그 4일에 지키는 서원들을 말한다.[26]

** 즉 부처가 되기로 정해진 자. 여기서는 부처 자신을 의미한다. 부처란 '깨달음을 얻은 자'라는 뜻으로, 성은 가우타마이고 이름은 싯다르타라는 스승의 많은 칭호 중 하나다. 그는 샤카 가문의 현자라는 뜻의 석가모니(釋迦牟尼)와 진리를 깨달은 자라는 뜻의 타타가타(Tathagata, 여래(如來))라고도 부른다. 우리가 아는 한 부처는 이런 호칭을 자신에게 붙인 적이 없었다.[27]

게 말했다. "왕이여, 염려할 일이 아닙니다. 왕비가 아들이든 딸이든 수태한 것이니 왕은 아들을 얻을 것입니다. 그 아들이 집 안에 머문다면 왕이 되어 우주를 다스릴 것입니다. 그러나 집을 떠나 세상으로 나간다면 세상에서 (무지의) 베일을 벗기는 부처가 될 것입니다."

마야 왕비는 그릇에 기름을 담고 있는 것처럼 소중하게 열 달 동안 보디사트바를 몸 안에 담고 있었다. 산달이 다가오자 자기 친척 집에 가고 싶은 마음이 들어 숫도다나 왕에게 말했다. "왕이여, 데바다하에 있는 친정에 가고 싶습니다." 왕은 승낙하고 카필라바스투에서부터 데바다하까지 길을 정비하고 질경이와 옥잠화와 깃발로 가득 채운 그릇으로 단장하게 했다. 그리고 왕비를 천 명의 관료들이 메는 황금 가마에 태우고 수많은 수행원을 동행시켰다. 그 두 도시 사이에는 두 곳의 주민들의 소유지이며 사라수나무들이 우거진 쾌적한 숲이 있었다. 이 숲이 룸비니 동산이다. 그때는 그 나무에 가지 끝에서부터 뿌리까지 꽃이 활짝 피는 시기였다. …… 왕비는 그 모습을 보고 숲에서 쉬고 싶은 마음이 들었다. …… 왕비는 큰 사라수나무 밑으로 가서 가지를 잡으려고 했다. 그러자 그 가지가 부드러운 갈대 끝처럼 휘어져 손에 닿을 만큼 내려왔다. 왕비는 팔을 뻗어 가지를 잡았다. 그 순간 왕비는 진통을 느끼고 몸을 떨었다. 그러자 많은 사람들이 왕비의 주변에 휘장을 치고 물러갔다. 왕비는 사라수나무 가지를 붙들고 서 있는 자세에서 분만을 했다. …… 다른 존재들은 태어날 때 불결한 물질로 더러워진 상태로 태어나지만 보디사트바는 달랐다. 보디사트바는 깨달음의 자리에서 내려와 깨달음을 전하는 교사처럼, 계단을 내려오는 사람처럼 팔다리를 펴고 땅에 닿지도 않고 불결한 것으로 더러워지지도 않고 베나레스 천에 놓인 보석처럼 빛을 내며 어머니의 모태에서 내려왔다.[28]

더 이해해야 할 것은 부처가 태어날 때 하늘에 밝은 빛이 나타나고, 귀먹은 사람들이 듣게 되고, 말 못하는 사람들이 말을 하게 되고, 다리를 저는 사람들이 다리를 곧게 펴고, 신들이 하늘에서 내려와 부처를 도왔으며, 왕들이 멀리서 와서 그를 환영했다는 점이다. 전설은 부처의 청년기에 그를 에워쌌던 화려함과 호사스러움을 총천연색 그림으로 그리고 있다. 그는 사랑하는 아버지가 인간의 삶에서 나타나는 고통이나 슬픔과 접촉하는 일이 없도록 지켜 주는 보호를 받으며 세 개의 궁전에서 "신처럼" 행복하게 사는 왕자였다. 4000명의 무희들이 그를 즐겁게 해 주었으며, 성년이 되자 그에게 400명의 여자들을 보내 그 중 1명을 아내로 선택할 수 있게 했다. 크샤트리아 카스트의 일원이었으므로 군사 훈련도 세심하게 받았으나, 현자들에게 교육을 받아 당시에 유행하는 철학적인 학설에도 조예가 깊었다.[29] 결혼도 하여 행복한 아버지가 되어 부와 평화와 좋은 평판을 누리며 생활했다.

경건한 전승이 전하는 말에 의하면 그러던 어느 날 그는 궁전에서 빠져나가 사람들이 오가는 거리들을 둘러보다 노인은 보게 되었다고 한다. 다른 날에는 빠져나가 병든 사람을 보았다. 세 번째 날에는 죽은 사람을 보았다. 제자들이 수록한 신성한 책들에서 그는 그 이야기를 이렇게 감동적으로 이야기하고 있다.

수행자들이여, 당시 나는 대단한 왕족으로 태어나 지나칠 정도로 섬세하던 시절이었으므로 이렇게 생각했습니다. "무지하고 평범한 사람은 자기도 나이를 먹지만 아직 나이 들지 않았을 때는 노인을 보면 자기도 그렇게 되리라고 생각하고는 고민하고 수치스러워하며 불쾌하게 생각한다. 나 역시 나이를 먹지만 아직 나이가 들지는 않았다. 그러면 내가 나이를 먹어 가면서도, …… 노인을 보면 고민하고 수치스러워하고 불쾌하게 생각해야 하는가?" 그런 일은 내게 어울리지 않는 것 같았습니다. 이렇게 생각하게 되자 젊음에서 오는 의기양양함이 갑자기 사라지고 말았습니다. …… 그러니, 수행자들이여, 나 역시 깨달음을 얻기 전에는 출생에 매여 있었으므로 출생의 본성을 열심히 찾았습니다. 노년에 매어 있었으므로 노년의 본성을 열심히 찾았으며 이렇게 질병과 슬픔, 불결함의 본성을 찾아 헤맸습니다. 그런 다음에 생각해 보았습니다. "내 자신이 출생에 매어 있으므로 출생의 본성을 열심히 찾고, …… 내 자신이 출생의 본성이 비참한 것임을 알았으니 태어나지 않는 상태, 즉 지극히 평화로운 열반을 추구하면 어떨까?"[30]

죽음은 모든 종교의 기원이다. 그러므로 아마 죽음이 없었다면 신도 없었을 것이다. 부처에게는 이런 광경들은 깨달음의 시작이었을 것이다. 그는 종교에 귀의한 사람처럼 갑자기 아버지*와 아내, 갓난 아들을 떠나기로 결심했다. 그는 밤중에 몰래 아내의 방으로 들어가 마지막으로 아들 라훌라를 한 번 보려고 했다. 불교의 경전에서 가우타마를 따르는 모든 신도들이 신성하게 여기는 한 단락에서 하는 말에 의하면, 바로 그때는

향내 나는 기름이 담긴 등에 불이 켜져 있었다. 재스민과 여타의 꽃들로 덮여 있는 침대에는 아내가 라훌라의 머리에 손을 얹은 모습으로 잠들어 있었다. 보디사트바는 아들의 발치에 서서 바라보며 생각에 잠겼다. "왕비의 손을 옮기고 아들을 안으면 왕비가 깰 것이다. 그러면 떠나는 데 방해가 될 것이다. 나중에 부처가 되면 돌아와서 아들을 보자." 그는 그 길로 돌아서서 궁전을 빠져나왔다.[31]

그는 아침의 어둠 속에서 자기 말 칸타카를 타고, 끝까지 따라붙는 마부 차우나와 함께 도시를 나섰다. 그때 악의 화신 마라가 그에게 나타나 큰 제국들을 주겠다고 유혹했다. 그러나 부처는 유혹을 물리치고 말을 탄 채 한 걸음에 큰 강을 건넜다. 고향을 한 번 더 보고 싶은 생각이 들었으나 돌아서지 않았다. 그러자 넓은 대지도 방향을 바꾸어 그가 뒤돌아보지 못하게 막았다.[32]

그는 우루벨라라는 곳에서 걸음을 멈췄다. 그는 이렇게 말하고 있다. "그곳에서 나는 속으로 생각했습니다. 이곳이야말로 정말 쾌적한 장소이고 아름다운 숲이다. 맑은 강물이 흘러서 목욕하기에도 좋다. 주변이 온통 풀밭이고 마을들도 있다." 그는 이곳에서 극단적인 형태의 고행에 몰두했다. 6년 동안 그는

---

* 그의 어머니는 그를 낳다가 세상을 떠났다.

인도에 이미 등장해 있던 요가 수행자들이 택하고 있던 방법들을 따라 했다. 야생 열매들과 풀만 먹기도 하고 한동안은 거름만 먹으며 지냈다. 점점 음식을 줄여 나가 하루에 쌀 한 톨만 먹기도 했다. 머리카락으로 짠 옷을 입고 자신을 괴롭히기 위해 머리카락이나 수염을 뽑거나 오랫동안 서 있거나 가시덤불 위에 눕기도 했다. 몸에 먼지와 티끌이 쌓이도록 내버려 두어 나중에는 고목나무처럼 보이기도 했다. 죽은 사람들의 시신을 새나 짐승이 먹도록 드러내 놓은 곳을 자주 찾아가 썩어 가는 시신들 속에 껴서 자기도 했다. 그후에 그는 우리에게 다시 말한다.

나는 생각했습니다. 이제는 이를 악물고 입을 다물고 내 정신으로 내 정신을 억제하고 짓누르고 불태우면 어떨까? (난 실제로 그렇게 생각했습니다.) 그러자 겨드랑이에서 식은땀이 흘렀습니다. …… 그러자 나는 생각했습니다. 숨을 쉬지 말고 혼수상태에 빠지면 어떨까? 실제로 그렇게 하자 귀에서 거센 바람소리가 들렸습니다. …… 마치 강건한 사람이 칼끝으로 자기 머리를 찌르려는 것처럼 거센 바람이 내 머리를 휘저었습니다. …… 그러므로 생각했습니다. 음식을 강낭콩이든 야생 완두콩이든 병아리콩이든 한 움큼 쥘 정도로 조금만 먹으면 어떨까. …… 내 몸은 극도로 수척해졌습니다. 음식을 거의 먹지 않았으므로 내가 앉았던 자리는 낙타의 발자국 정도밖에 되지 않았습니다. 몸을 굽혔다가 펴면 등뼈가 물렛가락처럼 보였습니다. 또한 우물이 깊으면 저 밑바닥에서 반짝이는 물빛만 보이는 것처럼 내 눈도 깊이 들어가 반짝이는 눈빛만 보였습니다. 호리병박이 줄기에서 떨어지면 비와 태양 때문에 갈라지고 말라 버리는 것처럼 내 머리의 피부도 거칠어졌습니다. 위장을 만져 보자고 생각했을 때 실제로 잡힌 것은 척추였습니다. …… 좀 편히 있고 싶다고 생각했을 때 앞으로 쓰러지고 말았습니다. 몸을 좀 풀어 주려고 손으로 팔다리를 주무르자 몸에서 상한 털들이 우수수 떨어졌습니다.[33]

그러나 어느 날 부처는 고행은 길이 아니라고 생각하게 되었다. 아마 그날은 특별히 배가 고팠거나 무언가 아름다운 추억이 떠올랐을 것이다. 새로운 깨달음은 이런 고행을 통해 얻어지는 것이 아니라는 것을 알게 되었다. "나는 이런 혹독한 방법으로는 초인적인 (정말 고귀한) 지혜와 깨달음을 얻지 못합니다." 오히려 자기를 괴롭히면서 생기는 어떤 교만함이 그렇게 해서 생길지도 모르는 신성함을 막는 독소가 되었다. 그는 고행을 접고 그늘을 드리우고 있는 나무* 밑으로 가서 앉았다. 그곳에서 조용히 앉아 움직이지도 않은 채, 깨달음을 얻을 때까지는 그 자리를 떠나지 않기로 했다. 그는 자신에게 물었다. 인간이 겪는 슬픔과 고통, 질병, 늙음, 죽음은 어디서 오는가? 삶의 흐름 속에서 죽음과 출생이 무한이 이어지는 환상이 갑자기 떠올랐다. 그는 죽음이 새로운 출생으로 무너지고 평화와 기쁨이 새로운 욕망과 불만, 새로운 절망, 새로운 슬픔과 고통으로 상쇄되는 모습을 보았다. "그러므로 나는 정신을 맑고 깨끗하게 한 후에 집중하여, …… 존재들의 죽음과 환생에 주목했습니다. 신성하고 성결하고 초인적인 환상 속에서 행복하거나 불행한 존재들이 죽은 후에 자신의 '카르마(karma, 업(業))'에 따라 좋은 피부색과 나쁜 피부색으로 높고 낮게 환생하는 모습을 보았습니다." 선한 행위나 악한 행위는 모두 이생에서든 언젠가 영혼이 환생할 때든 보편적인 이 법에 따라 상을 받거나 형벌을 받게 될 것이다.

죽음과 출생이 이렇듯 우스꽝스럽게 계속 이어지는 환상을 본 후 그는 인간의 삶에 대해 냉소하게 되었다. 그 자신의 말에 의하면 출생이란 모든 악의 근원이다. 하지만 출생은 끝없이 되풀이되며, 인간이 겪는 슬픔의 강을 계속 채운다. 만일 출생이 중단될 수 있다면 …… 어째서 출생은 중단되지 않는 것인가?** 카르마의 법이, 영혼이 전생에서 지은 악을 속죄할 수 있도록 하기 위해 새로운 환생을 요구하기 때문이다. 그러나 만일 사람이 변함없이 인내하며 누구에게나 친절하게 대하는 온전히 의로운 삶을 살 수 있다면, 만일 생겨났다가 소멸

---

* 이 보리수는 후에 불교도들의 숭배 대상이 되었으며, 보드가야를 찾는 관광객들에게 지금도 여전히 모습을 보여 주고 있다.

** 쇼펜하우어의 철학은 이 문제에서 시작되고 있다.

되는 것들에 마음을 빼앗기는 일 없이 영원한 것들에만 생각을 묶어 둘 수 있다면, 아마 그 사람은 환생에서 벗어나게 되고 그의 악의 샘은 마르게 될 것이다. 만일 사람이 자신의 욕망을 모두 다스리고 선행만 추구한다면 인류에게 가장 먼저 찾아온 가장 나쁜 미망인 개별성이 극복되어 그 영혼은 마침내 무의식세계의 무한성으로 바뀔 것이다. 사욕을 모두 벗어 버리면 어떤 평화가 마음에 깃들 것인가! 그리고 그렇게 깨끗이 비워 버리지 못하고도 평화를 누릴 수 있는 마음이 있겠는가? 행복이란 이교 신앙에서 생각하는 것처럼 이생에서 가능한 것도 아니고 많은 종교에서 생각하는 것처럼 내세에서 가능한 것도 아니다. 가능한 것은 오직 평화, 욕망이 사라진 온전한 평온함, 오직 열반뿐이다.

그러므로 7년 동안 해온 명상 생활을 끝내고 "깨달음을 얻은 자"는 인간이 고통을 당하게 되는 원인을 깨달았으므로 성도(聖都) 베나레스로 갔다. 그는 그곳에 있는 사슴 공원 사르나트(Sarnath, 녹야원)에서 사람들에게 열반을 가르쳤다.

4. 부처의 가르침*

당시의 다른 교사들처럼 부처 역시 대화와 강론, 비유를 통해 가르쳤다. 소크라테스나 그리스도와 마찬가지로 자신의 가르침을 글로 옮긴다는 생각은 떠

---

* 부처의 가르침이라는 현존하는 가장 오래된 문서들은 '법의 바구니들' 또는 '피타카(Pitakas, 삼장(三藏))'다. 이 문서들은 기원전 241년 불교 회의를 위해 마련되어 이 회의에서 진품으로 받아들여졌으나, 부처 사후 4세기 동안 구전으로만 전해 내려오다가 마침내 기원전 80년에 팔리어로 기록되었다. 이 피타카는 설화집 수타(Sutta, 경장(經藏))와 계율집 비나야(Vinaya, 율장(律藏)), 교리집 아비담마(Abhidhamma, 논장(論藏)) 세 부분으로 구분된다. 수타 피타카는 부처의 대화들을 담고 있는데, 리스 데이비스(Rhys Davids)는 이 문서를 플라톤의 대화편들과 동일한 수준에 속하는 것으로 분류하고 있다.[34] 그러나 엄밀하게 말하면 이 문서들이 우리에게 전하는 가르침은 반드시 부처 자신의 가르침이 아니라 불교 학파들의 가르침이다. 찰스 엘리엇 경(Sir Charles Eliot)은 이렇게 말하고 있다. "이 설화들은 몇 세기 동안에 나타난 새로운 내용을 받아들인 편집물이다. 그러나 나는 가장 오래된 층에는 스승을 직접 보고 들은 제자들의 기억들이 담겨 있다는 것을 의심할 이유가 없다."[35]

오르지 않았으므로 부처는 기억하기 쉽게 만들어진 수트라(실들(threads))로 요약했다. 이 대화들은 그를 따랐던 제자들의 기억 형태로 보존되어 있으므로, 인도의 역사에서 가장 독특한 인물의 모습을 우리를 위해 무의식적으로 묘사하고 있다. 그 묘사에 의하면 그는 강한 의지와 권위, 자부심을 가졌지만 언행이 온유하고 무한히 자비로운 사람이었다. 그가 주장한 것은 깨달음이지 영감이 아니었다. 그는 신이 자기를 통해서 말하고 있는 척하지 않았다는 말이다. 논쟁이 벌어지더라도 그는 인류의 다른 위대한 스승들보다 더 인내심이 많고 사려가 깊었다. 그의 제자들은 아마 그를 이상화시켜서 아힘사를 완벽하게 실천하고 있는 인물로 그려 놓았을 것이다. "살아 있는 것들을 죽이는 일을 버린 은둔자 가우타마는 살생을 멀리한다." (한때는 크샤트리아의 전사였지만) "그는 곤봉과 칼을 버리고 거칠었던 시절을 부끄러워하며 자비로 가득 차 있다. 그는 생명이 있는 모든 피조물에게 자비와 친절을 베풀며 지낸다. …… 비방하는 말을 버린 가우타마는 비방을 멀리한다. …… 그러므로 그는 분열되어 있는 사람들을 묶어 주는 사람으로, 친구로 지내는 사람들을 격려하는 사람으로, 평화를 열렬하게 옹호하는 평화주의자로, 평화를 안겨 주는 말을 하는 사람으로 지내고 있다."[36] 노자나 그리스도처럼 부처 역시 악을 선으로, 미움을 사랑으로 갚고자 했다. 그리고 오해를 받거나 능욕을 당하는 일이 벌어지면 조용히 침묵했다. "만일 어떤 사람이 나를 부당하게 대하는 어리석은 일을 하면, 나는 마음에서 우러나오는 사랑으로 그를 보호하는 것으로 갚아 주겠다. 그 사람이 악을 더 많이 행하면 행할수록 나는 더욱 더 많은 선으로 대할 것이다." 언젠가 어리석은 사람이 그를 능욕하자 부처는 조용히 귀를 기울였다. 그러나 그 사람이 말을 마치자 부처는 그 사람에게 물었다. "아들이여, 만일 어떤 사람이 자기에게 준 선물을 받아들이지 않으면 그 선물은 누구의 것입니까?" 그 사람이 대답했다. "그 선물을 준 사람의 것이다." 부처가 말했다. "나의 아들이여, 부탁하노니 그대의 능욕을 받아들이지 않고 그대 자신을 위해 그 능욕을 간수해 주십시오."[37] 대부분의 성인들과는 달리 부처는 유머 감각이 있었으며, 웃음이 빠진 형이상학은 무례한 것이라는 사실을 알고 있었다.

부처가 가르친 방법은 독특했다. 물론 어느 정도는 그 당시 여행하며 궤변을 늘어놓는 유랑자들 덕분이기는 했다. 그는 아끼는 제자들과 함께 이 마을 저 마을로 걸어 다녔으며, 1200명이나 되는 신도들이 따라다녔다. 그는 내일을 생각하지 않고, 그를 흠모하는 사람이 공양하면 그것으로 만족했다. 언젠가는 창녀의 집에서 식사를 하여 추종자들을 당황하게 만들기도 했다.[38] 그는 마을 어귀에 멈춰서 들이나 숲, 강둑에다 천막을 쳤다. 오후에는 명상에 잠기고 저녁이 되면 가르쳤다. 그는 소크라테스식의 질문이나 도덕적인 우화, 격식을 갖춘 논쟁, 간명한 경구의 형태로 강론을 했다. 그는 간명한 경구를 통해 자신의 가르침을 간명하고 정연하게 요약하고자 했다. 그가 좋아한 수트라는 네 가지 성스러운 진리였다. 그는 이 진리들을 통해 자신의 견해를 설명했다. 인생은 고통이며 고통은 욕망에서 비롯된다는 것과 지혜는 모든 욕망을 잠재우는 데 있다는 견해 말이다.

1. 수행자들이여, 이것이 고통에 대한 성스러운 진리입니다. 출생은 고통스러운 것이고, 질병은 고통스러운 것이고, 늙음은 고통스러운 것이며, 슬픔과 비탄, 낙담, 절망은 고통스러운 것입니다.

2. 수행자들이여, 이것이 고통의 원인에 대한 성스러운 진리입니다. 쾌락 및 정욕과 결합하여 여기저기서 쾌락을 찾아 환생으로 이어지는 갈망이 그 원인입니다. 즉 정념에 대한 갈망과 존재에 대한 갈망, 비존재에 대한 갈망이 그것입니다.

3. 수행자들이여, 이것이 고통의 소멸에 대한 성스러운 진리입니다. 그 갈망을 그만두고, 버리고, 떠나보내고, 애착을 끊어서 하나도 남김 없이 소멸시키는 것이 그것입니다.

4. 수행자들이여, 이것이 고통을 소멸로 이어지는 길에 대한 성스러운 진리입니다. 이것이 성스러운 여덟 가지 길입니다. 즉 바른 견해와 바른 사유, 바른 말, 바른 행실, 바른 생활, 바른 노력, 바른 새김, 바른 정신 통일입니다.[39]

부처는 인간의 삶에는 즐거움보다 고통이 훨씬 더 많으므로 태어나지 않는 것이 더 좋을 것이라고 확신했다. 4대양에 있는 물을 다 합친 것보다 더 많은 눈물이 흐른다고 그는 우리에게 말한다.[40] 그가 보기에 모든 쾌락은 순간적인 것이지만 독과 같았다. 그는 한 제자에게 묻는다. "슬픔과 기쁨 중 어떤 것이 더 덧없는 것입니까?" "스승님, 슬픔입니다."[41] 그러므로 기본적인 악은 탄하(tanha, 갈애(渴愛))다. 즉 모든 욕망이 아니라 이기적인 욕망, 전체의 유익보다는 부분의 이익으로 방향을 맞춘 욕망이다. 특히 성욕이다. 성욕은 번식으로 이어지며, 번식은 맹목적으로 삶의 사슬을 새로운 고통으로 연결시키기 때문이다. 한 제자가 부처는 자살을 인정할 것이라고 결론지었으나 부처는 그를 꾸짖었다. 자살은 쓸모없을 것이다. 영혼은 정화되지 않으면 자아를 완전히 잊을 때까지 다른 몸으로 다시 환생할 것이기 때문이다.

제자들이 올바른 생활에 대한 부처의 견해를 보다 분명하게 정의해 달라고 부탁하자 그는 그들의 생활 지침으로 다섯 가지 도덕 규칙(오계(伍戒))을 제시했다. 이 규칙들은 단순하고 짧막한 명령이지만 "그리스도교의 십계명보다 더 포괄적이고 더 지키기 힘들 것이다."[42]

1. 살생하지 말라.
2. 도둑질하지 말라.
3. 거짓말하지 말라.
4. 술 마시지 말라.
5. 음행하지 말라.[43]

다른 곳에서 부처는 이상하게도 그리스도를 예상하게 하는 요소들을 자신의 가르침에 도입했다. "분노를 친절로, 악을 선으로 이기도록 하십시오. …… 승리하는 것은 증오심을 낳고 승리를 빼앗긴 사람은 불행하기 때문입니다. …… 증오심은 증오심으로 소멸시킬 수 없습니다. 증오심을 소멸시키는 것은 사랑입니다."[44] 예수처럼 부처도 여자 앞에서는 불편함을 느꼈다. 그러므로 오랫동안 망설인 다음에야 불교 종단에 여자들 받아들였다. 아난다는 부처가 아끼는 제자였는데 언젠가 그가 물었다.

"스승이시여, 여자들을 대할 때는 어떻게 해야 합니까?"
"아난다여, 보지 못하는 것처럼 대하여라."
"하지만 보아야 한다면 그때는 어떻게 해야 합니까?"
"아난다여, 말을 하지 말아라."
"스승이시여, 여자들이 우리에게 말을 걸어오면 어떻게 해야 합니까?"
"아난다여, 정신을 바짝 차리도록 하라."[45]

부처의 종교관은 순전히 윤리적인 것이었다. 그는 행동에 대해서는 모든 것에 신경을 썼으나 의식이나 숭배, 형이상학이나 신학에 대해서는 조금도 관심을 보이지 않았다. 한 브라만이 가야(Gaya)에서 몸을 씻어 죄를 씻어 버리자고 제안했을 때 부처는 그에게 말했다. "브라만이여, 여기서 몸을 씻도록 하십시오. 바로 여기에서요. 모든 존재에게 자비를 베푸십시오. 만일 그대가 거짓말하지 않는다면, 살생하지 않는다면, 그대에게 주어지지 않은 것은 취하지 않는다면, 고행을 통해 얻으십시오. 가야로 간다고 무슨 유익을 얻겠습니까? 그대에게는 모든 물이 다 가야의 물입니다."[46] 종교 역사에서 부처가 세계적인 종교를 세우고서도 영원이나 불멸, 신에 대한 논의에 말려들지 않은 모습보다 더 이상한 것은 없다. 무한한 것은 신화이며, 원자는 우주를 결코 이해할 수 없다는 사실을 고백할 만한 겸손함도 갖추지 못한 철학자들이 만들어 낸 허구라고 그는 말한다. 그는 우주가 유한한가 아니면 무한한가 하는 문제를 놓고 논쟁하는 모습을 보고 미소 짓는다.[47] 마치 오늘날 물리학자들과 수학자들이 동일한 문제를 놓고 논쟁을 벌이는 무익한 천체신화론을 예견이라도 한 것처럼 말이다. 그는 세상이 시작이 있었는지 혹은 끝이 있을 것인지, 영혼이 몸과 같은 성질의 것인지 아니면 몸과는 별개의 것인지, 가장 위대한 성인에게도 하늘나라에서 상이 있을 것인지 하는 문제에 대해서는 아무런 의견을 말하지 않는다. 그와 같은 문제들을 "정글과 사막, 꼭두각시놀음, 몸부림, 사변의 뒤얽힌"[48]이라고 하며 그런 문제들에 대해서는 조금도 관여하려고 하지 않는다. 그런 문제들은 뜨거운 논쟁과 사적인 분노와 슬픔으로 이어질 뿐이며 지혜와 평화로 이어지는 일이 없다. 성스러움과 만족은 우주와 신을 아는 지식에 있는 것이 아니라 단지 이기심 없는 자비로운 삶에 있을 뿐이다.[49] 그러므로 그는 말썽의 여지가 있는 유머 감각으로, 비록 신들이 존재한다고 해도 신들 자신도 이런 문제들에 대해서는 대답할 수 없을 것이라고 한다.

케밧다여, 옛날에 바로 이 무리들 가운데 한 형제에게 궁금한 것이 생겼습니다. "물과 불, 흙, 공기라는 이 위대한 4원소가 흔적도 없이 소멸되는 곳은 어딜까?" 그러므로 그 형제는 그 답을 찾으려고 고심하다가 무아지경에 빠지게 되었고, 그 상태에서 신들의 세계로 나아가는 길을 환상으로 보게 되었습니다.

케밧다여, 그러자 그 형제는 사천왕(四天王)의 영역으로 올라가 그곳의 신들에게 물었습니다. "벗들이여, 위대한 4원소인 물과 불, 흙, 공기가 흔적도 없이 소멸되는 곳은 어디입니까?"

그 형제가 말을 마치자 사천왕이 있는 하늘에 있는 신들이 그에게 말했습니다. "형제여, 우리는 모릅니다. 하지만 우리보다 더 유능하고 더 영화로운 사천왕이 있습니다. 그 왕들은 알겠지요."

그 말을 듣고 그 형제는 사천왕에게로 갔습니다. (그곳에서도 똑같은 질문을 했으나 비슷한 말만 듣고 서른세 명의 신들에게로 보내졌습니다. 이 신들은 그를 다시 자기들의 왕 사카(Sakka, 제석(帝釋))에게로 보냈습니다. 그러나 사카는 그를 야마의 신들에게로 보내고, 이들은 자기들의 왕 수야마에게로, 수야마는 투시타(도솔천)의 신들에게로, 이 신들은 자기들의 왕 산투시타에게로, 산투시타는 님마나라티(다섯 번째 하늘)의 신들에게로, 이 신들은 다시 자기들의 왕 수님미타에게로, 수님미타는 파라님미타바사밧티의 신들에게로, 이 신들은 다시 자기들의 왕 바사밧티에게로, 그리고 바사밧티는 그를 브라마 세계의 신들에게로 보냈습니다.)

케밧다여, 그 형제가 다시 무아지경에 빠지게 되자 브라마의 세계로 가는 길이 평온한 그의 정신에 분명하게 떠올랐습니다. 그러므로 그는 브라마를 수행하는 신들에게 다가가서 물었습니다. "벗들이여, 물과 불, 흙, 공기, 이 위대한 4원소가 흔적도 없이 소멸되는 곳은 어디입니까?"

그가 말을 마치자 브라마를 수행하는 신들이 대답했습니다. "형제여, 우리는 모릅니다. 저기 브라마가 있습니다. 그는 위대한 브라마이며, 지고자, 능력자, 모든 것을 보는 자, 지배자, 만유의 주, 통치자, 창조자, 만유의 우두머리, …… 영원부터 존재하는 자, 지금 존재하고 있고 또 앞으로 존재하게 될 모든 것의 아버지입니다! 그는 우리보다 더 유능하고 영화로운 분입니다. 그는 알 것입니다."

"그런데 그 위대한 브라마는 지금 어디 있습니까?"

"형제여, 우리도 브라마가 어디 있는지 모릅니다. 왜 브라마가 존재하는지도 모르고 어디서 왔는지도 모릅니다. 그러나 형제여, 그가 오는 것을 알리는 징조가 나타나면 빛이 일어나고, 영광이 빛나면 그가 나타날 것입니다. 빛이 일어나고 영광이 빛나면 브라마가 나타난다는 징조니까요."

그러나 케밧다여, 머지않아 위대한 브라마가 나타났습니다. 그러자 그 형제는 브라마에게 가까이 가서 물었습니다. "벗이여, 물과 불, 흙, 공기, 이 위대한 4원소가 흔적도 없이 소멸되는 곳은 어디입니까?"

그가 말을 끝내자 그 위대한 브라마가 그에게 말했습니다. "형제여, 나는 위대한 브라마, 지고자, 능력자, 모든 것을 보는 자, 지배자, 만유의 주, 통치자, 창조자, 만유에게 제자리를 정해 주는 만유의 우두머리, 영원부터 존재하는 자, 지금 존재하고 있고 또 앞으로 존재하게 될 모든 것의 아버지입니다!"

이 말을 듣고 그 형제는 브라마에게 대답하며 말했습니다. "내가 그대에게 물은 것은 그대가 정말 지금 말한 모든 것이냐는 것이 아닙니다. 내가 물은 것은 이것입니다. 위대한 4원소인 물과 흙, 불, 공기가 흔적도 없이 소멸되는 곳은 어디입니까?"

하지만 케밧다여, 브라마는 전과 똑같은 대답을 했습니다. 그러므로 그 형제도 브라마에게 전과 똑같은 질문을 세 번째 했습니다.

그러자, 케밧다여, 위대한 브라마는 그 형제를 붙잡고 옆으로 데리고 가서 말했습니다. "형제여, 브라마를 수행하는 이 신들은 내가 보지 못하는 것이 없고, 내가 이해하지 못하는 것이 없으며, 내가 깨닫지 못하는 것이 없도록 나를 보좌하고 있습니다. 그러므로 그들 앞에서는 대답을 못합니다. 형제여, 물과 불, 흙, 공기, 이 4원소가 흔적도 소멸되는 곳이 어디인지 나도 모릅니다."[50]

몇몇 제자들이 부처에게 브라만들은 이런 문제들에 대한 해결책을 안다고 주장하고 있다고 일깨우자 그는 그들의 말을 웃어넘긴다. "형제들이여, 미꾸라지처럼 잘 빠져나가는 일부 은둔자들과 브라만들이 있습니다. 그런 사람들에게 이런저런 문제에 대해 물어 보면 그들은 애매하게 대답하며 미꾸라지처럼 잘도 빠져나갑니다."[51] 만일 그에게 신랄할 때가 있다면 그것은 당시의 승려들을 대할 때다. 그는 베다가 신들에게 영감을 받았다는 그들의 주장을 비웃는다.[52] 또한 카스트를 내세우는 교만한 브라만들에게 도전하며 카스트를 가리지 않고 모든 사람들을 자신의 종단에 받아들이고 있다. 그는 카스트 제도를 분명하게 비난하지는 않으나 제자들에게 이렇게 말한다. "모든 땅으로 가서 이 복음을 전하십시오. 가난한 사람들과 비천한 사람들, 부유한 사람들과 높은 사람들이 모두 하나이며, 강들이 바다에서 하나로 합쳐지는 것처럼 모든 카스트가 이 종교에서 하나로 합쳐진다고 하십시오."[53] 그는 신들에게 제사를 지낸다는 생각 자체를 비판하고, 이런 의식들을 위해 동물들을 도살하는 모습을 보면 질색한다.[54] 그는 초자연적인 존재들에게 바치는 모든 숭배 의식과 모든 진언과 주문, 모든 금욕과 모든 기도를 거부했다.[55] 아무런 논쟁도 벌이지 않고 조용히, 독단적인 교리와 성직자들의 간교한 술책을 완전히 배제한 종교를 제안하며, 불신자와 신자 모두에게 열려 있는 구원의 길을 선포한다.

힌두의 성인들 중 가장 유명한 이 사람은 불가지론에서 무신론으로 넘어갈 때가 가끔 있다.[56]* 그는 신을 부정할 정도로 밀고나가지는 않으며 가끔은 마치 브라마가 이상이 아니라 실재인 것처럼 말하기도 한다.[58] 또한 대중들이 신들을 숭배하는 것을 금지하지도 않는다.[59] 그러나 "알 수 없는 것"에게 기도를 드린다는 개념에 대해서는 웃어넘기고 만다. 그는 이렇게 말한다. "다른 누군가가 우리를 행복하거나 불행하게 할 수 있다고 생각하는 것은 어리석은 일이다."[60] 그런 것들은 언제나 우리 자신의 행동과 우리 자신의 욕망이 만들어 낸 산물이기 때문이다. 그는 자신의 도덕 강령의 기반으로 어떤 유형이든 초자연적인 강제력을 내세우지 않는다. 천국도 제시하지 않고 연옥과 지옥도 제시하지 않는다는 말이다.[61] 그는 생물학적 과정에 포함되어 있는 고통과 살생에 대해 너무나 민감하여, 어떤 인격적인 신이 그런 것들을 의도했다고 생각하지 못한다. 이런 우주적인 큰 실수들은 의도적인 설계를 보여 주는 증거라고 보기에는 너무 지나치다고 그는 생각한다.[62] 그가 이렇게 질서와 혼란, 선과 악이 섞여 있는 모습에서 발견하는 것은 영원한 실재의 중심이나 영원한 원리가 아니다.[63] 그가 발견하는 것은 오직 형이상학적으로 궁극적인 존재도 변하고 마는 끈질긴 생명의 소용돌이와 끊임없는 변화일 뿐이다.

부처는 신 없는 신학을 제안하는 것처럼 영혼 없는 심리학을 제안하기도 한다. 어떤 형태든 정령 숭배를 모두 거부하며 인간의 경우에도 마찬가지다. 그는 세상에 대해서는 헤라클레이토스와 베르그송과 견해를 같이하며 정신에 대해서는 흄과 같은 의견이다. 우리가 아는 것은 감각이 전부다. 그러므로 우리가 알 수 있는 한계 안에서는 모든 물질은 힘이며 모든 실체는 운동이다. 삶은 변화이며, 생성과 소멸의 중립적인 흐름이다. "혼"이란 우리들이 연약한 두뇌를 위해 편의상 아무런 보장도 없이 의식 상태들의 이면에 설정해 놓은 신화다.[64] 이런 "통각의 선험적인 단일성", 감각들과 지각들을 엮어 사고로 만드는 이 "정신"은 허깨비다. 존재하는 것은 오직 자동적으로 기억과 관념으로 분류

---

* 찰스 엘리엇 경은 이렇게 말하고 있다. 부처에게서는 "세상도 인격적인 신의 솜씨로 생각되지 않고, 도덕 법칙들도 그 신의 의지로 생각되지 않는다. 이런 개념도 없이 종교가 존재할 수 있다는 사실은 대단히 중요하다."[57]

되는 감각들과 지각들뿐이다.[65] 심지어는 소중한 "자아"도 이런 정신 상태들과는 다른 독특한 실체가 아니다. 단지 이런 상태들의 연속성, 즉 유기체의 정신적 도덕적 습관과 기질, 성향에 힘입어 앞의 상대를 후의 상태로 기억하는 것일 뿐이다.[66] 이런 상태들이 연속성을 나타내게 되는 것은 그런 상태들에 첨가된 어떤 신화적인 "의지" 때문이 아니라 유전인자와 습관, 환경, 상황이 결정론적으로 작용하기 때문이다.[67] 정신적인 상태에 지나지 않는 이런 유동적인 정신, 즉 무기력하게 물려받은 유전적 요소와 덧없는 경험을 통해 형성된 특성이나 편견일 뿐인 영혼 혹은 자아는 개별자의 연속성을 내포하는 의미로는 불멸성을 지닐 수 없다.[68] 성인들도, 심지어는 부처 자신도 하나의 인격체로서는 죽음에서 살아남지 못할 것이다.[69]

그러나 그렇다면 어떻게 환생이 가능한가? 만일 영혼이 없다면 어떻게 다른 존재로 옮겨져, 이 몸으로 있는 동안 지은 죄들에 대해 벌을 받을 수 있는가? 여기에 불교 철학의 약점이 있다. 부처는 자신의 합리주의적인 심리학과 무비판적으로 수용한 환생 사이에서 나타나는 모순을 직시하지 않는다. 환생에 대한 믿음은 인도에서 매우 보편적인 것이다. 그러므로 거의 모든 힌두인들은 그 신앙을 하나의 공리나 가정으로 받아들이고는 증명하려고 하지 않는다. 세대들의 존속 기간이 짧고 계속 이어진다는 사실은 활력, 신학적으로 말하면 영혼의 윤회를 암시할 수밖에 없다. 부처는 들이마시는 공기처럼 자연스럽게 그 개념을 받아들였다. 그는 이 개념을 의심해 본 적이 없는 것 같다.[70] "환생의 수레바퀴"와 "카르마의 법"을 당연한 것으로 받아들였다. 그가 생각한 것은 어떻게 이 수레바퀴를 벗어날 수 있는가, 어떻게 이생에서 "열반"에 도달하여 내생에서 소멸될 수 있는가 하는 것이었다.

그러나 열반이란 무엇인가? 이 물음에 대해서는 틀린 답을 찾기가 어렵다. 불교의 스승이 이 문제를 모호한 상태로 남겨 놓았으므로 그의 신도들이 그 말에다, 해 아래 존재하는 모든 의미를 부여했기 때문이다. 일반적으로 산스크리트어에서는 그 말을 등불이나 불이 꺼지는 것처럼 "소멸된" 상태를 의미하는 것으로 사용한다. 불경은 그 말을 다음을 의미하는 것으로 사용한다. (1) 이생에서 이기적인 욕망들을 완전히 비움으로써 얻을 수 있는 행복한 상태, (2) 개별자가 환생에서 벗어나는 해방, (3) 개별적인 의식의 소멸, (4) 개별자와 신의 합일, (5) 사후에 가는 행복한 극락세계. 부처의 가르침에서는 개별적인 욕망을 모두 소멸하여 그에 대한 상으로 환생에서 벗어나는 것을 의미하는 것 같았다.[71] 불교의 문헌에서는 현세적인 의미를 갖는 경우가 많다. 아라한 혹은 성인은 이생에서 열반의 일곱 가지 구성 요소(침착함과 진리 탐구, 활력, 고요함, 즐거움, 집중, 아량)를 얻음으로써 열반에 도달한 것으로 거듭 묘사되고 있기 때문이다.[72] 그러나 이런 것들은 열반의 내용이지 생성 원인이 아니다. 열반의 원인과 근원은 이기적인 욕망의 소멸이다. 그러므로 대부분의 초기 맥락에서는 열반이 자아를 도덕적으로 소멸시킨 데 대한 상으로 얻게 되는 고통 없는 평화를 의미하게 된다.[73] 부처는 말한다. "이것이 고통에서 벗어나는 것에 대한 성스러운 진리입니다. 진실로, 정념을 하나도 남기지 않고 소멸시키는 것, 갈망에서 오는 이런 목마름, 자기 본위의 욕망에서 오는 이런 열기를 버리는 것, 제거하는 것, 벗어나는 것, 더 이상 품지 않는 것이 그것입니다."[74] 불교 스승의 가르침을 담은 문헌에서 이 말은 거의 언제나, 더 이상 자체 영혼에 대해서는 염려하지 않는 영혼이 조용히 만족을 누리는 복된 상태와 동일한 의미로 사용된다.[75] 그러나 완벽한 열반에는 소멸이 포함된다. 즉 최고의 성스러움에 대한 상은 결코 환생하지 않는 것이다.[76]

결국 우리는 도덕적, 심리적 개인주의가 불합리하다는 사실을 깨닫게 된다고 부처는 말한다. 우리의 괴로워하는 자아들은 실재로 분리되어 있는 별개의 존재와 힘이 아니다. 생의 흐름 위에 떠 있는 덧없는 잔물결이며, 바람에 날리는 운명의 그물눈을 형성하고 또 그 속에 얽혀 있는 작은 매듭이다. 우리가 우리 자신을 하나의 전체를 이루고 있는 부분으로 이해하게 될 때, 우리가 우리의 자아와 욕망을 전체의 관점에서 바로잡을 때, 우리가 사적으로 겪는 좌절과 패배, 우리가 겪는 다양한 고통과 피할 수 없는 죽음은 더 이상 이전처럼 심하게 우리를 슬프게 하지 않는다. 그런 것들은 출렁거리는 무한 속으로 모습을 감추게 된다. 우리가 우리의 개별적인 생이 아니라 모든 사람들과 모든 생명체들을 사랑하는 법을 배우게 될 때 마침내 평화를 발견할 것이다.

5. 부처의 만년

지금까지는 이런 고상한 철학을 살펴보았지만 이제는 전설로 넘어간다. 이 전설들은 우리가 부처의 후기 생애와 죽음에 대해 알고 있는 모든 것이다. 부처는 기적을 비웃었으나 그의 제자들은 그가 행한 기이한 일들에 대해 수많은 이야기를 만들어 냈다. 그는 마술처럼 갠지스 강을 한순간에 건넜다. 그가 떨어트린 이쑤시개가 싹이 나고 자라서 나무가 되었다. 그가 설법을 마치자 "세상을 유지하고 있는 천 개의 체계가 흔들렸다."[77] 적대자 데바닷타가 부처에 맞서 사나운 코끼리를 보냈을 때 부처가 "그 코끼리에게 사랑을 가득 채워 주자" 얌전해졌다.[78] 스나르(Senart)와 그 밖의 다른 학자들이 이런 유쾌한 이야기들을 근거로 삼아 추론하여 내린 결론은 부처에 관한 전설은 고대의 태양 신화들을 바탕으로 하여 형성되었다는 것이다.[79] 하지만 이것은 중요하지 않다. 우리에게 부처란 불교 문헌에서 그에게 돌리고 있는 사상들을 의미하며, 존재하는 것은 이런 부처이기 때문이다.

불교의 경전들은 부처를 호감이 가는 인물로 그리고 있다. 많은 제자들이 몰려들었으며, 인도 북부의 많은 도시로 명성이 널리 퍼졌다. 그의 아버지는 부처가 카파필라바스투 근처에 왔다는 소식을 들었을 때 사자를 보내, 어린 시절에 살던 집으로 와서 하루 머물라고 초대했다. 그가 집으로 가자 왕자를 잃은 슬픔에 잠겨 있던 아버지는 성인이 돌아온 것을 보고 (잠시) 기뻐했다. 부처가 떠난 후에도 내내 그에게 성실했던 아내는 그의 앞에 엎드려 발을 부여잡고 머리를 발 위에 얹고 마치 신을 대하는 것처럼 그를 맞았다. 그 모습을 보고 숫도다나 왕은 부처에게 그녀의 큰 사랑에 대해 말했다. "스승이여, 나의 며느리는 그대가 (승려로서) 노란 승복을 입고 있다는 말을 듣고는 자기도 노란 옷을 입었고, 그대가 하루에 한 끼만 먹고 지낸다는 말을 듣고는 자기도 하루에 한 끼를 먹고, 그대가 큰 침대를 사용하지 않는다는 사실을 알고는 자기도 좁은 침대를 사용했으며, 그대가 화환과 향을 멀리한다는 사실을 알고는 자기도 그것들을 멀리했답니다." 부처는 그 말을 듣고 아내를 축복하고는 발걸음을 옮겼다.[80]

그러나 이제 아들 라훌라가 다가와 그에게 사랑을 표현했다. 그가 말했다. "수행자시여, 당신의 그늘이 좋습니다." 라훌라의 어머니는 젊은 아들이 왕이 되는 모습을 보고 싶어 했으나 불교의 스승은 그를 불교 종단에 받아들였다. 그 후 다른 왕자 난다는 왕위 상속자로 정식 추대하는 자리에 부름을 받았다. 그러나 난다는 마치 무아지경에 빠진 사람처럼 의식이 끝나기도 전에 빠져나왔다. 왕국을 떠나 부처에게로 가서 자기도 종단에 들어갈 수 있는지 물었다. 숫도다나 왕은 이 소식을 듣고 슬픔에 잠겨 부처에게 자비를 구했다. "스승이 세상을 등졌을 때도 내게 작은 고통이 아니었답니다. 그런데 난다도 떠났답니다. 라훌라가 떠났을 때는 훨씬 더 아팠답니다. 아들을 향한 사랑은 피부를 가르고, 생살을 가르고 가슴을 도려내는 것 같답니다. 스승이여, 그대의 성스러운 제자들이 누구의 아들을 받아들일 때는 반드시 아버지와 어머니에게 허락을 받게 하도록 하소서." 부처는 그 말을 받아들여 부모의 허락을 출가의 필수 조건으로 삼았다.[81]

성직자의 정략(政略)을 배제하는 이 종교는 이미 힌두교의 승려들과 같은 승려들의 종단을 발전시켜 놓고 있었던 것 같다. 그들은 부처가 죽자 머지않아 브라만들이 택했던 온갖 번잡한 절차에 에워싸이게 되었다. 실제로 개종자들이 제일 처음 나온 곳은 바로 브라만 계층이었으며, 그 뒤를 이은 사람들은 베나레스와 인근 도시들의 부유층 젊은이들이었다. 이 비구들 혹은 승려들은 당시에는 단순한 계율에 맞춰 생활했다. 그들은 서로 인사하거나, 자기가 말을 건네는 모든 사람들에게 인사할 때는 "만유에게 평화가 임하길 바랍니다!"*라는 훌륭한 말을 했다. 그들은 살생을 하지 말아야 했다. 자기에게 주어진 것이 아니면 취하지 말아야 했디. 기짓말과 비방을 널리해야 했다. 분열을 봉합하고 화합을 장려해야 했다. 언제나 모든 인간과 모든 동물에게 자비를 베풀어야 했다. 감각적이거나 육체적인 모든 오락이나 모든 음악, 무희들이 추는 감각적인 춤들, 쇼들, 놀이들, 사치품들, 잡담, 논쟁, 점(占)을 멀리해야 했다. 사업과 모든 형태의 사거나 파는 행위와 관계를 맺지 말아야 했다. 특히 음란을 멀리하고 여자들과 떨어져 살며 온전히 순결하게 지내야 했다.[82] 부처는 부드러운 간청이 많아지자 양보하여 여자들을 여승으로 종단에 받아들이도록 허락하긴 했으나 이런 움직임에 완전히 수긍한 것은 아니었다. 그는 이렇게 말했다. "아난다여, 만일 여자들이 종단에 들어오도록 허락받지 못했다면 종교의 순수함은 오래 유지되었을 것이고 선한 법도 1000년 동안 견고하게 유지되었을 것입니다. 그러나 이제 여자들이 그 허락을 받았으니 그 법은 이제 500년 동안만 견고하게 유지될 것입니다."[83] 그의 말이 옳았다. 위대한 공동체 상가(Sangha)는 오늘날에 이르기까지 계속 존속하고 있다. 그러나 스승의 교리는 이미 오래전에 마술과 다신론과 무수한 미신으로 더럽혀졌다.

부처의 오랜 생애가 끝나 갈 무렵에 이미 그의 신도들은 그를 신격화시키기 시작했다. 그가 그들에게 그를 의심하고 스스로 생각하도록 도전했음에도 말이다. 마지막 대화편 중 하나에 이런 말이 나온다.

존자 사리푸타가 존귀한 자가 있는 곳으로 와서 그에게 인사를 하고 옆자리에 공손히 앉아 말했습니다.

"스승이여, 나는 당신을 믿습니다. 내 생각에는 당신보다 더 위대하고 더 지혜로운 이는 과거에도 없었고, 미래에도 없을 것이며, 현재에도 없습니다. …… 고상한 지혜

에 대해서는 그럴 것입니다."

"사리푸타여, 그대의 입에서 나오는 말은 오만하고 대담합니다." (스승이 대답했습니다.) "진실로 그대는 자신도 모르는 말을 늘어놓았습니다! 그대는 과거에 존재했던 존귀한 자를 모두 알고 있습니까? …… 그대는 그들의 사상을 그대의 생각으로 헤아릴 수 있습니까? 그들의 행적이 어떠했는지, 그들의 지혜가 어떠했는지, …… 그들이 어떤 경지에 도달했는지 알고 있습니까?"

"그렇지 않습니다, 스승이여."

"그대는 미래에 나타날 존귀한 자를 모두 알고 있습니까? …… 그들의 모든 사상을 당신의 생각으로 헤아릴 수 있습니까?"

"그렇지 않습니다, 스승이여."

"하지만 사리푸타여, 그대는 적어도 나는 알고 있습니다. …… 그대는 나의 생각을 꿰뚫어 알 수 있습니까?"

"어떻게 그럴 수 있겠습니까, 스승이여."

"그러면 그대는 과거에 존재했고 미래에 존재할 유능한 존귀한 자들의 마음을 모른다는 사실을 알고 있습니다. 그런데 어째서 그대의 말은 그렇듯 오만하고 대담합니까? 어째서 그대는 자신도 모르는 그런 말을 늘어놓는 것입니까?[84]

이어서 부처는 아난다에게 자신의 가장 위대하고 가장 성스러운 가르침을 가르쳤다.

"그러므로 아난다여, 지금이든 내가 죽은 다음이든 누구든지 자신을 등불로 삼고, 자신을 안식처로 삼고, 외부에서 안식처를 구하지 않고 진리를 등불로 굳게 부여잡는 사람이 있으면 그 사람은 …… 최고의 경지에 도달한 사람일 것입니다! 그러나 그런 사람이라도 배우기에 힘써야 합니다!"[85]

기원전 483년 부처는 여든 살의 나이에 세상을 떠났다. 그는 마지막 유언으로 제자들에게 이렇게 말했다. "내가 그대들에게 말합니다. 혼합하여 만들어진 것들은 부패하기 마련입니다. 힘써 정진하십시오!"[86]

16장

알렉산드로스에서
아우랑제브까지

1. 찬드라 굽타

기원전 327년 알렉산드로스 대제는 페르시아를 떠나 힌두쿠시 산맥을 넘어 인도로 남진했다. 일 년 동안 페르시아 제국에서 가장 부유한 속주 중 하나였던 북서부 국가들과 전투를 벌여 군수품을 조달하고 금을 수탈하여 자기 주머니를 채웠다. 기원전 326년 초에는 인도로 들어가 탁실라와 라왈핀디를 거쳐 서서히 남동진하다 포루스 왕의 군대와 마주쳐 보병 3만과 기병 3000, 전차 300, 코끼리 200을 무찌르고 1만 2000명을 살해했다. 포루스가 끝까지 맞서 싸웠으나 결국 무릎을 꿇게 되자 알렉산드로스는 그의 용기와 키, 준수한 용모에 감탄하며, 어떤 대우를 받고 싶으냐고 물었다. 그러자 그는 "알렉산드로스여, 왕의 신분에 맞게 대우하라."라고 했다. "나를 위해서도 그대를 그렇게 대우할 것이다." 알렉산드로스는 대답했다. "그러나 그대를 위해 어떤 것이 좋을지 요구하라." 그러나 포루스는 자기가 한 말에 모든 것이 포함되어 있다고 했다. 알렉산드로스는 이 말을 듣고 대단히 기뻐했다. 그는 포루스를 마케도니아의 속국이 된 인도 전체의 왕으로 삼았고, 그 이후 포루스는 신실하고 적극적인 협조자가 되었다.[1] 그 후 알렉산드로스는 동쪽 바다까지 진군하고자 했으나 병사들이 말을 듣지 않았다. 많은 연설과 실랑이를 통해 굴복시킨 후에 그들을 이끌고 (피곤에 지친 그의 군대는 애국심에 불타는 적대적인 부족들과 거의 쉴 틈도 없이 전투를 치르면서) 히다스페스 강으로 내려간 후 다시 해안으로 올라가 게드로시아를 거쳐 발루치스탄까지 갔다. 20개월 동안 정복 활동을 벌이고 수사로 돌아왔을 때 그의 군대는 3년 전 인도로 들어갈 때에 비하면 비참할 정도로 줄어 있었다.

7년 후 인도에서는 마케도니아의 권위를 나타내는 흔적이 이미 완전히 사라졌다.[2] 그 흔적을 제거한 장본인은 인도의 역사에서 가장 낭만적인 인물 중 하나이며 전투 면에서는 알렉산드로스에 미치지 못하지만 통치 면에서는 더 위대한 인물이었다. 찬드라굽타(Chandragupta)는 크샤트리아 출신의 젊은 귀족으로 자신도 연관이 있는 난다 왕조에 의해 마가다에서 추방당한 인물이었다. 이 청년은 마키아벨리처럼 책략을 갖춘 고문 카우틸리아 차나키아의 도움으로 소규모 군대를 조직하여 마케도니아 주둔군들을 격파하고, 인도가 해방되었음을 선포했다. 그 후 마가다 왕국의 수도 파탈리푸트라*로 진격하여 혁명을 일으켜 왕좌를 차지한 후 마우리아 왕조를 세웠다. 이 왕조는 그 후 힌두스탄과 아프가니스탄을 137년 동안 다스리게 된다. 찬드라굽타는 자신의 용기를 카우틸리아의 악랄한 지혜와 결합시켜 곧 자기 정부를 당시 세상에서 가장 강력한 정부로 만들어 놓았다. 메가스테네스는 시리아 왕 니카토르의 대사로 파탈리푸트라에 도착했다. 그때 그곳의 문명을 보고 깜짝 놀라고는 의심이 많은 그리스인들에게 인도 문명은 그들 자신의 것과 거의 같은 수준이라고 소개했다. 당시 그리스

---

* 현재의 파트나(Patna).

는 여전히 거의 절정기에 가까웠을 때였다.[3]

그 그리스인은 당시 힌두의 생활에 대해 호의를 갖고 아마 관대하게 기술했을 것이다. 그는 인도에는 노예 제도가 없다는 사실[*]과 주민들이 직종에 따라 카스트로 나누어져 있지만 이런 구분을 천부적이고 참을 만한 것으로 받아들인다는 사실을 자기 나라와는 비교되는 좋은 것으로 받아들였다. "그들은 충분히 행복하게 살고 있다."라고 그 대사는 보고했다.

> 그들은 소박한 풍습 속에서 검소하게 살고 있다. 제물을 바칠 때가 아니면 술을 마시지 않는다. …… 그들의 법과 계약이 단순하다는 것은 법에 호소하는 일이 거의 없다는 사실로 입증된다. 그들은 계약금과 보증금 때문에 소송하는 일이 없으며 인장이나 증인도 요구하지 않는다. 그냥 계약금을 지불하고 서로 믿을 뿐이다. …… 모두 한결같이 진실함과 미덕을 높이 평가한다. …… 많은 토양에 관개 시설이 갖춰져 있어 이모작을 한다. …… 인도에는 흉년이 든 적도 없으며 식량 공급이 일반적으로 부족한 적도 없다는 것이 수긍이 간다.[5]

찬드라굽타 당시 2000개[6]나 되는 인도 북부 도시 중에서 가장 오래된 도시는 탁실라였다. 탁실라는 현재 라왈핀디에서 북서쪽으로 32킬로미터 지점에 자리 잡고 있는 도시다. 아리아노스는 탁실라를 "번영하는 큰 도시"로 묘사하며, 스트라본은 "큰 도시이며 매우 탁월한 법을 갖고 있다."라고 말한다.[7] 탁실라는 군사 도시이자 대학 도시로 서아시아로 이어지는 주요 도로에 전략적인 위치를 차지하고 있었으며, 당시 인도가 보유한 몇몇 대학교 중 가장 유명한 학교가 있었다. 학생들이 탁실라로 몰려들었다. 중세 시대에 파리로 몰려들었던 것처럼 말이다. 탁실라에서는 유명한 교수 밑에서 모든 예술과 학문을 배울 수

---

[*] "인도의 위대한 점은 모든 주민이 자유롭고 인도 사람 중에는 노예가 단 한 명도 없다는 것이다."라고 아리아노스는 말한다.[4]

있었으며, 의학 대학도 동방 세계 전역에서 높은 명성을 유지하고 있었다.*

메가스테네스는 찬드라굽타가 수도로 삼은 파탈리푸트라를 길이가 16킬로미터이고 폭이 거의 32킬로미터에 달하는 도시로 묘사하고 있다.[10] 왕의 궁전은 목재 건물이었으나, 그리스의 대사는 그 궁전이 수사와 에크바타나의 왕실 거처들을 능가하며, 오직 페르세폴리스에 있는 것들만 그 궁전을 능가한다고 평가했다. 그 기둥에는 금을 입히고 새와 나뭇잎 무늬로 단장했으며 실내는 귀금속과 보석으로 화려하게 장식했다.[11] 이 문화에는 직경이 1.8미터나 되는 황금 그릇을 사용하는 것 같은 동양적인 허식이 어느 정도는 있었다.[12] 그러나 영국의 한 역사가는 문학과 그림과 물질적인 유물을 증거로 제시하며 이런 결론을 내렸다. "그리스도 이전 4세기와 3세기에 마우리아 왕조의 이 군주가 누렸던 온갖 사치품과 숙련된 수공예품은 18세기나 지난 후 무굴 제국의 황제들이 누렸던 것에 비해 조금도 뒤떨어지지 않았다."[13]

찬드라굽타는 폭력으로 보좌를 차지한 후 이런 궁전에서 24년 동안 살았으나, 그 삶은 화려한 감옥에 갇혀 사는 것이나 마찬가지였다. 그가 가끔 대중 앞에 나타날 때는 자주색과 황금색으로 수를 놓은 고운 모슬린 옷을 입고 황금 가마를 타거나 화려화게 꾸민 코끼리를 탔다. 그는 사냥을 가거나 다른 방법으로 즐겁게 보내는 시간을 제외하면, 점점 넓어지는 영토와 관련된 업무에 묻혀 있었다. 그의 하루 일과는 90분 단위로 16개 일정으로 구분되어 있었다. 첫 번째 일정에서는 일어나 명상을 하며 준비했다. 두 번째 일정에서는 첩보원들이 올린 보고서를 검토하고 비밀 지시를 내렸다. 세 번째 일정에서는 개인 접견실에서 고문들과 시간을 보냈다. 네 번째 일정에서는 국가의 재정 상태와 국방 문제를 살펴보았다. 다섯 번째 일정에서는 백성들의 소송과 청원을 들었다. 여섯

---

* 존 마샬 경(Sir John Marshall)은 탁실라의 유적지에서 섬세하게 조각한 돌들과 대단히 세련된 조각상들, 일찍이 기원전 600년에 만든 동전들, 후대의 인도에서도 결코 넘어설 수 없을 정도로 훌륭한 품질의 유리 제품을 발굴했다.[8] 빈센트 스미스(Vincent Smith)는 이렇게 말한다. "고도의 물질문명에 도달해 있었으며, 문화를 갖춘 부유한 도시 생활에 수반되는 온갖 예술과 기술들을 잘 알고 있었음이 분명하다."[9]

번째 일정에서는 목욕을 하고 식사를 한 후 종교 문헌을 읽었다. 일곱 번째 일정에서는 세금과 조공을 받고 공식적인 약속을 정했다. 여덟 번째 일정에서는 고문 회의를 다시 열고 첩보원들의 보고를 들었다. 물론 이 첩보원 중에는 그가 이런 목적으로 활용하는 정부(情婦)들도 포함되어 있었다.[14] 아홉 번째 일정에서는 쉬며 기도하는 시간을 가졌다. 열 번째와 열한 번째 일정에서는 군사 문제를 살펴보고, 열두 번째 일정에서는 다시 비밀 보고서를 검토하고, 열세 번째 일정에서는 저녁 목욕을 한 후 식사를 하고, 열네 번째와 열다섯 번째, 열여섯 번째 일정에서는 잠을 잤다.[15] 아마 그 역사가는 찬드라굽타의 실제 모습보다는 그랬을 거라고 추측하는 모습이거나 카우틸리아가 백성들이 그에 대해 갖길 원했던 이미지를 우리에게 말하고 있을 것이다. 궁전에서는 진실이 흘러나오지 못하는 경우가 많다.

정부를 실제로 움직이는 것은 능란한 대신이었다. 카우틸리아는 브라만 출신으로 종교의 정치적 가치는 알았으나 종교에서 도덕적 지침은 얻지 못한 인물이었다. 우리가 아는 현대의 독재자들처럼 그는 어떤 수단이든 국가에 도움이 되도록 사용된다면 모두 정당화될 수 있다고 생각했다. 그는 추방과 타파, 모험, 음모, 살인, 승리를 통해 찬드라굽타를 도왔으며 교활한 지혜로 상전의 제국을 인도가 아는 가장 큰 제국으로 만들었다. 『군주론』의 저자처럼 카우틸리아 역시 전쟁과 외교에 관한 자신의 공식들을 글로 보존하는 것이 좋다고 생각했다. 전승에 의하면 현존하는 가장 오래된 산스크리트어 문헌 『아르타샤스트라(Arthashastra)』가 그의 작품이라고 한다.[16] 이 문헌에서 요새를 함락하는 방법으로 제시하는 목록을 보면 얼마나 정교한 현실주의를 택하고 있는지 알 수 있다. "음모와 첩보원, 적의 백성들을 자기편으로 만들기, 포위, 공격."[17] 이것만 보아도 물리적인 노력을 기울이는 지혜로운 경륜을 알 수 있다.

정부는 민주주의를 내세우지는 않았어도 아마 인도에서 가장 효율적인 정부였을 것이다.[18] 악바르는 무굴 제국의 가장 위대한 왕이지만 "그와 같은 정부를 갖추지 못했으며 아마 고대 그리스에서도 그보다 나은 조직 체계를 갖춘 도시는 없었을 것이다."[19] 그 정부는 순전히 군사력만을 기반으로 삼았다. (외국 통신원만큼 의심을 해야 할 사람이긴 하지만) 메가스테네스를 믿을 수 있다면, 찬드라굽타는 보병 60만과 말 3만, 코끼리 9000, 무수한 전차로 이루어진 군대를 보유하고 있었다.[20] 농부와 브라만은 병역을 면제받았다. 그러므로 스트라본에 의하면 농부들은 전쟁 중에도 안전한 가운데 평화롭게 밭을 갈았다.[21] 왕의 권력은 이론상으로는 무제한이었으나 실제로는 고문 회의에 의해 제한되었다. 이 협의회는 왕과 함께든 왕의 유고시에든 입법을 제안하고 국가 재정과 국방 관련 문제를 조절하며, 그보다 훨씬 더 중요한 사안인 국가 관료들을 임명했다. 메가스테네스는 찬드라굽타의 고문들이 "고매한 인격과 대단한 지혜"와 효율적인 힘을 지니고 있다고 증언한다.[22]

정부는 여러 부서로 편제를 갖추고 있었다. 각 부서들은 업무가 분명하게 규정되고, 등급이 면밀하게 정해진 위계적인 관료 체계를 갖추고 예산과 관세, 국경, 항해권, 통신, 물품세, 광산, 농업, 가축, 상업, 창고, 선박, 삼림, 대중오락, 매춘, 화폐 주조소를 관리했다. 물품세 감독관은 약물과 주류를 통제했으며, 술집의 수와 위치 그리고 그 술집에서 판매할 주류의 양을 제한했다. 광산 감독관은 광산 지역을 개인에게 임대해 주고, 그 개인에게 정해진 임대료와 정부의 몫을 징수했다. 농업에도 비슷한 체계가 적용되었다. 토지는 모두 정부의 소유였기 때문이다. 대중오락 감독관은 도박장을 감독하고, 주사위를 공급하고 사용료를 받았으며, "물주"에게 들어온 모든 돈의 5퍼센트를 국고로 수납했다. 매춘 감독관은 창녀들을 관리하며 화대와 비용을 통제하고, 매달 그들이 버는 수입 중 이틀분을 징수했으며, 그중 두 명은 접대와 첩보 활동을 위해 왕궁에 배치했다. 모든 직업과 산업에는 세금이 부과되었으며, 그 외에도 부유한 사람들은 수시로 왕에게 정치 헌금을 바쳤다. 정부는 물가를 단속하고 주기적으로 도량형을 검사했다. 몇 가지 제품을 국영 공장에서 만들기도 하고, 광산과 소금, 목재, 질 좋은 직물, 말, 코끼리의 독점권을 보유했다.[23]

법은 부락에서는 지역 유지들이나 판차야트(부락의 5인회의)가 집행하고, 도시와 관구와 주에서는 지방 법원과 고등 법원이 집행했다. 수도에서는 어전 회의가 최고 법원의 역할을 했으며 왕은 최후의 항소 법원이었다. 형벌은 엄격하여 절단형과 고문, 사형 등이 있었으며 일반적으로 동해(同害) 보복법 또는 동태(同態) 복수법의 원리를 기반으로 삼고 있었다. 그러나 정부는 단순히 억압 장치만은 아니었다. 위생 시설과 공중 보건에도 관심을 기울이고, 병원과 빈민 구호소를 운영하고, 흉년에는 비축용 창고를 열어 식량을 분배하고 부자들에게 빈민들을 돕도록 강요했으며, 불경기 때에는 대규모 공공사업을 벌여 실업자들을 보살피기도 했다.[24]

해양부에서는 해상 운송을 관리했으며, 강이나 바다를 통해 여행하는 사람들을 보호했다. 다리와 항만을 관리했으며, 개인이 소유 및 관리하는 선박 외에 정부 선박도 제공했다.[25] 이것은 공공 기관이 경쟁에 참여하여 개인의 착취를 억제할 수 있고 개인이 공공 기관의 지나친 횡포를 견제할 수 있는 훌륭한 제도였다. 통상부는 제국 전역에서 마차나 다니는 좁은 시골길에서부터 폭 10미터의 교역로와 폭 20미터의 왕도에 이르기까지 모든 도로를 건설하거나 보수했다. 제국의 이런 대로 중에는 파탈리푸트라에서 북서쪽의 국경으로 1930킬로미터나 이어지는 것도 있었는데,[26] 이 거리는 미국 대륙 횡단 거리의 절반에 해당한다. 메가스테네스의 말에 의하면 도로에는 대략 1.5킬로미터마다 다양한 목적지로 가는 방향과 거리를 알려 주는 기둥들이 설치되어 있었다고 한다.[27] 도로를 따라 일정한 간격을 두고 그늘을 제공하는 나무와 우물, 경찰서도 배치되어 있었다.[28] 운송은 이륜마차와 가마, 우마차, 말, 낙타, 코끼리, 당나귀, 사람을 통해 이루어졌다. 코끼리는 보통 왕족과 고위 관료가 이용하는 사치품이었으며, 대단히 귀하여 코끼리 한 마리면 여자의 미덕도 살 수 있다고 생각할 정도였다.*

도시 정부에서도 부서를 통해 관리하는 똑같은 방법을 이용했다. 파탈리푸트라는 30인 의회가 다스렸고 이 의회는 여섯 개의 집단으로 구분되었다. 한 집단은 산업을 관리했고, 다른 집단은 방문자를 감독하여 숙소와 수행원을 할당하고 움직임을 감시했다. 다른 부서는 출생과 사망에 관한 문서를 맡았다. 다른 집단은 상인에게 허가를 내주

---

* "인도의 여자들은 대단히 정숙하여 다른 이유로는 정도에서 벗어나는 일이 없으나 코끼리를 받으면 준 사람과 관계를 맺는다. 인도인들은 코끼리를 받고 자신을 내어주는 일은 수치로 여기지 않는다. 여자들은 코끼리 한 마리 값에 해당할 정도로 아름답다는 사실을 자랑스러워하는 것 같다." 아리아노스, 『인도지』, xvii.

고 제품 판매를 규제했으며 도량형을 검사했다. 다른 집단은 수공예품 판매를 통제했다. 다른 집단은 모든 판매에서 10퍼센트의 세금을 징수했다. "요컨대 기원전 4세기의 파탈리푸트라는 조직 체계를 철저하게 잘 갖추고, 사회과학 분야에서 알려진 최선의 원리에 따라 관리되는 도시였던 것 같다."[28a]라고 하벨(Havell)은 말한다. "이렇게 설명된 완벽한 체계들은 개요만 놓고 보아도 놀라움을 감출 수 없다. 부서에 관한 세부 사항을 살펴보면 기원전 300년에도 이런 조직 체계를 생각해 내고 더구나 효율적으로 운용하기까지 했다는 사실에 더욱 놀라게 된다."[28b]라고 빈센트 스미스(Vincent Smith)는 말한다.

이 정부에 한 가지 결점이 있다면 독재 정부라는 것이었다. 그러므로 그 정부는 계속 폭력과 첩보원에 의존할 수밖에 없었다. 모든 독재자와 마찬가지로 찬드라굽타 역시 권력이 안정되어 있지 않아 항상 반란과 암살을 두려워했다. 밤마다 침실을 바꿨으며 언제나 호위병에 에워싸여 있었다. 유럽의 역사가들이 받아들이는 힌두 전승은 어떻게 찬드라굽타가 왕국에 (메가스테네스에게는 미안하지만) 오랜 흉년이 들자 자신의 무기력함에 좌절하여 왕위를 내놓고 그 후 12년 동안 자이나교 수행자로 지내다가 스스로 굶어 죽었는지 말해 주고 있다. 볼테르는 이렇게 말했다. "아무리 생각해 봐도 곤돌라 뱃사공의 삶이 개의 삶보다 낫다. 그러나 그 차이는 검토할 가치도 없을 만큼 작다."[29]

2. 철인 왕

찬드라굽타의 계승자 빈두사라는 어느 정도 지적인 성향을 지닌 인물이었음이 분명하다. 그는 시리아 왕 안티오코스에게 그리스 철학자를 한 사람 보내 달라고 부탁했다고 한다. 빈두사라는 진정한 그리스 철학자라면 많은 대가를 지불하겠노라고 썼다.[30] 그러나 이 제안은 받아들여지지 못했다. 안티오코스가 판매할 철학자를 찾지 못했기 때문이다. 하지만 빈두사라의 아들을 가르칠 철학자를 보내는 것으로 대신했다.

아소카 바르다나(Ashoka Vardhana)가 왕좌에 오른 것은 기원전 273년이었다. 그는 자신이 그 이전의 어떤 인도 군주보다 훨씬 더 큰 제국을 다스리는 지배자가 되었음을 알았다. 남단의 타밀 지역을 제외한 현대 인도의 전 지역과 아프가니스탄, 발루치스탄이 모두 그의 제국이었다. 한동안 그는 할아버지 찬드라굽타의 정신을 이어받아 다스렸다. 잔인하지만 잘 다스렸다는 말이다. 유안 츄왕은 서기 7세기에 인도에서 여러 해 동안 머물렀던 중국인 여행자였다. 그는 우리에게 힌두 전승에서는 아소카 왕이 수도 북부에서 관리하던 교도소를 당시에도 여전히 "아소카의 지옥"으로 기억하고 있다고 전한다. 그에게 정보를 제공한 사람들의 말에 의하면, 그 감옥에서는 정말 지옥이 있다면 그런 곳에서나 가해질 온갖 고문이 죄인을 처벌하는 데 동원되었다고 한다. 이런 상황에서 왕은 일단 그 지하 감옥에 들어오면 누구도 살아서 나갈 수 없다는 칙령을 첨가했다. 그러나 언젠가 한 불교 성인이 아무런 이유도 없이 그곳에 투옥되어 물이 끓는 큰 가마솥에 던져졌으나 데지 않았다. 간수가 이 소식을 아소카에게 전하자, 아소카가 직접 와서 보고 기이하게 여겼다. 왕이 떠나려고 몸을 돌리자 간수는 왕 자신의 칙령에 의하면 왕도 살아서는 감옥을 나갈 수 없다는 점을 상기시켰다. 그러자 왕은 그 칙령의 힘을 인정하고는 그 간수를 가마솥에 던지도록 명령했다.

아소카는 왕궁으로 돌아오자마자 깊은 마음의 변화를 일으켰다고 한다. 그는 감옥을 폐쇄하고 형법을 관대하게 바꾸라고 지시했다. 바로 그때 그의 군대가 반란군 칼링가족에게 대승을 거두고 수천 명의 반역자를 살해하고 많은 포로를 잡아 왔다는 소식을 들었다. 아소카는 이 모든 "폭력과 살육" 그리고 포로들을 "사랑하는 사람들에게서 떼어 놓은 생이별"을 생각하며 마음이 아팠다. 그는 포로를 풀어 주고, 칼링가족에게 땅을 돌려주고, 사과의 메시지를 전하도록 명령했다. 이런 일은 전에도 없었고 그 후에도 비슷한 모방도 거의 없는 일이었다. 그 후 불교에 귀의하여 한동안 승복을 입고 사냥과 육식도 멀리하며 "여덟 가지 성스러운 길"을 따랐다.[31]

현재로시는 이 이야기 중 얼마나 많은 부분이 전설이며 얼마나 많은 부분이 역사인지 말할 수 없다. 또한 지금과 같이 멀리 떨어진 시점에서 왕의 동기가 무엇인지도 알 수 없다. 아마 그는 불교가 성장하는 모습을 보고, 관대함과 평화를 가르치는 불교 강령이 무수한 경찰 인력을 절감할 수 있는 편리한 통치 도구라고 생각했을 것이다. 치세 11년에 그는 정부 역사상 가장 주목할 만한 칙령들을 발표하기 시작하여, 그 칙령들을 단순한 용어와 지역 방언으로 바위나 기둥에 새겨, 글을 아는 힌두인이라면 누구나 이해할 수 있게 하라고 명령했다. "암반 칙령"은 거의 인도 전역에서 발견되었다. 그 기둥 중 열 개는 궁전에 남아 있으며, 다른 스무 개의 위치도 밝혀졌다. 이 칙령들을 보면 황제가 불교 신앙을 완벽하게 받아들여, 정치 전반에 단호하게 적용했음을 알 수 있다. 정치란 우리가 인간사에서 그런 모습을 기대할 수 있는 최후의 영역임에도 말이다. 그것은 마치 현대의 어떤 제국이 갑자기 이제부터는 그리스도교를 실천하겠다고 선언한 것과 같은 일이다.

이 칙령들이 불교적인 것이지만, 우리가 보면 전적으로 종교적인 것으로 보이지만은 않을 것이다. 이 칙령들은 내생을 가정하고 있으며, 따라서 부처의 회의주의가 얼마나 빨리 추종자들의 신앙으로 대체되었는지 보여 준다. 그러나 인격적인 신을 믿는 신앙은 표현하지 않으며 그런 신을 언급하지도 않는다.[32] 또한 그 칙령에는 부처에 대한 말도 없다. 그 칙령들의 관심사는 신학이 아니다. 사르나트 칙령은 종교계 내부의 화합을 요구하며, 분열을 꾀해 화합을 약화시키려는 사람들에 대한 형벌을 규정하고 있다.[33] 그러나 다른 칙령들은 종교의 자유를 거듭 명령하고 있다. 사람들은 불교 승려에게는 물론 브라만에게도 보시를 해야 한다. 타인의 신앙을 비방하지 말이야 한다. 왕은 모든 백성이 그의 사랑스러운 자녀이며, 신조가 다르다는 이유로 차별하는 일이 없을 것이라고 선언한다.[34] 암반 칙령 12호는 거의 현대에도 적용될 수 있는 내용을 담고 있다.

신성하고 자비로운 왕은 수행자든 세대주든 모든 종파의 사람들에게 예물과 다양한 형태의 경의를 통해 존경을 표한다.

그러나 신성한 왕이 바라는 것은 예물이나 외적인 경의가 아니라 모든 종파의 중요한 본질이 성장하는 것이다. 본질의 성장은 다양한 형태로 나타날 수 있다. 그러나 그 성장의 뿌리는 말을 삼가는 것이다. 즉 아무런 이유도 없이 자신의 종파를 높이고 타인의 종파를 무시하지 말아야 한다는 말이다. 폄하할 때는 반드시 구체적인 근거가 있어야 한다. 다른 사람들의 종파도 모두 이런저런 이유로 존중받을 응분의 자격이 있기 때문이다.

그와 같은 행위는 자기 종파를 높이는 것인 동시에 타인의 종파도 돕는 것이다. 달리 행하는 것은 자기 종파도 해치고 타인의 종파도 해롭게 하는 것이다. …… 화합하는 것이 미덕이다.

중요한 본질은 칙령 2호에서 보다 분명하게 설명된다. "신앙의 법은 탁월한 것이다. 그러면 신앙의 법은 어디에 있는가? 그것은 불신앙의 부재와 많은 선행, 자비, 너그러움, 진실함, 순결함에 있다." 아소카는 본보기를 보이려고 전국의 관료들에게 백성들을 자녀처럼 여기고, 조급하거나 거칠게 대하지 말고, 고문하지 말고, 충분한 근거가 없으면 투옥하지 말도록 명령했다. 또한 백성들에게 이런 명령들을 정기적으로 알리게 했다.[35]

도덕적인 이 칙령들은 조금이라도 백성들의 행동을 개선시키는 결과를 낳았는가? 아마 이 칙령들은 아힘사 사상이 널리 퍼진 일과 인도의 상류층들이 육식과 음주를 멀리하도록 장려한 일과 모종의 관계가 있었을 것이다.[36] 아소카는 자신이 행한 놀라운 설교들의 효과에 대해 개혁가다운 자신감에 가득 차 있었다. 암반 칙령 4호에서는 이미 여러 가지 놀라운 결과가 나타났다고 선언하고 있다. 그리고 그가 제시한 요지는 그의 교훈이 지닌 보다 분명한 뜻을 우리에게 전해 준다.

이제는 신성하고 자비로운 왕이 신앙을 몸소 실천함으로써 전쟁터의 북소리가 법의 소리로 바뀌었다. …… 전에는 오랫동안 그런 일이 없었으나 이제는 신성하고 자비로운 왕이 신앙의 법을 계속 가르침으로써 생명체를 제물로 바치려고 도살하는 일을 자제하는 경우가 늘어나고, 친척에게 예법을 갖추어 내하는 행동, 브라만에게 점잖게 대하는 행동, 부모의 말에 귀를 기울이는 일, 어른들의 말을 경청하는 일이 늘어나고 있다. 이와 같이 다른 많은 경우와 마찬가지로 (신앙의) 법을 실천하는 일도 늘어났으므로, 성스럽고 자비로운 왕은 이 법을 실행에 옮기는 일에 더욱 힘쓸 것이다.

성스럽고 자비로운 왕의 아들과 손자, 증손자 등 후손들도 우주가 사라지는 날까지 영원히 이 법을 실행에 옮기는 일을 계속 늘려 나가는 데 힘쓸 것이다.

이 착한 왕은 사람들의 신앙심과 후손들의 충성심을 너무 지나치게 과장했다. 그 자신은 새로운 종교를 위해 수고를 아끼지 않았다. 불교계의 수장이 되어 예물을 쏟아붓고, 8만 4000개의 사원을 지었으며,[37] 왕국 전역에 있는 사람과 동물을 위한 병원에다 불교식 이름을 붙였다.[38] 불교 포교사들을 인도와 스리랑카, 심지어 시리아와 이집트와 그리스에까지 보냈다.[39] 그러나 그들이 그곳에서 한 일은 아마 그리스도의 윤리를 받아들일 준비를 갖추도록 도운 일이었을 것이다.[40] 그가 사망한 직후 포교사들은 인도를 떠나 티베트와 중국, 몽골, 일본에서 부처의 복음을 전했다. 이런 종교 활동 외에도 아소카는 제국을 다스리는 세속적인 일에도 열성을 다했다. 그가 수고한 날은 많았으며, 공공사업을 도와줄 사람을 언제라도 얻을 수 있었다.[41]

그러나 그는 이기적이라는 두드러진 결점이 있었다. 온건함과 개혁 정신을 겸비한다는 것은 어려운 일이기 마련이다. 그의 자존감은 모든 칙령에 밝히 드러나 있으며, 그를 보다 완벽하게 마르쿠스 아우렐리우스와 같은 부류의 사람으로 만들어 주고 있다. 하지만 그는 브라만들이 자신을 몹시 싫어하여 천 년 전 테베의 신관들이 이크나톤을 파멸시킨 것처럼 틈만 나면 그를 파멸시킬 궁리를 하고 있다는 사실을 깨닫지 못했다. 자신들과 신들을 위해 도살하는 동물을 받아 왔던 브라만들뿐 아니라, 수많은 사냥꾼들과 어부들도 동물의 생명을 빼앗는 일에 그렇게 엄격한 여러 가지 제약을 부여한 칙령들에 대해 분노하고 있었다. 심지어는 농부들도 "왕겨를 불에 넣을 때는 그 속에 있는 생명체들도 함께 넣는 일이 없게 하라."[42]는 명령에 대해 투덜댔다. 제국의 절반이 아소카의 죽음을 고대하고 있었던 것이다.

불교의 전승에 의하면 아소카는 궁정 관료들의 도움을 받은 손자에게 폐위되었다고 유안 츄왕은 우리에게 전한다. 점점 모든 권력이 연로한 왕에게서 떠나면서, 그가 불교계에 주던 예물도 끊어졌다. 아소카 자신에게 허용되던 물품과 심지어는 식량까지 삭감되다가 결국에는 아말라카 열매 반 조각만 주어진 날이 있었다. 왕은 슬픈 눈으로 그 열매를 바라보다가 불교 형제들에게 주며, 자신이 줄 수 있는 전부라고 했다.[43] 그러나 사실 우리는 그의 만년에 대해서는 아는 것이 없으며 심지어 그가 사망한 해도 모른다. 그가 세상을 떠난 후 한 세대도 지나가기 전에 그의 제국은 이크나톤의 제국처럼 무너져 산산조각이 났다. 마가다 왕국의 통치권이 조직적인 권력으로 유지되기보다는 전통의 관성으로 유지되고 있다는 사실이 분명해지자, 나라들이 하나씩 파탈리푸트라의 왕 중 왕에 대한 충성심을 버렸다. 아소카의 후손들은 기원전 7세기까지 마가다 왕국을 다스렸다. 그러나 찬드라굽타가 세운 마우리아 왕조는 브리하드라타 왕이 암살당하면서 막을 내렸다. 국가란 이상 위에 세워지는 것이 아니라 인간의 본성 위에 세워지는 것이다.

정치적인 의미에서 보면 아소카는 실패했다. 그러나 다른 의미에서 보면 역사상 가장 위대한 업적 중 하나를 이루었다. 그가 사망하고 200년도 지나기 전에 불교가 인도 전역에 퍼졌으며 아시아도 무혈 정복하고 있었던 것이다. 만일 오늘날까지도 스리랑카의 칸디에서부터 일본의 카마쿠라에 이르기까지 가우타마의 온화한 얼굴 덕분에 사람들이 서로 온유하게 대하고 평화를 사랑한다면 그것은 부분적으로, 한때 인도의 왕좌를 차지하고 있던 꿈꾸는 사람, 아마 성인 때문일 것이다.

3. 인도의 황금기

아소카 왕이 사망한 다음부터 굽타 제국이 세워지기까지 거의 600여 년에 이르는 기간에는 힌두의 비문과 문서가 거의 남아 있지 않아 이 중간기의 역사는 어둠 속에 묻혀 있다.[44] 그러나 이 시기가 반드시 암흑기였던 것은 아니다. 탁실라 대학교 같은 교육 기관들이 계속 활동하고 있었으며, 인도 북서부에서는 알렉산드로스 침략의 여파로 페르시아의 조각과 그리스 건축의 영향을 통해 문명이 번성하고 있었다. 기원전 2~1세기에는 시리아인과 그리스인, 스키타이인들이 펀자브 지역으로 밀려 내려와 그곳을 정복한 후 약 300년 동안 그레코박트리아(Greco-Bactria) 문화를 확립했다. 우리가 지엽적으로 부르는 바 그리스도교 시대의 1세기에는 투르크족과 비슷한 중앙아시아 부족인 쿠샨족이 카불을 점령한 후 그곳을 수도로 삼고는 인도 북서부와 대부분의 중앙아시아 전역으로 세력을 확장시켰다. 그들이 낳은 가장 위대한 왕 카니슈카의 치세에는 예술과 학문이 발전했다. 그레코불교(Greco-Buddhist)의 조각은 불교의 가장 위대한 일부 걸작들을 낳고, 페샤와르와 탁실라, 마투라에는 훌륭한 건물들이 세워졌으며, 차라카는 의학을 발전시켰다. 나가르주나와 아슈바고샤는 마하야나(Mahayana, 대승) 불교의 토대들을 놓았는데, 이 불교는 후에 가우타마가 중국과 일본을 얻도록 돕게 된다. 카니슈카는 많은 종교에 관용을 베풀며 다양한 신들을 실험한 후에 결국은 신화론적인 새로운 불교를 선택했다. 신화론적인 새로운 불교란 부처를 신으로 삼고 보디사트바와 아르하트로 하늘을 가득 채운 불교를 말한다. 그는 불교신학자 대회를 소집하여 자기 영토를 위한 이 신조를 작성하여, 불교 신앙 전파라는 면에서는 거의 제2의 아소카나 다름없는 존재가 되었다. 그 대회는 30만 개의 수트라를 작성하여 부처의 철학을 일반 서민들의 정서적 필요를 충족시켜 주는 것으로 격하시키고 부처를 신의 반열로 올려놓았다.

한편 (찬드라굽타 마우리아에게서 이름을 따오고 1세라는 말을 붙였으나 완전히 별개의 인물인) 찬드라굽타 1세는 마가다에서 굽타 왕조를 세웠는데 이 왕조는 원주민 왕들로 이루어지게 된다. 그의 후계자 사무드라굽타는 50년의 치세를 통해, 인도의 긴 역사에서 가장 훌륭한 군주 중 한 명이 되었다. 그는 수도를 파탈리푸트라에서 전설적인 라마의 고대 본향인 아요디아로 옮겼다. 그 후 벵골과 아삼, 네팔, 인도 남부로 정벌군과 세금 징수원을 파견했으며, 종속국들이 그에게 보낸 재물을 이용하여 문학과 학문, 종교, 예술을 장려했다. 또한 전쟁 중간 중간에 시인과 음악가로 명성을 얻기도 했다. 그의 아들 비크라마디티아(Vikramaditya, '권능의 태양')는 군대와 정신을 통한 이런 정복 활동을 확장하고, 위대한 극작가 칼리다사를 후원했으며, 수도로 삼은 우자인에 머물며 시인과 철학자, 예술가, 과학자, 학자 등 우수한 인재들을 자기 주변으로 끌어모았다. 이 두 왕의 치세에서 인도는 부처 이후 능가할 것이 없는 고도의 발전과 오직 아소카와 악바르의 치세에만 견줄 수 있는 정치적 통일을 이루었다.

우리가 굽타 문명의 개요를 얻을 수 있는 출처는 파히엔(법현(法顯))이 5세기 초에 인도를 방문하고 적어 놓은 기록이다. 그는 이런 황금기에 중국에서 인도로 간 많은 불교 승려 중 한 명이었다. 그러나 승려들보다 더 많은 것은 아마 상인들과 대사들이었을 것이다. 상인들과 대사들은 이제 동양과 서양 심지어는 러시아에서도 산악 지대의 장벽을 넘어, 평화가 정착된 인도로 들어가 외국의 문물과 접촉하도록 자극했다. 파히엔은 목숨을 걸고 중국 서부를 건너 인도에 무사히 도착한 후 박해나 강도를 당하는 일 없이 모든 곳을 여행했다.[45] 그의 여행기는 어떻게 그가 6년 동안 여행한 후 인도에 도착하여 6년 동안 인도에서 머물다가 3년 이상이 걸려 스리랑카와 자바를 거쳐 고향 중국으로 돌아갔는지 전한다.[46] 그는 힌두인들의 부와 번영, 미덕과 행복 그리고 그들이 누리는 사회적 종교적 자유를 서술하며 감탄하고 있다. 그는 대도시들의 수와 규모와 인구를 보고 놀랐으며, 인도 곳곳에 자리 잡은 무료 병원과 여타의 자선 기관,* 학교와

---

* 이런 기관들은 유럽에서 최초로 세워진 병원, 즉 서기 7세기 파리에 세워진 메종 듀(Maison Dieu) 보다 3세기나 앞선 것이었다.[47]

사원의 학생 수, 제국 궁전 들의 웅장한 규모와 화려함을 보고 놀랐다.[48] 그는 오른손 문제만 제외하고는 대단히 유토피아적으로 기술하고 있다.

사람들은 수가 많고 행복하다. 세대를 등록할 필요가 없으며 행정 장관들이나 그들의 규칙에도 신경 쓸 필요가 없다. 왕의 땅을 경작하는 사람들만 땅에서 얻은 소득의 일부를 바칠 뿐이다. 가고 싶으면 가고 머물고 싶으면 머물면 된다. 왕이 다스리기는 하지만 사형제도나 체형(體刑)은 없다. 범법자들에게는 벌금만 부여된다. …… 심지어는 사악한 반란을 반복해서 시도하는 경우에도 오른손만 자를 뿐이다. …… 인도 전역에서 사람들은 살아 있는 피조물이라면 어떤 것도 살해하지 않으며 양파와 마늘도 먹지 않는다. 유일한 예외가 있다면 찬달라(불가촉천민들)에 대한 것이다. …… 그 나라에서는 돼지나 가금류를 키우지 않으며 살아 있는 가축도 팔지 않는다. 시장에는 정육점이 없고 주류를 취급하는 사람도 없다.[49]

파히엔이 거의 주목하지 못한 사실은 브라만들은 아소카 이후 마우리아 왕조에서는 냉대를 받았으나 굽타 왕조의 관용 정책 아래서 다시 부와 권력을 늘려 가고 있다는 점이었다. 그들은 부처 이전 시대의 종교적 문학적 전통들을 부흥시키고 인도 전역에서 산스크리트어를 학자들의 공용어로 발전시켰다. 힌두의 위대한 서사시 「마하바라타」와 「라마야나」가 현재의 형태로 기록된 것은 바로 그들의 영향력과 궁정의 후원 덕분이다.[50] 이 왕조 아래서 불교 예술 역시 절정에 도달하여 아잔타 석굴의 벽화들을 남겼다. 현대 힌두 학자들의 판단으로는 "단지 칼리다사와 바라하밀히라, 구나바르만과 바슈반두, 아리아바타와 브라마굽타라는 이름만으로도 이 시대를 인도 문화의 최고점으로 표현하기에 충분하다."[51] "제국의 역사가라면 당연히 영국이 통치하면서 거둘 수 있는 가장 위대한 승리는 인도가 서기 5세기에 누렸던 것을 모두 회복시켜 주는 일이라고 생각할 것이다."라고 하벨은 말한다.[52]

토착 문화의 이런 전성기를 중단시킨 것은 훈족의 침략 물결이었다. 훈족은 당시 아시아와 유럽을 모두 유린하고 한동안 로마는 물론 인도도 파멸시키고 있었다. 아틸라가 유럽을 습격하는 동안 토라마나는 말와를 점령하고 있었으며 무시무시한 미히라굴라는 굽타 왕조의 통치자들을 왕자에서 끌어내리고 있었다. 1세기 동안 인도는 속박과 혼란 속에서 지냈다. 그 후 굽타 왕조의 후손 하르샤바르다나가 인도 북부를 되찾아 카나우즈를 수도로 삼고는 42년 동안 넓은 영토에 평화와 안전을 제공했다. 이 시기에 인도의 토착 예술과 문학은 한 번 더 번영을 누렸다. 우리는 이슬람교도들이 카나우즈를 약탈할 때(서기 1018년) 1만 개의 사원을 파괴했다는 믿기 어려운 한 가지 사실만 갖고도 카나우즈의 규모와 화려함과 번영을 추측할 수 있다.[53] 카나우즈의 훌륭한 공원들과 무료 목욕장들은 새로운 왕조가 마련한 자선 시설의 작은 부분에 지나지 않았다. 하르샤 자신은 군주 제도를 (한동안) 모든 형태의 정부 중 가장 훌륭한 것으로 보이게 만든 보기 드문 왕 중 한 명이었다. 그는 인격적인 매력을 소유하고 여러 업적을 이루어 놓은 인물이었으며, 그가 쓴 시와 극본들은 오늘날까지도 인도에서 읽히고 있다. 그러나 이런 점들 때문에 왕국 관리 능력에 지장을 받는 일은 없었다. "그는 지칠 줄 모르는 사람이었으며 그에게는 하루가 너무 짧았다. 그는 잠자는 것까지 잊고 선행에 힘썼다."[54]라고 유안 츄왕은 말한다. 그는 처음에는 시바 신을 숭배했으나 후에 불교로 개종하여 독실한 후원자라는 면에서 또 다른 아소카가 되었다. 육식을 금지하고 영토 전역에 여행자 휴게소를 설치했으며, 갠지스 강변에 수천 개의 불탑이나 불교사원을 세웠다.

인도를 방문했던 중국의 불교 승려 중 가장 유명한 유안 츄왕이 전하는 말에 의하면, 하르샤는 5년마다 한 번씩 성대한 자선 축제를 열고 영토 내의 온갖 종교의 모든 성직자들과 모든 빈민들을 초청했다고 한다. 이 모임에서 그는 지난 축제 이후 5년 동안 국가 재정으로 들어온 것 중 남은 것을 공적 구제 자금으로 내놓는 것을 관례로 삼고 있었다. 하나당 백 명씩 앉는 천막 백 개가 에워싼 중앙에는 열린 광장이 있었는데, 유안은 그 광장에 쌓인 엄청난 양의 금과 은, 동전, 보석, 올이 고운 직물, 섬세한 브로케이드(brocade)(다채로운 무늬의 부직(浮

織) - 옮긴이)가 쌓여 있는 모습을 보고 놀랐다. 3일 동안 종교 행사가 이어지고 4일째 되는 날 (만일 우리가 믿기 어려운 이 순례자를 믿을 수 있다면) 분배를 시작했다. 제일 먼저 만 명의 불교 승려들이 각자 진주 한 알과 의복, 꽃, 향료, 황금 백 냥을 받았다. 그 다음에는 브라만들도 거의 그만큼 받았고 다음에는 자이나교 승려들, 그다음에는 다른 종파의 승려들이 받았다. 그리고 왕국 각지에서 온 가난한 일반 고아들이 받았다. 때로는 분배가 3~4개월이나 계속되기도 했다. 마지막에는 하르샤가 직접 자신의 값비싼 의복을 벗고 보석을 빼서 구호품으로 내주었다.[55]

유안 츄왕의 회고록은 어떤 신학적 자극이 당시의 시대정신이 되어 있었음을 보여 준다. 이 중국인 귀족이 멀리 떨어진 장안에서 누리던 안락함과 특권을 버리고 반만 문명화된 중국 서부 지역을 지나 타슈켄트와 사마르칸트(당시에는 번영하던 도시)를 거쳐 히말라야 산맥을 넘어 인도에 도착한 후 날란다의 사원에서 3년 동안 열심히 공부했다는 것은 즐거운 그림이며, 타국에서 인도의 평판이 어떠했는가를 보여 주는 중요한 그림이다. 그는 학자와 귀족으로서의 명성 덕분에 인도의 제후들에게서 많은 초청을 받았다. 하르샤는 유안이 아심 왕 쿠마라의 궁정에 머물고 있다는 소식을 듣고는 쿠마라에게 유안과 함께 카나우즈로 오라고 소환했다. 그러나 쿠마라는 거절하며, 하르샤가 자기 수급은 취할 수 있어도 손님은 그럴 수 없을 것이라고 했다. 그러나 하르샤가 "그대의 수급을 취하겠다."라고 대답하자 쿠마라가 왔다. 하르샤는 유안의 학식과 훌륭한 예법에 매료되어 불교계의 유명 인사들을 소집하여 마하야나 불교의 가르침에 대한 유안의 강론을 듣게 했다. 그러자 유안은 강론할 천막 입구에 자신의 논제들을 걸어 놓고 당시 풍습대로 후기를 덧붙였다. "만일 여기서 잘못된 논증을 단 하나라도 발견하고 논박할 수 있는 사람이 있으면, 내 목을 내놓겠다." 토론은 18일 동안 계속되었으나 (유안의 보고에 의하면) 유안은 모든 반론을 반박하고 모든 이단들을 물리쳤다.(다른 기록에 의하면 그 집회는 그의 논적들이 천막에 불을 놓아 끝났다고 한다.)[56] 유안은 많은 모험을 겪은 후에 장안으로 돌아갔다. 그곳의 계몽적인 황제는 마르코 폴로 같은 이 성인이 인도에서 가져온 불교의 유물을 화려한 사원에 봉안하고 그에게 많은 학자들을 보내, 그가 인도에서 구입해 온 사본들을 번역하는 일을 돕게 했다.[57]

그러나 하르샤 치세의 모든 영화는 인위적이고 불안정했다. 그 영화는 죽을 수밖에 없는 인간인 왕의 능력과 관대함에 의존했기 때문이었다. 그가 사망하자 찬탈자가 왕위를 차지하고는 군주 체제의 어두운 면을 보여 주었다. 그 후 혼란이 나타나 거의 천 년 동안 이어졌다. 인도 역시 유럽처럼 자체의 암흑기를 맞이하여 야만인들에게 유린당하고 정복되어 분열되고 약탈당했다. 인도는 위대한 악바르가 등장한 후에야 비로소 평화와 통일을 다시 되찾게 된다.

4. 라지푸타나 연대기

이 암흑기는 라즈푸타나의 서사시를 통해 잠시 불이 밝혀졌다. 이곳에는 메와르와 마르와르, 암베르, 비카네르 그리고 음악적인 이름을 가진 여타의 많은 왕국이 있었다. 원주민의 피와 침략자인 스키타이인과 훈족의 피가 반씩 섞인 이곳 주민들은 예술적인 삶보다는 삶의 예술에 관심이 더 많은 호전적인 왕들의 통치를 받으며 봉건 문명을 건설해 놓고 있었다. 이들은 처음에는 마우리아 왕조와 굽타 왕조의 통치권을 인정하며 시작하여, 이슬람 유목민들의 침입에 맞서 그들 자신과 인도 전체의 독립성을 지키려는 노력 속에서 막을 내렸다. 그 씨족들은 인도와는 잘 어울리지 않을 것 같은 호전적인 열정과 용기로 유명했다.* 만일 우리가 그들의 존경스러운 역사가 토드를 믿을 수 있다면, 그들의 남자들은 모두가 용감한 크샤트리아였으며 여자들 역시 모두가 영웅이었다. "라지푸트족(Rajputs)"이라는 그들의 명칭 자체가 왕들의 후예라는 뜻이었

---

* 그러나 아리아노스는 고대의 인도에 대해 "인도인들은 전쟁이 나면 그 당시 아시아에 거주하는 모든 종족 중 단연코 가장 용감했다."라고 말하고 있다.[58]

다. 그리고 만일 그들이 자신들의 땅을 라자스탄(Rajasthan)으로 부를 때가 있다
면, 그것은 충성심의 본향이라는 뜻이었다.

우리들의 전승은 용기와 충성심, 아름다움, 두 집안의 반목, 독, 암살, 전쟁,
여자의 복종 등 온갖 무의미한 말들과 아름다운 말들을 기사도 시대에 갖다 붙
이는데, 이런 말들은 용감한 이 왕국들의 연대기에서도 발견할 수 있다. "라지
푸트족의 족장들은 서양의 기사가 갖춘 모든 미덕들을 갖추고 있었으며 정신
적인 성취 면에서는 그들보다 훨씬 뛰어났다."[59]라고 토드는 말한다. 그들은
자신이 사랑하는 여자를 위해서라면 주저하지 않고 목숨을 던졌으며, 여자들
은 사티 의식을 통해 무덤까지 남편과 동행하는 것은 단지 예법의 문제일 뿐이
라고 생각했다. 그중에는 교육을 받아 세련된 여자들도 있었다. 왕들 중에는 시
인이나 학자들도 있었다. 그리고 한동안 그들 사이에서는 중세 페르시아 스타
일의 섬세한 장르의 수채화가 유행하기도 했다. 4세기 동안 그들의 부는 계속
증가하여 메와르의 왕의 대관식 때는 그 비용으로 2000만 달러를 지불할 수 있
었다.[60]

그들이 전쟁을 최고의 예술이며 라지푸트족의 신사에게 어울리는 유일한
예술로 여기고 좋아한 것은 그들의 긍지이자 비극이었다. 그들은 이런 호전적
인 정신 덕분에 역사적인 용맹성을 발휘하여 이슬람교도들에 맞서 자신들을
지킬 수 있었다.* 그러나 그들의 작은 왕국들은 그런 정신 때문에 분쟁으로 크
게 분열되어 약화되었으므로, 용맹성으로도 자신들을 보존하지 못하는 결과를
낳았다. 라지푸트족의 수도 중 하나인 치토르가 몰락한 일에 대한 토드의 기록
은 아더 왕이나 샤를마뉴 대제의 전설만큼이나 낭만적이다. 또한 실제로 (진리
를 사랑하기에는 자기 조국에 대한 충성심이 너무나 컸던 원주민 역사가들에게만 의존
하고 있으므로) 이 놀라운 『라자스탄 연대기』는 『아서 왕의 죽음』이나 『롤랑전』
만큼이나 전설적인 기록일 것이다. 이 연대기에 의하면 이슬람 침략자 알라우

---

* 카이절링 백작(Count Keyserling)은 치토르에 대해 "지금까지 이곳만큼 영웅적 기사도 정신이나 기꺼이 목숨을
바치는 고상한 정신이 발휘된 곳은 세상에 없었다."[61]라고 말하고 있다.

드딘이 원한 것은 치토르가 아니라 푸드미니(Pudmini, 절세의 미녀에게만 부여되는 칭호) 공주였다고 한다. 이 이슬람 족장은 치토르의 통치자가 공주를 내어주면 포위망을 풀겠다고 제안했다. 이 제안을 거부당하자 알라우드딘은 푸드미니를 볼 수 있게 해 준다면 철수하겠다고 했다. 결국 그는 거울에 비친 푸드미니의 모습이라도 볼 수 있으면 떠나겠다고 했다. 그러나 이것마저 거절당하고 오히려 치토르의 여자들이 도시 방어에 가담했다. 그러자 라지푸트족은 자신들의 과부들과 딸들이 자기 옆에서 죽어 가는 모습을 보고는 남자들이 모두 죽을 때까지 맞서 싸웠다. 알라우드딘이 그 수도에 들어갔을 때 성문 안에서 사람이라고는 그림자도 발견할 수 없었다. 남자들은 모두 싸움터에서 죽었으며, 아내들은 조후르(Johur)로 알려진 무시무시한 의식을 통해 자신들을 불살라 목숨을 끊었다.[62]

5. 인도 남부의 전성기

이슬람인들이 인도를 침투해 들어가면서 인도의 토착 문화는 점점 더 남쪽으로 물러났다. 이런 중세 시대가 끝날 무렵 힌두 문명의 최고 업적들이 데칸 고원에서 이루어졌다. 한동안 찰리우카 부족은 인도 중부 전역에 이르는 독립 왕국을 유지하고, 풀라케신 2세의 치세에는 하르샤를 무찌르고 유안 츄왕을 끌어들이고 페르시아의 코스루 2세에게서 존경할 만한 사절을 받을 만한 권력과 영화에 도달했다. 인도 그림의 최고 걸작인 아잔타 석굴 벽화가 완성된 것도 바로 풀라케신의 치세와 영토에서였다. 그러나 풀라케신은 팔라바의 왕에게 패했으며, 이 왕은 짧은 기간이지만 인도 중부의 최고 권력자가 되었다. 일찍이 서기 1세기에 인도의 최남단에서는 판디아 부족이 마두라와 틴네벨리, 트라방코르의 여러 지역들을 영토로 확립했다. 그들은 마두라를 중세 힌두 도시 중 가장 훌륭한 도시 가운데 하나로 만들고는, 하나의 거대한 사원과 이에 미치지 못하는 천여 개의 건축 예술 작품으로 단장했다. 그러나 그들 역시 처음에는 촐라 부족에게,

나중에는 이슬람인에게 패했다. 촐라 부족은 마두라와 마드라스 사이와 그곳에서 북서쪽으로 마이소르에 이르는 지역을 다스렸다. 그들은 아소카 왕의 칙령에서 언급되고 있을 정도로 오래 역사를 지닌 부족이었다. 그러나 우리는 9세기에 이르기까지 그들에 대해 아는 것이 없다. 9세기가 되자 그들은 정복 활동을 시작하여 오랫동안 인도 남부 전역과 심지어는 스리랑카에서도 그들에게 조공을 바쳤다. 그러나 그들의 권력도 기울어 남부 왕국 중 가장 큰 비자야나가르의 통제 아래 놓이게 되었다.*

비자야나가르는 한 왕국의 이름이기도 하고 그 수도의 이름이기도 했으나, 잊힌 영화를 보여 주는 우울한 사례다. 비자야나가르는 전성기에는 마드라스 전 지역과 마이소르를 포함하여 반도 남부에 있던 원주민 왕국들을 모두 포괄하는 이름이었다. 우리는 크리슈나 라야 왕이 탈리코타로 출정할 때 보병 70만 3000명과 말 3만 2600마리, 코끼리 551마리를 이끌고 갔으며, 수십만 명의 상인들과 창녀들 그리고 전쟁터의 군대를 따라다니는 여타의 사람들도 함께 움직였다는 사실을 통해 그 권력과 자원을 판단할 수 있다.[63] 왕의 전제 정치는 어느 정도의 부락 자치권과 가끔 등장하는 인간적인 계몽 군주를 통해 완화되었다. 헨리 8세의 시대에 비자야나가르를 다스린 크리슈나 라야는 염문이 끊이지 않았던 헨리 8세와 여러 면에서 비교되고 있다. 그는 공정하고 예절 바르게 생활하고, 많은 구제를 행했으며, 힌두의 모든 신앙에 관용을 베풀었다. 문학과 예술을 즐기고 후원했으며, 패배한 적들을 용서하고 그들의 도시를 그대로 남겨 두었으며, 왕국을 다스리는 잡다한 일들을 부지런히 처리했다. 포르투갈의 선교사 도밍고 파에스(Domingos Paes)(1522년)는 그를 이렇게 묘사하고 있다.

---

* 이 잡다한 왕국들은 지금은 거의 잊혔으나 이 왕국들에도 문학과 예술, 특히 건축 분야의 창조기가 있었다. 부유한 수도들과 호사스러운 궁전들, 강력한 권력자들이 있었다는 말이다. 그러나 인도는 영토도 넓고 역사도 길다. 그러므로 이 짧은 지면에서는 한동안은 자신이 이 세상을 다스린다고 생각했던 사람들도 별로 언급하지 못하고 지나칠 수밖에 없다. 예컨대 비크라마디티아는 반세기 동안(1076~1126년) 찰리우카 부족(Chalyukans)을 다스리며 전쟁에서 큰 성공을 거둬, (니체(Nietzsche)처럼) 새로운 연대 분류 방법을 확립하여 모든 역사를 자신의 이전과 이후로 구분하자고 제안했다. 그러나 그도 오늘날에는 각주로 처리되는 인물일 뿐이다.

그는 백성들이 가장 두려워하는 왕이며 존재할 수 있는 가장 완벽한 왕이다. 기질이 쾌활하며 대단히 명랑하다. 외국인을 존중하고 친절하게 대하려고 하는 사람이다. …… 그는 위대한 통치자이며 대단히 공의(公義)로운 사람이다. 하지만 갑자기 격노할 때가 있다. …… 군대와 영지에서 소유하고 있는 것으로 볼 때 신분상 그 누구보다도 위대한 영주다. 그러나 그와 같은 사람이 마땅히 가져야 할 것에 비하면 사실상 아무것도 가진 것이 없는 사람이다. 모든 면에서 용감하고 완벽한 사람임에도 말이다.[64]*

아마 1336년에 세워진 그 수도는 그때까지 인도에서 알려진 가장 부유한 도시였을 것이다. 니콜로 콘티는 1420년 그곳을 방문하여 그 외곽을 97킬로미터로 추산했다. 파에스는 그 수도가 "로마만큼 크고 경치가 매우 아름답다."라고 묘사했다. 그리고 "그 안에는 숲이 많으며 도수관도 많다."라고 덧붙인다. 그곳의 기술자들이 퉁가바드라 강에 큰 댐을 건설하고 저수지를 만들어 놓아, 그 저수지에서 몇 킬로미터의 단단한 암반을 깎아 만든 24킬로미터나 되는 도수관을 통해 도시로 물을 운반했기 때문이다. 압두르 라자크는 1443년에 그 도시를 보고 "전 세계에서 비슷한 곳을 눈으로 본 적도 없고 귀로 들은 적도 없는 도시"라고 보고했다. 파에스는 "세상에서 필수품이 가장 잘 갖춰진 도시다. …… 이곳에는 모든 것이 많기 때문이다."라고 생각했다. 가옥은 10만 채가 넘는다고 그는 우리에게 말하고 있는데, 이것은 인구가 50만이었음을 함축한다. 그는 방 하나를 완전히 상아로만 만들어 놓은 궁전을 보고 경탄하고 있다. "그 궁전은 대단히 화려하고 아름다워 다른 어떤 곳에서도 그런 궁전을 발견하기 어려울 것이다."[66] 델리의 술탄 피로스 샤가 비자야나가르 왕의 수도에서 그 왕의 딸과 결혼했을 때는 9.5킬로미터의 길에 벨벳과 새틴 그리고 금과 여타의 값비싼 재질로 만든 천을 깔았다.[67] 그러나 모든 여행자는 거짓말쟁이이

---

* 그가 가진 얼마 안 되는 것 중에는 1만 2000명의 아내가 있었다.[65]

기 마련이다.

이런 부의 밑바닥에서는 농노와 노동자 계층이 빈곤과 미신 속에서 살면서, 야만적인 혹독함을 통해 모종의 상도덕을 보존하는 법전에 얽매여 있었다. 형벌은 손이나 발을 절단하는 벌에서부터 사람을 코끼리들에게 던져 주는 벌까지, 머리를 베는 벌, 산 채로 배를 말뚝으로 꿰찌르는 벌이나 턱 밑을 갈고리에 꿰어 죽을 때까지 매달아 놓는 벌 등이 있었다.[68] 대규모 절도는 물론 강간도 이런 마지막 방법으로 처벌했다. 매춘은 허용되었으나 통제되어 왕실 수입원이 되었다. 압두르 라자크는 이렇게 말한다. "화폐 주조소의 맞은쪽에는 그 도시의 시장 사무실이 있었는데, 그 사무실에는 1만 2000명의 경찰이 배치되어 있다고 한다. 그런데 그들의 급료는 …… 창녀들의 수입에서 나온다. 이런 가옥들의 화려함과 마음을 즐겁게 해 주는 여자들의 아름다움, 그들의 유혹, 추파는 이루 다 말할 수 없을 정도다."[69] 여자들은 종속적인 신분이었으며, 남편이 사망할 경우에는 스스로 목숨을 끊거나 때로는 생매장을 허용할 것이라고 생각되었다.[70]

비자야나가르 왕들의 후원을 받으며 문학이 번성했다. 이것은 고전 산스크리트어로 된 문학이든 남부 지역의 텔루구어로 된 문학이든 마찬가지였다. 크리슈나 라야는 자신이 시인이자 열렬한 문학 후원자이기도 했다. 그의 계관 시인 알라사니펫다나는 인도 최고 시인의 부류에 속하는 것으로 평가되고 있다. 엄청난 사원들을 세웠으며 사원 표면에는 거의 한 발자국마다 조각과 얕은 돋을새김을 했다. 불교는 세력을 잃었으며, 브라만교 중에서 비슈누를 특별히 숭배하는 한 종파가 대중들의 신앙이 되었다. 암소를 신성하게 여겨 도살하지 않았다. 그러나 많은 종류의 가축과 가금류를 신들에게 제물로 바치고 사람들이 먹었다. 종교는 잔인했으나 풍습은 품위가 있었다.

그러나 어느 날 갑자기 이 모든 권력과 사치가 소멸되었다. 천천히 정복해 들어오던 이슬람인들이 남쪽으로 방향을 잡은 것이다. 이제 비자푸르와 아다드나가르, 골콘다, 비다르의 술탄들이 세력을 연합하여 원주민 힌두 왕들의 마지막 남은 이 요새로 진입했다. 그들의 연합군은 탈리코타에서 라마 라자의 50만 군대와 충돌했다. 공격자들이 수적 우세에 힘입어 승리했다. 라마 라자가 사로잡혀 추종자들이 보는 앞에서 목이 베이자 그들은 사기가 꺾여 도주했다. 후퇴하는 과정에서 거의 10만 명이 살해되어 그들의 피로 강물이 붉게 물들었다. 정복군이 부유한 수도를 약탈하여 얻은 전리품은 엄청나서 "연합군에 참여한 모든 개개인은 약탈한 금과 보석, 가재(家財), 천막, 무기, 말, 노예로 부자가 되었다."[71] 약탈은 5개월 동안이나 계속되었다. 승리자들은 무기력한 주민을 무차별적으로 학살하고 상점을 털고 사원과 궁전을 파괴했으며 엄청난 노력을 동원하여 도시의 조각상과 그림을 모두 파괴했다. 그리고 횃불을 들고 거리를 다니며 불에 탈 만한 것은 모두 불살랐다. 마침내 그들이 물러갔을 때 비자야나가르는 완전히 파괴되어 마치 지진이 나서 돌멩이 하나 그대로 남겨 놓지 않은 것 같았다. 그것은 절대적이고 지독한 파괴였다. 그러나 이것은 이슬람이 천 년 전에 시작하여 이제 완결한 인도 정복 과정에서 전형적으로 나타나는 무시무시한 광경이었을 뿐이다.

6. 이슬람의 정복

이슬람의 인도 정복은 아마 역사상 가장 피비린내 나는 이야기일 것이다. 그것은 실망을 안겨 주는 이야기다. 문명이란 불안정한 것이어서, 문명이 질서와 자유, 문화와 평화를 섬세하게 이루어 놓더라도 외부에서 침략하거나 내부에서 증가하는 야만인들에 의해 언제라도 전복될 수 있다는 분명한 교훈을 남겨 주었기 때문이다. 힌두인들은 내분과 내전으로 힘을 낭비했다. 그들이 받아들인 불교와 자이나교 등의 종교들 역시 삶에 필요한 과제에 대해서는 무기력했다. 당시 스키타이족과 훈족, 아프간족, 투르크족이 인도의 변경을 배회하며 인도가 약해져 침입할 기회를 노리고 있었다. 그러나 힌두인들은 그들과 맞서 자신의 국경과 수도들, 부와 자유를 지킬 수 있을 만큼 세력을 조직화하지 못했다. 인도는 침략을 불러들인 것이나 다름없었고 결국 그대로 되었다. 이슬람인들은 처음에는 펀자브 서부 지역을 잠시 약탈하고 물러갔다.(서기 664년) 다음 3세기 동안에도 침략자들이 편할 때 비슷한 침략이 몇 차례 더 있었다. 그 결과 이슬람인들은 인더스 강 계곡에 정착하게 되었으며, 비슷한 시기에 같은 종교를 지닌 아랍인들은 유럽의 패권을 놓고 투르 전쟁을 벌이고 있었다.(서기 732년) 그러나 이슬람인들의 진정한 인도 정복은 그리스도 이후 최초의 천년이 바뀔 때에 가서나 이루어졌다.

997년 마흐무드라는 투르크 족장이 아프가니스탄 동부에 작은 가즈니 왕국을 세우고 술탄이 되었다. 마흐무드는 자신의 옥좌가 연륜이 짧고 빈약한 데 반해 국경 너머의 인도는 역사가 길고 부유하다는 사실을 알고 있었다. 그러므로 결론은 분명했다. 그는 힌두의 우상 숭배를 타파한다는 종교적 구호를 내세우며, 약탈품을 노리는 세력을 동원하여 국경 지역을 휩쓸었다. 미처 준비를 갖추지 못한 힌두인들과 빔나가르에서 충돌하여 그들을 학살하고 도시들을 약탈하며 사원들을 파괴한 후, 그들이 오랫동안 쌓아 온 재물들을 휩쓸어 갔다. 그는 가즈니로 돌아온 후 외국 세력의 사절들에게 "보석과 불꽃처럼 혹은 얼음으로 얼린 포도주처럼 빛나 아무리 보아도 싫증이 나지 않는 진주와 루비, 은매화의 어린 가지 같은 에메랄드, 석류처럼 생긴 크고 무거운 다이아몬드"[72]를 보여 주어 놀라게 했다. 겨울마다 마흐무드는 인도로 내려가 자신의 보물 상자를 채우고 부하들에게도 마음껏 약탈하고 살해할 수 있는 자유를 즐기게 했다. 그러다가 봄이 되면 다시 자기 수도로 돌아와 해마다 점점 더 부유해졌다. (야무나 강변의) 마두라에서는 한 사원에서 온갖 보석으로 아로새긴 황금 신상들을 취하고 엄청난 양의 금과 은, 보석을 약탈했다. 그는 그 훌륭한 사원의 건물을 보고 감탄한 후에, 그 사원을 복원하려면 1억 디나르의 돈과 200년간의 노동력이 필요하겠다고 판단하고는, 나프타를 뿌려 완전히 불사르라고 명령했다.[73] 6년 후 인도 북부의 다른 부유한 도시 솜나트를 약탈하여 5만 명의 주민을 모두 살해한 후에 그곳의 부를 끌고 가즈니로 돌아갔다. 결국 그는 아마 역사상 가장 부유한 왕이 되었다. 때로는 약탈한 도시의 주민들을 살려서 본국으로 끌고 와 노예로 팔기도 했다. 그러나 그런 포로들의 수가 워낙 많았으므로 몇 년 후에는 노예 한 명당 몇 실링 이상 지불하는 사람을 발견할 수 없게 되었다. 그는 중요한 전투가 있을 때면 언제나 먼저 무릎을 꿇고 기도하며 자신의 팔을 축복해 달라고 신에게 빌었다. 그는 3분의 1세기 동안 통치했으며, 그가 장수와 명예를 누린 후에 죽자 이슬람의 역사가들은 그 당시 가장 위대한 군주이자 모든 시대의 통틀어 가장 위대한 통치자 중 한 명으로 평가했다.[74]

이 엄청난 도둑이 성공에 힘입어 성인의 반열로 추대되는 모습을 보고, 비록 그의 가르침을 능가하는 데 성공한 사람은 없었으나 다른 이슬람 지배자들도 그의 모범을 따라 이익을 얻었다. 1186년 아프가니스탄 투르크족의 한 지파인 그후리족은 인도를 침략하여 델리를 점령하여 사원들을 파괴하고 재물을 약탈한 후 궁전에 정착하여 델리에 술탄 정부를 세웠다. 이로써 인도 북부에서 3세기 동안 지속되는 이방인 전제 정치가 고착되었으며, 암살과 반란을 통해서만 억제되었을 뿐이다. 피에 굶주린 이런 술탄들의 첫 주자 쿠트브 딘 아이바크는 그와 같은 유형의 광적이고 잔혹하고 무자비한 모습을 보여주는 하나의 평범한 사례였을 뿐이다. 이슬람 역사가들이 우리에게 전하는 말에 의하면, 그는 "수십만 명에게" 예물을 "받았으며 그의 살육자들도 수십만 명에게 받았다." (노예로 팔렸던 적이 있는) 이 전사가 한 전투에서 승리했을 때는 "5만 명이 노예로 잡혀 평야가 힌두인들 때문에 역청으로 덮인 것처럼 시커멓게 되었다."[75] 다른 술탄 발반은 반란자들과 산적들을 처형하면서 코끼리에게 던져 짓밟히게 하거나 살갖을 벗겨 그것을 줄에 꿰어 델리 성문에 걸어놓았다. 델리에 정착하여 이슬람으로 개종했던 일부 무굴 주민들이 반란을 시도하자 술탄 알라우드딘(치토르의 정복자)은 하루 만에 (1만 5000~3만 명이나 되는) 남자들을 모두 살해했다. 술탄 무하마드 빈 투글라크는 아버지를 살해하고 왕좌를 차지한 후에 위대한 학자와 격조 높은 글을 쓰는 저술가가 되었고 수학과 물리학, 그리스 철학에도 잠깐 손을 댔다. 그러나 유혈극과 잔혹성 면에서는 선조들을 능가하여, 반란을 일으켰던 조카의 살을 그 조카의 아내와 자녀들에게 먹게 했고, 무모한 인플레이션으로 나라를 파멸시켰으며, 약탈과 살인으로 나라를 폐허로 만들어 결국 주민들이 정글로 도망치게 만들었다. 그는 대단히 많은 힌두인을 살해하여 (한 이슬람 역사가의 말에 의하면) "그의 왕실 건물과 법정 앞에는 언제나 시체 더미가 있었으며 청소부들과 사형 집행인들이" 희생자들을 "끌어내고 처형하느라고 녹초가 되었다."[76] 다울라타바드에 새로운 수도를 세우려고 주민들을 델리에서 몰아내 델리를 사막으로 만들었다. 또한 맹인 한 사람이 델리에 남아 있다는 소식을 듣고는 그를 옛 수도에서 새로운 수도로 끌고 오도록 명령하여 그 불쌍한 사람이 마지막 여행을 마쳤을 때는 한쪽 다리만 남아 있었다.[77] 그 술탄은 백성들이 자기를 사랑하지도 않고 정도를 벗어나지 않는 자신의 정의로움을 알아 주지도 않는다고 불평했다. 그는 사반세기 동안 인도를 다스리고 침상에서 죽었다. 그의 후계자 피로스 샤는 벵골을 침략하여 힌두인 두당 일정액의 상금을 제공하여 모두 18만 명분에 대한 상금을 지불했으며, 노예를 얻기 위해 힌두 부락들을 습격하다가 여든 살이나 되는 고령의 나이에 죽었다. 술탄 아흐마드 샤는 자기 영토에서 아무런 방어 능력이 없는 힌두인을 하루 동안 살해한 수가 2만 명에 도달할 때마다 3일간 잔치를 벌였다.[78]

이 지배자들은 능력 있는 사람들인 경우가 많았으며 그들의 추종자들도 용맹한 용기와 근면함을 타고난 사람들이었다. 그러므로 우리는 어떻게 그들이 압도적으로 수가 많은 적대적인 민족들 속에서 통치를 유지할 수 있었는지 이해할 수 있다. 그들은 모두 활동적인 면에서는 군국주의적이지만 금욕적인 단일신론이라는 면에서는 인도의 어떤 대중 종교보다 훨씬 뛰어난 종교로 무장하고 있었다. 그들은 힌두 종교들의 대중적인 활동을 불법으로 간주함으로써 자신들의 종교가 지닌 흡인력을 감추었고 또 그를 통해 힌두의 정신세계 속으로 더욱 깊이 파고 들어갔다. 정복욕에 목마른 이런 폭군들 중에는 능력과 문화를 겸비한 사람들도 있었다. 그들은 예술을 후원했으며 (일반적으로 힌두적 배경

을 지닌) 예술가들과 장인들을 고용하여 자신들을 위해 이슬람 사원과 무덤을
건축하게 했다. 그들 중에는 학자들도 있어서 역사가들 및 과학자들과 대화를
즐기기도 했다. 아시아의 가장 위대한 학자 가운데 한 사람인 알베루니
(Alberuni)도 가즈니의 마흐무드와 함께 인도로 가서 플리니우스의 『자연사』나
훔볼트(Humboldt)의 『코스모스』에 견줄 수 있는 과학적인 인도 연구서를 썼다.
이슬람 역사가들은 거의 장군들만큼이나 수가 많았으나 유혈극과 전쟁을 즐기
는 면에서는 그들에게 조금도 뒤지지 않았다. 술탄들은 노골적인 강도 행위를
통해서는 물론이고 고대의 세금 징수 기술을 통해서도 짜낼 수 있는 모든 돈을
사람들에게서 짜냈다. 그러나 그들은 인도에 머무르며 약탈 재물을 인도에서
사용하여 인도의 경제생활에 되돌려주었다. 하지만 그들의 공포 정치와 착취
는 심신을 지치게 만드는 인도의 기후와 합당하지 못한 식생활, 정치적 분열,
염세적인 종교들이 약화시키기 시작해 놓은 인도의 체질과 사기를 더욱 약화
시켰다.

　술탄들의 일반적인 정책은 알라우드딘에 의해 분명하게 약술되었다. 알라
우드딘은 자기 고문들에게 "힌두인들을 혹사시키고 힌두인들에게서, 불만과
반란을 조장하는 부와 재산을 박탈할 수 있는 규칙들과 규제 사항들"[79]을 마련
하도록 요구했다. 전에는 원주민 통치자들이 땅의 총생산량 중 6분의 1만 거둬
갔으나 이제는 절반을 가져갔다. 한 이슬람 역사가는 이렇게 말한다. "힌두인
들은 의연하게 버틸 수가 없었으며 집에는 금붙이나 은붙이라고는 그림자도
찾아볼 수 없었다. …… 남아도는 것은 하나도 보이지 않았다. …… 구타와 차
꼬 채움, 투옥과 사슬 등, 돈을 짜낼 수 있는 방법이라면 모두 동원되었다." 자
기 고문 중 한 명이 이런 방법을 동원하는 것에 대해 항의했을 때 알라우드딘
은 이렇게 대답했다. "박사여, 그대는 배운 사람이지만 경험이 없다. 나는 배우
지는 못했으나 경험이 많다. 확신하건대 힌두인들은 가난에 찌들어야 고분고
분하게 복종할 것이다. 그러므로 해마다 옥수수와 우유와 커드(응유(凝乳))는
남겨 주고 가축과 재산을 쌓아 놓지 못하게 하라고 명령한 것이다."[80]

현대 인도의 정치사에 숨어 있는 비밀은 이것이다. 인도는 분열 때문에 약해져 침략을 당했다. 침략자들에게 수탈당해 빈곤해져 저항 능력을 상실하고는 초자연적인 위로를 구하는 쪽으로 도피했다. 인노는 상전이나 노예나 모두 피상적인 미망에 지나지 않는다고 주장하며, 몸이나 국가의 자유는 이 짧은 삶에서 지킬 만한 가치가 없다고 결론지었다. 이런 비극에서 쓰라린 교훈을 이끌어 낼 수 있다면, 그것은 문명을 유지하려면 영원히 방심하지 말아야 하는 대가를 치러야 한다는 것이다. 국가는 평화를 사랑해야 하지만 항상 만약의 사태에 대비하고 있어야 한다.

7. 악바르 대제

정부란 본성상 타락하기 마련이다. 셸리(Shelley)가 말한 것처럼 권력이란 손을 대는 사람에게 독이 되기 때문이다.[81] 델리의 술탄들은 지나친 행위들로 인해 힌두 주민의 지지뿐 아니라 이슬람 동료의 지지도 잃고 말았다. 북쪽에서 새로운 침략자들이 등장하게 되자 이 술탄들은 자기네들이 인도에 승리했을 때처럼 손쉽게 승리를 내어주었다.

북쪽에서 내려온 최초의 침략자는 타메를란, 제대로 말하면 티무르였다. 그는 투르크족으로 이슬람교를 훌륭한 무기로 간주하여 받아들였으며, 몽골 유목민들의 지원을 얻으려고 자신을 칭기즈칸의 후예로 내세운 인물이었다. 그가 사마르칸트의 왕위에 오른 후 황금이 더 필요하다고 느꼈을 때, 인도에는 이교도들이 여전히 많다는 생각이 떠올랐다. 그러나 그의 장수들은 이슬람의 용기를 생각하고는 반대하면서, 사마르칸트에서 손에 넣을 수 있을 이교도라면 이미 이슬람의 지배 아래 놓였을 것이라는 점을 지적했다. 코란에 정통한 율법학자는 고무적인 구절을 인용하여 그 문제를 결정했다. "오, 선지자여, 이교도들과 불신자들과 맞서 싸우고 엄격하게 대하라."[82] 문제가 이렇게 결정되자 티무르는 즉시 인더스 강을 건너(1398년), 그를 피해 도망갈 수 없던 주민들을 모두 학살하거나 사로잡아 노예로 삼았다. 또한 술탄 마흐무드 투글라크의 군대를 무찌르고 델리를 점령한 후 10만 명의 포로를 냉혹하게 살해하고, 아프가니스탄 왕조가 그곳에서 모아 놓았던 재물을 모두 약탈하고는 수많은 여자들과 노예들을 끌고 사마르칸트로 떠났다. 그 여파로 델리는 무정부 상태와 기근, 전염병에 시달리게 되었다.[83]

델리의 술탄들은 옥좌를 되찾은 후 다음 1세기 동안 인도를 다시 혹사시켰으나 진정한 정복자가 등장하게 되었다. 위대한 무굴(Mogul)* 왕조의 창설자 바부르는 모든 면에서 알렉산드로스만큼 용감하고 매혹적인 인물이었다. 티무르와 칭기즈칸 두 사람의 후예로서 그는 아시아를 괴롭힌 이 두 인물의 능력을 모두 이어받았으나 그들의 잔혹성은 물려받지 않았다. 그는 몸과 마음의 활력이 남아돌아 어려움을 겪었으므로 싸움과 사냥과 여행을 했으나 만족이 없었다. 그에게는 한 손만으로 5분 안에 다섯 명의 적을 죽이는 것쯤은 식은 죽 먹기였다.[86] 그는 이틀 동안에 말을 타고 260킬로미터나 달린 후에, 갠지스 강을 두 번 헤엄쳐 건넜다. 또한 만년에 말하기를, 열한 살 이후부터는 같은 장소에서 라마단 단식을 두 번한 적이 없다고 했다.[87]

그는 회고록을 시작하면서 "나는 열두 살의 나이에 이미 파르가나 지역의 지배자가 되었다."[88]라고 말하고 있다. 열다섯 살에는 사마르칸트를 포위 공격하여 점령했다. 그러나 군대의 급료를 지불할 비용이 떨어져 다시 잃었다. 병에 걸려 거의 죽을 뻔했으며 한동안 산 속에 숨어 지내기도 했으나, 240명의 인원으로 그 도시를 다시 되찾았다. 하지만 배신을 당해 다시 잃고는 가난한 생활을 하며 이름 없이 숨어 살면서 그대로 은퇴하여 중국에서 농부로 지낼 생각을

---

* 무굴이란 말은 몽골(Mongol)이란 말의 다른 형태다. 무굴인들은 사실 투르크족이었다. 그러나 힌두인들은 (아프가니스탄인들을 제외한) 모든 북부 이슬람인들을 무굴족이라고 불렀으며 지금도 여전히 그렇게 부르고 있다.[84] "바부르(Babur)"란 말은 원래 몽골인의 별명으로 사자라는 뜻이었다. 인도 무굴 제국의 초대 왕의 실제 이름은 자히르 딘 무하마드였다.[85]

하기도 했다. 그러다가 스물한 살 때 다시 세력을 모아 자신의 용맹함을 따르는 사람들을 이끌고 카불을 점령했다. 파니파트에서는 1만 2000의 군사와 약간의 기병을 이끌고 술탄 이브라힘의 10만 군사를 압노하여 수천 명의 포로를 살해하고 델리를 점령했다. 그곳에서 인도를 지배한 이방인 왕조 중 가장 위대하고 가장 자비로운 왕조를 세운 후 4년 동안 평화를 누리며 탁월한 시와 회고록을 쓰고 마흔일곱 살의 나이로 세상을 떠나, 한 세기를 몸으로 부딪치며 살아 온 삶을 마감했다.

그의 아들 후마윤은 너무 연약하고 우유부단한데다가 아편을 너무 좋아하여 바부르의 과업을 이어 가지 못했다. 그러므로 아프가니스탄의 족장 세르 샤가 피비린내 나는 두 번의 전투로 후마윤을 무찌르고 한동안 인도에서 아프가니스탄의 권력을 회복했다. 세르 샤는 이슬람 최상의 스타일로 살육하는 데도 유능했지만 세련된 건축 취향으로 델리를 재건하고 정부를 개혁하기도 하여, 악바르가 계몽적인 통치를 할 수 있는 기반을 마련해 놓았다. 그 후 이름 없는 두 명의 왕이 10년간 권력을 유지했으나, 후마윤이 12년간 고난과 방랑 생활을 거친 후 페르시아에서 세력을 모아 인도로 다시 들어와 왕좌를 되찾았다. 8개월 후 후마윤은 서재의 테라스에서 떨어져 죽었다.

후마윤은 유형지에서 가난하게 지내는 동안 아내가 아들을 낳자 신앙심을 발휘하여 이름을 무하마드라고 지었으나, 인도는 후에 그를 일컬어 (위대하다는 뜻으로) 악바르라고 부르게 된다. 그를 위대하게 만드는 일이라면 모든 것이 동원되었다. 심지어 그의 조상들까지 모든 준비를 아끼지 않았다. 그의 혈관 속에는 바부르와 티무르, 칭기즈칸의 피가 흐르고 있었기 때문이다. 그를 가르치기 위해 많은 교사가 동원되었으나 그는 그들을 모두 거절하고 글 쓰는 법도 배우지 않았다. 대신에 위험한 운동에 끊임없이 몰두하면서 왕의 면모를 스스로 갖춰 나갔다. 그는 말을 완벽하게 다룰 줄 알게 되어 폴로를 하면서도 왕다운 면모를 잃지 않았으며, 아무리 사나운 코끼리라도 다루는 법을 알고 있었다. 언제라도 사자나 호랑이를 사냥하러 떠날 준비를 갖추고 있었으며 아무리 피곤한 일이라도 마다하지 않고 어떤 위험이라도 직접 맞설 준비가 되어 있었다. 훌륭한 투르크인답게 그에게는 인간의 피를 혐오하는 여성적인 나약함이 없었다. 열네 살 때는 한 힌두인 포로를 살해하여 (“이교도를 살해한 이슬람 전사”라는 뜻의 투르크족의 명예 칭호인) “가지(Ghazi)” 호칭을 얻으라는 초대를 받자 자신의 언월도로 단칼에 목을 베었다. 그는 초기에는 이런 야만적인 모습들을 보였으나 나중에는 역사에 알려진 모든 왕 중에서 가장 지혜롭고 가장 인도적이고 가장 문화적인 왕 가운데 한 사람으로 바뀌게 된다.*

열여덟 살에는 섭정에게서 전권을 넘겨받았다. 이때 그의 통치 영역은 인도의 8분의 1로 확대되어 북서부의 국경 물탄에서부터 동부의 베나레스까지 약 480킬로미터를 띠처럼 잇는 넓은 영토를 다스리고 있었다. 그는 할아버지에게서 물려받은 열정과 탐욕으로 국경을 확대하는 일에 착수했다. 그 결과 일련의 무자비한 전쟁을 통해 메와르의 작은 라지푸트 왕국을 제외한 힌두스탄 전역의 지배가가 되었다. 델리로 돌아온 후에는 전투 장비를 벗어 놓고 영토의 행정 체계를 개편하는 일에 매달렸다. 그는 절대적인 권력을 소유하여 중요한 관직은 아무리 멀리 떨어진 지역이라도 모두 자기가 직접 임명했다. 네 명의 주요 보좌관이 그를 도왔다. 총리 대신 바키르와 때로는 바지르라고도 하고 때로는 디완이라고도 한 재무 대신, 법무 대신 바크시, 인도의 이슬람교 수장이며 성직자 대표 사드르가 그들이다. 그의 통치가 전통과 명성을 얻게 되자 군사력의 비중을 점점 줄여 나가 약 2만 5000명의 상비군으로 만족하게 되었다. 전시에는 군권을 지닌 지역 통치자들이 모집한 군대로 이 빈약한 군사력을 보강했으나, 이런 불안정한 체제는 결국 아우랑제브의 치세에 무굴 제국이 몰락하게 된 일과 모종의 관련이 있다.** 이런 지역 통치자들과 그 하급 관료들 사이에서

---

* 후에 그는 책의 가치를 깨닫게 되어 (여전히 읽지는 못했으나) 다른 사람들이 책을 읽어 주면 몇 시간씩 귀를 기울였으며, 그중에는 심오하고 난해한 책들도 많았다. 그 결과 글은 모르지만 학자의 면모를 갖추게 되었으며, 문학과 예술을 사랑하여 왕실 재정으로 아낌없이 지원했다.

** 악바르의 군대는 당시까지 인도에서 알려진 최선의 편제를 갖추고 있었으나, 동시대에 서양에서 채택하고 있던 편제보다는 열등했다. 악바르는 개량된 무기를 확보하려고 노력했으나 실패로 끝났다. 군사 장비의 이런 열세가 그

뇌물 수수와 공금 횡령이 성행하여 악바르는 부패를 억제하는 일에 많은 시간을 들였다. 그는 엄격한 경제 조치를 통해 자신의 궁전과 가솔의 경비를 규제하고 그들을 위해 구입하는 식량과 물자의 가격과 국가 관여 사업의 임금을 결정했다. 그는 세상을 떠나면서 10억 달러에 해당하는 재정과 지상에서 가장 강력한 제국을 남겼다.[89]

법과 세제는 모두 엄격했으나 이전보다는 훨씬 덜했다. 농민에게 토지 총생산량의 6분의 1~3분의 1을 징수하여 토지세는 연간 약 1000만 달러에 달했다. 황제는 법 제정자이자 집행자며 재판관이었다. 최고 법정인 그는 중요한 소송 당사자들의 말을 듣는 일에 많은 시간을 할애했다. 그는 법으로 어린이 결혼과 사티 강요를 금지하고, 과부의 재혼을 허락했으며, 포로를 노예로 삼고 제물용으로 동물을 도살하던 관행을 폐지했다. 또한 모든 종교에 자유를 주고, 종교나 인종에 관계없이 재능에 따라 직업을 택할 수 있는 길을 열어 놓았으며, 아프가니스탄 통치자들이 이슬람으로 개종하지 않은 모든 힌두인에게 부과했던 인두세를 폐지했다.[90] 그의 치세 초기에는 수족 절단형과 같은 형벌이 법에 포함되어 있었으나, 말기의 법은 아마 16세기의 모든 정부 중 가장 개화된 모습이었을 것이다. 모든 국가는 시작할 때는 폭력을 동원하지만 (일단 안정을 확보하게 되면) 자유를 허락하기 마련이다.

그러나 통치자의 강점은 그가 다스리는 정부의 약점이 되는 경우가 많다. 악바르의 행정 체계는 그의 탁월한 정신과 인격에 크게 의존하고 있었으므로, 그가 사망하자 붕괴될 위험에 놓이게 되었을 것이 분명하다. 물론 그는 많은 덕목을 갖추고 있었다. 그가 대부분의 역사가를 고용하고 있었기 때문이다. 그는 자신의 왕국에서 가장 훌륭한 운동선수였고, 최선의 기수였고, 가장 뛰어난 검객이었고, 가장 위대한 건축가 중 한 사람이었으며, 어느 모로 보든지 가장 미남이었다. 사실 그는 팔이 길고 다리가 안으로 휘고, 눈은 무굴인답게 가늘고, 고

의 후손들의 퇴보와 겹쳐져, 유럽이 아시아를 정복하게 되는 결정적인 요인이 되었다.

개는 왼쪽으로 기울였으며, 코에는 사마귀가 하나 있었다.[91] 그는 산뜻하고 위엄 있고 평온한 분위기로 좋은 외모를 유지했으며 그의 눈은 (동시대인의 말에 의하면) "햇살에 반짝이는 호수처럼" 빛나기도 하고 불꽃처럼 타올라, 마음을 상하게 하는 사람들을 나폴레옹 앞에 선 반담(Vandamme)처럼 두려움에 떨게 하기도 했다. 그는 부직포로 만든 모자와 블라우스, 바지, 보석으로 간단하게 차려 입고 맨발로 다녔다. 육식은 별로 좋아하지 않았으며 그나마 만년에는 거의 완전히 멀리하면서 "자기 배를 동물의 무덤으로 만드는 것은 옳은 일이 아니다."라고 했다. 하지만 몸과 의지가 강하고 활동적인 많은 운동에서 뛰어났으며 하루에 58킬로미터를 걷는 일 정도는 아무렇지도 않게 여겼다. 폴로를 대단히 좋아하여 밤에도 경기를 하려고 빛을 발하는 공을 고안하기도 했다. 그는 가문의 격렬한 기질을 물려받았으며 젊었을 때는 (동시대의 그리스도교인들처럼) 암살을 통해 문제를 해결하기도 했다. 그러나 점점 (윌슨(Woodrow Wilson)이 변한 것 같이) 화산처럼 폭발하기 쉬운 기질을 억누르는 법을 배웠다. 또한 페어플레이 정신에서도 시대를 훨씬 앞서 있었는데, 동방의 군주라고 해서 모두 이런 정신을 갖추고 있는 것은 아니다. 피리슈타(Firishta)는 "그는 한없이 온유했다. 그는 이 덕목 때문에 분별력의 한계를 벗어나는 일이 많았다."[92]라고 말한다. 그는 관대하여 엄청난 비용을 들여 구제 활동을 펼쳤다. 만인에게 친절했으며 신분이 낮은 사람들에게는 특히 그러했다. 한 예수회 선교사의 말에 의하면 "그는 그런 사람들이 바치는 작은 예물들을 받으면서도 마치 귀족들에게 사치스러운 예물을 받아 본 적이 없는 사람처럼 가슴에 품고 좋아했다." 그의 동시대인 중 한 사람은 그를 간질병자로 묘사했다. 많은 사람들은 그가 병적일 정도로 우울증에 시달렸다고 말했다. 좋게 말하면 아마 그는 적당히 술을 마시고 아편을 했을 것이다. 그의 아버지와 아들은 모두 습관이 비슷했으나 자제력은 비슷하지 않았다.* 그는 자신의 제국에 어울리는 규모의 규방을 갖고 있었다.

---

* 그의 두 자녀는 젊은 나이에 만성적인 알코올 중독으로 요절했다.[93]

한 소문은 우리에게 이렇게 전한다. "사람들의 믿을 만한 소문에 의하면 왕은 아그라와 파트푸르시크리에 코끼리 1000마리와 말 3만 마리, 사슴 1400마리, 애첩 800명을 두고 있다고 한다." 그러나 그에게 관능적인 야망이나 취향이 있었던 것 같지는 않다. 그는 많은 지역의 여자들과 결혼했으나 정략적인 것이었다. 그는 라지푸트의 군주들의 딸을 배우자로 맞아들여 그들을 기쁘게 했으며 그로 인해 그들을 자신의 옥좌를 지원하는 세력으로 묶어 둘 수 있었다. 이때부터 무굴 왕조는 혈통상 절반은 원주민 왕조가 되었다. 한 라지푸트인은 그의 장수들 중 지도적인 인물이 되었으며 한 왕은 그의 중요한 가신으로 부상했다. 그의 꿈은 인도를 통일하는 것이었다.[94]

그는 카이사르나 나폴레옹만큼 현실적이고 냉철하고 정확한 정신의 소유자는 아니었다. 그는 형이상학을 향한 열정을 갖고 있었으므로 만일 폐위되었다면 신비주의를 추구하는 은둔자가 되었을 것이다. 그는 끊임없이 사색에 잠겼으며 항상 혁신적인 것들을 만들고 개선안을 내놓았다.[95] 하룬알라시드처럼 그도 밤중에 변복 차림으로 암행하여 개혁안을 잔뜩 안고 돌아오곤 했다. 바쁘게 활동하는 중에도 시간을 내서 큰 도서관을 꾸미고는 숙련된 필사자들이 기록하거나 새긴 아름다운 사본들로만 가득 채웠으며, 그런 필사자들을 자신의 통치 시대를 빛낸 화가들이나 건축가들과 같은 반열의 예술가로 대접했다. 그는 인쇄를 기계적이고 비인격적인 것으로 보고 멸시했으며, 유럽에서 활판으로 인쇄하여 예수회의 친구들이 그에게 선물한 엄선된 인쇄본들을 금방 폐기 처분했다. 그의 도서관에 소장되어 있는 도서는 2만 4000권에 지나지 않았으나, 그와 같은 정신적 보고를 물질적인 관점에서 평가할 수 있다고 생각하는 사람들은 그 가치를 350만 달러에 달하는 것으로 평가했다.[96] 그는 시인들을 아낌없이 지원했으며, 그중 한 명(힌두인 비르발)을 매우 사랑하여 그를 궁정의 총아로 만들었다가 급기야 장군으로까지 삼았다. 그러나 그는 한 전쟁을 엉망으로 만들고는 서정적인 모습은 조금도 보이지 못하고 도주하다 살해되고 말았다.[97]* 악바르는 문학 고문들에게 힌두의 문학과 역사, 과학 분야의 걸작들을

(자기 궁정의 공식 언어인) 페르시아어로 번역하게 했으며, 대서사시 「마하바라타」를 번역할 때는 직접 감독하기도 했다.[99] 그의 후원과 장려에 힘입어 모든 예술이 번영했다. 힌두의 음악과 시는 이제 가장 위대한 시대 중 하나를 맞았으며, 페르시아풍의 그림과 힌두 고유의 그림을 막론하고 그림은 그의 장려를 통해 제2의 전성기에 도달했다.[100] 그는 아그라에 유명한 요새를 세우는 일을 지휘하며 그 성벽 안에 (대리인을 통해) 500채의 가옥을 지었는데, 동시대인들은 이 가옥들을 세상에서 가장 아름다운 건물에 속하는 것으로 여겼다. 그 가옥들은 샤 제한에 의해 파괴되어, 델리에 있는 후마윤의 무덤과 같은 악바르의 건축 유물들과 파트푸르시크리에 남아 있는 유물들을 통해서만 미루어 판단할 수 있다. 그런데 파트푸르시크리에 있는 악바르가 사랑한 친구인 수행자 샤이크 살림 치스티의 무덤은 인도에서 가장 훌륭한 건축물에 속한다.

그러나 그에게는 이런 관심사들에 대한 것보다 더 큰 취향이 있었다. 그것은 사색하는 것이었다. 이 황제는 거의 전능할 정도로 막강한 권력을 지녔으나 철학자가 되고자 하는 은밀한 갈망이 있었다. 많은 철학자들이 황제가 되고 싶어 하지만 그들이 옥좌를 합법적으로 차지 못하도록 막는 어리석은 섭리를 이해하지 못하는 것처럼 말이다. 악바르는 세계를 정복한 후에도 행복하지 않았다. 세상을 이해할 수 없었기 때문이다. 그는 이렇게 말했다. "나는 광대한 왕국의 주인이며 전권을 손에 쥐고 있다. 하지만 진정한 위대함은 신의 뜻을 행하는 데 있으나 종파와 신조가 다양하니 마음이 편하지 않다. 여건에 따르는 이런 외면적인 허세를 제외한다면, 이런 실망스러운 상황에서 제국을 다스린들 무슨 만족이 있겠는가? 나는 원리에 충실하여 내 양심을 괴롭히는 난제들을 해결해 줄 사려 깊은 사람이 나타날 날을 기다리고 있다. …… 철학 강의는 대단한 매력이 있어 모든 것을 잊게 만든다. 그러므로 필요한 의무들을 게을리하지 않으

---

* 이슬람인들은 비르발을 싫어하여 그가 죽자 대단히 기뻐했다. 그런 사람들 중 한 명이 역사가 바다오니인데, 그는 그 사건을 보고하며 잔인한 기쁨을 표현했다. "비르발은 생명의 위협을 느끼게 되자 도주하다 살해되어 지옥에 있는 개들의 무리 속으로 들어갔다."[98]

려고 어쩔 수 없이 강의 듣는 일을 멀리하기도 한다."[101] 바다오니의 말에 의하
면 "전국에서 수많은 박식한 사람들과 다양한 종교와 종파의 현자들이 궁정으
로 몰려와 황제와 사적인 대화를 나누는 명예를 누렸다. 그들은 밤낮을 가리
지 않고 자신들의 유일한 업무인 연구와 탐구에 몰두한 후에 심오한 학문과
미묘한 계시, 진귀한 역사, 경이로운 자연 현상에 대해 이야기했다."[102] 악바르
는 "인간이 탁월한 이유는 이성이라는 보석이 있기 때문이다."라고 했다.[103]

  그는 철학자가 된 후에는 종교에 깊은 관심을 보였다.「마하바라타」를 꼼꼼
하게 읽고 힌두의 시인들 및 현자들과 친하게 지내면서 인도의 종교들을 연구
하고 싶은 마음이 생겼다. 그는 적어도 한동안은 윤회 사상을 받아들이고는 대
중 앞에 나타날 때 힌두의 종교적 표지들을 이마에 붙임으로써 자신을 추종하
는 이슬람인들을 당혹스럽게 만들기도 했다. 그에게는 모든 종파를 잘 다루는
재능이 있었다. 그는 옷 속에다 조로아스터교에서 신성하게 여기는 셔츠와 거
들을 입어 그들을 즐겁게 했으며, 자이나교도들에게는 사냥을 금지하고 특정
한 날들에는 동물들을 살해하는 일을 금지하게 자신을 설득하도록 허용했다.
포르투갈이 고아 주(州)를 점령하면서 인도에 소개된 그리스도교라는 새로운
종교에 대한 소문을 듣고는 그곳의 예수회 선교사들에게 메시지를 보내 박식
한 두 사람을 보내 달라고 초빙했다. 후에 예수회 선교사 몇 명이 델리로 와서
그에게 그리스도를 소개하자 깊은 관심을 보이며 서기관들에게 신약성경을 번
역하게 했다.[104] 그는 예수회에 완전한 선교의 자유를 주고 자기 아들 중 한 명
을 양육하도록 허락했다. 당시 프랑스에서는 가톨릭교도들이 프로테스탄트교
도들을 살해하고, 잉글랜드에서는 엘리자베스 치하에서 프로테스탄트교도들
이 가톨릭교도들을 살해하고, 스페인에서는 종교 재판소가 유대인들을 살해
및 강탈하고, 이탈리아에서는 브루노(Bruno)가 화형당하는 일이 벌어지고 있
었다. 그러자 악바르는 자신의 제국 안에 있는 모든 종교의 대표자들에게 회의
에 참석하도록 초대하여 평화를 지키겠다고 서약하게 하고 모든 종파와 신조
에 대한 관용령을 발표했다. 또한 자신의 중립성을 보여 주는 증거로 브라만교

와 불교, 이슬람교 출신의 아내들과 결혼하기도 했다.

그는 젊은 시절의 뜨거운 열정이 식은 후에는 종교적 신앙들에 대해 자유롭게 토론하는 것을 가장 큰 낙으로 삼았다. 그는 이슬람의 교리들을 완전히 버려, 그의 백성 중 이슬람교도들이 그의 공평한 통치에 대해 짜증을 낼 정도였다. 성 프란시스 사비에르(St. Francis Xavier)는 약간 과장하여 이렇게 보고했다. "이 왕은 거짓된 마호메트 종파를 괴멸시키고 그 평판을 완전히 실추시켰다. 이 도시에는 이슬람 사원도 없고 (그들의 율법서인) 코란도 없다. 또한 이곳에 있던 이슬람 사원들은 마구간과 창고로 바뀌었다." 왕은 계시에 대해서는 신경 쓰지 않았으며, 과학과 철학을 통해 스스로를 정당화할 수 없는 것은 어떤 것도 받아들이지 않았다. 그에게는 다양한 종파의 친구들과 고위 성직자들이 한자리에 모여 목요일 저녁부터 금요일 정오까지 그들과 함께 종교에 대해 토론하는 것은 조금도 이상한 일이 아니었다. 이슬람의 율법학자들과 그리스도교의 사제들이 말다툼을 벌이면 그는 양쪽을 모두 꾸짖으며, 신이 섬김을 받는 것은 지성을 통해서이지 추정적인 계시에 대한 맹신을 통해서가 아니라고 말했다. 그는 우파니샤드와 카비르의 정신으로 (그리고 아마 그 영향을 통해) "각 사람은 자신의 여건에 따라 최고 존재에게 이름을 부여한다. 그러나 '알 수 없는 자'에게 이름을 붙이는 것은 헛된 일이다." 특정한 이슬람교도들은 그리스도교와 이슬람교를 검증하는 방법으로 불을 통한 재판을 제안했다. 율법학자는 코란을 들고 사제는 복음서 중 한 권을 들고 불 속으로 들어가게 한 후 아무런 상처도 입지 않고 나오는 사람을 진리의 교사로 결정하자는 것이었다. 악바르는 이런 실험을 제안한 율법학자를 좋아하지 않았지만 그 제안을 기꺼이 받아들였으나 예수회에서는 위험하다고 말하지 않았지만 신성을 모독하는 불경스러운 것이라고 보고 거절했다. 점점 이 두 라이벌 집단의 신학자들은 이 모임을 멀리하여 결국에는 악바르와 그의 합리주의자 친구들만 남게 되었다.[105]

악바르는 자기 왕국 안의 종교 분열에 시달리게 되자, 자기가 죽은 후에는 이런 분열로 인해 왕국이 무너질지도 모른다는 생각에 불안해졌다. 그러므로 결국 서로 싸우는 이 두 종교의 기본적인 가르침들을 단순한 형태로 담고 있는 새로운 종교를 선포하기로 결심했다. 예수회 선교사 바르톨리(Bartoli)는 이 문제를 이렇게 기록하고 있다.

그는 총회를 소집하고 주변 도시들에 있는 학계의 거장들과 군사령관들을 모두 초청했다. 이 초대에 리돌포(Ridolfo) 신부만 제외되었는데, 이 신부에게서는 왕의 불경스러운 목적에 대해 적대적인 태도 외에는 다른 것을 기대할 수 없었기 때문이다. 그는 사람들을 모두 자기 앞으로 불러 모아 놓고는 영악하고 무례하게 말했다.

"제국을 다스리는 것은 하나의 머리이다. 그러므로 그 지체들이 편을 갈라 서로 다투는 것은 좋은 일이 아니다. …… 그런데 종교의 수만큼 많은 파벌이 등장하는 사태가 벌어졌다. 그러므로 우리는 당연히 그 모든 종교를 하나로 묶어야 한다. 그 방식은 모든 종교가 '모두 하나'가 되되, 어떤 종교에서도 선한 것은 하나도 잃지 않는 반면에 어떤 것을 얻든 다른 종교도 나아지는 방식이 되어야 한다. 이런 방식이라면 신에게도 영광이 될 것이고, 백성들에게도 평화를 안겨 주고 제국도 안전하게 될 것이다."[106]

그 총회가 어쩔 수 없이 동의하게 되자 그는 자신을 새로운 종교의 무오류한 수장으로 선언하는 칙령을 발표했다. 이것은 그리스도교가 새로운 종교에 이바지한 주된 공헌이었다. 그 종교의 신조는 힌두 전통에 충실한 최선의 범신론적인 단일신론에다, 태양과 불을 숭배하는 조로아스터교의 광채와 자이나교적인 색채가 깃든 육식 금지 조항을 첨가한 절충적인 것이었다. 암소를 도살하는 일은 중죄가 되었다. 힌두인에게는 이보다 더 기쁜 일이 없었을 것이나 이슬람교도에게는 이보다 더 나쁜 일은 없었을 것이다. 후에 발표된 칙령은 전 주민이 적어도 일 년에 백 일 동안은 의무적으로 채식을 하게 만들었다. 또한 원주민의 정서를 더욱 고려하여 마늘과 양파도 금지했다. 이슬람 사원 건축과 라마단 단식, 메카 순례 그리고 여타의 이슬람 관습이 금지되었다. 많은 이슬람교도들이 칙령에 저항하자 저항하는 자들을 모두 추방했다.[107] 파트푸르시크리에 있는 평화 공원의 중앙에는 새로운 통일 종교의 사원이 세워져(이 건물은 지금도 여전히 그 자리에 남아 있다.) 인도의 모든 주민이 같은 신을 섬기는 형제들이 되기 바라는 제국의 소망을 상징적으로 보여 주었다.

새로운 종교 딘 일라히(Din Ilahi)는 종교로 자리 잡지 못했다. 악바르는 자신의 무오류성이 받아들여지기에는 전통이 너무 강하다는 사실을 깨달았다. 몇천 명이 새로운 종교에 가입했으나 대체로 정부의 호의를 얻는 도구로 여겼을 뿐이고, 대다수의 주민들은 전통적인 신들을 계속 신봉했다. 정치적인 면에서 보면 그 일은 몇 가지 좋은 결과를 낳았다. 힌두인에게 부과하던 인두세 및 순례 여행세의 폐지와 모든 종교에게 허락된 자유,* 인종적 종교적 광신주의와 교조주의와 분열의 약화는 악바르가 새로운 계시를 내세운 자기 중심주의와 지나친 행위들을 상쇄하고도 남았다. 또한 그는 이 일을 통해 심지어는 그의 종교를 받아들이지 않는 힌두인들에게서도 충성심을 얻게 되어, 정치적 통일을 이루려던 주요 목표를 대체로 이루었다.

그러나 그의 동료 이슬람인들의 경우 딘 일라히는 극심한 분노를 불러일으키는 원인이 되어 한 차례 공개적인 반란으로 이어졌으며, 왕자 제항기르를 격동시켜 아버지를 배신하는 음모를 꾸미게 만들었다. 왕자는 악바르가 40년 동안이나 통치했는데도 여전히 건강하여 일찍 죽을 기미가 전혀 보이지 않는다고 불평했다. 제항기르는 기병 3만으로 군대를 조직하여 왕의 궁정 역사가이자 절친한 친구인 아불 파즐을 살해하고는 자신을 왕으로 선포했다. 악바르는 젊은 아들을 설득하여 복종시킨 후에 하루 만에 그를 용서했다. 그러나 어머니와 친구의 죽음에 아들의 불충이 더해지게 되자 그는 낙심하여 가장 큰 적인 죽음의 손쉬운 먹잇감이 되고 말았다. 만년에는 자식들이 그를 무시하며, 그의 옥좌를 놓고 서로 싸우느라 정신이 없었다. 그가 어쩌면 이질로 혹은 아마 제항

---

* 이슬람교도들을 잠시 박해했던 일(1582~1585년)은 예외적인 경우다.

기르의 독살로 숨을 거둘 때는 절친한 몇 사람만 그와 함께 있었다. 그가 임종할 때 율법학자들이 와서 그를 이슬람교로 다시 개종시키려고 했으나 뜻을 이루지 못했다. 왕은 "이떤 교회나 종파의 기도의 덕도 보시 못하고 세상을 떠났다."[108] 그의 장례식은 따르는 무리도 없이 초라하게 치러졌다. 또한 아들들과 대신들은 입었던 상복을 그날 저녁에 벗어 버리고는, 그의 왕국을 물려받게 되었다고 즐거워했다. 아시아에서 가장 공정하고 가장 지혜로운 통치자는 이렇게 초라하게 죽었다.

8. 무굴 제국의 몰락

그의 자녀들은 그의 죽음을 그토록 조급하게 고대했으나 막상 그가 죽자, 그가 천재성을 발휘하여 세워 놓은 제국을 유지하는 것이 쉬운 일이 아님을 깨달았다. 어째서 위대한 인물들에게서는 평범한 후손들이 나오는 경우가 그토록 많을까? 그들을 만들어 낸 유전인자들의 도박, 즉 조상들의 특질들과 생물학적 가능성들을 혼합하는 도박은 확률 게임일 뿐이어서 반복되길 기대할 수 없기 때문일까? 아니면 천재는 후손에게 물려줄 수 있을 힘과 사상을 완전히 소진하여 상속자들에게는 묽어진 피만 남기기 때문인가? 그렇지 않으면 그 후손들은 안락함 때문에 쇠약해지고, 어렸을 때 행운을 얻었기 때문에 야망과 성장을 촉진할 수 있는 자극을 박탈당했기 때문인가?

제항기르는 평범한 인물이기보다는 유능하지만 타락한 인물이었다. 투르크인 아버지와 힌두인 공주에게서 태어난 그는 법정 상속인으로 갖는 모든 기회를 누리고, 술과 호색에 빠졌다. 또한 바부르와 후마윤과 악바르에게서는 열성인자가 되어 드러나지 않았으나 타타르인의 피 속에는 항상 숨어 있는 잔혹성을 발휘하며 가학적인 쾌락도 마음껏 즐겼다. 그는 사람들을 산 채로 껍질을 벗기거나 말뚝에 박거나 코끼리에게 찢기는 모습을 보며 즐거워했다. 그는 자신의 회고록에서, 조심하지 않고 사냥터에 들어와 사냥감을 놀라게 했다는 이유로 새신랑을 살해하고 그 하인들을 양 무릎 뒤쪽의 힘줄을 끊어 평생 불구로 만든 일을 말하고 있다. 그는 그 모습을 지켜본 후에 "나는 사냥을 계속했다."[109]라고 말한다. 아들 쿠스루가 자신을 제거하기 위해 음모를 꾸미자 반란에 가담했던 700명을 말뚝에 꿰어 라호레의 거리에 한 줄로 세워 놓고는, 이들이 죽는 데 걸린 시간을 말하며 즐거워했다.[110] 그는 규방의 6000명의 여자들과 성생활을 즐겼으며[111] 나중에는 아내 누르 제한(Nur Jehan)*을 총애했는데, 이 여자는 남편을 살해하고 얻은 아내였다. 그의 사법은 공정했으나 엄격했다. 그러나 당시 인도는 악바르의 지도력과 오랜 평화를 통해 세계에서 가장 부유한 국가가 되어 있었음에도 그의 지나친 씀씀이는 국가에 무거운 부담을 안겨 주었다.

제항기르는 통치 말기로 가면서 점점 더 술독에 빠져 공무를 게을리했다. 그를 폐위하려는 음모들이 나타나는 것은 불가피한 일이었다. 1622년에 이미 그의 아들 제한이 옥좌를 찬탈하려고 시도했다. 제항기르가 죽자 제한은 숨어 지내던 데칸 지역에서 서둘러 돌아와 자신이 황제임을 선포하고는 마음의 평화를 확보하려고 형제들을 모두 살해했다. 그의 아버지는 방탕하고 무절제하고 잔혹한 습관들을 그에게 물려주었다. 제한의 궁정 유지비와 무수한 관료들의 고액 급료는 서민들의 산업과 상업이 번성하면서 채워진 국고를 점점 고갈시켰다. 악바르의 종교적 관용과 제항기르의 무관심은 사라지고 이슬람 종교가 회복되어 그리스도교인들을 박해하고 힌두의 사원들을 무분별하게 파괴했다.

샤 제한은 친구들과 가난한 사람들에게 베푼 관대함과 당시 가장 훌륭한 건축물로 인도를 단장한 일, 아내 뭄타즈 마할(Mumtaz Mahal, 궁전의 보석)에게 보인 헌신적인 사랑을 통해 자신을 어느 정도 구제할 수 있었다. 그가 뭄타즈와 결혼한 것은 스물다섯 살 때였는데, 그에게는 이미 이전의 정부에게서 얻은 두

---

* 즉 '세상의 빛.' 또 누르 마할(Nur Mahal, 궁전의 빛)이라고도 했다. '제항기르'는 '세계 정복자'라는 뜻이며 '샤 제한' 역시 '세계의 왕'을 의미했다.

명의 자녀가 있는 상태였다. 뭄타즈는 지칠 줄 모르는 남편에게 18년 동안 열네 명의 자녀를 안겨 주었으며 막내를 낳다가 서른아홉 살의 나이로 세상을 떠났다. 샤 제한은 아내에 대한 추억과 아내의 다산을 기리는 기념물로 청순한 타지마할을 건축했으나 방탕한 생활로 빠져들어 추문을 남겼다.[112] 세상에서 가장 아름다운 무덤은 제한이 세운 백여 개의 걸작 중 하나일 뿐이었다. 제한은 그런 걸작들을 주로 아그라에 세웠으며, 또한 그의 계획에 따라 성장한 새로운 델리에도 세웠다. 사치스러운 이런 궁전들과 호사스러운 궁정, 엄청난 보석으로 꾸민 공작 왕좌(Peacock Throne)*는 인도를 황폐하게 만든 세금의 정도를 암시해 주고 있다. 샤 제한의 통치 기간 중에 인도 역사상 최악의 흉년 중 하나가 발생했으나 그의 30년 치세는 인도의 번영과 명성이 절정에 도달한 전성기였다. 당당한 샤는 유능한 통치자였으며, 외국과의 전쟁을 통해 많은 생명을 앗아 가긴 했지만 자신의 영토에 온전히 한 세대 동안 평화를 안겨 주었다. 위대한 영국인 봄베이 행정관 엘핀스톤(Mountstuart Elphinstone)이 쓴 것처럼,

현재 상태의 인도를 보는 사람들은 원주민 역사가들이 인도의 과거 번영을 과장하고 있다고 생각할지 모른다. 그러나 폐허로 변한 도시들과 우리가 지금도 볼 수 있는 무너진 궁전들과 막혀 있는 도수관들, 정글 한가운데 놓여 있는 큰 저수지들과 제방들, 무너져 있는 방죽들, 왕도에 자리 잡은 우물들과 대상 숙박소들은 당시 여행자들이 제시한 증거와 일치한다. 그러므로 이 모든 것들은 그 역사가들이 그렇게 말할 만한 충분한 근거들을 갖고 있었음을 우리에게 보여 주고 있다.[114]

제한은 통치를 시작하면서 형제들을 모두 죽였다. 그러나 그는 자기 아들들

---

* 이 왕좌는 보석과 귀금속만 사용하여 7년이나 걸려 만들었다. 옥좌를 받치는 네 개의 다리는 황금으로 되어 있고, 법랑 처리한 덮개를 받치는 두 기둥은 에메랄드로 만들었다. 각 기둥에는 보석으로 아로새긴 두 마리의 공작이 있고 한 쌍의 공작 사이에는 다이아몬드와 에메랄드, 루비, 진주로 덮은 나무가 한 그루 솟아 있다. 이 왕좌를 만드는 비용으로 모두 700만 달러 이상이 들었다. 이 왕좌는 나디르 샤가 약탈하여 페르시아로 옮겨 갔으나(1739년) 조금씩 해체되어 페르시아 왕실의 유지 비용으로 사용되었다.[113]

을 살해하는 일을 게을리하여 그중 하나가 후에 그를 폐위시키게 된다. 1657년 가장 유능한 아들 아우랑제브는 데칸 지역에서 반란을 주도했다. 샤 역시 다윗처럼 장수들에게 반란군은 진압하되 가능하면 아들의 목숨은 살리도록 지시했다. 그러나 아우랑제브는 자신을 진압하도록 파병된 모든 병력들을 제압하고 아버지를 생포한 후에 아그라 요새에 감금했다. 폐위된 왕은 9년 동안 그곳에서 어렵게 지냈으나 아들은 한 번도 찾아오지 않았다. 그는 효심이 지극한 딸 자하나라의 수발만 받으며 감옥인 재스민 타워(Jasmine Tower)에서 야무나 강 건너편을 바라보며 시간을 보냈다. 그곳은 자기가 한때 사랑했던 뭄타즈가 보석과 같은 무덤 속에 누워 있는 곳이었다.

그 아들은 그토록 무자비하게 그를 폐위시켰으나 이슬람 역사상 가장 위대한 성인 중 한 명이었으며, 아마 무굴 제국에서 가장 독특하다고 할 만한 황제였을 것이다. 그를 가르친 율법학자들은 그에게 종교를 깊이 주입시켰으므로 젊은 왕자는 한때 제국과 세상을 모두 등지고 종교를 추구하는 은둔자가 될 생각도 했다. 그는 전제 군주였으며 교묘한 외교 정책을 폈고, 도덕은 자신의 종교에만 적용된다는 도덕관을 가졌다. 하지만 일생 동안 독실한 이슬람교도로 남아 상당히 오랜 시간 기도를 하고 코란 전체를 암기했으며 이교도들과 맞서 싸웠다. 그는 대체로 자기 신앙 고백을 뒷받침할 만큼 진지하게 종교를 실천했다. 사실 그는 냉철하고 계산적인 정치가였으며, 자기 국가와 신을 위해서라면 거짓말도 할 만큼 영리했다. 그러나 무굴인 중에서는 가장 잔혹성이 적고 가장 온건한 인물이었다. 그의 통치 기간에는 살인이 줄었으며, 범죄를 다룰 때도 형벌을 거의 사용하지 않았다. 그는 늘 겸손하게 행동했고 도발을 받아도 참았으며 어려움을 당하면 물러설 줄도 알았다. 자기 종교에서 금지하는 음식이나 음료, 사치는 철저하게 멀리했다. 음악에도 조예가 깊었으나 관능적인 쾌락으로 여기고는 손대지 않았다. 또한 자기 손으로 번 것이 아니면 자기를 위해 쓰지 않겠다고 한 결심을 분명하게 실천하기도 했다.[115] 그는 왕좌에 앉은 성 아우구스티누스였다.

샤 제한은 자기 재원의 절반을 들여 건축과 여타의 예술을 장려했었다. 그러나 아우랑제브는 예술에는 관심이 없어 편협하고 조잡한 신앙심을 발휘하여 이교적인 기념물들을 파괴했으며, 반 세기에 길진 동치 기간 동안 인도에 자기 종교만 남기고 거의 모든 종교를 뿌리 뽑으려고 했다. 그는 지방 통치자들과 자신의 관료들에게 힌두인들이나 그리스도교인들의 사원을 모두 완전히 부수고 모든 우상을 파괴하고 힌두 학교를 모두 폐쇄하도록 명령했다. 한 해 동안 (1679~1680년)에 암베르에서만 66개의 사원들이 산산조각 났고, 치토르에서는 63개, 우다이푸르에서는 123개가 파괴되었다.[116] 그리고 힌두교인들이 특별히 신성하게 여기는 베나레스의 한 사원 터에는 이슬람 사원을 세워 힌두인들을 의도적으로 모욕했다.[117] 힌두 종교들의 모든 대중 예배를 금지했으며, 개종하지 않는 힌두인에게는 무거운 인두세를 부과했다.[118] 그의 광신주의의 결과로, 천 년 동안 인도 예술을 대표하거나 간직하고 있었던 수많은 사원들이 폐허가 되었다. 오늘날의 인도 모습만으로는 인도가 과거에 지녔던 웅장함과 아름다움을 알 수 없다.

아우랑제브는 한 줌의 소심한 힌두인들을 이슬람교로 개종시켰으나 자신의 왕조와 나라를 파멸시켰다. 일부 이슬람교도들은 그를 성인으로 여겼으나, 공포에 사로잡힌 말 없는 인도인 다수는 그를 괴물로 간주했고 세금 징수원을 피해 달아났으며 그가 죽게 해 달라고 기도했다. 그의 통치 기간 중에 인도의 무굴 제국은 절정에 도달하여 영토를 데칸 지역까지 확대했다. 그러나 그 권력은 백성들의 애정을 얻지 못한 뿌리 없는 권력이었으므로, 적대적인 거친 손길이 한 번만 닿아도 무너질 수밖에 없었다. 황제는 만년에 가서야 자신의 편협한 신앙 때문에 조상들이 물려준 유산을 파멸시켰음을 깨닫기 시작했다. 그가 임종을 앞두고 쓴 편지들은 가련한 내용을 담고 있다.

나는 내가 누구이고, 어디로 가게 되며, 죄악으로 가득 찬 이 죄인에게 어떤 일이 일어날 것인지 모릅니다. …… 내 생애는 무익했습니다. 신은 내 마음속에 있었으나 어두워진 내 눈은 그의 빛을 깨닫지 못했습니다. …… 나에게는 앞날에 대한 소망이 없습니다. …… 나는 큰 죄를 지었으므로 어떤 고통들이 나를 기다리고 있는지 모릅니다. …… 신의 평화가 그대와 함께하길 빕니다.[119]

그는 자신의 장례는 간소하게 치르고 수의에는 자기가 바느질하여 모자를 만들어 번 4루피 이상 들이지 말라는 지시를 남겼다. 자신의 관은 깨끗한 범포(帆布) 조각으로 덮으라고 했다. 그는 코란을 필사하여 번 300루피를 가난한 사람들에게 남겼다.[120] 그는 지상에 너무 오래 머물러 미움을 사고 여든아홉 살의 나이로 세상을 떠났다.

그가 죽고 17년도 지나지 않아 그의 제국은 산산조각이 났다. 악바르는 지혜롭게 행하여 백성들의 지지를 얻어 놓았으나, 제항기르는 잔인함을 통해, 제한은 낭비를 통해, 아우랑제브는 편협함을 통해 그 지지를 잃어버렸던 것이다. 소수의 이슬람인들은 이미 인도의 더위에 기력을 쇠하여 전성기의 군사적 열정과 육체적 활력을 잃은 상태였으나, 북쪽에서는 기울어 가는 세력을 버텨 줄 새로운 사람들은 내려오지 않았다. 반면에 서쪽의 멀리 떨어진 작은 섬에서는 인도의 부를 따 모을 상인들을 보냈다. 그 후 그 섬은 곧 무기를 보내 이 광대한 제국을 접수했다. 힌두인들과 이슬람인들이 힘을 합쳐 위대한 역사적 문명 가운데 하나를 이루어 놓은 제국을 말이다.

17장 　 힌두인들의 생활*

1. 부를 만드는 사람들

인도의 땅은 문명을 꽃피우기에는 좋은 토양이 아니었다. 인도는 상당히 넓은 지역이 정글이었으므로 사자와 호랑이, 코끼리, 뱀 그리고 루소(Rousseau)처럼 문명을 멸시하는 여타의 개인주의자들이 저마다 서로를 경계하며 둥지를 틀고 있었다. 그러므로 표면적으로는 경제적 정치적 투쟁의 드라마들이 펼쳐지고 있었으나 그 모든 드라마의 밑에서는 이런 적들에게서 땅을 빼앗으려는 생물학적 투쟁이 계속 벌어지고 있었다. 악바르는 마두라에서 호랑이들을 사살했으며, 오늘날에는 찾을 수 없는 많은 장소에서 야생 코끼리들을 포획했다. 베다 시대에는 인도의 북서부나 중부라면 어느 곳에서나 사자들과 마주칠 수

---

* 이 장에서 제시하는 분석은 대체로 베다 시대 이후부터 영국 통치 이전 시대까지의 인도에 적용될 것이다. 독자들은 인도가 현재 변하고 있어, 과거의 독특한 제도와 도덕, 풍습이 지금은 사라지고 있을지도 모른다는 점을 염두에 두어야 한다.

있었을지도 모른다. 그러나 이제 사자는 반도 전체에서 거의 멸종된 상태다. 하지만 뱀과 곤충들은 지금도 여전히 전쟁을 계속하고 있다. 1926년 현재 야생 동물에게 살해된 힌두인은 2000명(그중 875명은 호랑이에게 습격을 받아 죽었다.)이지만 뱀의 독니에 물려 죽은 힌두인은 2만 명이나 되었다.[1]

동물들이 차지하고 있던 땅을 되찾게 되면서 토양은 점점 쌀과 콩, 기장, 야채와 과일을 재배하는 경작지로 바뀌었다. 인도 역사의 상당 기간 동안 대다수의 주민들은 이런 천연 식품에 의존하며 소박하게 생활했으며, 육류와 어류와 가금류는 불가촉천민들과 부자들의 몫이었다.[2]* 힌두인들은 음식을 자극성 있게 만들고 아마 아프로디테를 도우려고[3] 카레와 생강, 정향(丁香), 계피와 여타의 향료들을 재배하며 특별히 많이 소비하고 있었다. 유럽인들은 이런 향료를 대단히 귀하게 여겨 그 향료를 찾는 과정에서 얼떨결에 신대륙을 발견한 것이었다. 아메리카 대륙이 사랑 때문에 발견되었다는 사실을 누가 알겠는가? 베다 시대만해도 백성들이 땅을 소유하고 있었다.[5] 그러나 찬드라굽타 마우리아 시대부터는 왕이 모든 땅을 왕실 소유로 주장하고, 경작자에게 대여하여 임대료와 세금을 걷는 관례가 생겼다.[6] 관개 사업은 보통 정부의 몫이었다. 찬드라굽타가 건설한 댐 중 하나는 서기 150년까지 제 기능을 발휘했다. 오늘날에도 고대 운하의 유적지들은 도처에서 볼 수 있다. 또한 라지푸트족으로 메와르 주(州)의 라나(Rana)(현재의 주지사 같은 지위 – 옮긴이)였던 라즈 싱(Raj Sing)이 농업 용수용 저수지로 만들어(서기 1661년) 대리석 방벽으로 19킬로미터 정도 에워쌌던 인공 호수의 흔적이 지금도 남아 있다.[7]

힌두인들은 금을 최초로 채굴한 사람들이었던 것으로 보인다.[8] 헤로도토스[9]와 메가스테네스[10]는 "개보다는 덩치가 좀 작지만 여우보다는 큰 황금을 캐는" 커다란 "개미들"에 대해 이야기하면서, 이 개미는 모래를 긁어 구멍을 내는 과정에서 금속을 파냄으

---

* 비자야나가르는 예외였다. 그곳 사람들은 도마뱀과 쥐, 고양이는 물론 가금류를 먹었으며 (수소와 암소를 제외한) 육식도 했다.[4]

로써 광부들을 도왔다고 말한다.* 기원전 5세기에 페르시아 제국에서 사용한 금 중 상당량은 인도에서 가져온 것이었다. 은과 구리, 납, 주석, 아연, 철도 채굴되었으며 철은 일찍이 기원전 1500년부터 채굴되었다.[11] 철을 불리고 주조하는 기술이 유럽에 처음 등장한 것으로 알려진 시기보다 훨씬 오래전에 인도에서는 이미 그 기술이 발전되어 있었다. 예컨대 비크라마디티아가 델리에 세운(서기 380년) 쇠기둥은 15세기가 지난 오늘날에까지 색도 바래지 않고 그대로 남아 있다. 또한 금속의 품질 혹은 녹이 슬거나 부식되지 않게 보존하는 처리 방법은 현대 야금학계에서도 불가사의로 남아 있다.[12] 유럽인들이 침략하기 전에는 작은 석탄 용광로로 철을 제련하는 산업이 인도의 주요 산업 중 하나였다.[13] 그러나 유럽인들이 산업 혁명을 통해 그 공정들을 대규모로 처리하여 원가를 낮출 수 있는 방법을 알게 되자 인도의 산업은 경쟁을 이겨 내지 못하고 소멸한 것이다. 우리 시대에 들어서야 겨우 인도는 풍부한 광물 자원들을 다시 개발 및 탐사하고 있다.[14]

인도에서는 다른 어떤 곳보다도 일찍 목화를 재배하기 시작했다. 모헨조다로에서는 목화를 옷감용으로 이용한 것이 분명하다.[15] 헤로도토스는 목화를 언급하고 있는 가장 오래된 우리의 고전에서 무지를 드러내며 이렇게 말해 웃음 짓게 한다. "그곳에서 자라는 특정한 야생 나무들은 열매 대신 솜털을 맺는데, 이 솜털은 아름다움과 품질 면에서 양털을 능가한다. 인도인들은 이 나무의 솜털을 이용하여 옷을 만든다."[16] 로마인들이 나무에서 자란 이 솜털을 알게 된 것은 바로 근동에서 치른 전쟁을 통해서였다.[17] 19세기에 인도를 다녀온 아랍인 여행자들은 이렇게 전했다. "이 나라에서는 사람들이 옷을 만드는 솜씨가 대단히 완벽하다. 다른 어떤 곳에서도 그 정도로 섬세하게 천을 짜고 바느질하여 만든 옷은 본 적이 없다."[18] 중세 아랍인들은 인도에서 기술을 물려받았으며, 그들이 사용하던 쿠탄(quttan)이란 말에서 온 것이 영어에서 목화를 의미하는 'cotton'이란 말이다.[19] 모슬린(muslin)이라는 옷감 이름은 본래 모술(Mosul)에서 인도식 모델을 따라 만든 면직물들을 말할 때 사용하던 말이었다. 캘리코(calico, 옥양목)

---

* 우리는 이 '개미들'이 어떤 것이었는지 모른다. 아마 개미이기보다는 개미핥기였을 가능성이 더 많다.

를 그런 이름으로 부르게 된 이유는 (1631년에 최초로) 인도 남서부 해안에 자리 잡은 캘리컷(Calicut)에서 왔기 때문이다. 마르코 폴로는 서기 1293년에 구자라트 주에 대해 이야기하면서 "이곳에서는 세상의 다른 어떤 곳에서보다도 더 정교하게 수를 놓고 있다."라고 말한다.[20] 카슈미르의 숄과 인도의 러그는 오늘날에도 인도 직물의 짜임새와 디자인의 우수성을 보여 준다.* 그러나 직물 산업은 인도의 많은 수공업 중 하나였을 뿐이며 직조공들은 인도의 산업에 체계를 부여하고 통제한 다수의 수공업 조합과 상업 조합 중 하나였을 뿐이다. 유럽인들은 인도인들을 손으로 만드는 거의 모든 수공업 (목공예와 상아공예, 금속공예, 표백, 염색, 무두질, 비누 제조, 유리공예, 화약, 폭죽, 접합제 등)의 전문가로 생각했다.[21] 서기 1260년 중국은 안경알을 인도에서 수입했다. 17세기에 인도를 여행한 베르니에(Bernier)는 인도를 산업 활동이 활발하게 이루어지고 있는 나라로 묘사했다. 1585년 피치(Fitch)는 180척의 선단이 다양한 상품을 싣고 야무나 강을 따라 내려가는 모습을 보았다.

국내 교역도 번성하여 모든 도로변이 장터였고 지금도 그러하다. 인도 외국 무역의 역사는 인도 역사만큼이나 오래되었다.[22] 수메르와 이집트에서 발견되는 물품들은 일찍이 기원전 3000년에도 이들 나라들과 인도 사이에 교역이 있었음을 보여 준다.[23] 기원전 700~480년에는 인도와 바빌론이 페르시아 만을 통해 활발하게 교역했다. 또한 솔로몬의 "상아와 원숭이, 공작"도 아마 동일한 원산지에서 같은 교역로를 통해 왔을 것이다. 찬드라굽타 시대에는 인도의 배들이 미얀마와 중국까지 항해했다. 그리고 그리스도 탄생 전후의 여러 세기에는 힌두인들이 야바나(Yavana, 이오니아인들)라고 부른 그리스인들이 인도 드라비다 왕국의 시장을 몰려다녔다.[24] 쾌락주의가 지배하던 시대의 로마는 향신료와 향과 연고를 인도에 의존했으며, 인도산 비단과 브로케이드, 모슬린, 황금실로 짠 옷 등의 대금으로 막대한 비용을 지불했다. 플리니우스는 로마가 그런 사치품의 비용으로 해마다 500만 달러를 인도에 지불한다며 낭비를 비판했다. 인도의 치타와 호랑이, 코끼리가 콜로세움에서 벌어지는 검투사 경기와 희생 의식들을 도

---

* 17세기에 인도에서 만들어진 것으로 모간(J. P. Morgan)이 메트로폴리탄 예술 박물관(3호실)에 기증한 붉은색 러그 참조.

왔다.[25] 로마가 파르티아와 벌인 전쟁들은 대체로 인도 교역로를 확보하기 위한 것이었다. 7세기에는 아랍인들이 페르시아와 이집트를 점령하여, 그 이후에는 유럽과 아시아의 교역은 이슬람의 손을 통해 이루어졌다. 십자군 전쟁이 벌어지고 콜럼버스가 아메리카 대륙을 발견하게 된 것은 바로 그런 이유 때문이었다. 무굴 제국 시대에는 외국 무역이 다시 번성했다. 베네찌아와 제노바 그리고 여타의 이탈리아 도시들의 부가 성장하게 된 것은 유럽과 인도 및 동양을 연결하는 교역항으로 자리 잡았기 때문이었다. 르네상스는 그리스인들이 이탈리아로 가져온 사본들에 힘입은 부분보다는 이런 교역을 통해 형성된 부의 덕을 본 부분이 더 많았다. 악바르는 선박 건조를 감독하고 대양 무역을 통제할 만한 해군력을 갖추고 있었다. 벵골과 신드 지역의 항구들은 조선업으로 유명했으며, 조선 기술이 매우 뛰어나 콘스탄티노플의 술탄이 알렉산드리아에서 선박을 건조하는 것보다는 그곳에서 건조하는 것이 더 저렴하다고 생각할 정도였다. 심지어는 동인도회사도 벵골 지역의 조선소에서 많은 선박을 건조했다.[26]

화폐가 발전하여 이런 교역을 촉진시키기까지는 많은 세월이 걸렸다. 부처 시대에는 다양한 정치경제 당국에 의해 직사각형의 투박한 화폐가 발행되었다. 그러나 서기 4세기가 되어서야 비로소 인도는 페르시아와 그리스의 영향을 받아 국가가 보증하는 화폐 제도에 도달했다.[27] 셰르 샤는 디자인이 훌륭한 동전과 은화, 금화를 발행하고 루피를 국가의 기준 통화로 확립했다.[28] 악바르와 제항기르 시대의 인도 통화는 예술성과 금속의 순도 면에서 어떤 현대 유럽 국가의 통화보다 뛰어났다.[29] 중세 유럽에서처럼 중세 인도에서도 산업과 상업은 이자를 받는 일에 대한 종교계의 반감 때문에 성장이 지체되었다. 메가스테네스는 이렇게 말한다. "인도인들은 고리대금으로 돈을 내놓는 일도 없고 돈을 빌리는 법도 모른다. 해를 끼치는 것이든 해를 받는 것이든 인도인들의 기존 풍습에 위배되는 일이다. 그러므로 그들은 계약서도 작성하지 않고 담보를 설정하지도 않는다."[30] 힌두인들은 저축한 돈을 자신의 경제 사업에 투자할 수 없을 때는 숨겨 두거나 간편한 축재 수단으로 보석을 샀다.[31] 아마 편리한 신용 체계를 발전시키지 않은 이런 현실이 유럽이 산업 혁명을 통해 아시아를 지배하게 되는 데 일조했을 것이다. 그러나 브라만들이 반대했음에도 대금업이 서서히 성장했다. 이율은 차용인의 카스트에 따라 12~60퍼센트로 다양했으나 통상 20퍼센트 정도였다.[32] 파산도 채무 변제 사유로 용납되지 않았다. 채무자가 빚을 갚지 못하고 죽으면 6대에 이르는 후손까지 계속 그 채무를 책임져야 했다.[33]

농업과 교역에는 모두 정부를 유지하기 위한 무거운 세금이 부과되었다. 농부는 수확의 6분의 1~2분의 1을 내야 했으며, 중세와 현대의 유럽에서처럼 상품의 유통과 교환에도 많은 통행세가 부과되었다.[34] 악바르는 토지세를 3분의 1까지 올렸으나 다른 강제 징수금은 모두 폐지했다.[35] 토지세는 혹독한 징세였으나 경기 활황기에는 올리고 침체기에는 내리는 유연성을 갖추고 있었다. 또한 흉년이 들면 가난한 사람들은 적어도 세금은 내지 않고 죽을 수도 있었다. 심지어 악바르의 전성기에도 흉년들이 있었기 때문이다. 1556년에는 기근이 발생하자 식인 행위가 나타나는 등 전국이 피폐해졌다. 도로 사정이 좋지 않아 운송 속도가 느렸으므로 한 지역의 잉여 물자들이 다른 지역의 부족난을 해결하는 데 어려움을 겪었다.

모든 곳에서처럼 빈곤과 부가 양극화되어 있었으나 오늘날의 인도나 미국에서 나타나는 것만큼 심하지는 않았다. 제일 밑바닥에는 노예들이 있었다. 그 위의 수드라들은 노예라기보다는 고용인이었다. 그들의 신분은 거의 모든 힌두인들의 경우처럼 세습적인 것이었지만 말이다. 페르 뒤부아(Père Dubois)(1820년)가 묘사한 빈곤[36]은 50년에 걸친 정치적 혼란이 낳은 결과였다. 무굴 제국 시대에는 서민들의 여건이 비교적 좋았다.[37] 악바르의 치세에는 임금이 적당하여 육체 노동자의 경우에는 3~9센트의 일당을 받았다. 하지만 물가도 그만큼 저렴했다. 1600년에는 1루피(통상 32.5센트)로 밀 88킬로그램이나 보리 126킬로그램을 살 수 있었다. 그러나 1901년에는 1루피로 겨우 밀 13킬로그램이나 보리 20킬로그램을 살 수 있었을 뿐이다.[38] 1616년에 인도에 체류했던 한 영국인은 "모든 물자의 풍요로움"을 "전국적으로 대단히 많다."라고 묘사하고는 "그곳에서는 누구나 부족하지 않게 빵을 먹을 수 있을 것이다."라고 덧붙였다.[39] 다른 영국인은 17세기에 인도를 여행하면서 하루 평균 비용이 4센트임을 알았다.[40]

인도의 부는 찬드라굽타 마우리아의 치세와 샤 제한의 치세에서 두 번 절정기에 도달했다. 굽타 왕조 치하에서는 인도의 부가 세계적인 이야깃거리가 되었다. 유안 츄왕은 인도의 한 도시를 문학과 예술을 가르치는 기관이 있고 공원과 연못이 잘 갖춰진 아름다운 도시로 묘사했다. "주민들은 부유했으며 많은 부를 지닌 가문들이 있었다. 열매와 꽃이 많았다. …… 사람들은 외모가 세련되었으며 좋은 비단옷을 입었다. …… 대화할 때는 분명하면서도 암시적으로 이야기했다. 사람들은 정통파와 비정통파로 균등하게 배분되어 있었다."[41] 엘핀스톤(Elphinstone)은 "이슬람에게 무너진 힌두 왕국들은 대단히 부유하여 역사가들은 침략자들이 약탈한 엄청난 양의 보석들과 화폐를 이야기하다 지칠 정도였다."[42]라고 말한다. 니콜로 콘티(Nicolo Conti)는 갠지스 강변에는 잘 설계된 공원과 과수원, 금과 은이 많으며 상업과 산업이 잘 발달한 도시들이 줄지어 늘어서 있다고 묘사했다.[43] 샤 제한의 보물 창고는 가득 차서 지하에 각각 약 4250세제곱미터에 달하는 튼튼한 방 두 개를 만들어 놓고 금과 은으로 거의 가득 채울 정도였다.[44] 빈센트 스미스(Vincent Smith)는 "현재 증거들에 의하면 주요 도시의 주민들이 유복했다는 점에 대해서는 의심할 여지가 없다."[45]라고 말한다. 여행자들은 아그라와 파트푸르시크리는 모두 런던보다 더 크고 더 부유하다고 묘사했다.[46] 1760년 앙케틸 뒤페롱(Anquetil-Duperron)은 마라타 지역을 두루 여행하며 본 것을 이렇게 말했다. "황금 시대의 단순함과 행복 속에서 …… 사람들은 쾌활하고 활기차며 대단히 건강했다."[47] 1759년 클라이브(Clive)는 무르시다바드를 방문하고는 벵골 주의 고대 수도가 규모와 주민, 부의 면에서는 당시의 런던과 동일하고 궁전들은 유럽의 궁전보다 더 크고 사람들은 런던의 어떤 개인보다 더 부유하다고 평가했다.[48] 클라이브는 인도는 "마르지 않는 부를 지닌 나라"라고 했다.[49] 그는 이런 부를 너무 어이없게 횡령한 일로 인해 의회에서 심문을 받으면서 교묘하게 변명했다. 자기 주변에서 발견한 인도의 부에 대해 묘사하며 부유한 도시들은 무차별적인 약탈을 피하려고 어떤 뇌물이라도 바치려 하며, 은행가들은 보석과 금을 높이 쌓아 놓은 금고를 활짝 열어 놓고 있다고 하면서 이렇게 결론지었다. "지금 이 순간에도 나는 내 자신의 절제력에 대해 놀라고 있습니다."[50]

2. 사회의 조직 체계

도로가 빈약하고 의사소통이 어려웠기 때문에 인도를 정복하는 일보다는 다스리는 일이 더 어려웠다. 지형적 특성상 이 아(亞)대륙은 철도가 등장할 때까지는 잡다한 국가들로 분열되어 있었다. 여건이 이러했으므로 정부는 강력한 군사력을 통해서만 안보를 유지할 수 있었다. 또한 군대는 위기를 자주 겪으면서 정치적 색채가 없는 독재적 지휘관을 요구하게 되었으므로, 인도에서 발전된 정부는 자연히 군주 체제 형태를 갖추게 되었다. 그러나 백성들은 원주민 왕조들의 치하에서는 상당한 정도로 자유를 누렸다. 이것은 부분적으로는 부락의 자율 공동체와 도시의 직종 조합을 통해 또 부분적으로는 브라만 귀족 사회가 왕의 권한에 부여한 제약을 통해서 이루어졌다.[51] 마누 법전은 현실적인 법체계라기보다는 윤리 강령에 더 가까웠으나 군주 제도에 대한 인도의 핵심 사상을 표현하고 있었다. 군주 제도는 엄격하지만 공정해야 하며 대중을 위한 것이어야 했다.[52] 이슬람 지배자들은 이런 이상과 규제 조치에 대해 힌두 선임자들보다 관심을 덜 가졌다. 그들은 소수 정복자였으며 그들의 지배는 노골적으로 무기의 우월성에 의존하고 있었던 것이다. 한 이슬람 역사가는 "군대가 정부의 원천이자 도구다."라고 호감이 갈 정도로 분명하게 말한다.[53] 악바르는 예외였다. 그는 그의 온건하고 자비로운 독재하에서 번영을 누리는 한 민족의 호의에 주로 의존했기 때문이다. 아마 이런 여건에서라면 그의 정부는 가능한 최선의 정부였을 것이다. 앞에서 말한 것처럼 그 정부의 치명적인 결함은 왕의 인격에 의존했다는 데 있었다. 최고 권력자에게 권한이 집중된 정부는 악바르의 치하에서는 효율적이었으나 아우랑제브의 경우에는 파멸적인 것이었다. 폭력을 통해 권좌에 오른 아프가니스탄인들과 이슬람인들은 항상 암살을 떠올려야

했다.* 또한 계속되는 전쟁은 현대의 선거만큼 경제생활을 어지럽히지는 않았
으나 비용은 그만큼 많이 들었다.

이슬람 정권하에서는 법이란 단지 황제나 술탄의 의지였을 뿐이다. 반면에
힌두 왕들의 치세에서는 왕의 명령과 부족의 전통, 카스트의 규칙이 절충된 혼
란스러운 복합체였다. 판결은 세대주나 부락 촌장, 카스트의 우두머리, 조합 법
원, 지방 행정관, 왕의 대신, 왕 자신에 의해 내려졌다.[55] 기소는 간명했고 판결
은 신속했다. 법률가는 영국인들이 오면서 등장했을 뿐이다.[56] 고문은 모든 왕
조에 의해 사용되다가 피로스 샤에 의해 폐지되었다.[57] 사형은 주택 침입이나
왕실 재산 훼손, 오늘날 같으면 사회의 훌륭한 존재가 될 규모의 절도 등 매우
다양한 범죄에 적용되었다. 처벌은 잔혹하여 손이나 발, 코, 귀를 자르는 벌, 눈
을 뽑아내는 벌, 목에 납을 녹여 붓는 벌, 손과 발의 뼈를 나무망치로 부수는
벌, 화형, 손이나 발, 가슴에 못을 박는 벌, 힘줄을 자르는 벌, 산 채로 톱으로 두
토막 내는 벌, 네 토막 내는 벌, 말뚝으로 꿰는 벌, 산 채로 굽는 벌, 코끼리에게
짓밟혀 죽는 벌, 굶주린 들개들에게 던져지는 벌이 포함되었다.[58]**

어떤 법전도 인도 전역에 적용되지는 않았다. 평범한 일상사에서는 다르마
샤스트라(dharma-shastra)가 법을 대신하고 있었다. 다르마샤스트라란 브라만
들이 엄격하게 브라만의 관점에서 작성한 카스트 규정들과 의무들을 담고 있

---

* 나시루드딘이 자기 아버지이자 델리의 술탄인 기야수드딘을 독살한 이야기는 평화로운 계승에 대한 이슬람의 개
념을 잘 보여 준다. 제항기르는 최선을 다해 자기 아버지를 폐위시킨 후에 그 이야기를 이렇게 전하고 있다.
"그 후에 나는 칼지 왕조 통치자들의 무덤들이 있는 건물로 갔다. 영원히 얼굴에 먹칠을 한 나시루드딘의 무덤도
그곳에 있었다. 그 망나니가 자기 아버지를 살해하고 왕위에 올랐다는 것은 잘 알려진 사실이다. 그는 아버지에게
두 번이나 독살을 시도했고, 그 아버지는 팔에 차고 있는 해독 호부(護符)를 이용해 독을 물리쳤다. 세 번째는 과즙
음료 잔에 독을 타서 자기가 직접 아버지에게 바쳤다. …… 그 아버지는 아들이 그 일에 어떤 노력을 기울이고 있는
지 알고는 그가 보는 앞에서 팔에서 호부를 풀었다. 그런 다음에 간구하는 겸손한 모습으로 창조주의 옥좌 쪽으로
얼굴을 돌리고는 이렇게 말했다. '주여, 내 나이가 이미 80에 달했고 그 세월을 어떤 왕도 얻지 못했던 번영과 행복
속에서 지냈습니다. 이제 내 마지막 때가 되었으니 당신이 나를 살해한 일로 인해 나시르를 데려가지 마시고 내 죽
음을 운명이 정한 것으로 여기사 복수하지 마시기를 바라나이다.' 그는 이 말을 마친 후에 독이 든 과즙 음료를 단숨
에 마시고는 창조주에게 자기 영혼을 맡겼다."
제항기르는 "내가 그(나시르)의 무덤에 갔을 때 그 무덤을 몇 번이나 발로 찼다."라고 덧붙인다.[54]
** 뒤부아(Dubois)의 책 659쪽에서는 훨씬 더 세련된 형태의 가학적인 형벌들을 볼 수 있을 것이다.

는 운율적인 율법서를 말한다. 그중 가장 오래된 것이 이른바 마누 법전이다. 마누는 델리 부근의 브라만들로 이루어진 마나바 부족(혹은 학파)의 신화적인 조상이었다. 그는 어떤 신의 아들이며 브라마에게서 직접 율법을 받은 인물로 묘사되었다.[59] 2685개의 구절로 이루어진 이 법전은 전에는 기원전 1200년에 만들어진 것으로 보았으나, 이제는 어렴풋하게 우리 시대 첫 세기의 작품으로 평가되고 있다.[60] 이 법전은 본래 이 마나바 브라만들을 위한 "카스트에 어울리는 행동 지침서"로 의도된 것이었으나, 점차 힌두 공동체 전체가 행동 강령으로 받아들였다. 이슬람 왕들은 이 법전을 인정하지 않았으나 카스트 제도 안에서는 법이 갖는 모든 힘을 얻게 되었다. 이 법전의 성격은 힌두의 사회와 도덕을 분석하는 과정에서 어느 정도 드러날 것이다. 일반적으로 이 법전의 특징은 미신적인 신성 재판을 수용하고* 동태 복수법을 엄격하게 적용했으며, 브라만 카스트의 미덕과 권리와 권세에 대해 끊임없이 교육하는 것이었다.[62] 그 목적은 카스트 제도가 힌두 사회를 장악하는 힘을 엄청나게 강화시키려는 것이었다.

이 제도는 베다 시대부터 점점 더 엄격해지고 복잡해졌다. 제도들은 본성상 세월이 흐르면서 경직되기 때문이다. 뿐만 아니라 정치 질서가 불안정하고 이방 민족들과 종교들이 인도를 유린하게 되자, 카스트가 이슬람인과 힌두인의 피가 섞이는 것을 막는 보루가 되어 위상이 강화되었기 때문이기도 하다. 베다 시대에는 카스트가 베르나(색깔)로 구분되었으나 중세 인도에서는 자티(출생)로 구분되었다. 카스트 제도의 요점은 두 가지였다. 신분을 세습시키고 다르마, 즉 자신의 타고난 카스트에 따르는 전통적인 의무들과 직종들을 받아들이게

---

* 뒤부아는 인도에 대해서 동정적이지는 않으나 일반적으로 진실하다. 그는 당시(1820년)에 실시되던 신성 재판에 대한 그림을 우리에게 제시한다. 그의 말에 의하면 "신성 재판에는 몇 가지 다른 유형이 있었다. 그중에는 암소의 배설물을 섞어 끓이는 물에 용의자가 팔꿈치까지 넣는 끓는 물 재판이 있다. 그리고 맹독을 지닌 독사를 바구니에 넣고 닫은 후에 그 안에 반지나 동전을 넣고 용의자가 눈을 가리고 그것을 찾아 꺼내야 하는 독사 재판이 있다. 만일 용의자가 끓는 물 재판에서 화상을 입지 않거나 독사 재판에서 뱀에게 물리지 않으면, 그의 무죄가 완전히 입증되는 것이다."[61]

만드는 것이 그것이다.

이 제도의 우두머리이자 주요 수혜자들은 브라만 카스트에 속한 800만 명의 남자들이었다.[63] 브라만들은 아소카 치하에서 불교가 득세하는 동안 잠시 약해졌으나 성직자 특유의 끈질긴 인내로 때를 기다리다가 굽타 왕조 치하에서 권력과 지도력을 다시 회복했다. 서기 2세기부터 우리는 브라만 카스트에게 바친 엄청난 예물들(일반적으로 땅)에 대한 기록을 발견하게 된다.[64]* 이런 양도 재산들 역시 브라만의 모든 재산처럼 영국 통치 시대에 이를 때까지 세금이 면제되었다.[65a] 마누 법전은 다른 모든 자원이 고갈될 때라도 브라만에게는 세금을 걷지 말라고 왕에게 경고한다. 브라만이 도발을 받아 화가 나면 저주와 신비 텍스트를 암송하여 왕과 모든 군대를 즉각 파멸시킬 수 있기 때문이라는 것이다.[66] 유언장을 작성하는 것은 힌두 관습이 아니었다. 그들의 전통에 의하면 가족의 재산은 공동으로 관리되고 죽어 가는 남자에게서 남아 있는 남자들에게로 자동적으로 승계되었기 때문이다.[67]** 그러나 유럽 개인주의의 영향으로 유언장이 도입되자 브라만들은 경우에 따라서는 여러 가지 종교 목적으로 재산을 확보할 수 있는 도구로 여기고 대단히 애용했다.[69] 신들에게 바치는 제물에서 가장 중요한 요소는 그 제사를 집전하는 승려에게 지불할 비용이었다. 신앙의 최고 정점은 그런 비용을 아낌없이 내는 것이었다.[70] 기적들과 수많은 미신은 승려에게 부를 안겨 주는 또 다른 수지맞는 원천이었다. 보수만 있으면 브라만은 불임 여성도 아이를 낳게 할 수 있었을 것이다. 금전적 목적을 위해 신탁이 조작되었다. 남자들이 고용되어 미친 체하며, 자기들의 운명은 승려들을 인색하게 대한 일에 대한 벌이라고 고백했다. 사람들은 온갖 질병이나 소송, 좋지 않은 조짐, 불쾌한 꿈, 새로운 사업에 승려의 조언을 구했으나 조언하는 승려는 대가만큼만 조언했다.[71]

브라만의 권력은 지식의 독점을 기반으로 하고 있었다. 그들은 전통의 수호

---

* 토드(Tod)는 그 내용 중 일부는 종교를 빙자한 사기였다고 생각한다.[65]

** 그러나 드라비다 부족에서는 유산이 여자 쪽 계열로 이어졌다.[68]

자이자 개혁자와 어린이들의 교육자, 문학의 저자나 편집자, 영감을 받아 오류가 없는 베다에 정통한 전문가였다. 만일 수드라가 경전을 읽는 소리를 듣는다면 (브라만의 율법서에 따라) 납을 녹여 그의 귀를 막아야 했다. 그가 경전을 낭독한다면 혀를 둘로 갈라야 했다. 경전을 암기한다면 두 토막 내야 했다.[72] 이런 위협이 시행된 적은 거의 없으나, 승려들은 이런 위협을 통해 자신들의 지혜를 보호했다. 그러므로 브라만교는 모든 속인들이 참여하지 못하도록 철저하게 담을 둘러친 배타적인 종교가 되었다.[73] 마누 법전에 의하면 브라만은 신성한 권리상 모든 피조물의 우두머리였다.[74] 그러나 종단의 모든 권력과 특권에 동참하는 것은 오랫동안 준비 과정을 거친 후 엄숙한 서품식을 통해 "두 번째 태어나거나" 거듭나야 가능했다.[75] 그 순간부터 그는 신성한 존재가 되었다. 그의 인격과 재산은 신성불가침이다. 실제로 마누에 의하면 "존재하는 모든 것이 브라만의 재산이다."[76] 브라만은 (보시가 아니라 신성한 책무인) 공적 예물과 사적 예물을 통해 부양되어야 했다.[77] 브라만을 대접하는 일은 최고의 종교적 의무 중 하나였으며, 대접을 잘 받지 못한 브라만은 세대주가 선행을 통해 쌓아 놓은 공적을 모두 갖고 떠날 수 있었다.[78]* 브라만은 온갖 범죄를 저지르더라도 살해되어서는 안 된다. 왕은 그를 추방할 수는 있으나 재산은 보존할 수 있게 해야 한다.[81] 브라만을 구타하려는 사람은 지옥에서 100년 동안 고통당할 것이다. 브라만을 실제로 구타한 사람은 지옥에서 1000년 동안 고생할 것이다.[82] 만일 수드라가 브라만의 아내를 유혹하면 그 수드라의 재산을 몰수하고 생식기를 잘라야 했다.[83] 수드라가 수드라를 살해하면 브라만에게 암소 10마리를 주어야 속죄할 수 있을 것이다. 수드라가 바이샤를 살해하면 브라만에게 암소 100마리를 주어야 한다. 그러나 브라만을 살해하면 반드시 죽어야 한다.

---

* 일부 브라만 집단들에게는 특정한 성적인 부수입도 있었던 것으로 보인다. 남부드리 브라만들은 그들이 관할하는 지역 안의 모든 신부에게 초야권을 행사했다. 그리고 봄베이의 푸슈티마르기야 승려들은 최근까지 이 특권을 유지했다.[79] 만일 우리가 뒤부아를 믿을 수 있다면 (인도 남부에 있는) 티루파티 사원의 승려들은 불임으로 고생하는 여자들이 하룻밤만 사원에서 지내고 나면 모두 그 불임증을 고쳐 주겠다고 제안했다.[80]

오직 브라만을 살해하는 것만이 진짜 살인이었다.[84]

이런 특권에 상응하는 역할과 책무는 수도 많고 번거로웠다. 브라만은 승려로 활동했을 뿐 아니라* 성직과 교육, 문학 분야의 전문가로 자신을 훈련시키기도 했다. 법을 연구하고 베다를 배워야 했다. 이 일에 비하면 다른 모든 의무는 부수적인 것이었다.[86] 브라만은 의식이나 사역과는 관계없이 베다를 반복해서 읽기만 해도 축복을 받았다.[87] 리그베다를 암기하면 아무런 죄의식도 없이 세상을 파멸시킬 수 있을 것이다.[88] 브라만은 카스트 밖에서 결혼하면 안 된다. 만일 수드라와 결혼하면 그 자녀는 천민(pariahs)**이 될 것이다. 마누의 말에 의하면 "태생이 좋아도 비천한 결합을 하면 천하게 되지만 태생이 천하면 카스트가 높은 사람과 결합해도 귀하게 될 수 없기" 때문이다.[89] 브라만은 매일 목욕을 해야 했으며 천한 카스트에 속한 이용사에게 면도한 후에는 목욕을 다시 해야 했다. 잠자리를 마련하려고 생각한 장소는 암소의 배설물로 정결하게 해야 했다. 용변을 볼 때는 엄격한 위생 관련 의식을 따라야 했다.[90] 계란을 포함하여 모든 육식과 양파, 마늘, 버섯, 부추를 삼가야 했다. 물 외에는 아무것도 마실 수 없으며 물은 반드시 브라만이 긷고 떠온 것이어야 했다.[91] 연고와 향, 감각적 쾌락, 탐욕, 분노를 멀리해야 했다.[92] 만일 부정한 것이나 (심지어는 인도를 다스리는 행정관 겸 장군이라도) 외국인과 접촉하면 목욕재계 의식을 통해 자신을 정결하게 해야 했다. 만일 어떤 죄를 범했다면 낮은 카스트에게 적용되는 형벌보다 더 엄한 처벌을 받아야 했다. 예컨대 수드라가 훔치면 훔친 액수나 가치의 8배를 벌금으로 내야 했다. 바이샤가 훔치면 16배를 내야 했고, 크샤트리아는 32배를 내야 했다. 그러나 브라만은 64배를 내야 했다.[93] 브라만은 살아 있는 것은 어떤 것도 상하게 하면 안 되었다.[94]

사람들은 이런 규칙을 제대로 지키기에는 밭일이 너무 힘들었고, 따라서 감

---

* 모든 승려가 다 브라만은 아니었으며 후대에는 많은 브라만이 승려 생활을 하지 않았다. 연합 주에서는 그들 중 다수가 요리사로 활동하고 있다.[85]

** 이 말은 '낮은 카스트에 속한 자'라는 뜻의 타밀어 파라이얀(paraiyan)에서 유래된 말이다.

정도 불안정하여 교육을 받아 미신을 벗어날 수 있는 여건을 갖추지 못했다. 그러므로 승려들의 권력은 세대가 이어질수록 커졌으며 승려들은 이 권력을 이용히여 역사상 가장 항구적인 귀족 사회를 형성하게 되었다. 하나의 상류층이 2500년 동안 정복자와 왕조, 정부가 바뀌어도 한결같이 주도권과 특권을 유지하고 있는 (변화의 속도가 느린 인도에서는 전형적인 현상이지만) 이 놀라운 현상은 다른 곳에서는 찾아볼 수 없다. 항구성이라는 면에서 그들과 경쟁할 수 있는 사람들은 오직 카스트에서 추방된 천민 찬달라들뿐이다. 부처 시대에 정치 분야는 물론 지식 분야도 지배했던 크샤트리아도 굽타 시대 이후에는 사라졌다. 브라만들이 라지푸트인들을 과거의 전사 카스트 크샤트리아와 동등한 후대 계층으로 인정했으나 라지푸트가 몰락한 후에는 그들도 곧 소멸되었다. 이제는 단 두 개의 구분만 남게 되었다. 인도의 사회와 정신을 지배하는 브라만과 그 밑에서 인도의 조합들을 사실상 형성하고 있는 다른 세 개의 카스트로 말이다.[*]

단혼제가 등장한 후 모든 사회 제도 중 가장 남용된 제도를 옹호하여 많은 것을 말할 수 있을 것이다. 카스트 제도는 무차별적인 결합을 통해 추정상 우수한 혈통이 희석되어 사라지는 것을 막는 우생학적인 가치가 있었다. 이 제도는 식생활법과 위생법을 누구나 지키려고 경쟁하는 존귀한 규칙으로 확립시켰다. 사람들 사이에 나타나던 혼란한 불평등과 차별에 질서를 부여했으며 신분 상승과 소득을 향한 현대적인 열기를 막아 주었다. 각 사람에게 자신의 다르마, 즉 자기 카스트에 맞는 행동 강령을 규정하여 모든 삶에 질서를 부여했다. 각 직업을 함부로 바꿔서는 안 되는 천직으로 높임으로써 그리고 각 산업을 하나의 카스트로 만들어 그 구성원들에게 착취나 폭압에 대항하여 집단행동을 취할 수 있는 매개를 제공함으로써 모든 교역과 직종에 질서를 부여했다. 귀족 정치의 유일한 대안인 것이 분명한 금권 정치나 군부 독재를 피할 수 있는 길을

---

[*] 우리 시대의 카스트 제도에 대해서는 22장 4절 참조.

제공했다. 수많은 외침과 혁명 때문에 정치적 안정을 상실한 국가에 사회적, 도덕적, 문화적 질서와 연속성을 부여했다. 이런 질서와 연속성과 견줄 수 있는 나라는 오직 중국뿐이었다. 국가가 수많은 무정부 상태의 변화를 겪는 와중에도 브라만은 카스트 제도를 통해 사회의 안정을 유지했으며 문명을 보존하고 향상시켜 후대에게 전달했다. 인도는 그들을 감당하는 인내를 발휘했으며 심지어는 자랑스러워하기도 했다. 누구나, 결국 그들이 인도에서는 없어서는 안 되는 하나의 정부라는 사실을 알고 있었기 때문이다.

3. 도덕과 결혼

카스트 제도가 소멸되면 인도의 도덕 생활은 오랫동안 무질서한 과도기를 겪게 될 것이다. 인도에서는 도덕 강령이 카스트와 거의 분리할 수 없을 정도로 결합되어 있기 때문이다. 도덕은 곧 다르마였다. 다르마란 카스트로 인해 결정된 각 사람의 생활 규범을 말한다. 힌두인이 된다는 것은 하나의 신조를 받아들이는 것이라기보다는 카스트 제도 속에서 하나의 위상을 점유한다는 것이며, 또 고대의 전통과 규례에 의해 그 위상에 고착된 다르마나 의무들을 받아들이는 것을 의미했다. 각 위상에는 고유의 책무와 한계, 권리가 있었다. 독실한 힌두인이라면 그런 것들과 함께 그리고 그 속에서 삶을 영위했으며, 그 속에서 일정한 만족을 찾고 다른 카스트로 벗어날 생각을 하지 않았다. 바가바드기타[95]에서는 "실수를 하더라도 자신의 일을 하는 것이 다른 사람들의 일을 하는 것보다 낫다. 다른 사람들의 일을 훌륭하게 할 수 있다 해도 마찬가지다."라고 말했다. 사람에게 다르마란 씨앗이 자라 온전히 성장하는 것, 즉 본연의 본성과 운명을 질서에 따라 완성하는 것을 의미한다.[96] 이 도덕관은 매우 오래되어 힌두인의 경우에는 자신을 특정한 카스트의 일원이라는 신분으로 그 규범을 지침으로 삼고 그 규범에 구속되는 존재로 생각하는 것 이외에 달리 생각하는 것은 모든 사람에게는 어려운 일이며 대부분의 사람에게는 불가능한 일이다. 한 영국 역사가의 말처럼 "카스트가 없는 인도는 생각할 수 없다."[97]

힌두인은 각 카스트에 고유한 다르마 외에도 일반적인 다르마도 인정했다. 일반적인 다르마란 모든 카스트에 적용되는 것으로 주로 브라만을 존경하고 암소를 존중해야 하는 일과 관련된 책무를 말한다.[98] 이런 의무 다음에는 자녀를 낳을 의무가 있었다. 마누 법전에 의하면[99] "남자가 아내, 아들 세 명이 함께 있더라도 완전한 사람은 남자 한 명뿐이다." 자녀는 부모에게 경제적 자산이며 노년에 그들을 부양했을 뿐 아니라 가정의 조상들에게 제사도 드리고 정기적으로 음식도 바쳤다. 그 음식이 없었으면 조상의 혼백들은 굶어 죽었을 것이다.[100] 그러므로 인도에는 피임이 없었으며 낙태는 브라만을 살해한 것과 같은 죄로 낙인이 찍혔다.[101] 유아를 살해하는 일도 있었으나[102] 예외였을 뿐이다. 아버지는 자녀가 생기는 것을 좋아했으며 자녀가 많으면 자랑스러워했다. 노인들이 젊은이들을 온화하게 대하는 것은 힌두 문명에서 가장 훌륭한 면 중 하나였다.[103]

자녀가 태어나기가 무섭게 부모는 자녀의 결혼을 생각하기 시작했다. 힌두 체계에서는 결혼이란 의무였기 때문이다. 미혼 남자는 카스트에서 제외되어 사회적 신분도 없었고 고려 대상도 아니었으며 동정(童貞)을 오래 유지하고 있는 것은 수치였다.[104] 또한 결혼을 변덕스러운 개인적인 선택이나 낭만적인 사랑에 맡기는 일도 없었다. 결혼은 사회와 종족의 중요한 관심사였으므로 근시안적인 정념이나 우연히 가까워지는 일을 믿고 맡길 수 없었다.[105] 부모는 자녀가 성적인 열정에 빠져 (힌두인의 관점에서 보면) 환멸과 쓰린 마음으로 끝나게 될 결합으로 이어지기 전에 결혼을 주선해야 했다. 마누는 당사자들이 서로 선택하여 이루어지는 결합에 간다르바(Gandharva) 결혼이라는 이름을 붙이고는 욕망의 열매로 낙인찍었다. 그런 결합은 허용은 되었으나 존중받지는 못했다.

열두 살의 소녀를 미국의 열네다섯 살 정도의 소녀만큼 성숙하게 만드는 힌두인의 조숙함은 도덕적 사회적 질서에 어려운 문제를 안겨 주었다.* 결혼은 성적 성숙도에 맞춰야 하는가 아니면 미국에서처럼 경제적으로 성숙할 때까지 기다려야 하는가? 첫 번째 해법은 인구 증가를 엄청나게 가속화시키고 여자를 거의 애 낳는 기계로 전락시켜 국가의 체질을 약화시키는 것이 분명하다.[107] 두 번째 해법은 결혼을 부당하게 늦춰 성적 욕구 불만 때문에 매춘과 성병이 증가하게 되는 문제를 낳는다. 힌두인들은 조혼이 나쁜 면이 적다고 보고 조혼을 선택하고는 결혼과 실제 합방 시기 사이에, 신부가 결혼 적령기에 도달할 때까지 부모와 함께 지내는 기간을 두어 조혼에 따르는 위험들을 완화시키려고 했다.[108] 이 조혼 제도는 오래되었으며 따라서 신성했다. 이 제도는 일반적인 성적 이끌림 때문에 카스트를 무시하고 결혼하는 일을 막으려는 바람에 뿌리를 두고 있었다.[109] 후대에 이슬람들이 정복과 여타의 무자비한 방식으로 유부녀를 노예로 끌고 가는 일이 생기게 되자 종교를 통해 그런 일을 막게 되면서 조혼이 장려되었다.[110] 그러다가 결국에는 남자의 성적 관능으로부터 딸을 보호하려는 부모의 마음 때문에 엄격한 형태로 굳어지게 되었다.

이런 이유들은 상당히 합당했으며 남자들은 조금만 자극을 받아도 생물학적인 기능을 발휘했다는 사실은 사랑을 소재로 하는 힌두 문학을 보면 알 수 있다. 카마수트라(혹은 욕망에 대한 가르침)는 성(性)과 관련된 육체적 정신적 기교를 다루는 많은 작품들 중에서 가장 유명한 작품이다. 이 작품의 저자가 우리에게 확증하는 바에 의하면, 이 작품은 "바트시아야나가 베나레스에서 종교 생활을 하며 신에 대해 명상하는 동안 경전의 가르침에 따라 세상에 유익을 주려는 목적으로"[111] 썼다. 이 은둔자는 "여자가 너무 수줍음을 탄다고 생각하여 그대로 내버려 두면 여자는 여자의 마음도 모르는 짐승으로 여기고 남자를 멸시

---

* 덧붙여야 할 사실은 간디는 이런 조숙함이 체질적인 문제라는 것을 부인하고 있다는 점이다. "나는 조혼을 싫어하고 혐오한다."라고 그는 쓰고 있다. "나는 어린 과부를 보면 몸서리를 치게 된다. 인도의 기후 때문에 성적으로 조숙하게 된다는 것보다 더 조잡한 미신은 없다. 결혼 적령기가 빨리 찾아오는 이유는 가족생활을 둘러싼 정신적 도덕적 분위기 때문이다."[106]

한다."라고 말한다.[112] 바트시아야나는 사랑에 빠진 여자를 애교 있게 묘사하기도 하지만[113] 주로 부모가 딸에게 준비를 갖추게 하여 출가시키는 데 필요한 기술과 남편이 아내를 육체적으로 만족시킬 수 있는 기술에 지혜를 쏟아붓고 있다.

그러나 힌두인의 성적 감수성이 비정상적인 방종으로 이어졌다고 추측하지 말아야 한다. 조혼은 혼전관계를 막는 장벽 역할을 했으며, 강력한 종교적 제재를 통해 아내의 정절을 가르침으로써 유럽이나 미국에서보다 간통이 훨씬 더 어렵고 드물게 되었다. 매춘은 제한되어 대체로 사원 안에서 이루어졌다. 인도 남부에서는 데바다시스(devadasis)라는 잠정적인 제도를 통해 굶주린 남자들의 욕구를 충족시켰다. 데바다시스는 문자적으로는 "신들의 하녀들"이라는 의미였으나 사실은 창녀였다. 타밀 지역의 각 사원에는 일군의 신성한 여자들이 있었다. 이들은 처음에는 신상 앞에서 노래를 하고 춤을 추기도 하고 아마 브라만을 접대했을 것이다. 그중 일부는 수녀원 같은 격리 생활을 했으나 다른 여자들은 수입 중 일부를 성직자에게 바치는 조건으로, 돈을 낼 수 있는 모든 사람에게 봉사를 확대하도록 허용되었다. 이런 사원 창녀들 또는 나우츄(nautch)* 중 다수는 일본 기생 게이샤와 같은 방식으로 대중 집회와 사적인 모임에서 노래와 춤을 제공했다. 그중 일부는 글을 읽는 법도 배워 그리스 기생 헤타이라이처럼 가정에서 교양 있는 대화를 제공하기도 했다. 주부에게 글을 읽도록 장려하지도 않고 손님과 어울리도록 허용하지도 않는 가정들이 있었기 때문이다. 한 신성한 비문이 우리에게 알려 주는 것처럼, 촐라 왕국의 왕 라자라자가 탄조르에 세운 사원에는 서기 1004년 당시 400명의 데바다시스가 있었다. 관습이란 시간이 지나면 신성하게 여겨지기 마련이므로 이런 관습을 부도덕하다고 생각하지 않았던 것 같다. 신분이 높은 여자들이 아들을 승려로 바친 것과 비슷한 생각으로 딸을 성전 매춘에 바치기도 했다.[114] 19세기 초 뒤부아는 인도 남부의

---

* 무희(舞姬)라는 뜻의 힌두어 나우(nâch)에서 파생된 말이다.

사원들이 어떤 경우에는 "갈보 집으로 바뀌었다."고 기술했다. 데바다시스는 본래의 역할과는 상관없이 대중들에게 노골적으로 창녀라고 불렸으며 또 그렇게 이용되었다. 만일 우리가 인도를 호의적으로 볼 이유가 전혀 없는 연로한 수도원장을 믿을 수 있다면,

> 그들의 공식적인 의무는 사원 안에서 …… 그리고 모든 대중 집회에서도 하루에 두 번씩 춤을 추고 노래하는 것이다. 그들은 처음에는 충분히 우아하게 의무를 수행했다. 태도는 유혹적이고 몸짓은 천박했지만 말이다. 그들이 부르는 노래에 대해 말하면, 거의 언제나 그들이 섬기는 신들의 역사에서 나타나는 음란한 일화를 묘사하는 방탕한 가사에 국한되어 있었다.[115]

사원 매춘과 조혼이 시행되던 이런 여건에서는 우리가 말하는 "낭만적인 사랑"이 이루어질 기회가 거의 없었다. 한 성이 상대 성에게 헌신하는 이런 이상적인 사랑이 인도 문학(예컨대 찬디 다스나 자야데바의 시들)에서도 나타나지만 보통 신에게 귀의하는 영혼을 상징하는 것으로 나타난다. 반면에 실제 생활에서는 아내가 배우자에게 바치는 완벽한 헌신의 형태로 나타나는 경우가 매우 많았다. 시에서 노래하는 사랑에는 청교도적인 전통에 속하는 테니슨(Tennyson)이나 롱펠로(Longfellow) 같은 시인들이 묘사하는 천상적인 유형의 사랑도 있으며, 엘리자베스 시대의 무대에서 나타나는 것 같은 완전히 육체적이고 관능적인 정념도 있다.[116] 한 작가는 종교와 사랑을 결합시키고는 어느 쪽의 황홀경이든 그 황홀경에서 자신의 정체성을 깨닫는다고 보고 있다. 다른 작가는 사랑을 하고 있는 사람의 마음에 담겨 있는 360가지의 서로 다른 감정을 나열하고는, 그 사람의 이가 연인의 몸에 남긴 자국의 패턴들을 헤아리거나 그 사람이 연인의 가슴에다 백단향 반죽으로 꽃을 그리는 모습을 보여 준다. 그리고 「마하바라타」에 실려 있는 날라와 다마얀티 일화의 저자는 연인들이 우울해 하며 한숨짓고 소화 불량으로 창백해진 모습을 프랑스의 서정 시인들이 사

용하는 양식 중에서도 최상의 양식으로 묘사하고 있다.[117]

그러나 인도에서는 이런 변하기 쉬운 정념으로 결혼을 결정하도록 허용되는 경우가 거의 없었다. 마누는 여덟 가지 상이한 결혼 형태를 허용했는데 그중에서 약탈 결혼과 연애 결혼을 도덕적 척도에서 볼 때 가장 낮은 것으로 분류했으며, 매매 결혼은 결합을 주선하는 현명한 방법으로 받아들였다. 결국 그 힌두교 입법자의 생각에 의하면 경제적 토대를 기반으로 하는 결혼들이 가장 건전하다는 것이다.[118] 뒤부아 시대에는 "결혼하다"와 "아내를 사다"라는 말은 인도에서는 뜻이 같은 표현이었다.[119]* 부모가 동족 결혼과 이족 결혼의 규범을 충분히 고려하여 주선하는 결혼이 가장 지혜로운 결혼으로 간주되었다. 그 규범이란 젊은이는 자기 카스트 안에서 결혼하되 자기 고트라(gotra) 또는 씨족 밖에서 해야 한다는 것을 말한다.[120] 청년은 몇 명의 아내를 둘 수 있으나 오직 자기 카스트에 속하는 아내만 나머지 아내들의 상전이 될 수 있었다. 하지만 일부일처제로 있는 것이 좋다고 마누는 말했다.[121]** 여자는 인내하며 헌신적으로 남편을 사랑해야 했으며, 남편은 아내에게 낭만적인 사랑이 아니라 사려 깊은 보호를 제공해야 했다.[123]

힌두인의 가족은 아버지가 아내와 자녀, 노예를 완전히 지배하는 전형적인 가부장적인 가족이었다.[124] 여자는 사랑스럽지만 열등한 존재였다. 힌두교의 전설에 의하면 태초에 조물주 트와슈트리가 만물을 창조할 때 여자를 만들 차례가 되었으나 쓸 만한 재료는 남자를 만드느라 다 써서 하나도 남지 않았음을 알게 되었다. 이런 딜레마에 부딪히게 되자 그는 창조물에서 이것저것 모아서 대충 여자를 만들었다.

---

* 스트라본(서기 20년경)은 아리스토불루스에 의존하여 "탁실라의 기발하고 특이한 일부 관습들"을 묘사하고 있다. "가난해서 딸을 결혼시킬 수 없는 사람들은 딸을 데리고 장터로 가서 (전투를 알리는 데 사용되는 악기들인) 나팔을 불고 북을 두드려 사람들을 불러 모은다. 어떤 남자든 앞으로 나서는 남자가 있으면 그 남자에게 먼저 딸을 어깨까지 벗겨 뒷모습을 보여 준 후에 앞모습을 보여 준다. 딸이 그 남자의 마음에 들고 조건도 받아들이면 그 자리에서 딸을 결혼시킨다."[125]

** 토드를 믿을 수 있다면, 라지푸트족에서는 왕자가 일주일을 주기로 날마다 다른 아내에게 들어가는 것은 평범한 일이었다.[122]

그는 달의 둥근 모양을 취하고, 덩굴 식물의 곡선, 덩굴손의 달라붙음, 풀의 흔들림, 갈대의 가냘픔, 꽃의 활짝 핌, 나뭇잎의 가벼움, 코끼리 코의 점점 줄어드는 모양, 사슴의 눈짓, 벌의 떼 지음, 햇살의 기쁨에 넘치는 쾌활함, 구름의 눈물 흘림, 바람의 변덕스러움, 산토끼의 겁 많음, 공작의 허영심, 앵무새 가슴의 부드러움, 철석같이 굳은 것의 견고함, 꿀의 달콤함, 호랑이의 잔인함, 불의 따뜻함, 눈의 차가움, 어치의 수다스러움, 코킬라(kokila)(검은색의 두견새 – 옮긴이)의 울음소리, 두루미의 위선, 차크라바카(chakravaka)(신화에 나오는 상상의 새 – 옮긴이)의 정절을 취하여 이 모든 것을 모아 여자를 만들어 남자에게 주었다.[126]

하지만 여자는 이 모든 것을 갖추었음에도 인도에서 푸대접을 받았다. 베다 시대에 여자들이 누렸던 높은 위상은 승려들의 영향력과 이슬람의 본보기를 통해 상실되었다. 마누 법전은 초기 단계의 그리스도교 신학을 생각나게 하는 표현을 사용하여 여자에 대해 비우호적으로 말하고 있다. "불명예의 원천도 여자다. 다툼의 원천도 여자다. 현세적인 존재의 원천도 여자다. 그러므로 여자를 멀리하라."[127] 다른 구절은 "여자는 바보뿐 아니라 현자도 이생의 바른 길에서 끌어내릴 수 있으며 사람을 욕망이나 분노의 노예로 만들 수 있다."라고 말한다.[128] 율법은 여자는 평생 동안 처음에는 아버지의 슬하에서, 다음에는 남편의 그늘에서, 마지막으로는 아들의 보살핌 속에서 보호를 받아야 한다고 규정해 놓았다.[129] 아내는 남편을 겸허하게 "주인", "나리" 심지어는 "나의 신"이라고까지 불렀다. 공공장소에서는 남편 뒤에서 어느 정도 떨어져 걸었으며 남편의 말을 직접 받는 일이 거의 없었다.[130] 식사를 준비하고 (남편과 아들이 먹고 난 후에) 남긴 음식을 먹고 잠자리에서는 남편의 발을 껴안고 자는 등 아주 사소한 봉사를 통해 헌신적인 모습을 보여야 했다.[131] 마누의 말에 의하면 "신실한 아내라면 남편의 상태와는 상관없이, 심지어 미덕이라고는 하나도 없더라도 남편을 신처럼 섬기고 고통을 주지 말아야 한다."[132] 남편에게 복종하지 않는 아내는 다음에 환생할 때는 자칼로 태어날 것이다.[133]

유럽과 미국에 있는 우리 시대 이전의 자매들처럼 인도의 여자들 역시 신분이 높은 귀부인이거나 사원 창녀인 경우에만 교육을 받았다.[134] 글을 읽는 기술은 여자들에게는 어울리지 않는다고 생각되었다. 글을 읽는다고 해서 남자를 사로잡는 힘이 커지지 않으며 오히려 매력만 줄어들 것이다. 타고르의 연극에 등장하는 치트라는 이렇게 말한다. "여자가 단지 여자로 머물러 있을 때, 미소와 눈물, 봉사, 사랑스러운 매력으로 남자의 마음을 사로잡을 때 여자는 행복하다. 여자가 배워서 위대한 업적들을 이룬들 무슨 소용이 있단 말인가?"[135] 여자에게는 베다를 아는 것도 금지되어 있었다.[136] "여자가 베다를 배운다는 것은 나라가 혼란스럽다는 표시다."[137]*라고 마하바라타는 말한다. 메가스테네스의 보고에 의하면, 찬드라굽타 시대에는 "브라만은 자기 아내들이 (그들은 아내를 많이 두고 있었다.) 어떤 철학에 대해서도 모르게 했다. 만일 여자가 고통과 쾌락, 삶과 죽음을 철학적인 관점에서 보는 법을 배운다면, 타락하게 되거나 더 이상 복종하지 않을 것이기 때문이다."[138]

마누 법전에서는 세 사람은 재산을 보유할 자격이 없었다. 아내와 아들, 노예가 그들이다. 이들이 벌어들이는 것은 모두 상전의 재산이 되었다.[139] 그러나 아내는 결혼할 때 받은 지참금과 예물을 보유할 수 있었으며, 왕자의 어머니는 왕자가 미성년인 동안에는 왕자 대신 다스릴 수 있었다.[140] 남편은 아내가 행실이 나쁠 때는 이혼할 수 있었으나 아내는 어떤 이유로도 남편과 이혼할 수 없었다.[141] 아내가 술을 마시거나 질병이 있거나 고집이 세거나 씀씀이가 헤프거나 다투기를 좋아하면 언제라도 (이혼하지 않고도) 다른 아내로 바꿀 수 있었다. 법전의 구절들은 개화된 온유한 태도로 여자를 대하는 것을 옹호했다. 여자를 "꽃으로도" 때리지 말아야 한다. 여자를 너무 지나치게 감시하지 말아야 한다. 그럴 경우 여자는 예민하여 불행으로 이어지게 될 것이기 때문이다. 여자가 고운 옷을 좋아하면 만족시켜주는 것이 지혜로운 일이다. "아내가 우아하게 차려

---

* 이러한 태도와 비교해야 할 대상은 우리 시대의 유럽이나 미국의 가치관이 아니라, 사람들이 일반적으로 성경을 읽는 일이나 여자들이 지적인 교육을 받는 일을 허락하지 않으려고 했던 중세 성직자들의 태도다.

입지 못하면 남편의 기분을 돋우어 주지 않을 것"이기 때문이다. 반면에 "아내가 화려하게 차려입으면 집안이 다 밝아질 것이다."[142] 노인이나 승려에게 하는 것처럼 여자에게도 길을 양보해야 한다. 또한 "다른 어떤 손님보다도 임신부와 새색시, 처녀에게 먼저 음식을 주어야 한다."[143] 여자는 아내의 입장에서는 다스릴 수 없으나 어머니의 입장에서는 다스릴 수 있었다. 자식이 많은 어머니에게는 최대한의 배려와 존경을 보였다. 심지어는 가부장적인 마누 법전까지도 "존경을 받을 권리 면에서는 어머니가 천 명의 아버지를 능가한다."[144]라고 했다.

베다 시대 이후에 여자의 위상이 낮아지게 된 것은 이슬람 사상이 유입된 것과 관계가 있음이 분명하다. (결혼한 여자를 격리시키는) "푸르다(purdah)"(장막) 관습은 페르시아인 및 이슬람인과 함께 인도로 들어왔으므로 남부보다는 북부에서 더 강하다. 힌두인 남편들은 아내를 이슬람인들에게서 보호하기 위해 "푸르다" 체계를 매우 엄격하게 발전시켰으므로, 예의 바른 여자라면 자기 남편과 아들에게만 모습을 드러낼 수 있었으며 공공장소에서는 두꺼운 베일을 써야만 이동할 수 있었다. 심지어는 의사가 여자를 진찰할 때도 휘장을 통해서 했다.[145] 일부 집단에서는 타인 아내의 안부를 묻거나 남의 집에 손님으로 갔을 때 그 집 여자들에게 말을 건네는 것도 좋은 예절이 아니었다.[146]

과부를 남편의 화장용 장작더미에 올려놓고 불사르는 관습 역시 다른 곳에서 인도로 들어온 것이었다. 헤로도토스는 그 관습을 고대의 스키타이인들과 트라키아인들이 행하던 것으로 기술했다. 만일 그를 믿을 수 있다면, 한 트라키아인의 아내들은 남편의 무덤 위에서 살해당하는 특권을 차지하기 위해 싸웠다.[147] 아마 그 의식은 한 군주나 부유한 사람이 죽으면 그를 내세에서 보살피게 하려고 노예들과 여타의 정표들과 함께 한 명 이상의 아내나 애첩을 제물로 바치던, 거의 범세계적인 원시적 풍습에서 유래되었을 것이다.[148] 아타르바베다는 그 의식은 오래된 관습이라고 말하지만, 리그베다는 베다 시대에 남편을 화장하기 전에 과부가 그 장작더미 위에 잠시 눕게 하는 것으로 요구 사항이 완화되었다고 지적하고 있다.[149] 그러나 마하바라타는 이 제도가 다시 회복되어 확고하게 정착되었음을 보여다. 사티(suttee)*의 일부 사례를 보여 주며, 정숙한 아내는 남편보다 오래 살고 싶지 않아 당당하게 불로 들어간다는 규범을 규정하고 있다.[150] 의식은 아내를 구덩이에 넣고 불사르거나 남부의 텔루구스족에서는 생매장하는 것으로 이루어졌다.[151] 스트라본은 인도에서는 사티가 알렉산드로스 시대에도 널리 실시되었으며, 펀자브 지역의 카타이족(Kathæi)은 아내가 남편을 독살하는 일을 막기 위해 사티를 법으로 제정했다고 보고한다.[152] 마누는 시행에 대해서는 아무런 언급을 하지 않는다. 브라만들은 처음에는 반대했으나 나중에는 받아들이고, 결국 사티를 결혼의 영원성과 결부되는 것으로 해석하여 종교적 제재를 부여했다. 여자가 일단 결혼하게 되면 영원히 남편의 여자로 남아 남편의 내생에서도 다시 재결합하게 된다는 것이다.[153] 라자스탄에서는 절대적인 의미에서 남편이 아내를 소유한다는 의식이 "조후르(johur)"의 형태를 취했다. 조후르란 라지푸트족 남자가 패배가 확실한 상황에 직면할 경우 자기가 전투에서 목숨을 잃기 전에 아내들을 살해하는 것을 말한다.[154] 무굴 제국의 치하에서는 이슬람인들이 혐오했으나 이 관습은 널리 퍼져 심지어는 강력한 악바르도 없애지 못했다. 언젠가 한 힌두인 신부가 죽은 약혼자를 화장하려고 쌓아 놓은 장작더미 위에서 타 죽고 싶어 했을 때 악바르가 그 신부를 말리려고 직접 설득했다. 브라만들도 간곡하게 말리며 왕을 거들었으나 신부는 의식을 고집했다. 불꽃이 신부에게 미치자 악바르의 아들 다니얄이 신부를 계속 설득했으나 신부는 "귀찮게 하지 말아요, 성가시게 하지 마세요."라고 대답했다. 다른 과부도 비슷한 만류를 물리치고는 램프의 불꽃 속으로 손가락을 집어넣어 완전히 다 태웠다. 과부는 고통스러운 표정도 없이 이런 방법을 통해, 자기에게 그 의식을 하지 말라고 조언하는 사람들에 대한 모멸감을 표현했다.[155] 비자야나가르에서는 사티가 집단적인 형태를 취할 때도 있었

---

* 수티(suttee)로 발음되지만 본래는 사티(sati)이며 '헌신적인 아내'라는 뜻이다.

다. 제후나 족장이 죽으면 단지 한 명의 아내나 몇 명의 아내가 아니라 많은 아내들이 모두 남편의 뒤를 따라 죽었던 것이다. 콘티(Conti)의 보고에 의하면, 라야(Raya) 혹은 왕은 1만 2000명의 아내 중에서 "자기가 죽으면 자기와 함께 자신을 불살라야 한다는 조건하에" 3000명을 애처로 뽑았는데, "그런 죽음은 그들에게 대단한 명예로운 일로 여겨지고 있다."[156] 중세의 힌두인 과부가 종교적 세뇌 교육과 신앙 그리고 다른 생에서 남편과 다시 결합하려는 희망을 통해 사티를 얼마나 철저하게 받아들였는지 말하는 것은 어려운 일이다.

인도가 유럽과 접촉하는 일이 많아지면서 사티의 인기는 점점 식어 갔다. 그러나 힌두의 과부는 계속 많은 어려움을 겪었다. 여자는 일단 결혼을 하면 남편과 영원히 결합되는 것이므로 남편이 죽은 후에 재혼하는 것은 심각한 범죄였으며, 따라서 죽을 때까지 당혹스러운 일들을 겪을 수밖에 없었다. 그러므로 브라만들은 과부에게 재혼하지 말고 그대로 살면서 머리를 깎고 (만일 사티를 좋아하지 않는다면) 자녀들의 보살핌을 받으며 개인적으로 선행을 베풀며 여생을 보내도록 요구했다.[157] 과부는 궁핍하게 지내도록 방치되지 않았다. 오히려 과부에게는 자신의 생계를 위해 남편의 재산을 관리할 선취득권이 있었다.[158] 이런 규범의 혜택을 본 것은 중류층 이상의 정통파 여자들뿐이었으며 그 수는 전 인구의 30퍼센트 정도에 지나지 않았다. 이슬람교도와 시크교도, 하층 카스트는 그 법규를 따르지 않았다.[159] 힌두의 여론은 과부들의 이런 수절을 그리스도교계 수녀들의 독신 생활에 비유했다. 이 두 경우 모두 결혼을 멀리하고 자선 사업에 배치되는 여자들이 있다는 말이다.*

---

4. 풍습과 관습 그리고 성격

편협한 눈으로 보면 조혼과 사원 매춘, 사티 등의 제도들을 용납하는 바로 그 사람들이 온유함과 정숙함, 예절 면에서도 탁월하다는 사실은 믿기 어려워 보일 것이다. 일부 데바다시스를 제외하면 인도에는 창녀가 매우 드물고 성적인 면에서의 예의범절은 이례적일 정도로 고상했다. 인도에 대해서는 동정심이 전혀 없는 뒤부아도 이렇게 말하고 있다. "예절이나 사회적인 예법에 관한 규범들은 유럽에서 상응하는 사회적 위상을 지닌 사람들이 지키는 것보다 훨씬 더 분명하게 규정되어 있고, 또 모든 계층의 힌두인이 훨씬 더 잘 지킨다는 사실은 인정해야 한다."[161] 서양인의 대화와 재치에서 성이 주된 역할을 하는 현상은 힌두인의 풍습에서는 대단히 낯선 것이다. 힌두인의 예법은 남녀가 친밀한 모습을 공공연하게 드러내는 일을 금지했으며, 남녀가 같이 춤을 추면서 신체적인 접촉을 하는 일은 예의에 벗어난 음란한 행실로 여겼다.[162] 힌두인 여자들은 공공장소라면 어느 곳을 가더라도 치한을 만나거나 무례한 짓을 당할 걱정이 없었을지도 모른다.[163] 사실 동양인이 보는 시각처럼 문제는 다른 쪽에 있었다. 마누는 남자들에게 이렇게 경고한다. "여자는 본성상 남자를 유혹하는 성향이 있다. 그러므로 아무리 가까운 친척이라도 외딴 장소에서는 여자와 함께 앉지 말아야 한다." 또한 지나가는 여자라도 발목 이상 보지 말아야 한다.[164]

인도에서는 경건함 다음으로 중요한 것이 청결함이었다. 아나톨 프랑스(Anatole France)의 생각처럼 위생은 "개인적인 도덕"이 아니라 신앙의 본질적인 부분이었다. 마누는 오래전에 육체적인 품위를 위한 엄격한 규범을 제정했다. 그중 한 지침은 이렇게 되어 있다. "아침 일찍 그(브라만)에게 목욕을 하고 몸을 단장하고 이를 닦고 세안제로 눈을 닦고 난 후에 신을 섬기게 하라."[165] 원주민 학교에서는 훌륭한 예의범절과 개인적인 청결을 교육 과정에서 가장 중요한 과목으로 삼았다. 힌두인은 매일 목욕을 했으며 소박한 옷을 빨아 입었다. 힌두인이 보기에는 한 번 입었던 옷을 빨지 않고 하루 이상 입는 일은 말도 되지 않는 것으로 보였다.[166] 윌리엄 후버 경(Sir William Huber)은 이렇게 말했다. "힌두인은 아시아 인종 중에서 그리고 (우리가 덧붙일 수 있는 바) 세계의 모든 인종 중에서 몸의 청결함을 보여 주는 가장 두드러진 사례다. 힌두인의 몸을 씻는 습관은 이미 정평이 나 있다."[167]*

1300년 전 유안 츄왕은 힌두인들의 식사 습관을 이렇게 기술했다.

그들은 누가 시켜서가 아니라 스스로 청결을 유지한다. 식사 때마다 먼저 몸을 씻는다. 부스러기나 남은 음식은 식탁에 다시 내놓지 않는다. 식기를 돌리는 일은 없다. 도기나 나무로 만든 그릇은 사용하고 나면 버리며, 금이나 은, 구리, 쇠로 만든 그릇은 윤이 나도록 깨끗이 닦는다. 식사가 끝나면 이쑤시개를 사용하고 몸을 깨끗이 닦는다. 그들은 목욕을 하기 전에는 나와서 서로 몸을 접촉하는 일이 없다.[169]

브라만은 평소에 식사하기 전과 마친 후에 손과 발을 씻고 이를 닦았다. 음식을 나뭇잎에 놓고 손가락으로 집어 먹었으며 접시나 나이프, 포크를 두 번 사용하는 것은 불결하다고 생각했다. 또한 식사가 끝나면 입 안을 일곱 번 헹궜다.[170] 칫솔(나무에서 꺾은 가는 가지)은 항상 새것을 사용했다. 힌두인이 볼 때는 동물의 털로 이를 닦거나 같은 칫솔을 두 번 사용하는 것은 말도 안 되는 일인 것처럼 보였다.[171] 사람들이 서로를 멸시할 수 있는 방법은 이렇게 많다. 힌두인은 거의 끊임없이 후추과에 속하는 필발 잎을 씹어 이가 검게 변했으며, 이 모습은 유럽인들이 보기에는 보기 흉한 것이었으나 당사자에게는 보기 좋은 것이었다. 힌두인은 이런 습관과 가끔 사용하는 아편 덕분에 담배와 술을 멀리하고 지낼 수 있었다.

---

* 위대한 힌두인 라지파트 라이(Lajpat Rai)는 유럽인들에게 다음을 상시시켰다. "유럽의 국가들이 위생에 대해 무엇인가 알기 오래전에 그리고 그들이 양치질과 일상적인 목욕의 가치를 깨닫기 오래전에 힌두인들은 그 두 가지를 모두 규칙적으로 했다. 20년 전만 해도 런던의 가옥에는 욕조가 없었으며 칫솔은 사치품이었다."[168]

힌두인의 율법서들은 여자의 생리나 대소변과 관련된 위생 규칙들을[172] 분명하게 제시하고 있다. 복잡성이나 엄숙성 면에서 대소변과 관련된 브라만의 의식을 능가하는 것은 없을 것이다.[173] 두 번 태어난 자 브라만은 이 의식에서 반드시 왼손만 사용해야 하며 의식이 끝난 다음에는 사용한 부위들을 물로 깨끗이 씻어야 했다. 또한 종이만 사용하는 것으로 만족하는 유럽인이 집에 있는 것 자체로도 집이 더러워졌다고 여겼다.[174] 그러나 천민과 다수의 수드라는 덜 깔끔하여 아무 길가에서나 볼일을 봤다.[175] 이런 계층의 사람들이 사는 지역에는 공중위생 시설이라고는 길 가운데 나 있는 덮지 않은 하수도뿐이었다.[176]

인도는 날씨가 매우 더워 얇은 옷을 입었으며 거지와 성인은 옷을 입지 않고 지냈다. 인도 남부의 한 카스트는 그 구성원들에게 옷을 입으라고 강요하면 이주하겠다고 위협했다.[177] 18세기 후반까지 인도 남부에서는(발리에서는 지금도 그러는 것처럼) 남녀 모두 상반신을 벗고 다니는 것이 관례였다.[178] 어린이들은 대체로 반지와 목걸이들만 걸치고 다녔다. 대부분의 주민은 맨발로 다녔다. 정통파 힌두인이 신발을 신을 때는 천으로 만든 신발을 신어야 했다. 정통파 힌두인은 어떤 여건에서도 가죽 신발을 신을 수 없었기 때문이다. 대다수의 남자는 허리에 두르는 옷으로 만족했다. 옷을 더 입을 필요가 있을 때는 천을 허리에 묶은 후 남은 부분을 왼쪽 어깨로 넘겼다. 라지푸트족은 띠를 두른 속옷 위에 온갖 색상과 모양으로 만든 바지를 입고 목에는 스카프를 하고 발에는 샌들이나 부츠를 신었으며 머리에는 터번을 감았다. 터번은 이슬람과 함께 인도로 들어와 힌두인이 받아들인 것이다. 힌두인은 카스트에 따라 다양한 방법으로 터번을 꼼꼼하게 머리에 둘렀으나 언제나 비단을 끝없이 뽑아내는 마술사처럼 천을 넉넉하게 사용하여 여유 있게 둘렀다. 어떤 때는 터번 하나의 길이가 21미터나 되는 경우도 있었다.[179] 여자는 길게 늘어지는 옷(색상이 다채로운 비단이나 손으로 짠 카다르(khaddar)로 만든 사리(sari))을 입었다. 여자의 옷은 양쪽 어깨를 걸치고 허리를 단단하게 졸라맨 후에 다리로 늘어트렸으며, 가슴 아래쪽으로 몇 센티미터나 갈색의 맨살이 드러나는 경우도 많았다. 머리에는 햇빛 때문에 건조해지지 않도록 기름을 발랐다. 남자는 머리 중앙에서 가르마를 하고 타래로 묶어 왼쪽 귀 뒤로 넘겼다. 여자는 일부 머리로 사리를 틀어 얹고 나머지는 자연스럽게 늘어트렸으며, 장식으로 꽃을 꽂거나 스카프를 쓰는 경우가 많았다. 남자는 잘생기고 젊은 여자는 아름다웠으며 남녀 모두 의젓한 몸가짐을 보였다.[180] 평범한 힌두인이 허리옷만 걸쳐도 잘 차려입은 유럽 외교관보다 더 품위가 있었다. 피에르 로티(Pierre Loti)는 "아리안족의 아름다움이" 인도의 "상류 계층에서 완전하고 세련되게 발달하여 최고조에 도달하게 되면 상대할 것이 없다."라고 생각했다.[181] 남녀 모두 화장법이 뛰어났으며 여자들은 보석을 걸치지 않으면 벌거벗은 것처럼 생각했다. 코 왼쪽에 거는 코걸이는 결혼한 것을 나타냈다. 대부분의 경우 이마에는 종교적 신앙을 상징하는 색을 칠했다.

이런 외모를 넘어서 힌두인의 성격을 묘사하는 것은 어려운 일이다. 사람은 누구나 미덕과 악덕을 고루 갖추고 있지만 증인들은 자신의 도덕을 나타내고 자신의 이야기를 돋보이게 만드는 것만 선택하는 경향이 있기 때문이다. 뒤부아는 이렇게 말한다. "내 생각에는 모든 힌두인 사이에서 일반적으로 나타나는…… 믿기 어려움과 기만, 이중인격을 그들의 가장 큰 결함으로 꼽을 수 있다. …… 세상에서 맹세나 새빨간 거짓말을 그렇게 아무렇지도 않게 생각하는 나라는 없을 것이 확실하다."[182] 웨스터마크(Westermarck)는 "거짓말은 인도의 국가적인 악덕이라고들 한다."라고 말한다.[183] 매콜리(Macaulay)는 "힌두인은 교활하고 사기성이 농후하다."라고 말한다.[184] 마누의 율법들과 세상의 관례에 의하면 선의의 거짓말은 용서할 수 있다. 예컨대 만일 진실을 말할 경우 승려가 목숨을 잃는 사태가 벌어지게 된다면 거짓말은 정당화될 수 있다.[185] 그러나 유안 츄왕은 우리에게 이렇게 전한다. "그들은 속이지 않으며 맹세한 것은 반드시 지킨다. …… 그들은 좋지 않은 방법으로 무엇을 취하는 법이 없으며, 그 정도면 충분하다고 생각하는 것보다 더 많이 양보한다."[186] 인도에 대해 호의적인 편견이 없는 파즐은 16세기의 힌두인에 대해 보고하며 "종교적이고 붙임성이 있고 쾌활하고 정의를 사랑하고 유유자적하고 사업 능력이 있고 진리를 숭상하고 은혜를 갚을 줄 아는 무한히 정숙한 사람들"이라고 말한다.[187] 정직한 케어 하디(Keir Hardie)는 "그들의 정직성은 정평이 나 있다. 그들은 말만으로도 돈을 빌리고 빌려 주며 빚을 갚지 않는 일이 거의 없다."라고 말했다.[188] 인도에 체류했던 한 영국인 판사는 "나는 재판을 진행하면서 사람들이 자신의 재산과 자유와 목숨이 자신의 거짓말에 달려 있는데도 끝까지 거짓말을 하지 않는 경우를 많이 보았다."라고 말한다.[189] 서로 상충하는 이런 증언들을 어떻게 조화시켜야 하는가? 아마 아주 간단할 것이다. 정직한 힌두인도 있고 그렇지 않은 힌두인도 있는 것이다.

나아가 힌두인은 매우 잔인하기도 하고 온유하기도 하다. "석스(Thugs)"라는 (거의 하나의 카스트에 가까운) 이상한 비밀 집단의 이름에서 영어의 흉악한 짧은 말이 파생되었다. 석스란 18~19세기에 (그들의 말에 의하면) 피해자들을 여신 칼리에게 제물로 바치려고 수많은 사람을 잔인하게 살해한 집단을 말한다.[190] 빈센트 스미스는 우리 시대에도 어느 정도 어울리는 용어를 사용하여 종교적 암살단원들인 이 석스(문자적인 의미는 "사기꾼"이다.)에 대해 이렇게 쓰고 있다.

그 악당들은 두려움이 거의 없었으며 거의 완벽한 면책 특권을 누렸다. …… 그들에게는 언제나 강력한 후원자들이 있었다. 사람들의 도덕적 감정이 형편없이 가라앉았으므로 석스가 저지른 냉혹한 범죄들을 비난하는 여론을 보여 주는 흔적도 없었다. 그들은 기존 질서의 일부로 받아들여졌다. …… 그 조직에 관한 비밀들이 폭로될 때까지는…… 심지어 가장 악명 높은 석스에 대한 증거조차 얻을 수 없었다.

그럼에도 인도에는 비교적 범죄가 적었으며 폭력도 거의 없었다. 힌두인은 소심하게 보일 정도로 온유하다는 것이 보편적으로 인정하는 사실이다.[191] 대단히 종교적이며 마음이 착한데다가 이방인의 정복과 압제에 너무 오랫동안 시달렸으므로 참는 데는 더할 나위 없이 용감하다는 점을 제외하면 훌륭한 투사가 되기는 어려운 사람들이다.[192] 그들의 가장 큰 결점은 아마 열의가 없다는 점과 게으르다는 점일 것이다. 그러나 힌두인이 보기에는 이런 것들은 결점이 아니라 기후에 적응하려면 어쩔 수 없는 일일 것이다. 라틴계 사람들의 태평함과 미국인들의 경제적 열기처럼 말이다. 힌두인은 예민하고 다감하고 개성이 강하고 상상력이 풍부하므로 통치자나 집행 요원보다는 예술가와 시인 쪽이 더 어울린다. 그들 역시 다른 모든 곳의 기업가처럼 열심히 동료들을 이용하기도 할 것이다. 그러나 동정심이 무한하며 야만의 이편에서 손님을 가장 잘 대접하는 주인이다.[193] 심지어 적들도 그들의 예절을 인정하여[194] 편견 없는 한 영국인은 자신의 오랜 경험을 요약하면서, 캘커타의 상류층은 "세련된 태도와 명쾌함, 넓은 이해심, 풍부한 감정, 독립성을 갖추고 있어 세계 어느 곳에 내놓아도 신사로 통할 것이다."라고 했다.[195]

외부인이 보면 힌두인의 천성은 우울하고 웃을 일이 많지 않은 것처럼 보인다. 체스를 닮은 것을 포함하여 매우 다양한 놀이가 나타나지만[196]* 이런 놀이들은 물론 후대의 놀이들도 서양의 놀이에서 볼 수 있는 것 같은 활기나 즐거움을 찾아볼 수 없다. 16세기에 악바르는 폴로 경기를 인도에 도입했다. 이 경기는 페르시아에서 들어온 것이 분명하며, 그 후에 티베트를 거쳐 중국과 일본으로 건너갔다.[199] 또한 그는 아그라 궁전의 사각형 안뜰에서 아름다운 노예 소녀들을 살아 있는 기물로 삼아서 하는 파치시(pachisi, 현대의 인도 주사위 놀이(parchesi))도 좋아했다.[200]

대중들의 생활은 잦은 종교 축제를 통해 활기를 띠었다. 가장 성대한 축제는

---

* 고대 국가의 절반은 자기 나라가 체스의 본향이라고 주장할 정도로 체스는 매우 오래된 놀이다. 고고학자들의 일반적인 견해에 의하면 체스의 본향은 인도다. 인도에서 발견되는 것이 가장 오래된 형태(서기 750년)임이 확실하다는 데는 이론의 여지가 없다. 체스(chess)라는 말은 페르시아어 "샤(shah, 왕)"에서 온 것이며 체크메이트(checkmate, 체스의 외통장군)는 본래 "샤마트(shah-mat, 왕은 죽었다.)"라는 말이었다. 페르시아인들은 이 놀이를 샤트란지(shatranj)라고 불렀으며, 그 이름과 놀이를 모두 아랍인을 통해 인도에서 들여왔다. 인도에서는 이 놀이가 차투랑가(chaturanga) 또는 4기물 놀이(코끼리와 말, 전차, 보병)로 알려져 있었다. 아랍인들은 지금도 여전히 체스의 비숍(bishop)을 알필(al-fil, 코끼리)이라고 부르는데 이 말 역시 인도의 황소라는 뜻을 지닌 알레프힌드(aleph-hind)라는 말에서 온 것이다.[197]

힌두에는 이 놀이의 기원을 설명하는 유쾌한 전설이 있다. (그 이야기에 의하면) 서기 5세기 초에 한 힌두 군주가 자기를 흠모하는 브라만과 크샤트리아의 조언을 무시하고, 옥좌를 가장 확실하게 받쳐 주는 것은 백성들의 사랑이라는 사실을 망각함으로써 그들을 섭섭하게 했다. 그러자 브라만 시사(Sissa)가 젊은 왕의 눈을 뜨게 하려고 한 놀이를 만들었다. 그 놀이에서 왕을 나타내는 기물은 (동양의 전쟁에서처럼) 위엄과 가치 면에서는 가장 중요하지만 혼자서는 무기력했다. 이렇게 만들어진 놀이가 체스였다. 그 지배자는 체스를 대단히 좋아하여 시사를 초대하고는 상으로 무엇을 받고 싶으냐고 물었다. 그러자 시사는 쌀 몇 알만 달라고 정중하게 부탁했다. 체스 판의 예순네 개 칸의 첫 번째 칸에는 쌀 한 알을 놓고 그 다음부터는 다음 칸으로 옮겨 갈 때마다 쌀알 수를 배로 늘려 달라는 것이었다. 왕은 그 부탁을 즉시 받아들였으나 곧 그 약속을 지키려면 자기 왕국을 다 팔아야 할 형편이라는 사실을 깨닫고는 크게 놀랐다. 시사는 군주가 조정 신료들을 모욕하면 얼마나 쉽게 잘못된 길로 들어설 수 있는지 지적할 수 있는 기회를 얻었다고 한다.[198] 믿기 어려운 이야기다.

대모신(大母神) 칼리를 기리는 두르가푸자(Durga-Puja) 축제였다. 힌두인들은 이 축제가 다가오면 몇 주일 전부터 축연을 베풀고 노래를 했으며 의식은 행진을 하면서 절정에 도달했다. 모든 가족이 여신의 신상을 들고 줄을 지어 갠지스 강으로 가서 신상을 강에 띄워 보낸 후에 즐겁게 놀다가 집으로 돌아갔다.[201] 홀리(Holi) 축제는 여신 바산티를 기리는 축제로 옛 로마의 농신제(農神祭) 같은 성격을 띠었다. 사람들은 남근상들을 들고 행진하면서 성행위를 흉내 내는 동작을 만들어 내기도 했다.[202] 초타나그푸르에서는 추수란 사람들이 일반적으로 흥겹게 지내는 시절이 되었음을 알리는 신호였다. "남자들은 인습을 모두 벗어던졌고 여자들은 정숙함을 모두 벗어 버렸으며 소녀들에게는 완벽한 자유가 주어졌다." 라지마할 언덕 지역에 사는 농민들의 카스트인 파르가나이트는 해마다 농신제를 열고 결혼하지 않은 사람들에게는 축제 동안 마음 놓고 난잡한 관계를 가질 수 있도록 허락했다.[203] 여기서도 가족과 농경지의 다산성을 향상시키려는 마술적인 농경 의식의 유물이 나타나고 있음이 분명하다. 모든 힌두인의 삶에서 중요한 행사인 결혼 피로연은 점잖았다. 그러나 아들이나 딸을 결혼시키고 잔치를 푸짐하게 준비하느라고 망한 아버지들이 많았다.[204]

삶이 끝날 때는 마지막 의식이 있었다. 장례식 말이다. 부처 시대에는 조로아스터교의 방식으로 시신을 새들에게 내어주는 것이 일반적인 장례식이었다. 그러나 유명한 사람들은 숨을 거둔 후에 장작더미 위에 올려놓고 화장을 했으며 유골은 토페 혹은 스투파, 즉 사리탑 밑에 묻었다.[205] 그러나 후대에는 화장이 모든 사람의 특권이 되었다. 사람들은 밤마다 시신을 화장하기 위해 장작더미를 쌓는 모습을 볼 수 있었을 것이다. 유안 츄왕의 시대에는 아주 나이가 많은 사람들이 죽으려고 자녀들을 시켜 갠지스 강 한가운데로 배를 띄운 후에 흐르는 강물로 뛰어드는 일은 진귀한 일이 아니었다.[206] 특정한 여건에서 자살하는 것은 언제나 서양보다는 동양에서 더 많이 인정되었다. 악바르 시대의 법들은 나이가 들거나 불치병에 걸린 사람들과 자신을 신들에게 제물로 바치고 싶어 하는 사람들에게는 자살을 허용했다. 수많은 힌두인들이 스스로 굶어 죽거나 자신을 눈 속에 묻거나 자기를 암소 배설물로 싼 후에 불로 뛰어들거나 갠지스 강 하구에서 악어들에게 몸을 던짐으로써 마지막 봉헌을 했다. 브라만들 사이에서는 일종의 할복자살이 등장했다. 그들은 명예 훼손에 대해 복수하거나 잘못을 지적하는 방법으로 이런 자살을 택했다. 라지푸트의 어떤 왕이 승려 카스트에게 특별세를 부과했을 때는 가장 부유한 몇몇 브라만이 왕이 보는 앞에서 가장 무시무시하고 효과가 좋다고 (죽어 가는 승려가) 생각하는 저주를 퍼붓고는 칼로 자살했다. 브라만교의 율법서들은 자기 손으로 죽으려고 결심한 사람은 3일 동안 단식할 것과 자살을 시도했으나 실패한 사람은 가장 혹독한 방법으로 참회할 것을 요구했다.[207] 삶이란 입구는 하나지만 출구는 많은 무대다.

18장 신들의 낙원

종교가 인도만큼 강력하고 중요한 나라는 없다. 만일 힌두인이 여러 외국 정부가 계속해서 그들을 다스리도록 허용했다면, 이는 부분적으로는 그들을 다스리거나 착취하는 사람이 원주민이든 외국인이든 별로 신경을 쓰지 않았기 때문이다. 그들에게 중요한 문제는 정치가 아니라 종교였고, 몸이 아니라 영혼이었으며, 덧없는 이생이라기보다는 끝없이 이어지는 내세들이었다. 아소카가 성인이 되어 힌두교를 받아들인 것이나 다름없었을 때는 종교가 심지어 가장 강력한 사람들에게도 힘을 발휘했다. 우리 세기에서도 인도를 역사상 최초로 완벽하게 통일시킨 사람은 정치가라기보다는 성인이다.

1. 불교의 후기 역사

불교는 아소카가 사망하고 200년이 지난 후 정점에 도달했다. 아소카에서 부터 하르샤에 이르기까지 불교 성장 기간은 많은 면에서 인도의 종교와 교육, 예술의 절정기였다. 그러나 그 시대를 지배한 불교는 부처의 불교가 아니었다. 그 불교는 부처의 제자였으나 스승을 배신한 제자 수밧다의 불교였다고 하는 것이 나을지도 모른다. 수밧다는 스승의 타계 소식을 듣고는 승려들에게 이렇게 말했다고 한다. "승려들이여, 이제 그만 우십시오! 울지도 말고 슬퍼하지도 마십시오! 우리는 그동안 '이것은 그대에게 어울리고 이것은 어울리지 않습니다.'라는 말을 듣느라 힘들었습니다. 그러나 이제 우리는 하고 싶은 대로 할 수 있을 것입니다. 하고 싶지 않은 일은 할 필요가 없을 것입니다!"[1]

승려들이 자유를 얻고 제일 처음 한 것은 분파를 나누는 일이었다. 부처가 사망하고 2세기도 지나기 전에 스승의 유업은 열여덟 개의 다양한 불교 교리로 갈라졌다. 인도 남부와 스리랑카의 불교도들은 창시자의 소박하고 순수한 신조를 한동안 굳게 고수하여 소승불교(Hinayana 또는 Lesser Vehicle)로 일컬어지게 되었다. 그들은 부처를 숭배했으나 위대한 스승으로 숭배한 것이지 신으로 숭배한 것이 아니었으며, 그들의 경전은 초기의 신앙을 담은 팔리어 텍스트였다. 그러나 인도 북부와 티베트, 몽골, 중국, 일본 전역에서 성행한 불교는 카니슈카 총회에서 규정하고 선포한 대승불교(Mahayana 또는 Greater Vehicle)였다. 카니슈카 총회에서는 (정치적으로) 영감을 받은 신학자들이 부처의 신성을 선언하고 천사와 성인으로 그를 에워쌌으며, 파탄잘리의 요가 금욕주의를 받아들이고, 산스크리트어로 기록된 새로운 경전을 발표했다. 이 새로운 경전은 세련된 형이상학과 스콜라주의를 기꺼이 받아들이기도 했으나, 석가모니의 엄격한 염세주의보다는 대중적인 종교를 천명하고 인증하는 것이었다.

대승불교는 브라만교의 신들과 관습, 신화를 받아들이고 카니슈카가 지배하는 쿠샨의 타타르족과 티베트의 몽골족의 필요에 맞춘 불교였다. 극락에는 많은 부처가 있는 것으로 생각되었으며, 그중에서 사람들이 가장 사랑한 부처는 구세주 아미다 부처(아미타불(阿彌陀佛))였다. 이런 극락과 그에 상응하는 지옥은 이 땅에서 행한 선행이나 악행에 대해 상이나 벌을 주는 곳이며, 따라서 왕의 군사 중 일부를 다른 봉사들로부터 해방시켜 주는 곳이기도 했다. 이 새로운 신학에서 가장 위대한 성인은 미래에 부처가 될 보디사트바(보살(菩薩))였다. 보디사트바란 자신의 공적과 힘으로 열반(여기서는 환생에서 벗어날 자유)에 도달할 수 있으면서도 계속 이생으로 태어나 이 땅에 있는 다른 사람들이 "길"을 발견할 수 있도록 돕기 위해 의도적으로 열반에 도달하지 않는 성인을 말한다.* 지중해 연안의 그리스도교에서처럼 이런 성인들 역시 대단히 인기가 좋아 만신전에서는 숭배자들이 가장 많이 찾는 대상이 되었으며, 예술에서는 가장 애용하는 소재가 되었다. 유물 숭배와 성수(聖水), 초, 향, 염주, 승려복, 의식에서만 사용하는 죽은 언어, 승려와 비구니, (수행자의) 삭발과 독신 생활, 참회, 단식일, 성인 추대, 연옥과 죽은 사람을 위한 천도제가 중세 그리스도교에서만큼 불교에서도 성행했으며 불교에서 먼저 등장한 것으로 보인다.** 대승과 소승 또는 원시불교의 관계는 가톨릭과 스토아 철학 및 원시그리스도교의 관계와 같다. 부처 역시 루터(Luther)처럼 종교 의식이라는 드라마를 설교와 도덕으로 대체할 수 있을 것으로 생각하는 실수를 했다. 또한 신화와 기적, 의식, 중간 역할을 하는 성인이 많은 불교가 승리한 것이나, 드라마적 요소가 많은 다채로운 가톨릭이 고대와 현대의 엄격하고 소박한 초기 그리스도교와 현대 개신교를 이기고 승리한 것이나 다 같은 원리다.

처음에는 다신교와 기적, 신화를 좋아하는 대중적 성향이 인도에서 부처의

---

* 힌두교의 경전 푸라나(Purana) 중 하나에는 한 왕에 대한 전형적인 전설이 있다. 그 왕은 극락에 들어갈 자격이 있지만, 고통받는 사람들을 위로하기 위해 지옥에 머물면서 저주받은 사람들이 모두 지옥에서 벗어날 때까지 지옥을 떠나려 하지 않는다.[2]

** 퍼거슨(Fergusson)은 이렇게 말한다. "불교도들은 두 종교에서 공통으로 사용하는 모든 의식들과 양식들을 로마 가톨릭보다 5세기나 먼저 만들어서 사용해 왔다."[3] 에드먼즈(Edmunds)는 불교의 경전들과 그리스도교의 복음서들 사이에 나타나는 놀라운 유사성을 자세히 보여 주었다.[4] 그러나 우리가 이런 관습과 신앙의 기원에 대해 갖고 있는 지식은 너무 부족하여 우선성에 대해 분명한 결론을 내릴 수는 없다.

불교를 완전히 소멸시켰다. 그러나 바로 그 성향은 대승불교 자체도 소멸시키고 말았다. 이면을 꿰뚫어 보는 역사가의 지혜를 빌려 말하면, 불교가 힌두교에서 너무 많은 것을 받아들이게 되자 전설과 의식, 신이 많아지면서 곧 두 종교를 구별할 수 있는 차이점이 사라졌기 때문이다. 그렇게 되면 뿌리가 깊고 대중에게 호소력이 더 크고 경제적 자원과 정치적 지원이 더 많은 종교가 다른 종교를 서서히 흡수하게 되는 것은 자명한 일이다. 미신이 우리 인류를 움직이는 원동력답게 순식간에 기존의 종교에서 신생 종교로 쏟아져 들어와 급기야는 샤크티 종파의 남근 숭배도 불교 속에 자리를 잡게 되었다. 인내심이 많은 끈질긴 브라만들이 서서히 영향력과 제국의 후원을 다시 얻게 되고 젊은 철학자 샹카라가 베다의 권위를 힌두 사상의 기반으로 확립하는 데 성공하면서, 불교도들이 인도에서 지적 지도력을 잡고 있던 상황은 막을 내리게 되었다.

최후의 결정타는 외부에서 왔으나 어떤 의미에서는 불교 자체가 불러들인 일이었다. 아소카 이후에는 마가다 왕국의 가장 훌륭한 젊은이들이 불교 종단 상가(Sangha, 승가(僧家))의 명성 덕분에 독신으로 평화롭게 지내는 성직자가 되려고 몰려들었다. 심지어는 부처 시대에도 일부 애국자들은 "승려 가우타마 때문에 아버지들이 아들을 낳지 않아 가족들은 대가 끊기게 되었다."[5]라고 불평할 정도였다. 우리 시대의 첫 세기에는 불교와 수도 생활이 성장하면서 인도의 남성적인 면을 약화시켰으며, 이런 상황이 정치적 분열과 겹치면서 인도는 정복자의 손쉬운 먹잇감이 될 수 있는 상태에 놓이게 되었다. 아랍인들이 왔을 때 금욕주의적인 단순한 일신교를 전파하겠다고 서원한 그들은 게으르고 돈을 좋아하고 기적이나 퍼트리고 다니는 불교 승려들을 경멸하는 눈으로 바라보았다. 그들은 사원을 파괴하고 수많은 승려를 살해하여 몸조심하는 사람들에게 수도 생활의 인기를 떨어트렸다. 살아남은 승려들은 그들을 낳은 힌두교로 다시 흡수되었다. 고대의 정통 종교는 참회하고 개종하는 이교도들을 받아들였으며 "브라만교는 따뜻한 포용으로 불교를 말살시켰다."[6] 브라만교는 항상 관용적이었다. 불교와 수많은 다른 종파들이 등장하여 몰락할 때까지 전 과정에서 논쟁은 많이 나타나지만 박해는 찾아볼 수 없다. 오히려 브라만교는 부처를 신(비슈누의 화신)으로 만들고 동물 제사를 없애고, 모든 동물의 생명은 신성하다는 불교의 가르침을 정통 교리로 받아들이는 조치를 취하여 탕자들이 돌아오기 쉽게 했다. 불교는 500년에 걸쳐 서서히 소멸되다가 인도에서 조용하고 평화롭게 모습을 감췄다.*

하지만 불교는 아시아의 거의 모든 나머지 지역에서 뿌리를 내리고 있었다. 불교의 사상과 문학과 예술은 남쪽으로는 스리랑카와 말레이 반도, 북쪽으로는 티베트와 투르키스탄, 동쪽으로는 중국과 한국과 일본으로 전파되었다. 극동을 제외한 이 모든 지역은 이런 방법으로 자신들이 소화시킬 수 있는 범위 안에서 최대한 문명을 받아들였다. 중세 시대에 서구 유럽과 러시아가 로마와 비잔티움의 사제들에게서 문명을 받아들인 것과 똑같은 방법으로 말이다. 이런 국가들은 대부분 불교의 자극을 통해 문화적 전성기에 도달했다. 아소카 시대에서부터 9세기에 소멸될 때까지 스리랑카의 아누라다푸라는 동방 세계의 주요 도시 중 하나였다. 그곳의 보리수나무는 2000년 동안 숭배를 받고 있으며 캔디 고지대의 사원은 지금도 여전히 아시아 1억 5000만 불교도들의 순례지 중 하나다.** 미얀마의 불교는 아마 현존하는 가장 순수한 불교일 것이며, 그곳의 승려들은 부처의 사상에 접근하는 경우가 많다. 미얀마의 1300만 주민은 이들의 활동을 통해 인도보다 상당히 높은 생활 수준에 도달했다.[7] 스벤 헤딘(Sven Hedin)과 오럴 스타인(Aurel Stein), 펠리오(Pelliot)는 투르키스탄의 사막에서 수많은 불교 경전 사본과 카니슈카 시대에서부터 서기 13세기까지 한 문화가 그곳에서 번성했음을 보여 주는 다른 증거들을 발굴했다. 서기 7세기에는 개화된 전사 송찬감포(Srong-tsan Gampo)가

---

* 오늘날 인도 본토에는 주민의 1퍼센트에 지나지 않는 300만의 불교도가 있을 뿐이다.
** 캔디의 사원은 길이 5센티미터, 직경 2.5센티미터인 유명한 '부처의 송곳니'를 소장하고 있다. 그 송곳니는 작은 보석 상자에 보관되어 사람들의 눈길이 철저하게 차단되어 있으며, 정기적으로 엄숙한 운반 행렬을 통해 동방 세계의 모든 곳에서 불교도들을 이끌어 들이고 있다. 사원의 벽에는 온유한 부처가 지옥에서 죄인들을 살해하는 모습을 그린 벽화들이 있다. 모든 위인들의 삶은 우리에게 그들이 사후에 얼마나 무기력하게 우스꽝스러운 모습으로 변할 수 있는지 상기시켜 준다.

티베트에 유능한 정부를 세우고 네팔을 합병한 후 라사를 수도로 정하고 중국과 인도 사이에 이루어지는 교역의 중간 기착지로 삼아 부유하게 만들었다. 그는 인도에서 불교 승려들을 초청하여 불교를 전파하고 백성들을 교육한 후에 4년간 은퇴하여 읽고 쓰는 법을 배워 티베트의 황금기를 열었다. 산과 고원에는 수많은 사원을 세웠으며 불교 서적들을 티베트어로 번역하여 333권으로 된 방대한 경전으로 발간했다. 이 경전은 오래전에 유실된 많은 힌두 원본들의 내용을 현대 학자들을 위해 보존하고 있다.[8] 나머지 세계와는 단절되어 은둔하고 있는 이곳에서 불교는 미신과 수도 생활, 절충주의의 미궁으로 빠져들었다. 그 미궁과 견줄 수 있는 것은 중세 초의 유럽뿐이다. 또한 달라이 라마(Dalai Lama, 최고성직자)는 라사 시가 내려다보이는 거대한 포탈라 궁에 은둔해 있으면서 티베트의 착한 서민들에게 지금도 여전히 보디사트바 아발로키테슈바라(관세음보살)가 환생한 생불(生佛)로 신봉되고 있다.[9] 캄보디아나 인도차이나에서는 불교가 힌두교와 함께 동방 예술의 역사상 가장 풍요로웠던 시대 중 하나에 종교적 뼈대를 제공했다. 불교 역시 그리스도교처럼 발생지 밖에서 가장 큰 승리를 거뒀다. 더구나 그 승리는 피 한 방울 흘리지 않고 얻은 것이었다.

2. 새로운 신들

이제 불교를 대체하게 된 힌두교는 하나의 종교도 아니었으며 유일한 종교도 아니었다. 힌두교는 잡다한 신앙과 의식을 묶어 놓은 것이었으며 그 신봉자들은 네 가지 속성만 공통으로 지니고 있었다. 그들은 카스트 제도와 브라만의 지도적 위상을 인정했고, 암소를 특히 신의 화신으로 숭배했고, 카르마의 법과 영혼의 윤회를 받아들였으며, 베다의 신들을 새로운 신들로 대체했다. 이런 신앙들은 부분적으로는 베다의 자연 숭배보다 먼저 존재했고 또 그보다 오래 살아남은 것이었다. 또한 부분적으로는 경전에는 알려지지도 않고 베다의 정신과는 크게 상반되는 의식과 신, 신앙이었지만 브라만에게 편리했기 때문에 성장한 것이기도 했다. 그 신앙들은 심지어 불교가 한동안이나마 지적 주도권을 유지하고 있는 동안에도 힌두 종교 사상의 가마솥 속에서 달여진 것이었다.

힌두교의 신들은 특정한 신체 부위를 많이 지녀 비범한 지식이나 활동, 힘을 모호하게 상징하는 특징이 있었다. 새로운 브라마는 얼굴이 4개였으며 카르티케야는 6개였다. 시바는 눈이 3개였으며 인드라는 1000개였다. 그리고 거의 모든 신이 팔이 4개였다.[10] 새로 바뀐 만신전의 꼭대기에는 브라마가 있었다. 브라마는 기사도 정신을 발휘하며 중립을 지키는 신, 즉 신들의 우두머리로 공인되었으나 현대 유럽의 입헌 군주처럼 실제 숭배에는 관여하지 않는 신이었다. 브라만 및 시바와 함께 힌두교의 주요 (삼위일체가 아니라) 삼신을 형성하는 신은 비슈누였다. 비슈누는 인류를 돕기 위해 인간이 되는 일을 되풀이하는 사랑의 신이었다. 그가 인간으로 환생했던 가장 위대한 인물은 크리슈나였다. 비슈누가 환생한 크리슈나는 감옥에서 태어나 놀라운 많은 영웅적인 행위와 로맨스를 행하고, 귀먹은 사람과 눈먼 사람을 고쳐 주고 한센병자를 돕고 가난한 사람을 위해 활동했으며 죽은 사람을 다시 살렸다. 그에게는 사랑하는 제자 아르주나가 있었으며, 그가 보는 앞에서 모습을 바꾸기도 했다. 그는 화살에 맞아 죽었다고 말하는 사람도 있고 나무에 못 박혀 죽었다고 말하는 사람도 있다. 그는 지옥으로 내려갔다가 하늘로 올라갔으며 최후의 날에는 다시 돌아와 산 자와 죽은 자를 심판할 것이다.[11]

힌두인에게는 생명과 우주에는 세 가지 주요 과정이 있다. 창조와 보존, 파괴가 그것이다. 그러므로 신도 인간을 위해 세 가지 주요 형태를 취한다. 브라마는 창조하는 신이고 비슈누는 보존하는 신이며 시바는 파괴하는 신이다. 이 세 신은 트리무르티(Trimurti, 3대 주신(主神))이다. 자이나교도를 제외한 모든 힌두인은 이 3대 주신을 숭배한다.* 대중 신앙은 비슈누를 숭배하는 비슈누파

---

* 1921년 인구 조사에 의하면 인도인의 종교 분포는 다음과 같다. 힌두교도 2억 1626만 1000명, 시크교도 323만 9000명, 자이나교도 117만 8000명, 불교도 1157만 1000명(거의 모두가 미얀마와 스리랑카에 있다.), 조로아스터교도(파시교도) 10만 2000명, 이슬람교도 6873만 5000명, 유대교도 2만 2000명, 그리스도교도 475만 4000명(주

와 시바를 섬기는 시바파로 나누어져 있다. 이 두 종파는 평화롭게 지내는 이웃이며 가끔 같은 사원에서 의식을 치를 때도 있다.[13] 또한 지혜로운 브라만들은 대다수 사람들의 뜻에 따라 이 두 신 모두에게 똑같은 경의를 표한다. 독실한 비슈누파 신도들은 매일 아침 붉은 진흙을 사용하여 비슈누를 나타내는 삼지창 모양의 상징을 이마에 그린다. 독실한 시바파 신도들은 암소 배설물을 이용하여 양 눈썹을 수평으로 연결하는 선들을 그리거나 (남자의 성기를 상징하는) 링가(linga)를 팔뚝에 묶거나 목에 건다.[14]

시바 숭배는 힌두교에서 가장 오래되고 가장 심오하고 가장 무서운 요소 가운데 하나다. 부분적으로는 머리가 셋 달린 시바 신의 형태로 되어 있고, 또 부분적으로는 그가 그 형태의 현대적인 대응물인 남근(男根)으로 추정하는 세 개의 돌기둥 형태로 되어 있는 유물은 모헨조다로에 시바 숭배가 있었음을 보여주는 틀림없는 증거라고 존 마샬 경은 보고한다. "그러므로 시바 숭배는 세계에서 가장 오래된 살아 있는 신앙이다."라고 그는 결론짓는다.[15]* 시바 신의 이름은 완곡어법으로 되어 있다. 그 이름의 문자적 의미는 "화해시키다"이다. 반면에 시바 신 자체는 주로 잔혹한 파괴의 신, 즉 실재가 택할 수 있는 모든 것(모든 세포와 모든 유기체, 모든 종, 모든 사상, 모든 작품, 모든 행성 등)을 하나씩 파괴하는 보편적인 힘을 의인화시켜 놓은 신으로 간주된다. 형상들의 덧없음과 자연의 불편부당함을 그렇게 진솔하게 직시하거나, 악이 선의 균형을 잡아준다는 점과 창조와 더불어 파괴도 차근차근 진행된다는 점, 모든 출생은 죽음이라는 형벌로 처벌할 수 있는 심각한 범죄라는 점을 그토록 분명하게 인식한 민족은 없었다. 힌두인들은 수많은 불행과 고난을 통해 고문을 받으면서 그 속에서, 브라마(자연의 창조력)가 만들어 놓은 모든 것을 파괴하는 일에서 기쁨을 찾는 사악한 힘의 손길을 본다. 시바는 끊임없이 형성하고 해체하고 또다시 형

로 유럽인들).[12]

* 그러나 리그베다에는 브라만이란 말처럼 시바라는 이름도 나타나지 않는다. 문법학자 파탄잘리는 기원전 150년에 시바 신상들과 숭배자들을 언급하고 있다.[16]

성하는 세상의 가락에 맞추어 춤을 춘다.

죽음이 출생에 대한 형벌인 것처럼 출생도 죽음에 대한 형벌이다. 그리고 파괴를 상징하는 신 자체가 (힌두인의 생각에는) 개인의 죽음을 극복하고 인류의 연속성을 이어 가는 재생산의 급류와 정념을 상징하기도 한다. 인도의 일부 지역, 특히 벵골에서는 시바의 이런 창조적인 혹은 재생산적인 "활력(샤크티 (Shakti))"은 시바의 아내 칼리(파르바티(Parvati), 우마(Uma), 두르가(Durga))의 모습으로 의인화되어 샤크티 숭배 의식 중 하나를 통해 숭배된다. 지난 세기까지만 해도 이 숭배 의식은 잔인하여 인간 제물을 포함하는 경우도 많았으나 최근에는 이 여신이 염소로 만족하고 있다.[17] 대중들을 위해 이 여신은 입은 크게 벌리고 혀는 튀어나오고 뱀들로 단장하고 주검 위에서 춤을 추는 검은 모습으로 묘사된다. 이 여신의 소득은 죽은 사람들이고 목걸이는 해골을 줄에 꿴 것이며 얼굴과 가슴에는 피 칠을 하고 있다.[18] 이 여신의 네 손 중 둘은 칼과 잘린 머리를 들고 있고 다른 둘은 축복과 보호를 위해 뻗고 있다. 칼리파르바티(Kali-Parvati)는 모성애의 여신이자 파괴와 죽음의 신부이기 때문이다. 이 여신은 상냥할 수도 있고 잔인할 수도 있으며 웃음을 지을 수도 있고 죽일 수도 있다. 아마 이 여신은 한때 수메르의 모신(母神)이었으나 인도로 들어와서 그렇게 무시무시해졌을 것이다.[19] 이 여신과 배우자 남신이 최대한 무서운 모습을 띠게 된 것은 소심한 숭배자들이 겁을 먹고 예절 바르게 되고 아마 승려들에게 관대하도록 하기 위함이었음이 분명하다.*

이런 신들이 힌두교의 주요 신이다. 그러나 이 신들은 힌두교의 만신전에 있는 3000만이나 되는 신 중 다섯일 뿐이다. 그 신을 일일이 다 열거하면 수백 권의 책이 될 것이다. 그중에는 천사에 가까운 신도 있고, 우리가 말하는 악마도 있고, 태양과 같은 천체(天體)도 있고, 라크슈미(Lakshmi, 행운의 여신) 같은 마스코트도 있으며 다수는 들짐승이거나 공중을 나는 새다. 힌두교도에게는 동

---

* 그러나 시바 종파의 승려들은 브라만인 경우가 드물다. 그리고 대다수의 브라만들은 샤크티 의식을 경멸하고 유감스러워한다.[20]

물과 인간 사이에는 진정한 간격이 없었다. 인간은 물론 동물에게도 영혼이 있었으며 영혼은 인간에게서 동물에게로 옮겨 갔다 옮겨 오는 일이 계속되고 있었다. 이 모든 종(種)들은 카르마와 환생이라는 하나의 무한한 망으로 서로 얽혀 있었다. 예를 들면 코끼리가 신 가네샤가 되어 시바의 아들로 인정되었다.[21] 가네샤는 인간의 동물적 본성을 의인화한 신이었으며 그의 신상은 악운을 막아 주는 부적으로 사용되었다. 원숭이와 뱀은 무시무시했으므로 신성했다. 물면 거의 즉사하게 만드는 코브라 혹은 나가(naga)는 특별한 숭배를 받았다. 인도의 많은 지역에서는 해마다 뱀을 기리는 종교 축제를 열고 코브라의 굴 입구에 우유와 바나나를 바쳤다.[22] 마이소르 동부 등에서는 뱀을 기리는 사원들을 세웠다. 엄청나게 많은 파충류가 그 건물을 서식지로 삼고 승려의 보살핌을 받고 있다.[23] 악어와 호랑이, 공작, 심지어는 쥐도 숭배에 따르는 몫을 받는다.[24]

힌두교도에게 가장 신성한 동물은 암소다. 사원과 가정, 도시 광장에는 온갖 재질로 만든 황소 신상이 자리를 잡고 있다. 암소 자체는 인도에서 가장 인기가 있는 유기체이며 거리를 마음대로 다닌다. 배설물은 연료나 신성한 연고로 사용된다. 암소의 오줌은 내외부의 모든 부정함을 씻어 주는 신성한 술이다. 힌두교도라면 어떤 여건에서도 이 동물을 먹어서도 안 되고 그 살로 옷(모자나 장갑, 신발)을 만들어 입어서도 안 된다. 또한 이 동물이 죽으면 성대한 종교 의식을 치르고 묻어야 한다.[25] 아마 정치적인 수완을 가진 지혜로운 정치가가 과거에 늘어나는 인도 인구를 위해 짐수레를 끄는 농업용 가축을 보존하기 위해 이런 터부를 만들어 냈을 것이다.[26] 그러나 오늘날에는 이 동물의 수가 인구의 4분의 1에 육박한다.[27] 힌두교의 견해에 의하면 암소에게 깊은 애정을 느끼고 그 고기를 먹는다는 생각만 해도 극도의 혐오감을 느끼는 것은 조금도 부당한 일이 아니다. 집에서 기르는 고양이와 개에 대해서 비슷한 감정을 느끼는 것과 다를 것이 없다. 이 문제와 관련해서 우스꽝스러운 일은 브라만들은 암소는 도살하면 안 되고 곤충도 상하게 하면 안 된다고 하면서도 과부들은 산 채로 화장해야 한다고 생각한다는 점이다. 사실 동물 숭배는 모든 민족의 역사에서 나타나며, 만일 어떤 동물을 신성하게 만들어야 한다면 유순하고 조용한 암소가 숭배를 받기에 제격인 것 같다. 우리는 동물원을 차려도 될 것 같은 힌두교의 신들에 대해 충격을 느끼는 성급함을 보이면 안 된다. 우리에게도 에덴동산의 마귀 뱀과 구약성경의 금송아지, 로마 시대의 지하 무덤 카타콤의 신성한 물고기, 은혜로운 신의 어린 양이 있었다.

다신교의 비밀은 소박한 사람들은 비인격적인 관점에서는 생각할 수 없다는 것이다. 그런 사람들은 힘보다는 인격을 더 쉽게 이해하고 율법보다는 뜻을 더 쉽게 이해할 수 있다.[28] 힌두교도의 생각에 의하면 우리 인간의 감각은 그 감각이 보고하는 사건의 외면만을 파악한다. 이런 현상의 베일 뒤쪽에는 (칸트의 용어를 빌리면) 우리가 인지하지는 못하고 단지 생각만할 수 있는 물체를 초월한 무수한 존재가 있다. 떼를 이루고 있는 인도의 만신전에 브라만의 특정한 철학적 관용이 더해진 것이다. 지역 신 혹은 부족 신이 힌두교의 발할라(Valhalla)에 입양되었다. 이 일은 그 신들을 이미 인정된 기존 신의 양상이나 화신으로 해석하는 방법을 통해 이루어졌다. 모든 신앙은 합당한 대가를 치러야 자격을 갖추기 마련이다. 결국 거의 모든 신이 다른 신의 양상이나 속성, 화신이 되어 (힌두교도 성인이 보기에는) 이 모든 신이 하나로 집약되었다. 다신교가 거의 일신교와 일원론에 가까운 범신론이 된 것이다. 선한 그리스도교도는 마돈나나 수많은 성인에게 기도하면서도 하나의 신을 최고신으로 인정한다는 의미에서 일신교도일 수 있다. 마찬가지로 힌두교도도 칼리나 라마, 크리슈나, 가네샤에게 기도하면서도, 한순간이라도 최고신이 여럿이라고 생각하지 않을 수 있다.* 비슈누를 최고신으로 인정하고 시바를 단지 종속적인 신으로 부르는 힌두교도도 있고, 시바를 최고신이라 하고 비슈누를 천사로 보는 힌두교도도 있다. 만일 브라마를 숭배하는 사람이 소수라면, 그것은 브라마는 비인격적이고 파악하기 어려우며 멀리 떨어져 있는 신이기 때문이다. 또한 그리스도교가

---

* 다음은 1901년에 영국 정부가 실시한 인도 인구 조사 보고서에서 발췌한 글이다. "내가 조사하여 얻은 일반적인 결과에 의하면 대다수의 힌두인들은 단 하나의 최고 존재를 굳게 믿고 있다."[29]

신에게 예배당을 세워 줄 볼테르(Voltaire)를 기다리는 동안 그리스도교계 대부분의 교회를 마리아나 어떤 성인에게 봉헌한 것과 똑같은 이유 때문이기도 한다.

3. 믿음

신학이 이렇게 복잡하게 되자 곧 미신적인 신화도 복잡해지고 심오한 양상을 띠게 되었다. 베다는 기록된 언어 때문에 사장되어 있었고 브라만 학파의 형이상학은 서민들이 이해하기에는 너무 어려웠다. 그러므로 브야사와 여타의 사람들이 1000년(기원전 500년~서기 500년)이 넘는 기간 동안 40만 개의 2행 연구(連句)로 이루어진 열여덟 권의 푸라나(오래된 이야기들)를 써서 세계 창조와 주기적인 진화와 소멸에 대한 정확한 진실과 신의 계보, 영웅 시대의 역사를 일반 신도에게 알기 쉽게 설명했다. 이 책들은 문학 형태나 논리적 순서, 수치에는 신경 쓰지 않아, 두 연인 우르바시와 푸루라바스는 6만 1000년 동안 기쁨과 즐거움을 누리며 살았다고 주장하기도 했다.[30] 그러나 이 책들은 사람들이 이해할 수 있는 언어로 기록되고 우화는 매력 있고 정통 교리를 담고 있으므로, 힌두교의 제2경전, 즉 힌두교의 미신과 신화, 심지어 철학까지 담고 있는 엄청난 보고가 되었다. 예컨대 비슈누푸라나에는 힌두 사상에서 가장 오래되었으면서도 계속 제기되는 주제가 담겨 있다. 생명이 개체로 분리되어 있다는 생각은 망상이며 모든 생명은 하나라는 것이 그 주제다.

천 년 후 리부가
그에게 더 깊은 지식을 전하려고 니다가의 도시로 왔습니다.
그는 리부를 영접하러 도시 밖으로 나갔습니다.
왕이 많은 수행원을 이끌고 들어가려고 할 때

숲에서 연료와 풀을 갖고 돌아와

멀리서 군중들에게서 떨어져 서 있는 그는 단식 때문에 몹시 야위어 있었습니다.

리부가 그를 발견하고 다가가 인사를 하며 말했습니다.

"오 브라만이여, 어찌하여 당신은 여기 홀로 서 있습니까?"

니다가가 말했습니다. "왕이 도시로 들어가려 하고 있습니다.

그를 보려고 몰려드는 군중을 보십시오. 그래서 혼자 서 있는 것입니다."

리부가 말했습니다. "이들 중에 왕은 누구입니까?

그리고 나머지 사람들은 무엇입니까?

나에게 말해 주십시오. 당신은 알고 있는 것 같습니다."

니다가가 말했습니다. "사나운 코끼리를 타고 산꼭대기에 우뚝 서 있는 것 같은 사람, 저 사람이 왕입니다. 나머지는 왕의 수행원입니다."

리부가 말했습니다. "당신은 왕과 코끼리, 이 둘을 지적했습니다.

당신은 기준도 없이 구별했습니다.

그 둘을 구별할 수 있는 기준을 내게 알려 주십시오.

나도 어떤 것이 코끼리이고 어떤 것이 왕인지 알고 싶습니다."

니다가가 말했습니다. "아래 있는 것이 코끼리이고 그 코끼리를 타고 위에 있는 것이 왕입니다.

태우는 것과 타는 것의 관계를 누가 모르겠습니까?"

리부가 말했습니다. "나도 알 수 있게 가르쳐 주십시오.

'아래'라는 말이 가리키는 것은 무엇이며 '위에'라는 말이 가리키는 것은 무엇입니까?"

그러자 니다가는 곧바로 구루(Guru)*를 올라타고 말했습니다.

"내 말 좀 들어 보세요. 당신이 나에게 묻는 말에 대답하겠습니다.

나는 왕처럼 위에 있고 당신은 코끼리처럼 아래에 있습니다.

---

* 힌두교의 교사.

내가 당신에게 이런 예를 드는 이유는 당신을 가르치려는 것입니다.”

리부가 말했습니다. “만일 당신이 왕의 위치에 있고 내가 코끼리의 위치에 있다면

이제는 말해 주십시오. 우리 중 누가 당신이고 누가 나입니까?”

이 말을 듣고 니다가는 그에게서 내려와 그의 앞에 무릎을 꿇고 말했습니다.

“진실로 당신이 리부입니다. 스승이여……

이것으로 나는 나의 구루, 당신이 왔음을 압니다.”

리부가 말했습니다. “맞습니다. 당신에게 가르침을 주려고 왔습니다.

당신이 전에 기꺼이 나를 섬기려고 했기 때문입니다.

내가 리부라는 이름으로 당신에게 왔습니다.

내가 방금 당신에게 가르친 교훈은 진리의 최고 정수입니다.

둘로 나누는 이중성이 전혀 없는 궁극적 합일*이 그것입니다.”

구루 리부는 니다가에게 이렇게 말한 후 그 자리를 떠났습니다.

그러나 이런 상징을 통해 가르침을 받은 니다가의 생각은 즉시 완전히 궁극적 합

일로 바뀌었습니다.

그때부터 그는 만유를 자신과 구별되는 것으로 여기지 않았습니다.

그 결과 그는 브라만을 보았습니다. 그는 이렇게 해서 최고의 해탈을 얻었습니

다.[31]

이런 푸라나와 중세 인도의 비슷한 글에는 매우 현대적인 우주론이 나타난다. 창세

기에서 말하는 의미의 창조는 없다. 세상은 그 안에 있는 모든 식물과 유기체처럼 주기

에 따라 항구적으로 진화하고 소멸되며, 성장하며 부패하고 있다. 브라마 또는 (이 문

헌에서 창조주의 이름으로 등장하는 경우가 더 많은) 프라자파티는 끝없는 이런 과정

을 유지하는 영적 힘이다. 우리는 설사 우주에 시작이 있다고 해도 어떻게 시작되었는

지 모른다. 푸라나에 의하면 아마 브라마가 세상을 알로 낳아서 그 위에 앉아 부화시켰

174

을 것이다. 혹은 창조주의 우연한 실수거나 가벼운 장난이었을 것이다.[32] 우주의 역사에서 나타나는 각 주기 또는 칼파(겁(劫))는 천 개의 마하유가, 즉 대(大)시대로 구분되며 각 마하유가는 432만 년이다. 그리고 각 마하유가는 다시 네 개의 유가(yuga) 또는 시대로 이루어지며, 이 유가에서 인류는 점진적으로 쇠퇴한다. 현재의 마하유가에서는 3유가가 이미 지나갔으며 이것은 모두 388만 8888년에 해당한다. 우리가 살고 있는 시대는 네 번째 유가인 칼리유가(Kali-yuga), 즉 불행의 시대다. 이 불행한 유가 중 5035년은 이미 지나갔고 앞으로 42만 6965년이 남아 있다. 이 유가가 끝나면 세상은 주기적인 죽음 가운데 하나를 겪게 되고, 브라마는 다른 "브라마의 날", 즉 432만 년의 칼파유가(Kalpa-yuga)를 시작할 것이다. 각 칼파 주기에서 우주는 자연스러운 수단과 과정을 통해 발전하고 자연스러운 수단과 과정을 통해 소멸한다. 온 세상이 파멸하는 것은 생쥐가 죽는 것만큼 확실하며, 철학자에게는 세상의 파멸도 그 정도의 의미밖에 없다. 모든 창조물이 지향하는 궁극적인 목적은 없다. 진보도 없다. 오직 끝없는 반복만 있을 뿐이다.[33]

이 모든 유가와 마하유가에 걸쳐 수십억의 영혼들이 진저리 나는 윤회 속에서 종(種)에서 종으로, 몸에서 몸으로, 생(生)에서 생으로 옮겨 갔다. 한 개체는 사실 개체가 아니다. 한 개체는 생의 사슬 속에 있는 하나의 고리이며 한 영혼의 연대기 속에 끼어 있는 한쪽이다. 한 종은 사실 종이 아니다. 이 꽃이나 벼룩 속에 자리 잡고 있는 영혼도 어제는 인간의 영혼이었을지도 모르고 또 내일은 인간의 영혼이 될지도 모른다. 모든 생은 하나다. 한 인간은 오직 부분적으로만 인간이다. 그는 동물이기도 하다. 과거에 가졌던 낮은 존재의 파편들과 메아리들이 그의 안에 남아 있으므로 그는 현자보다는 짐승을 더 닮게 된다. 인간은 자연의 일부일 뿐이며 사실 자연의 중심도 아니고 지배자도 아니다.[34] 한 생은 한 영혼의 경력 중 일부에 지나지 않으며 전체가 아니다. 모든 형체는 덧없는 것이나 모든 실체는 연속적인 하나다. 열대의 급류처럼 흘러가는 세대들 속에 잠깐 존재하는 개별적인 생이 어떻게 한 영혼의 모든 역사를 담거나 한 영혼이 행한 선과 악에 합당한 형벌이나 보상을 베풀 수 있겠는가? 또한 만일 영혼이 불멸이라면 어떻게 하나의 짧은 생이 그 운명을 영원히 결정할 수 있겠는가?*

생을 이해할 수 있는 길은 오직 각 존재가 앞선 생에서 행한 악덕에 대한 형벌을 받고 있거나 미덕의 열매들을 누리고 있다고 가정하는 것뿐이라고 힌두교도는 말한다. 크든 작든, 선하든 악하든 모든 행위에는 결과가 따른다. 어떤 일이든 밝혀지기 마련이다. 이것이 카르마의 법(행위의 법, 영혼 세계의 인과 법칙)이다. 그리고 이것은 모든 법 중에서 가장 높고 가장 무서운 법이다. 사람이 죄를 짓지 않고 공의를 행하고 친절을 베푼다고 해도 그에 대한 상은 짧은 한 생에서 오지 않을 수도 있다. 그 상은 다른 생들로 이어져, 만일 그의 미덕이 존속된다면 환생하여 높은 지위와 큰 행운을 얻게 될 것이다. 그러나 악하게 살아간다면 천민이나 족제비, 개로 환생할 것이다.[35]** 이 카르마의 법 역시 그리스의 모이라(Moira) 또는 운명처럼 신과 인간을 모두 초월해 있다. 심지어는 신들도 엄격하게 시행되는 이 법을 바꾸지 못한다. 혹은 신학자들이 말하는 것처럼 카르마와 신들의 의지 혹은 행동은 같은 것이다.[38] 그러나 카르마는 운명이 아니다. 운명은 인간이 자신의 운을 결정할 수 없는 무기력함을 함축한다. 반면에 카르마는 인간을 (자신의 모든 생들을 하나의 전체로 보고) 자기 운명을 만들어 가는 주체로 만든다. 또한 극락과 지옥으로 카르마의 효력이나 출생과 죽음의 사슬이 끝나는 것도 아니다. 영혼은 몸이 죽은 후에 특별한 형벌을 받기 위해 지옥으로 가거나 신속하고 특별한 상을 받기 위해 극락으로 갈지도 모른다. 그러나 지옥에서 영원히 머무는 영혼은 없으며 극락에서 영원히 머무는 영혼도 극소수다. 극락이나 지옥으로 들어가는 거의 모든 영혼은 조만간에 이 땅으로 돌

---

* 우리가 과거에 환생했던 생들에 대한 기억이 없는 이유는 무엇이냐고 힌두교도에게 물으면, 우리는 유년 시절에 대한 기억도 없다고 대답한다. 우리가 유년 시절이 우리의 성숙함을 설명해 준다고 생각하는 것처럼 그도 과거의 존재가 현재 생에서의 위상과 운명을 설명해 준다고 생각한다.
** 한 승려는 자신의 식욕을 설명하면서, 자기는 전생에 코끼리였는데 카르마가 몸을 바꿀 때 식욕도 함께 바꾸는 것을 잊어서 그런다고 했다.[36] 힌두인들은 여자가 체취가 강하면 전생에 물고기였다고 생각했다.[37]

아와 새로운 환생들 속에서 카르마에 따라 살아야 한다.[39]*

생물학적으로 보면 이 가르침은 많은 진리를 담고 있다. 우리는 조상이 육체를 부여한 화신이며 우리의 후손은 우리의 화신이 될 것이다. 또한 우리 아버지들의 결점도 (아마 선한 보수주의자들이 생각하는 것만큼은 아니겠지만) 어느 정도는 자녀들이 물려받을 것이고 심지어는 몇 대까지 이어지기도 할 것이다. 카르마는 인간 짐승이 살인이나 절도, 미루는 버릇, 봉헌의 인색함을 막는 데 탁월한 효과가 있는 신화였다. 나아가 도덕적 통일성과 책무를 모든 생으로 확대시켰으며, 다른 어떤 문명에서보다도 훨씬 더 논리적으로 적용할 수 있는 훨씬 더 넓은 범위를 도덕 강령에 부여했다. 선한 힌두교도들은 피할 수 있다면 최대한 곤충을 죽이지 않는다. "심지어는 미덕을 쌓기 원하는 사람들은 동물을 다룰 때 신성한 명령에 의해 다스릴 권한이 있는 하등 동물로 대하기보다는 인간 형제를 대하는 것처럼 다루기도 한다."[41] 철학적으로 보면 카르마는 만일 카르마가 없었다면 의미가 모호하거나 대단히 불의하게 보였을 많은 사건을 인도를 위해 설명해 주었다. 사람들 사이에 나타나서 평등과 정의를 주장하는 요구사항들을 좌절시키는 영원한 온갖 불평등과 이 땅을 어둡게 만들고 역사의 흐름을 붉게 물들이는 다양한 온갖 형태의 악, 출생과 함께 인간 생활 속으로 들어와 죽을 때까지 계속되는 온갖 고통, 이 모든 것이 카르마를 받아들인 힌두교도에게는 납득이 되는 일로 보였다. 이런 악과 불의, 백치와 천재 사이에 나타나는 여러 모습들, 가난함과 부유함은 과거의 존재가 낳은 결과였고, 한생 동안

---

* 힌두교도들은 일곱 개의 극락이 있다고 믿는다. 그중 하나는 이 땅에 있으며 나머지 극락은 이 땅보다 높은 곳에 층을 이루고 있다. 지옥은 스물한 개 있으며 일곱 개의 구역으로 나누어져 있다. 형벌은 영원하지는 않으나 다양하다. 뒤부아가 묘사하는 힌두교의 지옥들은 단테가 설명하는 지옥에 뒤지지 않으며, 단테의 지옥처럼 인간이 갖고 있는 많은 두려움과 가학적인 상상력을 보여 준다. "불과 칼, 뱀, 독충, 야수, 육식조(肉食鳥), 쓸개즙, 독(毒), 악취 등 한 마디로 말해 저주받은 사람들에게 고통을 주기 위해 가능한 모든 것이 동원되고 있다. 코에 줄을 꿰어 날카로운 칼날 위로 영원히 끌려다니는 사람들이 있는가 하면, 바늘귀를 통과해야 하는 벌을 받는 사람들도 있고, 평평한 바위 사이에 놓여 짓눌리지만 죽지는 않는 사람들, 굶주린 육식조에게 끊임없이 눈을 파먹히는 사람들, 개의 오줌이나 인간의 콧물로 가득 채운 웅덩이에서 끊임없이 헤엄치며 허우적거리는 사람들이 있다."[40] 이런 신앙들은 아마 가장 비천한 힌두교도들과 가장 엄격한 신학자들이 누리는 특권이었을 것이다. 만일 우리 자신이 믿는 지옥은 인도의 지옥과는 달리 다양할 뿐 아니라 영원하기도 하다는 점을 기억한다면 그런 신앙들을 쉽게 용서할 수 있을 것이다.

이나 한순간 동안 불의했던 법으로 인해 나타나는 불가피한 일이었으나 결국에는 완벽하게 공정했다.* 카르마는 사람들이 인내하며 악을 참고 희망을 갖고 삶을 대하고자 만들어 낸 많은 장치 가운데 하나다. 악에 대해 설명하고 또 사람들이 악을 즐겁게 받아들이지는 못해도 마음의 평정을 유지하며 받아들일 수 있게 하는 모종의 장치를 찾아내는 것, 이것이 대부분의 종교가 해결하고자 하는 과제다. 삶에서 나타나는 진정한 문제는 고난이 아니라 부당한 고난이므로 인도의 종교는 슬픔과 고통에 의미와 가치를 부여함으로써 인간의 비극을 완화시킨다. 힌두교의 신학에서는 영혼은 적어도 자신의 행위로 인해 나타나는 결과만 감당하고 있음이 틀림없다는 위안을 갖고 있다. 설혹 모든 존재에 대해 의문을 갖더라도 악을 잠깐 동안의 형벌로 받아들이고 타고난 미덕에 대한 현실적인 보상을 기대할 수 있게 된다.

그러나 사실 힌두교도는 실제로 모든 존재에 대해 의문을 제기한다. 그들은 기력을 잃게 만드는 환경과 국가의 예속 상태, 경제적 착취에 억눌려 지냈으므로 삶에는 기회나 보상보다는 혹독한 벌이 더 많다고 생각하는 성향이 있었다. 북쪽에서 내려온 억센 인종이 기록한 베다는 거의 휘트먼(Whitman)만큼이나 낙관적이었다. 그러나 500년 후에 같은 인종을 대표하는 부처는 이미 삶의 가치를 부정했다. 그 후 다시 500년이 지난 후에 기록된 푸라나는 철학적 회의 속에서 잠시 이탈하는 순간들을 제외하면 서양에서 알려져 있는 어떤 것보다 훨씬 더 심하게 염세적인 견해를 보였다.** 동양인들은 산업 혁명의 영향이 미칠

---

* 카르마와 윤회를 믿는 신앙은 인도에서 카스트 제도를 몰아내는 일을 가로막는 가장 큰 이론적 장애물이다. 정통파 힌두교도는 카스트의 차이는 영혼이 과거의 생에서 행한 행위에 따라 정해지는 것이고 신성한 계획의 일부이며, 그 제도를 와해시키는 것은 신을 모독하는 일이라고 생각하기 때문이다.

** 쇼펜하우어(Schopenhauer) 역시 부처처럼 모든 고통을 살면서 자식을 낳고자 하는 의지 탓으로 돌렸으며 자발적인 불임을 통한 종족 자살을 옹호했다. 하이네(Heine)는 거의 한 연을 쓸 때마다 죽음을 이야기했으며 힌두적인 기풍으로 이렇게 썼다.

　잠은 달콤하나 죽음은 더 감미롭고

　가장 좋은 것은 태어나지 않는 것이다.[42]

칸트(Kant)는 라이프니츠(Leibnitz)의 낙관주의를 경멸하며 이렇게 물었다. "건전한 오성을 지닌 사람이라면, 충분히 오래 살고 인간 존재의 가치에 대해 깊이 생각한 사람이라면 삶이라는 보잘것없는 연극을 다시 하려고 하겠는

때까지는 서양인이 삶에 대해 보이는 열정을 이해하지 못했다. 동양은 무자비할 정도로 바쁜 생활과 만족할 줄 모르는 우리의 야망, 신경을 마비시킬 정도로 노동 집약적인 장비들, 진행과 속도에서 피상적인 모습과 유치한 모습만 보았을 뿐이다. 동양은 그런 표면적인 모습에서 심오한 집중력을 파악할 수 없었다.(이것은 표면에서 궁극적인 것들을 보기를 거부한 영리한 태도였다). 서양이 전통적인 동양의 조용한 비활동성과 침잠, 절망을 헤아리지 못한 것처럼 말이다. 불은 얼음을 이해할 수 없기 마련이다.

유디슈티라의 야마는 "세상에서 가장 아름다운 것은 무엇입니까?"라고 묻는다. 그러자 유디슈티라는 "사람은 하나씩 계속 죽어 갑니다. 사람들은 이 사실을 알면서도 여전히 마치 불멸의 존재인 것처럼 활동합니다."라고 대답한다.[44] 마하바라타는 이렇게 말한다. "세상은 죽음 때문에 고통당하고 있으며 나이에 갇혀 있으며 밤은 항상 틀림없이 오가고 있다. 죽음은 멈출 수 없다는 사실을 아는데 내가 지식을 얻는다 한들 무엇을 기대할 수 있겠는가?"[45] 그리고 라마야나에서는 시타가 온갖 유혹과 시험을 이기고 정절을 지킨 일에 대한 보상으로 죽음만 요구한다.

> 만일 내가 남편에게 신실하여 정숙한 아내임이 밝혀졌다면
> 어머니 대지여, 당신의 시타를 이생의 짐에서 구해 주십시오![46]

그러므로 힌두 종교 사상의 마지막 말은 모크샤(moksha, 해탈), 즉 첫째는 욕망에서 해탈하고 그 다음에는 삶에서 해탈하는 것이다. 니르바나는 그 두 가지 중 어떤 것의 해탈일 수도 있지만, 그 두 가지가 모두 이루어져야 완전하다. 현자 바르트리하리는 첫 번째 해탈을 이렇게 표현한다.

가? 동일한 조건에서가 아니라 어떤 조건에서든 말이다."[43]

이 땅 위의 모든 것은 두려움 때문에 생겨나며 두려움에서 벗어나는 자유는 오직 모든 욕망을 버리는 데서만 찾을 수 있다. …… 옛날에 내가 부자들에게 도움을 구했나가 마음에 심한 상처를 받았을 때는 하루하루가 긴 것처럼 보였다. 반면에 세속적인 욕망과 목적을 추구할 때는 하루하루가 너무 짧은 것 같았다. 그러나 이제 철학자가 되어 산자락의 동굴 속에서 딱딱한 바위 위에 앉아 옛날 일을 생각할 때마다 웃음이 나온다.[47]

간디는 두 번째 형태의 해탈을 표현하고 있다. 그는 "나는 다시 태어나기를 원하지 않는다."라고 말한다.[48] 힌두인의 최고이자 궁극적인 열망은 환생을 벗어나는 것, 태어날 때마다 개별적인 몸을 갖고 다시 태어나는 자아의 열기를 소멸시키는 것이다. 구원은 믿음으로 얻는 것도 아니며 행위로 얻는 것도 아니다. 구원은 결국 자아가 죽어 다시 태어날 것이 전혀 없는 그런 부단한 자기 부정과, 부분을 삼키는 전체에 대한 이기심 없는 직관을 통해 얻는 것이다. 그럴 경우 개체성의 지옥이 통일성의 안식처와 극락으로 바뀌게 된다. 개체성이 브라만, 즉 세상의 혼 혹은 힘으로 흡수되어 완벽하게 비인격화되는 통일성이 곧 안식처이자 극락이다.

4. 종교의 진귀한 면

이 모든 두려움과 고난의 신학 중에서 가장 번성한 것은 미신(삶에서 나타나는 좋지 않은 잡다한 일들에 대해 초자연적인 존재에게 도움을 구하는 응급조치)이었다. 헌납과 부적, 축귀(逐鬼), 점성술, 신탁, 주문, 서원, 손금, 점, 272만 8812명의 승려, 100만 명의 점쟁이, 10만 명의 뱀 부리는 사람, 100만 명의 탁발승과 요가 수행자와 여타의 신성한 사람들 등, 이것이 인도의 역사적 그림의 한 부분이다. 1200년 동안 힌두인들은 신비주의와 주술, 점술, 마술을 해설하고 거의 모든 목적을 이룰 수 있게 해 주는 신성한 만트라(주문)를 처방하는 수많은 탄트라를 갖고 있었다. 브라만들은 이 마술 종교를 경멸하면서도 조용히 침묵했다. 그들이 이 종교를 묵인한 이유는 부분적으로는 그들의 권력을 위해서는 사람들 사이에 성행하는 미신이 반드시 필요했기 때문이기도 했고, 또 부분적으로는 미신은 한 가지 형태가 사라져 봤자 다른 형태로 다시 나타나서 도저히 뿌리 뽑을 수 없다고 생각했기 때문이기도 했다. 그들은 지각 있는 사람이라면 그렇게 계속 되살아나는 세력과 맞서 싸우지 않을 것이라고 생각했다.

소박한 힌두인들 역시 교양 있는 많은 미국인들처럼* 점성술을 받아들이고는, 모든 별은 별이 기운을 얻었을 때 태어난 사람에게 특별한 영향력을 미친다고 생각했다.[49] 생리 중인 여자는 오펠리아처럼 햇볕을 쬐지 말아야 했다. 그렇게 하면 임신할지도 모르기 때문이다.[50] 카우시타키우파니샤드에 의하면 물질적으로 번영할 수 있는 비결은 초승달을 규칙적으로 숭배하는 것이다. 마법사와 강신술사, 점쟁이는 복채를 받고 손금을 보거나 배설물을 살펴보거나, 꿈을 해몽하거나 하늘에 나타난 징조를 헤아리거나 쥐가 쏠아 놓은 옷의 구멍 난 곳들을 살펴봄으로써 지나온 일과 앞으로 일어날 일을 말해 주었다. 그들은 자기만 아는 주문을 외우면서 혼백을 불러오고 코브라를 멍하게 만들고 새를 사로잡고 신 자체도 불러와 복채를 낸 사람을 돕게 했다. 마술사는 합당한 돈을 받으면 마귀를 돈 낸 사람의 적대자에게 보내거나 돈 낸 사람에게서 쫓아냈다. 그들은 적대자가 급사하거나 불치병에 걸리게 했다. 심지어는 브라만도 하품을 할 때는 손가락을 좌우로 튕겨 혹시 입 안으로 들어올지도 모를 악령을 쫓았다.** 힌두인 역시 많은 유럽 농부들처럼 항상 악령의 눈에 대비했다. 언제라도 적이 마술을 통해 보낸 불행이나 죽음을 당할지 모르기 때문이다. 특히 마술사는 회춘시키거나 사랑에 빠지게 하거나 불임 여성이 아이를 낳게 할 수

---

* 1-1권의 195쪽 각주 참조.

** 착한 유럽인 역시 재채기를 할 때마다 축복을 한다. 이것은 본래 재채기할 때 그 힘 때문에 영혼이 빠져나가지 않게 하려는 것이었다.

있었다.[51]

힌두인이 가장 바라는 것은 자녀였다. 심지어는 열반도 자녀만큼 소중하지 않았다. 그러므로 부분적으로는 성적 능력을 원하는 갈망도 그만큼 강했으며 재생산과 다산을 상징하는 것들을 숭배하는 의식도 그만큼 많았다. 대부분의 나라에서 이런저런 시기에 성행했던 남근 숭배가 인도에서는 고대에서부터 20세기에 이르기까지 계속 존속했다. 시바는 그 신이고 남근이 신상이며 탄트라가 탈무드였다. 시바의 샤크티, 즉 성적인 힘은 시바의 배우자 칼리로 생각되기도 하고 남성적인 힘과 여성적인 힘을 모두 포함하고 있는 시바 본성의 여성적 요소로 생각되기도 했다. 그리고 시바의 남성적인 힘과 여성적인 힘은 각각 남성과 여성의 생식기를 나타내는 링가와 요니로 묘사되었다.[52] 인도에서는 도처에서 이런 성 숭배의 흔적이 나타난다. 베나레스에 있는 네팔식 사원과 여타의 사원에 있는 남근상과 남부의 시바 사원을 장식하거나 에워싼 거대한 링가, 남근 행렬과 의식, 팔에 차거나 목에 두른 남근상이 그것이다. 링가석(石)은 대로변에서도 볼 수 있다. 힌두인들은 제물로 바칠 코코야자 열매를 그 위에 놓고 깨트렸다.[53] 라메스와람 사원에서는 매일 갠지스 강물로 링가석을 닦고 그 물을 독실한 신도들에게 판다.[54] 유럽에서 성수라고 최면을 걸어 물을 파는 것처럼 말이다. 일반적으로 남근 숭배 의식은 간단하다. 그 의식은 봉헌된 물이나 기름으로 돌을 닦는 의식과 나뭇잎으로 단장하는 의식으로 이루어져 있다.[55]

인도의 하급 종단들은 남근 행렬에서 속세의 즐거움을 찾고 있음이 분명하다.[56] 그러나 대부분의 사람들은 링가나 요니에서 음탕한 자극을 느끼지 않는 것으로 보인다. 그리스도교인이 아기에게 젖을 물리고 있는 성모 마리아 상을 보고 그런 자극을 느끼지 않는 것처럼 말이다. 관습은 어떤 것이든 타당하게 만들며 세월은 신성하게 만들기 마련이다. 사람들은 대상의 성적 상징성을 오래전에 잊은 것으로 보인다. 신상은 이제 단지 시바의 힘을 나타내는 전통적인 신성한 방법일 뿐이다.[57] 아마 이 문제에 대해 유럽인과 힌두인이 갖고 있는 개념이 다른 것은 결혼하는 나이가 다르기 때문일 것이다. 성적 충동은 오랫동안 억눌리게 되면 사람을 내향적으로 만들고 낭만적인 사랑은 물론 호색으로도 이어지게 되는데 조혼은 그런 충동을 해소시켜 준다. 인도의 성도덕과 풍습은 일반적으로 유럽이나 미국보다 고상하고 훨씬 더 예의 바르며 절제되어 있다. 시바 숭배는 가장 간소하고 금욕적인 힌두 의식 중 하나다. 그리고 독실한 링가 숭배자들을 링가야트교도라고 하는데 이들은 인도에서 가장 청교도적인 종파다.[58] 간디는 이렇게 말한다. "우리가 지금까지 순수한 마음으로 지켜 온 많은 관습에 음란한 면이 있다는 것을 우리에게 알려 준 사람은 우리를 찾아온 유럽 방문객이었습니다. 내가 시바링감에 음란한 의미가 있다는 사실을 알게 된 것은 바로 선교 서적을 통해서였습니다."[59]

링가와 요니를 사용하는 의식은 잠시 스쳐 가는 외국인의 눈에는 인도 종교의 형식일 뿐 아니라 반쯤은 본질이기도 한 것처럼 보이는 수많은 의식 가운데 하나였을 뿐이었다. 인도의 거의 모든 일상생활에는 심지어는 몸을 씻고 옷을 입는 일에도 종교 의식이 있었다. 모든 독실한 가정에는 개인적으로 매일 숭배하는 특별한 신과 받드는 조상이 있었다. 실로 힌두인에게 종교란 사원에서 의식을 통해 숭배하는 것이라기보다는 가정에서 지키는 가사 문제였으며 사원 의식은 축제일에나 참가했다. 그러나 사람들은 종교에서 정한 많은 축제를 즐겼으며 축제일이 되면 오래된 성지까지 이어지는 큰 행렬이나 순례 여행에 동참했다. 그들은 그런 곳에서 이루어지는 예배를 이해하지 못했다. 산스크리트어로 집전되었기 때문이다. 그러나 신상은 이해할 수 있었다. 그들은 신상을 여러 가지 장식으로 꾸미고 그림물감으로 겹겹이 칠하고 보석으로 덮었다. 때로는 사람처럼 대하여 깨워서 씻겨 옷을 입히고 먹이고 꾸짖고 날이 저물면 재우기도 했다.[60]

제사나 예물을 바치는 일은 중요한 대중 의식이었고 정결 의식은 중요한 개인 의식이었다. 힌두인에게 제사란 결코 내용이 없는 공허한 형식이 아니었다. 신에게 바치는 음식이 없으면 신이 굶어 죽을 것이라고 믿었다.[61] 식인 풍습이 있었을 때는 다른 모든 곳과 마찬가지로 인도에서도 인간을 제물로 바쳤다. 칼리는 특히 인간 제물을 좋아했으나 브라만들은 칼리는 낮은 카스트들의 사람만 먹는다고 설명했다.[62]* 그러나 도덕이 발전하면서 신들도 엄청나게 바치는 동물로 만족해야 했다. 이런 의식에서는 염소를 특히 애용했다. 힌두스탄에서는 불교와 자이나교, 아힘사가 동물 제사를 종식시켰으나,[66] 불교가 힌두교로 대체되면서 그 관습이 다시 회복되어 빈도는 줄고 있으나 오늘날까지 남아 있었다. 피를 흘려야 되는 모든 제사에 참여하지 않은 것은 브라만들이 잘한 일이라 할 수 있다.[67]

힌두인은 생활에서 정결 의식에 많은 시간을 할애했다. 인도의 종교에서도 현대 위생에서 만큼이나 오염을 두려워했다. 힌두인은 어떤 순간이든 부정하게 될 수 있었다. 부당한 음식이나 썩은 고기, 수드라나 천민, 시신, 생리 중인 여자와 접촉하거나 여타의 수많은 방법들을 통해서 말이다. 물론 여자 자신도 생리나 출산을 통해 부정하게 된다. 브라만교의 율법은 그런 경우에는 격리하여 복잡한 위생적인 예방 조치를 취하도록 요구했다.[68] 그런 모든 오염(또는 우리가 말하는 감염 가능성)이 있은 후에는 정결 의식을 거쳐야 했다. 사소한 경우에는 성수를 뿌리는 것 같은 간단한 의식을 거쳐야 했고,[69] 심각한 경우에는 끔찍한 판차가비아에서 절정을 이루는 복잡한 방법을 거쳐야 했다. 이런 정결법은 중요한 카스트 율법을 어기는 일(예컨대 인도를 떠나는 것)에 대한 형벌로 제정되었으며, 신성한 암소에게 얻는 다섯 가지 요소(우유와 커드, 버터기름, 오줌, 똥)를 섞은 물을 마시는 것으로 이루어졌다.[70]**

---

* 인간을 제물로 바치는 이런 제사가 최근인 1854년까지 기록되었다.[63] 이전에는 제물로 바쳐진 사람들은 스스로 원해서 제물이 되었다고 생각했다. 광신자들이 크리슈나 신상 주거너트(인도어 자간나트(Jagannath))를 실은 수레의 바퀴 밑으로 몸을 던졌던 것처럼 말이다.[64] 그러나 이제는 그처럼 스스로 원해서 제물이 된 경우는 우연히 이루어진 드문 사례라고 생각한다.[65]

** 버터기름이란 정제된 버터를 말한다. 뒤부아(Abbé Dubois)는 (1820년) 이렇게 말한다. 오줌은 "어떤 유형의 부정함에도 가장 효과가 좋은 것으로 간주된다. 나는 미신을 믿는 힌두인들이 암소를 따라 풀밭으로 가서 기다렸다가 놋쇠로 만든 그릇에다 그 소중한 액체를 모아 가지고 아직 따뜻할 때 집으로 가져오는 모습을 많이 보았다. 또한 기다렸다가 손으로 받아 일부는 마시고 나머지로 얼굴과 손을 닦는 모습도 보았다."[71] 이런 일에 대해서는 왈가왈부할 수 없다.

우리의 취향에 좀 더 잘 맞는 것으로는 매일 목욕을 하라는 종교적 가르침이 있었다. 여기서 다시 아열대 기후에서는 대단히 바람직한 위생 조치가 종교 형태로 옷을 입었다. 이것은 보다 잘 교육하려는 목적이었다. 신성한 못과 수조를 만들고 많은 강을 신성하게 여겼으며, 이런 곳에서 씻으면 몸과 영혼이 정결하게 된다고 했다. 유안 츄왕의 시대에도 이미 매일 아침 수많은 사람이 갠지스강에서 목욕했다.[72] 그 세기에서부터 우리의 세기에 이르기까지 그 강에는 목욕하는 사람들이 정결함과 열반을 구하느라 태양을 향해 두 팔을 뻗고 끈질기게 "음, 음, 음" 하고 소리치며 기도하는 소리가 그칠 날이 없었다. 베나레스는 인도의 성도(聖都), 수많은 순례자의 목적지, 그 강에서 목욕하여 죄 없는 정결한 상태에서 죽음을 맞이하려고 전국에서 모여드는 노인들의 안식처가 되었다. 그런 사람들이 2000년 동안이나 베나레스로 와서 추운 겨울 새벽에 몸을 떨며 강으로 내려가 몸을 담근다. 그러고는 불안이 섞인 마음으로 강변의 화장터에서 시신이 타는 냄새를 맡으며, 세기에서 세기로 이어지면서 계속 침묵을 지키는 신들을 향해 똑같은 기도를 한다. 이것을 생각하면 경외하는 마음도 생기고 심지어 두려운 마음도 든다. 신이 응답하지 않는다는 사실은 그 신의 인기를 막는 장해물이 되지 못한다. 인도는 그토록 오랫동안 그곳의 가난과 황폐함을 참착하게 내려다보는 신들을 오늘날에도 변함없이 믿는다.

5. 성인들과 회의주의자

인도에는 다른 어떤 곳보다 성인이 많은 것 같다. 그러므로 방문객들은 마침내 성인들을 양귀비나 뱀 같은 그 나라의 자연 산물로 생각하게 된다. 힌두의 신앙은 세 가지를 신성함에 이르는 중요한 길로 여긴다. 명상의 길 지나나요가와 행위의 길 카르마요가, 사랑의 길 바크티요가가 그것이다. 브라만들은 이 세 가지를 모두 네 가지 아슈라마(신성함의 단계들)의 규범으로 받아들였다. 어린 브라만은 혼전 순결, 경건, 학습, 진실, 자신의 선생인 구루를 사랑으로 섬기는 봉사를 서원하고 브라마차리로 시작해야 했다. 그는 열여덟 살을 넘기지 말고 결혼해야 한다. 결혼한 후에는 그리샤스타(세대주)로 브라만 생활의 두 번째 단계로 들어가 자신과 조상들을 보살피고 섬길 아들들을 낳아야 했다. (오늘날에는 거의 시행되지 않는) 세 번째 단계에서는 신성함을 열망하는 자는 아내와 함께 바나프라스타(정글 거주자)로 생활하면서 어려운 여건을 기쁘게 받아들이고 성관계는 자녀 생산을 위한 것으로 제한했다. 끝으로 최고 단계에 도달하고 싶어 하는 브라만은 노년에 아내에게서도 떠나 산냐시(세상을 등진 자)가 된다. 재산과 돈을 모두 포기하고 인연을 모두 끊은 그는 몸에는 영양 가죽 하나와 손에는 지팡이 하나, 목마를 때 쓸 호리병박 하나만 지녔다. 그는 매일 재로 몸을 문지르고 다섯 가지 요소를 자주 마시며 완전히 보시에만 의지하여 생활해야 했다. 브라만교의 규범에 의하면 "그는 만인을 평등하게 여겨야 한다. 일어나는 어떤 것에도 영향을 받으면 안 되며 제국을 전복하는 혁명이 일어나더라도 완전히 평온한 마음으로 바라볼 수 있어야 한다. 인간은 정념과 물질적 여건 때문에 최고신에게서 분리되어 있다. 그러므로 그의 유일한 목적은 그를 최고신과 궁극적으로 다시 합일시켜 줄 정도의 지혜와 영성을 얻는 것이어야 한다."[73]*

이런 종교가 지배하고 있는 엄숙한 사회적 분위기 속에서도 가끔 회의적인 목소리가 등장하기도 한다. 인도가 부유할 때는 회의주의에 빠진 사람들이 많았음이 분명하다. 인간이란 번영을 누릴 때는 신의 존재를 의심하다가도 어려움을 당하게 되면 신을 찾는 존재이기 때문이다. 부처 시대의 차르바카의 추종자들과 여타의 이교도들은 앞에서 이미 살펴보았다. 힌두 책답게 이름이 긴 작품 슈와베디오파니샤드에서는 그들의 신학을 네 개의 명제로 간단하게 정리해 놓고 있다. (1) 환생도 없고 신과 극락, 지옥, 다른 세상도 없다. (2) 전통적인 종교 문헌은 모두 기만당한 바보들이 남긴 작품이다. (3) 만물은 자연에서 시작

---

* 자신의 신화를 제외하고는 모든 것에 대해 회의적인 뒤부아는 이렇게 덧붙인다. "이들 산냐시 중 대다수는 완전한 사기꾼으로 간주된다. 그것도 가장 개화된 동포들에게 말이다."[74]

되고 시간에 따라 파괴될 뿐이다. 만물을 지배하는 것은 자연과 시간이다. 인간의 행복과 불행은 미덕이나 악덕과는 무관하다. (4) 사람들이 신과 사원, 승려에게 매달리는 것은 화려한 말솜씨에 속아서 그러는 것일 뿐이다. 사실 비슈누나 개나 다른 것이 하나도 없다.[75] 그리스도교 성경의 전도서처럼 일관성이 결여된 팔리어 불교 경전에는 아마 그리스도교만큼이나 오래되었을 주목할 만한 항목이 있다. '밀란다 왕의 질문'이라는 항목에서는 불교 교사 나가세나가 그레코박트리아의 왕 메난데르가 제기한 종교적 질문에 대해 매우 불온한 답변을 제시하고 있는 것으로 묘사한다. 메난데르는 기원전 1세기 초에 인도 북부를 다스린 왕이었다. 나가세나에 의하면 종교가 고통받는 사람들의 도피 수단이 되어서는 안 된다. 종교란 극락이나 신은 생각하지 말고 금욕을 통해 신성함과 지혜를 추구하는 탐구 수단이어야 한다. 사실 극락이나 신은 존재하지 않기 때문이다.[76] 「마하바라타」에도 회의론자와 무신론자가 나타난다. 이 경전은 그런 사람이 앞으로 당하게 될 형벌에 대해 경고하면서 무서운 사례로 자칼에 관한 이야기를 제시한다. 그 사례에서 자칼은 전생에서 "합리주의자였으며 베다를 비판하는 사람, …… 승려를 비방하고 반대했던 사람, …… 불신자, 모든 것을 의심한 사람"이었기 때문에 자칼로 환생하게 되었다고 설명한다.[77] 「마하바라타」가 통렬하게 비난하는 이들은 영혼의 실재를 부정하고 불멸성을 멸시한다. 그런 사람들이 "온 땅을 두루 돌아다니고 있다." 바가바드기타에서도 신의 존재를 부정하고 세상은 "욕망을 추구하는 곳"일 뿐이라고 하는 이교도가 언급된다.[78] 브라만들은 자신을 완벽하게 감추고 있어서 대중 종교를 공격하지 않았을 뿐이지 자신들도 회의주의자인 경우가 많았다. 인도의 시인들은 대체로 독실하지만 카비르나 베마나 등 일부 시인들은 인습에서 벗어나 대단히 자유로운 유신론을 옹호한다. 17세기에 인도 남부에서 활동한 시인 베마나는 금욕적인 은둔자와 순례자, 카스트에 대해 냉소적으로 쓰고 있다.

개의 고독! 두루미의 명상! 당나귀의 아리아! 개구리의 목욕재계! …… 몸을 재로 문질러서 얼마나 좋아졌는가? 그대는 신만 생각해야 한다. 그 나머지에 대해 말하면, 당나귀도 그대처럼 진창에서 뒹굴 수 있다. …… 베다라는 책은 창녀와 같아 사람들을 속이고 도무지 속마음을 헤아릴 수 없다. 그러나 신에 대한 간쳐진 지식은 고결한 아내와 같다. …… 하얀 재를 문지른다고 술독의 냄새가 사라지겠는가? 목에다 줄을 맨다고 두 번 태어나겠는가? …… 왜 우리는 끊임없이 천민을 모욕해야 하는가? 그의 살과 피는 우리 자신의 것과 다른가? 그리고 천민을 두루 만든 자는 어떤 카스트인가? …… "나는 아무것도 모릅니다."라고 말하는 자는 세상에서 가장 영악한 자다.[79]

주목할 만한 사실은 승려 카스트가 정신을 지배하는 사회에서 이런 말을 하고도 무사할 수 있었다는 점이다. 외국인에게 많은 압제를 당했다는 사실을 제외하면 (그리고 아마 외국인 지배자들이 원주민의 신학에 대해서는 관심이 없었기 때문에) 인도는 그 문명에 상응하는 중세 유럽에 비하면 훨씬 더 많은 사상의 자유를 누렸다. 또한 브라만들은 권위를 행사할 때도 가려 가며 관대하게 행사했다. 그들은 가난한 사람들의 보수적 성향에 의지하여 정통 종교를 보존했으며 그들의 기대가 어긋난 적이 없었다. 이교도나 낯선 신이 인기를 얻게 되는 위험한 상황이 벌어져도 참고 견디다가 상황이 바뀌면 힌두 신앙의 넓은 동굴 속으로 받아들였다. 인도에서는 신이 하나 더해지거나 없어져도 별 차이가 없었던 것이다. 그러므로 힌두인과 이슬람인 사이에는 적대감이 컸지만 힌두 공동체 안의 종파들 사이에서는 적대감이 거의 없었다. 인도에서는 침략자들이 벌인 경우를 제외하면 종교 때문에 유혈극이 벌어진 일이 없었다.[80] 관용을 베풀지 않는 태도는 이슬람 및 그리스도교와 더불어 온 것이다. 이슬람교도의 목적은 이교도의 피로 천국을 사려는 것이었다. 포루투갈인은 고아 주를 점령했을 때 인도에 종교 재판소를 도입했다.[81]

이런 종교들의 정글에서 공통적으로 나타나는 독특한 요소들을 찾고자 한다면, 힌두인이라면 누구나 실제로 행하고 있는 비슈누와 시바 숭배, 베다에 대해 보이는 경의, 마하바라타와 라마야나를 단순한 문학적 서사시가 아니라 제2경전으로 받아들이는 태도에서 찾아야 할 것이다.[82] 중요한 것은 오늘날 인도에서 섬기는 신들과 교리들은 베다 시대와 다르다는 점이다. 어떤 의미에 보면 힌두교는 원주민 드라비다족 계열의 인도가 베다 시대의 아리아인들에게 승리했음을 의미한다. 인도는 정복과 약탈, 가난의 결과로 몸과 마음에 상처를 입고, 이생에서 겪은 가혹한 패배를 잊으려고 신화와 상상력 속에 나타나는 손쉬운 승리 속으로 도피하고자 했다. 고상한 요소들을 갖추기는 했으나 불교 역시 스토아 철학처럼 노예의 철학이었다. 왕자가 창시한 것이었음에도 말이다. 모든 욕망이나 투쟁은 심지어는 개인의 자유나 국가의 자유를 위한 것이라도 버려야 했으며, 욕망이 완전히 배제된 수동적인 태도를 이상으로 삼았다는 뜻이다. 피로를 이렇게 합리화시키는 데에는 체력을 고갈시키는 인도의 무더위도 기여했음이 분명하다. 힌두교는 카스트 제도를 통해 인도를 항구적으로 승려에게 예속된 상태로 묶어 둠으로써 인도를 계속 약화시켰다. 신들을 도덕과 무관한 존재로 생각하여 많은 나라는 이미 오래전에 벗어난 인간 제물과 사티 등 야만적인 관습을 계속 유지했다. 삶을 악할 수밖에 없는 것으로 묘사하며 신도들의 용기를 꺾고 그들의 정신에 어두운 그림자를 드리웠다. 세상의 모든 현상을 망상으로 만들어 자유와 노예 상태, 선과 악, 타락과 개선의 차이점을 소멸시켰다. 용감한 한 힌두교도의 말을 빌리면 "힌두교는 …… 현재 우상 숭배로 전락했으며 내용은 무시하고 형식만 중요하게 여기는 인습적인 의식주의에 빠져있다."[83] 승려에게 짓밟히고 성인이 떼를 지어 몰려다니는 나라가 되어 있는 인도는 말로 표현하지는 않으나 자체의 르네상스와 종교 개혁, 계몽주의를 갈망하며 기다리고 있다.

그러나 인도를 생각할 때는 역사적인 관점을 유지해야 한다. 우리 역시 한때는 과학보다는 신비주의를 선호하고 금권 정치보다는 사제 정치를 좋아했던 중세 시대가 있었다. 그리고 앞으로 그런 시대가 다시 올지도 모른다. 우리는 이런 신비주의자들을 판단하지 말아야 한다. 서양에서 내리는 판단은 보통 현실적인 경험과 물질적 결과를 기반으로 하지만 힌두의 성인은 그런 것을 가치 없는 천박한 것으로 보기 때문이다. 정신적으로 성숙한 사람에게는 부와 권력, 전쟁과 정복이 단지 무가치한 피상적인 망상일 뿐이라면 어떻게 하겠는가? 가설적인 원자와 유전인자, 변덕스러운 양자와 세포, 셰익스피어와 같은 문호를 생성시키는 기체, 융합되어 그리스도를 형성한 화학 물질에 관한 과학이 단지 또 하나의 '신앙'이고 가장 낯설고 가장 믿을 수 없고 가장 덧없는 신앙일 뿐이라면 어떻게 하겠는가? 어쩌면 앞으로 서양의 후손들이 자신을 메마르게 만드는 기계와 자기를 망상에 빠트리는 과학에 신물이 나서 혼란스러운 혁명이나 전쟁을 일으킬 수도 있다. 도시들과 기계를 파괴하고 흙으로 돌아가 찌들고 피곤하고 굶주리면서 자신에게 굶주림과 잔인함, 불의, 죽음에 직면할 수 있는 용기를 주는 또 다른 신비주의 종교를 만들어 낼지도 모른다. 바로 그때 동양이 예속과 가난에 분노하여 과학과 산업에 매진할지도 모르는 일이다. 역사만큼 익살스러운 것도 없다.

19장 　인도의 정신생활

1. 힌두의 과학

인도의 과학은 매우 오래된 분야이기도 하고 대단히 새로운 분야이기도 하다. 세속적인 독립 분야로서는 새로운 것이고 승려의 2차 관심사로서는 오래된 분야라는 말이다. 종교는 힌두 생활의 핵이었으므로 그런 과학은 우선 종교에 기여하는 것으로 육성되었다. 천문학은 천체(天體)를 숭배하고 축제일과 제사 날짜를 정하려는 목적에서 천체의 움직임을 관찰하던 관습에서 성장했다. 문법과 문헌학은 모든 기도와 주문은 죽은 언어로 되어 있더라도 텍스트와 발음이 정확해야 한다는 주장 때문에 발전했다.[1] 우리의 중세 시대처럼 인도의 과학자 역시 좋은 이유에서든 나쁜 이유에서든 모두 승려였다.

천문학은 점성술에서 우연히 생긴 열매로 그리스의 영향 때문에 서서히 독립 분야로 자리 잡았다. 최초의 천문학 논문집 『싯단타스(*Siddhanthas*)』(기원전 425년)는 그리스의 과학을 토대로 한 것이었다.[2] 『자연 점성술의 완벽한 체계』라는 의미 있는 제목의 개론서를 쓴 바라하미히라는 그리스인들에게 의존했음을 솔직하게 인정했다. 인도의 가장 위대한 천문학자이자 수학자인 아리아바타는 2차방정식과 삼각함수, 사인(sine), 원주율 값 등의 시적 주제들을 시의 형식으로 논의했다. 그는 일식과 월식, 하지와 동지, 춘분과 추분을 설명하고 지구는 둥글고 지축을 따라 일 년마다 공전한다고 선언했으며, 르네상스 시대의 과학에 앞서 과감하게 이렇게 썼다. "별들의 영역은 고정되어 있으며 행성들과 항성들이 매일 뜨고 지는 것은 지구가 자전하기 때문이다."[3] 그의 가장 유명한 후계자 브라마굽타는 인도의 천문학 지식에 체계를 부여했으나 아리아바타의 지동설을 거부하여 천문학 발전에 장애가 되었다. 이런 사람들과 그 후계자들은 바빌론에서 하늘을 분할한 12궁 성좌를 받아들여 힌두에서 사용하기 좋게 바꿨다. 그들은 1년을 12달로 하고 1달을 30일, 1일을 30시간으로 하며 5년마다 윤달을 넣는 역법을 만들었다. 달의 지름, 일식과 월식, 남극과 북극의 위치, 주요 항성의 위치와 운행을 놀라울 정도로 정확하게 계산했다.[4] 그들은 중력의 법칙은 아니지만 중력에 대한 이론을 설명하여 『싯단타스』에 이렇게 썼다. "지구는 중력의 힘 때문에 만물을 끌어당긴다."[5]

힌두인들은 이런 복잡한 계산을 하기 위해 기하학을 제외한 모든 분야에서 그리스인들보다 우월한 수학 체계를 발전시켰다.[6] 동방의 유산 중 가장 중요한 부분으로는 아라비아 숫자와 십진법이 있다. 이 둘은 모두 인도에서 아랍인을 통해 우리에게 전해진 것이다. 아라비아 숫자라고 이름이 잘못 붙은 숫자는 아소카의 암반 칙령(기원전 256년)에서 발견된다. 이것은 아라비아 문헌에서 나타는 것보다 1000년이나 빠른 시기다. 위대하고 도량이 넓은 라플라스(Laplace)는 이렇게 말했다.

각각 절대값은 물론 위치값도 있는 열 개의 부호로 모든 수를 표현할 수 있는 독창적인 방법을 우리에게 준 것은 바로 인도다. 심오하고도 중요한 이 사상이 우리에게 그렇게 단순하게 보이는 까닭은 우리가 그 사상의 진정한 가치를 모르기 때문이다. 그러나 우리의 산수가 가장 유용한 발명품의 자리를 차지하게 된 것은 바로 그 단순성 때문이다. 즉 그 사상으로 인해 모든 계산이 엄청나게 쉬워졌기 때문이다. 아르키메데스와 아폴로니우스는 고대가 낳은 가장 위대한 인물 중 두 사람이다. 하지만 이 두 사람의 천재성도 그것을 발견하지 못했다는 것을 기억할 때 우리는 이 업적의 위대함을 더 깊이 느끼게 될 것이다.[7]

아리아바타와 브라마굽타는 아랍인과 시리아인의 글에 십진법이 등장하기 오래전에 이미 그 십진법을 알고 있었다. 중국은 불교 포교사들을 통해 십진법을 받아들였다. 그리고 당대(서기 850년)의 가장 위대한 수학자 무하마드 이븐 무사 알크와라즈미가 십진법을 바그다드에 소개한 것으로 보인다. 아시아나 유럽에서 숫자 영을 사용한 가장 오래된 사례로* 알려진 것은 서기 873년에 작성된 아리비아 문서이며, 이것은 인도에서 최초로 등장한 것으로 알려진 사례보다 3년 앞선 것이다. 그러나 이 숫자 역시 아랍인이 인도에서 받아들였다는 것이 일반적인 견해다.[8] 모든 숫자 중 가장 간단하고 가장 소중한 이 숫자는 인도가 인류에게 준 훌륭한 선물 가운데 하나다.

대수학은 힌두인과 그리스인 모두 독자적으로 발전시켰다.** 그러나 우리가 대수학(algebra)의 아랍식 명칭(al-jabr, 변형, 이항)을 받아들이고 있는 사실은 대수학이 그리스에서 서구 유럽으로 전해졌다기보다는 아랍인에게서(즉 인도에서) 전해졌음을 보여 준다.[9] 이 분야의 위대한 힌두 지도자 역시 천문학 분야와 마찬가지로 아리아바타와 브

---

* 아메리카의 마야인들은 서기 1세기에 십진법을 사용했다.[7a] 브레스테드(Dr. Breasted)는 숫자의 위치값을 만들어 낸 것은 고대 바빌로니아인들이라고 했다.(*Saturday Review of Literature*, New York, July 13, 1935, p. 15.)
** 우리에게 알려진 최초의 대수학자는 그리스의 디오판투스(서기 360년)다. 그는 아리아바타에 비해 1세기 앞서 있으나, 카조리(Cajori)는 그가 인도에서 갖고 있던 주도권을 옮겨 온 것이라고 생각한다.[10]

라마굽타, 바스카라였다. 바스카라(서기 1114년생)는 근호(根號)와 많은 대수 기호를 만들어 낸 것으로 보인다.[11] 이들은 음수 개념을 고안해 냈다. 만일 이 개념이 없었다면 대수학은 불가능했을 것이다.[12] 이들은 순열과 조합의 공식들을 만들어 냈다. 제곱근과 해법을 발견했으며 서기 8세기에는 2차부정방정식을 발견했다. 이 방정식은 그로부터 1000년이 지난 오일러(Euler)의 시대에 가서야 유럽에 알려진 것이었다.[13] 그들은 과학을 시 형태로 표현하여 수학 문제에 인도 황금 시대의 특징인 우아함을 부여했다. 다음 두 이야기는 인도 대수학의 단순성을 보여 주는 사례로 볼 수 있다.

한 무리의 벌떼 중에서 5분의 1은 카담바 꽃에 앉고 3분의 1은 실린드라 꽃에 앉았습니다. 이 벌들의 차의 세 배는 쿠타자 꽃으로 날아갔습니다. 나머지 벌 1마리는 공중을 맴돌았습니다. 아름다운 여자여, 벌이 모두 몇 마리인지 말해 주십시오. …… 사랑하는 사람이여, 당신의 귀고리에 있는 루비 8개와 에메랄드 10개, 진주 100개를 내가 같은 가격에 샀습니다. 그런데 세 종류의 보석 대금은 전부 100냥의 반보다 3냥이 적습니다. 운이 좋은 여자여, 보석의 값은 각각 얼마인지 말해 주십시오.[14]

힌두인은 기하학에서는 그만큼 성공을 거두지 못했다. 승려들은 제단을 측량하고 건축하면서 그리스도가 탄생하기 수백 년 전에 (직사각형의 빗변의 제곱은 다른 두변의 제곱과 같다는) 피타고라스의 정리를 만들어 냈다.[15] 아리아바타는 아마 그리스인에게 영향을 받아 삼각형과 사다리꼴, 원의 넓이를 계산하는 공식을 발견하고 원주율(원의 둘레와 지름의 관계)의 값을 3.1416으로 계산했다. 유럽은 푸르바흐(Purbach, 1423~1461년)의 시대에 가서야 정확성 면에서 그 값과 견줄 수 있었다.[16] 바스카라는 조잡한 형태지만 미분학을 연구했고, 아리아바타는 사인 값의 표를 작성했으며, 태양에 관한 천문학 연구 논문 「수리아 싯단타(Surya Siddhanta)」는 삼각법 체계를 제시했다. 이 체계는 그리스인에게 알려진 어떤 것보다 더 발전한 것이었다.[17]

힌두의 두 사상 체계는 그리스의 이론들과 암시적으로 비슷한 물리학 이론들을 제시했다. 바이셰시카 철학의 창시자 카나다는 세상은 다양한 원소만큼 많은 종류의 원자로 이루어져 있다고 주장했다. 자이나교도들은 데모크리투스에게 더 근접하여, 모든 원자는 같은 종류이며 다양한 결합 형태를 통해 서로 다른 결과를 만들어 낸다고 가르쳤다.[18] 카나다는 빛과 열은 동일한 물질의 다른 형태라고 생각했다. 우다야나는 모든 열은 태양에서 온다고 가르쳤다. 그리고 바차스파티 역시 뉴턴처럼 빛은 물체에서 방사되어 눈에 와 닿는 소립자로 이루어져 있다고 해석했다.[19] 힌두의 음악 논문들은 음색과 음정을 분석하고 수학적으로 계산했으며* 피타고라스의 법칙도 만들어 냈다. 이 법칙에 의하면 악기에 현을 연결하는 지점과 탄주하는 지점을 이어 주는 현의 길이에 따라 진동의 수가 다양하게 달라지며 따라서 음색의 높낮이도 달라진다. 서기 1세기의 힌두 선원들은 기름을 담은 용기에 쇠로 만든 물고기를 띄워 북쪽을 가리키게 하는 나침반을 사용했다는 모종의 증거가 있다.[20]

화학은 의학과 산업 두 원천에서 발전했다. 고대 인도에서는 쇠를 주조하는 기술이 탁월했다는 점과 굽타 시대에는 산업이 고도로 발달해 있었다는 점에 대해서는 이미 앞에서 말했다. 굽타 시대에는 심지어 제국 시대의 로마도 인도를 염색과 무두질, 비누 제조, 유리, 접착제 등의 화학 산업 분야에서는 가장 숙련된 기술을 지닌 나라로 여겼다. 일찍이 기원전 2세기에 나가르주나는 책 한 권 전체를 할애하여 수은에 관한 내용을 다루었다. 6세기까지는 힌두인이 산업 관련 화학 분야에서는 유럽을 훨씬 앞서 있었다. 그들은 석회를 만들고, 증류하고, 승화시키고, 증기로 만들고, 응고시키고, 열을 사용하지 않고 빛을 만들어 내고, 마취제 가루와 수면제 가루를 배합하고, 금속염과 화합물과 합금을 제조하는 일의 달인이었다. 쇠를 불리는 일은 유럽에서는 전혀 알려져 있지 않았으나 인도에서는 이미 고대 시대에 도입되었다. 포루스 왕은 알렉산드로스에게 보낼 특별한 예물로 금이나 은이 아닌 14킬로그램의 쇠를 선택했다고 한다.[21] 이슬람은 인도의 이런 화학과 산업을 근동과 유럽으로 많이 가져갔다. 예를 들면 "다마스쿠스의 검"을 만드는 비법도 아랍인이 페르시아인에게서 받아들였으며 페르시아인은 인도에서 받아들인 것이었다.[21a]

---

* 샤랑가데바(1210~1247년)의 「음악의 대양(大洋)」을 그 사례로 들 수 있다.

해부학과 생리학 역시 화학의 일부 측면들처럼 힌두 의학의 부산물이었다. 일찍이 기원전 6세기에 힌두의 의사들은 인대와 두개골의 봉합선, 림프선, 신경망, 근막, 지방, 맥관 조직, 점액막, 활막 그리고 현대의 시신이 보여 줄 수 있는 것보다 훨씬 더 많은 근육을 묘사했다.[22] 그리스도 이전 시대의 인도 의사들은 아리스토텔레스처럼 심장을 의식의 거처이자 기관으로 보는 잘못된 견해를 갖고, 신경이 심장에서 올라가고 내려간다고 생각했다. 그러나 위액들이 서로 다른 기능을 발휘하여 섭취한 음식물이 반유동체의 소화물인 유미(乳糜)죽으로 바뀌고 그 유미죽이 유미로 바뀌며, 그 유미가 다시 혈액으로 바뀌는 소화 과정을 놀라울 정도로 잘 이해하고 있었다.[23] 아트라야(기원전 500년)는 바이스만(Weismann)보다 2400년이나 앞서, 부모의 씨는 부모의 몸과는 관계없이 독자적으로 자체 안에 형태는 작으나 부모의 유기체 전체를 담고 있다고 주장했다.[24] 결혼의 필수 조건으로 남자의 생식 능력을 검토하도록 권장했다. 그리고 마누 법전도 결핵이나 간질, 한센병, 만성 소화 불량, 치질이 있거나 수다스러운 배우자와 결혼하지 말도록 경고했다.[25] 기원전 500년의 힌두 의학계 학파들은 신학적 형태로 표현된 불임을 생리 주기의 12일 동안에는 임신이 불가능하다는 이론으로 제시했다.[26] 태아의 발달 과정을 상당히 정확하게 묘사했다. 태아의 성은 한동안 결정되지 않은 상태로 남아 있다고 했으며, 일부 경우에는 태아의 성이 음식이나 약물에 영향을 받을 수도 있다고 주장했다.[27]

힌두 의학에 대한 기록은 아타르바베다와 함께 시작된다. 이곳에는 여러 가지 질병과 증상 목록이 많은 마술과 주문 속에 삽입되어 있다. 의학은 마술의 부속물로 등장했다. 치료자가 세속적인 치료 방법을 연구하고 사용한 것은 자신의 영적 주문을 도우려는 목적에서였다. 그러나 후대에는 이런 세속적인 방법에 점점 더 많이 의지하고 마술 주문은 우리가 환자를 다루는 방법처럼 심리적 보조물로 명맥을 유지하게 되었다. 아주르베다(장수 과학)는 아타르바베다의 부록이다. 가장 오래된 이 힌두 의학 체계에서는 질병을 4체액(공기와 물, 점액, 피)의 이상 때문에 생기는 것으로 보고 약용 식물과 주문을 처방하도록 추천했다. 인도에서는 그 체계에서 제시하는 진단과 치료법 중 다수를 지금도 여전히 사용하며, 가끔 서양 의사가 시기할 정도로 성공을 거둘 때도 있다.

리그베다는 그런 약용 식물의 이름을 1000개 이상 제시하고, 물을 대부분의 질병에 가장 좋은 치료제로 옹호한다. 심지어는 베다 시대에도 내과 의사와 외과 의사를 마술 치료사와 구분하고 있었으며, 그들이 사는 집 주변은 그들이 약용 식물을 재배하는 밭이 에워싸고 있었다.[28]

힌두 의학에서 위대한 사람으로는 기원전 5세기의 수슈루타와 기원전 2세기의 차라카가 있다. 베나레스 학교의 의학 교수 수슈루타는 스승 단완타리가 전해 준 것들로 이루어진 진단과 치료 체계를 산스크리트어로 기록했다. 그의 책은 수술과 산과학(産科學), 목욕, 약품, 유아 수유와 위생, 의학 교육을 자세히 다루었다.[29] 차라카는 지금도 여전히 사용되는[30] 의학서 삼히타(백과사전)를 쓰고 자신의 추종자들에게 거의 히포크라테스적인 소명관을 제시했다. "그대들이 환자를 대하는 것은 자신을 위해서나 소득에 대한 세속적인 욕망을 충족시키기 위한 것이어서는 안 됩니다. 고통당하고 있는 인류의 유익을 위해 환자를 대해야 합니다. 따라서 모든 면에서 탁월해야 합니다."[31] 이들보다 유명세가 적을 뿐인 사람들로는 바그바타(서기 625년)와 바바 미스라(서기 1550년)가 있다. 바그바타는 산문과 운문으로 의학 총론을 준비했으며, 바바 미스라가 해부학과 생리학, 의학에 관해 쓴 방대한 저서는 하비(Harvey)보다 백 년 앞서 혈액 순환을 언급했다. 또한 포르투갈인이 유럽 유산의 일부로 최근에 인도에 전해 준 신종 질병인 매독에 대해서도 이미 수은을 처방으로 제시해 놓고 있었다.[32]

수슈루타는 (백내장과 탈장, 방광 결석의 적출술, 제왕 절개술 등) 많은 외과 수술과 (랜싯과 탐침, 집게, 카테터, 직장 및 자궁용 검사경을 포함한) 121개 수술 도구를 기술했다.[33] 그는 브라만들이 금지했음에도 사체 해부를 외과 의사 교육의 필수 과정으로 옹호했다. 그는 신체의 다른 부분에서 떼어낸 피부를 찢어진 귀에 이식한 최초의 의사였다. 또한 코 성형술이 현대 의학에 전해진 것도 그와 그의 힌두 후계자들을 통해 이루어진 것이다.[34] "고대의 힌두인들은 동맥 봉합을 제외하고는 주요 수술을 거의 모두 실시했다."라고 개리슨(Garrison)은 말한다.[35] 수족을 절단했고, 복부를 수술했고, 골절한 뼈들을 이었으며, 치질과 누관을 제거했다. 수슈루타는 수술을 준비할 때 지켜야할 자세한 규칙을 정했으며, 상처 부위는 훈증 소독을 통해 살균해야 한다는 그의 제안은 무균 상태에서 수술하려고 노력한 최초의 사례 중 하나로 알려져 있다.[36] 수슈루타와 차라카는 모두 고통을 느끼지 못하게 하려고 약술을 사용한 일을 언급하고 있다. 서기 927년 두 명의 외과 의사는 한 왕의 두개골에 구멍을 뚫으면서 무감각하게 만들려고 사모히나라는 약을 복용시켰다.[37]*

수슈루타는 자기가 열거한 1120가지 질병을 알아내기 위한 방법으로 정밀 검사와 촉진(觸診), 청진을 통해 진단하도록 권고했다.[39] 서기 1300년의 한 논문은 맥박 재는 일을 기술했다.[40] 소변 검사는 널리 사용되던 진단 방법이었다. 티베트의 내과 의사들은 어떤 환자든 소변만 보고도 치료할 수 있는 것으로 정평이 나 있었다.[41] 유안 츄왕 시대에는 힌두의 치료는 7일간의 금식으로 시작했다. 이 기간에 환자가 회복되는 일이 많았다. 만일 질병이 계속된다면 그때 가서야 약을 복용시켰다.[42] 하지만 그렇다고 해도 약을 매우 조금씩 사용하고 대체로 식이 요법과 목욕, 관장제, 흡입제, 요도 충혈과 자궁 충혈, 그리고 거머리와 부항을 이용한 방혈에 의지했다.[43] 힌두의 내과 의사는 해독약을 특히 잘 조제했다. 그들은 지금도 여전히 뱀에 물린 상처를 치료하는 면에서는 유럽 의사보다 뛰어나다.[44] 종두법은 유럽에서는 18세기까지 알려져 있지 않았으나, 인도에서는 일찍이 서기 550년에 이미 알려져 있었다. 만일 힌두 최초의 내과 의사 중 한 사람 단완타리가 쓴 것으로 알려진 글을 근거로 판단할 수 있다면 말이다. "암소의 젖통에 난 고름 물집의 고름을 취하여 …… 랜싯 끝으로 어깨와 팔꿈치 사이의 팔을 피가 나올 때까지 절개한다. 그 다음에 피와 그 고름을 섞으면 천연두로 인해 열이 날 것이다."[45] 현대 유럽의 내과 의사들은 카스트 분리 정책이 취해진 것은 브라만이 질병을 옮기는 보이지 않는 매개들의 존재

---

* 스리랑카에는 일찍이 기원전 427년에 병원이 세워졌으며, 인도 북부에는 기원전 226년에 설립되었다.[38]

를 믿었기 때문이라고 생각한다. 수슈루타와 마누가 규정한 많은 위생 관련 율법들은 오래된 것들에 새로운 이름을 붙이기 좋아하는 우리 현대인들이 부르는 미생물 병인론(病因論)을 당연한 것으로 받아들인 것으로 보인다.[46] 치료법으로서의 최면술은 힌두인들 사이에서 시작된 것으로 보인다. 그들은 이집트와 그리스에서처럼 환자를 사원으로 데려가 최면적 암시나 "사원 수면"을 통해 치료하는 경우가 많았다.[47] 최면 요법을 영국에 소개한 영국인 브레이드(Braid)와 에스데일(Esdaile), 엘리엇슨(Elliotson)은 "인도와 접촉한 경험을 통해 그 개념과 일부 경험을 얻은 것이 분명하다."[48]

인도 의학은 일반적으로 베다 시대와 부처 시대에는 급속하게 발전했으나 그 후에는 느린 속도로 신중하게 발전했다. 우리는 아트라야와 단완타리, 수슈루타가 그리스의 영향을 얼마나 많이 받았는지 그리고 그리스가 그들에게 얼마나 영향을 받았는지 모른다. 알렉산드로스 시대에는 "힌두의 내과 의사와 외과 의사는 우월한 지식과 기술로 인해 받아 마땅한 명성을 누렸다."라고 개리슨은 말한다. 또한 일부 학자들에 의하면 심지어 아리스토텔레스도 그들에게 영향을 받았다.[49] 페르시아인과 아랍인도 마찬가지였다. 인도 의학이 바그다드 내과 의사에게 얼마나 영향을 받았으며, 또 그들을 통해 근동의 바빌로니아 의학 유산에 얼마나 영향을 받았는지 말하기는 어렵다. 한편으로는 아편과 수은 등 특정한 치료제와 맥박을 재는 것과 같은 일부 진단 방법은 페르시아에서 인도로 들어갔다. 반면에 페르시아인과 아랍인은 서기 8세기에 수슈트라와 차라카가 기록한 3000년 된 의학 개론서들을 자신들의 언어로 번역했다.[50] 위대한 칼리프 하룬알라시드는 인도의 의술과 학문을 인정하여 힌두 의사들을 초청해 바그다드에 병원과 의학교를 세우게 했다.[51] 암프딜 경(Lord Ampthill)은 중세와 현대의 유럽은 의료 체계에 대해 직접적으로는 아랍인에게 그리고 그들을 통해 인도에게 빚을 지고 있다고 결론지었다.[52] 아마 가장 숭고하고 가장 불확실한 이 과학은 수메르와 이집트, 인도에서 대체로 비슷한 시기에 시작되어 서로 접촉하고 교류하면서 발전했을 것이다.

2. 브라만의 여섯 가지 철학 체계

인도의 우선성은 의학에서보다는 철학에서 더 분명하게 드러난다. 이 분야에서도 기원이 베일에 싸여 있고 결론이 모두 가설로 끝나고 있지만 말이다. 탈레스와 아낙시만드로스, 아낙시메네스, 헤라클레이토스, 아낙사고라스, 엠페도클레스의 사변들은 힌두인의 세속 철학보다 시대적으로 앞섰을 뿐 아니라 인도 이외의 다른 기원을 암시하는 회의주의와 자연주의라는 특징도 담고 있었다. 그러나 일부 우파니샤드들은 현존하는 형태의 어떤 그리스 철학보다 오래되었으며 피타고라스와 파르메니데스, 플라톤은 인도의 형이상학에 영향을 받은 것으로 보인다. 빅토르 쿠쟁(Victor Cousin)은 "우리는 이 인류의 요람에서 최고 철학의 본향을 찾을 수밖에 없다."라고 결론지었다.[53] 하지만 어떤 문명도 문명의 요소를 독자적으로 만들어 내지 않았을 개연성이 더 크다.

그러나 철학에 대한 열정이 인도만큼 강한 곳은 없었다. 힌두인에게는 철학이란 장식품이나 여가 활용이 아니라 삶의 주요 관심사이자 생활 자체였다. 서양에서는 부유하거나 행동적인 사람에게 명예가 주어지지만 인도에서는 현자가 그런 명예를 누린다. 다른 나라에서, 서로 경쟁하는 철학 학파의 지도자들이 검투사처럼 논쟁을 벌이는 축제를 벌일 생각을 해본 적이 있었는가? 우파니샤드를 보면 비데하의 왕이 종교 축제의 일부로 야즈나발키아와 아스발라, 아르타바가, 가르기(인도의 아스파시아(Aspasia))가 철학 논쟁을 벌이는 날로 하루를 떼어 놓았다고 한다. 왕은 승리자에게 암소 1000마리와 많은 황금을 약속했고 실제로 주었다.[54] 인도의 철학 교사는 글로 쓰기보다는 말로 하는 것이 통례였다. 철학 교사는 안전한 인쇄 매체를 통해 적을 공격하지 않고 적과 만나 실제로 논쟁을 벌이거나 다른 학파를 방문하여 논쟁을 벌이거나 질문을 제기했다. 샹카라와 같은 유력한 철학자들은 그런 지적 여행을 하면서 많은 시간을 보냈다.[55] 만일 철학자들의 보고를 신뢰할 수 있다면, 때로는 왕들이 철학자의 자격으로 군주에게 어울리는 중용을 보이며 이런 토론에 참여하기도 했다. 사람들은 중요한 논쟁에서 이긴 철학자를 전쟁에서 피비린내 나는 승리를 거두고 돌아온 개선장군만큼 위대한 영웅으로 생각했다.[56]

18세기에 라지푸트족이 그린 한 그림은[57] 전형적인 인도 철학 학교의 모습을 보여 준다. 그 그림에서 교사는 나무 아래에 자리를 깔고 앉아 있고 학생들은 풀밭에 쭈그리고 앉아 있다. 이런 광경은 도처에서 목격될 수 있었을 것이다. 인도에는 철학 교사가 바빌로니아의 상인만큼 많았기 때문이다. 다른 나라에는 사상 학파가 그렇게 많았던 적이 없었다. 부처의 문답 중 하나에서 우리는 당시 철학자 중에는 영혼과 관련된 예순두 개의 서로 다른 이론이 있었음을 알 수 있다.[58] 카이절링 백작(Count Keyserling)은 이렇게 말한다. "철학을 사랑하는 이 뛰어난 국가에는 철학 및 종교와 관련된 사상을 표현하는 산스크리트어가 그리스어와 라틴어와 독일어의 용어를 합친 것보다 많다."[59]

인도의 사상은 글보다는 구전으로 전해 내려왔다. 그러므로 다양한 학파의 이론을 우리에게 전한 형태 중 가장 오래된 것은 수트라의 형태다. 수트라란 교사나 학생이 자기 생각을 타인에게 설명하는 방법으로서가 아니라 자기가 암기하는 데 도움이 되도록 경구 형태로 적어 놓은 "실마리들"을 말한다. 현존하는 이런 수트라들은 시대가 다양하여 서기 200년의 것도 있고 최근의 것으로는 1400년의 것도 있다. 그러나 어떤 경우에든 이 수트라는 그 자체가 요약하고 있는 사상 전승보다 훨씬 늦게 만들어진 것이다. 이들 철학 학파의 기원은 부처만큼이나 오래되었으며 아마 그중에는 샹키아처럼 부처가 태어날 당시 이미 잘 확립되어 있는 것들도 있었을 것이다.[60]

힌두인은 모든 인도 철학 체계를 두 가지 범주로 분류한다. 긍정하는 아스티카(Astika) 체계와 부정하는 나스티카(Nastika) 체계가 그것이다.* 차라바카 학파와 불교, 자이나교의 체계가 주를 이루는 나스티카 체계에 대해서는 이미 앞

---

* '아스티(asti)'는 '그것이다.'라는 말이고, '나스티(n'asti)'는 '그것이 아니다.'라는 말이다.

에서 살펴보았다. 그러나 이상한 말이지만, 이런 체계들이 나스티카 체계와 비정통 체계, 허무주의 체계로 일컬어지게 된 이유는 (이런 체계들이 실제로 신의 존재를 부정했지만) 그 존재를 의심하거나 부정했기 때문이 아니라 베다의 권위를 부정하거나 무시했기 때문이다. 많은 아스티카 체계 역시 신에 대해 회의적이거나 부정했다. 그런데도 정통으로 일컬어진 것은 경전의 무오류성과 카스트 제도를 인정했기 때문이다. 정통 힌두 사회의 이런 기본 요소를 인정하기만 하면 학파가 무신론을 주장하더라도 사상을 자유롭게 표현하는 데 아무런 장애가 없었다. 경전을 나름대로 해석할 수 있는 자유를 폭넓게 허용하여 영리한 변증가라면 자기가 모색하는 어떤 교리도 베다에서 발견할 수 있었다. 그러므로 지식인으로 존중받는 데 실제로 필요한 유일한 요구 사항은 카스트 제도를 인정하는 것뿐이었다. 인도를 실제로 지배하는 것은 이 제도였으므로 이 제도를 거부하는 것은 반역이었으며, 이 제도만 받아들이면 수많은 죄가 덮였다. 그러므로 사실 인도의 철학자는 르네상스 시대의 식견 있는 교황의 치하에서 그리스도교 사상가가 누렸던 자유보다는 적지만 유럽의 스콜라 철학자가 누렸던 것보다는 더 많은 자유를 누렸다.

정통 체계 혹은 다르샤나(논증) 가운데 여섯 체계는 크게 부각되어 브라만의 권위를 인정하는 모든 힌두 사상가는 곧 이 학파들 중 이런저런 학파에 가담하게 되었다. 이 여섯 학파는 모두 힌두 사상의 토대인 특정한 가정을 받아들인다. 베다는 영감을 받아 기록된 것이라는 가정과, 추론은 실재와 진리에 이르게 하는 지침으로는, 오랫동안 가르침에 복종하며 수행하여 영적인 감수성과 민감성을 제대로 갖춘 개인의 직접적인 지각과 감각보다 신뢰성이 떨어진다는 가정, 지식과 철학의 목적은 세상을 통제하려는 것이 아니라 세상에서 해방되려는 것이라는 가정, 사고의 목적은 욕망 자체로부터 자유로워짐으로써 욕망이 좌절됨으로 인해 나타나는 고통에서 자유롭게 되는 것이라는 가정이 그것이다. 사람들이 야망과 투쟁, 부, 진보, 성공에 싫증이 나면 다음과 같은 철학들을 찾는다.

1. 니야야(Nyaya) 체계

브라만교의 체계에서 (연대적 순서는 불확실하며 본질적인 모든 면에서 동시대에 형성된 것이므로) 인도 사상의 논리적 순서상 제일 먼저 나오는 것은 2000년 이상 유지되어 온 논리학 체계다. 니야야는 논증, 즉 정신을 인도하여 결론에 도달하게 하는 방법을 의미한다. 니야야 체계의 가장 유명한 텍스트는 니야야 수트라로 확실하지는 않지만 기원전 3세기와 서기 1세기 사이에 존재했던 가우타마의 작품으로 여겨진다.[61] 모든 힌두 사상가와 마찬가지로 가우타마 역시 자기가 저서를 쓴 목적은 명쾌하고 일관성 있는 사고를 통해 열반을 이루는 것 혹은 욕망의 폭정에서 해방되는 것이라고 선언한다. 그러나 그의 의도는 단지 인도의 철학 논쟁에서 혼란에 빠진 참여자에게 지침을 제시하려는 것이었을 것이다. 그는 그런 사람들을 위해 논증 원리를 제시하고, 논쟁의 기교를 밝히며, 일반적인 사고 오류를 나열한다. 아리스토텔레스처럼 그 역시 논증의 구조를 삼단논법으로 모색하며 논증의 요점을 중명사(中名辭)에서 찾는다.* 제임스(James)나 듀이(Dewey)처럼 지식과 사상을 인간의 필요와 의지를 성공적인 행동으로 인도할 능력에 따라 평가해야 할 실용적인 도구와 수단으로 간주했다.[62] 그러나 그는 현실주의자이므로 세상은 그것을 조심스럽게 인지하는 사람이 없을 때 존재하지 않게 된다는 지고한 사상과는 관계가 없다. 니야야 체계에 속한 가우타마의 선배들은 분명히 무신론자였다. 그의 후계자들은 인식론자가 되었다.[63] 그의 업적은 탐구와 사고에 필요한 도구와 많은 철학 용어를 인도에 주었다는 것이다.

2. 바이셰시카(Vaisheshika) 체계

가우타마가 인도의 아리스토텔레스라면 카나다는 인도의 데모크리토스다. 그는 "원자를 먹는 사람"이라는 이름이 암시하는 것처럼 역사가의 상상력이 만들어 낸 전설적인 인물일지 모른다. 바이셰시카 체계가 형성된 연대는 정확하게 확정되어 있지 않고

---

* 그러나 니야야 삼단논법에는 정리(定理)와 논거(論據), 대전제, 소전제, 결론의 다섯 가지 명제가 있다. 예를 들면 (1) 소크라테스는 죽는다. (2) 그는 사람이기 때문이다. (3) 모든 사람은 죽는다. (4) 소크라테스는 사람이다. (5) 그러므로 소크라테스는 죽는다.

기원전 300년 이전은 아니고 서기 800년 이후도 아니라고 한다. 바이셰시카라는 이름은 개별성을 의미하는 비셰샤(vishesha)라는 말에서 왔다. 카나다의 이론에 의하면 세상은 수많은 것으로 가득 차 있다. 그러나 그 모든 것은 단지 원자들이 보송의 형태로 결합된 것일 뿐이다. 형태는 변하나 원자는 파괴되지 않고 남아 있다. 철저하게 데모크리토스적인 카나다는 존재하는 것은 "원자들과 공간"뿐이며 원자들은 지적인 신의 의지에 따라 움직이는 것이 아니라 비인격적인 힘 혹은 법칙, 즉 아드리슈타(보이지 않는 것)를 통해 움직이는 것이라고 선언했다. 그러나 진보주의자의 자녀는 극단적인 보수주의자이기 마련이다. 그러므로 바이셰시카 체계를 옹호한 후대인들은 맹목적인 힘이 어떻게 코스모스에 질서와 통일성을 부여할 수 있는지 이해할 수 없었으므로, 원자의 세계와 함께 미세한 영혼의 세계를 설정하고 이 두 세계를 감독하는 지적인 신을 제시했다.[64] 라이프니츠의 예정조화설은 이렇게 오랜 역사를 갖고 있다.

3. 샹키아(Shankya) 체계

한 힌두 역사가에 의하면 이 체계는 "인도가 낳은 가장 중요한 철학 체계다."[65] 일생을 대부분 샹키아 연구에 바친 가르베(Garbe) 교수는 "카필라의 가르침은 세계 역사상 최초로 인간 정신의 독립성과 자유, 그 자체가 지닌 힘들에 대한 완벽한 신뢰를 보여 주었다."라는 생각으로 자신을 달랬다.[66] 샹키아 체계는 여섯 체계 중 가장 오래된 것이며[67] 아마 모든 철학 체계 중에서 가장 오래되었을 것이다.* 카필라에 대해서는 아무것도 알려진 것이 없으며, 다만 학생들도 연대 때문에 거들떠보지도 않는 힌두 전승만이 그가 기원전 6세기에 샹키아 철학을 세웠다고 전하고 있을 뿐이다.[69]

카필라는 실재론자인 동시에 스콜라적인 철학자였다. 그는 자신의 첫 번째

---

* 샹키아 체계에서 현존하는 가장 오래된 문헌은 주석가 이슈바라 크리슈나가 쓴 『샹키아카리카(*Shankya-karika*)』다. 이 문헌은 서기 5세기의 작품이며, 한때는 카필라의 작품으로 여겼던 『샹키아수트라(*Shankya-sutra*)』는 15세기 이후의 작품이다. 그러나 이 체계의 기원은 불교보다 앞서는 것이 분명하다.[68] 불교 문헌들과 마하바라타[68a]도 그 체계를 반복해서 언급하고 있으며, 윈터니츠(Winternitz)는 피타고라스가 이 체계의 영향을 받았음을 발견했다.[68b]

경구에서 거의 의학적인 입장을 보여 주는 "고통을 완벽하게 종식시키는 것이
…… 인간의 궁극적인 목표다."라는 문구로 시작한다. 그는 물리적 수단으로
고통을 피하려는 시도는 부당한 것으로 보고 거부한다. 대단한 논리적 요술을
발휘하여 물질에 대한 온갖 잡다한 견해를 거부한 다음 이해할 수 없을 정도로
축약된 수트라를 하나씩 제시하면서 자신의 형이상학 체계를 구성해 나간다.
카필라의 형이상학 체계의 이름은 그의 판단에 의하면 세상을 형성하고 있는
스물다섯 개의 실재를 나열(이것이 샹키아의 의미다.)한 데서 온 것이다. 그는 이
실재들을 아마 다음과 같은 도식으로 분명하게 정리할 수 있을 복잡한 관계로
배열한다.

(1) A. 실체(프라크리티, 생성자). 이 보편적인 물리적 원리는 전개하는 힘들
　　　(구나(Guna))을 통해 다음을 만들어 낸다.

(2) 　 I. 지성(붓디), 지각력. 이 지각력은 전개하는 힘들(구나)을 통해 다음
　　　을 생성한다.

(3) 　　　 i. 내면세계의 다섯 가지 미세한 요소들, 즉 감각적인 힘들

(4) 　　　　1. 봄

(5) 　　　　2. 들음

(6) 　　　　3. 냄새

(7) 　　　　4. 맛

(8) 　　　　5. 감촉 ((1)~(8)의 실재들은 협력하여 (10)~(24)의 실재를 생
　　　　　성한다.)

(9) 　　　 ii. 정신(마나), 인식력.

　　　　 iii. ((4)~(8)의 실재에 상응하는) 다섯 가지 감각 기관

(10) 　　　　1. 눈

(11) 　　　　2. 귀

(12) 　　　　3. 코

(13)   4. 혀

(14)   5. 피부

        iv. 다섯 가지 행동 기관

(15)   1. 후두

(16)   2. 손

(17)   3. 발

(18)   4. 배설 기관

(19)   5. 생식 기관

        v. 외면 세계의 5대 요소

(20)   1. 에테르(공(空))

(21)   2. 공기

(22)   3. 불과 빛

(23)   4. 물

(24)   5. 흙

(25) B. 순수정신(푸루샤, 위격). 이 보편적인 정신적 원리는 스스로는 아무
       것도 할 수 없으나, 프라크리티에 생기를 불어넣고 활성화시키며
       전개하는 힘들을 움직여 모든 활동을 벌이게 만든다.

이 체계는 처음부터 순수한 물질주의 체계인 것으로 보인다. 몸과 물질의 세
계는 물론 정신과 자아의 세계도 완전히 자연적인 수단을 통해 진화하는 물체,
즉 가장 낮은 단계에서 가장 높은 단계로 진화했다가 다시 되돌아가며 항구적
으로 발전과 쇠퇴를 계속하는 요소들로 이루어진 통일성을 갖춘 연속체로 나
타난다. 카필라의 사상에는 라마르크의 징후가 있다. 유기체(자아)의 필요가
기능(봄과 들음, 냄새, 맛, 감촉)을 발생시키고. 기능은 기관(눈과 귀, 코, 혀, 피부)
을 생성시킨다. 이 체계에는 빈틈이 없으며 다른 힌두 철학처럼 무생물 세계와
생물 세계 혹은 식물 세계와 동물 세계, 동물 세계와 인간 세계를 구분하지 않

는다. 이런 세계들은 모두 하나의 생명 사슬 속에 놓인 고리들이며 진화와 소멸, 출생과 죽음 그리고 다시 출생으로 이어지는 수레바퀴를 이루는 살이다. 진화 과정은 세 가지 활동적인 속성들 혹은 힘들(구나)이 운명적으로 결정한다. 이 힘들은 소멸보다 발전을 선호하는 편향적 성향이 없다. 이 힘들은 발전과 소멸을 번갈아 가며 생성하는 주기를 끝없이 계속 이어간다. 모자에서 내용물들을 꺼냈다 다시 집어넣는 과정을 영원히 계속하는 우둔한 마술사처럼 말이다. 모든 진화 상태는 후에 허버트 스펜서(Herbert Spencer)가 말하는 것처럼, 그 자체 안에 진화의 운명적인 짝이며 끝인 소멸로 빠져드는 성향을 담고 있다.

카필라 역시 라플라스처럼 창조나 진화를 설명하기 위해 신을 요청할 필요를 느끼지 못했다.[70] 이 나라는 가장 종교적이고 철학적이면서도 신 없는 종교나 철학을 발견하는 것은 조금도 특별한 일이 아니다. 많은 샹키아 텍스트는 인격적 창조자의 존재를 분명히 부인한다. 창조는 상상할 수도 없는 것이다. "무(無)에서는 어떤 것도 만들어지지 않기" 때문이다.[71] 창조자와 피조물은 같은 것이다.[72] 카필라는 (마치 임마누엘 칸트(Immanuel Kant)인 것처럼) 인격적인 창조자는 인간의 이성으로는 증명할 수 없다는 글로 만족했다. 이 영리한 회의론자에 의하면 존재하는 모든 것은 속박되어 있거나 자유로워야 하는데 신은 그중 어떤 것도 할 수 없기 때문이다. 만일 신이 완전하다면, 어떤 세상도 창조할 필요가 없다. 만일 불완전하다면, 신이 아니다. 신이 선하고 신적인 힘들을 가졌다면 아마 이처럼 불완전하고 이처럼 고난이 많고 이처럼 죽음이 확실한 세상을 만들었을 리가 없을 것이다.[73] 힌두의 사상가들이 박해나 인신공격을 동원하는 일 없이, 오늘날에도 성숙한 과학자들의 논쟁에서나 나타날 수 있는 경지에서 이런 문제들을 침착하게 논의하는 모습은 우리에게 많은 교훈을 준다. 칼리파는 베다의 권위를 인정함으로써 자신을 보호했다. "베다는 하나의 권위일 뿐이다. 그 저자가 기존의 진리는 알고 있었기 때문이다."라고 그는 말한다.[74] 그 다음부터는 베다에 조금도 관심을 기울이지 않고 논의를 진행한다.

그러나 그는 결코 유물론자가 아니었다. 오히려 인습에 얽매이지 않고 자신의 방법을 따르는 관념론자이며 유심론자였다. 그는 철저하게 지각에서만 실재를 이끌어 낸다. 모든 실재와 형상 그리고 세상이 우리에게 가질 수 있는 온갖 의미를 세상에 부여하는 것은 우리의 감각 기관들과 사고다. 이런 것들과 무관하게 존재하는 세상은 어떤 모습일 것인가 하는 질문은 아무런 의미도 없고 답변할 수도 없는 무익한 물음이다.[75] 그는 자신의 체계에서 물리적 진화를 겪는 스물네 개의 타트와를 나열한 후에는 자기가 처음에 설정했던 유물론을 완전히 뒤엎고 가장 낯설고 아마 가장 중요한 실재인 푸루샤, 위격 혹은 영혼을 마지막 실재로 도입한다. 이 푸루샤는 다른 스물세 개의 타트와와는 달리 물리적 힘 프라크리티에 의해 생성되지 않는다. 그것은 독립된 정신적 원리이며 모든 곳에 존재하고 영원하며 스스로는 작용할 수 없으나 모든 작용에 반드시 필요하다. 푸루샤의 영감을 통해서가 아니라면 프라크리티는 발전하지 않으며 구나들은 작용하지 않기 때문이다. 모든 곳에서 물리적인 것은 정신적 원리에 의해 생기와 활력이 부여되고 활성화된다.[76] 이 시점에서 칼리파는 아리스토텔레스처럼 말한다. "순수정신에는 천연 자석이 (쇠를 끌어당기는 것처럼)" (프라크리티나 진화하는 세상이) "가까이 있으면 유발되어 그러한 것들에 미치는 지배적인 영향력이 있다. 즉 푸루샤가 프라크리티에 가까워지게 되면 프라크리티는 생성 단계들을 거칠 수밖에 없다. 이 둘 사이에 존재하는 이런 유형의 인력은 창조로 이어지나 어떤 의미에서도 순수정신은 동인(動因)이 아니며 창조에 관여하지도 않는다."[77]*

순수정신은 각 유기체 안에 존재한다는 의미에서 복수(複數)다. 그러나 모두 같으며 개체성에는 관여하지 않는다. 개체성은 물리적이다. 우리가 현재 상태의 우리 모습으로 있는 이유는 우리 속에 존재하는 순수정신 때문이 아니라

---

* "프라크리티가 진화하는 목적은 영혼을 위해 아름다운 장관을 마련하려는 것 말고는 아무런 목적도 없다."라고 힌두의 한 카필라 주석가는 말한다.[78] 니체(Nietzsche)가 제시한 것처럼 세상을 보는 가장 현명한 길은 아마 드라마가 펼쳐지는 미적인 광경으로 보는 길일 것이다.

우리 몸과 정신의 기원과 진화, 경험 때문이다. 샹키아 체계에서는 다른 기관이 몸의 일부인 것처럼 정신도 우리 몸의 일부이다. 우리 몸 안에서 격리되어 어떤 것과도 접촉하지 않는 순수정신은 자유로우나 정신과 몸은 물리적 세계의 법칙과 구나 혹은 속성에 속박되어 있다.[79] 행동하고 결정되어 있는 것은 순수정신이 아니라 몸과 정신의 결합체다. 또한 순수정신은 몸과 개체성의 부패와 소멸에도 영향을 받지 않는다. 출생과 죽음의 흐름에도 영향을 받지 않는다. 카필라에 의하면 "정신은 소멸되지만 순수정신은 소멸되지 않는다."[80] 오직 물질과 몸에 속박되어 있는 개별 자아만 태어나고 죽고 다시 태어나며, 외부 세계의 역사는 지칠 줄 모르고 계속되는 이런 물리적 형태의 흥망성쇠 속에서 만들어지는 것이다.[81] 카필라는 다른 모든 것은 의심할 수 있음에도 윤회만은 결코 의심하지 않는다.

대부분의 힌두 사상가와 마찬가지로 그도 삶을 (만일 선하다면) 매우 의심스러운 선으로 간주한다. "기쁨의 날도 짧고 슬픔의 날도 짧다. 부귀는 물이 불어오른 강과 같고 젊음은 강이 불어 올라 무너지는 강둑과 같으며 삶은 무너지는 강둑에 서 있는 나무와 같다."[82] 고통은 개체적인 자아와 몸이 물질에 속박되어 맹목적인 진화의 힘들에 사로잡혀 있는 사실이 낳은 결과다. 이런 고통에서 벗어날 수 있는 길은 무엇인가? 오직 철학을 통해서만 벗어날 수 있다고 철학자들은 답변한다. 오직 번민하는 자아의 이 모든 고통과 슬픔, 이 모든 분열과 소란스러움은 마야(망상), 즉 삶과 시간이 낳은 내용 없는 겉모습이라는 점을 이해해야만 벗어날 수 있다. "노예의 굴레는" 고통받는 자아와 고통에서 벗어나 있는 순수정신을, 소란스러운 표면과 변함없이 조용한 기반을 "구별하지 못하는 오류에서 발생한다."[83] 이생의 고통들을 초월하려면 우리의 본질인 순수정신은 선과 악, 기쁨과 고통, 출생과 죽음을 초월해 있으므로 안전하다는 사실을 깨닫기만 하면 된다. 우리가 이생의 행동과 투쟁, 이생의 성공과 패배는 순수정신에 영향을 주지 못하고 또 그 순수정신에서 나오는 것이 아니라는 사실을 이해하지 못하는 경우에만 우리를 괴롭힌다. 깨달음을 얻은 사람이라면 그런 것을 외부에서 오는 것으로 간주할 것이다. 연극을 지켜보는 객관적인 관객처럼 말이다. 영혼은 사물의 독립성을 깨달아야 한다. 그러면 즉시 자유를 얻게 될 것이다. 이해하는 행위 자체로도 시간과 공간, 고통과 환생의 감옥에서 벗어날 것이다.[84] 칼리파에 의하면 "스물다섯 개 실재를 아는 지식을 통해 해방을 얻게 되면 알게 되는 하나의 유일한 지식은 나도 없고 내 것도 없으며 나는 존재하지도 않는다는 것뿐이다."[85] 즉 분리되어 있는 인격은 망상이다. 존재하는 것은 오직 한편으로는 물질과 정신, 몸과 자아가 진화하고 소멸되고 있는 거대한 거품과 다른 한편으로는 변하지 않고 동요되지 않는 영혼의 조용한 영원뿐이다.

이런 철학은 아픈 몸과 슬픈 추억에서 자신을 분리시키기 어려운 사람에게는 아무런 위안도 주지 못할 것이다. 그러나 인도의 사변적인 분위기는 잘 표현해 놓은 것으로 보인다. 베단타를 제외하면 다른 어떤 철학 사상 체계도 힌두 정신에 그만큼 심오한 영향을 미치지 못했다. 부처의 무신론과 인식론적 관념론 그리고 그의 열반 개념에는 카필라의 영향이 나타난다. 마하바라타와 마누 법전, 푸라나*와 탄트라에서도 그 영향이 나타난다. 이 문헌들은 푸르샤와 프라크리티를 창조의 남성적 원리와 여성적 원리로 바꾸어 놓고 있다.[86] 특히 요가 체계는 단지 상키아를 실천적으로 발전시킨 체계일 뿐이며 그 이론들을 바탕으로 세워져 있고 그 구절들을 담고 있다. 카필라는 오늘날 분명한 신봉자가 거의 없다. 상카라와 베단타가 힌두 정신을 사로잡았기 때문이다. 그러나 인도에서는 지금도 여전히 오래된 속담을 통해 그 목소리가 가끔 들리고 있다. "상키아 같은 지식도 없고 요가와 같은 힘도 없다."[87]

4. 요가(Yoga) 체계
깨끗하고 조용한 장소에

---

* 173~174쪽 참조.

너무 높지도 않고 너무 낮지도 않은 곳에 거처를 정하고

옷으로 사용할 사슴 가죽 한 장과 쿠샤 풀만으로 지내라.

그곳에서 정신을 일자(一者)에게 굳게 고정시키고

마음과 감각을 조용하고 차분하게 가다듬어

요가를 성취하고 영혼의 순수함을 이루며

몸과 목, 머리를 움직이지 않고 자신의 코끝을 응시하며

주변의 모든 것을 잊고 영혼을 평온하게 하며

두려움을 잊고 자신의 브라마차리아(Brahmacharya)에 집중하며

경건하게 나에 대해 명상하며 나에 대한 생각에 몰두하라.*

여기저기 흩어져 있는 목욕 장소에는 경건한 힌두인과 무관심한 이슬람인, 응시하는 관광객이 모여 있는 가운데 신성한 사람들, 즉 요기(Yogi, 요가 수행자) 들이 앉아 있다. 그들은 인도의 종교와 철학을 가장 생소한 방법을 통해 궁극적 으로 표현하는 사람들이다. 숲 속이나 도로변에도 수는 적지만 꼼짝 않고 명상 에 몰두하고 있는 수행자들이 있다. 그중에는 노인도 있고 젊은이도 있다. 어깨 에 누더기를 걸치고 있는 사람도 있고 허리에 천을 감고 있는 사람도 있다. 재 를 몸과 얼룩진 머리에 뿌려서 재만 덮고 있는 사람도 있다. 이들은 가부좌를 틀고 웅크리고 앉아 꼼짝도 하지 않고 코끝이나 배꼽을 응시한다. 날마다 계속 태양만 정면으로 바라보아 서서히 시력을 잃어 가는 사람도 있다. 한낮의 무더 위에도 주변에 뜨겁게 불을 피워 놓고 그 가운데 앉아 있는 사람도 있다. 뜨겁 게 달아오른 석탄을 맨발로 밟고 다니거나 머리에 붓는 사람도 있다. 뾰족한 끝 이 위로 향하도록 쇠못을 박아 놓은 침대에서 35년 동안이나 맨몸으로 누워 있 는 사람도 있다. 수천 킬로미터의 길을 굴러서 순례 여행을 하는 사람도 있다. 죽을 때까지 자신을 나무에 묶어 놓거나 우리 안에 가두어 놓고 있는 사람도

* 바가바드기타, 에드윈 아놀드(Sir Edwin Arnold) 옮김, *The Song Celestial*, London, 1925, bk. vi, p. 35. 브 라마카리아(Brahmacaria)는 수행자가 하는 순결 서약이다. '나'는 크리슈나를 말한다.

있다. 목만 나오게 땅에 묻어 놓고 몇 년이나 그렇게 지내는 사람도 있다. 철사로 볼을 꿰어 입을 움직이지 못하게 만들어 놓고 액체로만 살아가는 사람도 있다. 오랫동안 주먹을 쥐고 있어 손톱이 손등을 뚫고 나온 사람도 있다. 한 팔이나 다리가 마르거나 죽을 때까지 들고 있는 사람도 있다. 이들 중 다수는 사람들이 갖다 주는 나뭇잎이나 견과류를 먹으며 십중팔구 몇 년씩 조용히 한 자세로 앉아 일부러 감각을 둔하게 만들고 깨달음을 얻으려고 명상에 잠겨 있다. 그러나 대부분은 특별한 방법을 멀리하고 자기 거처에 조용히 은거하며 조용히 진리를 추구한다.

우리에게도 중세 시대에는 그런 사람들이 있었으나, 오늘날에는 이런 사람들을 보려면 유럽이나 미국의 외진 곳이나 바위틈을 찾아야 한다. 인도에는 그런 사람들이 2500년 동안이나 있어 왔고, 아마 선사 시대부터 있었을 것이다. 그들은 선사 시대에는 어쩌면 야만인 부족의 샤먼이었을지도 모른다. 요가로 알려진 금욕적인 명상 체계는 베다 시대에도 존재했다.[88] 우파니샤드와 마하바라타도 이 체계를 받아들였다. 요가는 부처 시대에 번성했다.[89] 심지어 알렉산드로스도 조용히 고통을 참는 나체 수도자들의 능력에 매료되어 그들을 연구하려고 길을 멈추고 그중 한 사람에게 같이 지내자고 초대했다. 그 요기는 디오게네스처럼 확고한 태도로 초대를 거절하고, 자기는 아무것도 갖고 있지 않아도 만족하고 있으므로 알렉산드로스에게 바라는 것이 없다고 말했다. 동료 수행자들은 산 사람이든 죽은 사람이든 땅 몇 뼘이면 충분한데도 온 땅을 다 정복하려고 하는 알렉산드로스의 어린애 같은 바람을 비웃었다. 다른 현자 칼라누스(기원전 326년)는 알렉산드로스를 따라 페르시아로 갔다. 그곳에서 병이 깊어지게 되자 질병에 시달리는 것보다는 죽는 것이 낫다고 말하며 죽을 수 있게 해 달라고 부탁했다. 허락을 얻자 그는 침착하게 화장용 장작더미를 쌓아 올리고는 소리 하나 내지 않고 불 속에서 타 죽어, 전에는 살인과 무관한 이런 용감한 행동을 본 적이 없는 그리스인들을 놀라게 했다.[90] 2세기 후(기원전 150년) 파탄잘리가 요가 체계의 실천 사항과 전통을 유명한 요가수트라(요가 경전)로 묶어 놓았는데, 베나레스에서부터 뉴욕에 이르기까지 모든 요가 센터에서는 이 요가수트라를 지금도 여전히 교재로 사용한다.[91] 서기 7세기에 유안 츄왕은 이 체계는 수천 명의 신봉자가 있다고 기술했다.[92] 1296년경 마르코 폴로는 이 체계를 생생하게 묘사했다.[93] 이 모든 세월이 지난 오늘날에도 인도에서는 100만~300만에 이르는[94] 극단적인 추종자들이 깨달음의 평화를 얻기 위해 자신을 여전히 고문하고 있다. 이것은 인류 역사에서 가장 인상적이고 애처로운 현상 가운데 하나다.

그러면 요가(Yoga)란 무엇인가? 말 그대로 멍에(yoke)다. 영혼이 최고 존재와 합일하는 멍에[95]라기보다는 물질적 제약을 영혼에서 모두 씻어 내고 초자연적인 지성과 힘을 얻으려는 구도자가 스스로 금욕적인 수행과 절제를 받아들이는 멍에다.[96] 물질은 무지와 고통의 뿌리다. 그러므로 요가는 영혼을 모든 감각 현상과 모든 육체적 집착에서 벗어나게 하고자 한다. 요가는 영혼이 전생에서 지은 모든 죄를 한 존재에서 속죄함으로써 한 생에서 최고의 깨달음과 해탈을 얻으려는 노력이다.[97]

그런 깨달음은 단번에 얻어지는 것이 아니다. 구도자는 깨달음을 향해 한 단계씩 나아가야 하며 앞 단계를 거치지 않은 사람은 다음 단계를 이해할 수 없다. 요가는 오랫동안 끈질긴 인내와 자제를 통해서만 접근할 수 있다. 요가는 여덟 단계로 이루어져 있다.

1. 야마(Yama), 욕망의 소멸 : 이 단계에서 영혼은 아힘사(비폭력)와 브라마차리아(금욕)의 규제 사항을 받아들이고 자아를 중심으로 하는 모든 것을 버리며 모든 물질적인 이해관계와 추구에서 벗어나 만물의 안녕을 바란다.[98]

2. 니야마(Niyama) : 요가의 준비 규범인 청정과 만족, 정화, 학습, 경건을 신실하게 지키는 단계다.

3. 아사나(Asana), 체위법 : 이 단계의 목적은 모든 감각은 물론 모든 움직임도 이완시키는 것이다. 이 목적에 가장 좋은 아사나는 오른발을 왼발 넓적다리에 왼발을 오른

쪽 넓적다리에 올려놓고 팔을 교차시켜 엄지발가락을 잡은 상태에서 턱을 가슴 쪽으로 당기고 눈은 코끝을 보는 자세다.[99]

4. 프라나야마(Pranayama), 호흡법 : 이 훈련을 히게 되면 숨 쉬는 깃을 제외한 모든 것을 잊고 정신을 깨끗이 씻어 비움으로써 받아들일 준비를 갖출 수 있다. 동시에 최소한의 공기로 지내는 법도 배워 여러 날 동안 땅 속에 묻혀 있더라도 무사할 수 있다.

5. 프라티아하라(Pratyahara), 감각 제어 : 이 단계에서 정신은 모든 감각을 제어하고 어떤 감각 대상에도 이끌리지 않게 된다.

6. 다라나(Dharana), 정신 통일 : 정신과 감각을 다른 모든 것은 배제하고 하나의 관념이나 대상과 동일시하거나 채우는 것을 말한다.* 충분히 오랫동안 오직 하나의 대상에만 고정하게 되면 영혼은 모든 감각과 모든 구체적인 생각, 모든 이기적인 욕망에서 벗어나게 될 것이다. 그러면 정신은 실재의 비물질적인 본질을 느낄 수 있는 자유로운 상태에 놓이게 될 것이다.**

7. 디아나(Dhyana), 명상 : 이것은 다라나의 결과로 나타나는 거의 최면적인 상태를 말한다. 이 상태는 신성한 말 "옴(Om)"을 계속 반복하여 도달할 수 있다. 끝으로 수행자는 요가의 정점으로 다음 단계에 도달하게 된다.

8. 사마디(Samadhi), 신아일치경(神我一致境) : 이제는 정신에서 마지막 남은 생각마저 사라진다. 정신은 텅 비어 자체를 별개의 존재로 보는 의식도 잃게 된다.[101] 정신은 총체성과 합일하여 신처럼 만유를 일자(一者) 속에서 파악하는 복된 상태에 도달하게 된다. 어떤 말로도 이 상태를 묘사할 수 없다. 어떤 지성이나 추론으로도 이 상태를 찾거나 설명할 수 없다. "'요가'는 '요가'를 통해서만 안다."[102]

---

* 홉스(Hobbes), "Semper idem sentire idem est ac nihil sentire." 즉 "항상 동일한 것만 느끼는 것은 아무것도 느끼지 않는 것과 같다."

** 엘리엇(Eliot)은 이 단계를 설명하기 위해 쇼펜하우어가 힌두 철학을 연구하여 영감을 얻은 것이 분명한 한 구절을 인용한다. "우리는 갑자기 어떤 원인이나 내적 성향 때문에 끝없는 의지의 흐름을 벗어날 때가 있다. 그러면 의지를 일으키는 동기에는 관심이 없어지게 된다. 사물이 의지와는 무관하게 파악되며 따라서 주관성이 배제되어 완전히 객관적으로 바라보게 되고 동기가 아니라 관념으로 자리 잡게 된다. 이런 상태가 되면 그동안 늘 추구 해왔음에도 욕망 때문에 얻지 못했던 평화가 스스로 우리에게 임하여 우리와 함께 머무르게 된다."[100]

그러나 요기가 추구하는 것은 신도 아니고 신과의 합일도 아니다. 요가 철학에서 신 이슈바라는 우주를 창조하거나 보존하는 신도 아니며 인간에게 상을 주거나 처벌하는 신도 아니다. 영혼이 정신 통일과 깨달음을 얻는 수단으로 명상하는 몇몇 대상 가운데 하나일 뿐이다. 요가 철학의 목적은 정신을 몸에서 떼어 놓고 영혼에서 물질적인 모든 장해물을 제거하는 것이다. 요가 이론에 의하면 그럴 경우 초자연적인 깨달음과 역량을 얻게 된다.[103] 영혼에서 육체적인 모든 속박과 집착을 씻어 내면 영혼은 브라만과 합일하는 것이 아니라 브라만 자체일 것이다. 브라만은 숨겨진 영적인 기반, 즉 모든 감각적인 집착이 완전히 제거되어도 남아 있는 자아나 물질과는 무관한 영혼이기 때문이다. 영혼은 물리적 환경과 감옥에서 자유로워질 수 있는 정도만큼 "브라만이 되어" 브라만의 지성과 능력을 발휘한다. 여기서 종교의 마술적 기반이 다시 나타나 (인간보다 우월한 능력들에 대한 숭배라는) 종교의 본질 자체를 위협하다시피 한다.

우파니샤드 시대에 요가는 영혼이 신과의 합일을 실현하고자 하는 순수한 신비주의 체계였다. 힌두 전설에 의하면 상고 시대에 일곱 명의 현인 리시스가 참회와 명상을 통해 만물에 대한 완벽한 지식을 얻었다고 한다.[104] 인도의 후대 역사 속에서 요가는 마술에 오염되어 깨달음의 평화보다는 기적의 능력을 더 많이 생각하게 되었다. 요기는 요가를 통해 자기 몸의 어떤 부분이든 그 부분에 정신을 집중하면 마비시키거나 제어할 수 있을 것이라고 믿는다.[105] 마음먹은 대로 자신을 보이지 않게 하거나 몸을 움직이지 않게 만들거나 잠시 땅에서 사라지게 하거나 원하는 만큼 오래 살거나 과거와 미래 그리고 가장 멀리 떨어진 별들도 알 수 있게 될 것이라고 믿는다.[106]

회의주의자라도 이 모든 것에는 불가능한 것이 없다는 사실을 인정할 것이다. 철학자들이 아무리 논박하더라도 바보들은 더 많은 가설을 만들어 내기 마련이며, 또 철학자들도 그런 놀이에 가담하는 경우도 많다. 단식이나 고행을 하게 되면 무아경이나 환각이 나타날 수 있으며 정신 통일을 하게 되면 논리적으로든 일반적으로든 고통에 대해 무감각해질 수도 있다. 또한 미지의 세계인 정신 속에 어떤 활력과 능력이 숨어 있는지 알 수도 없는 노릇이다. 그러나 요기들은 단지 서양식의 황금에 대한 욕심 때문에 혹은 주목받거나 갈채를 받고자 하는 갈증 때문에 참회라는 쇼를 하고 있는 거시일 뿐이다.* 금욕은 육욕을 반대로 표현한 것이며 기껏해야 육욕을 제어하려는 노력일 뿐이다. 그러나 그 노력 자체도 금욕을 통해 수행하는 사람이 자신의 고통을 거의 색정적으로 즐기는 자기 학대적인 육욕에 가깝다. 브라만들이 그런 작태를 멀리하고 생활 속의 일상적인 의무들을 성실하게 수행하는 일을 통해 거룩함을 추구하라고 추종자들에게 조언한 것은 현명한 일이었다.[108]

5. 푸르바미만사(Purva-Mimansa)

요가에서 푸르바미만사로 옮겨 가는 것은 브라만교의 여섯 가지 철학 체계 중 가장 유명한 체계에서 가장 적게 알려지고 중요성이 가장 적은 체계로 옮겨 가는 것이다. 또한 요가가 철학이라기보다는 마술이고 신비주의인 것처럼 이 체계도 철학적인 면보다는 종교적인 면이 더 많다. 이 체계는 철학자들의 불경스러운 가르침에 맞서 형성된 정통파의 대응 체계다. 이 체계의 창시자 자이미니는 카필라와 카나다가 베다의 권위를 인정하면서도 무시하는 성향에 반대했다. 자이미니에 의하면 인간의 정신은 너무 연약한 도구이므로 형이상학과 종교의 문제들을 풀 수 없다. 이성은 어떤 욕망도 도와줄 바람둥이다. 이성이 우리에게 주는 것은 과학과 진리가 아니라 단지 우리 자신이 합리화시킨 육욕과 교만일 뿐이다. 지혜와 평화로 나아가는 길은 논리의 공허한 미로로 통해서는 도달할 수 없다. 그 길은 전통을 온전히 받아들이고 경전이 규정하는 의식을 겸허하게 따르는 데 있다. 이 점에 대해서도 무언가 할 말이 있다. "믿음은 양심을 마비시킬 것이다."

---

* 무뚝뚝한 뒤부아(Dubois)는 그들을 "방랑족"으로 묘사한다.[107] 때로는 요기들에게 "파키르(fakir)"라는 말이 사용되는데, 이 아랍어는 본래 "가난한"이라는 의미이며, 원래는 청빈을 서약한 이슬람 종단에 소속된 사람들을 가리키는 말이다.

6. 베단타(Vedanta) 체계

베단타라는 말은 본래 베다의 끝, 즉 우파니샤드의 끝이라는 의미였다. 그러나 오늘날 인도는 이 말을 우파니샤드의 핵심 교리에 논리적 구조와 버팀목을 제시하려고 모색했던 철학 체계를 가리키는 말로 사용한다. 그 핵심 교리란 인도 사상 전반에 깔려 있는, 신(브라만)과 영혼(아트만)은 하나라는 교리를 말한다. 힌두의 모든 철학 중 가장 널리 받아들여지는 이 철학에서 가장 오래된 형태는 바다라야나(기원전 200년경)가 쓴 브라마수트라다. 이 수트라는 555개의 경구로 이루어져 있으며 그중 첫 경구는 "'브라만'을 알려는 바람"이 모든 경구의 목적이라고 선언한다. 거의 1000년이 지난 후 가우타마는 이 수트라들에 대한 주석서를 쓰고 이 체계의 비전(秘傳)적인 가르침을 고빈다에게 가르쳤다. 고빈다는 샹카라에게 가르쳤고, 샹카라는 가장 유명한 베단타 주석서를 써서 가장 위대한 인도 철학자가 되었다.

샹카라는 32년의 짧은 생애에 현자와 성인, 지혜와 자비를 결합시켜, 이렇게 통합된 인간상을 인도의 가장 고상한 인간상으로 만들어 놓았다. 말라바의 학구적인 남부드리 브라만 가문에서 태어난 그는 세상의 사치를 멀리했다. 청년기에는 힌두교 만신전의 신들을 겸손히 섬기는 산냐시(힌두교 고행자)가 되었으나, 신비주의를 통해 모든 것을 포용하는 브라만이 되려는 비전에 몰두했다. 그가 보기에는 가장 심오한 종교와 가장 심오한 철학은 우파니샤드의 종교와 철학인 것 같았다. 그는 사람들의 다신교는 용서할 수 있지만 샹키아의 무신론이나 부처의 불가지론은 용서할 수 없었다. 그는 남부의 대표로 북부에 도착하여 베나레스의 학교에서 대단한 명성을 얻었다. 학교는 그에게 최고의 명예를 부여하고 인도에서 벌어지는 모든 논쟁 장소에 그를 수행하는 제자들과 함께 대표로 파견하여 브라만교를 옹호하게 했다. 아마 그는 베나레스에서 우파니샤드와 바가바드기타에 대한 그의 유명한 주석서들을 썼을 것이다. 그는 그 주석서에서 신학적 열정과 스콜라적 섬세함을 보이며 인도의 모든 이교도를 공격하고, 부처와 카필라로 인해 잃어버렸던 브라만교의 지적 지도력을 회복시켰다.

이 강론집에는 형이상학이라는 바람과 텍스트 강해라는 삭막한 사막이 많다. 그러나 서른 살의 나이에 인도의 아퀴나스와 칸트라는 두 위상을 동시에 얻은 사람이기에 그런 정도는 용서받을 수 있을 것이다. 샹카라 역시 아퀴나스처럼 조국의 경전을 신적 계시로 받아들여 충분한 권위를 인정하고 경전의 모든 가르침을 입증하는 증거를 경험과 이성에서 찾는다. 그러나 아퀴나스와는 달리 이성이 그런 일에 충분하다고 생각하지 않는다. 오히려 우리가 이성의 힘과 역할, 명료성과 의존 가능성을 과대평가했다고 생각한다.[109] 자이미니가 옳았다. 이성은 법조인과 같아서 우리가 원하는 것이면 무엇이든 입증해 줄 것이다. 이성은 모든 논증에 대해 상반되는 동등한 논증을 찾아낼 수 있으며, 그 결과 인격의 모든 힘을 약화시키고 모든 삶의 가치를 무너트리는 회의주의를 낳는다. 샹카라에 의하면 우리에게 필요한 것은 논리가 아니다. 우리에게 필요한 것은 통찰, 즉 무관한 것들 속에서 본질적인 것들을, 일시적인 것들 속에서 영원한 것들을, 부분적인 것들 속에서 전체적인 것들을 즉시 파악할 수 있는 (예술과 비슷한) 역량이다. 이것이 철학을 하려면 반드시 갖춰야 하는 가장 중요한 필수 요소다. 두 번째 필요한 것은 새로운 것을 만들어 내거나 부나 권력을 얻기 위해서가 아니라 깨달음 자체를 위해 관찰하고 탐구하고 생각하려는 자발적인 태도다. 이것은 영혼이 모든 흥분과 편견, 행위의 열매에서 벗어나는 것을 말한다. 셋째, 철학자는 자제력과 인내심, 평정심을 갖춰야 한다. 물리적인 유혹이나 물질적인 관심사를 초월해서 생활하는 법을 배워야 한다. 끝으로, 영혼 깊은 곳에서 모크샤를 향한 바람과 무지에서 벗어나려는 바람, 개별적인 자아의 모든 의식을 종식시키려는 바람, 완벽한 깨달음과 무한한 통일성을 이루고 있는 브라만과 합일되는 복된 상태를 향한 바람이 불타고 있어야 한다.[110] 요컨대 학자에게 필요한 것은 이성의 논리라기보다는 영혼을 씻어 주고 깊이를 더해 주는 영혼의 훈련이다. 아마 이것이 모든 심오한 교육의 비결이었을 것이다.

샹카라는 칸트가 『순수이성비판』을 쓰고 나서야 다시 분명하게 부각된 동떨어진 것 같은 미묘한 요점을 철학의 원천으로 삼고 있다. 그는 이렇게 말한다. 지식은 어떻게 가능한가? 우리의 모든 지식은 감각에서 오며 우리의 지식이 드러내는 것은 외부의 실재가 아니라 우리의 감각이 그 실재에 적응하여 만들어 낸(아마 변형시킨) 것이다. 그러므로 우리는 그 "실재로 존재하는 것"을 결코 알 수 없다. 우리가 알 수 있는 실재는 오직 시간과 공간, 인과 관계의 옷을 입은 실재일 뿐이다. 그리고 그 옷은 우리의 감각 기관들과 오성이 유동적이고 파악하기 어려운 실재를 붙들어 놓기 위해 고안해 내거나 발전시킨 그물망일 것이다. 우리는 그 실재의 존재를 추측할 수밖에 없으며, 그 특성을 객관적으로 묘사할 수도 없다. 우리의 지각 방법은 감지된 대상과 영원히 불가분리하게 결합되어 있을 것이다.

이것은 자기가 잠이 들면 세상도 소멸된다고 생각하는 유아론자의 공허한 주관주의가 아니다. 세상은 존재하지만 마야다. 망상이 아니라 현상, 즉 부분적으로는 우리의 사고에 의해 창조된 겉모습이다. 시간과 공간의 막을 통하지 않으면 사물을 지각할 수 없거나 인과 관계와 변화의 관점이 아니면 사물을 생각할 수 없는 우리의 무능력함은 타고난 한계이며 아비디아(무명(無明)) 혹은 무지다. 이것은 우리의 지각 양태와 연관되어 있으며 따라서 모든 육체가 물려받을 수밖에 없다. 마야와 아비디아는 큰 망상의 주관적인 측면과 객관적인 측면이다. 지성이 실재를 안다고 상상하는 것은 그런 망상 때문이다. 우리가 다양한 사물과 끊임없는 변화를 보는 것은 바로 마야와 아비디아를 통해서, 즉 우리의 타고난 무지를 통해서다. 실제로는 오직 하나의 존재만 있을 뿐이며 변화는 피상적으로 변동하는 형태들을 가리키는 이름일 뿐이다. 변화와 사물들의 마야 혹은 베일의 뒤에 있는 하나의 보편적인 실재 브라만은 감각과 지성을 통해서는 도달할 수 없다. 브라만은 오직 훈련받은 영혼의 통찰과 직관을 통해서만 도달할 수 있다.

감각과 지성이 이렇게 지각과 오성을 주관하는 기관들 및 그 형태들로 인해 천부적으로 어두워져 있으므로, 우리는 모든 개별 자아와 정신 뒤에 놓여 있는 하나의 불변하는 영혼을 감지할 수 없다. 지각과 사고에 드러나 있는 우리의 개별 자아는 주마등처럼 펼쳐지는 시간과 공간만큼이나 비실재적이나. 개별적인 차이점과 독특한 개성은 몸 및 물질과 결부되어 있으며 만화경처럼 변하는 세상에 속하는 것이다. 단지 현상에 지나지 않는 이 개별 자아는 자기가 속해 있는 물질적 여건이 소멸되면 함께 소멸될 것이다. 그러나 우리가 시간과 공간, 인과 관계, 변화를 잊어도 우리 자신 안에서 느끼는 근원적인 생명은 곧 우리의 본질이자 실재 자체인 아트만이다. 우리가 모든 개별 자아와 함께 공유하는 이 아트만은 분리되지 않으며 모든 곳에 존재한다. 아트만은 곧 신 브라만이다.[111]

그러면 신이란 무엇인가? 개별 자아와 아트만이라는 두 개의 자아와 현상 세계와 본질 세계라는 두 개의 세계가 있는 것처럼 신도 두 개의 신이 있다. 하나의 창조주 이슈바라는 사람들이 시간과 공간, 인과 관계, 변화의 패턴을 통해 섬기는 신이다. 하나의 순수 존재 브라만은 사람들이 개별적인 모든 사물과 자아 뒤에서 하나의 보편적 실재를 추구하고 찾는 철학적 경건을 통해 숭배하는 신이다. 보편적인 실재는 모든 변화 가운데서도 변하지 않고 모든 구분 속에서도 분할되지 않으며, 모든 형태가 변화무쌍하고 모두 출생과 죽음을 겪어도 영원하다. 다신교, 심지어는 유신론도 마야와 아비디아의 세계에 속한다. 그것들은 지각과 사고 형태에 상응하는 숭배 형태다. 그것들이 필요한 이유는 우리의 도덕적 생활을 위해서다. 시간과 공간, 인과 관계가 우리의 지적 생활을 위해 필요한 것처럼 말이다. 그러나 절대적인 타당성이나 객관적인 진리는 없다.[112]

샹카라에게 신의 존재는 문제가 되지 않는다. 그는 신을 존재로 규정하고 모든 실재적 존재를 신과 동일시하기 때문이다. 그러나 창조주나 구세주와 같은 인격적인 신의 존재는 문제가 될 수 있다고 그는 생각한다. 칸트 이전 시대에 칸트의 말을 표절한 이 철학자에 의하면, 그런 신은 증명할 수 없다. 우리의 제한적인 지성에 평화를 제공하고 연약한 도덕성을 격려하기 위한 실천적 필요에 의해 요청될 수 있을 뿐이다.[113] 진정한 철학자라면 모든 사원에서 숭배하고 모든 신에게 머리를 숙일 수는 있으나, 용서할 수 있는 이 모든 형태의 대중 신앙을 넘어설 것이다. 그는 복수성의 망상성과 만물의 일원론적 통일성*을 느끼고는 제한과 시간, 공간, 인과 관계, 변화가 모두 없고 모든 실재의 원천이자 근원적 실체**인 존재 자체를 최고 존재로 숭배할 것이다. 우리는 브라만에게 "의식적인", "지적인"이라는 형용사와 심지어는 "행복한"이라는 형용사도 붙일 수 있다. 브라만은 모든 개별 자아를 포함하고 이 자아들은 그런 속성을 지닐 수 있기 때문이다.[114] 그러나 다른 모든 형용사도 브라만에게 똑같이 붙일 수 있을 것이다. 그것은 만물의 모든 속성을 포함하기 때문이다. 본질적으로 브라만은 인격과 성, 선과 악, 모든 도덕적 구분, 모든 차이점과 속성, 모든 욕망과 목적을 초월한 중성이다. 브라만은 세상의 원인과 결과, 비밀스러운 무시간적 본질이다.

철학의 목적은 그 비밀을 찾고 구도자로 하여금 발견된 그 비밀에 몰두하게 하는 것이다. 샹카라에게 신과 하나가 된다는 것은 온갖 편협한 목적과 관심사를 지닌 개별 자아의 분리성과 단명성(單明性) 위로 올라가거나 밑으로 가라앉는 것이다. 모든 부분과 구분과 사물을 의식하지 않게 되는 것이며, 욕망이 배제된 열반의 상태에서 존재의 대양과 평화롭게 하나가 되는 것이다. 그 대양에는 서로 상충하는 목적도 없고 서로 다투는 개별 자아도 없고 부분과 변화와 공간과 시간도 없다.*** 이런 복된 평화(아난다)를 얻으려면 세상뿐 아니라 자기

---

* 그러므로 베단타 철학에 (비이원론을 의미하는) ʻ아바이타(Avaita)ʼ라는 이름이 붙는 경우가 많다.

** 샹카라와 베단타는 완전한 범신론을 보이지는 않는다. 서로 다른 별개의 것으로 간주되는 사물들은 브라만이 아니다. 그런 사물들은 본질적이고 분리할 수 없고 변화가 없는 본질과 실재에서만 브라만이다. 샹카라는 이렇게 말한다. "브라만은 세상에 존재하지 않는다. (그러나) 브라만과 분리되어 존재하는 것은 없다. 그것(브라만) 밖에서 존재하는 것처럼 보이는 모든 것은 (실제로 그렇게) 존재하는 것이 아니라 사막의 신기루처럼 그렇게 존재하는 것처럼 착각하는 것일 뿐이다."[113a]

*** 블레이크(Blake),
"최후의 심판이 임할 때 내가 소멸되지 않고 있음이 발견되어
붙잡혀 내 자신의 자아의 손에 넘겨지는 일이 없도록
나는 자기 소멸과 영원한 죽음으로 내려갈 것이다."[115]

자신도 버려야 한다. 소유나 재물, 심지어는 선이나 악에도 관심을 갖지 말아야 한다. 고통과 죽음을 마야, 즉 몸과 물질, 시간과 변화에 나타나는 피상적인 사건으로 여겨야 한다. 또한 자신의 자질이나 운명에 대해서도 생각하지 말아야 한다. 단 한순간의 사리사욕이나 교만도 해방을 완전히 파괴할 수 있다.[117] 선행으로 구원을 얻는 것이 아니다. 선행이 타당성이나 의미를 갖는 것은 오직 시간과 공간이 있는 마야의 세계뿐이기 때문이다. 오직 신성한 '보는 자'를 아는 지식만 구원을 줄 수 있으며, 이 구원은 곧 자아와 우주, 아트만과 브라만, 영혼과 신이 같은 것임을 인정하는 것이며 부분이 전체로 동화되는 것이다.[118] 오직 이런 동화가 완벽하게 이루어질 때만 환생의 수레바퀴가 멈춘다. 그럴 때는 환생하여 얻게 되는 개별 자아와 개성이 망상임을 알게 되기 때문이다.[119] 형벌과 상으로 자아를 다시 태어나게 하는 것은 바로 마야의 신 이슈바라다. 그러나 샹카라에 의하면 "아트만과 브라만이 같은 것임이 알려지게 될 때 방랑자로서의 개별 자아의 존재와 창조주로서의(즉 이슈바라로서의) 브라만의 존재는 소멸된다."[120] 이슈바라와 카르마 역시 사물과 개별 자아처럼 일반인의 필요에 맞게 조절된 것으로 베단타의 공개적인 가르침에 속한다. 비전적인 은밀한 가르침에서는 영혼과 브라만은 같은 것이며 방황하지도 않고 죽지도 않으며 변하지도 않는다.[121]

테니슨(Tennyson)의 「옛 현인」,
"홀로 앉아 있노라면 몇 번이나
내 자신을 상징하는 말이 내 안에서 맴돌고
죽어야 할 자아의 한계가 풀려
이름 없는 자 속으로 흘러 들어간다
구름이 녹아 하늘로 흘러 들어가듯이.
내 손발을 어루만지나
그 사지가 낯설고 내 것이 아니다.
그러나 의심의 그림자 사라져 한없이 맑아지고
자아가 사라져 큰 삶을 얻게 되니
우리의 삶만큼 크고
태양처럼 빛나 말로 그림자 드리울 수 없으니
말은 그림자 같은 세상의 그림자일 뿐이다."[116]

샹카라가 비전적인 가르침을 철학자들에게만 가르치도록 제한한 것은 사려 깊은 조치였다. 볼테르가 오직 철학자들의 사회만 법이 없어도 살아남을 수 있다고 믿었던 것처럼, 오직 초인들의 사회만 선과 악을 초월하여 살 수 있기 때문이다. 비판자들은 만일 선과 악이 비실재적인 세계의 일부인 마야라면 모든 도덕적 구분이 소멸되고 악마도 성인만큼 선할 것이라고 불평했다. 그러나 이런 도덕적 구분은 시간과 공간의 세계 "안에서는" 실재적이며, 그 안에서 사는 사람들에게는 구속력이 있다고 샹카라는 영리하게 답변한다. 그 구분들은 브라만과 합일된 영혼에게는 구속력이 없다. 그런 영혼은 악을 행할 수 없다. 악은 욕망과 행동을 함축하며 해방된 영혼은 정의(定義)상 욕망과 (자아를 고려하는) 행동의 영역에서 움직이지 않기 때문이다. 마야의 지평에서는 누구나 다른 생명체에게 상처를 주고 그 지평의 구분과 도덕, 법에 지배를 받는다. 오직 철학자만 자유로우며 오직 지혜만이 자유다.*

이것이 20대의 청년이 기록한 섬세하고 심오한 철학이었다. 샹카라는 이 철학을 글로 다듬었을 뿐 아니라 논쟁에서 방어하는 데도 성공했으나, 그 철학의 단편들을 인도에서 가장 미묘한 일부 시 형태로 표현했다. 그는 모든 도전이 처리되자 은퇴하여 히말라야에 은거했으며, 힌두 전승에 의하면 서른두 살의 나이에 세상을 떠났다고 한다.[122] 열 개의 종단이 그의 이름으로 세워졌으며 많은 제자들이 그의 철학을 받아들이고 발전시켰다. 그중 한 명이 (일부 사람들의 말에 의하면 샹카라 자신이) 사람들을 위해 베단타에 대한 대중적인 주석서(모하무드가라, 즉 어리석음을 깨는 망치)를 썼다. 이 주석서는 베단타 체계의 본질적인 가르침들을 분명하고 힘 있게 요약해 놓았다.

어리석은 자여! 재물을 향한 갈증을 버리고 마음에서 모든 욕망을 씻어 버리십시

---

* 다자(多者)는 비실재이며 오직 일자(一者)만 존재한다는 파르메니데스의 주장이 얼마나 우파니샤드에 빚을 졌는지 혹은 얼마나 샹카라에게 기여했는지 우리는 모른다. 또한 샹카라와 임마누엘 칸트의 놀라울 정도로 비슷한 철학 사이의 연관성이나 인과 관계, 시사성도 확립할 수 없다.

오. 카르마로 인해 얻은 것으로 만족하십시오. …… 재물이나 친구, 청춘을 자랑하지 마십시오. 세월이 지나면 모든 것은 한순간일 뿐입니다. 망상으로 가득 차 있는 이 모든 것을 하루속히 떠나 브라만의 처소로 들어가십시오. 삶은 연잎에 떨어지는 한 알의 물방울과 같습니다. …… 세월은 흐르고 삶은 점점 쇠약해져 갑니다. 주름은 깊어지고 백발은 늘며 이는 빠지고 지팡이를 잡은 손은 흔들리는데도 사람은 희망의 끈을 놓지 않습니다. …… 언제나 마음의 평정을 유지하십시오. 당신 안에, 내 안에, 다른 사람들 안에는 비슈누가 거하고 있습니다. 나에게 화를 내거나 조바심을 내는 것도 부질없는 일입니다. 모든 개별 자아는 진정한 자아 안에 있으니 다르다는 생각을 모두 버리십시오.[123]

3. 힌두 철학의 결론

힌두 철학의 위대한 시대는 이슬람이 침입하면서 막을 내렸다. 인도의 토착 신앙은 처음에는 이슬람교도에게 후대에는 그리스도교도에게 공격을 당해 자기 방어에 급급하게 되면서 논쟁은 곧 반역으로 몰리는 소심한 통일성 속으로 빠져들었다. 그리고 획일적인 사고를 요구하는 이런 정체적인 상황은 비정통 신앙을 만들어 내던 창조성도 소멸시키고 말았다. 12세기에 라마누자(서기 1050년경)와 같은 성인들은 샹카라가 철학자들의 종교로 만들려고 했던 베단타 체계를 비슈누와 라마, 크리슈나를 섬기는 정통 종교로 재해석했다. 철학은 새로운 사상을 만들어 내는 일이 막히게 되자 스콜라주의로 빠져들거나 불모지로 바뀌었다. 철학은 승려에게서 철학적 교리를 받아들여 차이점 없는 구분과 이성이 배제된 논리를 통해 그 교리들을 증명하는 데 몰두했다.[124]

그러나 브라만들은 고독하게 은거하며 난해성을 발휘하여 과거의 체계들을 비전적인 수트라와 주석서 속에 면밀하게 담아 세대에서 세대로 힌두 철학의 결론들을 전했다. 브라만교의 체계든 다른 체계든 이 모든 체계에서는 지성의 범주들을 직접 느끼거나 눈앞에 보이는 현실 앞에서는 무기력하거나 기만적인 것으로 묘사한다.* 그리고 인도의 형이상학자가 보기에는 우리의 18세기 합리주의는 모두, 헤아릴 수 없는 우주를 "살롱니에르(살롱의 여주인)"의 개념에 종속시키려는 피상적인 헛된 노력일 뿐이다. "무지를 숭배하는 사람은 맹목적인 어둠으로 빠져들고 지식으로 만족하는 사람은 훨씬 더 깊은 어둠으로 빠져든다."[126] 힌두 철학은 유럽의 철학이 끝나는 곳, 즉 지식의 본성과 이성의 한계를 탐구하면서 시작한다. 그 출발점은 탈레스와 데모크리토스의 자연학이 아니라 로크(Locke)와 칸트의 인식론이다. 힌두 철학에 의하면 정신은 가장 직접적으로 알려지는 것이다. 그런데 물질은 오직 정신을 통해서만 그리고 직접적으로만 알려진다. 그러므로 정신은 물질로 해소되지 않는다. 힌두 철학은 외부 세계를 받아들이지만 우리의 감각이 그 세계를 있는 그대로 알 수 있다고는 생각하지 않는다. 모든 과학은 도표로 표현된 무지이며 마야에 속한다. 과학은 항상 변하는 개념들과 말로 세상의 원리를 표현하지만 이성은 그 세상의 일부일 뿐이며 끝없는 바다를 떠도는 해류일 뿐이다. 심지어 이성을 지닌 인간조차 환영인 마야일 뿐이다. 인간은 덧없는 사건의 연속체이며 물질과 정신의 곡선에 시간과 공간을 통해 잠시 나타났다 사라지는 하나의 마디일 뿐이다. 또한 인간의 행동이나 생각은 그가 출생하기 훨씬 이전부터 존재하는 힘들이 자신의 일을 이루는 것일 뿐이다. 실재는 브라만뿐이다. 모든 형상은 존재의 대양인 브라만 속에서 한순간 나타났다 사라지는 파도의 포말에 섞여 있는 한 점일 뿐이다. 미덕은 조용한 영웅의 선행도 아니고 경건한 무아경도 아니다. 미덕이란 단지 브라만 안에서는 자아가 다른 모든 자아와 동일한 것임을 인정하는 것일 뿐이다. 도덕은 모든 것과의 일체감을 의식하며 살아가는 삶이다.** "자신의 자아 안에 모든 피조물이 있고 만물 속에 자신의 자아가 있음을 아는 사람에게는 걱정이

---

* "인도의 성인들이 갖고 있던 것은 감각이나 지성으로 얻은 지식에 대한 경멸뿐이었다."[125]

** 스피노자(Spinoza)의 다음 말 참조. "가장 위대한 선은 정신이 자연 전체의 일부임을 아는 것이다."[128] 힌두 철학은 '신에 대한 이지적인 사랑'으로 요약할 수 있다.

없다. 그런 사람에게는 망상도 없고 슬픔도 없다."[127]

　이 철학의 몇몇 독특한 특성들은 힌두의 관점에서 보면 결함이 아니었다. 그러나 이 철학은 바로 그 특성들 때문에 다른 나라에 더 많은 영향력을 발휘하지 못했다. 그 방법론과 용어 그리고 베다의 가정들이 다른 가정이나 세속적인 문화를 지닌 나라에서 공감을 얻는 데 장해물이 된 것이다. 이 철학의 마야론은 도덕이나 적극적인 미덕을 거의 장려하지 않는다. 염세주의는 카르마 이론으로도 악을 설명하지 못했음을 고백하는 것이다. 이 철학은 바로잡을 수 있을 악이나 시급하게 행해야 할 일을 앞에 놓고도 정체적인 정숙주의를 높여 놓는 결과를 낳았다. 그러나 이런 명상적인 체계들에는 활기찬 지역에서 생성된 행동주의 철학의 피상적인 성격을 드러내는 깊이가 있다. 아마 "아는 것이 힘"이라는 확신으로 가득 찬 서양 철학은 인간의 능력과 수명을 너무 과대평가하는 젊은 시절의 열정에서 나오는 목소리일지도 모른다. 우리는 공평한 자연과 적대적인 시간과 매일 맞서 싸우면서 활력이 고갈되면 체념과 평화의 동양 철학을 관대한 눈으로 바라보게 된다. 그러므로 인도의 사상이 다른 문화에 가장 큰 영향을 미친 시기는 그 문화가 약해지거나 소멸되어 가는 시기였다. 그리스는 승리를 거두고 있는 동안에는 피타고라스나 파르메니데스에게 관심을 거의 보이지 않았다. 그러나 그리스가 쇠약해지고 있는 동안에는 플라톤과 오르페우스교의 신관들이 환생 교리를 받아들였으며, 동양인 제논은 거의 힌두적인 운명론과 체념을 전했다. 그리고 그리스가 죽어 가고 있을 때 신플라톤주의자와 영지주의자는 인도의 깊은 우물에서 물을 길어 마셨다. 로마가 몰락하고 이슬람이 유럽과 인도를 연결하는 통로를 정복하여 유럽이 빈곤하게 되자 동양 사상과 서양 사상의 직접적인 교류가 천 년 동안 가로막혔던 것처럼 보인다. 그러나 영국이 인도에 정착하게 되자 곧 우파니샤드가 번역되어 서양의 사상에 자극을 주기 시작했다. 피히테(Fichte)는 이상하게도 샹카라의 것과 같은 관념론을 생각했다.[129] 쇼펜하우어(Schopenhauer)는 불교와 우파니샤드, 베단타를 거의 완전히 자신의 철학으로 받아들였다. 그리고 셸링(Schelling)은 노년에 우파니샤드를 인류의 가장 성숙한 지혜로 여겼다. 니체(Nietzsche)는 오랫동안 비스마르크(Bismarck)와 그리스인들에게 관심을 쏟느라고 인도에는 관심을 보이지 않았다. 그러나 결국에는 일종의 환생 개념인 영원 회귀 개념을 자주 사용하며 다른 어떤 사상보다 더 높이 평가했다.

우리 시대에 유럽은 동양의 철학에서 점점 더 많은 것을 받아들이는 반면에,* 동양은 서양의 과학에서 점점 더 많은 것을 받아들이고 있다. 아마 유럽은 다른 세계 대전이 벌어지면 동양의 철학과 종교가 들어오도록 다시 문을 열지도 모른다.(알렉산드로스의 제국이 해체되면서 그리스가 문을 열고, 로마 공화정이 몰락하면서 로마가 문을 연 것처럼 말이다.) 동방에서 서양을 배척하는 열기가 거세져, 서양의 산업과 번영을 지탱해 주던 아시아 시장을 잃어버리게 되어 빈곤과 분열과 혁명으로 인해 유럽이 약해질 수도 있다. 그러면 분열된 유럽 대륙에도 하늘의 희망과 이 땅의 좌절을 말하는 새로운 종교를 받아들일 분위기가 무르익게 될지도 모른다. 아마 미국에서 그런 일이 일어난다는 것은 생각할 수도 없는 일이라고 여긴다면 그것도 역시 편견일 것이다. 다시 말해 정숙주의와 체념은 우리의 활기찬 분위기에도 어울리지 않으며, 많은 자원과 넓은 영토가 안겨 주는 활력과도 어울리지 않는다고 생각할지도 모른다. 또한 우리의 기후가 우리를 끝까지 지켜 줄 것이 분명하다고 생각할지도 모른다. 그러나 그것 역시 편견일 뿐이라는 말이다.

* 베르그송(Bergson), 카이절링(Keyserling), 《크리스천사이언스》, 신지학(神智學) 참조.

20장　　　　　　　　　인도 문학

1. 인도의 언어

중세 유럽에는 철학과 많은 문학이 대중은 이해할 수 없는 죽은 언어로 기록되어 있었다. 마찬가지로 인도의 철학과 고전 문학 역시 대중은 오래전부터 사용하지 않으나 다른 공용된 언어가 없었던 학자들의 공용어로 존속하던 산스크리트어로 기록되었다. 이 문학 언어는 국가의 생활에서 단절되어 있었으므로 스콜라주의와 세련미의 모델이 되었다. 새로운 말은 대중이 스스로 만드는 것이 아니라, 학교에서 전문적인 대화를 나누는 데 필요했기 때문에 만들어졌다. 결국 철학에서 사용하는 산스크리트어는 베다의 찬가에 나타났던 생명력 있는 단순성을 잃고, 단어 하나가 30센티미터가 넘어 기괴한 촌충처럼 한 쪽 전체를 기어 다니는 인위적인 괴물이 되었다.*

---

* 산스크리트어의 교착(膠着) 어형의 일부 사례로는 "citerapratisamkramayastadakarapttau, upadanavisvamasattakakaruapattih" 등을 들 수 있다.[1]

한편 기원전 5세기경 인도의 북부 사람들은 산스크리트어를 프라크리트어로 대체했다. 이달리아가 라틴어를 이탈리아어로 대체한 것처럼 말이나. 프라크리트어는 한동안 불교도와 자이나교도의 언어가 되었으나 다시 팔리어로 바뀌었다. 팔리어는 현존하는 가장 오래된 불교 문헌에서 사용하고 있는 언어다.[2] 서기 10세기 말에는 이런 인도 중산층 언어들은 다양한 상용어를 낳았는데, 그중 가장 중요한 것이 힌디어였다. 12세기에 이 언어는 다시 힌두스타니어를 낳았으며, 이 힌두스타니어는 인도 북부 절반의 상용어가 되었다. 끝으로 이슬람 침략자들은 힌두스타니어를 페르시아 말로 채워 우르두어를 새로 만들어 냈다. 이 언어들은 모두 인도게르만 어족의 언어였으며 사용 범위는 힌두스탄에 국한되어 있었다. 데칸 지역은 타밀어와 텔루구어, 칸나다어, 말라얄람어 등 과거의 드라비다족 언어들을 고수했으며, 타밀어는 남부의 주요 문학 매개가 되었다. 19세기에는 벵골어가 산스크리트어를 대신하여 벵골 지역의 문학 언어가 되었다. 소설가 차테르제(Chatterjee)는 벵골의 보카치오였으며, 시인 타고르(Tagore)는 페트라르카였다. 오늘날에도 인도에는 백 가지의 언어가 있으며, 스와라지* 문학은 정복자의 말을 사용한다.

아주 초기부터 인도는 말의 뿌리와 역사, 관계, 조합을 추적하기 시작했다. 기원전 4세기에 이르러서는 인도 자체를 위해** 문법 체계를 만들어 내고 아마 알려진 문법학자 중 가장 위대한 학자일 파니니를 배출했다. 파니니와 파탄잘리(서기 150년경), 바르트리하리(서기 650년경)의 연구 업적은 언어학의 토대를 마련해 놓았다. 매력적인 언어발생학은 현대에는 산스크리트어가 재발견되면서 명맥을 이어 가고 있다고 해도 과언이 아니다.

앞에서 말한 것처럼 베다 시대의 인도에서 글은 인기가 없었다. 그러나 기원전 5세기경에는 셈족의 언어들을 모델로 하여 카로슈티 문자를 채택했으며, 서사시와 불교 문헌에서는 서기관에 대한 말이 나타나기 시작한다.[3] 야자수의 잎과 나무껍질을 용지로 사용하고 철필을 필기도구로 사용했다. 나무껍질을 처리하여 질기게 만들고 철필로

---

* 자치(自治) 운동.
** 바빌로니아인들도 비슷한 일을 했다. 1-1권의 424쪽 참조.

그 위에 문자를 썼다. 그리고 잉크를 부어 스며들게 한 후 씻어 내면 긁힌 자국에만 잉크가 남았다.[4] 종이는 (서기 1000년경에) 이슬람이 들여왔으나 17세기에야 나무껍질 대신 사용했다. 나무껍질로 만들어진 책장들은 줄로 꿰어 순서대로 보존했으며 그 책들은 도서관에 모아 놓았다. 힌두인은 도서관을 "말의 여신의 보물 창고"라고 했다. 나무로 만든 이런 문헌은 엄청난 분량이 세월과 전쟁의 참화를 이기고 살아남았다.*

2. 교육

19세기까지도 인도의 교육에서 글이 담당한 역할은 매우 작았다. 아마 승려들이 신성한 텍스트나 스콜라적인 텍스트를 만인에게 공개된 비밀로 만드는 일에 관심이 없었기 때문일 것이다.[6] 인도의 역사를 최대한 추적해 보아도 교육 체계[7]는 항상 승려가 장악했으며 처음에는 브라만의 아들들에게만 열려 있었으나, 후에는 이 특권이 카스트에서 카스트로 확대되어 지금은 불가촉천민만 배제하고 있다. 모든 힌두 부락에는 공공 기금을 통해 지원받는 학교 교사가 있었다. 벵골 지역만 해도 영국인이 오기 전에 이미 약 8만 개의 원주민 학교가 있었는데 이것은 주민 400명당 하나 꼴이었다.[8] 아소카 시대에 인도에서 글을 읽을 수 있는 사람의 비율은 오늘날보다 높았음이 분명하다.[9]

어린이는 다섯 살에 부락 학교에 입학하여 여덟 살에 졸업했으며 수업은 9월부터 2월까지 있었다.[10] 교육 내용은 어떤 과목이든 주로 종교적인 것이었다. 공부하는 방법은 보통 기계적으로 암기하는 것이었으며 교재는 베다일 수밖에 없었다. 교육 내용에

---

* 19세기까지는 인쇄를 보여 주는 흔적이 없다. 아마 중국에서처럼 원주민의 문자를 움직일 수 있는 형태로 만들려면 비용이 너무 많이 들었기 때문이기도 하고, 어쩌면 인쇄를 서예의 천한 서자 정도로 여겼기 때문이기도 했을 것이다. 인쇄와 신문을 인도에 들여온 것은 영국인이었으나 힌두인은 그 사용법을 개선시켰다. 오늘날 인도에는 1517종의 신문과 3627종의 정기 간행물이 있으며, 해마다 평균 1만 7000권 이상의 새로운 책이 발간된다.[5]

는 읽기와 쓰기, 계산이 포함되었으나 주요 관심사는 아니었다. 지식보다는 인격을 더 중요하게 생각했으며 학교 교육의 핵심은 훈련이었다. 체벌이나 다른 엄격한 조치는 없었으며 건전하고 올바른 생활 습관을 형성하는 것이 주안점이었다.[11] 여덟 살이 되면 학생은 개인 교사 또는 인도자인 구루에게 옮겨 가 정식 교육을 받았다. 학생은 가능하면 스무 살까지 그 구루와 함께 생활해야 했다. 학생은 때로는 천한 일도 하면서 구루를 섬겨야 했으며 절제와 겸손, 청결, 육식을 뺀 식사를 하겠다고 서약했다.[12] 이제는 문법과 예술 및 직업 교육, 의학, 논리학, 철학의 "다섯 가지 학문(샤스트라(Shastra))"을 배웠다. 그 후에는 교육이란 4분의 1은 교사에게서, 4분의 1은 개인적인 학습에서, 4분의 1은 친구들에게서, 4분의 1은 삶에서 얻어지는 것이라는 지혜로운 권면을 받고 세상으로 나왔다.[13]

학생은 열여섯 살이 되면 구루를 떠나 큰 학교로 옮겨 갈 수 있었다. 베나레스나 탁실라, 비다르바, 아잔타, 우자인, 날란다에 있는 큰 학교들은 고대와 중세 인도의 영광이었다. 베나레스의 학교는 우리 시대와 마찬가지로 부처의 시대에도 정통 브라만 교육의 요새였다. 탁실라의 학교는 알렉산드로스 침략 당시 힌두 학문의 리더로 온 아시아에 알려져 있었으며 무엇보다도 의학 교육으로 정평이 나 있었다. 우자인의 학교는 천문학으로 명성이 높았으며 아잔타의 학교는 예술 교육으로 이름을 날렸다. 아잔타에 유물로 남아 있는 건물 중 하나에 그려진 벽화는 이런 옛 학교들의 웅장한 모습을 보여 준다.[14] 가장 유명한 불교 고등 교육 기관인 날란다 학교는 부처 사망 직후에 세워졌으며, 국가는 이 학교를 지원하기 위해 100개의 부락을 식읍(食邑)으로 제공했다. 날란다 학교에는 학생 1000명과 교실 100개, 큰 도서관들, 4층으로 된 기숙사들로 이루어진 엄청난 규모의 가구(街區) 6곳이 있었다. 그곳의 천문대들은 "아침 안개 속에 묻혀 있었으며 그 꼭대기 층들은 구름 위로 솟아 있었다."라고 유안 츄왕은 말했다.[15] 노년의 중국인 순례자는 날란다 학교의 박식한 승려들과 그늘을 드리우는 작은 숲들을 매우 좋아하여 그곳에서 5년이나 머물렀다. 그는 우리에게 이렇게 말한다. 날란다에 있는 "토론 학교에 들어가려고 외국에서 온 학생 가운데 대다수는 난해한 문제를 극복하지 못하고 떠났다. 그리고 과거와 현대의 모든 학문에 깊이 정통한 사람은 입학이 허락되었으나 10명 중 2~3명만 졸업할 수 있었다."[16] 운이 좋아 입학 허가를 받은 지원자는 수업료와 기숙사비가 모두 무료였으나 거의 수도원에 가까운 규율을 지켜야 했다. 학생에게는 여자에게 말을 하거나 보는 것도 허용되지 않았다. 그리스도교 신약 성경의 가장 어려운 구절처럼 심지어 여자를 보고 음욕을 품는 것도 큰 죄로 간주되었다. 성과 관련된 죄를 범한 학생은 꼬리가 위로 올라간 당나귀 가죽을 쓰고 1년 내내 탁발하며 자기 죄를 외치고 다녀야 했다. 매일 아침 학생들은 모두 학교에 딸린 10개의 큰 수영장에서 목욕을 해야 했다. 교육 과정은 12년 과정이었으나 30년 동안 머무는 학생도 있었으며 죽을 때까지 머문 학생도 있었다.[17]

이슬람교도들은 인도 북부의 수도원을 (불교 수도원이든 브라만교 수도원이든) 거의 모두 파괴했다. 날란다 학교는 1197년에 소실되었으며 그곳의 승려는 거의 모두 살해되었다. 이런 광신자들이 남겨 놓은 것으로는 고대 인도의 풍요로운 삶을 평가할 수 없다. 그러나 파괴자들은 야만인은 아니었다. 그들도 심미안이 있었으며 신앙을 빌미로 하여 약탈하는 거의 현대적인 기술을 갖고 있었다. 무굴인은 왕좌를 차지하자 고상하지만 편협한 문화 기준을 도입했다. 그들은 칼을 사랑하는 것만큼 학문도 사랑했으며 점령과 시를 성공적으로 결합시키는 법도 알고 있었다. 이슬람인의 교육 방법은 대체로 개인적인 것이어서 부유한 아버지가 가정 교사를 고용하여 아들을 교육했다. 그들의 교육관은 재산과 권력을 지닌 사람에게는 도움이 될 때도 있는 장식품이지만, 중산층 이하에서는 일반적으로 쓸모가 없거나 위험 요소가 된다고 보는 귀족적인 개념이었다. 역사상 가장 훌륭한 편지 중 하나를 보면 당시의 가정 교사가 어떤 교육 방법을 사용했는지 판단할 수 있다. 다음은 아우랑제브가 왕에게 모종의 명예직과 봉급을 구하고 있는 자신의 전임 교사에게 보낸 답장이다.

박사님, 당신이 나에게 어떤 부탁을 하고 있는지 압니까? 당신을 내 궁정의 수석 오므라(Omrah) 중 한 사람으로 삼아 달라는 바람이 합당하다고 생각합니까? 만일 당신이 나를 제대로 가르쳤다면 더 이상 공정한 일도 없을 것입니다. 내 생각에도 이 린이가 교육과 가르침을 잘 받았다면 마땅히 스승을 아버지처럼 섬겨야 할 것이기 때문입니다. 그러나 당신이 내게 준 훌륭한 기록*은 어디 있습니까? 우선 당신은 내게 모든 프랑기스탄(Frangistan, 그들은 유럽을 이렇게 부른 것으로 보인다.)은 별것 아니라고 가르쳤습니다. 나는 프랑기스탄이 얼마나 작은 섬나라인지 모릅니다. 당신은 그곳에서 가장 큰 왕이 포르투갈 왕이며 그 다음이 네덜란드 왕이고 그 다음이 영국 왕이라고 했습니다. 그리고 프랑스 왕과 안달루시아 왕 등 다른 왕들에 대해서는 우리나라의 작은 라자와 같다고 했습니다. 그러면서 인도스탄(남아시아 지역)의 왕들이 그들 모두를 합친 것보다 훨씬 탁월하며 그들(인도스탄의 왕들)이야말로 …… 위대한 왕, 세상을 정복한 왕이라고 내게 말했습니다. 또한 페르시아와 우즈베크, 카슈가르, 타타르와 카타이(북중국), 페구, 중국과 마트치나의 왕들은 인도스탄 왕의 이름만 들어도 무서워서 벌벌 떤다고 했습니다. 참으로 대단한 지리학입니다! 당신은 내게 이 모든 나라를 정확하게 구별할 수 있고 그들의 힘과 전투 방식, 관습, 종교, 정부, 관심사를 잘 이해할 수 있도록 가르쳐야 했습니다. 그리고 그들 역사에 대한 구체적인 공부를 통해 그들의 개국과 발전, 멸망에 대해 알고 또 제국들과 왕국들에 일어난 큰 변화와 혁명이 언제, 어떻게 그리고 어떤 사건과 실수를 통해 발생했는지 알 수 있게 가르쳐야 했습니다. 나는 이 제국을 세운 유명한 나의 조상들의 이름을 당신에게 배운 적이 없습니다. 당신은 그들이 어떤 삶을 살았으며 어떤 과정을 거쳐 그런 위대한 정복을 이루어 냈는지 그 역사를 나에게 가르친 적이 없습니다. 당신은 내가 아랍어를 읽고 쓸 수 있도록 가르치는 일에 신경을 썼습니다. 그 때문에 어처구니없게도 10~12년이나 걸려야 완벽하게 배울 수 있는 언어를 배우는 일에 많은 시간을 낭비할 수밖에 없었습니다. 마치 왕의 아들은 주변 국가의 언어가 아니라서 배우지

---

* 즉 가르침.

않아도 잘 지낼 수 있는 언어를 익혀 무슨 법칙에 정통한 학자나 문법학자가 되는 것을 명예로 생각해야 하는 것처럼 말입니다. 그에게는 시간을 들여 배워야 할 중요한 것이 많았으므로 시간은 대단히 소중한 것인데도 그랬습니다. 말을 배우는 것처럼 슬프고 무미건조하며 시간이 오래 걸리고 지겨운 일을 하면서도 싫은 내색을 하지 않거나 인격이 나빠지지 않는 사람이 어디 있겠습니까?[18]

같은 시대의 인물 베르니에(Bernier)에 의하면 "아우랑제브는 이렇게 자신을 가르친 교사들의 현학적인 교육 방법에 대해 분노했다. 그는 궁정에서 다음과 같은 질책을 더했다."*

당신은 보통 행복한 추억을 갖기 마련인 어린 시절에 훈련을 제대로 받으면 수많은 훌륭한 교훈과 가르침을 배울 수 있다는 사실을 모릅니까? 그런 것들은 깊이 각인되어 남은 전 생애에 걸쳐 항상 위대한 활동을 할 수 있도록 정신을 고양시킵니다. 어린이들이 율법과 기도, 과학을 꼭 아랍어로 배워야 하고 우리의 모국어로 배울 수는 없는 것입니까? 당신은 내게 철학을 가르치겠다고 아버지 샤 제한에게 말했습니다. 사실 당신은 나로 하여금 정신적으로 아무런 만족도 주지 못하고 자비로운 사회에도 아무 쓸모가 없는 것들에 대한 공허한 질문에 오랫동안 매달리게 만들었습니다. 그리고 이해하기도 어렵고 까먹기도 잘 하는 공허한 개념들 및 단순한 공상들과 씨름하게 만들었습니다. 나는 이것을 아주 잘 기억합니다. …… 내가 지금도 기억하는 것은 당신이 그렇게 해서, 얼마나 오랫동안 그랬는지 기억은 나지 않습니다만, 당신의 그 잘난 철학으로 나를 즐겁게 해 주었으나 내게 남아 있는 것이라고는 야만적이고 알기 어려운 말들뿐이었다는 사실입니다. 그런 말들은 본래 최선을 다해 이해하려고 해도 당혹스럽고 혼란스러우며 지치게 만들 뿐이며, 바로 당신과 같은 사람들의 허영심과 무지를 덮어 가리려고 그럴듯하게 만들어 낸 것일 뿐입니다. 그런 말들을 통

---

* 우리는 아래의(그리고 앞의) 인용문에서 어떤 것이 베르니에의 말이고 어떤 것이 아우랑제브의 말인지 알 수 없다. 다만 다시 인쇄되었다는 것만 알 수 있을 뿐이다.

해 우리로 하여금 그런 사람들은 모든 것을 알고 있다고 믿게 만들고, 애매모호한 말들 이면에는 오직 그들만 이해할 수 있는 위대한 비밀이 숨겨져 있다고 생각하게 만들려는 것입니다. 당신이 나를 훈련시킨 철학이 내 정신을 논리적 추론에 익숙해지게 만들고 나도 모르는 사이에 확실한 근거에만 만족하는 버릇이 몸에 배도록 만들었습니까? 당신이 내게 준 가르침과 교훈이 영혼으로 하여금 어떤 운명의 공격도 극복할 수 있게 하고, 항상 흔들림 없이 변치 않는 성정을 유지할 수 있게 하며, 일이 잘 풀린다고 우쭐대지도 않고 어려움을 당한다고 가라앉지도 않게 하는 탁월한 것이었습니까? 당신은 우리는 어떤 존재이며 만물의 제일 원리는 무엇인지에 대한 지식을 가르치려고 신경 쓴 적이 있습니까? 내가 우주의 위대함에 합당한 개념이나 그 우주를 형성하고 있는 부분들의 놀라운 질서와 움직임에 대해 합당한 개념을 갖도록 도와준 적이 있습니까? 만일 당신이 이런 종류의 철학을 내게 가르쳐 주었다면 나는 당연히 알렉산드로스가 아리스토텔레스에게 입었던 것과는 비교할 수 없을 정도로 더 큰 은혜를 입었다고 여겨 알렉산드로스가 아리스토텔레스에게 대우했던 것과는 다른 방식이겠지만 마땅히 보상해야 할 의무가 있다고 생각할 것입니다. 그러나 당신은 아첨했습니다. 당신은 아첨 대신 왕이 알아야 하는 중요한 사안, 즉 왕이 백성에게 행해야 할 의무가 무엇이며 백성이 왕에게 해야 할 의무가 무엇인지 가르쳐야 했습니다. 그리고 내가 언젠가는 내 생명과 왕위를 놓고 형제들과 칼을 들고 싸워야 한다는 것을 가르쳐야 했습니다. 그렇지 않습니까? …… 당신은 나에게 도시는 어떻게 포위하여 공격해야 하는지, 군대는 어떻게 배치해야 하는지 배우도록 신경 써 본 적이 있었습니까? 내게 이런 것을 가르쳐 준 사람은 다른 사람들이지 당신이 아니었습니다. 당신의 마을로 돌아가서 아무도 당신이 어떤 사람이며 당신에게 어울리는 것이 무엇인지 모르게 하십시오.[19]

3. 서사시

부락 학교와 더 큰 규모의 학교는 단지 인도 교육 체계의 일부였을 뿐이다. 인도에서는 다른 문명보다 글을 덜 소중하게 생각했으므로 인도의 역사와 시는 구전을 통해 보존되고 유포되었다. 그러므로 그들의 문화유산 중 가장 소중한 부분들이 사람들에게 유포된 것 역시 대중 앞에서 낭송하는 관습을 통해서였다. 그리스에서는 이름 없는 이야기꾼들이 『일리아드』와 『오디세이』를 전하고 확대시킨 것처럼 인도에서도 암송자들과 낭독자들이 서사시들을 세대에서 세대로 그리고 궁정에서 서민에게 전했다. 그리고 그 과정에서 브라만들이 자신들의 전설적인 전승을 가득 채우면서 서사시들은 점점 확장되었다.

힌두의 어떤 학자는 마하바라타를 "아시아가 낳은 가장 위대한 작품"으로 평가했다.[20] 그리고 찰스 엘리엇 경(Sir Charles Eliot)은 "일리아드보다 더 위대한 시"라고 했다.[21] 한 가지 의미에서는 엘리엇의 판단은 의심할 여지가 없다. 마하바라타는 처음(기원전 500년경)에는 적당한 길이의 짤막한 설화 시였다. 그러나 세월이 흐르면서 일화와 설교가 첨가되고 라마 이야기의 부분들은 물론 바가바드기타도 흡수하여 결국에는 10만 7000개의 8보격 이행시로 늘어나 『일리아드』와 『오디세이』를 합친 것보다 일곱 배나 더 긴 장편이 되었다. 이 작품의 저자 이름은 수없이 많다. 전승에서 저자라고 밝히는 브야사(Vyasa)는 "정리한 사람"을 의미한다.[22] 많은 시인이 쓰고 수많은 가수가 다듬었으며, 굽타 왕조(서기 400년경)에 이르러서는 브라만들이 본래 크샤트리아의 작품이었던 이 서사시에 자신들의 종교적 도덕적 사상을 쏟아부어 오늘날과 같은 장편 시로 만들었다.

정확히 말하면 마하바라타의 중심 주제는 종교적 교훈이 아니었다. 이 시는 폭력과 도박, 전쟁에 대한 이야기를 전하기 때문이다. 1권에서는 아름다운 샤쿤탈라(인도에서 가장 유명한 연극의 여주인공이 될 여자)와 그 아들 바라타가 등장한다. 그 아들에게서 위대한 바라타 부족인 쿠르족과 판다바족이 태어나며 이 두 부족의 피비린내 나는 싸움은 종종 끊어지긴 하지만 이야기 전체를 이어가는 줄거리를 형성한다. 판다바족의 왕 유디슈티라는 쿠루족의 적이 조작된 주사위로 속임수를 쓰는 도박에서 재물과 군대, 왕국, 형제들을 판돈으로 걸다가 마지막에는 아내 드라우파디까지 잃게 된다. 판다바족은 약속 때문에 본향에서 떠났다가 12년 후에 왕국을 돌려받아야 한다. 12년이 지난 후 판다바족은 쿠루족에게 땅을 돌려 달라고 요구한다. 그러나 답변을 듣지 못하게 되자 전쟁을 선포한다. 양쪽 진영에 연합군이 개입하여 결국 거의 인도 북부 전체가 휘말리게 된다.* 그 전쟁은 18일 동안 계속되며 마하바라타의 다섯 권을 채운다. 쿠루족이 모두 살해되고 판다바족도 거의 모두 죽는다. 영웅 비슈마 혼자서만 10일 동안 10만 명을 살해한다. 이 시의 통계는 모두 합해서 수억 명이 살해되었다고 보고한다.[23] 이 피비린내 나는 죽음의 현장에서 눈먼 쿠루족 왕 드리타라슈트라의 왕비 간다리는 아들인 왕자 두리오단의 주검을 향해 게걸스럽게 몰려드는 독수리들을 보고 기겁하여 울부짖는다.

항상 의롭고 언제나 선했던 흠 없는 왕비이며 순결한 여자
간다리가 깊은 슬픔에 잠겨 들판에 서 있었다.
두개골과 머리카락에는 피가 흘러 검게 굳어 엉겨 붙은 채 널려 있고
무수한 전사들의 팔다리가 피로 붉게 물든 들판을 덮고 있다.
살육의 현장에는 자칼의 울음소리가 길게 울려 퍼지고
독수리와 갈까마귀의 흉측한 검은 날개가 퍼덕인다.
더러운 피샤차가 하늘을 가득 메운 채 전사들의 피로 향연을 벌이고
눈이 먼 굶주린 라크샤가 팔다리를 이리저리 찢는다.

옛 왕이 이런 죽음과 학살의 현장을 헤치며 나아가고

---

* 베다가 마하바라타에 등장하는 특정 인물들을 언급하고 있는 사실은 기원전 2000년대에 있었던 대규모 부족 전쟁에 대한 이야기가 근본적으로 역사적인 이야기임을 보여 준다.

쿠루족의 귀부인들이 무수한 주검을 헤치며 비틀거리며 발걸음을 옮기는데

고통스러운 날카로운 울음소리가 들판에 메아리치니

정글의 늑대들이 주검을 물어뜯고

한밤에나 어슬렁거리는 사악한 짐승들이 한낮에 몰려다님이라.

고통스러운 비명 소리와 슬픔에 잠긴 울음소리가 무시무시한 들판에 울려 퍼지고

사람들은 비틀거리며 걷다가 힘없이 쓰러지고

슬픔에 잠겨 기진하여 의식을 잃으니 모두가 슬픔에 빠지고

아픈 가슴을 못 이겨 기절하니 한순간 얻은 죽음 같은 휴식이다.

간다리는 슬픔을 못 이겨 깊은 한숨을 터트리고

슬픔에 잠긴 딸들을 바라보며 크리슈나를 향해 말했다.

"위로받을 길이 없는 내 딸들을 보라, 쿠루 가문의 여왕으로 과부가 된 딸들을 보라,

짝을 잃고 슬피 우는 물수리처럼 사랑하는 사람을 잃고 슬퍼하는 모습을 보라.

차갑게 식어 가는 모습을 보고 여자의 사랑은 눈을 감고

생명을 잃은 전사들 사이로 비틀거리며 정처 없이 배회할 뿐이다.

어머니들은 의식을 잃고 깊은 잠에 빠진 자식을 부여안고

과부들은 남편을 바라보며 슬픔에 잠겨 끝없이 울 뿐이다……."

왕비 간다리가 슬픔에 잠겨 크리슈나를 향해 이렇게 말하고 있을 때

슬프게도, 이리저리 아들을 찾던 그녀에게 두리오단이 눈에 띄었다.

가슴은 갑작스러운 슬픔으로 무너지고 의식도 희미해져

폭풍에 쓰러지는 나무처럼 정신을 잃고 쓰러졌다.

슬픔 속에서 다시 눈을 뜨고 한 번 더 바라보았다

아들이 넓은 하늘 아래서 피에 붉게 물들어 자는 듯 누워 있는 곳을.

사랑하는 두리오단을 일으켜 가슴에 끌어안고

생기 없는 몸을 부둥켜안고 몸부림치며 우니

여름철 폭우처럼 쏟아지는 눈물에 고귀한 머리가 흠뻑 젖었다

꽃으로 만들어 머리에 쓴 관도 아직 색이 바래지 않고 난상한 니슈카도 여전히 밝고 붉은데.

내 사랑하는 아들 두리오단은 전쟁터로 나가며 이렇게 말했다.

"어머니, 내가 전차에 타면 기쁨을 빌어 주고 승리를 빌어 주세요."

난 사랑하는 두리오단에게 말했다.

"애야, 하늘이 보우하사 잔인한 운명이 비켜 갈 것이다.

쌓은 공덕 때문이라도 승리가 기다릴 것이다."

그러나 아들은 전쟁터로 나가 용감하게 죄를 씻고

이제는 충성스러운 전사로 하늘에 있다.

나는 두리오단이 왕자답게 싸우다 쓰러졌으니 눈물을 흘리지 않겠으나

슬픔에 잠긴 내 남편에게 이 불행을 누가 알려 줄 것인가?

"자칼들이 역겨운 소리로 울어대고 늑대들이 밤을 꼬박 새며 지키고 앉아 있다.

전에는 아름다운 소녀들이 노래를 부르며 아들이 잠자는 모습을 지켜보더니,

부리에 피를 묻힌 더러운 독수리들이 아들의 주검을 에워싸고 날개를 퍼덕인다.

소녀들이 두리오단이 누운 왕자의 침대를 에워싸고 깃털로 만든 판카(부채)를 부치더니……

두리오단을 잃은 고귀했던 과부를 보라, 담대했던 라크슈만을 자랑스러워했던 어머니를 보라.

찬란한 황금 제단처럼 아름다운 모습으로 젊음을 뽐내던 왕비의 모습은 간데없고

달콤하게 품어 주던 남편을 잃고 두 팔로 감싸 안아 주던 아들을 잃었으니

아직도 젊고 매력이 넘치건만 이제 평생 남은 것은 슬픔과 고통뿐이다.

내 가슴은 이미 굳어져 돌이 되었으나 잔인한 슬픔에 눌려 부서지게 하라

간다리가 고귀한 아들과 손자가 살해당한 모습을 지켜보며 살아야 하는가?

두리오단을 잃은 과부의 모습을 보라, 피투성이가 된 남편의 머리를 부둥켜안은

모습을 보라.

　침대에서 그를 부드럽게 감싸 안았던 섬세한 팔로.

　세상을 떠난 사랑하는 남편 옆에는 눈에 넣어도 아프지 않은 아들이 누웠으니

　어머니의 눈에서 흐르는 눈물이 과부의 뼈를 깎는 슬픔을 적신다.

　연꽃 줄기처럼 부드럽고 빛나던 모습이여.

　나의 연꽃이여, 나의 딸이여, 바라트(인도)의 자랑이여, 쿠루의 명예여!

　베다에 진리가 담겨 있다면 용감한 두리오단은 저 위에 거하니

　사랑하는 그를 잃었다고 우리가 어찌 슬픔에 잠기겠는가?

　샤스트라에 진리가 담겨 있다면 내 아들은 영웅으로 하늘에 거하니

　이 땅에서 과업을 다 이룬 사람들을 두고 어찌 우리가 슬픔에 잠기겠는가?"[23a]

　사랑과 전쟁이라는 이 주제에 수많은 글이 첨가되었다. 신 크리슈나가 간섭하여 살육이 늦춰지고, 전쟁과 크리슈나의 고상한 성격을 말하는 한 편의 시가 등장한다. 죽어 가는 비슈마가 죽음을 늦추고 카스트와 상속, 결혼, 선물, 장례 의식에 대한 율법을 설명하고, 샹키아와 우파니샤드의 철학을 설명하고, 수많은 전설과 전승, 신화를 나열하고, 왕의 의무에 대해 유디슈티라를 길게 강의한다. 무미건조한 긴 계보와 지리, 신학과 형이상학이 삽입되어 드라마와 행동을 갈라놓고 오아시스로 만든다. 우화와 옛날이야기, 사랑 이야기, 성인들의 생애가 등장하여 마하바라타가 형태를 잃고 조잡한 이야기로 변질되고,『일리아드』나『오디세이』에서 발견되는 것보다 더 많은 사상 체계를 담게 된다. 크샤트리아가 영웅적인 모습과 전쟁의 꽃으로 묘사되었던 것이 분명한 작품이 브라만의 손을 통해 사람들에게 마누의 율법과 요가의 원리, 도덕적 교훈, 열반의 아름다움을 가르치는 매개가 된다. 황금률이 많은 형태로 표현되며* 아름답

---

* 예컨대 "당신에게 행해질 경우 당신에게 고통을 안겨 줄 것은 다른 사람에게도 행하지 말라."[24], "적이 도움을 구하더라도 선한 사람이라면 기꺼이 도움을 베풀 것이다."[25], "온유함으로 분노를 이기고 연민으로 악을 이기라. 베풂으로 인색함을 이기고 진리로 거짓을 이기라."[26]

고 지혜로운 도덕적 경구가 많다.* 부부의 정절에 관한 아름다운 이야기들은 여자 청중에게 정숙하고 인내심 많은 아내에 대한 브라만의 이상을 전해 준다.

세계 문학에서 가장 고상한 철학적 시인 신의 노래 비기바드기타에 큰 전쟁 설화가 섞여 있다. 바가바드기타는 인도의 신약 성경으로 베다 다음으로 존중되며 성경이나 코란처럼 법정에서 선서할 때 사용된다.[28] 빌헬름 폰 훔볼트(Wilhelm von Humboldt)는 바가바드기타는 "알려진 언어로 현존하는 노래 중 가장 아름답고 아마 유일하게 진정한 철학적 노래이며, 어쩌면 세상이 보여 주어야 하는 가장 심오하고 가장 고상한 것"이라고 선언했다.[29] 인도는 개별적인 개체에 대해서는 관심이 없으므로 대체로 창조에 대해서는 익명성을 보이는 특징이 있다. 기타(Gitta) 역시 이런 익명성을 공유하여 저자의 이름이나 기록 연대 없이 전해진다. 아마 기타는 빠르면 기원전 400년경에,[30] 늦으면 서기 200년경에 만들어진 작품일 것이다.[31]

이 시는 쿠루족과 판다바족의 전쟁을 무대로 하고 있으며, 판다바족의 전사인 아르주나가 치열한 전투에서 적 진영에 속한 가까운 친척들과 싸우지 않으려고 주저하면서 시가 시작된다. 아르주나는 호메로스의 신처럼 자기편에서 싸우는 크리슈나를 향해 간디와 그리스도의 철학을 이야기한다.

"내가 (사람들의 피를 흘리려고 여기 와서)
저쪽에 모여 있는 친척들을 보니
온몸의 힘이 빠지고 입 안의 혀가 마릅니다……
오, 케샤브여, 이것은 좋은 일이 아닙니다!
서로 죽이는 데서 무슨 선한 것이 나오겠습니까!
슬프다, 난 이렇듯 슬프게 얻은 승리와 권세, 부와 안락함을 혐오합니다.
고빈다여, 승리를 얻는다 한들 무슨 기쁨이 있겠으며

---

* 예컨대 "피조물의 만남은 넓은 바다에서 한 조각 나무가 다른 조각을 만났다가 다시 헤어지는 것과 같다."[27]

약탈물을 많이 얻는다 한들 무슨 유익이 있겠으며

그런 피를 흘리고 삶을 연장한다 한들 무슨 즐거움이 있겠습니까?

내가 이 땅의 권력을 좋아하여 친척과 친구를 살해한다면

아호바트! 얼마나 악한 일이겠습니까!

내 친척이 공격하더라도

공격에는 공격으로 맞서기보다는 무기를 놓고 그들을 대하고

활과 창 앞에 맨가슴을 내놓는 것이 더 나을 것입니다.”[32]

이 말을 듣고도 크리슈나는 전투를 즐기는 손길을 멈추지 않고 비슈누의 아들로서 갖는 모든 권위를 동원하여 이렇게 설명한다. 즉 경전과 최선의 정통 견해에 의하면 전투에서 친척을 살해하는 것은 온유한 일이다. 아르주나의 의무는 크샤트리아 카스트의 규범에 따라 선한 양심과 선의로 싸워 살해하는 것이다. 요컨대 살해당하는 것은 몸일 뿐 영혼은 살아남는다는 것이다. 그리고 크리슈나는 샹키아가 말하는 소멸되지 않는 푸루샤와 우파니샤드에서 말하는 불변하는 아트만에 대해 설명한다.

“너는 알아야 한다.

생명은 파멸될 수 없고 모든 곳에 퍼져 있음을.

생명은 어떤 곳에서도, 어떤 수단으로도

어떤 방법으로도 줄어들거나 머물거나 변하지 않는다.

이 덧없는 몸들이 죽음도 없고 끝도 없는 무한한 영혼으로 채워져 있지 않다면

사라질 것이다. 왕자여, 그런 몸들은 소멸되게 하고 싸우게 하라!

‘슬프다, 내가 사람을 죽였다!’고 말하는 사람이나

‘슬프다, 내가 죽임을 당했다!’고 생각하는 사람은

모두 아무것도 모른다. 생명은 죽일 수 없다! 생명은 죽임을 당할 수 없다!

영혼은 태어난 적이 없다. 영혼은 존재를 멈추지도 않을 것이다.

영혼은 시간에 속박된 적이 없다. 시작과 끝은 꿈일 뿐이다.

영혼은 출생도 없고 죽음도 없고 변화도 없으며 영원히 그대로 있을 뿐이다.

영혼은 죽음에 접한 적이 없다. 영혼의 껍데기는 죽을 것처럼 보이더라도 말이다."[33]

크리슈나는 비슈누 숭배 종파에서 받아들이는 독특한 종합 명제를 통해 샹키아와 베단타를 혼합한 형이상학을 아르주나에게 설명한다. 자신이 곧 최고 존재라고 보는 크리슈나에 의하면, 만물은

"내게 매달려 있다.

줄에 꿰인 진주알들이 끈에 매달려 있는 것처럼.

나는 물의 신선한 맛이다.

나는 달의 은빛이며 태양의 금빛이다.

베다 안에 있는 숭배의 말이고 에테르 속으로 사라지는 전율이며

사람이 뿌린 씨앗의 힘이다.

나는 습기를 머금은 대지의 달콤한 좋은 냄새이고 불의 붉은 빛이며

움직이는 모든 것 속에서 움직이는 활기찬 공기다.

신성한 영혼의 거룩함이고 존재하는 모든 것을 낳고 그 근간을 이루는 뿌리며

지혜로운 자의 지혜이고 지식을 갖춘 자의 지성이며

위대한 자의 위대함이며 훌륭한 자의 훌륭함이다…….

볼 수 있는 현명한 눈을 가진 자에게는

경전과 신성함을 지닌 브라만과

암소, 코끼리, 부정한 개, 개고기를 게걸스럽게 먹는 천민이 모두 같은 것이다."[34]

기타는 보완적 색채가 많은 시, 즉 삶의 모순성과 복잡성을 반영하는 형이상학적 윤리적 모순이 많은 시다. 인간은 고상한 도덕관을 갖고 있는데 반해 신

은 생명이란 죽임을 당할 수 없으며 개체는 비실재라는 어쭙잖은 근거로 전쟁과 살육을 옹호하는 모습은 충격적이다. 저자의 의도는 인도인에게 불교의 무기력한 정숙주의에서 벗어나 인도를 위해 기꺼이 싸우게 만들려는 것이었음이 분명하다. 그가 의도한 것은 크샤트리아로 하여금 종교는 조국을 약하게 만들고 있다는 것을 느끼고 평화보다 더 귀한 것이 많다는 사실을 자랑스럽게 인정하고 반역하도록 하는 것이었다. 요컨대 이것은 인도가 배웠다면 계속 자유로운 나라로 지낼 수 있게 했을 훌륭한 교훈이었다.

인도의 두 번째 서사시는 모든 힌두 서적 중 가장 유명하고 가장 사랑받는 것이며,[35] 마하바라타보다는 서양인이 더 쉽게 이해할 수 있는 것이다. 라마야나는 더 짧아서 각각 48행으로 이루어지고 1000쪽에 지나지 않는다. 이 시 역시 기원전 3세기부터 서기 2세기까지 첨가를 통해 확대되었으나 첨가된 내용도 적고 중심 주제를 크게 흐트러뜨리지도 않는다. 전승은 그 시가 발미키라는 사람의 작품이라고 하며, 이 저자 역시 더 긴 서사시의 저자라고 생각되는 사람처럼 시 속에 등장인물로 나타난다. 그러나 지금도 여전히 이 서사시들을 때로는 90일 밤을 계속해서 매료된 청중들에게 읽어 주고 있는 사람들과 같은 많은 방랑 시인들의 작품일 가능성이 더 많다.[36]

마하바라타는 부분적으로는 한 나라에서 아름다운 여자를 다른 나라에게 빼앗김으로써 신들 및 인간들이 싸우게 된 큰 전쟁에 대한 이야기라는 점에서 『일리아드』와 비슷하다. 마찬가지로 라마야나 역시 『오디세이』와 비슷하여 한 영웅이 겪는 고난과 방랑 그리고 재결합할 날을 기다리며 인내하는 아내에 대해 말한다.[37] 처음에는 다사라타가 수도 아요디아에서 코살라(현재의 아와드) 왕국을 다스리는 황금기를 묘사하는 그림이 등장한다.

옛날에 왕다운 품위가 있고 용감하며 신성한 베다를 잘 아는
다사라타가 제국을 다스리며 태평성대를 누리고 있었다…….

의로운 사람들이 평화로운 가운데 많은 부를 누리고 유덕하게 살고 있었다.

그들의 마음에는 시기심이 없었으며 말씨에도 거짓이 없었다.

가장은 가축과 옥수수, 금을 갖고 가족과 행복하게 살고 있었다.

아요디아에는 사람들에게 괴로움을 안겨 주는 가난이나 기근도 없었다.[38]

그 옆에 있는 다른 왕국 비데하도 행복하게 지내고 있었는데 이 왕국은 자나크 왕이 다스리고 있었다. 자나크는 강인한 킨키나투스처럼 직접 "쟁기를 잡고 밭을 갈았다." 그러던 어느 날 그의 쟁기가 닿자 밭고랑에서 사랑스러운 딸 시타가 튀어나왔다. 곧 시타가 결혼할 나이가 되었으므로 자나크는 시타의 배우자를 공개 모집했다. 자나크의 전투용 활의 활줄을 푸는 사람이 신부를 얻는다는 조건이었다. 그 행사에 다사라타의 장남 라마도 참여했다. 라마는 "가슴이 사자처럼 떡 벌어지고 팔은 강철 같고 눈은 연꽃 같고 몸은 정글에 사는 코끼리처럼 건장했으며 머리카락을 땋아 왕관을 썼다."[39] 활을 구부린 사람은 라마뿐이었다. 그러므로 자나크는 결혼식 때 해 주는 힌두의 독특한 말과 함께 딸을 그에게 주었다.

이 아이는 자나크 내가 생명보다 더 사랑하는 딸 시타니

이제부터는 그대와 미덕을 함께 나누는 정숙한 아내가 될 것이다.

그대가 행복할 때나 어려움을 당할 때나 시타는 어느 곳에서든 그대의 것이다.

기쁠 때나 슬플 때나 시타를 아껴 주고 그대의 손으로 시타의 손을 어루만져 주도록 하라.

그림자가 실체를 대하듯 시타는 주인의 신실한 아내가 될 것이며

내 사랑하는 딸이자 가장 훌륭한 여자인 시타는 살아서든 죽어서든 그대를 따를 것이다.[40]

이렇게 하여 라마는 아내인 공주와 함께 아요디아로 돌아왔다. 신부는 "눈

썹은 상아 같고 입술은 산호 같고 이는 반짝이는 진주 같았으며" 라마는 경건함과 온유함, 관대함으로 인해 코살라 사람들에게 사랑을 받는다. 그러나 갑자기 다사라타의 두 번째 아내인 카이케이의 모습으로 변장한 악이 이 에덴동산으로 들어온다. 다사라타는 카이케이가 어떤 부탁을 하더라도 들어주겠다고 약속한다. 그런데 카이케이는 왕위를 이어받을 아들 라마를 둔 첫 번째 아내를 질투하여 라마를 왕국에서 14년 동안 추방해 달라고 다사라타에게 요구한다. 다사라타는 정치를 모르는 시인이나 생각할 수 있을 명예 때문에 약속을 지키려고 마음의 아픔을 감춘 채 가장 아끼는 아들을 추방한다. 라마는 너그러운 마음으로 아버지를 용서하고 떠나 숲 속에서 혼자 살 준비를 하지만 시타는 같이 따라가겠다고 조른다. 시타의 말은 거의 모든 힌두 신부들이 기억하는 부분이다.

"탈것과 말과 화려한 궁전, 이런 것들은 여자가 살아가는 데 부질없는 것입니다.
사랑하고 사랑받는 아내에게는 남편의 그늘이 더 좋은 것입니다…….
시타는 숲 속을 돌아다녀도 아버지의 집에 있는 것보다 더 행복할 것입니다.
집이나 친척을 생각하는 일도 없이 남편의 사랑을 받으며 편히 지낼 것입니다…….
시타는 신선하고 향기 어린 숲에서 야생 열매를 따 모을 것이며
라마가 맛본 음식은 시타가 좋아하는 음식이 될 것입니다."[41]

심지어 라마의 동생 라크슈만도 라마와 함께 떠나겠다고 간청한다.

"형은 연약한 형수만 혼자 남겨 두고 알지도 못하는 길을 다니게 될 것입니다.
이 충직한 동생이 형수를 밤낮으로 보호할 수 있도록 허락해 주십시오.
이 동생이 활과 화살집을 메고 온 숲 속을 뒤지도록 허락해 주십시오.
그러면 동생이 도끼로 나무를 베고 손으로 집을 지을 것입니다."[42]

이 서사시는 이 시점에서 목가적인 전원시가 되어 어떻게 라마와 시타, 라크슈만이 숲을 향해 떠나고, 어떻게 아요디아의 주민들이 그들을 위해 슬퍼하며 첫 날 내내 그들과 함께 길을 떠나고, 어떻게 추방당한 사람들이 한밤중에 귀중품을 모두 놓아두고 왕자의 옷을 벗어 둔 채, 염려하는 사람들 몰래 떠나 나무 껍질과 풀잎으로 엮은 옷을 걸치고 칼로 숲을 헤치고 나가며 나무 열매들로만 연명하는지 이야기한다.

> 아내가 점점 더 즐거워하고 호기심에 들떠서 라마를 자주 바라보며
> 전에는 본 적이 없는 나무나 곤충, 열매나 꽃의 이름을 물어 보았다…….
> 공작들이 흥에 겨워 그들 주위를 날고 원숭이들이 늘어진 나뭇가지 위에서 뛰놀았다.
> 라마는 아침의 붉은 햇살을 받으며 강으로 뛰어들고
> 시타는 백합이 개울을 찾듯 조용히 물을 찾았다.[43]

그들은 강 옆에다 오두막을 짓고 숲 속에서 삶을 사랑하는 법을 배운다. 그러나 남쪽의 공주 수르파나카가 숲 속에서 길을 잃고 헤매다가 라마를 만나 사랑하게 되었으나 라마의 미덕에 화가 나 오빠 라반을 부추겨 와서 시타를 납치하게 한다. 라반은 시타를 납치하는 데 성공하여 멀리 떨어진 성으로 데리고 가서 시타를 유혹하려 했으나 실패하고 만다. 신이나 작가에게는 불가능한 일이 없으므로 라마는 대군을 모아 라반의 영토를 침입하여 무찌르고 시타를 구출한 후 (추방 기한이 끝났으므로) 아요디아로 급히 돌아오고 다른 형제는 기쁜 마음으로 코살라의 왕위를 라마에게 내어준다.

아마 후대에 집어넣었을 후기에서 라마는 시타가 그렇게 오랫동안 라반의 왕궁에 머물고도 가끔 그의 팔에 안기는 일이 없었으리라고 믿지 못하고 의심하는 사람들에게 무너지고 만다. 시타는 불을 통한 신성 재판도 통과하여 죄가 없음을 입증한다. 그러나 라마는 유전 법칙에 따라 지독한 계략을 꾸며 시타를

숲 속의 외딴집으로 내보낸다. 한 세대는 조상이 젊었을 때 범한 죄와 잘못을 다음 세대에게 그대로 되풀이한다는 유전 법칙 말이다. 숲에서 시타는 발미키를 만나 라마의 아들 둘을 낳는다. 오랜 세월이 지난 후 이 두 아들은 방랑하는 음유 시인이 되어 불행한 라마 앞에서 발미키가 시타에게서 듣고 라마를 소재로 하여 쓴 서사시를 노래한다. 라마는 그 아이들이 자기 아들임을 알고는 시타에게 돌아와 달라고 간청하는 메시지를 보낸다. 그러나 자신을 의심한 일로 인해 마음이 상한 시타는 자기 어머니였던 대지 속으로 사라진다. 라마는 오랜 세월 고독과 슬픔에 잠긴 채 나라를 다스리고, 아요디아는 그의 자비로운 통치 아래서 다사라타 시대의 유토피아를 되찾게 된다.

> 옛 현자들이 말하기를 라마가 다스리던 행복한 시절에는
>
> 때 이른 죽음이나 무서운 질병을 겪는 사람이 없어
>
> 젊은 나이에 남편을 잃고 울부짖는 과부도 없고
>
> 야마(Yama)에게 아기를 잃고 슬피 우는 어머니도 없었다.
>
> 거짓말로 속이는 사기꾼이나 강도가 없어
>
> 이웃은 의로운 이웃을 사랑했으며 사람들은 왕을 사랑했다.
>
> 나무들은 때가 되면 어김없이 열매를 풍성히 맺고
>
> 대지는 기쁜 마음으로 곡식을 맺어 부족함이 없었다.
>
> 비는 제때에 내려 홍수가 없어
>
> 곡식도 풍족하고 초원도 기름져 골짜기마다 웃음이 넘쳤다.
>
> 베틀과 모루도 쉬는 날이 없고 토양은 잘 갈아 기름지니
>
> 조상들이 일군 오래된 땅에서 온 나라가 즐겁게 살았다.[44]

이 이야기는 현대의 냉소주의자라도 로맨스와 경쾌한 노랫가락에 수시로 빠져들 만큼 지혜롭다면 즐길 수 있는 즐거운 이야기다. 이 시들은 논리적 구성과 화려한 언어, 사물의 본질을 꿰뚫는 충실하고 깊이 있는 묘사라는 문학적 품

격 면에서는 호메로스의 서사시에 비해 뒤질지도 모른다. 그러나 섬세한 감정과 고상한 남녀 인간상, 삶에 대한 활력적이고 때로는 사실주의적이기도 한 묘사는 대단히 훌륭하다. 라마와 시타는 너무 선히여 현실감이 떨어지지만 드라우파디와 유디슈티라, 드리타라슈트라, 간다리는 아킬레스와 헬레네, 율리시스, 페넬로페만큼이나 생동감이 있다. 힌두인들이 외국인은 이 서사시들을 판단할 수 없고 심지어는 이해할 수도 없다고 하는 것은 당연한 일이다. 그들이 볼 때 이 서사시들은 단순한 이야기가 아니라 자신의 행동 모델로 삼을 수 있는 이상적인 등장인물들을 모아 놓은 진열장이다. 인도인들의 전승과 철학, 신학을 모아 놓은 보고다. 어떤 의미에서는 그리스도교인들이 그리스도를 본받거나 성인들의 생애를 읽는 것처럼 읽어야 할 신성한 경전이다. 경건한 힌두인들은 크리슈나와 라마는 신의 화신이었다고 믿고 지금도 여전히 그들에게 기도한다. 그리고 이 서사시들에 나오는 그들에 대한 이야기를 읽을 때면 문학적 기쁨과 도덕적 고양은 물론 종교적 공덕도 얻는다고 생각한다. 힌두인들은 라마야나를 읽으면 모든 죄가 씻기고 아들을 얻게 될 것이라고 믿는다.[45] 그리고 소박한 신앙으로 마하바라타의 당당한 결론을 받아들인다.

마하바라타를 읽고 그 가르침을 믿는 사람은 모든 죄에서 자유롭게 되고 죽은 후에는 하늘로 올라간다. …… 버터와 다른 모든 음식의 관계처럼, 브라만과 다른 모든 사람의 관계처럼, …… 대양과 웅덩이 물의 관계처럼, 암소와 다른 모든 네발짐승의 관계처럼 마하바라타와 다른 모든 역사의 관계도 그러하다. …… 마하바라타의 슐로카*에 주의를 기울여 듣고 믿는 사람은 이생에서 장수와 명예를 누리고 다음 생에서는 영원히 하늘에 거한다.[46]

---

* 2행 연구(聯句).

4. 연극

한 가지 의미에서 인도 연극은 베다만큼 오래되었다. 적어도 연극의 맹아가 우파니샤드에 나타나기 때문이다. 희생 의식과 축제 의식, 종교 행렬 등 연극의 보다 적극적인 원천은 이런 경전들보다 더 오래되었음이 분명하다. 연극의 세 번째 기원은 춤에 있었다. 춤은 단순히 활력을 발산하는 것도 아니고 성행위를 대신하는 것은 더욱 아니었다. 춤은 부족의 중요한 활동과 사건을 모방하거나 암시하는 진지한 의식이었다. 아마 네 번째 원천은 서사시를 대중에게 생동감 있게 낭송하던 풍습에 있을 것이다. 이런 요소들이 결집되어 인도의 연극을 낳았으며 연극에 종교적 각인을 부여했다. 그 각인으로 인해 연극과 그 주제의 베다적 혹은 서사시적 원천 그리고 연극을 공연하기 전에 항상 있었던 축복은 고전 시대* 전반에 걸쳐 진지한 성격을 띠게 되었다.

아마 연극을 태동시키는 결정적인 자극은 알렉산드로스의 침략을 통해 확립된 인도와 그리스의 교류에서 왔을 것이다. 아소카 이전에 힌두에 연극이 있었다는 증거는 없다. 다만 그의 치세 중에 있었을 것이라는 불확실한 증거만 있을 뿐이다. 힌두에서 가장 오래된 현존하는 희곡들은 중국령 투르키스탄에서 최근 발견된 야자수 잎에 기록된 원고다. 이 원고에는 세 편의 희곡이 있으며, 그중 한 편은 저자의 이름을 아슈바고샤로 밝힌다. 아슈바고샤는 카니슈카 왕궁에서 유명한 신학자였다. 이 희곡이 전문적인 형태를 보이고 있으며 어릿광대가 힌두 연극에 독특하게 나타나는 전통적인 유형과 비슷하다는 사실은 아슈바고샤가 태어날 당시 인도에서는 이미 연극이 오랜 역사를 갖고 있었음을 암시한다.[47] 1910년 트래방코르에서 산스크리트어로 기록된 열세 편의 희곡이 발견되었다. 이 희곡들은 바사(서기 350년경)의 작품으로 간주되지만 확실하지는 않다. 바사는 칼리다사보다 훨씬 더 존경받는 연극계의 선배다. 자신의 작품인「말라비

카(Malavika)」의 프롤로그에서 칼리다사는 부지중에 시대와 형용사의 상관관계를 훌륭히게 설명한다. 그는 이렇게 말한다. "바사와 사우밀라, 카비푸트라 등 유명한 작가들의 작품을 무시할 수 있겠습니까? 청중이 칼리다사의 작품과 같은 '현대' 시인의 작품에 관심을 갖겠습니까?"[48]

최근까지의 연구에 의하면 힌두에서 가장 오래된 연극은 「진흙 마차」였다. 믿을 필요는 없으나 원문은 잘 알려지지 않은 슈드라카라는 왕을 저자로 밝힌다. 슈드라카는 베다 및 수학과 코끼리 관리, 사랑의 기술 분야의 전문가로 묘사된다.[49] 여하튼 그는 연극 전문가였다. 그의 연극은 인도에서 우리에게 전해 준 가장 흥미로운 작품이며 멜로드라마와 유머가 지혜롭게 조화를 이루는 가운데 시적인 열정과 표현이 담긴 탁월한 문장으로 이루어져 있다.

인도 연극의 특징을 이해하는 데는 이 작품의 플롯 개요가 설명서 한 권보다 더 많은 도움이 될 것이다. 1막에서 우리는 차루다타를 만나게 된다. 그는 부유했으나 관대함과 불운 때문에 가난해진 인물이다. 그의 친구 마이트레야는 어리석은 브라만이며 연극에서 어릿광대 역이다. 차루는 신들에게 어떤 예물을 봉헌해 달라고 마이트레야에게 부탁하지만 브라만은 거절하며 이렇게 말한다. "네가 섬기는 신들이 네게 해 준 일이 아무것도 없는데 무슨 소용이 있느냐?" 그때 가문도 좋고 재산도 상당히 많은 한 젊은 힌두 여자가 갑자기 차루의 뜰 안으로 뛰어들어 추격자를 피할 수 있게 숨겨 달라고 부탁한다. 추격자는 왕의 형제인 삼스타나카로 밝혀진다. 차루는 더할 나위 없는 완벽한 호인이지만 삼스타나카는 믿을 수 없을 정도로 완벽한 악인이다. 차루는 여자를 숨겨 준 후 삼스타나카를 돌려보내며, 보복하겠다는 위협을 무시한다. 바산타세나라는 그 여자는 차루에게 작은 보석 상자를 맡아 달라고 부탁한다. 적들이 훔쳐 가지 못하게 하는 동시에 자기를 구해 준 은인을 다시 찾을 수 있는 구실을 만들려는 것이다. 차루는 승낙하고 상자를 맡은 후에 궁전의 집까지 데려다 준다.

2막은 익살맞은 막간 촌극이다. 한 노름꾼이 다른 두 노름꾼을 피해 사원에 숨는다.

다른 노름꾼들이 들어오자 그는 그들을 피하려고 사원의 신상으로 위장한다. 추격하는 노름꾼들이 그가 정말 석상(石像)인지 알아보려고 그를 꼬집지만 그는 꼼짝도 하지 않는다. 결국 그들은 그를 찾는 일을 포기하고 제단 밑에 앉아 주사위 놀음을 하며 마음을 달랜다. 노름판이 매우 재미있게 되자 그 신상은 주체하지 못하고 좌대에서 뛰어내려 자기도 끼워 달라고 부탁한다. 다른 노름꾼들이 그를 구타하지만 그는 도망치다 다시 도움을 받아 바산타세나를 통해 구출된다. 바산타세나는 그가 전에 차루다타의 종이었음을 알아보고 구한 것이다.

3막은 차루와 마이트레야가 음악회에서 돌아오는 모습을 보여 준다. 샤르빌라카라는 도둑이 숨어들어 보석 상자를 훔친다. 차루는 도둑맞은 것을 알고는 면목이 없어, 마지막으로 남아 있던 진주 한 꾸러미를 바산타세나에게 대신 보낸다.

4막에서 샤르빌라카는 훔친 보석 상자를 바산타세나의 하녀에게 사랑을 얻으려고 선물로 준다. 그 상자가 자기 상전의 보석 상자임을 알아보고 하녀는 샤르빌라카를 도둑이라고 몰아 부친다. 그는 쇼펜하우어식의 신랄한 말로 하녀에게 대답한다.

여자는 돈 때문에 웃고 운다.
여자는 남자에게 자기를 신뢰하게 만들려 하지만
남자는 여자를 믿지 않는다.
여자는 대양의 파도처럼 변하기 쉽고
여자의 애정은 석양에 구름 사이로 비치는 햇살처럼 덧없다.
여자는 재물을 내놓는 남자에게는
기꺼이 애정을 보이며 들러붙어
수액이 많은 식물에서 즙을 짜내듯 짜내고
다 짜낸 후에는 남자를 떠난다.

하녀는 그를 용서함으로써 그의 말을 반박하고, 바산타세나는 그 두 사람이 결혼하도록 허용함으로써 반박한다.

5막이 시작하면서 바산타세나는 차루의 집을 찾아와 그의 보석과 자기 보석 상자를 돌려준다. 그녀가 아직 그곳에 있는 동안 폭풍이 몰려오고, 그녀는 그 폭풍을 탁월한 산스크리트어로 묘사한다.* 친절하게도 폭풍이 점점 거세지면서 그녀는 어쩔 수 없이(상당 부분 그녀의 의지로) 차루의 집에서 밤을 지내게 된다.

6막은 다음 날 아침 바산타가 차루의 집을 떠나는 모습을 보여 준다. 바산타는 차루가 불러 준 마차에 타지 않고 악당 삼스타나카의 마차를 타는 실수를 한다. 7막은 주제에는 반드시 필요하지 않은 하위 플롯에 관한 이야기다. 8막에서는 바산타가 생각했던 자기 궁전이 아니라 원수의 집에, 거의 그 수중에 놓여 있다. 바산타가 다시 그의 구애를 거절하자 그는 그녀를 질식시켜 매장한다. 그런 후에 법정으로 가서 차루가 보석 때문에 바산타를 살해했다고 고발한다.

9막은 재판 과정을 묘사한다. 그 과정에서 마이트레야는 무심코 주머니에서 바산타의 보석을 떨어트려 자기 상전을 배반한다. 차루는 사형 선고를 받는다. 10막에서 차루는 처형장으로 끌려간다. 차루의 자식이 아버지 대신 처형받겠다고 사형 집행인들에게 탄원하지만 그들은 거절한다. 그러나 마지막 순간에 바산타가 직접 나타난다. 샤르빌라카가 그녀를 묻는 삼스타나카의 모습을 보고 제때 그녀를 파내 다시 살렸던 것이다. 이제는 바산타가 차루를 구하고 샤르빌라카는 왕의 형제를 살인죄로 고소한다. 그러나 차루가 그 고소를 반대해 삼스타나카는 풀려나고 모든 사람이 행복하게 된다.[50]

노동을 절약하는 장비를 대단히 많이 갖춘 서양보다는 거의 모든 일을 사람이 직접 손으로 하는 동양이 시간이 더 많다. 그러므로 힌두의 연극은 오늘날 유럽의 연극보다 두 배는 길다. 연극의 막 구성은 5~10막까지 다양하며 각 막은 한 등장인물이 나가고 다른 등장인물이 들어오면서 눈에 띄지 않게 장으로 구분된다. 시간과 장소의 통일성이 없으며 상상력에도 한계가 없다. 무대 배경은 소박하지만 의상은 화려하다. 때로는 산 동물들이 연극에 활기를 불어넣으

---

* 이것은 이례적인 사례다. 보통 힌두 연극에서 여자는 프라크리트어로 말한다. 여자가 죽은 언어를 잘 아는 것은 어울리지 않는다고 생각하기 때문이다.

며,[51] 잠시나마 인위적인 것을 벗어나 자연에 접하게 한다. 공연은 프롤로그로 시작하며 프롤로그에서는 배우나 매니저가 연극에 대해 이야기한다. 괴테는 칼리다사에게서 『파우스트』 프롤로그의 아이디어를 얻은 것으로 보인다. 프롤로그는 첫 번째 등장인물을 소개하여 그가 무대 가운데로 나오면서 끝난다. 동시에 발생하는 사건이 무수히 많으며 초자연적인 영향들이 사건 과정을 결정한다. 사랑 이야기는 필수이며 어릿광대도 빠지지 않는다. 인도의 연극에는 비극이 없다. 해피엔드가 불가피하며 신실한 사람은 항상 승리해야 하고 미덕은 언제나 보상을 받아야 한다. 단 현실과 균형을 이루어야 한다. 철학적 논의는 힌두의 시에서는 수시로 등장하지만 연극에서는 배제된다. 연극 역시 실제 삶과 마찬가지로 반드시 말이 아니라 행동으로만 가르쳐야 한다.* 화제와 등장인물, 행동의 무게에 따라 서정시와 산문이 교대로 등장한다. 연극에서 상류 카스트들은 산스크리트어로 말하고 여자들과 하류 카스트들은 프라크리트어로 말한다. 서술적인 단락들은 탁월하지만 성격 묘사는 빈약하다. (여자들을 포함하여) 배우들은 연기를 잘하여 서양식의 성급함도 보이지 않으며 극동식의 과장도 없다. 연극은 저자가 좋아하거나 지역에서 인기 있는 신에게, 인도에 번영을 안겨 달라고 끈질기게 간청하는 에필로그로 끝난다.

월리엄 존스 경(Sir William Jones)이 번역하고 괴테가 칭찬한 이후 힌두 연극에서 가장 유명한 작품은 칼리다사의 「샤쿤탈라(Shakuntala)」였다. 그러나 우리는 오직 독실한 사람들이 그의 이름에 붙인 전설들과 세 편의 연극을 통해서만 칼리다사를 안다. 그는 "9인의 보석" 가운데 한 사람이었음이 분명하다. 9인의 보석이란 굽타 왕조의 비크라마디티아(서기 380~413년) 왕이 수도인 우자인에서 소중하게 여겼던 시인과 예술가, 철학자 아홉 명을 말한다.

---

* 힌두의 위대한 연극 이론가인 다남자야(서기 1000년경)는 이렇게 쓰고 있다. "연극이란 본래 기쁨을 주는 것이다. 그런데 지성을 갖추지 못한 소박한 사람이 연극에서 얻는 것은 오직 지식뿐이라고 말한다면 그에게 경의를 표해야 한다. 즐거움을 외면했기 때문이다."[52]

「샤쿤탈라」는 7막으로 되어 있으며 부분적으로는 산문이며 부분적으로는 시문으로 되어 있다. 매니저가 관객에게 자연의 아름다움을 생각하도록 초대하는 프롤로그가 끝난 후에 연극은 숲 속의 빈터에서 시작한다. 그 빈터에는 한 은둔자가 수양딸 샤쿤탈라와 함께 살고 있다. 이 장면은 전차 소리 때문에 평화가 깨진다. 전차를 모는 왕 두샨타가 등장하여 문학적인 속도로 샤쿤탈라와 사랑하게 된다. 두샨타는 1막에서 샤쿤탈라와 결혼하지만 수도로 돌아오라는 급보를 받는다. 그는 떠나면서 최대한 빨리 돌아오겠다는 통상적인 약속을 남긴다. 한 수행자가 슬퍼하는 여자에게 두샨타가 준 반지를 간직하는 한 왕이 그녀를 기억할 것이라고 말한다. 그러나 그녀는 목욕을 하면서 반지를 잃어버린다. 아기를 낳을 때가 다 되어 그녀는 궁전으로 찾아가지만 왕은 여자가 관대하게 대했던 남자들이 흔히 그런 것처럼 그녀를 잊었음을 발견했을 뿐이다. 그녀는 왕의 기억을 되살리려고 노력한다.

샤쿤탈라. 당신은 어느 날 재스민 나무 그늘 아래서

연잎으로 모은 빗물을 손바닥에 어떻게 쏟아부었는지 기억나지 않습니까?

왕. 듣고 있으니 말해 보라.

샤쿤탈라. 바로 그때 내가 자식처럼 귀여워하는

작은 새끼 사슴이 길고 부드러운 눈을 하고 뛰어왔고

당신은 자신의 목을 축이기 전에 그 작은 동물에게 물을 주며

"어여쁜 사슴아, 너 먼저 마셔라!"라고 말했습니다.

그러나 사슴은 모르는 사람이 주는 물을 마시려 하지 않았습니다.

하지만 그 직후에 내 손으로 떠서 주자

사슴은 온전히 믿고는 물을 마셨습니다.

그때 당신은 웃으며 말했습니다.

"피조물마다 나름대로 믿음이 있구나.

너희들은 모두 같은 야생 숲의 식구이니 서로 믿고, 믿음이 어디 있는지 아는구나."

왕. 사랑스럽고 아름답지만 거짓말을 하는 여자로구나! 그런 여자는 바보들을 유

혹하지…….

암컷의 교활한 재능은 모든 피조물의 두드러지는 특징이다.

여자의 경우는 가장 뛰어나고 말이다.

뻐꾸기는 어리석은 새의 둥지에 알을 낳고

무사히 날아가며 의기양양해 하기 마련이다.[53]

모욕을 당하자 낙심한 샤쿤탈라는 기적을 통해 공중으로 들림을 받아 다른 숲으로 옮겨져 아기를 낳는다. 그 아기가 마하바라타에 나오는 모든 전투에서 싸운 사람들의 조상인 위대한 바라타였다. 한편 한 어부가 샤쿤탈라가 잃어버린 반지를 발견했다. 그는 반지에 있는 왕의 인장을 알아보고 두샨타에게 가져갔다. 왕은 그 반지를 보고 샤쿤탈라에 대한 기억을 되찾고 사방으로 그녀를 찾는다. 그는 히말라야를 넘어 극적인 하늘의 도움을 통해 샤쿤탈라가 슬픔에 잠겨 지내고 있는 바로 그 외딴집을 찾는다. 그는 오두막집 앞에서 노는 바라타를 보고 그의 부모를 시샘한다.

"아, 어린 아들을 안고 몸을 부비며 먼지로 더러워진

아버지와 어머니는 얼마나 행복하겠는가.

애정 어린 믿음으로 부모의 품에 안기니

아들이 갈망하는 피난처로구나.

하얀 젖니가 나오고 있으니

아이가 해맑은 웃음을 터트리고

말이 되지 않아 달콤한 옹알이를 하니, ……

그 어떤 말보다 더 마음을 녹이는구나."[54]

샤쿤탈라가 나타나자 왕은 용서를 구하여 용서받고 그녀를 왕비로 삼는다. 연극은 생소하지만 전형적인 간구로 끝난다.

"왕들이 항상 백성들의 행복을 위해서만 다스리게 하소서!

말의 원천이며 연극 예술의 여신인 신성한 사라스바티여,

지혜롭고 위대한 자들에게 영원히 존귀를 받으소서!

온 우주를 자신의 활력으로 채운

자존하는 위대한 신이여,

내 영혼이 미래의 윤회에서 벗어나게 해 주소서!"[55]

연극은 칼리다사 이후에 쇠퇴하여 「샤쿤탈라」나 「진흙 마차」와 같은 작품을 다시 내놓지 못했다. 만일 영감을 받았다고 하는 전승을 믿을 수 있다면 왕 하르샤는 세 편의 희곡을 썼으며 이 작품들은 오랫동안 공연되었다. 그로부터 백 년이 지난 후 베라르의 브라만인 바바부티가 낭만적인 희곡들을 썼다. 인도 연극사에서 그의 작품들보다 나은 것으로 평가되는 것은 칼리다사의 작품밖에 없다. 그러나 그의 문체가 매우 정교하고 난해하여 한정된 관객으로 만족해야 했으며, 물론 그는 그것으로 만족한다고 항변했다. 그는 이렇게 썼다. "우리를 비난하는 사람들은 아는 것이 얼마나 적은가. 즐거움은 그들을 위한 것이 아니다. 나와 취향이 비슷한 사람이 지금도 있을 것이며 그렇지 않으면 언젠가는 나타날 것이다. 시간은 무한하며 세계는 넓기 때문이다."[56]

인도의 희곡 문학을 엘리자베스 시대의 영국이나 그리스의 문학과 동일한 지평에서 평가할 수는 없다. 그러나 중국이나 일본의 연극과 비교하면 호의적으로 평가할 수 있다. 또한 인도에서 현대 연극의 특징인 정교함을 찾을 필요도 없다. 그 특징은 영원한 진리라기보다는 시대에 따르는 우연한 요소이므로 사라져 없어지거나 심지어는 반대 방향으로 나아갈 수도 있다. 인도 연극의 초자연적인 요소들은 우리의 취향에는 개화된 에우리피데스의 신적 해결책만큼이나 생소한 것이다. 그러나 이것 역시 시대적인 유행이다. 힌두 연극의 약점은 (만일 이방인이 조심스럽게 나열할 수 있다면) 두운(頭韻)과 언어적 기교로 품격을 손상시키는 인위적인 표현법과 각 인물이 철저하게 선하거나 철저하게 악하게

표현하는 단선적인 성격 묘사, 믿기 어려운 사건들이 동시에 발생하며 전개되는 현실성이 떨어지는 플롯, 연극이 의미를 전달하는 구체적 매개인 행동에 대한 지나친 묘사와 담론을 들 수 있다. 그 장점은 창조적인 상상력과 섬세한 감정, 감수성이 풍부한 시, 자연의 아름다움과 무서움에 대해 공감을 이끌어 내는 능력으로 볼 수 있다. 힌두 특유의 양식에 대해서는 거론할 수 없다. 우리는 다만 지방색이 섞인 우리 자신의 편협한 관점에서만 그것도 대부분 번역이라는 프리즘을 통해서만 판단할 수 있을 뿐이다. 유럽인 중에서 지역과 국가라는 장벽을 가장 잘 뛰어넘을 수 있는 괴테가 「샤쿤탈라」를 읽은 것이 자신의 삶에서 가장 심오한 경험 가운데 하나라고 생각하고 다음과 같은 글을 통해 감사하는 마음을 표현했다는 사실을 밝히는 것으로 충분할 것이다.

당신은 청년기의 꽃들과 노년기의 열매들
그리고 영혼이 매력을 느끼고 도취되어 즐기며 양식으로 삼는 모든 것을,
하늘과 땅 자체를 단 하나의 이름으로 묶으려고 했는가?
오, 샤쿤탈라여, 당신 이름을 부르니 그 안에 모든 것이 있습니다.[57]

5. 산문과 시

산문은 대체로 최근에 유럽인과 접촉하면서 인도 문학에 나타난 이국적인 전와(轉訛) 현상이라고 할 수 있을 것이다. 천성적으로 시적인 심성을 타고나는 힌두인이 볼 때는 기록할 만한 것은 모두 시적인 내용을 담고 있으므로 자연히 시적인 형태로 이끌리게 된다. 힌두인은 문학이란 큰 소리로 낭독되어야 하는 것으로 생각하고, 또 자신의 작품도 기록된 형태보다는 구전 형태로 유포되어 존속하게 될 것임을 알았다. 그러므로 그는 자신의 작품에 낭송하고 암기하기 좋은 시적 혹은 경구적 형태를 부여했다. 그 결과 인도의 거의 모든 문헌

은 시적 형태를 취하게 되었다. 과학과 의학, 법, 예술 분야의 글도 운율이나 리듬 혹은 그 두 가지 모두의 형태로 제시되는 경우가 많다. 심지어는 문법과 사전까지도 시의 형태로 바뀌었다. 우화와 역사도 서구의 경우에는 산문 형태로 만족하지만 인도에서는 선율이 아름다운 시의 형태로 발견된다.

힌두의 문학에는 우화가 특히 많다. 사실 인도는 국제 통화(通貨)처럼 전 세계의 국경을 넘나드는 대부분의 우화의 발상지일 것이다.* 불교가 가장 융성했던 때는 자타카(본생경(本生經))에 수록된 부처의 탄생과 청년기에 대한 전설이 사람들 사이에서 인기가 있었던 시기였다. 인도에서 가장 유명한 책은 『판차탄트라(*Panchatantra*)』, 즉 『다섯 가지 원리』다.(서기 500년경) 이 서적은 아시아는 물론 유럽도 좋아하는 많은 우화의 원천이다. 『히토파데샤(*Hitopadesha*)』, 즉 『선한 조언』은 『판차탄트라』의 우화들을 정선하여 모아 놓은 책이다. 이상한 말이지만 이 두 권은 모두 니티샤스트라, 즉 정치와 도덕에 관한 교훈집 항목으로 분류된다. 모든 우화는 하나의 도덕, 즉 하나의 행동 원리나 통치 원리를 나타낸다고 한다. 일반적으로 이런 이야기들은 어떤 지혜로운 브라만이 왕의 아들을 교육하기 위해 만들었다고 표방된다. 이 이야기들은 가장 볼품없는 동물을 이용하여 가장 심오한 철학을 말하는 경우가 많다. 반딧불이의 빛을 이용하여 몸을 덥히려고 하다가 자신의 오류를 지적하는 새를 죽인 원숭이 우화는 대중의 망상을 드러내는 학자를 기다리고 있는 운명을 탁월하게 설명한 훌륭한 이야기다.**

역사 분야의 문헌은 단순한 연대기나 화려한 로맨스의 수준을 넘어서지 못했다. 힌두인들은 아마 시간과 공간에 묶인 마야적 사건들을 경멸했기 때문에, 그리고 아마 문서 전승보다는 구전 전승을 선호했기 때문에 헤로도토스나 투키디데스, 플루타르코스,

---

* 윌리엄 존스 경(Sir William Jones)의 보고에 의하면 힌두인들은 체스와 십진법, 우화를 통한 교육, 이 세 가지는 자신들의 발명품이라고 주장했다.

** 동양의 학계에서는 이 우화들이 인도에서 유럽으로 전해졌느냐 아니면 그 반대냐 하는 문제를 놓고 뜨거운 설전을 벌인다. 우리는 이런 논쟁은 한가한 사람들에게 맡긴다. 아마 그 우화들은 이집트에서 메소포타미아와 크레타를 통해 유럽과 인도 양쪽으로 전해졌을 것이다. 그러나 『판차탄트라』가 『아리비안나이트』에 영향을 미친 것은 분명하다.[58]

타키투스, 기번(Gibbon), 볼테르(Voltaire)와 견줄 만한 작품을 쓰는 일을 소홀히 했을 것이다. 장소와 연대에 대한 세부 사항은 심지어 유명한 사람의 경우에도 불충분하게 기록되었다. 그러므로 힌두의 학자들이 자신들의 가장 위대한 시인인 칼리다사에게 돌리는 연대도 1000년 이상 차이가 난다.[59] 힌두인은 우리 시대에도 관습과 도덕, 믿음이 변하지 않는 세계에서 살고 있으므로 발전을 꿈꾸거나 고대성 문제로 어려움을 겪을 일이 거의 없었다. 힌두인은 서사시를 진정한 역사로 받아들이고 전설을 전기(傳記)로 사용하는 것으로 만족했다. 아슈바고샤가 부처의 전기(『붓다차리타(Buddha-charita)』)를 썼을 때 그 전기는 역사라기보다는 전설이었다. 그리고 500년 후 바나가 『하르샤차리타(Harsha-charita)』를 썼을 때도 그 전기 역시 위대한 왕의 믿을 만한 실제 모습이라기보다는 이상화시킨 모습이었다. 원주민이 쓴 라지푸타나의 연대기도 애국심을 보여 주는 흔적이 나타난다. 단 한 명의 힌두 저자만 역사가의 역할을 하고 있는 것 같다. 『라자타랑기니(Rajatarangini)』, 즉 『왕들의 연대기』의 저자인 칼하나는 자신을 이렇게 표현했다. "오직 과거를 기록하면서 판사의 선고처럼 애증에서 벗어난 말을 쓰는 정신이 고상한 시인만 칭찬을 받을 만하다." 빈터니츠(Winternitz)는 그를 "인도가 낳은 유일한 위대한 역사가"라고 한다.[60]

이슬람교도는 역사를 정확하게 알았으므로, 자기들이 인도에서 행한 일에 대해 훌륭한 산문체 기록을 남겼다. 알베루니(Alberuni)의 민족지학적 인도 연구와 바부르(Babur)의 회고록은 앞에서 이미 언급했다. 악바르 시대의 탁월한 역사가로 『인도의 역사』를 쓴 무함마드 카짐 피리슈타는 이슬람 시대의 사건을 알려 주는 가장 믿을 만한 안내자다. 공정성이 떨어지는 인물로는 악바르 시대의 총리 또는 정치 분야의 총책임자 아불 파즐이 있다. 그는 『악바르의 제도들』에서 후대를 위해 악바르의 통치 방법을 기록했으며, 『악바르 나마(Akbar Nama)』에서 용서할 수 있을 정도의 편향성을 보이며 상전의 생애를 전했다. 황제는 그의 애정에 보답했다. 그리고 제항기르가 총리대신을 살해했다는 소식이 전해지자 악바르는 깊은 슬픔에 잠겨 "만일 제항기르가 황제가 되고자 했다면 나를 죽이고 아불 파즐은 살려 두어야 했을 것이다."라고 외쳤다.[61]

우리가 말하는 시를 쓰는 시인들은 부족하지 않았다. 아불 파즐은 악바르의 궁전에는 "수천 명의 시인"이 있었다고 기술한다. 작은 도시들에는 수백 명이 있었고 모든 가정에는 수십 명이 있었음이 분명하다.* 초기의 가장 위대한 시인 중 한 사람은 승려이자 문법학자이며 연인인 바르트리하리였다. 그는 종교에 귀의하기 전에 몰두했던 연애담을 하이네(Heine)식의 연작시 「사랑의 세기」에다 기록으로 남겼다. 그는 자신의 연인 중 한 명에게 이렇게 쓰고 있다. "전에 우리 두 사람은 당신이 곧 나고 내가 곧 당신이라고 생각했습니다. 그러나 이제는 당신은 당신이고 나는 나라고 생각합니다. 어떻게 된 일입니까?" 그는 비평가에게는 신경 쓰지 않고 "무지한 사람을 만족시키기는 쉽다. 전문 평가자를 만족시키는 것은 훨씬 더 쉬운 일이다. 그러나 부스러기 같은 지식만 갖고 있는 사람은 창조주라도 만족시켜 줄 수 없을 것이다."라고 했다.[62] 자야데바의 「기타고빈다(Gita-Govinda)」, 즉 「신성한 목자(牧者)의 노래」에서는 힌두인의 관능성을 종교로 바꾸고 라다와 크리슈나의 관능적인 사랑을 노래한다. 「기타고빈다」는 정념이 짙게 깔린 시다. 그러나 인도는 이 시를 신을 향한 영혼의 갈망을 신비주의적이고 상징적으로 묘사하는 작품으로 경건하게 해석한다. 그러나 이것은 그리스도교 성경의 아가(雅歌)와 같은 경건한 글을 쓴 감정에 흔들리지 않는 신들에게나 어울리는 해석이다.

11세기에는 구어(口語)가 죽은 고전어 대신에 문학을 표현하는 매개로 자리를 잡았다.(유럽에서는 이런 일이 1세기 후에 이루어지게 된다.) 대중의 생활 언어를 사용한 첫 번째 위대한 시인은 찬드 바르다이였다. 그는 힌디어로 예순 편의 방대한 역사 시를 썼으며 죽을 때까지 왕성한 작품 활동을 했다. 아그라의 맹인 시인 수르 다스는 크리슈나의 생애와 모험을 소재로 하여 6만 편의 시를 썼다. 그는 신이 직접 비서가 되어 시인이 부르는 것보다 더 빨리 기록하는 도

---

* 시는 현재 서사시 시대보다 객관성이 적어지고 점점 더 종교와 사랑을 섞는 경향이 있다. 서사시에서는 보격(補格)이 느슨하고 자유로워 행의 길이도 다양했으며, 오직 마지막 4~5음절에서만 규칙성을 요구했으나 이제는 보다 엄격해지고 더 다양해졌다. 수많은 복잡한 운율법이 도입되었으나 이 운율은 번역하는 과정에서 사라진다. 문자와 구를 이용한 기교가 많고 리듬은 행의 끝에서 나타날 뿐 아니라 행의 중간에서도 나타나는 경우가 많다. 시적인 예술을 위해 엄격한 규칙들이 만들어진 결과 형태는 정확해졌으나 내용은 얕아졌다.

움을 받았다고 한다.[63] 아울러 가난한 승려 찬디 다스는 베아트리체 같은 시골 소녀를 향한 단테풍의 노래들을 써서 벵골 지역에 충격을 주었다. 그는 이 작품에서 그녀를 낭만적인 열정을 지닌 이상적인 여자로 묘사하고 그녀를 신의 상징으로 높이며, 자신의 사랑을 신과 합일하고자 하는 자신의 바람을 나타내는 풍유로 해석했다. 동시에 벵골어를 문학 언어로 사용하기 시작했다. "사랑하는 사람이여, 나의 피난처는 당신입니다. 당신의 모습이 보이지 않으면 내 마음에는 안식이 없습니다. …… 나는 당신의 우아함과 매력을 잊을 수 없습니다. 그러나 내 마음에 욕망은 없습니다." 그는 대중을 모욕했다는 이유로 동료 브라만들에게 파문당하자 대중이 보는 앞에서 철회 의식을 열고 연인 라미를 포기하기로 동의했다. 그러나 이 의식이 진행되는 과정에서 군중 속에 섞여 있는 라미를 발견하자 그는 철회를 다시 철회하고 그녀에게 다가가 그 앞에서 고개를 숙이고 손을 잡아 애모하는 마음을 표현했다.[63a]

힌두 문학에서 최고의 시인은 셰익스피어와 거의 같은 시대의 인물인 툴시 다스다. 그의 부모는 그가 불운한 별 아래서 태어났다는 이유로 그를 버렸다. 그는 숲 속의 신비주의자에게 입양되어 라마에 대한 전설적인 전승을 배웠다. 툴시 다스는 결혼했으나 아들이 죽자 숲 속에 은거하며 참회와 명상에 잠겼다. 그곳에서 그리고 베나레스에서 그는 종교적 서사시 「라마차리타마나사(Rama-charita-manasa)」, 즉 「라마전(傳)」을 썼다. 그는 이 작품에서 라마에 대한 이야기를 다시 전하면서 라마를 최고 유일신으로 인도에 제시했다. 툴시 다스는 이렇게 말한다. "신은 하나이며 그 신은 라마입니다. 라마는 천지의 창조자이며 인류의 구세주입니다. …… 매우 선한 주(主) 라마는 신실한 자기 백성을 위해 육신을 입고 왕이 되었으며 우리의 거룩함을 위해 (이른바) 평범한 사람의 삶을 살았습니다."[64] 이제는 고어가 된 힌디어 원전으로 이 작품을 읽을 수 있는 유럽인은 거의 없다. 그중 한 사람은 툴시 다스는 이 작품을 통해 "인도 문학 전 분야에서 가장 중요한 인물"이 되었다고 생각한다.[65] 힌두스탄의 주민들에게는 시란 신학과 윤리를 담고 있는 대중의 경전이다. 간디는 이렇게 말한다. "나는 툴시 다스의 라마야나가 가장 위대한 경건 서적이라고 생각한다."[66]

또한 데칸 지역에서도 시가 발표되고 있었다. 투카람은 마라티어로 된 4600편의 종교시를 썼으며, 이 시들이 오늘날 인도에서 차지하고 있는 위치는 다윗의 시편들이 유대교나 그리스도교에서 차지하고 있는 것과 같다. 그는 첫 번째 아내가 죽자 빈틈없는 아내와 재혼하여 철학자가 되었다. 그는 "구원을 얻는 것은 어려운 일이 아니다. 구원은 우리가 지고 있는 꾸러미 속에서도 쉽게 발견할 수 있기 때문이다."라고 썼다.[67] 일찍이 서기 2세기에 마두라 섬은 타밀 문학의 요람이 되었다. 그곳에는 판디아 왕들의 후원을 통해 시인과 비평가의 학술원인 상감(Sangam)이 설립되었으며, 이 상감은 프랑스 학술원처럼 언의의 발달 과정을 규제했으며 작위를 수여하고 포상했다.[68] 천민 직조공인 티루발라바르는 타밀어에서 가장 어려운 보격을 사용하여 종교적이고 철학적인 작품이며 도덕과 정치에 관한 이상들을 설명하는 쿠랄(Kurral)을 썼다. 전승에 의하면 브라만으로만 이루어진 이 상감의 회원들이 천민의 시가 성공한 것을 보고 모두 물에 몸을 던졌다고 한다.[69] 그러나 어떤 학술원에서든 이런 일이 일어난다는 것은 믿기 어려운 일이다.

우리는 중세 인도에서 가장 위대한 서정 시인은 연대적 순서를 무시하고 마지막까지 유보해 두었다. 베나레스의 소박한 직조공인 카비르는 이슬람교도 아버지와 브라만 어머니 사이에서 태어남으로써 이슬람교와 힌두교를 결합시키는 과제를 준비했다고 한다.[70] 그는 설교자 라마난다에게 매혹되어 라마 신 봉자가 된 후 (툴시 다스처럼) 라마를 보편적인 신으로 확대했다. 그는 보기 드물게 아름다운 시를 써서 신앙 고백을 설명하기 시작했다. 그가 설명하는 신앙 고백에는 힌두교 및 이슬람 사원과 우상, 카스트, 할례가 없고 오직 하나의 신만 있다.* 그는 이렇게 말한다.

---

* 타고르는 특유의 완벽한 솜씨로 카비르의 시 백 편을 번역했다. *Songs of Kabir*, New York, 1915.

카비르는 라마와 알라의 자식이며 힌두교 교사 구루와 이슬람교 교사 피르를 모두 받아들입니다. …… 오, 신이여, 당신이 알라든 라마든 나는 당신의 이름으로 살아갑니다. …… 신들의 성상은 생명이 없습니다. 신상은 말을 하지 못합니다. 내가 이것을 아는 이유는 내가 신상들을 큰 소리로 불러 본 적이 있기 때문입니다. …… 입을 닦고 염주를 세고 신성한 물에서 목욕을 하고 사원에서 절을 하는 것이 무슨 소용이 있겠습니까? 만일 기도를 하거나 순례 여행을 하는 동안 마음에 거짓됨이 있다면 말입니다.[71]

브라만들은 충격을 받고 그를 논박하기 위해 창녀를 보내 그를 유혹하게 한다. 그러나 그는 창녀를 개종시켜 자신의 신앙 고백을 받아들이게 만들었다. 이것은 쉬운 일이었다. 그에게는 교리는 없고 심오한 종교적 감정만 있었기 때문이다.

오, 나의 형제여, 끝없는 세상이 하나 있고

이름 없는 존재가 하나 있으되 그 존재에 대해서는 아무것도 말할 수 없으니

오직 그 영역에 도달해 본 사람만 알 수 있습니다.

말하고 듣는 모든 것과는 다릅니다.

그곳에서는 형태와 몸, 길이, 폭이 보이지 않습니다.

그렇다는 것을 내가 당신에게 어떻게 말하겠습니까?

카비르는 말합니다. "그것은 입으로 말할 수도 없고

종이에 쓸 수도 없습니다.

그것은 단 것을 맛보는 벙어리와 같습니다.

그것을 어떻게 설명하겠습니까?"[72]

그는 자신을 공기처럼 감싸고 있는 환생 이론을 받아들였으며 힌두교인처럼 다시 태어났다가 또다시 죽는 사슬에서 벗어나게 해 달라고 기도했다. 그러나 그의 윤리는 세상에서 가장 단순했다. 의롭게 살고 가까운 데서 행복을 찾으

라는 것이 그의 윤리다.

> 나는 물속의 물고기가 목이 마르다는 말을 들으면 웃습니다.
>
> 그런데 당신은 실재가 당신의 가정 안에 있다는 것을 모르고
>
> 이 숲에서 저 숲으로 끝없이 방황합니다!
>
> 진리는 이것입니다! 베나레스든 마두라든 가고 싶은 데로 가 보십시오.
>
> 자기 영혼을 발견하지 못하면 당신에게 세상은 실재가 아닙니다…….
>
> 오, 내 마음이여, 당신은 어느 해변으로 건너려고 합니까?
>
> 당신 앞에는 여행자도 없고 길도 없습니다…….
>
> 그곳에는 몸도 없고 정신도 없습니다.
>
> 그러면 영혼의 목마름을 해결해 줄 곳은 어디입니까?
>
> 공허함 속에서는 아무것도 찾을 수 없습니다.
>
> 강해지십시오. 그리고 자신의 몸속으로 들어가십시오.
>
> 그곳에 당신의 발판이 있기 때문입니다. 오, 나의 마음이여, 깊이 생각하십시오!
>
> 다른 곳으로 가지 마십시오.
>
> 카비르는 말합니다. 모든 상상을 버리십시오. 그리고 당신 자신 안에 굳게 서십시오.[73]

전설에 의하면 그가 죽은 후 힌두교인과 이슬람교인이 그의 몸을 놓고 논쟁을 벌였으며, 화장해야 하는지 매장해야 하는지 논쟁했다고 한다. 그러나 그들이 논쟁하는 동안 어떤 사람이 시신을 덮은 천을 들어 올리자 많은 꽃들만 보였다. 이에 힌두교인들은 그 꽃 중 일부를 베나레스에서 화장하고 이슬람교인들은 나머지를 매장했다.[74] 그가 죽은 후 그의 노래들은 입에서 입으로 전해져 사람들에게 퍼졌다. 시크교의 나나크는 그 노래에 영감을 받아 엄격한 종파를 창설했다. 다른 종파들은 가난했던 직조공을 신으로 삼았다.[75] 오늘날에는 두 개의 작은 종파가 서로 시기하여 분리되어 있다. 이슬람교도와 힌두교도를 연

합시키고자 노력했던 이 시인의 가르침을 따르고 그를 숭배하는 종파들이 말이다. 한쪽은 힌두교도이고 다른 한쪽은 이슬람교도다.

21장 　　　　　　　　　　　인도 예술

1. 비주류 예술

인도 문명의 모든 국면 앞에서 그러하듯이 인도의 예술 앞에서도 우리는 연륜과 연속성에 대해 경이감을 느끼고 겸손하게 된다. 모헨조다로의 유물이 모두 실용적인 것은 아니다. 그중에는 (수메르인을 상당히 닮은) 수염을 기른 석회암 인물상과 테라 코타 남녀 인물상, 홍옥수(紅玉髓)로 만든 염주와 여타의 장식품, 금으로 잘 마무리한 보석 등이 있다.[1] 얕은 돋을새김을 통해 황소를 대단히 생동감 있고 예리하게 넣은 인장[2]은 보는 사람으로 하여금, 예술은 발전하는 것이 아니라 형태를 바꿀 뿐이라는 결론으로 비약하게 만들기도 한다.

그때부터 오늘날까지 5000년 동안 우여곡절을 겪으며 인도는 수많은 예술 분야에서 독특한 형태의 아름다움을 창출해 왔다. 기록이 단절되고 불완전한 이유는 인도가 활동을 멈췄기 때문이 아니다. 전쟁과 이슬람의 광적인 우상 파괴로 인해 건물과 조각 분야의 걸작들이 파괴되고 가난으로 인해 다른 것들을 보존하는 일을 소홀히 했기 때문이다. 인도의 예술을 처음 접하는 사람은 금방 즐기기 어려울 것이다. 음악은 기묘하게 들리고 그림은 모호하게 보이고 건축물은 혼란스럽게 보이며 조각품은 기괴하게 보일 것이란 말이다. 그러나 우리의 취향 역시 지역적이고 제한적인 우리의 전통과 환경이 낳은 산물이며 오류가 있다. 또한 우리가 외국이나 외국 예술을 판단할 때 우리 자신의 생활에는 자연스럽지만 그들에게는 생소한 기준과 목적을 적용하는 것은 우리 자신이나 그들을 부당하게 대하는 것이다. 우리는 이런 사실들을 발걸음을 옮길 때마다 생각해야 한다.

인도에서는 지금까지 예술가와 장인이 구분되지 않아 예술이 인위적인 모습을 띠게 되고 작품 활동이 고된 노동으로 간주된다. 우리의 중세 시대에서처럼 플라시 전투 이전의 인도에서도 성숙한 노동자는 모두 자신의 기술과 취향이 낳은 산물에 형태와 개성을 부여하는 장인이었다. 심지어는 공장이 수공업을 대신하고 장인이 단순한 '노동력'으로 전락해 버린 오늘날에도 모든 힌두 도시의 매점과 상점에는 웅크리고 앉아서 금속을 두드리거나 보석을 가공하거나 디자인을 하거나 섬세한 숄과 수예품을 만들거나 상아와 나무에 조각을 새겨 넣는 장인들이 보인다. 아마 우리가 알고 있는 다른 어떤 나라도 이처럼 다양한 예술 분야를 갖고 있지 못할 것이다.[3]

이상한 말이지만 인도에서는 요업이 산업에서 예술로 발전하지 못했다. 카스트 규범이 같은 접시를 계속 사용하는 데 대단히 많은 제약을 가했으므로,* 옹기장이가 쉽게 만들 수 있고 또 한 번 사용하면 버릴 약한 토기 그릇을 아름답게 장식할 요인이 적었기 때문이다.[4] 그릇을 귀금속으로 만들었다면 예술성을 흠 없이 화려하게 발휘할 수 있었을 것이다. 마드라스의 빅토리아 연구소에 소장된 은으로 만든 탄조르 화병이나 캔디에서 발굴된 금으로 만든 베텔 접시

를 보라.[5] 놋쇠를 두드려 무수히 다양한 램프와 사발, 용기를 만들었다. 상자와 대야, 쟁반에는 검은 아연 합금(비드리(bidri))을 사용하는 경우가 많았다. 그리고 한 금속을 다른 금속에 박아 넣거나 덧입히기도 하고 금이나 은으로 덮기도 했다.[6] 나무에는 다양한 동식물 형상을 조각했다. 상아로는 신에서부터 주사위에 이르기까지 모든 것을 깎아 만들었다. 문이나 다른 목제품에도 상아를 박아 넣었다. 상아로 화장품과 향수를 넣는 우아한 용기를 만들기도 했다. 보석이 많아 빈부를 막론하고 장식품으로 걸치거나 축재 수단으로 이용되었다. 자이푸르는 황금색 바탕에 다양한 색상의 에나멜을 입히는 기술이 탁월했다. 걸쇠와 염주, 펜던트, 칼, 빗에 꽃이나 동물, 신을 디자인하여 우아한 모양으로 만들었다. 브라만이 사용하는 한 펜던트에는 작은 공간에 쉰 개의 신을 담고 있다.[7] 직물은 지금까지 타의 추종을 불허할 정도로 예술적으로 직조되었다. 카이사르 시대에서부터 우리 시대에 이르기까지 인도의 직물은 전 세계에서 인정받고 있다.* 씨줄과 날줄로 사용되는 실은 모두 치수를 계산하는 정교한 노력을 통해 베틀에 걸기 전에 미리 염색되었다. 직조 과정에서 무늬가 나타나고 양면의 무늬가 모두 같았다.[9] 소박한 카다르(손으로 짠 인도 무명)에서부터 황금색으로 빛나는 복잡한 브로케이드에 이르기까지, 그림 같은 파자마**에서부터 카슈미르의 솔기 없는 숄***에 이르기까지 인도에서 짠 모든 옷은 오직 고대에서 시작되어 오늘날에는 거의 본능처럼 몸에 밴 기술에서만 얻을 수 있는 아름다움을 지니고 있다.

---

* 아마 목판을 이용한 직물 인쇄 기술은 인도에서 가장 먼저 행해졌을 것이다.[8] 그러나 그 기술이 서적 목판 인쇄 기술로 발전하지는 못했다.

** 파자마(pyjamas)는 다리 덮개를 의미하는 힌두어 파이자마스(paijamas)에서 온 말이다.

*** 이 섬세한 모직 숄은 몇 개의 조각으로 만들지만 솜씨 있게 연결하여 하나의 천인 것처럼 보인다.[10]

2. 음악

한 미국인 여행자가 마드라스에서 열린 콘서트에 참석할 수 있도록 허락을 받았다. 그는 모두가 브라만임이 분명한 200여 명의 힌두인 청중이 융단이 깔린 바닥이나 의자에 앉아 있는 모습을 발견했다. 그들은 달에서 듣는 것과 같은 효과를 내도록 동원된 것처럼 보이는 오케스트라와 협연하는 작은 앙상블에 주의 깊게 귀를 기울이고 있었다. 악기들은 방문객에게 익숙한 것이 아니었으며, 그의 편협한 눈에는 손질이 안 된 정원이 만들어 낸 이상하고 비정상적인 산물처럼 보였다. 모양과 크기가 다양한 많은 북과 화려하게 장식된 피리 및 뱀 모양의 뿔피리, 다양한 현악기가 있었다. 이 악기들은 대부분 별 기술 없이 연주되었으며 보석으로 장식한 악기들도 있었다. 음리당가라는 북은 작은 통처럼 생겼으며 양면을 한 장의 가죽으로 덮고 작은 가죽 끈을 당기거나 늦춰서 간격을 조절한다. 가죽 표면은 고유의 음색을 내기 위해 망간 가루와 끓인 쌀, 타마린드 수액으로 처리했다. 이 악기의 연주자는 손만(때로는 손바닥, 때로는 손가락, 때로는 손가락 끝만) 사용했다. 다른 연주자는 탐부라 혹은 류트를 연주했다. 네 줄로 된 이 악기의 긴 현은 계속 소리를 내서 멜로디를 위한 조용하고 깊은 배경음 역할을 했다. 비나라는 악기는 특히 섬세하고 우아한 소리를 낸다. 이 악기는 나무로 만들고 가죽을 덮은 북의 끝에서부터 다른 쪽의 속이 빈 공명판 호리병박 끝까지 가는 금속판 위로 현이 연결되어 있다. 연주자는 이 현을 채로 진동시키는 동시에 왼손으로는 능숙하게 현을 짚어 멜로디를 만들어 냈다. 미국인 방문객은 겸허하게 귀를 기울이지만 아무것도 이해하지 못했다.

인도의 음악은 적어도 3000년의 역사를 갖고 있다. 힌두의 모든 시처럼 베다 찬가 역시 노래로 부르도록 만들어졌다. 고대 의식에서는 시와 노래, 춤과 무용이 하나의 장르였다. 힌두인의 눈에는 서구 무용이 육감적이고 관능적으로 보이는 것처럼 서구인의 눈에는 힌두 무용도 그렇게 보인다. 그러나 힌두 무용은 인도 역사에서 오랫동안 종교적 숭배의 한 형태였으며, 신들을 기리고 신도들을 교육하기 위해 동작과 리듬을 통해 아름다움을 표현하는 것이었다. 사원에서 세속적이고 불경스러운 사람들을 환대하기 위해 많은 데바다시스(무희)가 등장한 것은 오직 현대에 들어와서 나타난 현상일 뿐이다. 힌두인이 볼 때 이 무용은 단순한 육체적 표현이 아니었다. 어떤 면에서는 우주의 리듬과 진행 과정을 모방하는 표현이었다. 시바 자체가 춤의 신이었으며 시바의 춤은 세상의 움직임 자체를 상징했다.*

음악가와 가수, 무용수 역시 인도의 모든 예술가처럼 하층 카스트 출신이었다. 브라만은 비나나 다른 현악기로 반주하며 개인적으로 노래하길 좋아했을 것이다. 다른 사람들에게 연주와 노래, 무용을 가르쳤을 것이다. 그는 고용되어 연주한다거나 악기를 생계 수단으로 삼는다는 것은 생각하지도 않을 것이다. 인도에서는 최근까지도 대중적인 콘서트는 희귀했다. 세속 음악은 사람들이 자연스럽게 흥얼거리거나 두드리는 것이 아니면, 유럽의 실내악처럼 귀족의 가정에 소수가 모인 앞에서 연주하는 것이었다. 음악에 조예가 깊었던 악바르는 궁정에 많은 음악가를 두고 있었다. 그의 궁정 가수 중 한 명이었던 탄센은 인기와 부를 얻었으며 서른네 살의 나이에 술병으로 죽었다.[11] 아마추어는 없고 오직 프로만 있었다. 사회적 성공을 위해 음악을 가르치는 일도 없고 베토벤처럼 매를 맞아 가며 음악가가 되는 어린이도 없었다. 대중의 역할은 서툴게 연주하는 것이 아니라 귀를 기울여 잘 듣는 것이었다.[12]

인도에서는 음악을 듣는 것은 그 자체가 예술이며 귀와 영혼의 오랜 훈련이 필요하다. 서구인은 가사를 이해하지 못할지도 모른다. 이것은 서구인이 오페라를 즐기는 것이 자기 계층의 의무라고 생각하면서도 가사를 이해하지 못하는 것과 같다. 인도 음악

* 힌두의 세속적인 무용이 유럽과 미국에 알려진 것은 완전한 정통은 아니지만 샹카르 예술을 통해서였다. 이 예술에서는 몸과 손, 손가락, 눈의 모든 움직임이 초보 관객에게도 섬세하고 정확한 의미를 전달하며 유연한 우아함과 정확하고 유형적인 시를 전한다. 이것은 우리가 예술 분야에서 민주주의를 발휘하여 아프리카인들에게로 눈을 돌린 이후 서구 무용에는 알려지지 않았던 요소다.

의 가사는 다른 모든 곳에서처럼 종교와 사랑이라는 두 가지 주제를 중심으로 이루어진다. 그러나 힌두 음악에서는 가사가 별로 중요하지 않으며, 가수 역시 우리의 가장 발전된 문학에서처럼 가사를 무의미한 음절로 대체하는 경우도 많다. 음악은 우리 것보다 더 섬세하고 정밀한 음계로 기록된다. 힌두의 음계는 12개의 음으로 된 우리의 음계에 10개의 미분음(微分音)을 더하여 모두 22개의 4분음으로 이루진다. 힌두 음악은 산스크리트어 문자로 이루어진 기보법으로 기록될 수도 있다. 그러나 보통은 기록하지도 않고 읽지도 않으며 귀를 통해 세대에서 세대로 전해지거나 작곡자에게서 학습자에게로 전달된다. 힌두 음악은 마디로 구분되지 않고 연속적인 레가토로 이어지므로 규칙적인 강세나 비트에 익숙한 청중을 당혹스럽게 만든다. 화음이 없고 화성법도 없으며 저음을 배경으로 하여 멜로디만 다룬다. 이런 의미에서 보면 힌두 음악은 유럽 음악보다 훨씬 더 단순하고 원시적이지만 음계와 리듬은 더 복잡하다. 멜로디는 제한되어 있기도 하고 무한하기도 하다. 멜로디는 반드시 36개의 전통적인 음계 또는 가락에서 모든 것을 도출해야 하지만 주제를 중심으로 이음매 없는 변주를 끝없이 구성해야 한다. 각 주제 또는 라가(raga)*는 5~7개의 선율로 이루어지며 음악가는 끊임없이 그중 하나로 돌아간다. 각 라가에는 표현하고자 하는 음계에 따라 "새벽", "봄", "저녁의 아름다움", "도취" 등의 이름이 붙으며 하루나 한 해의 특정 시간과 연결된다. 힌두의 전설은 이 라가에 초자연적인 힘을 부여한다. 전설에 의하면 벵골의 한 무희는 메그 말라르 라가, 즉 기우제 주제를 일종의 물방울 서곡으로 노래하여 가뭄을 끝냈다고 한다.[13] 라가는 고대성 때문에 신성한 성격을 얻게 되었다. 라가를 연주하는 연주자는 라가를 시바가 직접 제정한 형식으로 여기고 충실하게 지켜야 한다. 나라다라는 연주자가 라가를 부주의하게 연주했다고 한다. 그러자 비슈누가 그를 지옥으로 인도하여 사지가 부러져 울고 있는 사람들을 보여 주었다. 신은 이들이 나라다가 무분별하게 연주하여 왜곡되고 찢긴 라가와 라기니라고 했다. 그 모습을 본 후 나라다는 자신의 예술에서 겸손하게 완벽함을 추구했다고 한다.[14]

---

* 보다 엄격하게 말하면 여섯 개의 라가 또는 기본 주제가 있으며, 각 라가에는 라기니라는 다섯 개의 변형이 있다. 라가는 색상과 정념, 분위기를 의미하며 라기니는 라가의 여성형이다.

인도의 연주자는 자기가 프로그램으로 선정한 라가에 충실해야 하는 의무 때문에 심각한 어려움을 느끼는 일은 없다. 이는 서양에서 소나타나 교향곡을 쓰는 작곡가가 주제를 유지해야 하는 것 때문에 어려움을 느끼는 일이 없는 것과 같다. 어떤 경우든 자유를 잃는 대신 응집된 구조와 균형 잡힌 형식을 얻게 된다. 힌두의 음악가는 힌두의 철학가와 같다. 그는 유한한 것으로 시작하여 "자기 영혼을 무한한 것 속으로 들여보낸다." 주제를 중심으로 파도처럼 밀려오는 리듬과 반복의 흐름을 통해, 심지어는 최면을 거는 것과 같은 단조로운 선율을 통해서도 일종의 음악적 요가, 즉 의지와 개체성, 물질과 시간, 공간을 잊게 만드는 작품을 창조한다. 영혼은 "깊이 침투되어 있는" 어떤 것, 심오하고 광대하며 조용한 모종의 존재, 고군분투하는 모든 의지와 모든 변화와 죽음을 보고 미소 짓는 원초적이고 모든 것에 스며 있는 모종의 실재와 신비적으로 거의 합일할 수 있는 상태로 높여진다.

아마 우리가 힌두 음악을 좋아하고 이해할 수 있으려면 존재를 향한 갈망과 영원을 향한 전진, 수용되고자 하는 욕망, 안식을 얻기 위한 움직임을 버려야 할 것이다. 이런 일은 유럽이 다시 종속적인 위치에 놓이고 아시아가 다시 우위를 차지하게 되어야 가능할 것이다. 그러나 그렇게 되면 아시아는 존재와 영원, 수용, 안식에 싫증 난 상태일 것이다.

3. 그림

자기 지역의 관점에서 세상을 판단하여 익숙하지 않은 것은 모두 야만스럽다고 여기는 일은 편협한 것이다. 예술 분야에 조예가 있고 풍류를 아는 사람이었던 황제 제항기르에게 유럽의 그림을 보여 주자 즉석에서 물리쳤다는 이야기가 있다. "그는 그 그림이 유화라서 좋아하지 않았다."[15] 심지어 황제도 편협할 수 있다는 사실과 우리가 인도의 세밀화를 제대로 감상하기 어려운 것처럼 제항기르 역시 유럽의 유화를 즐기는 데 어려움을 느꼈다는 사실을 아는 것은 즐거운 일이다.

신간푸르와 미르자푸르의 선사 시대 동굴들에 붉은 물감으로 그려 놓은 동물 그림들과 코뿔소 사냥 그림을 보면 인도 그림은 수천 년의 역사를 지닌 것이 분명하다. 인도의 신석기 유물 중에는 언제든 사용할 수 있도록 바탕색들을 갖춘 팔레트가 많이 있다.[16] 인도 예술사에는 큰 간극들이 나타난다. 초기의 작품은 대부분 기후 때문에 유실되었으며 나머지 중에서도 많은 작품이 마무드에서부터 아우랑제브에 이르기까지 이슬람 우상 파괴자에게 파괴되었기 때문이다.[17] 비나야피티카(기원전 300년경)는 파세나다 왕의 궁전에는 미술관이 있었다고 말하며, 파히엔과 유안 츄왕은 많은 건물이 탁월한 벽화로 유명했다고 기술한다.[18] 그러나 이 건물들은 흔적도 남아 있지 않다. 티베트에서 가장 오래된 벽화는 부처의 초상화를 그리고 있는 예술가의 모습을 보여 준다.[19] 후대의 이 예술가는 그림이 예술로 확립된 시기는 부처 시대였다는 것을 당연한 사실로 받아들였다.

인도에서 연대를 알 수 있는 최초의 그림은 중부 시르구야에 있는 한 동굴 벽에서 발견된 일군의 불교 프레스코 벽화다.(기원전 100년경) 이때부터 (새로 바른 회반죽이 마르기 전에 그 반죽 위에 그리는 그림인) 프레스코 벽화 예술은 착실하게 발전하여, 아잔타 동굴들*의 벽에서 죠토(Giotto)와 레오나르도(Leonardo)조차 뛰어넘지 못한 완벽함에 도달했다. 이 사원들은 서기 1~7세기의 다양한 시기에 산기슭의 암반 표면을 깎아 만든 것이다. 이 사원들은 불교가 쇠퇴한 후에 오랫동안 역사와 사람들의 기억에서 잊혀졌다. 주변에 정글이 우거져 그 사원들을 거의 묻다시피 했다. 박쥐와 뱀 등의 동물들이 그곳을 서식지로 삼았으며, 수많은 새와 곤충이 분비물로 그림들을 더럽혔다. 1819년 유럽인들은 우연히 그곳을 발견하여 벽에서 프레스코 벽화들을 보고는 깜짝 놀랐다. 그 그림들은 지금 세계 예술의 걸작으로 평가된다.[20]

그 사원들이 동굴로 일컬어지는 이유는 대부분 산을 안쪽으로 깎아 만들었기 때문이다. 예컨대 동굴 XVI은 사방 20미터의 길이로 파서 20개의 기둥이 받치고 있는 동굴

---

* 하이데라바드 주(州) 파르다푸르 부락 부근에 있다.

이다. 중앙 홀을 중심으로 16개의 수도원식의 독방이 있으며, 기둥이 있는 베란다가 전면을 장식하고 있고 불당은 뒤쪽에 놓여 있다. 1879년에는 29개의 사원 중 16개에 그림이 있었다. 그러나 1910년에는 16개 중 10개에 있는 프레스코 벽화가 노출로 인해 유실되었으며, 나머지 6개에 있는 벽화들도 서툰 복원 노력 때문에 손상되었다.[21] 이 프레스코 벽화들은 원래 붉은색과 초록색, 청색, 자주색 물감으로 그린 화려한 그림이었다. 그러나 지금은 그 색상은 남아 있지 않고 색이 바랜 검은 표면만 남아 있을 뿐이다. 불교인의 마음으로 불교의 전설을 헤아리지 못하는 우리가 보면 이렇게 세월과 무지로 인해 망가진 그림 중 일부는 조잡하고 기괴한 것처럼 보인다. 그러나 다른 그림들은 힘차고 우아하여 오래전에 세상을 떠난 장인들의 솜씨를 보여 준다.

이런 파괴 행위들이 있었지만 동굴 I에는 아직도 많은 걸작들이 있다. 이곳의 한 벽에는 (아마도) 보디사트바(보살)가 있다.(보디사트바란 열반할 자격이 있으나 사람들을 섬기기 위해 환생을 반복하는 길을 선택한 불교 성인을 말한다.) 깨달음에서 오는 슬픔을 이보다 더 심오하게 묘사한 작품은 없다.[22] 그리스도의 마음을 연구한 레오나르도 다빈치가 그린 유사한 작품*과 이 그림 중 어떤 것이 더 훌륭하거나 심오할까? 같은 사원의 다른 벽에는 시바와 보석으로 온몸을 덮은 아내 파르바티를 연구한 작품이 있다.[23] 그 옆에는 네 마리의 사슴을 그린 그림이 있는데, 이 그림은 동물을 향한 불교도의 포용력을 보여 준다. 그리고 천장에는 꽃들과 가금들을 섬세하게 묘사하여 지금도 살아 있는 것처럼 보이는 소묘가 있다.[24] 동굴 XVII의 한 쪽 벽에는 신 비슈누가 부처의 생애에서 일어난 모종의 사건에 동참하려고 수행원들과 함께 하늘에서 날아 내려오는 모습을 우아하게 묘사한 (현재는 반은 훼손되어 있는) 그림이 있다.[25] 다른 벽에는 어떤 공주와 시녀들을 도식적이지만 화려한 색채로 그린 초상화가 있다.[26] 이런 걸작들과 함께 빈약한 솜씨로 부처의 청년기와 출가, 시험을 묘사한 것이 분명한 많은 벽화들이 섞여 있다.[27]

그러나 오늘날 남아 있는 것으로 이런 작품들의 본래 형태를 판단할 수는 없다. 아

---

* 「최후의 만찬」을 그리기 위한 그의 예비 스케치 중에서.

울러 외국인의 눈에는 보이지 않지만 그 작품들의 진가를 평가할 수 있는 단서들이 있음이 분명하다. 하지만 서양인들도 주제의 숭고함, 규모의 장엄함, 구도의 통일성, 선의 명료함과 단순함, 정확함 그리고 (많은 세부 사항 중에서도 특히) 모든 예술가들의 취약점인 손의 놀라울 정도의 완벽함에는 감탄하게 된다. 우리는 이런 독방에서 기도하며 자신이 좋아하는 종교 예술을 벽과 천장에 그렸을 예술가 겸 승려들을 상상할 수 있다.* 유럽은 그런 예술을 중세 초기의 어둠 속에 묻었으나, 이곳 아잔타에서는 건축과 조각, 그림이 하나로 융합되어 힌두 예술의 탁월한 기념물 중 하나를 만들어 낸 것이다.

이런 사원들이 훈족이나 이슬람에게 폐쇄되거나 파괴되자 힌두인들은 그림의 재능을 표현할 대상을 작은 형태로 바꾸었다. 라지푸트인들 사이에서는 마하바라타와 라마야나의 일화들과 라지푸타나 족장들의 영웅적인 행적들을 섬세한 소묘화로 기록하는 화가들의 한 유파가 등장했다. 그들의 그림은 단지 밑그림이었을 뿐인 경우가 많았지만 항상 생명력이 넘치고 소묘가 완벽했다. 보스턴 미술 박물관에는 이 양식을 보여 주는 매력적인 사례가 한 점 있다. 이 작품은 우아한 여자와 당당한 탑, 낮은 하늘을 통해 음악의 라가들을 상징적으로 표현한다.[28] 디트로이트 예술 연구소의 다른 작품은 기타 고빈다의 한 장면을 독특한 섬세함으로 묘사한다.[29] 힌두의 이런 그림들과 여타 그림들의 인물은 모델을 거의 사용하지 않았다. 예술가가 자신의 상상력과 기억 속에서 인물을 끄집어내서 시각적으로 표현한 것이다. 보통 그들은 종이 표면에 화려한 템페라 그림물감으로 그렸다. 붓은 다람쥐나 낙타, 염소, 몽구스에서 얻을 수 있는 가장 좋은 털로 만든 훌륭한 것을 사용했다.[30] 그리고 선과 장식의 세련된 표현법에 도달하여 심지어는 전문가가 아닌 외국인에게도 즐거움을 안겨 준다.

인도의 다른 지역에서도 특히 칸그라 주(州)에서도 비슷한 활동들이 이루어졌다.[31] 무굴 제국 치하의 델리에서는 동일한 장르의 다른 형태가 발전했다. 페르시아의 서법과 원고에 삽화를 넣는 예술에서 발전한 이 양식은 세련미와 배타성에 있어서 궁정에서 성행한 실내악에 상응하는 귀족 초상화법의 한 형태로 성장했다. 라지푸트 유파처

---

* 이것은 순수한 상상이다. 우리는 이 프레스코 벽화들을 누가 그렸는지 모른다.

럼 무굴 제국의 화가들도 때로는 단 하나의 털로 만든 붓을 사용하면서까지 선의 섬세함을 추구했다. 그리고 그들 역시 손을 능숙하게 묘사하는 면에서 서로 경쟁했다. 그러나 그들은 그림에 색상은 더 많이 사용했으나 신비주의적인 요소는 더 적었다. 그들은 종교나 신화는 거의 다루지 않았다. 그들은 소재를 이 땅의 것으로 제한했으며 조심성을 최대한 발휘하는 사실주의자였다. 그들의 소재는 겸손함으로 유명한 사람들이 아니라 제국의 기질을 지닌 살아 있는 고위층 사람들이었다. 이런 고관들이 초상화를 그리기 위해 줄을 섰으므로 결국 왕실의 미술 애호가인 제항기르의 여러 미술관에는 악바르가 왕위에 오른 이후의 모든 주요 통치자와 궁정 대신을 그린 비슷한 초상화로 가득 차게 되었다. 악바르는 자신의 왕조에서 미술을 장려한 최초의 인물이었다. 만일 아불 파즐을 믿을 수 있다면, 악바르의 통치 말에는 델리에 100명의 거장과 1000명의 아마추어가 있었다.[32] 제항기르의 현명한 후원은 그림 예술을 발전시켰으며, 그 분야를 단순한 초상화에서 사냥터 등의 자연을 배경으로 한 인물화로 확대시켰다.(이런 화법은 지금도 그림을 지배하고 있다.) 한 소묘화는 수행원 한 명이 바로 뒤따르고 있는데도 황제가 탄 코끼리의 엉덩이로 뛰어올라 황제를 향해 가고 있는 사자의 발톱 아래 놓여 있는 황제의 모습을 보여 준다.[33] 샤 제한의 치하에서 그림 예술은 절정기에 도달했다가 쇠퇴하기 시작했다. 일본 인쇄술의 경우처럼 형태에 대한 인기가 높아지게 되자 애호가는 많아졌으나 세련미가 약화된 것이다.[34] 그러다가 아우랑제브가 신상을 금지하는 이슬람의 엄격한 규칙을 회복시킴으로써 쇠퇴가 마무리되었다.

인도의 화가들은 무굴 제국 왕들의 현명한 후원을 통해 델리에서 수세기 동안 몰랐던 번영을 누렸다. 부처 시대부터 존속해 왔던 화가 조합은 젊음을 되찾았으며 일부 구성원은 시간의 망각성 및 개체를 무시하는 힌두 풍조와 함께 대부분의 인도 예술을 덮고 있던 익명성을 벗어났다. 악바르의 치하에서 유명하다고 여긴 열일곱 명의 예술가 중에서 열세 명이 힌두인이었다.[35] 위대한 무굴 제국의 궁정에서 가장 총애를 받는 화가는 다스반트였다. 일인승 가마를 드는 인부의 아들이라는 비천한 신분이 황제의 눈에 아무런 편견도 불러일으키지 않았던 것이다. 이 소년은 괴짜여서 어디를 가든지 그림을 그렸으며 손에 잡히는 것마다 그림을 그렸다. 악바르는 그의 천재성을 알아보고 자기 궁전의 그림 거장에게 가르치게 했다. 이 소년은 곧 당시의 가장 위대한 거장이 되었으나 명성이 절정에 도달했을 때 칼로 자살했다.[36]

    사람들이 무엇인가 하는 곳이면 그 일을 어떻게 해야 하는지 설명하는 다른 사람들이 등장하기 마련이다. 힌두 철학은 논리학을 중요하게 생각하지 않았으나 힌두인은 논리를 좋아하여 모든 예술의 섬세한 절차를 가장 엄격하고 가장 합리적인 규칙으로 규정하길 좋아했다. 그러므로 우리 시대의 초기에 산단가(Sandanga), 즉 "인도 그림의 여섯 개 가지"는 (아마 인도의 것을 모방했을 후대 중국의 규범* 같은) 그림 예술에 대한 탁월한 여섯 가지 규범을 규정했다. (1) 겉모습을 살핌, (2) 정확하게 지각하고 측정하며, 구조를 살핌, (3) 형태를 느낌, (4) 우아하고 예술적으로 표현함, (5) 대상과의 유사성, (6) 붓과 색상을 예술적으로 사용함이 그 규범이다. 후에 각 예술의 규범과 전통이 규정되어 있는 정교한 미학 경전인 실파샤스트라가 등장했다. 예술가는 베다를 익혀 "신을 즐겁게 숭배하고, 아내에게 성실하고, 낯선 여자를 멀리하고, 다양한 학문에 대한 지식을 충실하게 습득"해야 한다.[37]

동양의 그림이 묘사하고자 하는 것은 사물이 아니라 느낌이며 표현하는 것이 아니라 연상시키는 것이다. 그 목적은 미학적이고 종교적인 정서를 창출하는 것이지 실재를 재현하는 것이 아니다. 관심사는 인간이나 사물의 물질적 형태라기보다는 대상의 "영" 혹은 "혼"이다. 이런 점들을 기억한다면 동양의 그림을 이해하는 데 도움이 될 것이다. 그러나 아무리 노력해도 중국과 일본의 그림 예술의 특징인 의미의 전문적인 전개 혹은 의미의 폭과 깊이를 인도 예술에서 발견하기는 어려울 것이다. 특정한 힌두인들은 이런 면을 매우 기발하게 설명한다. 그들 사이에서 그림이 쇠퇴한 이유는 그림이 너무 쉬웠기 때문이 아니라 신들에게 바칠 만큼 정성을 들인 예물이 아니었기 때문이라고 그들은 말한다.[38] 아마 그림은 보존하기가 매우 어렵고 수명이 짧아서 힌두인들이 자기가 선택한 신의 화신으로 항상 존속하는 것을 바라는 갈망을 충족시키지 못했

---

* 사혁(謝赫)(중국 그림의 육법 이론을 정립한 화가 ― 옮긴이). 473쪽 참조. 산단가의 연대는 불확실하며, 13세기의 주석서를 통해 우리에게 알려졌다.

을 것이다. 불교가 성상(聖像)을 받아들이고 브라만교의 사원이 늘어나 많아지게 되면서 그림은 서서히 조각상으로 대체되고 색상과 선은 내구성이 강한 돌로 대체되었다.

4. 조각

모헨조다로의 작은 조각상에서부터 아소카 시대에 이르기까지 인도 조각의 역사를 추적하는 것은 불가능하다. 이것은 이 예술 분야의 간극이라기보다는 우리 지식의 간극이라고 보아야할지도 모른다. 아마 인도는 아리아인의 침략 때문에 한동안 빈곤해져서 조각의 소재를 돌에서 나무로 바꾸었을 것이다. 그렇지 않으면 아리아인이 전쟁에 몰두하여 예술에는 신경 쓸 겨를이 없었을 것이다. 인도에서 현존하는 가장 오래된 석상들은 아소카 시대까지 거슬러 올라간다. 그러나 이 석상들은 대단히 발전된 기술을 보이고 있으므로, 이 예술은 오랜 세월에 걸쳐 성장해 온 것임을 부인할 수 없다.[39] 불교는 우상 숭배와 세속적인 형상을 싫어하여 그림과 조각 양 분야에 분명한 장애물을 놓았다. 부처는 "상상으로 그린 남녀 인물화"를 금지했다.[40] 그러므로 거의 모세적인 이런 금지 명령 때문에 인도의 그림과 조각 예술은 (유대에서는 이미 겪었고 또 이슬람에서는 앞으로 겪게 될 것과 같은) 어려움을 겪었다. 그러나 불교가 엄격함을 버리고 상징과 신화를 추구하는 드라비다족의 열정을 받아들이게 되면서 이 청교도주의는 서서히 완화된 것으로 보인다. 보드가야와 바르후트에 있는 불교도의 사리탑이나 봉분을 둘러싼 난간에 얕은 돋을새김을 하면서 조각 예술이 다시 등장했으나(기원전 200년경), 그것은 독립된 예술이라기보다는 건축 디자인의 일부분이었다. 그리고 인도의 조각은 끝까지 대체로 조각의 부속물로 남았으며 환조(丸彫)보다는 돋을새김을 선호했다.* 마두라의 자이나교 사원과 아마라바티와 아잔타의 불교 사원에서는 이 돋을새김

---

* 유안 츄왕이 파탈리푸트라에서 본 25미터 높이의 거대한 청동 불상은 이런 일반화를 무색하게 만드는 예외다. 이 불상은 극동에서 인도를 찾은 유안 츄왕 등의 순례자들을 통해 일본의 나라와 카마쿠라에 있는 거대한 불상들의 원조가 되었을지도 모른다.

예술이 완벽한 경지에 도달했다. 한 박식한 권위자에 의하면 아마라바티에 있는 난간은 "인도 조각의 가장 육감적이고 가장 섬세한 꽃이다."[41]

아울러 인도 북서부의 간다라 지방에서는 쿠샨 왕조의 후원에 힘입어 다른 형태의 조각이 발전하고 있었다. 북부에서 갑자기 나타나(아마 그리스계의 박트리아에서 왔을 것이다.) 신비에 쌓인 이 왕조는 그리스 양식을 모방하는 사조를 전했다. 카니슈카 총회를 주관한 마하야나(대승) 불교는 성상 금지를 철회함으로써 길을 열었다. 그리스 교사들의 교육 덕분에 힌두의 조각은 한동안 얼굴선을 그리스 양식으로 부드럽게 처리했다. 부처가 아폴로와 비슷하게 바뀌었으며 올림푸스의 신이 되고자 하는 지망자가 되었다. 페이디아스가 그리스 신전 정면을 장식해 놓은 박공벽 양식으로 된 힌두의 신들과 성인들이 등장하기 시작했으며, 경건한 보디사트바가 얼큰하게 술에 취한 실레니(Sileni)와 어울렸다.[42] 이상화되어 거의 여성적으로 표현되던 부처와 제자들이 그리스의 퇴폐적인 사실주의의 흉측한 사례로 바뀌었다. 여성적인 머리와 남성적인 수염을 하고 있는 여성적인 얼굴에 갈비뼈와 힘줄이 모두 드러나 있는 그림인 「라호르의 굶주리는 부처」처럼 말이다.[43] 이런 그리스적 불교 예술은 유안 츄왕에게 깊은 인상을 주었으며, 그와 후대의 순례자들을 통해 중국과 한국, 일본으로 전해졌다.[44] 그러나 인도 자체의 조각 형태와 방법에는 거의 영향을 주지 못했다. 간다라 유파는 몇 세기 동안 왕성하게 활동한 후에 소멸되었다. 그러자 인도의 예술은 힌두 통치자들의 치세에서 생명력을 되찾아, 바르후트와 아마라바티, 마두라의 원주민 예술가들이 남긴 전통을 이어받고, 그리스가 막간에 간다라에 남긴 영향에는 거의 관심을 보이지 않았다.

인도의 거의 모든 것과 마찬가지로 조각 역시 굽타 왕조에서 번성했다. 불교는 이제 성상에 대한 적대감을 잊었다. 아울러 활기를 되찾은 브라만교도 온갖 예술로 종교를 상징하고 장식하도록 장려했다. 마두라 박물관에는 명상적인 눈과 감각적인 입술, 우아한 몸, 입체파적인 투박한 발을 하고 있는 대단히 세련된 부처 석상이 있다. 사르나트 박물관에는 앉아 있는 다른 부처 석상이 있다.(이 좌상은 그 후 불교 조각을 지배하게 되었다.) 이 작품에서도 평화로운 명상과 경건한 자비심의 느낌이 완벽하게 드러난다. 카라치에는 명예롭지 못하게도 볼테르(Voltaire)를 닮은 작은 브라마 동상이 있다.[45]

이슬람이 오기 전 1000년 동안 조각 예술은 인도의 모든 곳에서 걸작들을 낳았다. 건축과 종교를 통해 영감도 받고 또 그 둘에 종속되어 있었지만 말이다. 술탄푸르의 아름다운 비슈누 조각상과[46] 아름답게 깎아 만든 파드마파니(연화수보살) 조각상,[47] 엘레판타 섬의 동굴들에 돋을새김으로 깊이 새겨 놓은 (보통 트리무르티(Trimurti)라고 하는) 세 개의 얼굴을 가진 거대한 시바상(像),[48] 녹카스에서 루크미니 여신으로 숭배되며 거의 프락시텔레스가 조각해 놓은 것 같은 석상,[49] 탄조르의 촐라 왕국 예술가 겸 장인들이 청동으로 주조한 「춤추는 우아한 시바」,[50] 마말라푸람의 아름다운 사슴 석상,[51] 페루르의 멋진 시바상,[52] 이런 것들이 조각사의 예술이 인도의 모든 지역으로 퍼졌음을 보여 주는 증거다.

똑같은 동기들과 방법들이 인도 본토의 국경을 넘어 투르키스탄과 캄보디아에서부터 자바와 스리랑카에 이르는 모든 곳에서 걸작을 낳았다. 그 사례로는 다음과 같은 것이 있다. 오럴 스타인 경(Sir Aurel Stein)의 발굴단이 허텐에서 발굴한 소년의 것이 분명한 돌로 만든 두상(頭像),[53] 시암(타이의 옛 명칭)의 부처 두상,[54] 캄보디아의 이집트 양식으로 된 훌륭한 하리하라(Harihara),[55] 자바의 거대한 동상들,[56] 프람바남의 간다라 양식으로 된 시바의 두상,[57] 지금은 라이덴 박물관에 소장된 지극히 아름다운 여자상, 코펜하겐의 글립토테크 조각 미술관의 완벽한 보디사트바,[58] 자바 섬의 보로부두르 사원에 있는 온화하고 능력 있는 부처와[59] 훌륭하게 조각된 아발로키테슈바라(관세음보살, "모든 인간을 가련하게 여기며 굽어보는 주(主)"),[60] 스리랑카의 아누라다푸라에 있는 육중한 원시적 부처[61]와 월장석으로 만든 아름다운 현관 계단[62] 등. 길게 나열된 이런 작품들은 오랜 세월에 걸쳐 많은 사람들의 피를 대가로 치렀을 것이 틀림없지만, 힌두의 천재적 재능이 인도의 문화적 식민지에 미쳤을 영향력을 암시해 주기도 한다.

이런 조각을 처음 보고 좋아하기는 어려울 것이다. 여행을 떠날 때는 오직 깊이가 있고 겸손한 사람들만 자신의 배경을 접을 수 있다. 이런 조각상들의 상징과 많은 손발이 나타내는 복잡한 기능 및 초인적인 능력, 이런 가공인물들을 통해 불합리할 정도로 창조적이고 불합리할 정도로 다산적(多産的)이고 불합리할 정도로 파괴적인 초자연적인 힘들을 표현한 무시무시한 사실주의를 이해하려면 힌두인이 되거나 인도의 문화적 리더십을 받아들인 나라의 국민이 되어야 한다. 우리는 힌두의 부락에 있는 사람들은 모두 몸이 말랐고 힌두의 조각에서 표현하는 인물들은 모두 살이 쪘다는 사실을 알게 되면 충격을 받는다. 조각은 대부분 신들의 조각상이라는 사실을 망각하는 것이다. 힌 두인들이 조각상에 색칠을 했다는 사실을 깨닫고는 불만을 느낀다. 이것은 그리스인 들도 마찬가지였으며 페이디아스가 조각한 신상들의 고전적인 고결함도 채색이 우연 히 벗겨졌기 때문이라는 사실을 모르고 있음을 드러내는 것이다. 우리는 인도의 미술 관에는 여자를 소재로 한 작품이 비교적 적다는 사실에 마음이 상한다. 이런 사실이 암 시하는 것 같은 여자의 종속적인 위상에 대해 슬퍼한다. 그러면서 여자 나체상 숭배는 조각 예술의 필수적인 기반이 아니라는 사실과 가장 심오한 여성미는 젊음보다는 모 성애에 있다는, 즉 아프로디테보다는 데메테르에 있다는 사실은 생각하지 않는다. 혹 은 조각가가 조각한 것은 자기가 꿈꾸는 것이라기보다는 승려가 규정한 것이라는 사 실과 인도에서는 모든 예술은 예술에 속하기보다는 종교에 속하며 따라서 신학의 시 녀였다는 사실을 잊는다. 그렇지 않으면 조각가가 악한 영에게 겁을 주어 쫓을 캐리커 처나 익살스러운 모습, 귀신으로 만든 작품들을 너무 진지하게 받아들인다. 만일 우리 가 그런 작품을 보고 무서워서 등을 돌린다면 그 작품의 목적이 이루어졌음을 입증하 는 것일 뿐이다.

그러나 인도 조각은 인도 문학의 우아함이나 인도 건축의 장엄함, 인도 철학의 깊이 를 얻지 못했다. 주로 인도 종교들의 혼란스럽고 불확실한 통찰을 반영하고 있다. 중국 과 일본의 조각에 비해서는 뛰어나지만 이집트 조각상의 냉정한 완벽함이나 그리스 대 리석의 살아 유혹하는 아름다움과는 견줄 수 없다. 인도의 조각이 가정하고 있는 내용 이라도 이해하려면 중세 시대의 진지하고 신뢰하는 경건한 마음을 새롭게 불러일으켜 야 한다. 사실 우리는 인도 그림의 경우처럼 조각에서도 너무 많은 것을 요구한다. 우리 는 인도의 조각과 그림을 우리가 다루기 편리하도록 우리의 전통적인 항목과 규범에 따라 인위적으로 분리하면서도 마치 그 분야들이 유럽에서처럼 인도에서도 독립된 예 술이었던 것처럼 판단한다. 만일 우리가 힌두인이 아는 것처럼 그 분야들을 그 나라의 뛰어난 건축에 통합되어 있는 부분들로 볼 수 있었다면 처음부터 인도의 예술을 이해하려는 겸손한 태도를 보였을 것이다.

5. 건축

1. 힌두의 건축

아소카 시대 이전의 인도 건축은 남아 있는 것이 없다. 모헨조다로의 유적은 벽돌로 되어 있으나 베다 시대와 불교 시대의 인도 건물은 나무로 되어 있었음이 분명하다. 건축용으로 돌을 사용한 것은 아소카 시대가 처음이었던 것으로 보인다.[63] 문헌에서는 7층으로 된 건물들[64]과 어느 정도 웅장한 궁전들을 언급하지만 흔적이 남아 있는 것이 없다. 메가스테네스는 찬드라굽타의 황실 건물들은 페르시아의 어떤 건물보다도 탁월하다고 기술한다. 물론 그 건물을 지을 때 모델로 삼았던 페르세폴리스의 건물들은 예외다.[65] 이런 페르시아의 영향은 아소카 시대까지 계속 유지되었다. 그 영향은 페르세폴리스의 "수많은 기둥이 있는 홀"과 비슷한 아소카 궁전의 1층 평면도에서도 나타나며,[66] 라우리야의 기둥머리를 사자로 장식해 놓은 훌륭한 아소카 기둥에서도 드러난다.

아소카 왕이 불교로 개종하면서 인도의 건축은 외국의 영향을 벗어 버리고 새로운 종교에서 영감과 상징을 찾기 시작했다. 그 변화는 사르나트에 다른 아소카 기둥의 유물로 지금도 남아 있는 큰 기둥머리에서 분명하게 나타난다.[67] 놀라울 정도로 완벽한 구성미를 갖추고 있어서 존 마샬 경(Sir John Marshall)이 "고대 세계의 비슷한 유형의 어떤 것"과도 견줄 수 있는 것으로 평가한[68] 이 기둥머리에서 궁둥이를 맞대고 방어 자세를 취하고 서 있는 사자 네 마리의 형태와 표정은 철저하게 페르시아 양식이다. 그러나 그 사자 밑에 있는 프리즈(frieze)에는 인도인이 좋아하는 코끼리와 인도 고유의 상징인 불교의 "법(法)의 수레바퀴" 등이 훌륭한 솜씨로 새겨져 있다. 그리고 그 프리즈 밑에는 돌로 만든 큰 연꽃이 있다. 전에는 이 연꽃을 페르시아 양식의 종(鍾) 머리로 오해했으나 이제는 인도 예술에 보편적으로 나타나는 가장 오래된 독특한 상징으로 받아들여지고 있다.[69] 밑으로 늘어진 꽃잎 위에 열매껍질 모양의 암술을 담고 곧게 서 있는 것으로 묘사된 이 연꽃은 세상의 모태를 나타냈다. 혹은 자연의 가장 아름다운 모습인 이 연꽃은 신의 보좌(寶座)로 사용되었다. 상징으로서의 연꽃이나 수련은 불교와 함께 전파되어 중국과 일본의 예술에 스며들었다. 그 상징과 비슷한 모양이 창과 문의 무늬로 사용되다가, 본래 대나무를 굽혀 만든 나무들로 떠받치는 벵골식 초가지붕의 포장마차식 곡선에서 유래되어 아소카 시대에 유행한 둥근 천장의 말굽형 아치가 되었다.[70]

불교 시대의 종교적인 건축은 무너진 일부 사원들과 많은 불탑 및 난간을 남겼다. 불탑 혹은 사리탑은 초기에는 봉분이었다. 그러던 것이 불교 시대에 일반적으로 불교의 성인들의 유골을 봉안하는 기념 성물이 된 것이다. 대부분의 경우에 불탑은 벽돌 돔 위에 뾰족탑을 세우고 얕은 돋을새김을 한 돌난간으로 에워싼 형태를 취했다. 가장 오래된 불탑 가운데 하나는 바르후트에 있다. 그러나 그 돋을새김들은 원시적이고 조잡하다. 현존하는 가장 화려한 난간은 아마라바티에 있다. 1580제곱미터에 달하는 이 난간은 솜씨가 매우 뛰어난 작은 돋을새김들로 덮여 있다. 퍼거슨(Fergusson)은 이 난간을 "아마 인도에서 가장 주목할 만한 기념물"일 것이라고 평가했다.[71] 가장 잘 알려진 사리탑은 보팔 시(市) 빌사에 있는 일군의 불탑 중 하나인 산치 불탑이다. 이 불탑의 돌문들은 고대의 나무문의 형태를 모방하고 있음이 분명하며, 보통 극동 지방 사원들의 입구를 표시하는 파일루스(pailus) 또는 토리스(toriis)를 예상하게 한다. 기둥과 기둥머리, 난간, 지주에는 무수한 식물과 동물, 사람, 신의 모습이 매 뼘마다 새겨져 있다. 동쪽 출입구의 기둥에는 영원한 불교 상징인 보리수나무와 부처가 깨달음을 얻는 장면이 정교하게 새겨져 있다. 받침대 하나가 우아하게 놓여 있는 같은 출입구에는 팔다리가 늘씬하고 엉덩이가 통통하고 허리가 가늘며 가슴이 풍만한 감각적인 한 여신(야크시(Yakshi))이 있다.[72]

죽은 성인들이 불탑 안에서 잠자는 동안 살아 있는 승려들은 바위산을 깎아 사원을 만들었다. 비바람과 태양의 뙤약볕과 열기를 피하여 고립된 상태에서 나태함과 평화를 누리며 지낼 수 있는 사원 말이다. 우리는 우리 시대의 초기 세기들에 부분적으로는 자이나교와 브라만교의 공동체를 위해, 대부분은 불교 공동체를 위해 만든 수천 개의 이런 암굴 사원 가운데 1200여 개가 유물로 남아 있다는 사실에 주목함으로써 인도의 종교적 충동이 지닌 강도를 판단할 수 있을 것이다. 이런 비하라(암자)의 입구는 말굽형 아치 혹은 연꽃형 아치 형태로 된 단순한 문인 경우가 많았다. 그러나 때로는 나시크에 있는 것처럼 정면을 튼튼한 기둥들과 동물 기둥머리들 그리고 끈기 있게 조각한 처마 도리로 이루어진 화려하게 장식한 것도 있었다. 또한 기둥들과 돌로 된 칸막이 혹은 훌륭하게 설계한 주랑(柱廊) 현관들로 단장한 경우도 많았다.[73] 내부에는 중앙 회중석을 통로와 구분한 주랑들이 있는 차이티야 또는 집회용 홀과 한 쪽으로는 승려용 독방들 그리고 안쪽 끝으로 성물을 모셔 둔 제단이 있었다.* 이런 암굴 사원 중 가장 오래된 것은 그리고 아마 현존하는 가장 아름다운 것은 푸나와 봄베이 중간의 카를레에 있다. 히나야나(소승) 불교는 이곳에 걸작을 만들어 놓았다.

아잔타의 동굴들은 가장 위대한 불교 회화들을 숨겨 놓은 곳이라는 것 말고도 카를레와 함께 인도 사원의 특징인 건축과 조각이 반씩 어우러진 복합 예술의 사례로 평가된다. 동굴 I과 동굴 II에는 넓은 집회용 홀들이 있으며, 그 홀의 기둥들은 밑쪽은 정사각형이고 꼭대기는 둥근 모양을 하고 있으며, 꽃 모양의 띠들로 장식하고 웅장한 기둥머리로 마무리하고 있다. 이런 기둥들이 받치고 있는 바위를 깎아 만든 천장은 소박하지만 우아한 도안으로 채색되어 있다.[74] 동굴 XIX는 버섯 조각상과 복합적인 얕은 돋을새김으로 화려하게 장식한 외관으로 유명하다.[75] 동굴 XXVI에는 가장 위대한 종교적 예술적 열정만이 그렇게 세부적으로 조각할 수 있었을 조각상으로 가득 찬 프리즈 위로 거대한 기둥들이 솟아 있다.[76] 아잔타는 예술사상 중요한 작품 중 하나라는 말을 부정할 수 없을 것이다.

지금도 현존하는 다른 불교 사원 가운데 가장 인상적인 것은 보드가야의 큰 탑이다. 이 탑은 철저한 고딕 양식의 아치들 때문에 중요하며 연대는 서기 1세기로 거슬러 올라감이 분명하다.[77] 대체로 불교 건축의 유물들은 단편적이며 건축보다는 조각이 유명하다. 아마 그 유물들의 외관이 절제되고 소박한 것은 엄숙주의 때문일 것이다. 자이나교

---

* 이 내부와 그리스도교 교회들의 내부가 일치하는 모습은 힌두의 양식들이 그리스도교의 건축에 영향을 끼쳤을 가능성을 암시한다.[73a]

도들은 건축에 더 많은 관심을 기울였으며 그 결과 11~12세기에는 그들의 사원이 인도에서 가장 훌륭한 건축물이었다. 그들은 고유한 양식을 창조하지 않고 처음에는 (에룰라에 있는 것처럼) 바위산을 깎아 만든 불교의 암굴 사원을 모방하고, 나중에는 보통 작은 산에 담을 두르고 군집하고 있는 비슈누 사원이나 시바 사원을 모방하는 것으로 만족했다. 이 사원들 역시 외관은 소박했으나 내부는 복잡하고 화려하여 소박한 생활의 행복함을 상징적으로 표현했다. 그러나 경건한 사람들이 이런 사원에다 자이나교 영웅의 조각상을 하나씩 더하여 퍼거슨이 샤트룬자야의 사원 군락에서 6449개의 조각상을 세는 결과를 낳았다.[78]

아이홀레의 자이나교 사원은 거의 그리스 양식으로 건축되어 직사각형 형태에 외부에는 열주들과 하나의 주랑 현관, 내부에는 하나의 독방 혹은 중앙 침실로 이루어져 있다.[79] 카주라호에서는 자이나교도와 비슈누교도, 시바교도가 마치 힌두의 관용 정신을 예증하려는 것처럼 스물여덟 개 정도의 사원을 아주 가까이 세웠다. 이 중 거의 완벽한 파르슈와나트 사원[80]은 원뿔형 탑들이 위용을 자랑하며 높이 솟아 있으며, 그 표면에는 도시를 이룰 만큼의 자이나교 성인들을 조각해 놓고 있다. 사막 위로 1220미터를 솟아 있는 아부 산(山)에는 자이나교도들이 많은 사원을 세웠으며, 그중 남아 있는 두 곳인 비말라 사원과 테자팔라 사원은 이 종파가 예술 분야에서 이룩해 놓은 가장 위대한 업적이다. 테자팔라 사원의 돔은 예술에 관한 글을 모두 무기력하고 쓸모없게 만드는 압도적인 경험 가운데 하나다.[81] 하얀 대리석으로만 지은 비말라 사원은 소박한 조각들이 새겨진 엔타블러처에 기발한 받침대가 달린 불규칙한 기둥들로 이루어진 미로다. 위쪽에는 조각상으로 화려하게 장식하고 웅장하여 감동을 주는 돌 레이스를 조각해 놓은 대리석 돔이 있다. 퍼거슨에 의하면 이 돔은 "세부적인 부분들을 섬세하고 적절하게 마무리하여 아마 다른 곳에서 발견되는 비슷한 어떤 것보다 탁월할 것이다. 이 돔에 비하면 헨리 7세의 웨스트민스터 사원이나 옥스퍼드 사원에 고딕 양식으로 세워진 돔도 조잡하고 투박하게 보인다."[82]

이런 자이나교 사원들 및 같은 시대의 사원들을 보면 원형의 불교 사원에서 인도 중기의 탑형으로 옮겨 가는 과정이 나타난다. 집회용 홀의 회중석 혹은 기둥으로 에워쌌던 내부가 밖으로 옮겨져 만다팜(mandapam) 혹은 현관으로 연결되고 있다. 그 뒤에는 독방이 있다. 그리고 이 독방 위로는 조각이 복잡하게 새겨져 있고 점점 낮아지는 탑이 있다. 북부의 힌두 사원은 바로 이런 디자인으로 건축되었다. 이런 사원 가운데 가장 인상적인 것이 오리사 주(州) 부바네슈와라에 있는 사원 군락이다. 그리고 이 군락에서 가장 훌륭한 사원은 서기 11세기에 비슈누에게 봉헌된 라자라니 사원이다. 이 사원은 조각상으로 덮여 있는 반원형 기둥들이 나란히 놓여 있고, 그 위를 돌로 만들어 폭이 점점 좁아지는 층들이 놓여 있는 형태로 된 거대한 탑이다. 이 탑은 전체가 안쪽으로 곡선을 그리고 있으며 원형의 큰 관(冠)과 뾰족탑으로 마무리된다. 부근에 있는 링가라자 사원은 라자라니 사원보다 크지만 그만큼 아름답지는 않다. 그러나 표면 전체에서 조각가의 끌이 느껴지므로 조각 비용이 건축 비용의 세 배가 들었을 것으로 평가된다.[83] 힌두인은 사원의 웅장한 규모를 통해서는 물론이고 인내로 이루어 놓은 세부 사항을 통해서도 신앙을 표현했다. 신들에게는 지나치게 좋은 것이란 없는 법이다.

북부의 다른 힌두 건물 걸작들을 사진을 곁들여 구체적으로 묘사하지 않고 계속 나열하면 지루할 것이다. 그러나 인도의 문명을 기록하면서 카나라크와 무데라에 있는 태양 신 수리아 사원들과 자간나트 푸리의 탑, 바드나가르의 아름다운 문,[84] 괄리오르의 웅장한 사스바후 사원과 텔리카만디르 사원,[85] 역시 괄리오르에 있는 라자만싱 궁전,[86] 치토르 승전탑[87]을 빼놓을 수 없을 것이다. 카주라호에 있는 시바 사원들은 규모로 유명하지만, 같은 도시에 있는 칸와르마트 사원의 현관 돔은 인도 건축의 남성적인 힘과 인도 조각의 화려함과 인내를 다시 보여 준다.[88] 세로 홈을 새긴 육중한 기둥과 버섯 모양의 기둥머리, 탁월한 돋을새김, 힘 있는 조각상 들[89]이 있는 엘레판타의 시바 사원은 오늘날에는 기억에서 거의 사라진 민족적 활력과 예술적 솜씨의 연륜을 보여 준다.

우리는 인도의 예술을 공정하게 평가할 수 없다. 무지와 광신주의 때문에 가장 위대한 걸작들이 파괴되었으며, 남은 것들도 반쯤은 소멸되어 있기 때문이다. 포르투갈인은 엘레판타에서 고삐 풀린 야만성을 발휘하여 조각상과 얕은 돌을새김 작품들을 파괴함으로써 자신들의 신앙을 증명했다. 이슬람교도들은 북부의 거의 모든 지역에서 5~6세기에 인도가 낳은 위업들을 파괴했다. 전승에 의하면 그 작품들은 오늘날 경이감과 존경심을 불러일으킨 후대의 작품들보다 훨씬 탁월하다고 한다. 이슬람교도들은 조각상의 목을 떼고 사지를 잘라 놓았다. 그들은 자이나교의 사원을 자신들의 사원으로 전용했으며 그 사원의 우아한 기둥들을 상당 부분 모방했다.[90] 세월과 광신주의가 손을 잡고 파괴에 합류했다. 정통 힌두교도들이 외국인의 손에 닿아 더러워진 사원들을 버려둔 채 등한시했기 때문이다.[91]

인도 북부 건축의 잃어버린 웅장함은 인도 남부에 남아 있는 힘 있는 구조물로 미루어 짐작할 수 있을 것이다. 인도 남부에서는 이슬람의 통치가 미미하게만 개입했으며, 그것도 어느 정도 인도에 자리를 잡은 후에는 인도의 생활 방식에 대한 증오심을 누그러뜨렸기 때문이다. 나아가 남부 인도 건축은 악바르가 이슬람인을 길들여 인도 예술을 어느 정도 이해할 수 있게 만든 후인 16~17세기에 위대한 시대를 맞이했다. 그 결과 남부에는 사원이 많으며 북부에 남아 있는 것보다 탁월하고 웅장하며 깊은 인상을 준다. 퍼거슨은 그의 생각에 영국의 성당만큼 건축비가 들었을 드라비다 혹은 남부 사원을 서른 개 정도 꼽았다.[92] 남부의 사원은 북부의 양식들을 받아들여 고푸람(gopuram) 혹은 문이 있는 만다팜 혹은 현관을 앞에다 내고 많은 기둥으로 떠받쳤다. 남부의 사원에는 스와스티카(만(卍) 자 무늬)*와 태양 및 삶의 수레바퀴의 상징에서부터 수많은 신성한 동물에 이르기까지 백여 개의 상징을 즐겨 사용했다. 뱀은 허물을 벗는 습성을 통해 환생을 의미했다. 황소는 사람들이 부러워하는 생식 능력의 화신이었다. 링가, 즉 남근상은 시바가 지닌 생식 능력의 탁월성을 표현했으며 사원 자체의 형태를 결정할 때도 많았다.

---

* 스와스티카(swastika)는 '좋은(well)'을 의미하는 '수(su)'와 '존재(being)'를 의미하는 '아스티(asti)'에서 온 산스크리트어다. 영원히 반복해서 나타나는 이 상징은 고대와 현대를 막론하고 매우 다양한 민족 사이에서 나타나며 보통 행복(well-being)이나 행운을 의미하는 표시로 사용된다.

이런 남부 사원들의 구조를 이루는 세 가지 요소가 있었다. 출입구와 기둥을 갖춘 현관 그리고 집회용 중앙 홀 혹은 독방이 있는 탑이 그것이다. 경우에 따라서는 마두라의 티루말라나이야크 궁전 같은 예외가 있으나 인도 남부의 건축물은 모두 종교적인 것이었다. 사람들은 자신들을 위해 웅장하게 짓는 일을 귀찮아하지 않았으며 자신들의 예술을 승려와 신에게 기꺼이 바쳤다. 어떤 상황도 인도의 실제 정부가 얼마나 자발적으로 신정(神政)적인 성격을 띠었는지 이보다 더 잘 보여 줄 수는 없을 것이다. 찰루키아 왕조의 왕들과 백성들이 세운 많은 건물 중에 남아 있는 것은 신전밖에 없다. 하이데라바드의 이타기 부락에 있는 사원의 아름다운 균형미[93]*나 마이소르의 솜나트푸르에 있는 육중한 돌들을 섬세한 레이스처럼 조각해 놓은 사원,[95] 같은 마이소르의 할레비드에 있는 호이샬레슈와라 사원[96]은 오직 대단한 언변을 지닌 힌두 경건주의자만 묘사할 수 있을 것이다. "인도 건축 옹호자라면" 호이샬레슈와라 사원 "건물 중 하나에 자리 잡고 싶어 할 것이다."라고 퍼거슨은 말한다. 이곳의 "수평선과 수직선의 예술적인 조화 그리고 윤곽과 빛과 그림자의 유희는 고딕 예술의 모든 것을 훨씬 능가한다. 그런 것들이 만들어 낸 결과들은 중세의 예술이 종종 목표로 삼았으나 할레비드에서처럼 그렇게 완벽하게 도달해 본 적이 없는 바로 그런 것이다."[97]

만일 할레비드 사원에 있는 550미터의 프리즈를 깎아 내고 그 안에 하나하나가 모두 다른 2000개의 코끼리 상을 새겨 넣을 수 있었던 부지런한 신앙심에 놀란다면,[98] 견고한 암반을 깎아 사원 전체를 만들 수 있었던 인내와 용기에 대해서는 무슨 말을 해야 하는가? 그러나 이것은 힌두 장인들의 평범한 업적이었을 뿐이다. 마두라스 부근에 있는 마말라푸람의 해안에서 그들은 몇 개의 라타(ratha) 혹은 탑을 조각했으며, 그중 가장 아름다운 것은 다르마라자라타, 즉 최

---

* 메도스 테일러(Meadows Taylor)는 이렇게 말한다. 이곳에 있는 "일부 기둥들 그리고 문의 상인방(上引枋)과 처마도리에 새겨진 조각은 말로 표현할 수 없다. 금이나 은에 새긴 어떤 양각도 그보다 더 훌륭할 수 없을 것이다. 매우 단단하고 거친 이 돌을 어떤 도구로 그렇게 다듬고 연마했는지 오늘날에도 전혀 알 수 없다."[94]

고의 수양을 위한 수도원이다. 하이데라바드의 순례지인 에룰라에서는 불교도와 자이나교도, 정통 힌두교도가 앞을 다투어 바위산을 깎아 거대한 암굴사원을 만들었다. 그중 가장 훌륭한 사례는 히말라야에 있다는 시바의 신화적인 낙원의 이름을 따온 힌두교의 카일라샤 사원이다.[99] 이곳에서 지칠 줄 모르는 건축자들은 바위를 30미터 깎아 내려가 사원이 될 76×49미터 크기의 암석 블록을 만든 후 벽에다 힘 있는 기둥과 조각상, 얕은 돋을새김 들을 조각했다. 그런 다음 내부를 깎아 내고 그곳에 가장 놀라운 예술을 아낌없이 펼쳤다. 「연인들」[100]이라는 프레스코 벽화를 그 예로 들 수 있다. 끝으로 그들은 그래도 건축적 열정이 남아서 그 채석장의 삼면 암석에 일련의 예배당들과 수도원들을 깊이 깎아 놓았다.[101] 일부 힌두인은[102] 카일라샤 사원을 예술사에 나타난 어떤 업적과도 어깨를 나란히 할 수 있는 것으로 생각한다.

이런 건축물은 피라미드와 같은 대작이므로 많은 사람의 피와 땀을 대가로 치렀을 것이 틀림없다. 그러나 조합이든 장인이든 지치는 일이 없었다. 그들은 연구자나 관광객이 그 사원들의 수와 힘 앞에서 각 사원의 개별적인 특성을 잊을 정도로 많은 사원을 인도 남부 전역에 흩어 놓았기 때문이다. 파타다칼에서는 찰루키아 왕국의 비크라마디티아 2세의 아내들 가운데 한 명인 라카마하데비 왕비가 비루파크샤 사원을 시바에게 바쳤는데, 이 사원은 현재 인도의 대사원 중에서도 높이 평가되고 있다.[103] 마드라스 남부의 탄조르에서는 촐라 왕국의 라자라자 왕이 남부 전역과 스리랑카를 정복한 후에 시바의 생식 능력을 나타내도록 설계한 웅장한 사원을 세움으로써 그 신과 전리품을 나눴다.[104]* 탄조르 서쪽에 있는 트리치노폴리 부근에는 비슈누 신봉자들이 높은 언덕에 슈리랑감 사원을 세웠다. 이 사원의 특징은 "천 개의 기둥을 가진 홀"의 형태로 만들어진 기둥이 많은 만다팜이 있으며, 단 하나의 대리석으로 된 각 기둥에는

---

* 이 사원의 정점에는 돌이 하나 있는데 이 돌 하나만 해도 넓이가 2.3제곱미터이고, 무게가 약 80톤에 달한다. 힌두 전승에 의하면 이 돌은 6.5킬로미터의 경사면을 만들어 들어 올렸다고 한다. 아마 이 공사에는 기계적인 장치 대신에 강제 노동을 동원했을 것이다.

조각이 정교하게 새겨져 있다는 것이다. 힌두의 장인들은 흩어져야했던 당시에도 그 사원을 마무리하고 있었으며, 그 공사가 끝나게 된 이유는 프랑스인과 영국인이 인도를 차지하기 위해 싸우며 쏘아대는 총알 때문이었다.[105] 근처의 마두라에서는 무투 나이야크와 티루말라 나이야크 형제가 시바에게 넓은 사원을 세워 주었다. 이 사원에는 다른 천 개의 기둥을 가진 홀과 신성한 수조, 열 개의 고푸람 혹은 출입구가 갖춰져 있으며, 그중 네 개의 출입구는 상당히 높으며 많은 조각상이 새겨져 있다. 이런 건축물들은 모두 인도에서 가장 인상적인 볼거리 중 하나다. 우리는 남아 있는 이런 단편들을 통해 비자야나가르 왕조의 건축물이 넓고 화려했음을 판단할 수 있다. 끝으로 인도에서 스리랑카를 잇는 "아담의 다리"를 이루고 있는 많은 섬 중 라메스와람에서는 남부의 브라만들이 5세기(서기 1200~1769년)에 걸쳐 가장 웅장한 회랑들 혹은 주랑 현관들을 갖춘 사원을 세웠다. 이 현관들에는 정교하게 조각을 새긴 주랑들이 두 줄로 1.2킬로미터나 이어져 있는데, 이것은 오늘날에도 멀리 떨어진 도시에서 와서 무관심한 신들의 발 앞에 자신의 희망과 슬픔을 내려놓는 수백만 순례자들에게 서늘한 그늘과 태양과 바다가 보이는 감동적인 경치를 제공하려고 만든 것이다.

2. 식민지 시대의 건축

한편 인도의 예술은 인도의 종교와 함께 해협과 국경을 넘어 스리랑카와 자바, 타이, 미얀마, 티베트, 허텐, 투르키스탄, 몽골, 중국, 한국, 일본으로 건너갔다. "아시아의 모든 길은 인도에서 시작되었다."[106] 기원전 5세기에는 갠지스 강 출신의 힌두인이 스리랑카에 정착했다. 200년 후 아소카는 아들과 딸을 한 명씩 보내 그곳 주민들을 개종시켰다. 그 결과 토지가 비옥한 이 섬은 15세기 동안 타밀족의 침략에 맞서 싸워야했지만 1815년 영국에 정복될 때까지는 풍요로운 문화를 유지했다.

싱할라족의 예술은 다고바와 함께 시작되었다.(다고바란 북부 불교인들의 사리탑처럼 유물을 봉안하는 탑이지만 돔 형태로 된 탑을 말한다.) 그 예술은 고대 수도인 아누라다푸라에 있는 유적과 같은 큰 사원들로 전달되었으며, 가장 훌륭한 일부 부처 조각상들[107]과 매우 다양한 작은 미술품을 만들어 냈다. 그러다가 스리랑카의 위대한 마지막 왕 키르티 슈리 라자 싱하가 캔디에 성아(聖牙) 사원을 짓는 것을 끝으로 한동안 막을 내렸다. 독립을 잃게 되자 상류 계층은 퇴폐에 물들었으며, 그 결과 예술가들에게 필요한 자극과 제약을 안겨 주던 후원과 심미안이 스리랑카에서 사라졌다.[108]

이상한 말이지만 (일부 학자들은 모든 사원 중에서 가장 큰 사원이라고 하는[109]) 가장 큰 불교 사원은 인도가 아니라 자바 섬에 있다. 8세기 수마트라 섬의 샤일렌드라 왕조가 자바를 정복하여 불교를 공식 종교로 확립한 후에 자금을 제공하여 웅장한 보로부두르(많은 부처들) 사원을 세웠다.[110] 이 사원의 본체는 규모가 아담하고 독특한 구조로 이루어져 돔 형태의 작은 사리탑을 일흔두 개의 작은 탑이 동심원 형태로 에워싸고 있다. 이것이 전부라면 보로부두르 사원은 별것 아닐 것이다. 그 사리탑을 웅장하게 만드는 것은 37제곱미터 넓이의 받침대, 위쪽으로 올라가면서 폭이 좁아지는 거대한 7층 마스타바(석실 분묘)다. 이 받침대에는 사방으로 조각상을 위한 벽감들이 있다. 보로부두르의 조각가들은 부처의 상을 436번이나 조각하는 것이 좋다고 생각했다. 그러나 그들은 여전히 만족하지 못하고 각 층의 벽들에다 부처의 전설적인 출생과 청년기, 깨달음을 묘사하는 얕은 돋을새김을 4.8킬로미터나 해 넣었다. 그 솜씨가 워낙 뛰어나 그 돋을새김은 아시아에서 가장 훌륭한 것에 속한다.[111] 자바 섬의 건축은 힘 있는 이 불교 사원 및 부근 프람바남의 브라만교 사원들을 건축하면서 절정기에 도달했으나 급속하게 쇠퇴하고 말았다. 이 섬은 한동안 바다의 요충지가 되어 부와 사치를 누리며 많은 시인을 지원했다. 그러나 1479년 이슬람인들이 이 열대 낙원에 거주하기 시작하면서 그때부터 중요한 예술 작품을 만들어 내지 못했다. 1595년에는 네덜란드가 이 섬에 뛰어들어 다음 세기 중에 조금씩 삼켜 나가다가 결국 완벽하게 통제하게 되었다.

보로부두르 사원을 능가하는 힌두교 사원은 하나밖에 없으며 이 사원 역시 인도에서 멀리 떨어져 있다. 이 사원은 오랫동안 정말 깊은 정글 속에 묻혀 있었다. 1858년 한 프랑스 탐험가가 메콩 강 상류의 계곡을 헤치며 나아가다가 나무와 잡목 사이로 그에게는 기적처럼 보이는 광경을 얼핏 보게 되었다. 믿을 수 없을 정도로 웅장한 사원이 얽히고설킨 관목과 나뭇잎에 거의 묻힌 채 숲 속에 서 있었던 것이다. 그날 그는 많은 사원을 보았으며 그중 일부는 이미 나무들이 너무 무성하거나 나무 때문에 분리되어 있었다. 야생의 세계가 인간이 만든 작품들을 삼키는 일을 막을 수 있는 적절한 시기에 그가 도착한 것 같았다. 앙리 무오(Henri Mouhot)는 다른 유럽인들이 와서 확인한 다음에야 그 탐험가의 이야기를 믿었다. 그 후 과학적인 탐사단이 고요함 속에 묻혀 있던 오지로 내려왔으며, 파리의 한 학교 전체(극동연구원)가 발견한 유물을 분류하고 연구하는 데 매달렸다. 오늘날 앙코르와트는 세계의 불가사의 가운데 하나다.*

그리스도교 시대의 초기에 인도차이나 혹은 캄보디아에는 본래는 중국인이며 부분적으로는 티베트인인 캄부자족 혹은 크메르족이라는 민족이 살고 있었다. 체우타쿠안이 쿠빌라이 칸의 사절로 크메르의 수도 앙코르톰을 방문했을 때 그는 논에서 땀을 흘려 부를 만들어 낸 국가를 다스리는 강력한 정부를 보았다. 체우의 보고에 의하면 왕에게는 다섯 명의 아내가 있었다. "한 명은 나침반의 특별한 방위였고 나머지 네 명은 기본 방위인 동서남북을 의미했으며" 그 외에도 보다 정확한 독법을 위한 4000여 명의 애첩이 있었다.[113] 금과 보석이 많았으며 호수에는 유람선들이 점점이 떠 있었다. 수도의 거리에는 전차들과 휘장을 두른 1인승 가마, 화려하게 꾸민 코끼리들, 거의 199만 명에 달하는 주민들로 가득 차 있었다. 사원에는 부속 병원이 있었으며 각 병원에는 많은 간호사와 의사가 있었다.[114]

사람들은 중국인이었으나 문화는 힌두 문화였다. 그들의 종교는 원시적인

---

* 1604년 한 포르투갈 선교사가 정글 속에 있는 어떤 유적지에 대해 보고하는 사냥꾼들에 대해 말했으며, 1672년 다른 사제도 비슷한 보고를 했다. 그러나 사람들은 이런 말들에 관심을 보이지 않았다.[112]

뱀(나가(Naga)) 숭배를 기반으로 하고 있었으므로 캄보디아의 예술에서는 어느 곳에서나 나가의 부채꼴 모양의 머리가 나타난다. 그 후 힌두교의 삼신인 브라마와 비슈누, 시바가 미얀마를 통해 들어왔다. 거의 같은 시기에 부처도 들어와 비슈누 및 시바와 함께 크메르족이 가장 좋아하는 신이 되었다. 명문(銘文)들은 사람들이 신들의 보좌역들에게 매일 바치는 엄청난 양의 쌀과 버터, 희귀한 기름들에 대해 기록해 놓고 있다.[115]

9세기가 끝날 무렵 크메르족은 현존하는 그들의 사원 중 가장 오래된 사원인 바이욘 사원을 시바에게 바쳤다. 이 사원은 현재 생명력이 강한 식물 속에 반쯤 덮여 접근하기 어려운 폐허가 되어 있다. 접착제를 사용하지 않고 쌓아 놓았던 돌들은 천 년이 지나면서 굴러 내려, 거의 탑 모양으로 되어 있는 브라마와 시바의 큰 얼굴들을 불경스러운 모습으로 바꾸어 놓았다. 3세기 후 왕들의 노예와 전쟁 포로가 앙코르와트를 건설했다.[116] 앙코르와트는 이집트인들이나 그리스인들, 유럽의 성당 건축자들이 건축해 놓은 최상의 업적들과 견줄 수 있는 걸작이다. 길이가 19.3킬로미터나 되는 엄청난 해자가 사원을 에워싸고 있다. 이 해자 위로는 돌로 만든 나가들이 지키는 다리가 포장되어 있다. 이어서 사원을 둘러싸고 있는 화려한 담장과 마하바라타와 라마야나의 설화들을 다시 전하는 돋을새김이 있는 넓은 회랑들이 있다. 그리고 넓은 기반 위에 계단식 피라미드 모양으로 층층이 쌓아 마지막에는 신의 성소로 이루어진 61미터나 웅장하게 솟아 있는 건물이 자리 잡고 있다. 이 건물에서는 크기가 아름다움을 해치는 것이 아니라 오히려 당당한 웅장함을 보이도록 돕고 있으므로, 서양인들의 마음을 일깨워 동양 문명이 지녔던 고대의 웅장함을 미약하게나마 깨닫게 만든다. 사람들은 상상을 통해 수도에서 북적거리던 주민들을 생각하게 된다. 통제 속에서 무거운 돌을 잘라 내서 끌어와 올리는 노예들과 마치 시간에 전혀 구애받지 않는 것처럼 돋을새김과 조각상을 만드는 장인들, 사람들을 속이기도 하고 위로하기도 하는 승려들, 사람들은 속이고 승려들은 위로하는 (지금도 화강암에 그림으로 남아 있는) 데바다시스들, 넓은 명예의 테라스를 갖춘 피네안

아카스 같은 궁전을 짓고 있는 귀족들, 모든 사람들의 수고를 통해 만인 위로 높여진 강력하고 무자비한 왕들 등.

왕들은 많은 노예가 필요하여 전쟁을 많이 벌였으며 승리하는 경우가 많았다. 그러나 단테(Dante)식의 생활이 한창 이루어지고 있던 13세기 말엽 타이의 군대가 크메르족을 격파한 후 도시들을 약탈하고 화려한 사원들과 궁전들을 폐허로 만들었다. 오늘날에는 일부 관광객들이 무너진 돌 더미들을 기웃거리며, 나무들이 끈기 있게 바위의 갈라진 틈 속으로 뿌리를 내리거나 가지를 밀어 넣으며, 돌들이 바라거나 성장하지 못한다는 이유로 돌들을 서서히 쪼개고 있는 모습을 목격하고 있다. 체우타쿠안은 앙코르의 주민들이 기록한 많은 책에 대해 말하지만 이 문헌들은 한 쪽도 남아 있지 않다. 우리 자신들처럼 그들도 소멸될 조직에 덧없는 사상을 기록했으나 그들이 남긴 내구성이 강한 작품들은 사라지지 않았다. 놀라운 돌을새김들은 모기와 기어 다니는 끈적끈적한 것들을 막기 위해 베일이나 망사를 쓰고 있는 사람들의 모습을 보여 준다.

부근의 타이에서는 반은 티베트인이고 반은 중국인인 한 부족이 정복자 크메르족을 서서히 몰아내고 힌두의 종교와 예술을 기반으로 한 문명을 발전시켰다. 캄보디아를 물리친 후 타이인들은 크메르족의 고대 도시가 있던 자리에 새로운 수도인 아유티아를 세웠다. 그들은 이곳에서 세력을 확장하여 1600년경에는 미얀마 남부와 캄보디아, 말레이 반도를 그들의 제국에 포함시켰다. 그들의 교역은 동쪽으로는 중국, 서쪽으로는 유럽까지 확대되었다. 예술가들은 그림 등으로 장식한 사본들을 만들고, 칠(漆)을 사용해 나무에 그림을 그리고 중국 양식으로 자기를 굽고, 비단에 아름다운 수를 놓았으며, 경우에 따라서는 독특한 조각상들을 탁월하게 만들었다.* 그 후 역사의 공정한 리듬으로 미얀마인들이 아유티아를 점령하고 예술 작품을 모두 파괴했다. 타이인들은 수도를 방콕으로 옮긴 후 거대한 탑을 하나 세웠다. 이 탑은 지나치게 장식되어 있으나

---

* 보스턴 미술 박물관에 소장되어 있는 옻칠을 한 부처 석상이 그 사례다.

디자인의 아름다움은 조금도 훼손되지 않은 모습을 보여 주고 있다.

미얀마인은 아시아에서 가장 위대한 건축가에 속했다. 그들은 몽골과 티베트에서 이 비옥한 들판으로 내려오면서 힌두의 영향권에 포함되어 5세기 이후부터는 불교와 비슈누교, 시바교의 조각상을 많이 만들었으며 거대한 사리탑 제작은 웅장한 아난다 사원에서 절정에 도달했다. 아난다 사원은 고대 수도인 파간에 있는 5000개의 탑들 가운데 하나다. 파간은 쿠빌라이 칸에게 약탈당했으며 그 후 미얀마 정부는 수도를 계속 옮겼다. 만달레이는 한동안 미얀마의 중심지로 번창하여 예술가들의 본향이 되었다. 그들은 이곳에서 자수와 보석에서부터 왕궁에 이르기까지 많은 분야에서 아름다움을 만들어 냈으며, 왕궁은 그들이 나무라는 연약한 재료로도 무엇을 할 수 있는지 보여 주었다.[117] 1886년 영국인들은 자신들이 보낸 선교사들과 상인들에 대한 처우에 불만을 품고 미얀마를 합병하고 수도를 영국 해군이 통제하고 영향력을 발휘하기 쉬운 랑군으로 옮겼다. 이곳에서 미얀마인들은 그들의 가장 훌륭한 사원 가운데 하나인 유명한 슈에다곤 사원을 세웠다. 이 황금 탑은 해마다 수백만 명의 미얀마 불교 순례자를 끌어들이고 있다. 그런데 정말 이 사원은 석가모니의 진짜 머리카락을 갖고 있는 것인가?

3. 인도의 이슬람 건축

인도 건축의 궁극적인 승리는 무굴 제국의 치하에서 이루어졌다. 마호메트의 추종자들은 그라나다와 카이로, 예루살렘, 바그다드 등 무기를 들고 가는 곳마다 자신들이 훌륭한 건축가임을 입증했다. 이 활기찬 종족이 인도에 안전하게 정착한 후 정복한 땅에 예루살렘의 오마르 사원처럼 화려하고 카이로의 하산 사원만큼 웅장하고 알함브라 사원만큼 섬세한 사원들을 세우리라는 것은 예상되었던 일이다. 사실 아프간 왕조는 자신들의 건축물을 위해 힌두의 장인들을 이용하고 힌두의 주제들을 모방하고 심지어 힌두 사원의 기둥들도 그대로 전용했으며, 많은 이슬람 사원은 이슬람인들이 기도하기 위해 새로 지은 힌두 사원이었을 뿐이다.[118] 그러나 이런 자연스러운 모방은 곧 무어인의 전형적인 양식으로 발전하여 타지마할이 페르시아나 북아프리카, 스페인이 아니라 인도에 있는 것이 놀라울 정도다.

　그 변화 과정을 보여 주는 사례로는 아름다운 쿠투브미나르*가 있다. 이 첨탑은 쿠트부드 딘 아이바크가 올드델리에서 세우기 시작한 이슬람 사원의 일부였다. 그 사원은 이 잔인한 술탄이 힌두인에게 거둔 승리들을 기념하는 것이었으며, 이슬람 사원과 첨탑을 세울 자재를 마련하기 위해 스물일곱 개의 힌두 사원이 해체되었다.[119] 붉은색 고운 사암으로 되어 있으며 완벽한 균형미를 갖추고 상단에는 하얀 대리석으로 관을 씌워 놓은 76미터 높이의 이 첨탑은 지금도 인도의 기술과 예술이 낳은 걸작 가운데 하나다. 일반적으로 델리의 술탄들은 살인에 너무 바빠 건축에 시간을 낼 틈이 없었으므로, 그들이 우리에게 남긴 건물들은 대부분 살아 있는 동안, 자기가 죽더라도 자신을 생각나게 할 기념물로 만든 무덤들이다. 이런 무덤들을 보여 주는 가장 좋은 사례는 비하르 주의 삿세람에 있는 셰르 샤 능(陵)이다.[120] 거대하고 견고하며 남성적인 이 무덤은 보다 활기찬 무어인 양식 중 마지막 단계의 건축물이며 그 후 이 양식은 부드러워져 무굴 왕들의 건축적 보석으로 표현되었다.

　악바르는 절충적인 공정성을 통해 이슬람 양식과 힌두 양식을 통합하려는 경향을 조성했다. 그의 장인들이 그를 위해 세운 걸작들은 인도와 페르시아의 방법들과 주제들을 엮어 정교한 조화를 이루고 있는 작품을 만들어 냈다. 그 조화는 악바르의 통합적인 신앙 속에 연약하지만 토속적인 신조와 이슬람 신조가 결합되어 있는 모습을 상징하는 것이었다. 그의 치세에 제일 처음 세운 기념물은 그가 아버지 하마윤을 위해 델리 부근에 만든 무덤이었다. 그 무덤은 선이 단순하고 장식이 소박한 고유한 양식을 이미 갖추고 있으나 우아함이라는 면에서는 샤 제한의 보다 아름다운 건축물들을 앞서서 보여 주고 있다. 파트푸르시크리에서 그의 예술가들은 초기 무굴 제국이 지녔던 모든 힘을 후대 황제들의 세련미와 결합시켜 놓은 도시를 세웠다. 층계참 사이의 일련의 계단은 붉

---

* 첨탑. 첨탑을 뜻하는 '미나레트(minaret)'는 램프 또는 등대를 의미하는 '마나라트(manarat)'에서 온 말이다.

은 사암으로 만든 웅장한 현관으로 이어지며 그 현관의 당당한 아치를 지나면 걸작들로 가득 차 있는 안뜰이 나타난다. 주요 건물은 이슬람 사원이지만 가장 아름다운 구조물은 황제가 총애하는 아내들을 위한 세 채의 누각과 황제의 친구인 현자 살림치스티의 대리석 무덤이다. 이곳에서 인도의 예술가들은 수를 놓는 것처럼 돌을 다루는 솜씨를 발휘하기 시작했으며 그 솜씨는 타지마할의 칸막이에서 절정을 이루게 된다.

제항기르는 백성들의 건축사에 기여한 것이 거의 없으나 그의 아들 샤 제한은 건물의 아름다움을 추구하는 열정을 통해 악바르만큼 이름을 빛나게 만들었다. 제항기르가 아내들에게 돈을 아낌없이 뿌렸다면 샤 제한은 그만큼 아낌없이 예술가들을 지원했다. 북유럽의 왕들처럼 그 역시 이탈리아의 남아도는 예술가들을 수입하여 (대리석에 보석을 박아 모자이크를 만드는) 피에트라 두라(pietra dura) 기법을 가르치게 하였는데, 이 기법은 그의 치세 중에 인도 장식의 독특한 요소 가운데 하나가 되었다. 제한은 종교적인 사람이 아니었으나 그의 후원을 통해 인도에서 가장 아름다운 이슬람 사원 두 개가 세워졌다. 델리의 주마 마스지드(금요일 사원)와 아그라의 모티 마스지드(진주 사원)가 그것이다.

제한은 델리와 아그라 두 곳에 요새들, 즉 방어벽으로 에워싼 왕실 건물들을 세웠다. 델리에서 그는 우월한 경멸감을 보이며 악바르의 연분홍색 궁전들을 허물고, 최악의 경우라도 일종의 대리석 과자이며 최상의 경우에는 지상에 존재하는 가장 순수한 건축미인 건물들을 세웠다. 화려한 일반 접견실이 있는 곳이 이곳이다. 이 일반 접견실에는 검은색 바닥에 피렌째 양식으로 모자이크를 한 패널들과 연약하지만 믿을 수 없을 정도로 아름다운 돌 레이스를 새겨 놓은 천장들과 기둥들, 아치들이 있다. 이곳에는 개인 접견실도 있다. 이 접견실에는 금과 은으로 만든 천장과 대리석에 가는 줄을 새겨 장식한 기둥들, 꽃 모양의 작은 반원들로 이루어진 끝이 뾰족한 반원형의 아치들, 세계의 전설이 된 공작좌, 보석을 이용하여 상감 기법으로 "이 땅에 낙원이 있다면 바로 여기 이곳이다."라는 이슬람 시인의 당당한 말을 새겨 놓은 벽이 있다. 가장 위대한 건축 역사가는 델리의 왕궁을 마드리드 부근에 있는 거대한 에스코리알 면적의 두 배에 달하며, 총체적으로 당시의 "동양에서 (아마 세계에서) 가장 웅장한 궁전"이라고 묘사한다.[121]* 이 사실을 알면 무굴 제국 시대의 인도의 부를 희미하게나마 어느 정도 추측할 수 있을 것이다.

아그라의 요새는 폐허가 되어 있으므로** 본래의 웅장함은 짐작만 할 수 있을 뿐이다. 이곳에는 많은 정원 사이에 진주 사원과 보석 사원, 일반 접견실과 개인 접견실, 왕좌궁, 왕의 욕실들, 거울의 방, 제항기르와 샤 제한의 궁전들, 누르 제한의 재스민타워가 있다. 재스민타워는 감금 생활을 하는 샤 제한이 야무나 강 너머에 있는 사랑하는 아내 뭄타즈 마할을 위해 세운 무덤을 바라보던 곳이다.

온 세계는 그 무덤을 그 왕비 이름의 약자인 타지마할로 알고 있다. 많은 건축가들은 타지마할을 오늘날 이 땅에 서 있는 건물들 중 가장 완벽한 것으로 평가한다. 타지마할은 페르시아인 우스타드 이사와 이탈리아인 제로니모 베로네오, 프랑스인 오스탱 보르도, 세 명의 건축가가 디자인했다. 타지마할을 구상할 때 힌두인은 참여하지 않은 것 같다. 타지마할은 철저하게 비힌두적이고 완벽하게 이슬람적이다. 심지어는 숙련된 장인들까지 바그다드와 콘스탄티노플과 여러 이슬람 종교 중심지에서 데려왔다.[123] 타지마할을 짓는 데 22년 동안 2만 2000명의 일꾼이 강제로 동원되었다. 자이푸르의 왕들이 대리석을 샤 제한에게 예물로 보냈음에도 건축물과 주변 시설에 2억 3000만 달러가 들었다. 이것은 그 당시 엄청난 금액이었다.[124]***

---

* 델리 요새에는 본래 쉰두 개의 궁전이 있었으나 지금은 스물일곱 개만 남아 있다. 인도인 용병들의 항쟁인 세포이 항쟁 당시 공격에 시달리던 한 영국 수비대가 그곳으로 피하여 몇몇 왕궁을 헐고 장비를 위한 공간을 만들었다. 많은 약탈이 이루어졌다.

** 샤 제한이 이 아름다운 궁전들을 요새로 만드는 실수를 범한 것은 슬픈 일이다. 영국인들은 아그라를 포위했을 때(1803년) 요새를 향해 총을 겨눌 수밖에 없었다. 포탄이 개인 접견실로 날아드는 모습을 보고 힌두인들은 아름다움이 승리보다 더 귀하다고 생각하고는 항복했다. 잠시 시간이 지난 후 워렌 헤이스팅스(Warren Hastings)는 궁궐에서 욕조를 뜯어내 조지 4세에게 선물했다. 윌리엄 벤팅크 경(Lord William Bentinck)은 인도의 재정에 도움을 주기 위해 건물의 다른 부분들을 팔았다.[122]

*** 영국의 가장 친절한 인도 총독 중 한 사람인 윌리엄 벤팅크 경은 타지마할을 힌두인 계약자에게 15만 달러에 팔려고 생각했던 적이 있으며, 그 계약자는 타지마할을 건축 제재로 이용하는 것이 더 나을 것이라고 생각했다.[125]

오직 성 베드로의 무덤만이 그에 근접할 것이다. 총안(銃眼)이 갖춰진 높은 담장을 통과하면 대리석 기단 위에 세워지고 양옆에서 멋진 이슬람 사원들과 당당한 첨탑들이 에워싼 타지마할이 갑자기 나타난다. 전면에는 넓은 정원들이 연못을 에워싸고 있으며 그 물에 비친 거꾸로 선 궁전은 몸이 떨리도록 황홀하다. 그 건축물은 모든 부분이 하얀 대리석이나 귀금속, 값비싼 돌로 이루어져 있다. 건물은 열두 개의 면으로 된 복잡한 형태로 되어 있으며 그중 네 면은 현관이다. 모퉁이마다 늘씬한 첨탑이 솟아 있으며 지붕은 첨탑을 갖춘 웅장한 돔으로 되어 있다. 전에는 은으로 만든 견고한 문들로 보호되었던 주요 출입구는 대리석으로 수놓은 미로다. 벽에는 코란에서 인용한 글들이 보석으로 새겨져 있으며, 한 인용문은 "마음이 정결한" 사람들에게 "낙원의 정원"으로 들어오도록 초대하고 있다. 내부는 단순하다. 아마 원주민 도둑들과 유럽인 도둑들이 협력하여, 한때는 제한과 왕비의 석관(石棺)들을 봉안하고 있던 무덤에서 귀석(貴石)으로 덮은 황금 난간과 엄청나게 많은 보석을 약탈한 것은 당연한 일이었을 것이다. 그러므로 아우랑제브는 거의 투명한 대리석에 기적과 같은 설화 석고 레이스를 조각한 팔각형 칸막이로 바꿨다. 일부 방문자들이 보기에는 인간의 예술이 만든 부분적인 작은 작품 중에는 이 칸막이의 아름다움을 능가하는 것이 없는 것 같았다.

타지마할은 가장 훌륭한 건축물은 아니다. 가장 아름다운 건축물일 뿐이다. 세부적인 섬세한 부분들이 보이지 않을 정도의 거리에서 보면 웅장하지는 않고 호감만 줄 뿐이다. 그러나 조금만 더 가까운 곳에서 보면 규모에 어울리지 않는 완벽한 모습을 드러낸다. 모든 일을 서둘러 진행하는 우리 시대에서는 백 층짜리 엄청난 건물들도 1~2년 안에 올라간다. 그런데 20년 동안 2만 2000명이나 되는 인원이 30미터도 안 되는 이 작은 무덤에 매달린 사실을 생각하면 산업과 예술의 차이점을 느끼게 된다. 아마 타지마할과 같은 건물을 생각해낸

영국의 인도 총독 정부는 커즌 경(Lord Curzon)의 임기 때부터 무굴 제국의 이런 기념물들을 탁월하게 관리했다.

의지의 활동은 가장 위대한 정복자의 의지의 활동보다 더 위대하고 더 심오했을 것이다. 만일 시간이 지능이 있다면 타지마할 앞에 있는 것은 모두 파괴하고, 인간의 기품을 결집해놓은 이 증거물을 인간의 마지막 위안물로 남겨 놓을 것이다.

4. 인도의 건축과 문명

아우랑제브는 그 칸막이를 만들었지만 무굴 제국의 예술과 인도 예술의 관점에서 보면 불행이었다. 배타적인 종교에 광적으로 헌신한 그는 예술에서 우상 숭배와 허영심만 보았을 뿐이다. 당시에는 샤 제한이 이미 힌두 사원 설립을 금지해 놓은 상태였다.[126] 아우랑제브는 그 금지 명령을 계속 유지했을 뿐 아니라, 이슬람 사원 건축에 경제적 지원을 아끼지 않았으므로 그의 치하에서는 인도 예술 역시 어려움을 겪었다. 인도 예술은 그를 따라 무덤으로 들어갔다.

인도 건축을 간단히 뒤돌아보면 남성적인 것과 여성적인 것, 힌두적인 것과 이슬람적인 것 두 개의 주제를 발견하게 된다. 인도의 건축 교향곡은 이 두 개의 주제를 중심으로 전개된다. 대부분의 유명한 교향곡에서 처음에 망치를 치는 것 같은 소리로 깜짝 놀라게 한 직후 무한히 섬세한 선율이 이어지는 것처럼, 인도의 건축에서도 힌두의 천재들이 보드가야, 부바네슈와, 마두라, 탄조르에 세워 놓은 대단히 힘 있는 기념물들에 이어서 파트푸르와 델리, 아그라에서 우아한 멜로디가 등장한다. 그리고 두 개의 주제가 정교하게 뒤섞여 끝까지 이어진다. 무굴 제국에 대해서는 거인들처럼 건축하여 보석 세공인처럼 마무리 짓는다는 말이 있었다. 그러나 이 말은 인도 건축에 일반적으로 적용하는 것이 나을 것이다. 힌두인은 거인처럼 건축하여 보석 세공인처럼 마무리 짓는다고 말이다. 힌두의 건축은 질량 면에서 감동을 주는 반면에 무어인의 건축은 세부적인 면에서 인상적이다. 힌두의 건축은 우아한 힘을 지녔으나 무어인의 건축은 완벽한 아름다움이 있다. 힌두인은 열정과 독창성을 지닌 반면에 무어인은 심미안과 자제력을 지녔다. 힌두인은 건물들을 지을 때 건물로 분류해야 할지 아니면 조각으로 분류해야 할지 망설일 정도로 많은 조각상으로 덮었으나 이슬람인은 성상(聖像)을 혐오하여 꽃이나 기하학적 도형으로 장식하는 것으로 제한했다. 힌두인은 인도 중세 시대의 고딕 양식 조각가 겸 건축가였던 반면에 이슬람인은 르네상스 시대에 외국으로 추방당한 예술가였다. 요컨대 힌두 양식은 우아함이 아름다움을 능가하는 것에 비례하여 발전했다. 다시 생각하면 앙코르와 보로부두르 옆에 있는 델리포트와 타지마할은 심오한 연극 옆에 있는 아름다운 서정시임을 알 수 있다. 단테 옆에 있는 페트라르카, 셰익스피어 옆에 있는 키츠, 소포클레스 옆에 있는 사포 같다는 말이다. 한 예술은 운이 좋은 개인들을 부분적으로 우아하게 표현한 것이라면 다른 예술은 인류를 완벽하고 힘 있게 표현한 것이다.

그러므로 이 작은 단락은 처음 시작했을 때처럼 힌두인만이 인도의 예술을 제대로 이해할 수 있으며 인도 예술에 대해 용서받을 수 있을 정도로만 글을 쓸 수 있다고 고백하면서 마무리 지어야 한다. 중용과 단순성이라는 그리스적이고 귀족적인 기준에 따라 양육을 받은 유럽인이 보면 꾸밈이 많고 대단히 복잡한 대중적인 이 예술은 거의 원시적이고 야만스럽게 보일 때가 있을 것이다. 그러나 원시적이고 야만스럽다는 이 말은 고전적인 사고방식을 지닌 괴테가 스트라스부르의 성당과 고딕 양식을 거부할 때 사용한 바로 그 말이다. 그것은 감정에 대한 이성의 반발이며 종교에 대한 합리주의의 반발이다. 오직 원주민 신자만 힌두 사원의 장엄함을 느낄 수 있다. 이 사원들을 세운 것은 단순히 아름다움에 형태를 부여하기 위함이 아니라 신앙에 자극을 주고 믿음에 토대를 부여하기 위함이었다. 오직 우리의 중세 시대 사람만(오직 죠토와 단테 같은 사람들만) 인도를 이해할 수 있을 것이다.

인도의 모든 문명을 볼 때는 바로 이런 관점에서 보아야 한다. 종교는 처음부터 인간의 무지는 영원하고 인간의 힘은 덧없다고 보았으므로 종교를 과학보다 더 심오하게 생각한 '중세' 사람들이 표현한 것으로 보아야 한다는 말이다. 이런 신앙에 힌두인의 약함과 강함이 놓여 있다. 힌두인의 미신과 온유함,

내향성과 통찰력, 역행성과 깊이, 전쟁에서의 연약함과 예술에서의 업적 등. 힌두의 기후가 종교에 영향을 주었으며 종교와 협력하여 힌두인을 연약하게 만들었다. 그러므로 아리아인과 훈족, 이슬람인, 유럽인에게 무릎을 꿇는 일을 운명으로 받아들이고 체념했다. 역사는 힌두인이 과학을 등한시한 일에 대해 벌을 주었다. 클라이브(Clive)가 플라시에서 우월한 대포를 동원하여 원주민들을 학살할 때(1757년) 힌두인은 산업 혁명을 선포했다. 산업 혁명은 우리 시대에는 인도에서 제 갈 길을 갈 것이다. 과거에는 영국과 미국, 독일, 러시아, 일본에 자체의 의지와 특성을 기록한 것처럼 말이다. 그러므로 인도 역시 자체의 자본주의와 사회주의, 백만장자들과 빈민들을 갖게 될 것이다. 인도의 과거 문명은 끝났다. 영국이 도착하면서 죽기 시작한 것이다.

22장 그리스도교 에필로그

1. 즐거운 해적들

클라이브(Clive)와 헤이스팅스(Hastings)가 인도의 부를 발견했을 당시 인도 문명은 이미 많은 면에서 죽어 있었다. 인도는 아우랑제브의 파괴적인 오랜 통치와 그에 따른 혼란과 내전으로 인해 다시 정복당할 상황이 무르익어 있었다. "분명하게 드러난 운명"에 대해 남아 있는 문제는 유럽의 현대화된 세력 중 어느 것이 도구가 되느냐는 것뿐이었다. 프랑스인들이 시도했으나 실패했다. 그들은 로스바흐와 워털루에서 캐나다는 물론 인도도 잃었다. 그러나 영국인들의 시도는 성공을 거뒀다.

1498년 바스코 다가마는 리스본을 출항하여 11개월을 항해한 후에 캘리컷에 닻을 내렸다. 그는 말라바르의 힌두인 라자에게 환대를 받았으며, 그 라자는 포르투갈 왕에게 보내는 정중한 서신을 그에게 주었다. "귀국 왕실의 귀족 바스코 다가마가 내 왕국을 방문하여 큰 기쁨을 주었습니다. 내 왕국에는 계피와 정향(丁香), 후추, 보석이 많습니다. 내가 귀국에게 원하는 것은 금과 은, 산호, 진홍색 염료입니다." 포르투갈의 그리스도교도 왕은 이에 대한 답장으로 인도를 포르투갈의 식민지로 선언했으나 라자는 너무 시대에 뒤처져 있었으므로 그 이유를 이해할 수 없었다. 포르투갈은 상황을 더 분명하게 하려고 인도에 함대를 파견하며 그리스도교를 전파하고 전쟁을 벌이도록 지시했다. 17세기에는 네덜란드인이 와서 포르투갈인을 추방했다. 18세기에는 프랑스인과 영국인이 와서 네덜란드인을 몰아냈다. 전투라는 야만적인 신성 재판이 그중 누가 힌두인을 문명화하고 세금을 거둘 것인지 결정했다.

1600년에 런던에서는 인도에서 저렴하게 구입하여 유럽에서 인도와 동인도 제도의 제품을 비싸게 판매할 목적으로 동인도회사가 설립되었다.[*] 일찍이 1686년 동인도회사는 "앞으로 이어질 모든 시대에 영국의 인도 지배를 확대하고 기반을 잘 갖춰 확고하게 확립하려는"[3] 의도를 발표했다. 이 회사는 마드라스와 캘커타, 봄베이에 교역 전진 기지를 세워 요새화한 후에 군대를 보내 전투를 벌이고 정부의 다른 기능도 행사했다. 클라이브는 자신의 총에 의존하는 힌두 통치자들이 바치는 17만 달러 상당의 "예물"을 기쁜 마음으로 받아들였다. 그 외에도 그들에게서 해마다 14만 달러의 공물을 착복했으며 미르 자파르에게 600만 달러를 받고 벵골 통치자로 임명했다. 원주민 제후들을 이간하여 그들의 영토를 점진적으로 동인도회사의 소유로 합병시켰다. 그는 아편에 중독되었으며 의회의 수사를 받은 후 방면되었으나 자살했다.(1774년)[4] 워렌 헤이스팅스는 용기와 학식, 능력을 갖춘 사람이었으나 원주민 제후들에게 동인도회사에 바치는 세금을 25만 달러나 무리하게 강요했다. 뇌물을 받은 곳에는 더 이상 강요하지 않고 뇌물을 바치지 않은 곳에는 더 많이 강요하고 세금을 내지 못한 주(州)는 동인도회사에 합병시켰다. 군대를 동원하여 아요디아를 점령한

---

* 인도에서 200만 달러에 구입한 상품들이 영국에서는 1000만 달러에 판매되었다.[1] 동인도회사의 주식은 주당 3만 2000달러로 상승했다.[2]

후 한 제후에게 250만 달러에 팔았다.[5] 피정복자와 정복자가 서로 경쟁하며 부패했던 것이다. 인도에서 동인도회사의 수중에 들어간 지역은 50퍼센트나 되는 토지세와 매우 많은 다른 혹독한 요구에 시달렸으므로 주민의 3분의 2가 도주했으며 남은 사람들은 치솟는 세금을 내려고 자녀까지 팔았다.[6] 매콜리(Macaulay)는 이렇게 말한다. "캘커타에서 엄청난 부가 빠른 속도로 축적되는 동안 3000만 명의 사람들이 극도로 비참한 생활로 빠져들고 있었다. 그들은 폭정에는 익숙해 있었으나 이런 폭정은 겪어 본 적이 없었다."[7]

1857년 동인도회사가 여러 범죄를 통해 인도 북동부를 대단히 빈궁하게 만들자 원주민들이 필사적으로 폭동을 일으켰다. 그러자 영국 정부가 개입하여 항쟁을 진압한 후 점령지를 제국 식민지로 접수했다. 그 과정에서 동인도회사에 넉넉하게 지불하고 그 대금을 인도의 공채(公債)에 덧붙였다.[8] 그것은 명백하고 노골적인 정복이었으며 십중팔구 수에즈 서쪽에서 낭송된 십계명으로 판단할 것이 아니라 다윈(Darwin)과 니체(Nietzsche)의 관점에서 이해해야 할 정복이었다. 스스로를 다스릴 능력이나 자체의 천연자원을 개발할 능력을 잃은 민족은 열강의 먹이가 되어 무력과 탐욕에 시달릴 수밖에 없는 것이다.

이 정복은 인도에 몇 가지 이익을 안겨 주었다. 벤팅크(Bentinck), 캐닝(Canning), 먼로(Munro), 엘핀스톤(Elphinstone), 매콜리 등은 영국 통치 지역에 관대한 자유주의를 도입했다. 그것은 1832년에 영국을 통제했던 자유주의였다. 벤팅크 경은 람 모훈 로이(Ram Mohun Roy) 등의 원주민 개혁자들의 도움과 자극을 통해 사티와 종교적 암살 행위를 종식시켰다. 영국인은 인도에서 인도의 부(富) 및 군대와 111번의 전쟁을 치른 후[9] 인도 반도 전역에 평화를 확립하고 철도와 공장, 학교를 건설했다. 캘커타와 마드라스, 봄베이, 라호르, 알라하바드에 대학교를 열고 영국의 과학과 기술을 들여오고 서양의 민주적 이상으로 동양을 고취시켰으며, 인도의 풍요로운 과거 문화를 세계에 알리는 데 중요한 역할을 했다. 이런 축복들을 안겨 준 대가는 잠시 머물다 가는 지배자들이 앞을 다투어 해마다 인도의 부를 고갈시킨 경제적 폭정과 인도의 산업을 파멸

시키고 인도의 수백만 장인들을 부당한 토양에 던져 버린 경제적 폭정, 아우랑
제브가 전제 정치를 편 직후에 이어져 1세기 동안 인도인의 사기를 꺾어 버린
정치적 폭정이었다.

2. 성인

이런 여건에서 인도가 종교에서 위안을 구한 것은 자연스럽고 인도다운 일
이었다. 한동안 인도는 그리스도교를 진심으로 환영했다. 그리스도교에서 인
도가 수천 년 동안 귀하게 여겼던 많은 윤리적 이상들을 발견했기 때문이다. 무
뚝뚝한 뒤부아(Dubois) 신부는 이렇게 말한다. "유럽인의 인격과 행동이 이들
민족에게 잘 알려지기 전에는 그리스도교가 그들 사이에서 뿌리내리는 것이
가능할 것처럼 보였다."[10] 19세기 내내 당혹한 선교사들은 정복자의 대포 소리
를 누르고 그리스도의 목소리가 들리게 하려고 노력했다. 그들은 학교와 병원
을 세우고 설비를 갖추고 신학은 물론 약품도 나눠 주고 구호 활동도 벌였으며
처음으로 천민을 인간으로 대접했다. 그러나 그리스도교의 가르침과 그리스도
교인의 행동이 다르다는 사실을 알게 되자 힌두인들은 그리스도교에 대해 회
의적이고 풍자적인 반응을 보이게 되었다. 그들은 나사로의 부활은 언급할 만
한 가치가 없다는 점을 지적했다. 그들 자신의 종교에는 그보다 더 흥미 있고
놀라운 기적이 많았다. 아울러 그리스도교에서 말하는 기적들은 이미 끝난 것
이 분명한데 반해 진정한 요기라면 오늘도 기적들을 행할 수 있을 것이다.[11] 브
라만들은 자기들의 근거를 자랑스럽게 내세우며 서양의 정통 교리에 맞서 정
교하고 심오한 엄청난 사상 체계를 제공했다. 찰스 엘리엇 경(Sir Charles Eliot)
은 "인도에서는 그리스도교 선교가 보잘것없었다."라고 말한다.[12]

그러나 그리스도라는 매혹적인 인물은 그리스도교가 300년 동안 주민의 6퍼
센트를 개종시켰다는 사실로 가늠할 수 있는 것보다 훨씬 더 많은 영향을 인도

에 주었다. 그 영향을 보여 주는 최초의 표지들은 바가바드기타에서 나타난
다.[13] 마지막 표지들은 간디와 타고르에서 분명하게 드러난다. 그리고 가장 분
명한 사례로는 1828년 람 모훈 로이가 창설하여 브라마소마즈*로 알려진 개혁
단체가 있다. 로이보다 더 성실하게 종교 연구에 접근할 수 있는 사람은 없을
것이다. 그는 베다를 연구하기 위해 산스크리트어를 배웠으며 불교의 트리피
타카(대장경(大藏經), 삼장(三藏))을 읽기 위해 팔리어를, 이슬람교와 코란을 연
구하기 위해 페르시아어와 아랍어를, 구약에 정통하기 위해 히브리어를, 신약
을 이해하기 위해 그리스어를 배웠다.[14] 그 후 영어를 배우기 시작하여 대단히
쉽고 우아한 글을 썼으므로 제레미 벤담(Jeremy Bentham)은 제임스 밀(James
Mill)이 그 본을 보고 배우면 좋겠다고 생각했을 정도였다. 1820년 로이는『예
수의 교훈』을 출간하고 이렇게 선언했다. "나는 그리스도의 가르침이 내 지식
이 될 만한 다른 어떤 것보다 더 도덕적 원리를 잘 전하고 합리적 존재들이 사
용할 수 있도록 더 잘 조절되어 있음을 알게 되었습니다."[15] 그는 모욕당하는
동포들에게 다신교와 중혼(重婚), 카스트, 조혼, 사티, 우상 숭배를 버리고 하나
의 신 브라만만 숭배하는 새로운 종교를 제안했다. 악바르처럼 그 역시 인도 전
체가 그렇게 단순한 신앙 안에서 연합할 수 있게 되기를 꿈꿨다. 아울러 악바르
처럼 미신의 인기도 과소평가했다. 브라마소마즈는 백 년 동안 유익한 싸움을
벌였으나 지금은 인도인의 생활에서 활력을 잃은 힘이 되었다.**

이슬람교도들은 인도에서 가장 강력하고 흥미 있는 소수 종파다. 하지만 그들의 종
교에 대해서는 다음 권에서 다룰 것이다. 이슬람교가 아우랑제브의 열정적인 도움에도

---

* 직역하면 "브라마 협회." 완전한 이름은 "최고 영(靈) 브라마 신도 협회"로 알려졌다.
** 오늘날 이 단체에는 5500명 정도의 신봉자가 있다.[16] 다른 개혁 단체인 아리아소마즈(아리아인 협회)는 슈와미
디아난다가 설립하고 고(故) 랄라 라지파트 라이를 통해 눈부신 활동을 펼치며 카스트와 다신교, 미신, 우상 숭배,
그리스도교를 비판했으며, 베다의 소박한 신앙으로 돌아가도록 촉구했다.[17] 거꾸로 힌두교가 그리스도교에 미친 영
향은 신지학(神智學)에서 나타난다. 신지학이란 힌두교의 신비주의와 그리스도교의 도덕을 혼합시켜 헬레나 블라
바트스키(Helena Blavatsky, 1878년)와 애니 베산트(Annie Besant, 1893년) 여사라는 두 외국 여인에 의해 발전
된 학문을 말한다.

불구하고 인도를 이슬람으로 개종시키지 못한 것은 놀라운 일이 아니다. 기적은 이슬람교가 인도에서 힌두교에 굴복하지 않은 것이다. 다신교의 정글에서 소박하고 남성적인 이 종교가 살아남은 것은 이슬람 정신의 남성적인 힘을 입증한다. 이런 저항력의 힘과 이 업적의 의미는 브라만교가 불교를 흡수한 사실만 생각해 보면 이해할 수 있을 것이다. 인도에는 현재 7000만여 명의 알라 숭배자가 있다.

힌두인은 외국 신앙에서는 위로를 발견하지 못했다. 19세기에 힌두인의 종교의식을 가장 고취시킨 사람들은 대중적인 고대 신조에 뿌리를 둔 가르침과 실천을 제시한 사람들이다. 벵골의 가난한 브라만인 라마크리슈나는 한동안 그리스도교인이 되어 그리스도에게서 매력을 느꼈다.* 다른 시기에는 이슬람교도가 되어 이슬람의 엄숙한 기도 모임에도 참석했다. 그러나 그는 독실한 마음 때문에 곧 힌두교로, 그것도 무서운 칼리에게로 다시 돌아가 칼리를 섬기는 승려가 되었으며, 칼리를 온유함과 사랑이 넘치는 모신(母神)으로 바꾸어 놓았다. 그는 지성의 길을 배격하고 사랑의 합일과 수양을 말하는 바크티요가를 전했다. 그는 이렇게 말했다. "신에 대한 지식은 남자에 비유할 수 있으나 신을 향한 사랑은 여자와 같다. 지식은 신의 바깥문으로만 이어질 뿐이며 연인이 아니면 그 누구도 신의 은밀한 신비 속으로 들어갈 수 없다."[18] 람 모훈 로이와는 달리 라마크리슈나는 배우는 수고를 하지 않았다. 그는 산스크리트어도 배우지 않고 영어도 배우지 않았다. 그는 아무것도 쓰지 않았으며 지적인 강론을 피했다. 어떤 오만한 논리학자가 그에게 "지식과 아는 자, 알려진 대상이란 무엇입니까?"라고 물었을 때 그는 "선한 사람이여, 나는 스콜라적인 학문에서 말하는 그런 멋진 말을 전혀 모릅니다. 내가 아는 것은 내 어머니 신과 내가 그 어머니의 아들이라는 것뿐입니다."라고 대답했다.[19] 그는 추종자들에게 모든 종교는 다 선하다고 가르쳤다. 각 종교는 구도자의 정신과 마음에 맞춰 조절된 신에게

---

* 그는 만년에는 그리스도의 신성을 받아들였으나, 부처와 크리슈나 등도 한 신의 화신이라고 주장했다. 그는 비베카난다에게 자신도 라마와 크리슈나의 화신이라고 말했다.[17a]

로 나아가는 하나의 길 혹은 길의 한 계단이다. 하나의 종교에서 다른 종교로 개종하는 것은 어리석은 일이다. 우리에게 필요한 것은 자기 길을 계속 가서 자기 신앙의 정수에 도달하는 것뿐이다. "모든 강은 바다로 흘러 들어간다. 흘러라, 그리고 다른 강들도 흐르게 하라!"[20] 그는 대중들의 다신교를 동정적으로 용납했으며 철학자들의 일원론을 겸손하게 받아들였다. 그러나 그 자신의 살아 있는 신앙에서는 신이란 모든 인간 속에서 육화(肉化)한 영(靈)이며 신을 진정으로 섬기는 유일한 길은 사랑으로 인류에게 봉사하는 것이었다.

부자와 가난한 자, 브라만과 천민을 막론하고 많은 훌륭한 영혼들이 그를 구루로 받아들여 그의 이름을 붙인 종단 겸 선교 단체를 형성했다. 이런 추종자 중 가장 두드러진 사람은 오만한 크샤트리아였던 나렌드라나트 두트였다. 스펜서(Spencer)와 다윈의 사상으로 무장한 그는 라마크리슈나를 처음 만났을 때 자신을 무신론으로 인해 불행한 무신론자이며, 자기가 종교와 동일시하는 신화와 미신을 경멸하는 무신론자라고 소개했다. 나렌은 라마크리슈나의 인내하는 친절함에 무릎을 꿇고 젊은 스승의 가장 열렬한 제자가 되었다. 그는 신을 "모든 영혼의 총체성"[21]으로 다시 규정하고, 동료들에게 헛된 금욕과 명상을 통해 종교를 실천하지 말고 인간에 대한 절대적인 헌신을 통해 실천하도록 촉구했다.

베단타를 읽는 것과 명상하는 것은 다음 생에서 하십시오. 여기 있는 이 몸으로는 다른 사람을 위해 봉사하십시오! …… 가장 고귀한 진리는 이것입니다. 즉 신은 모든 존재 속에 임재하고 있습니다. 모든 존재는 신의 다양한 형상입니다. 추구해야 하는 다른 신은 없습니다. 다른 모든 존재에게 봉사하는 사람, 그런 사람만 신을 섬기는 사람입니다!"[22]

그는 비베카난다로 이름을 바꾼 후에 라마크리슈나 선교회를 위한 기금을 모으기 위해 외국으로 떠났다. 1893년 그는 시카고에서 길도 잃고 돈도 다 떨어졌다. 다음 날 그는 시카고세계박람회 세계종교회의에 모습을 나타냈다. 힌두교의 대표라는 자격으로 그 회의에서 연설하여 당당한 용모와 통일 종교의 복음 그리고 인간에 대한 봉사를 신을 섬기는 최상의 방법으로 보는 소박한 윤리로 모든 사람을 사로잡았다. 그의 달변을 통해 무신론이 고상한 종교가 되었으며, 정통 성직자들은 생명체의 영혼 외에 다른 신은 없다는 "이교도"를 존경하게 되었다. 그는 인도로 돌아온 후 동포들에게 힌두인이 베다 시대 이래로 그들에게 제시한 어떤 것보다 더 활기찬 신앙 고백을 전했다.

우리가 원하는 것은 인간을 섬기는 바로 이런 종교입니다. …… 사람을 나약하게 만드는 신비주의는 버리고 강해지십시오. …… 앞으로 50년 동안 …… 다른 헛된 신은 모두 머리에서 지워 버리십시오. 우리 자신의 종족, 이것이 깨어 있는 유일한 신입니다. 그 신의 손은 어느 곳에나 있고 그 신의 발도 모든 곳에 있으며 그 신의 귀도 도처에 있습니다. 그 신은 모든 것을 감싸고 있습니다. …… 모든 숭배 가운데 가장 중요한 것은 우리 주변에 있는 모든 것들을 섬기는 것입니다. …… 사람과 동물, 이것이 우리의 신입니다. 그리고 우리가 섬겨야 하는 가장 중요한 신은 바로 우리 자신의 동포입니다.[23]

여기서 간디로 이어지는 길은 한 걸음밖에 남지 않았다.

3. 타고르

한편 압제와 시련, 가난에도 불구하고 인도는 계속 과학과 문학, 예술을 창조했다. 자가디스 찬드라 보세 교수는 전기와 식물생리학 분야의 연구로 세계적인 명성을 얻었다. 그리고 찬드라세카라 라만 교수는 광물리학 분야의 연구로 노벨상을 받았다. 우리 자신의 세기에는 벵골에 새로운 미술 학교가 세워져 아잔타 프레스코 벽화의 화려한 색상과 라지푸트 세밀화의 섬세한 선을 결합하고 있다. 아바닌드라나트 타고르의 그림은 삼촌의 시에 국제적인 명성을 안겨 준 섬세한 기교와 관능적인 신비주의를 적절히 공유했다.

타고르 가문은 역사에 나타나는 위대한 가문 중 하나다. 다벤드라나트 타고르(벵골어로는 타쿠르(Thakur))는 브라마소마즈 조직자 중 한 명이며 나중에는 그 조직의 대표가 된 사람이었다. 부와 문화, 고결함을 갖춘 그는 만년에 벵골의 이교도적인 원로가 되었다. 그의 후손이 예술가인 아바닌드라나트 타고르와 고고넨드라나트 타고르, 철학자인 드위젠드라나트 타고르, 시인인 라빈드라나트 타고르이며 마지막 두 사람은 그의 아들이다.

라빈드라나트는 안락하고 세련된 환경에서 자랐으며 음악과 시, 고상한 대화는 그가 숨 쉬는 공기 자체였다. 그는 태어날 때부터 온유했으며 요절하는 것도 거부하고 늙는 것도 거부한 셸리(Shelley)와 같은 사람이었다. 그는 정이 많아 다람쥐가 무릎을 오르내리고 새가 손에 앉을 정도였다.[24] 그는 관찰력이 예리하고 감수성이 예민했으며, 신비한 감성을 통해 경험을 둘러싸고 소용돌이치는 함축된 의미들을 느꼈다. 때로는 몇 시간씩 발코니에 서서 문학적 본능으로 지나가는 행인의 모습과 특징, 태도, 걸음걸이를 살펴보기도 했다. 때로는 안방 소파에 앉아 반나절이나 조용히 추억과 꿈에 묻혀 지내기도 했다. 그는 석판에 시를 쓰기 시작했으며 잘못된 시가 그렇게 쉽게 지워질 수 있다는 생각을 하며 행복해 했다.[25] 곧 인도 경치의 아름다움과 인도 여자의 사랑스러움, 인도인이 겪는 고통 등 인도에 대한 사랑으로 가득 찬 노래를 쓰게 되었다. 아울러 이런 노래를 위해 음악도 직접 작곡했다. 인도 전체가 그의 노래를 불렀으며, 젊은 시인은 신분을 감춘 채 멀리 떨어진 부락을 여행하다가 농부들이 투박한 입으로 그의 노래를 부르는 소리를 들으면 전율로 몸을 떨었다. 다음은 벵골어로 되어 있는 노래를 저자가 직접 번역한 것이다. 그가 아니면 도대체 누가, 낭만적인 사랑의 신성한 즐거움을 이렇게 교감적인 물음으로 표현할 수 있었겠는가?

사랑하는 사람아, 이 모든 것이 사실인지 내게 말해 주렴, 이 모든 것이 정말인지 말해 주렴.

이 두 눈이 번개 같은 빛으로 반짝일 때 그대 가슴의 어두운 구름들이 폭풍처럼 대답하는구나.

나의 입술이 첫사랑에 피어나는 수줍은 봉오리처럼 달콤하다는 것이 사실인가?

지나가 버린 5월의 추억들이 지금도 내 손발에 머물고 있는가?

내 걸음걸이에 대지가 떨며 하프가 되어 노래하는가?

밤이 눈을 떠 나를 보고 이슬처럼 눈물짓고 아침 햇살이 내 몸을 감싸고 기쁨으로 빛을 발한다는 것이 사실인가?

그대는 사랑으로 오랜 세월 나를 찾아 홀로 세상을 떠돌았다는 것이 정말인가?

그대가 마침내 나를 찾아 내 사랑스러운 말과 눈, 입술, 부드러운 머릿결을 보고 오랜 갈망이 평화를 온전히 찾았다는 것이 사실인가?

내 좁은 이 이마에 무한의 신비가 적혀 있다는 것이 사실인가?

사랑하는 사람아, 내게 말해 주렴, 이 모든 것이 정말인가?[26]

이런 시들*에는 강렬하지만 진지한 애국심, 사랑과 여자에 대한 여성적인 섬세한 이해, 인도 철학자들의 통찰에 대한 열정적 탐구, 정서와 표현의 테니슨(Tennyson)적인 섬세함 등 많은 덕목이 있다. 만일 결함이 있다면 그것은 그 시들이 하나같이 너무 아름답고 단조로울 정도로 너무 이상주의적이고 부드럽다는 것이다. 그 시에 표현된 여자는 모두 사랑스러우며 남자는 모두 여자나 죽음, 신에게 매료되어 있다. 자연은 무서울 때도 있지만 언제나 숭고하며 결코 냉혹하거나 삭막하거나 비열하지 않다.** 아마 『치트라』의 이야기는 타고르 자

---

* 주요 시집으로는 『기탄잘리』(1913년)와 『치트라』(1914년), 『우체국』(1914년), 『정원사』(1914년), 『열매 모으기』(1916년), 『레드오를레안더』(1925년)가 있다. 타고르를 이해하는 안내서로는 그의 『나의 회고록』(1917년)이 톰슨(E. Thompson)의 『시인과 희곡 작가 타고르』(Oxford, 1926)보다 더 낫다.
** 그의 격조 높은 다음 시구 참조. "내가 이곳을 떠날 때는 이것이 내 고별사니, 나는 더 아름다운 곳을 본 적이 없었노라."[27]

신의 이야기일 것이다. 연인 아르주나는 일 년이 지나자 치트라에게 싫증을 느 낀다. 그녀가 언제나 완벽하게 아름답기 때문이다. 오직 그녀가 아름다움을 잃 고 강하게 되고 삶에 따르는 자연스러운 일을 할 때만 신은 치트라를 다시 사 랑한다. 이것은 만족스러운 결혼 생활을 나타내는 심오한 상징이다.[28] 타고르 는 매혹적인 우아한 표현으로 자신의 한계를 고백한다.

> 사랑하는 사람아, 옛날에 위대한 서사시가 그대의 시인 마음에 떠올랐다.
>
> 슬프게도 내가 조심하지 못해 그 시는 그대 발의 아름다운 소리에 걸려 유산되었다.
>
> 그 시는 부서져 노래의 단편이 되어 그대 발밑에 산산이 흩어졌다.[29]

그러므로 그는 끝까지 서정시를 노래했으며 비평가를 제외한 온 세상이 그 의 노래를 듣고 기뻐했다. 인도의 시인이 노벨상을 받을 때(1913년) 인도는 조 금 놀랐다. 벵골의 평론가들은 그의 결점만 지적하고 캘커타의 교수들은 그의 시를 좋지 않은 벵골어법의 사례로 사용하고 있었기 때문이다.[30] 젊은 민족주 의자들은 그를 싫어했다. 인도의 도덕 생활에서 나타나는 악습에 대한 그의 비 판이 정치적 자유를 요구하는 그의 외침보다 더 강했기 때문이다. 그리고 그가 기사 작위를 받을 때는 인도를 배신하는 것으로 보았다. 그는 그 작위를 오래 유지하지 않았다. 영국 군인들이 비극적인 오해 때문에 암리차르에서 종교 집 회를 향해 발포하자 타고르는 신랄한 포기 서신과 함께 훈장들을 총독에게 돌 려주었기 때문이다. 오늘날 그는 고독한 사람이며 아마 현재 지상에서 살고 있 는 가장 인상적인 사람일 것이다. 그는 인도에서 가장 기본적인 제도인 카스트 제도와 그가 가장 소중하게 여기는 신념인 윤회를 비판할 용기를 지닌 개혁자 다.[31] 인도의 자유를 갈망하지만 민족주의 운동에서 일익을 담당하는 맹목적 배타주의와 이기주의에 대해서는 용감하게 저항하는 민족주의자다. 강연과 정 치에 싫증을 내고 샨티니케탄에 있는 자신의 아슈람(수행 장소)과 은거지로 은 둔하여 일부 새로운 세대에게 도덕적 자기 해방을 가르치고 있는 교육자다. 아내의 때 이른 죽음과 조국이 당하는 굴욕으로 마음이 상해 있는 시인이고 베단타에 몰두해 있는 철학자다.[32] 찬디 다스처럼 여자와 신 사이에서 망설이지만 배운 것만큼 선조들의 신앙을 잃어버린 신비주의자다. 노래를 만들 수 있는 시들지 않는 재능 외에는 다른 위안물도 없이 자연이 보내는 죽음에 대한 메시지에 직면하고 있는 자연 애호가다.

"아, 시인이여, 저녁이 다가온다. 그대의 머리가 하얗게 변해 가고 있다.

그대는 고독한 명상 속에서 내세의 메시지를 듣고 있는가?"

시인은 이렇게 말했다. "저녁때가 되었다. 그러므로 늦기는 했지만 마을에서 누군가가 부를지도 모르기 때문에 나는 귀를 기울이고 있다.

배회하는 젊은 마음들이 만나 두 쌍의 눈이 자신들의 침묵을 깨트리고 자신들을 위해 말해 줄 노래를 간구하고 있는지 살펴보고 있다.

내가 삶의 해변에 앉아 죽음과 그 너머를 생각한다면 그들의 열정적인 노래들을 엮어 줄 사람이 누구인가?

내 머리가 하얗게 세는 것은 사소한 일이다.

나는 언제나 이 부락에서 가장 젊은 사람만큼 젊기도 하고 가장 연로한 사람만큼 늙기도 했다.

그들은 모두 내가 필요하므로 나에게는 내세를 생각할 시간이 없다.

나는 모든 사람과 동갑이니 내 머리가 희어져 간들 무엇이 문제인가?"[33]

4. 동양이 곧 서양이다

거의 쉰 살이 다 되도록 영어를 잘 몰랐던 사람이 영어로 그렇게 글을 잘 쓴다는 사실은 동양과 서양을 갈라놓고 있던 일부 간극들이 쉽게 메워질 수 있음을 보여 주는 표지다. 다른 시인은 그런 결합을 반대하지만 말이다. 타고르가 태어난 이후 서양은 많은 길을 통해 동양으로 들어와 동양 생활의 모든 면을 바꾸고 있다. 5000킬로미터의 철도가 인도의 황무지와 산맥을 누비며 모든 부락으로 서양인을 실어 날랐다. 전선과 인쇄기가 모든 학생에게 뉴스를 전해 세상이 변하고 있음을 알렸다. 영국식 학교는 영국 시민을 키우려는 목적으로 영국 역사를 가르쳤으며, 그 과정에서 부지중에 민주주의와 자유에 대한 영국식 사상을 심어 주었다. 이제는 동양에서도 헤라클레이토스의 정당성을 인정한다.

19세기에 우월한 장비인 영국 방직기와 고성능 화기인 영국 대포 때문에 가난에 빠졌던 인도가 이제는 주저하면서도 산업화를 향해 얼굴을 돌리고 있다. 수공업은 죽어 가고 공장들이 성장하고 있다. 잠세트푸르에서는 타타 철강회사가 4만 5000명의 직원을 고용하여, 미국 회사들이 철강 생산 분야에서 갖고 있는 주도권을 위협하고 있다.[34] 인도의 석탄 생산은 빠른 속도로 증가하고 있다. 한 세대 안에 중국과 인도가 땅에서 산업의 기본 연료와 자재를 파내는 분야에서 유럽과 미국을 따라잡을지 모른다. 이런 천연자원은 원주민의 필요를 충족시킬 뿐 아니라 그들이 세계 시장을 놓고 서양과 경쟁할지도 모른다. 그 결과 아시아를 정복한 정복자들이 갑자기 시장을 잃고 그들 본국 국민의 생활 수준이 전에는 유순하고 퇴향적이던(즉 농업적이던) 국가들의 저임금 노동과의 경쟁 때문에 심각하게 낮아지게 될지도 모른다. 봄베이에는 서양의 보수주의자들이 부러워서 눈물을 흘릴 정도로 구시대의 임금을 지불하는 빅토리아 중기 양식의 공장들이 있다.* 이런 공장에서는 힌두인 고용주들이 영국인 대신 자리를 잡고 앉아 유럽인 같은 탐욕으로 동포들을 착취하여 백인의 짐을 대신 짊어지고 있다.

인도 사회의 경제 기반이 바뀌게 되자 사회 제도와 사람들의 도덕적 관습에도 영향을 주었다. 카스트 제도는 정체적인 농업 사회의 관점에서 만든 것이었다. 이 제도는 질서는 제공했으나 가문이 없는 천재들에게는 문을 열어 주지 않

---

* 1922년 봄베이에는 18만 명의 직원을 고용하고 있는 83개의 면화 공장이 있으며, 그들의 평균 임금은 일당 33센트다. 3300만 인도 산업 종사자 중 51퍼센트가 여자이고 14퍼센트가 열네 살 이하의 어린이다.[35]

왔고, 야망과 희망을 주지 못했으며 발명과 사업을 할 수 있는 자극을 주지 못했다. 그러므로 이 제도는 산업 혁명이 인도의 해변으로 몰려왔을 때 운명이 결정되었다. 기계는 사람을 차별하지 않는다. 대부분의 공장에서는 사람들이 카스트에 따르는 차별 없이 나란히 서서 일하고 기차와 시내 전차는 요금을 지불할 수 있는 모든 사람에게 침대나 입석을 제공한다. 협동조합과 정당은 모든 계층의 사람을 결집하며, 붐비는 도시 극장이나 거리에서는 브라만과 천민이 어깨를 맞대고 있다. 한 라자는 자기 궁전에서는 종교와 신분을 가리지 않고 모든 사람을 받아들일 것이라고 선언했다. 한 수드라는 바로다의 계몽적인 통치자가 되었다. 브라만소마즈는 카스트를 비판하며, 인도국민의회의 벵골지방의회는 카스트에 따르는 모든 차별을 즉각 폐지하도록 주장하고 있다.[36] 기계가 서서히 새로운 계급을 부와 권력 계층으로 부상시키고 현존하는 가장 오래된 귀족 사회를 종식시키고 있다.

카스트라는 말은 이미 의미를 잃어 가고 있다. 오늘날 바이샤라는 말은 책에서는 사용되지만 실제 생활에서는 사용되지 않는다. 수드라라는 말도 북부에서는 말 자체가 사라졌으며, 남부에서는 브라만을 제외한 모든 사람을 가리키는 말로 의미가 느슨해졌다.[37] 구시대의 낮은 카스트들이 사실상 조합인 3000개 이상의 카스트로 대체되었다. 은행가과 상인, 제조업자, 농부, 교수, 엔지니어, 선로 검사원, 여대생, 정육업자, 이용사, 어부, 배우, 광부, 세탁업자, 택시 기사, 여자 판매원, 구두닦이 등이 직종별 카스트로 조직되고 있다. 이 카스트들은 주로 자식이 아버지의 직업을 이어 갈 것이라고 느슨하게 기대되고 있다는 점에서 서양의 노동조합과는 다르다.

카스트 제도의 큰 비극은 세대에서 세대로 이어지면서 천민의 수를 늘리고 그 제도에 대한 이들의 거부감을 증식시켜 그들을 낳은 제도 자체가 무너지는 결과를 낳았다는 것이다. 천민들은 전쟁이나 빚 때문에 노예가 된 모든 노예들, 브라만과 수드라가 결혼하여 태어난 모든 어린이들 그리고 넝마주이나 백정, 곡예사, 마술사, 사형 집행인으로 일하여 브라만교의 율법에 의해 천하다고 낙인찍힌 사람을 자신들의 무리로 받아들였다.[38] 아울러 그들은 잃을 것이 없는 사람들의 대책 없는 생식력을 통해 수적으로 팽창했다. 그들은 극심하게 가난했으므로 몸이나 의복, 음식의 청결은 불가능한 사치였다. 그로 인해 그들의 동포들은 어떤 의미에서든 그들을 멀리했다.* 그러므로 카스트의 율법은 천민이 수드라에게는 7미터 이내로 접근하지 못하도록 금지했으며, 브라만에게는 23미터 이내로 접근하지 못하도록 막았다.[40] 만일 카스트에 속한 사람에게 천민의 그림자가 드리우면 그 사람은 목욕을 통해 정화하여 오염을 제거해야 했다. 천민이 무엇을 만지든 그 물건은 그로 인해 더러워졌다.** 인도의 많은 지역에서 천민은 공동 우물에서 물을 긷거나 브라만이 이용하는 사원에 들어가거나 자녀를 힌두 학교에 보낼 수 없었다.[42] 영국인은 천민의 여건을 개선하는 데 어느 정도 기여한 정책을 펼쳐 최소한 법 앞에서는 평등한 위상과 영국인이 통제하는 모든 대학과 학교에 입학할 수 있는 동등한 권리를 그들에게 안겨 주었다. 민족주의 운동은 간디의 영향을 받아 천민에게는 불가능한 것을 많이 줄여 놓았다. 아마 다음 세대에는 외적으로라도 그리고 피상적으로라도 자유로운 그들의 모습을 보게 될 것이다.

산업과 서구 사상이 전해지면서 남자가 지배하던 과거의 전통이 흔들리고 있다. 산업화는 결혼 연령을 늦춰 놓았으며 여성 해방을 요구하고 있다. 즉 여자에게 가정은 감옥이라고 믿게 하고 법을 통해 여자 스스로 생계를 꾸려 나갈 수 있는 권리를 부여하지 않으면 여자를 공장으로 끌어들일 수가 없다는 말이다. 실제로 많은 개혁은 이런 해방의 부산물로 이루어졌다. 법적 결혼 연령을 여자는 열네 살, 남자는 열여덟 살로 높여 놓으면서(1929년) 공식적으로는 조

---

* "육식을 안 하는 사람은 냄새에 민감하므로 24시간이 지난 후에도 호흡이나 피부의 분비물을 통해 고기를 먹었는지 안 먹었는지 금방 알 수 있다."[39]

** 1913년 코하트에 사는 부유한 힌두인의 어린이가 웅덩이에 빠져 익사한 일이 있었다. 주변에는 그 어린이의 어머니와 지나가던 천민 말고는 아무도 없었다. 천민이 물에 뛰어들어 어린이를 구하겠다고 했으나 어머니가 거절했다. 그 어머니는 웅덩이가 더러워지는 것보다는 자식의 죽음을 택했던 것이다.[41]

혼이 종식되었다.[43] 사티가 사라졌으며 과부의 재혼이 날마다 증가하고 있다.* 중혼은 허용되지만 실제로 중혼을 하는 사람은 거의 없다.[45] 그리고 관광객들은 사원의 무희가 거의 다 사라졌다는 사실을 알고는 실망한다. 도덕 개혁이 이렇게 빠른 속도로 진행되고 있는 나라는 없다. 산업 도시의 생활은 여자들을 "푸르다(purdah)" 밖으로 끌어내고 있다. 오늘날 인도에서 그런 격리 생활을 받아들이는 여자는 전체 여성 인구의 6퍼센트도 되지 않는다.[46] 여자들을 위한 많은 활기찬 정기 간행물이 최첨단 문제를 논의하고 있다. 심지어는 가족계획 협회도 등장하여[47] 인도의 가장 심각한 문제인 무계획적인 다산에 용감하게 대항하고 있다. 많은 지역에서 여자들이 투표를 하고 정치적인 성격이 강한 직책을 맡고 있다. 인도국민의회에서는 두 번이나 여자가 의장직을 맡았다. 많은 여자들이 대학교에서 학위를 받아 의사나 법조인, 교수가 되었다.[48] 곧 상황이 바뀌어 여자들이 지배하는 세상이 올 것이 분명하다. 서양은 모종의 무모한 영향력을 통해 간디의 한 부관이 인도의 여자들에게 다음과 같은 뜨거운 호소를 하게 만든 책임을 져야하지 않겠는가?

구시대의 "푸르다"를 없애십시오! 부엌에서 신속하게 나오십시오! 주전자와 냄비를 구석에 집어던지십시오! 눈을 가린 천을 찢고 세상을 보십시오! 남편과 오라비들에게 스스로 식사를 준비하게 하십시오! 인도를 하나의 나라로 만들려면 해야 할 일이 많습니다![49]

5. 민족주의 운동

1923년에는 영국에서 공부하는 힌두 학생이 천 명이 넘었으며 십중팔구 미

---

* 1915년에는 15건의 과부 재혼이 있었으나 1925년에는 2263건이 있었다.[44]

국에도 비슷한 수가 있고 아마 다른 곳에도 그 정도 있었을 것이다. 그들은 서구 유럽과 미국의 가장 신분이 낮은 시민들도 누리는 특권들을 보고 감탄했다. 그들은 프랑스 혁명과 미국 혁명을 연구했으며 개혁과 혁명을 소재로 한 문학을 읽었다. 그들은 영국의 권리장전과 프랑스 인권선언문, 미국 독립선언문, 미국 헌법을 보고 만족스러워했다. 그들은 조국으로 돌아와 민주 사상과 자유의 복음을 전하는 구심점이 되었다. 서양에서 산업과 과학이 발달하고 연합군이 전쟁에서 승리를 거둔 사실은 이런 사상들에 저항할 수 없는 위광(威光)을 부여했다. 곧 모든 학생이 자유를 요구하는 구호를 외치기 시작했다. 힌두인들이 영국과 미국의 학교에서 자유를 배운 것이다.

서구식 교육을 받은 이런 동양인들은 외국에서 교육받는 과정에서 정치적 이상을 받아들였을 뿐 아니라 종교적 사상을 벗어 버리기도 했다. 전기와 역사에서는 일반적으로 이 두 과정이 나란히 이루어지기 마련이다. 그들은 크리슈나와 시바, 비슈누, 칼리, 라마 등과 결혼한 독실한 청년으로 유럽에 도착했다. 그러나 과학에 접하게 되면 촉매 역할을 하는 모종의 갑작스러운 충격을 통해 그들이 지녔던 고대 신앙은 산산조각 났다. 인도의 영혼 자체인 종교적 신념을 잃어버린 서구화된 힌두인들이 미망에서 깨어나 슬픈 모습으로 조국으로 돌아왔다. 수많은 신들이 죽은 모습으로 하늘에서 떨어져 내렸다.* 그 후에는 유토피아가 천국의 자리를 채웠고 민주주의가 열반의 대체물이 되었으며 자유가 신을 대신했다. 유럽에서는 이미 18세기 후반부에 진행된 일이 동양에서는 이제 진행되는 것이었다.

그러나 새로운 사상은 느리게 발전했다. 1885년 일부 힌두 지도자들이 봄베이에 모여 인도국민의회를 창설했으나 당시에 인도의 자치 문제는 생각하지도 않았던 것 같다. 그러나 커즌 경(Lord Curzon)이 벵골을 분할하려는(즉 인도에서 가장 강력하고 정치의식이 강한 지역의 단합을 막아 힘을 소멸시키려는) 노력은 민족

---

* 이 말이 모두에게 적용되는 것은 아니다. 초오마라스와미의 의미심장한 말처럼 "유럽에서 인도로 돌아온" 사람들도 있었다.

주의자들 사이에 보다 저항적인 분위기를 불러일으켰다. 그 결과 1905년 회기에는 강경파인 틸라크가 스와라지(swaraj, 자치)를 요구했다. 그는 "자치"로 번역한 말에서 알 수 있는 산스크리트어 어근들을 가지고 그 말을 만들었다.[50] 이 사건이 일어난 바로 그해에 일본이 러시아에게 승리했다. 동양은 한 세기 동안 서양을 두려워했으나 이 사건을 계기로 아시아를 해방시키기 위한 계획을 세우기 시작했다. 중국은 쑨이셴(Sun Yat Sen, 쑨원, 손문(孫文))의 지도하에 칼을 들었으나 일본의 수중에 떨어졌다. 무기가 없었던 인도는 역사상 가장 생소한 인물 가운데 한 사람을 지도자로 삼아, 성자가 이끌고 총 없이 벌이는 혁명이라는 전례 없는 놀라운 일을 세계에 보여 주었다.

6. 마하트마 간디

갈색 피부에 갈색 얼굴과 짧게 자른 백발, 툭 튀어나온 광대뼈, 부드러운 작은 갈색 눈, 이가 거의 다 빠진 커다란 입, 큰 귀, 커다란 코, 가는 팔다리를 한 아시아에서 가장 못생기고 가냘프고 연약한 사람이 있었다. 그 사람이 허리옷만 걸치고 인도 주재 영국 판사 앞에 서서, 동포에게 "비협조"를 설파했다는 죄목으로 재판을 받고 있는 모습을 생각해 보라. 혹은 아메다바드 소재 사티아그라하슈람(진리를 추구하는 사람들의 학교)의 꾸밈없는 방에서 카펫을 깔고 앉아 있는 그의 모습을 그려 보라. 뼈만 앙상한 다리로 요기처럼 발바닥이 위를 향하도록 가부좌를 틀고 앉아 손으로는 분주하게 물레를 돌리고 책임감이 서린 얼굴로, 자유에 대해 질문하는 모든 사람에게 제시할 답변을 생각하느라고 여념이 없는 모습 말이다. 1920년부터 1935년까지 벌거벗고 물레를 돌리는 이 사람이 3억 2000만 인도인의 정신적 지도자인 동시에 정치적 지도자였다. 그가 대중 앞에 나서면 사람들이 몰려와 그의 옷을 만지거나 발에 입을 맞췄다.[51]

그는 매일 네 시간씩 올이 성긴 카다르 직물을 짜면서 동포들이 자기를 본받아 인도의 섬유 산업을 파멸시킨 영국 직조기로 만든 제품 대신 집에서 짠 이 소박한 직물을 사용하길 바랐다. 그의 소유라고는 거친 천 세 개(옷으로 이용하는 천 두 개와 잠자리로 삼는 천 한 개)가 전부였다. 부유한 변호사였던 그는 모든 소유를 가난한 사람에게 나눠 주었으며 그의 아내도 주부답게 한동안 망설였으나 결국 그의 본을 따랐다. 그는 마룻바닥이나 맨땅에서 잤다. 견과류와 바나나, 레몬, 오렌지, 대추야자, 쌀, 염소젖을 먹었다.[52] 몇 달씩 우유와 과일만 먹는 경우가 많았다. 평생 동안 딱 한 번 고기를 먹었을 뿐이다. 때로는 몇 주씩 아무것도 먹지 않는 경우도 있었다. "나는 눈이 없어도 잘 지낼 수 있는 것처럼 음식을 먹지 않아도 잘 지낼 수 있습니다."[53] 그는 피가 맑아지면 생각도 맑아져서 부질없는 것들이 떨어져 나가고 근본적인 것들(때로는 세계정신 자체)이 에베레스트가 구름 위로 솟아오르는 것처럼 떠오른다고 느꼈다.

그는 신을 보기 위해 단식을 하는 동안에도 이 땅에 발을 딛고 추종자들에게 신을 찾으려고 단식을 할 때는 몸이 자체를 분해시키면서 생성시키는 산성 물질에 중독되지 않도록 매일 한 번씩 관장을 하도록 조언했다.[54] 이슬람교도들과 힌두교도들이 신학적 열정에 사로잡혀 서로 살해하며 평화를 호소하는 그의 말에 귀를 기울이지 않았을 때는 그들을 움직이려고 3주 동안이나 단식을 했다. 그는 단식과 고난 때문에 매우 약해졌으므로 그의 말을 들으려고 모인 많은 청중에게 연설할 때는 높은 의자에 앉아 말을 했다. 그는 금욕주의를 성(性)의 영역까지 확대하여 톨스토이(Tolstoi)처럼 모든 육체관계를 신중하게 고려한 재생산에 제한시키려고 했다. 그 역시 청년기에는 육체를 많이 탐닉했으며 아버지가 죽었다는 소식도 연인의 품에서 들었다. 그 후부터 그는 크게 뉘우치고 유년기에 들었던 (감각적인 욕망을 모두 완전히 멀리하는) 브라마차리아로 돌아왔다. 그는 형제자매로서만 함께 지내자고 아내를 설득했다. "그때부터 모든 불화가 그쳤다."라고 그는 우리에게 말한다.[55] 인도에서 기본적으로 필요한 것은 가족계획이라는 사실을 깨달았을 때 그는 서양의 방식을 따르지 않고 맬서스(Malthus)와 톨스토이의 이론을 받아들였다.

상황을 아는 우리가 자녀를 낳는 것이 옳은 일입니까? 우리가 무기력하다고 느끼고 또 그런 상태로 남아 있는 동안에도 계속 자녀를 생산한다면 노예와 병약자를 증가시킬 뿐입니다. …… 인도가 자유를 얻게 되어야 비로소 우리는 후손을 낳을 권리를 갖게 되는 것입니다. …… 만일 결혼한 사람들이 조국이 잘 되기를 바라고 인도가 강하고 멋지고 잘생긴 남녀로 이루어진 나라가 되길 원한다면 당분간 절제하여 자녀 생산을 중단할 것이라는 점에 대해 나는 일말의 의심도 없습니다.[56]

그의 인격에는 이런 요소들 외에도 사람들이 그리스도교 창설자의 특징이라고 하는 것과 같은 생소한 특질들이 있었다. 그는 그리스도라는 명칭은 입에 올리지 않았으나 마치 산상 설교의 말을 모두 받아들이는 것처럼 행동했다. 아시시의 성 프란시스 이후 그토록 온유하고 사욕이 없고 단순하고, 적대자를 용서하는 모습을 보인 사람은 없었다. 그는 적대자들에게 실망하는 일 없이 항상 예절을 다해 대했고 그들에게서도 깍듯한 대우를 받았다. 이것은 그들의 명예이기도 했고 그에게는 더 큰 명예가 되었다. 정부가 그를 감옥에 보낼 때에도 여러 모로 사과를 하고 보냈다. 그는 원한이나 분노를 보인 적이 없었다. 세 번이나 폭도들에게 공격을 받아 거의 죽을 지경에 이를 정도로 구타를 당했으나 보복하지 않았다. 그리고 그를 공격했던 사람 가운데 한 명이 체포되었을 때에도 고발을 거부했다. 이슬람교도들과 힌두교도들 사이에 가장 심각한 폭동이 벌어져 모플라인 이슬람교도들이 수백 명의 비무장 힌두교도들을 학살하고 그들의 포피를 언약의 증거로 알라에게 바친 직후 바로 그 이슬람교도들에게 기근이 찾아왔다. 그러자 간디는 인도 전역에서 그들을 위해 기금을 모아 최선의 선례도 무시하고는 제반 경비도 제하지 않고 동전 한 푼까지 모두 굶주리는 적대자들에게 보냈다.[57]

모한다스 카람찬드 간디는 1869년에 태어났다. 그의 가족은 바이샤 카스트였고 자이나교를 믿으며, 어떤 생명체도 상하게 하지 않는다는 아힘사 원리를 실천했다. 그의 아버지는 유능한 관리였으나 재무 관리로서는 이단자였다. 정직함 때문에 계속 자리를 잃었으며 거의 모든 재산을 자선에 바치고 나머지를 가족에게 남겼다.[58] 모한다스는 특정한 힌두 신들의 난잡한 정사(情事)가 싫어 소년기에 일찍 무신론자가 되었다. 그는 종교를 경멸한다는 점을 분명히 밝히기 위해 고기를 먹었다. 그러나 육식이 맞지 않아 다시 종교로 돌아갔다.

그는 여덟 살 때 약혼을 하고 열두 살에 결혼했다. 그의 아내 카스투르바이는 그가 모험을 하거나 부유하거나 가난하거나 옥중 생활을 하거나 브라마차리아를 할 때에도 언제나 그에게 성실했다. 열여덟 살 때 그는 대학교 입학시험에 합격하여 법학을 공부하기 위해 런던으로 갔다. 그곳에서 지낸 첫 해에 여든 권의 그리스도교 서적을 읽었다. 산상 설교는 "처음 읽자마자 내 마음 속을 파고들었다."[59] 그는 악을 선으로 갚고 원수를 사랑하라는 말을 모든 인간적 이상을 가장 잘 표현한 것으로 받아들였다. 그는 그런 자세 없이 성공하기보다는 그런 태도를 갖추고 실패하는 길을 택하기로 결심했다.

1891년 그는 인도로 돌아온 후 봄베이에서 한동안 변호사 사무실을 열었으나 채권 소송은 거절했으며, 부당하다는 생각을 이미 갖고 있던 소송은 거부할 수 있는 권리를 항상 보유했다. 그러다 한 사건 때문에 남아프리카 공화국으로 가야할 일이 생겼다. 그곳에서 부당한 대우를 받고 있는 힌두인 동포의 모습을 보고는 인도로 돌아갈 생각을 잊고 보수도 없이 아프리카에서 동포들 앞에 놓여 있는 장애물을 제거하는 일에 온전히 몰두했다. 20년 동안 그 문제와 맞서 싸워 결국에는 정부의 항복을 얻어 냈다. 그런 다음에야 인도로 돌아왔다.

그는 인도를 여행하면서 인도인들이 완벽한 빈곤 속에 놓여 있음을 처음으로 깨달았다. 들판에서 고생하고 있는 사람들의 뼈만 앙상하게 남아 있는 모습과 도시에서 비천한 일을 하고 있는 천민들의 모습을 보고 경악했다. 그가 볼 때 해외 동포들이 받는 차별 대우가 본국의 가난과 예속 상태로 인해 나타난 하나의 결과에 지나지 않는 것으로 보였다. 그럼에도 불구하고 그는 전시에는 영국을 충성스럽게 지원했다. 비폭력 원리를 받아들이지 않는 힌두인들의 징병을 옹호하기도 했다. 당시 그는 독립을 요구하는 사람들의 견해에 동의하지 않았다. 그는 인도 영국 정부의 잘못된 통치는 예외이며 전체적으로 본 영국 정부는 선하다고 생각했다. 인도의 영국 정부가 나쁜 이유는 단지 본토 영국 정부의 방침을 모두 어기기 때문일 뿐이고, 영국인들에게 힌두인의 입장을 이해시킬 수 있으면 온전한 형제애를 발휘하여 힌두인을 자유로운 영연방 안으로 받아들일 것이라고 보았던 것이다.[60] 그는 전쟁이 끝나면 영국이 인도가 제국을 위해 인력과 재산을 바친 희생을 인정하고 인도에 자유를 주는 데 더 이상 주저하지 않을 것이라고 믿었다.

그러나 전쟁이 끝나자 영국 정부는 롤랜드(Rowland) 결의안으로 언론의 자유를 봉쇄하고 몬터규쳄스퍼드(Montagu-Chelmsford) 개혁을 무력화시키는 법안을 제정하였으며, 암리차르에서 학살을 벌임으로써 자치를 요구하는 움직임에 대처했다. 간디는 충격을 받고 결정적인 조치에 착수했다. 그는 다양한 기회에 영국 정부에게서 받은 훈장을 총독에게 돌려주었다. 아울러 인도의 영국 정부에 대해 시민 불복종 운동을 펼치도록 인도에 요구했다. 그러나 사람들은 그가 부탁한 평화적 저항이 아니라 유혈극과 폭력으로 대응했다. 예컨대 봄베이에서는 동조하지 않는 쉰세 명의 파시교도를 살해했다.[61] 아힘사를 내세우는 간디는 두 번째 메시지를 발표해, 시민 불복종운동이 폭도들의 지배로 변질되고 있으므로 그 운동을 연기하도록 요청했다. 역사에서 원칙에 입각해 움직이고 편의와 인기를 멀리하는 면에서 그보다 더 많은 용기를 보여 준 사람은 거의 없을 것이다. 인도는 그의 결정을 알고 깜짝 놀랐다. 성공이 거의 눈앞에 있다고 생각하고 있었기 때문이다. 그러므로 수단도 목적만큼 중요하다는 간디의 말에 동의하지 않았다. 마하트마의 명성이 한없이 추락했다.

영국 정부가 그를 체포하기로 결정한 것은 바로 이 시점(1922년 3월)이었다. 그는 아무런 저항도 하지 않고 변호사 선임도 거부하며 변론도 하지 않았다. 검사가 간디는 여러 차례 성명을 발표했으므로 1921년의 폭동으로 나타난 폭력에 대해 책임이 있다고 고발했을 때 간디는 다음과 같은 말로 대답하여 자신의 고상한 의도를 즉각 부각시켰다.

박식한 검찰총장이 봄베이와 마드라스, 차우리차우라에서 일어난 사건들과 관련해 내게 쏟아부은 비난을 모두 인정하고 싶습니다. 이 사건들을 깊이 생각해 보고 또 날마다 잠들 때까지 생각해 보아도 내가 이런 극악한 범죄들과 연관이 없다고 할 수는 없습니다. …… 박식한 검찰총장이 나는 많은 교육을 받은 책임감 있는 사람으로서, …… 나의 행동 하나하나가 가져올 결과들을 알고 있었다고 한 말은 대단히 지당한 말입니다. 나는 내가 위험한 일을 하고 있으며 위험을 무릅쓰고 있다는 사실을 알고 있었습니다. 그리고 내가 석방된다면 똑같은 일을 다시 할 것입니다. 나는 오늘 아침에도 만일 내가 바로 지금 이 자리에서 하고 있는 말을 하지 않는다면 내 의무를 다하지 않는 것이라고 생각했습니다.

나는 과거에도 폭력을 피하고 싶었으며 지금도 피하길 원합니다. 비폭력은 내 신조에서 가장 중요한 항목입니다. 아울러 마지막 항목이기도 합니다. 하지만 나는 선택을 할 수밖에 없었습니다. 나는 내 조국에게 돌이킬 수 없는 위해를 가한다고 생각되는 체제에 굴복해야 하거나 아니면 우리나라 사람들이 내 입에서 나오는 진실을 이해할 때 광적인 분노를 터트리게 될 위험을 감수할 수밖에 없었습니다. 우리나라 사람들이 가끔 광기에 사로잡힌 때가 있었다는 것을 압니다. 그 일에 대해서는 깊은 유감을 느끼고 있으므로 이 자리에서 가벼운 처벌이 아니라 최고형을 받고자 합니다. 자비를 구하는 것이 아닙니다. 정상을 참작해 달라고 하는 것도 아닙니다. 나는 지금 법에서 말하는 고의적 범죄와 내가 보기에 국민의 최고 의무에 대해 구형할 수 있는 최고형을 요구하고 있는 것이며 또 그 최고형을 기쁜 마음으로 받아들이려 하고 있는 것입니다.[62]

판사는 수많은 동포들이 "위대한 애국자이자 위대한 지도자"로 여기는 사람을 투옥해야 한다는 사실에 대해 깊은 유감을 표했다. 그는 간디와 견해가 다른 사람들조차 그를 "높은 이상을 품고 성자처럼 고고하게 살아가는 사람"으로 여긴다는 사실을 인정했다.[63] 판사는 그에게 6년형을 선고했다.

간디는 독방에 수감되었으나 불평하지 않았다. 그는 이렇게 썼다. "나는 다

른 수감자들을 전혀 볼 수 없습니다. 나와의 교제가 그들에게 어떻게 위해를
줄 수 있는지 정말 이해할 수 없지만 말입니다." 그러나 "나는 행복합니다. 나
는 천성적으로 고독을 좋아합니다. 고요함을 사랑합니다. 더구나 지금 나는 바
깥 세계에서는 게을리할 수밖에 없었던 공부에 몰두할 수 있는 기회를 얻었습
니다."[64] 그는 베이컨(Bacon), 칼라일(Carlyle), 러스킨(Ruskin), 에머슨
(Emerson), 소로(Thoreau), 톨스토이의 글을 읽으며 부지런히 배우고 벤 존슨
(Ben Jonson)과 월터 스콧(Walter Scott)의 작품을 읽으며 오랜 시간 위로를 받았
다. 바가바드기타를 읽고 또 읽었다. 학자들을 대상으로 글을 쓸 뿐 아니라 대
중에게 연설도 하기 위해 산스크리트어와 타밀어, 우르두어를 공부했다. 그는
6년의 형기를 마칠 때까지 세부적으로 일정을 짠 후 우연한 일로 중단될 때까
지 충실하게 실천했다. "나는 스물네 살 청년처럼 즐거운 마음으로 공부하며
내 나이가 마흔다섯 살이며 건강이 좋지 않은 상태라는 사실을 잊었습니다."[65]

  그는 맹장염 덕분에 석방되었으며 그가 비판하는 경우가 많았던 서양 의학
덕분에 건강을 회복했다. 출옥하는 그를 맞으려고 엄청난 군중이 교도소 문 앞
에 모였으며 많은 사람이 그가 지나갈 때 그의 거친 옷에 입을 맞췄다. 그러나
그는 정치와 대중을 멀리하고 연약함과 질병을 빌미로 아메다바드에 있는 자
기 학교로 은거하여 수년 동안 학생들과 함께 지냈다. 하지만 그는 이렇게 은거
하는 동안에도 자신이 발행하는 《청년 인도》를 통해 혁명과 삶에 대한 자신의
철학을 설명하는 사설을 매주 발표했다. 그는 추종자들에게 폭력을 피하라고
간청했다. 인도는 총이 없으므로 폭력은 자살행위가 될 것일 뿐 아니라 폭력은
하나의 폭정을 다른 폭정으로 대체할 뿐이라는 이유에서였다. 그는 그들에게
이렇게 말했다. "역사의 가르침에 의하면 분명히 진솔한 동기를 가진 사람들이
탐욕스러운 사람들에게 맞서 야만적인 힘을 동원하여 몰아내지만 결국에는 정
복당한 사람들이 사로잡히는 병폐의 피해자가 되고 말았습니다. …… 만일 인
도가 폭력적인 수단을 택한다면 나는 인도의 자유에 대한 관심을 접을 것입니
다. 그런 수단의 열매는 자유가 아니라 노예 생활이 될 것이기 때문입니다."[66]

그의 신조 중 두 번째 요소는 현대 산업을 단호하게 배격하고 부락에서 농사를 짓고 가내수공업을 하는 소박한 생활로 돌아가라는 루소(Rousseau)적인 외침이었다. 간디가 보기에는 사람들을 공장 안에 가두어 놓고 다른 사람 소유의 기계로 자기는 완성품은 보지도 못할 부품을 만들게 하는 것은 인간을 값싼 상품의 피라미드 속에 매장하는 우회적인 방법처럼 보였다. 그의 생각에 의하면 기계가 생산한 제품은 대부분 필요가 없다. 그런 제품을 사용하여 절약된 노동력은 그 제품을 만들고 고치느라고 소모된다. 설혹 노동력이 절약되더라도 노동자에게는 아무런 유익이 없고 자본가에게만 유익할 뿐이다. 노동자는 자신의 생산성을 통해 "기술로 인한 실업"이라는 공황 속에 던져진다.[67] 그러므로 그는 1905년 틸락이 선언했던 스와데시(swadeshi) 운동을 재개했다. 스와라지, 즉 자치 운동에 국산품 애용 운동이 더해지게 된 것이다. 간디는 차르카, 즉 물레를 사용하는 일을 민족주의 운동에 대한 충실한 지지를 가늠하는 시금석으로 만들었다. 그는 모든 힌두인에게 아무리 부자라도 집에서 만든 옷을 입고 영국이 기계로 만든 외국 직물에 대해서는 불매 운동을 벌여 따분한 겨울에도 인도의 가정에서 물레가 돌아가는 소리가 다시 들리게 하자고 부탁했다.[68]

그러나 이 부탁은 보편적인 반응을 얻지 못했다. 역사의 수레바퀴를 멈추는 것은 쉬운 일이 아니다. 그러나 인도는 노력을 기울였다. 모든 곳에서 힌두 학생들은 카다르로 만든 옷을 입었다. 상류층 여자들도 일본에서 만든 비단 사리(sari)를 버리고 직접 만든 거친 옷을 입었다. 창녀촌의 창녀들과 교도소의 수감자들도 물레를 돌리기 시작했다. 또한 많은 도시에서 사보나롤라 시대처럼 수입품추방대회를 열고 부유한 힌두인들과 상인들이 가정과 창고에서 수입품 옷을 들고 나와 불 속에 던졌다. 봄베이에서만 하루에 15만 벌을 불살랐다.[69]

산업을 멀리하자는 운동은 실패했지만 10년 동안 인도에 반란의 상징을 제공했으며 말없는 다수를 정치의식을 지닌 단합된 힘으로 결집하는 데 도움을 주었다. 인도는 그 운동의 방법에 대해서는 회의적이었지만 목적은 존중했다. 또한 정치가로서의 간디에 대해서는 의문을 품었으나 간디를 진심으로 성자로 받아들였으며 한동안이지만 그를 존경한다는 면에서 하나가 되었다. 타고르가 그에 대해 말한 것은 사실이었다.

그는 수많은 빈민들의 오두막 문턱에서 발을 멈췄으며 그들처럼 옷을 입었다. 그들에게 그들의 언어로 말했다. 드디어 이곳에 단순히 책에서 빌려 온 인용문이 아니라 살아 있는 진리가 있었다. 인도 국민이 그에게 붙여 준 이름인 "마하트마"는 그렇기 때문에 그의 진짜 이름인 것이다. 그 말고 누가 그처럼 모든 인도인들을 자기 살과 피처럼 느꼈겠는가? …… 사랑이 인도의 문으로 다가왔을 때 인도는 문을 활짝 열었다. …… 간디의 부름으로 인도는 새로운 위대함으로 활짝 꽃을 피웠다. 전에 부처가 살아 있는 모든 피조물에 대한 동료애와 연민을 선포했던 때처럼 말이다.[70]

인도를 통일시키는 것이 바로 간디의 과제였고 그는 그 일을 이루었다. 다른 과제들은 다른 사람들을 기다리고 있다.

7. 인도 작별 인사

인도의 역사를 끝맺으면서 이집트나 바빌로니아, 아시리아의 역사를 마무리 짓는 것처럼 할 수는 없다. 인도의 역사는 지금도 계속 진행되고 있고 인도의 문명도 여전히 창조되고 있는 중이기 때문이다. 문화적으로 인도는 서양과 정신적으로 접촉함으로써 활기를 되찾았으며, 인도의 문학은 오늘날 여느 곳의 문학만큼 고상한 작품을 많이 발표하고 있다. 정신적으로 인도는 지금도 여전히 미신과 지나치게 큰 신학 꾸러미와 씨름하고 있으나 현대 과학이 낳은 산성 물질들이 얼마나 빨리 이런 엄청난 수의 신들을 용해시킬 것인지 말하는 것은 불가능하다. 정치적인 면에서 지난 백 년 동안 인도는 전에는 이뤄 본 적이 거의 없는 통일을 이뤄 냈다. 그 통일은 부분적으로는 하나의 외국 정부가 이뤄 낸 통일이고 부분적으로는 하나의 외국어가 이룬 통일이지만 무엇보다도 자유를 향한 열망을 통해 사람들을 결집시켜 이뤄 낸 통일이었다. 경제적으로 인도는 좋은 의미에서든 나쁜 의미에서든 중세를 벗어나 현대 산업 사회로 바뀌고 있다. 인도의 부와 교역은 성장할 것이며 20세기가 끝나기 전에 열강의 대열에 들어설 것이 분명하다.

이집트와 근동은 기원을 확인할 수 있는 선물을 우리에게 주었지만 이 문명도 그와 같은 선물을 우리에게 주었다고 주장할 수는 없다. 이집트와 근동은 우리 자신 문화의 직접적인 조상들인데 반해 인도와 중국, 일본의 역사는 다른 흐름을 따라 흘렀고 이제야 겨우 서구 생활의 흐름과 접촉하며 영향을 주기 시작하고 있기 때문이다. 인도가 히말라야의 장벽을 넘어 문법과 논리학, 철학, 우화, 최면술, 체스 그리고 무엇보다도 우리의 숫자와 십진법 등 기원이 문제가 될 수 있는 선물을 우리에게 전해 준 것은 사실이다. 그러나 이런 것은 인도 정신의 핵심이 아니다. 그런 것은 우리가 앞으로 인도에게 배울지도 모르는 것에 비하면 사소한 것이다. 발명과 산업, 교역이 대륙들을 하나로 묶고 있거나 그런 것들이 우리를 아시아와 갈등을 벌이도록 내던지고 있다. 그러므로 우리는 아시아의 문명들을 보다 면밀하게 연구하고 적대감 속에서라도 아시아의 일부 생활 방식과 사상을 흡수해야 할 것이다. 아마 정복과 오만, 약탈에 대한 보답으로 인도는 성숙한 정신의 관용과 온유함, 탐욕이 없는 영혼의 조용한 만족감, 깨달음을 얻은 영의 고요함, 모든 생명체를 하나로 묶고 평화를 안겨 주는 사랑을 우리에게 가르칠 것이다.

중국

황제가 다스리는 법을 알 때 시인들은 자유롭게 시를 노래하고, 백성들은 편하게 행동하고, 역사가들은 거리낌 없이 진실을 말하고, 신하들은 마음 놓고 조언을 한다. 가난한 자들은 세금에 대해 불평하고, 학생들은 교훈들을 큰 소리로 낭송하고, 장인들은 자기 기술을 자랑하며 일자리를 찾고, 사람들은 무엇이든 주저하지 않고 말하며, 노인들은 마음 놓고 만사를 나무라는 법이다. — **기원전 845년경 소공이 주나라 여왕에게 한 조언**[1]

23장　철학자의 시대

1. 서론

1. 중국에 대한 평가

중국의 지식을 발견한 일은 계몽주의가 이룬 업적 가운데 하나였다. 디드로(Didrot)는 중국인에 대해 이렇게 썼다. "이 민족들은 고대성과 예술, 지성, 지혜, 정치에서 그리고 철학의 깊이에서 다른 모든 아시아인보다 우월하다. 아울러 몇몇 저자의 판단에 의하면 이런 면에서는 유럽에서 가장 계몽적인 민족과도 우열을 다툴 정도다."[1a] 볼테르(Voltaire)에 의하면 "이 제국의 몸체는 4000년 동안 법과 관습, 언어에서나 심지어 복식(服飾)에서도 별다른 변화를 겪지 않고 존재해 왔다. …… 이 제국의 조직 체계는 사실 세계가 지금까지 본 것 가운데 가장 훌륭한 것이다."[2] 학자들의 이런 존경심은 중국이 자세히 알려진 후에도 계속 유지되었으며 일부 현대 관찰자에게서는 겸손한 자세로 흠모하는 태도가 절정에 도달하고 있다. 카이절링 백작(Count Keyserling)은 우리 시대에서 가장 유익하고 가장 기지가 넘치는 책 가운데 하나에서 이런 결론을 내린다.

> 아무리 보아도 정상적인 현상으로서의 인간성은 고대 중국에서 가장 완벽한 형태로 다듬어졌다. …… 중국은 지금까지 알려진 가장 훌륭한 보편적 문화를 만들어 냈다. …… 중국의 위대함은 나를 점점 더 사로잡고 내게 점점 더 많은 감동을 준다. …… 이 나라의 위인들은 우리보다 더 높은 수준의 문화를 갖고 있다. …… 이런 군자들* 은…… 이례적으로 높은 수준에 도달한 전형적인 군자다. 특히 그들의 탁월함은 내게 깊은 감명을 준다. …… 중국의 탁월한 예법은 어떤 여건에서도 나무랄 데가 없다. …… 중국인은 아마 모든 인간 중 가장 심오할 것이다.[3]

중국인은 이 말을 굳이 부인하려고 하지 않는다. 아울러 오늘날까지도 (지금은 예외도 가끔 있지만) 그들은 한결같이 유럽과 미국에 거주하는 사람들을 오랑캐로 여긴다.[4] 1860년 이전의 공문서에서는 "외국인"이라는 개념을 표현할 때 "오랑캐"를 의미하는 글자를 사용하는 것이 중국의 점잖은 관습이었다. 그러므로 오랑캐들은 조약을 맺을 때 이 번역이 개선되어야 한다는 점을 명문화해야 했다.[5] 지상의 다른 대부분 민족처럼 "중국인들 역시 자신들이 모든 민족 중 가장 세련되고 문명화된 민족으로 여긴다."[6] 아마 그들이 옳을 것이다. 그들의 정치적 부패와 혼란, 퇴행적인 과학과 저임금 산업, 악취를 풍기는 도시와 쓰레기가 날아다니는 들판, 홍수와 기근, 냉담함과 잔혹함, 가난과 미신, 대책 없는 자녀 생산과 인해전술, 살육과 굴욕적인 패배에도 불구하고 말이다. 이제는 외국인의 눈에도 들어오는 이런 어두운 표면 뒤에는 가장 오래되고 가장 풍요로운 살아 있는 문명 가운데 하나가 놓여 있기 때문이다. 일찍이 기원전 1700년

---

* 일선에서 물러나 칭타오[靑島]에 거주하는 고위 관리들.

까지 거슬러 올라가는 전통을 지닌 시와 관념적이지만 실용적이고, 심오하지만 이해할 수 있는 오랜 기록을 가진 철학, 그 분야에서는 짝을 찾을 수 없는 우수한 도자기와 그림, 오직 일본인만 경쟁이 가능한 손쉽고 완벽한 모든 비주류 예술, 어떤 시대의 여하한 민족에게서도 찾아보기 힘든 가장 효율적인 도덕, 역사에 알려진 다른 어떤 민족보다도 더 많은 인간을 더 오랫동안 결합시킨 사회 조직, 중국 혁명이 와해시킬 때까지 거의 철학자들의 이상이었던 정부 형태, 그리스에 야만인이 거주할 때 이미 문명화되어 있는 상태에서 바빌로니아와 아시리아, 페르시아, 유대, 아테네, 로마, 베네찌아, 스페인의 등장과 몰락을 지켜보고 유럽이라는 발칸 제국이 어둠과 야만 상태로 되돌아갈 때도 살아남을지도 모르는 사회 등을 지닌 문명 말이다. 정부가 이처럼 오래 존속하고 손이 이처럼 놀라운 예술적인 솜씨를 발휘하고 영혼이 이처럼 균형과 깊이를 갖게 된 비결은 무엇인가?

2. 중화국

러시아를 아시아 국가로 생각한다면(러시아는 표트르 대제 때까지 아시아였으며, 또 앞으로 다시 그렇게 될지 모른다.) 유럽은 아시아의 들쑥날쑥하게 생긴 갑(岬)이나 농업적인 후배지의 산업적인 돌출부, 거대한 대륙에 임시로 나타난 손가락 또는 위족(僞足)에 지나지 않게 된다. 그런데 그 대륙을 지배하는 것이 중국이다. 중국은 땅도 유럽만큼 넓고 인구도 유럽만큼 많다. 중국은 대부분의 역사 기간 동안 세계에서 가장 넓은 대양과 가장 높은 산맥, 가장 넓은 사막 중 하나에 에워싸여 고립된 상태에 놓여 있었다. 아울러 이런 고립 상태로 인해 비교적 안전성과 항구성과 불변성을 유지했으나 정체성을 피할 수 없었다. 그러므로 중국인들은 자기 나라를 차이나(China)라고 부르지 않고 천하(天下) 또는 사해(四海), 중국(中國), 중화국(中華國)이나 중국 혁명의 포고령에 의해 중화민국(中華民國)이라고 불렀다.[7] 중국에는 꽃이 많으며 태양과 아지랑이, 험한 바위산, 거대한 강, 깊은 계곡, 바위투성이 산의 가파른 폭포가 만들어 내는 다양한 온갖 자연 경관이 펼쳐진다. 비옥한 남부에는 4828킬로미터 길이의 양쯔 강이 흐른다. 황하가 풍적 황토 평야의 서부에서 흘러내리며 침적토를 강어귀들을 통해 바다로 운반한다. 이 바다는 전에는 황해였다가 지금은 페칠리 만이며 아마 앞으로는 다시 황해가 될지 모른다. 중국 문명은 이 두 강과 위수(渭水) 그리고 다른 넓은 강들*을 따라 시작되어 들짐승과 정글을 몰아내고 주변의 야만인들을 만(灣)에 묶어 두었다. 가시덤불을 뽑고 초석(硝石) 등의 부식성 퇴적물과 해충을 없애고 습지를 메우고 강줄기에 나타나는 파괴적인 변화와 홍수 및 가뭄과 싸우고 피곤한 몸으로 끈질기게 이런 호의적인 적에게서 물을 끌어와 수많은 운하를 만들었다. 오랜 세월에 걸쳐 날마다 오두막과 가옥, 사원, 학교, 부락, 도시, 성을 건설했다. 사람들이 그토록 거리낌 없이 파괴하는 문명을 세우려면 얼마나 오랫동안 고생해야 하는가!

중국인들이 어디서 왔으며 그들의 인종은 무엇이며 그들의 문명이 얼마나 오래되었는지는 아무도 모른다. 베이징 원인의 유골**은 중국의 고대 원인이 얼마나 오래되었는지 보여 준다. 앤드류(Andrews)는 조사 연구를 통해 일찍이 기원전 2만 년에 몽골에는 한 인종이 많이 거주했다는 결론을 내렸다. 그 인종은 중석기 시대 유럽의 아질기(Azilian) 도구를 사용했으며, 몽골 남부가 건조해져 고비 사막으로 변할 때 시베리아와 중국으로 후손이 퍼졌다. 안데르손(Andersson) 등이 허난(河南) 성(省)과 만주 남부에서 발견한 유물들은 그곳에 선사 시대 이집트나 수메르의 비슷한 단계보다 1000~2000년 뒤진 신석기 문화가 있었음을 보여 준다. 이 신석기 층에서 발견된 일부 석기는 현재 중국 북부에서 수수를 거두는 데 사용하는 쇠로 만든 칼과 모양 및 구멍이 정확하게 닮았다. (좁은 범위지만) 이 사실은 중국 문화가 7000년 동안 계속 이어져 왔을 개연성을 보여 준다.[8]

그러나 거리라는 얼룩 때문에 이 문화나 중국인의 동질성을 과대평가하지

* 상하이 부근의 양쯔 강 폭은 5킬로미터나 된다.
** 1-1권의 212쪽 참조.

말아야 한다. 그들의 초기 예술과 산업의 일부 요소들은 메소포타미아와 투르키스탄에서 왔음을 보여 준다. 예컨대 허난 성의 신석기 시대 항아리는 아나우와 수사의 것과 거의 같다.[9] 현재의 몽골 인종은 원시 부족이 몽골과 러시아 남부(스키타이인?), 중앙아시아에서 침략하거나 이주해 온 수많은 부족과 피가 섞이고 또다시 섞여서 나타난 매우 복잡한 혼혈 인종이다.[10] 인도처럼 중국 역시 유럽과 비교할 때는 유럽의 어느 한 국가와 비교하기보다는 전체 유럽과 비교해야 한다. 중국은 단일 민족으로 이루어진 나라가 아니다. 기원이 다르고 언어도 다르고 문자와 예술도 다양하며 관습과 도덕, 정부도 서로 대립하는 경우가 많은 다양한 인종으로 이루어진 나라다.

3. 미지의 시대

중국은 "역사가들의 낙원"으로 일컬어졌다. 오랫동안 중국에는 공식 역사가들이 있어, 일어난 모든 일과 그 외의 많은 것을 기록했다. 기원전 776년을 넘어 그 위로 올라가면 그들을 믿을 수 없다. 그러나 귀를 기울인다면 그들은 기원전 3000년 이후의 중국 역사를 자세히 설명할 것이며, 그들 중 우리 자신의 예언자 같은 보다 독실한 사람은 세계 창조에 대해서도 묘사해 줄 것이다. (그들이 우리에게 말하는) 최초의 인간인 반고(P'an Ku)는 1만 8000년 동안 고된 일을 한 후 기원전 2,229,000년에 도끼로 우주의 형태를 만들었다. 그가 일을 할 때 내뱉은 숨결은 바람과 구름이 되었으며 목소리는 천둥, 그의 혈관은 강, 살은 대지, 머리카락은 풀과 나무, 뼈는 금속, 땀은 비, 그의 몸에 달라붙은 곤충은 인류가 되었다.[11] 우리에게는 이 독창적인 우주론을 반박할 증거가 없다.

중국 전설에 의하면 초기의 왕들은 각자 1만 8000년씩 다스리며 반고의 몸에 있는 이들과 힘들게 맞서 싸워 개화된 인간으로 만들어 놓았다. 이 천상의 황제들이 도착하기 전에 "이 사람들은 짐승과 같아서 가죽을 걸치고 날고기를 먹으며 어머니는 알지만 아버지는 몰랐다."고 한다.(스트린드베르크(Strindberg)는 이런 한계들은 고대나 중국에만 있는 것으로 생각하지 않았다.) 이어 정확히 기원전 2852년 복희(伏羲) 황제가 등장했다. 그는 개화된 황비의 도움을 받으며 백성에게 결혼 생활과 음악, 글, 그림, 그물을 이용한 고기잡이, 동물을 가축으로 길들이기, 명주실을 얻기 위한 누에치기를 가르쳤다. 그는 임종하는 자리에서 신농(神農)을 후계자로 임명했다. 신농 황제는 농업을 소개하고 나무로 만든 쟁기를 발명하고 시장과 교역을 확립했으며 식물의 치료 효과를 이용하여 의학을 발전시켰다. 이와 같이 사상보다는 인물을 더 좋아하는 전설은 많은 세대가 고생하여 이뤄 낸 발전들을 몇몇 개인의 업적으로 돌린다. 그 후에는 열정적인 군인 황제인 황제(黃帝)가 단 1세기만 다스리며 중국에 자석과 바퀴를 제공하고 공식 역사가를 임명했다. 중국에서 처음으로 벽돌 건물을 짓고 별을 연구하기 위해 천문대를 세우고 역법을 바로잡았으며 땅을 새롭게 분배했다. 요(堯)임금이 다음 세기를 다스렸다. 요임금은 매우 잘 다스렸으므로 공자는 1800년이 지난 후 열기에 들떠 있는 것으로 보인 것이 틀림없는 당대에 요임금에 대해 글을 쓰면서 중국의 타락상을 슬퍼했다. 설화를 도덕의 수준에 이를 정도로 꾸미는 독실한 사기술을 벗어나지 못한 이 고대 현자가 우리에게 전하는 말에 의하면, 중국인은 요임금을 바라보기만 해도 유덕하게 되었다고 한다. 요임금은 개혁자들을 위한 응급조치로 대궐 문 밖에 북을 설치하여 그들로 하여금 자신을 불러 불만을 말하게 하고 서판을 걸어 놓아 정부에 대한 건의 사항을 기록하게 했다. 유명한 서경(書經)에 의하면

그는 116년을 살면서 100년 동안 중국을 다스렸다고 한다. 그는 하늘처럼 친절하고 자비로웠으며 신처럼 지혜롭고 통찰력이 있었다. 멀리서 보면 그의 모습은 빛나는 구름 같았으며 가까이 보면 빛나는 태양 같았다. 그는 꾸미지 않아도 화사했으며 사치하지 않아도 당당했다. 노란 모자를 쓰고 검은 도포를 입고 흰 말이 끄는 붉은 마차를 탔다. 그가 사는 초가지붕의 처마는 다듬지 않았고 서까래는 계획성 없이 놓았으며 대들보 끝에는 아무런 장식도 없었다. 그는 아무 것이나 섞어 끓인 죽을 주식으로 삼았으며 곡식을 고를 때도 신중하지 않았다. 흙으로 만든 그릇에 담긴 묽은 콩죽

을 나무 숟가락으로 떠서 마셨다. 몸을 보석으로 단장하지 않았고 옷에는 수를 놓지 않았으며 늘 한결같이 검소했다. 진귀한 것이나 이상한 일에는 관심을 보이지 않았으며 희귀하거나 특이한 것을 소중하게 여기지도 않았다. 상스러운 노래는 듣지 않았으며 나라에서 제공한 마차도 단장하지 않았다. …… 여름에는 면으로 만든 간편한 옷을 입었으며 겨울에는 사슴 가죽으로 몸을 감쌌다. 그러나 그는 중국을 다스린 사람 가운데 가장 부유하고 가장 지혜롭고 가장 장수하고 가장 많은 사랑을 받은 사람이었다.[12]

이 오제(五帝)의 마지막 임금은 효성이 지극한 효자의 모범이며 인내심 많은 영웅인 순(舜)임금이었다. 순임금은 황허 강의 홍수와 맞서 싸우고 역법을 개선하고 도량형을 개선했으며, 중국 어린이들을 교육할 때 사용하는 회초리의 크기를 줄임으로써 학문에 입문한 후손에게 많은 사랑을 받았다. (중국 전설이 우리에게 전하는 말에 의하면) 만년에 순임금은 가장 유능한 보좌관이며 위대한 엔지니어인 우(禹)를 높여 옥좌 가까이 두었다. 우임금은 아홉 개의 산을 깎고 아홉 개의 저수지를 만들어 아홉 개 강의 홍수를 다스린 사람이었다. "우임금이 없었다면 우리는 모두 물고기 신세가 되었을 것이다."[13]라고 중국인들은 말한다. 신성한 전설에 의하면 그의 통치 기간 중에 쌀로 만든 술이 발견되어 황제에게 바쳤다. 그러나 우임금은 그 술을 땅에 던지면서 "이 일로 인해 누군가 나라를 대가로 치르게 되는 날이 올 것이다."라고 예언했다. 그는 그 술을 발견한 사람을 추방하고 새로운 그 음료를 만들지 못하도록 금지했다. 그러자 중국인들은 후손들에게 교훈을 남기기 위해 과실주를 국가 음료로 만들었다. 우임금은 왕이 임명하여 왕위를 계승하는 원리를 거부하고 왕위를 가족에게 세습시킴으로써 하(夏) 왕조를 세웠다. 그 결과 백치들이 평범한 사람들 및 천재들과 교대로 중국 정부를 차지하는 현상이 나타나게 되었다. 하 왕조는 3000명의 중국인을 과실주로 만든 호수에 뛰어들어 술에 취해 죽게 하고 그 모습을 아내와 함께 즐긴 변덕스러운 걸(桀)왕 때문에 막을 내렸다.

초기의 중국 역사가들이 하 왕조에 대해 우리에게 전해 준 기록들을 확인할 수 있는 방법은 없다. 천문학자들은 그 기록들이 기원전 2165년에 발생했다고 언급하는 일식을 입증했다고 주장하지만 유능한 비평가들은 그 계산법에 이의를 제기한다.[14] 허난 성에서 발견된 유해들은 전통적으로 두 번째 왕조인 상(商) 왕조의 인물로 보이는 통치자들의 것으로 알려져 있다. 대단히 오래된 일부 놋그릇들도 잠정적으로 그 시대의 것으로 추정된다. 나머지 부분에 대해서는 진실이 매력과 비례하지 않을지도 모르는 이야기들에 의존할 수밖에 없다. 고대의 전승에 의하면 상 왕조의 황제 가운데 한 명인 의왕은 무신론자였다. 그는 신들을 무시하고 하늘의 영(靈)을 모독했다. 그는 그 영을 상대로 장기를 두면서 시종에게 그 영 대신 두도록 명령하고 상대가 지게 되자 조롱했다. 그는 그 영에게 가죽 자루를 바친 후에 그 자루에 피를 가득 채우고 과녁으로 삼아 활을 쏘며 즐겼다. 역사보다는 덕을 내세웠던 역사가들은 의왕이 벼락을 맞아 죽었다고 우리에게 전한다.

젓가락을 발명한 주왕(紂王)은 그의 믿기 어려울 정도의 연약함 때문에 왕조를 무너뜨렸다. 주왕의 아내 달기(妲己)는 음란함과 잔인함의 대명사였다. 달기의 궁에서는 음란한 춤을 추었으며 사람들이 정원에서 벌거벗고 뛰놀았다. 백성들의 원성이 높아지자 달기는 새로운 고문 방법으로 가라앉히려고 했다. 저항하는 사람들에게 뜨겁게 달군 쇠를 손에 들고 있게 하거나, 숯불을 피워 놓은 구덩이 위에 기름칠을 한 기둥을 걸쳐 놓고 그 기둥으로 걸어가게 했다. 사람들이 구덩이로 떨어지면 왕비는 그들이 숯불에 타는 모습을 보며 즐거워했다.[15] 주왕은 내부의 반역 음모와 주(周)의 서부 국가에서 들어온 침략자들에게 폐위되었다. 그 후 주는 중국 왕조에서 가장 오래 유지된 주(周) 왕조를 세웠다. 승리한 진영의 지도자들은 자신들에게 도움을 준 사람들을 새로운 영토를 분할한 많은 지역의 거의 독립적인 지배자로 삼아 보답했다. 정부에는 가장 위험하지만 중국의 문학과 철학에는 대단한 자극을 준 봉건주의는 이렇게 시작되었다. 새로 들어온 부족들은 기존 부족들과의 혼인을 통해 피를 섞었으며, 이런 융합은 극동에서 최초의 역사 시대 문명이 등장할 것을 알리는 느린 생물학적 서곡이 되었다.

4. 최초의 중국 문명

중국이 어떤 정치 질서를 택하든 봉건 국가들은 거의 1000여 년 동안 중국이 누리게 될 질서를 제공했다. 그러나 봉건 국가는 정복자들이 만들어 낸 것이 아니었다. 그 국가는 원시 시대의 농업 공동체 중 강한 공동체가 약한 공동체를 흡수하거나, 여러 집단이 주변의 야만인들과 맞서 농경지를 방어하려는 목적으로 공동의 지도자를 내세워 통합되면서 성장한 것이었다. 한때 중국에는 1700개 이상의 제후국이 있었다. 이 제후국들은 보통 벽을 쌓은 작은 외곽 지역들이 보호막 역할을 하는 가운데 경작지 중심에 성벽을 쌓은 도시로 이루어져 있었다.[16] 그러나 이런 제후국들은 서서히 통합되어 55개로 줄었으며, 이 제후국들은 현재 산시〔山西〕 성과 셴시〔陝西〕 성, 산둥〔山東〕 성과 함께 허난 성이 있는 지역을 차지하고 있었다. 그 55개 중에서 가장 중요한 곳은 제(劑)나라와 진(秦)나라였다. 제나라는 중국 정부의 기반들을 놓은 나라며, 진나라는 나머지 모든 제후국을 정복하고 통일 제국을 세워 중국에, 지금은 중국 자체만 빼놓고 거의 전 세계에 알려진 "차이나(China)"라는 이름을 준 나라다.

제나라의 조직을 맡은 천재는 환공(桓公)의 재상인 관중(管仲)이었다. 관중은 제나라의 통치권을 놓고 환공과 그 형이 서로 다툴 때 형을 도와 환공을 전장에서 거의 살해할 지경까지 몰고 가면서 역사에 존재를 알리기 시작했다. 그러나 환공이 승리하여 관중을 사로잡은 후 재상으로 임명했다. 관중은 청동 무기를 철제 무기와 도구로 바꾸고 철과 소금에 대한 정부의 독점권 혹은 통제권을 확보함으로써 상전을 강력하게 만들었다. 그는 "가난한 사람들을 돕고 지혜롭고 능력 있는 사람들을 포상하기 위해"[17] 돈과 물고기, 소금에 세금을 부과했다. 그가 오랜 기간 다스리는 동안 제나라는 잘 조직되어 안정된 통화와 효율적인 관리 체계, 융성하는 문화를 갖춘 국가가 되었다. 공자는 관중에 대해 이렇게 말했다. "오늘날까지 백성들은 그가 준 선물들을 누리고 있다. 관중이 없었다면 우리는 지금도 머리는 산발하고 겉옷을 왼쪽으로 여며야 했을 것이다."[18]*

봉건 제후국의 궁궐에서 중국 군자 특유의 예법이 발전되었다. 점진적으로 예법과

---

* 이것은 관중이 없었다면 중국인들은 여전히 야만인으로 남아 있었을 것이라는 점을 지적하는 공자식의 우울한 표현 방식이다. 야만인들은 겉옷을 왼쪽으로 여미는 습관이 있었기 때문이다.[19]

의식, 예우에 대한 강령이 확립되었다. 이 강령은 대단히 엄격했으므로 상류층 사회에서는 종교를 대신하는 것으로 자리 잡았다. 법의 토대들이 놓여 백성들 사이에서 발전된 관습과 국가가 만든 법이 갈등을 빚던 상황이 종식되었다. 성나라와 진나라에서 법전이 발표되어(기원전 535년, 512년) 백성들에게 많은 두려움을 주었다. 백성들은 그런 무도한 행위에 대해 천벌이 내릴 것이라고 예언했고, 실제로 성나라의 수도가 그 직후 화재로 파괴되었다. 그 법전들은 사대부에게 유리하게 제정되었다. 사대부는 스스로 자제할 수 있을 것이라는 전제하에 규제가 면제되었다. 사대부에 속한 살인자들에게는 자살이 허용되었으며 실제로 그들 중 다수는 후대에 사무라이 일본에서 대단히 유행하게 되는 방식으로 자살했다. 그러자 백성들은 자기들도 스스로 자제할 수 있다며 저항했으며, 법이 지배하는 이런 새로운 폭정에서 해방시켜 줄 하르모디오스(Harmodius)나 아리스토기톤(Aristogiton)과 같은 사람을 요구했다. 결국 관습과 법이라는 서로 적대적인 두 세력이 타협점에 도달했다. 법의 영역은 중요하거나 국가적인 사안들로 한정되고, 관습의 영역은 사소한 문제들로 제한되었다. 그러나 인간사는 대부분 사소한 문제이므로 관습은 여전히 왕으로 남아 있게 되었다.

국가들의 조직이 발전되면서 주나라의 법전인 주례(周禮)에서 계통적인 체계가 마련되었다. 이 법전은 전통적으로 주나라 2대 왕 시대의 주공(周公)의 작품으로 돌리지만 믿기 어렵다. 공자와 맹자의 사상에 영향을 받은 것으로 보이므로 주 왕조 초기의 작품이기보다는 말기의 작품일 가능성이 많은 이 법전은 2000년 동안 중국을 지배할 정부 개념을 제시했다. 하늘의 대리인이며, 천자(天子)로서 다스리며 미덕과 백성을 사랑하는 마음을 소유함으로써 권력을 장악하는 황제와 부분적으로는 가문을 통해 그리고 부분적으로는 학문을 통해 국가의 관직을 점유하는 사대부, 본분을 지키며 땅을 갈고 가부장적인 가족을 이루고 살며 공민으로서의 권리는 누리나 공무에 대해서는 목소리를 낼 수 없는 백성들, 그리고 황제의 생활 및 활동과 백성들의 후생과 조혼, 종교에 관한 의식과 점술, 전쟁 준비 및 수행, 정의 실천, 공무 관리를 각각 통제하는 여섯 명의 대신들로 구성된 조정 등.[20] 그 법전은 권력에 발을 들여놓고 사람들을 실제로 대하는 지도자들의 현실에서 나온 법전이기보다는 이름을 밝히지 않은 무책임한 관념론자의 머리에서 나온 거의 이상을 추구하는 법전이다.

제도가 아무리 완벽해도 극악무도함이 펼쳐질 여지는 많기 마련이다. 그러므로 봉건 시대 중국의 정치 역사는 끈질긴 악행과 간헐적인 개혁이 점철되어 있다. 부가 증가하면 사치와 방종이 사대부 집단을 부패시켰으며, 궁궐에는 그리고 후대에 뤄양〔洛陽〕에는 음악가들과 자객들, 창기들, 철학자들이 섞여 있었다. 국경을 항상 어지럽히는 굶주린 야만인들이 어떤 형태로든 신생 국가를 공격하는 일 없이 10년을 무사히 넘긴 적이 거의 없었다.[21] 전쟁은 방어의 필수품이 되었다가 곧 공격 수단으로 바뀌었다. 전쟁은 사대부들의 놀이에서 백성들 간의 경쟁적인 살육으로 성격이 바뀌어 수많은 사람의 머리가 잘려 나갔다. 120년이 조금 넘는 기간에 서른여섯 명의 왕이 살해되었다.[22] 무정부 상태가 확산되었고 현자들은 절망 속에 빠졌다.

고대 특유의 이런 장애물들을 극복하고 삶은 착실하게 발전했다. 농부는 경우에 따라서는 자신을 위해, 보통은 자신과 토지 모두의 주인인 봉건 영주를 위해 씨를 뿌리고 곡식을 거둬들였다. 주 왕조가 끝날 때까지 농부의 소유권은 등장하지 않았다. 국가(즉 왕의 주권을 마지못해 인정하는 봉건 제후들로 이루어진 느슨한 결성체)는 공공사업을 위해 노동력을 징발했으며 방대한 운하를 통해 들에 물을 공급했다. 관리는 백성들에게 농경법과 수목(樹木) 재배법을 가르쳤으며, 양잠업을 모든 세부 사항에 이르기까지 감독했다. 어업과 제염업은 많은 지역에서 정부가 독점했다.[23] 도시에서는 국내 교역이 번성하여 거의 현대적인 편의 시설을 소유한 소수의 중산층을 낳았다. 그들은 가죽신을 신고 손으로 만든 옷이나 비단옷을 입었다. 이륜마차나 사륜마차를 타거나 배를 타고 강으로 여행했다. 잘 지은 집에서 살며 탁자와 의자를 사용했고 음식을 장식한 도자기 그릇과 접시에 담아 먹었다.[24] 아마 그들의 생활 수준은 솔론 시대의 그리스나 누마 시대의 그리스에 살던 동시대인들의 수준보다 더 높았을 것이다.

분열되어 현저한 혼란을 겪는 와중에도 중국의 정신생활은 역사가가 일반화시키기 어려운 활력을 보여 주었다. 이런 무질서한 시대에도 중국의 언어와 문학, 철학, 예술의 기반이 놓였기 때문이다. 삶은 경제 조직과 규정을 통해 새롭게 안정되었다. 아울러 피할 수 없는 전통을 지녀 폭정에 물들지 않은 문화와 제국 정부는 중국의 사상사에서 가장 창조적인 시대를 위한 사회적 틀이 되었다. 모든 궁궐과 수많은 도시와 부락에서 시인들이 노래를 하고, 옹기장이들이 돌림판을 돌렸으며, 주물공들이 품위 있는 그릇을 주조하고, 여유로운 서기관들이 기록된 글자들을 아름답게 다듬었다. 소피스트 같은 학자들이 학구열이 높은 학생들에게 지식인이 갖춰야 할 책략을 가르쳤으며, 철학자들이 사람들의 불완전한 점들과 국가들의 퇴폐적인 면들에 대해 한탄했다.

예술과 언어에 대해서는 보다 완벽하고 독특한 발전을 이룬 후대에서 살펴볼 것이다. 그러나 이 시대에 제시된 시와 철학은 이 시대를 중국 사상사의 고전 시대로 만들어 놓았다. 공자 이전에 쓴 시는 대부분 유실되었다. 남아 있는 작품은 주로 공자 자신이 상 왕조의 고대 작품에서부터 피타고라스만큼이나 현대적인 시에 이르기까지 천 년 동안 발표된 작품 중에서 훌륭한 표본으로 삼을 만한 시를 엄격하게 선별해 시경(詩經)에 묶어 놓은 것이다. 시경에 수록된 305편의 시는 번역할 수 없는 간결함과 암시적인 표현으로 종교적인 신앙심과 전쟁에 따르는 어려움, 사랑 때문에 느끼는 고독함을 노래한다. 집에서 떨어져 납득할 수 없는 죽음으로 내몰린 병사들이 느끼는 시간을 초월한 슬픔을 노래하는 말을 들어보자.

하늘을 날다 나뭇가지에 앉아 쉬는
기러기들은 얼마나 자유로운가!
우리는 왕을 섬기느라 끊임없이 고생하건만
정작 우리가 먹을 기장과 쌀은 심지도 못하는구나.

우리 부모님은 무엇을 의지할 것인가?
오, 저 멀리 떨어져 있는 너, 푸른 하늘이여!
이 모든 것이 언제나 끝날 것인가?

붉게 물들지 않은 나뭇잎이 어디 있으며
아내와 헤어지지 않은 사람이 누구인가?
우리 병사들을 가련히 여겨다오
우리도 똑같은 사람이 아닌가?[25]

　무지한 우리가 보기에 이 시대는 거의 중국 초기의 야만적인 시대처럼 보인다. 그러나 시경에는 사랑을 노래하는 시도 많으며 그 시들은 다양한 감정을 표현하고 있다. 공자에게는 모범적인 시대로 보였던 시대는 망각 속에 묻혀 있지만, 그 긴 세월을 넘어 우리에게 속삭이는 이런 시들 가운데 하나를 감상해 보자. 우리는 이 시에서 영원한 반항 세대인 젊은이의 음성을 듣는다. 마치 반항만큼 오래된 것도 없다고 말하는 것처럼 말이다.

사랑하는 이여, 그대에게 간청하노니
내 작은 마을을 내버려 두고
내 버드나무 가지도 꺾지 말아다오.
그러나 내가 두려워하는 것은 이것이 아니라,
내가 두려워하는 것은 내 아버지를 깨우는 것이라오.
사랑은 벌거벗은 열정을 간구하나
"아버지의 명령은 반드시 지켜야 한다오."

사랑하는 이여, 그대에게 간청하노니
내 담을 건너뛰지 말고
내 뽕나무 가지도 꺾지 말아다오.
그 가지가 꺾임을 두려워함이 아니라
내 형의 분노를 일깨우지 않게 함이라오.
사랑은 벌거벗은 열정을 간구하나

"형의 말은 반드시 복종해야 한다오."

사랑하는 이여, 그대에게 간청하노니
뜰을 어지럽히지 말고
내 백단향나무를 꺾지 말아다오.
그것들을 아낌이 아니라
아, 내가 걱정하는 것은 부락의 소문이라오.
연인들이 마음대로 한다면
이웃들이 무엇이라 하겠는가?[26]

그리고 (가장 완벽한 혹은 가장 잘 번역된) 다른 시는 감성이 무한히 오래된 것임을 보여 준다.

나팔꽃이 내 머리 위로 타고 올라가는데
하얀색, 자주색, 파란색, 빨간색 마른 꽃들이
내 마음을 불편하게 한다.

마른 풀 밑에서 무엇인가 움직였다.
내가 들은 것이 내 발소리려니 생각했더니
여치 한 마리가 울어댔다.

초승달이 뜨는 시간에 맞춰 동산에 올라
남쪽으로 난 길을 따라 그 사람이 오는 모습을 보니
내 마음이 그 길을 따라 내려간다.[27]

이 시대가 낳은 독특한 산물은 철학이다. 어느 시대에나 호기심이 지혜를 넘어서고 이상이 행동을 앞지르는 것은 부끄러운 일이 아니다. 일찍이 기원전 1250년경 위쯔는 모든 영광은 쓰라림으로 끝난다는 것은 당시에 이미 진부한 내용이 되어 있었지만, 그 사실을 모르고 부지런히 말을 퍼트리는 사람들에게 조언을 할 때 여전히 신선한 의미를 갖게 되는 중요한 내용을 간결하게 표현했다. "명예를 멀리하는 사람에게는 슬픔이 없다."[28] "역사가 없는 사람은 행복한 사람이다." 등. 이때부터 우리 자신의 시대까지 중국은 철학자들을 배출해 왔다.

인도가 형이상학과 종교가 탁월한 나라라면 중국은 인본주의적이거나 비신학적인 철학의 본향이다. 형이상학 분야에서 거의 유일하게 중요하다고 볼 수 있는 중국 문헌은 역경(易經)이라는 이상한 문서다. 중국 사상의 기록된 역사는 이 역경과 함께 시작되었다. 전승의 주장에 의하면 이 작품은 주 왕조의 창설자 중 한 사람인 문왕(文王)이 감옥에서 기록했으며 그 문헌의 가장 간단한 원전은 복희 황제까지 거슬러 올라간다. 이 전설적인 황제는 8괘(卦)를 만들었다고 하는데, 중국의 형이상학은 이 8괘를 자연의 법칙들 및 기본 요소들과 동일시한다. 각 괘는 세 개의 선으로 이루어져 있으며 긴 선은 남성적 원리인 "양"을 나타내고 짧은 것은 여성적 원리인 "음"을 나타낸다. 이 신비한 이원론에서 "양"은 빛과 열, 생명의 적극적이고 활동적이고 생산적인 천상적 원리를 나타내는데 반해, "음"은 어둠과 차가움, 죽음의 소극적이고 수동적인 지상적 원리를 나타냈다. 문왕은 괘의 수를 배가시켜 길고 짧은 선으로 만들 수 있는 조합을 예순네 개로 늘림으로써 자신의 이름을 길이 남기고 수십억 중국인들의 머리를 괴롭혔다. 이 배열 각각에는 상응하는 모종의 자연 법칙이 있었다. 모든 과학과 역사가 그 조합들의 변화무쌍한 상호 작용에 담겨 있었다. 모든 지혜는 괘가 상징적으로 나타낸 사상인 예순네 개 상 속에 숨겨져 있다. 궁극적으로 모든 실재는 우주의 두 기본 요소(남성적 원리와 여성적 원리, 즉 양과 음)의 대립과 통일로 환원될 수 있었다. 중국인들은 역경을 점술 지침서로 사용하며 자신들의 고전 중 가장 위대한 것으로 여겼다. 그 조합들을 이해하는 사람은 모든 자연법칙을 다 파악할 것이라고 한다. 역경을 편찬하고 주해를 단 공자는 역경을 다른 모든 글보다 높이 평가하고는 이 책 연구에 전념하고 싶어 했다.[29]

이 이상한 책은 중국인 영혼의 난해한 신비주의에는 잘 맞지만 중국 철학의 실증적이고 실천적인 정신과는 어울리지 않는다. 우리가 중국의 과거를 최대한 거슬러 올라가도 그곳에서 철학자들을 발견하게 된다. 그러나 노자 시대 이전의 철학자들에 대해서는 가끔 단편이나 이름만 남아 있을 뿐이다. 인도와 페르시아, 유대, 그리스에서처럼 중국에서도 기원전 6~5세기에 철학과 문학의 천재성이 화려하게 꽃을 피웠다. 아울러 그리스에서처럼 합리주의적인 계몽 운동의 시대가 시작되었다. 전쟁과 혼란의 시대는 가문이 없는 재능이 빛을 발할 수 있는 새로운 길을 열어 놓았으며, 도시인 사이에서 정신적인 예술을 나누어 줄 숙련된 교사를 요구하는 수요를 확립해 놓았다. 이런 인기 있는 교사들은 곧 신학의 불확실성과 도덕의 상대성, 정부의 불완전성을 깨닫고는 유토피아를 내세우기 시작했다. 그중 몇몇은 죽이는 것보다 답변하는 것이 더 어렵다는 사실을 깨달은 당국자들에게 처형되었다. 한 중국 전승에 의하면 공자는 노나라의 형조판서로 지내는 동안 선동적인 한 관리를 처형하면서 그 이유를 이렇게 말했다. "그는 주변에 많은 사람들을 모을 수 있으며 그의 주장들은 군중의 마음을 쉽게 사로잡아 외고집을 존경스러운 것으로 만들 수 있었다. 아울러 그의 궤변은 이미 공인된 옳은 판단들과 맞설 수 있을 정도로 다루기 어려웠다."[30] 사마천(司馬遷)은 이 이야기를 받아들이지만 일부 다른 역사가들은 거부한다.[31] 이 이야기가 사실이 아니기를 바라자.

6. 노자

공자 이전의 가장 위대한 철학자인 노자는 침묵하는 지혜를 알았으며, 성숙한 노년까지 살아남았다고 확신할 수 있다.(그가 실존 인물인지는 확신할 수 없지만 말이다.) 중국 역사가 사마천은 노자가 정치가들의 부정행위에 정떨어지고, 주 왕실의 장서실(藏書室)을 관리하는 직책에 싫증이 나서 중국을 떠나 외진 시골로 떠나려고 한 일을 전한다. "국경에 도착하자 관문지기 윤희가 그에게 말했다. '이제 은거하려 하는군요. 내게 책 한 권만 써 주십시오.' 이에 노자는 도(道)와 덕(德)을 다루는 도경(道經)과 덕경(德經) 두 부분으로 되어 5000자가 넘는 책을 써 주었다. 그는 그 후 길을 떠났으며 그가 어디서 죽었는지 아는 사람이 없다."[32] 본래 모르는 것이 없기 마련인 전승은 그가 여든일곱 살까지 살았다고 한다. 그에 대해 남아 있는 것이라고는 그의 이름과 그 이름으로 된 책뿐이지만 그 두 가지 모두 그의 것이 아닌지도 모른다. "노자(老子)"란 말은 서술어이며 "연로한 스승"을 의미한다. 그의 실제 이름은 이이(李耳)였다. 그의 작품으로 간주되는 책은 저자의 진정성이 의심스러워 학계에서는 그 책의 유래에 대해 논쟁을 벌이고 있다.* 그러나 도덕경(道德經)은 도교 철학에서 가장 중요한 교재다. 중국학자들의 견해에 의하면 도교는 노자 이전에도 오랫동안 존재했고 노자 이후에도 많은 일급 옹호자가 있었으며, 그의 시대부터 우리 자신의 시대까지 적지만 상당수의 중국인들이 신봉하는 종교가 되었다. 도덕경의 저자 문제는 부차적인 것이다. 그 책의 사상은 사상사에서 가장 매혹적인 것에 속한다.

도(道)란 길을 의미한다. 자연의 길을 의미할 때도 있고 도교의 지혜로운 생활 방식을 의미할 때도 있으나 문자적인 의미는 길(road)이다. 근본적으로 도란 사고(思考)를 거부하는 길이다. 도교 신도들의 견해에 의하면 사상이란 피상적인 것이며 논쟁에만 유익하고, 삶에 유익하기보다는 해로운 면이 더 많기 때문이다. 도는 지성과 그 모든 내용물을 거부하고 은거하여 초야에 묻혀 자연을 조용히 명상하는 소박한 삶을 통해 발견된다. 지식은 덕(德)이 아니다. 오히려 교

---

* 자일스(Giles) 교수는 그 책을 기원전 200년 이후 수필가이자 비평가인 한비(韓非)의 글들을 무단으로 도용하여 편찬한 위작으로 간주한다.[33] 레그(Legge) 박사는 장자(莊子)와 사마천에서 노자가 자주 언급되는 사실은 도덕경의 진정성에 대한 믿음을 입증해 준다고 주장한다.[34]

육이 확대되면서 망나니들이 늘어났다. 지식은 지혜가 아니다. 지식인만큼 현자(賢者)와 거리가 먼 것도 없기 때문이다. 생각할 수 있는 최악의 정부는 철학자들이 이끄는 정부일 것이다. 철학자들은 어설프게 이론을 내세우며 자연스러운 과정을 모두 망가뜨린다. 연설을 하고 사상을 확대시킬 수 있는 그들의 능력이 바로 행동할 수 없는 무능함을 보여 주는 표지다.

숙련된 사람은 다투지 않는다. 다투길 좋아하는 사람은 숙련된 사람이 아니다. …… 배움을 멀리하면 근심이 없다. …… 현자는 끊임없이 사람들에게 지식을 멀리하고 욕망을 멀리하게 한다. 아울러 지식을 가진 사람들이 있는 곳에서는 그들로 하여금 행동하는 체하지 못하게 한다. …… 도를 실천하는 데 능숙한 고대인들은 사람들을 개화시키지 않고 단순하고 무지하게 만들었다. …… 사람들을 다스리는 어려움은 그들이 너무 많은 지식을 갖고 있는 데서 발생한다. 자기 지혜로 국가를 다스리고자 하는 사람은 국가의 골칫거리인 반면에 그렇게 하지 않는 사람은 복덩어리다.[35]

지식인은 국가에 위험한 존재다. 그는 규정과 법의 관점에서 생각하기 때문이다. 그는 사회를 기하학적 도형처럼 만들려고 하며, 그런 규정이 사회 구성원의 생명력 있는 자유와 활력을 소멸시킨다는 사실을 깨닫지 못한다. 자기 경험을 통해 자유롭게 찾아내 행하는 일의 즐거움과 효율성을 아는 단순한 사람은 권력을 잡아도 덜 위험하다. 법이란 위험한 것이며 도움을 주기보다는 상처를 줄지도 모른다는 말을 들을 필요가 없기 때문이다.[36] 그런 통치자는 사람들을 가능한 한 규제하지 않는다. 만일 그런 사람이 국가를 이끈다면 그 국가는 인위적이고 복잡한 것을 멀리하고 평범하고 꾸밈없는 소박한 것을 가까이할 것이다. 그런 나라에서 영위되는 삶은 생각을 하지 않고 지혜롭게 자연의 흐름을 따를 것이며, 글도 사람들을 당혹스럽게 만들고 극악무도하게 만드는 부자연스러운 도구로 여겨 멀리할 것이다. 사람들의 자발적인 경제적 충동들(끼니와 사랑을 얻으려는 욕망)은 정부의 규제에 방해받지 않으면 삶의 수레바퀴를 소박하고 건전하게 움직일 것이다. 발명도 거의 없을 것이다. 발명품은 오직 부자의 부와 강자의 권력만 더해 주기 때문이다. 책도 없고 법조인과 산업도 없으며 부락 단위의 교역만 있을 것이다.

나라에 금지 사항이 많아지면 가난한 사람도 늘어난다. 사람들이 자기에게 이익을 안겨 줄 도구를 많이 가지면 가질수록 국가와 씨족은 더욱더 무질서해진다. 교활하고 빈틈없는 행동이 많아질수록 이상한 간계도 많아진다. 법을 내세우면 내세울수록 도둑과 강도도 많아진다. 그러므로 어떤 현자는 이렇게 말했다.

"나는 아무것도 하지 않을 것이다. 그러면 사람들이 스스로 변할 것이다. 나는 조용히 지낼 것이다. 그러면 사람들이 스스로 교정될 것이다. 나는 일에 관여하지 않을 것이다. 그러면 사람들이 스스로 부유하게 될 것이다. 나는 아무런 야망도 드러내지 않을 것이다. 그러면 사람들이 스스로 태고의 단순함을 얻을 것이다.

인구가 적은 작은 국가라면 나는 열 명이나 백 명분의 능력을 가진 사람들이 있더라도 등용하지 말라고 할 것이다. 사람들이 죽음을 슬픈 일로 여기더라도 (죽음을 피하려고) 다른 곳으로 떠나지 못하게 할 것이다. 배와 탈것이 있더라도 탈 기회가 없게 만들 것이다. 물소 가죽으로 만든 외투와 예리한 무기가 있더라도 그것을 걸치거나 사용할 기회가 없게 할 것이다. 사람들이 매듭을 묶은 줄*을 사용하던 시절로 돌아가게 만들 것이다. 그러면 그들은 (거친) 음식도 맛나게 생각하고, (검소한) 옷도 아름답게, (누추한) 처소도 안식처로, 평범한 일도 즐거움의 원천으로 생각할 것이다. 이웃 나라도 눈에 보이고 그 나라에서 우는 가금들이 우는 소리와 개 짖는 소리도 들릴 것이다. 그러나 나는 사람들이 늙을 때까지, 아니 죽을 때까지도 그 나라와는 교류하지 못하게 할 것이다."[37]

하지만 노자가 자신의 지침으로 받아들이고자 하는 이 자연이란 무엇인가?

---

* 글이 나타나기 전에 통용되던 의사소통의 한 형태. "만들다"라는 말은 노자와는 다소 어울리지 않는다.

노자는 자연과 문명을 예리하게 구별한다. 먼 훗날 루소가 "현대 사상"이라는 메아리의 진열장에서 하게 될 것 것처럼 말이다. 자연이란 자연스러운 활동과 전통적인 사건들의 조용한 흐름, 계절과 하늘의 장엄한 질서를 말한다. 자연이란 모든 시내와 바위, 별로 예증되고 구현된 도다. 자연이란 사람들이 지혜롭고 평화롭게 살려면 반드시 순응해야 하는 행동 법칙을 지닌 사물들의 공정하고 비인격적이지만 합리적인 법칙이다. 이 사물들의 법칙이 바로 우주의 도다. 이는 행동 법칙이 삶의 도인 것과 같다. 사실 노자의 생각에 의하면 도는 하나이며, 인간의 생활은 본질적이고 전체적인 리듬이라는 면에서 보면 세계의 리듬 중 일부다. 모든 자연법칙은 이 우주의 도 안에서 통일되며 스피노자가 말하는 모든 실재의 "실체"를 형성한다. 모든 자연 형태와 다양성은 그 도 안에서 제자리를 발견하며 그 도 안에서는 모든 외견상의 다양성과 모순이 해소된다. 그 도는 모든 개별자를 헤겔적인 하나의 통일체로 해소시키는 절대자다.[38]

노자의 말에 의하면 태초에는 자연이 인간들과 생명을 단순하고 평화롭게 만들었으며 온 세상이 행복했다. 그러나 그 후 사람들이 지식을 습득하고 발명품으로 삶을 복잡하게 만들고, 정신적 도덕적 순진무구함을 완전히 상실하고 들에서 도시로 이동했으며 책을 쓰기 시작했다. 그 결과 인간은 온갖 불행을 겪게 되고 철학자는 눈물을 흘리게 되었다. 그러므로 지혜로운 사람은 복잡함과 부패하고 약하게 만드는 법의 미로를 피해 도시나 책, 타락한 관리, 허울 좋은 개혁자에게서 멀리 떨어진 자연의 품에 몸을 숨길 것이다. 인간이 발견할 수 있는 지속적인 유일한 행복인 조용한 만족과 지혜를 얻는 비결은 스토아적으로 자연에 순종하고 인위적이고 지적인 것을 모두 버리고 본능과 감정 속에 있는 자연의 명령을 신뢰하고 받아들이며 자연의 조용한 도들을 겸손하게 모방하는 것이다. 아마 문헌에서 다음보다 더 지혜로운 말은 없을 것이다.

자연 만물은 조용히 움직인다. 만물은 존재하지만 아무것도 소유하지 않는다. 자기 역할을 다하지만 아무것도 요구하지 않는다. 만물은 한결같이 자기 맡은 일을 하고 그 후에는 사라진다. 만물은 자기 나름대로 꽃을 피우고는 왔던 곳으로 돌아간다. 왔던 곳으로 돌아간다는 것은 쉬거나 운이 다했다는 것을 의미한다. 이렇게 되돌아 가는 것이 영원한 법칙이다. 그리고 그 법칙을 아는 것이 지혜다.[39]

활동하지 않음, 일종의 철학적 무위(無爲), 사물들의 자연스러운 여정을 간섭하지 않는 것이 어떤 분야에서든 지혜로운 사람의 표지다. 국가가 무질서하다면 해야 할 올바른 것은 국가를 개혁하는 것이 아니라 삶 속에서 질서 정연하게 의무를 수행하는 것이다. 저항이 있을 때 지혜롭게 처신하는 것은 다투거나 싸우거나 전쟁하는 것이 아니라 조용히 물러나 양보와 인내를 통해 이기는 것이다. 소극적인 태도가 적극적인 태도보다 승리를 안겨 주는 경우가 더 많다. 이 부분에서 노자는 거의 그리스도와 같은 억양으로 말한다.

그대가 다투지 않는다면 이 땅에 그대와 다툴 수 있는 사람은 없을 것이다. …… 위해를 당하더라도 친절하게 대하라. …… 나는 선한 사람에게 선하게 대하며 선하지 않은 사람에게도 선하게 대한다. 그러면 (모든 사람이) 선하게 된다. 성실한 사람에게 성실하게 대하며 성실하지 않은 사람에게도 성실하게 대한다. 그러면 (모든 사람이) 성실해진다. …… 세상에서 가장 부드러운 것이 가장 단단한 것과 부딪쳐도 그것을 이긴다. …… 세상에서 물보다 부드럽거나 약한 것이 없다. 그러나 단단하고 강한 것을 공격하는 데에는 물보다 나은 것이 없다.[40]*

이 모든 가르침은 노자의 현자 개념에서 절정을 이룬다. 성인보다는 현자에 대해 말하고 선함보다는 지혜에 대해 말하는 것이 바로 중국 사상의 특징이다. 중국인에게 이상적인 것은 경건한 헌신이 아니라 성숙하고 조용한 정신, 즉 세상에서 높은 위치를 차지할 만하더라도 은거하여 소박하고 조용하게 지내는

---

* 그는 무분별한 용기로 이렇게 덧붙인다. "여자는 항상 잠잠함으로 남자를 이긴다."[41]

사람이다. 침묵은 지혜의 시작이다. 지혜로운 사람은 도에 대해서도 말하지 않는다. 지혜는 말로 전달될 수 있는 것이 아니라 오직 모범과 경험을 통해서만 전달될 수 있기 때문이다. "도를 아는 사람은 도에 대해 말하지 않는다. 도에 대해 말하는 사람은 도를 모르는 사람이다. (도를 아는) 사람은 입을 굳게 닫고 코도 걸어 잠근다."[42] 지혜로운 사람은 중용을 택한다. 사람은 쉰 살*이 되어야 지식이 상대적이며 덧없다는 것을 알게 되기 때문이다. 지혜로운 사람은 다른 사람보다 더 많이 알더라도 그 사실을 숨기려고 한다. "그런 사람은 자신의 높음을 드러내지 않고 (다른 사람의) 낮음에 자신을 맞춘다."[44] 그는 박식한 사람보다는 소박한 사람과 어울리고, 재물이나 권력에 의미를 부여하지 않으며 오히려 거의 불교도처럼 욕망을 최소화시킨다.

내게는 소중한 것이 없다. 나는 마음을 완전히 가라앉히고 비우고 싶다. …… 마음을 최대한 비우고 끊임없이 잔잔하게 유지해야 한다. …… 그런 사람은 가깝게 대할 수도 없고 소원하게 대할 수도 없다. 그는 이익이나 손해, 고상함이나 천박함을 조금도 고려하지 않는다. 그는 세상에서 가장 고귀한 사람이다.[45]

이 사상과 루소 사상의 세부적인 상관관계를 지적할 필요는 없다. 이 두 사람은 연대는 다르지만 국화빵처럼 닮았다. 그들의 철학은 간헐적으로 다시 등장하는 철학이다. 모든 세대마다 많은 사람들이 도시 생활의 갈등과 잔인함, 복잡함에 지쳐서 시골의 틀에 박힌 생활의 즐거움을 아는 지식보다는 추상적인 관념을 갖고 글을 쓰기 때문이다. 농촌 시를 쓰려면 오랜 기간의 도시적 배경이 있어야 한다. 자연이란 어떤 윤리나 신학에도 적용될 수 있는 용어다. 자연이란 말은 노자와 그리스도의 감미로운 합당성보다는 다윈의 과학과 니체의 무도덕성에 더 잘 어울린다. 사람이 자연을 따르고 자연스럽게 행동한다면 철

---

* 중국인들은 현자는 쉰 살이 되어야 원숙한 경지에 도달하고, 조용함과 지혜를 통해 백 살까지 산다고 생각한다.[43]

학을 하기보다는 적을 살해하고 먹어 치울 가능성이 훨씬 더 많다. 그런 사람이 겸손할 기회는 적으며 침묵할 기회는 더 적다. 심지어는 땅을 가는 고된 일도 사냥하고 죽이던 인류의 원초적 기질과 상충한다. 농업은 산업만큼 비자연적이다. 그러나 이 철학에는 치유적인 무엇이 있다. 우리 역시 우리의 불꽃이 사그라지기 시작하면 그 철학 속에서 지혜를 발견하고 한적한 산과 넓은 들판에서 마음을 아물게 하는 평화를 발견하게 될 것이다. 삶은 볼테르와 루소, 공자와 노자, 소크라테스와 그리스도 사이를 오간다. 어떤 사상이든 전성기를 맞이하게 되며 그러면 우리는 그 사상을 위해 지혜롭지 못하게 싸우거나 너무 잘 싸우게 된다. 그러나 그 후에는 싸움에 싫증이 나서 이상들을 묶어 놓은 신선한 다발 쪽으로 향할 것이다. 그때가 되면 우리는 똑같은 철학을 제시한 루소와 노자에게로 달아날 것이다. 동물과 허물없이 지내며 소박한 농부와 대화를 나누면서 마키아벨리와 대화하는 것보다 더 큰 만족을 얻게 될 것이다. 세상을 난장판 속에 내버려 둔 채 개혁할 생각을 하지 않게 될 것이다. 아마 한 권만 빼놓고 책을 모두 불사르고 도덕경에서 지혜의 요체를 발견하게 될 것이다.

공자에게는 이 철학이 얼마나 짜증 나는 것이었을지 상상할 수 있는 일이다. 공자는 서른네 살의 미숙한 나이에 주나라의 수도인 뤄양에 와서 노자에게 역사에 관한 일부 세부적인 문제에 대해 조언을 구한 적이 있었다.* 그때 노자는 퉁명스럽고 난해한 말로 간단하게 대답했다고 한다.

그대가 묻는 사람들은 이미 뼈가 진토가 되었다. 남아 있는 것이라고는 그들의 말밖에 없다. 위대한 사람은 때가 되면 지도적인 위치에 오르기 마련이다. 그러나 때가 되기 전에는 하고자 하는 모든 일에 어려움을 겪게 된다. 나는 성공한 상인이 재물을 조심스럽게 숨기고 가진 것이 없는 것처럼 행동하며, 위대한 사람은 많은 업적을 이루었어도 예법과 용모가 소박하다는 말을 들었다. 그대의 자부심과 많은 야망, 허세,

---

* 이 이야기는 중국의 가장 위대한 역사가인 사마천이 전하는 이야기지만,[46] 지어낸 이야기일지 모른다. 노자가 여든일곱 살의 나이에 중국에서 가장 번잡한 도시에 있었다는 사실은 충격적이다.

터무니없는 목표들을 버리라. 이 모든 것은 그대의 인품에 아무런 도움이 되지 않는다. 이것이 내가 그대에게 주는 조언이다.[47]

중국 역사가가 전하는 말에 의하면 공자는 이 말에 담긴 지혜를 즉시 헤아렸으므로 화를 내지 않았다. 오히려 죽음을 눈앞에 둔 현자를 방문하고 돌아와서는 제자들에게 이렇게 말했다. "나는 새가 어떻게 날 수 있고 물고기가 어떻게 헤엄칠 수 있고 동물이 어떻게 달릴 수 있는지 안다. 그러나 달리는 동물도 덫에 걸릴 수 있고 헤엄치는 물고기도 낚시에 걸릴 수 있으며 날아다니는 새도 화살에 맞을 수 있다. 하지만 용도 있다. 나는 용이 어떻게 바람을 타고 구름을 지나 하늘로 올라가는지 모른다. 오늘 나는 노자를 만났다. 그를 비유할 수 있는 것은 용밖에 없다."[48] 그 후 이 새로운 스승은 자신의 임무를 계속 수행하여 역사상 가장 영향력 있는 철학자가 되었다.

2. 공자

1. 나라를 찾는 현자

제자들이 공구(孔丘, K'ung Ch'iu)라고 부른 공부자(孔夫子, K'ung-fu-tze), 즉 공자는 당시에는 노나라의 땅이었으며 현재는 산둥 성에 있는 추푸에서 기원전 551년에 태어났다. 중국에는 경쟁적인 어떤 민간전승도 극복하지 못한 전설이 있다. 그 전설은 혼령들이 사생아로 태어날[49] 그의 출생을 젊은 어머니에게 어떻게 알렸고, 어머니가 동굴에서 그를 낳을 때 용들이 어떻게 지키고 여자 혼령들이 어떻게 공기를 향기롭게 했는지 전한다. 그는 등은 용 같고 입술은 황소 같으며 입은 바다 같았다고 한다.[50] 그는 현존하는 가장 오래된 가문에서 태어났다. (중국의 족보에 의하면) 그는 위대한 황제인 황제(黃帝)의 직계 후손이며 오늘날까지 끊어지지 않고 오래 이어져 내려온 공(孔)씨의 조상이 되었기 때문이다. 1세기 전에는 그의 남자 후손이 1만 1000명에 달했다. 그가 태어 났던 곳의 주민은 지금도 거의 그(혹은 그의 외아들)의 후손들로 이루어져 있으며, 그의 후손 가운데 한 명은 난징[南京]에 있는 현 중국 정부의 재무 장관 이다.[51]

공자의 아버지는 그가 태어날 당시 일흔 살이었으며[52] 공자가 세 살 때 세상 을 떠났다. 공자는 서당이 끝나면 일을 하여 어머니를 도왔고 소년 시절에 이 미 노인의 엄숙함을 보이게 되었으며, 이 엄숙함은 아마 거의 전 생애에 걸쳐 그의 특징이 된다. 그러나 짬짬이 시간을 내어 궁술과 음악을 익혀 조예가 깊어 졌다. 음악에 매혹되어 언젠가는 대단히 즐거운 연주를 듣고 감동을 받아 채식 주의자가 되어 3개월 동안 고기를 먹지 않은 적도 있었다.[53] 그는 철학과 결혼 은 양립할 수 없는 특정한 면이 있다는 점에 대해서는 니체에게 즉각 동의하지 않았다. 그는 열아홉 살에 결혼했으나 스물세 살에 아내와 이혼하고 다시는 결 혼하지 않은 것으로 보인다.

스물두 살에 그는 교사로 활동하기 시작하여 자기 집을 학교로 사용하고 학 생이 지불할 능력이 되는 적절한 한도 안에서 무엇이든 수업료로 받았다. 그는 역사와 시, 예법의 세 과목을 주로 가르쳤다. 그는 이렇게 말했다. "사람의 인격 은 시를 통해 형성되고 의식(제례법과 예절)을 통해 발전되며 음악을 통해 완성 된다."[54] 소크라테스처럼 그 역시 글보다는 말로 가르쳤다. 그러므로 우리가 그에 견해에 대해 아는 것은 주로 제자들의 신뢰하기 어려운 보고를 통해 전해 진 것이다. 그는 철학자들에게 사례를 제시했으나 경청되는 일이 거의 없었다. 다른 사상가를 공격하는 일도 없었으며 논박하느라 시간을 낭비하는 일도 없 었다. 엄밀한 논리적 방법을 가르치지 않았으나 학생의 오류를 온유하게 지적 하고 자신의 영민함을 발휘하도록 엄격하게 요구함으로써 지혜를 예리하게 다 듬었다. "'내가 이것을 어떻게 생각해야 하는가? 이것을 어떻게 생각해야 하는 가?'라고 말하지 않는(그렇게 말하는 습관이 몸에 배지 않은) 사람에게는 정말 아 무것도 할 수 없다."[55] "나는 간절한 마음이 없는 사람에게는 진리를 열어 보이지 않으며 자신의 입장을 설명하려고 하지 않는 사람도 돕지 않는다. 내가 어떤 주제의 한 모퉁이를 제시할 때 그 모퉁이에서 다른 세 모퉁이를 깨닫지 못한다면 나는 가르침을 되풀이하지 않는다."[56] 가장 지혜로운 사람과 가장 어리석은 사람만 가르침에서 유익을 얻을 수 있는 한계를 벗어나 있으며, 정신은 물론 인격도 개선되지 않으면 인문주의적 철학을 성실하게 연구할 수 없다고 그는 확신했다. "3년 동안 배우고도 선하게 변하지 않은 사람을 발견하는 것은 쉬운 일이 아니다."[57]

그는 처음에는 몇 명만 제자로 받아들였다. 그러나 곧 황소 같은 입술과 바다 같은 입의 뒤에는 자비로운 마음과 잘 다듬어진 정신이 있다는 소문이 퍼지면서 나중에는 3000명의 제자가 그에게 배워 그의 집에서 세상의 중요한 위치로 옮겨 갔다고 자랑할 수 있었다. 일부 학생들은 그와 함께 생활하여 한때는 일흔 명이나 된 적도 있었다. 힌두교의 새내기가 구루와 함께 지내는 것처럼 말이다. 그들은 스승에 대한 애정이 깊어져서 그가 자신을 위험에 노출시키거나 명성을 비난에 노출시키는 것을 우려하는 태도를 표현하는 경우가 많았다. 그는 학생들을 엄격하게 대했으나 일부 학생들은 친아들보다 더 사랑하여 안회(顔回)가 죽었을 때는 한없이 울었다. 계공이 학문이 가장 뛰어난 학생이 누구냐고 물었을 때 이렇게 말했다. "안회가 있었습니다. 안회는 학문을 좋아합니다. …… 나는 (그만큼) 학문을 좋아하는 사람이 있다는 말을 듣지 못했습니다. …… 그는 나에게 전혀 도움을 주지 않았습니다. 내가 무슨 말을 하든 그는 마냥 즐거워했습니다. …… 그는 화를 낸 적이 없었습니다. 같은 실수를 반복하지 않았습니다. 그러나 불행하게도 안회는 명이 짧아 이미 죽었습니다. 이제는 (그런 학생이) 없습니다."[58] 나태한 학생은 그를 피하거나 그에게 소홀한 대접을 받았다. 그는 게으른 학생을 회초리로만 가르치고 잔인한 진실을 말해 주고는 내보냈다. "하루 종일 먹는 것만 탐하고 다른 일에는 신경 쓰지 않는 사람은 어렵다. …… 어릴 때는 어린이답게 겸손하지도 않고 성인이 되어서는 후세에 남겨 줄 만한 것은 아무것도 하지 않고 노년에 이르기까지 사는 사람은 재앙이다."[59]

그가 집에 머물거나 거의 언제나 단정한 모습으로 거리로 나서거나 제자에게 역사와 예법, 철학을 가르칠 때는 기이한 모습이었음이 틀림없다. 중국 화가들이 그린 그의 초상화들은 만년의 모습이다. 그는 머리카락이 거의 없고 연륜이 담긴 주름진 머리와 해학과 부드러운 기색은 전혀 없고 무서울 정도로 근엄한 표정과 예리한 미적 감수성을 보이는 얼굴을 하고 있다. 그나마 그 감수성 덕분에 다른 면에서는 참을 수 없을 정도로 완벽함에도 불구하고 그가 인간임을 알 수 있다. 그의 음악 교사 중 한 사람은 그가 중년 초기였을 때의 모습을 이렇게 말한다.

나는 중니(仲尼)에게서 현자의 표지를 많이 볼 수 있었다. 그의 눈은 강 같으며 이마는 용 같다. 그것은 바로 황제(黃帝)의 특징이다. 그의 팔은 길었고 등은 거북이 같다. 그는 키가 9자 6치다. …… 그는 입을 열면 고대의 황제들을 칭송한다. 겸손하고 예의가 바르다. 모든 분야에 대해 듣고 대단한 기억력으로 담아 둔다. 사물에 대한 지식은 끝이 없다. 이만하면 현자가 되지 않겠는가?[60]

전설은 그에게 "마흔아홉 가지 두드러진 특징"이 있다고 한다. 언젠가 유랑 중에 우연한 일로 그와 제자들이 떨어지게 되었을 때 제자들은 한 행인이 "길 잃은 개처럼 추레한 모습"을 한 괴이하게 생긴 사람을 보았다는 말을 듣고 단번에 그를 찾았다. 제자들이 공자에 대한 이런 묘사를 되풀이하자 그는 매우 즐거워했다. 그는 "멋있다. 압권이로다!"[61]라고 말했다.

그는 교육할 때는 거리를 유지하는 것이 반드시 필요하다고 생각하는 구식 교사였다. 그는 형식을 갖춘 일이 아니면 아무것도 하지 않았으며 예법과 예절이 그의 음식이며 음료였다. 본능의 천성적인 쾌락주의를 자기 가르침의 엄숙주의와 금욕주의로 제어하고 균형을 잡으려고 했다. 가끔 자화자찬에 도취된 모습을 보일 때도 있다. 그는 어느 정도 절제하며 이렇게 말했다. "열 가족이 사는 마을이면 나처럼 바르고 성실한 사람이 하나 있을지도 모른다. 그러나 나만큼 학문을 좋아하는 사람은 없을 것이다."[62] "글이라면 나는 아마 다른 사람과 견줄 수 있을 것이다. 그러나 나는 말을 행동으로 옮기는 군자의 인품에는 아직 도달하지 못했다."[63] "나를 등용하는 제후가 있다면 나는 열두 달이면 상당한 일을 이루어 놓을 것이다. 3년이면 (정부가) 완벽해질 것이다."[64] 그러나 그는 자신의 위대함을 겸손함으로 균형을 잡았다. 그의 제자들은 우리에게 이렇게 말한다. "스승에게는 없는 것이 네 가지 있었다. 스승은 성급한 결론과 독단적인 예단(豫斷), 완고함, 이기심이 없었다."[65] 그는 자신을 "창조자가 아닌 전수자"[66]라고 칭하며, 자신은 훌륭한 황제인 요와 순에게 배운 것을 후대에게 전해 줄 뿐이라고 자처했다. 그는 명성과 지위를 강하게 바랐으나 그런 것을 얻거나 유지하려고 수치스럽게 타협하는 일이 없었다. 자기가 보기에 불의하게 보이는 정부를 맡고 있는 사람들이 고위직에 임명해도 몇 번이든 거절했다. 그는 자신이 키운 학자들에게 이렇게 조언했다. 사람이라면 "나는 내게 자리가 없다는 것에는 신경 쓰지 않는다. 내 관심사는 내 자신을 어떻게 자리에 적합하게 만드는가 하는 것이다. 나는 내가 알려지지 않았다는 것에는 신경 쓰지 않는다. 내가 추구하는 것은 알려질 만한 사람이 되는 것이다."[67]라고 말해야 한다.

그의 학생 중에는 노나라의 재상 가운데 한 사람인 맹희자(孟僖子)의 아들들이 있었다. 공자는 그들을 통해 뤄양의 주 왕실에 소개되었다. 그러나 그는 관리들과 적당한 거리를 유지하고 (앞에서 살펴본 것처럼) 임종을 앞두고 있는 노자를 방문했다. 노나라로 돌아오는 길에 공자는 자기 고향이 내분으로 매우 무질서해진 모습을 보고 몇몇 제자만 데리고 이웃의 제나라로 갔다. 그들은 인적 없는 험한 산길을 가다가 한 노파가 무덤가에서 울고 있는 모습을 보고 깜짝 놀랐다. 공자는 자로(子路)를 보내 노파에게 슬피 우는 이유를 물었다. 그 노파는 "내 시아버지도 호랑이에게 죽었고 남편도 죽더니 이제는 아들도 똑같은 변을 당했습니다."라고 말했다. 공자가 왜 이렇게 위험한 곳에서 계속 사냐고 묻자 노파는 "여기는 못살게 구는 정부가 없습니다."라고 대답했다. 이 말을 듣고 공자는 제자들에게 이렇게 말했다. "너희는 이것을 기억하라. 포악한 정부가 호랑이보다 더 무서운 법이다."[68]

제나라 경공은 그를 만나 좋은 정부에 관한 질문에 대해 그가 제시하는 대답이 마음에 들었다. "임금은 임금답고 신하는 신하답고 아버지가 아버지다우며 아들이 아들다울 때 좋은 정부가 있는 것입니다."[69] 경공은 식읍을 주겠다고 했으나 공자는 예물을 거절하며, 그런 보상을 받을 만한 일을 한 적이 없다고 했다. 경공이 계속 그를 고문으로 붙잡아 두려고 하자 조정의 수장이 만류했다. 감영은 이렇게 말했다. "이런 학자들은 현실과 동떨어져 있으므로 이들을 본받을 수 없습니다. 이들은 콧대가 높고 자기 견해에 대해 자부심이 강하므로 낮은 지위에 만족하지 못할 것입니다. …… 이 공씨는 특이한 면이 많습니다. 그가 오르내리는 예법에 대해 아는 것을 모두 설명하는 일만해도 몇 세대는 걸릴 것입니다."[70] 공자는 그곳에서 아무것도 얻지 못하고 노나라로 돌아와 다시 관직에 부름을 받을 때까지 15년을 더 제자들을 가르쳤다.

그에게 기회가 와서 세기가 바뀔 때 그는 중도의 수령이 되었다. 중국 전승에 의하면 정직성이 성읍 전체에 전염병처럼 퍼져 귀중품이 거리에 떨어져도 그대로 방치되거나 주인에게 돌아갔다.[71] 노나라의 정공에 의해 건설부 장관격인 사공(司空)으로 승진하게 되자 공자는 국토를 두루 살피고 농업을 많이 개선시켰다. 다시 법무부 장관격인 대사구(大司寇)로 승진되자 그를 임명한 사실 자체만으로 범죄가 그쳤다고 한다. 중국 기록들에 의하면 "정직하지 못한 것과 방탕한 것은 수치스러운 일로 여겨져 모습을 감췄다. 충성심과 선한 양심이 남자들의 덕목이 되고 정숙함과 유순함이 여자들의 덕목이 되었다. 다른 나라에서 낯선 사람들이 몰려왔다. 공자는 백성의 우상이 되었다."[72]

이런 일은 사실이기에는 너무 훌륭하다. 여하튼 너무 훌륭하면 오래가지 못한다는 것이 입증되었다. 범죄자들이 숨어서 머리를 맞대고 (분명히) 공자를 무너트릴 덫을 놓았다. 역사가에 의하면 이웃 나라들이 노나라를 시기하고 노나라의 국력이 커지는 것을 두려워했다. 제나라의 간교한 신하가 노나라와 공자를 갈라놓을 계책을 제시했다. 제나라는 노래와 춤에 능한 미녀 80명과 그보다 훨씬 더 아름다운 말 120마리를 정공에게 보냈다. 정공은 그들에게 빠져 (좋은 정부의 제1원리는 좋은 본을 보이는 것이라고 가르친) 공자의 만류를 무시하고 신하들과 정무를 소홀히 했다. 자로는 "스승님, 떠나야 할 때가 되었나 봅니다." 라고 했다. 공자는 마지못해 사임하고 노나라를 떠나 13년간 정처 없이 떠돌게 되는 유랑 생활을 시작했다. 그는 후에 "아름다움을 사랑하는 것만큼 미덕을 사랑하는 사람을 본 적"[73]이 없다고 술회했다. 사실 어떤 면에서 보면 이것은 미덕과 아름다움은 따로따로 포장되어서 오는 경우가 많다는 사실을 간과한 가장 비난받을 만한 말 가운데 하나다.

공자와 일부 충직한 제자들은 고향에서 환영받지 못하고 여기저기 유랑하며 어떤 고을에서는 환대를 받고 다른 고을에서는 위험과 어려움을 겪었다. 그들은 두 번이나 무법자들에게 어려움을 당했고 한 번은 거의 굶어 죽을 뻔 했다. 그러자 자로까지 그런 운명은 "군자"에게는 어울리지 않는다고 불평하기 시작했다. 위나라에서는 정부를 주도할 위치를 제안했으나 공자는 위나라의 정책 원리를 못마땅하게 여겨 거절했다.[74] 언젠가 이 적은 무리가 제나라를 여행하고 있을 때 우연히 두 노인을 만났다. 그들은 시대의 부패상에 혐오를 느껴 노자처럼 관직을 버리고 은거하여 농사를 짓는 사람들이었다. 그중 한 사람이 공자를 알아보고 자로에게 공자를 따라다닌다고 꾸짖었다. 그 은둔자는 이렇게 말했다. "무질서가 불어나는 홍수처럼 온 천하를 휩쓸고 있다. 그런데 그대를 위해 이런 상황을 바꿔 줄 사람이 누구인가? 이 나라 저 나라를 떠도는 사람을 따라다니기보다는 세상을 완전히 등진 사람들을 따르는 것이 더 낫지 않겠는가?"[75] 공자는 이 꾸지람에 대해 많이 생각했으나 자기에게 개혁과 평화로 나아갈 길을 인도할 기회를 다시 줄 나라가 있을 것이라는 희망을 버리지 않았다.

마침내 공자 나이 예순아홉 살 때 계공이 노나라를 차지하여 합당한 예물과 고국으로 돌아오라는 초대장을 들려 관리들을 이 철학자에게 보냈다. 남은 5년의 생애 동안 공자는 소박하고 품위 있게 생활했다. 종종 노나라의 지도자들에게 조언하는 일도 있었으나 지혜롭게 글자 그대로 은거하여 그 민족의 고전들을 편찬하고 역사를 쓰는 등 자신에게 맞는 일에 몰두했다. 누군가가 자로에게 스승에 대해 물었으나 자로는 대답을 하지 않았다. 그 말을 들은 공자는 이렇게 말했다. "그대는 왜 그에게, 스승은 단지 지식을 추구하는 데 몰두하여 음식도 잊고 (지식을 얻는) 즐거움에 슬픔도 잊고 나이를 먹는다는 것도 잊는 사람일 뿐이라고 말하지 않았는가?"[76] 공자는 시와 철학으로 외로움을 달래고, 자신의 본능이 이제는 자기 이성과 부합한다는 사실에 기뻐했다. "나는 15살에 학문에 뜻을 두었다. 30살에는 뜻을 분명이 세웠다. 40살에는 미혹되는 일이 없었다. 50살에는 하늘이 명령하는 것을 알았다. 60살에는 무엇이든 귀로 들으면 그 뜻을 알게 되었다. 70에는 마음이 원하는 대로 해도 올바른 길에서 벗어나지 않았다."[77]

그는 일흔두 살에 세상을 떠났다. 어느 날 이른 아침 그는 슬픈 노래 소리를 들었다.

태산이 무너지고
든든한 대들보가 무너지고
지혜로운 사람이 풀처럼 시들었다.

제자인 자공(子貢)이 왔을 때 공자는 이렇게 말했다. "지혜로운 임금이 나타나지 않는다. 나를 스승으로 삼으려는 사람이 아무도 없다. 내가 죽을 때가 되었나 보다."[78] 그는 이 말을 하고 자리에 누워 7일 후에 숨을 거뒀다. 제자들은 그에 대한 애정에 걸맞은 성대한 의식을 갖춰 그를 묻었다. 그리고 그의 무덤 옆에 여막을 짓고 아버지를 위해서 하는 것처럼 그를 위해 슬퍼하며 3년 동안 여막에서 살았다. 3년간 시묘를 살고 다른 제자들이 모두 떠난 후 나머지 제자들보다 더 공자를 사랑했던 자공은 3년을 더 머물며 스승의 무덤에서 홀로 슬퍼

했다.[79]

2. 아홉 권의 고전

공자는 다섯 권의 책을 남겼다. 이 책들은 그가 직접 쓰거나 편찬한 것이 분명하므로 중국인에게는 오경(五經)으로 알려져 있다. 제일 먼저 그는 예기(禮記)를 편찬했다. 이런 고대의 예의범절이 인격을 형성하고 원숙하게 하고 사회의 질서와 평화를 유지하는 데 도움을 줄 것이라고 믿었기 때문이다. 두 번째로 역경에 대한 부록과 주해를 썼다. 그가 자기 철학에서 애써 피한 모호한 영역이 바로 형이상학이었다. 그런데 역경은 그때까지 중국인이 그런 영역에 이바지한 것 중 가장 지대한 기여를 한 것이라고 보았기 때문이다. 세 번째로 삶의 본성과 도덕의 원리를 설명하기 위해 시를 선정하여 시경(詩經)을 편찬했다. 네 번째로 자기 나라인 노나라의 역사에서 중요한 사건들을 꾸밈없이 간명하게 기록하여 춘추(春秋)를 썼다. 다섯 번째로 중국 초기 시대에서 가장 중요하고 고무적인 사건이나 전설을 서경(書經)으로 묶어 제자들을 고취시키려고 했다. 공자의 생각에 의하면 중국은 그 시대에 이미 어느 정도 통일 제국의 형태를 갖추고 있었으며, 당시의 지도자들은 중국인을 개화시킨 이기심 없는 영웅이었기 때문이다. 그는 이 책들을 편찬하거나 쓰면서 자신을 역사가로 생각하지 않았다. 그는 젊은이를 양육하는 교육자였다. 그러므로 과거에서 이런 항목들을 선정한 의도는 제자들을 각성시키기 위함이기보다는 고취시키려는 것이었다. 따라서 이 책들을 대할 때 중국 역사에 대한 공정하고 과학적인 기록을 기대한다면 공자를 부당하게 대하는 것이다. 그는 그 기록에 가상적인 대화와 이야기를 첨가하여 도덕을 걱정하고 지혜를 흠모하는 자기 마음을 최대한 쏟아부었다. 그가 자기 조국의 과거를 이상화시켰더라도 우리가 우리의 짧은 과거에 대해 그렇게 하는 정도에 지나지 않았다. 우리의 초기 지도자들이 한두 세기가 지나기가 지나기도 전에 이미 현자나 성인이 되어 있다면 오랜 세월이 지난 후의 역사가에게는 요임금이나 순임금처럼 유덕하고 완벽하게 보일 것이 분명하다.

중국인은 이 다섯 권의 경(經)에 네 권의 (철학자들의) 서(書)를 더하여 "아홉 권의 고전"을 갖췄다. 이 고전에서 가장 중요한 것은 논어(論語)다. 이 논어는 제임스 레그

(James Legge)의 변덕을 통해 영어권 세계에는 공자 (단편) 선집으로 알려지기도 했다. 논어에 수록된 글들은 공자가 직접 쓴 것이 아니라 추종자들이 기억하는 공자의 견해와 말을 이례적으로 간명하게 기록해 놓은 것이다. 공자가 사망하고 몇 십 년이 지나지 않아 아마 그의 제자들의 제자들에 의해 편찬되었을[80] 논어는 그의 철학에 대한 가장 믿을 만한 안내서다. 중국 고전에서 가장 흥미 있고 교훈적인 말은 중국인에게는 대학(大學)으로 알려진 두 번째 서의 네 번째와 다섯 번째 글에서 나타난다.* 유교 철학자이며 편찬자인 주희(朱熹)는 그 부분은 공자의 글이고 나머지는 후대 제자들 중의 한 사람의 글로 본다. 서기 1세기의 한 학자는 공자의 손자인 공급(孔伋 혹은 자사(子思))의 작품으로 보았다. 오늘날의 회의적인 학자들은 저자를 모른다는 데 동의한다.[81] 모든 학자들은 중국의 세 번째 철학적 고전인 중용(中庸)을 이 손자의 작품으로 본다. 서의 마지막은 맹자(孟子)인데, 이 책에 대해서는 조금 뒤에 곧 말할 것이다. 중국 사상사의 고전 문헌은 이 맹자와 함께 막을 내리지만 그렇다고 해서 고전 시대가 끝나는 것은 아니다. 앞으로 살펴보겠지만 보수주의의 보루인 공자의 철학에 저항하는 온갖 유형의 모반자들과 이단자들이 있었다.

3. 공자의 불가지론

공자의 가르침을 공정하게 다루어 보자. 그의 가르침은 우리가 반세기를 살고 나서 삶을 돌이켜볼 때 받아들이게 되는 인생관이며, 젊은 시절에 노래하는 시보다 더 지혜로운 가르침이다. 우리가 젊은 이단자라면 우리가 갖고 있는 반쪽만의 진리가 모종의 깨달음을 얻기 위해서 반드시 갖춰야 하는 철학이다.

그의 가르침은 체계를 갖춘 철학이 아니다. (모든 벽돌에 통치자의 이름을 새겨 넣은 네부카드레자르의 궁전들처럼) 하나의 사상이 논리학과 형이상학, 윤리학, 정치학을 지배하는 일관된 구조물이 아니라는 말이다. 공자는 어떤 법칙들이나 삼단논법을 통해 논증법을 가르치지 않았다. 제자들이 견해를 제시하면 자

---

* 371~372쪽 참조.

신의 예리한 판단을 제시하는 일을 끊임없이 되풀이했다. 그들이 그의 학교에서 교육을 마치고 나설 때도 논리에 대해서는 아무것도 몰랐으나 핵심을 파악하여 명쾌하게 사고할 수 있었다. 사고와 표현의 명료성과 진솔함은 공자가 가장 중요하게 생각한 덕목이었다. "말의 전체적인 취지가 이해되어야 한다."[82](철학이 이 교훈을 항상 명심하는 것은 아니다.) "아는 것은 안다고 하고 모르는 것은 모른다고 하라. 이것이 지식이다."[83] 그가 볼 때는 명쾌하지 못한 사고와 불성실하고 부정확한 말이 나라에 재앙을 안겨 주는 원흉인 것 같았다. 현실적인 일과 권력에서 군주답지 못한 군주를 군주라 하지 않고, 아버지답지 못한 아버지를 아버지라 부르지 않으며, 불효한 아들을 아들이라 칭하지 않으면 사람들은 말로 얼버무리는 경우가 너무 많은 악습들을 개선하려고 앞장설 것이다. 그러므로 자로가 공자에게 "위나라의 임금이 스승님과 함께 국사를 논하려고 기다리고 있습니다. 스승님은 제일 먼저 해야 할 일이 무엇이라고 생각하십니까?"라고 물었을 때 그는 "이름을 바로잡는 일이다."라고 대답하여 임금과 제자를 놀라게 했다.[84]

공자가 가장 심혈을 기울인 것은 철학을 행동과 통치에 적용하는 일이었다. 그러므로 그는 형이상학을 멀리하고, 제자들에게 하늘과 관련된 난해한 문제에 대해서는 관심을 갖지 못하게 하려고 했다. 그는 가끔 하늘이나 기원(祈願)에 대해 언급하기도 하고[85] 조상에게 제사를 지내거나 국가에서 제사를 지내는 전통적인 의식에 정성을 다하라고 가르치기도 했다.[86] 그러나 신학적인 질문에 대답할 때는 대단히 소극적이었으므로 현대의 주해자들은 한결같이 그를 불가지론자로 칭한다.[87] 자공이 "죽은 사람들에게 지식이 있습니까, 없습니까?"라고 물었을 때 공자는 명확한 답변을 하지 않았다.[88] 한 제자가 (죽은 사람들의) 혼백을 모시는 일에 대해 물었을 때 공자는 "그대는 산 사람도 모시지 못하면서 어떻게 혼백을 모실 수 있겠느냐?"라고 대답했다. 그 제자가 "죽음에 대해 물어도 되겠습니까?"라고 묻자 "너는 삶도 모르면서 어떻게 죽음에 대해 알 수 있겠느냐?"라는 답변을 들었다.[89] 번지(樊遲)가 "지혜란 무엇입니까?"라고 물었을 때 공자는 "인간의 도리를 다하고 하늘의 혼백들을 잘 섬기되 거리를 유지하는 것을 지혜라고 할 수 있다."[90]라고 했다. 그의 제자들은 "공자는 이례적인 것들과 무훈(武勳), 무질서, 하늘의 혼백들에 대해서는 말하지 않았다."라고 우리에게 전한다.[91] 그들은 이런 철학적 절제 때문에 많은 동요를 느꼈으며, 공자가 자기들을 위해 하늘의 신비들을 풀어 주길 바랐던 것이 분명하다. 공자는 모든 현상에 내재된 통일성을 탐구하는 형이상학과 바른 행동 법칙들과 자연의 규칙성들 사이에 존재하는 모종의 안정된 조화를 발견하려고 노력하는 형이상학만 인정했다. 그는 총애하는 제자 중 한 명에게 "자공아, 너는 내가 많은 것을 배워 머리에 담는 사람이라고 생각하는가?"라고 묻자 자공은 "맞습니다. 그렇지 않습니까?"라고 대답했다. "그렇지 않다. 내가 추구하는 것은 보편적인 통일성이다."[92]라는 것이 답변이었다. 결국 이것이 철학의 정수다.

그가 역점을 둔 것은 도덕이었다. 그가 보기에는 당시의 무질서는 도덕의 혼란이었으며, 그 혼란은 십중팔구 유서 깊은 신앙이 약해지고 옳고 그름에 대한 궤변적인 회의주의가 확산되면서 나타난 것이었다. 그러나 그 혼란을 해결하는 방법은 과거의 믿음으로 돌아가는 것이 아니라 보다 완벽한 지식을 열심히 추구하고 건전하게 유지되는 가족생활을 기반으로 하여 도덕을 회복시키는 일이었다. 공자의 프로그램은 대학의 유명한 글에 간결하고 심오하게 표현되어 있다.

온 천하에 최고의 미덕을 보여 주고자 한 선조들은 나라를 먼저 질서 정연하게 만들었다. 나라를 질서 정연하게 만들려고 한 선조들은 먼저 가족을 다스렸다. 가족을 잘 다스리려고 한 선조들은 먼저 자기 자신을 다스렸다. 자신을 다스리고자 한 선조들은 먼저 자기 마음을 바르게 했다. 자기 마음을 바르게 하고자 한 선조들은 먼저 생각을 성실하게 가다듬으려고 했다. 생각을 성실하게 가다듬으려고 한 선조들은 먼저 지식을 최대한 넓혔다. 그렇게 지식을 넓히는 길은 사물을 살피는 데 있다.

사물을 살피다 보면 지식이 완벽해졌다. 지식이 완벽해지면 생각이 성실해졌다.

생각이 성실해지면 마음이 바로잡혔다. 마음이 바로잡히면 자신이 다스려졌다. 자신이 다스려지면 가족이 다스려졌다. 가족이 다스려지면 나라가 올바로 다스려졌다. 나라가 올바로 다스려지면 온 천하가 평온하고 행복해졌다.[93]

이것이 공자 철학의 핵심이며 정수다. 공자와 제자들의 다른 말은 모두 잊어도 되지만 이 말은 삶의 정수이며 완벽한 인생 지침이다. 공자에 의하면 세상이 서로 다투는 이유는 나라들이 제대로 다스려지지 않기 때문이다. 나라들이 제대로 다스려지지 않는 이유는 법으로는 가족을 통해 자연스럽게 이루어지는 것과 같은 사회 질서를 만들어 낼 수 없기 때문이다. 가족이 무질서하여 자연스러운 사회 질서를 만들어 내지 못하는 이유는 남자들이 자신을 다스리지 못하면 가족을 다스리지 못한다는 사실을 망각하기 때문이다. 남자들이 자기를 다스리지 못하는 이유는 마음을 바르게 하지 못하기 때문이다. 즉 혼란을 안겨 주는 욕망을 마음에서 씻어 내지 못하기 때문이다. 그들이 마음을 바르게 하지 못하는 이유는 생각이 성실하지 못하여 사실을 바로 보지 않고 자신의 본성을 드러내기보다는 감추기 때문이다. 그들의 생각이 성실하지 못한 이유는 자기가 원하는 대로 사실을 왜곡시켜 결론을 내리고 공정한 자세로 사물의 본성을 살피지 않기 때문이다. 지식을 공정하게 추구해 보라. 그러면 생각이 성실해질 것이다. 생각을 성실하게 해보라. 그러면 혼란을 안겨 주는 욕망이 마음에서 사라질 것이다. 마음을 깨끗하게 씻어 보라. 그러면 자신을 다스릴 수 있을 것이다. 자신을 다스려 보라. 그러면 가족이 자동적으로 다스려질 것이다. 즉 덕스러운 훈계나 가혹한 형벌을 통해서 다스려지는 것이 아니라 본을 보이는 것 자체가 지닌 조용한 힘을 통해 다스려질 것이다. 지식과 성실함, 본을 보임으로써 가족을 다스려 보라. 그러면 가족은 자발적인 사회 질서를 갖추게 되고 또 그로 인해 훌륭한 나라가 다시 등장하게 될 것이다. 나라 안에 의로움과 평온함을 유지해 보라. 그러면 온 세상이 평화롭고 행복해질 것이다. 이것은 완벽한 조언이지만 인간이 맹수라는 사실을 망각하고 있다. 하지만 그리스도교처럼 이 조언 역시 이루기 위해 노력해야 하는 목표와 타고 올라갈 사다리를 우리에게 제시한다. 이것은 철학이 제시하는 황금 같은 교훈 가운데 하나다.

4. 군자의 길

그러므로 지혜는 가정에서 시작되며 사회의 토대는 규율을 갖춘 가정에서 자란 절제된 개인이다. 공자는 괴테처럼 자기 계발이 사회 발전의 뿌리라고 본다. 자로가 "군자가 갖춰야 할 덕목은 무엇입니까?"라고 물었을 때 "겸손한 마음으로 자기를 살펴 자신을 갈고닦는 것이다."라고 했다.[94] 그는 대화편 전반에 걸쳐 여기저기서 이상적인 인간상에 대한 자신의 그림을 하나씩 그려 가고 있다. 철학자와 성자를 결합시켜 현자라는 이상적인 인간상을 만들어 가고 있다는 말이다. 공자가 말하는 초인은 소크라테스와 니체, 그리스도가 각각 가장 중요하게 본 세 가지 덕목인 지성과 용기, 선한 의지로 이루어진다. "군자는 진리를 얻지 못하는 일이 없도록 노심초사한다. 군자는 가난을 피하는 일에는 관심을 보이지 않는다. …… 군자는 관대하며 편협하지 않다. …… 군자는 자기 말에 정확하지 못한 것이 없게 하려고 한다."[95] 그러나 군자는 단순히 지식인이거나 단순히 학자이거나 단순히 지식을 사랑하는 사람인 것만은 아니다. 군자는 지성과 함께 인격도 갖춰야 한다. "자질은 뛰어난데 교양이 모자라면 야비하게 된다. 교양은 뛰어난데 분명한 자질이 모자라면 점원의 풍모가 나타난다. 교양과 자질이 균형을 이루고 잘 어우러져야 완벽한 덕목을 갖춘 사람이 된다."[96] 지성은 땅에 발을 딛고 선 지성이어야 한다.

인격의 토대는 성실성이다. "군자가 갖춰야 할 덕목은 온전한 성실성이 아니겠는가?"[97] "군자는 말을 앞세우지 않고 행동하며 행동한 후에야 그 행동에 따라 말한다."[98] "활쏘기에는 군자의 길과 같은 것이 있다. 활을 쏘는 사람이 과녁의 중앙을 맞추지 못하면 돌아서서 명중시키지 못한 원인을 자신에게서 찾는다."[99] "군자가 추구하는 것은 자기 안에 있다. 비천한 사람이 추구하는 것은 다른 사람들에게 있다. …… 군자가 마음을 쓰는 것은 자기 능력이 부족하다는 점이지 …… 사람들이 자기를 몰라준다는 것이 아니다." 그리고 "군자가 싫어하는 것은 자기가 죽은 후에 사람들이 자기 이름을 입에 올리지 않는다는 생각이다."[100] 군자는 "말을 삼가지만 행함에는 부족함이 없다. …… 군자는 좀처럼 입을 열지 않는다. 그러나 일단 입을 열면 정곡을 찌른다. …… 다른 사람들이 군자와 어깨를 나란히 할 수 없는 것은 이것이니 곧 그가 행한 일은 다른 사람들이 이해하지 못한다는 점이다."[101] 군자는 언행을 조심한다. 모든 일에서 "군자는 중용의 길을 따른다."[102] "사람에게 영향을 주는 것은 끝이 없다. 그러므로 자기가 좋아하는 것과 싫어하는 것을 제어하지 못하면 사람은 자기 앞에 닥친 것의 성격에 맞춰 변하게 된다."[103]* 이것이 중용의 길을 따르는 이유다. "군자는 어떤 세대에서든 자신의 움직임을 보편적인 길로 삼을 수 있게 움직인다. 군자는 어떤 세대에서든 자신의 행동을 보편적인 법칙으로 삼을 수 있도록 행동한다. 군자는 어떤 세대에서는 자신의 말이 보편적인 규범으로 삼을 수 있도록 말한다."[105]** 공자는 황금률을 완벽하게 받아들인다. 여기서는 힐렐보다는 4세기 앞서서 그리고 그리스도보다는 5세기나 앞서서 황금률이 제시된다. "중궁(仲弓)이 완전한 덕목에 대해 물었다. 공자는 말했다. …… '다른 사람들이 네게 행하기를 원하지 않는 것은 다른 사람들에게도 행하지 말라.'"[107] 이 원리는 계속 반복되지만 항상 부정적으로 진술되며 한 번은 단 한 마디로 제시된다. "자공이 물었다. '사람이 평생 행동 규범으로 삼을 만한 한 마디 말이 있습니까?' 공자가 말했다. '호혜성이란 말이 있지 않는가?'"[108] 그러나 공자는 (노자처럼) 악을 선으로 대하고 싶어하지 않았다. 제자 중 하나가 "위해를 당해도 친절함으로 갚으라는 원리에 대해 어떻게 말하겠습니까?"라고 물었을 때 그는 보통 때보다 더 날카롭게 대답했다. "그렇다면 친절함을 무엇으로 보답하겠는가? 위해를 당하면 공의로 갚고 친절함에는 친절함으로 갚아라."[109]

---

* 스피노자의 다음 말 참조. "우리는 많은 방법으로 외부 원인에 의해 흔들린다. 우리는 맞바람에 밀려가는 파도처럼 흔들리므로 결말과 우리의 운명을 모른다."[104]
** 칸트가 제시한 도덕의 정언명령 정식 중 하나인 다음 말 참조. "네 행동의 준칙이 보편적인 법이 될 수 있도록 의지하라."[106]

군자의 인격을 이루는 기본적인 기반은 만인을 향한 넘치는 동정심이다. 군자는 다른 사람의 탁월함에도 화를 내지 않는다. 군자는 가치 있는 사람을 보면 그 사람과 같아지려고 생각한다. 가치가 적은 사람을 보면 자신을 돌아보며 자기를 살핀다.[109a] 우리가 주변 사람들과 공유하지 않는 허물은 거의 없기 때문이다. 군자는 비방하는 말이나 난폭한 말에는 관심을 보이지 않는다.[109b] 군자는 모든 사람에게 예의 바르고 상냥하지만 무분별한 칭찬은 하지 않는다.[110] 낮은 사람을 대할 때도 멸시하지 않으며 높은 사람을 대할 때도 호의를 구하지 않는다.[111] 군자는 신중하게 처신한다. 사람들은 자기를 진지하게 대하지 않는 사람은 진지하게 대하지 않기 때문이다. 군자는 천천히 말하며 성실하게 행동한다. 군자는 입을 빨리 놀리지 않으며 즉시 재치 있게 대답하는 영악한 재간을 부리지 않는다. 군자가 성실한 이유는 해야 할 일이 있기 때문이다. 이것이 그가 변함없이 권위를 갖는 비밀이다.[112] 군자는 가까운 사람들에게도 예절을 갖춰 대하지만 모든 사람들에게, 심지어는 자기 아들에게도 적당한 거리를 유지한다.[113] 공자는 아리스토텔레스의 메갈로프시코스(Megalopsychos), 즉 위대한 영혼을 가진 사람과 매우 비슷한 군자의 특징들을 이렇게 요약한다.

군자에게는 깊이 생각하는 아홉 가지가 있다. 눈을 사용하는 일에 대해서는 분명하게 보려고 한다. …… 표정에 대해서는 자비롭게 보이려고 한다. 품행에 대해서는 공손하려고 한다. 말에 대해서는 성실하려고 한다. 일을 처리함에 대해서는 예의 바르게 정성껏 하려고 한다. 의심이 가는 문제에 대해서는 다른 사람들에게 물어 보려고 한다. 화가 날 때는 그 화 때문에 부딪치게 될 어려움을 생각한다. 소득을 얻을 것으로 보일 때는 의로움에 대해 생각한다.[114]

5. 공자의 정치학

공자의 판단에는 오직 그런 사람만 가족을 회복시키고 나라를 구할 수 있을 것이다. 사회는 자녀가 부모에게 복종하고 아내가 남편에게 순종하는 태도에 좌우된다. 이런 태도가 사라지면 혼란이 나타난다.[115] 순종의 법도보다 더 높은 것은 단 하나밖에 없다. 그것은 도덕의 법도다. "부모를 섬길 때 (아들이) 부모를 거스를 수 있으나 온유해야 한다. 부모가 (자신의) 조언을 따르려 하지 않으면 더욱 공경하되 (목표를) 잊지 말아야 한다. …… 명령이 옳지 않으면 아들은 아버지에게 맞서야 하며 신하는 임금에게 저항해야 한다."[116] 여기에 혁명의 신성한 권리에 대해 맹자가 제시한 가르침의 뿌리가 있었다.

공자에게는 혁명적 요소가 많지 않았다. 아마 그는 혁명을 일으키는 사람도 폐위된 사람과 똑같은 부류라고 생각했을 것이다. 그러나 그는 시경에서는 매우 용감하게 말했다. "상(왕조)의 임금들은 백성들(의 마음)을 잃기 전에는 신과 같은 존재였다. 상의 가문을 교훈으로 삼아라."[117] 정치 주권의 실제적인 원천은 본래 백성들이다. 백성들에게 신임을 얻지 못하는 나라는 조만간 무너지기 때문이다.

자공이 나라를 다스리는 일에 대해 물었다. 그러자 공자는 "(나라를 다스리는 데 반드시 필요한 것이) 세 가지 있다. 식량이 풍족해야 하고 군사 장비가 풍족해야 하고 백성들이 다스리는 자를 신뢰해야 한다."라고 했다. 자공이 물었다. "어쩔 수 없이 그중 한 가지를 빼야 한다면 어떤 것을 제일 먼저 빼야 합니까?" "군사 장비다." 라고 공자가 대답했다. 자공이 다시 물었다. "어쩔 수 없어서 나머지 두 가지 중 하나를 빼야 한다면 어떤 것을 빼야합니까?" 공자가 대답했다. "식량이다. 예로부터 죽음은 모든 사람에게 정해진 운명이다. 그러나 백성들이 (다스리는 사람들을) 믿지 않으면 (나라가) 설 수 없다."[118]

공자의 견해에 의하면 통치의 제1원리는 인격의 제1원리와 동일한 것이다. 그것은 바로 신의(信義)다. 그러므로 가장 중요한 통치 도구는 훌륭한 모범을 보이는 것이다. 통치자는 본이 될 만한 탁월한 행동을 보여야 한다. 그러면 백성들이 그 행동을 본받아 바르게 행할 것이다.

계강자(李康子)가 나라를 다스리는 일에 대해 물으며 "절제된 사람을 위해 무절제한 사람을 죽이는 일에 대해 어떻게 말하겠습니까?"라고 묻자 공자는 이렇게 대답했다. "그대는 다스리는 일을 말하면서 어찌 죽인다는 말을 사용합니까? 어진 일에 힘쓰도록 하시오. 그러면 백성들이 어질게 될 것입니다. 윗사람과 아랫사람의 관계는 풀과 바람의 관계와 같습니다. 바람이 불면 풀은 기울어지기 마련입니다. …… 덕으로 다스리는 사람은 북극성과 같습니다. 북극성이 자기 자리를 지키고 있으면 모든 별이 북극성을 향해 움직입니다." …… 계강자가 어떻게 해야 백성들이 (임금을) 공경하고 임금에게 충성하며 덕을 쌓는 일에 힘쓸 수 있는지 물었다. 공자는 이렇게 말했다. "임금은 백성들을 신중하게 다스려야 합니다. 그러면 백성들이 임금을 공경할 것입니다. 임금이 백성들을 대할 때는 어버이가 자식을 대하는 것처럼 온유해야 합니다. 그러면 백성들이 임금에게 충성을 다할 것입니다. 임금은 어진 사람을 중용하고 무능한 사람은 가르쳐야 합니다. 그러면 백성들이 즐거운 마음으로 덕을 쌓는 일에 힘쓸 것입니다."[119]

훌륭한 모범을 보이는 것이 통치의 제1원리라면 사람을 잘 쓰는 것이 제2원리다. "곧은 사람을 가까이 하고 굽은 사람은 멀리하라. 그러면 굽은 사람도 곧게 될 것이다."[120] 중용에 의하면 "나라를 다스리는 일은 (합당한) 사람을 얻는 일이다. 그런 사람은 (임금이) 인격을 갖춰야 얻을 수 있다."[121] 군자가 나라를 다스릴 때 나라를 깨끗이 하고 백성들을 고상한 수준의 문명으로 이끌려면 하지 말아야 할 것은 무엇인가?[122] 우선 군자는 외국과의 관계를 최대한 피하고 나라가 외부에서 공급하는 물자에 의존하는 상태에서 벗어날 길을 모색할 것이다. 그러면 그런 것을 얻으려고 전쟁을 일으키고자 하는 유혹에서 벗어날 것이다. 군자는 대궐의 사치를 줄여 부를 널리 분배하려고 모색할 것이다. "부를 집중시키는 것은 백성을 흩어지게 하는 길이고 부를 백성에게 나눠 주는 것은 백성을 모으는 길"이기 때문이다.[123] 군자는 처벌하는 일을 줄이고 널리 가르치는 일을 늘릴 것이다. "가르침이 있게 되면 계층을 구별하는 일이 사라질 것"

이기 때문이다.[124] 평범한 사람에게는 고상한 학문을 금할 것이나 음악은 모든 사람에게 가르칠 것이다. "음악을 온전히 익히고 그에 걸맞게 마음과 정신을 갈고닦으면 자연스럽고 올바르고 온유하고 성실한 마음도 쉽게 연마되며 마음이 계발되면 즐거움도 따르게 된다. …… 예법과 풍습을 향상시키는 가장 좋은 길은 …… 나라에서 연주되는 음악을 작곡하는 일에 관심을 기울이는 것이다.* 누구든 한 순간이라도 예법과 음악을 게을리하는 일이 없어야 한다. …… 자비로움은 음악과 같고 의로움은 훌륭한 예법과 같다."[125]

훌륭한 예법 역시 나라에서 보살펴야 한다. 예법이 무너지면 나라가 무너지기 때문이다. 예법은 부지중에 겉으로 드러나는 품격을 형성하며[126] 현자에게 군자의 품격을 더해 준다. 사람들은 자신이 행하는 일에 걸맞은 품격을 갖추게 된다. "예법은 악이 넘치지 못하게 막아 주는 둑의 역할을 한다." 그러므로 "오래된 둑을 쓸모없게 생각하여 헐어버리는 사람은 물이 흘러넘쳐 폐허로 변하는 어려움을 당할 것이 분명하다."[127] 한때는 공자의 말이 모두 돌에 새겨져 있었으나 혁명을 통해 폐허가 되어 그대로 방치된 고전의 홀을 보면 그 홀에서 메아리치는 분노한 스승의 준엄한 목소리가 들리는 것 같다.

그러나 공자에게도 나름대로의 유토피아와 꿈이 있었다. 그러므로 왕조가 "위대한 천명(天命)"을 상실했다는 확신을 품고, 모든 것을 다 헐고 폐허 위에 보다 나은 체계를 세우려는 희망을 품고 현행 질서 체계를 쓸어버린 사람들에게 공감을 얻기도 했을 것이다. 결국 그는 사회주의자가 되어 자신의 이상을 좇았다.

(위대한 사람을 닮으려는) 위대한 원리가 널리 퍼지면 온 세상이 공화국이 된다. 사람들은 재능과 덕과 능력을 갖춘 사람들을 선출한다. 성실한 합의에 대해 이야기하며 보편적인 평화를 조성한다. 그러므로 사람들은 자기 부모만 부모로 여지지 않

---

* 오코널(Daniel O'Connell)은 이렇게 말했다. "나로 하여금 나라에서 부르는 노래들을 쓰게 해 달라. 그러면 법을 누가 만들든지 신경 쓰지 않겠다."

으며 자기 자녀만 자녀로 대하지 않는다. 노인을 죽을 때까지 보살피고 중년을 고용하고 어린이를 양육할 수 있는 적절한 장치가 마련된다. 홀아비와 과부, 고아, 자녀가 없는 사람, 질병으로 생활 능력을 잃은 사람이 모두 충분한 보살핌을 받는다. 각 남자가 자기 권리를 지니며 각 여자가 자기 개성을 안전하게 보호받는다. 사람들은 부를 만들어 내며 그 부가 땅에 버려지는 것은 싫어하지만 자기만족을 위해 간직하려고 하지도 않는다. 게으름을 싫어하여 일을 하지만 자기 이익을 얻으려는 생각은 없다. 그러므로 이기적인 음모가 제어되며 표출될 길을 찾지 못한다. 강도와 좀도둑, 패역한 반역자가 존재하지 않는다. 그러므로 바깥문이 항상 열려 있고 닫히는 일이 없다. 이것이 내가 말하는 위대한 사람을 닮으려는 원리가 있는 나라다.[128]

6. 공자의 영향

공자의 성공은 사후에 이루어졌으나 완벽했다. 공자가 죽음으로 인해 자기 철학을 실현하려고 고집할 가능성이 제거되자 그의 철학은 중국인이 좋아하는 실천적 정치적 견해가 된 것이다. 배운 사람들은 단순히 교양을 갖춘 사람으로 남으려는 법이 없기 마련이다. 그러므로 공자 이후 오랜 세월 동안 식자 계층의 사람들은 그의 가르침을 영향력 있는 지위와 관직으로 나아가는 길로 여기고 그 가르침에 매달렸다. 그 결과 유교 학자 집단이 형성되어 제국에서 가장 힘 있는 집단이 되었다. 공자의 철학은 제자들을 통해 전달되어 맹자에 의해 발전되었으며, 세월이 흐르면서 수많은 학자에 의해 수정되었고 그 철학을 가르치기 위해 도처에 학교가 설립되었다. 그리고 이 학교들은 중국의 지식 중심지가 되어 정치가 붕괴된 오랜 기간 동안 문명을 보존했다. 수도사들이 로마가 멸망한 후 이어진 암흑기 동안 고대 문화와 사회 질서를 어느 정도 보존했던 것처럼 말이다.

경쟁 학파인 법가(法家)가 공자의 사상이 정치계에서 이렇게 지도적인 위치를 차지하고 있는 현실에 한동안 맞서며 경우에 따라 나름대로의 국가 정책을 제시하기도 했다. 법가에 의하면 나라를 다스리는 일을 통치자들의 훌륭한 모범과 백성들의 본유적인 선함에 의존하게 만드는 것은 상당한 모험이었다. 역사를 보면 이런 이상주의적인 원리들을 적용하여 성공한 선례들이 많지 않았다. 사람이 아니라 법이 다스려야 한다고 그들은 주장했다. 아울러 법이 사회의 제2본성이 되어 강제력이 없어도 지켜질 수 있을 때까지 법이 강제 집행되어야 한다. 백성들은 자신을 스스로 잘 다스릴 만큼 지성적이지 않다. 백성들이 가장 번영하는 것은 독재 치하에서다. 상인들도 똑똑하지 않아서 자신들의 이익을 추구하면서 국가에 해를 입히는 경우가 많다. 일부 법가 학자에 의하면 아마 국가가 자본을 국유화하고 교역을 독점하여 가격 조작과 부의 집중을 막는 것이 보다 현명할 것이다.[129] 이런 사상들은 앞으로 중국 정부 역사에서 되풀이해서 나타나게 된다.

그러나 결국에는 공자의 철학이 승리했다. 우리는 뒷부분에서 어떻게 강력한 시황제(始皇帝)가 법가의 학자를 조정 수장으로 삼고 존재하는 유교 서적을 모두 불사르도록 명령하여 공자의 영향력을 종식시키려고 했는지 살펴볼 것이다. 그러나 말의 힘은 칼의 힘보다 더 강하다는 것을 입증했다. 초대 황제가 없애려고 한 책들은 그의 적대감을 통해 신성하고 소중하게 되었으며, 사람들은 그 책들을 보존하려고 목숨을 버려 순교자가 되었다. 지혜로운 황제인 무제(武帝)는 유교 문헌을 음지에서 내놓고 유교 학자들에게 관직을 주었으며 공자의 사상과 방법을 청년 교육과 정치에 도입하여 한 왕조를 강하게 만들었다. 공자를 기리는 제사가 제정되었다. 고전의 내용이 제국의 명령으로 돌에 새겨졌으며 유교가 국가의 공식 종교가 되었다. 유교는 도교의 영향과 경쟁을 벌일 때도 있었고 불교 때문에 한동안 약해지기도 했다. 그러나 당 왕조를 통해 회복되어 다시 높여졌으며 위대한 태종(太宗)은 제국의 모든 고을과 부락에 공자를 위한 사당을 세우고 학자와 관리에게 제사를 지내도록 명령했다. 송 왕조 시대에는 활기찬 신(新)유교 학파가 등장했다. 이 학파의 무수한 고전 주해자들은 난이도를 다양하게 하여 공자의 철학을 극동 전역에 전하고 일본의 철학이 발전하도록 자극했다. 한(漢) 왕조가 등장해서부터 만주족이 함락될 때까지

2000년 동안 공자의 가르침은 중국인의 정신을 형성하고 지배했다.

중국의 역사는 공자의 영향이라는 관점에서 기록되어야 할지도 모른다. 오랫동안 공자의 글이 공립 학교의 교재였으며, 그 학교에서 교육을 받은 거의 모든 젊은이들이 그 교재들을 암기했기 때문이다. 고대 현자의 금욕적인 보수주의는 사람들의 피 속으로 녹아들어 나라와 개인들에게, 세계나 역사상의 다른 어떤 곳에서도 견줄 수 없는 위엄과 깊이를 주었다. 중국은 이 철학의 도움으로 화목한 공동체 생활, 배움과 지혜를 흠모하는 뜨거운 열정, 조용하고 안정된 문화를 발전시켰다. 그리고 그 문화 덕분에 중국 문명은 강해져서 어떤 침략에도 살아남았으며, 모든 침략자들을 중국 자체의 이미지에 맞게 바꾸어 놓을 수 있었다.

하지만 그 철학은 본질적으로 완벽한 영양소가 될 수는 없었다. 그 철학은 혼란과 연약함을 벗어나 질서와 힘을 얻으려고 노력하는 나라에는 적합했으나, 국제 경쟁 때문에 변화와 성장을 모색할 수밖에 없는 나라에게는 족쇄가 되었다. 예법은 본래 인격과 사회 질서를 형성할 목적을 지닌 것이다. 그러므로 그 예법이 거의 모든 활기찬 움직임을 이미 고정되어 바꿀 수 없는 틀에 억지로 맞추는 구속이 된 것이다. 유교에는 인류가 지닌 자연스럽고 활기찬 충동들을 너무 철저하게 규제하는 딱딱하고 청교도적인 무엇이 있었다. 유교의 미덕은 매우 완벽하여 삭막할 정도였다. 그 미덕에는 즐거움과 모험을 위한 여지가 전혀 없었으며 우정과 사랑을 위한 여지도 거의 없었다. 그 미덕은 여자를 무기력한 위치에 묶어 두는 일을 도왔으며,[130] 그 미덕의 차가운 완벽함은 평화에 대해 호의적이었던 것만큼 발전에 대해 적대적인 보수주의 속에 나라를 올려 놓았다.

그러나 이 모든 것을 공자의 탓으로만 돌리면 안 된다. 당시의 공자에게 20세기식으로 사고하도록 기대할 수는 없는 일이다. 한 사상가가 일생에 걸친 사고의 결과를 통해 모종의 방법으로, 깨달음을 찾으려는 우리의 길에 빛을 비춰 주면 그것으로 충분한 것이다. 이런 일을 공자보다 더 확실하게 이루어 낸 사람은 거의 없다. 그의 글을 읽으면 지식이 증가하고 상황이 변한 오늘날에도 버릴 것이 거의 없으며, 그가 우리의 현대 세계에서도 우리에게 얼마나 건전한 지침을 제공하는지 알게 된다. 그러므로 그의 상투적인 용어들과 감당할 수 없을 정도의 완벽함을 잊고 그의 독실한 손자인 자사가 공자를 신격화하기 시작한 최상의 찬사에 공감하게 된다.

중니는 요임금과 순임금이 마치 자신의 조상이었던 것처럼 그들의 가르침들을 전해 주고 문왕과 무왕 두 사람을 자신의 모델로 삼아 그들의 법도를 품위 있게 보여 주었다. 그는 위로는 천기와 조화를 이루었으며 아래로는 물과 땅에 순응했다.

하늘과 땅이 만물을 부양하고 감싸 안고 보호하고 덮고 있다는 점에서 그는 하늘과 땅에 비유될 수 있다. 교대로 이어진다는 점에서 사계절에 비유될 수 있으며 해와 달이 서로 이어 가면서 빛을 비친다는 점에서 해와 달에 비유될 수 있다.

그는 모든 것을 감싸 안고 광대하므로 하늘과 같다. 샘처럼 깊고 활동적이므로 심연과 같다. 그의 모습이 보이면 사람들이 모두 그를 공경한다. 그가 말하면 사람들이 모두 그를 믿는다. 그가 행동하면 사람들이 모두 그를 보고 즐거워한다.

그러므로 그의 명성이 중국 전역에 퍼져있으며 모든 오랑캐 부족에게까지 퍼져 나간다. 배와 탈것이 닿는 곳마다, 인간의 힘이 미치는 곳마다, 하늘이 드리우고 땅이 펼쳐져 있는 곳마다, 해와 달이 빛나는 곳마다, 서리와 이슬이 내리는 곳마다, 피와 호흡이 있는 모든 사람이 진심으로 그를 존경하고 사랑한다. 그러므로 "그는 하늘과 같다."라는 말이 있다.[131]

3. 사회주의자와 무정부주의자

공자가 세상을 떠난 후의 200년간은 활발한 논쟁이 벌어지고 이론(異論)들이 활발하게 펼쳐진 시기였다. 철학의 즐거움을 알게 된 공손룡(孔孫龍) 등 일부 사람들은 논리를 좋아하여 제논(Zeno)처럼 다양하고 미묘한 역설들을 만들어 냈다.[132] 철학자들은 뤄양으로 몰려들었다. 같은 시대에 베나레스와 아테네로 몰려들고 있었던 것처럼 말이다. 아울러 그들은 중국의 수도에서, 아테네를 지중해 세계의 지식 중심지로 만든 것 같은 온갖 언론과 사상의 자유를 누렸다. "모순된 철학자들"이라는 궤변론자들이 수도로 몰려들어 모든 사람에게 모든 것들 설득할 수 있는 온갖 잡다한 기술을 가르쳤다.[133] 공자의 겉옷을 물려받은 맹자와 노자의 가장 위대한 추종자인 장자(莊子), 원죄의 사도인 순자(荀子), 보편적 사랑의 예언자인 묵자(墨子)도 뤄양으로 왔다.

1. 이타주의자 묵자(墨子)

적대자인 맹자에 의하면 "묵자는 모든 사람을 사랑했으며 인류의 유익을 위해서라면 머리에서부터 발끝까지 자기의 모든 것을 벗어 주었다."[134] 묵자도 공자처럼 노나라 출신이었으며 공자가 사망한 직후에 활약했다. 그는 공자 사상의 비현실성을 비판하고 모든 사람에게 서로 사랑하도록 권했다. 그는 중국 최초의 논리학자 가운데 한 사람이자 중국 최악의 논객이었다. 그는 논리 문제를 매우 간단하게 말했다.

이것이 내가 말하는 세 가지 추론 법칙이다.

1. 근거를 어디서 발견해야 하는가? 과거에 가장 지혜로웠던 사람들의 경험을 연구하여 찾아야 한다.

2. 그 근거에 대한 일반적인 개요를 어떻게 얻어야 하는가? 사람들이 실제 경험하여 얻은 사실들에서 발견해야 한다.

3. 그 내용을 어떻게 적용해야 하는가? 법이나 정부 정책에 적용하고 국가와 백성들의 후생에 이바지하는지 여부를 살펴야 한다.[135]

묵자는 이런 근거에 입각하여 귀신과 혼백은 많은 사람이 보았으므로 실제로 존재한다고 추론했다. 그는 하늘에 대한 공자의 차가운 비인격적 견해를 강하게 비판하고 신의 인격성을 주장했다. 파스칼처럼 그도 종교를 도박으로 보았지만 남는 도박으로 생각했다. 만일 제사를 지내는 대상인 조상들이 우리의 말을 듣는다면 조상을 잘 섬긴 것이다. 반면에 설혹 조상들이 정말 죽어 제사를 받지 못할지라도 제사를 통해 "친척들과 이웃들이 모여 제사 음식과 음료를 함께 나눌 수 있는" 기회를 갖게 되는 것이다.[136]

마찬가지로 묵자의 추론에 의하면 보편적인 사랑이 사회 문제를 해소하는 유일한 해결책이다. 그 해결책을 적용하면 유토피아가 이루어질 것이 분명하기 때문이다. "모든 사람이 서로 사랑하면 강자가 약자를 먹이로 삼지 않고 다수가 소수를 약탈하지 않고 부자가 가난한 사람을 모욕하지 않고 귀족이 천민을 무례하게 대하지 않으며 사기꾼이 소박한 사람을 속이지 않을 것이다."[137] 모든 악의 근원은 이기심이다. 이 이기심에는 어린이의 탐욕에서부터 제국의 정복 활동에 이르기까지 모두 포함된다. 묵자는 돼지를 훔치는 사람은 일반적으로 비난과 형벌을 받지만 나라를 침략하여 제 것으로 삼는 사람은 자기 백성에게는 영웅이고 후손에게는 귀감으로 여겨진다는 사실을 기이하게 생각한다.[138] 묵자는 이런 평화주의에서 한 걸음 더 나아가 무정부주의를 펼친다고 생각할 정도로 국가를 강하게 비판하여 당국자들을 놀라게 했다.[139] 그의 전기를 쓴 작가에 의하면 언젠가 주나라 임금이 새로 만든 공성용 사다리를 실험하기 위해 송나라를 공격하려고 하자 보편적 사랑과 평화 이론을 설파하며 만류했다. "내가 당신을 만나기 전에는 송나라를 정복하려고 했습니다. 그러나 당신을 만났으므로 설혹 아무런 저항도 받지 않고 송나라를 손에 넣을 수 있다고 해도 대의가 없다면 공격하지 않을 것입니다."라고 했다. 그러자 묵자는 이렇게 대답했다. "그렇다면 내가 이미 당신에게 송나라를 안겨 준 것이나 마찬가지입니다. 의로운 길을 걸으십시오. 그러면 내가 당신에게 온 세상을 주겠습니다."[140]

뤄양의 정치가들은 물론 유교 학자들도 이런 온건한 제안들을 비웃었다.[141]

그러나 묵자에게도 추종자들이 있었으며 2세기 동안 그의 가르침은 평화주의를 따르는 사람들의 종교가 되었다. 그의 제자들 가운데는 군비 축소 운동을 적극적으로 펼치는 사람도 있었다.[142] 당시의 최고 비평가인 한비는 니체적 관점에서 그 운동을 비판하며, 사람들에게 보편적인 사랑의 날개가 실제로 생겨나지 않는 한 전쟁은 계속 국가의 존망을 좌우하는 결정적인 요소로 남을 것이라고 주장했다. 시황제가 유명한 분서(焚書)를 명령했을 때 묵가의 문헌들도 공자의 책들과 함께 불 속에 던져졌다. 그러나 묵자의 글과 사상과는 달리 새로운 종교는 그 불길에서 살아남지 못했다.[143]

2. 이기주의자 양주(楊朱)

반면에 중국인들 사이에서는 정반대의 가르침이 활발하게 표현되었다. 양주에 대해서는 적대자들의 입을 통해 알려진 것밖에 없다.[144] 그의 역설적인 선언에 의하면 삶은 고통으로 가득 차 있으며 삶의 주된 목적은 쾌락이다. 신은 없으며 내세도 없다. 인간은 맹목적인 자연의 힘들이 만든 무기력한 꼭두각시다. 인간을 만들고 인간이 선택하지 않은 조상과 벗어 버릴 수 없는 인격을 준 것은 바로 그 힘들이다.[145] 지혜로운 사람은 불평하지 않고 이 운명을 받아들일 것이며, 본유적인 미덕과 보편적 사랑, 좋은 평판을 거론하는 공자와 묵자의 모든 무의미한 말에 놀아나지 않을 것이다. 도덕이란 영악한 자가 소박한 사람을 이용하려는 기만책이다. 보편적인 사랑도 삶의 법칙인 보편적인 적대감을 모르는 어린이를 속이려는 속임수다. 아울러 좋은 평판도 어리석은 사람이 그것을 위해 비싼 대가를 치르지만 살아서는 누리지 못하고 죽은 다음에야 듣게 되는 헛소리다. 삶에서는 좋은 사람도 나쁜 사람처럼 고통을 겪으며 악한 사람이 선한 사람보다 더 잘 사는 것 같다.[146] 과거에 가장 지혜로웠던 사람은 공자가 생각하는 것처럼 도덕론자나 통치자가 아니었다. 그것은 운 좋게도 입법자나 철학자가 등장하기 이전에 태어나 온갖 충동이 안겨 주는 쾌락을 즐겼던 분별 있는 감각론자들이었다. 악인이 죽은 뒤에 악명을 남길 때가 가끔 있는 것은 사실이지만 그렇다고 해서 그들의 유해가 시달리는 것은 아니다. 양주는 선한 사람과 악한 사람의 운명을 생각해 보자고 한다.

모든 사람은 한결같이 순임금과 우임금, 공자를 가장 훌륭한 인물로 여기고 걸왕과 주왕을 가장 악한 인물로 여긴다.[*]

그러나 순임금은 역산에서 밭을 갈아야 했으며 인근 뇌택(澤)에서 옹기를 구워야 했다. 그의 사지는 잠시도 쉰 적이 없었다. 입과 배를 채울 맛있는 음식과 따뜻한 옷조차 구할 수 없었기 때문이었다. 부모도 그를 사랑하지 않았으며 형제자매도 그를 사랑하지 않았다. …… 마침내 요임금이 그에게 왕위를 넘겨주었을 때 그는 이미 나이가 들어 있었다. 그의 지혜가 쇠퇴하고 있었으며 그의 아들 상균(商均)은 능력이 없는 것으로 밝혀지자 결국 우임금에게 왕위를 물려주어야 했다. 슬픈 일이지만 그에게 죽음이 임했다. 그의 삶만큼 지치고 슬픈 삶은 없었다.

우임금은 땅을 관리하는 일에 모든 힘을 다 쏟았다. 자식을 하나 얻었으나 돌볼 틈이 없었다. 집을 지나가도 들러 보지 못했다. 그의 몸은 구부정해지고 약해졌다. 그의 손과 발은 못이 박히고 거칠어졌다. 마침내 순임금이 그에게 왕위를 물려주었을 때 그의 제례복은 품위가 있었지만 그는 초라한 작은 집에 살고 있었다. 그의 삶만큼 슬프고 힘든 삶은 없었다.

공자는 고대의 통치자들과 왕들이 걸었던 길들을 이해했다. 그는 당시의 제후들이 초대하면 응했다. 송나라에서는 그가 지나갈 때 나무를 베어 넘기는 일이 있었다. 위나라에서는 그의 발자취를 모두 없앴다. 상나라와 주나라에서는 극단적인 경우를 당했다. 제나라에서는 포위를 당했다. …… 양호(羊祜)에게 모욕을 당했다. 슬픈 일이지만 그는 죽음을 맞이했다. 그의 삶만큼 기복이 심하고 바빴던 삶은 없었다.

이 현자들은 생전에 단 하루도 즐거운 날이 없었다. 그들은 죽은 다음에야 만대에 지속될 명성을 얻었다. 그러나 현실적인 것에 마음을 쓰는 사람이라면 아무도 그런

---

[*] 순임금과 우임금에 대해서는 343쪽 참조. 걸왕과 주왕에 대해서는 343~344쪽 참조.

명성을 선택하지는 않을 것이다. 그들을 기려 보라. 그래도 그들은 그 사실을 모른다. 그들에게 상을 주어보라. 그래도 그들은 그런 사실을 모른다. 그들의 명성은 그들에게 아무런 의미도 없다. 그 명성이 나뭇가지나 한 줌의 흙에게는 아무런 의미도 없는 것처럼 말이다.

(반면에) 걸왕에게는 많은 세대에 걸쳐 쌓아 놓은 부가 있었으며 옥좌가 있었다. 아랫사람들의 저항을 제압할 만한 지혜가 있었다. 세상을 뒤흔들 만한 힘이 있었다. 눈과 귀를 통해 알게 된 여러 가지 쾌락을 즐겼다. 하고 싶은 생각이 드는 것은 모두 다 했다. 다행스럽게도 그에게 죽음이 임했다. 그의 삶만큼 호사스럽고 유흥을 즐긴 삶은 없었다. 주왕에게도 많은 세대에 걸쳐 쌓아 놓은 부가 있었으며 옥좌가 있었다. 하고자 하는 것은 무엇이든 할 수 있는 힘이 있었다. 밤새도록 마음껏 욕망을 충족시켰다. 그는 예법이나 의로움을 생각하느라 자신을 괴롭힌 적이 없었다. 다행스럽게도 그에게도 파멸이 임했다. 그의 삶만큼 하고 싶은 대로 살았던 삶은 없었다.

이 두 악인은 생전에 욕망을 충족시키는 즐거움이 있었다. 죽은 후에 그들은 어리석은 폭군이라는 (좋지 않은) 명성을 얻었다. 그러나 명성이 (즐거움을 누리는) 현실을 안겨 주는 것은 아니다. 그들을 비난해 보라. 그래도 그들은 그런 사실을 모른다. 그들을 칭송해 보라. 그래도 그들은 그 사실을 모른다. 그들의 (좋지 않은) 명성은 그들에게 아무런 의미도 없다. 그 명성이 나뭇가지나 한 줌의 흙에게는 아무런 의미도 없는 것처럼 말이다.[147]

이 모든 것이 공자와는 얼마나 다른가! 반동적인 성격이 강한 세월이 중국 사상가 가운데 가장 존경스러운 사람들은 보존하고 나머지는 거의 모두 잊혀진 영혼들이 머무는 망각의 구렁 속에 쓸어 넣은 것 같다는 생각이 든다. 아마 세월이 옳을 것이다. 만일 양주와 같은 생각을 가진 사람이 많았다면 인류 자체가 오래 살아남지 못했을 것이다. 양주에게 제시할 수 있는 답변은 이것뿐이다. 즉 만일 개개인이 도덕적 제약들을 만들어 내고 지키는 가운데 주고받으며 추종자들과 협력하지 않는다면 사회는 존속할 수 없다. 아울러 사회가 없다면 개인도 존속할 수 없다. 우리의 삶은 우리를 구속하는 바로 그 제약들에 의존한다. 일부 역사가들은 기원전 4~3세기에 중국 사회가 붕괴된 부분적인 원인을 이런 이기주의적인 철학들이 확산된 사실에서 찾았다.[148] 존슨(Johnson) 박사와 같은 당대의 인물인 맹자가 묵자의 이상주의에 대해서는 물론 양주의 쾌락주의에 대해서도 비판하는 목소리를 높인 것은 조금도 이상한 일이 아니다.

양주와 묵자의 말이 온 세상에 퍼져있다. 사람들의 대화에 귀를 기울여 보면 그 두 사람 중 하나의 견해를 받아들이고 있음을 알게 될 것이다. 그런데 양주의 견해는 "각자 자신을 위해서 행하라."는 것이다. 이것은 통치자의 요구 권리를 인정하지 않는 것이다. 묵자의 원리는 "모든 사람을 똑같이 사랑하라."는 것이다. 이것은 아버지를 향한 각별한 애정을 인정하지 않는 것이다. 임금도 인정하지 않고 아버지도 인정하지 않는 것은 짐승이나 다름없는 것이다. 만일 그들의 원리를 금지시키고 공자의 원리를 확산시키지 않는다면 그들의 사악한 말이 사람들을 미혹시키고 인(仁)과 의(義)의 길을 막을 것이다.

내가 그런 말에 경각심을 느껴 이런 말을 하는 이유는 이전 성현들의 가르침을 지키고 양주와 묵자에 맞서기 위함이다.[149]

3. 군주들의 멘토 맹자(孟子)

중국 철학의 풍요로운 연대기를 보면 공자 다음으로 명성이 높은 사람이 바로 맹자다. 맹자는 유서 깊은 가문에서 태어났다. 그의 이름은 본래 맹가(孟軻)였으나 제국의 명령에 따라 스승 맹 혹은 철학자 맹을 의미하는 맹자(孟子)로 바뀌었다. 그리고 라틴어로 교육을 받은 유럽의 철학자들이 그의 영어식 이름 "Mang-tze"를 "Mencius"로 번역한 것이다. 이것은 공부자를 의미하는 "K'ung-fu-tze"를 "Confucius"로 번역한 것과 같다.

우리는 맹자를 아는 것만큼이나 그의 어머니에 대해서도 잘 안다. 맹자의 어머니를 이상적인 어머니상으로 부각시켜 유명하게 만든 중국 역사가들은 그녀에 대해 재미있는 이야기를 많이 전한다. 그녀는 맹자 때문에 세 번 이사했다고 한다. 한번은 공동묘지 부근에 살았으므로 아들이 그곳에서 일하는 사람처럼 행동하기 시작했기 때문이었다. 다음에는 도살장 부근에 살았으므로 동물들이 도살될 때 지르는 소리들을 너무 잘 흉내 냈기 때문이었다. 그 다음에는 시장 부근에서 살았으므로 상인처럼 행동하기 시작했기 때문이었다. 학교 부근으로 이사한 뒤로는 마침내 만족했다. 아들이 공부를 게을리 하면 그가 보는 앞에서 베틀의 베를 끊었다. 아들이 왜 그렇게 파괴적인 행동을 하냐고 물으면 그의 나태함과 학문과 자기 계발에 연속성이 없는 그의 모습을 흉내 내고 있을 뿐이라고 설명했다. 결국 그는 열심히 공부하는 학생이 되었으며 결혼한 후에는 아내와 이혼하고 싶은 유혹과 싸웠다. 철학 학교를 열어 유명한 학생 집단을 모았으며 다양한 제후들에게 그의 통치 이론들을 토론하자는 초대를 받았다. 그는 노년의 어머니 곁을 떠나고 싶어 하지 않았으나 어머니가 그를 보냈다. 아들을 보내면서 한 그녀의 말은 모든 중국 남자들이 좋아하는 말이었으며 아마 그중 한 사람이 만든 말이었을 것이다.

자신의 일을 결정하는 것은 여자가 할 일이 아니다. 여자에게는 세 가지를 따라야 할 법도가 있다. 어려서는 부모를 따라야 하고 결혼한 다음에는 남편을 따라야 하며 홀로 되었을 때는 자식을 따라야 한다. 너는 이제 다 자란 어른이고 나는 이제 나이를 먹었다. 너는 네가 옳다고 확신하는 대로 행하라. 그러면 나는 내가 지켜야 할 법에 따라 행할 것이다. 어찌하여 너는 나를 염려하느냐?[150]

맹자는 길을 떠났다. 가르치려는 욕구는 다스리려는 욕구의 일부분이기 때문이다. 가르치는 길을 걸어 보라. 그러면 다스리는 길이 나타나기 마련이다. 볼테르처럼 맹자 역시 민주주의보다는 군주제를 선호했다. 민주주의에서는 정부가 성공하려면 모든 사람을 교육해야 하는 반면에 군주제에서는 철학자가 임금 한 사람만 지혜롭게 키우면 완벽한 국가를 세울 수 있다고 보았기 때문이다. "임금의 생각에서 잘못된 것을 바로잡아라. 임금을 바로잡으면 나라가 안정될 것이다."[151] 그는 제일 먼저 제나라로 가서 환공을 바로잡으려고 했다. 그는 명예직은 받아들였으나 보수는 사양했다. 그러나 곧 환공이 철학에 관심이 없다는 것을 알게 되자 약소국가인 당나라로 물러갔다. 그러나 당나라의 임금은 성실하지만 배움에는 자질이 없었다. 그러나 맹자는 제나라로 돌아가 환공에게서 요직을 받아들임으로써 지혜와 깨달음이 성장했음을 보였다. 이렇게 안락하게 지내는 동안 어머니가 세상을 떠나자 성대하게 장사를 지내 제자들을 당황하게 만들었다. 그는 제자들에게 어머니에 대한 효성을 표현했을 뿐이라고 설명했다. 몇 년 후 환공이 정복 전쟁에 착수하면서, 시대에 맞지 않는 평화주의를 펼지는 맹자에게 화가 나서 그의 관직을 거뒀다. 송나라의 임금이 철학자처럼 다스리는 일에 관심을 보인다는 소문을 듣고 맹자는 그의 조정을 찾았으나 소문이 과장되었다는 사실을 알게 되었다. 성경에서 잔치에 초대받은 많은 사람처럼 많은 임금 역시 바르게 다스리지 못하는 핑계가 많았다. 그중한 임금은 "우리나라는 연약하다. 그러므로 나는 용맹함을 좋아한다."라고 했다. 다른 임금은 "우리나라는 재정이 약하다. 그러므로 나는 부를 좋아한다."라고 했다.[152] 맹자는 관직을 등지고 학생들을 가르치고, 당시의 임금들과 나눈 대화들을 서술하는 책을 쓰면서 노년을 보냈다. 우리는 이런 대화들이 어느 정도나 월터 새비지 랜더(Walter Savage Landor)의 대화와 같은 부류로 분류되어야 하는지 알 수 없다. 아울러 그 책이 맹자 자신의 작품인지, 제자들의 작품인지 아니면 맹자와 제자들 모두와는 전혀 상관없는 작품인지, 그들 모두의 공동 작품인지도 알 수 없다.[153] 우리가 말할 수 있는 것은 중국 철학의 고전 중 가장 높이 평가되는 책 가운데 하나라는 것뿐이다.

맹자의 가르침은 공자의 가르침만큼이나 철저하게 세속적이다. 그들의 가르침에는 논리학이나 인식론, 형이상학에 관한 것은 거의 없다. 유교 학자들은 그런 난해한 분야들은 노자의 추종자들에게 맡기고 도덕과 정치에 대한 사변에만 매달렸던 것이다. 맹자의 관심사는 선한 생활을 도표화하고 선한 사람들이 다스리는 정부를 세우는 것이었다. 그의 기본적인 주장은 사람들은 천성적으로 선하며[154] 사회 문제가 발생하는 이유는 사람들의 본성 때문이 아니라 정부들이 악하기 때문이라는 것이다. 그러므로 철학자가 임금이 되거나 이 세상의 왕들이 철학자가 되어야 한다.

"그러므로 임금인 당신이 자비로운 정부를 세운다면 나라의 모든 관리가 당신의 조정에 서고 싶어 할 것입니다. 모든 농부가 당신의 들에서 땅을 갈고 싶어 하며 모든 상인이 당신의 시장에 상품을 보관하고 싶어 할 것입니다. 모든 여행자가 당신의 길을 따라 여행하고 싶어 할 것이며 전국에서 관리에게 부당한 대우를 받은 모든 백성이 당신에게 와서 불평하고 싶어 할 것입니다. 그들이 그렇게 하려고 하면 누가 그들을 돌이킬 수 있겠습니까?"

이 말은 듣고 임금은 "내가 우둔하여 그렇게 할 능력이 없다."라고 했다.[155]

훌륭한 통치자라면 다른 나라와 싸우지 않고 공동의 적인 가난과 싸울 것이다. 범죄와 무질서가 나타나게 되는 원인은 바로 가난과 무지이기 때문이다. 고용 기회가 부족한 결과로 행해진 범죄를 처벌하는 것은 사람들 앞에 덫을 놓는 비열한 일이다.[156] 나라는 백성의 후생을 책임져야 하며 따라서 경제 과정도 적절하게 다스려야 한다.[157] 토지 위에 세워지거나 그 위에서 행해진 것에 대해서보다는 주로 토지 자체에 대해서만 세금을 부과해야 한다.[158] 관세를 모두 폐지하고 보편적인 의무 교육을 실시하여 문명을 발전시킬 건전한 기반으로 삼아야 한다. "법이 훌륭하다고 해도 훌륭한 교육을 통해 백성들의 마음을 얻는 것과 같지 못하다."[159] "사람이 동물과 다른 점은 아주 작은 것이다. 대부분의 사람들은 그것을 내던지고 뛰어난 사람들만 보존한다."[160]

임금들은 맹자의 급진주의 때문에 그를 배척하고 당시의 사회주의자들과 공산주의자들은 그의 보수주의 때문에 그를 비웃었다. 이 점을 알게 되면 우리 시대가 정치 분야에서 안고 있는 문제와 태도, 해법이 얼마나 오래된 것인지 깨닫게 된다. 남쪽 오랑캐인 허행(許行)이 프롤레타리아 독재의 깃발을 내걸고 노동자들을 국가의 수장들로 삼을 것을 요구하여(허행은 "노동자들이 관리가 되어야 한다."라고 했다.) 지금처럼 당시에도 많은 "배운 사람들"이 새로운 기치 아래로 모여든 일이 있었다. 그때 맹자는 그 사상을 배격하고 비웃으며 "정부는 배운 사람들의 수중에 있어야 한다."라고 주장했다.[161] 그러나 그는 인간 사회의 이익 동기를 비판했다. 아울러 쑹캉이 현대식으로 왕들에게 전쟁은 이익이 남지 않는 일이라고 설득하여 평화주의를 받아들이도록 제안한 일로 그를 꾸짖었다.

그대의 취지는 훌륭하지만 논증 방법이 좋지 않다. 그대가 이익의 관점에서 설득력 있게 진나라와 제나라의 임금들에게 조언하여 그 두 임금이 이익을 고려하여 군대의 움직임을 멈춘다면 그 두 군대에 속한 모든 사람들이 (전쟁이) 끝나게 되어 기뻐하겠지만 앞으로는 이익(을 추구하는 일)을 좋아하게 될 것이다. 신하는 자기가 생각하는 이익을 위해 임금을 섬길 것이다. 아들이 아버지를 섬기고 동생이 형을 섬길 때도 똑같은 관점에서 섬기게 될 것이다. 그러면 임금과 신하, 아버지와 아들, 동생과 형이 모두 인자함과 의로움을 버리고 마음에 품은 이익을 생각을 하며 서로 교제하게 될 것이다. 이것이 문제다. (사회의) 여건이 그렇게 되고도 망하지 않은 나라는 없었다.[162]

맹자는 혁명을 일으킬 권리를 인정했으며 왕이 있는 자리에서도 그 권리를 주장했다. 그는 전쟁은 범죄라고 비판했으며 다음과 같이 씀으로써 당시의 영웅 숭배자들에게 충격을 주었다. "'나는 군대 배치에 일가견이 있다, 나는 전투 지휘에 일가견이 있다.'라고 말하는 사람들이 있다. 이들은 흉악한 범죄자다."[163] "선한 전쟁은 없었다."[164] 그는 대궐의 사치를 비판했으며 백성은 흉년으로 고생하는데도 개와 돼지를 먹이는 임금을 호되게 꾸짖었다.[165] 어떤 임금이 자기는 흉년을 막을 수 없다고 주장하자 맹자는 그 임금에게 그러면 물러나

야 한다고 했다.[166] 그는 이렇게 가르쳤다. "(나라에서) 가장 중요한 요소는 백성이다. …… 가장 미미한 요소는 임금이다."[167] 그러므로 백성들은 통치자를 폐위시키고 때로는 살해할 수도 있는 권리가 있다.

주나라의 환왕(桓王)이 신하들에 대해 물었다. …… 맹자는 "임금에게 큰 허물이 있으면 신하들은 마땅히 간언해야 합니다. 신하들이 거듭 간언했는데도 임금이 귀를 기울이지 않는다면 임금을 폐위시켜야 합니다."라고 대답했다. …… 맹자는 계속 말을 이었다. "가령 형조의 수장이 (자기 밑에 있는) 관리를 다스리지 못한다면 임금은 그를 어떻게 하겠습니까?" 환왕이 말했다. "그를 파직시킵니다." 맹자가 다시 말했다. "만일 (임금이 다스리는) 나라 안에 훌륭한 정부가 없다면 어떻게 하겠습니까?" 그러자 환왕은 좌우를 살펴보고는 다른 문제에 대해 이야기했다. …… 환왕이 물었다. "탕왕이 걸왕을 내쫓고 무왕이 주왕을 몰아낸 것도 그런 이유였습니까?" 맹자가 대답했다. "기록에는 그렇게 되어 있습니다." 환왕이 물었다. "신하가 임금을 처형해도 되는 것입니까?" 맹자가 말했다. "(자기 고유의 본성인) 인자함을 짓밟는 사람을 강도라고 합니다. 의로움을 짓밟는 사람은 악한이라고 합니다. 우리는 강도와 악한을 그냥 인간이라고 합니다. 나는 주라는 '인간'을 처형했다는 말은 들었으나 '임금'을 처형했다는 말은 들어 본 적이 없습니다."[168]

이것은 용감한 가르침이었으며 중국 백성들은 물론 임금들도 인정한 원리를 확립하는 데 많은 기여를 했다. 백성들의 원성을 듣는 임금은 천명(天命)을 잃은 것이므로 폐위할 수 있다는 원리 말이다. 명(明)을 세운 홍무제(洪武帝)가 맹자와 환왕이 나눈 대화들을 읽고 크게 분노했다. 1084년 왕명으로 세우고 위패를 모신 공자의 사당에서 맹자의 위상을 낮추도록 명령했으나 일 년도 못가서 맹자의 위패는 제자리로 다시 회복되었다. 아울러 1911년 중국 혁명 때까지 맹자는 중국의 영웅 가운데 한 사람이며, 중국 정통 철학의 역사에서 두 번째로 위대한 이름과 영향력을 지닌 사람으로 남아 있었다. 공자가 2000년 이상 중국에서 지적인 지도력을 발휘할 수 있었던 것은 맹자와 주희의 힘이 컸다.*

4. 현실주의자 순자(荀子)

맹자의 철학에는 많은 약점이 있었으므로 당시의 사람들은 그 약점들을 드러내며 대단히 즐거워했다. 인간은 천성적으로 선하나 악한 제도들 때문에 악해졌을 뿐이라는 말이 사실인가? 그렇지 않으면 인간 본성 자체가 사회의 악들에 대해 책임이 있는가? 이것이 개혁자들과 보수주의자들이 오랜 세월을 두고 격론을 벌인 갈등을 정리해 놓은 초기의 표현이었다. 교육이 범죄를 줄이고 미덕을 늘려 사람들을 유토피아로 인도하는가? 철학자들은 나라를 다스리는 일에 적합한가 아니면 그들의 이론은 해결하고자 하는 혼란을 더욱 악화시키는가? 맹자의 비판자 중 가장 유능하고 가장 빈틈없는 사람은 관리로 지내다가 기원전 235년 일흔 살에 죽은 것으로 보인다. 맹자는 모든 인간의 본성은 선하다고 생각한 반면에 순자는 모든 인간은 악하며 심지어는 요임과 순임금조차 태어날 때는 야만인이었다고 생각했다.[169] 남아 있는 단편을 보면 순자는 홉스(Hobbes)처럼 쓰고 있다.

인간의 본성은 악하다. 인간 본성이 보여 주는 선한 면은 인위적인 것이다.** 태어날 때조차 이익을 좋아하는 것이 인간의 본성이다. 이런 본성에 따라 행동이 이루어지면서 다툼과 강도 행위가 늘어나게 된다. (인간의 본성에서는) 절제와 양보가 발견되지 않는다. 시기하고 혐오하는 것이 인간의 본성이다. 이런 본성에 따라 행동이 이루어지면서 폭력과 위해가 발생한다. 희생과 믿음은 발견되지 않는다. 눈과 귀의 욕망이 인간의 본성이다. 이런 욕망은 아름다움과 소리에 대한 사랑으로 이어진다. 이런 본성에 따라 행동이 이루어지면서 음란함과 무질서가 발생한다. 질서 정연한 모습으로 다양하게 표현되는 의로움과 예의 바름은 발견되지 않는다. 그러므로 인간

394

의 본성에 따르고 감정에 굴복하게 되면 다툼과 강도 행위로 이어지며 모든 사람이 의무를 게을리하게 되고 모든 구별을 무시하는 혼란으로 이어져 결국에는 야만 상태를 낳게 될 것이 분명하다. 따라서 교사와 법이 있어야 하며 예의 바름과 의로움에 대한 지침이 있어야 한다. 그렇게 하면 절제와 양보가 나타날 것이며 잘 제정된 행동 규범을 준수하게 되어 훌륭하게 다스려진 상태를 낳게 될 것이다. …… 옛날의 성군들은 인간의 본성이 악하다는 사실을 이해하여, …… 의로움과 예의 바름의 원리를 제정하고 인간의 본성적인 감정들을 바로잡고 아름답게 만들어 줄 법과 규범을 제정했다. …… 이는 도덕으로 다스리고 법도에 맞는 길로 나아가고자 함이었다.[170]

순자는 투르게네프(Turgeniev)처럼 자연은 사원이 아니라 일터라고 결론지었다. 원자재는 자연이 제공하지만 나머지는 지성이 해야 한다는 것이다. 그의 생각에 의하면 인간은 이와 같이 천성적으로 악하지만 교육을 제대로 받으면 성인으로 바뀔 수 있을 것이다. 만일 그것이 바람직하다면 말이다.[171] 시인이기도 했던 순자는 서툰 솜씨지만 프란시스 베이컨(Francis Bacon)의 사상을 시로 표현했다.

자연을 찬양하고 자연을 명상하는 그대여
왜 자연을 길들여 자연을 제어하지 않는가?
자연에 순종하고 자연을 찬미하는 그대여
왜 자연의 흐름을 제어하여 자연을 활용하지 않는가?
계절을 경외하는 마음으로 바라보고 계절을 기다리는 그대여
왜 계절에 맞게 활동하여 계절에 응수하지 않는가?
사물에 의지하고 사물을 보고 감탄하는 그대여
왜 자신의 능력을 펼쳐 사물을 변화시키지 않는가?[172]

5. 이상주의자 장자(莊子)

그러나 "자연으로 돌아가자."는 말은 그리 쉽게 사라지지 않았다. 다른 모든 시대처럼 이 시대에도 그 말을 외치는 소리가 들렸으며, 이번에는 당시 저술가 가운데 가장 글을 잘 쓰는 사람이 주창하고 나섰다. 장자는 자기가 아무리 불성실하고 나이를 먹더라도 언제나 반갑게 맞아 주는 유일한 여자를 사랑하는 것처럼 자연을 사랑했다. 그러므로 루소와 같은 시적 감수성을 자신의 철학에 쏟아붓고 볼테르와 같은 신랄한 기지로 날카롭게 다듬었다. 맹자가 사람을 "항아리만한 혹"[173]을 가진 사람으로 묘사할 정도로 몰입하는 일을 상상할 수 있겠는가? 장자는 철학자인 동시에 문학가다.

장자는 송나라에서 태어났으며 한때는 칠원(漆園)에서 하급 관리로 지내기도 했다. 그는 맹자가 방문했던 조정들을 똑같이 찾았으나 그 역시 (현존하는 그의 글에서는) 맹자의 이름을 전혀 언급하지 않는다. 아마 그들은 같은 시대를 산 사람인 것처럼 서로를 아꼈을 것이다. 전하는 이야기에 의하면 그는 고위직을 두 번 거부했다. 초나라의 위왕(威王)이 재상직을 제의했을 때 그는 짤막한 말로 왕의 사신을 돌려보냈다. "그대가 있으면 내가 더러워지니 빨리 가시오. 나는 임금의 대궐에서 규칙과 규제에 매여 사느니 차라리 더러운 도랑에서 즐겁게 지내는 것이 좋습니다."[174] 그가 낚시를 하고 있을 때 두 명의 고위 관리가 구나라 왕의 전언을 갖고 왔다. "당신이 내 나라를 맡아 주면 좋겠습니다." 장자에 의하면 그는 낚시를 멈추지 않고 이렇게 대답했다.

"구나라에는 3000년 전에 죽은 거북이가 남긴 귀신 같이 생긴 거북이 등딱지가 있어 왕이 바구니에 담아 천으로 싸서 사당에 보관하고 있다는 말을 들었습니다. 거북이가 죽어 등딱지를 남겨 그렇게 귀하게 모셔지는 것이 더 나았습니까? 아니면 살아 갯벌에서 꼬리를 끌고 다니는 것이 더 나았겠습니까?" 두 관리가 말했다. "살아서 갯벌에서 꼬리를 끌고 다니는 것이 더 나았을 것입니다." 이 말을 듣고 장자는 "당신들은 갈 길을 가십시오."라고 했다. "나는 계속 갯벌에서 꼬리를 끌고 다니겠습니다."[175]

정부에 대한 장자의 생각은 그의 정신적 조상인 노자의 생각과 같았다. 그는 왕들과 통치자들이 강도와 얼마나 많은 특질을 공유하고 있는지 즐겨 지적했다.[176] 진정한 철학자가 모종의 자기 부주의로 인해 나라를 떠맡게 된다면 자기 생각은 접어 두고 백성들에게 자유롭게 자치 기관을 세우도록 내버려 둘 것이다. "나는 세상을 그대로 내버려 두고 인내한다는 말은 들어 봤으나 세상을 다스린다는 말은 들어 보지 못했다."[177] 초기의 왕들이 등장하기 전에 있었던 황금 시대에는 정부가 없었다. 그러므로 요임금과 순임금은 중국과 공자에게 그토록 존경받을 사람이 아니다. 오히려 정부를 도입하여 사람들의 원초적인 행복을 망가트린 사람으로 비난받아야 한다. "미덕이 완전했던 시대에는 사람들이 새들이나 짐승들과 함께 어우러져 살았으며 모든 피조물과 가족처럼 지냈다. 그런데 그들이 어떻게 윗사람과 아랫사람을 구별할 줄 알았겠는가?"[178]

장자에 의하면 지혜로운 사람이라면 정부를 보면 즉시 부리나케 달아날 것이며 철학자나 왕과는 최대한 거리를 두고 지낼 것이다. 숲의 평화와 고요함을 사랑할 것이며(수많은 중국 화가들이 묘사하려고 노력한 주제) 인위적인 것이나 사상에 구애받지 않고, 설명할 수 없는 자연 생명의 법이며 흐름인 신성한 도(道)를 온전히 따를 것이다. 그는 말을 아낄 것이다. 말이란 제대로 인도하는 경우도 많으나 그만큼 잘못 인도하는 경우도 많으며 자연의 길이며 정수인 도는 말이나 사상 형태로 표현될 수 없기 때문이다. 그는 기계의 도움을 거절할 것이며 유서 깊은 방식, 즉 소박한 사람들의 고달픈 방식을 더 좋아할 것이다. 기계는 복잡하고 소란스럽게 만들고 불평등을 낳으므로 기계를 갖고 살면서 평화를 얻을 수는 없기 때문이다.[179] 그는 소유권을 멀리할 것이며 평생 금을 사용하지 않을 것이다. 티몬처럼 그도 산 속에 금이 묻혀 있어도 내버려 두고 바다 속에 진주가 있어도 그대로 내버려 둘 것이다. "그의 특징은 만물이 하나의 보물이라는 것과 삶과 죽음을 같은 것으로", 즉 자연의 리듬 속에서 어우러지는 가락들, 하나의 바다에서 일렁이는 파도들로 "보아야 한다는 점을 깨닫고 있다는 데 있다."[180]

반은 전설적인 인물인 노자(장자가 보기에는 노자가 공자보다 훨씬 더 심오했다.) 사상의 중심처럼 장자 사상의 중심 역시 비인격적 합일이라는 신비주의적인 비전이었다. 이 비전은 부처 및 우파니샤드의 가르침과 이상할 정도로 비슷하다. 그러므로 불교가 중국에 들어온 것은 400년 후로 기록되어 있지만 그보다 오래전에 인도의 형이상학이 중국으로 전해졌다고 생각하고 싶은 유혹을 느끼게 한다. 사실 장자는 불가지론자이며, 운명론자, 결정론자, 염세주의자다. 하지만 일종의 회의주의적인 성인, 즉 도에 몰두한 사람이기도 하다. 그는 자신의 회의주의를 그답게 이야기로 표현한다.

반영(半影)이 본영(本影)에게 말했다.* "그대는 한 순간은 움직이고 다른 순간은 휴식한다. 한 순간은 앉아 있고 다른 순간은 일어선다. 어찌하여 이렇게 의지가 불안정한가?" 본영이 대답한다. "나는 나로 하여금 내가 하는 것처럼 하게 만드는 무엇인가에 좌우되며 그 무엇은 그것으로 하여금 그것이 하는 것처럼 하게 만드는 무엇인가에 좌우된다. …… 내가 왜 어떤 것을 하거나 다른 것을 하지 않는지 그 이유를 어떻게 알 수 있는가?" …… 몸이 해체되면 정신도 따라서 해체될 것이다. 이런 경우를 매우 애처롭다고 해야 하지 않는가? …… 만물이 생성되고 해체되는 변화는 계속 진행되지만 우리는 그 과정을 유지하고 지속하는 것이 무엇인지 모른다. 누군가가 그 과정을 시작할 때를 우리가 어떻게 알겠는가? 누군가가 그 과정을 끝낼 때를 우리가 어떻게 알겠는가? 우리는 단지 그것을 기다려야 할 뿐이고 더 이상 할 수 있는 것이 없다.[181]

장자에 의하면 이런 문제가 나타나는 이유는 사물의 본성 때문이기보다는 우리 사고의 한계 때문이다. 우리의 뇌는 우주의 작은 입자에 지나지 않으며 그나마 몸 속에 갇혀 있다. 그러므로 이런 뇌가 우주를 이해하려는 노력이 모순

---

* 반영이란 월식에서 본영(완전히 어두운 부분)과 빛 사이에 나타나는 약간 밝은 부분을 말한다. 아마 장자의 비유에서 말하는 완전히 어두운 부분은 약간 깨달음을 얻은 정신에게 질문을 받는 몸일 것이다.

과 이율배반, 당혹감에 빠지는 것은 조금도 놀라운 일이 아니다. 이렇게 부분의 관점에서 전체를 이해하려는 노력은 엄청나게 조심성 없는 노력이며 재미를 안겨 준다는 점에서만 용서될 수 있는 노력이다. 철학처럼 해학 역시 전체에 대한 부분의 견해이며 철학과 해학 이 둘은 나머지 하나가 없으면 가능하지 않다. 지성은 예컨대 어린이의 성장과 같은 심오한 것이나 궁극적인 것들을 이해할 수 없다고 장자는 말한다. "논쟁은 분명하게 이해하지 못한다는 것을 보여 주는 증거다." 도를 이해하려면 "자기가 알고 있는 지식을 단호하게 억눌려야 한다."[182] 이론을 잊고 사실을 느껴야 한다. 교육은 그런 이해로 나아가는 데 아무런 도움이 되지 않는다. 가장 중요한 것은 자연의 흐름 속에 잠기는 것이다.

그러면 혜택을 받은 보기 드문 신비주의자가 이해하는 도란 무엇인가? 도는 말로 표현할 수 없다. 굳이 표현하자면 도란 만물의 합일이며 만물이 기원에서 완성으로 조용히 흘러가는 흐름이며 그 흐름을 지배하는 법칙이다. 하지만 이것도 미약하고 모순된 설명이다. "하늘과 땅이 있기 전부터 도는 확고하게 존재하고 있었다."[183] 이런 우주적 합일성 안에서는 모든 모순이 해소되고 모든 구별이 사라지며 모든 대립이 해결된다. 그 합일성 안에서는 그리고 그 관점에서 보면 선악도 없고 흑백도 없고 미추(美醜)도 없으며* 대소도 없다. "우주도 가라지의 씨만큼 작은 것에 지나지 않으며 한 올의 머리카락 끝도 산만큼 크다는 것을 알기만 하면 사물들의 상대성을 알았다고 할 수 있을 것이다."[185] 이렇게 모호한 총체성 속에서는 어떤 형태도 항구적이지 않으며, 여유로운 진화의 주기 속에서 다른 것으로 바뀌지 못할 만큼 독특한 것도 없다.

(사물의) 씨앗들은 각양각색이며 미세하다. 이 씨앗들은 물의 표면에서 얇은 막을 형성하고 있다. 그러다 땅과 물이 만나는 곳에 이르게 되면 개구리와 굴의 옷(을 형성하는 이끼)이 된다. 흙무덤이나 언덕에서 소생하게 되면 질경이가 된다. 거름을 언

---

* "서시(西施)는 아름다운 여자였다. 그러나 서시의 모습이 물에 비치자 물고기들이 놀라서 달아났다."[184]

게 되면 미나리아재비 뿌리의 모습으로 나타난다. 미나리아재비의 뿌리는 그 잎과 굼벵이, 나비가 된다. 이 나비는 곤충으로 변하며 화덕 밑에서 소생된다. 그러면 그 곤충은 나방의 형태가 된다. 그 나방은 1000일이 지나면 새가 된다.[186]

이 사상은 다윈만큼 분명하지 않으나 쓸모가 있을 것이다.

이런 무한한 주기 속에서는 인간 자체도 다른 형태로 바뀔 수 있다. 인간의 현재 형태는 일시적인 것이며 영원의 관점에서 보면 피상적인 실재, 즉 차이를 드러내는 마야의 기만적인 베일의 일부일 뿐일지도 모른다.

언젠가 나 장자는 꿈을 꾼 적이 있다. 그 꿈에서 나는 팔랑거리며 이리저리 날아다니는 나비였다. 어떤 면에서 보아도 완벽한 나비였다. 나는 나비의 입장에서만 생각하고 내가 인간이라는 사실을 까맣게 잊었다. 갑자기 잠이 깨었더니 그 자리에 내가 있었다. 내 자신으로 다시 돌아온 것이다. 그런데 내가 그때 나비가 되어 있는 꿈을 꾼 인간이었는지 아니면 지금 인간이 되어 있는 꿈을 꾸고 있는 나비인지 모르겠다.[187]

그러므로 죽음은 단지 형태가 바뀌는 것일 뿐이다. 아마 더 나은 형태로 바뀌는 변화일 것이다. 나중에 입센(Ibsen)이 말하게 되는 것처럼 죽음은 변화의 용광로 속에서 우리를 다시 녹이는 위대한 마왕이다.

장자의 임종이 다가오자 제자들이 장례를 준비했다. 그러나 그는 그들을 만류했다. "하늘과 땅이 나의 관이자 껍질이고 해와 달과 별이 나의 만장(輓章)이고 만물이 나를 무덤까지 따라갈 조문객(弔問客)이니 장례에 필요한 것은 다 갖춰지지 않았는가?" 제자들이 매장하지 않으면 육식을 하는 공중의 새들이 그의 시신을 먹어 치울 것이라고 말렸다. 그러자 장자는 그의 말 중에서 가장 웃음을 자아내게 하는 반어법을 사용하여 대답했다. "땅 위에 있으면 나는 솔개의 먹이가 될 것이다. 땅 속에 있으면 땅강아지와 개미의 먹이가 될 것이다. 그런데 왜 솔개의 먹이를 빼앗아 땅강아지와 개미에게 주려고 하는가?"[188]

중국의 고대 철학자들에 대해 상당히 길게 다루었다면 그 이유는 부분적으로는 인간의 운명과 생활에 대해 해결되지 않는 문제들이 호기심 많은 사람들의 마음을 사로잡기 때문이다. 아울러 부분적으로는 중국의 철학자들에 대한 전승은 중국이 세계에 안겨 준 선물 중 가장 귀한 부분이기 때문이기도 하다. 오래전(1697년) 범우주적인 사고방식을 지닌 라이프니츠는 중국 철학을 연구한 후 동양과 서양의 문화를 하나로 묶어 꽃을 피우자고 호소했다. 그는 모든 세대에게 유용한 관점에서 이렇게 썼다. "도덕이 나날이 타락하는 상황이 터무니없이 오래 지속되고 있는 것이 우리의 현재 여건이다. 이런 여건을 생각하면 중국에서 선교사를 보내 범국가적인 신학의 목적과 실천을 우리에게 가르칠 필요가 있다는 생각이 들 지경이다. …… 만일 민족들의 훌륭함에 대해 판단하도록…… 지혜로운 사람을 임명한다면 그 사람은 중국인에게 황금 사과상을 줄 것이라고 나는 생각하기 때문이다."[189] 그는 표트르 대제에게 중국으로 연결되는 육로를 건설해 달라고 간청했으며, 모스크바와 베를린에 "중국을 연구하고 중국과 유럽 간의 교류"를 위한 협회들을 설립하도록 촉구했다.[190] 1721년 크리스티안 볼프(Christian Wolff) 역시 할레 대학에서 중국의 실천적 철학에 대해 강의함으로써 그런 방향의 노력을 기울였다. 그러나 그는 무신론자라는 비난을 받고 해고되었다. 하지만 프리드리히는 즉위한 후 그를 프러시아로 불러 명예를 회복시켰다.[191]

계몽주의는 중국 철학을 받아들이면서 정원을 꾸미고 중국식 골동품으로 집을 단장했다. 프랑스의 중농주의자들은 자신들의 자유방임주의 이론을 제시하면서 노자와 장자의 영향을 받은 것으로 보인다.[192] 루소 역시 노자처럼 이야기할 때가 많았으므로 우리는 주저하지 않고 그를 노자 및 장자와 연결시킨다. 볼테르를 공자 및 맹자와 (만일 이 두 사람이 재치라는 축복도 받았다면) 연결시켜야 하는 것처럼 말이다. 볼테르는 이렇게 말했다. "나는 공자의 저서들을 주의 깊게 읽고 그 글을 발췌했다. 내가 그 책들에서 발견한 것은 허풍의 흔적이 전혀 없는 가장 순수한 도덕이었다."[193] 1770년 괴테는 중국의 철학 고전들을 읽고자 하는 결심을 기록했다. 그리고 43년 후 라이프치히에서 세계 절반의 무기들이 내는 소리가 울려 퍼졌을 때도 그는 그 소리에는 아랑곳하지 않고 중국 문헌에 몰두하고 있었다.[194]

중국 철학자들을 간단하고 피상적으로 소개하는 이 글을 읽고 독자들도 괴테와 볼테르, 톨스토이가 그들을 연구한 것처럼 그들의 글을 직접 연구하는 계기가 되길 바라는 마음이다.

24장　　시인의 시대

1. 중국의 비스마르크

아마 공자는 죽은 후에도 불행했을 것이다. 철학자들은 중국의 통일을 원했으며 공자 역시 어떤 강력한 왕조를 중심으로 통일시키려고 모색했으나, 중국은 계속 혼란과 부패, 분열 속에 빠져 있었기 때문이다. 더구나 위대한 사람이 마침내 등장하여 군사와 통치 면에서 천재성을 발휘하며 중국의 많은 국가들을 하나로 통일시켰으나, 그가 명령한 것은 공자의 책들 중 현존하는 모든 것을 불에 던지라는 것이었다.

이 전국(戰國) 시대의 분위기를 판단할 수 있게 해 주는 자료로는 굴원의 이야기가 있다. 굴원은 시인과 관리로서 장래가 촉망되는 사람이었으나 갑자기 면직되고 말았다. 그는 시골로 은거하여 조용한 개울가에서 삶과 죽음에 대해 명상하며 지냈다. 그는 신탁을 전하는 사람에게 물었다.

내게 말해 다오. 내가 진실하고 충직한 길을 계속 추구해야 하는가, 그렇지 않으면 부패한 세태를 따라야 하는가? 들에서 삽과 괭이를 들고 일해야 하는가, 아니면 고관의 시중을 들며 승진을 모색해야 하는가? 거리낌 없이 말하여 위험을 자초해야 하는가, 부유하고 지체 높은 사람들에게 알랑거리며 꼬리 쳐야 하는가? 덕을 갈고닦으며 만족해야 하는가, 아니면 성공하려고 여자들을 감언이설로 유혹하는 기술을 발휘해야 하는가? 올곧게 지내며 순수하고 깨끗하게 지내야 하는가, 기름을 바른 것 같은 매끄러운 말로 시류에 따라 아첨하며 지내야 하는가?[1]

굴원은 물에 몸을 던짐으로써 딜레마를 해결했다.(기원전 350년경) 그 후 우리 시대에 이르기까지 중국인들은 그의 명성을 기리며 해마다 용선 축제(龍船祝祭)를 열어 모든 시내에서 그의 시신을 찾았다.

중국을 통일한 사람은 중국 역사가들이 생각해 낼 수 있는 가장 좋지 않은 출신 배경을 지닌 사람이었다. 시황제는 (서쪽 지역의 국가 중 하나인) 진나라의 왕비와 대신인 여불위(呂不韋) 사이에서 태어난 사생아였다고 한다. 여불위는 자기가 지은 글을 단 한 자라도 더 낫게 고칠 수 있는 사람에게 줄 상금으로 대문에 황금 천 냥을 내건 사람이었다.[2](그러나 그의 아들은 이런 문학적 취향을 물려받지 못했다.) 사마천의 보고에 의하면 시황제는 아버지에게 자살을 강요하고 어머니를 처형하고 열두 살의 나이로 제후국의 왕위에 올랐다. 스물다섯 살 때 그는 중국을 오랫동안 분열시키고 있던 약소국가들을 정복하여 합병시키기 시작했다. 기원전 230년에는 한(韓)나라를 정복하고 228년에는 조(趙)나라, 225년 위(魏)나라, 223년 초(楚)나라, 222년 연(燕)나라를 정복했으며, 끝으로 221년에는 중요한 국가인 제(劑)나라를 정복했다. 중국 역사상 최초로 중국은 하나의 통일 국가를 세웠다. 정복자는 시황제라는 칭호를 택한 후 새로운 제국에 항구적인 지배 체제를 갖추는 작업에 착수했다.

"우뚝 솟은 코와 큰 눈, 맹금류의 가슴, 자칼의 목소리, 호랑이나 늑대의 마음을 가진 자비심 없는 사람", 이것이 중국 역사가들이 공동의 적으로 삼는 사람에 대해 우리에게 남겨 준 유일한 묘사다.[3] 그는 자기 외에는 어떤 신도 인정하지 않았으며 (약간 니체적인 비스마르크처럼) 피와 철로 나라를 통일시키겠다고 공언한 강인하고 고집스러운 정신을 지닌 사람이었다. 중국을 하나의 제국으로 만들고 제위에 오른 후 그가 제일 처음 한 일은 국경에 있는 기존의 성벽들을 완벽하게 연결하여 이민족에게서 제국을 방어하는 작업이었다. 아울러 나라 안의 수많은 적들을 중국의 위엄과 인내심을 상징하는 영웅적인 이 상징물을 지켜 줄 군사를 제공하는 편리한 원천으로 삼았다. 길이가 2414킬로미터나 되고 곳곳에 아시리아 양식으로 세운 육중한 성문이 있는 만리장성은 지금까지 인간이 세운 가장 큰 건축물이다. 볼테르는 만리장성에 비하면 "이집트의 피라미드는 소꿉장난 수준의 쓸모없는 돌무더기일 뿐이다."라고 했다.[4] 만리장성은 무수한 사람이 동원되어 10년에 걸쳐 쌓았다. 중국인들의 말에 의하면 "만리장성은 한 세대를 파멸시켰으나 많은 세대를 구했다." 앞으로 살펴보겠지만 만리장성은 외적을 완전히 막지는 못했으나 외적의 공격을 지연시키고 감소시켰다. 훈족은 중국으로 들어갈 길이 한동안 막히게 되자 서쪽으로 길을 돌려 유럽으로 들어가 이탈리아로 내려갔다. 로마가 멸망한 것은 중국이 만리장성을 쌓았기 때문이었다.

반면에 시황제는 나폴레옹처럼 전쟁의 즐거움을 등지고 통치로 돌아서서 미래의 중국 국가를 위한 틀을 만들었다. 그는 법가(法家) 계열의 재상 이사(李斯)의 조언을 받아들여 이전처럼 관습과 지방 자치를 중국 사회의 기반으로 삼지 않고 명문화된 법과 강력한 중앙 정부를 기반으로 삼기로 했다. 봉건 제후의 세력을 무너트리고 중앙의 조정에서 임명한 관리로 대체했으며, 모든 지역에 문관에게서 독립된 지위를 갖는 군사력을 배치했다. 통일된 법령과 조례를 도입하고 공식적인 의식을 단순화시키고 국가 통화를 발행했으며 봉건 영지를 대부분 분할했다. 아울러 농부의 토지 소유권을 확립하여 중국이 번영할 수 있는 길을 마련했으며, 수도인 셴양(咸陽)에서 사방으로 넓은 도로를 건설하여 통일을 마무리할 수 있는 길을 닦아 놓았다. 그는 많은 궁궐을 지어 이 도시를 아름답게 꾸미고는 제국에서 가장 부유하고 가장 강력한 12만 개의 가문을 설득하여 자기가 지켜볼 수 있는 곳에서 살게 만들었다. 비무장 상태로 암행하며 악습과 무질서를 살핀 후 분명한 시정 명령을 내렸다. 그는 과학을 육성하고 인문학을 억제했다.[5]

시황제는 시인과 비평가, 철학자 특히 유학자 등 인문 계열의 학자를 공공연하게 적으로 삼았다. 그들은 그의 독재 치하에서 초조해졌으며 지상권을 지닌 통일 정부가 확립되자, 주왕조의 전쟁과 분열 속에서도 문학이 번성하게 만든 사상과 생활의 다양성과 자유가 끝났다고 생각했다. 그들이 시황제가 유서 깊은 의식을 무시하는 일에 대해 항의했을 때 황제는 그들을 퉁명스럽게 대하고 내쫓았다.[6] 고위 관리로 있는 학자들은 집단으로 그에게, 그의 친척들에게 영지를 주어 봉건 제도를 회복시키도록 제안하면서 이렇게 덧붙였다. "우리가 아는 한 어떤 분야에서든 유서 깊은 전통을 본받지 않고도 자리를 오래 보존한 사람은 없었습니다."[7] 당시 중국 문자를 개혁하는 일에 착수하여 대체로 우리 자신의 시대까지 계속 유지되고 있는 형태로 확립하고 있던 재상 이사는 그 비판에 대해 중국의 인문학에는 아무런 도움도 주지 못한 다음과 같은 역사적인 말로 대답했다.

오제(五帝)도 다른 사람의 조치를 그대로 답습하지 않았으며 삼황(三皇)도 서로 모방하지 않았다. …… 시대가 변했기 때문이었다. 이제 황제가 최초로 위대한 업적을 이루었으며 앞으로 천대까지 이어질 영화로운 나라를 세웠다. 그런데 고위 관리들이 어리석어 이 점을 이해하지 못하고 있다. …… 과거에는 중국이 분열되어 혼란스러웠다. 중국을 통일시킬 수 있는 사람이 아무도 없었다. 이것이 모든 귀족이 번영할 수 있었던 이유다. 고위 관리들이 대화를 나눌 때 모두 과거를 거론하는 이유는 현재를 헐뜯기 위함이다. …… 그들은 백성에게 비방하는 말을 만들어 내도록 조장하고 있다. 사태가 이러하므로 그들에게 대처하지 않으면 하층민 사이에서는 황제의 위상이 높아지더라도 고위층에서는 그 위상이 손상될 것이다.

나는 진(秦)의 역사를 제외한 모든 공식 역사서를 불사르고 당국은 시경과 서경,* 제자백가 사상집을 숨기려는 사람들을 찾아내 그 책들을 불사르도록 제안한다.[8]

황제는 이 제안이 매우 마음에 들어 전국에서 역사가의 책을 불살라 현재에 드리운 과거의 흔적을 완전히 제거하여, 시황제를 중국 역사의 시발점으로 삼을 수 있게 하라는 명령을 내렸다. 과학 서적과 맹자의 서적은 금서 목록에서 제외된 것으로 보이며, 많은 금서가 당국의 허락을 받은 학자들만 열람할 수 있는 제국 도서관에 보존되었다.[9] 당시의 책은 고리로 묶은 죽간(竹簡)에 기록한 것이어서 책 한 권의 부피가 상당했다. 그러므로 그 명령을 빠져나가려는 학자들은 많은 어려움을 겪어야 했다. 그런 학자들은 다수가 발각되었다. 전승에 의하면 그중 다수는 만리장성을 쌓는 강제 노동에 투입되고 460명은 처형되었다고 한다.[10] 그러나 일부 학자들은 공자의 전 작품을 암기하여 구전을 통해 동일한 암기력을 지닌 사람들에게 그 작품들을 전했다. 이에 황제가 죽자 곧 (아마 많은 오류가 스며들었겠지만) 그 작품들이 다시 자유롭게 유포되었다. 시황제의 명령은 금서를 신성시하는 분위기를 만들고, 중국 역사가들에게 시황제의 인기를 떨어트리는 항구적인 결과만 낳았을 뿐이다. 오랫동안 백성들은 그의 무덤을 더럽힘으로써 그에 대한 판단을 표현했다.[11]

시황제는 힘 있는 가문들을 없애고 글과 말의 자유를 소멸시킨 덕분에 만년에는 가까이 할 사람이 거의 없었다. 그를 암살하려는 시도들이 있었으나 그는 그런 시도들을 제때 찾아내 자객을 직접 처단했다.[12] 그는 제위에 앉아 있을 때도 무릎에 칼을 놓고 있었으며 잠을 잘 때도 많은 궁궐의 어느 방에서 자는지 아무도 모르게 했다.[13] 알렉산드로스처럼 그 역시 자기가 신이라는 사상을 유포하여 왕조를 강화시키려고 했으나 이 어설픈 시도 역시 알렉산드로스의 경우처럼 실패로 끝났다. (그를 미워했던 역사가들을 믿을 수 있다면) 만년에 그는

미신에 빠져 많은 비용을 들여 불로장생의 약을 찾게 하기도 했다. 그가 죽었을 때 그의 시신은 수도로 은밀하게 운구되었으며 냄새를 숨기려고 상한 생선을 담은 수레를 이용했다. 수백 명의 여자들이 그와 동행하도록 생매장되었다고 한다. 후계자는 그의 죽음에 감사하여 무덤에 장식품과 돈을 아낌없이 쏟아부었다. 무덤의 지붕에는 별자리들을 새겨 넣었으며 청동으로 된 바닥에는 수은으로 제국의 지도를 그려 넣었다. 아치형 천장에는 침입자를 자동으로 살해하기 위한 기계 장치가 설치되었으며, 죽은 황제와 비빈들의 움직임을 무한히 밝혀 주려는 바람에서 거대한 초로 불을 밝혔다. 무덤으로 시신을 운구한 일꾼들은 무덤의 비밀 통로가 새어 나가지 않게 하려고 시신과 함께 생매장되었다.[14]

2. 사회주의 실험

역사상 모든 독재가가 사망하면 거의 언제나 그랬던 것처럼 시황제가 사망하자 무질서한 상황이 이어졌다. 불멸의 존재만 모든 권력을 한 손에 장악할 수 있기 마련이다. 시황제의 아들이 이사를 처형한 직후 백성들이 반란을 일으켜 황제를 살해함으로써 진나라는 창설자가 죽은 후 5년도 지나지 않아 막을 내렸다. 서로 대립하는 제후들이 경쟁적으로 나라를 세우면서 중국은 다시 무질서 속으로 빠져들었다. 이런 상황에서 영리한 용병 대장인 한고조(漢高祖) 유방(劉邦)이 왕위를 차지하고 한(漢)나라를 세웠다. 이 한나라는 몇 차례 단절되고 수도를 한 번 옮기는 일이 있었으나* 400년간 존속했다. 한문제(漢文帝, 기원전 179~157년)는 말과 글의 자유를 회복시키고 시황제가 정부 비판을 금지시

<hr>

* 전한(前漢, 기원전 206~서기 24년)은 얼마 전까지 허난부(河南府)였던 뤄양을 수도로 삼았으며, 후한(後漢, 서기 24~221년)은 지금의 시안(西安) 시(市) 부근의 장안을 수도로 삼았다. 중국인들은 지금도 여전히 자신들을 "한족(漢族)"이라고 부른다.

켰던 칙령을 철회하고 평화 정책을 펼쳤으며, 적대적인 장군을 예물로 회유하는 중국 관습을 처음으로 시작했다.[15]

한나라의 가장 위대한 황제는 무제(武帝)였다. 반세기가 넘게 통치하면서(기원전 140~87년) 그는 침입하는 이민족들을 물리쳤으며 중국의 지배 영역을 한국과 만주, 베트남, 인도차이나 반도, 투르키스탄까지 넓혔다. 이제 최초로 중국은 현재 중국이라고 하면 연상되는 광대한 지역을 손에 넣게 되었다. 무제는 천연자원을 국유화하고 개인이 "산과 바다의 자원을 전유하여 부를 쌓고 그 부를 이용하여 하층민을 예속"[16]시키지 못하게 막음으로써 사회주의를 시도했다. 소금과 철을 생산하고 발효 음료를 만들고 판매하는 일을 국가가 독점했다. (당시의 역사가인 사마천의 표현에 의하면 "외상으로 구매하고 돈을 빌려 주는 사람들과 쌓아 놓으려고 구매하는 사람들, 온갖 상품을 쌓아 놓고 있는 사람들" 등의) 중간 상인과 투기업자의 세력을 꺾기 위해 범국가적인 유통망을 확립했으며, 급작스러운 가격 변동을 막기 위한 방법으로 교역을 통제하려고 모색했다. 국가에서 채용한 일꾼들이 제국의 모든 유통망을 장악했다. 국가에서 잉여 상품을 저장했다가 가격이 너무 가파르게 올라가면 그 상품을 풀고 물가가 떨어질 때는 사들였다. 사마천에 의하면 이런 방법을 통해 "부유한 상인들과 큰 상점 소유주들이 큰 이윤을 얻지 못하도록 막았으며, …… 제국 전역의 물가를 규제했다."[17] 모든 소득은 정부에 신고해야 했으며 해마다 5퍼센트의 세금을 내야했다. 상품의 구매와 소비를 촉진시키기 위해 황제는 주석 합금 은화를 발행하여 통화 공급을 늘렸다. 민간 산업이 수용하지 못한 수백만 명에게 일자리를 제공하기 위해 대규모 공공사업을 실시했다. 강에는 다리를 놓았으며 강을 서로 연결하고 들에 물을 대기 위해 무수한 운하를 팠다.[18]*

---

* 그라네(Granet)는 이렇게 말한다. "상황은 혁명적이었다. …… 한무제는 이런 상황을 이용하여 새로운 사회 질서를 갖춘 중국을 만들 수 있었을 것이다. …… 그러나 황제는 가장 시급한 문제에만 신경을 썼다. 그는 매일 다양한 방법을 활용하는 일만 생각하여 충분한 효과를 얻었다고 생각하면 버리고, 새로운 사람을 등용하여 충분한 성공을 거둬 세도를 가질 만한 위험이 보이면 내쳤다. 전제 군주의 안정되지 못한 이런 태도와 제국 입법자들의 근시안적인 시각 때문에 중국은 조직 체계를 잘 갖춘 국가가 될 수 있는 얻기 힘든 기회를 놓치고 말았다."[19]

새로운 체제는 한동안 번성했다. 교역이 증가하여 양과 다양성, 범위가 확대되었으며 이로 인해 중국은 멀리 떨어진 근동 국가와도 연결되었다.[20] 수도인 뤄양은 인구와 부가 늘어났으며 수입이 늘면서 국고도 늘어났다. 학문이 번성하고 시가 많아졌으며 도자기도 아름다워지기 시작했다. 제국의 도서관에는 고전 3123권, 철학 서적 2705권, 시 관련 서적 1318권, 수학 서적 2568권, 의학 서적 868권, 전쟁 관련 서적 790권이 있었다.[21] 과거에 급제한 사람만 관직에 나아갈 수 있었으며 이 과거는 모든 사람에게 열려 있었다. 중국은 전에는 이렇게 번성한 적이 없었다.

그러나 이 용감한 실험은 국가적인 불운과 인간적인 극악무도한 행위가 겹치면서 막을 내렸다. 홍수와 가뭄이 교대로 겹치면서 통제할 수 없을 정도로 물가가 올랐다. 식량과 의복 값이 올라가게 되자 당황한 백성들은 이상적으로 묘사된 좋았던 옛날로 돌아가자고 떠들어대기 시작했으며, 새로운 체제를 생각해 낸 사람을 산 채로 물에 삶자고 외쳐댔다. 사업가들은 국가의 통제는 건전한 사업 정신과 경쟁을 줄인다고 주장했으며, 정부가 그 실험을 지원하기 위해 그들에게 부과하던 높은 세율의 세금을 내지 않았다.[22] 여자들이 법정에 들어가 중요한 관리에게 은밀한 영향력을 발휘하여, 황제가 죽은 후 관료계의 부패가 널리 확산되는 물결을 낳는 한 요소가 되었다.[23] 새로운 통화를 모방한 위조 화폐들이 매우 정교하게 만들어져 결국 그 통화를 몰아내고 말았다. 새로운 통치 체제 아래서 약한 사람들을 착취하는 사업이 다시 등장하여 1세기 동안 무제의 개혁은 망각되거나 매도되었다.

(무제가 사망하고 84년이 지난 뒤인) 서기(西紀) 초에 다른 개혁자가 중국의 옥좌에 올랐다. 그는 처음에는 섭정이었으나 후에 황제가 된 인물이다. 왕망은 중국 최고의 군자 중 한 명이었다.* 그는 부유했으나 검소하고 절제된 생활을 했으며 수입은 친구와 가난한 사람에게 나누어 주었다. 그는 나라의 정치 경제 생

---

* 서기 5년 소년 황제가 사망할 당시 왕망의 가문이 황제를 독살했다는 소문이 떠돌았다.[24] 만일 그 소문이 사실이 아니라면 그렇다는 말이다.

활을 재편하려는 힘든 싸움을 하는 중에도 시간을 내서 문학과 학문을 후원했을 뿐 아니라 자신도 대성한 학자가 되었다. 그는 권좌에 오른 후 일반 정치가들 뿐 아니라 문학과 철학 훈련을 받은 사람들도 주변에 두었다. 그 결과 그의 적들은 그가 실패한 원인을 이들 탓으로 돌린 반면에 친구들은 그가 성공한 것은 이들 덕분이라고 보았다.

중국의 큰 영지에서 노예 제도가 발달하는 모습에 충격을 받은 왕망은 집권 초기부터 토지를 국유화하여 노예 제도와 영지를 모두 폐지시켰다. 그는 토지를 균등하게 분할하여 농부에게 분배했으며 부가 다시 집중되는 현상을 막기 위해 토지 매매를 금지시켰다.[25] 소금과 철에 대한 국가의 독점권을 계속 유지한 것 외에도 광산을 국유화하고 주류 판매도 국가가 통제했다. 무제처럼 그도 물가를 고정시켜 상인에게서 경작자와 소비자를 보호하고자 했다. 농산물이 풍작일 때는 국가가 남는 것을 구매했다가 흉년이 들면 판매했다. 대부는 정부가 직접 관장했으며 모든 생산업체에 대해 낮은 금리를 적용했다.[26]

왕망은 경제적 관점에서 정책을 펼쳤으나 인간의 본성을 망각했다. 그는 밤낮을 가리지 않고 장시간 일하며, 국가를 부유하고 행복하게 만들어 줄 정책을 궁리했다. 그러나 자기가 다스리는 동안에도 사회의 무질서가 심화되는 모습을 보고는 낙심했다. 가뭄과 홍수 등의 자연재해가 계속 그의 계획 경제를 무너트렸으며, 그의 개혁 때문에 탐욕이 묶인 모든 집단이 힘을 합쳐 그를 무너트릴 음모를 꾸몄다. 반란이 일어났다. 그 반란들은 분명히 백성들이 일으킨 것이었으나 아마 자금은 위에서 지원되었을 것이다. 왕망이 그런 배은망덕함에 당혹감을 느끼며 이 소요들을 제어하려고 분투하고 있는 와중에 예속 민족들이 중국의 멍에를 벗어 버림으로써 그의 신뢰도를 약화시키고 흉노족이 북부 지방을 유린했다. 부유한 호족 유수(劉秀)가 전국적인 반란에 앞장서서 장안을 점령하고 왕망을 살해하여 그의 개혁을 무산시켰다. 모든 것이 이전으로 돌아갔다.

한나라 왕조는 일련의 연약한 황제들을 끝으로 막을 내리고 작은 왕조들과 분할 국가들이 난립하는 혼란이 이어졌다. 만리장성에도 불구하고 타타르족이 중국으로 쏟아져 들어와 북부의 넓은 지역을 정복했다. 아울러 훈족이 로마 제국의 조직을 무너트려 유럽이 백 년 동안 암흑기로 빠져들도록 도운 것처럼, 혈족인 이 타타르족의 침임은 중국 사회를 무질서 속으로 몰아넣어 문명의 성장을 한동안 중단시켰다. 이런 소요가 로마를 멸망시킨 소요보다 훨씬 짧고 덜 심각했다는 사실은 중국인의 인격과 문화가 지닌 힘을 가늠할 수 있게 해 준다. 전쟁과 혼란의 간주곡과 침략자들과의 인종적 교합이 있은 후 중국 문명은 회복되어 찬란하게 부활했다. 아마 타타르족의 피 자체가 이미 노쇠한 국가를 소생시키는 데 도움을 주었을 것이다. 중국인은 정복자들을 받아들이고 그들과 결혼하여 개화시켜 역사의 절정을 향해 나아갔다.

3. 당(唐)나라의 영광

중국이 이런 위대한 시대를 맞게 된 부분적인 이유로는 이 새로운 생물학적 교합과 불교가 전래되면서 받은 정신적 자극, 중국의 가장 위대한 황제 중 한 사람인 당태종(서기 627∼650년)의 천재성을 들 수 있다. 그는 9년 전에 당나라를 세운 두 번째 고조인 아버지의 양위로 스물한 살에 등극했다. 그는 자기를 제거하려고 위협하는 형제들을 살해하여 좋지 않은 모습을 보이며 첫걸음을 내딛었다. 그러나 그 후 군사적 능력을 발휘하여 침략을 일삼는 이민족들을 몰아냈으며, 한나라가 몰락한 후 중국의 지배에서 벗어난 인근 지역들을 다시 정복했다. 그는 공자의 저작들을 읽고 또 읽었으며 그 저서들을 화려하게 제본하여 출간하며 이렇게 말했다. "놋쇠 거울을 들여다보면 의관을 바로잡을 수 있는 것처럼 과거를 거울로 삼으면 제국들의 등장과 몰락을 예견하는 법을 배울 수 있다." 그는 사치를 멀리하고 그를 섬기도록 뽑은 궁녀 3000명을 내보냈다. 신하들이 범죄를 억제하기 위해 엄격한 법들을 천거했을 때 이렇게 말했다. "내가 씀씀이를 줄이고 세금을 가볍게 하고 정직한 관리만 등용하여 백성을 잘 입히면 극심한 형벌을 택하는 것보다 범죄 행위를 더 많이 줄일 수 있을 것이다."[27]

어느 날 태종은 장안의 감옥을 순시하여 사형수 290명을 둘러보았다. 그는 다시 돌아오겠다는 그들의 말만 믿고 내보내 밭을 갈게 했다. 모든 죄수가 다시 돌아오자 그는 매우 기뻐하며 그들을 모두 석방했다. 그 후 그는 모든 황제는 3일 동안 단식을 한 후에 사형 선고를 재가하도록 규정했다. 그는 수도를 매우 아름답게 꾸며 놓아 인도와 유럽에서도 관광객이 몰려왔다. 인도에서 많은 불교 승려가 왔으며 유안 츄왕 등의 중국 불교 신도들도 자유롭게 인도로 여행하여 새로운 종교를 발상지에서 연구했다. 선교사들이 장안으로 와서 조로아스터교와 네스토리우스 교파의 그리스도교를 전했다. 태종 역시 악바르처럼 그들을 환대하여 보호하고 자유를 제공했으며 그들의 사원에는 세금을 면제시켜 주었다. (당시 유럽은 빈곤과 지적 어둠, 신학 분쟁에 빠져 있을 때였다.) 자신은 계속 유교를 신봉했으나 독단이나 편견에 빠지는 일이 없었다. 탁월한 한 역사가에 의하면 "그가 세상을 떠나자 백성들은 한없는 슬픔에 잠겼으며 외국 사절들도 칼과 세모날로 자기 몸에 상처를 내어 사망한 황제의 상여에 자기 피를 뿌렸다."[28]

태종은 중국이 가장 창조적인 시대를 맞을 수 있는 길을 닦아 놓았다. 정부가 안정되어 50년 동안 비교적 평화를 누리며 부유해졌으므로 중국은 남아도는 쌀과 옥수수, 비단, 향료를 수출하기 시작했으며 그 소득으로 비할 데 없는 사치를 누렸다. 중국의 호수는 조각과 그림으로 단장한 유람선으로 가득 찼다. 강과 운하는 교역으로 활기를 띠었으며 항구에서는 선박들이 인도양과 페르시아 만에 있는 먼 항구를 향해 떠났다. 중국은 이런 부를 누렸던 적이 없었다. 그렇게 식량이 풍부한 적이 없었고 그렇게 안락한 집을 가져 본 적이 없었으며 그렇게 좋은 옷을 입어 본 적이 없었다.[29] 유럽에서는 비단이 금값으로 팔리고 있었으나[30] 중국의 대도시에서는 주민의 절반이 걸치는 평범한 옷감이었다. 8세기의 장안에는 20세기의 뉴욕보다 모피 코트가 더 많았다. 수도 부근에 있는 한 마을의 비단 공장들에서는 10만 명을 고용하고 있었다.[31] 이태백(李太白)은 이렇게 노래했다. "얼마나 인심이 좋은가! 돈이 얼마나 넘쳐나는가! 붉은 옥잔과 진귀하고 맛난 음식이 초록색 보석으로 아로새긴 식탁에 놓여 있다!"[32] 루비로 조각상을 새겼으며 화려하게 단장한 시신을 진주로 만든 무덤에 매장했다.[33] 위대한 인종이 갑자기 아름다움에 대해 눈을 떴으며 아름다움을 만들어 낼 수 있는 사람에게 아낌없는 찬사를 쏟아부었다. 중국의 한 비평가는 "이 시대에는 모든 사람이 시인이었다."라고 말한다.[34] 황제들은 시인과 화가를 고위직으로 승진시켰으며, 존 맨빌 경(Sir John Manville)*이라면 "무용담을 노래하고 이야기하는 음유 시인이 아니면"[35] 황제에게 감히 말할 엄두도 내지 못할 것이라고 말했을 것이다. 18세기에는 청(淸)나라 황제들이 당나라 시인들의 명시 선집을 준비하라고 명령한 결과 2300명의 시인이 쓴 4만 8900편의 시를 담은 서른 권의 시집이 마련되었다. 세월의 평가를 이기고 살아남은 시가 이렇게 많았던 것이다. 제국 도서관의 장서는 5만 4000권으로 늘어났다. 머독(Murdoch)에 의하면 "이 당시 중국은 문명의 선두에 서 있었던 것이 분명하다. 당시 중국은 지상에서 가장 강력하고 가장 개화되고 가장 진보적이고 가장 잘 통치되는 제국이었다."[36] "그 시대는 세상이 지금까지 목격한 가장 세련된 시대였다."**

중국의 가장 뛰어난 황제는 당나라의 현종이었다. 현종은 몇 번의 중단 기간이 있었지만 40년 정도(서기 713~756년) 중국을 다스린 황제였다. 그는 인간적인 모순으로 가득 찬 사람이었다. 시를 쓴 반면에 멀리 떨어진 나라들과 전쟁을 벌여 터키와 페르시아, 사마르칸트에서 가혹할 정도로 조공을 거뒀다. 사형제도를 폐지하고 교도소와 법원 운영을 개혁한 반면에 무자비한 세금을 부과

---

* 14세기에 대체로 가상적이고 경우에 따라서는 계몽적이며 항상 매혹적인 여행기를 쓴 프랑스 의사의 가명.
** 아서 웨일리(Arthur Waley).[37] 브리태니커 백과사전(14th ed., xviii, 361) 참조. "당나라 시대의 중국은 세계에서 가장 위대하고 가장 개화된 세력이었음이 분명하다."

했다. 시인과 예술가, 학자를 환대하고 음악 학교를 세웠다. 그는 비단 공장을 폐쇄하고 궁궐의 여자들에게 보석이나 장신구 착용을 금지시키며 청교도처럼 통치를 시작했으나, 온갖 예술과 사치를 즐기고 결국에는 양귀비의 웃음의 대가로 제위를 잃고 마는 쾌락주의자로 통치를 끝냈다.

둘이 만났을 때 현종은 예순 살이고 양귀비는 스물일곱 살이었다. 당시 양귀비는 이미 10년 동안 현종의 열여덟 번째 아들의 첩으로 있던 상태였으며 비만하고 가발을 썼다. 그러나 황제는 양귀비가 고집이 세고 변덕스럽고 오만하고 무례했기 때문에 사랑했다. 양귀비는 자비를 베풀어 황제의 흠모를 받아들이고는 자기 친척 가문 다섯을 소개한 후 대궐에서 그들을 등용할 한직을 찾도록 허락하게 했다. 황제는 양귀비를 "순수한 여인"이라고 불렀으며 양귀비에게서 군자다운 방탕한 기술을 배웠다. 천자는 이제 국가와 정무에 대해서는 거의 생각하지 않았다. 순수한 여인의 오라비이자 부패하고 무능한 양국충(楊國忠)의 손에 정부의 모든 권력을 맡겼다. 파멸이 몰려드는 동안 그는 밤낮으로 주색에 빠져 있었다.

타타르족 출신의 조정 대신인 안녹산(安祿山) 역시 양귀비를 사랑했다. 그는 황제의 신임을 얻었으며 황제는 그를 북방 절도사로 승진시키고 중국 최정예 부대를 맡겼다. 그러나 안녹산은 갑자기 자기가 황제라고 선포한 후 부대를 이끌고 장안으로 향했다. 오랫동안 소홀히 했던 방어선들이 무너지고 현종은 수도를 버리고 도주했다. 그러나 황제를 호위하던 군사들이 반란을 일으켜 양국충과 다섯 가문을 모두 살해하고 군주의 품에서 양귀비를 빼앗아 그가 보는 앞에서 살해했다. 늙고 지친 황제는 제위를 넘겨주었다. 안녹산의 야만적인 무리들은 장안을 약탈하고 주민을 닥치는 대로 학살했다.* 이 반란에서 3600만 명의 백성이 목숨을 잃었다고 한다.[39] 그러나 이 반란은 결국 실패로 끝났다. 안녹산이 아들에게 살해되고 그 아들은 한 장군에게 살해당했으며, 그 장군도 자

---

* 아서 웨일리의 말에 의하면 "타타르족이 현종을 폐위시키고 장안을 약탈했을 때 그 상황은 루이 14세 때 투르크족이 베르사유를 약탈한 상황 같았다."[38]

기 아들에게 살해된 것이다. 서기 762년에 이르러 소요가 진정되자 현종은 상한 마음을 안고 폐허가 된 수도로 돌아왔으나 몇 달 후 사망했다. 중국 시는 사랑과 비극이라는 이런 틀 속에서 전례 없는 번영을 누렸다.

4. 귀향 온 신선

현종은 그의 치세가 절정기에 도달해 있던 어느 날 한국 사절단을 접대했다. 그 자리에서 한국 사절단은 중요한 메시지들을 그에게 전했으나 신하들은 모두 그 메시지에 기록된 뜻을 이해할 수 없었다. 이 모습을 본 황제는 이렇게 외쳤다. "이렇게 많은 문무백관이 있는데 이를 해결할 만한 학식을 갖춘 자가 한 명도 없단 말인가? 만일 3일이 지나도 이 메시지를 해석하는 사람이 없으면 전부 파직시킬 것이다."

하루 종일 신하들이 모여 관직과 목숨을 걱정하며 머리를 맞대고 상의하며 초조해 했다. 그때 대신인 하지장(賀知章)이 황제에게 나아가 말했다. "폐하에게 고하오니 이백(李白)이라는 대단한 재능을 지닌 시인이 사가에 머물고 있다 합니다. 그는 많은 분야에 조예가 깊다고 하니 그를 불러 이 서신을 읽게 하십시오. 그가 할 수 없는 것은 없다고 합니다." 황제는 이태백에게 즉시 입궐하도록 명령했다. 그러나 이태백은 입궐을 거부하며, 지난 과거에서 고위 관리들이 자기 답안을 낙방시켰으니 자기에게는 그 일을 감당할 능력이 없을 것이라고 했다. 황제는 일류 박사 칭호와 관복을 주어 그를 달랬다. 이태백은 입궐하여 신하들 중에서 자기를 낙방시킨 담당자들의 모습을 보고는 그들에게 자기 신을 벗기게 한 후에 그 문서를 해석했다. 그 문서는 한국은 자유를 되찾기 위해 전쟁을 벌이겠다는 내용이었다. 그 메시지를 다 읽은 후에 이태백은 박식하고 겁을 주는 내용이 담긴 답장을 작성했고 황제는 주저하지 않고 옥새를 찍었다. 황제는 하지장이 그에게 속삭인 이백은 하늘에서 짓궂은 장난을 쳐서 귀향 온 신선이라는 말을 거의 그대로 받아들였다.[40]* 그 후 한국은 사과와 조공을 보냈으며 황제는 공물 중 일부를 이태백에게 보냈다. 이태백은 술을 좋아하여 그것을 주모에게 주었다.

시인이 태어나던 날 밤 이 씨 가문의 며느리인 그의 어머니는 서양에서는 금성이라고 하는 태백성(太白星)의 꿈을 꿨다. 그러므로 아이의 이름을 오얏 이(李)에 흰 별을 의미하는 태백(太白)이라고 지었다. 열 살 때 이미 그는 공자의 책을 모두 마치고 불멸의 시를 쓰고 있었다. 열두 살에는 철학자처럼 산 속으로 들어가 생활하며 오랫동안 그곳에 머물렀다. 그는 튼튼하고 건강하게 성장하며 칼 쓰는 법을 익힌 다음 세상을 향해 자기 능력을 밝혔다. "나는 키가 칠 척이 못 되지만 만 명을 상대할 만큼 강하다."[41] ("만 명"은 다수를 의미하는 중국의 관용적 표현이다.) 그 후 그는 여유롭게 세상을 유람하며 많은 입술에서 사랑의 노래를 마셨다. 그는 "우 여인"에게 시를 써서 바쳤다.

포도로 만든 술

황금으로 만든 술잔

그리고 아름다운 여인 우,

그녀가 나귀를 타고 온다. 그녀는 열다섯 살이다.

파란 칠을 한 눈썹

아름다운 무늬를 넣은 연분홍 신

발음이 정확하지 않은 말,

그러나 그녀의 노래는 황홀하다.

거북의 등껍질을 아로새긴

식탁에서 축연을 열면

그녀는 내 무릎에서 취한다.

---

* 이 재미있는 이야기는 아마 이태백 자신이 만들어 냈을 것이다.

아, 아이야,

백합을 수놓은 휘장 뒤의 애무들![42]

이태백은 결혼을 했으나 돈을 거의 벌지 못하자 아내가 아이들을 데리고 그의 곁을 떠났다. 그가 그리움을 노래하는 시를 쓰게 된 것은 아내를 향한 것이었는가, 아니면 표출되지 못한 정념을 향한 것인가?

아름다운 사람아, 그대가 있을 때 나는 꽃으로 집을 가득 채웠다.

아름다운 사람아, 그대가 떠난 지금 텅 빈 침대만 남아 있다.

침상에는 수놓은 이불이 개어 있고 나는 잠을 이루지 못한다.

그대가 떠나고 벌써 3년인데 그대가 남긴 향기는

아직도 내 주위를 맴돌고 있다.

향기는 영원히 내 주위를 맴도는데 사랑하는 사람이여 그대는 어디 있는가?

내가 짓는 한숨에 노란 잎이 가지에서 떨어진다.

내가 흘리는 눈물에 하얀 이슬방울이 이끼 위에서 반짝인다.[43]

그는 술로 자신을 달래며 서두르는 일 없이 지내며 노래와 시로 생계를 근근이 이어가는 "대나무 숲 속의 여섯 게으름뱅이들" 가운데 한 명이 되었다. 그는 멀리 떨어진 고을의 술에 대한 명성을 들은 후 480킬로미터나 떨어진 그 고을을 향해 떠났다.[44] 유랑 생활을 하는 과정에서 앞으로 중국 시문학의 면류관을 놓고 그와 경쟁을 벌이게 될 두보(杜甫)를 만났다. 그들은 명성이 둘을 갈라놓을 때까지 서정시를 서로 교환하고 형제처럼 손을 잡고 다녔으며 같은 이불을 덮고 잤다. 모든 사람이 그들을 사랑했다. 그들은 성인처럼 나무랄 데가 없었으며 거지에게나 왕에게나 똑같은 태도로 친절하게 이야기했기 때문이다. 마침내 그 두 사람은 장안으로 들어갔다. 호탕한 조정 대신 하지장은 황금 장신구를 팔아 이태백에게 술을 살 정도로 그의 시를 매우 좋아했다. 두보는 이태백을 이렇게 묘사한다.

> 그에게 술을 한잔 사 보라.
> 그러면 그는 백 편의 시를 쓸 것이다.
> 그는 장안의 거리에 있는
> 술집에서 산다.

> 황제가 부르더라도
> 그는 황제의 배에는 타지 않을 것이다.
> 그는 이렇게 말할 것이다.
> "황제 폐하, 나는 술의 신입니다."

그곳에서 이태백은 황제가 그를 가까이하고 황제의 아름다운 여인인 양귀비를 칭송하는 시에 대한 보답으로 보내 주는 선물을 받고 지내는 좋은 시절을 보냈다. 그러던 어느 날 현종이 알로에 정자(亭子)에서 모란 향연을 열고 자기 여자를 칭송하는 시를 짓게 하려고 이태백을 불렀다. 이태백은 부름을 받고 왔으나 너무 취해 시를 지을 수 없었다. 대궐 수행원들이 호감을 주는 시인의 머리에 찬물을 붓자 그는 곧 양귀비가 모란과 아름다움을 다투고 있는 모습을 칭송하는 노래를 부르기 시작했다.

> 귀비의 옷에는 구름이 흘러 화려하게 펼쳐지고
> 귀비의 얼굴은 꽃처럼 빛난다.
> 저 높은 곳의 보석산 꼭대기나
> 아름다운 수정 궁궐에서도
> 달이 뜰 때나 볼 수 있는 하늘의 선녀!
> 나는 지금 그 선녀를 이 땅의 정원에서 보고 있다.

난간에는 봄바람이 부드럽게 스치고

이슬방울이 영롱하게 반짝인다.

사랑을 구하는 끝없는 갈망이

봄바람을 타고 마음으로 스며든다.[45]

이런 노래의 대상이 되고도 기뻐하지 않을 사람이 어디 있겠는가? 그러나 양귀비는 시인이 교묘하게 자기를 빈정댔다고 생각했다. 그 순간부터 양귀비는 황제에게 그를 의심하는 마음을 심어 주기 시작했다. 황제는 이태백에게 돈주머니를 하나 주고 내보냈다. 시인은 다시 거리로 던져지자 술로 마음을 달랬다. 그는 장안의 화제가 되어 있는 "술에 빠져 사는 여덟 명의 신선" 무리에 합류했다. 그는 유령(劉伶)의 견해를 받아들였다. 유령은 두 명의 시종이 항상 따라다니길 바랐던 사람이었다. 두 명의 시종이란 하나는 술이었고 다른 하나는 자기가 쓰러지면 묻어 줄 삽을 말한다. 유령의 말에 의하면 "이 세상사란 강에 떠다니다 오리의 먹이가 되는 좀개구리밥일 뿐이다."[46] 중국 시인들은 중국 철학의 엄숙주의에 대해 속죄하기로 마음먹은 사람들이었다. 이태백은 "우리 마음에서 그들의 해묵은 슬픔을 씻어 내기 위해 백 잔을 마셨다."라고 했다.[47] 그리고 오마르(Omar)처럼 술의 복음을 읊조렸다.

강물은 빠르게 바다로 흘러들어 다시는 돌아오지 않는다.

그대는 저 너머 높은 탑 위

반짝이는 거울 앞에서 슬픔을 달래는 백발이 보이지 않는가?

아침에는 머리 타래가 검은 비단 같더니

저녁이 되니 모두 눈처럼 하얗다.

기회가 있을 때 세월의 즐거움을 맛보고

황금빛 술통을 떠나지 말자.

달빛 속에 홀로 서기 위해……

내가 바라는 것은 오직 술이 안겨 주는 오랜 희열뿐

깨어나고 싶지 않다.

그대와 나는 오늘 술을 사자!

왜 돈이 없다고 하는가?

아름다운 꽃으로 단장한 내 말이 있고

금화 천 냥의 가치가 있는 내 모피가 있으니

이것을 내놓고 아이를 불러

달콤한 술과 바꾸자.

그대와 더불어

만 년의 슬픔을 잊도록 하자![48]

그가 말하는 슬픔이란 무엇이었는가? 사랑에 버림받은 고통이었는가? 그럴 가능성이 거의 없다. 중국인도 우리만큼 사랑을 마음에 담아 두지만 그들의 시인들은 그 고통을 그렇게 자주 읊조리지 않기 때문이다. 이태백에게 인간의 비극을 맛보게 한 것은 바로 전쟁과 유랑 생활, 안녹산과 그의 수도 점령, 황제의 피난과 양귀비의 죽음, 폐허가 된 궁궐로 돌아온 현종의 귀환이었다. 그는 "전쟁은 끝이 없다!"라고 한탄하고는 전쟁의 신 마르스에게 남편을 잃은 여자들 쪽으로 마음을 돌렸다.

이 섣달에 시름에 잠긴 여자를 보라!

그녀는 노래도 부르지 않고 웃음도 짓지 않는다.

짙은 눈썹도 흩어져 있다.

그녀는 문가에 서서 지나가는 행인들을 지켜보며,

칼을 빼들고 국경을 구하러 나가

만리장성 너머 추위 속에서 극한 고생을 하다

전장에서 쓰러져 다시는 돌아오지 못할 사람을 생각한다.

보관하고 있던 호랑이 줄무늬를 한 금빛 상자에는
하얀 깃털이 달린 한 쌍의 화살이
오랜 세월을 두고 쌓인 거미줄과 먼지 속에 묻혀 있다.
오, 들여다보기에는 너무 슬픈 공허한 사랑의 꿈이여!
그녀가 그 꿈들을 꺼내 불 속에 넣자 재가 된다.

황허 강에 댐을 쌓으면 물길은 막을 수 있겠지만
눈이 오고 북풍이 불면 그녀의 슬픔은 누가 달랠 수 있겠는가?[49]

그는 이제 이 고을에서 저 고을로 이 나라에서 저 나라로 떠돌아다녔다. 어떤 이는 이런 그의 모습을 이렇게 묘사한다. "등에는 책을 가득 채운 봇짐을 지고 천리를 떠도는 순례자. 그대의 소매에는 단검이 있고 주머니에는 시집이 있다."[50] 이렇게 오랫동안 유랑을 하는 중에도 그는 자연을 벗 삼으며 말할 수 없는 위안과 평화를 느꼈다. 그의 시를 읽으면 꽃이 만발한 중국의 풍경이 보이며, 이미 중국인의 마음에 깊이 자리 잡은 문명의 무게를 느낄 수 있다.

어이해 나는 이 푸른 산 속에서 지내고 있는가?
나는 웃을 뿐 대답하지 않는다. 내 마음은 평온하다.
내 마음은 아무도 없는 별천지에서 지내고 있다.
복숭아나무에는 꽃이 활짝 폈고 밑으로는 물이 흐른다.[51]

혹은

침상에 앉아 달빛을 보며

땅에는 서리가 내리지 않았을까 생각해 보았다.
고개를 들어 산에 걸린 달을 바라보고는
고개를 숙여 먼 곳에 있는 집을 생각했다.[52]

그러나 이태백은 머리가 희어지기 시작하자 어린 시절을 향한 그리움에 잠겼다. 그는 수도에서 생활하면서 부모 슬하와 고향의 자연적인 소박함을 갈망한 적이 얼마나 많았던가!

고향 땅에서는 뽕나무 잎이 푸르러지고
누에는 세 번 잠들었다.
내 가족이 머무는 곳에서는
누가 우리 논에 볍씨를 뿌릴지 생각해 본다.
봄 일을 할 시간에 맞춰 돌아갈 수도 없고
강을 따라 여행하고 있으니 아무것도 할 수가 없다.

남풍이 불어와 고향을 그리는 내 마음을 실어
우리 가족이 머무는 집 앞에 내려 준다.
그곳에서 나는 우리 집 동쪽에 서 있는
푸른 안개 속에서 무성한 잎과 가지가 일렁이는 복숭아나무를 본다.
삼 년 전 내가 집을 떠나기 전에 심은 나무다.
내가 돌아가지 못하고 떠도는 동안
그 나무는 자라 이제는 지붕에 닿을 만큼 컸다.

내 어여쁜 딸아,
네가 복숭아나무 옆에 서서 꽃이 핀 가지를 꺾는 모습이 보인다.
넌 꽃을 꺾지만 난 그곳에 없다.

네 눈물이 하염없이 흐르는구나!

벌써 누나의 어깨에 닿을 만큼 자란 내 어린 아들아,

누나와 함께 복숭아나무 밑에서 나오지만

누가 네 등을 토닥여 주겠느냐?

이런 것들을 생각하면 날마다

눈앞이 흐려지고 가슴을 후벼 파는 듯 아프다.

이제 흰 비단 자락을 베어 이 편지를 써서

내 사랑을 담아 강물에 띄워 너에게 보낸다.[53]

그의 만년은 더욱 어려웠다. 몸을 낮춰 돈을 번 적도 없었고 전쟁과 혁명으로 혼란스러운 상황에서 그를 굶주림에서 구해 줄 왕도 찾지 못했기 때문이다. 그러던 중 영왕(永王) 이린(李璘)의 도움을 기쁜 마음으로 받아들이고 그의 막료로 들어갔다. 그러나 이린은 현종의 후계자에게 반기를 들었다. 그 반란이 진압되자 그는 투옥되어 역적으로 몰려 사형 선고를 받았다. 이때 안녹산의 난을 진압한 절도사인 곽자의(郭子儀)가 자신의 신분과 관직을 걸고 이태백의 구명을 간청했다. 황제는 사형 선고를 영구 추방으로 감형시켰다. 그 후 곧 일반적인 사면령이 선포되었고 시인은 지친 몸을 이끌고 고향으로 향했다. 3년 후 그는 병이 들어 사망했다. 그렇게 보기 드문 사람이 평범하게 종말을 맞았다는 사실에 만족을 느끼지 못하는 전설에 의하면 그는 거나하게 취해 물에 비친 달을 잡으려다 강에 빠져 죽었다고 한다.

그는 모두 서른 권의 섬세하고 다감한 시를 남겨 중국이 낳은 가장 위대한 시인이라는 명성을 얻었다. 한 중국 비평가에 의하면 "그는 수많은 산 위에 우뚝 솟은 태산이다. 그는 태양이다. 그 앞에서는 하늘의 수많은 별이 빛을 잃는다."[54] 현종과 양귀비는 세상을 떠났으나 이태백은 지금도 여전히 노래를 한다.

향나무로 만들고 백목련* 사다리를 놓은 내 배에는
악사들이 보석을 박은 대나무 피리와 황금 피리를 들고 양쪽 끝에 앉아 있다.
소녀가 옆에 앉아 노래를 하고
물에서는 물결이 이리저리 찰랑이는데
향기로운 술통을 안고 있으니 얼마나 즐거운가!
노란 학을 타고 하늘을 나는 신선보다 행복하고
갈매기를 따라 정처 없이 떠나는 인어보다 자유롭다.
흥에 겨워 붓을 휘두르니 오악(五岳)이 흔들린다.

시를 짓고 한바탕 웃으니 내 즐거움은 바다보다 넓다.
오, 죽음을 모르는 시여!
주나라 왕실의 대궐과 탑은 무너져 언덕에서 사라졌어도
굴원의 노래는 해와 달처럼 영원히 빛난다.[55]

5. 중국 시의 특징

이태백의 시만으로 중국의 시를 평가할 수는 없다. 중국의 시를 "느끼려면"
(느끼는 것이 평가하는 것보다 더 낫다.) 서두르지 말고 중국의 시를 많이 접하여
그 시들만의 독특한 기법을 알아야 한다. 중국 시를 번역하면 그 시의 몇몇 섬
세한 특징이 사라져 버린다. 단음절이지만 복합 개념을 표현하는 그림 같은 모
습의 문자가 사라진다. 위에서 밑으로 내려 쓰고 오른쪽에서 왼쪽으로 이어지
는 행(行)이 사라진다. 자부심을 갖고 유서 깊은 선례와 규칙들을 엄격하게 지
키는 운율법과 리듬을 알 수 없다. 중국 시에 박자를 제공하는 가락(강약)을 들

---

* 귀한 목재.

을 수 없다. 극동 시인의 시를 우리가 말하는 번역 작품으로 읽으면 적어도 절반에 이르는 기법을 놓치게 된다는 말이다. 원어로 된 훌륭한 중국 시는 중국의 도자기처럼 세련되고 고귀한 형식을 갖추고 있다. 그런데 진지하지만 이방인일 뿐인 사람이 그 시에 표현된 심상을 어설프게 파악하고 빈약하게 번역해 놓게 되면 실망스러운 수준의 자유 시나 이미지즘 시로 바뀌게 된다.

외국인이 보게 되는 것은 무엇보다도 간결성이다. 우리는 이 시들이 너무 가볍다고 생각하거나 밀턴과 호메로스의 장엄함이나 지루함을 볼 수 없다는 점에서 실망을 느끼기 쉽다. 그러나 중국인은 모든 시는 간결해야 한다고 생각한다. 긴 시는 정의상 모순이라는 것이다. 그들의 생각에는 시란 한순간의 무아경이므로 서사시처럼 늘어지게 되면 이미 시가 아니기 때문이다. 시의 임무는 한 번의 붓놀림으로 한 점의 그림을 그리는 것이며, 10여 행으로 하나의 철학을 쓰는 것이다. 시의 이상(理想)은 몇 개의 리듬 속에 무한한 의미를 담는 것이다. 그림은 시의 본질에 속하고 중국 글의 본질은 그림 문자 기술법이므로 중국의 문어(文語)는 자동적으로 시적인 요소를 갖추고 있다. 중국의 문어는 그림으로 기록되며 사물을 보이는 대로 표현할 수 없는 추상적인 개념은 배제한다. 그런데 문명이 발전하여 추상적인 개념도 늘어나게 되면서 기록된 형태로 된 중국 언어는 미묘한 암시를 담은 비밀 암호가 되었다. 마찬가지 방법으로 그리고 아마 비슷한 이유로 중국의 시도 암시와 농축된 의미를 결합시키게 되었다. 따라서 중국 시는 그 자체가 그리는 그림을 통해 보이지 않는 모종의 심오한 내용을 드러내는 것을 목표로 삼는다. 시는 논의하지 않고 암시한다. 시는 표현하는 것보다 더 많은 여백을 남긴다. 그러므로 오직 동양인만 그 여백을 채울 수 있다. 중국인들의 말에 의하면 "옛사람들은 말 속에 의미를 숨기고 있어 읽는 사람이 스스로 그 의미를 생각해 내야 하는 시를 가장 훌륭한 시로 여겼다."[56] 중국의 예법과 예술처럼 중국의 시 역시 분명한 단순함 속에 무한한 세련미를 감추고 있다. 중국 시는 비유와 비교, 암시를 사용하지 않고 함축을 통해 표현하려는 것 자체를 드러내 보이는 기법에 의존한다. 과장과 정념을 피하고 절제된 표현을 통해 성숙한 정신에 호소한다. 낭만적으로 고조된 형식은 거의 없으나 나름대로 고전적인 방법으로 강렬한 감정을 표현하는 법을 알고 있다.

> 움직이지만 서로 만나지 않는 별처럼 사람들은 각자 떨어져서 살아가는데
> 우리 두 사람이 같은 등불을 보고 있다는 것은 얼마나 큰 복인가!
> 젊은 날은 짧아
> 우리의 사원도 이미 삶이 기울어 가고 있음을 말한다.
> 우리가 아는 사람들도 벌써 반은 혼백이 되었으니
> 내 마음도 깊은 감회에 젖는다.

이런 시들에 나타나는 감상적인 내용, 즉 세월은 멈추지 않는데 사람과 국가는 영원히 청년으로 남아 있기를 바라며 공연히 회한에 잠기는 동경적인 분위기에 싫증이 날 때가 있을지도 모른다. 우리가 아는 것처럼 중국의 문명은 현종 시대에 이미 노쇠하고 약해져 있었으며, 동양 전체의 예술가들처럼 중국의 시인들도 유서 깊은 주제들을 답습하기 좋아하고 오래된 표현 기법을 흠 없는 형태로 확장시키기 좋아했다. 그러나 다른 어떤 곳에도 이런 시와 같은 것은 없다. 그 시에 나타나는 섬세한 표현과 부드럽지만 절제되어 있는 감정, 매우 오래 숙고한 사상을 감싸고 있는 단순하고 간결한 말과 비교할 수 있는 것은 아무것도 없다. 당나라 시대에 쓴 시는 중국의 모든 청년을 교육하는 데 중요한 역할을 담당하고 있으며, 지성을 갖춘 중국인이면 누구나 그 시를 많이 암기하고 있다고 한다. 만일 그렇다면 이태백과 두보는 교육받은 중국인이 모두 예술가이며 철학자인 이유를 묻는 질문에 제시해야 할 답변의 일부일 것이다.

6. 두보

이태백은 중국의 키츠(Keats)다. 그러나 중국인들이 거의 그만큼 좋아하며 소중하게 여기는 다른 시인들도 있다. 소박하고 금욕적인 도연명(陶淵明)이 있다. 그는 (그의 말에 의하면) "하루에 쌀 다섯 되를 위해 허리를 휘게 만드는 일", 즉 급료를 위해 허리를 숙이는 일을 더 이상 할 수 없어 관직을 떠났다. 다른 많은 관리들처럼 그도 공직 생활의 영리주의가 싫어 관직을 떠나 숲으로 들어가 생활했다. "세월의 길이와 술의 깊이"를 추구하며 중국의 산과 개울에서 위로와 기쁨을 찾았다. 후대의 중국 화가들은 그 위로와 기쁨을 비단에 표현하게 된다.

> 동쪽 울타리에서 국화를 꺾고
>
> 멀리 떨어진 여름 언덕을 오래 바라본다.
>
> 새벽이라 산의 공기가 신선하다.
>
> 하늘을 나는 새들이 둘씩 짝을 지어 돌아간다.
>
> 이런 것에도 깊은 의미가 있다.
>
> 그러나 그 의미를 표현하려고 하면 갑자기 적당한 말이 떠오르지 않는다.
>
> 거리의 진흙 속에 묻혀
>
> 낙엽처럼 살아가는 것은 얼마나 어리석은 일인가!
>
> 그러나 나는 십삼 년을 그렇게 살았다.
>
> 오랫동안 나는 새장 속에서 살았다.
>
> 이제 나는 돌아왔다.
>
> 우리는 돌아와
>
> 자기 사명을 다해야 하기 때문이다.[57]

백거이(白居易)는 반대로 관직을 택하고 수도에서 생활하는 길을 걸었다. 그는 자리를 옮기며 승진을 거듭해 결국에는 항저우(杭州) 자사(刺史)와 형부상서(刑部尚書)가 되었다. 그럼에도 불구하고 그는 일흔두 살까지 살면서 4000편의 시를 썼으며 간간이 귀양 가 있는 동안에는 자연을 벗 삼으며 위로를 얻었다.[58] 그는 고독과 군중을, 휴식과 활동적인 생활을 결합시키는 비결을 알았다. 그는 친구를 너무 많이 두지 않았으며 (그의 말에 의하면) "사람들을 모아 즐거운 대화를 나누게 만드는 경향이 있는 서예와 그림, 장기, 노름"[59]을 적당히 익혔다. 소박한 사람들과 이야기하는 것을 좋아했으며 자기 시를 농촌 노파에게 읽어 주고는 그 아낙네가 이해하지 못하는 부분은 단순하게 고쳤다고 한다. 그러므로 그는 서민이 가장 좋아하는 중국 시인이 되었다. 사람들은 학교의 담장과 배의 선실 등 모든 곳에 그의 시를 적었다. 노래를 파는 한 소녀는 자기가 접대하던 선장에게 이렇게 말했다. "나를 평범한 무희(舞姬)라고 생각하면 안 됩니다. 나는 백거이의 장한가(長恨歌)*를 암송할 수 있습니다."[60]

심오하고 사랑스러운 두보(杜甫)는 제일 뒤로 미루어 놓았다. 아서 웨일리(Arthur Waley)에 의하면 "중국 문학을 다루는 영국 작가들은 이태백이 중국의 가장 위대한 시인이라고 말하기 좋아한다. 그러나 중국인들은 그 명예를 두보에게 돌린다."[61] 두보에 대한 말을 제일 처음 듣게 되는 곳은 장안이다. 그는 과거를 보려고 장안으로 왔으나 낙방했다. 그가 낙방하게 된 과목이 시 과목이었으나 실망하지 않았다. 그는 군중을 향해 자기 시는 말라리아열에 좋은 효과가 있다고 선언했으며 실제로 자신에게도 시험해 본 것으로 보인다.[62] 현종은 그의 시 일부를 읽은 후 그에게 개인적으로 다시 시험을 보게 하여 합격시켰다. 기운을 되찾은 두보는 멀리 떨어진 마을에 있는 처자식을 한동안 잊었다. 그는 수도에 정착하여 이태백과 시를 나누며 술집을 전전하면서 시로 술값을 대신했다. 그는 이태백에 대해 이렇게 쓰고 있다.

---

* 중국에서 현종이 양귀비에게 심취함과 반란 중에 당한 양귀비의 죽음, 반란 진압 후에 현종이 느낀 불행을 노래한 많은 시 가운데 가장 유명한 시. 이 시는 장한가라는 제목의 '장(長)'이라고 할 정도로 길지는 않으나 여기서 인용하기에는 너무 길다.

나는 동생이 형을 사랑하는 것처럼 이태백을 사랑한다.

가을이면 우리는 술에 취해 한 이불을 덮고 잔다.

우리는 날마다 손을 잡고 함께 걷는다.[63]

당시는 현종이 양귀비를 총애하던 시절이었다. 두보도 다른 시인들처럼 그 사랑을 노래했다. 그러나 반란이 일어나 야망들의 경쟁 때문에 중국이 피에 젖게 되자 그는 슬픈 주제들을 택해 전쟁의 인간적인 면을 그렸다.

어젯밤 열여덟 살이 된 남자아이들을 징집하라는

나라의 명이 떨어졌다.

그들은 수도를 방어하는 일을 도와야 한다.

"오, 어머니여! 오, 자녀들이여! 그렇게 울지 말라!"

그렇게 눈물을 흘리면 몸이 상하게 된다.

눈물이 멈추면 뼈가 드러나고

그렇게 되면 하늘도 땅도 가엾게 여기지 못하게 된다.

산둥 성에는 이백 개 지역이 적막한 사막으로 변했고

수많은 마을과 농장에는 가시덤불만 덮여 있다는 것을 아는가?

남자들은 개처럼 살해당하고 여자들은 암탉처럼 쫓긴다.

남자아이들의 운명이 얼마나 나쁜지 알 수만 있었다면

나는 자식을 모두 딸로만 두었을 것이다.

남자아이들은 오직 무성한 풀 밑에 묻히기 위해 태어날 뿐이다.

너희가 건너는 청해 옆에는 오래전에 전쟁터에서 죽은 남자아이들의 뼈가 지금도 남아 있다.

그 뼈들은 하얗게 되어 모래 위에 뒹굴고

어린아이의 혼백과 노인의 혼백이 무리 지어 외친다.

비가 휩쓸고 가을이 오고 찬바람이 불면

그들의 소리는 더욱 커지고 나는 슬픔이 어떻게 죽음을 안겨 줄 수 있는지 배운다.

새들은 바람을 타고 떠도는 동안에도 꿈을 꾸며 사랑을 한다.

땅거미가 찾아들면 개똥벌레는 빛을 비춰 길을 안내한다.

어찌하여 사람은 살기 위해 서로 죽여야 하는가?

나는 밤을 지내며 헛되이 한숨짓는다.[64]

반란이 일어난 2년 동안 그는 중국을 떠돌며 자신의 가난을 아내와 자녀들과 함께 나눴다. 그는 끼니를 구걸할 정도로 가난해졌으며 자기 가족을 받아들여 한동안 먹여 줄 사람을 구할 수 있도록 기원할 정도까지 되었다.[65] 그는 친절한 절도사 엄무(嚴武)의 도움을 받았다. 엄무는 두보를 자기 보좌관으로 삼아 그의 변덕과 농담을 참았으며 완화계(浣花溪) 부근에 오두막을 지어 주고는 시를 쓰는 것 외에는 아무것도 더 요구하지 않았다.* 그는 이제 행복해져서 비와 꽃, 산과 달을 기쁜 마음으로 노래했다.

말이나 훌륭한 시구가 무슨 소용이 있는가?

내 앞에는 산과 너무 어두운 깊은 숲뿐이다.

내가 가진 예술품과 책을 내다 팔고

순수한 자연만 마셔야겠다.

나는 이렇게 아름다운 곳에서는 천천히 걷는다.

이 아름다움이 내 마음에 깃들기 바란다.

---

* 중국의 유명한 한 그림은 "초가의 시인 두보"를 그리고 있다. 이 그림은 뉴욕 미술 박물관에서 볼 수 있다.

나는 새의 깃털을 만지길 좋아한다.

입김을 불어 그 밑의 부드러운 솜털을 본다.

나는 꽃의 수술을 세는 것도 좋아한다.

노란색 꽃가루의 무게를 가늠해 보기도 한다.

풀 위에 앉으면 마음이 기쁘다.

여기서는 술이 필요 없다. 꽃을 보고 취하기 때문이다.

오래된 나무와 바다의 비취 빛 파도를 뼛속 깊이 사랑한다.[66]

선한 절도사는 그를 매우 좋아하여 그의 평화를 깨트리고 장안의 사간원이라는 고위 관직으로 승진시켰다. 그 후 갑자기 엄무가 죽고 전쟁이 일어나 시인의 천재성만 남게 되자 그는 다시 무일푼이 되었다. 그의 자녀들은 굶주림에 시달리며 거칠어져 그의 무기력함을 비웃었다. 그는 이제 보기에도 딱한 궁핍하고 외로운 노인이 되었다. 그가 사는 초가집의 지붕은 바람에 날려 하늘이 보였으며, 개구쟁이들이 침상의 짚을 훔쳐 가도 몸이 약해진 그는 저항도 못하고 바라보기만 했다.[67] 가장 나쁜 일은 술맛을 잃어 이태백과 같은 방식으로 삶의 문제를 해결할 수 없게 된 것이었다. 결국 그는 종교에 귀의해 불교에서 위안을 찾으려고 했다. 쉰아홉의 나이에 이미 노쇠해진 그는 순례 여행을 떠나 유명한 사찰을 찾았다. 그곳에서 그의 시를 읽은 한 관리가 그를 알아보았다. 그 관리는 시인을 집으로 데리고 가 고기와 술을 푸짐하게 차리고 잔치를 벌였다. 두보는 오랫동안 그런 대접을 받아 본 적이 없었으므로 게걸스럽게 먹었다. 그 후 집주인의 부탁으로 시를 쓰고 노래를 하려고 노력했다. 그러나 그는 탈진하여 쓰러졌고 다음 날 숨을 거뒀다.[68]

7. 산문

　당나라 시대의 시인들은 중국 시의 일부분일 뿐이며 시는 중국 문학의 작은 부분이다. 우리는 이 문학의 연륜과 풍요로움 혹은 사람들 사이에 유포되어 있는 범위를 이해하기 어렵다. 다른 요소들 외에도 저작권법이 없는 덕분에 출판 비용은 낮았다. 그러므로 서구 사상이 들어오기 전에는 새로 발간된 20권짜리 정장본이 1달러에 판매되고, 새로 발간된 20권짜리 백과사전이 4달러에 팔리며 중국 고전 전집을 2달러에 손에 넣을 수 있는 모습을 보는 것은 특별한 일이 아니었다.[69] 우리로서는 이 문학을 이해하는 것이 훨씬 더 어려운 일이다. 중국인들은 책을 평가할 때 내용보다 형식과 문체를 훨씬 더 중요하게 여기는데, 번역을 하면 형식과 문체가 사라지게 되기 때문이다. 중국인들은 자신의 문학을 그리스 문학을 제외한 어떤 문학보다 낫다고 생각한다. 이것은 수긍이 가는 일이다. 더구나 예외를 둔 것도 아마 동양의 예법 때문일 것이다.

　소설은 서양 작가들이 가장 쉽게 명성을 얻는 분야지만 중국인들은 문학으로 생각하지 않는다. 중국에는 몽골인들이 들여오기 전에는 소설이 거의 없었다.[70] 심지어 오늘날까지도 식자층에서는 중국 문학에서 가장 훌륭한 작품이라도 중국 문학사에서는 언급할 만한 가치가 없는 대중 오락물로 분류한다. 그러나 도시의 소박한 대중들은 이런 분류에 신경 쓰지 않는다. 백거이와 이태백의 시를 읽던 그들은 아무런 편견 없이 연극처럼 대중들의 구어체를 사용하여 역사적으로 중요한 과거 사건들을 생생하게 다시 전해 주는 저자 미상의 장편 로맨스 쪽으로 향하고 있다. 중국의 유명한 소설들은 거의 모두 역사 소설 형태를 띠고 있다. 사실주의를 지향하는 작품은 거의 없으며 『카라마조프 가(家)의 형제들』과 『마법의 산』, 『전쟁과 평화』, 『레 미제라블』을 위대한 문학 작품으로 높여 준 것 같은 심리 분석이나 사회 분석을 시도하는 작품은 훨씬 더 적다. 중국 최초의 소설 중 하나는 14세기에 일군의 작가들이 쓴 『수호전(水滸傳)』이다.* 스물네 권으로 된 『홍루몽(紅樓夢)』(1650년경)은 가장 방대한 작품 가운데 하나다. 『요재지이

---

* 이 작품은 현재 펄 벅(Pearl Buck) 여사가 훌륭하게 번역해 놓았다. *All Men Are Brothers*, New York, 1933.

(聊齋志異)』(1660년경)는 가장 훌륭한 작품 가운데 하나이며 아름답고 간결한 문체 때문에 많은 사랑을 받았다. 1200쪽으로 된『삼국지연의(三國志演義)』는 나관중(羅貫中, 1260~1341년)이 한나라가 멸망한 후 이어지는 전쟁과 음모를 윤색해 놓은 가장 유명한 작품이다.* 이런 방대한 작품들은 유럽의 18세기 피카레스크 소설과 비슷하여 (이 분야에서 떠도는 소문을 빌릴 수 있다면)『톰 존스(*Tom Jones*)』의 유쾌한 인물 묘사와『질 블라스(*Gil Blas*)』의 생생한 설화를 잘 접합시키는 경우가 많다. 앞에서 말한 작품들은 나이가 들어 여유가 있을 때 읽기 좋은 작품이다.

중국 문학에서 가장 주목할 만한 형태는 역사다. 이 형태는 중국에서 가장 인기 있는 형태이기도 하다. 다른 어떤 나라도 그렇게 많은 역사가를 배출한 적이 없으며 그토록 방대한 역사서들을 쓴 나라도 없다. 심지어는 초기의 조정에서도 공식 서기관을 두었으며 그 서기관들은 당시 임금과 권력자의 업적에 대한 연대기를 작성했다. 그 결과 우리 자신의 세대까지 이어져 내려온 조정 사관이라는 중국의 이 관직은 길이와 지루함이라는 면에서는 지상의 다른 어떤 곳에서도 견줄 것이 없는 역사 문헌을 만들어 놓았다. 1747년에 발간된 중국의 공식 왕조 실록은 219권이나 되었다.[71] 공자가 교육을 위해 무단으로 삭제 정정한 서경과 1세기 후 공자의 저서를 설명하고 생명력을 불어넣기 위해 기록한 주해서인『춘추좌씨전(春秋左氏傳)』, 위나라 왕의 무덤에서 발견된『죽서기년(竹書紀年)』에서부터 중국에서는 역사 편찬 작업이 급속도로 발전하여 서기 2세기에는 사마천이 인내심을 발휘하여 묶어 놓은『사기(史記)』라는 걸작을 탄생시켰다.

조정 천문학자였던 아버지의 뒤를 이은 사마천은 먼저 역법을 개혁한 후에 아버지가 시작한 일, 즉 초기의 신화적인 왕조에서부터 자기 시대에 이르기까지의 중국 역사를 서술하는 일에 일생을 바쳤다. 그는 아름다운 문체를 추구하는 취향은 없었으며 단지 기록을 완벽하게 만드는 것만 목표로 삼았다. 그는 자기 저서를 다섯 부분으로 나눴다. (1) 황제들의 연대기(본기(本紀) 2권), (2) 연대기표(연표(年表) 10권), (3) 의식과 음악, 역법, 점성술, 수로(水路), 정치 경제에 대해 기록한 서(書) 8권, (4) 봉건 제후들

---

* 이 작품은 브리윗테일러(C. H. Brewitt-Taylor)가 두 권으로 번역했다.

의 연대기(세가(世家) 30권), (5) 중요한 사람들의 전기(열전(列傳) 70권). 『사기』는 거의 3000년에 달하는 기간을 다루고 있으며 철필을 이용하여 죽간에 새긴 52만 6000자로 이루어져 있다.[72] 이 책에 평생을 바친 사마천은 자기 작품을 세상과 황제에게 보내며 다음과 같은 겸손한 서문을 썼다.

소신은 이제 기력이 다해 눈도 침침하여 잘 보이지 않으며 이도 몇 개 남지 않았습니다. 기억력이 약해져서 중요한 사건도 돌아서면 잊어버리는 등 이 책을 만들며 완전히 기진했습니다. 바라건대 폐하는 소신의 충심을 헤아려 이 헛된 노력을 어여삐 여기고 여가가 나면 잠깐 살펴보아 이전 왕조들의 성장과 몰락을 통해 현재의 성공과 실패의 비밀을 헤아릴 수 있게 되기를 바랍니다. 그런 지식이 제국을 위해 사용될 수 있다면 소신의 유골이 황허에 묻힌다 해도 소신의 삶은 뜻과 목적을 다 이루게 될 것입니다.[73]

사마천의 작품에는 텐(Taine)의 재기발랄함도 없고 헤로도토스에게서 나타나는 매력적인 소문과 일화도 없으며 투키디데스에게서 볼 수 있는 합당한 인과 관계나 기번(Gibbon)에서처럼 음악적으로 묘사된 대륙적인 시각도 없다. 중국에서는 역사가 기술적(記述的) 서술에서 예술로 승화된 적이 거의 없기 때문이다. 사마천에서부터 1100년 후 중국의 보편적인 역사를 다시 시도했던 사마광(司馬光)에 이르기까지 중국의 역사가들은 왕조나 왕의 통치 기간에 일어난 사건을 충실하게 기록하려고 노력했으며 때로는 자신의 수입이나 목숨을 걸기도 했다. 그들은 심혈을 기울여 진실을 추구했으나 문체의 아름다움에는 관심이 없었다. 아마 그들이 옳았을 것이다. 역사는 예술이기보다는 과학이어야 한다. 아마 과거의 사실이 기번의 귀족적 문체나 칼라일(Carlyle)의 설교를 통해 전달된다면 그 사실은 모호해질 것이다. 더구나 우리에게도 재미없는 역사가들이 있으며 하찮은 일을 기록한 (그래서 먼지를 모으는) 역사서라는 면에서도 어느 나라에도 조금도 뒤지지 않는다.

중국의 수필은 보다 활기차다. 수필에서는 예술성이 억제되지 않고 표현력이 마음껏 발휘되고 있기 때문이다. 이 분야에서 위대한 한유(韓愈)는 타의 추종을 불허할 정도로 유명하다. 그의 작품들은 대단히 소중하게 여겨져서 전통은 독자에게 그의 작품을 펼치기 전에 먼저 장미 향수에 손을 닦도록 요구할 정도다. 한유는 비천한 집안에서 태어나 최고위층까지 올라갔으나 단지 황제가 불교를 인정하는 일들에 대해 너무 지성적으로 저항했다는 이유만으로 황제의 신임을 잃었다. 한유가 보기에 새로운 종교는 힌두인의 미신에 지나지 않았다. 황제가 백성들이 사람을 무기력하게 만드는 이런 몽상에 빠져들도록 허락하는 것은 유교 정신에 어긋나는 것이었다. 그러므로 그는 황제에게 상소를 올렸다.(서기 803년) 그 상소에서 인용한 아래의 글은 전형적인 중국 산문으로 보아도 될 것이다. 물론 중국 산문은 아무리 충실하게 번역해도 퇴색되기 마련이라는 점을 고려해야 할 것이다.

소신에게 지금 들리는 말에 의하면 승려들에게 평상까지 나가 부처의 사리를 받아오라는 칙령이 내려졌으며, 폐하가 높은 망루에서 그 사리가 대궐로 들어오는 모습을 친히 지켜볼 것이라고 했다 합니다. 아울러 많은 사원에도 합당한 의식을 갖춰 그 사리를 맞으라는 교지도 내려졌다 합니다. 소신이 어리석지만 폐하가 그런 일에서 무슨 유익을 얻으리라는 헛된 희망을 품고 그렇게 하는 것은 아니라는 것을 잘 압니다. 그러나 태평성대를 누리며 만백성이 즐거워하는 현재의 상황에서도 이런 소란스러운 기만적인 의식을 수도에서 거행하여 백성들의 소원을 들어주려는 바람이 있음도 잘 알고 있습니다. 하지만 지혜로운 폐하가 어찌 몸을 낮춰 그런 우스꽝스러운 신앙에 동참할 수 있겠습니까? 백성들은 깨달음이 느리고 쉽게 미혹됩니다. 만일 폐하가 부처의 발 앞에 엎드려 성심껏 숭배하는 모습을 본다면 이렇게 외칠 것입니다. "보라! 지극히 지혜로운 천자도 열렬한 신자가 되었다. 그런데 그의 백성인 우리가 몸을 아껴서야 되겠는가?" 그렇게 되면 머리를 불에 태우고 손가락을 불사르는 일이 벌어지게 될 것입니다. 무리들이 모여 옷을 찢고 돈을 뿌리며 하루 종일 폐하의 본을 따르며 지내게 될 것입니다. 결국은 노소를 불문하고 같은 열정에 사로잡혀 생업을 게을리하게 되는 결과로 이어질 것입니다. 만일 폐하가 그런 일을 금지시키지 않는다면 그들은 사원에 모여 기꺼이 팔을 자르거나 몸을 베어 신에게 제물로 바칠 것입니다. 그렇게 되면 우리의 전통과 관습은 심하게 훼손될 것이며 우리 자신은 이 땅에서 웃음거리가 될 것입니다.

그러므로 소신은 간관(諫官)들의 부끄러운 모습을 보고* 폐하에게 간청하오니 부처의 사리들을 불과 물로 훼손하도록 내어 주십시오. 그러면 이 큰 악의 뿌리가 영원히 근절될 것이며 백성들은 폐하의 지혜로움이 평민의 지혜를 얼마나 많이 넘어서 있는지 알게 될 것입니다. 그런 조치는 폐하에게 무한한 명예를 안겨 줄 것입니다. 만일 부처가 모종의 불행을 가하여 이런 모욕을 보복할 힘이 있다면 하늘에 맹세코 소신이 그의 분노를 다 감당할 것입니다.[74]

미신과 철학이 싸울 때는 미신이 이긴다는 쪽에 내기를 거는 사람이 안전할 것이다. 세상은 현명해서 지혜보다는 행복을 더 좋아하기 때문이다. 한유는 광둥(廣東) 성의 한 마을로 유배되었다. 그곳의 주민들은 당시에도 여전히 거친 야만인이었으나 그는 불평하지 않았다. 공자를 가르친 후에 자신의 본을 통해 그들을 개화시키는 일에 착수했다. 이 일은 크게 성공하여 오늘날 그의 초상화에는 "그는 어디를 가든 사람들을 순화시켰다."[75]라는 전설이 기록되어 있는 경우가 많다. 그는 결국 다시 수도로 부름을 받아 나라를 잘 섬기며 명성을 누리다 세상을 떠났다. 그의 위패는 공자의 제자들이나 가장 위대한 유교 학자들을 위해 마련된 공자의 사당에 모셔졌다. 그가 한때는 고상했으나 당시에는 부패한 신앙이 유입되는 상황에 단호하게 맞서 유교의 가르침을 지켰기 때문이다.

8. 무대

중국의 드라마는 분류하기가 어렵다. 중국은 드라마를 문학이나 예술로 인

---

* 간관의 역할에 대해서는 527쪽 참조. 단 한 명의 간관도 덕종(德宗)이 불교를 인정하려는 계획에 대해 간언하지 않았음을 한유는 함축하고 있다.

정하지 않기 때문이다. 삶의 다른 많은 요소들처럼 드라마의 평판도 인기에 비례하지 않는다. 드라마 작가의 이름을 듣게 되는 경우가 거의 없다. 아울러 배우도 일생을 바쳐 준비하여 성공하면 엄청난 명성을 누릴지는 모르지만 비천한 계층의 일원으로 간주된다. 어떤 문명에서나 배우는 그런 운명에 놓였으며, 드라마가 자신의 모태인 종교적 팬터마임을 등지고 스스로를 팬터마임과 구별하기 시작했던 중세 시대에는 특히 그러했다.

중국의 연극도 기원이 비슷하다고 한다. 주나라 시대에는 종교 의식에 막대기를 가지고 춤을 추는 특정한 무용들이 포함되어 있었다. 전승에 의하면 이 무용들이 음탕하게 변했다는 이유로 후대에 금지되었다. 바로 이 분리를 통해 세속적인 드라마가 시작된 것이 분명하다.[76] 매우 많은 예술의 후원자였던 현종은 그가 "배 밭의 젊은이들"이라고 부른 남녀 배우들을 주변에 불러 모음으로써 독립적인 드라마가 발전하도록 도왔다. 그러나 중국의 극장이 그 면모를 갖추게 된 것은 쿠빌라이 칸의 통치 시대였다. 1031년 공자의 후손 한 명이 중국의 사절로 몽골의 거란족에게 파견되었을 때 그를 환영하는 행사에 연극이 포함되었다. 그러나 어릿광대가 공자의 역을 맡았다. 공자의 후손은 화를 내며 밖으로 나갔으나, 몽골을 여행한 다른 여행자들과 그가 중국으로 돌아왔을 때 그들은 중국이 알고 있는 어떤 드라마보다 더 발전된 형태의 드라마에 대해 보고했다. 몽골인들이 중국을 정복했을 때 그들은 소설과 극장을 모두 중국으로 들여왔다. 그리고 지금도 중국 드라마의 고전적인 작품들은 몽골 치하에서 쓴 희곡이다.[77]

이 분야의 예술은 느린 속도로 발전했다. 종교와 국가 모두 이 예술을 지원하려고 하지 않았기 때문이다. 드라마는 대체로 순회 공연자들에 의해 이루어졌다. 공연자들은 빈터에 무대를 설치하고는 지붕도 없는 빈터에 서서 관람하는 마을 관객 앞에서 공연했다. 경우에 따라서는 고위 관리들이 배우들을 고용하여 사적인 잔치에서 공연하게 했으며 때로는 단체가 연극을 주관하기도 했다. 19세기에는 극장의 수가 많아졌으나 그 세기가 끝날 무렵에도 대도시인 난징(南京)에 극장은 단 두 개밖에 없었다.[78] 드라마는 역사와 시, 음악이 어우러진 종합 예술이었다. 보통 구성의 중심은 어떤 역사적인 로맨스의 일화였다. 때로는 같은 날 밤 여러 드라마의 장면들이 공연되기도 했다. 공연 시간에는 제한이 없었다. 짧을 때도 있었고 며칠씩 걸릴 때도 있었지만 보통은 미국의 가장 훌륭한 현대 연극의 경우처럼 6~7시간 걸렸다. 극 중에는 허세와 과장된 언사도 많으며 폭력적인 대사도 많다. 그러나 대단원에서는 결국 미덕이 승리하게 만듦으로써 현실을 보상했다. 드라마는 사람들에게 그들의 역사에 관해 무엇인가를 가르치고 풍기 문란한 장면을 통해 유교의 미덕(특히 효도)을 심어 주는 교육적 윤리적 도구가 되었다.

무대에는 소품이나 무대 장치가 거의 없었으며 출구도 없었다. 엑스트라를 포함한 모든 출연 배우가 연극이 끝날 때까지 무대 위에 앉아 있다가 차례가 되면 일어나 연기를 했다. 경우에 따라서는 보조자가 그들에게 차를 대접하기도 했다. 다른 직원들은 관객 사이로 다니면서 담배와 차, 과자를 팔기도 하고 여름밤에는 얼굴을 닦을 뜨거운 수건을 제공하기도 했다. 사람들은 먹고 마시고 이야기를 나누다가 이례적으로 훌륭한 연기가 이루어지거나 큰 소리가 나면 무대에 집중했다. 배우들은 대사가 들리도록 큰소리로 고함치듯 해야 하는 경우가 많았다. 아울러 사람들이 배역을 잘 이해할 수 있도록 하기 위해 가면을 썼다. 청나라 건륭제(乾隆帝)가 여자 배우의 출연을 금지시킨 결과로 여자의 배역을 남자가 맡았다. 그 연기가 매우 훌륭하여 우리 시대에 여자들이 무대로 돌아오도록 허락되었을 때도 여자 배우가 성공하려면 남자 배우의 여자 연기를 흉내 내야 했다. 배우들은 곡예와 춤의 전문가가 되어야 했다. 배역에 따라 손과 발을 숙련되게 움직여야 할 경우가 많았으며, 거의 모든 연기가 무대 음악에 맞춰 우아한 관례에 따라 이루어져야 했기 때문이다. 동작은 상징적이었으며 오래된 관례에 충실하고 정확해야 했다. 매란방(梅蘭芳)처럼 성공한 배우의 경우에는 손과 몸의 예술적 표현이 연극의 절반을 차지했다. 연극은 완전한 연극도 아니고 완전한 오페라도 아니었으며 무용이 주를 이루는 것도 아니었다.

연극은 질적인 면에서는 거의 중세 수준의 복합물이었으나 유형적인 면에서는 팔레스트리나(Giovanni Pierluigi da Palestrina)의 음악이나 스테인드글라스만큼 완벽했다.[79]

음악은 독립적인 예술로 자리 잡은 적이 거의 없고 종교와 무대의 시녀였다. 전승은 음악의 기원을 다른 많은 것들의 경우와 마찬가지로 전설적인 황제인 복희에게 돌린다. 공자 이전으로 연대가 거슬러 올라가는 예기(禮記)는 몇 편의 음악에 관한 글을 담거나 기록하고 있다. 공자 시대에는 이미 오래된 음악적 표준이 확립되어 있었으며 이 표준을 개혁하려는 노력들이 조용한 사람들을 괴롭히고 있었다. 현자는 당시의 음란한 분위기가 도덕적인 가락들을 몰아내고 있다고 불평했다.[80] 중국인들은 한 옥타브가 12개의 반음(半音)으로 이루어지는 12평균율을 알고 있었지만 5음계로 작곡하는 것을 좋아했다. 5음이란 대체로 서양의 도(C)와 레(D), 파(F), 솔(G), 라(A)에 해당하며 각 음에 궁(宮), 상(商), 각(角), 치(徵), 우(羽)라는 이름을 붙였다. 화성(和聲)은 이해했으나 조율 악기의 경우를 제외하고는 거의 사용하지 않았다. 중국인에게 「열정 소나타」가 그렇게 들렸을 것처럼 서양인의 귀에는 중국 음악이 사람을 깜짝 놀라게 만드는 기묘한 소리로 들렸다. 그러나 중국 음악은 공자가 채식주의를 택할 정도로 무아경에 빠지게 만들었으며, 많은 청중을 의지와 이념의 분쟁에서 벗어날 수 있게 만들었다. 이런 일은 훌륭한 곡에 몰입할 때 나타는 현상이다. 한유에 의하면 현자들은 "사람들의 마음속에 있는 우울함을 몰아내기 위해 음악을 가르쳤다."[81] 그들은 음악이 없는 삶은 잘못된 삶일 것이라는 니체의 말에 동의했다.

25장   예술가의 시대

1. 송(宋)나라의 르네상스

1. 왕안석(王安石)의 사회주의

당나라는 안녹산의 난에서 회복되지 못했다. 현종의 뒤를 이은 황제들은 제국 전역에서 황제의 권위를 회복하지 못했고, 결국 1세기 후 노쇠한 당나라는 막을 내리고 말았다. 그 후 53년 동안 다섯 개의 왕조가 이어졌으나 모두 허약해 단명했다. 이런 경우에는 언제나 그러하듯이 질서를 다시 확립할 단호하고 강력한 사람이 필요했다. 혼란 속에서 한 군인이 등장하여 송나라를 세우고는 태조(太祖)라는 이름으로 초대 황제에 등극했다. 유교 관리들로 이루어진 관료 제도가 회복되고 과거가 다시 시행되었으며, 황제의 한 자문위원을 통해 국가 경제를 거의 사회주의적으로 통제하여 착취와 빈곤 문제를 해결하려는 노력이 이루어졌다.

왕안석(1021∼1086년)은 중국사의 긴 연대기에 활력을 불어넣은 많은 매력적인 인물 가운데 한 사람이다. 진부한 이야기지만 외국인이 다른 나라의 정황을 멀리서 들여다보면 장소와 인물의 다양성도 모호해지고 가장 상이한 인물들도 외모와 인격이 비슷비슷하게 보이기 마련이다. 그러나 심지어는 (유난히 많았던) 적대자들이 보기에도 왕안석은 나머지 사람들과는 구별되는 사람이었다. 그는 성실하게 나랏일을 돌보았으며 무모할 정도로 백성들의 후생을 보살폈다. 자기 몸과 옷에 신경 쓸 시간도 없이 당대의 위대한 학자들과 경쟁을 벌였으며, 광적일 정도의 용기로 당시의 부유하고 힘 있는 보수주의자들과 맞서 싸웠다. 역사의 장난인지 몰라도 이름도 비슷한 한나라 시대의 왕망만이 왕안석을 닮은 유일하게 위대한 인물이었다. 중국에서 사회주의 사상을 실험한 가장 두드러진 마지막 노력을 기울인 이후 벌써 천 년이라는 혼탁한 역사의 흐름이 있었던 것이다.

황제의 명령으로 최고위직에 임명되자 왕안석은 곧 정부는 모든 백성의 후생을 책임져야 한다는 것을 일반 원리로 정했다. 그에 의하면 "국가는 노동자 계층을 돕고 그들이 부자들에게 몸이 부서지도록 시달리는 일을 막으려는 목표를 갖고 상업과 산업, 농업을 완전히 장악해야 한다."[1] 그는 아득한 옛날부터 정부가 백성들에게 강요해 왔고 그들을 필요로 하는 시기인 농번기에 들에서 빼내 온 경우가 많았던 부역을 폐지하며 첫발을 내딛었다. 그러면서도 홍수를 막기 위한 대규모 토목 공사를 시행했다. 농부들을 노예로 만들어 놓았던 대금업자에게서 그들을 구해 내고는 농사를 짓는 데 필요한 자금을 당시로서는 낮은 이율로 빌려 주었다. 실업자들에게는 나중에 자기 땅의 소산물로 정부에 갚는다는 조건으로 종자와 정착에 필요한 다른 도움을 무상으로 지원했다. 모든 지역에 노동 임금과 생필품 가격을 규제할 관리들을 임명하고 상업을 국유화했다. 정부가 지역 산물을 구매하여 일부는 지역의 미래 수요를 위해 저장해 놓고 나머지는 전국에 퍼져 있는 국가 저장소로 운반해 판매했다. 예산 체계를 확립해 예산 위원회가 비용을 계획하고 산정했으며, 이 예산안을 매우 엄격하게 집행했다. 이에 따라 이전에는 정부 자금이 흘러가는 길목마다 숨어 있던 은밀한 큰 주머니로 들어가던 막대한 금액을 절약했다. 노인과 실업자, 극빈자에게 연금을 제공했다. 교육 제도와 과거 체계를 개혁했다. 과거 시험은 말에 대한 지식보다는 사실에 대한 지식을 드러낼 수 있도록 했으며, 문학적 양식을 강조하던 것에서 유교의 원리를 현실 과제에 적용하는 면을 강조하는 것으로 주안점을 바꿨다. 어린이 교육에서 형식주의와 단순한 암기가 담당하던 역할을 줄였다. 그러므로 한 중국 역사가에 의하면 한동안 "심지어는 마을 서당의 학생들도 수사학 교재를 던지고 역사와 지리학, 정치 경제 분야의 입문서를 공부하기 시작했다."[2]

이 고상한 실험이 실패한 이유는 무엇인가? 첫째 아마 그 실험에서 유토피아적인 면보다는 실제적인 면이 더 많았던 특정 요소들 때문이었을 것이다. 대부분의 세금은 부자들의 소득에서 나오는 것이었으나 확대된 국가 경비에 필요한 자금의 일부는 농작물의 일부를 거둬 얻는 것이었다. 가난한 사람들이 곧 부자와 합세하여 세금이 너무 많다고 불평했다. 사람들은 언제나 국가가 제 기능을 발휘하도록 비용을 지불하는 일보다는 기능을 확장하는 일을 더 좋아하기 마련이다. 나아가 왕안석은 상비군을 백성들의 자원 낭비로 보고 규모를 축소하고, 남자가 한 명 이상인 모든 가족이 전시에는 병사를 제공할 책임을 보편적으로 감당하게 했다. 그는 가축을 잘 보살피고 군사용으로 필요할 때는 정부가 이용한다는 조건으로 많은 가족에게 말과 사료를 제공했다. 그러나 침략과 반란 때문에 전쟁이 일어나는 횟수가 늘어나자 이런 조치는 왕안석의 인기에 급속한 종말을 안겨 주었다. 아울러 그는 자신의 조치들을 집행할 정직한 사람을 확보하기 어렵다는 사실을 알게 되었다. 부패가 관료 사회 전체에 퍼졌으므로 중국 역시 그 이후의 많은 나라들처럼 사적인 착취와 공적인 부정행위 중 하나를 선택해야 하는 오래된 난제에 직면하게 되었다.

왕안석의 친형제와 역사가 사마광이 이끄는 보수주의자들은 그 실험은 애초부터 불합리했다고 비판했다. 그들은 인간의 부패성과 무능력함 때문에 정부의 산업 통제는 비현실적이며, 최선의 정부 형태는 서비스와 상품을 생산하려는 인간의 타고난 경제적 충동에 의존하는 자유방임형 정부라고 주장했다. 부자들은 자기 재산에 대한 높은 세금과 정부의 상업 독점에 자극을 받아 왕안석의 조치들의 신뢰성을 떨어트리고 집행을 방해하며 좋지 않은 평판 속에서 종식시키려는 일에 자원을 쏟아부었다. 이 반대 운동은 조직을 잘 갖춰 황제에게 압력을 행사했다. 홍수와 가뭄이 계속 이어지는 상황에서 하늘에 불길한 혜성까지 나타나게 되자 천자는 왕안석을 관직에서 파면한 후 그의 조치들을 취소시키고 적대자들을 요직에 앉혔다. 모든 것이 다시 이전으로 돌아갔다.[3]

2. 학문의 부흥

온갖 전쟁과 반란, 모든 행정과 실험이 있었으나 중국인들의 생활은 평탄하게 흘러갔다. 너무 먼 곳에서 일어나 이미 오래전에 지나간 뒤에나 소식이 들리는 사건에 별 영향을 받지 않았던 것이다. 송나라는 북쪽에서는 정권이 무너졌으나 남쪽에 다시 나라를 세웠다. 수도를 변량(汴梁, 현재의 카이펑[開封])에서 임안(臨安, 현재의 항저우[杭州])으로 옮겼다. 새로운 수도에서도 옛 수도에서처럼 사치가 늘고 세련미가 더해졌으며, 중국의 산업과 예술이 만들어 낸 비할 데 없는 산물들을 구입하려고 세계의 많은 곳에서 교역상들이 몰려들었다. 황제 휘종(徽宗, 1101~1125년)은 변량에서 처음에는 예술가로서 나중에는 통치자로서 유행을 만들어 냈다. 그는 이민족들이 수도로 밀려오는 동안에도 그림을 그렸으며, 전시회와 포상을 통해 예술을 자극한 예술 학교들을 세웠다.(후에 사람들은 주로 이 예술을 통해 송나라 시대를 기억하게 된다.) 훌륭한 그림과 서적, 청동 및 옥으로 만든 작품들을 수집했다. 큰 도서관들을 세웠으며 그중 일부는 전쟁의 참화를 이기고 살아남았다. 학자들과 예술가들이 남쪽 수도와 북쪽 수도로 모여들었다.

깨닫지도 못하는 사이에 이미 완료된 혁명처럼 인쇄술이 중국의 문학 생활속으로 스며든 것은 바로 이 왕조에서였다. 인쇄술은 오랜 세월을 통해 단계별로 착실하게 발전했으나 이제는 한 면 전체를 인쇄할 수 있는 활자판과 금속으로 주조하여 하나씩 끼워 넣을 수 있는 활자를 모두 갖췄다. 이것은 철저한 중국 발명품이었으며,[4] 글이 발명된 이후 인류 역사에서 이루어진 가장 위대한 발명품이었다.

인쇄술의 발전 단계에서 가장 먼저 필요했던 것은 고대 중국이 만족스럽게 여기던 비단이나 대나무보다 더 편리한 용지를 발견하는 일이었다. 비단은 너무 비쌌으며 대나무는 너무 무거웠다. 묵자가 여행할 때는 재산 목록 1호인 대나무 책들을 운반하기 위해 세 대의 수레가 필요했으며, 시황제는 매일 54킬로그램의 공문서를 검토해야 했다.[5] 그러나 서기 105년경 채륜(蔡倫)이 나무껍질과 삼의 섬유, 넝마, 그물을 이용하여 저렴하고 가벼운 용지를 만드는 법을 알아냈다고 황제에게 보고했다. 채륜은 황제에게 고위직을 받았으나 황후의 음모에 연루된 사실이 발각되어 "집으로 돌아가 목욕재계한 후 가장 좋은 옷으로 갈아입고 독약을 마셨다."[6] 이 새로운 발명품은 빠른 속도로 퍼져 널리 사용되었다. 오럴 스타인 경(Sir Aurel Stein)이 만리장성의 한 벽에서 발견한 현존하는 가장 오래된 종이는 서기 21~137년에 발생한 사건들의 내용을 담고 있는 공문서의 형태로 되어 있으므로 그 최근 사건들과 동시대의 문서인 것이 분명하다. 따라서 그 문서는 채륜이 자신의 발명품을 보고하고 겨우 반세기가 지난 뒤인 서기 150년경의 문서다.[7] 초기의 이 종이는 제지용 넝마로 만들어졌으므로 내구성이 요구되는 우리 시대에서 사용하는 종이와 본질적으로 비슷했다. 중국인들은 녹말풀로 된 바탕에 아교나 젤라틴을 덧입혀 섬유질을 강화시키고 먹을 잘 흡수할 수 있도록 만들어 종이를 거의 완벽한 형태로 발전시켰다. 중국인이 8세기에 아랍인에게 종이 만드는 기술을 가르치고, 아랍인이 13세기에 유럽인에게 가르쳤을 때는 이미 그 기술이 완벽한 상태에 도달해 있었다.

먹 역시 중국에서 전해진 것이었다. 이집트인이 가장 오래되었다고 할 수 있을 종이와 잉크를 모두 만들기는 했으나, 유럽인에게 먹과 램프 그을음을 혼합하는 기술을 가르쳐 준 것은 바로 중국이었다. 인도의 잉크도 본래 중국에서 전해진 것이었다.[8] 중국에서 황화수은으로 만든 붉은 먹을 사용한 연대는 일찍이 한나라 시대까지 거슬러 올라간다. 검은 먹은 4세기에 나타났으며 그 후 붉은 먹은 황실에서만 사용했다. 인쇄에는 검은 먹을 사용했다. 목판에 사용하기 적합하고 거의 지워지지 않았기 때문이다. 지판(紙板)은 중앙아시에서 발견한 것을 사용했다. 그 판지(板紙)는 화석화될 정도로 오랫동안 물속에 잠겨 있었으나 먹으로 글을 써도 분명히 읽을 수 있었다.[9]

서명할 때 도장을 사용한 일은 비의도적이지만 인쇄의 기원이 되었다. 지금도 인쇄에 사용하는 중국 문자는 도장에 사용하는 중국 문자와 동일하다. 처음에는 중국에서도 근동에서처럼 점토에 도장을 찍었다. 그러다가 5세기경에는 도장에 먹물을 묻혔다. 2세기에는 중국의 고전들을 돌에 새겼었다. 곧 이어서 명문(銘文)에 먹을 묻혀 찍어 내는 탁본 풍습이 생겼다. 6세기에는 도교 신자들이 큰 나무 도장을 사용해 부적을 찍었다. 1세기 후에는 불교 포교사들이 도장과 탁본, 형판(型板), 날염(捺染, 이것은 인도에서 전해진 기술이다.) 등 다양한 복사 방법을 실험했다. 현존하는 최초의 목판 인쇄물은 서기 770년경 일본에서 산스크리트어와 중국어로 인쇄한 백만 장의 부적이며, 이것은 아시아의 문화 교류를 보여 주는 탁월한 증거다. 당나라 시대에는 목판본을 많이 만들었으나 현종 이후에 이어진 혼란 속에서 유실되거나 분실되었음이 분명하다.[10]

1907년 오럴 스타인 경은 중국령 투르키스탄의 도교 승려들을 설득하여 둔황〔敦煌〕에 있는 천불동(千佛洞)인 막고굴(莫高窟)을 답사했다. 이 굴 가운데 서기 1035년경에 폐쇄되어 1900년에 가서야 다시 개방된 한 굴(장경동(藏經洞))에는 1130개의 꾸러미가 놓여 있었으며 각 꾸러미에는 열 개 이상의 두루마리 책이 담겨 있었다. 이 책들은 모두 종이에 기록된 장서로 1만 5000권이나 되었으며, 마치 발견되기 바로 전 시대에 집필된 것처럼 잘 보존되어 있었다. 세계에서 가장 오래된 인쇄본인 금강경(金剛經)도 바로 여기서 발견되었다. 이 "금강경은 왕걸이 지극한 효성으로 부모에 대한 기억을 오래 간직하려고 868년 5월 11일(에 해당하는 날)에 인쇄하여"[11] 많은 사람에게 무상으로 배포한 두루마리다. 같은 책 더미 속에서 다른 인쇄본 세 권도 발견되었다. 그중 한 권은 새로운 발전 형태를 갖추고 있었다. 그 인쇄본은 금강경처럼 두루마리 형태가 아니라 접는 형태로 된 소책자였다. 이것은 현재와 같은 형태로는 최초의 책자로 알려져 있다. 중세 말의 유럽과 현대의 원시 민족들의 경우처럼 중국에서도 인쇄로 이어지는 최초의 자극을 제공한 것은 종교였다. 종교는 청각은 물론 시각을 통해서도 가르침을 전하고 부적과 기도문, 전설을 모든 사람에게 안겨 줄 길을 모색했기 때문이다. 그러나 놀이용 카드도 이런 경건한 형태의 인쇄물 못지않게 오랜 역사를 가졌다. 카드는 중국에서 969년이나 그 이전에 등장하여 14세기 말 유럽으로 전해졌다.[12]

이 초기 서적들은 목판본으로 인쇄했다. 서기 870년경에 기록된 한 중국 편지는 그런 작품을 최초로 언급한다. "쓰촨(四川)에 있을 때 목판으로 인쇄한 교재를 서점에서 본 적이 있습니다."[13] 당시에는 이미 인쇄술이 발달해 있었던 것으로 보인다. 아울러 이런 발전이 쓰촨이나 투르키스탄 등의 서부 지역에서 먼저 이루어졌다는 점도 흥미롭다. 그곳은 인도의 불교 포교사들을 통해 문명에 접한 지역이며, 동부의 수도들과는 무관한 독자적 문화를 한 동안 누렸던 지역이기 때문이다. 10세기 초 중국 동부에서는 목판 인쇄를 도입했다. 그때 재상 풍도(馮道)가 황제를 설득하여 중국 고전들의 인쇄 비용을 제공하게 했다. 이 사업으로 20년에 걸쳐 130권이 출간되었다. 교재들뿐 아니라 가장 유명한 주해서들도 포함시켰기 때문이다. 이 사업이 마무리되자 고전이 널리 유포되어 송나라 시대에 학문이 부흥하고 유교가 강화되는 데 크게 이바지했다.

목판 인쇄의 초기 형태 가운데 하나는 지폐 발행이었다. 10세기 쓰촨에서 처음 등장한 지폐는 중국 정부가 애용하는 사업이 되었으며, 1세기도 지나지 않아 인플레이션 실험으로 이어졌다. 1294년에는 페르시아가 부를 창출하는 이 새로운 방법을 모방했다. 1297년 마르코 폴로는 중국인들이 이 기이한 종이 부스러기에 보이는 존중심을 기술하면서 놀라움을 금치 못했다. 유럽은 1656년에 가서야 이 묘기를 배워 지폐를 처음 발행했다.[14]

낱개로 독립되어 있는 가동 활자 역시 중국 발명품이었다. 그러나 중국에는 알파벳이 없어 글자가 4만 개나 되었으므로 극동에서 그 활자를 이용하는 것은 불가능한 사치였다. 일찍이 서기 1041년 필승(畢昇)이 찰흙으로 활자를 만들었으나 거의 사용하지 못했다. 1403년 한국인이 역사에 알려진 최초의 금속 활자를 만들었다. 단단한 나무에 글자 모양을 새긴 후에 이 원형을 이용해 고령토 틀을 만들고 그 틀을 가마에 넣어 구운 다음 그 틀을 이용해 금속 활자를 주조했다. 한국의 가장 위대한 왕인 태종(太宗)은 그 발명품을 즉각 받아들여 문명을 보존하고 행정을 돕는 보조물로 삼았다. 개화된 이 군주는 이렇게 말했다. "나라를 다스리려는 사람은 누구나 법과 고전을 폭넓게 알아야 한다. 아울러 밖으로는 의롭게 행하고 안으로는 바른 인품을 유지하여 나라에 평화와 질서를 안겨 줄 수 있어야 할 것이다. 우리나라는 바다의 동쪽에 놓여 있어 중국에서 들어오는 책의 수가 적다. 목판으로 인쇄된 책은 불완전한 경우가 많으며 나아가 현존하는 책을 모두 완간하기도 어렵다. 그러므로 내가 명하노니 활자는 청동으로 만들도록 하고 내 손에 들어오는 것은 모두 인쇄하여 그 작품에 담겨 있는 전통을 물려주도록 하라. 그러면 우리 모두에게 영원히 축복을 안겨 줄 것이다. 그러나 그 비용은 백성들의 세금으로 충당하지 말고 나와 내 가족 그리고 그렇게 하길 원하는 신하들이 개인적으로 그 비용을 감당하도록 하라."[15]

가동 활자를 주조하는 기법은 한국에서 일본으로 전해지고 그 후 다시 중국으로 들어갔다. 그러나 그 일은 유럽에서 구텐베르크가 뒤늦게 그 방법을 알게 된 후에 이루어졌음이 분명하다. 한국에서는 가동 활자를 2세기 동안은 사용했으나 그 후에는 쇠퇴했다. 중국에서는 경우에 따라서만 사용하다가 서양의 상인과 선교사가 마치 옛 선물을 돌려주는 것처럼 유럽의 활판 인쇄술을 동양에 전한 다음에야 본격적으로 사용하기 시작했다. 풍도의 시대에서부터 이홍장(李鴻章)의 시대에 이르기까지 중국인은 목판 인쇄를 그들의 언어에 가장 적합한 것으로 보고 그 인쇄를 고수했다. 이런 제약에도 불구하고 중국 출판업자들은 엄청난 분량의 책을 발간했다. 994~1063년에는 수백 권에 달하는 왕조 역사를 출판했다. 972년에는 5000권의 불교 경전을 완간했다.[16] 저술가들은 전에는 갖지 못했던 무기로 무장했다. 독자가 귀족층에서 중산층으로, 심지어는 하층 계급까지 확대된 것이다. 아울러 문학은 민주적 색채와 다양한 형태를 취하게 되었다. 목판 인쇄술은 송나라 문예 부흥의 원천 가운데 하나였다.

중국 문학은 이제 이런 해방적인 발명품에 자극을 받아 전례 없는 번영을 누리게 되었다. 이탈리아에서 일어날 인문주의 부흥의 온갖 영광이 200년이나 앞서 나타난 것이다. 고대의 고전들을 존중하여 수많은 판본으로 발간하고 그보다 더 많은 주해서들을 발간했다. 이 놀라운 새 활자 덕분에 역사학자들이 과거의 삶을 소재로 다뤄 수백만 독자들에게 전했다. 많은 문학 선집을 발간했고 훌륭한 사전들을 편찬했으며 엄청나게 방대한 백과사전들을 전국에 유포했다. 의미 있는 최초의 사전은 오숙(吳淑, 947~1002년)이 편찬한 사전이었다. 이 사전은 중국어에는 알파벳이 없는 관계로 범주에 따라 분류했으며, 주로 물리적 세계를 다뤘다. 977년 송나라의 황제 태종(太宗)은 보다 방대한 백과사전 편찬을 명령했다. 이 사전은 서른두 권이나 되며 1690권의 책에서 선별한 글로 이루어졌다. 그 후 명나라 황제 영락제(永樂帝, 1403~1425년)의 치세에는 만 권의 백과사전을 집필했으나 인쇄 비용이 너무 많이 들어 출간하지 못했다. 그러므로 한 부의 필사본만 후손에게 전해졌으나 1900년 의화단운동(義和團運動) 때 160권을 제외하고 모두 소실되었다.[17] 이 이전에는 학자들이 이렇게 문명을 지배한 적이 없었다.

3. 철학의 재탄생

그 학자들이 모두 유교를 신봉한 것은 아니었다. 15세기라는 세월이 흐르면서 경쟁적 사상학파들이 성장하여 이제는 많은 논쟁을 통해 이 활기찬 민족의 지적 생활을 자극하고 있었기 때문이다. 불교가 중국인의 삶 속으로 스며들어 철학자들에게까지 영향력을 발휘하고 있었다. 철학자들은 이제 대부분 고독한 명상 습관에 젖어 있었다. 그중에는 형이상학을 멀리하는 공자를 멸시하고 삶과 정신의 문제들에 대한 공자의 접근 방법을 너무 외면적으로 접근하는 조잡한 방법으로 보고 거부하는 지경까지 나아간 사람들도 있었다. 내적 성찰이 우주를 탐구하는 방법으로 인정되었으며 인식론이 중국에서 처음으로 등장했다. 황제들은 불교나 도교를 자신의 인기를 높이거나 백성들을 교화시키는 방법으로 받아들였다. 그러므로 때로는 공자가 중국인의 정신을 지배하던 시대가 막을 내린 것처럼 보이는 경우도 있었다.

공자를 구해 준 사람은 주희였다. 샹카라는 8세기의 인도에서 우파니샤드에 담긴 어수선한 통찰들을 하나의 지적 체계로 통합시켜 베단타 철학을 최고 철학으로 만들어 놓았다. 아퀴나스는 이제 곧 다가올 13세기의 유럽에서 아리스토텔레스와 성 바울을 결합시켜 당당한 스콜라 철학으로 엮어 내게 된다. 마찬가지로 주희 역시 12세기의 중국에서 공자의 느슨한 경구들을 받아들여 하나의 철학 체계를 만들어 놓았다. 이 체계는 학구적인 시대의 취향을 충족시킬 만큼 논리 정연했으며 앞으로 7세기 동안 중국의 정치적, 사상적 생활에서 공자의 리더십이 유지될 수 있을 만큼 튼튼했다.

당시의 핵심 철학 논쟁은 주희와 상대편 모두가 공자의 작품으로 생각하는 대학(大學)의 한 구절에 대한 해석을 둘러싼 것이었다.* 나라의 질서는 가족을 제대로 다스는 것을 기반으로 삼아야 하고 가족을 다스리는 것은 자신을 제대로 다스리는 것으로, 자신을 다스리는 것은 사고의 성실성을 기반으로 삼아야 하며 사고의 성실성은 사물 탐구를 통해 "지식을 최대한 넓히는 일"에서 시작되어야 한다는 놀라운 요구는 무엇을 의미하는가?

주희는 말 그대로 철학과 도덕, 정치는 실재들을 겸손하게 탐구하면서 시작되어야 한다고 대답했다. 그는 공자의 실증주의적 성향을 그대로 받아들였다. 그는 공자가 인정할 범위를 넘어설 만큼 존재론 문제에 상당한 공을 들였으나 산둥의 현자라도 관심을 보일 정도로 무신론과 신앙을 기묘하게 결합시켰다. 항상 중국인의 형이상학을 지배해 온 역경(易經)처럼 주희 역시 삐걱거리는 모종의 이원론적 실재론을 인정했다. 모든 곳에서 '양'과 '음'(적극성과 수동성, 운동과 정지)이 남성적 원리와 여성적 원리처럼 어우러져 물(水)과 불(火), 흙(土), 금속(金), 나무(木) 등의 다섯 가지 원소에 작용하여 창조 현상을 낳는다. 아울러 모든 곳에서 똑같이 외적인 요소인 '이(理)'와 '기(氣)'(법칙과 물질)가 서로 협력하여 만물을 다스리고 형상을 부여한다. 이 모든 형상을 초월해 있으면서

---

* 371~372쪽의 인용문 참조.

만물을 다스리는 것이 '태극(太極)'이다. 태극은 절대자 혹은 비인격적인 최고 법칙, 만물의 본체다. 주희는 이 태극을 정통 유교에서 말하는 하늘(天)과 동일한 것으로 보았다. 그가 보기에는 신이란 인격성이나 정형적 형상이 없는 합리적 과정이었다. "자연이란 법칙일 뿐이다."[18]

주희에 의하면 이 우주의 법칙은 도덕과 정치의 법칙이기도 하다. 도덕이란 자연의 법칙과의 조화이며, 최고의 정치란 도덕 법칙들을 국가 운영에 적용하는 것이다. 온갖 궁극적 의미에 있어서의 자연은 선하며 인간의 본성도 선하다. 자연을 따르는 것이 지혜와 평화를 얻는 비결이다. 혹시 본능도 선하므로 즐거운 마음으로 본능을 따라도 될 것이라고 결론지을 사람이 있을지도 모르겠다. 하지만 주희는 본능을 물질('기')의 표현으로 보고 비판하고는 본능을 이성과 법칙('이')에 예속시키라고 요구한다.[19] 도덕론자인 동시에 논리학자가 되기란 어려운 법이다.

이 철학에는 모순점들이 있으나 그 모순점들이 상대 진영의 지도적인 인물이자 온유하고 독특한 인물인 왕양명을 혼란스럽게 만들지는 못했다. 왕양명은 철학자인 동시에 성인이었으며 마하야나(대승) 불교의 명상적인 정신과 습관이 깊이 배어 있었기 때문이다. 그가 보기에 주희에게 나타나는 큰 오류는 도덕적 오류가 아니라 방법론적 오류로 보였다. 그의 생각에 의하면 사물 탐구는 외적 우주를 검토하는 것을 시발점으로 삼으면 안 된다. 힌두인들이 말한 것처럼 내면적 자아의 세계를 훨씬 더 심오하게 드러내고 훨씬 더 많이 드러내는 것을 시발점으로 삼아야 한다. 모든 시대의 온갖 자연 과학을 동원하더라도 대나무 새싹 하나나 쌀 한 톨에 대해서도 설명하지 못할 것이다.

몇 년 전 나는 친구인 건에게 이렇게 말했다. "하늘 아래 있는 모든 것을 살펴보아야 현자나 유덕한 사람이 될 수 있다면 현재 상태에서 사람이 어떻게 그런 엄청난 능력을 지닐 수 있겠는가?" 나는 누각 앞에 있는 대나무들을 가리키며 그에게 그 나무들을 살펴보라고 부탁했다. 건은 밤낮을 모두 대나무의 원리들을 탐구하는 일에 바쳤다. 그는 3일 동안 마음과 신경을 쏟은 후에 결국은 정신력이 소진되어 병에 걸리고 말았다. 처음에 나는 그의 활력과 기력이 충분하지 못하기 때문이라고 말했다. 그러므로 내가 직접 그 일을 해보았다. 밤낮을 들여다보아도 나는 대나무의 원리를 이해할 수 없었다. 일주일 후에 나도 결국은 정신이 지친데다 부담감까지 겹쳐서 앓아눕고 말았다. 결국 우리는 서로 한숨을 쉬면서 "우리는 현자도 될 수 없고 유덕한 사람도 될 수 없나 보다."라고 말했다.[20]

왕양명은 사물을 살펴보는 일도 그만두고 고대의 고전들도 덮었다. 그가 보기에 모든 사물과 온갖 책을 읽는 것보다는 고독한 명상 속에서 자기 마음과 정신을 헤아리는 것이 더 많은 지혜를 안겨 줄 것 같았다.[21] 야만인들이 살고 독사들이 출몰하는 험한 산지로 유배되었을 때도 그는 그런 곳으로 몸을 피한 범죄자들을 친구와 제자로 삼았다. 그는 그들에게 철학을 가르쳤고 그들을 위해 음식을 만들었으며 그들에게 노래를 불러 주었다. 그러던 어느 날 한밤중까지 깨어 있다가 침상에서 뛰어내리며 무아지경에 빠져 "당연히 나의 본성만으로도 충분하다. 사물과 사태 속에서 원리를 찾은 것이 실수였다."라고 외쳐 그들을 놀라게 했다. 동료들은 그를 따라야 할 것인지 확신이 없었으나 그는 다음과 같은 자신의 유심론적(唯心論的) 결론으로 그들을 서서히 인도했다. "정신 자체가 자연법칙의 구현물이다. 우주에서 정신과 무관하게 존재하는 것이 있는가? 정신과 분리된 법칙이 있는가?"[22] 그는 이 결론을 토대로 하여 신은 상상이 만들어 낸 허구라고 추론하지 않았다. 오히려 신성(神性)을 모호하지만 모든 곳에 존재하며 너무 위대하여 단지 하나의 인격일 수는 없으나 인간들에 대하여 동정과 분노를 느낄 수 있는 도덕적 힘으로 보았다.[23]

왕양명은 이런 유심론에서 출발하여 주희와 동일한 윤리적 원리에 도달했다. "자연은 최고의 선"이며 최고의 탁월성은 자연법칙을 완벽하게 받아들이는 데 있다는 것이다.[24] 자연에는 철학자는 물론 뱀도 포함되는 것 같다는 점을 지적받자 그는 아퀴나스와 스피노자, 니체처럼 '선'과 '악'이란 편견이며, 자신이나 인류에게 유익하거나 해로움에 따라 사물에 적용하는 용어라고 대답했다. 자연 자체는 선과 악을 초월해 있으며 우리의 이기적 용어를 무시한다고 그는 가르쳤다. 한 학생은 "선과 악의 저편"이라는 제목을 붙일 수 있을 대화록을 보고하고(혹은 만들어 내고) 있다.

잠시 후 그는 "선과 악에 대한 이 견해는 몸에 원천을 두고 있으므로 아마 잘못되었을 것이다."라고 말했다. 나는 이 말을 이해할 수 없었다. 스승은 이렇게 말했다. "하늘이 선과 악이 생기게 하는 목적은 꽃과 풀의 경우와 같다. 선과 악을 어떤 방법으로 구분하겠는가? 제자여, 그대가 꽃을 보고 즐거워한다면 꽃은 선하고 풀은 악하다고 생각할 것이다. 그대가 풀을 이용하려고 한다면 이번에는 풀을 선하게 여길 것이다. 이런 유형의 선과 악은 그대의 정신이 좋아함과 싫어함에 원천을 두고 있는 것이다. 그러므로 나는 그대가 오류를 범하고 있음을 안다."

내가 말했다. "그런 경우에는 선도 없고 악도 없는 것입니까?"

스승이 말했다. "자연법칙이 지배할 때는 평온함이 나타나 선과 악이 구별되지 않는 상태가 된다. 반면에 정념과 자연이 서로 다툴 때는 선과 악이 존재하는 상태가 된다. 그러나 정념과 자연이 다투지 않을 때는 선도 없고 악도 없다. 이것이 최고의 선이다."

내가 말했다. "그런 경우에는 사물에 선과 악이 전혀 존재하지 않는 것입니까?" 스승이 말했다. "선과 악은 그대의 정신 속에만 있는 것이다."[25]

왕양명과 불교가 격식을 따지며 새침 떠는 유교 숭배자들의 아성에서 이런 미묘한 색채의 유심론적 형이상학을 제시한 것은 좋은 일이었다. 유교 학자들은 철학이 그때까지 인간의 본성과 통치에 대해 생각해 낸 견해 중 가장 합당한 견해를 지녔더라도 자신들의 지혜에만 심취하여 자유롭고 창조적인 오류를 범하는 모든 사람에게 적대적인 태도를 보이는 고루한 관리가 되어 있었기 때문이다. 결국에는 주희의 추종 세력이 싸움에서 이겨 그의 위패가 공자의 사당과 동일한 사당에 높이 놓이게 되는 명예를 차지했으며, 고전에 대한 그의 해석이 700년 동안 모든 정통 사상의 율법이 되었다. 이것은 정말 건전하고 소박한 지각이 혼란스러울 정도로 미묘한 형이상학적 정신에게 거둔 승리였다. 그러나 국가도 개인처럼 너무 지나치게 지각이 깊고 너무 지나치게 건전하고 참을 수 없을 정도로 올바르게 될 수 있다. 중국이 혁명을 겪어야 했던 것은 부분적으로는 주희와 유교가 그토록 완벽하게 승리했다는 바로 그 이유 때문이었다.

2. 청동과 칠(漆) 그리고 옥

지혜의 추구와 아름다움을 향한 열정, 이 두 가지는 중국 정신의 양극이다. 그러므로 중국을 규정하자면 느슨하긴 하지만 철학과 도자기로 규정할 수 있을 것이다. 중국에서 지혜 추구란 공허한 형이상학이 아니라 개인 계발과 사회 질서를 목표로 삼는 실증 철학을 의미했다. 마찬가지로 아름다움을 향한 열정이란 인간사와 무관하게 예술 형태만 추구하는 어설픈 예술 애호주의나 비전적(秘傳的) 예술 지상주의가 아니라 아름다움과 실용성을 현실적으로 접목시켜 일상생활에서 사용되는 물건이나 도구를 장식하려는 노력이었다. 중국은 자체의 이상들을 굽히고 서구의 영향을 받아들일 때까지는 예술가와 장인 혹은 장인과 일꾼을 구별하지 않았다. 모든 산업이 "손으로 하는" 제조업이고 모든 제조업이 손으로 하는 "공예"였으며, 산업도 예술처럼 사물 속에 개성을 표현하는 것이었다는 말이다. 그러므로 중국은 대규모 산업을 통해 서양에서는 일반적으로 사용되는 편리한 제품을 백성에게 공급하는 일은 소홀히 했으나, 예술적 취향과 일상생활에서 사용하는 아름다운 물품을 만들어 내는 면에서는 어떤 나라보다 뛰어났다. 안락한 생활을 하는 중국인들은 음식을 담아 먹는 그릇에 쓰는 중국 문자에서부터 시작하여 자기 주변에 있는 모든 것이 모종의 미적 형태를 갖추도록 주문했으며 그 모양과 짜임새에서 성숙한 문명을 보여 주는 증거를 요구했다. 그 모든 것이 성숙한 문명의 상징이자 일부였던 것이다.

사람과 사원, 가정을 아름답게 꾸미려는 이런 움직임이 최고조에 도달한 것은 바로 송나라 때였다. 당나라의 탁월한 일상생활의 일부였던 이 움직임은 그 후에도 유지되어 후대의 여러 왕조에서 널리 확산되었다. 그러나 이제 질서와 번영이 오랫동안 유지되면서 모든 예술이 번성하여 전에는 누려 보지 못했던 우아함과 아름다움을 안겨 주었다. 직물과 금속 공예 분야에서 중국의 장인들은 송나라 시대와 그 이후에는 도저히 뛰어넘을 수 없는 완벽한 경지에 도달했다. 옥과 단단한 돌을 가공하는 분야에서는 타의 추종을 불허했다. 그리고 나무와 상아에 조각하는 분야에서는 그들에게서 배운 일본 제자들만 그들을 능가했을 뿐이다.[26] 가구는 편의성은 무시한 채 독특하고 다양한 형태로 디자인했다. 가구를 만드는 장인들은 하루에 밥 한 그릇으로 끼니를 때우며 자그마한 완벽한 수작을 하나씩 만들어 냈다. 그리고 꼼꼼한 기술이 필요한 이 작은 작품들은 값비싼 가구나 사치품 대신 가정에 자리 잡아 소유자들에게 즐거움을 제공했다. 서양에서는 미술품 감정가들만 그 즐거움을 알 수 있을 것이다. 보석은 많지 않았으나 감탄할 만큼 훌륭하게 세공했다. 사람들은 깃털이나 대나무로 살을 만들어 그림을 그린 종이나 비단을 붙여 장식한 부채를 이용해 더위를 쫓았다. 심지어는 거지들이 그들의 유서 깊은 직업을 수행할 때도 우아한 부채를 부쳤다.

칠공예는 중국에서 시작되어 일본에서 완벽해졌다. 극동에서 칠은 중국이 원산지이지만 지금은 대부분 일본에서 공들여 재배하는 나무에서 얻는 자연 산물이다.* 그 나무의 줄기와 가지에서 받은 수액은 거른 후에 가열하여 농축시킨다. 이렇게 얻은 칠은 얇은 나무에 도포하거나 때로는 금속이나 도자기에 도포한 후 습한 공기에 노출시킨 상태에서 건조시킨다.[27] 도포할 때마다 천천히 건조시키고 끈기 있게 광택을 내면서 20~30번 도포를 하면 색상과 깊이가

---

* 옻나무. 칠(漆)을 의미하는 영어 단어 'lacquer'의 어원은 '수지(resin)'를 의미하는 프랑스어 'lacre'이며, 이 프랑스어 'lacre'는 수액을 의미하는 라틴어 'lac'에서 온 말이다.

다양해진다. 중국에서는 이렇게 완성한 칠은 V자 형태의 예리한 도구를 이용하여 음각을 하며 각 음각은 디자인에 필요한 색상을 갖고 있는 층을 드러내도록 이루어진다. 이 예술은 서서히 성장했다. 처음에는 죽간에 글을 쓰는 형태로 시작했다. 주나라에서는 이 재료를 이용하여 그릇과 마구(馬具), 탈것 등을 단장했다. 서기 2세기에는 건물과 악기에 도포했다. 당나라 시대에는 많은 칠 제품을 일본으로 수출했다. 송나라 시대에는 이 산업의 모든 분야가 분명한 형태를 갖췄으며 제품들을 선적하여 인도와 아라비아 등의 먼 항구까지 보냈다. 명나라 황제들의 치세에는 이 예술이 더욱 완벽해졌으며 일부 분야에서는 절정에 도달했다.[28] 청나라의 개화된 통치자인 강희제(康熙帝)와 건륭제(乾隆帝)의 치세에는 대규모 공장들을 세우고 황제의 칙령에 따라 운영하여 건륭제의 옥좌[29]나 강희제가 신성로마제국의 황제 레오폴드 1세에게 선물한 옻칠 병풍[30] 등의 걸작들을 만들었다. 이 예술은 19세기까지 계속 번성했으나 결국 유럽 상인들이 몰고 온 전쟁과 유럽 수입상과 고객의 저급한 취향 때문에 제국의 지원이 끊기게 되었다. 그 결과 수준이 낮아지고 디자인도 열악해져 칠 분야의 주도권을 일본에게 넘겨주고 말았다.

옥은 가장 오래된 무덤들에서 발견되는 것으로 보아 중국의 역사만큼 오래된 것으로 보인다. 가장 초기의 기록들은 옥을 "소리 나는 돌"로 사용한 연대를 기원전 2500년경으로 본다. 옥을 물고기 모양이나 다른 모양으로 다듬어 끈에 매달고 두드리면, 제대로 다듬은 옥은 맑고 고른 소리가 나며 놀라울 정도로 오래 유지되기 때문이다. 옥을 의미하는 영어 'jade'는 '허리(loin)'를 의미하는 스페인어 'ijada(라틴어 ilia)'에서 온 말이다. 아메리카 대륙을 정복한 스페인 사람들은 멕시코인들이 그 돌을 가루로 만들어 물에 타 많은 내상(內傷) 치료제로 사용하고 있음을 발견하고 아메리카의 황금과 함께 이 새로운 처방을 들고 유럽으로 돌아왔다. 옥에는 경옥(硬玉)과 연옥(軟玉)의 두 가지가 있다. 경옥은 알루미늄과 나트륨을 함유한 규산염 광물이고 연옥은 칼슘과 마그네슘을 함유한 규산염 광물이다. 경옥과 연옥 모두 단단하여 3센티미터의 정육면체를 부수려면 약 50톤의 압력이 필요할 때도 있다. 큰 덩어리는 보통 아주 뜨거운 물에 담 궜다가 신속히 찬물로 옮겨 담는 일을 반복하여 부순다. 중국 예술가들의 솜씨 는 천연 상태에서는 색상이 없고, 세상의 어떤 옥 장신구에도 똑같은 것이 없 을 정도로 가공하기 어려운 이 광물을 녹색과 갈색, 검정색, 흰색 등의 광채 나 는 색상을 낼 수 있는 능력에서 나타난다. 옥 제품이 나타나기 시작하는 연대 는 상나라까지 거슬러 올라간다. 그때는 신에게 제사를 지낼 때 사용한 옥두꺼 비 형태로 나타나며[31] 공자의 시대에는 여러 가지 대단히 아름다운 형태로 나 타난다.[32] 다양한 민족이 도끼와 칼, 여타의 가정용품을 만드는 데 경옥을 이용 했으나 중국인들은 이 돌을 매우 귀하게 여겨 거의 예술품용으로만 사용했다. 이들은 옥을 금이나 은, 보석보다 더 소중하게 여겼다.[33] 고위 관리들이 활을 쏠 때 엄지손가락에 꼈던 반지 등의 일부 작은 옥 제품은 5000달러였고 일부 옥목걸이들은 10만 달러였으며, 수집가들이 한 점을 얻으려면 몇 년씩 투자해 야 했다. 사람들은 현존하는 중국 옥들을 모두 모아 놓으면 어떤 광물도 따라 올 수 없을 것이라고 추정한다.[34]

중국 예술에서는 청동도 거의 옥만큼이나 오래되었으며 옥보다 청동을 훨 씬 더 귀하게 여겼다. 전설은 중국의 홍수를 다스린 영웅인 고대 황제 요임금 이 제국의 아홉 개 지역에서 진상품으로 보낸 금속들을 이용하여 어떻게 아홉 개의 다리가 달린 솥 세 개를 만들었는지 전한다. 그 솥들은 좋지 않은 영향들 을 물리칠 수 있고, 담긴 내용물을 불이 없어도 익혀 자동적으로 온갖 맛있는 음식이 만들어지는 마술적인 효력을 지녔다고 한다. 그 솥들은 제국의 권위를 나타내는 신성한 상징물이 되어 조심스럽게 왕조에서 왕조로 전달되었으나 주 나라가 몰락하면서 갑자기 신비스럽게 사라졌다.(이것은 시황제의 명성에 지극 히 해로운 상황이었다.) 청동을 주조하여 장식하는 것은 중국의 예술 가운데 하 나가 되었으며 목록을 만들면 마흔두 권이나 필요한 작품들을 만들어 냈다.[35] 청동으로는 정부와 가정에서 사용하는 제기(祭器)들을 만들었으며 수많은 다 양한 그릇을 예술품으로 바꿔 놓았다. 중국의 청동 작품들과 견줄 수 있는 것은 아마 이탈리아 르네상스 시대의 작품, 즉 기베르티(Ghiberti)가 피렌쩨 세례당을 위해 디자인한 "천국의 문"뿐일 것이다.

중국에서 가장 오래된 현존하는 청동 작품들은 최근 허난 성에서 발견한 제기들이다. 중국 학자들은 그 연대를 상나라 시대로 보지만 유럽의 감정가들은 불확실하지만 후대의 것으로 본다. 가장 연대가 이른 유물은 주나라 시대의 것이다. 그중 탁월한 작품은 뉴욕 메트로폴리탄 박물관에 소장된 제기 세트다. 주나라의 청동 제품은 대부분 시황제가 백성들이 녹여 무기를 만들지 못하게 하려고 몰수했다. 그렇게 해서 모은 것으로 그의 장인들이 각각 50자나 되는 거대한 열두 개의 동상을 만들었으나[36] 지금은 하나도 남아 있지 않다. 하나라 시대에는 훌륭한 그릇을 많이 만들었으며 금으로 아로새긴 경우도 많았다. 중국에서 훈련을 받은 예술가들은 일본 나라[奈良] 현(縣)의 호류 사(법륭사(法隆寺))에 걸작들을 만들었으며, 그중 가장 아름다운 것은 연꽃잎 좌대에 앉은 석가삼존상(釋迦三尊像)이다.[37] 청동 작품 역사상 이 작품들보다 더 훌륭한 것은 거의 없을 것이다.* 송나라 시대에 이 예술은 절정에 도달하여 탁월성은 몰라도 많은 작품을 만들어 냈음이 분명하다. 가마솥과 술을 담는 용기, 굽 달린 큰 잔, 향로, 무기, 거울, 종, 꽃병, 기념 명판, 작은 조각상이 감정가의 선반을 가득 채웠으며 거의 모든 가정에 자리를 잡았다. 송나라의 작품을 보여 주는 매력적인 표본은 노자가 물소를 타고 있는 모양으로 된 향로인데, 철학이 야생 짐승도 길들일 수 있는 능력을 보여 주는 증거로 노자가 그 물소를 타고 있는 것이라고 한다.[38] 주물은 종이처럼 얇게 만들어졌으며 시간이 흐르면서 푸른 녹이 슬어 부식에 따른 저속한 아름다움을 더해 준다.** 명나라 시대에는 예술이 서서히 퇴보했다. 작품이 대형화되면서 질이 떨어진 것이다. 요임금이 다스리던 금석 병용 시대에는 기적과 같은 새로운 것이었던 청동 작품이 대중화되면서 도자

---

* 644쪽 참조.
** 푸른 녹(patina, 접시(dish)를 의미하는 라틴어)은 금속 표면이 대기 중의 습기와 접촉하여 분해되면서 형성된다. 오늘날에는 세월이 남기거나, 고대 예술품을 현대에 제작하면서 사용한 산(酸)이 만들어 낸 푸른 녹이나 검정 녹에 따라 청동 작품을 평가하는 것이 유행이다.

기에 인기를 넘겨주게 되었다.

중국인들에게 조각은 중요 예술의 한 분야가 아니었으며 심지어 미술도 아니었다.[39] 극동은 보기 드문 정숙한 조치를 통해 인체를 아름다움의 항목으로 분류하지 않았다. 조각가들은 조각할 때는 옷을 입은 모습을 작품으로 했으며, 특정한 유형의 의식(意識)을 연구하거나 묘사할 때도 남자를 이용했다.(여자를 이용한 경우는 거의 없었다.) 그들은 몸을 예찬하지 않았다. 대체로 인간을 묘사할 때는 불교 성인들과 도교의 현자들에 국한했으며, 그리스 예술가들에게는 많은 영감을 주었던 운동선수와 창부(娼婦)는 무시했다. 중국의 조각에서는 철학자와 성인보다 동물을 선호했다.

3. 탑과 대궐

중국에서는 건축 역시 비주류 예술이었다. 중국의 건축 장인들은 이름을 거의 남기지 못했으며, 그들보다는 위대한 도예가가 더 많은 존경을 받았던 것 같다. 중국에는 큰 구조물이 거의 없으며 신들을 모시는 경우에도 마찬가지였다. 오래된 건물이 거의 보이지 않으며 몇몇 탑만 16세기 이전으로 거슬러 올라갈 뿐이다. 서기 1103년 송나라 건축가들은 훌륭한 도해를 갖춰 여덟 권으로 된 『건축술』을 발간했다. 그러나 그들이 그림으로 남긴 걸작들은 모두 목조 건물이었으므로 하나도 남아 있지 않다. 파리 국립도서관에는 공자 시대의 거처들과 사원들을 묘사한 설계도들이 있다. 이 설계도들은 23세기가 넘는 오랜 기간 동안 중국 건축은 동일한 디자인과 동일한 적정 비율에 만족하고 있었다는 점을 보여 준다.[40] 아마 예술과 취향 문제에 대한 중국인들의 감성 자체 때문에 부적절하거나 웅장하게 보일지도 모르는 구조물을 만들지 않았을 것이다. 아울러 그들의 지적인 우월성 때문에 상상력이 제약을 받았을 것이다. 특히 중국 건축은 고대의 다른 큰 나라가 거의 모두 갖추고 있었던 세 가지 제도가 없었으므로 어려움을 겪었다. 그 제도란 세습적인 귀족 사회와 강력한 승려 집단,[41] 강력하고 부유한 중앙 정부를 말한다. 이 세 가지는 과거의 경우 사원과 궁궐, 종교의식과 가극, 위대한 프레스코 벽화와 조각물을 갖춘 무덤 등 대규모 예술 작품의 비용을 제공했던 세력이다. 그런데 중국은 운이 좋고 독특해서 이런 기관이 없었던 것이다.

한동안 불교 신앙이 중국인의 영혼을 사로잡았으며, 최근에 투르키스탄에서 그 유물이 발견될 정도로 큰 사원을 세울 만큼 중국의 수입도 크게 늘어났다.[42] 중간 정도 규모의 불교 사원들은 중국 전역에 지금도 남아 있으나 인도의 종교적 건물들과 비교하면 많이 훼손되어 있다. 자연 속에 펼쳐진 쾌적한 진입로는 일반적으로 길이 구불구불하게 나 있는 경사면으로 이어지고, 힌두 사리탑의 난간에서 유래된 것이 분명한 패루(牌樓)라는 단장된 정문이 나온다. 그런데 그 입구를 때로는 이런저런 의미에서 마귀들에게 겁을 주어 쫓으려고 만들어 놓은 섬뜩한 신상들이 가로막는 경우도 있다. 중국의 불교 사원에서 가장 훌륭한 것 가운데 하나는 베이징 외곽의 이허위안(頤和圓) 부근에 있는 와불사(臥佛寺)다. 퍼거슨(Fergusson)은 이 사원을 "중국 건축의 가장 위대한 업적"이라고 불렀다.[43]

보다 독특한 특징은 거의 모든 중국 지역의 조경을 지배하는 탑이다.* 그 탑에 영감을 불어넣은 불교처럼 이 우아한 건축물들 역시 대중적인 도교의 미신 일부를 받아들여 종교 의식의 중심지가 되는 동시에, 한 줌의 흙모래를 땅에 뿌려 선과 골을 살펴 미래를 알려 주는 흙점(占)의 중심지가 되었다. 지역 사회들은 탑이 바람과 홍수를 막아 주고 악한 영들을 달래고 번영을 안겨 줄 수 있으리라고 믿고 그런 구조물을 세웠다. 보통 그 구조물은 돌로 만든 기단 위에 짝수는 불길하다는 이유로[46] 5층이나 7층, 9층,

---

* 탑의 기원에 대해서는 명칭과 사실 면에서 많은 논쟁이 벌어지고 있다. '파고다(pagoda)'라는 명칭은 '우상들의 집'을 의미하는 힌두페르시아어 '부트카다(but-kadah)'에서 왔을 것이다. 형태는 일부 사람들이 생각하는 것처럼 중국 고유의 것일 수도 있으나,[44] 힌두의 일부 사리탑의 상단부를 장식했던 뾰족탑에서 유래된 것일지도 모른다.[45]

13층으로 세운 팔각형 탑 형태를 취했다. 현존하는 가장 오래된 탑은 허난 성 쑹산(嵩山)의 신성한 쑹산 산에 서기 523년에 세워진 소림사(少林寺)에 있다. 가장 아름다운 탑 가운데 하나는 여름 별장인 이허위안에 있는 탑이다. 가장 웅장한 탑은 베이징 옥황사의 옥탑과 우타이산(五臺山)의 탑이다. 가장 유명한 탑은 난징의 "자기(瓷器) 석탑"이었다. 이 탑은 1412~1431년에 세워져 표면에 자기를 입힌 것으로 유명해졌으나, 1854년 태평천국운동(太平天國運動) 때 파괴되었다.

중국의 가장 아름다운 사원은 국교에 봉헌된 사원들로 베이징에 있다. 공자 사당은 매우 정교하게 조각된 웅장한 패루로 보호되고 있으나 사당 자체는 예술에 바쳐졌다기보다는 철학에 바쳐진 기념물이다. 이 사당은 13세기에 건축되어 여러 번 개축 및 복원되었다. "가장 신성한 스승 공자의 위패"가 넓은 벽감의 나무 단 위에 놓여 있다. 제단 위에는 "만대의 스승이며 귀감"에게 바친 헌정사가 있다. 베이징 남쪽의 외곽 성인 타타르 성 부근에는 천단(天壇) 공원과 천단이 있다. 제단은 인상적인 일련의 대리석 계단과 테라스이며, 그 수와 배치는 마술적인 의미를 갖고 있었다. 사원은 대리석 기단 위에 3층으로 세워진 탑과 호감이 가지 않는 벽돌과 타일로 만들어졌다. 황제는 구정 때 새벽 3시에 이곳에서 왕조의 성공과 백성의 번영을 기원하며 중립적인(하지만 중립을 지키지 않길 바라는) 하늘에 제사를 지냈다. 그러나 1889년 이 사원은 벼락에 맞아 심하게 훼손되었다.[47]

이런 둔감한 사원들보다 더 매력적인 것은 베이징에 있는 섬세하고 오밀조밀한 궁궐들이다. 이 궁궐들은 과거에는 왕자들과 고위 관료들이 살았던 곳이었다. 성조(成祖, 1403~1425년)의 재위 기간에는 건축 분야의 천재성이 분출되어 명나라 황제의 능들이 있는 곳에 대회당(大會堂)을 세웠다. 아울러 2세기 전 마르코 폴로가 보고 놀랐던 쿠빌라이 칸의 궁전이 세워졌던 바로 그 자리에 일련의 궁전을 지어 이 궁전은 후에 쯔진청(자금성(紫禁城))으로 알려지게 된다. 귀신처럼 생긴 사자들이 양쪽에서 대리석 난간들을 지키고 서 있으며 그 난간들은 대리석 테라스로 이어진다. 이곳에서부터 옥좌가 있는 공식 알현실, 응접실, 연회실 그리고 왕실에 필요한 다른 것들을 갖춘 공공 건물들이 있으며, 과거에는 왕족, 그 자녀들과 인척, 종자, 환관과 애첩이 살던 정교한 가옥들이 주변에 흩어져 있다. 궁궐들은 서로 다른 점이 거의 없다. 모두 똑같이 늘씬한 기둥과 똑같이 아름다운 격자창(窓), 똑같이 조각을 하거나 글자를 새겨 넣은 처마 장식, 풍요롭고 화려한 색상, 기와로 덮은 육중한 지붕의 형태는 똑같이 곡선을 그리며 위로 향한 처마를 하고 있다. 그리고 이 쯔진청의 섬세한 건물들과 비슷한 것이 몇 킬로미터 떨어진 곳에 있는 제2의 여름 별장이다. 아마 이 별장이 베이징의 과거 궁전들보다 형태가 더 완벽하고 조각의 균형과 섬세함 면에서 더 우아할 것이다.

중국 건물의 일반적인 특징들을 간단하게 요약하면 거리에서 주요 건물이 보이지 않게 가리는 불쾌한 담장을 첫 번째로 꼽을 수 있을 것이다. 가난한 사람들이 사는 구역에서는 바깥 담장이 집집마다 이어져 있어 과거에는 생활이 안전하지 못했음을 무심코 드러낸다. 담장 안에는 마당이 있으며, 한 가정이나 몇몇 가정의 문과 격자창이 그 마당을 향해 열린다. 가난한 사람들의 집은 허술하여 입구와 복도가 좁고 천장이 낮으며 바닥은 흙으로 되어 있다. 많은 가족이 방 한 칸에서 돼지와 개, 닭과 함께 지낸다. 극빈자들은 진흙과 짚으로 만들었으나 비바람에 찌든 초라한 오두막에서 살았다. 소득이 좀 나은 사람들은 바닥에 짚을 깔고 그 위에 타일을 깐다. 부유한 사람들은 안마당에 관목과 화초를 심고 연못을 만들어 꾸미거나 건물 주변에 자연의 모습을 그대로 옮겨 놓거나 즐겁게 뛰놀 수 있는 정원을 만든다. 이 정원에는 앵초(櫻草)가 이어지는 꽃길도 없고 튤립 화단이 있는 가로수 길도 없으며, 풀이나 꽃을 심어 만들어 놓은 사각형이나 원형, 팔각형 화단도 없다. 세련된 사람들을 만족시키려고 기이한 모양으로 만들어 놓은 나무들 사이나 수석으로 장식해 놓은 굽이도는 개울 위로 꼬불꼬불한 오솔길이 나있다. 여기저기 나뭇잎에 반쯤 가려진 우아한 정자가 나그네에게 쉴 곳을 제공해 준다.

가옥 자체는 궁궐이라도 웅장하지 않다. 가옥은 1층보다 높이 올라가지 않는다. 방이 많이 필요하더라도 사용하던 건물을 확장하기보다는 새로운 건물을 짓는 경향이 있다. 그러므로 궁궐의 주거지는 하나의 단일 구조물인 경우가 거의 없고 건물 군락이다. 중요한 건물은 입구를 마주보고 있으며 부속 건물들은 양쪽 옆에 있다. 즐겨 사용하는 건축 재료는 나무와 벽돌이다. 돌이 기단보다 높이 올라가는 경우는 거의 없다. 벽돌은 보통 바깥 담장에 제한하여 사용하고, 지붕에는 흙으로 만든 기와를 얹으며 장식용 기둥과 실내 벽은 나무로 한다. 밝게 채색한 벽 위로는 처마 돌림띠를 만들고 장식을 한다. 지붕을 받치는 것은 벽도 아니고 일반 기둥도 아니다. 지붕이 무겁기는 하지만 목재로 된 기본 골격을 형성하는 기둥에만 의지한다. 지붕은 중국 사원이나 가옥의 주요 부분이다. 황제가 사용하는 건물 지붕에는 노란색 기와로 덮고 그 외에는 초록색이나, 자주색, 빨간색, 파란색 기와를 덮는다. 이렇게 유약을 바른 질기와를 올린 지붕은 자연 경관과 어우러져 아름다운 그림을 만들어 내며 혼란한 거리에서도 아름답게 보인다. 아마 극동 가옥의 처마가 곡선을 그리며 위쪽으로 올라간 우아한 모습은 고대에 천막 꼭대기에 대나무가 튀어나온 모습에서 왔을지도 모른다. 그러나 이 유명한 형태는 단순히 중국의 건축가들이 자기가 지은 구조물을 비로부터 보호하려는 바람에서 만들어 졌을 개연성이 더 크다.[48] 중국에는 창문이 거의 없었기 때문이다. 한지나 아름다운 격자창이 창을 대신했으나 격자창은 비를 막아 주지 못했다.

주요 출입구는 박공(博栱) 지붕 끝에 있지 않고 건물의 남쪽 정면에 있다. 장식을 갖춘 대문 안에는 대체로 칸막이나 벽이 있다. 이 벽은 방문객이 집안을 바로 보지 못하게 막거나, 반드시 직선으로 움직여야 하는 악한 귀신들을 막기 위한 것이다. 대청이나 방은 어두컴컴하다. 격자로 된 들창이나 길게 튀어나온 처마가 햇빛을 대부분 가리기 때문이다. 환기장치는 거의 없으며, 열은 옮길 수 있는 놋화로나 밑에서 연기를 내며 불을 때는 벽돌 침상을 통해서만 공급된다. 굴뚝도 없고 연통도 없다.[49] 빈부를 막론하고 추위 때문에 고생하며 잠을 잘 때도 옷을 다 입고 잔다.[50] 여행자가 중국인에게 "춥지요?"라고 물으면 "그러네요."라고 대답하는 경우가 많다.[51] 천장에는 화려한 종이 등(燈)을 달기도 한다. 벽에는 서예 작품이나 시골 풍경을 솜씨 있게 수놓거나 그린 비단 족자나 먹그림을 건다. 가구는 보통 무거운 나무로 만들고 흑단처럼 까만 칠을 했으며 화려하게 조각되어 있다. 가벼운 가구들은 화려한 칠기(漆器)일 것이다. 중국인들은 의자에 앉는 유일한 동양인이다. 그러나 그들도 기대거나 웅크리고 털썩 앉는 것을 선호한다. 조상에게 제사 지낼 때 사용하는 제기는 특별한 상이나 선반에 둔다. 여자들의 거처는 후원에 있다. 떨어져 있는 방이나 별채는 서재나 공부방으로 사용하기도 한다.

외국인이나 건축 분야의 문외한들이 보면 중국 건축은 일반적으로 연약하지만 아름답다는 인상을 준다. 색상이 형태를 지배하며 이 건축의 아름다움은 장엄함과는 거리가 있다. 중국의 사원이나 궁궐은 자연을 지배하려고 하지 않고 자연과 어우러져 완벽한 조화를 이루며, 부분적인 건물들은 전체적으로 균형을 잘 잡고 있다. 마치 건축가들이 아예 자신들이 고생해 만들어 놓은 건물이 지진 때문에 망가질 것을 염두에 둔 것처럼 구조물에는 힘과 안전성, 항구성을 부여하는 특징들이 보이지 않는다. 이 건물들은 카르나크와 페르세폴리스, 아크로폴리스에 기념물을 세워 놓은 예술과 동일한 분야에 속한다고 보기 어렵다. 그 건물들은 서양인들이 알고 있는 건축물이라기보다는 나무로 만든 조각품이며 유약을 처리하여 광채가 나는 도자기이며 돌로 만든 석상이다. 공학과 건축이 어우러져 인도나 메소포타미아, 로마에 안겨 준 육중한 구조물보다는 도자기나 옥과 더 어울린다. 만일 그 건물들을 세운 사람들이 부여하려고 생각하지도 않았던 장엄함과 견고함을 그 건물들에서 요구하지 않는다면, 그리고 대단히 섬세한 취향을 가장 연약한 건축 형태로 표현하고 있는 독특한 건축물로 기꺼이 받아들인다면, 그 건물들은 중국 고유의 독특한 예술 형태이며 인류가 남긴 가장 우아한 모습으로 자리매김할 것이다.

4. 그림

1. 중국화의 대가들

서양은 중국의 그림에 접하는 속도가 느렸지만 이는 이해할 수 있는 일이다. 동양 예술의 거의 모든 양상과 방법이 서양의 관습과 달랐기 때문이다. 첫째, 극동의 그림은 캔버스를 사용하지 않았다. 불교가 영향력을 발휘한 시대에서처럼 프레스코 벽화가 유행할 때도 있었고 후대에서처럼 종이에 그린 때도 있었으나 대체로 비단에 그렸다. 그러므로 약한 이 재질 때문에 모든 걸작의 수명이 짧아졌으며, 따라서 완성작의 기억이나 기록만 예술사에 남겨 놓았을 뿐이다. 나아가 그림은 분위기가 담백했다. 그림은 대부분 수채화였으며 유럽의 유화가 지닌 깊고 감각적인 맛이 부족했다. 중국인들도 유화를 시도했으나 그들의 섬세한 취향에는 너무 거칠고 투박한 방법이라고 여겨 포기한 것으로 보인다. 그들에게는 그림이란 적어도 초기 형태에서는 서예의 한 분야였다. 그들은 그림을 그릴 때도 글을 쓸 때 사용하는 붓을 사용했다. 많은 걸작들은 단순히 붓과 먹으로만 그린 것이었다.* 끝으로 가장 훌륭한 작품들은 의도한 것은 아니지만 서구 여행자가 볼 수 없게 감춰져 있었다. 중국인들은 자기 그림을 공공 장소나 개인 집의 벽에 내걸고 자랑하지 않기 때문이다. 그들은 그림을 말아서 깊이 보관해 놓고 있다가 서양인들이 책을 꺼내 읽는 것처럼 가끔 꺼내 보며 즐긴다. 그런 두루마리 그림들은 종이나 비단에 싸서 순서대로 배열하며 책을 읽는 것처럼 "읽었다." 소품들은 벽에 걸었으나 표구는 거의하지 않았다. 때로는 하나의 병풍에 일련의 그림을 그리는 경우도 있었다. 송나라 후기에는 이미 그림 예술이 열세 개의 분야와[53] 무수한 형태로 발전했다.

중국 문헌에서는 그림을 그리스도 이전 몇 세기에 이미 확립되어 있던 예술로 언급한다. 그 후 그림은 전쟁 때문에 중단되기도 했지만 우리 자신의 시대까지 계속 이어졌다. 전승은 중국 최초의 화가를 경건한 순임금의 누이로 본다. 이로 인해 화가 난 한 비평가는 "슬프다. 이 신성한 예술을 시작한 것이 여자였단 말인가!"[54]라고 외쳤다고 한다. 주나라 시대의 그림은 남아 있는 것이 없다. 공자가 뤄양의 큰 사원에 있는 프레스코 벽화들을 보고 얼마나 깊은 감명을 받았는지 보고하고 있는 것으로 보아 그림은 당시 이미 오랜 역사를 갖고 있었던 것으로 보인다.[55] 한나라 초기에 한 저술가는 자기가 흠모하는 영웅을 잘 그리지 못한 것을 보고 "훌륭한 예술가들은 많은데 어찌하여 그런 예술가가 그를

---

* 글은 본래 그림의 한 형태였으나 중국인들은 그림을 글의 한 형태로 분류하며 서예를 주요 예술로 여긴다. 중국과 일본의 가정에서는 훌륭한 서예 작품을 벽에 건다. 그러므로 서예 애호가들은 현대 수집가들이 그림이나 화병 한 점을 얻기 위해 여러 대륙을 찾아다니는 것처럼 서예 걸작을 찾아다닌다. 중국의 가장 유명한 서예가는 왕희지(王羲之, 서기 400년경)였다. 목판 인쇄가 시작되었을 때 목판에 새긴 글씨체는 바로 왕희지체였다. 당나라의 위대한 황제인 태종은 변재(辯才)에게 속임수를 써서 왕희지가 쓴 두루마리를 얻었다. 변재는 그 두루마리를 잃고 식욕을 잃고 죽었다고 한다.[52]

그리지 않는가?"[56]라고 한탄했다. 당시의 한 그림의 대가는 300미터 정도의 직선을 완벽하게 그릴 수 있었고, 약 6제곱센티미터의 넓이에 자세한 중국 지도를 선명하게 그릴 수 있었으며, 물감을 한입 물로 뿜어 그림의 형태를 만들 수 있었다는 이야기가 있다. 그가 그린 불사조들은 살아 있는 것 같아서 사람들은 어째서 날아가지 않는지 궁금해 했다고 한다.[57] 우리 시대가 시작되었을 때 이미 중국 미술은 전성기 중 하나에 도달해 있었으나,[58] 전쟁과 세월이 그 증거들을 파괴했다는 것을 보여 주는 표지들이 있다. 진나라의 군사들이 뤄양을 약탈하며 자기들이 사용할 수 없는 것은 모두 불살랐을 때(기원전 249년경)부터 의화단운동이 일어나 황제가 모아 놓은 그림들의 비단을 찢어 약탈품을 쌌던 때(서기 1900년)까지 예술과 전쟁은 유서 깊은 갈등 속에서 엎치락뒤치락하며 승리를 교대로 나눠 가졌다. 파괴는 언제나 확실하지만 창조는 침묵하는 일이 없기 마련이다.

13~14세기 그리스도교가 지중해 연안의 문화와 예술을 변형시킨 것처럼 불교도 같은 세기에 중국의 삶에 신학적 미학적 혁명을 이루어 놓았다. 유교가 여전히 정치적인 힘을 유지하고 있었으나 불교는 도교와 결합하여 예술 분야를 지배하는 힘이 되었으며, 중국인들에게 힌두의 소재와 상징, 방법, 형태를 소개하여 그들을 자극시켰다. 중국 그림의 불교 학파에 속하는 가장 위대한 천재는 고개지(顧愷之)였다. 고개지는 워낙 독특하고 적극적인 인물이었으므로 그를 둘러싸고 많은 일화나 전설이 생겼다. 그는 이웃집 여자를 사랑하여 청혼했으나 그가 얼마나 유명한 사람이 될 것인지 몰랐던 그 여자는 청혼을 거절했다. 그러자 그는 한쪽 벽에다 그 여자의 모습을 그려 놓고 가슴에 가시를 하나 찔러 놓았고 "그 순간부터 그 여자는 죽어 가기 시작했다. 그가 그 여자에게 다시 구애하자" 그 여자는 결국 청혼을 받아들였다. 그는 그림에서 가시를 뽑아냈고 여자는 그 순간부터 건강을 회복하기 시작했다. 불교 신도들이 난징에 사찰을 세우려고 기금을 모으려고 할 때 그는 100만 냥을 현금으로 내겠다고 약속했다. 이 소식을 들은 모든 중국인들이 그를 비웃었다. 고개지는 예술가들이

흔히 그러하듯이 지극히 가난했기 때문이다. 그는 "벽을 쓸 수 있게 해 달라."
고 부탁했다. 벽을 찾아내고 혼자 있을 공간을 확보한 후 그는 벽에다 불교의
성인인 비말라키르티를 그렸다. 그림을 다 그린 후 그는 승려들을 불러 100만
냥의 현금을 모금할 방법을 설명했다. 이 그림을 보려면 "첫날에는 10만 냥을
내게 하고 둘째 날에는 5만 냥, 셋째 날에는 방문객들에게 내고 싶은 만큼 내게
하십시오." 그들은 그대로 하여 100만 냥의 현금을 거뒀다.[59] 고개지는 많은 일
련의 불교 그림들을 그리고 여타의 그림도 많이 그렸으나 오늘날까지 남아 있
는 그의 작품은 하나도 없는 것이 분명하다.* 그는 그림에 관한 글을 세 편 썼으
며 그중 일부 단편들이 지금도 남아 있다. 그는 가장 그리기 어려운 것은 사람
이라고 했다. 그 다음이 경치와 말, 신(神)의 순서였다.[62] 그는 철학자로 자처하
기도 했다. 그는 자기가 그린 황제의 초상화 밑에 이렇게 썼다. "자연에는 높이
있다가 곧 낮아지지 않는 것은 없다. …… 태양은 정오에 도달하면 내려앉기 시
작하고 달은 보름달이 되면 이지러지기 시작한다. 영화로운 자리에 올라가는
것은 먼지 한 줌으로 산을 쌓는 것만큼 어렵다. 그러나 재난에 빠지는 것은 팽
팽하게 늘어난 용수철이 다시 원래 모양으로 돌아가는 것만큼 쉽다."[63] 그가
살았던 시대의 사람들은 그를 그림과 재치, 어리석음, 이 세 가지 면에서 두드
러진 사람으로 분류했다.[64]

　당나라 시대에는 궁정에서 그림이 번성했다. "그림을 그리는 사람은 많으나
예술가는 찾기 어렵다."라고 두보는 말했다.[65] 9세기 장언원(張彦遠)은 『역대명
화기(歷代名畵記)』라는 책을 쓰면서 예술가 370명의 작품에 대해 서술했다. 그
는 거장의 그림은 당시 은 570킬로그램에 해당하는 가격에 거래되었다고 우리
에게 전한다. 그러나 예술을 금전의 관점에서 평가하지 말라고 우리에게 경고
한다. 그는 이렇게 쓴다. "훌륭한 그림은 금이나 옥보다 귀하지만 나쁜 그림은

---

* 영국 박물관은 이상적인 가족 생활을 묘사하고 있는, 색은 바랬으나 아름다운 두루마리 그림 다섯 점을 그의 작품
으로 본다.[60] 추푸의 공자 사당에는 고개지의 설계를 따르려고 그 설계도를 새겨 놓은 돌이 하나 있다. 워싱턴의 프
리어 갤러리에는 그의 작품으로 추정되는 훌륭한 그림 두 점이 있다.[61]

질그릇 조각만한 가치도 없다."[66] 당나라 시대의 화가 중 220명의 이름은 알려져 있으나 그들의 작품은 남아 있는 것이 거의 없다. 서기 756년, 난을 일으킨 타타르인들이 장안을 약탈하면서 그림도 가리지 않았기 때문이다. 유명한 "문학의 제왕"인 한유의 이야기는 당시의 시를 중심으로 한 예술계의 분위기를 보여 준다. 어느 날 그는 주막에 머물던 동료를 통해 아주 작은 화폭에 123명의 인물과 83필의 말, 30마리의 다른 동물, 3대의 마차, 251점의 물품을 그린 정교한 세밀화를 얻었다. "대단한 작품이라고 생각했다. 그렇게 다양한 것들이 탁월하게 묘사되어 통일성을 이루고 있었지만 단 한 사람의 작품이라고 믿기 어려웠기 때문이다. 아무리 많은 돈을 주어도 나는 그 작품을 내놓지 않았을 것이다. 다음 해 그곳을 떠나 다른 지역으로 갔다. 어느 날 그곳에서 낯선 사람들과 예술에 대해 토론하면서 그 그림을 그들에게 보여 줬다. 그중에 대단한 학식을 갖춘 한 사간원*이 있었다. 그는 그 그림을 보고 다소 긴장한 것처럼 하더니 마침내 입을 열었다. '그 그림은 내가 젊었을 때 황제의 미술관에 있는 한 작품을 보고 그린 모사품이다. 20년 전 푸젠[福建] 성을 여행할 때 잃어버린 것이다.'" 한유는 그 자리에서 그 그림을 돌려주었다.

중국 종교에는 유교 학파와 불교와 도교가 통합된 학파의 두 학파가 형성되어 있었고, 주희와 왕양명이 이끄는 이 두 학파는 각각 곧 서양에서 말하는 고전파와 낭만파 철학으로 발전하게 된다. 마찬가지로 중국 그림에서도 북쪽의 예술가들은 차분하고 절제미를 갖춘 엄격한 고전적 전통을 받아들인 반면에, 남쪽의 예술가들은 감성과 상상력에 색채와 형태를 부여했다. 북쪽의 유파(북종화(北宗畵))는 인물과 지극히 선명한 선을 정확하게 묘사하는 것을 엄격하게 고수했다. 반면에 남쪽의 유파(남종화(南宗畵))는 몽마르트르처럼 그런 제약들을 거부하고 소박한 사실주의를 혐오하여 사물을 단지 정신적 경험의 요소로만, 즉 음악적 분위기의 음조로만 이용하려고 했다.[67] 현종의 궁정에서 그림을

그린 이사훈(李思訓)은 정치와 외로운 귀양 생활을 반복하는 와중에도 시간을 내서 북종화를 확립해 놓았다. 그는 중국 최초의 풍경화 몇 점을 그렸으며 사실주의를 어느 정도 완성하여 많은 일화를 남겼다. 황제는 밤이 되면 이사훈이 황제의 병풍에 그려 놓은 그림에서 물이 튀기는 소리를 들을 수 있다고 말했다. 그리고 그가 그린 다른 그림에서 물고기가 튀어나와 나중에 보니 연못에서 발견되었다고 한다. 어느 나라나 자기 나라 화가들에 대해 이런 말을 하기 마련이다. 남쪽 유파는 예술의 자연적인 혁신과 왕유의 천재성에서 싹텄다. 왕유의 인상주의적 화풍에서는 풍경은 단지 분위기를 상징하는 것이 되었을 뿐이다. 화가인 동시에 시인인 왕유는 그림이 한 편의 시를 표현하게 만듦으로써 두 예술을 결합시키려고 모색했다. 이제는 진부한 말이 되어 있지만 중국의 거의 모든 시와 그림에 적용할 수 있는 다음 말을 사람들이 제일 처음 사용한 것은 바로 왕유의 작품에 대해 한 말이었다. "모든 시는 한 점의 그림이며 모든 그림은 한 편의 시다."(많은 경우 시는 그림에 기록되며 또 그 자체가 서예적 예술 작품이다.) 동기창(董基昌)은 왕유의 진품을 한 점 구하기 위해 평생을 바쳤다고 한다.[68]

당나라 시대의 가장 위대한 화가이며 유파를 불문하고 사람들이 일반적으로 인정하는 극동 최고의 화가는 중국 예술의 불교 전통에 속하는 사람이다. 오도자(嗚道子)는 도의 달인이라는 이름을 지닐 자격이 있었다. 노자와 장자가 말로 표현하기에는 너무 미묘하다고 생각했던 모든 형태 없는 사상과 인상이 그의 붓 끝에서 선과 색상으로 자연스럽게 흘러나온 것처럼 보였기 때문이다. 한 중국 역사가는 그에 대해 이렇게 묘사했다. "가난에 시달린 고아지만 천부적인 재능을 지닌 그는 사춘기에 들어서기도 전에 이미 거장이 되어 뤄양에 작품을 쏟아 내고 있었다." 중국의 전승에 의하면 그는 술과 무공을 좋아했으며 포(Poe)처럼 술이 어느 정도 얼큰할 때가 컨디션이 가장 좋다고 생각했다.[69] 그는 모든 화제(畫題)에서 탁월했다. 사람과 신, 마귀, 부처, 새, 짐승, 건물, 경치 등 모든 것이 자연스럽게 화려한 예술로 흘러나오는 것처럼 보였다. 그는 비단과 종이, 갓 바른 벽을 가리지 않고 똑같은 솜씨로 그렸다. 그는 불교 건물에

300여 점의 프레스코 벽화를 그렸으며 그중 천 명 이상의 인물을 담고 있는 한 작품은 중국에서 유명해져 유럽의「최후의 심판」이나「최후의 만찬」같은 작품이 되었다. 그가 죽고 400년이 지난 후인 12세기에도 그의 작품 아흔세 점이 황실 미술관에 소장되어 있었으나 오늘날에는 어느 곳에도 한 점도 남아 있지 않다. 전하는 말에 의하면 그가 그린 부처 그림들은 "삶과 죽음의 신비들을 헤아리고 있었다." 중국의 일부 백정들과 생선 장수들은 그의 연옥 그림을 보고 겁이 나서 평판도 좋지 않고 비불교적인 생업을 포기했다. 현종은 자기가 꾼 꿈을 그린 그림을 보고 오도자도 똑같은 꿈을 꿨다고 생각했다.[70] 군주가 오도자에게 쓰촨 성 자링〔嘉陵〕 강의 풍경을 스케치해 오라고 보냈으나 단 한 줄도 하지 않고 돌아온 그를 보고 마음이 상했다. 그러자 오도자는 "마음속에 담아 왔습니다."라고 말하고는 대궐의 방 안에 틀어박혀 수백 킬로미터의 풍경을 담은 풍경화를 그려 냈다.[71]* 한 장수가 자기 초상화를 그리고 싶어 했을 때 오도자는 자세를 취하지 말고 칼춤을 춰 달라고 부탁했다. 칼춤이 끝난 후 그림을 완성하자 그 시대 사람들은 신적 영감을 인정할 수밖에 없었다. 그의 명성이 대단히 높아서 그가 한 사원에 몇 점의 불교 인물화를 마무리하려고 했을 때는 "온 장안"이 몰려와서 그가 마무리하는 모습을 지켜보았다. 9세기의 한 중국 역사가에 의하면 이런 군중에게 에워싸인 상태에서 "그는 급류가 소용돌이치는 것처럼 강렬한 필치로 후광들을 그려 넣어 마치 손에서 회오리바람이 부는 것처럼 보였으며, 그 모습을 지켜본 모든 사람들이 신이 그를 돕고 있는 것이라며 감탄했다."[73] 재미있는 이야기에 의하면 오도자는 충분히 장수했을 때 큰 풍경화를 그리고는 그 그림 속에 있는 동굴 속으로 들어가 다시는 나오지 않았다고 한다.[74] 그 이전에는 선을 그렇게 섬세하고 능숙하게 그린 달인이 없었다.

송나라 황제들의 치하에서 그림은 중국인들의 마음을 사로잡았다. 불교의

---

* 예술은 작품 제작에 있는 것이 아니라 착상에 있다고 본 크로체(Croce)의 예술관 참조.[72]

테마에 예속되어 있던 상태에서 벗어나게 되면서 전례 없이 다양한 많은 작품을 쏟아 냈다. 송나라의 황제 휘종은 적어도 당시에 알려진 800명의 화가 중 한 명이었다. 그는 여자가 비단을 짜려고 준비하고 있는 과정들을 놀랍도록 단순하고 분명하게 묘사하는 그림을 그렸으며, 이 두루마리 그림은 현재 보스턴 미술 박물관이 소장한 보물들 가운데 하나다.[75] 그는 미술 박물관을 세우고는 그 이후 중국에서 다시 알려진 어떤 소장품보다 더 많은 걸작들을 모았다.[76] 학교의 한 부서였던 미술 아카데미를 최고 서열에 속하는 독립 기관으로 승격시키고, 전통적으로 과거 시험의 과목이었던 일부 문과 시험들을 예술 과목들로 대체했으며, 예술에 뛰어난 사람들을 통치술에 뛰어난 사람들만큼 자주 관리로 중용했다.[77] 이 소문을 들은 타타르인들은 중국을 침략하여 황제를 폐위시키고 수도를 약탈했으며 그 과정에서 작품목록만 해도 스무 권이나 되는 제국 박물관의 그림들을 거의 모두 파괴했다.[78] 예술가인 황제는 침략자들에게 끌려가 포로 생활을 하다가 수치 속에서 숨을 거뒀다.

이 왕실 화가보다 더 위대했던 사람이 곽희(郭熙)와 이공린(李公麟)이었다. "큰 소나무와 아름드리나무, 소용돌이치는 개울, 불쑥 튀어나온 울퉁불퉁한 바위, 가파른 벼랑, 짙은 장막 속에 묻혀 있다가 안개가 걷히면서 수만 가지 형태로 아름답게 드러나는 산봉우리 등 이 모든 면에서 곽희는 당대를 뛰어넘었음을 인정한다."[79]* 이공린은 예술가와 학자, 성공한 관리, 군자로 중국인들에게 전성기의 중국 문화를 전형적으로 보여 주는 완벽한 인물로 존경받는 인물이다. 그는 전문적으로 서예를 하다가 그림으로 옮겼으며 먹 외에 다른 것은 거의 사용하지 않았다. 북종화의 엄격한 전통을 자랑했으며 정확하고 섬세한 선을 추구했다. 그는 말을 매우 잘 그렸다. 그가 그림을 그린 말 여섯 필이 죽자 사람들은 그의 그림이 말들의 원기를 다 빼앗았다고 비난했다. 한 불교 승려는 그가 말을 그렇게 자주 그리고 그토록 강렬하게 그리면 말이 될 것이라고 경고

---

* 워싱턴의 프리어 갤러리는 불확실하지만 곽희의 작품으로 추정되는 「황허 강의 풍경」이라는 작품을 한 점 소장하고 있다.[80]

했다. 그러자 그는 승려의 조언을 받아들여 500명의 각자(覺者)들을 그렸다. 휘종이 세운 황실 미술관이 약탈당할 당시 그곳에 이공린의 그림이 107점 있었다는 사실로 미루어 볼 때 그의 명성을 알 수 있을 것이다.

송나라 시대에는 다른 거장들도 많았다. 미불(米芾)은 윤곽선을 사용하지 않고 먹물이 번져서 퍼지게 하는 발묵(潑墨) 기법을 이용하여 풍경화를 그리거나 과거 거장들의 작품을 수집하고 있지 않을 때는 늘 손을 씻거나 옷을 갈아입는 기이한 천재였다.* 하규(夏珪)는 긴 두루마리에다 작은 샘들, 황토와 골짜기들을 지나는 수로, 상선들과 중국의 작은 배인 삼판선(三板船)들로 붐비는 넓은 강어귀 등이 있는 양쯔 강의 풍경화를 그렸다. 많은 학자들[81]은 이 풍경화로 인해 그를 동서양의 모든 풍경화가 중 가장 훌륭한 화가로 분류했다. 마원(馬遠)의 섬세한 풍경화들은 보스턴 미술 박물관을 장식하고 있다.** 양해(梁楷)는 이태백의 품위 있는 초상화를 그렸다. 목계(牧谿)는 무시무시한 호랑이와 부주의한 찌르레기, 침울하지만 온유한 관음(觀音)을 그렸다. 이들 외에도 서양인에게는 친숙한 이름들은 아니지만 동양의 유산 속에 남아 있는 풍요로운 정신을 보여 주는 다른 사람들도 많이 있다. 페놀로사(Fenollosa)에 의하면 "송나라의 문화는 중국의 천재성을 가장 완숙하게 표현한 문화였다."[82]

중국 그림의 전성기였던 당나라와 송나라 시대의 그림이 지닌 특징들을 평가하려는 것은 미래의 역사가들이 라파엘로와 다빈치, 미켈란젤로의 작품들이 모두 유실되고 난 후에 이탈리아의 르네상스에 대해 글을 쓰려고 하는 것과 같은 것이다. 약탈하는 야만인 무리들이 중국 그림의 걸작들을 파괴하고 수 세기 동안 중국 발전의 연속성을 단절시킨 후 그림은 기운을 잃은 것처럼 보인다. 후대에도 (원주민 왕조든 외래인 왕조든) 여러 왕조들이 섬세하거나 힘 있는 예술

---

* 미불의 작품으로 추정되는 풍경화 한 점은 메트로폴리탄 예술 박물관의 E11호실에서 볼 수 있다.

** 특히 놀라운 작품은 「눈 속에 서 있는 여인」이다. (8세기의 불교 신비주의자인) 이 여자는 플라타이아의 눈 속에 있던 소크라테스처럼 조용히 명상에 잠겨 있다. 세상이란 정신에게는 보잘것없는 것이며, 정신은 세상을 (잠시 동안은) 무시할 수 있다고 예술가는 말하는 듯하다.

가들을 많이 배출했으나, 아무도 현종과 휘종의 궁궐에서 한동안 낙원을 맛보았던 사람들과 어깨를 겨루지는 못했다. 중국인들을 생각할 때는 단순히 현재 가난에 찌들어 있고 부패로 쇠약해져 있으며 내분으로 갈라져 있고 패배로 치욕을 당한 민족으로만 여겨서는 안 된다. 중국은 오랜 역사 속에서 페리클레스 시대와 아우구스투스 시대, 메디치 가문의 시대와 견줄 수 있을 시대들이 있었고, 또 앞으로도 그런 시대를 다시 맞이할지 모르는 민족으로 생각해야 한다.

2. 중국 그림의 특징

중국의 그림은 그 제자인 일본의 그림을 제외하면 역사 속에 나타났던 다른 모든 유파들과 완벽하게 다르다. 그러면 그렇게 구별되게 만드는 그 그림의 특징들은 무엇인가? 첫째는 물론 두루마리 또는 병풍 형태다. 그러나 이것은 외적인 문제다. 훨씬 더 본질적이고 근본적인 것은 중국인들이 원근법과 명암법을 무시했다는 점이다. 유럽인 화가 두 사람이 청나라 황제 강희제의 초청을 받아들여 중국으로 가 궁궐을 장식할 그림을 그렸으나 그들의 작품은 거부되었다. 그들이 멀리 있는 기둥들을 가까이 있는 기둥들보다 짧게 그렸기 때문이다. 중국인들은 분명히 아무것도 없는 곳에서 거리를 표현하는 것보다 더 거짓되고 인위적인 것은 없을 것이라고 주장했다.[83] 어느 쪽도 상대방의 편견을 이해할 수 없었다. 유럽인들은 풍경을 볼 때는 그 풍경과 같은 눈높이에서 바라보도록 배웠지만 중국인들은 위에서 보는 것처럼 그리는 데 익숙해 있었던 것이다.[84] 아울러 중국인들이 이해하기로는 예술이란 사실을 모방하는 것이 아니라 완벽한 형태라는 매개를 통해 즐거움을 주고 분위기를 전달하고 사상을 전달하는 것이 목적이었다. 그런데 그들이 보기에 명암은 예술 형태로는 적절하지 않은 것이었다.

형태는 중국 그림의 모든 것이었으며, 색상의 따뜻함이나 화려함으로 모색하는 것이 아니라 선의 리듬과 정확성으로 모색하는 것이었다. 초기의 그림들은 색상을 엄격하게 멀리했으며 거장들의 작품에서는 나타나는 경우가 거의 없었다. 검은 먹과 붓만으로도 충분했다. 색상은 형태와 관계가 없었기 때문이다. 사혁(謝赫)이 말한 것처럼 형태란 리듬이다. 첫째, 중국의 그림은 리드미컬한 몸짓의 가시적 표현, 즉 손으로 추는 춤이라는 의미에서 그렇다.[85] 또한 중요한 형태는 "정신의 리듬," 즉 실재의 본질과 조용한 움직임을 드러낸다는 의미에서 그렇다.[86] 끝으로 리듬의 몸체는 선이다. 그 선은 사물의 실제적인 윤곽을 묘사하는 것으로서의 선이 아니라 암시나 상징을 통해 영혼을 표현하는 형태들을 만들어 내는 것으로서의 선이다. 중국 그림의 경우 지각하고 느끼고 상상하는 힘과 구별되는 것으로서의 표현 기술은 거의 전적으로 선의 정확성과 섬세함에 있다. 화가는 끈질기고 주의 깊게 관찰하고 엄격하게 통제된 강렬한 감정을 소유하며 자기 목적을 분명하게 파악해야 한다. 그러고는 다시 고칠 가능성을 배제한 상태에서 몇 번의 연속적인 붓놀림으로 자신이 표현하고자 상상하는 것을 비단 위에 옮겨 놓아야 한다. 선의 예술은 중국과 일본에서 절정에 도달했다. 색상의 예술이 베네찌아와 네덜란드에서 절정에 도달했던 것처럼 말이다.

중국의 그림은 사실주의를 내세운 적이 없으며 오히려 묘사하기보다는 암시하려고 모색했다. 진리는 과학에게 일임하고 그림은 아름다움에 몰두했다. 어디서 나왔는지 모르지만 푸른 하늘을 배경으로 하여 나뭇잎 몇 개나 꽃 몇 송이 달려 있는 나뭇가지 하나면 가장 위대한 거장에게도 충분한 소재가 되었다. 텅 빈 배경을 다루는 솜씨와 비율이 그의 용기와 능력을 가늠하는 시금석이었다. 휘종이 세운 미술 아카데미에 들어가려는 지원자들에게 제시했던 과제 중 하나만 보아도 중국인들이 명시적인 묘사보다는 간접적인 암시를 강조했음을 알 수 있을 것이다. 응시생들에게 "그의 말이 짓밟힌 꽃들의 향기를 잔뜩 싣고 돌아온다."라는 시 한 줄을 형상화하도록 요구한 적이 있었다. 그때 합격자는 말을 따라오는 나비 떼와 말 탄 사람을 그린 예술가였다.

형태가 가장 중요했으므로 소재는 어떤 것이든 가능했을 것이다. 사람들이 그림의 중심이나 핵심이 아니었다. 사람들이 등장할 때는 거의 언제나 노인이었으며 거의 모두 비슷했다. 중국 화가는 분명하게 염세주의자인 경우는 없었으나 청년의 눈을 통해 세상을 본 적이 거의 없었다. 초상화들을 그렸으나 모두 한결같이 잘생긴 모습으로 그렸다. 예술가는 개인에게는 관심이 없었다. 사람보다 꽃과 동물을 (분명히) 훨씬 더 사랑하여 무모할 정도로 그 속에서 어울려 지냈다. 휘종은 제국을 장악하고 있었지만 반평생 새와 꽃을 그리며 지냈다. 때로는 꽃이나 동물이 연꽃이나 용처럼 상징물인 경우도 있었다. 그러나 꽃이나 동물을 그릴 때는 대체로 그 자체를 위해 그렸다. 사람에게서 나타나는 것처럼 꽃이나 동물에서도 생명의 아름다움과 신비가 드러났기 때문이다. 말을 특히 사랑하여 한간(韓幹)과 같은 예술가들은 예술적인 선을 구현하고 있는 그 동물들을 이런저런 형태로 그리는 것 외에는 거의 아무것도 안 했다.

사실 중국에서는 그림이 첫째는 종교적 관습들 때문에 그 다음에는 학문적인 제약 때문에 어려움을 겪었다. 과거의 거장들을 맹목적으로 숭배하여 그들을 모사하고 모방하는 것이 학생들의 교육을 방해하는 장해물이 되었다. 아울러 예술가는 다방면에서 소재를 다룰 수 있는 방법이 제한되어 있었다.[87] 송나라 시대의 유명한 한 비평가는 이렇게 말했다. "내가 젊었던 시절에는 내가 좋아하는 그림들을 그린 대가를 칭송했다. 그러나 내 판단이 성숙했을 때는 대가들이 나로 하여금 좋아하도록 선택해 놓은 것을 좋아하는 내 자신을 칭송했다."[88] 이런 관습들과 기준들이 있었음에도 불구하고 이 예술에 그렇게 많은 활력이 남아 있었다는 것은 놀라운 일이다. 여기서도 프랑스 계몽주의 시대에 검열을 받았던 저술가들의 경우가 그랬을 것이라고 흄(Hume)이 생각했던 일이 일어났을 것이다. 즉 예술가가 받는 바로 그 제약들 때문에 훌륭할 수밖에 없었다는 말이다.

중국의 화가들을 침체에서 구해 준 것은 그들이 자연에 대해 느끼는 감정의 성실성이었다. 도교가 그 성실성을 그들에게 가르쳤으며 불교는 생명의 흐름과 변화, 통일성 속에서는 인간과 자연이 하나라는 점을 가르침으로써 그 성실성을 더욱 강화시켰다. 시인들은 도시의 싸움에서 피할 도피처를 자연에서 찾았으며 철학자들은 도덕의 이상과 삶의 지침을 자연 속에서 모색했다. 마찬가지로 화가들도 조용한 개울가에서 사색에 잠기고 깊은 숲 속에서 자기 자신을 잊는 생활을 하는 가운데, 형언할 수 없는 정신은 사람들의 소란스러운 활동과 사고 속에서보다는 이 말 없는 영원한 사물들 속에서 자체를 더 분명하게 표현한다고 느꼈다.* 중국에서 자연은 아주 잔혹하여 추위와 홍수를 통해 죽음을 아낌없이 안겨 주었다. 그러나 중국인들은 스토아적인 철학적 관점에

---

* 풍경화를 단순히 산수화(山水畵)라고 불렀다.

서 그 자연을 최고의 신으로 받아들여 종교적 제사를 바쳤을 뿐 아니라 철학과 문학과 예술의 숭배를 바치기도 했다. 클로드 로렝(Claude Lorraine), 루소(Rousseau), 워즈워스(Wordsworth), 샤토브리앙(Chateaubriand)이 등장하기 천 년 전에 이미 중국은 자연을 선망의 대상으로 삼았다. 아울러 극동 전역에서 인간의 지고한 표현 방법 중 하나가 된 기법을 남긴 풍경화 유파를 만들어 냈다. 이 사실은 중국 문화의 연륜과 깊이를 보여 주는 지표다.

5. 도자기

중국에는 세계적인 리더십에 대해 거의 논쟁의 여지가 없는 가장 독특한 예술이 있다. 서양인들이 그 예술에 접근할 때 느끼게 되는 어려움은 서양에서는 도자기를 하나의 산업으로 분류하는 경향이 있다는 점이다. "차이나(china)"라고 하면 부엌용품의 관점에서 생각하는 데 길들여진 서양인들에게는 "pottery"란 "차이나" 제품을 만드는 장소를 의미한다. 그곳은 여느 공장과 똑같은 공장이며 그곳에서 만든 제품들은 높은 평가를 받지도 못한다. 그러나 중국인들에게 도자기란 주요 예술이었다. 도자기는 아름다움과 실용성을 결합시킴으로써 실용적이지만 미를 추구하는 사람들에게 즐거움을 안겨 주었다. 도자기는 중국의 가장 널리 퍼진 범국가적인 차 마시는 관습에 손끝으로 만지는 감촉이 좋고 눈으로 보는 모양이 아름다운 다기(茶器)들을 안겨 주었다. 아울러 대단히 아름다운 도자기로 집 안을 꾸며 아무리 어려운 집이라도 완벽한 작품을 갖추고 지닐 수 있게 했다. 도자기는 중국의 조각이다.

영어의 "pottery"란 첫 번째로 찰흙을 유용한 형태로 굽는 산업이고, 두 번째로 그 형태를 아름답게 만드는 예술이며, 세 번째로 그 산업과 그 예술을 통해 만들어 낸 물건이다. 자기란 유리 모양으로 만든 옹기를 말한다. 즉 찰흙을 광(鑛)물질과 잘 섞어 가열하여 투명하지는 않지만 반투명하게 바뀌면서 유리와 비슷하게 된 옹기다.* 중국인들은 주로 두 가지 광물을 이용하여 자기를 만들었다. 화강암에서 분해된 장석(長石)으로 만들어진 백색토인 고령토와 제품을 반투명하게 만드는 성질을 가진 액체에 잘 녹는 백색 석영(石英)이 그것이다. 이 두 물질을 가루로 만들어 물로 반죽하여 손이나 돌림판에서 형태를 만들어 고온으로 가열하면 내구성이 있고 화려한 유리 같은 형태로 바뀐다. 때로는 도공들이 단순한 하얀 자기에 만족하지 못하고 (형태는 잡았으나 굽지는 않은 용기인) 모양을 빚은 점토에 유약을 바른 다음 가마에 넣기도 한다. 때로는 점토를 구운 후에 유약을 발라 다시 굽기도 한다. 보통은 유약에 색상이 첨가된다. 그러나 많은 경우 모양을 빚은 점토에 투명한 유약 또는 안료를 바르기 전에 그림을 그렸다. 덧칠을 하는 (우리가 에나멜이라고 하는) 이 안료들은 색상이 있는 유리질 물질을 가루로 만든 후 화가의 가는 붓으로 도포할 수 있게 액체로 만든 것이다. 평생을 수련한 전문가들은 꽃이나 동물, 풍경 또는 산 속에서 명상을 하거나 파도치는 바다 위에서 이상한 짐승을 타고 있는 성인이나 현자를 그렸다.

중국의 도자기는 석기 시대만큼이나 오래되었다. 안데르손(Anderssson) 교수는 허난 성과 간쑤[甘肅] 성에서 도자기를 발견했는데 이 도자기의 제작 연대는 "기원전 3000년 이후일 가능성이 거의 없다."[90] 그리고 이 화병들의 탁월한 형태와 마무리는 심지어 이 이른 시대에도 이 분야는 이미 오래전에 예술이 되어 있었음을 확증해 준다. 허난 성에서 발굴된 상나라 쇠퇴기의 작품으로 추정되는 장례용 옹기의 파편들은 그 신석기 시대의 작품들보다 훨씬 조잡하다. 예술적 가치가 있는 유물들은 한나라 시대가 되어서야 다시 나타난다. 이 시대에는 옹기뿐 아니라 지금까지 알려진 유약을 이용한 극동 최초의 작품도 등장한다. 당나라 황제들의 치세에 차의 인기가 높아지면서 도예(陶藝)가 발전할 수 있는 창조적 자극을 제공했다. 천재성을 통해서든 우연을 통해서는 9세기경에 (한나라 시대처럼 그리고 그 이전의 다른 문명들에서처럼) 표면만 유

---

* 자기(瓷器)가 유럽에 도입되었을 때 옛날에 화폐로 사용했던 자패(紫貝) 껍질을 의미하는 말인 "porcellana"를 따서 이름을 붙였다. 이 "porcellana"는 작은 돼지인 "porcella"의 둥근 등과 닮았다고 생각한 데서 유래된 말이다.[89]

약 처리하는 것이 아니라 전체를 유약 처리한 용기, 즉 진정한 의미에서의 자기를 만들 수 있는 가능성이 발견되었다. 그 세기에 이슬람 여행자인 술레이만(Suleiman)은 자기 나라 사람들에게 이렇게 보고했다. "중국에는 좋은 점토가 있어서 유리처럼 투명한 화병을 만든다. 그 화병은 물이 보인다." 최근에 발굴단들은 티그리스 강변 사마라의 9세기 유적지에서 중국 자기들을 발굴했다. 중국 밖에서 중국 자기가 등장하는 다음 기록은 1171년경 살라딘이 자기 마흔한 점을 다마스쿠스의 술탄에게 예물로 보냈을 때였다.[91] 자기 제조가 유럽에서 시작되었다고 알려진 시기는 1470년이다. 당시 자기 제조법은 베네찌아 사람들이 십자군을 통해 아랍인들에게 배운 기술로 언급되고 있다.[92]

송나라 시대는 중국 자기의 고전기였다. 도예가들은 현존하는 가장 오래된 자기들과 가장 훌륭한 자기들을 모두 그 시대의 것으로 본다. 후대인 명나라 시대의 도공들도 송나라 시대의 도공들과 어깨를 견줄 때도 있다. 그러나 심지어는 그들도 송나라의 자기를 이야기할 때는 존중하는 태도를 갖췄으며 수집가들도 그 시대의 걸작들을 값을 산정할 수 없는 것으로 여기고 소중하게 대했다. 6세기에는 토기를 만들고 착색하는 데 사용하는 광물들이 많이 묻혀 있는 곳 부근인 징더전[景德鎭]에 큰 가마들을 세웠다. 이 가마들은 제국 조정의 공식 승인을 받고 중국에 전례 없이 많은 자기 접시와 잔, 사발, 화병, 굽 달린 큰 잔, 단지, 병, 주둥이가 넓은 물 단지, 상자, 장기판, 촛대, 지도, 심지어는 유약을 입히고 황금을 아로새긴 자기 모자걸이까지 쏟아 냈다.[93] 이때 최초로 청자(青瓷, céladon)*로 알려진 옥색 작품이 등장했다. 청자는 오랫동안 현대 도공들이 재현하고 싶어 하고 수집가들이 손에 넣고 싶어 하는 최고의 소망이 되었다.** 1487년 이집트의 술탄은 청자 몇 점을 로렌쪼 메디치에게 보냈다. 페르시아인

---

* 청자에 "céladon"이란 이름을 붙인 것은 17세기의 프랑스인들이다. 뒤르페(d'Urfé)의 소설 『라스트레(l'Astrée)』를 드라마로 각색한 작품에서 항상 녹색 옷만을 입는 주인공의 이름을 딴 것이었다.[94]

** 서양의 관점에서 보면 두 가지 다 어렵기는 마찬가지다. 중국의 유명한 청자를 대부분 수집해 놓은 일본인들이 어떤 가격에도 내놓으려고 하지 않으며, 후대의 도공들은 이 분야에서 송나라 시대 예술품의 완벽함과 겨룰 수 없기 때문이다.

들과 투르크인들이 청자를 소중하게 여긴 이유는 청자가 지닌 믿기 어려울 정도로 부드러운 느낌과 풍요로운 광택 때문이기도 했지만 독을 감지하는 물건으로도 생각했기 때문이다. 그들은 청자에 독이 든 내용물을 넣으면 색상이 변한다고 믿었다.[95] 그러므로 감식가들의 가문에서는 청자를 돈으로 살 수 없는 소중한 것으로 여기고 세대에서 세대로 물려준다.[96]

거의 300년 동안 명나라의 도공들은 송나라 도공들이 올려놓은 높은 수준을 유지하려고 노력하여 크게 뒤떨어지지 않게 되었다. 징더전에는 500개의 가마가 불을 지폈으며 황제의 궁궐에서만 정원과 식탁, 방을 꾸미려고 9만 6000점의 도자기를 사용했다.[97] 이제 최초로 새로운 훌륭한 유약(가열하여 윤을 내는 안료)이 등장했다. 노란 단색 작품들과 파란색과 하얀색이 어우러진 박태(薄胎) 자기들이 완벽한 경지에 도달했다. 황제 만력제(萬曆帝)(신종(神宗))의 이름을 딴 은을 입힌 파랗고 하얀 잔은 도자기 예술의 세계적인 걸작 가운데 하나다.

징더전의 공장들은 명나라를 무너트린 전쟁들 때문에 파괴되었으나, 중국의 가장 개화된 통치자 가운데 한 사람이며 거의 동시대 사람이었던 루이 14세만큼이나 모든 면에서 제왕의 면모를 갖추었던 강희제가 즉위하면서 다시 복구되었다. 징더전의 공장들은 그의 지시로 복구되어 곧 3000개의 가마가 가동되었다. 강희제 시대의 도공들은 자기들의 작품이 명나라 시대의 작품들보다 조잡하다고 생각했으나 현대의 감정가들은 그들의 생각에 동의하지 않는다. 그들은 과거의 형태들을 완벽하게 모방했으며 새로운 형태들을 매우 다양하게 발전시켰다. 청나라의 도공들은 모양을 잡아 놓은 굽기 전의 찰흙에 용해점이 다른 유약을 바름으로써 표면이 거칠고 "잔금이 나게 구운" 도자기를 만들어 냈다. 아울러 유약 위에 물감 방울들을 부어 채색된 작은 원들로 뒤덮인 수플레 (soufflé) 작품들을 만들기도 했다. 그들은 단색 예술에 정통하여 보일 수 있게 만든 부드러움이라고 표현할 수밖에 없는 벨벳 같은 느낌의 색상들을 만들어 냈다. 복사꽃 빛 빨간색과 산호 빛 빨간색, 루비 빛 빨간색, 주홍빛 빨간색, 선명한 소의 핏빛 빨간색, 장밋빛 빨간색, 오이 빛 초록색과 사과 빛 초록색, 공작 빛 초록색, 풀빛 초록색, 청자 빛 초록색, 진한 남빛 파란색과 푸른 하늘빛 파란색, 라일락 빛 파란색, 터키석 빛 파란색 그리고 노란색들과 흰색들 등. 그들은 프랑스 수집가들이 (장미색군(群), 녹색군, 검정색군, 노란색군을 의미하는) 파미유 로즈(Famille Rose), 파미유 베르트(Famille Verte), 파미유 누아르(Famille Noir), 파미유 준(Famille Jaune) 등으로 구분하는 화려한 양식들을 창조했다.* 색상이 많이 들어가는 작품들의 분야에서는 가마 속에 있는 그릇에 처음에는 산소를 공급하고 다음에는 산소를 빼서 깨끗한 공기와 그을음이 섞인 공기를 교대로 불어넣어 다양한 방법으로 녹색 유약을 많은 색상으로 바꾸어 놓는 어려운 기술을 개발했다. 프랑스인들은 이런 방법을 통해 만든 작품들을 "불을 붙여 만든 작품"이라고 불렀다. 그 도공들은 일부 작품에 흘러내리는 변발을 하고 의관을 갖춰 입은 고위 관리들을 그려 넣어 만다린(mandarin, 고위 관리를 의미함) 양식을 창조했다. 또한 파란(혹은 빈도는 적지만 검정) 배경에 하얀색으로 매화 꽃들을 그려 넣어 우아하고 섬세한 매화 무늬 꽃병을 세상에 안겨 주었다.

중국 도자기의 마지막 위대한 시대는 오랫동안 번영을 누린 건륭제 치세였다. 많은 생산량은 조금도 줄어들지 않았다. 아울러 이 시대에 새로 등장한 형태들은 강희제 시대의 혁신적인 형태들만큼 성공하지는 못했으나 도예 거장들의 솜씨도 여전히 뛰어났다. 파미유 로즈는 최고의 완벽함에 도달하여 대단히 화려한 표면 위에 자연의 꽃들과 열매들을 펼쳐 놓았으며 박태 자기는 씀씀이가 큰 백만장자들에게 값비싼 조명 기구 갓을 제공했다.[98] 그 후 15년(1850~1864년) 동안 피비린내 나는 태평천국운동이 일어나 15개 성을 폐허로 만들고 600개 도시를 파괴하였으며 2000만 명의 사람들을 살해하여 청나라를 곤궁 속으로 몰아넣었다. 그 결과 나라가 도예에 대한 지원을 중단하게 되자 작업장들이 문을 닫고 도공들은 무질서에 빠진 세상 속으로 흩어졌다.

---

* 마지막 두 군에 속하는 탁월한 작품들은 메트로폴리탄 예술 박물관에서 볼 수 있다.

중국의 도예는 그 참사에서 아직 회복하지 못했으며 아마 앞으로도 영원히 회복하지 못할 것이다. 다른 요소들이 전쟁의 참화가 몰아치고 제국이 후원을 중단하는 사태를 더욱 악화시켰기 때문이었다. 수출 무역이 늘어나게 되자 예술가들은 유럽 상인들의 취향을 가장 잘 만족시키는 제품을 디자인하려는 유혹에 빠졌으며, 그 취향은 중국인들만큼 세련되지 못했으므로 도예 분야의 그레섬(Gresham)의 법칙에 따라 조잡한 제품들이 훌륭한 작품들을 유통 과정에서 몰아냈다. 1840년경 영국식 공장들이 광저우〔廣州〕에서 조잡한 자기들을 생산하여 유럽으로 수출하면서 중국산 도자기를 의미하는 "chinaware"라는 이름을 붙이기 시작했다. 프랑스의 세브르와 독일의 마이센, 영국의 버슬렘에 있는 공장들이 중국 제품을 모방하고 기계 설비를 통해 생산 비용을 낮춰 중국의 도자기 무역을 해마다 잠식해 갔다.

지금 남아 있는 것이라고는 아마 중세의 스테인드글라스에 대한 기억만큼이나 완벽하게 사라진 한 예술에 대한 기억뿐일 것이다. 유럽의 도공들이 아무리 노력해도 중국 자기의 섬세한 형태와 어깨를 나란히 할 수는 없었다. 미술 감정가들은 10년마다 한 번씩 남아 있는 걸작들에 대한 금전적 평가를 높인다. 그들은 찻잔 한 점에 500달러를 요구하고 매화 무늬 꽃병 한 점에 2만 3600달러를 받는다. 일찍이 1767년 두 점의 청록색 자기인 「이태백의 개들」은 경매에서 귀도 레니(Guido Reni)의 작품인 「아기 예수」의 다섯 배와 라파엘로의 작품인 「성(聖) 가족」의 세 배까지 올라갔다.[99] 그러나 중국 자기의 사랑스러움을 눈과 손과 모든 신경으로 느낀 사람이라면 이런 평가에 대해 분노하고 그런 평가들은 중국 자기를 모독하는 것이라고 여길 것이다. 아름다움의 세계와 돈의 세계는 결코 만나지 않는다. 심지어 아름다운 것들이 팔리는 경우라도 마찬가지다. 중국 자기는 중국 문명의 꽃이자 상징이며, 인간들이 자기 종(種)을 이 땅에서 용서받을 수 있는 존재로 만들기 위해 행한 가장 고상한 것 가운데 하나라는 점을 말하는 것으로 충분할 것이다.

26장　　백성들과 국가

1. 역사의 간주곡

1. 마르코 폴로 쿠빌라이 칸을 방문하다

베네찌아의 황금 시대였던 1295년경 먼 길을 여행하느라 먼지에 찌들어 넝마가 된 옷차림의 노인 두 명과 중년 나이의 한 사람이 나타났다. 고생으로 찌든 모습으로 짐을 진 그들은 처음에는 고향으로 들어가게 해 달라고 간청하다 나중에는 억지로 밀고 들어갔다. 그들은 26년 전 고향을 떠났다고 주장했다. 그들은 위험한 바다를 건너고 높은 산과 고원을 넘고 도둑이 들끓는 사막을 건넜으며 만리장성을 네 번이나 넘었다고 했다. 그들은 20년 동안 카타이(Cathay)*에 머물며 세계에서 가장 위대한 군주를 섬겼다고 했다. 그들은 많은 것을 이야기했다. 유럽에 알려진 어떤 도시보다 더 광대한 제국과 인구가 더 많

---

* 러시아에서 중국을 가리키던 명칭인 '키타이(Kitai)'에서 온 영어식 지명. '키타이'는 원래 몽골의 한 부족을 가리키는 말이었다.

은 도시, 훨씬 더 부유한 통치자, 가열하는 데 사용되는 돌, 금 대신 받는 종이, 사람의 머리보다 더 큰 견과류, 동정(童貞)을 결혼의 장해물로 여기는 나라, 집 주인이 딸과 아내를 기꺼이 내놓아 마음대로 쓰게 함으로써 나그네를 접대하는 다른 나라[1] 등. 그러나 그 말을 믿으려는 사람은 없었다. 베네찌아 사람들은 그중 가장 수다스러운 사람에게 "마르코 밀리언스(Marco Millions)"라는 별명을 붙였다. 그의 이야기는 크고 놀라운 것으로 가득 차 있었기 때문이다.[2]

마르코와 그의 아버지, 아저씨는 이 운명을 기쁜 마음으로 받아들였다. 멀리 떨어진 나라의 수도에서 많은 보석을 갖고 돌아와 고향에서 상류 생활을 유지할 수 있었기 때문이다. 1298년 베네찌아가 제노바와 전쟁을 시작했을 때 마르코 폴로는 한 전함의 지휘를 맡았다. 그의 전함이 나포되어 제노바 감옥에서 일 년 동안 갇혀 있을 때 그는 대필자에게 문학사상 가장 유명한 여행기를 기록하게 하면서 마음을 달랬다. 마르코는 단순하고 솔직한 문체를 사용하여 매력적인 이야기를 전했다. 그가 열일곱 살밖에 안 된 소년이었을 때 어떻게 아버지 니콜로와 아저씨 마페오와 함께 아크레를 떠났고, 어떻게 그들이 레바논 산맥을 넘어 메소포타미아를 지나 페르시아 만까지 간 다음 그곳에서 페르시아와 코라산과 발흐를 거쳐 파미르 고원까지 갔고, 어떻게 대상(隊商)과 합류하여 느린 속도로 카슈가르와 호탄까지 가 고비 사막을 지나 탕구트를 거쳐 만리장성을 넘어 샹투에 도착했으며, 어떻게 그곳에서 위대한 칸이 그들을 청년기의 서양에서 온 겸손한 사절로 받아들였는지 등.*

그들은 중국에서 한두 해 이상 머물 생각이 없었으나 돈벌이가 좋은 일과 사업 기회들을 얻게 되어 거의 4분의 1세기나 머물게 되었다. 마르코는 특히 크게 성공하여 심지어는 항저우를 다스리는 지위까지 승진하기도 했다. 그는 호감을 갖고 항저우를 묘사하면서 건물과 다리의 탁월성과 공립 병원의 수, 별장의 우아함, 쾌락과 악덕을 위한 시설의 사치스러움, 그곳 기녀의 매력과 아름다

---

* 샹투(Shangtu)는 콜러리지(Coleridge)가 말하는 도원경(桃源境, Xanadu)이다. 마르코 폴로가 기술한 중앙아시아 지역을 유럽인이 탐험하는 일은 1838년에 가서야 다시 이루어졌다.

움, 공공질서의 효율적인 유지, 사람들의 예법과 세련됨이라는 면에서 유럽의 어떤 도시보다 훨씬 앞서 있는 곳이라고 말하면서 둘레가 160킬로미터나 되었다고 우리에게 전한다.

그 도시의 거리와 운하는 대단히 넓어 거리에서는 마차가, 운하에서는 배가 주민들에게 필요한 물품을 쉽게 운반한다. 크고 작은 다리의 수가 1200개에 달한다고 한다. 중요한 운하를 가로질러 주요 도로를 연결하는 다리에 있는 아치는 매우 높고 대단히 훌륭한 솜씨로 건설되어 돛단배가 밑으로 통과할 수 있다. 아울러 도로에서 아치 꼭대기까지 이어지는 경사도 매우 완만하여 마차가 지나다닐 수 있다. …… 그 도시 안에는 길을 따라 늘어서 있는 무수한 상점 외에도 열 개의 주요 광장, 즉 장터가 있다. 이 광장의 각 면은 길이가 800미터나 되며 광장 앞에는 40보 정도의 넓이로 도시의 한 끝에서 다른 끝으로 곧게 이어지는 주요 도로가 나 있다. 이 도로와 같은 방향으로…… 매우 넓은 운하가 이어지며 가까운 운하 제방에는 돌로 지은 넓은 창고들이 서 있다. 인도 등 여러 지역에서 온 상인이 상품과 물건을 보관하기 위한 것이다. 창고는 이와 같이 장터와 가까운 편리한 곳에 자리 잡고 있다. 이 각 창고에는 매주 3일씩 3000~4000명씩 사람이 모인다.

도로는 모두 돌과 벽돌로 포장되어 있다. 도시의 주요 도로는 …… 양쪽에 10보 넓이로 포장하고 중간 부분에는 작은 자갈을 깔았으며, 아치형 배수구를 만들어 빗물을 옆의 운하로 떨어트려 도로를 항상 마른 상태로 유지한다. 이 자갈길 위로는 탈것들이 끊임없이 오간다. 탈것은 긴 모양이며 꼭대기를 덮고 비단 휘장을 달고 비단 방석을 놓았으며 여섯 명이 탈 수 있다. 즐거운 시간을 갖고 싶은 사람들은 그럴 목적으로 세를 내고 날마다 탈것을 이용한다.

온갖 종류의 놀이도 많다. …… 24킬로미터 떨어져 있는 바다에서는 날마다 엄청난 양의 물고기를 도시에 공급한다. 물고기를 들여오는 모습을 보면 다 파는 것은 불가능하다고 생각할 것이다. 그러나 불과 몇 시간 지나지 않아 다 팔리고 만다. 그만큼 주민이 많은 것이다. …… 장터에는 도로가 많이 연결되어 있으며 그중 일부에는 남녀 종이 시중드는 냉욕장(冷浴場)이 많다. 그곳을 자주 찾는 사람은 어려서부터 찬 물로 닦는 데 익숙해진 사람이며 그렇게 닦는 것이 건강에 좋다고 생각한다. 그러나 이런 냉욕장에도 찬물의 충격을 감당하지 못하는 나그네가 이용할 수 있게 따뜻한 물이 나오는 욕탕이 마련되어 있다. 모든 사람이 날마다, 특히 식사 전에 몸을 씻는 것이 습관화되어 있다.

다른 거리에는 기녀가 있는 구역이 있다. 이곳에서는 내가 감히 밝힐 수 없을 정도로 많은 기녀가 화려한 옷에 짙은 향수를 뿌리고 모든 것이 잘 갖춰진 집에서 많은 여종의 수발을 받는다. …… 다른 거리에는 의사와 점성술사의 거처가 있다. …… 주요 거리의 양옆에는 대단히 큰 규모의 가옥과 대저택이 있다. …… 여자는 물론 남자도 피부가 곱고 잘생겼다. 그들 대부분은 항상 비단옷을 입는다. …… 여자는 대단히 아름다우며 섬세하고 정숙한 예법에 따라 양육된다. 그들이 입는 비단과 보석으로 단장한 옷 가격은 거의 상상할 수 없을 정도다.[3]

(당시에는 캄발룩(Cambaluc)이라고 부른) 베이징은 폴로에게 항저우보다 더 깊은 인상을 심어 주었다. 그의 대단한 재능으로도 베이징의 부와 인구를 제대로 묘사하지 못했다. 베이징의 위성 지역인 열두 군데의 교외가 본 도시보다 더 아름다웠다. 사업가 계층이 그곳에 아름다운 가옥을 많이 지었기 때문이다.[4] 베이징에는 무수한 숙박업소와 수많은 상점 및 노점이 있었다. 온갖 음식이 많았으며 날마다 천여 바리의 생사(生絲)가 성문을 통해 들어가 주민이 입을 옷으로 변했다. 칸은 항저우와 샹투 등의 장소에 거처가 있었으나 가장 넓은 궁궐은 베이징에 있었다. 궁궐은 대리석 담장으로 에워쌌으며 궁궐로 이어지는 계단도 대리석이었다. 본관은 "엄청나게 많은 사람에게 잔치를 베풀 수 있을" 정도로 컸다. 마르코는 잘 꾸며진 방과 투명한 유리를 낀 섬세한 창, 다양한 색상의 기와를 한 지붕을 보고 감탄했다. 그는 그렇게 풍족한 도시나 그토록 당당한 왕을 본 적이 없었다.[5]

젊은 베네찌아인은 중국어를 하고 읽는 법을 배운 것이 분명하다. 아울러 공식 역사가들에게서 쿠빌라이와 몽골 조상이 어떻게 중국을 정복했는지에 대해서도 배웠을 것이다. 북서부 국경 주변의 지역이 점점 건조해져 사막으로 바뀌어 가자 거친 주민들을 부양할 수 없게 된 몽골인들은 어쩔 수 없이 필사적으로 습격 활동을 벌이며 새로운 초원 지대를 찾았다. 성공을 통해 전쟁의 맛도 알고 소질도 갖추게 된 그들은 거의 모든 아시아와 일부 유럽을 손에 넣을 때까지 전쟁을 그치지 않았다. 용맹한 지도자인 칭기즈 칸은 태어날 때 핏덩이를 한 줌 움켜쥐고 있었다고 한다. 열세살 살 때부터 그는 몽골족을 하나로 결집시키기 시작했으며 공포를 도구로 사용했다. 그는 포로를 나무로 만든 나귀에 못 박거나 조각을 내거나 가마솥에 넣어 삶거나 산 채로 껍질을 벗겼다. 복종을 요구하는 중국 황제 영종(寧宗)의 편지를 받았을 때 그는 용좌(龍座) 쪽을 향해 침을 뱉고는 즉시 고비 사막을 건너 중국 서부 지역으로 약 2000킬로미터의 진군을 시작했다. 아흔 개의 중국 도시가 완벽하게 파괴되어 기병들은 폐허가 된 지역을 한밤중에도 거치적거리는 것 없이 활보할 수 있었다. 5년 동안 "인류의 황제"는 중국 북부를 쑥밭으로 만들었다. 그 후 별의 불길한 움직임에 놀라 고향을 향해 회군하는 도중 병을 얻어 숨을 거뒀다.[6]

후계자인 오고타이와 망구, 쿠빌라이는 야만적인 활력으로 전쟁을 계속했다. 그 결과 오랫동안 문화에 몰두하고 전쟁 수행 능력을 게을리한 중국의 개인들은 영웅으로 죽어 갔고 나라는 치욕 속에서 막을 내렸다. 한 지역의 통치자는 포위당한 사람들이 모든 노약자를 살해하여 먹으며 맞서 싸우다 남자는 모두 죽고 여자만 남아 성을 지키게 될 때까지 저항했다. 그러나 결국 그는 성에 불을 지르고, 자기 거처에서 자신에게 불을 붙였다. 쿠빌라이의 군사는 중국 전역을 휩쓸고 마침내 송나라의 마지막 퇴각지 광저우 앞에 섰다. 중국의 장수는 더 이상 저항할 수 없게 되자 어린 황제를 등에 업고 바다로 뛰어들어 함께 익사했다. 아울러 수만 명의 중국인도 몽골 정복자에게 항복하기보다는 바다로 뛰어들어 목숨을 끊었다고 한다. 쿠빌라이는 황제의 시신을 거둬 성대한 장례를 치르고는 원(元)나라를 세웠으며, 이 원나라는 그 후 백 년이 채 안 되는 동안 중국을 다스리게 된다.

쿠빌라이 자신은 결코 야만인이 아니었다. 이 말에 대한 중요한 예외는 믿을 수 없는 외교 정책을 펼쳤다는 것이 아니다. 그런 외교 정책은 당시의 관례적인 풍습이었다. 중요한 예외는 애국자이자 학자였던 당대의 유명 인사를 처형한 일이었다. 그 사람은 송나라에 대한 충성심 때문에 쿠빌라이의 통치를 인정하지 않았다. 그는 3년 동안 투옥되었으나 굴복하지 않았다. 중국 문학에서 가장 유명한 글 중 하나에서 그는 이렇게 썼다.

내가 갇혀 있는 감옥에는 도깨비불만 떠다닌다. 봄기운이 아무리 완연해도 암울하고 쓸쓸한 내게는 아무런 감흥도 안겨 주지 못한다. …… 짙은 안개 속에서 이슬을 맞으며 죽을 생각도 많이 해봤고, 2년이 지나면서 계절이 몇 번 바뀌는 동안 질병이 계속 나를 괴롭혔으나 모두 부질없는 일이었다. 몸에 좋지 않은 축축한 땅은 내게는 낙원 자체였다. 내 안에는 어떤 불행도 훔쳐 갈 수 없는 것이 있기 때문이다. 그러므로 나는 머리 위로 흘러가는 흰 구름을 바라보며 의연할 수 있었으며, 하늘처럼 끝없는 슬픔을 마음에 담고 감내할 수 있었다.

결국 쿠빌라이는 그를 자기가 있는 곳으로 불렀다. "네가 원하는 것이 무엇이냐?"라고 황제가 물었다. 그는 이렇게 대답했다. "나는 송나라 황제의 황은을 입어 신하가 되었다. 나는 두 임금을 섬길 수 없다." 쿠빌라이는 그의 말을 받아들였다. 그는 망나니의 칼이 목에 떨어지길 기다리는 동안 마치 송나라 황제가 여전히 남쪽의 수도 난징에서 다스리고 있는 것처럼 남쪽을 향해 절을 했다.[7]

그러나 쿠빌라이에게는 중국인의 우월한 문명을 인정할 줄 알고, 자기 민족의 관습을 중국인의 관습에 접목시킬 줄 아는 아량이 있었다. 그는 어쩔 수 없이 과거 제도를 폐지했다. 그 제도를 그대로 유지하면 완벽한 중국인 관료 사회로 이어질 것이기 때문이다. 그는 대부분의 고위직을 몽골 출신 추종자로 제한하고는 한동안 몽골 알파벳을 도입하려고 노력했다. 그러나 대체로 그와 그의 민족은 중국 문화를 받아들였으며, 그 결과 그 문화를 통해 곧 중국인으로 바뀌어 갔다. 그는 철학적인 관점에서 다양한 종교에 관용을 베풀었으며, 그리스도교를 화해와 통치의 도구로 삼았다. 잉여 농산물을 저장했다가 흉년에 배급할 목적으로 큰 곡물 창고를 세웠으며, 가뭄이나 폭풍, 곤충 피해로 어려움을 겪는 모든 농민에게 세금을 감면해 주었다.* 나이 든 학자와 고아, 연약한 사람 들을 국가가 보살피는 제도를 확립했으며 교육과 문학, 예술을 아낌없이 지원했다. 그의 치하에서 역법이 개정되었으며 제국 아카데미가 문을 열었다.[9] 그는 베이징을 새 수도로 삼고 개발해 나갔으며 그 결과 다른 나라에서 온 방문객들은 이 수도의 화려함과 인구수를 보고 놀라움을 금치 못했다. 큰 궁궐들이 세워졌으며 건축 분야는 전례 없는 번영을 누렸다.

"이 모든 것이 이루어질 때 메서 폴로(Messer Polo)는 현장에 있었다."라고 마르코 폴로는 말한다.[10] 폴로는 칸과 매우 가까이 지내게 되었으며, 그 결과 칸의 여가 생활을 가까이서 지켜보고 호의적으로 자세하게 기술한다. 칸에게는 황후라고 하는 네 명의 아내 외에도 타타르의 웅구트에서 뽑아 온 애첩이 많았다. 칸의 눈에는 웅구트의 여자가 특별히 아름답게 보였기 때문이다. 마르코에 의하면 2년마다 한 번씩 심미안이 뛰어난 관리를 그 지역으로 파견하여 칸이 세심하게 작성한 규정에 따라 칸을 섬길 백 명의 아름다운 젊은 여자를 뽑아 왔다.

그들이 도착하면 그는 새로운 심사위원을 시켜 다시 살펴보고 더욱 엄선하게 하여 자기 침실에서 수발들 20~30명만 남긴다. …… 이들을 대궐의 나이 든 여자들에게 개별적으로 맡겨 보살핀다. 나이 든 여자들이 해야 할 일은 뽑힌 여자들을 밤새도록 면밀하게 살펴, 그들이 감춰진 흠이 없고 잠을 단정한 모습으로 자고 코를 골지 않고 숨을 쉴 때 단내가 나지 않으며, 몸의 어떤 부분에서도 불쾌한 냄새가 나지 않는

---

* 마르코 폴로에 의하면 "하루도 빼지 않고 정규 관리들이 2만 석의 쌀과 기장, 개기장을 배급한다. 위대한 칸이 가난한 사람들에게 베푸는 이 놀랍고 감탄할 만한 관대함 때문에 백성들이 모두 그를 칭송한다."[8]

지 확인하는 것이다. 그들은 이런 엄격한 검사를 거친 후 5인조로 나누어진다. 각 조는 3일 밤낮을 칸의 내실에서 지내며 자신들에게 요구되는 모든 시중을 들어야 하고 칸은 하고 싶은 대로 한다. 시간이 다 되면 다른 조와 교대한다. 이런 식으로 모든 조가 다 돌아갈 때까지 이어지며 그 다음에는 처음 조가 다시 시중을 든다.[11]

20년 동안 중국에 머문 후 마르코 폴로는 아버지 및 아저씨와 함께 최소한의 위험과 비용으로 고향에 돌아오려고 칸이 페르시아로 파송하는 사절단에 편승했다. 쿠빌라이는 교황에게 보내는 서신을 그들에게 주고 당시 여행자에게 알려진 모든 편의를 제공했다. 말레이 반도를 돌아 인도와 페르시아로 가서 내륙을 통해 흑해 연안의 트레비존드로 간 후 마지막으로 베네찌아까지 가는 여행은 3년이 걸렸다. 유럽에 도착했을 때 그들은 교황과 칸이 모두 죽었다는 사실을 알게 되었다.* 마르코 자신은 독특한 끈질김을 통해 일흔 살까지 살았다. 임종 자리에서 친구들은 그의 영혼이 구원받도록 하려고 그가 책에 진술해 놓은 부정직한 것이 틀림없는 말들을 취소하도록 간청했다. 그러나 그는 확고하게 "나는 내가 본 것의 절반도 전하지 못했다."라고 대답했다. 그의 사망 직후 베네찌아 축제에서는 우스꽝스러운 새로운 어릿광대가 등장했다. 그는 어릿광대의 옷을 입고 베네찌아의 주민들을 즐겁게 했다. 그의 이름은 "마르코 밀리언스"였다.[13]

2. 명나라와 청나라

그러나 그 후 4세기 동안 중국은 그렇게 찬란한 시대를 다시 보지 못하게 된다. 원나라는 급속도로 쇠퇴했다. 유럽과 서아시아에서 몽골의 세력이 무너지고 또 몽골인들이 중국화됨(매우 자주 반복되는 현상을 편의상 이렇게 현학적으로 표현할 수 있다면 말이다.)으로써 쇠약해졌기 때문이다. 산과 사막, 바다로 분할

---

* 쿠빌라이 칸은 통풍(痛風)을 앓음으로써 문명으로 개종했음을 입증했다.[12]

되어 있는 그처럼 넓은 인위적인 제국을 영원히 하나의 통치 체제로 묶어 놓는 일은 오직 철도와 전신, 인쇄술이 발달한 시대에나 가능했을 것이다. 몽골족은 통치자보다는 전사가 더 어울린다는 사실이 밝혀지자 쿠빌라이의 후계자들은 과거 제도를 부활시키고 중국인의 통치 능력을 활용할 수밖에 없었다. 몽골인은 중국을 정복했으나 중국인의 관습과 사상은 거의 바꾸지 못하고, 중국 문학에 아마 소설과 희곡 등 새로운 양식을 소개했을 뿐이다. 중국인은 한 번 더 정복자와 혈연관계를 맺고 개화시킨 후 무너트렸다. 1368년 전직 불교 승려였던 한 사람이 반란을 주도하여 성공한 후 베이징에 입성해 자신을 명(明)나라 초대 황제로 선언했다. 다음 세대에는 유능한 군주가 즉위했으며, 영락제 치세에는 중국이 다시 번영을 누리며 여러 예술에 기여했다. 그러나 명나라는 반란과 침략의 혼란 속에서 막을 내렸다. 나라가 내분을 통해 분열되자 새로운 정복자 무리가 만리장성을 통해 쏟아져 들어와 베이징을 점령한 것이다.

만주족은 만주국(滿洲國) 자리에 오랫동안 터를 잡고 살아온 퉁구스어족에 속한 민족이었다. 그들은 북서쪽으로 아무르 강까지 세력을 확장한 후 다시 남쪽으로 방향을 돌려 중국 수도로 진군했다. 명나라의 마지막 황제는 가족을 모아 놓고 마지막으로 잔을 든 후에 아내에게 자진하도록 명한 다음* 옷깃에 다음과 같은 유언을 쓴 후 자신도 허리띠로 목을 맸다. "우리가 덕이 부족하여 높으신 신의 진노를 자초하고 신하들도 나를 기만했으니 조상을 대할 면목이 없노라. 그러므로 나 스스로 관을 벗고 머리털로 얼굴을 가린 채 적도의 손에 찢기길 기다리노라. 백성은 한 명도 해치지 말도록 하라."[15] 만주족은 격식을 갖춰 장례를 치른 후 청(淸)나라를 세웠다. 그 후 이 청나라는 우리 자신의 혁명의 시대에 이르기까지 중국을 다스리게 된다.

그들 역시 곧 중국인이 되었으며 청나라 2대 황제 강희제는 중국 역사상 가장 번성하고 평화롭고 개화된 치세를 중국에 안겨 주었다. 일곱 살에 제위에 오

---

* 아내는 그의 명에 따랐으며, 소문에 의하면 많은 후궁들도 그 뒤를 따랐다고 한다.[14]

른 강희제는 열세 살 때 제국을 직접 다스렸다. 중국 본토뿐 아니라 몽골과 만주, 한국, 인도차이나, 안남, 티베트, 투르키스탄도 포함하는 이 제국은 당시 가장 크고 부유하고 인구가 많은 제국이었음이 분명하다. 강희제는 같은 시대 사람인 아우랑제브와 루이 14세의 박식한 신하들을 시기심으로 가득 채울 정도로 지혜롭고 의롭게 중국을 다스렸다. 그는 활력이 넘치는 몸과 적극적인 정신을 지닌 인물이었다. 왕성한 옥외 활동을 통해 건강을 유지하는 동시에 당시의 학문과 예술을 익히는 일에도 힘썼다. 자신의 전 영토를 두루 여행하며 악습이 보일 때마다 바로잡았으며 형법을 개혁했다. 그는 검소하게 생활하여 관리 비용을 절감했으며 백성의 후생을 자랑거리로 삼았다.[16] 그의 아낌없는 지원과 안목을 통해 문학과 학문이 흥성했으며 도예는 절정기들 중 하나에 도달했다. 그는 모든 종교에 관용을 베풀고 예수회 선교사에게 라틴어를 배웠으며, 자신의 항구에서 유럽 상인이 보이는 생소한 행태를 참아 냈다. 오랜 기간 (1661~1722년)에 걸쳐 자비롭게 통치한 후 숨을 거두며 이런 유언을 남겼다. "앞으로 몇 세기 안에 혹은 오랜 세월이 지난 후 중국은 바다 저편에서 들어오는 서양 열강들과 충돌하게 되는 어려움을 겪을지도 모른다. 나는 이 점이 걱정스럽다."[17]

유럽과의 교역 등을 통해 접촉이 점점 늘어나면서 중국에는 여러 문제가 발생했고, 이 문제들은 다른 유능한 황제인 건륭제의 시대에 다시 전면으로 부각되었다. 3만 4000편의 시를 쓴 건륭제는 차[茶]를 소재로 다룬 시에서 "중국의 매력적인 왕에 대한 찬사"[18]를 써 보낸 볼테르에게 관심을 보였다. 프랑스 선교사들이 건륭제의 초상화를 그리고 그 밑에 별 의미 없는 이런 시구를 적었던 것이다.

Occupé sans relâche à tous les soins divers

D'uns gouvernement qu'on admire,

Le plus grand potenat qui soit dans l'univers

Est le Meilleur lettré qui soit dans son Empire.*

건륭제는 두 세대 동안(1736~1796년) 중국을 통치하다가 여든다섯 살에 양위했으나 죽을 때까지(1799년) 정부를 계속 지배했다. 그의 치세 말년에 한 사건이 발생했다. 사려 깊은 사람이라면 강희제의 예언을 떠올렸을 그런 사건이었다. 영국은 중국으로 아편을 반입한 일로 인해 황제의 분노를 사게 되자 건륭제와 통상 조약을 맺으려는 목적으로 매카트니 경(Lord Macartney)이 이끄는 사절단을 파견했다. 사절단원들은 영국과 교역함으로써 얻게 될 이익을 그에게 설명한 후, 그들이 체결하려는 조약은 영국 통치자와 중국 황제의 위상이 평등함을 당연하게 받아들일 것이라고 덧붙였다. 그 말을 듣고 건륭제는 이렇게 답변했다.

나는 생소하고 교묘한 사물에 대해서는 아무런 가치도 느끼지 못하므로 귀국의 제품은 쓸모가 없다. 이것이 우리 조정 대표를 임명해 달라는 귀국의 요청에 대한 답변이다. 그 요청은 우리나라의 국익에 위배되는 것이며 귀국에게도 불이익만 안겨 주게 될 것이다. 나는 내 입장을 자세히 설명한 후 귀국의 조공 사절에게 평화롭게 귀국하도록 명했다. 귀국의 왕은 앞으로 내 정서를 존중하고 훨씬 더 큰 헌신과 충성을 보여 우리나라의 옥좌에 영원히 복종함으로써 차후 귀국의 평화와 번영을 확보하길 바란다.[19]

중국은 이런 당당한 선언을 통해 산업 혁명을 비켜가려고 했다. 하지만 산업 혁명은 결국 중국에 상륙했다. 이 일이 어떻게 이루어졌는가는 나중에 순서대로 살펴볼 것이다. 지금은 산업 혁명이 파괴의 목표로 정한 것처럼 보이는 독특하고 교훈적인 문명의 경제적, 정치적, 도덕적 요소들을 먼저 살펴보자.

---

* "사람들이 흠모하는 나라, 쉴 새도 없이 많은 일에 매달리니, 세상에서 가장 위대한 군주가 제국에서 가장 박식한 사람이기도 하다."

2. 백성과 언어*

여기서 제일 중요한 요소는 숫자다. 중국인은 수가 많다는 말이다. 중국 문제에 정통한 사람들이 추산하는 중국 국가들의 인구는 기원전 280년에는 약 1400만, 서기 200년에는 2800만, 726년에는 4150만, 1644년에는 8900만, 1743년에는 1억 5000만, 1919년에는 3억 3000만 명이었다.[20] 14세기의 한 유럽인 여행자는 중국에서 "200개의 도시"를 세웠으며 그 도시들은 "모두 베네찌아보다 더 크다."[21]고 했다. 중국의 인구 조사는 모든 세대에게 문패에 거주자의 이름을 적게 하는 등록법을 통해 이루어진다.[22] 우리는 이 문패가 얼마나 정확하며 문패를 토대로 한 보고가 얼마나 정확한지 모른다. 중국에는 현재 약 4억 명의 주민이 거주하고 있을 것이다.

중국인은 체격이 다양하다. 남쪽 사람은 키가 작고 약한 반면에 북쪽 사람은 크고 튼튼하지만, 중국인은 일반적으로 아시아에서 가장 원기왕성하다. 그들은 대단한 체력, 고난과 고통을 이겨 내는 엄청난 용기, 질병에 대한 이례적인 저항력, 기후 적응 능력을 보인다. 그들은 이런 적응 능력을 통해 거의 모든 지역에서 번성할 수 있었다. 아편과 근친결혼, 매독도 그들의 건강을 해치지 못했으며, 사회 체제가 붕괴된 것도 생물학적 활력이나 정신적 활력이 가시적으로 저하되어 나타난 결과로 볼 수 없다.

중국인의 얼굴은 지상에서 가장 이지적인 얼굴 중 하나지만 보편적으로 매력적인 모습인 것은 아니다. 서구의 편견으로 보면 빈민 계층 일부는 비교적 추하며 일부 범죄자는 영화에 나오는 우스꽝스러운 얼굴에나 잘 어울릴 악하고 짓궂은 눈을 하고 있다. 그러나 대부분의 사람들은 생리학적 우연으로 인해 눈꺼풀이 얇지만 평온하고 반듯한 모습을 하고 있다. 눈초리는 서양인이 생각하는 것만큼 눈에 띌 정도로 치켜 올라가지

않았으며, 피부는 노랗지만 일광욕을 했을 때 나타나는 보기 좋은 갈색인 경우가 많다. 농촌의 여자는 남자만큼 튼튼하다. 상류층 여자는 섬세하고 아름다우며 분을 바르고 입술과 볼에 연지를 바른다. 눈썹을 검게 칠하며 버들잎이나 초승달 같은 날씬한 몸매를 유지하려고 노력한다.[23] 모발은 남녀 모두 숱이 많고 윤기가 있으며 곱슬머리가 없다. 여자는 타래를 하여 얹고 보통 꽃으로 단장한다. 마지막 왕조에서 남자는 통치자를 즐겁게 하려고 만주식 변발(辮髮)을 하여 앞머리 절반을 깎았다. 나머지 부분은 깎지 않고 남겨 길게 땋아 늘였으며 이 모습은 곧 불순분자를 교정하는 수단과 긍지를 표현하는 수단이 되었다.[24] 수염은 짧지만 항상 면도를 했으며, 본인이 직접 하는 경우가 거의 없었다. 이발사들이 가게를 열고 성업 중이다.

머리는 보통 맨머리로 다녔다. 남자가 머리에 무엇을 쓸 때면 겨울에는 벨벳이나 모피로 만들어 둥근 테를 두른 모자를, 여름에는 가늘게 쪼갠 대나무로 만들어 채색한 방울과 비단 술을 얹은 원뿔형 모자를 썼다. 여자는 능력이 되면 비단이나 무명 띠를 머리에 두르고 화려한 금속 조각이나 자질구레한 장신구, 조화(造花)로 단장했다. 신은 보통 따뜻한 천으로 만들었다. 바닥이 차가운 타일이나 맨땅인 경우가 많았으므로 중국인은 발밑에 까는 작은 방석을 갖고 다녔다. 황제 이욱(李煜)의 궁궐에서 시작된 관습에 따라(서기 970년경) 여자는 일곱 살이 되면 발이 더 이상 자라지 못하도록 붕대로 단단히 감쌌다. 성년이 되면 남자가 좋아하는 관능적인 자태로 걷도록 하기 위함이었다. 여자의 발에 대해 이야기하는 것을 무례하게 여겼으며 바라보기만 하는 것도 상스러운 일로 여겼다. 여자 앞에서는 신발에 대해 이야기하는 것도 금기였다.[25] 이 관습은 만주족과 타타르족을 제외한 모든 계층과 집단에 확산되면서 매우 경직되어, 신부가 발 크기를 속이는 것만으로도 약혼이나 결혼을 무효로 만들 충분한 이유가 되었다.[26] 강희제는 이 관습을 없애려고 노력했으나 뜻을 이루지 못했다. 오늘날 그 관습이 사라진 것은 산업 혁명이 안겨 준 좋은 결과 가운데 하나다.

남자는 바지와 저고리로 몸을 가렸으며 색상은 언제나 청색이었다. 겨울에는 바지에 행전을 두르고 저고리를 더 걸쳤으며 때로는 열세 벌까지 껴입는 경우도 있었다. 옷들은 겨울이 끝날 때까지 밤낮 입고 있다가 봄이 가까워지면 하나씩 벗었다.[27] 저고리는 길이가 다양해 허리나 무릎, 발까지 내려왔고 목 부분에서 단추를 채웠으며 소매는 넓어 주머니를 대신했다. 중국인은 물건을 "주머니에 넣었다."고 하지 않고 "소매에 넣었다."고 한다. 셔츠와 속옷은 거의 알려지지 않았다.[28] 농촌에서는 여자도 남자처럼 바지를 입었다. 남자가 하는 일을 하거나 남자보다 더 많은 일을 했기 때문이다. 도시 여자는 바지 위에 치마를 입었다. 도시에서는 비단이 거의 무명만큼 흔했다.[29] 허리에는 허리띠를 두르지 않았으며 가슴에는 코르셋을 착용하지 않았다. 일반적으로 중국옷은 현대 서양의 의복보다 더 멋있고 위생적이며 편리했다. 어떤 패션도 폭군처럼 중국 여자의 삶을 어렵게 만들거나 높인 적이 없었다. 도시에서는 모든 계층이 옷을 비슷하게 입었다. 그것도 거의 모든 세대가 다 말이다. 옷감 재질은 다를지 몰라도 형태는 다르지 않았다.

중국어는 세상의 다른 모든 언어와 다르며 그들의 옷차림보다 더 독특했다. 중국어에는 자모(字母)와 철자법, 문법, 품사가 없었다. 서양 청년에게는 저주와 같은 이런 것들이 없었음에도 지상에서 가장 역사가 길고 가장 인구가 많은 나라가 그렇게 잘 그리고 그토록 오래 유지되어 왔다는 것은 정말 놀라운 일이다. 어쩌면 우리가 기억하지 못하는 아주 오랜 옛날에는 굴절법과 곡용, 동사 변화, 격, 수, 시제, 법이 있었을 것이다. 그러나 우리가 추적할 수 있는 한계 안에서는 그런 것이 전혀 나타나지 않는다. 중국어의 모든 단어는 문맥이나 성조(聲調)에 따라 명사나 동사, 형용사, 부사가 될 수 있다. 구어체 방언들에는 단지 400~800개의 단음절의 어음(語音), 즉 유성어(有聲語)만 있으며 각 유성어로 4만 개의 문어(文語) 문자를 표현해야 한다. 그런데 각 유성어에는 4~9개의 성조가 있으므로 중국말의 의미는 읽는 방식에 따라 달라진다. 몸동작과 맥락이 이 성조들을 보완하여 각각 소리가 많은 의미로 사용되도록 돕는다. 그러므로 유성어 'I'는 69개의 사물 중 하나를 의미할 수 있으며 'shi'는 59개, 'ku'는 29개를 의미할 수 있다.[30] 이렇게 복잡하고 이렇게 미묘하고 이렇게 짤막한 언어는 없었다.

문어는 구어보다 훨씬 더 독특하다. 허난 성에서 발굴되어 잠정적으로 상나라 시대의 것으로 추정되는 물건들에는 우리 시대에도 여전히 사용하는 것과 사실상 비슷한 문자로 적힌 글이 있다. 그러므로 (지금도 고대 이집트어를 사용하는 몇몇 콥트인을 제외하면) 중국어는 오늘날 지상에 존재하는 가장 오래된 구어(口語)인 동시에 가장 널리 사용되는 구어인 셈이다. 우리가 노자의 글에서 추론하는 것처럼 본래 중국인은 매듭을 묶은 줄을 이용하여 메시지를 전달했다. 승려가 마술 주문을 그리고 도공이 자기가 만든 그릇에 표시를 해야 할 필요성 때문에 그림으로 된 글자 모양이 발전했을 개연성이 있다.[31] 이 원시적인 그림 문자가 현재 중국 글의 기본 문자가 되어 있는 600개의 부호의 본래 형태였다. 그중 약 214개에 부수(部首)라는 명칭이 붙었다. 이 부호들은 현재 중국어의 거의 모든 문자에 구성 요소로 들어가 있기 때문이다. 현재의 문자는 대단히 복잡한 기호다. 원시적 그림 요소가 보통 소리를 나타내는 모종의 표지를 통해 개념을 구체적으로 규정하도록 고안된 부가적인 요소와 결합되기 때문이다. 모든 단어뿐 아니라 모든 개념도 자체의 독립 부호를 갖고 있다. 한 부호는 말을 나타내고 다른 부호는 "배 부분이 하얀 적갈색 말", 다른 부호는 "이마에 흰 점이 하나 있는 말"을 의미한다. 일부 문자들은 지금도 여전히 비교적 단순하다. 하나의 직선 위에 있는 하나의 곡선(즉 지평선 위에 떠 있는 태양)은 "아침"을 의미한다. 태양과 달이 합쳐져서 "빛"을 나타낸다. 하나의 입과 새 한 마리가 합쳐지면 "노래"를 의미한다. 하나의 지붕 밑에 있는 여자 한 명은 "평안," 한 명의 여자와 하나의 입, 꼬부라진 모습을 나타내는 부호 하나가 합쳐지면 "위험한" 것을 의미하는 문자가 된다. 한 남자와 한 여자가 합쳐지면 "말이 많은" 것을 의미한다. "다툼"은 한 여자와 입 두 개가 합쳐진 것이다. "아내"는 한 여자와 하나의 빗자루, 하나의 폭풍을 의미하는 부호들로 표현된다.[32]

몇 가지 관점에서 보면 이 언어는 대단한 보수주의를 통해 현대까지 살아남은 원시 언어다. 이 언어가 지닌 덕목보다는 어려움이 더 많은 것이 분명하다. 중국인이 자기 나라 말인 4만 개의 문자를 모두 익히는 데 10~15년이 걸린다고 한다. 그러나 이 문자들이 글자가 아니라 개념임을 이해하고 우리가 4만 개의 개념이나 심지어 4만 개의 단어라도 익히는 데 걸리는 시간을 생각해 본다면 비교하는 관점 자체가 중국인에게 부당하다는 사실을 깨닫게 된다. 누가 하더라도 4만 개의 개념을 숙지하려면 50년은 걸릴 것이기 때문이다. 사실 평범한 중국인이라면 3000~4000개의 부호로도 잘 지내며 부호의 부수를 이해함으로써 부호들을 쉽게 배운다. (소리를 표현하는 것이 아니라 개념을 표현하는) 이 언어의 가장 분명한 장점은 한국인과 일본인도 중국인만큼 쉽게 읽을 수 있으므로 극동 지역에 국제적 문어를 제공한다는 것이다. 아울러 하나의 문자를 지역마다 다른 소리나 말로 읽어 서로 알아들을 수 없을 정도로 다른 방언들을 갖고 있는 중국의 전 주민을 하나의 글 체계를 통해 통일시키고 있다. 이 장점은 공간은 물론 시간에도 적용된다. 구어는 수많은 방언으로 갈라져 나간 반면에 문어는 본질적으로 동일하게 남아 있다. 그러므로 2000년 동안 이 문자로 기록된 중국 문헌은 글을 아는 중국인이라면 오늘날에도 읽을 수 있다.(고대 저자들이 그 말을 어떻게 발음하고 그 부호가 의미하는 개념을 어떻게 읽었는지 알 수 없지만 말이다.) 말이 변하고 다양해졌음에도 동일한 글자체가 이렇게 계속 유지된 덕분에 중국은 사상과 문화를 보존할 수 있었으며, 동시에 보수주의가 강력한 힘을 갖게 되었다. 그 덕분에 유서 깊은 사상들이 중국을 지배하며 젊은 세대의 정신세계를 형성할 수 있었다는 얘기다. 중국 문명의 특징을 상징적으로 보여 주는 것이 바로 독특한 글자체가 지닌 이런 현상적 특성인데, 다양성과 성장 속에서의 통일성과 철저한 보수주의, 짝을 찾을 수 없는 연속성이 그것이다. 이 글 체계는 어떤 의미에서 보더라도 대단한 지적 업적이었다. 그 체계는 (사물과 활동, 속성으로 이루어진) 온 세상을 뿌리가 되는 "부수"라는 몇 백 개의 부호로 분류해 놓았고, 그 부수들을 1500개 정도의 서로 구별되는 표지들과 결합시켜 완성된 형태를 통해 문헌과 삶 속에서 사용되는 개념을 모두 표현할 수 있게 만들어 놓았던 것이다. 서양인들은 자신의 사상을 기록하는 자신들의 다양한 형태들이 외견상 원시적인 것처럼 보이는 이 형태보다 우월하다고 너무 지나치게 확신하지 말아야 한다. 17세기의 라이프니츠와 우리 시대의 도널드 로스 경(Sir Donald Ross)은 구어와도 무관하고 국적의 다양성과 시공간의 차이도 초월하여 상이한 민족들이 서로 이해할 수 있는 방법을 통해 그들의 사상을 표현할 수 있는 문어 체계를 꿈꿨다. 그러나 바로 그런 언어가 이미 극동에 존재하여 오랜 기간 동안 지구 인구의 4분의 1을 하나로 묶고 있었다. 동양인들이 얻은 결론은 논리적이고 가공할 만하다. 그러므로 나머지 세계인들도 중국어를 쓰는 법을 배워야 할 것이다.

3. 실제 생활

1. 경작지

그 언어로 기록된 다양한 문헌과 섬세한 중국 사상, 사치스러운 생활은 궁극적으로 보면 모두 경작지의 비옥성에 의존하고 있었다. 아니 그보다는 인간의 노고에 달려 있었다. 경작지는 본래부터 비옥한 상태로 있는 것이 아니라 인간의 노고를 통해 비옥해지는 것이기 때문이다. 오랜 세월 동안 중국의 초기 주민들은 넓은 황무지를 비옥한 토양으로 바꾸기 위해 정글과 숲, 짐승과 곤충, 가뭄과 홍수, 초석(硝石)과 서리 등과 맞서 싸워야 했다. 그 후에도 그 싸움은 주기적으로 계속되어야 했다. 무분별하게 나무를 베어 내면 땅은 사막으로 변했고* 몇 년 동안 손질을 게을리하면 경작지가 다시 정글로 변했기 때문이다. 그 싸움은 힘들고 위험했다. 언제라도 야만인들이 습격하여 간신히 일궈 놓은 땅에서 느린 속도로 자라는 농작물들을 약탈해 갈 수 있었기 때문이다. 그러므로 농부들은 자신들을 지키기 위해 외딴 농가가 아닌 공동체를 이루어 지내며, 부락을 담으로 에워싸고 농사를 지으러 나갈 때도 무리 지어 나갔으며, 들에서 잠

---

* 벌거벗어 빗물을 잡아 둘 수 없게 된 경사지들과 산들은 겉흙을 잃게 되어 비가 많이 올 경우 계곡의 홍수를 막아 줄 장애물을 제공하지 못했다.

을 자며 경작지를 지키는 경우도 많았다.

그들의 경작 방법은 단순했으나 오늘날의 모습과 별로 다르지 않았다. 때로 그들은 쟁기를 사용하기도 했다. 그 쟁기는 처음에는 나무로 만들었고 다음에는 돌로 그 후에는 쇠로 만들었다. 대체로 조그만 땅뙈기를 괭이로 끈기 있게 갈아엎었다. 그들은 땅의 힘을 돋우기 위해 눈에 띄는 모든 천연 비료를 이용했으며, 그 목적을 위해 개나 사람의 썩은 시신을 모으는 일도 마다하지 않았다. 초기부터 무수한 운하를 파서 강물을 논이나 기장 밭으로 끌어들였다. 단단한 암반을 뚫고 깊은 수로를 내서 금방 말라 버리는 개울로 연결하기도 하고, 물길을 바꿔 마른 논으로 잇기도 했다. 중국인들은 윤작을 하지 않았으며 인조 비료도 사용하지 않고 가축도 이용하지 못하는 경우가 많았다. 그러나 해마다 적어도 경작지 절반의 땅에서 두세 가지 작물을 거둬 역사상 어떤 민족보다 더 많은 영양소를 땅에서 얻어 냈다.[33]

그들이 재배한 주요 작물은 기장과 쌀이었으며 이런 작물보다 생산량은 적었으나 밀과 보리도 함께 재배했다. 쌀은 식량으로 사용하기도 하고 술을 빚기도 했으나 농부들은 술을 너무 지나치게 마시지는 않았다. 농부들이 즐겨 마신 음료는 차였으며 이 차는 최대 작물인 쌀 다음으로 생산량이 많았다. 차는 처음에는 약용으로 이용하던 것이었으나 점점 인기가 높아져 당나라 시대에는 수출 품목에 들어가기도 하고 시에 등장하기도 했다. 15세기에 이르러서는 극동 전 지역이 다도를 우아하게 즐겼다. 미식가들은 새로운 품종을 찾았으며 시음 대회도 열어 가장 좋은 차를 가려냈다.[34] 이런 작물 외에 맛 좋은 채소도 있었다. 콩과 콩나물처럼 몸에 좋은 콩과 식물들, 마늘과 양파 같은 자극성이 있는 것들, 수많은 종류의 과일들 등.[35] 농촌에서 생산하는 작물 중 가장 적은 것이 고기였다. 황소와 물소는 수시로 논밭을 가는 데 이용되었으므로 식용 가축은 돼지와 가금류에 제한되어 있었다.[36] 다수의 사람들은 강과 바다에서 물고기를 잡아 생계를 유지했다.

가난한 사람들은 말린 쌀, 우동, 국수, 몇몇 채소, 약간의 생선으로 식단을 차렸다. 유복한 사람은 그 식단에 돼지고기와 닭고기를 더했으며 부자는 오리고기를 즐겼다. 베이징의 가장 화려한 식단은 백여 가지 오리 요리 코스로 이루어졌다.[37] 우유는 희귀하고 계란은 드물고 싱싱하지 않았으나 콩은 몸에 좋은 두유와 두부를 제공했다. 요리는 예술의 경지까지 도달했으며 모든 것을 이용했다. 풀과 해초를 채집하고 새의 둥지를 가져다가 맛있는 탕을 끓였다. 상어 지느러미와 물고기 내장, 메뚜기와 여치, 굼벵이와 누에, 말과 노새, 쥐와 물뱀, 고양이와 개를 재료로 하여 진미를 만들었다.[38] 중국인은 먹기를 좋아했다. 부자가 마흔 가지의 코스 요리로 서너 시간 군자다운 식사를 즐기는 것은 진귀한 일이 아니었다.

가난한 사람은 하루 두 끼 식사를 하는 데 많은 시간이 필요하지 않았다. 농부들은 예외적인 사람들을 빼면 죽을 때까지 온갖 고생을 다해도 겨우 굶어 죽지 않을 정도였다. 강하고 영리한 사람들은 많은 논밭을 손에 넣고 나라의 부를 소수의 손에 집중시켰다. 시황제의 치세에서처럼 경우에 따라서는 논밭이 재분배되기도 했으나 천부적 불평등 때문에 곧 부가 다시 집중되었다.[39] 대다수의 농민이 땅을 소유했으나 경작지보다 인구가 훨씬 더 빨리 늘어났으므로 시간이 흐를수록 평균 소유지는 점점 작아졌다. 그 결과 농부들은 궁핍한 인도에 견줄 수 있을 만큼 가난에 찌들었다. 전형적인 규모의 가족은 연간 소득이 83달러에 그쳤다. 많은 사람들이 하루에 2센트로 연명했으며 해마다 수많은 사람이 굶어 죽었다.[40] 20세기에 들어 중국은 평균 한 해에 한 차례 꼴로 기근에 시달렸다.[41] 부분적으로는 농부들이 겨우 목구멍에 풀칠할 정도로 착취를 당했기 때문이고, 부분적으로는 인구가 토양의 생산량보다 더 빨리 증가했기 때문이었으며, 부분적으로는 유통 체계가 발달하지 않아 한 지역은 식량이 넘치는데도 다른 지역에서는 굶어 죽을 정도였기 때문이었다. 끝으로 지주와 세금 징수원이 남긴 것을 홍수가 휩쓸어 갈 수도 있었다. 중국인들이 "중국의 슬픔"이라고 하는 황허 강이 물길을 바꿔 수많은 부락을 물 속에 쓸어 넣는 반면 다른 수많은 부락은 논밭이 말라 갈라지게 만들 수도 있었다.

농부들은 무덤덤하게 이런 어려움들을 견뎌 내며 인내했다. 중국 속담에는 "이 덧없는 세상에서는 모자 하나와 밥 한 사발만 있으면 된다."라는 말이 있다.[42] 그들은 열심히 일했으나 서두르는 법이 없었다. 복잡한 기계가 그들을 몰아대거나 시끄러운 소음과 위험과 속도로 신경을 거슬리는 일도 없었다. 주말이나 일요일은 없었으나 명절은 많았다. 설날이나 등불 축제 등의 명절이 간헐적으로 일꾼들에게 휴식을 주었으며, 신화와 연극으로 지루한 세월에 활기를 불어넣었다. 겨울이 찌푸린 얼굴을 돌리고 눈 속에 덮여 있던 땅이 봄비로 촉촉해지면 농부들은 다시 좁은 논밭으로 나가 파종하며 아득한 옛날부터 전해 내려오는 희망찬 노래를 즐겁게 불렀다.

2. 상점

반면에 산업은 서기 18세기 이전에도 지상의 다른 어떤 곳에서도 찾아볼 수 없을 정도로 번성했다. 중국 역사를 아무리 거슬러 올라가 봐도 가정에서는 수공업으로 분주했으며 도시에서는 교역이 번창했다. 기본 산업은 옷감 짜기와 생사를 얻기 위한 누에치기였다. 이 두 가지 일은 모두 오두막 안이나 부근에서 여자들이 담당했다. 비단 짜는 일은 매우 오래되어 중국에서는 그 기원이 기원전 2000년까지 거슬러 올라간다.[43]* 중국인들은 갓 딴 뽕잎을 누에에게 먹여 놀라운 결과를 얻어 냈다. 이렇게 뽕잎을 먹이면 450그램의 누에가 42일 만에 4300킬로그램으로 늘어났다.[45] 42일이 지나 성충이 된 누에를 짚을 깐 선반에 올려놓으면 누에들은 비단실을 내뿜어 고치를 만들었다. 이 고치를 뜨거운 물에 넣은 후 생사를 잣는다. 생사를 처리하여 직물을 짜고 이 직물을 다시 능숙한 솜씨로 세상의 상류층을 위해 다양한 옷감과 태피스트리, 자수품, 브로케이드로 만들었다.** 그러나 누에를 키우는 사람들과 비단을 짜는 사람들은 무명옷을 입었다.

---

* 야생 누에의 고치에서 생사를 잣는 일은 고대의 고전 시대에도 알려져 있었다. 그러나 누에를 키워서 생사를 모아 비단을 짜는 일이 하나의 산업으로 중국에서 유럽으로 전해진 것은 서기 552년경 네스토리우스파 그리스도교 사제들을 통해서였다.[44] 이 기술이 콘스탄티노플에서 시칠리아로 전해진 것은 12세기였으며 영국으로 전해진 것은 15세기였다.

** 중국인 집주인이 손님을 접대할 때 도자기를 보여 주거나 애장품인 두루마리로 된 진귀한 그림이나 서예 작품

기원전 몇 세기 동안 이미 도시에서는 이 가내 산업이 상점으로 대체되었다. 일찍이 기원전 300년 도시에는 프롤레타리아 계층이 형성되어 장인들이 산업 조합을 조직했다.[47] 이 상점 산업이 성장하면서 도시에는 바쁜 주민들로 가득 찼으며, 그 결과 쿠빌라이 칸 시대의 중국은 산업적인 면에서 18세기 유럽과 똑같은 모습을 보이게 되었다. 마르코 폴로에 의하면 "각 공예 분야마다 1000개의 상점이 있으며, 각 상점에는 10명이나 15명, 20명의 일꾼이 있고 일부 경우에는 40명씩이나 있다. …… 이런 상점의 부유한 장인은 직접 일하지 않고 우아한 체하며 나들이를 즐긴다."[48] 조합 역시 우리 시대의 전문 산업처럼 경쟁을 제한하고 임금과 가격, 근무 시간을 규제했다. 그중 다수는 생산량을 제한해 제품 가격을 유지했다. 아마 전통적인 방법에 만족하여 느긋한 태도를 취한 조합들은 중국의 과학 성장이 지연된 일과 산업 혁명이 홍수처럼 밀려와 모든 장해물과 제도들을 무너뜨릴 때까지 그 혁명이 가로막힌 일에 대한 일부 책임을 져야 할 것이다.

조합은 한때 당당했던 서구 시민이 국가에 제공했던 많은 기능을 담당했다. 그들은 자체의 법을 만들고 공정하게 집행했다. 그들은 고용주와 피고용인을 대표하는 같은 수의 인원으로 구성된 중재 위원회를 통해 양측의 분쟁을 조정하여 쟁의 빈도를 줄였다. 그들은 자치적인 산업 조직으로 활동하며 자유방임형 국가와 줏대 없는 국가라는 현대적 딜레마를 놀라울 정도로 잘 해결한 사례를 제공했다. 이런 조합을 형성한 것은 상인과 제조업자, 그 직원만이 아니었다. 이발사와 쿨리*(하급 노동자), 요리사 등 천한 직종 종사자들도 조합을 형성했다. 심지어는 거지도 구성원에게 엄격한 규칙을 적용하는 동업자 협회를 결성했다.[49] 도시 노동자의 소수자 집단은 종들이었다. 그들은 대체로 집안일을 했으며 보통 일정 기간이나 평생 동안 상전에게 묶여 있었다. 흉년이 들면 소녀와 고아는 단돈 몇 냥에 팔렸으며, 아버지는 언제라도 딸을 종으로 팔 수 있었다. 그러나 이런 노예 제도가 그리스나 로마의 지경까지 발전된 적은 없었다. 대다수의 일

을 펼쳐 보여 주는 것처럼, 고운 비단을 손님들에게 보라고 돌리는 것은 보기 드문 일이 아니었다.[46]

* 쿨리(coolie)는 힌두어에서 온 말이다. 어원이 되는 힌두어는 아마 '고용된 종'을 의미하는 타밀어 '쿨리(kuli)'에서 왔을 것이다.

꾼은 자유 계약자이거나 조합 구성원이었으며 대다수의 농민은 자기 땅을 소유하고 대체로 국가 통제에서 자유로운 부락 공동체를 스스로 다스렸다.[50]

노동 생산품은 사람이 등에 지고 운반했다. 심지어는 사람이 이동할 때도 대체로 불평 한 마디 없는 쿨리들이 짓눌려 못이 박힌 어깨로 메는 가마를 타고 다녔다. 무거운 바구니나 꾸러미를 막대의 양 끝에다 매달아 균형을 잡고 어깨에 멨다. 짐마차는 당나귀가 끌 때도 있었으나 사람이 끄는 경우가 더 많았다. 노동력이 매우 저렴했으므로 동물이나 기계를 이용한 운반 수단을 발전시킬 동기가 없었다. 아울러 운반 수단이 원시적이었으므로 도로를 개선할 필요도 느끼지 못했다. 유럽 자본이 상하이〔上海〕에서 우쑹〔嗚淞〕을 연결하는 16킬로미터의 거리에 중국 최초의 철도를 놓았을 때 사람들은 땅의 기운을 어지럽히고 막는다고 항의했다. 반대가 점점 거세지자 정부가 나서 그 굴러다니는 물건을 바다에 쓸어 넣었다.[51] 시황제와 쿠빌라이 칸의 시대에도 돌로 포장한 제국 대로가 존재했다. 그러나 지금은 그 도로의 윤곽만 남아 있을 뿐이다. 도시의 거리는 해를 가리려는 목적으로 만들어 폭이 2.4미터 정도밖에 안 되는 뒷골목이었을 뿐이다. 다리가 많았으며 때로는 여름 궁전의 대리석 다리처럼 매우 아름다운 것도 있었다. 거의 육로만큼 자주 수로를 이용했는데, 4만여 킬로미터의 운하가 철도를 대신하여 여유로운 도로 역할을 했다. 항저우와 톈진〔天津〕을 연결하는 1000킬로미터의 대운하는 서기 300년에 시작하여 쿠빌라이 칸 시대에 완공되었다. 중국의 공학적 업적 중에서 이 운하를 능가하는 것은 만리장성밖에 없다. 강에는 정크(junk)와 삼판선(三板船)이 바삐 움직이며 저렴한 상품 운송 수단을 제공했을 뿐 아니라, 수많은 가난한 사람에게 거처를 제공하기도 했다.

중국인은 타고난 상인이었으며 흥정할 때는 몇 시간씩 뜸을 들였다. 중국 철학과 관료 사회는 모두 상인을 멸시했으며, 한나라의 황제들은 그들에게 무거운 세금을 부과하고 탈것이나 비단을 사용하지 못하게 했다. 지식인 계층은 육체노동을 하지 않는다는 것을 보여 주려고 손톱을 길렀다.[52] 서양 여자들이 굽이 높은 구두를 신었던 것처럼 말이다. 학자와 교사, 관리를 최고 계층으로 분류하고 농부를 두 번째 계층으로, 장인을 세 번째 계층, 상인을 가장 낮은 계층으로 분류하는 것이 관습이었다. 중국인들에 의하면 이 마지막 계층의 사람들은 단지 다른 사람이 고생하여 만든 열매를 교환하기만 하여 이윤을 챙겼기 때문이다. 그러나 그들은 번성하여 중국의 경작지와 상점의 생산물을 아시아 전역으로 운반해 결국 정부 재정을 지원하는 주요 세력이 되었다. 국내 상업은 이금세(釐金稅) 때문에 어려움을 겪었으며, 해외 교역은 육상의 강도들과 해상의 해적들 때문에 위험을 겪었다. 그러나 중국 상인들은 말레이 반도를 돌아서 항해하거나 투르키스탄을 통과하는 교역로를 통해 인도와 페르시아, 메소포타미아 그리고 결국에는 로마까지 상품을 실어 날랐다.[53] 비단과 차, 도자기와 종이, 복숭아와 살구, 화약과 (놀이용) 카드가 주요 수출 품목이었다. 그에 대한 보답으로 세계는 중국으로 알팔파와 유리, 당근과 땅콩, 담배와 아편을 보냈다.

교역은 고대의 신용과 통화 체계를 통해 촉진되었다. 상인들은 그리스나 로마에서보다는 높지 않았으나 연 36퍼센트에 달하는 높은 이율로 서로 돈을 융통했다.[54] 대금업자들은 큰 위험을 감수하고 그에 상당하는 비용을 부담했으며 돈을 빌려 줄 때만 인기가 있었다. 오래된 중국 속담에 의하면 "큰 도둑이 대금 점포를 연다."[55] 가장 오래된 것으로 알려진 중국 통화는 조개껍질과 칼, 비단 형태였다. 최초의 금속 통화가 나타난 시기는 적어도 기원전 5세기로 거슬러 올라간다.[56] 진나라 시대에는 정부가 황금을 가치의 척도로 삼았다. 그러나 구리와 주석 합금을 사용하여 동전 크기가 작아지면서 황금이 점점 밀려났다.* 서진(西晉)의 초대 황제 무제가 은과 주석을 합금하여 실험한 통화가 위조 화폐 때문에 실패하자 동전은 30센티미터 정도의 가죽 조각으로 대체되었으며 이 조각은 지폐의 양부모(養父母)가 되었다. 807년경 상품 증가에 비해 구리의 공급량이 부족하게 되자 당나라 황제 헌종은 모든 동전을 정부에 예치하도록 명령하고 그 대신 채무 증서를 발행했다.(이 증서는 1933년의 미국인들의 경우처럼 호의로 인해 재정 문제를 떠안게 된 것으로 보이는 중국인들로부터 "날아다니는 돈"이라

---

* 동전은 지금도 여전히 주요 통화로 사용된다. 3분의 1~2분의 1센트의 가치가 있는 '전(錢)'과 1000전의 가치인 '냥(兩)'의 형태로 통용된다.

는 이름을 얻게 되었다.) 이 조치는 비상사태가 지나간 후 중단되었다. 그러나 목판 인쇄술이 발명되자 정부는 새로운 기술을 이용해 돈을 만들려는 유혹을 느끼게 되었다. 결국 935년에는 반(半)자치 지구인 쓰촨(四川) 성이, 970년에는 장안의 중앙 정부가 지폐를 발행하기 시작했다. 송나라 시대에는 인쇄술의 발달로 밀어닥친 인플레이션이 많은 사람을 파산시켰다.[57] 쿠빌라이의 재무 대신이었던 폴로는 이렇게 썼다. "황제의 화폐 주조소는 캄불룩(베이징)에 있다. 그 주조소는 황제가 완벽한 연금술 비결을 갖고 있다고 말하면 딱 맞을 만한 방식으로 가동된다. 그가 바로 그런 식으로 돈을 찍어 내기 때문이다." 그는 계속해서 뽕나무 껍질로 사람들이 황금과 동등한 가치를 지닌 것으로 받아들이는 종잇조각을 찍어 내는 과정을 묘사하여 자기 나라 사람들의 회의적인 비웃음을 불러일으켰다.[58] 이런 것들이 지폐 홍수가 나타나게 된 근원적 이유다. 지폐 홍수는 그 이후 세계의 경제생활을 가속화시키기도 하고 위협하기도 하는 일을 번갈아 가며 하고 있다.

3. 발명과 과학

중국인은 발명을 이용하는 능력보다는 발명하는 능력이 더 많았다. 화약은 당나라 시대에 등장했으나 불꽃놀이로 제한하는 매우 현명한 조치를 취했다. 송나라 시대가 되어서야(서기 1161년) 화약은 수류탄 형태로 만들어져 전쟁에 사용되었다. 아랍인들은 중국과 교역하는 과정에서 (화약의 주원료인) 초석을 알게 되어 이를 "중국의 눈(雪)"이라고 불렀다. 그들은 화약 제조법을 서쪽으로 전했으며 사라센인들은 화약을 군사용으로 바꿔 놓았다. 화약을 언급한 최초의 유럽인 로저 베이컨(Roger Bacon)은 아랍 전승 연구를 통해서나, 중앙아시아를 여행한 드 뤼브뤼크(De Rubruquis)와의 접촉을 통해 화약에 대해 알았을 것이다.[59]

나침반은 훨씬 더 오래전에 발명되었다. 천연 자석의 자기적 성질들은 고대 중국에도 알려져 있었으나 천연 자석을 이용하는 일은 사원의 방향을 정하는 것에 국한되었다. 서기 5세기에 기록된 역사서인『송서(宋書)』에서 저자는 자성을 띤 바늘을 언급하면서 천문학자 장형(張衡, 서기 139년 사망)의 발명품이라고 하였으나, 장형은 단지 중국이 이미 알고 있던 것을 재발견했을 뿐이다. 그 바늘이 선원들에게 유익한 것이라고 언급한 가장 오래된 글은 12세기 초의 한 문헌에 등장하는데, 여기서는 수마트라와 광둥을 오가는 외국(아마 아랍의) 항해자들이 그 바늘을 사용했다고 전한다.[60] 1190년경 유럽은 기요 드 프로뱅 (Guyot de Provins)의 시에서 나침반을 제일 처음 언급했다.[61]

중국인들이 나침반과 화약, 종이와 비단, 인쇄술과 도자기를 발명했으나 그들을 산업 면에서 발명 재능이 있는 민족이라고 할 수는 없다. 예술 분야에서는 창의력을 발휘하여 고유한 형태들을 발전시키고 다른 어떤 나라나 시대도 뛰어넘지 못할 정도로 완벽한 감성에 도달했다. 그러나 1912년 이전까지만 해도 경제 면에서는 고대 방식에 만족하고는, 인간의 노동 속도를 정신없이 몰아붙이고 나머지 사람들을 부유하게 만들기 위해 인구의 절반을 일자리에서 내쫓는 노동 절감형 기계 장치에 대해서는 어쩌면 예언자적인 경멸을 보였다. 그들은 석탄을 연료로 사용한 최초의 사람들에 속하며, 일찍이 기원전 122년에 석탄을 소량 캐내기도 했다.[62] 그러나 채굴에 따르는 극심한 노동을 완화시킬 장치를 개발하지 않고 광물 자원을 대부분 땅 속에 그대로 묻어 두었다. 유리 제조법을 알면서도 서양에서 수입하는 것으로 만족했다. 시계나 나사도 만들지 않고 가장 조잡한 못만 만들었을 뿐이다.[63] 한나라가 개국하면서부터 만주족이 몰락할 때까지 2000년 동안 중국 산업은 사실상 제자리에 머물러 있었다. 페리클레스 시대부터 산업 혁명에 이르기까지 유럽 산업이 사실상 그대로 남아 있었던 것처럼 말이다.

마찬가지로 중국은 과학과 금권 정치가 성장하여 사회가 활기에 차 북적거리는 쪽보다는 전통과 학문이 지배하여 예법을 갖추고 조용히 지내는 쪽을 선호했다. 중국은 물질생활 관련 기술 면에서는 모든 위대한 문명 중 가장 빈약하게 기여했다. 그리스도 이전 두 세기에 이미 농업과 양잠에 관한 탁월한 교재들을 발간했으며 탁월한 지리학 관련 글들을 썼다.[64] 조충지(祖沖之)는 원주율 π의 값을 소수점 아래 여섯 자리까지 정확하게 계산했고, 자석으로 된 수레(指南車) 또는 "남쪽을 가리키는 수레"를 개량했으며, 스스로 움직이는 배를 실험했다고 모호하게 기록되어 있다.[65] 서기 132년 장형은 지진계를 발명했으나* 중국 물리학은 대체로 풍수설과 음양이라는 형이상학에 묻혀 버렸다.** 중국 수학자들은 인도에서 대수학을 배웠음이 분명하나 기하학의 경우는 땅을 측량할 필요 때문에 스스로 발전시켰다.[67] 공자 시대의 천문학자들은 일식과 월식을 정확하게 계산했으며 중국 역법의 기반들을 닦아 놓았다. 중국의 역법은 하루를 12시간으로 나누고 1년을 12달로 나누고 각 달은 초승달부터 시작했으나 이 음력을 계절과 태양에 맞추려고 간헐적으로 윤달을 더했다.[68] 지상의 생활을 하늘의 생활과 조화를 이루며 영위했다. 한 해의 절기들을 태양과 달에 맞춰 규제했으며, 사회의 도덕 질서는 행성들과 항성들의 규칙성을 기반으로 삼았다.

중국 의학은 경험적 지혜와 대중적 미신을 독특하게 결합시켰다. 중국 의학은 역사가 기록되기 전에 시작되어 서양에서 히포크라테스가 등장하기 오래전에 이미 위대한 의사들을 배출했다. 주나라 시대에 이미 국가가 해마다 의료 활동 허가 시험을 주관했으며, 시험 성적에 따라 개업의의 보수를 정했다. 기원전 4세기에 한 중국인 통치자는 참수당한 죄인 마흔 명의 시신을 면밀하게 해부하여 연구하도록 명령했다. 그러나 그 결과들은 탁상공론 속에서 잊혔으며 해부도 중단되었다. 서기 3세기의 화타(華陀)는 외과 수술에 대한 책을 썼으며 전신을 마취하는 술을 발명하여 수술을 대중화했다. 이 술의 제조법을 잃어버린 것은 역사에서 가장 어리석은 일 가운데 하나다. 6세기 초엽 도홍경(陶弘景)은 중국 의학에서 사용하는 730가지 약품에 대한 방대한 설명서를 썼다. 백 년 후 과원방(菓元方)은 여자와 어린이의 질병에 대한 고전을 썼다. 당나라 시대에는 의학 백과사전을 자주 발간했으며, 송나라 시대에는 전공 책자들이 발간되었

---

* 그가 만든 지진계는 입을 벌린 두꺼비가 가운데 웅크리고 있는 사발 주변에 섬세한 용수철들을 달고 그 위에 구리로 만든 여덟 개의 용을 올려놓은 것이었다. 각 용은 입에 구리로 만든 여의주를 물고 있었다. 지진이 일어나면 지진의 진원지에서 가장 가까운 용이 두꺼비의 입 속으로 여의주를 떨어트렸다. 언젠가 주민들은 아무것도 느끼지 못했으나 용 하나가 여의주를 떨어트렸다. 장형은 어떤 전령이 와서 멀리 떨어진 지역에서 지진이 발생했다고 전할 때까지 돌팔이라는 조롱을 받았다.[66]
** 풍수(風水)는 바람과 물의 흐름에 따라 집이나 무덤의 터를 잡는 기술로 중국에 널리 퍼져 있었다.

다.[69] 송나라 때 의학 학교를 설립했으나 대부분의 의학 교육은 도제 제도를 통해 실시되었다. 약품은 많고 다양했다. 3세기 전 한 약방에서는 매일 1000달러 상당의 약품을 팔았다.[70] 진단은 현학적일 정도로 자세하게 이루어졌다. 1만 가지 유형의 열병을 기술했으며 스물네 가지 상태의 맥박을 구분했다. 천연두를 치료할 때는 아마 인도를 모방하여 조직 내에 항원 물질을 접종하는 방법이 아니라 피부 표면을 통해 감염성 물질을 주입하는 방법을 사용했다. 그리고 매독에는 수은을 복용했다. 이 질병은 명나라 후기에 중국에 등장하여 전국을 휩쓸어 보다 심각한 증상들에 대해 비교적 잘 견디는 면역력을 남긴 것으로 보인다. 중국에서는 공중위생 시설과 예방 의학, 위생학, 외과가 거의 발전하지 않았다. 하수 시설과 배수 시설은 원시적이거나 거의 존재하지 않았다.[71] 아울러 일부 도시들은 조직적인 사회라면 마땅히 해결해야 할 깨끗한 물을 확보하고 폐수를 처리하는 기본 의무도 해결하지 않았다.

비누는 희귀한 사치품이었으며 이와 해충은 쉽게 볼 수 있었다. 소박한 중국인들은 유교가 심어 준 평정심으로 침착하게 가려움을 참거나 긁는 법을 배웠다. 시황제 시대부터 서태후(西太后) 시대에 이르기까지 의학은 확인할 수 있을 정도의 발전을 하나도 이루지 못했다. 아마 히포크라테스에서부터 파스퇴르에 이르기까지는 유럽 의학에 대해서도 같은 말을 할 수 있을 것이다. 유럽 의학은 그리스도교의 부록으로 중국에 밀어닥쳤다. 그러나 우리 시대까지는 유럽 의학을 이용하는 일은 수술하는 경우로 국한되었으며, 나머지 경우에는 중국 의사와 고대의 약초를 선호했다.

4. 사원 없는 종교

중국 사회의 기반은 과학이 아니었다. 그 기반은 종교와 도덕, 철학이 혼합된 생소하고 독특한 복합물이었다. 역사에서 중국인보다 더 미신적이고 더 회의적인 민족은 없었다. 또 다른 한편으로 믿음에 대해 중국인보다 더 헌신적인 민족도 없었으며, 더 합리적이고 세속적인 민족도 없었다. 성직자의 손아귀에서 그만큼 자유로운 나라도 없었으며 힌두인을 제외하면 그만큼 신들에게 축복과 저주를 받은 나라도 없었다. 이런 모순을 어떻게 설명해야 하는가? 그 모순들은 역사상 유례가 없을 정도의 영향력을 끼친 중국 철학자들에게 돌리는 동시에, 중국의 가난 속에 무한한 희망의 샘이 있었음을 인정해야만 설명할 수 있을 것이다.

원시적인 중국 주민들의 종교도 자연 상태에 놓인 사람들의 일반적인 종교와 다르지 않았다. 그들도 모든 곳에 숨어 있는 정령을 두려워하며 숭배했고, 대지의 인상적인 모습들과 생산 능력을 시적인 감성을 통해 경외했으며 하늘을 두려워하고 공경했다. 하늘에서 활력을 주는 햇살과 만물을 비옥하게 만드는 비는 지상의 생활과 하늘의 신비스러운 힘들을 연결해 주는 불가사의한 고리의 일부였다. 바람과 천둥, 나무와 산, 용과 뱀을 숭배했다. 그러나 큰 명절들은 무엇보다도 성장의 기적을 기리는 것이었으며, 봄이 되면 소녀들과 청년들이 들에서 춤을 추고 짝을 지어 어머니인 대지에게 다산의 사례를 보여 주었다. 당시에는 황제와 승려가 가까운 관계를 유지하고 있었으며, 중국의 초기 군주들은 (후대의 편향적인 역사가들이 그들에 대해 기술한 덕스러운 기록에서는) 영웅적인 행동을 하기 전에 기도부터 함으로써 신들에게 도움을 받는 정치가이자 성인이었다.[72]

이런 원시적 신학에서 하늘과 땅은 큰 우주적 통일체의 두 반쪽처럼 결합되어 있었으며, 남자와 여자, 군주와 신하, 양과 음처럼 서로 연관되어 있었다. 하늘의 질서와 인류의 도덕적 행동은 유사한 과정, 즉 하늘의 길인 도(道)라는 보편적이고 필연적인 리듬의 일부분이었다. 도덕 역시 별들의 법칙처럼 부분과 전체가 협력하는 것이었다. 하늘은 인간과 사물을 모두 감싸 안고 자식과 부모, 아내와 남편, 봉신과 영주, 영주와 황제, 황제와 신의 올바른 관계를 명령하는 전지전능 그 자체였다. 하늘은 곧 도덕적 질서이자 신성한 질서 정연함이었다. 그리고 이 하늘이 바로 최고신이었다. 그러나 사람들이 (신으로서의 하늘인) "천(天)"을 향해 기도할 때 그 대상은 인격적인 존재로서의 하늘인 반면에, 철학자들이 하늘과 땅, 인간을 지배하는 온갖 힘들의 총합으로서의 의롭고 자비로운 (그러나 인간적이거나 인격적인 면이 거의 없는) "천"을 말할 때 그 대상은 비인격적인 존재로서의 하늘이었다. 그러므로 당시의 하늘은 인격성과 비인격성을 오가는 고상하지만 혼란스러운 개념이었다. 하지만 철학이 발전함에 따라 점점 인격적 개념의 "하늘"은 대중들의 숭배 대상으로 제한되었으며, 지식인 계층과 국가 공식 종교에서는 비인격적 개념의 "하늘"을 받아들였다.[73]

이런 초기의 개념에서 성장한 것이 중국 정통 종교의 두 요소인 범국가적 조상 숭배와 유교의 하늘 및 위인 숭배였다. 날마다 죽은 사람들에게 (보통 음식으로 이루어진) 조촐한 제물을 바치고 그들의 혼백을 향해 기도했다. 소박한 농부들이나 노동자들은 부모나 다른 조상들이 정확히 말할 수는 없지만 모종의 영역에서 여전히 살고 있으므로 그들에게 행운이나 악운을 안겨 줄 수 있다고 믿었기 때문이다. 지식인 계층의 중국인들도 비슷한 제사를 지냈으나 그 의식을 숭배 행위로 여기기보다는 기념 행위로 보았다. 죽은 사람들을 기억하고 공경하는 것은 개인과 민족 모두에게 유익한 일이었다. 그럴 경우 그들이 지키는 고대의 방식들도 존중되고 개혁도 저지되어 제국이 평화로워질 것이기 때문이다. 그러나 이 종교에는 불편한 점이 몇 가지 있었다. 감히 범할 수 없는 무덤이 무수히 많아져 도로를 건설하거나 농토를 개간하는 일이 어려워졌기 때문이다. 그러나 중국 철학자들이 보기에 조상 숭배가 문명에 제공하는 정치적 안정성과 정신적 연속성에 비하면 그런 것들은 사소한 문제였다. 영토가 엄청나고 운송 체계가 빈약하여 물리적, 공간적 통일성을 갖추기 어려운 국가가 이 심오한 제도를 통해 단기간에 강력한 정신적 통일성을 확보할 수 있었기 때문이다. 세대들이 끈끈한 전통을 통해 결속되었으며, 개인 생활이 무시간적 위엄을 지닌 영역에서 펼쳐지는 드라마 속의 한 국면이라는 중요한 의미를 갖게 되었다.

이 종교를 학자들과 국가가 받아들이게 되자 대중 신앙이 확산되는 동시에 대상 범위가 좁아지는 결과를 낳았다. 세월이 지나며 공경하는 태도가 점차 확산되자 제국 칙령을 통해 공자의 위상이 하늘 다음으로 높아졌다. 그를 공경하여 모든 학교에는 기념비가 세워지고 모든 고을에 사당이 세워졌다. 아울러 황제와 관리들이 그를 민족에 좋은 영향을 준 가장 위대한 인물로 대접하며, 정기적으로 그의 혼백이나 그에 대한 기억을 향해 분향하고 제물을 바쳤다. 지식인들이 보기에 그는 신이 아니라 많은 중국인을 위한 신의 대체물이었다. 그를 기리는 의식에 참여한 사람들은 불가지론자나 무신론자였을지도 모르지만, 그들이 공자와 조상들을 존중하기만 하면 공동체들은 그들을 경건하고 종교적인 사람으로 받아들였다. 그러나 공식적으로는 유교 신앙도 세상을 지배하는 최고 힘인 "상제(上帝)"를 인정했다. 그러므로 해마다 황제가 천단에서 의식을 갖춰 이 비인격적 신에게 제사를 지냈다. 이 공식 신앙에서는 불멸에 대해 아무것도 말하지 않았다.[74] 하늘은 어떤 장소가 아니라 신의 뜻, 즉 세상의 질서였다.

이 소박한 종교는 중국인들을 만족시키지 못했다. 그 가르침들은 사람들이 상상력을 발휘할 여지를 거의 남겨 주지 않았고, 그들의 희망과 꿈에 대한 해결책을 거의 제시하지 못했으며, 일상생활에 활력을 불어넣는 미신을 거의 장려하지 않았다. 그러나 모든 곳에서처럼 중국에서도 사람들은 초자연이라는 시를 통해 현실이라는 산문을 밝게 만들었다. 그들은 주변의 대기에서나 땅 밑에서 떠도는 선하거나 악한 영들의 세계를 느끼고 마술적 주문이나 기도를 통해 이 은밀한 영들의 적대감을 달래거나 도움을 얻고자 했다. 그들은 점술가들에게 복채를 내고 역경(易經)의 괘나 거북이의 등딱지, 별의 움직임을 보고 미래를 점쳤다. 지관(地官)을 고용해 풍수에 맞춰 가옥과 무덤의 방향을 잡았으며, 마술사를 고용해 햇빛이나 비를 불러오게 했다.[75] 불길한 날에 태어난 아이들을 죽게 내버려 두기도 했으며,[76] 효심이 지극하거나 기가 센 딸이 부모에게 행운이나 악운을 안겨 주려고 스스로 목숨을 끊는 경우도 있었다.[77] 특히 남쪽의 중국인들은 신비주의적 성향이 있었다. 그러나 유교의 엄격한 합리주의는 신비주의를 배격했으므로 그들은 다른 나라들처럼 중국에도 불멸의 위로를 제공해 줄 종교를 갈망했다.

그러므로 일부 대중적 신학자들은 노자의 애매한 가르침을 받아들여 서서히 종교로 변형시켰다. 노자와 장자에게 도란 지상에서 개인적 평화를 얻기 위한 생활 방식이었다. 그들은 도를 신으로 생각한 적이 없으며, 무덤 저편의 삶을 위해 이생에서 치러야 하는 대가로 생각한 적은 더욱 없었던 것으로 보인다.[78] 그러나 서기 2세기에 들어 이들의 가르침은 불멸을 안겨 줄 불로장생약을 노자에게서 직접 받았다고 주장하는 사람들을 통해 변형되었다. 이 음료는 큰 인기를 얻게 되어 몇몇 황제는 경건한 마음으로 그 음료를 즐겨 마시다가 죽었다고 한다.[79] 쓰촨 성의 어떤 비법 전수자는(서기 148년경) 쌀 다섯 자루면 살 수 있는 간단한 부적으로 모든 질병을 고치겠다고 제안했다. 외견상 기적과 같은 치료가 이루어졌으며 치료되지 않은 사람들은 믿음이 너무 약하다는 말을 들었다.[80] 사람들이 이 새로운 종교로 몰려들어 사원을 세우고 승려를 아낌없이 지원했으며, 무궁한 미신적 민간전승의 일부를 동원하여 이 새로운 신앙을 꾸몄다. 노자는 신이 되었으며 초자연적으로 태어난 사람이 되었다. 신실한 사람들은 그가 어머니의 모태에 8년 동안 있다 태어났으며, 태어날 때부터 이미 지혜로운 노인이었다고 믿었다.[81] 그들은 세상에 새로운 마귀들과 신들을 끌어들였으며, 사원 마당에서 흥겹게 폭죽을 터트려 마귀를 쫓고 징으로 신들을 잠에서 깨워 자신들의 끈질긴 기도를 듣게 했다.

천 년 동안 도교는 수많은 신봉자를 얻었고 많은 황제를 개종시켰다. 세금을 거둬 쓸 수 있는 신성한 권리를 유생들에게서 뺏어 내려고 음모를 꾸미며 오랫동안 유교와 맞서 싸웠다. 그러나 도교를 무너트린 것은 공자의 논리가 아니었다. 그것은 서민들에게 영감을 불어넣고 위안을 줄 훨씬 더 나은 체계를 갖추고 등장한 새로운 종교였다. 그리스도 이후 첫 세기에 인도에서 중국으로 전파되기 시작한 불교는 깨달음을 얻은 부처가 500년 전에 전한 어렵고 음울한 가르침이 아니었기 때문이다. 그 불교는 금욕적 신조가 아니라 도움을 주는 신들과 꽃이 만발한 극락을 믿는 밝고 행복한 신앙이었다. 불교는 세월이 흐르면서 마하야나(대승) 불교 형태를 취했던 것이다. 마하야나 불교란 카니슈카의 신학자들이 소박한 사람들의 정서에 맞춘 불교를 말한다. 불교는 극락의 지배자인 아미타불과 남성 신(神)이었다가 당시에 여신으로 바뀐 관음 등 새로운 인격적이고 자비로운 신들을 중국에 제공했다. 불교는 고통받는 사람들에게 자신의 공덕을 나누어 주려고 항상 대기하고 있는 부처의 직계 제자인 열여덟 명의 아라한으로 중국의 만신전을 채웠다. 한나라가 몰락한 후 중국은 정치적 혼란에 빠져 전쟁에 휘말렸다. 이런 혼란 속에서 삶이 불확실해지게 되자 당황한 중국은 불교에 의지했다. 같은 시기에 로마가 그리스도교에 의지한 것처럼 말이다. 도교는 새로운 종교를 기꺼이 수용했으며, 그 결과 중국인의 마음속에서는 곧 그 종교와 분리할 수 없는 복합 종교가 되었다. 황제들은 불교를 박해했고 철학자들은 불교의 미신들에 대해 불평했으며, 정치가들은 중국의 가장 좋은 일부 혈통이 암자에서 대가 끊기고 있는 현실을 염려했다. 그러나 결국 정부는 종교가 국가보다 더 강하다는 사실을 다시 깨닫게 되었다. 불교 승려들은 탁발을 하고 사찰을 세울 수 있도록 허용되었으며, 관리와 학자 들로 이루어진 관료 사회는 유교가 그 자체로 귀족 종교라는 위상을 유지하는 것으로 만족해야 했다. 새로운 종교는 유서 깊은 사원을 많이 점유했으며, 그 승려들과 신도들이 도교의 승려들 및 신도들과 함께 신성한 태산(泰山)에 자리 잡았다. 그 종교는 사람들을 일깨워 경건한 순례 여행을 떠나게 했고 그림과 조각, 건축, 문학, 인쇄술 발달에 크게 기여했으며, 중국인의 마음에 온유함을 심어 주어 개화시켰다. 그러나 그 후 불교 역시 도교처럼 쇠퇴하기 시작했다. 불교 승려들이 부패했고 점점 더 많은 사악한 신과 대중적 미신이 교리 속으로 스며들었으며, 주희를 통해 르네상스를 맞은 유교로 인해 (강한 적이 없었던) 정치적 힘마저 사실상 소멸되었다. 오늘날 불교는 사찰들이 등한시되고 자원이 고갈되어 영락한 승려들만으로 명맥을 유지하고 있다.[82]

　　그러나 불교는 중국인의 마음속에 깊이 자리 잡고 있으므로 지금도 여전히 소박한 중국인들의 복잡하지만 비형식적인 종교의 일부로 남아 있다. 중국의 종교들은 유럽이나 미국에서처럼 서로 배타적이지도 않고 나라를 종교 전쟁으로 몰고 간 적도 없었기 때문이다. 보통 중국의 종교들은 나라 안에서 뿐 아니라 가슴 안에서도 서로 관용을 베푼다. 그러므로 평범한 중국인들은 정령 숭배와 도교, 불교, 유교를 다 믿는다. 그들은 중용을 지키는 철학자이며 확실한 것은 아무것도 없다는 점을 안다. 요컨대 모든 종교의 신학자가 다 옳을지도 모르며 그들이 말하는 낙원이 있을지도 모른다. 그러므로 최선책은 이 모든 종교의 비위를 다 맞추고 모든 종교의 승려에게 돈을 주어 자기 내세를 위해 빌게 하는 것이다. 그러나 중국인들은 행운이 미소를 짓는 동안에는 신에게 별 관심을 보이지 않는다. 그들은 조상을 존중하지만 도교와 불교의 사원에 대해서는 승려들과 일부 여자들만 관심을 보일 뿐이다. 그들은 역사상 가장 세속적 정신을 갖고 있다. 그들이 관심을 갖는 것은 이생이다. 그들이 기도할 때 구하는 것은 낙원의 행복이 아니라 여기 이 땅의 복이다.[83] 신이 기도를 들어주지 않으면 신을 모욕하고 강물에 던져 버릴지도 모른다. 한 중국 속담에 의하면 "신상(神像)을 만드는 사람은 자기가 아는 재질로 만들어진 신은 숭배하지 않는다."[84]

그러므로 평범한 중국인은 이슬람교나 그리스도교에 대해 별 관심을 보이지 않았다. 이 종교들은 불교가 이미 약속한 적이 있는 천국을 그들에게 제시했기 때문이다. 그들이 정말 원한 것은 이 땅의 행복을 보장하는 것이었다. 중국에는 1500만 이슬람교도가 있다고 하지만 그들은 대부분 중국인이 아니라 외국 출신이거나 외국 혈통을 가진 사람들이다.[85] 그리스도교는 서기 636년 네스토리우스파 교도들과 함께 중국으로 들어왔다. 황제 태종은 그리스도교에 호의를 보이고 그리스도교를 전하는 사람들을 박해하지 못하도록 보호했다. 781년 중국의 네스토리우스파 교도들은 기념물을 세우고 이런 개화된 관용에 감사하는 마음과 그리스도교가 곧 중국 전역에 퍼지길 바라는 희망을 기록했다.[86] 그 후 영웅적 열심과 대단한 학식을 갖춘 예수회 선교사들과 미국의 막강한 재력을 등에 업은 프로테스탄트 선교사들이 네스토리우스파 교도들의 희망을 이루려고 노력했다. 그러나 오늘날 중국에는 300만 명의 그리스도교인들이 있을 뿐이다. 이것은 천 년 동안 그리스도교가 개종시킨 숫자가 전 인구의 1퍼센트에 지나지 않는다는 말이다.*

5. 사회를 지배하는 도덕

유교와 조상 숭배는 그토록 많은 경쟁자와 공격을 이겨 내고 20세기 동안 살아남았다. 중국이 생활 기반으로 삼은 강력하고 고상한 도덕적 전통에 반드시 필요하다고 생각되었기 때문이다. 유교와 조상 숭배가 이 윤리적 유산에 종교적 강제력을 제공한 매체였다면 가족은 그 전통을 물려주는 위대한 매개였다. 도덕 강령은 부모에게서 자녀에게, 세대에서 세대로 전달되며 중국 사회를 다스리는 보이지 않는 정부가 되었다. 그 강령이 대단히 안정되고 강력했으므로 중국 사회는 국가가 불안정하여 온갖 부침을 겪으면서도 질서와 규율을 유지할 수 있었던 것이다. 볼테르는 "중국인들이 가장 잘 알고, 가장 잘 다듬고, 가장 완벽하게 만든 것은 도덕이다."라고 말했다.[88] 공자는 "가정을 굳건한 토대 위에 세우면 세상이 안정될 것이다."라고 했다.[89]

중국인들은 도덕 강령의 목적은 혼란스러운 성적 관계를 자녀를 양육하는 질서 정연한 제도로 바꾸는 것이라는 가정하에서 움직였다. 가정이 존립하는 이유는 자녀를 낳는 데 있었다. 중국인의 관점에서 보면 자녀가 너무 많다는 말은 있을 수 없는 말이었다. 나라는 항상 공격을 받기 마련이고 따라서 방어할

---

* 그리스도교는 18세기 초에 기회가 있었으나 중국에 있는 예수회 교단과 다른 로마 가톨릭 교단들이 서로 다투는 바람에 그 기회를 놓쳤다. 예수회는 정치가다운 독특한 특성을 살려 중국 신앙의 본질적 요소인 조상 숭배와 경천사상을 그리스도교 형태로 변형시키고도 중국의 뿌리 깊은 제도들을 흔들거나 도덕적 안정성을 위험에 빠트리지 않을 수 있는 조항들을 찾아냈다. 그러나 도미니크 교단과 프란체스코 교단은 보다 엄격한 해석을 요구하며 중국의 모든 신학과 의식은 마귀의 고안물이라고 비판했다. 당시 황제 강희제는 그리스도교에 대단히 호의적이었다. 그는 자녀들을 예수회 선교사들에게 맡기고 그리스도교도가 되려면 갖춰야 할 몇 가지 조건을 제시했다. 그러나 가톨릭교회가 도미니크 교단과 프란체스코 교단의 엄격한 입장을 받아들이자 강희제는 그리스도교에 대한 지지를 철회했으며, 그의 후계자들은 그리스도교를 적극적으로 반대하기로 결정했다.[87] 후대에는 서양의 탐욕스러운 제국주의가 그리스도교 선교의 설득력을 약화시키고 혁명기의 중국인들이 반그리스도교적 정서를 갖도록 부채질했다.

사람들이 필요했다. 땅은 비옥하여 수백만이라도 부양할 수 있었다. 대가족이나 큰 공동체가 존립을 위해 심한 어려움을 겪는다면 약자를 제거하라. 그러면 강자가 살아남아 자손을 퍼트려 노년의 부모를 봉양하고 존귀를 안겨 주며 조상들의 묘를 종교적으로 보살필 것이다. 조상 숭배는 자녀 생산을 의무로 만드는 사슬을 만들어 냈으며 그 사슬에 이중의 힘을 안겨 주었다. 남편은 자기가 죽은 후에 제사를 받기 위해서 뿐 아니라 조상 제사를 계속 받들기 위해서도 아들을 낳아야 했다. 맹자에 의하면 "불효한 것이 세 가지 있으나 그중 가장 큰 불효는 후손이 없는 것이다."[90]

어머니들은 아들을 낳기 위해 기도를 했으며 아들을 낳지 못하면 모욕을 당했다. 아들은 딸보다 들에서 일을 더 잘할 수 있고 전쟁터에서는 더 잘 싸울 수 있었기 때문이다. 아울러 그 목적을 분명하게 의식하고 오직 아들만 조상 제사를 모셔야 한다는 규정이 오래전에 제정되었다. 딸들은 짐이었다. 딸을 고생하며 키워 놓으면 시집으로 가서 다른 가족을 위해 일하고 일꾼을 낳는 모습을 보아야만 했기 때문이다. 딸이 너무 많은데 시절이 너무 어려워지면 어린 딸들이 아무 죄가 없어도 밭고랑에 내놓아 밤에 내린 서리에 얼어 죽거나 배회하는 멧돼지가 잡아먹게 할 수도 있었다.[91] 어린 시절의 위험과 질병을 이겨 내고 살아남은 자손은 온갖 정성을 다해 키웠다. 그들의 교육은 체벌을 통해서가 아니라 모범을 통해 이루어졌다. 때로는 자기 자녀를 한동안 친척 자녀와 바꿔 키우기도 했다. 지나친 사랑 때문에 못쓰게 되는 일이 없도록 하기 위함이었다.[92] 자녀들은 일곱 살이 될 때까지는 여자들의 처소에서 지내고 남자 어른들과 어울리는 일이 거의 없었다. 일곱 살이 되면 아들은 경제 능력이 될 경우 학교를 보냈으며 여자아이들과는 엄격하게 분리시켰다. 열 살부터는 친구 선택 범위가 남자와 기녀로 제한되었으나, 동성애와 남자 매춘이 빈번하여 그런 선택을 비현실적인 것으로 만들 때도 있었다.[93]

정절을 높이 평가하여 딸들에게 정절을 강요했다. 중국 소녀들은 우연히 어떤 남자와 스쳤다는 이유만으로도 몸이 더러워졌다고 생각하고는 스스로 목숨을 끊었다고 알려질 정도로 정절 의식은 성공적으로 주입되었다.[94] 그러나 미혼 남자는 정절을 지키려는 어떤 노력도 기울이지 않았다. 오히려 기녀를 찾아다니는 것을 일상적이고 합법적인 일로 여겼다. (남자에게) 성이란 배고픔과 같은 하나의 욕구였으며 다른 어려움 없이 즐길 수 있는 것이었다.[95]* 중국에서는 이런 요구를 충족시키기 위해 여자를 공급하는 일이 오래전부터 하나의 제도로 확립되어 있었다. 제나라의 유명한 재상 관중은 외국에서 온 교역상들이 자국으로 돌아가기 전에 번 돈을 쓸 수 있는 홍등가를 세웠다.[97] 마르코 폴로는 쿠빌라이 칸의 수도에는 기녀가 믿을 수 없을 정도로 많고 황홀할 정도로 아름답다고 묘사했다. 그들은 허가를 받고 활동했으며 통제를 받으며 격리되어 생활했다. 그중 가장 아름다운 여자들은 무보수로 외국 사절단에게 제공되었다.[98] 후대에는 화초기생으로 알려진 특별한 부류의 요염한 여자들이 등장했다. 화초기생이란 요청받을 경우 젊은 남자들이나 남편들이 손님을 접대할 때 박식한 대화를 제공하는 소녀를 말한다. 이런 소녀들은 음악과 춤에 능했을 뿐 아니라 문학과 철학에도 조예가 깊은 경우가 많았다.[99]

남자에게는 혼전 관계가 자유로웠으나 존경할 만한 여자에게는 혼전에 남자와 교제할 기회가 매우 제한적이었으므로 낭만적인 사랑이 피어날 기회가 매우 적었다. 섬세한 애정을 다루는 문학은 당나라 시대에 등장했다. 그러나 일반적으로 애정 어린 갈망과 애착으로서의 사랑은 남녀 사이보다는 남자들 사이에서 이루어지는 경우가 더 많았다. 이 문제에 대해서는 중국인도 그리스인과 비슷했던 것이다.[100]

결혼은 사랑과는 거의 관계가 없었다. 중국인의 생각에는 결혼하는 목적이 건강한 배우자를 만나 대가족을 이루는 것이었으므로 결혼을 열정에 맡길 수는 없었다. 그러므로 부모들이 상대방의 자녀가 자기 자식의 배필로 적당한지 알아보는 동안에도 남녀는 따로 떨어져 있었다. 독신 생활은 조상과 나라와 인

---

* 남자들은 공공연하게 음화를 보고 최음제를 복용하며, 노래를 부르며 기녀 집에서 하룻밤을 보낼 준비를 할 때도 있었다.[96] 물론 오늘날에는 외도에 대한 이런 관대한 태도는 사라지고 있다.

류에 죄를 짓는 것이었으므로 성직자의 경우라도 결코 용서받지 못했다. 고대에는 남자는 서른 살까지, 여자는 스무 살까지 결혼했는지 조사하는 특별 관리가 임명되었다.[101] 전문적인 중매쟁이의 도움 유무를 떠나서 부모들은 자녀가 결혼 적령기에 들어서면 곧 약혼시켰다. 때로는 적령기에 들어서기 전에도 했으며 때로는 태어나기도 전에 하는 경우도 있었다.[102] 선택에는 족내혼과 족외혼과 관련된 특정한 제약들이 있었다. 배우자는 짝을 물색하는 부모가 오랫동안 알고 있지만 씨족 관계를 넘어설 만큼 거리가 있는 집안 출신이어야 했다. 남자 쪽의 아버지는 보통 상당한 예물을 여자 쪽의 아버지에게 보냈으며, 여자는 그에 대한 답례로 남편에게 올 때 (주로 재물의 형태로) 상당한 결혼 지참금을 갖고 올 것으로 기대되었다. 아울러 보통 양가가 어느 정도의 결혼 예물을 서로 교환했다. 여자는 결혼할 때까지 엄격하게 격리되었다. 여자의 배우자는 책략을 쓰지 않으면 여자를 볼 수 없었다.(그런 책략을 쓰는 경우가 많았지만 말이다.) 많은 경우 남자가 여자를 처음 보는 것은 결혼식장에서 여자의 베일을 벗길 때였다. 결혼식은 복잡하고 상징적인 의식이었으며, 결혼한 후 신부는 시댁에서 또는 시댁 가까운 곳에서 남편과 함께 지냈다. 그곳에서 여자는 남편과 시어머니의 노예처럼 일하다가 세월이 지나 이 노예 생활에서 해방될 나이가 되면 그 생활을 며느리에게 넘겨주었다.

가난한 사람들은 일부일처제 생활을 했다. 그러나 중국은 건강한 자녀에 대한 욕심이 매우 컸으므로 경제적 능력이 있는 사람들은 관습상 첩들 또는 후처들을 얻는 것을 허락했다. 일부다처제를 우생학적으로 우수한 것으로 여겼다. 그 비용을 감당할 수 있는 사람들은 일반적으로 지역 사회에서 유능한 사람이라는 근거에서였다. 본처가 계속 아이를 낳지 못하면 대부분의 경우 남편에게 첩을 들이도록 졸라 첩의 아들을 자기 자식으로 입양하는 경우가 많았다. 아내가 남편을 집에 붙잡아 두려는 마음에서 남편이 관심과 재물을 갖다 바치고 있는 기생을 후처로 삼아 집으로 불러들이도록 권하는 경우가 많았다.[103] 중국 전승에서 한 황제의 아내가 높이 칭송되는 이유는 이렇게 말했다고 전해졌기 때문이다. "내가 사람들을 계속 모든 인근 지역으로 보내 아름다운 여자들을 찾게 하는 이유는 그 여자들을 내 주인에게 애첩으로 주기 위함이다."[104] 가문들은 자기 딸을 황제의 후궁으로 들여보내는 명예를 얻으려고 서로 경쟁했다. 황제는 3000명의 환관을 두기도 했는데, 이 환관들은 대부분 생계를 확보하려고 여덟 살 이전에 부모가 거세한 사람들이었다.[105]

한 남자의 낙원인 이런 가정에서 후처들은 사실상 노예였으며, 본처는 단지 후사 문제의 주도권을 쥐고 있는 우두머리였을 뿐이다. 본처의 위신은 전적으로 자녀의 수와 성에 좌우되었다. 남편을 주인으로 받아들이도록 교육받은 본처는 자기에게 기대되는 일상적인 일들을 하면서 소박한 행복을 맛보며 지냈을 것이다. 아울러 인간의 적응력은 대단하므로 이렇게 중매로 결합한 부부도 서양의 낭만적인 사랑 이야기가 행복한 결말로 이어지는 것처럼 평화롭게 살았던 것으로 보인다. 여자는 불임에서부터 수다스러움에 이르기까지 거의 모든 이유로 이혼당할 수 있었다.[106] 그러나 여자가 남편에게 이혼을 요구할 수는 없었다. 남편을 떠나 친정으로 돌아갈 수는 있었지만 이것은 드문 최후의 방법이었다. 여하튼 이혼은 많지 않았다. 부분적으로는 이혼당한 여자의 운명이 생각하기 싫을 정도로 너무 좋지 않았기 때문이었으며, 부분적으로는 중국인들은 천부적으로 철학자였으므로 고난을 팔자로 받아들였기 때문이다.

공자 이전 시대에 가족생활은 어머니를 그 존립과 권위의 원천으로 삼는 어머니 중심이었을 가능성이 매우 크다. 앞에서 살펴본 것처럼 초기에는 사람들은 "어머니는 알았으나 아버지는 몰랐다." 아울러 사람의 성을 의미하는 문자(姓)는 지금도 여전히 여자를 의미하는 부수(女)를 갖고 있다.[107] 아내를 가리키는 말은 "동등함"을 의미했다. 그리고 아내는 결혼한 후에도 자기 이름을 그대로 갖고 있었다. 중국에서는 서기 3세기까지도 여자들이 고위 관리직과 실무직에 있었으며 심지어는 국가를 다스리기도 했다.[108] 서태후는 단지 기원전 195~180년 중국을 엄격하게 다스린 고황후(高皇后)의 발자취를 따랐을 뿐이었다. "강인하고 강직한" 고황후는 경쟁자들과 적들을 살해하고 왕들을 선택하고 폐위시켰으며, 남편의 애첩들의 귀를 자르고 눈을 뽑은 후에 땅을 파서 만든 변소에 던졌다.[109] 만주족이 다스리던 시대에는 글을 읽는 중국인이 만 명에 한 사람 꼴도 되지 않았으나,[110] 고대의 상류층 여자들 사이에서는 교육이 관례로 되어 있었다. 그중 다수는 시를 썼다. 그리고 역사가 반고(班固)의 재능 있는 누이 반소(班昭)는 반고가 죽은 후 그의 역사서를 완성하여 황제에게 높이 인정받았다.[111]

아마 중국에 봉건 제도가 확립되면서 여자의 정치적 경제적 위상이 낮아졌으며, 특별히 엄격한 가부장적 가족 형태가 도입되었을 것이다. 보통 남자의 모든 후손들이 (그리고 그들의 아내들과 자녀들이) 최고 연장자인 남자와 함께 살았다. 아울러 가족은 토지를 공동으로 소유했으나 가족과 그 재산에 대한 가장의 완벽한 권한을 인정했다. 공자 시대에 이르러 아버지의 힘은 거의 절대적이었다. 아버지는 아내나 자녀를 종으로 팔 수 있었다. 대단히 궁핍할 때만 그렇게 했지만 말이다. 아버지가 원하면 자녀도 살해할 수 있었으며 그럴지라도 여론 외에는 아무런 제약도 받지 않았다.[112] 그는 식사를 따로 했으며 드문 경우가 아니면 아내나 자녀를 자기 식탁으로 부르지 않았다. 그가 죽더라도 아내는 재혼을 피할 것으로 기대되었다. 이전에는 남편의 명예를 위해 아내도 따라 죽을 것이 요구되었으며 중국에서는 이런 경우들이 19세기 말까지 발생했다.[113] 가장은 모든 사람에게 하는 것처럼 아내에게도 예법을 갖췄으나 아내와 자녀에게는 거의 카스트를 분리하는 것에 가까울 정도로 엄격하게 거리를 유지했다. 여자들은 집 안의 별채에서 지냈으며 남자와 어울리는 일이 거의 없었다. 사회생활은 (문란한 여자의 경우를 제외하고는) 거의 남자의 몫이었다. 남자는 아내를 자녀들의 어머니로 생각했다. 남자가 여자를 존중한 것은 아름다움이나 교양 때문이 아니라 자녀 생산과 근면함, 복종 때문이었다. 한 유명한 글에는 덕과 겸손을 갖춰야 할 여자들의 본연의 자세에 대한 이야기가 나온다.

우리는 인류의 말석을 점유하고 있으며 인간성의 연약한 부분이다. 가장 비천한 일이 우리의 몫이며 또 마땅히 우리의 몫이어야 한다. …… 성에 관한 법률서에서 다음과 같이 밝히고 있는 것은 합당하고 공정한 일이다. "여자가 마음에 드는 남편을 맞았으면 정성을 다해 모셔야 한다. 남편이 마음에 들지 않더라도 역시 정성을 다해 섬겨야 한다."[114]

그리고 전현(傳玄)은 이렇게 노래했다.

> 여자로 태어났다는 것은 얼마나 슬픈 일인가!
> 이 땅에는 그보다 더 천한 것이 없다.
> 하늘에서 떨어진 신처럼
> 아들들은 문에 기대고 서 있다.
> 네 대양처럼 수만리 날아가는 바람과 먼지처럼
> 그들의 마음은 당당하다.
> 딸이 태어나면 아무도 기뻐하지 않는다.
> 가족은 딸을 귀하게 여기지 않는다.
> 딸은 성장한 후에는 남정네와 눈이라도 마주칠까 두려워
> 방 안으로 몸을 숨긴다.
> 비가 온 후 구름이 걷히는 것처럼 갑자기
> 딸이 집을 떠나게 되어도 아무도 울지 않는다.
> 딸은 머리를 숙여 절하고 얼굴 표정을 가다듬고
> 붉은 입술을 깨문 채
> 수도 없이 무릎 꿇고 몸을 굽혀 절한다.[115]

아마 이런 인용문들은 중국의 가정에 대해 부당한 인상을 심어 줄 것이다. 물론 중국 가정에는 서열에 따르는 복종도 있으며, 남녀 간에 그리고 자녀들 간에 말다툼도 잦았다. 그러나 친절함과 애정, 상호 협조도 많았으며 집안일이 바

뺄 때에는 끊임없이 협력도 했다. 여자는 경제적으로는 종속적인 위치에 있었지만 서양에서도 가장 훌륭하다고 말할 수 있는 방법으로 남자를 꾸짖어 겁을 주거나 내쫓을 수도 있었다. 가정은 육아원인 동시에 학교와 작업장, 정부이기도 했다. 미국에서 가족의 기강이 느슨해진 것은 오직 도시 가정의 경제적 중요성이 사라지고 가족의 기능을 학교와 공장, 국가가 빼앗아 갔기 때문일 것이다.

이런 가족 제도가 만들어 낸 인품은 많은 여행자에게 최상의 찬사를 받았다. 일반화시킬 경우 어느 사회에나 약점이 되는 많은 예외를 고려하면 전형적인 중국인들은 노인에 대한 효성 어린 복종과 헌신, 온전한 존경과 극진한 보살핌을 보여 주는 모델이었다.* 그들은 예기(禮記)의 가르침을 인내로 받아들여 인격을 형성하고 예법의 무거운 짐을 기꺼이 짊어지며 삶의 모든 국면을 냉정한 예법 규칙에 맞춰 규제함으로써 그 속에서 편안하고 탁월한 모습, 즉 서양의 동년배들은 모르는 평온하고 위엄 있는 태도를 몸에 갖췄다. 그랬기 때문에 거리에서 오물을 운반하는 쿨리도 그들에게 아편을 파는 외국 상인보다 더 나은 예의범절과 더 훌륭한 자존감을 보일 수 있었을 것이다. 중국인들은 타협의 기술을 배웠으며 최악의 적이라도 품위 있게 상대방의 "체면"을 세워준다. 그들은 경우에 따라서는 격해지고 항상 수다스럽고 종종 불결하고 늘 맨 정신으로 있지는 않으며 도박과 폭식을 즐기고,** 자잘한 횡령과 정중한 구걸을 하기도 한다.[118] 그들은 우상 숭배를 하는 것처럼 드러내 놓고 재신(財神)을 숭배했으며,[119] 우스꽝스럽게 표현된 미국인들만큼이나 황금을 좋아했다. 경우에 따라서는 잔인하고 모질었으며 부당한 대우가 계속되면 때로는 약탈과 살인도 서슴지 않았다. 그러나 거의 모든 경우에는 온순하고 친절하며 이웃을 기꺼이 돕고 범죄자와 불량배를 싫어했다. 검소하고 부지런하며 일을 할 때는 여유 있으

---

* 중국의 전설이 독특한 해학으로 이 점을 보여 주는 이야기가 하나 있다. 효성이 지극한 자식이 어머니에게 매일 매를 맞았으나 운 적이 없었다. 그러나 어느 날 매를 맞는 중에 울었다. 그렇게 이례적인 행동을 보이는 이유를 묻자 그는 어머니가 이제는 연로하고 쇠약해져서 매를 때려도 아프지 않아 울었다고 대답했다.[116]
** 많은 도시에서는 야바위꾼들이 길가에 서서 접시와 주사위, 컵을 늘어놓고 상습적인 도박꾼들을 기다린다.[117]

나 착실했으며, 허세를 부리지 않고 생활 양식이 소박하며 상업과 금융에서는 비교적 정직했다. 어려움이 닥치면 조용히 참아 냈으며 행운이든 악운이든 겸손하게 받아들이는 지혜를 지녔다. 운명론적인 자제력으로 사별과 고통을 이겨 냈으며 드러내 놓고 고통스러워하는 사람들에게는 동정심을 거의 보이지 않았다. 친척이 죽으면 오랫동안 진심으로 애도했으며 죽음을 피하려고 온갖 노력을 다 기울인 후에도 어쩔 수 없게 되면 철학자처럼 평온하게 자신의 죽음을 받아들였다. 고통에 대해서 무감각한 것과는 반대로 아름다움에 대해서는 민감했다. 화려한 장식으로 도시를 밝게 꾸몄으며 성숙한 예술로 자기 인생을 단장했다.

이 문명을 이해하고자 한다면 이 문명이 자체의 내부적 연약성으로 인해 그리고 서양의 우월한 총과 기계와의 접촉으로 인해 빠졌던 심한 혼란과 무기력함은 잠시 잊어야 한다. 그리고 주나라나 현종, 휘종, 강희제 시대에 있었던 많은 절정기 중 어느 한 시기를 살펴보아야 한다. 조용하고 아름다움을 사랑한 그 여러 시대의 경우, 중국인들은 아시아가 (혹은 다른 모든 대륙이) 그때까지 이루었던 가장 최고의 문명과 가장 성숙한 문화를 보였던 것이 분명하기 때문이다.

6. 볼테르가 칭찬한 정부[120]

이 문명의 가장 인상적인 측면은 행정 체계였다. 이상적인 국가가 민주주의와 귀족주의가 결합된 국가라면 중국인들에게는 천 년 이상 그런 국가가 있었다. 최선의 정부가 가장 적게 다스리는 정부라면 중국인들에게는 최선의 정부가 있었다. 어떤 정부도 그렇게 많은 백성을 다스리거나 그렇게 적게 다스리거나 그렇게 오래 다스려 본 적이 없었다.

그렇다고 해서 중국에서 개인주의나 개인의 자유가 융성했던 것은 아니다. 오히려 개인 개념이 약하여 개인은 그가 속한 집단 속에 묻혀 버렸다. 개인은 무엇보다도 가족의 한 구성원이었으며 조상과 후손을 연결하는 삶의 흐름 속에 잠깐 존재하는 하나의 단위였다. 법과 관습상 개인은 다른 식구의 행동에 대한 책임이 있고 다른 식구는 그의 행동에 대해 책임을 져야 했다. 보통 개인은 모종의 사회에 소속되었으며 도시에서는 조합에 소속되었다. 이런 것들은 개인이 마음대로 할 수 있는 권리들에 제약을 가했다. 고대의 관습 망이 그를 얽어맸으며, 집단의 도덕이나 전통을 심각하게 위반할 경우 여론이 추방을 무기로 삼아 그를 위협했다. 법과 국가가 약했더라도 중국이 질서와 안정 속에서 유지되어 나간 것은 바로 그런 민간 조직의 힘 덕분이었다.

그러나 중국인들은 이렇게 자발적으로 형성된 자치적 제도들의 틀 안에서는 정치적으로나 경제적으로나 자유로웠다. 한 지역을 다른 지역과 갈라놓고 또 무엇보다도 제국의 수도와 갈라놓는 방대한 영토, 사실상 장벽인 산들과 사막들, 다리를 놓을 수 없거나 배를 띄울 수 없는 물줄기들, 유통과 신속한 통신 체계의 미비, 4억에 달하는 백성들에게 중앙 정부의 뜻을 전달하는 데 따르는 어려움 등으로 인해 국가는 각 지역을 거의 완벽한 자율 속에 남겨 둘 수밖에 없었던 것이다.

지방의 행정 단위는 부락이었으며 이 부락은 정부가 임명한 수령의 관리하에 가족 대표들이 느슨하게 다스렸다. 부락들은 하나의 집단으로 묶어 현(縣)을 이루었으며 이 현은 중국에 1300개 정도 있었다. 2개 이상의 현을 모아 부(阜)를 이루었다. 2개 이상의 부를 모아 도(道)를, 2개 이상의 도를 성(省)으로 묶었다. 그리고 만주족 치하에서는 18개의 성으로 제국을 이루었다. 국가는 각 현에 행정과 세금 징수, 재판을 담당할 관리를 1명 임명했다. 각 부와 도에는 수장을 1명 임명했으며, 각 성에는 재판관 1명과 재정 담당자 1명, 행정 담당자 1명 그리고 때로는 태수를 1명 임명했다.[121] 그러나 이 관리들은 보통 세금을 거두고 "수탈하는" 것으로 만족하고, 자발적 협의로 해결하지 못한 송사들만 재판했으며 나머지에 대해서는 관습과 가족, 씨족, 조합에 질서 유지를 맡겨 두었다. 각 성은 세금 할당량을 채우고 평화를 유지하기만 하면 제국의 간섭이나 중앙의 규제를 받지 않는 반(半)독립적 국가였다. 통신 시설이 부족했으므로 중앙 집권적 국가는 현실보다는 이상에 가까웠다. 백성들의 애국적인 정서는 자기 지역과 성에 발휘되었고 전체로서의 제국까지 확대된 경우는 거의 없었다.

　이 느슨한 체계 속에서 법은 약하고 인기가 없었으며 서로 달랐다. 백성들은 관습이 지배하는 것을 좋아했고 법정에서 나와 서로 체면을 세워 주는 선에서 타협하여 분쟁을 해결하는 쪽을 선호했다. 그들은 "벼룩과 소송을 해봤자 물리기만 한다."라거나 "재판에 이겨 봤자 손해만 본다."라는 간결한 속담으로 소송에 대한 견해를 표현했다. 주민이 수천 명이나 되는 큰 고을에서 몇 년씩 지나도 법정에 단 한 건의 소송도 제기되지 않는 경우가 많았다.[122] 법은 당나라 시대에 성문화되었으나 거의 전적으로 범죄만 다루고 민법을 제정하려는 노력은 전혀 없었다. 심리는 간단했다. 경우에 따라서는 서기가 소송인을 대신하여 진술서를 준비하여 관리에게 읽어 줄 수는 있었으나 법조인이 법정에서 소송을 대리하는 것은 허용되지 않았기 때문이다.[123] 배심원이 없었으며 관리가 갑자기 체포하거나 비밀리에 감금하는 것을 막을 법적 보호 장치가 거의 없었다. 용의자들은 지문을 채취했으며,[124] 가장 개화된 도시들에서 현재 동일한 목적으로 사용하고 있는 것보다 약간 더 심한 육체적 고문들을 통해 자백을 받아 냈다. 형벌은 엄격했으나 다른 아시아 국가들의 형벌만큼 야만적인 경우는 거의 없었다. 형벌에는 머리카락을 자르는 것부터 시작하여 태형이나 추방, 사형까지 있었다. 죄수가 이례적인 공로가 있거나 특별한 신분인 경우에는 스스로 목숨을 끊을 수 있도록 허락되었다.[125] 일반 사면이 있었으며 평상시에는 황제만 사형을 선고할 수 있었다. 이론적으로는 우리 경우처럼 모든 사람이 법 앞에서 평등했다. 그러나 이런 법들만으로는 노상강도나 공직과 법정의 부패를 막을 수 없었다. 그러므로 관습 및 가족과 적절히 협력함으로써 우리 이전의 어떤 나라도 견줄 수 없을 정도의 사회 질서와 개인의 안전을 중국에 안겨 주었다.[126]

　황제는 이런 수많은 사람들 위에 불안정한 자리를 차지하고 있었다. 이론상 그는 신성한 권리로 다스렸다. 그는 "하늘의 아들〔天子〕"이었으며 이 땅에서는 최고의 존재였다.* 신과 같은 능력 덕분에 계절들을 다스렸으며, 백성들에게 우주의 신성한 질서에 맞춰 생활하도록 명령했다. 그의 칙령은 곧 법이었으며 그의 판결은 최후의 판결이었다. 그는 국가를 다스렸으며 국가 종교의 우두머리였다. 모든 관리를 임명하고 최고직의 경쟁자들을 심사했으며 후계자를 선택했다. 그러나 사실상 그의 권력은 관습과 법에 의해 건전하게 제한되었다. 그는 성스러운 과거로부터 전해 내려오는 규정을 위반하지 않고 다스릴 것이 기대되었다. 간관(諫官)으로 알려진 고위 관리에게 언제든 질책을 받을 수 있었다. 일군의 고문과 감독관의 조언을 받아들이는 것이 그에게는 일반적으로 편리했으며, 특수한 경우에는 그들에게 사실상 연금되다시피 했다. 그가 매우 불의하게 다스리거나 아주 잘못 다스리면 일반적인 관습과 합의에 의해 "천명(天命)"을 상실하고 종교나 도덕에 위배됨이 없이 난폭하게 폐위될 수 있었다.

간관은 모든 관리를 감찰하는 기능을 지닌 기관의 수장이었다. 그리고 황제도 그 감찰에서 벗어나지 못했다. 간관이 황제 가경제(嘉慶帝, 서기 1796~1821년)에게 배우(俳優)들과 독한 술을 멀리하도록 공손히 제안했다. 그러자 가경제는 그를 소환하여 화를 내며, 그렇게 무례한 관리에게는 어떤 형벌이 합당하겠냐고 물었다. 간관은 "포를 떠서 죽이십시오."라고 대답했다. 보다 온건한 형벌을 말하도록 명령을 받자 "목을 베십시오."라고 대답했다. 더 온건한 형벌을 말하라는 명을 받고는 교수형에 처해 달라고 말했다. 그러자 황제는 그의 용기에 감명을 받고 그와의 친분에 마음이 흔들려 그를 한 지역의 통치자로 삼았다.[128]

제국 정부는 대단히 복잡한 행정 체계로 이루어졌다. 옥좌와 제일 가까운 것은 군기처(軍機處)였다. 군기처는 네 명의 대신으로 이루어졌으며, 통상적으로 황족의 황태자

---

* 그러므로 그의 영토를 "천자가 다스리는 하늘"이라고 부를 때도 있었다. 유럽인들은 이 말을 "천상국(天上國)"으로 번역하고는 학자연하며 중국인을 "천상국인(天上國人)"이라고 불렀다.[127]

가 수장이었다. 군기처는 관례상 매일 이른 아침에 모여 국가의 정책들을 결정했다. 행정은 이부(吏部)와 호부(戶部), 예부(禮部), 병부(兵部), 형부(刑部), 공부(工部) 등 육부가 담당했다. 몽골과 신장(新疆), 티베트 등 멀리 떨어진 지역인 번부(藩部)들을 관할하는 이번원(理藩院)이 있었으나 외무부는 없었다. 중국은 다른 나라를 평등한 국가로 인정하지 않았으므로 그들을 대하기 위한 다른 조치는 하지 않고 조공 사절을 접대하는 장치를 만들어 놓았을 뿐이었다.

중국 정부의 약점은 재원(財源)이 제한되어 있고 방어력이 불충분했으며 외부 세계와 유익한 교류를 나누는 일을 배격한 데 있었다. 정부는 토지에 과세를 했으며 소금 판매를 독점했다. 그리고 1852년 이후에는 나라의 주요 교역로를 따라 상품을 운송할 때 관세를 부과함으로써 상업 발전을 방해했다. 더구나 백성들의 가난과 세금 징수의 어려움, 세금 징수원들의 부정직함 때문에 국가의 세입이 너무 적었으므로, 중국을 외세의 침략과 수치스러운 패배에서 구할 수 있었을지도 모르는 육군과 해군에 재정을 제대로 지원할 수 없었다. 아마 가장 기본적인 결함은 정부의 인사 문제에 있었을 것이다. 중국 관리들은 19세기 전반을 통해 능력과 정직성이 떨어졌다. 그러므로 세계의 부(富)와 세력의 절반이 중국의 독립과 자원, 제도를 공격하려고 힘을 모으고 있을 때 중국은 본질적으로 지도자가 없는 나라가 되어 있었던 것이다.

그러나 그 관리들을 선발하는 방법은 공무원을 뽑으려고 개발된 가장 독특하고 대체로 가장 감탄할 만한 것이었다. 그것은 플라톤이라도 관심을 가졌을 만한 방법이었다. 그리고 그 방법은 실패하여 폐지되었으나 오늘날에도 중국은 그 방법 덕분에 여전히 철학자들의 사랑을 받고 있다. 이론적인 면에서 보면 그 계획은 귀족 정치와 민주 정치를 완벽하게 조화시켰다. 모든 사람에게 공직에 응시할 평등한 기회가 있었으나 공직은 자질을 입증한 사람에게만 열려 있었던 것이다. 그리고 실제로도 그 방법은 천 년 동안 좋은 결과들을 안겨 주었다.

그 방법은 (시골집의 방 한 칸일 경우가 많은 소박한 사설 교육 기관인) 마을 학교에서 시작되었다. 마을 학교에서는 교사 한 명이 개인 자격으로 얼마 되지 않는 보수를 받으며 유복한 사람들의 자녀에게 기초 교육을 제공했다. 반면에 인구의 절반이나 되는 가난한 사람들은 문맹으로 남아 있었다.[129] 이런 학교들은 국가의 재정 지원도 받지 못했고 성직자들이 운영하지도 않았다. 중국에서는 교육도 결혼처럼 (유교를 신조로 하지 않는 한) 종교와 무관한 상태로 남아 있었다. 이런 가장 소박한 학교에서는 수업 시간도 길고 규율도 엄격했다. 어린이들은 동이 트면 교사에게 인사를 드리고 10시까지 교사와 공부를 한 후 아침을 먹었다. 식사가 끝나면 다시 공부를 시작하여 5시까지 했으며 그 이후에는 자유 시간이었다. 방학은 거의 없었으며 설혹 있다고 해도 기간이 짧았다. 여름 오후에는 수업이 없었으나 들일을 위해 뺐던 시간을 보충하기 위해 겨울에는 저녁 수업이 있었다. 주요 교육 자료는 공자의 글과 당나라 시대의 시, 나긋나긋한 대나무 회초리였으며 교육 방법은 암기였다. 어린 학생들은 날마다 공자 철학을 외우고 암기했다. 중국은 이런 즐거움 없는 무자비한 방법을 통해 농촌 소년들까지 철학자와 군자로 바뀌길 바랐다. 소년들은 현실에 대해서는 무지하고 정신만 성숙한 상태에서 졸업을 했다.

중국이 관리를 선발하기 위해 (처음 한나라 시대에는 잠정적으로, 그 후 당나라 시대에는 분명하게) 확립한 과거 제도는 바로 이런 교육을 기반으로 한 것이었다. 중국인들의 말에 의하면 다스리는 사람이 다스리면서 다스리는 법을 배우는 것은 백성에게 좋지 않다. 다스리기 전에 먼저 다스리는 법을 최대한 배워야 한다. 백성이 관직에 나아갈 길이 막혀 있고, 통치가 소수 세습 계층의 특권이 되어 있는 것은 백성에게 좋지 않은 일이다. 반면에 관직이 능력과 교육을 통해 준비되어 있는 사람들에게 제한되어 있는 것은 백성에게 좋은 일이다. 민주적으로 그런 교육을 받을 기회를 모든 사람에게 평등하게 제공하는 한편 귀족들 중에서 최선의 자격을 갖추었다고 검증된 사람들에게만 관직을 제한하는 것이 해결하기 어려운 통치 문제에 대해 제시한 해법이었다.

그러므로 중국은 각 지역에서 나이에 상관없이 모든 남자가 응시할 수 있는 공개 시험을 주기적으로 시행했다. 공자의 글에 대한 이해 정도와 암기 상태, 중국의 시와 역사에 대한 지식, 도덕과 정치 생활과 관련된 사안에 대해 이지적인 글을 쓸 수 있는 능력으로 응시자를 평가했다. 시험에 떨어진 사람도 더 공부하여 다시 응시할 수 있었다. 합격한 사람은 "수재(秀才)"라는 칭호를 받아 지식층의 구성원이 될 수 있고 말단 지방 관직에라도 임명될 수 있는 자격을 얻었다. 그러나 이보다 더 중요한 점은 성에서 주관하여 3년마다 한 번씩 열리고 비슷하지만 더 어려운 문제가 출제되는 시험에 (곧장 혹은 더 준비한 후에) 응시할 수 있다는 것이었다. 여기서 떨어진 사람도 다시 응시할 수 있었으며 또 실제로 많은 사람이 그렇게 했다. 그러므로 생활과 공부를 겸하다 여든 살이 지난 후에 합격하는 사람도 있었으며 시험을 준비하는 과정에서 죽는 사람도 적지 않았다. 이 시험에 합격한 사람은 국가의 하급 관직에 등용될 수 있는 자격을 갖추는 동시에 베이징에서 치르는 특별히 어려운 최종 시험에 응시할 수 있도록 허락되었다. 베이징의 과거장(場)에는 천 개의 방이 있었다. 응시생은 그곳에 갇혀 3일 밤낮을 연금된 상태에서 자기가 준비한 음식과 침구로 지내면서 주어진 여러 주제에 대해 글을 썼다. 방은 난방이 되지 않고 불편하고 조명도 어두웠으며 비위생적이었다. 중요한 것은 오직 정신뿐이었다! 전형적인 시험은 "노 젓는 소리와 푸른 산과 물" 등의 주제에 대해 시를 쓰는 것과 "증자(曾子)가 말하기를 '능력이 있으나 없는 사람들에게 부탁하고, 많이 알지만 아는 것이 거의 없는 사람들에게 묻고, 가졌으나 갖지 않은 것처럼 하고, 가득 찼으나 빈 것처럼 보인다.'고 했다." 등 유교 고전에서 인용한 구절에 대해 소론(小論)을 쓰는 것이었다. 시험에서는 과학이나 상업, 산업에 대한 말은 한 마디도 없었다. 시험의 목적은 지식이 아니라 판단력과 인품을 드러내는 것이었다. 이런 시험들에서 살아남은 사람은 마침내 국가 고위직에 등용될 자격을 갖추게 되었다.

그러나 시간이 지나면서 이 제도의 단점이 점점 크게 드러났다. 수험생과 채점자의 부정행위가 발각되어 처형될 때도 있었으나 부정행위는 끊이지 않았다. 19세기에는 임명장 매입이 성행하여 악명이 높았다.[130] 예컨대 한 하급 관리는 공문서를 위조하여 2000장을 팔았다가 발각되었다.[131] 출제되는 문제 형식이 진부해져서 학생들이 혼자 기계적으로 준비했다. 학생들의 교육 과정은 문화를 형식화하여 사고의 발전을 저해하는 경향을 보였다. 교육 과정에 채택된 사상들이 수백 년 지나는 동안 표준화되었기 때문이다. 합격자들은 관계와 지식계를 지배하는 관료 집단이 되어 자연스럽게 교만하고 이기적이 되었다. 아울러 때로는 전제적이기도 하고 부패한 경우도 많았으나 극단적인 조치를 동원하는 경우가 아니면 여론에 통제받거나 해임되는 일이 없었다. 요컨대 과거 제도는 인간이 고안하여 가동하는 모든 통치 체계에서 예상할 수 있을 온갖 단점을 다 갖고 있었다. 그러나 그 제도의 단점들은 인간의 결함이 아니라 제도라는 것 자체의 결함이었다. 다른 어떤 제도도 그보다 단점이 적은 것은 없었다.*

장점은 많았다. 이 제도에는 추천 조작과 대중을 동원한 허위 진술과 위선, 시끄럽거나 부패한 선거, 저속한 인기를 통한 승진이 없었다. 과거는 가장 좋은 의미의 민주주의 제도였다. 지도력과 직위를 놓고 벌이는 경쟁에서 만인에게 평등한 기회를 주었기 때문이다. 아울러 최선의 형태를 갖춘 귀족주의 제도였다. 이 제도를 통해 국가의 정신과 야망은 학문 쪽으로 방향을 잡았으며 국가의 영웅과 모범 인물은 재계의 거물이 아니라 문화계 사람이었다.** 철학과 인문학 분야에서 훈련받은 사람들이 사회와 정치계를 다스리게 하는 실험을 했다는 것은 감탄할 만했다. 반면에 그 제도가 지도적 역할을 한 문명 전체 앞에서 그리고 그 제도 자체가 발전과 역사라는 무정한 힘들 앞에서 무너져 소멸되었다는 것은 대단히 비극적인 일이었다.

---

* "가장 유능한 군주들이 지배할 당시의 중국만큼 번영과 만족을 누린 인간 집단은 거의 없다."라고 라투렛(Latourette) 박사는 말한다. 브링클리(Brinkley)의 견해도 이와 비슷했다.[132]
** "중국인들은 재능을 숭배한다. 그들은 문학을 즐기며 도처에 작은 학문 집단들과 서로의 수필과 시를 놓고 토론하는 소집단들이 있다."라고 로버트 하트 경(Sir Robert Hart)은 말한다.

27장   혁명과 회복

1. 백인이 몰고 온 화(禍)

그 힘들은 산업 혁명의 형태를 취했다. 기계적 힘을 발명하고 그 힘을 기계 장치에 응용하여 기계가 차지하는 비중을 점점 늘림으로써 활력을 얻어 다시 젊어진 유럽은 여전히 수공업에 의존하는 다른 어떤 국가나 대륙보다 더 저렴하게 제품을 생산할 수 있게 되었다. 하지만 노동자들에게 충분한 노동 가치보다는 아무래도 적게 지불했기 때문에 자체의 주민만으로는 기계로 만든 이 제품을 다 소화시킬 수 없었다. 그러므로 잉여 상품을 처리할 외국 시장을 모색할 수밖에 없었으며, 따라서 제국주의적 필요성 때문에 세계 정복으로 내몰렸다. 19세기에는 발명과 여건의 강요 때문에 수공업에 의존하는 아시아의 유서 깊고 성숙하고 노쇠한 문명들과 산업에 의지하는 유럽의 젊고 미숙하고 활기찬 문명들이 충돌하는 범세계적인 드라마가 펼쳐지게 되었다.

콜럼버스 시대의 상업 혁명은 교역로를 닦아 놓아 산업 혁명으로 나아갈 길을 마련했다. 모험가들은 유서 깊은 나라들을 다시 발견하여 새로운 항구를 열고 서양의 새로운 제품과 사상을 유서 깊은 문화로 들여갔다. 16세기 초 모험을 즐기는 포르투갈 사람들은 인도로 들어가서 말라카를 점령하고 말레이 반도를 돌아 항해한 후 그림 같은 배에 무시무시한 대포를 싣고 광저우(廣州)에 도착했다.(1517년) "호전적인 무법자이며 모든 동양인들을 합법적 먹잇감으로 여기는 그들은 …… 해적보다 나은 것이 거의 없었다."[1] 그리고 원주민들도 그들을 그렇게 여겼다. 깜짝 놀라 분노한 중국인들은 그들의 대표들을 옥에 가두고 자유 무역을 주장하는 그들의 요구들을 거부했으며, 대량 학살을 통해 그들의 정착지를 간헐적으로 소탕했다. 그러나 1557년 포르투갈인들은 다른 해적을 소탕하는 일을 도운 대가로 베이징으로부터 마카오에 정착하여 그들 스스로 다스릴 수 있는 완전한 자유를 얻어 내는 보상을 받았다. 그곳에서 그들은 큰 아편 공장들을 세우고 남자들과 여자들, 어린이들을 고용했다. 한 공장에서만 그 지방의 포르투갈 정부에 해마다 156만 달러의 수입을 가져다주었다.[2]

그 다음에는 스페인 사람들이 도착하여 필리핀을 점령하고(1571년), 중국 섬인 대만에 정착했다. 그 후에는 네덜란드 사람들이 왔다. 그 후 1637년에는 다섯 척의 영국 선박이 강을 따라 항해하여 광저우에 도착한 후 저항하는 포대들을 우월한 대포로 침묵시킨 후 화물을 풀었다.[3] 포르투갈인들은 중국 사람들에게 담배를 피고 사는 법을 가르쳤으며, 18세기 초에는 인도에서 중국으로 아편을 들여오기 시작했다. 중국 정부는 백성들의 아편 사용을 금지시켰으나 그 습벽은 널리 퍼져 중국의 연간 마약 소비량은 1795년에 4000상자까지로 증가했다.* 정부는 그해 아편 수입을 금지시켰으며 1800년에는 금지 조치를 다시 내리고 수입업자와 국민 모두에게 이 강력한 마취제로 국력을 약화시키지 말도록 호소했다. 이런 금지 조치에도 아편 거래는 활발하게 진행되었다. 중국인

---

* 소량의 아편 한 봉지 가격이 30달러인 사실을 생각하면 이 말의 의미를 알 수 있을 것이다.[4]

들은 서양인들이 아편을 팔려고 애를 쓰는 것만큼 사려고 애를 썼으며, 지방 관리들은 아편 거래와 연관된 뇌물을 챙기며 고마워했다.

1838년 베이징 정부는 아편 수입 금지 칙령을 엄격하게 집행하도록 명령했으며, 강경한 관리 임칙서(林則徐)는 광저우의 외국 수입업자들에게 보관 중인 아편을 모두 내놓으라고 요구했다. 그들이 내놓기를 거부하자 임칙서는 외국인 거류지들을 포위하고 아편 2만 상자를 내놓도록 강요한 후 완전히 못쓰게 만들었다. 영국인들은 홍콩으로 철수하여 1차 아편 전쟁을 시작했다. 그 전쟁은 아편 전쟁이 아니라고 그들은 주장했다. 아울러 그들이 화를 내는 것은 중국 정부가 영국 대표를 받아들이는 (혹은 받아들이기를 거부하는) 무례하고 오만한 태도에 대한 것이며, 중국의 관습과 법이 질서를 지키는 수입업을 막기 위해 엄격한 관세와 부패한 법정이라는 형태로 높게 쌓아 놓은 방해물들에 대한 것이라고 주장했다. 그들은 해안에서 유효 사격 거리 안에 있는 중국 도시들을 포격했으며, 전장(鎭江)에서 대운하의 통제권을 장악하고 평화 조약을 강요했다. 난징 조약은 아편에 대한 언급은 모두 빼고 홍콩을 영국에 넘겨주며 관세를 5퍼센트로 낮추는 내용이었다. 아울러 교역을 위한 광저우와 샤먼(廈門), 푸저우(福州), 닝보(寧波), 상하이 등의 무역항 개방, 폐기된 아편과 전쟁 비용을 충당할 배상금을 요구했으며, 중국 체류 영국인이 법을 위반하여 기소될 경우 오직 영국 법정에서만 심문과 재판을 받는다고 규정했다.[5] 미국과 프랑스를 포함한 다른 나라들도 중국에 체류하는 자국 무역상과 국민에게 이 치외 법권을 적용할 것을 요구하여 얻어 냈다.

이 전쟁을 계기로 중국의 고대 체제가 붕괴되기 시작했다. 중국 정부는 유럽인을 다루면서 "체면"을 잃었다. 처음에는 그들을 경멸했으나 다음에는 저항을 받고 결국 굴복하고 만 것이다. 어떤 그럴듯한 말로도 교육받은 중국인들이나 의기양양해진 외국인들에게 그 사실을 숨길 수 없었다. 패배했다는 소식이 퍼진 곳마다 정부의 권위가 즉시 약해졌으며, 자기 자리를 지키고 있어야 할 힘들이 베이징에 대항하여 공공연하게 반란을 일으켰다. 1843년 홍수전(洪秀全)

이라는 광신자가 잠깐 그리스도교에 접하여 중국에서 우상 숭배를 몰아내고 그리스도교로 개종시키도록 신에게 선택받았다는 비전을 품었다. 홍수전은 이런 소박한 목적으로 시작했으나 그가 이끄는 운동은 결국 청나라를 무너트리고 "태평천국"이라는 새로운 나라를 세우려는 것으로 성격이 바뀌었다. 그의 추종자들은 한편으로는 종교적 광신으로 또 다른 한편으로는 중국을 서양식으로 개혁하려는 바람을 품고 용감하게 싸우고 우상들을 부쉈으며 동포들을 살해했다. 유서 깊은 많은 도서관과 학원(學園), 그리고 징더전(景德鎭)의 자기 공장들을 파괴하고 난징을 공격하여 12년(1853~1865년) 동안 점령했다. 지도자는 뒤에 남아 안전한 곳에서 사치 속에 뒹굴고 있는 동안 그들은 베이징을 향해 진군했다. 결국 그들은 무능력한 지도력 때문에 무질서해지면서 진압당하고 모든 것을 받아들이는 대양과 같은 중국인들 속으로 흩어져 사라졌다.[6]

이 위험한 태평천국 운동에 휘말려 있는 상황에서 중국 정부는 유럽에 맞서 싸워야 하는 2차 아편 전쟁을 치러야 했다. 정도는 다르지만 프랑스와 미국의 지원을 받은 대영제국은 두 전쟁 사이의 기간에도 금지령들을 무시하고 계속된 아편 교역을 합법화하고, 더 많은 도시에 진출할 수 있게 하고, 서양의 공사(公使)들이 예우를 받으며 베이징의 궁궐을 드나들 수 있게 해 줄 것을 요구했다. 중국이 이 요구를 거부하자 프랑스와 영국은 광저우를 점령하여 그곳 태수를 사슬에 묶어 인도로 보내고, 톈진(天津)의 항구들을 차지한 후 수도를 향해 진군했다. 베이징이 연합군의 사절들을 고문하고 처형하자 그에 대한 보복으로 황실의 여름 별장 궁전을 파괴했다. 승리자들은 패배자에게 조약을 강요하여 중국은 열 곳의 새로운 항구들과 양쯔 강을 외국과의 교역에 개방했다. 유럽과 미국의 공사들과 사절들의 위상을 격상시키고 중국 전역에서 선교사와 교역상에 대한 관용을 보장했으며, 선교사를 중국 관리들의 사법권에서 면제시켰다. 서양 국가들을 중국 법으로부터 보다 자유롭게 하고, 대영제국에 홍콩의 맞은편 본토 일부를 양도하고 아편 교역을 합법화했으며, 서양 문물에 대해 교육받는 대가로 그 수업료를 지불했다.

손쉬운 승리에 고무된 유럽 열강들은 중국 각지를 하나씩 차지하기 시작했다. 러시아는 아무르 강 북쪽과 우수리 강 동쪽 지역을 차지했다.(1860년) 프랑스는 한 선교사의 죽음에 대한 복수로 인도차이나를 점령했다.(1885년) 일본은 자국을 개화시켜 준 이웃에게 갑작스럽게 전쟁을 선포하고 달려들어(1894년) 1년 만에 중국을 패배시키고 대만을 차지했다. 한국을 중국에게서 해방시키고 후에(1910년) 일본에 합병시켰으며 많은 문제를 일으킨 대가로 1억 7000만 달러의 배상금을 중국에 물렸다.[7] 중국이 일본에 추가 배상금을 지불한다는 조건으로 러시아는 일본이 랴오둥〔療東〕 반도도 차지하려는 것을 막았으며 3년 후에는 그곳을 차지하고 요새화했다. 독일은 중국인들이 두 명의 자국 선교사를 살해한 일을 빌미로 삼아 산둥〔山東〕 반도를 차지할 수 있었다.(1898년) 한때는 강력했던 정부의 영토가 "세력권들"로 분할되어 유럽 열강들은 자기 세력권에서 채굴 및 교역에 대한 특권을 확보했다. 중국이 실제로 분할될 전망에 경각심을 느낀 일본은 향후 중국의 필요성을 예측하고는 미국과 합세하여 개방을 요구했다. 즉 특정한 "세력권"이 인정되더라도 모든 나라에 관세와 운송 비용을 똑같이 부과하는 동일 조건에서 교역하도록 허용하라고 요구했다. 미국은 이런 문제들을 놓고 벌이는 협상에서 유리한 위치를 차지하려는 목적으로 필리핀을 점령했으며(1898년), 이를 통해 중국과의 교역을 위한 싸움에 참여하겠다는 의도를 천명했다.

이런 상황 속에서도 베이징의 궁궐 담장 뒤에서는 드라마의 다른 막이 펼쳐지고 있었다. 2차 아편 전쟁이 끝난 후 승리한 연합국들이 수도로 진입하자(1860년) 젊은 황제 함풍제(咸豊帝)가 청더〔承德〕로 도주한 것이다. 그는 1년 후 다섯 살짜리 아들에게 제위를 물려주고 그곳에서 죽었다. 그러자 이 아이의 어머니였던 두 번째 아내가 제국의 통치권을 장악한 후 (세상에는 "황태후(Dowager Empress)"*로 알려진) 서태후(西太后)라는 칭호로 한 세대 동안 중국을

---

* 영어의 'dowager'란 보통 죽은 남편에게서 칭호와 함께 재산을 물려받은 미망인을 말한다.

무자비하고 냉소적으로, 그리고 잘 다스렸다. 서태후는 젊었을 때는 아름다움을 통해 다스렸으나 이제는 자신의 지혜와 의지로 다스렸다. 아들이 편리하게도 성년이 되기 전에 죽자(1875년) 서태후는 선례와 반대를 무시하고 다른 미성년자 광서제(光緒帝)를 제위에 올려놓고 계속 통치했다. 한 세대 동안 강인한 서태후는 이홍장(李鴻章) 등 영리한 정치가들의 도움으로 중국의 평화를 유지했으며, 약탈자인 서구 열강들에게서 어느 정도 중국을 존중하는 태도를 얻어 냈다. 그러나 일본이 중국을 갑자기 침략하고 승리한 후 유럽이 갑자기 일련의 약탈을 다시 시작하게 되자 수도에서는 서양을 모방한 일본을 흉내 내려는 강력한 움직임이 등장했다. 대규모의 군대를 조직하고 철도와 공장을 세우고 산업을 통한 부(富), 즉 일본과 유럽이 승리할 수 있도록 재정을 지원한 부를 중국도 얻으려고 하는 움직임이었다. 서태후와 그녀의 고문들은 모든 영향력을 동원하여 이 움직임을 막으려고 했으나 이 운동은 광서제의 지지를 은밀하게 얻어 냈다. 광서제는 당시 당연한 권리로 황제의 보위에 오르도록 허락을 받아 놓은 상태였다. 광서제는 (조정에서 서태후를 부르는 호칭인) "노(老)부처님"에게 상의도 없이 갑자기 일련의 놀라운 칙령들을 포고했다.(1898년) 만일 받아들여져 시행될 수 있다면 중국을 활발하지만 평화롭게 서구화의 길로 들어서게 하여 왕조가 몰락하고 나라가 혼돈과 불행 속에 빠지는 일을 막을 수 있었을 칙령들이었다. 젊은 황제는 새로운 교육 제도를 확립하여 유서 깊은 유교 고전들뿐 아니라 서양의 과학적 문화도 가르치도록 명령했다. 서양의 과학과 문학, 기술에 관한 중요한 책들을 모두 번역하도록 하고 철도 건설을 격려했으며, (그의 말에 의하면) "우리를 교묘하게 이용하려고 하고 힘을 합해 우리를 억누르려고 하는 이웃 열강들에게 사면으로 에워싸여 있는 위기"[8]를 극복하려는 목적을 갖고 해군과 육군을 개혁하게 했다. 서태후는 이 칙령에 담긴 조급한 급진적 조치에 충격을 받아 광서제를 궁궐 중 하나에 연금 해놓고 그의 칙령을 철회시킨 다음 자기가 다시 중국 정부가 되었다.

이제 모든 서구 사상에 대한 반발이 시작되었으나 교묘한 서태후는 그 반발을 자기 목적에 유리한 쪽으로 돌려놓았다. 당시 의화단(義和團)으로 알려진 한 단체가 서태후와 그 왕조를 무너트리려는 일부 모반자들에 의해 형성되어 있었다. 서태후는 그들의 분노를 태후 자신보다는 침략하는 외국인들을 향해 쏟아붓도록 그 단체의 지도자들을 설득했다. 의화단원들은 그 임무를 받아들여 모든 이방인들을 중국에서 추방되어야 한다고 주장했으며, 애국적 미덕의 열정에 사로잡혀 많은 곳에서 그리스도교도들을 닥치는 대로 살해하기 시작했다.(1900년) 연합군 군사들은 다시 베이징을 향해 진군했다. 이번에는 공포에 사로잡혀 좁은 공사관에 피해 있는 자국민을 보호하기 위함이었다. 서태후와 조정이 시안(西安)으로 달아나자 영국과 프랑스, 러시아, 독일, 일본, 미국의 군대들은 그 도시를 약탈하고 많은 중국인을 살해했으며 값나가는 재물을 강탈하거나 파괴했다. 연합국들은 이미 파산한 리바이어던(Leviathan)에게 3억 3000만 달러의 배상금을 부과하고, 유럽이 중국의 수입 관세와 소금 전매권을 통제하여 그 돈을 거두기로 했다. 미국과 영국, 러시아, 일본은 후에 이 배상금의 상당 부분을 감면해 주었으나 보통 감면된 금액은 감면해 준 나라의 대학에서 중국 학생을 교육하는 데 사용한다는 단서가 붙었다. 이것은 관대함을 과시하는 선전 행위였다. 그러나 노쇠한 중국을 무너트리는 데는 동양과 서양이 부딪친 이 역사적이고 비극적인 충돌에 포함된 거의 모든 다른 요소들보다 더 효과적이었음이 입증되었다.

2. 한 문명의 죽음

이 "전쟁 배상금으로 공부하는 학생들"과 수천 명의 다른 학생들이 이제 정복자들의 문명을 탐구하기 위해 중국을 떠났다. 많은 학생이 영국으로 갔고, 더 많은 학생이 독일로, 더 많은 학생이 미국으로, 더 많은 학생이 일본으로 떠났다. 미국 대학에서만 해마다 수백 명이 졸업했다. 그들은 조국의 문화가 지닌 깊이와 가치들을 이해할 정도로 성숙하기 전인 감수성이 예민한 어린 나이에 유학을 떠났다. 그들은 서양의 과학과 방법론, 역사, 사상 등을 가르치는 신식 교육을 감사하고 흠모하며 마음껏 받아들였다. 주변에서 보는 편의 시설과 활기찬 생활, 서양인의 개인의 자유, 국민들의 참정권을 보고 깜짝 놀랐다. 서양 철학을 공부했으며 조상들의 종교에 대한 믿음을 잃었다. 아울러 조국의 문명이 지닌 모든 요소에 반기를 든다는 면에서 교육자로서의 위상과 새로운 환경의 격려받는 존경스러운 진보론자라는 위치를 즐겼다. 해마다 국적을 잃은 이런 수천 명의 젊은이가 중국으로 돌아와 조국의 느린 속도와 물질적 퇴보에 대해 불만을 쏟아 놓으며 모든 도시에 연구와 반항의 씨앗을 뿌렸다.

일련의 여건들이 그들을 도왔다. 두 세대 동안 서양에서 와서 중국을 정복한 상인들과 선교사들이 의도적으로든 아니든 중국인들을 외국 문물에 감염시키는 역할을 했다. 그들은 자기 주변의 젊은 중국인들에게 미래가 밝은 문명을 받아들이려고 열망하게 만든 생활 양식과 편의 시설 속에서 안락하게 살았다. 행동하는 소수가 되어 유서 깊은 도덕 강령을 지탱해 온 종교적 신앙의 토대를 무너트렸다. 조상 숭배 폐지를 옹호하여 세대와 세대를 대립시켰다. 온유한 예수를 온화하고 친절하게 전했으나 위기가 닥치면 유럽의 가장 중요한 교훈을 동양에 제공하는 데 크게 효율적이었던 총과 대포의 보호를 받았다. 압제받는 사람들의 폭동을 기원으로 하는 그리스도교가 이런 중국 개종자들 속에서 다시 한 번 혁명의 효소가 되었다.

그 개종자들 속에는 중국 혁명의 지도자가 있었다. 1866년 광저우 부근의 한 소작농이 말썽꾸러기 소년을 키우고 있었다. 후에 세상이 비꼬려는 의도 없이 "평온의 요정 태양"[9]이라는 뜻의 "쑨이셴〔孫逸仙〕(손문(孫文))"이라는 세례명을 붙이게 되는 소년이었다. 쑨이셴은 고향 마을의 사원에 있는 신상들을 훼손할 정도로 열렬한 그리스도교도가 되었다. 하와이로 먼저 이주해 가 있던 형이 그를 호놀룰루로 데리고 가 성공회 주교가 운영하는 학교에 입학시키고 철저한 서양 교육을 받게 했다.[10] 중국으로 돌아온 후 쑨이셴은 홍콩의 서양 의학원에 입학하여 최초의 중국인 졸업생이 되었다. 대체로 이런 학업들의 결과로 그는 조국의 종교적 신앙을 모두 잃었다.[11] 동시에 동포 중국인들이 외국이 통제하는 세관과 조약에 따른 개항장의 외국인 거류지에서 받는 굴욕적인 대우를 보고 생각을 바꿔 혁명의 길로 들어섰다. 대국인 중국이 소국 일본에게 패배하는 일을 막지 못하고, 나라가 유럽의 열강들에게 분할당하는 일을 막지 못한 보수적이고 부패한 정부의 무기력함을 보고 그는 굴욕과 분노에 가득 차, 중국을 해방시키는 첫걸음은 만주족 왕조를 무너트리는 것이라고 생각하게 되었다.

그의 첫 번째 움직임은 그의 자신감과 이상주의, 단순성을 그대로 보여 주는 것이었다. 그는 나라를 개혁하고 명예를 회복시킬 자신의 계획들을 서태후의 부(副)섭정인 이홍장 앞에 내놓으려고 자비로 증기선을 타고 북쪽으로 2580킬로미터를 여행했다. 면회를 거절당하자 그는 중국을 개혁할 혁명 자금을 모으기 위해 떠도는 모험적인 생애를 시작했다. 그는 많은 상업 조합과 강력한 비밀 결사의 지지를 얻었다. 제국의 귀족 사회를 시기하고 새로운 상공인 계층이 불어나는 자신들의 부에 상응하는 역할을 할 수 있는 정부를 갈망하는 지도자들 덕분이었다. 그 후 해외로 나가 미국과 유럽에서 수많은 세탁소 인부와 소수의 중국 상인에게서 약소한 금액을 모금했다. 런던에서 중국 공사관이 그를 불법적으로 체포하여 반역자라는 죄목으로 은밀하게 중국으로 압송하려고 했으나, 그의 청년 시절 은사였던 한 선교사가 영국 정부를 움직여 그를 구했다. 15년 동안 그는 전 세계의 도시를 전전하며 혁명을 위해 모두 250만 달러를 모았다. 그러나 자신을 위해서는 그 돈을 거의 한 푼도 쓰지 않은 것이 분명했다. 이런 중에 갑자기 혁명 세력이 이미 남부를 점령하고 북부도 차지해 가고 있는 중이며, 그들이 그를 중국 공화국의 임시 수반으로 선출했다는 소식을 들었다. 몇 주 후 그는 승리자로 홍콩에 상륙했다. 20년 전 항구의 영국 관리들에게 모욕을 당했던 곳이었다.

서태후는 1908년에 죽었으나 전날 연금된 황제 광서제의 죽음을 조치해 놓은 상태였다. 광서제의 조카이자 당시 만주국 황제인 푸이[溥儀]가 서태후의 뒤를 이었다. 서태후의 만년과 어린 계승자의 초기에는 정부가 중국을 현대화하려는 많은 개혁 조치를 시행했다. 철도를 주로 외국 자본과 외국인의 주도 아래 건설하고 관리를 등용하기 위한 과거 제도를 폐지했으며 새로운 교육 체계를 확립했다. 1910년에 소집된 국민의회에서 입헌 군주제를 점진적으로 확립하기 위한 9개년 프로그램이 마련되었으며, 그 프로그램은 교육을 단계별로 보편화하여 보통 선거를 실시한다는 계획에서 절정을 이뤘다. 이 프로그램을 발표한 칙령은 "이런 개혁 조치들을 도입하는 데 성급한 태도를 보인다면 결국 많은 노력을 물거품으로 만들게 될 것이다."[12]라고 덧붙였다. 그러나 병든 왕조가 임종 자리에서 보인 이런 참회로도 혁명을 멈출 수 없었다. 1912년 2월 12일 어린 황제는 사방에서 반란에 직면했으나 자신을 지키려는 군대를 찾지 못하게 되자 옥좌에서 물러나고 섭정으로 있던 순친왕(醇親王)이 중국 역사상 가장 독특한 칙령 가운데 하나를 발표했다.

> 오늘날 모든 제국 백성은 공화국 쪽으로 마음이 기울어 있다. …… 하늘의 뜻도 분명하고 백성의 바람도 분명하다. 어찌 내가 한 가족의 영광과 영예를 위해 수많은 백성의 바람을 거스를 수 있겠는가? 그러므로 나는 황제와 함께 중국의 정부 형태를 입헌 공화제로 바꾸어 모든 제국 백성의 바람을 들어주고 옥좌를 공적 유산으로 생각했던 옛 성현들의 뜻에 따르기로 결정했다.[13]

혁명가들은 푸이를 관대하게 대했다. 그에게 생명과 안락한 궁궐, 풍족한 연금, 한 명의 애첩을 주었던 것이다. 만주족은 사자처럼 왔다가 어린 양처럼 물러갔다.

새로운 공화국은 평화롭게 탄생했으나 곧 격랑에 휘말렸다. 유서 깊은 학파의 외교관이었던 위안스카이[袁世凱]는 혁명을 방해할 만한 군대를 보유하고 있었다. 그는 혁명을 지지하는 대가로 수반직을 요구했다. 쑨이셴은 그 요구를 받아들이고 의젓하게 물러나 야인으로 돌아갔다. 위안스카이는 국내외의 강력한 재계 집단들의 격려에 힘입어 자신을 황제로 만들고 새로운 왕조를 세울 음모를 꾸몄다. 오직 이 길만이 중국에서 싹트기 시작한 분열을 막을 수 있을 것이라는 이유에서였다. 그러자 쑨이셴은 그를 매국노로 규정하고 추종자들에게 혁명을 재개하도록 요구했다. 그러나 이 사안이 전쟁으로 확대되기 전에 쑨이셴은 병이 들어 숨을 거뒀다.

그 후 중국에는 질서나 통일이 자리 잡을 겨를이 없었다. 쑨이셴은 위대한 이상주의자며 훌륭한 연설가지만 정권을 잡고 나라를 평화로 인도하기에는 너무 부족한 정치가라는 것이 밝혀졌다. 그는 계획과 이론을 자주 바꿨으며 공산주의를 분명히 받아들임으로써 중산층 지지자들의 마음을 상하게 했다. 결국 광저우로 물러나 그곳의 청년들을 가르치고 격려했으며 경우에 따라 그곳 사람들을 다스리기도 했다.* 중국은 모든 파벌이 인정할 수 있는 정부를 잃고 군주 국가를 통합하는 상징적인 존재가 없어졌으며, 관습과 법에 복종하던 풍습이 무너졌다. 아울러 사람들을 지역이 아닌 전체로서의 나라에 묶어 놓았던 애국심까지 약해지게 되자 북부와 남부, 지방과 지방, 번영과 굶주림, 옛것과 새것이 맞서 싸우는 간헐적인 전쟁에 휩싸였다. 모험가들은 군대를 조직하여 독군(督軍)이라는 군벌이 되어 황폐해진 성(省)들을 다스리며 자체의 세금을 걷고 아편을 재배했으며,[14] 경우에 따라서는 출정하여 새로운 희생자들을 자신들의 부하 주민으로 삼기도 했다. 산업과 교역은 승리자가 바뀔 때마다 세금을 내야 했으므로 무질서와 절망에 빠졌다. 노상강도들이 세금을 강요하고 훔치고 살인을 저질렀으나 그들을 통제할 수 있는 힘을 갖춘 조직이 없었다. 사람들은 굶어 죽지 않으려고 군인이나 도둑이 되어 논밭을 약탈했으며, 그렇게 약탈당한 사람들 역시 굶어 죽지 않으려고 군인이나 도둑이 되었다. 가족이 알뜰하게 평생 모아 놓은 것이나 조금 저장해 놓은 것을 징발해 가거나 강도 떼가 약

---

* 그는 보수파 적대자들에게 가장 좋은 순간이었던 1925년에 베이징에서 사망했다.

탈해 가는 경우가 비일비재했다. 1931년에는 허난 성에만 40만 명의 노상강도가 있었다.[15]

이런 혼란이 벌어지고 있는 상태에서(1922년) 러시아는 두 명의 가장 유능한 외교관 카라칸(Karakhan)과 조페(Joffe)에게 중국을 공산주의 혁명 진영으로 끌어들이라는 임무를 주어 중국으로 보냈다. 카라칸은 혁명 정부의 충분한 권위와 국제적 위상을 인정하는 조약에 서명하고 치외 법권에 대한 러시아의 요구들을 제시하여 그 길을 준비했다. 교활한 조페는 쑨이셴의 마음을 바꿔 공산주의에 동정적인 입장을 취하게 만드는 데 별 어려움을 겪지 않았다. 당시 쑨이셴은 사방에서 압박을 받고 있던 상태였기 때문이다. 믿을 수 없을 정도로 짧은 기간에 일흔 명의 소련 장교의 도움으로 국민군이 창설되어 훈련을 받았다. 이 군대는 쑨이셴의 전임 비서였던 장제스〔蔣介石〕의 명령으로 (그러나 대체로 러시아 고문인 보로딘(Michael Borodin)의 지도를 받으며) 광저우에서 북서진하며 도시들을 차례로 점령하여 결국 베이징을 장악했다.* 그러나 승리의 순간 내분이 일어났다. 장제스는 동양적 스타일로 공산주의 운동을 공격하고 사업계와 금융계의 뜻에 현실적으로 부응하여 군사 독재 체제를 확립했다.

한 국가가 이웃 나라의 불행을 보고 아무런 위안도 얻지 못하는 것은 개인이 그러는 것만큼이나 어려운 법이다. 일본은 쑨이셴의 계획에서는 서양에 대항하는 중국의 친구이자 동지였으며, 산업과 외교, 전쟁 면에서 유럽을 신속하게 모방하여 성공함으로써 중국의 저항을 자극한 나라였다. 그러나 고대에는 일본을 가르친 교사였던 중국의 무질서와 허약함을 보고 자신들의 성공에서 파생된 문제를 해결할 수 있는 좋은 기회로 여겼다. 일본은 인구 증가를 막지 않으면 가능성이 분명히 있는 공격 앞에서 자신을 방어할 수 있는 능력이 위태로워질 수밖에 없었다. 산업과 교역을 발전시키지 않으면 날로 증가하는 인구를

---

* 이때부터 '북부 수도'를 의미하는 이름을 가졌던 도시는 '평정된 북부'라는 뜻의 '페이핑〔北平〕'(베이징의 옛 이름)으로 바뀌었다. 반면에 국민정부는 상하이의 재정 자원들 부근에 머물기 위해 본부를 '남부 수도'인 난징에 두었다.

부양할 수 없었다. 부족한 철과 석탄 등의 자원들을 수입하지 않으면 산업을 발전시킬 수 없었으며, 유럽이 세계를 식민지화하는 과정에서 아직도 자유로운 상태로 남겨 놓은 유일한 큰 시장에서 큰 지분을 차지하지 못하면 흑자를 유지하며 교역을 발전시킬 수도 없었다. 그런데 중국은 추정상 철과 석탄이 풍부했으며, 세계에서 가장 큰 잠재 시장을 일본의 문 앞에 제공했던 것이다. 어떤 나라가 농업 문화와 예속으로 돌아가느냐 아니면 산업적 제국주의와 정복으로 나아가느냐 하는 선택에 직면한 상황에서 다른 제국주의의 맹수들이 프랑스의 들판에서 서로 목을 베고 있는 동안 기진맥진한 중국에서 전리품들을 낚아채고 싶은 유혹을 물리칠 수 있겠는가?

그러므로 일본은 1차 대전이 발발한 직후 독일에 전쟁을 선포하고 독일이 16년 전 중국에 임대한 자오저우〔膠州〕 만(灣) 지역을 공격했다. 이어서 중국을 일본의 정치적 경제적 식민지로 만들려는 21개 조항을 작성해 위안스카이 정부에 내놓았다. 이러한 조치가 집행되지 못한 것은 오직 미국의 항의와 분노한 학생들이 주도한 중국에서의 일본 제품 불매 운동 덕분이었다. 학생들은 조국의 굴욕을 부끄러워하며 거리에서 눈물을 흘리거나 스스로 목숨을 끊었다. 일본인들은 반세기 동안 중국을 물어뜯고 있는 한 유럽 국가의 도덕적 분노에 냉소하며 다른 기회를 기다리는 인내력을 보였다. 기회는 곧 왔다. 제국주의적 산업이란 자국 소비자들로는 소화시킬 수 없는 잉여 제품을 흡수해 줄 해외 시장에 의존하는 것인데 그 산업이 붕괴되는 소용돌이에 유럽과 미국이 휘말린 것이다. 일본은 만주로 진출하여 중국 황제였던 푸이를 처음에는 새로 세운 만주국의 수반으로 세웠다가 후에 황제로 옹립했다. 그 후 정치적 동맹과 경제적 침투, 군사적 통제를 통해 만주의 천연 자원과 고용 가능한 인구, 상업적 가능성을 착취하기에 유리한 위치를 차지했다. 유럽 세계는 손에 넣을 수 있는 전리품을 모두 챙긴 후 약탈을 잠시 중단할 것을 제안한 다음 미약하게나마 미국과 합세하여 일본의 이런 노골적인 약탈 행위를 규탄했으나, 언제나 그런 것처럼 승리를 정당화할 준비를 하고 있었다.

최후의 굴욕을 당한 곳은 상하이였다. 일본 제품 불매 운동이 성공을 거두자 화가 난 일본은 가장 부유한 중국 항구에 무적의 부대들을 상륙시켜 자페이(嘉費) 지역을 점령하고 파괴한 후 중국 정부가 불매 운동 단체들을 제재해 줄 것을 요구했다. 중국은 새로운 영웅적 행위로 자신을 지켜 냈으며, 광저우 출신의 19로군(路軍)은 거의 아무런 도움 없이 장비를 잘 갖춘 일본군을 두 달 동안 만(灣)에 묶어 두었다. 난징 정부가 타협안을 제안하자 일본은 상하이에서 철수했으며, 중국은 상처를 치료하며 탐욕스러운 열강과 맞서 자신을 보호하고 방어할 수 있는 철저하게 새롭고 보다 강력한 문명을 세우기로 결심했다.

3. 새로운 질서의 시작

전에는 동양을 제외한 모든 것이 다 변했다. 그런데 이제는 동양에서 모든 것이 변했다. 역사상 가장 보수적인 나라가 갑자기 (러시아 다음으로) 가장 진보적인 나라가 되어 전에는 범할 수 없는 것으로 여기던 관습과 제도들을 파괴하고 있다. 이것은 단지 한 왕조의 종말이 아니라 한 문명의 허물벗기다.

변화가 가장 늦게 그리고 가장 적게 이루어지는 곳은 시골 부락이다. 토양의 느린 변화는 개혁을 장려하지 않기 때문이다. 새로운 세대라도 파종을 해야 열매를 거두기 마련이다. 그러나 현재 1만 1300킬로미터의 철도가 전국을 가로지르고 있다. 10여 년 동안 혼란과 원주민의 직접 관리로 인해 방치되어 상태가 나빠진데다가 군사용으로만 사용되는 경우도 많았으나 철도는 여전히 동부 지방의 부락과 해변의 도시를 연결하여 날마다 새로운 서양 문물을 수많은 농촌 가정으로 실어 나른다. 농촌 가정에도 등유와 석유등, 성냥, 담배 등 서양의 악마 같은 수입품과 심지어는 미국산 밀도 볼 수 있다. 운송 체계가 매우 빈약하여 중국 내륙에서 해변 지역으로 운반하는 비용이 때로는 오스트레일리아나 미국으로 가져가는 비용보다 더 많이 들 때가 있다.[16] 분명히 한 문명의 경제 성장은 운송 체계에 좌우된다. 현재 중국에는 3만 2000킬로미터의 도로가 깔려 있고 그 진흙 길 위로 6000대의 버스가 동양답게 비정기적으로 오가며 항상 만원이다. 가솔린 엔진이 이 무수한 부락들을 하나로 묶게 되면 그 엔진은 중국 역사상 가장 위대한 변화 중 하나를 완성시키고 기근도 끝날 것이다.

도시에서는 서양의 승리가 보다 빨리 진행되고 있다. 외국에서 기계로 만들어 저렴한 비용으로 운송된 제품과의 경쟁 속에서 수공업이 죽어 가고 있다. 수많은 장인들이 일자리를 잃고 흩어져 외국 자본과 국내 자본이 해안 지역에 세우고 있는 공장들의 아가리로 빨려 들어간다. 손으로 움직이는 베틀은 시골에서는 여전히 베를 짜고 있으나 도시에서는 침묵을 지킨다. 수입된 목화와 면제품들이 쏟아져 들어오고 직물 공장이 늘어나 가난해진 중국인들에게 새로운 공장 노예가 되도록 유혹한다. 큰 용광로들이 항저우에서도 서양에 있는 것 같은 기괴하고 무시무시한 모습으로 불타고 있다. 통조림 공장과 빵 공장, 시멘트 공장, 제약 공장, 양조장, 증류주 제조장, 발전소, 유리 공장, 구두 공장, 종이 공장, 비누와 양초 공장, 설탕 공장 등 모든 공장이 현재 중국 땅에 세워져 서서히 가내 공업 장인들을 공장 일꾼으로 바꾸어 간다. 새로운 산업들의 발전 속도가 늦어지는 이유는 자본가들이 장기간의 혁명으로 무질서해진 세계에 투자하기를 망설이기 때문이다. 발전은 수송의 어려움과 고비용, 현지 원자재의 부적절함 그리고 가족을 가장 중요하게 생각하고 모든 원주민 사무실과 공장을 인맥과 무능력이 지배하는 분위기 좋은 둥지로 만들어 놓는 붙임성 좋은 중국인들의 습관 때문에 더욱 방해받는다.[17] 상업 역시 내륙의 통관세와 해안의 관세 그리고 뇌물이나 수수료를 요구하는 보편적인 관행 때문에 방해를 받고 있다.[18] 그러나 상업은 산업보다 빠른 속도로 성장하고 있으며 중국의 경제 변화에서 중심 역할을 하고 있다.*

---

* 전에는 영국이 수입업을 지배했다. 그러나 이제는 영국이 14퍼센트, 미국이 17퍼센트, 일본이 27퍼센트를 차지하고 있다.[19] 이 분야에서는 일본의 주도권이 해마다 커지고 있다. 1910~1930년 중국의 교역량은 600퍼센트 증가하여 대략 15억 달러어치에 달했다.[20]

　　새로운 산업들은 조합을 파괴하여 노사 관계를 혼란에 빠트렸다. 조합은 소유자와 노동자가 협정한 일정 임금과 가격을 받아 생활했으며, 노동자들의 제품은 지방 교역에서는 경쟁자가 없었다. 그러나 교통과 상업이 발달하여 멀리 떨어진 곳의 상품을 들여와 그 상품이 모든 도시에서 조합의 수공예품과 경쟁하게 되자 외국 경쟁자들과 자본의 지시에 굴복하지 않고 물가를 통제하거나 임금을 규제하는 것이 불가능해졌다. 그러므로 조합은 해체되어 상공 회의소와 노동조합으로 분리되었다. 상공 회의소는 질서와 충성심, 경제적 자유를 논의하고 노동자들은 굶주림을 이야기했다. 쟁의와 불매 운동이 자주 벌어지지만 이런 것들은 노동의 보수를 올리기보다는 외국 세력들이 중국 정부에게 특권을 내주도록 강요하게 만들었을 뿐이다. 1928년 상하이 사회국은 직물 공장 노동자의 평균 주급(週給)을 남자의 경우 1.73~2.76달러, 여자의 경우 1.10~1.78달러로 산정했다. 밀가루 공장의 남자 평균 주급은 1.96달러, 시멘트 공장은 1.72달러, 유리 공장은 1.84달러, 성냥 공장은 2.11달러, 발전소 기술자는 3.10달러, 기계 조립 공장은 3.24달러, 인쇄공은 4.55달러였다.[21] 인쇄공이 부를 누리게 된 이유는 보다 나은 조직을 갖추고 있었고 갑자기 교체하려면 많은 비용이 들기 때문이었음이 분명하다. 1919년 노동조합이 최초로 형성되었다. 노동조합은 수와 세력이 계속 커져 보로딘(Borodin) 시대에는 중국 경영권을 인수하겠다고 제안했다. 그러나 장제스가 러시아와 결별한 후에는 잔혹한 탄압을 받았다. 오늘날에는 노동조합에 불리한 엄격한 법들이 있다. 노동조합은 이제 겨우 노동법을 통과시키기 시작했으나 집행을 하지 못하게 하고 있는 산업계에 맞서 노동자를 보호하는 유일한 피난처가 되어 계속 늘어나고 있다.[22] 도시의 프롤레타리아들은 하루에 열두 시간씩 일하면서도 겨우 목에 풀칠만하고 있으며, 그나마 실직하는 날에는 굶어 죽어야 하는 상황에 놓여 있다. 현재 이들이 놓인 열악한 상황은 시골 부락에서 겪었던 과거의 가난보다 더 심각하다. 과거에는 가난한 사람들이 부자는 구경도 못하고 자기 처지를 아득한 옛날부터 있어 왔던 어쩔 수 없는 운명으로 받아들이기라도 했기 때문이다.

아마 중국 동부의 정치 변화가 그렇게 빨리 완결되지 않았다면 이런 일부 폐단은 피할 수 있었을 것이다. 그랬더라면 만주 귀족 사회가 활력을 잃고 부패로 얼룩지기는 했으나 당분간 신흥 산업 세력을 억제하여 중국이 혼란과 노예 상태로 빠지는 일 없이 그 세력들을 받아들일 수 있었을지도 모른다. 아울러 산업이 성장하여 해마다 신흥 계층을 만들어 내 그 계층이 정치권으로 평화롭게 발을 들여놓았을 것이다. 영국에서 제조업자들이 토지 귀족을 몰아내고 그 자리를 차지했던 것처럼 말이다. 그러나 새로운 정부에는 군대도 없고 경험 있는 지도자들도 없었으며 자금도 없었다. 국민당(國民黨)은 나라를 해방시키고자 설립되었으나 국내외 자본이 나라를 예속시키는 동안 지켜보고 있을 수밖에 없었다. 민주주의의 형태로 태동하였으나 공산주의의 피로 세례를 받고 난 국민당은 상하이 은행가들에게 의존하게 되어 민주주의를 포기하고 독재를 택한 후 노동조합을 말살시키려고 했다.* 당은 군대에 의지하고 군대는 돈에, 돈은 금융에 의지하기 때문이다. 군대가 중국을 정복할 만큼 강해질 때까지 정부는 중국에서 세금을 거둘 수 없다. 세금을 거둘 수 있을 때까지 정부는 자금원의 조언을 받아들일 수밖에 없는 것이다. 그렇더라도 정부는 많은 것을 이루어 놓았다. 관세와 금융의 국제주의 한도 안에서 산업에 대한 통제권을 완벽하게 중국으로 복귀시켰다. 언젠가는 중국 이외의 다른 나라를 향해 동원하게 될지도 모를 군대를 조직하고 훈련시켰으며 장비를 갖췄다. 정부 권위를 인정하는 지역을 확대시켰으며 그 지역에서는 나라의 경제생활을 질식시키고 있던 약탈 행위를 줄였다. 혁명을 하는 데는 하루면 되지만 정부를 만드는 데는 한 세대가 걸리기 마련이다.

중국의 분열은 중국인의 마음에 자리 잡은 구분 의식을 반영하고 또 그 의식이 낳은 결과다. 오늘날 중국에서 가장 강한 감정은 외국인에 대한 증오심이다. 반면에 오늘날 중국에서 가장 강력한 움직임은 외국인들을 모방하려는 움직임

---

* 1927년에만 수천 명의 노동자들이 노동조합에 가입했다는 이유로 처형되었다.[23]

이다. 중국은 서양이 이런 아첨을 받을 만한 자격이 없다는 사실을 알지만 시대 정신과 그 관성에 밀려 어쩔 수 없이 빌붙고 있다. 시대가 모든 나라에게 산업 주의 아니면 예속을 선택하도록 요구하기 때문이다. 그러므로 동부 도시의 중국인들은 들에서 공장으로, 전통적인 복장에서 서양식 복장으로, 과거의 단순한 멜로디에서 서양의 색소폰 연주곡으로 옮겨 간다. 의복과 가구, 예술에서 자기 고유의 취향을 버리고 벽을 서양식 그림으로 꾸미고 공공건물을 매력 없는 미국 양식으로 세운다. 여자들은 남쪽에서부터 북쪽까지 발을 조여 묶던 관습을 버리고 동쪽에서부터 서쪽까지 서양의 우월한 방식으로 몸 전체를 조여 묶기 시작한다.* 철학자들은 공자의 겸손하고 예절 바른 합리주의를 버리고, 르네상스 시대의 열정으로 모스크바와 런던, 베를린, 파리, 뉴욕의 싸우기 좋아하는 합리주의를 받아들인다.

공자의 폐위는 르네상스와 계몽주의에 모두 나타나는 특징과 비슷한 면이 있다. 그것은 중국의 아리스토텔레스를 무너트린 것인 동시에 민족적 신들을 거부한 것이다. 한동안 중국은 불교와 수도원 체계를 갖춘 종파들을 박해했다. 프랑스 혁명을 일으켰던 사람들처럼 중국의 혁명가들 역시 감추는 것이 없고, 종교에 대해서는 공공연하게 적대감을 드러내며 오직 이상만 숭배하는 자유사상가였다. 유교는 아마 가난이 있는 한 신도 존재할 것이라는 가정 아래 대중적인 종교들에 대해 관용을 보였다. 그러나 중국 혁명은 가난은 소멸될 수 있다고 맹신하고 신의 필요성을 느끼지 못했다. 유교는 농업과 가족을 당연한 것으로 받아들이고 가정과 논밭의 범위 안에서 질서와 만족을 유지하려는 윤리를 형성했다. 반면에 혁명은 산업을 추구하며 도시와 개인의 생활에 맞는 새로운 도덕이 필요하다. 유교가 존속했던 이유는 정치적 직분과 학문적 직업을 얻으려면 유교를 알고 또 받아들여야 했기 때문이다. 그러나 과거 제도는 사라졌고 학교에서는 윤리적 정치적 철학 대신 과학이 자리 잡았다. 사람들은 이제 정부

---

* 일부 중국 여자들은 전족했던 사실을 감추려고 신에 패드를 넣는다.[24]

에 맞추는 것이 아니라 산업에 적응해야 했다. 유교는 보수적이었으며 구세대의 조심성으로 신세대의 이상을 억눌렀다. 그러나 혁명은 신세대를 통해 이루어졌으므로 이런 구시대적인 제약들이 없을 것이다. 혁명은 "오래된 제방을 쓸모없다고 여기고 허무는 사람은 물이 넘쳐흘러 폐허가 되는 어려움을 겪을 것이다."[25]*라는 고대 현자의 경고를 무시한다.

물론 혁명은 공식 종교를 없애고 비인격적인 조용한 "하늘[天]"에 바치는 제물을 더 이상 천단에 올려놓지 않는다. 조상 숭배는 용납되지만 눈에 띄게 약해졌다. 전에는 여자들은 이런 신성한 의식들을 집전하기에 부적합하다고 생각했으나, 이제는 남자들이 점점 더 그 의식을 여자에게 떠맡기고 있다. 혁명 지도자들 중 절반은 그리스도교 학교에서 교육을 받았다. 그러나 장제스가 감리교도임에도 혁명은 초자연적 신앙에 대해서는 비호의적이며 교과서에 무신론적 색채를 부여하고 있다.[26] 신들이 제거되면서 남은 정서적인 공허함을 메우려고 민족주의를 새로운 종교로 삼았다. 러시아가 공산주의를 새로운 종교로 삼은 것처럼 말이다. 그러나 이 신조는 모든 사람을 다 만족시켜 주지 못하고 있다. 많은 프롤레타리아는 고통스럽고 삭막한 일상에서 벗어날 피난처를 구하려고 위험을 무릅쓰고 신탁과 영매를 찾는다. 아울러 시골의 부락민들은 지금도 여전히 고대 사원의 조용한 적막 속에서 가난을 잊고 모종의 위안을 얻는다.

한 세대 전만 해도 결코 변할 수 없는 것으로 보였던 전통적 도덕 강령은 정부와 종교, 경제생활이 제공하던 강제력을 잃게 되자 기하급수적인 속도로 무너지고 있다. 산업 침략을 빼면 오늘날 중국에 나타난 가장 놀라운 변화는 유서 깊은 가족 제도가 무너지고 개인주의가 자리를 잡은 것이다. 개인주의는 모든 사람을 자유롭게 만들어 홀로 세상과 맞서도록 방치한다. 구질서의 기반이었던 가족에 대한 충성심은 이론상 국가에 대한 충성심으로 바뀌었다. 그러나

---

* 378쪽 참조. 최근 장제스가 주도하는 "신생활 운동"은 유교 회복을 시도하여 어느 정도 성과를 얻었다.

새로운 충성심은 아직 이론을 벗어나 실천 단계로 들어서지 못했으므로 새로운 사회에는 도덕적 기반이 부족하다. 농업은 가족을 지지한다. 기계가 등장하기 전에는 혈연과 부모의 권위로 묶인 집단이 땅을 경작하는 것이 가장 경제성이 좋았기 때문이다. 반면에 산업은 가족을 해체한다. 산업이 자리와 보상을 제공하는 대상은 집단이 아니라 개인이고 더구나 같은 자리라 해도 이런 보상을 항상 주는 것도 아니며, 강한 자의 자원으로 약한 자를 도와야 하는 책무를 인정하지도 않기 때문이다. 산업과 교역의 혹독한 경쟁은 가족의 혈연적 공유주의를 지지하지 않는다. 신세대는 구세대의 권위에 대해서는 항상 질색하는 반면에 도시의 익명성과 직장의 개인주의는 기꺼이 받아들인다. 아마 아버지의 무한한 권위가 혁명을 무작정 재촉하도록 도왔을 것이다. 보수 세력은 항상 진보 세력의 지나친 면들을 비난하기 때문이다. 그러므로 중국은 뿌리가 모두 잘려 나갔으며, 곧 새 뿌리가 생겨 중국의 문화생활을 구할 수 있을 것인지의 여부는 아직 아무도 모른다.

가족의 권위가 사라지면서 과거의 결혼 형태도 같이 사라졌다. 결혼을 준비하는 일은 지금도 여전히 대부분 부모가 하지만, 도시에서는 젊은 사람들이 스스로 선택하는 결혼이 점점 많아지는 추세다. 개인은 자기가 원하는 대로 짝을 맺을 자유뿐 아니라 서양이라도 충격을 안겨 줄지 모르는 결혼 실험을 할 자유도 있다고 생각한다. 니체는 여자 문제에 대해서는 아시아가 옳다고 생각했으며, 여자의 복종을 규제 없는 여성 상위에 대한 유일한 대안으로 여겼다. 그러나 아시아는 니체식이 아니라 유럽식을 선택하고 있다. 일부다처제는 줄고 있다. 현대식 아내가 첩을 반대하기 때문이다. 이혼은 드물지만 그쪽으로 이어지는 길은 전보다 더 넓어졌다.* 대학에서는 남녀 공학이 일반적이며 도시에서는

---

* 양 당사자가 요구하면 이혼을 허락한다. 그러나 남편이 서른 살 이하거나 아내가 스물다섯 살 이하인 경우 이혼하려면 부모의 동의가 필요하다. 남편이 아내와 이혼할 수 있는 (불임이나 부정, 의무 소홀, 수다, 도벽, 질투, 심각한 질병 등) 과거의 이혼 사유들은 지금도 여전히 유효하다. 그러나 아내가 시부모의 삼년상을 치렀거나 돌아갈 가족이 없거나 가난했을 때부터 부자가 되기까지 남편에게 성실했다면 이 이혼 사유들도 적용되지 않는다.[27]

남녀가 자유롭게 어우러진다. 여자들이 자신들의 법학교와 의학교를 세웠으며 심지어 은행도 설립했다.[28] 그중 당원인 여자들은 참정권을 받았으며 당과 정부 모두의 최고위층 위원회에도 그들을 위한 자리가 마련되었다.[29] 그들은 유아 살해를 못 본 체하며 가족계획을 실행하기 시작했다.* 중국 혁명 이후 인구는 눈에 띄게 늘어나지 않았다. 중국인의 거대한 물결이 약해지기 시작한 것 같다.[30]

그런데도 매일 5만 명의 새로운 중국인이 태어난다.[31] 그들은 일상 속에서 새로운 중국인이 될 것이다. 옷과 머리를 짧게 자르는 것도 새롭고, 교육과 직업, 관습과 예절, 종교와 철학도 새로울 것이다. 길게 땋은 머리도 사라지고 있고 고대의 우아한 예법도 사라지고 있다. 혁명에 따르는 증오심들이 정신을 거칠게 만들었으며 진보 세력은 보수 세력을 대할 때 예절을 갖추기가 어려워졌다.[32] 고대 중국인들이 지녔던 점액질 품성이 산업의 속도 때문에 표현이 보다 풍부하고 더 쉽게 폭발하는 무언가로 바뀌고 있다. 그들의 무딘 얼굴에는 적극적이고 쉽게 흥분하는 정신이 감춰져 있다. 오랜 세월에 걸친 전쟁이 끝나고 중국에 깃들었던 평화를 사랑하는 마음이 조국이 해체되고 패배하는 모습을 보고 무너져 내리고 있다. 학교는 학생을 군사로 조련하고 있고 장군이 다시 영웅이 되고 있다.

교육계 전체가 변했다. 학교는 공자를 창밖으로 내던지고 과학을 받아들였다. 과학을 받아들인다고 해서 공자를 배격할 필요는 없었다. 공자의 가르침은 과학 정신과 잘 어울렸기 때문이다. 그러나 심리가 논리를 이기는 것이 역사의 기본이기 마련이다. 수학과 역학이 인기를 얻고 있다. 이 학문들이 기계를 만들 수 있기 때문이다. 수학은 부와 총을 만들 수 있고 총은 자유를 지킬 수 있다. 의학 교육은 대체로 록펠러 재단의 세계적 지원 결과로 발전하고 있다.** 나라

---

* 서양인들에게는 중국의 약국에서 피임 기구를 공공연하게 진열하는 일은 "황인종에 대한 공포심"에서 벗어날 수 있는 손쉬운 길을 암시할지 모른다.

** 1932년 록펠러(John D. Rockefeller)가 500만 달러를 기부하여 세워진 유니온 의과 대학이 문을 열고 남녀 학

는 가난해졌으나 새로운 학교와 고등학교, 대학교가 빠른 속도로 늘어났다. 이제 신생 중국은 모든 어린이가 곧 무상 교육을 받게 되고 교육이 확대되는 것에 발을 맞춰 민주주의도 확대될 날을 기다리고 있다.

중국의 문학과 철학에도 르네상스 시대의 것과 비슷한 혁명이 찾아왔다. 서양 교재의 유입은 중국인의 정신을 기름지게 만들었다. 그리스의 서적들이 이탈리아인의 정신에 영향을 끼친 것처럼 말이다. 아울러 이탈리아가 각성하여 라틴어를 버리고 자국어로 글을 쓴 것처럼 중국 역시 영민한 후스〔胡適〕의 지도 아래 공용어인 만다린(관화(官話))을 구어문(口語文)인 백화(白話)로 만들었다. 후스는 이 "쉬운 말"로『중국 철학사』(1919)를 씀으로써 자신의 문학적 운명을 스스로 결정했다. 그의 용기가 승리했다. 500여 가지 정기 간행물이 백화를 채택했으며 학교는 공식 문어로 삼았다. 한편 "천자(千字) 운동"이 벌어져 학자들의 4만 문자를 대중들이 일반적으로 사용하는 1300여 개 문자로 줄이려고 했다. 이 방식들로 만다린은 여러 성 전체로 빠르게 퍼져 나가고 있다. 아마 1세기 안에 중국은 하나의 언어를 갖게 되어 다시 문화적 통일을 이루게 될 것이다.

대중적 언어와 사람들의 관심에 자극을 받아 문학이 번성했다. 소설과 시, 역사, 희곡이 거의 인구수만큼 많아졌다. 신문과 정기 간행물이 온 땅을 덮었다. 많은 서양 문학이 번역되었으며, 화면 한쪽에서 중국 변사가 설명을 곁들이는 미국 영화가 심오하고 소박한 중국인들에게 기쁨을 안겨 주고 있다. 철학은 과거의 위대한 이단들에게로 다시 돌아가 그들의 새로운 말과 설명을 들으며 16세기 유럽 사상에 나타났던 것과 같은 활력과 급진성을 완전히 되찾았다. 아울러 성직자의 속박에서 갓 벗어난 이탈리아가 그리스인의 세속주의를 흠모했던 것처럼 새로운 중국 역시 대단한 열정을 품고 존 듀이(John Dewey)와 버트런드 러셀(Bertrand Russel) 등 서양 사상가들의 말에 귀를 기울였다. 신학에서 벗

생을 받아들였다. 록펠러 재단이 지원한 중국 의료협회는 19개의 병원과 3개의 의학교를 운영하고 65종의 장학금을 주고 있다.[33]

어나 경험과 실험을 유일한 논리로 삼는 그들의 사상이 한 세대에서 종교 개혁과 르네상스, 계몽주의를 다 맞으려 하고 있는 나라의 분위기에 잘 맞아떨어졌기 때문이다.* 후스는 아시아의 정신적 가치들을 찬양하는 우리를 비웃으며 동양의 지혜에 정신적 가치를 부여하기보다는 가난을 퇴치하기 위해 산업과 정부를 재편하는 일에 더 큰 가치를 부여한다. 그는 공자를 "대단히 연로한 노인"으로 묘사하며, 만일 기원전 5~3세기의 이단학파들이 중국 역사에서 마땅히 차지해야 할 합당한 위상을 그 학파들에게 부여한다면 중국 사상은 보다 나은 전망을 갖게 될 것이라고 주장한다.[34] 그러나 자신이 가장 적극적인 지도자 중의 한 사람으로 활동하고 있는 "새로운 물결"의 소용돌이 속에서도 그는 노인들의 가치도 헤아릴 만큼 맑은 정신을 유지하며 자기 조국이 안고 있는 문제를 완벽하게 밝혔다.

만일 이 새로운 문명을 받아들이는 일이 유기적으로 흡수하는 형태가 아니라 갑작스럽게 대체하는 형태를 취해 옛 문명이 사라지게 만든다면 인류 전체에게 큰 손실이 될 것이 분명하다. 그러므로 문제의 본질을 이렇게 고쳐 말할 수 있을 것이다. 현대 문명을 어떻게 받아들이는 것이 지금까지 우리 자신이 만들어 온 문명과 가장 잘 어울리고 조화를 이루고 연속성을 이루어나가게 하는 것인가?[35]

오늘날 중국이 처해 있는 모든 표면적인 여건들을 관망자 입장에서 보자면 중국은 그 문제를 해결하지 못할 것이라고 결론짓고 싶은 유혹을 느끼게 된다. 가뭄으로 줄기마름병이 들거나 홍수로 망가진 논밭의 황폐함, 목재의 낭비, 기진한 농부들의 망연자실, 자녀들의 높은 사망률, 공장 노예들의 혹사, 도시의 질병에 시달리는 빈민촌과 세금에 시달리는 가정, 뇌물에 시달리는 상업과 외

---

* 최근에는 장제스의 "신생활 운동"의 영향 때문에 서양을 사상과 도덕의 모델로 삼는 경향은 줄어들었다. 중국과 일본은 영화를 자체 제작하고 있다. 보수주의가 새로운 힘을 얻고 있어 진보주의가 주춤하고 있다. 아울러 중국은 일본과 합세하여 유럽과 미국의 사상과 생활 양식에 반기를 드는 경향을 보이고 있다.

국인이 지배하는 산업, 정부의 부패, 방어력의 허약함, 국민들의 심한 파벌 의식 등을 생각하면 잠시 과연 중국이 다시 위대해질 수나 있을 것인지, 다시 정복자들을 흡수하여 자신의 창조적인 생활을 영위할 수 있을 것인지 의심하게 된다. 그러나 자세히 살펴보면 그런 표면 밑에는 다시 회복하여 부활할 수 있는 요소들을 발견할 수 있다. 이 땅은 크기도 엄청나고 형태도 다양하여 광물 자원이 풍부한데, 광물은 한 나라를 산업 강대국으로 만든다. 광물은 리히토펜(Richtofen)이 생각한 만큼 많지는 않으나 우리 시대의 간단한 탐사들이 밝힌 것보다는 많은 것이 거의 분명하다. 산업이 내륙으로 이동하게 되면 지금은 예상하지 못하는 광석과 연료를 얻게 될 것이다. 미국이 1세기 전만 해도 꿈도 꾸지 못했던 풍부한 광물과 연료를 얻은 것처럼 말이다. 이 나라는 화려함과 몰락, 죽음과 부활을 되풀이하며 3000년의 세월이 흘렀음에도, 가장 창조적이었던 여러 시대에서 볼 수 있는 모든 물리적 정신적 활력을 지금도 여전히 보이고 있다. 세상에서 이들보다 더 활기차거나 보다 지적인 민족은 없다. 여건에 더 잘 적응하거나 질병에 대한 저항력이 더 크거나 고통을 더 잘 이겨 내거나, 역사를 통해 차분하게 인내하고 끈질기게 회복하는 법을 더 잘 배운 민족은 없다. 한 문명이 그런 민족의 물리적 자원과 노동 자원, 정신 자원을 현대 산업의 기술적 장비들과 융합시킬 가능성은 숙제로 남아 있다. 그러나 중국이 미국도 경험한 적이 없을 정도로 엄청난 부를 만들어 내 과거에 종종 그랬던 것처럼 사치와 생활 예술 분야에서 세계를 주도할 개연성은 매우 크다.

어떤 군대의 승리나 외국 자본의 횡포도 자원과 활력이 그토록 풍부한 나라를 오래 억누를 수는 없다. 중국이 활력을 잃기 전에 침략자의 자금이나 인내심이 먼저 바닥나게 될 것이다. 1세기도 지나기 전에 중국은 정복자들을 흡수하여 교화시킬 것이며, 잠시 현대 산업이라는 이름을 달고 있는 산업의 기술을 모두 배울 것이다. 도로와 통신 수단이 중국에 통일성을 부여하고 근검절약하는 정신은 자금을 안겨 줄 것이며 강력한 정부는 질서와 평화를 정착시킬 것이다. 온갖 혼란은 잠시의 과도기적 현상일 뿐이다. 결국 무질서는 호전되어 강력한 정부의 지도력과 스스로 균형을 이룰 것이다. 옛 장애물은 대체로 사라지고 새로운 성장이 자유롭게 이루어질 것이다. 혁명이란 죽음과 유행처럼 폐물을 제거하고 쓸데없는 것을 도려내는 것이다. 혁명은 많은 것이 죽을 준비가 되어 있을 때만 일어나기 마련이다. 중국은 이미 여러 번 죽었다. 그리고 여러 번 다시 부활했다.

일본

위대한 야마토(일본)는 신의 나라다. 신이 그 기초를
처음 세운 나라는 우리 땅밖에 없다. 그 오랜 혈통은 태
양 여신에 의해서만 이어져 왔으며, 외국에서는 이런
유를 찾아볼 수가 없다. 그러므로 우리 땅을 신의 나라
라 부른다. — 기타바타케 지카후사[北畠親房], 1334, 머독
(Murdoch), 『일본 역사』, i, 571쪽.

28장　　　일본의 탄생

　일본 역사는 3막으로 구성된 미완의 드라마다. 제1막은 미개하고 전설적인 시대에 갇혀 있다가 갑자기 중국과 한국에 의해 개화되어 종교를 통해 세련되어지고 일본 문학 및 예술사에 있어 걸작들이 탄생하는 시기다.(서기 522~1603년) 제2막은 평화롭고 봉건적인 도쿠가와 막부 시대로서 외부와 차단되고 자급자족 생활을 영위하며, 어떤 영토 확장이나 교역도 추구하지 않고 농경에 충실하며 예술과 철학에 전념하던 시기다.(1603~1868년) 마지막 제3막은 1853년 미국 함대의 출현으로 시작되는 근대 시대다. 이 시기에 일본은 국내외 상황에 따라 어쩔 수 없이 교역 및 산업에 뛰어들고, 외국 물자와 시장을 구해 불가피하게 전쟁을 수행하고, 제국주의적 열정과 서구 방식을 모방하며 백인의 우월성과 세계 평화를 위협했다. 모든 역사 선례에 비추어 보면 다음 단계는 전쟁이 될 것이다.

일본은 서구 문명을 주의 깊게 연구해 그 가치를 받아들인 후 능가하려 했다. 서구 역시 그들처럼 일본 문명을 끈기 있게 연구함으로써, 전쟁이든 협정이든 위기가 발생할 때 상대를 이해할 수 있도록 대비하는 것이 현명할 것이다.

1. 신들의 자손

일본 최고(最古) 역사서에 의하면[1] 태초에 신들이 있었다. 이들 남녀 신들이 생멸하는 가운데 마침내 이들 중 두 명, 즉 남매간인 이자나기와 이자나미가 일본을 창조하라는 연장자 신들의 명령을 받게 된다. 이에 따라 그들은 하늘의 떠다니는 다리 위에 서서 보석이 아로새겨진 창을 대양에 내리 찌른 후 하늘 높이 들어 올렸다. 그리고 창에서 떨어진 물방울들이 거룩한 섬들이 되었다. 물에 노니는 올챙이를 보고 신들은 교미의 비밀을 깨닫는다. 이자나기와 이자나미가 짝을 이뤄 일본 민족을 낳는다. 이자나기의 왼쪽 눈에서 아마테라스, 즉 태양의 여신이 태어나고, 이 여신의 손자 니니기로부터 "대일본(Dai Nippon)"의 거룩하고 중단되지 않는 천황 계보가 탄생한다. 그때부터 지금까지 오직 하나인 일본 천황가가 이어져 왔다.*

보석이 수놓인 창에서 4223개의 물방울이 떨어지고, 일본이라 불리는 군도에 물방울과 같은 수의 섬들이 생겼다.** 이들 중 600여 개 섬에 사람들이 거주하며, 그 크기가 상당한 섬은 그중 다섯에 불과하다. 가장 큰 섬인 혼도 또는

---

* 이 내용의 진실성이 의심스럽다면 그런 이의 제기에 대해 이미 오래전에 답변한 가장 영향력 있는 비평가 모토 오리(Moto-ori)의 말을 들어 보자. "바로 그런 모순성이 기록의 진정성을 입증해 준다. 어느 누가 논지를 벗어나 그렇게 어처구니없고 믿을 수 없는 이야기를 고안했겠는가?"[2]

** "Japan"이라는 말은 "섬들"이라는 뜻의 말레이어인 "Japang" 또는 "Japun"에서 전와된 것 같다. 이 말은 일본어 "Nippon"을 말레이어로 표현한 것이며, "Nippon"은 "태양이 떠오르는 곳"이라는 뜻의 중국어 "Jin-pen"으로도 전와되었다. 일본인들은 대개 "위대하다"는 뜻의 형용사 "Dai"를 "Nippon" 앞에 붙인다.[3]

혼슈는 길이가 1820킬로미터, 폭이 평균 120킬로미터 정도 되며, 면적은 대략 21만 제곱킬로미터로 섬 전체 면적의 절반을 차지한다. 그 지형 조건은 최근 역사처럼 영국과 흡사하다. 사면이 바다로 둘러싸여 외적의 침입으로부터 보호되고, 해안선 길이가 2만 1000여 킬로미터에 이르러 어업이 주요 생업이 되었으며, 지리적 요인과 상업상의 요구로 광범위하게 해양을 지배할 것이 운명 지어졌다. 남쪽에서 불어오는 훈풍과 조류가 산꼭대기의 찬 공기와 어우러져 영국의 기후처럼 비가 많고 흐린 날씨를 이루며,[4] 길이가 짧고 흐름이 급한 강에는 생명체가 풍부하고 토질도 경작하기에 알맞으며 경관 또한 유려하다. 도시 빈민촌을 벗어나면 섬 절반이 마치 개화기의 에덴동산 같다. 산지에는 암석과 진흙 더미가 전혀 없고 후지 산처럼 거의 완벽한 선을 그리며 그 자태가 가히 환상적이다.*

이 섬들이 물방울이 똑똑 듣는 창이 아니라 지진에 의해 형성된 것은 분명하다.[6] 아마도 남미를 제외하고는, 그 어디도 격렬하게 흔들리는 땅에 의해 그렇게 가혹하게 고통을 당하지 않았을 것이다. 서기 599년, 한바탕 웃음소리와 함께 땅이 흔들리고 마을들이 내려앉았다. 운석이 떨어지고 혜성이 불을 번득이며 7월 중순인데도 눈이 거리를 하얗게 뒤덮었다. 기근과 한발이 뒤따르고 수백만 명이 목숨을 잃었다. 1703년에는 지진으로 도쿄에서만 3만 2000명이 목숨을 잃었다. 1885년에 수도가 또 한 번 파괴되었다. 땅이 쩍 갈라져 수천 명을 집어삼켰다. 시체가 짐차로 운반되어 한꺼번에 매장되었다. 1923년에는 지진과 해일, 화재로 도쿄에서 10만여 명, 요코하마와 그 근처에서는 3만 7000여 명이 목숨을 잃었다. 신은 그렇게 요란한 중에도 잠잠할 수 있다는 역사의 교훈을 실증이라도 하듯 자애로운 불상이 흔들리긴 했지만 자세를 흩뜨리지 않고 남아 있는 가운데, 부처를 그렇게 공경했던 가마쿠라는 거의 완전히 파괴되었

---

* 예술가와 승려들이 신성시하는 후지 산(보다 예스러움이 덜한 표현으로는 후지야마)은 완만하게 경사진 원뿔 모양을 하고 있다. 수많은 순례자들이 해마다 3770여 미터를 등정한다. 후지 산(아이누어로 "불"이라는 뜻)은 1707년까지 활화산이었다.[5]

다.[7] 사람들은 신이 창조하고 다스리는 땅이 그렇게 엄청난 재난을 당한 것에 한동안 당혹스러워 했지만, 결국 이 지진을 땅속의 큰 물고기가 잠을 방해받아 몸부림친 것이라 이해했다.[8] 그들은 이 위험한 거주지를 버릴 생각은 전혀 하지 않은 것 같다. 마지막 대지진이 있은 다음 날, 학교 아이들은 산산이 부서진 기와 조각을 글 쓰는 판으로 삼고 부서진 회반죽 조각으로 연필을 대신했다.[9] 국가는 이 가혹한 환경을 끈기 있게 견디면서 불굴의 근면성과 불길한 예감을 느끼게 하는 용기로 이 계속 되풀이되는 잔해에서 일어섰다.

2. 원시 시대

모든 민족이 그러하듯 일본인들의 기원 또한 성운(星雲) 형성 이론 가운데 묻혀 버린다. 세 요소가 어우러져 민족이 형성된 듯하다. "아이누족"을 통해 원시 백인종 계열이 신석기 시대에 아무르 강 지역에서 일본으로 유입된 것 같다. 황인종인 몽골 종족이 기원전 7세기경에 한반도에서부터 또는 한반도를 거쳐 들어왔다. 그리고 흑갈색 피부의 말레이인도네시아 종족이 남방 섬들에서 흘러 들어왔다. 여느 지역들처럼 여기서도 오랜 세월에 걸쳐 앞서 들어온 다양한 계통이 서로 섞이면서 새 민족을 형성하고 새 언어와 문명을 낳았다. 혼혈 과정이 아직 완료되지 않았다는 것은 키 크고 호리호리하며 두상이 긴 귀족층과 작고 뚱뚱하며 넓은 두상을 한 평민층을 대조해 보면 알 수 있다.

4세기경 중국 문헌에는 일본인이 "난쟁이"로 묘사되어 있으며, "그들은 소나 들짐승을 기르지 않고 신분에 따라 다양한 문양으로 얼굴에 문신을 하며 통으로 짠 의복을 입고 끝에 돌이나 쇠를 단 창과 활 및 화살을 부린다. 그들은 신발을 신지 않고 양순하며 일부다처제를 이루고 있고 술을 잘 마시며 장수하는 민족이다. …… 여자들은 몸을 분홍색과 주홍색(물감)으로 칠한다."라는 내용이 추가로 기록되어 있다.[10] 또한 이들 기록에는 "거기는 도적도 없고 소송 사건도 드물다.”라고 언급되어 있다.[11] 문명은 거의 시작되지 않았다. 라프카디오 헌(Lafcadio Hearn)은 애처가다운 통찰력으로 이 초기 시대를 아직 착취와 가난으로 오염되지 않은 에덴으로 그렸으며, 페놀로사(Fenollosa)는 농민층을 자유로운 병사 – 신사(紳士)들로 구성된 것처럼 묘사했다.[12] 서기 3세기에 한반도에서 수공예인들이 건너갔다.[13] 이들 자유 기능공들 아래 상당수 노예 계층이 있었는데, 이 노예들은 죄수와 전쟁 포로들에서 충당되었다.[14] 사회 구성은 일부는 봉건적이고 일부는 부족적이었다. 일부 농민들은 지주 귀족의 토지를 경작했다. 각 씨족 집단은 족장이 주권을 거의 장악하고 다스렸다.[15] 정부는 초기 단계로 느슨하고 약했다.

정령 신앙과 토템 신앙, 조상 숭배와 성(性) 숭배[16] 신앙이 초기 일본인들의 종교심을 만족시켰다. 영(靈)은 하늘의 행성과 별들, 들판의 식물과 곤충들, 나무와 짐승과 사람들 가운데 어디에나 있었다.[17] 수많은 신들이 집과 그 안 동거인들 위를 배회하고 화염과 등불 안에서 춤을 췄다.[18] 사슴 뼈와 거북 껍질을 태워 점을 쳤는데, 점술가들이 불에 탄 후 남은 흔적과 선을 해석하는 형식이었다. 고대 중국 문헌에 의하면, 이런 식으로 “그들은 길흉을 점치고 여행이나 항해를 할지 말지 결정한다.”[19] 죽은 이들이 두려움의 대상으로 숭배를 받았다. 그들이 악의를 품고 이 세상에 큰 해를 끼칠 수 있기 때문이다. 이들을 달래기 위해 값진 물건들, 예를 들면 남자는 검, 여자는 거울을 무덤에 같이 묻었다. 해마다 조상의 위패 앞에서 기원을 드리고 진미를 바쳤다.[20] 이따금 큰 홍수를 그치게 하거나 건물 또는 벽의 안전을 기원해 인간 제물이 바쳐지기도 했다. 때때로 저승에서 죽은 이를 보호하도록 그들이 쓰던 물건을 같이 부장하기도 했다.[21]

일본에서 그 기원이 가장 오랜 종교는 조상 숭배에서 나왔다. 신의 길이라는 뜻의 신도(神道)는 주로 가족의 조상을 섬기는 가족 제사, 씨족 조상을 섬기는 공동체 제사, 죽은 천황 및 창건 신을 섬기는 국가 제사 등 세 가지 형태가 있다. 천황가의 성스러운 시조에게는 천황이나 그 대리인이 매년 일곱 차례 겸허하게 기원을 드렸다. 국가가 산둥〔山東〕성 점령(1914년) 같이 특별히 거룩한 일에 나설 때는 특별한 기원을 드렸다.[22] 신도는 어떤 신조도 정교한 의식도 도덕률도 없었다. 특별한 제사장 제도도, 불멸의 존재나 하늘에 비위를 맞추는 교리도 없었다. 신자에게 요구된 것은 이따금의 참배, 조상과 천황과 지난 과거에 대한 숭상이 전부였다. 그 보응(報應)과 요구 사항이 너무나 간소해 한동안 우월한 지위를 빼앗긴 적도 있었다.

서기 522년, 500여 년 전 중국에 유입된 불교가 대륙을 건너 들어와 급속히 퍼지기 시작했다. 이런 급속한 성장은 두 가지 원인 때문이었는데, 그 하나는 민중의 종교적 갈구였고 또 하나는 국가의 정치적 필요였다. 유입된 것은 불가지론적이고 염세적이며 금욕적이고 열반을 꿈꾸는 석가모니의 불교가 아니라, 아미타불과 관음보살 같은 너그러운 신과 밝고 힘찬 의식, 수호 보살, 개인의 불멸 등을 설파한 마하야나(대승) 불교였다. 더 나은 것은, 더할 수 없는 은총과 함께 경건과 평안, 순종의 온갖 미덕을 가르쳐 국민으로 하여금 정부에 순종하게 했다는 것이다. 이 마하야나 불교는 피지배자에게 자신들의 순박한 운명을 순순히 받아들일 수 있는 그런 소망과 위안을 주었고, 고단하고 단조로운 일상의 삶을 시적인 신화와 기원, 극적이고 화려한 축제로 위로해 주었다. 또한 정치가들이 사회 질서의 원천과 국가 권력의 핵심으로 언제나 환영한 단결심을 국민에게 제공해 주기도 했다.

일본에서 불교가 승리를 거둔 것이 정치 수완 때문인지 아니면 신앙심 때문인지는 확실하지 않다. 서기 586년에 요메이(用明) 천황이 죽자 양대 가문이 무력으로 계승권을 다투었으며, 두 가문 모두 정치적으로 새 강령을 받들었다. 손에 성물을 들고 태어났다는 쇼토쿠 태자가 불교파를 등에 업고 승리를 거둔 후, 스이코 여황을 권좌에 앉히고 29년 동안(592~621년) 성스러운 섬나라를 섭정 통치했다. 그는 불교 사원을 아낌없이 지원하고 승려들을 후원하며 불교 윤리를 국가 율령으로 반포함으로써 일본 불교의 아소카 왕이 되었다. 그는 예술과 과학을 장려하고 한반도와 중국에서 예술가와 장인들을 들여왔으며, 역사를 기록하고 회화 예술을 일으키고 현존 일본 최고(最古) 걸작인 법륭사(法隆寺)를 건축했다.

이 다재다능한 교도자의 노고와 불교가 설법한 온갖 미덕에도 불구하고, 쇼토쿠 태자가 죽은 지 한 세대도 지나지 않아 또 한 번의 격렬한 위기가 일본에 닥쳤다. 야심 찬 귀족 후지와라 가마타리〔藤原鎌足〕가 나카노오에〔中大兄〕 태자와 모의해 정변을 일으킨 것이다. 이로써 일본 정치사상 아주 두드러진 변화가 초래되는데, 이를 일본 역사학자들은 열정 어린 마음으로 "대개혁"(645년)이라 부른다. 법적 후계자가 암살되고 노쇠한 꼭두각시가 권좌에 앉혀졌으며, 내대신(內大臣)이 된 가마타리는 법적 후계자가 되고 이후 덴치 천황이 되는 나카노오에 태자를 통해 일본 정부를 천황 전제정으로 재구축한다. 이제 주권자는 주요 씨족의 수장에서 일본 전 관료의 최고 권력자로 탈바꿈하게 된다. 그가 모든 관리를 임명하고 모든 세금을 직접 거두어들였으며, 영토 내 모든 토지는 그의 것으로 선언되었다. 일본은 느슨한 씨족 연합체 및 반(半)봉건 체제에서 아주 조밀하게 조직된 군주 국가로 급속히 변모해 갔다.

3. 천황 시대

이때부터 천황은 아주 인상적인 칭호를 보유하게 된다. 가끔 천자(天子)라 불렸으며, 대개는 천황(天皇)으로, 그리고 드물게 "존엄한 문"이란 뜻의 미카도(Mikado, 신문(神門))라고 불렸다. 천황은 죽은 후에 새 호칭이 주어지고, 생전에 가졌던 본명과는 전혀 다른 이름으로 역사에 알려지는 영예를 누렸다. 천황은 천황가의 혈통 유지를 위해 원하는 만큼의 배우자를 둘 수 있었다. 또한 승계권도 반드시 장자가 물려받은 것은 아니었으며, 장자 또는 권좌를 차지하기에 가장 강하거나 가장 약할 것 같은 일족의 한 인물에게 계승되었다. 교토시대 초기의 천황들은 신앙심에 마음이 기울어 일부는 양위하고 불교 승려가 되었으며, 어떤 이는 부처를 모욕하는 처사라 하여 어업을 금지했다.[23] 그 가운데 요제이 천황은 특이한 예외 인물로 과감하게 군주정을 시도했다. 그는 사람들을 나무에 기어오르게 한 후 활을 쏘아 떨어뜨리고 처녀를 거리에서 생포해 현악기 줄로 묶은 후 연못에 내던지기도 했으며, 수도를 말 타고 내달리며 시민들을 채찍질하기를 즐겼다. 일본 역사상 아주 드물게 불경스러운 정치 소요가 일어나고 마침내 신하들이 그를 폐위시켰다.[24] 서기 794년, 정부가 나라(奈良)에서 나가오카(長岡)로, 곧이어 교토(京都, "평화의 수도")로 이전되었다. 교토는 이후 400년간(794~1192년) 수도가 되며, 대부분의 역사가들은 이 시기를 일본의 황금 시대라 부른다. 1190년의 교토는 50여 만 명이 거주하는 대도시여서 콘스탄티노플과 코르도바를 제외하고는 당시 유럽 어느 도시보다 인구가 많았다.[25] 도시 일부 구역은 서민들의 허름한 누옥이 점유하고 있었는데, 이들은 그 궁핍한 가운데서도 명랑한 마음으로 생활했던 것 같다. 또 다른 구역은 신중하게 구별되었는데 거기는 귀족과 천황가의 정원 및 궁전이 자리 잡고 있었다. 궁정 사람들은 그에 걸맞게 "구름 위의 거주자들"이라 불렸다.[26] 다른 지역들처럼 여기서도 그렇게 차별된 사회 속에서 문명과 기술이 진보해 갔다. 초창기의 어설픈 평등은 다양한 능력과 신분, 특권에 따라 부가 차이나면서 필연적으로 이어지는 불평등에 자리를 내주었다. 후지와라(藤原), 다이라(平), 미나모토(源), 스가와라(菅原) 등의 명문가가 일어나 천황을 세우거나 폐하고 이탈리아 르네상스처럼 혈기 방장하게 서로 세력을 다투었다. 스가와라 미치마네(菅原道眞)는 문학을 후원하여 일본인들의 사랑을 받았다. 그는 현재 문학의 신으로 숭상되고 있으며, 그를 기려 매달 25일이 휴교일로 지정되었다. 젊은 쇼군(將軍) 미나모토 사네토모는 암살되던 날 아침 가장 순결한 일본 시 형식으로 다음과 같이 간결하게 그 유명한 시를 지었다.

내가 더 이상 돌아올 수 없다면,
내 집 문 옆 자두나무야,
봄을 잊지 마라,
신실하게 꽃피우는 봄을.[27]

후지와라 가(家)에 의해 옹립된 가장 위대한 천황인 계몽 군주 다이고 천황(898~930년)의 치세 아래 일본은 중국의 화려한 문화를 받아들이고 경쟁하기 시작했으며, 이후에는 당(唐)나라의 전성기 시절만큼 번영을 구가했다. 중화 제국에서 종교를 들여온 일본인들은 같은 곳에서 복장과 경기, 요리법과 저술, 시와 통치술, 음악과 예술, 조경과 건축을 계속 들여왔다. 그들의 멋진 수도, 나라와 교토조차 장안(長安)을 모방했다.[28] 일본은 오늘날 유럽과 미국 문화를 도입한 것처럼, 1000여 년 전에 중국 문화를 도입한 것이다. 그들은 이 외국 문화를 처음에는 조급한 마음으로 서둘러 그다음에는 차분하게 가려서 받아들였으며, 자신들의 정신과 기질을 악착같이 유지하면서 도입한 새 방식을 열정적으로 그 옛날 원래 목적에 맞추어 갔다.

번창한 이웃 국가에 고무되고 장기간의 안정된 정치에 힘입어 일본은 이제 황금 시대의 전성기라 여겨지는 엔기(延喜) 시기(901~922년)로 들어선다.* 부가 축적되고 축적된 부는 세련되고 화려하며 기품 있는 상류 사회의 삶에 집중되어, 메디치 가의 궁정과 프랑스 계몽 시대의 "상류층 사교계"가 출현하기까지는 이에 견줄 만한 경우가 거의 없었다. 격조 높은 시와 의상, 세련된 생활 방식과 예술, 전국적으로 표준화된 학문과 취향 등 이제 교토는 프랑스의 파리와 베르사유가 되었다. 모든 욕구가 자유롭게 발현되고 채워졌다. 미각을 돋우기 위해 새 요리법이 고안되고 미식가와 식도락가들의 연회를 채웠다.[30] 모든 영주와 귀부인들이 비단옷을 입고, 그 옷소매는 다채롭고 화려한 색상으로 수놓아졌다. 음악과 춤이 사원 및 궁정 생활을 화려하게 장식했으며, 귀족 저택은 외부 조경이 매혹적으로 꾸며지고 내부도 청동과 진주, 상아, 황금, 목재 등으로 아주 정교하게 상감 세공된 채 화려하게 마감되어 기품을 더했다.[31] 문학이 번성했고 도덕은 쇠퇴했다.

이처럼 화려하고 세련된 시대는 덧없이 짧은 게 보통이다. 흥망성쇠하는 교

---

* 페놀로사의 열광적인 표현에 의하면 "'엔기'라 명명된 이 시기는 중국의 명황(明皇) 때가 그런 것처럼 일본 문명의 절정기였음이 분명하다. 중국에서든 일본에서든 그렇게 풍요롭고 화려하며 자유로운 천재들이 넘쳐 났던 때가 다시 없었을 것이다. …… 대체로 일본뿐 아니라 아마 전 세계적으로도 그렇게 절묘하게 정신과 육체 모두에 기여한 문화와 화려하고 세련된 삶은 다시 없었다."[29]

역과 성급한 착취 그리고 전쟁으로 인해 언제든 붕괴될 수 있는 부에 불안하게 의존해 있기 때문이다. 궁정의 사치로 인해 마침내 국가 재원이 고갈되고, 도를 넘어 의기양양해진 문화는 관직을 무능한 삼류 시인으로 채웠으며, 알게 모르게 악취 가득한 부패가 만연해져 결국 관직이 돈으로 매매되기에 이르렀다.[32] 부자들 간의 사치가 심해질수록 평민들 사이에도 범죄가 늘어 갔다. 육지와 해상에서 도적 떼와 해적 무리들이 활개 쳐 백성과 천황을 가리지 않고 약탈했다. 궁정으로 세금을 운반하던 세관원들이 도중에 약탈을 당했다. 각 지방과 수도에까지도 도적 떼들이 무리를 지어 극성을 부렸다. 우리 시대처럼 한동안 일본에서 가장 악명 높은 범죄가 극성을 부려 어떻게 손써야 할지 모를 지경이었다.[33] 호전적인 기상과 군사 조직, 방위 체제가 해이해짐에 따라 정부는 냉혹한 정치꾼의 강습에 전혀 대처하지 못했다. 명문가들이 사병을 양성하고 내전 시대로 돌입해 천황 지명권을 놓고 격렬하게 서로 다투었다. 각 씨족 수장들이 또다시 거의 독립적인 영주로 입지를 굳히는 동안, 천황은 나날이 무력해져 갔다. 강력한 중앙 정부와 봉건적인 지방 정권 간의 대립이 옛날처럼 다시 한 번 재개된 것이다.

4. 독재자들

이런 상황에 자극받아 일련의 군사 독재자들이 들고 일어나 다양한 계층에 전권을 행사하면서, 천황에 대해서는 일본의 신성을 대변할 만큼만 인정하고 최소 경비만 지원했다. 천황 군대와 치안대가 도적 떼를 더 이상 제어하지 못하고 쇼군만이 그들을 약탈로부터 보호해 줄 수 있었기 때문에 농민들은 천황 대신 쇼군, 즉 장군들에게 세금을 냈다.[34] 유럽과 동일한 사유로 일본에서도 봉건 제도가 지배하게 되었다. 멀리 떨어진 중앙 정부가 안전과 질서를 유지하지 못하자 지방 권력이 세력을 확장해 간 것이다.

  1192년경 미나모토 가(家) 일원인 요리토모 가 병사와 가신 들을 소집해 독립 정권을 수립하고 자신의 영지 이름에 따라 "가마쿠라 막부(幕府)"라는 이름을 얻었다. "막부"라는 용어는 원래 군직(軍職)을 의미해 막 등장하고 있는 새 정권의 성격을 흐릿하게 보여 주었다. 1198년에 대(大)요리토모가 갑자기 죽고,* 일본 속담에 "위대한 인물에게는 씨가 없다."[36]라는 말이 있듯이 그의 허약한 아들이 뒤를 잇는다. 이어 1199년에 경쟁 가문이 호조(北條) 섭정 정부를 세우고 천황을 다스린 쇼군을 134년 동안 다스리게 된다. 쿠빌라이 칸이 이 삼두 정치 체제를 기화로 일본 정벌을 기도했다. 고려(高麗)가 나름의 정세 판단에 따라 일본 세력을 견제해 풍요로운 땅이라 말했던 것이다. 쿠빌라이는 중국 시인들이 숲이 초토화되었다고 한탄할 정도의 대규모 함대를 조직했다.[37] 영웅심에 고취된 일본인들은 함선 수를 7만여 척이라 말했지만, 객관성을 견지한 역사가들은 그 규모를 함선 3500여 척에 병사 10만여 명 정도로 추산한다. 1291년 말엽 이 거대 함대가 일본 연해에 모습을 드러냈다. 용감한 섬사람들은 상대적으로 작은 규모의 함대를 급조해 이에 맞섰다. 그러나 규모가 더 작으면서도 더 유명한 무적함대의 경우처럼,** 그 유명한 "대풍(大風)"이 불어 막강한 칸의 함선을 암초에 부딪혀 파선시켰으며, 이로 인해 병사 7만여 명이 익사하고 나머지 생존자들은 여생을 일본에서 노예로 보냈다.

  1333년, 이제는 호조 가(家)의 차례였다. 그들 역시 권력에 중독되었고, 세습 통치권은 폭군과 비범한 인물들에서 겁쟁이와 멍청이들로 유전되었다. 이 혈통의 마지막 인물 호조 다카토키(北條高時)는 개를 무척 좋아해 세금 대신 개를 바치게 하고 4000~5000여 마리나 되는 개를 길렀다. 그는 이 개들을 금은으로 장식된 개집에 키우며 생선과 가금으로 사육하고 개가 끄는 마차로 산책을 즐겼다. 당시의 고다이고 천황이 자기 후견인의 이런 퇴행 현상을 보면서 천황권

---

* 전승에 의하면 요리토모와 말이 그가 죽인 형제의 유령을 보고 공포에 질리고, 말이 비틀거리면서 낙마해 몇 개월 후 53세의 나이로 죽었다고 한다.[35] 이 이야기는 그의 정적들이 증언한 말이다.

** 1588년에 영국 해협에 도착한 스페인 무적함대의 규모는 함선 120척에 병사 수는 2만 4000여 명 정도였다.[36a]

회복 기회를 감지했다. 미나모토 가(家)와 아시카가 가(家)가 그에게 다시 모여 천황군을 이끌고 수많은 전투에서 승리를 거둔 후 마침내 섭정 정부를 꺾었다. 다카토키와 870명의 가신 및 장수들은 사원으로 퇴각해 마지막 술 한 잔을 마신 후 할복을 행했다. 그들 중 한 명이 자기 손으로 몸속의 내장을 끄집어낸 후 "이것이 술의 향기를 더해 줄 것이다."라고 말했다.[38]

아시카가 다카우지[足利尊氏]가 천황을 도와 복위시킨 후 천황에게서 등을 돌렸다. 그는 자신을 진압하러 보낸 군대를 교묘한 책략과 배신으로 물리치고 고다이고 천황 대신 허수아비 천황 고곤[光嚴]을 앉힌 후 교토에 아시카가 막부를 세웠다. 아시카가 막부는 이후 250년간 혼란과 간헐적인 내전을 겪으며 일본을 통치하게 된다. 부분적으로 이 시대의 무질서는 아시카가 독재자들의 보다 고귀한 측면, 즉 예술에 대한 사랑과 후원이 원인으로 작용했다는 것이 고려되어야 한다. 분쟁에 염증을 느낀 요시미쓰는 관심을 회화로 돌려 당대의 위대한 예술가가 되었다. 요시마사는 많은 화가들과 친교를 나누며 예술을 후원해 이 분야의 식견 있는 전문가가 되었다. 그와 그의 동인들이 수집한 작품들은 오늘날 수집가들이 가장 탐내는 작품들이다.[39] 하지만 그 반면 국가 운영의 일상 업무를 소홀히 함으로써, 부유한 쇼군도 빈곤한 천황도 이제는 공공의 안전과 평화를 유지할 능력을 상실하게 된다.

일본 역사상 그 유명한 3인의 정치꾼이 등장하게 된 역사적 배경은 바로 이런 혼란과 해이함, 그리고 질서를 회복할 지도자를 요청하는 국가적 소명감이었다. 전승에 의하면 젊은 시절 노부나가와 히데요시 그리고 이에야스는 단일 국가 회복을 함께 결의하고, 누가 되었던 천황의 승인을 얻어 일본을 통치할 수 있도록 그의 가신이 되어 충성하기로 엄숙히 서약했다고 한다.[40] 노부나가가 처음 시도했다가 실패하고, 히데요시가 두 번째로 시도해 거의 성공하기 직전에 죽고, 이에야스가 자기 때를 기다리다가 마지막으로 시도해 마침내 도쿠가와 막부를 창건하여 인류 역사상 가장 긴 평화 시기와 예술에 있어 가장 풍요로운 한 시대를 개시한다.

5. 위대한 원숭이 얼굴

일본인들이 훈계조로 언급하는 것처럼, 엘리자베스 여왕과 악바르가 위대한 히데요시와 같은 시대에 살았다. 그는 농부의 아들이었으며, 친구들과 이후 자기 가신들로부터도 사루멘 간자(猿面奸邪), 즉 "원숭이 얼굴"이라 불려 그 추한 용모에 있어서는 공자(孔子)도 비교되지 않을 정도였다. 그의 부모는 그를 훈육할 수 없어 절로 보낸다. 하지만 히데요시는 승려들도 마찬가지로 조롱하고 소동을 일으켜 절에서도 쫓겨나고 만다. 그는 여러 직업을 전전하면서 서른 일곱 차례나 쫓겨난다.[41] 그는 도적이 되었고, 법을 대적하기보다는 이용하기로 마음먹고 사무라이의 시종(즉 검을 나르는 사람)이 되어 주군의 목숨을 구해 준 후 검의 휴대를 허락받는다. 그는 노부나가와 의기투합해 그를 도와 장수뿐만 아니라 책사로서도 활약하고, 노부나가가 죽자(1582년) 본토 정복에 나선 반도들의 우두머리가 된다. 3년도 지나기 전에 히데요시는 제국의 절반을 차지하여 무능한 천황을 탄복시키고 한반도와 중국을 정벌할 자신감을 가진다. 그는 천황에게 겸허히 다음과 같이 말했다. "폐하의 용맹한 군사력에 힘입고 조선의 군대를 이끌고 가 전 중국을 지배하려 합니다. 이 뜻이 이루어지면 세 나라(중국, 조선, 일본)가 하나가 될 것이며, 이는 두루마리를 둘둘 말아 팔에 끼는 것처럼 쉽게 이루어질 것입니다."[42] 그는 혼신의 노력을 기울였지만 지독한 한 조선 장수가 모니터호(號)와 메리맥호(모두 미국 남북 전쟁 때의 남북군 철갑선 – 옮긴이)를 미리 표절하기라도 한 듯한 철갑선을 고안해 히데요시가 파병한(1592년) 함선을 연이어 격파했다. 72척의 함선이 하루 새에 침몰하여 바다가 피로 물들여졌으며, 48척이 뭍에 다다른 후 일본군에 의해 버려지고 승리한 조선군에 의해 불타 버렸다. 승리를 판가름하는 승전이 없이 승리와 패배가 계속 교차된 후, 한반도와 중국의 정벌 계획은 20세기가 될 때까지 유예되었다. 조선 왕은 다음과 같이 말했다. 히데요시는 "조가비에 대양을 담으려 했다."[43]

한편 히데요시는 자신이 세운 섭정을 안정적으로 지배했다. 그는 300여 명의 첩을 두었지만, 오래전에 헤어진 농민 출신 아내에게 상당한 금액의 위자료를 주기도 했다. 또한 옛 주인 중 한 명을 존경해 도제 시절 훔친 돈을 이자까지 쳐서 갚아 주었다. 그는 감히 천황에게 쇼군 칭호를 하사하도록 요청하지 않았다. 하지만 당대인들은 대신 그를 "위대한 주군"이란 뜻의 "다이코〔太閤〕"라는 호칭으로 불렀으며, 이 호칭은 문헌학상의 한 특징인 유별난 변천 과정을 겪으며 오늘날 "다이쿤〔大君〕"이라 불린다. 한 선교사가 말한 것처럼,[44] "교활하고 간사하여 믿을 수 없는" 그는 모든 금속제 무기를 교토의 대불(大佛) 제작에 쓰일 재료로 기부하도록 지시함으로써 교묘히 사람들을 무장 해제시켰다. 그는 신앙심은 없었던 것 같으며, 단지 야심 또는 정치적 목적으로 종교를 이용하였다.

그리스도교는 1549년에 아주 고매한 인품을 지닌 최초의 예수회 선교사 프란시스 자비에르(St. Francis Xavier)에 의해 일본에 전래되었다. 그가 세운 작은 공동체는 급속히 성장해, 그가 일본에 들어온 후 한 세대도 지나지 않아 제국 내에 예수회 선교사가 70여 명, 개종자가 15만여 명에 이를 정도로 교세가 확장되었다.[45] 그들은 특히 나가사키〔長崎〕에 많이 거주해 이 교역 항을 그리스도교 도시로 바꾸고, 이 지방 영주 오무라를 설복해 직접 조치를 내려 새 신앙이 전파되도록 했다.[46] 라프카디오 헌에 의하면 "나가사키 영내의 불교 세력이 완전히 제압되었으며, 승려들도 핍박을 받고 쫓겨났다."[47] 이 종교적 침공에 당황하고 그 정치 의도를 의심한 히데요시는 악덕한 일본 내 예수회 총책임자에게 사자를 보내 다음 다섯 가지 질문에 분명히 답할 것을 요구했다.

1. 왜, 그리고 무슨 권한으로 그(악덕한 총책임자)와 그 수도사들(종교 집단 성원들)은 히데요시의 백성이 그리스도교도가 되게 하는가?

2. 왜 그들은 자신의 제자들과 열렬한 신자들이 사원을 전복시키도록 권하는가?

3. 왜 그들은 불교 승려를 핍박하는가?

4. 왜 그들과 포르투갈인들은 황소나 암소 같은 동물을 먹었는가?

5. 왜 그들은 자기 나라 상인들이 일본인들을 사서 인도에 노예를 팔도록 했는가?[48]

질문의 대답에 만족하지 못한 히데요시는 1587년에 다음과 같이 칙령을 반포한다.

외국 수도사들이 우리 영토에 들어와 일본 법과 상반되는 법을 가르치며, 대담하게도 우리 (본토 신(神)) 가미와 호토케에 바쳐진 사원을 파괴했다는 보고를 받았다. 이 불법 무도한 행위는 가장 혹심한 형벌을 받아 마땅하지만, 자비를 베풀어 20일 이내에 일본을 떠날 것을 명한다. 그렇지 않으면 사형에 처해질 것이다. 이 기간 동안은 이들에게 아무 해도 가해지지 않을 것이다. 그러나 이 기간이 지난 후에 우리나라에서 발견되는 이들은 체포되어 가장 큰 중죄인으로 처벌할 것이다.[49]

이런 혼란의 와중에서도 이 위대한 정치꾼은 예술가들을 격려하고 노(能) 공연에 참석했으며, 센리큐우(千利休)를 후원해 일본 요업의 자극제이자 일본인 생활의 일부이기도 한 다도(茶道)를 정립하게 했다. 그는 이에야스로부터 에도(江戸)(오늘날의 도쿄)를 새 도읍으로 정하고 자기 아들 히데요리(豊臣秀頼)를 섭정 후계자로 세울 것을 약속받은 후 1598년에 세상을 떠났다.

6. 위대한 쇼군

히데요시가 죽은 후 이에야스는 자신은 사무라이 규범이 요구하는 것처럼 손가락이나 잇몸이 아니라, 귀 뒤쪽 생채기에서 맹세의 피를 흘렸다고 변명했다. 따라서 맹세는 효력이 없어져 버렸다.[50] 그는 세키가하라(関ヶ原) 전투에서 4만여 명을 죽이면서 경쟁자를 압도적으로 물리쳤다. 히데요리에 대해서는 자

신의 때가 무르익어 그 생명이 위태롭게 될 때까지 그대로 두었다가 순순히 복종할 것을 제안했다. 이를 거절당하자 그는 히데요리가 세운 거대한 오사카〔大阪〕성을 포위하여 함락시키고 젊은 히데요리는 할복했다. 이에야스는 히데요리의 모든 자녀를 죽여 자기 권력을 확고히 했다. 그 후 이에야스는 전쟁 때처럼 민첩하고 냉정하게 평화를 구축하고 유능하게 통치하였으며, 이후 일본은 8세대 동안 그가 세운 원칙과 그 후손들에 의해 지배될 수 있었다.

그는 가치관이 분명한 사람으로 삶의 여정 중에 자신의 도덕률을 정립했다. 아주 기품 있는 한 여인이 그를 찾아와 그의 부하 한 명이 자기 남편을 죽이고 자기를 차지하려 했다고 하소연하자, 이에야스는 그 부하에게 할복을 명하고 그 여인을 자기 첩으로 삼았다.[51] 소크라테스처럼 그도 지혜를 유일한 덕으로 간주했다. 그는 유서에 지혜에 이르는 길을 기록하여 죽을 때 가족에게 유산으로 남겨 주었다.

인생은 무거운 짐을 지고 가는 긴 여정과도 같다. 그러므로 천천히 꾸준하게 걸어간다면 비틀거려 넘어지지 않을 것이다. 불완전하고 불편한 삶은 죽을 수밖에 없는 인생의 당연한 운명이며, 불만을 가질 필요도 절망할 필요도 없다는 것을 명심하라. 야심이 마음에서 일어나면 지나온 시련의 때를 돌아보라. 평안과 확신은 언제나 인내에서 나온다. 분노를 원수처럼 여겨라. 정복할 줄만 알고 패배할 줄 모르는 이는 화가 있으리니, 험난한 날들이 그를 기다릴 것이다. 다른 이들의 결점보다는 자기 약점을 돌아보아라.[52]

무력으로 권력을 장악한 그는 일본에는 전쟁이 더 이상 필요하지 않다고 생각하고 평화를 위한 길과 미덕을 함양하는 데 전심을 다했다. 사무라이의 상무 정신을 진정시키기 위해 그는 문학과 철학을 연구하고 예술 활동에 이바지하도록 그들을 격려했다. 그가 세운 통치 질서 아래 문화가 번성하고 군국적 풍토는 쇠퇴했다. 그는 "국민이 제국의 기초다."라고 말하고,[53] "홀아비와 과부, 고아, 홀로된 자들"에게 특별한 관심을 기울일 것을 후계자들에게 호소했다. 하지만 그에게 민주적 경향이 있었던 것은 아니다. 그가 생각하기에 가장 중한 범죄는 불순종이었다. 자기 신분을 이탈한 "놈"은 그 자리에서 목이 베이고, 모반자의 가족은 모조리 사형에 처해져야 했다.[54] 그가 판단하기에 인간 실생활에 가장 적합한 제도는 봉건 제도였다. 이를 통해 중앙 권력과 지방 권력 간에 합리적인 균형이 이루어지며, 사회·경제 질서가 자연스럽게 형성되고 후대로 끊임없이 이어지며, 전제 권력의 개입 없이 사회가 지속될 수 있을 것이기 때문이다. 이에야스가 지금까지 알려진 가장 완벽한 형태의 봉건 정부를 구성했다는 점이 인정되어야 한다.[55]

대부분의 정치가들처럼 그도 종교를 주로 사회 기강 유지를 위한 하나의 기관으로 간주했으며, 신앙의 다양성 인정을 기화로 적대적인 교의가 혼란을 야기해 이 미덕이 상당 부분 훼손됨을 유감스러워했다. 그의 순전히 정치적인 사고방식에 의하면, 신도(神道)와 불교가 자연스럽게 조합된 일본 국민의 전통 신앙은 국민을 정신적 통일과 도덕 질서, 애국적 헌신으로 결집시킬 수 있는 더할 수 없이 소중한 매체였던 것이다. 애초에는 악바르처럼 관대한 마음과 드넓은 통찰력으로 그리스도교를 바라보고 히데요시의 격한 칙령이 집행되지 않도록 했지만, 그리스도교가 편협한 성향을 띠고 전통 신앙을 우상 숭배라 통렬히 비난하며 그 열광적이며 교조적인 성격으로 개종자와 국가 사이 뿐 아니라 새 개종자들 사이에서도 불화를 일으키자 그는 마음에 동요를 일으킨다. 선교사들이 가끔 정복자들의 앞잡이 노릇을 하고 여기저기서 일본인의 이익에 반해 공모한다는 사실이 확인되자, 마침내 그는 분노를 폭발했다.[56]* 1614년 그는 일

---

* 1596년에 스페인의 한 갤리온선이 일본 선박들에 의해 일본의 한 항구로 끌려가면서 의도적으로 암초에 부딪히도록 해 두 동강 난 후 그 지방 영주에 의해 약탈을 당했다. 사유는 일본 법에 의하면 일본 연안에서 좌초된 모든 배는 당국이 접수한다는 것이었다. 격분한 선원 란데초는 히데요시의 측근 마스다에게 항의했다. 마스다는 어떻게 그리스도 교회가 그렇게 많은 영토를 쟁취해 한 사람에게 바칠 수 있는지 물었고, 외교가가 아니라 뱃사람이었던 란데초는 다음과 같이 대답했다. "우리 왕은 정복하려는 나라에 먼저 수도사들을 보내 그 국민이 우리 종교를 받아들이게 합니다. 그들이 상당한 진전을 보이면 군대가 파견되어 새 개종자들과 합류합니다. 그러면 우리 왕은 별로 힘들이지 않고 나머지를 얻을 수 있습니다."[57]

본에서의 그리스도교 포교를 금지하고 모든 개종자에게 국가를 떠나든지 신앙을 부인하도록 명했다. 많은 성직자들이 법망을 피해 가고 일부가 체포되긴 했지만, 이에야스 생전에는 아무도 처형되지 않았다. 그러나 그의 사후에 관료들의 분노가 그리스도교도들을 향하고 격렬하고 잔인한 박해가 계속 이어져 일본에서 실질적으로 그리스도교가 분쇄되었다. 1638년에 잔존한 그리스도교도 3만 7000여 명이 시마바라〔島原〕 반도에 모여 그곳을 요새화하고 신앙의 자유를 위한 최후 거점으로 삼았다. 이에야스의 손자 이에미쓰가 이들을 진압하기 위해 대규모 군대를 보내고, 3개월간의 공성 끝에 이 요새는 마침내 함락되었으며 생존자 105명 전원이 거리에서 학살되었다.

이에야스와 세익스피어는 죽을 당시 같은 시대 인물이었다. 이 대담한 쇼군은 다음과 같이 간단한 교훈을 남기며 아들 히데타다에게 권력을 물려주었다. "백성을 돌보아라. 덕을 베풀기에 힘쓰라. 나라 보호하기를 게을리하지 마라." 또한 자신의 임종을 지킨 귀족들에게도 공자와 맹자의 전통을 그대로 이은 유훈을 남겼다. "이제 내 아들이 성년이 다 되었으므로 국가의 장래에 대해 아무 염려가 없다. 하지만 내 후계자가 통치상 중대한 과실을 범한다면 그대들이 직접 국사를 맡아보기 바란다. 국가는 한 사람의 것이 아니며 국민 전체의 것이기 때문이다. 내 후손이 죄를 범해서 권력을 잃는다면, 나는 이를 전혀 유감스러워하지 않을 것이다."[58]

그의 후손들은 그렇게 오랜 기간 동안 대개의 군주들이 할 수 있는 것보다 훨씬 잘 처신했다. 히데타다는 해롭지 않은 범재(凡才)였다. 이에미쓰는 터전을 더욱 확고히 다지고 군림하지만 다스리지는 않는 천황을 실제 권력의 자리로 복위시키려는 운동을 단호히 제압했다. 쓰나요시는 문학가들과 가노 및 도사 같은 대표적인 회화 유파를 아낌없이 후원해 겐로쿠 시대(1688~1703년)를 활짝 꽃피웠다. 요시무네는 재정이 유달리 적자 상태였던 바로 그때 가난 퇴치라는 언제나 재발 가능한 과업에 분투했다. 그는 널리 상인 계층으로부터 자금을 빌리고 부자들의 사치를 질타했으며, 쉰 여 명의 가장 아름다운 궁녀를 퇴출시킬 정도로 정부 경비를 최대한 절감했다. 또한 최고 법정 관저 앞에 투서함을 설치해 백성들이 정부 방침이나 관료들에 대한 불만을 토로할 수 있게 했다. 한번은 야마시타라는 사람이 그의 전 행정 관료들을 신랄하게 비난하는 글을 올렸는데, 요시무네는 그 글을 공개 석상에서 크게 읽히도록 하고 그 솔직한 비판을 크게 상 주었다.[59]

"장구한 일본 역사에 있어 가장 행복했던 시기는 도쿠가와 시대"였다는 것이 라프카디오 헌의 평가다.[60] 과거를 완전히는 이해할 수 없고 단정 지을 수도 없지만, 역사는 동일한 결론에 이르는 경향이 있다. 오늘날의 일본을 바라보면, 불과 백여 년 전에 이렇게 흥미로운 섬나라에서 사람들이 가난하지만 자신의 삶을 기꺼워하며, 군사 계급 지배하의 오랜 평화 시기를 누리고 평온한 은둔 상태에서 최고 수준의 문학과 예술을 추구하며 살았다고 그 누구도 믿기가 어려울 것이다.

29장 정치와 도덕의 기초

이제 1853년에 종말을 고한 일본을 평가하려 할 때, 8000여 킬로미터나 떨어져 있고 피부색과 언어, 정부와 종교, 생활 방식과 도덕, 성격과 이상, 문학과 예술 등에 있어 너무나 차이가 나는 한 민족을 이해한다는 것은 그들과 싸우는 것만큼이나 어려울 수 있다는 사실을 기억해야 한다. 헌(Hearn)은 당대 어떤 서구 지식인들보다 일본에 대해 잘 알고 있었음에도, "일본인의 표면적인 삶 배후에 깔려 있는 토대를 인지하고 이해하는 것은 실로 어려운 일이다."라고 말했다.[1] 한 친절한 일본인 평론가는 서구인에게 다음과 같이 말했다. "당신들이 우리에 대해 아는 지식은 스쳐 지나가는 여행자의 신뢰하기 어려운 일화가 아니라면 우리의 방대한 문학을 투박하게 번역한 것을 근거로 한 것에 지나지 않는다. …… 우리 아시아인들은 우리에 대한 호기심에 의해 사실과 상상을 두루

얽어 지어낸 이야기를 들을 때면 소름이 오싹 돋는다. 우리는 생쥐나 바퀴벌레, 또는 연꽃의 향기 위에 사는 것처럼 그려지기 때문이다."[2] 따라서 아주 적을지라도 직접 얻은 지식을 바탕으로 일본인의 문명과 성격에 대해 잠정적으로 접근하는 것이 상책이라 여겨진다. 물론 각 연구자는 오랜 기간에 걸친 개인 경험을 통해 이를 수정해 가야 할 것이다. 가장 명심해야 할 사항은 누구든 착오를 범할 수 있다는 사실이다.

1. 사무라이

이론상으로 국가 최정상에는 신격화된 천황이 있었다. 실제 지배 가문, 즉 세습 막부는 통치가 계속 이어진다는 인상적이고 유용한 허구를 유지하기 위해 천황과 궁정에 매년 2만 5000달러 상당의 금액을 할애했다.* 많은 궁정인이 생계유지를 위해 가내 수공업에 종사했다. 어떤 이는 우산을, 어떤 이는 젓가락이나 이쑤시개, 놀이 카드 등을 만들었다. 도쿠가와 쇼군은 사람들로부터 격리시키든지, 여자들에게 둘러싸이게 하든지, 유약하고 게으르게 만들든지 어떤 방법을 쓰든 천황에게 전혀 권한을 허용하지 않는 것을 원칙으로 삼았다. 천황가(家)는 기꺼이 권력을 양도했으며 귀족풍 복장으로 만족했다.[3]

한편 쇼군은 서서히 늘어 가는 부로 호사스러운 생활을 하며 명목상으로는 천황에게 속한 특권을 자신이 누렸다. 그가 소가 끄는 마차나 가마를 타고 거리에 나서면 치안대에 의해 길에 늘어선 모든 집과 위층 창문이 폐쇄되고 불도 모두 꺼지고 개와 고양이도 모두 묶였으며, 백성들은 손을 땅바닥에 대고 무릎을 꿇고 머리를 조아려야 했다.[4] 쇼군은 개인적으로 많은 시종을 거느렸는데, 여기에는 언제든 자신을 즐겁게 해 줄 네 명의 광대와 여덟 명의 교양 있는 가

---

* 이 금액은 현재 미국 통화로 환산하면 25만 달러에 상당할 것이다.

희들도 포함되어 있었다.[5] 그는 열두 명으로 구성된 내각의 보좌를 받았는데, 최고위직인 "다이로[大老]"와 다섯 명의 "로주[老中]", 로주를 보좌하는 여섯 명의 "와카도시요리[若年寄]"로 구성되었다. 중국의 경우처럼 감찰 기관이 모든 행정 관료를 감독하고 봉건 영주들을 감시했다. 이들 영주, 즉 다이묘[大名]는 공식적으로는 천황에 대한 충성만 인정했다. 또한 사쓰마[薩摩])를 다스린 시마즈[島津] 가문 같은 다이묘는 쇼군 권력을 견제하는 데 성공하고 마침내는 그를 전복시키게 된다.

영주 밑에는 가신이, 가신 밑에는 무사들이 있었다. 영주를 섬기는 사무라이, 즉 검을 휴대한 경호인들은 백만 명이 넘었다. 일본 봉건 사회를 움직인 기본 원리는 신사(紳士)는 모두 병사이고 병사는 모두 신사라는 것이었다.[6] 신사는 병사이기보다 학자여야 한다고 생각한 평화 시대 중국과 일본의 가장 두드러진 차이점이 바로 여기에 있었다. 중국의 『삼국지연의(三國志演義)』 같은 박진감 넘치는 소설을 사랑하고 부분적으로 흉내 내기도 했지만, 사무라이는 학문 자체는 경멸하고 학문에 조예가 깊은 이를 책 냄새에 취한 자라 불렀다.[7] 이들에게는 많은 특권이 주어졌다. 세금이 면제되고 그들이 섬긴 영주들로부터 쌀로 녹봉을 받았으며, 이따금씩 국가를 위해 목숨을 바치는 일 외에는 어떤 노역도 하지 않았다. 그들은 사랑을 품위 있는 놀이처럼 가볍게 여기고 그리스풍의 우정을 선호했으며, 도박과 싸움을 일삼고 사형 집행인으로서 사형수의 목을 자르는 목적으로 검을 소지했다.[8] 이에야스의 유명한 말에 의하면 그의 검은 "사무라이의 영혼"이었고, 오랜 기간의 국가적 평화를 고려하면 두드러지게 자주 사용되었다. 이에야스에 의하면[9] 그에게는 그의 법을 어긴 하층민들의 목을 즉시 벨 수 있는 권한이 있었다. 새 검을 마련하여 시험해 보고 싶으면 그는 개를 대하듯 걸인을 대상으로 시험했던 것 같다.[10] 롱포드(Longford)는 다음과 같은 일화를 소개한다. "한 유명한 검객이 새 검을 장만해 니혼 바시[日本橋](에도 중심지에 있는 다리) 옆에 자리를 잡고 시험해 볼 기회를 기다렸다. 이윽고 한 살찐 농부가 술에 취한 채 흥겨워하며 지나가고, 이 검객은 그를 배나무 자르듯 머리 정수리부터 가랑이까지 일직선으로 잘랐다. 그 농부는 계속 자기 길을 걸어갔고, 한 노동자와 부딪쳐 비틀거리며 두 동강 나 쓰러질 때까지 자기에게 일어난 일을 몰랐다.”[11] 철학자들을 그렇게 곤혹스럽게 한 문제이지만, 절대 권력과 다수 권력 간의 차이점이 이런 결과를 낳는다.

사무라이에게는 이런 유쾌한 살해 이상으로 시간을 영원으로 바꾼 미덕이 있었다. 그들은 엄격하고 영예로운 규범인 “무사도(武士道)”*에 순응했다. 그 핵심 이론은 미덕을 명확하게 한 것으로써 “도리에 따라 주저함 없이 행동을 결행하는 힘이며, 죽어야 할 때 죽고 싸워야 할 때 싸우는 것이다.”[12] 그들은 자신들의 규범에 따라 시험받았으며 일반 법보다 훨씬 엄격했다.[13] 그들은 물질적인 사업과 벌이를 멸시하고 돈을 빌려 주고 빌리고 세는 일을 사절했다. 약속은 거의 어기지 않았으며 정당한 도움을 요청하는 이들을 위해서는 기꺼이 목숨을 걸었다. 그들은 고단하고 검약하는 삶을 신조로 삼아 하루 한 끼로 식사를 제한하고 수중에 가진 음식으로 자족했다. 모든 어려움을 묵묵히 감내했으며 온갖 감정을 억제했다. 그들의 아내 또한 남편이 전장에서 죽었다는 소식을 기뻐하도록 배웠다.[14] 그들은 상사에게 충성하는 경우 이외에는 어떤 의무도 인정하지 않았다. 그들의 규범에 의하면 이 법은 부모 자식 간의 법보다 지고하였다. 주군이 죽었을 때 저승에서 그를 보좌하기 위해 사무라이가 배를 가르는 것은 대수롭지 않은 일이었다. 1651년에 쇼군 이에미쓰가 죽어 가면서 그의 최측근 홋토에게 이 “따라 죽는” 준시〔殉死〕 의무를 언급하자, 홋토는 아무 말 없이 자결했고 몇몇 부하들도 그를 따랐다.[15] 1912년에 무쓰히토〔睦仁〕 천황이 조상에게 돌아갔을 때, 장군 노기와 그의 아내는 그에 대한 충성심으로 자결했다.[16] 로마 최강 병사들의 전통도 무사도가 요구한 것보다 더한 용기와 고행, 자제력을 함양하지 못했다.

무사도의 최고 덕목은 할복, 즉 배를 가르고 죽는 것이었다. 사무라이가 이

---

* 이 명칭은 고(故) 니토베 이나조〔新渡戸稲造〕가 지은 말이다.

일을 당하는 경우는 헤아릴 수 없이 많았으며, 너무나 자주 행해져 거의 주목의 대상이 되지 않았다. 고관이 사형 선고를 받으면 천황에 대한 경의의 표시로 자신의 배를 왼쪽에서 오른쪽으로 가르고 이때를 위해 항상 휴대하던 단검으로 골반 쪽으로 내리 갈랐다. 전쟁에서 패하거나 항복하게 되었을 경우에는, 배를 가른 후 속을 드러내기까지는 하지 않았을 것이다.(하라키리〔割腹〕는 배를 가른다는 뜻이다. 일본인들은 이 상스러운 말을 거의 쓰지 않고 셋푸쿠〔切腹〕라는 말을 즐겨 쓴다.) 1895년에 일본이 유럽의 압제에 굴복하고 랴오둥〔遼東〕을 내주게 되었을 때, 마흔 명의 병사가 저항의 표시로 할복을 행했다. 1905년 러일 전쟁 당시에는 많은 관료와 일본 해군 병사들이 러시아군에 포로가 되기보다 자결을 택했다. 상관이 자신에게 잘못을 범하면 선한 사무라이는 상관의 문전에서 배를 가르고 죽었다. 이 셋푸쿠 기술, 즉 정확하게 배를 가르는 의식은 젊은 사무라이가 배워야 할 첫 번째 항목 가운데 하나였다. 또한 친구에 대한 마지막 애정 표시는 그의 옆에 섰다가 그가 배를 가르는 순간 그의 목을 베어 주는 것이었다.[17] 이런 훈련을 통해 일본 군인들이 비교적 죽음을 두려워하지 않는 전통이 생겼다.*

자살처럼 살인도 이따금씩 법을 대신하도록 허용되었다. 봉건 사회의 일본은 승려를 많이 둘 뿐 아니라 살해당한 이의 아들이나 형제가 직접 법을 집행하도록 허용함으로써 치안대를 효율적으로 운영했다. 일본 문학사상 소설과 희곡의 주제의 절반을 차지하지만, 이런 보복 인정을 통해 많은 범죄가 예방될 수 있었다. 하지만 사무라이는 이런 식으로 보복을 한 후 대개 할복을 행해야 한다는 부담감을 느꼈다. 그 유명한 47인의 낭인(浪人, 소속이 없는 사무라이)은 죽음으로 복수해 지극히 공손하고 기품 있게 사죄하면서 고쓰케노스케의 목을 자른 후, 쇼군이 지정한 영지로 위풍당당하게 물러가서는 깨끗하게 자결했

---

* 여인과 평민은 할복을 행할 수 없었다. 대신 여인들은 자해하는 것이 허용되었는데, 그들은 공격에 저항해 단도로 목을 찔러 단번에 동맥을 잘랐다. 모든 지체 높은 여인들은 목 자르는 기술을 배우고, 자기 시체가 흐트러진 채 발견되지 않도록 죽기 전에 다리 아랫부분을 묶도록 교육받았다.[18]

다.(1703년) 승려들이 고쓰케의 목을 그의 가신들에게 돌려주었을 때, 가신들은 승려들에게 다음과 같이 간단한 영수증을 건네주었다.

각서

항목 : 머리 1두

항목 : 종이 포장

위 물품을 수령하였음을 확인함.

      (서명)   사야다 모고바이

                사이토 구나이

이는 아마도 일본 역사상 가장 유명하고 전형적인 사건이며 일본인의 성격을 이해하기 위한 가장 중요한 실례 중의 하나일 것이다. 일반인들이 보기에 그 주역들은 여전히 영웅이자 성인이어서 오늘날에도 참배객이 끊이지 않고, 그들이 쉬고 있는 무덤 앞에는 항상 향이 타오르고 있다.[19]

이에야스의 섭정이 끝나 갈 무렵 각각 스물네 살과 열일곱 살 된 형제 사콘과 나이키가 자신들이 느끼기에 아버지에게 잘못했다고 여겨 이에야스를 죽이려 했다. 그들은 이에야스의 진영에 침입했으나 체포되고 사형 선고를 받았다. 이에야스는 그들의 용기에 감동되어 할복으로 형을 감해 주었다. 당시 관습에 따라 그들의 여덟 살 난 동생 하치마로도 이 자비로운 판결에 포함되었다. 이 청년들을 따라간 의사는 당시 장면을 다음과 같이 묘사한 글을 남겼다.

그들이 마지막 죽음의 자리에 일렬로 앉혀졌을 때 사콘이 막내 동생을 바라보며 말했다. "네가 먼저 해라. 네가 바로 행하기를 바란다." 자기는 셋푸쿠하는 모습을 한 번도 본 적이 없으므로 형들이 하는 것을 보고 따라 하겠다는 어린 동생의 말을 듣고, 형들이 눈물을 흘리며 미소 짓고 말했다. "알겠다, 애야. 그렇게 하면 우리 아버지의 아들임이 자랑스러울 것이다." 어린 동생을 그들 사이에 둔 후 사콘이 먼저 단도로 배 왼쪽을 찌르고 말했다. "아우야, 봐라! 이제 알겠니? 그런데 칼을 너무 깊이 찌르지 않도록 주의해라. 그러지 않으면 뒤로 넘어지게 된다. 몸을 앞으로 약간 기울이고 무릎을 가지런히 유지해라." 나이키도 동일하게 행하면서 아우에게 말했다. "나약한 여자처럼 보이지 않도록 눈을 똑바로 떠야 한다. 칼에서 몸 안의 무언가가 느껴지고 힘이 빠지거든, 용기를 내어 힘을 두 배로 기울여 배를 갈라야 한다." 아이는 두 형을 번갈아 바라보고 형들의 목숨이 끊어지자 자신도 침착하게 옷을 반쯤 벗고 양쪽에 놓인 본을 따라 행했다.[20]

2. 법

일본 법체계는 사적인 암살과 복수를 적극적으로 지지했다. 이 법체계는 일부는 고대 관습에 또 일부는 7세기경의 중국 율령에 그 기원을 두고 있다. 중국 문화가 일본에 유입되면서 종교와 함께 법령도 따라 들어온 것이다.[21] 덴치 천황에 의해 법체계가 수립되기 시작하여, 702년에 어린 몬무 천황의 치세 아래 완결되고 반포되었다. 하지만 이 율령과 천황 시대의 다른 율령들은 봉건 시대에는 기능을 발휘하지 못했다. 각 영지가 자체적으로 법을 수립하였고, 사무라이는 자기 다이묘의 포고 외에는 어떤 법도 인정하지 않았기 때문이다.[22]

1721년까지는 가문 전체가 각 성원의 선행에 대해 책임지고, 대부분의 지역에서 다섯 개 집단으로 대별되는 각 가문이 모든 것을 책임지도록 하는 것이 관례였다. 십자가형이나 화형 선고를 받은 성인의 장성한 아들도 함께 처형되었으며, 아직 성인이 되지 않은 아들은 추방당했다.[23] 고된 시련이 중세 시대 형벌의 하나였고, 고문이 근대에 이르기까지 보다 온건한 형태로 널리 행해졌다. 일본인들은 일부 그리스도교도에 대해 취조 수단이자 양심을 푸는 대용물로 고문대를 사용했다. 하지만 보다 빈번하게는 매 순간 더욱 조여들어 고통이 가중되는 방식으로 교묘하게 신체를 끈으로 묶는 방법을 사용했다.[24] 하찮은 범죄에 대해서도 수시로 채찍질을 가했으며, 수많은 범죄가 사형 선고 대상이 될 수 있었다. 쇼무 천황(724~756년)은 중형을 폐지하고 관대하게 통치했다. 그러나 그가 죽은 후 범죄가 늘어나자, 고닌(光仁) 천황(770~781년)은 사형 제도를 부활시키고 나아가 도둑질한 자는 공개 석상에서 죽을 때까지 매질당한다는 율령을 반포했다.[25] 사형 방식으로는 교수형, 참수형, 십자가형, 사지 절단형, 화형, 기름 끓는 가마솥에 넣어 죽이는 형 등이 적용되었다.[26] 이에야스는 줄에 묶인 죄수를 황소가 양쪽에서 당겨 찢어 죽이거나 공개 석상에 묶어두고 지나가는 이들이 톱으로 어깨부터 가랑이까지 쓸어 죽이게 하는 옛 악습을 폐지했다.[27] 이에야스는 가혹한 형벌에 크게 의지해도 사람들의 범죄 행위가 관리들의 부패와 무능함만큼도 줄어들지 않는다고 단언했다.[28] 요시무네는 감옥이 위생 상태가 엉망이며 죄수들 중 일부는 재판을 시작한 지 16년이 지났는데도 아직 결말이 나지 않아 고소 사실도 잊히고 증인도 이미 세상을 떠났다는 사실을 알고 넌더리를 냈다.[29] 이 가장 계몽적인 쇼군은 감옥을 개선하고 사법 제도를 개혁했으며, 가족 연대 책임 제도를 폐지하고 수년간 각고의 노력을 기울여 최초로 통일된 일본 봉건 법전을 완성했다.(1721년)

3. 임금 노동자

천황 시대 일본 사회는 여덟 개 신분으로 나누어졌고, 봉건 시대에는 네 계급, 즉 사무라이와 장인, 농민, 상인으로 대별되었다. 상인들도 미약하지만 하나의 사회 계층으로 형성되고 있었던 것이다. 이들 계급 아래 노예가 대규모로 형성되어 있었는데, 그 숫자는 전체 인구의 5퍼센트에 이르렀고 범죄자와 전쟁 포로, 유괴자가 납치해 판 아이들과 부모가 노예로 판 아이들*로 구성되었

---

* 이 관습은 1699년에 금지되었다.[31]

다.[30] 그리고 이들 밑에는 "에타〔穢多〕"라 불린 천민 계급이 있었다. 이들은 도살자, 무두장이, 청소부 등의 일에 종사해 당시 불교도였던 일본인들이 보기에 깨끗하지 못하고 비루하게 여겨졌던 것이다.[32]

(요시무네 당시 3000만 명가량 되었던) 전체 인구의 대다수는 자영농이었으며, 경지로 활용 가능한 산지의 8분의 1가량을 집중적으로 경작했다.* 나라〔奈良〕 시대에 국가가 토지를 국유화하고 기껏해야 6년간 또는 죽을 때까지 토지를 농민에게 빌려 주었다. 하지만 정부는 짧은 기간 동안 배당된 토지는 주의해서 관리하지 않는다는 사실을 깨닫게 된다. 결국 이 실험은 중단되고 사유권이 부활되었으며, 국가는 자금을 지원해 농민들의 파종과 수확을 도왔다.[33] 국가가 이처럼 노력을 기울여도 농민들의 생활은 편하지 않았다. 농지가 너무 작아 봉건 시대에도 2.6제곱킬로미터의 농지에서 나는 수확에 2000여 명이 생계를 걸어야 했던 것이다.[34] 농민은 매년 30일간의 강제 노역에 동원되었으며, 이 기간 동안에는 한순간 게으름을 피워도 창에 찔려 목숨을 잃을 수 있었다.[35]** 정부는 농민으로부터 수많은 세금 명목으로 7세기에는 수확물의 6퍼센트, 12세기에는 72퍼센트, 19세기에는 40퍼센트를 거두어들였다.[37] 농기구는 아주 간단했다. 옷도 겨울에는 허름하고 얇았으며 여름에는 보통 거의 아무것도 입지 않았다. 살림살이는 쌀독과 공기 몇 개, 젓가락 등이 전부였다. 아주 허술하게 지은 움막을 거처로 삼는데 이를 짓는 데는 3~4일이면 충분했다.[38] 이따금 지진이 일어나 이 허술한 집이 무너지고 기근으로 텅 비기도 했다. 다른 이를 위해 노역을 할 때면 도쿠가와 시대의 모든 임금이 그러했듯이 그가 받는 임금은 정부에 의해 결정되었다.[39] 하지만 이로써도 그들이 지독하게 비천해지는 것을 막지 못했다. 일본의 가장 유명한 문학 작품 중 하나인 가모노 초메이〔鴨長明〕의 『호조키〔方丈記〕』에서 저자는 1177년과 1185년 사이 8년간에 걸쳐 지진과 기근,

---

* 인분을 사용한 경지는 특별히 비옥했고 지금도 그러하다.
** 7월과 8월 중에는 정오에서 오후 4시까지 낮잠이 허용되었다. 병든 노역자는 국가가 부양했으며, 부역 중에 죽은 이들에게는 무상으로 관이 제공되었다.[36]

화재 등으로 거의 황폐화된 교토를 묘사한다.* 1181년에 있었던 기근에 대한 그의 목격담은 일본 고전 산문의 대표적인 사례다.

전 지역에 걸쳐 사람들이 자기 땅을 버리고 타지로 떠났으며, 자기 집을 버리고 산중으로 들어갔다. 온갖 신앙이 일어나고 평소에는 이상하게 비치던 종교 의식이 되살아났지만 전혀 무익했다. …… 수도의 거주자들은 (양식을 위해) 모든 귀중품들을 하나씩 내다 팔았지만 아무도 이것들을 돌아보지 않았다. …… 걸인들이 길거리를 떼 지어 몰려다녔고, 탄식 소리가 귓가를 가득 메웠다. …… 모든 이들이 굶어 죽어 가고 있었다. 시간이 지나면서 우리의 운명은 작은 연못 속 물고기 신세처럼 절망적으로 바뀌어 갔다. 마침내는 지체 높아 보이는 이들도 모자를 쓰고 발을 두른 채 이집 저 집 돌면서 성가시게 구걸하는 모습이 보였다. 이따금 어떻게 저렇게 비참하고 초라한 사람이 있을 수 있을까 하고 의아해 하는 동안 보는 이의 눈앞에서 쓰러져 가는 이들도 있었다. 정원 옆이나 길가에서 수많은 사람들이 굶주려 죽고 시체가 그대로 방치되어 악취를 풍겼다. 시체가 부패해 차마 눈뜨고 못 볼 광경이 무수히 펼쳐졌다. …… 전혀 재물이 없는 자들은 집을 허물어 자재를 시장에 내다 팔았다. 시종을 한 명 둔 어떤 영주가 하루치 생계도 책임질 수 없었다는 말도 있었다. 이 잿더미 속에서 단사(丹沙)나 은박, 금박 등으로 입힌 장식물을 본다는 것은 참으로 드문 경우였다. …… 서로를 아주 아끼는 남녀가 있었는데 이들 중 더 깊이 사랑하고 더 헌신적인 이가 언제나 먼저 죽었다는 사실이 또한 안타까움을 자아냈다. 그 이유는 끝까지 견디면서 남자가 되었든 여자가 되었든 어쩌다 구걸한 것을 사랑하는 이에게 주었기 때문이다. 당연히 부모가 아이들보다 먼저 죽었다. 또한 엄마가 벌써 죽은 줄도 모르고 젖을 물고 있는 아이들도 보였다. …… 불과 4, 5개월 사이에 교토 중심부에서 죽은 이들의 숫자가 4만 2300명에 이르렀다.[40]

토질이 개선되던 중에 있던 이 혹독한 막간의 시기는 1691년 캠퍼(Kaempfer)가 교토의 수공예품에 대해 묘사한 모습과 너무나 대조를 이룬다.

교토는 온갖 제품과 일용품이 한데 모여 있는 거대한 창고이자 제국의 주요 상업 도시다. 이 거대한 수도 안에서 물건을 제조하거나 판매하지 않는 집은 거의 없다. 여기서는 구리를 정련하고 주화를 찍어 내며 책을 인쇄하고 금실과 은실로 꽃을 화려하게 수놓은 옷감을 짜 낸다. 가장 우수하고 진귀한 염료들, 가장 예술적인 조각들, 온갖 종류의 악기와 그림들, 옻칠한 장식장들, 아주 잘 벼려진 칼날과 무기들처럼 금과 여타 귀금속, 특별히 철로 세공된 온갖 물품들이 여기서 더할 수 없이 완벽하게 만들어지며, 지극한 맵시를 뽐내는 값비싼 의상도 여기 있다. 온갖 종류의 장난감과 머리 위를 맴도는 인형들, 기타 헤아릴 수 없이 많은 물건들이 여기에 있어 일일이 다 열거할 수가 없을 지경이다. 한마디로 말하면 교토에는 없는 것이 없으며 외국에서 수입해 들여오는 정교한 세공품들 중에 이 수도의 예술가가 흉내 낼 수 없는 것은 없다. …… 모든 주요 거리에서 물건이 매매되지 않는 집이 거의 없어, 이렇게 막대한 양의 상품을 사는 고객들이 다 어디서 오는지 나로서는 감탄스럽기만 할 뿐이다.[41]

오래전부터 중국에서 온갖 예술과 산업이 일본에 전래되었다. 오늘날 일본이 대량 생산의 경제성과 효율성에 있어 가르침을 받은 서구 제국을 능가하기 시작한 것처럼,[42] 도쿠가와 막부 시대 동안에도 수공업자들은 이전에 기술을 배웠던 중국 및 한반도와 경쟁하기 시작하고 가끔씩 능가하였다. 중세 시대 유럽에서처럼 대부분의 작업이 가정에서 가족들 간에 이루어지고 그 직업 및 기술도 아버지로부터 아들에게 계승되었으며, 종종 자신들의 이름을 그 기술에서 따왔다. 또한 서양 중세 시대처럼 대규모 조합이 형성되었는데, 단순 노동자들 사이에서보다는 기능공들을 무자비하게 착취한 고용주들 사이에서 그러했으며 새 회원의 가입을 적극적으로 제한했다.[43] 이들 조합 가운데 세력이 가장 컸던 이들은 환전상 조합이었는데, 이들은 예금, 증서와 어음의 발행, 상인과 사업가, 정부에 대한 대부 등의 업무를 수행하고, (1636년까지) 모든 자금 조달 기능을 담당했다.[44] 부유한 상인과 자본가들이 도시의 유력자로 부상하여, 황금 추구를 멸시하며 그들에게 화를 낸 봉건 귀족들의 독점적인 정치권력을 질시 어린 눈으로 바라보기 시작했다. 상인 자본은 도쿠가와 전 시대에 걸쳐 서서히 성장해 가서 마침내는 미국이 준 선물 및 유럽의 화력과 기꺼이 협력함으로써 구(舊)일본의 딱딱한 외피를 깨뜨리게 된다.

4. 국민

지금의 정치 세계에서 가장 두드러진 존재가 된 이 민족은 그 신장이 아담하여 남자는 평균 160센티미터, 여자는 150센티미터 정도에 불과하다. 이들 민족의 위대한 전사 가운데 한 명인 다무라 마로(坂上田村麻呂)도 "풍채가 아주 당당한 남자로, …… 신장이 165센티미터"라고 묘사되었다.[45] 어떤 영양학자들은 신장이 작은 이유를 석회질이 불충분한 식습관에 있다고 보고, 이는 다시 우유 섭취가 부족한 때문이며, 그리고 우유 섭취가 부족한 이유는 협소한 땅에서 목초지가 비싸기 때문이라고 생각한다.[46] 그러나 영양학 내용이 다 그러하듯이 이론도 아주 신빙성이 높은 가설이라 간주하는 것으로 족할 것이다. 일본 여인들은 나약한 것 같다. 하지만 이들에게도 힘이 있다면 남자들과 마찬가지로 육체적인 힘이라기보다는 일종의 신경질적인 용기여서 위급한 때가 아니면 좀처럼 드러나지 않는다. 이들의 약하고 가냘픈 우아함은 전형적인 일본 예술의 산물이다.

다른 곳에서처럼 일본에서도 화장품은 예로부터 널리 사용되어 왔다. 초기 교토 시대에도 지체 높은 남자들은 모두 뺨에 연지를 바르고 얼굴에 분을 칠했으며 옷에 향수를 뿌리고 어디를 가든 거울을 지니고 다녔다.[47] 분은 수세기 동안 일본 여성의 얼굴 노릇을 해 왔다. 세이 쇼나곤은 자신의 작품 『마쿠라노소시〔枕草子〕』(991년경)에서 얌전한 체하며 다음과 같이 말한다. "나는 분이 날려가 반점 난 얼굴이 드러나지 않도록 머리를 숙이고 소매로 얼굴을 가린다."[48] 귀부인은 뺨에 연지를 바르고 손톱을 색칠했으며 가끔 아랫입술을 금색으로 칠했다. 화장을 다 하려면 17세기에는 열여섯 가지 도구가, 18세기에는 스무 가지 도구가 필요했다. 그들에게는 열다섯 종류의 앞머리 모양과 열두 종류의 뒷머리 모양이 있었다. 그들은 눈썹을 밀고 대신 그 자리에 초승달 모양 또는 다른 모양을 그리거나 이마 높이 검은 점 두 개를 찍어 일부러 검게 칠한 이빨과 어울리게 했다. 여자 머리를 모양내는 일은 전문가가 두 시간에서 여섯 시간 정도 애를 써야 하는 일이었다. 헤이안 시대 대다수 남자들은 머리 정수리를 깎고, 나머지는 땋은 후 정수리 가운데로 가로질러 정수리가 양분되도록 했다. 듬성듬성 나더라도 턱수염이 있어야 했다. 선천적으로 턱수염이 없는 이들은 가짜 수염을 달았다. 지체 있는 집에서는 턱수염을 다듬을 수 있도록 모든 손님에게 한 쌍의 족집게를 제공했다.[49]

나라 시대의 일본인 복장은 윗옷과 바지 위에 꼭 끼는 겉옷을 입는 형식으로 중국인의 풍습을 모방한 것이었다. 교토 시대에는 겉옷이 좀 더 헐렁해지고 다양해졌다. 남녀 모두 두 겹에서 스무 겹까지 옷을 껴입고 색상도 신분에 따라 결정되었으며 소매 가장자리를 여러 가지 색상으로 장식했다. 어느 때는 귀부인의 옷소매가 무릎 아래까지 내려오고 각 소매에 방울을 달아 걸을 때 방울 소리가 울리도록 했다. 비나 눈이 내려 거리가 축축한 날에는 땅에서 2.5센티미터가량 올라오도록 횡목을 덧댄 나막신을 신었다. 도쿠가와 시대에는 복장이 너무나 화려해져 쇼군은 사치 규제법으로 이를 제지하려 했는데, 이는 역사를 경솔히 여긴 조치이기도 했다. 비단으로 안감을 대고 수놓은 바지와 양말을 금하고 턱수염을 기르는 것을 금했으며 특정한 방식의 머리 모양을 금했다. 가끔 거리에서 화려한 옷을 입은 이를 체포하라는 지시가 치안대에 내려졌다. 하지만 대부분의 경우 영악한 인간들은 이런 법령을 교묘히 피해 갔다.[50] 그러나 이윽고 옷을 여러 겹 입는 유행은 지나가고, 일본인들은 가장 간소하고 검소하며 세련되게 옷을 입는 민족이 되었다.

그들은 청결한 습관에 있어서는 그 어느 민족 못지않았다. 그럴 만한 여유가 있다면 하루에 세 차례나 옷을 갈아입었다. 부자들 뿐 아니라 가난한 이들도 매일 목욕을 했다.[51]* 촌락 사람들은 여름에는 문 밖 욕조에 몸을 담근 채 이웃 사람과 잡담하며 목욕을 하고,[52] 겨울에는 섭씨 43도 되는 물을 욕조에 채웠다. 식생활은 사치 풍조가 일어날 때까지는 간소하고 건강에 유익하여, 초기 중국 문헌에는 일본인에 대해 "그들은 장수하는 민족으로 백 세에 이른 사람들이 아주 흔하다."라고 특별히 언급되어 있다.[54] 이들의 주식은 쌀이었으며, 수입에 따라 생선과 채소, 해조류, 과일, 육류 등이 추가되었다. 육류는 귀족과 군인이 아니라면 귀한 음식이었다. 쌀밥과 생선 조금을 섭취하고 육류를 전혀 섭취하지 않는 섭생법으로 가난한 노동자는 건강한 폐활량과 억센 완력을 길러 힘들이지 않고 24시간 만에 80~130킬로미터를 달릴 수 있었다. 육류를 추가로 섭취하면 이런 능력이 상실되었다.[55]** 교토 시대 천황들은 도살이나 육식을 금지하는 등 독실한 마음으로 불교식 음식 규정을 실시하려 애썼다. 그러나 승려들 자신이 남몰래 이 법을 어긴다는 사실을 알게 되자, 백성들은 육류를 진미로 여기며 재력이 허락할 경우에는 언제든 지나칠 정도로 많이 섭취했다.[57]

중국인과 프랑스인처럼 일본인에게 있어서도 훌륭한 요리는 문명인의 기본 품격이었다. 요리사도 예술가와 철학자들처럼 경쟁적인 유파로 나뉘어 고유의 요리법을 서로 경쟁했다. 식탁 예절은 종교만큼이나 중요하게 여겨졌다. 식사 순서와 식사량이 정교하게 규정되었고 식사 순서 때마다 앉는 자세가 정해졌다. 여자는 먹고 마실 때 소리를 내면 안 되었고, 남자는 트림을 약간 해서 집주인의 호의에 감사를 표시했다.[58] 만찬 참석자는 바닥에서 십 수 센티미터 높이 되는 상 앞에 한 개나 두 개를 겹친 방석 위에 앉았다. 대개 음식은 뜨거운 곡주로 시작되었다. 7세기로 거슬러 올라가 시인 다히토가 다음과 같은 시를 발표하지 않았다면 술이 모든 인생 문제의 한 가지 답을 줄 수 있었을까?

---

* 1905년에 도쿄에는 1100여 개의 공중목욕탕이 있었고, 50만여 명이 1.25센트의 비용으로 매일 목욕을 즐겼다.[53]
** 반면에 쌀밥을 계속 다량 섭취하면서 전혀 육체 활동을 하지 않은 일본인들은 소화 불량으로 쓰러진다.[56]

594

일곱 현인들이 찾고,

옛사람들이 찾은 것은

분명 술이었다.

엄숙한 모습으로 지혜로운 체하며

열변을 토하는 것보다,

술을 마시고,

술에 취해 큰 소리 지르는 것이

얼마나 더 나은가.

결국 누구나 죽음을 맞을 수밖에 없으니,

살아 있는 동안

마음껏 즐기세.

밤중에 빛을 발하는 보석보다도

술을 마셔

원기를 돋우는 것이 더 나으니.[59]

귀족들에게 술보다 더 성스러운 것은 차였다. 이 심심하게 끓인 물로 된 품위 있는 치료 약은 중국에서 전래되었는데, 805년에는 배척되었다가 1191년에 가서야 받아들여졌다. 일본인들은 처음에는 이 이파리를 독으로 여겨 꺼리며 관심을 기울이지 않다가, 전날 밤 술에 만취한 쇼군이 이 이국적인 음료를 몇 잔 마신 후 곧 정신이 맑아지는 것을 보자 차의 효용성을 인정하게 되었다. 값이 비싸다는 점이 차의 매력을 더해 주었다. 차는 작은 병에 담겨 선물로 주어지거나 전사의 무용에 대한 상으로 하사되기도 했다. 운 좋게 차를 입수한 이들은 친구들을 불러 이 최고 음료를 함께 나누었다. 일본인들은 차를 마시기 위한 품위 있고 복잡한 형식을 만들었고, 리큐가 이를 여섯 가지 규칙으로 수립해 의식으로까지 발전시켰다. 손님이 차를 마시러 들어오도록 부르는 신호는 나무 종으로 알려야 한다고 리큐는 말했다. 손을 씻는 사발에는 계속 깨끗한 물이 채워져야 했다. 가구나 주변 환경에 어울리지 않거나 운치가 없다고 스스로 느끼는 손님은 즉시 가능한 한 조용하게 자리를 떠야 했다. 어떤 사소한 잡담도 오가서는 안 되며 고결하고 진지한 문제만 논의되어야 했다. 속임수나 아부하는 말은 입 밖에 내면 안 되었다. 또한 네 시간 이상 지속해서도 안 되었다. 이 다도(茶道) 모임에는 차 항아리가 전혀 사용되지 않았다. 차 분말이 멋진 모양의 컵에 담기고 뜨거운 물이 더해진 후, 이 컵이 손님들 간에 전달되고 각자 한 모금씩 마신 후 냅킨으로 컵 가장자리를 닦았다. 마지막 사람이 컵을 비우면 컵은 다시 돌게 되고, 도자기를 평가하듯 비판적으로 그 맛이 평가되었다.[60] 이렇게 하여 다도는 도공들이 이전보다 더 아름다운 컵과 사발을 제작하도록 자극했으며, 일본인들의 평온하고 예절 바르며 매력적인 생활 방식을 형성하는 데 도움을 주었다.*

꽃도 일본에서 숭배의 대상이 되었다. 다도를 정립한 리큐는 자신의 꽃을 컵만큼이나 소중히 여겼다. 히데요시가 자신의 유명한 국화꽃을 구경하러 오고 있다는 말을 듣자, 리큐는 한 송이만 남겨 두고 나머지 꽃을 모두 없애 이 꽃이 무시무시한 쇼군 앞에서 홀로 빛을 발하도록 했다.[62]** 원예술은 15~16세기에 다도와 함께 서서히 성장했고, 17세기에는 독자적인 귀의(歸依) 대상이 되었다. 원예의 대가들이 일어나 사람들에게 정원에서 어떻게 꽃을 가꾸며 가정에서 어떻게 꾸며야 하는지 등을 가르쳤다. 그들에 의하면 꽃의 아름다움에 탄복

---

* 물론 차 원료는 이제 일본의 주요 산물 가운데 하나다. 네덜란드 동인도 회사가 1610년에 처음으로 유럽에 차를 들여온 것 같으며, 파운드당 약 4달러에 판매했다. 1756년에 조너스 한웨이(Jonas Hanway)는 차를 마시는 바람에 유럽 남성들의 키가 작아지고 여성들은 아름다움을 잃어 가고 있다고 주장했다. 또한 개혁가들은 이 관습을 불결하고 야만적이라고 비난했다.[61]

** 다이코와 차의 대가는 서로를 비범한 사람이라 여기며 아꼈다. 히데요시는 리큐의 불성실함을 비난했고, 반대로 리큐의 딸을 꼬였다는 비난을 받았다. 결국 리큐는 할복을 행했다.[63]

하는 것만으로는 충분치 않으며, 수천 송이 꽃에서만큼 한 송이 꽃에서도 아름다움을 느낄 수 있는 것처럼, 꽃에서만큼 이파리와 가지와 줄기에서도 아름다움을 볼 수 있어야 한다. 또한 단순히 색상만이 아니라 무리 지어 고운 윤곽을 이루는 것을 감안해 꽃을 배치해야 한다.[64] 차와 꽃과 시와 춤은 일본 귀족 사회에서 여성스러움의 필수 요소가 되었다.

꽃은 일본인들에게 있어 종교다. 그들은 헌신적인 열정과 국가적인 화합 측면에서 꽃을 숭배한다. 그들은 매 계절 그에 어울리는 꽃을 주목한다. 4월 초 한두 주 동안 벚꽃이 피면 일본 열도 전체가 일손을 놓고 꽃을 유심히 바라보며 가장 왕성하고 완벽하게 기적이 일어나는 곳으로 참배하러 가기까지 한다.* 벚꽃은 과실이 아니라 꽃을 위해 재배된다. 이 꽃은 한창 꽃필 나이에 국가를 위해 기꺼이 목숨을 바치는 신실한 전사의 표상이다.[65] 범죄자들은 형을 집행하는 도중에 가끔 꽃을 요청한다.[66] 여류 시인 치요는 한 유명한 시에서 어떤 소녀가 우물에 물을 길러 왔다가 두레박과 매단 줄이 메꽃과 엉켜 있는 것을 보고 덩굴손을 자르는 대신 다른 곳으로 물을 길러 갔다는 얘기를 전해 준다.[67] 쓰라유키는 "사람 마음은 정말 알 수 없지만, 내 고향 마을에서는 언제나처럼 꽃이 향내를 발한다."라고 말한다.[68] 이 간결한 시구는 일본의 가장 유명한 시 가운데 하나로 완벽하게 압축해 그 민족성을 표현하고 있으며, 또한 이처럼 철학적인 통찰력을 보여 주는 경우도 드물다. 일본인처럼 자연에 대한 사랑을 보여 주는 민족도 없다. 남녀를 물론하고 땅과 하늘과 바다의 자연스러운 분위기를 그렇게 있는 그대로 수용하는 이들은 그 어디에도 없다. 세상 어느 남자들도 그렇게 심혈을 기울여 정원을 가꾸거나 화초를 키우거나 집안에서 돌보지 않는다. 일본은 루소(Rousseau)나 워즈워스(Wordsworth)가 산악이 웅장하다거나 호수가 아름답다고 말하기를 기다릴 필요가 없었다. 일본에서는 꽃이 담긴 화병이 없는 집이 거의 없고 그 구절 안에 풍경이 묘사되어있지 않은 시가 거

---

* 비슷한 유의 참배가 가을이 되면 단풍잎을 바라보면서 이루어진다.

의 없다. 오스카 와일드(Oscar Wilde)가 영국은 프랑스인이 산문을 완벽하게 구사하므로 프랑스와 다투어서는 안 된다고 생각한 것처럼, 미국은 권력을 탐하는 것만큼이나 그렇게 열정적으로 아름다움을 갈구하는 민족과는 끝까지 평화를 구해야 할 것이다.

원예술도 불교 및 차와 함께 중국에서 전래되었다. 하지만 여기서도 일본인은 모방을 통해 자신들이 들여온 것을 독창적으로 변형시켰다. 그들은 비대칭 속에서 미적 가치를, 놀랍도록 참신한 형태 가운데서 새로운 매력을 찾아냈다. 그들은 항아리 속에 뿌리를 가두어 나무와 관목을 축소시키고, 장난꾸러기 같은 익살과 강압적인 애정으로 정원 울타리 안의 바람에 뒤틀린 나무들을 마치 격동의 일본을 표현하려는 듯한 모양으로 다듬고 손질했다. 그들은 화산 분화구와 깎아지른 듯한 해안을 찾아 숨겨진 불에 의해 금속이 녹아든 암석을 구하거나, 그렇지 않으면 기묘하게 비틀린 모양으로 끈기 있게 암석을 깎아 냈다. 자그만 연못을 파 이리저리 굽이지는 개울을 만들고 이 개울 위로 자연스럽게 생장한 수풀에서 솟아난 것 같은 다리를 지나게 했다. 이렇게 온갖 다채로운 형태들 가운데 그들은 그 변화를 감지할 수 없는 구도로 길을 내어 어느 때는 깜짝 놀랄 신비로움으로 어느 때는 차분하고 평온한 은둔지로 안내했다.

재력과 공간이 허락하는 이들은 집에 정원을 곁들인 것이 아니라 정원에 맞추어 집을 지었다. 그들의 집은 허술하지만 아담했다. 지진 때문에 건물을 높이 지으면 위험했지만, 목공들은 아주 간소하고 미적으로 탁월하며 독특한 건축 양식을 보여 주는 거주지에 어떻게 처마와 박공, 격자문을 세워야 하는지를 알았다. 여기는 커튼도 소파도 침대도 탁자나 의자도, 집주인의 부나 사치를 두드러지게 드러내는 어떤 물건도 없었으며, 어떤 그림이나 조각상, 골동품도 없었다. 다만 한 골방에는 꽃이 핀 가지가 놓여 있고 벽에는 비단이나 종이에 그려진 그림 또는 붓글씨가 걸려 있었으며, 다다미 바닥에는 쿠션이 있고 그 앞쪽에 독서대가 있으며 양옆에는 한쪽에는 책장이 다른 쪽에는 팔받이가 놓여 있었으며, 벽장 속에는 잠잘 때 꺼내 바닥에 펴는 요가 들어 있을 뿐이었다. 이렇게 검소한 주거지나 농민들의 허술한 움막 안에서 일본인들은 가족을 이루어 살았으며, 전쟁과 정변, 정치 부패와 종교 분쟁의 온갖 소용돌이 속에서 성스러운 섬나라의 삶과 문명을 이어 왔다.

5. 가족

가족이 사회 질서의 실질적인 원천이 된 것은 서방보다는 동방에서 그러했다. 동방 전역에서처럼 일본에서도 아버지의 절대 권력은 사회의 퇴행 현상을 의미하는 것이 아니라, 정치적이라기보다는 가족적인 통치를 선호한 한 단면이었다. 개인은 동방에서는 서방보다 그 중요성이 덜했다. 국가 권력이 보다 약했고, 멀리 존재하는 중앙 권력을 대신하려면 강하게 조직되고 훈련된 가족이 필요했던 것이다. 자유는 개인보다는 가족의 입장에서 고려되었다. (가족은 사회 질서 단위이자 생산 단위였으므로) 성공과 실패, 생존과 죽음은 결국 독립된 개인이 아니라 가족과 관련되었다. 아버지의 권한은 전제적이었지만, 거기에는 자연스럽고 필수적이며 인간적인 것처럼 보이는 그런 평온한 자비가 있었다. 행실이 부정하거나 심각한 죄를 범하면 아이를 죽일 수도 있었고 노예나 창녀로 팔 수도 있었다.* 또한 단 한마디 말로 아내와 헤어질 수도 있었다.[70] 평민일 경우에는 일부일처제를 따랐지만, 상층 계급에 속할 경우에는 첩을 둘 수 있었고 가끔씩의 부정행위도 허용되었다.[71] 그리스도교가 일본에 전래되었을 때, 본토 작가들은 이 종교가 축첩제와 간음을 죄악시하여 가족의 평화를 어지럽힌다고 불만스러워했다.[72]

중국의 경우처럼 여성의 지위는 문명 후기보다 초기에 더 높았다. 천황 시대 통치자들 중에 여황(女皇)이 여섯 명이나 있었으며, 교토 시대에는 여성이 사

---

* 이런 일은 아주 하층 계급이나 긴박한 경우에만 행해졌다.[69]

회·문학 활동에 있어 실로 주도적으로 중요한 역할을 담당했다. 그렇게 은밀한 분야에 대한 위험스러운 가설을 감수할 수 있다면, 일본 문화가 한참 절정에 달했을 때 아내는 부정에 있어 남편을 능가하고 한 마디 경구를 위해 미덕을 팔았다.[73] 세이 쇼나곤은 자기 정부에게 연애편지를 보내려다가 지나가는 소녀를 사랑해 그만두는 한 젊은이를 소개한다. 또한 이 상냥한 수필가는 다음과 같이 한 마디 덧붙인다. "이 연인이 이슬 맺힌 하기〔萩〕 꽃가지를 맨 편지를 보냈을 때 편지를 전달하러 간 자가 그녀에게 편지를 건네주기를 주저하지 않았을까 생각된다. 그녀도 손님을 두고 있었기 때문이다."[74] 봉건적이고 상무(尙武)적인 풍토와 방종과 속박이 역사적으로 자연스럽게 되풀이되는 가운데, 여자는 남자에게 복종해야 한다는 중국식 논리가 널리 영향력을 발휘하게 되고 사회가 현저히 남성화되었으며 여성은 "세 가지 복종", 즉 아버지와 남편과 아들에 대한 복종에 자신을 바쳐야 했다. 예법을 제외하고는 거의 교육을 받을 기회가 없었고, 정절이 강조되어 이를 어길 경우 죽음으로 대가를 치러야 했다. 남편이 간통 현장에서 아내를 잡았을 경우에는 아내와 정부를 즉시 죽일 권한이 있었으며, 이에야스는 이에 덧붙여 남편이 아내는 죽이고 정부는 살려 줄 경우 자신이 대신 죽어야 한다는 법을 교묘하게 추가했다.[75] 철학자 엣켄(Ekken)은 아내가 말소리가 너무 크고 말이 많으면 남편에게 이혼하라 권하고, 남편이 방탕하고 난폭하면 아내에게 두 배로 친절하고 상냥하게 대하라고 말했다. 이처럼 엄격하고 장기간에 걸친 훈련을 통해 일본 여인들은 가장 근면하고 신실하며 순종하는 아내가 되었고, 피곤에 찌든 여행자들은 이처럼 우아한 결과를 낳은 체계가 서방에는 도입될 수 없는지 생각하기 시작했다.[76]

동방 사회 상고 시대의 성스러운 관습과 대조적으로 사무라이 일본에서는 다산이 장려되지 않았다. 인구가 늘면서 작은 섬나라는 비좁다는 느낌을 갖게 되고, 사무라이 가운데 서른 살이 되기 전에는 결혼하지 않고 자녀도 두 명을 넘지 않도록 하는 것이 좋은 평판을 얻는 일이 되었다.[77] 그럼에도 모든 남자는 결혼하고 자녀를 낳았다. 아내가 자녀를 낳을 수 없으면 이혼할 수 있었고, 딸만 낳으면 대가 끊기지 않도록 양자를 들이라는 권유를 받았다. 여자는 유업을 이을 수 없었던 것이다.[78] 아이들은 중국의 효(孝) 사상에 따라 훈육을 받았다. 이 효 사상이 가족 질서의 원천이 되고 이를 기반으로 국가의 기강과 질서가 유지되었던 것이다. 8세기에 고켄 여황은 집집마다 효경(孝經)을 비치하고 각 학교의 학생들이 이 책을 완전히 습득하도록 명했다. 주군에 대한 충성이 지고의 사명이었던 사무라이를 제외하고는, 효심은 일본인들에게 기본적이면서 가장 높은 덕목이었다. 천황에 대한 관계도 부모에 대한 사랑과 순종의 하나로 간주되었다. 서구 열강이 개인의 자유라는 파괴적인 사상을 가지고 도래하기까지, 일본 평민들에게 있어 이 기본 덕목은 윤리 규범의 대부분을 차지했다. 따라서 한 남자가 부모를 떠나 아내와 하나가 되어야 한다는 성서의 명령으로 이 섬나라를 그리스도교로 개종시키는 것은 거의 불가능했다.[79]

순종과 충성 이외 다른 미덕은 당대 유럽보다 덜 강조되었다. 순결이 바람직한 것으로 여겨졌고, 일부 상층 계급 여인들은 순결을 위협받으면 자결을 감행했다.[80] 하지만 일회적인 실수는 타락으로 간주되지 않았다. 가장 유명한 일본 소설『겐지 모노가타리〔源氏物語〕』는 유혹을 품위 있게 서사적으로 묘사하고 있으며, 세이 쇼나곤의『마쿠라노소시〔枕草子〕』는 죄를 범할 때의 예법에 대한 논문인 양 곳곳에서 읽힌다.[81] 육체의 욕망은 허기와 갈증처럼 자연스러운 것으로 여겨졌으며, 수많은 남자들이, 그들 중 상당수가 존경받는 남편이었는데, 밤이 되면 도쿄의 요시와라〔吉原〕, 즉 "꽃의 거리"에 모여들었다. 세상에서 가장 정돈이 잘 되어 있고 가장 난잡하기도 한 그곳 집 안에 1만 5000여 명의 훈련받은 공창(公娼)이 밤이 되면 화려하게 옷을 차려입고 하얗게 분을 바른 후 격자문 뒤에 앉아 짝이 맞지 않거나 어울리지 않는 남자들을 위해 노래와 춤 그리고 성을 제공할 준비가 되어 있었다.[82]

가장 교육을 잘 받은 창부는 게이샤〔藝者〕였는데, 그 이름이 바로 기예〔藝〕를 부릴 줄 아는 사람〔者〕이란 뜻이었다. 고대 그리스의 헤타이라이(창부, 첩)처럼 그들은 사랑뿐 아니라 문학에도 영향을 끼쳤으며 난잡한 성생활에 시를 더해 고상하게 장식했다. 쇼군 이에나리(1787~1836년)는 일찍이(1791년) 이따금씩 부도덕함을 조장한다 하여 혼욕을 금했으며,[83] 1822년에는 게이샤에 대해 엄격한 칙령을 공포하고 게이샤를 "화려한 의상을 하고 겉보기에는 춤과 노래로 음식점 손님을 즐겁게 하는 것 같지만 실제로는 전혀 다른 성격의 행위로 그들을 즐겁게 해 주기 위해 스스로 고용된 여자 가수"라고 표현했다.[84] 이후부터 이 여인들은 캠퍼의 시대에 촌락 모든 다방과 길거리 모든 여인숙을 가득 메운 "헤아릴 수 없이 많은 매춘부들"과 함께 창녀로 분류되었다.[85] 그럼에도 불구하고 사교 모임과 가족 모임에서는 게이샤가 초대되어 흥을 돋우었다. 나이 든 게이샤가 자신들의 다양한 기예를 어린 예비 게이샤들에게 가르칠 교양 학교가 세워졌다. 가부렌조〔歌舞練場〕에서는 정기적으로 이들 사제가 다도를 시중들고 내세울 만한 기예를 공연했다. 가끔 딸을 부양하기 어려운 부모들은 교묘하게 조작된 동의를 받아 자기 딸을 상당한 대가를 받고 게이샤 수업에 보냈다. 가족을 가난에서 구하려 스스로 자기를 파는 소녀에 대한 얘기가 일본 소설에 수없이 등장한다.[86]

하지만 놀랍게도 이런 관습들은 솔직함과 세련됨과 우아함을 제외하고는 서방의 관습 및 제도와 본질적으로 다르지 않다. 확신하건대 방대한 숫자의 대다수 일본 처녀들이 서방의 처녀들처럼 순결을 유지했다.[87] 이처럼 공공연한 제도 장치들에도 불구하고, 일본인들은 상당히 질서 있고 예의 바른 삶을 살았으며, 종종 결혼 생활로 이어질 사랑이 허용되지 않았지만 연인과 참으로 감미로운 애정을 나눌 수 있었다. 일본의 상상 속 문학에서뿐 아니라 지금의 역사 속에도 이 땅에서 부모의 반대로 이룰 수 없는 사랑을 영원 속에서 이루려는 소망을 품고 연인들이 자살하는 경우가 빈번하다.[88] 사랑이 일본 시의 주요 주제는 아니지만, 여기저기에서 비할 데 없이 담백하고 신실하고 깊이 있는 시들이 눈에 띄어 감동을 안겨 준다.

오! 저 멀리 이세(Ise)의 바다에서

넘실거린 흰 파도는

바로 꽃이었구나.

그것들을 한데 모아

내 사랑하는 이에게 선물로 줄 수 있다면.[89]

또한 위대한 시인 쓰라유키는 자연과 감정을 멋지게 아우르면서 거절당한 사
랑 이야기를 사행시로 노래한다.

벚꽃처럼 그렇게 덧없이 사라진다고

그대는 말하지만…… 나는 그 시간들을 생생히 기억하오.

한창 꽃필 인생이 한 마디 말로 시들어 버리고

한 줄기 바람도 일지 않던 그때를.[90]

6. 성인

애국심과 사랑, 부모와 자식, 사랑하는 이와 조국에 대한 애정 속에서 일어
나는 헌신은 범세계적으로 거의 언제나 거기에 충성을 바치고 그 가치와 의미
가 한 개인보다 크고 한 목숨보다 오래 지속되는 그런 유의 집중된 권력을 필
연적으로 추구했다. 일본인들의 종교심은 아주 온건하여, 힌두교도들처럼 심
오하거나 극단적이지도, 중세 가톨릭교도들처럼 열정적이거나 광신적이지도,
개신교도들처럼 호전적이지도 않다. 그러나 그들은 서쪽 바다 너머 회의적인
사촌보다 더욱 신앙심이 깊고 간절히 소원을 빌며 행복한 결말을 꿈꾼다.

원래 창시자가 전한 불교는 인간을 죽음으로 초대하는 먹구름 낀 염세적 교
훈이었다. 일본의 하늘 아래서 이 불교는 수호신과 유쾌한 의식, 즐거운 축제,
루소풍의 참배, 위안이 되는 낙원을 제공하는 신앙으로 변질되었다. 일본 불교

에도 지옥이 있었던 것이 사실이다. 실로 128가지의 지옥이 온갖 의도와 적대자를 위해 고안되었다. 또한 성인과 귀신들의 세계도 있었고, 뿔과 뭉툭한 코, 날카로운 손톱과 송곳니를 한 요괴(오니(Oni))도 있었다. 이 요괴는 북동쪽 어두컴컴한 곳에 살며 이따금 여자를 꾀어 육욕을 채우고 남자를 먹이로 삼았다.[91] 반대쪽에는 보살이 있었는데, 인간이 수많은 윤회를 거쳐 덕을 쌓을 경우 은혜로 갚아 주는 역할을 담당했다. 예수 그리스도를 닮은 지장보살, 관음보살 등과 같은 신은 자비로운 신의 은혜를 여실히 보여 주었다. 예배는 부분적으로 집에 모신 제단과 절의 사당에서 드려졌지만, 대개의 경우는 잔치 분위기로 화려하게 치장된 행렬 속에서 이루어지고 여성스러운 외양과 남성스러운 환락의 형태를 취했다. 보다 진지한 신자는 한겨울 폭포수 아래에서 15분간 기도함으로써 영혼을 정결하게 하거나, 고향 땅의 정기로 원기를 돋우면서 자기가 속한 종파의 사당을 전전하며 참배했다. 일본인들은 수많은 불교 종파 가운데 하나를 선택할 수 있었다. 고요히 참선함으로써 도를 깨닫거나 지복(至福)을 구할 수도 있었고, 열정적인 니치렌(日蓮)의 일연종(日蓮宗)에 들어 그 계율을 따름으로써 구원에 이를 수도 있었으며, 선종(禪宗)을 따라 부처가 육체로 현현할 때까지 단식과 기도에 힘쓸 수도 있었고, 정토종(淨土宗)을 통해 믿음만으로 구원받을 수도 있었으며, 고야산(高野山) 절에서 고행하며 9세기 진언종(眞言宗)을 창시한 위대한 학자이며 성인이요 예술가였던 고보(弘法) 대사의 뼈가 묻혀 거룩해진 땅에 함께 묻혀 낙원에 들 수도 있었다.

대체로 일본 불교는 가장 흥겨운 신화 가운데 하나였다. 불교는 일본을 평화롭게 정복하고 그 신학과 만신전 내에 공손하게 신도의 교리와 신들을 위한 자리를 내주었다. 부처가 아마테라스와 융합되고 불교 사원 내에 신도를 위한 사당으로 별도 장소가 간소하게 마련되었다. 초기 불교 승려들은 남자들이었고 학문과 보시에 힘써 일본 문학과 예술에 지대하게 공헌하며 크게 진전시켰다. 이들 중 일부는 위대한 화가 또는 조각가였으며, 일부는 학자들로서 각고의 노력으로 불교 및 중국 문헌을 번역해 일본 문화 발전에 크게 기여했다. 하지만 이런 성공은 이후 승려들의 부패로 이어졌다.(조각가들이 자주 상아나 나무에 이들의 모습을 우스꽝스럽게 표현했다.) 일부는 부처로부터 너무 멀리 떨어져 나가 사병을 조직하고 정치권력을 형성하거나 유지했다.[92] 삶의 첫 번째 필수 항목인 소망의 위로를 제공하는 것이 이들의 일이어서 다른 이들이 쇠퇴하는 중에도 이들의 사업은 번창해 갔으며, 백성들이 여전히 가난한 가운데서도 이들의 부는 수세기간 계속 늘어 갔다.[93] 승려들은 40세 된 남자는 40개의 절에, 50세 때는 50개의 절에, 그리고 60세 때는 60개의 절에 시주해 자기 이름을 일반 대중에게 알림으로써 각각 10년간 삶을 더 연장할 수 있다고 신자들을 믿게 했다.[94]* 도쿠가와 체제하에서 승려들은 술을 즐기고 거리낌 없이 정부를 두고 남색을 탐했으며,** 돈을 받고 교단 내 높은 자리를 팔았다.[97]

18세기 중에 불교는 그 입지를 상실한 것 같다. 쇼군은 유교로 돌아서고 마부치와 모토오리가 신도(神道) 부흥 운동을 이끌었으며, 이치카와와 아라이 하쿠세키 같은 학자들이 종교를 합리적으로 비평했다. 이치카와는 구전(口傳)은 전혀 기록으로 전해진 것만큼 신뢰할 수 없으며, 기록은 신의 창에서 떨어진 물방울에서나 허리에서 섬과 주민이 생긴 이후 거의 1000년간 일본에 전해진 적이 없고, 천황가가 신에서 유래했다는 주장은 정치적인 고안물에 불과하며, 사람의 조상이 인간이 아니라면 그들은 신보다는 동물이었을 가능성이 더 크다고 대담하게 주장했다.[98] 다른 수많은 경우처럼 구일본의 문명도 종교에서 시작해 철학으로 끝을 맺고 있었던 것이다.

---

* 머독(Murdoch)의 말에 의하면 "교토와 나라의 절 승려들이 가장 호화롭게 지낸 때는 주로 사람들이 굶주리는 계절 또는 역병으로 수만 명이 죽어 가는 때였다. 이런 때야말로 신자들이 가장 후하게 선물과 시주를 했기 때문이다."[95]

** "1454년에…… 남자아이들이 눈썹을 밀고 얼굴에 분을 바르고 여자 복장을 한 채 승려들에게 팔려 가장 혐오스러운 짓을 강요당했다. 다른 많은 경우에서처럼 이 경우에도 사악한 실례를 보인 요시미쓰 시대 이후 남색의 풍습은 아주 일반화되었고, 결코 그들에게 제한된 것은 아니었지만 특히 승려들 사이에 만연했다."[96]

7. 사상가

종교처럼 철학도 중국에서 전래되었다. 불교가 중화 제국에 들어온 지 600년 이 지난 후에 일본에 전래된 것처럼, 철학도 중국에서 거듭난 후 거의 400년이 지난 다음에 성리학의 형태로 전래되어 일본을 각성시켰다. 16세기 중엽 일본 최고 명문가의 자손 후지와라 세이가는 승려가 되어 얻은 지식에 만족하지 못하다가 중국의 대(大)현인에 대한 소문을 듣고 중국으로 건너가 공부하기로 결심한다. 1552년에 중국과의 교류가 금지되자, 이 젊은 승려는 밀수선을 타고 바다를 건너기로 작정했다. 항구의 한 여인숙에서 출항을 기다리는 동안, 그는 한 학자가 공자와 관련된 한서(漢書)를 일본 말로 크게 읽는 것을 우연히 듣게 된다. 세이가는 그 책이 대학(大學)에 대한 주자의 주석서라는 것을 알자 뛸 듯이 기뻐했다. 그는 "이 책이 바로 내가 그렇게 오랫동안 찾아 헤매던 그 책이다."라고 소리쳤다. 부지런히 수소문한 끝에 그는 이 책과 다른 성리학 관련서를 입수하고 중국에 건너갈 계획도 잊은 채 책 내용에 깊이 몰입했다. 불과 몇 년 새에 젊은 학자들이 그 주위에 모였는데, 이들은 중국 철학자들을 현세적인 새 가치관을 용기 있게 펼친 이들이라 여기며 동경했다. 이에야스가 이들의 학문적 발전에 대해 듣고 세이가에게 유교 경전을 설명해 줄 것을 요청했다. 그러나 자부심 강한 이 승려는 조용히 연구하기를 더 좋아해 총명한 제자를 자기 대신 보냈다. 그럼에도 불구하고 그의 문전에는 당대의 진보적인 젊은이들의 발걸음이 끊이지 않았고, 그의 가르침이 크게 주목을 끌자 교토의 불교 승려들은 가르침을 실천하는 정통 승려 외에 그 누구든 공개적으로 강론하거나 백성을 가르치는 것은 불법이라 하면서 불만을 토로했다.[99] 이 문제는 세이가의 갑작스러운 죽음으로 간단히 종결되었다.(1619년)

그가 이에야스에게 보냈던 제자가 곧 명성과 영향력에 있어 스승을 능가했다. 초기 도쿠가와 쇼군들은 하야시 라잔을 아껴 그를 공식 성명의 자문 및 이론가로 삼았다. 1630년에 이에미쓰가 라잔의 강론에 참석해 고결함을 유행으로 만들고, 곧이어 이 젊은 유학자가 청중들을 중국 철학에 열광케 함으로써, 그는 힘들이지 않고 이들을 불교와 그리스도교에서 산둥 성의 현인이 극동에 전해 준 이 간단한 도덕률로 돌아서게 만들었다. 그는 그리스도교 신학은 믿기 어려운 공상으로 가득하고 불교는 일본 민족의 정신과 도덕을 심각하게 약화시키는 타락한 교리라 말했다. 라잔은 "당신 승려들은 이 세상은 잠시일 뿐이며 덧없는 것이라 주장하고 백성을 홀려 사회관계를 무시하게 만든다. 당신들은 모든 의무와 예절을 허물어뜨린다. 그리고 당신들은 '인간의 길은 죄악으로 가득하다. 부모와 주인, 자식을 버리고 구원의 길을 찾아라.'고 주장한다. 이제 당신들에게 말하는데, 내가 그렇게 열심히 공부했지만 주군에 대한 충성과 부모에 대한 효심을 떠나 그 어디에서도 인간의 도리를 발견하지 못했다."라고 말했다.[100] 1657년에 도쿄에 대화재가 나서 그를 포함해 수십만 명의 사상자가 발생했을 때, 라잔은 평온한 명성을 누리며 노년을 보내고 있었다. 그의 제자가 위험을 알리려 달려왔지만 그는 고개만 끄덕일 뿐 다시 책으로 눈을 돌렸다. 화염이 실제로 그를 에워싸자 그는 가마를 대령해 여전히 그 가마 안에서 책을 읽으며 화염을 빠져나갔다. 다른 수많은 사람들처럼 그도 별빛 아래서 그날 밤을 보냈다. 그리고 사흘이 지난 후 그는 대화재가 있던 날 밤에 걸린 감기로 세상을 떠났다.

자연은 그 다음 해, 가장 열광적인 유학자 가운데 한 명을 일본에 보내어 그의 죽음을 보상했다. 무로 규소〔室鳩巢〕는 학문의 신을 자신의 수호신으로 삼았다. 그는 젊은 시절을 미치자네의 사당 앞에서 기도로 한밤을 지새우며 보냈다. 그다음 그는 같은 시대에 살았던 스피노자(Spinoza)와 기묘하게 닮은 결심을 품고 지식에 헌신했다.*

매일 아침 6시에 일어나 밤 12시에 잠자리에 들겠다.

---

* 『지성 개선론』의 첫머리를 참조하라.

손님을 맞이하거나 병든 때와 다른 불가피한 경우를 제외하고는 절대 게으르지 않
겠다.

거짓말을 하지 않겠다.

손아랫사람들과도 무익한 말을 하지 않겠다.

먹는 것과 마시는 것을 절제하겠다.

육욕이 일어나면 즉시 제거하고 절대 탐하지 않겠다.

생각이 산만해지면 독서가 부질없어진다. 집중력이 떨어지지 않도록 주의하고 지
나치게 서두르지 않도록 하겠다.

자기 수양에 힘쓰고 명성이나 이득을 탐해 정신이 산란해지지 않도록 하겠다.

이들 규칙을 마음에 새겨 준수하겠다.

신이 나의 증인이다.[101]

그럼에도 불구하고 그는 학자연하는 은둔을 이야기하지 않았으며, 오히려 괴
테(Goethe) 같은 넓은 도량으로 세상의 흐름 속으로 관심을 기울였다.

은둔도 한 가지 방법이며 선한 것이다. 그러나 뛰어난 자는 친구가 찾아올 때를 즐
거워한다. 사람은 다른 사람과의 교제를 통해 자신을 연마한다. 배우기를 원하는 사
람은 누구든 이런 식으로 자신이 다듬어지기를 구해야 한다. 모든 것, 모든 이들을 배
척하는 이는 대도(大道)를 범하는 자다. …… 현인의 길은 일상사와 분리된 것이 아
니다. …… 불교도가 주종 관계와 부모 자식 관계를 끊고 속세를 등질지라도 자기 사
랑마저 끊지는 못한다. …… 장차 있을 행복을 바라는 것은 이기적인 생각이다. ……
신은 멀리 있는 대상이 아니다. 자기 마음속에서 그를 찾아야 한다. 마음이 바로 신이
거하는 곳이기 때문이다.[102]

이들 초기 일본 유학자들 중 가장 매력을 끄는 이들은 대개 철학자로 분류되
지 않는다. 괴테와 에머슨(Emerson)처럼 그에게는 자기 지혜를 우아하게 표현

하는 재주가 있어, 질투심 많은 문학이 그를 자기 것이라 주장하기 때문이다. 아리스토텔레스처럼 가이바라 엣켄도 의사의 아들이었으며 의학에서 신중한 경험철학으로 넘어갔다. 수많은 관직을 포함해 그렇게 분주한 공직 생활 가운데서도 그는 당대의 가장 위대한 학자가 되었다. 그가 저술한 책은 백 권이 넘고 그의 이름이 일본 전역에 알려지게 했다. (동료 철학자들과 달리) 그의 책은 한자가 아니라 문맹이 아니라면 누구나 읽을 수 있도록 단순한 일본어로 씌어졌기 때문이다. 그 학식과 명성에도 불구하고 그에게는 모든 작가들이 갖고 있는 자만심뿐 아니라 현인의 겸허함도 있었다. 전승에 의하면 한번은 연안을 따라 가는 배 위에서 한 승객이 동승한 여행자들에게 공자의 윤리에 대해 강론하기 시작했다. 처음에는 모든 사람이 전형적인 일본인의 호기심과 배우려는 열의로 귀를 기울였지만, 이내 산 것과 죽은 것의 냄새도 구별할 줄 모르는 고루한 사람이라는 것을 알고는 속속 그 자리를 뜨고 한 사람만 남게 되었다. 그러나 이 홀로 남은 청자는 진지한 마음으로 집중하며 강론에 귀를 기울여, 강연자는 말을 마친 후 그의 이름을 물어 보았다. 가이바라 엣켄이라는 대답이 조용히 들려왔다. 연사는 한 시간 넘게 자신이 당대의 가장 저명한 유학의 대가에게 유학을 논하고 있었다는 것을 알자 무안해서 어찌할 바를 몰랐다.[103]

엣켄의 철학은 공자의 경우처럼 신학에서 자유로웠고 불가지론적으로 이 땅에 기초를 두었다. "어리석은 자들은 교활한 일을 행하면서 미심쩍은 신에게 기도드리고 행복을 빈다."[104] 그의 철학은 경험과 지혜를, 그리고 욕구와 인격을 통합하려 애쓴다. 그에게는 지식보다 인격을 통합하는 것이 더욱 긴급하고 중요한 일처럼 보였던 것 같다. 그는 기이하게도 다음과 같이 당대의 필요에 어울리는 말을 한다.

배움의 목적은 단순히 지식을 넓히는 데 있는 것이 아니라 인격을 함양하는 데 있다. 그 목적은 진실된 인간이 되게 하는 데 있어야지 학식 있는 인간을 만드는 데 있어서는 안 된다. …… 옛사람들이 모든 것의 요체로 여긴 윤리적인 가르침을 오늘날

우리 시대에는 거의 가르치지 않는다. 이는 수많은 학파들 때문이다. 사람들은 더 이
상 과거 현인들의 가르침에 주의하여 귀 기울이지 않는다. 결과적으로 주인과 종, 윗
사람과 아랫사람, 나이 든 이와 젊은이 간의 친밀한 관계가 "개인의 권리"라는 신의
제단 위에서 희생되어 버린다. …… 사람들이 현인의 가르침을 존중하지 않는 주된
이유는 학자들이 자기 지식을 과시하려할 뿐 현인의 가르침대로 살려하지 않는 데
있다.[105]

그의 시대 젊은이들은 그의 보수적인 성향을 비난했던 것 같다. 그가 모든
혈기 왕성한 세대가 다시 배워야 할 교훈을 여지없이 쏟아부었기 때문이다.

아이야, 노인의 말은 고루하게 생각될 수도 있단다. 하지만 아버지나 할아버지가
훈계할 때 머리를 돌리지 말고 귀를 기울여야 한다. 네 생각에 가문의 전통이 어리석
어 보여도, 그것을 흩어 버려서는 안 된다. 그것은 네 선조들이 모은 지혜의 요체이기
때문이란다.[106]

그는 비난받을 만하기도 했는데, 그의 가장 유명한 책『온나 다이가쿠〔女大學〕』
가 일본 여성의 지위에 아주 반동적인 영향을 끼쳤기 때문이다. 하지만 그는 온
갖 즐거움 중에서 죄를 찾기에 바쁜 음울한 설교자가 아니었다. 그는 교육가의
과업은 (가능하다면) 환경을 이해하고 다스릴 뿐 아니라 즐기는 요령도 가르치
는 데 있음을 알았다.

하루하루를 즐겁게 보내라. …… 다른 이들의 어리석음에 힘들어 하지 마라. ……
이 세상에는 태초부터 미련한 자들이 있어 왔다. …… 그러니 우리의 자식과 형제, 친
척들이 이기적이고, 그들이 삼가도록 애쓰는 우리의 노력이 무시당할지라도, 괴로워
하지도 기쁨을 잃지도 말아야 한다. …… 술은 하늘이 내린 값진 선물이다. 조금만 마
신다면 마음이 넓어지고 침체해 있던 원기가 북돋워지며 근심이 달아나고 건강에도

이롭다. 따라서 자신뿐 아니라 친구들에게도 즐거움을 안겨 준다. 하지만 지나치게 마시면 품위를 잃고 말이 많아지며 미친 사람처럼 욕지거리를 내뱉게 된다. …… 기분을 약간 돋울 만큼만 술을 마시고 활짝 피어나는 꽃을 즐겨라. 이 하늘이 내린 귀한 선물을 과용해 망치는 어리석음을 범하지 않도록 하라.[107]

대부분의 철학자들처럼 그도 자연에서 마지막 안식처를 찾았다.

우리 마음이 기쁨으로 샘솟고 눈과 귀가 기쁨만 바라보며 비열한 욕망을 멀리한다면, 우리 기쁨은 언제나 넘쳐 날 것이다. 그러면 우리는 산과 바다, 달과 꽃의 주인이 될 것이기 때문이다. 이것들을 구하기 위해 다른 이에게 부탁하거나 쟁취하려 애쓰거나 돈 한 푼 지불할 필요도 없다. 이것들은 따로 주인이 정해져 있지 않기 때문이다. 저 위로 하늘과 아래 땅의 아름다움을 즐길 줄 아는 이들은 부자들의 사치를 부러워할 필요가 없다. 그들은 가장 부유한 자보다 더 부유하기 때문이다. …… 풍광은 끊임없이 변한다. 똑같은 아침, 똑같은 저녁은 없다. …… 이 순간 세상 모든 아름다움이 사라졌다고 느껴질지도 모른다. 하지만 그때 눈이 내리기 시작하고 다음 날 일어나면 마을과 산천이 은빛으로 바뀌어 눈앞에 펼쳐지고 한때 앙상하던 나무가 꽃이 활짝 피어 생기를 발하는 듯 보인다. …… 겨울은 마치 밤잠 같아 힘과 원기를 회복시킨다.

꽃을 사랑하며 아침 일찍 눈뜨고,

달을 사랑하며 밤늦게 잠자리에 든다.

사람들은 흐르는 개울처럼 왔다 가지만,

저 달은 무상한 세월 속에서 한결같이 제자리를 지키고 있구나.[108]

철학적 사고에 대한 공자의 영향력이 한편으로는 저열한 반도(叛徒)들의 모든 저항과 다른 한편으로는 신비적인 몽상가들을 압도한 것은 중국보다는 일본에서였다. 세이가, 라잔, 엣켄 등 주자학(朱子學)파는 주자에게서 이름을 따왔으며, 중국 고전에 대한 그의 정통적이고 보수적인 해석을 따랐다. 한동안 이 학파는 일본에서는 오요메이로 알려진 왕양명(王陽明)*이 주창한 양명학(陽明學)파와 대치했다. 왕양명처럼 일본의 양명학자들도 전통과 고대 현인의 가르침보다는 개인의 양심을 통해 옳고 그름을 분별했다. 나카에 도주〔中江藤樹〕(1608~1648년)는 "나는 오랫동안 주자학을 깊이 숭상해 왔는데, 하늘의 도우심으로 왕양명의 저작들이 처음으로 일본에 들어왔다. 이 책들의 도움이 없었다면 내 인생은 공허하고 황량해졌을 것이다."라고 말한다.[109] 그렇게 나카에는 이상주의적 일원론 연구에 전념하였다. 이 철학에 의하면 세계는 기(氣)와 이(理), 즉 사물(또는 형태)과 이치 또는 법칙의 합일체이며 신과 이 합일체는 하나이고 세상 만물은 그 몸이고 보편 법칙은 그 영혼이다.[110] 스피노자와 왕양명, 유럽의 스콜라 철학자들처럼 나카에도 이 보편 법칙을 신의 "지적인 사랑"으로 여기고, 선과 악에 대해서는 객관적인 실체를 전혀 설명하지 못한 인간적인 표현이며 편견이라 생각했다. 또한 기이하게도 스피노자처럼 그 역시 개인 영혼이 세계의 시간을 초월한 법칙 또는 이치와 관조적으로 합일되는 가운데서 어떤 불멸성을 발견한다.

인간의 정신은 합리적인 세계의 정신이지만, 인간에게는 양심이라 불리는 또 다른 정신이 있다. 이것은 도리 그 자체이며 형상(또는 형태)에 속하지 않고 무한하며 영원하다. 양심은 (신 또는 보편적인) 이치와 하나이므로 시작이나 끝이 없다. (이런) 이치 또는 양심에 따라 행하면, 무한하고 영원한 존재를 현실 속에 구현하게 되며 영원한 생명을 소유하게 된다.[111]

나카에는 거룩하고 신실한 사람이었지만, 그의 철학은 백성과 정부 모두로부터 외면당했다. 막부는 모든 인간이 옳고 그름을 스스로 판단할 수 있다는 주

---

* 452쪽 참조.

장에 몸을 떨었다. 또 다른 양명학 변론자 구마자와 반잔이 형이상학에서 정치학으로 눈을 돌리고 사무라이의 무지와 나태를 비판하자 그를 체포하라는 명령이 내려졌다. 구마자와 반잔은 특히 철학의 기관(器官)으로서 발뒤꿈치가 중요하다는 사실을 깨달으면서 산으로 피신해 여생의 대부분을 목가적인 모호함 속에서 보냈다.[112] 1795년에 양명학을 더 이상 가르칠 수 없다는 칙령이 공포되었다. 일본인의 정신은 그렇게 유순해서 그때부터 양명학은 유교의 경구 속에 자신을 감추거나 상무적인 기상을 추구한 참선의 온건한 한 형태로 변신했다. 한편 참선은 역사의 아이러니로서 평화로운 불교 신앙을 애국적인 전사에게 영감을 불어넣는 신앙으로 변모시켰다.

일본 학문이 발전해 가면서 단순히 성리학 해설자에 대해서 뿐 아니라 공자의 저술 자체에 정통해지자, 이토 진사이와 오규 소라이 같은 이들은 일본 사상에 있어 고전학파를 수립하고 위대한 공자에 대한 모든 대표 주석가들을 재검토할 것을 주장하기에 이른다. 이토 진사이의 가문은 공자에 대한 평가에 있어 그와 의견을 달리했다. 그들은 그의 학문이 실행 불가능하다며 조롱하고 가난에 쪼들릴 것이라 했다. "학문은 중국인들의 것으로 일본에서는 쓸모가 없으며, 그 지식을 습득해도 팔아먹지 못할 것이다. 그러니 의사가 되어 돈을 버는 것이 훨씬 낫다."는 것이 그들의 생각이었다. 이 젊은 학자는 이런 말에 전혀 귀 기울이지 않고, 오히려 가문의 영예와 부를 저버리고 모든 물욕도 떨쳐 버리고 집과 재산도 동생에게 줘 버린 후 혼자 살며 아무 방해 없이 학문에만 전념했다. 그는 외모가 준수해 가끔 황족으로 오해받기도 했지만, 농부 같은 차림새로 사람들의 이목을 피했다. 한 일본 역사가는 말하기를, "진사이는"

너무 가난해 어느 해는 새해 떡국도 마련할 수 없을 정도였음에도 이에 대해 아주 초연했다. 그의 아내가 와서는 그 앞에 무릎 꿇고 앉아 "어떤 형편도 개의치 않고 집안일을 꾸려 가려 하지만 한 가지만은 정말 견딜 수가 없습니다. 우리 아이 겐소가 왜 우리가 가난한지 이해 못하고 이웃집 아이의 떡국을 부러워합니다. 꾸짖긴 했지만 마음이 찢어지는 것 같습니다."라고 말했다. 진사이는 아무 대꾸 없이 책만 계속 읽다가 "팔아서 떡 재료를 사라."라고 말하는 듯 아내에게 끼고 있던 반지를 묵묵히 건네주었다.[113]

진사이는 교토에 서당을 열고 40년간 대략 3000명의 학생에게 철학을 가르쳤다. 그는 이따금 형이상학에 대해 언급하면서 우주를 생명이 언제나 죽음을 감싸고 있는 살아 있는 유기체로 묘사했다. 하지만 공자처럼 그도 현세의 입장에서서 애정 어린 편견을 보였다.

국가를 통치하지 못하고 인간의 도리를 따르지 못하는 것은 쓸모없는 것이다. …… 학문은 능동적이고 실천적이어야 하며 죽은 이론이나 사변적이 되어서는 안 된다. …… 도를 아는 자들은 일상생활에서 도를 추구한다. …… 인간관계를 떠나 도를 찾으려는 것은 바람을 잡으려 애쓰는 것과 같다. …… 평범한 삶이 올바른 삶이며 더 나은 삶은 세상에 없다.[114]

진사이가 죽은 후 그의 학파와 과업은 그의 아들 이토 도가이에 의해 이어졌다. 도가이는 명성을 비웃으며 "죽으면 그 이름이 잊힐 사람과 동물, 모래를 어떻게 부를 수 있는가? 자기 이름이 사랑받고 잊히지 않도록 열심히 책을 쓰고 문장을 다듬는 일은 참으로 부질없는 짓이 아닌가?"라고 말했다.[115] 그는 242권의 책을 저술했지만 여생을 겸손하고 지혜롭게 보냈다. 비평가들은 그의 책에는 몰리에르(Molière)가 최면 성분이라고 부른 것 같은 유의 마취성이 있다고 비난했다. 그럼에도 불구하고 도가이의 제자들은 그가 다른 철학자에 대한 한 마디 험담도 없이 책을 242권이나 썼다고 말했다. 그가 죽자 제자들은 그의 무덤에 다음과 같이 흠모의 비문을 세웠다.

그는 다른 이들의 결점에 대해 전혀 말하지 않았다.

그는 책 이외에는 어떤 것에도 관심을 두지 않았다.

그의 인생은 평온무사했다.[116]

이들 후기 유학자들 가운데 가장 위대한 이는 오규 소라이로서, 그 자신 "일본 초대 천황 진무 시대 이후로 나와 견줄 학자가 참으로 없구나!"라고 말한다. 도가이와 달리 그는 논쟁을 즐기고 이전 세대가 되었던 동시대인이 되었던 모든 철학자들에 대해 자신의 생각을 격렬하게 토로했다. 한 탐구심 강한 젊은이가 그에게 "독서를 제외하고 무엇을 좋아합니까?"라고 질문하자, 그는 "불에 그슬린 콩깍지를 까먹고 일본의 위인들을 비평하는 일보다 더 나은 일은 없다."라고 대답했다. 나미카와 덴진은 "소라이는 아주 위대한 인물이긴 하지만, 세상에 알려진 것은 모두 알고 있다고 스스로 생각하는데 이는 악습이다."라고 말했다.[117] 오규 소라이는 자기가 원했다면 겸손할 수 있었다. 그는 분명 자기를 포함해 모든 일본인이 야만인이고 중국인만이 개명한 민족이며 "언급되어야 할 것이 있다면, 그것은 고대 왕들이나 공자가 이미 언급했다."라고 말했다.[118] 사무라이와 학자들은 그에게 격노했지만, 개혁가 쇼군 요시무네는 그의 용기를 가상히 여겨 지식인 패거리들로부터 그를 보호해 주었다. 소라이는 에도에 서당을 차리고 감상적인 묵자(墨子)를 비난한 순자(荀子)나 루소가 태어나기 전에 루소를 논박한 홉스(Hobbes)처럼 인간은 선천적으로 선하다고 말한 진사이를 웃기는 논리로 조롱하며 비난했다. 진사이와 반대로 소라이는 인간은 천성적으로 악해 가능하다면 무엇이든 움켜잡으려 하며 인위적인 도덕과 법률, 가차 없는 교육으로만 괜찮은 사람으로 바꾸어 놓을 수 있다고 말했다.

인간은 태어나자마자 욕망이 분출한다. 욕망은 감지하지 못할 때도 무한정 일어나, 그로 인해 다툼이 생기고 혼란이 야기된다. 고대 왕들은 혼란을 싫어해 예법과 정의를 세우고 이로써 백성의 욕망을 다스렸다. …… 도덕은 제국의 신민을 다스리기 위한 필요 수단에 지나지 않는다. 이 도덕은 자연에 기원을 둔 것도, 인간의 충동적인

마음에서 비롯된 것도 아니며, 현인들이 탁월한 지혜로 고안하고 국가가 권위를 더한 것이다.[119]

소라이의 비관론을 확증이라도 하듯 그 다음 세대 일본의 사상은 그나마 공자를 모방해서 쌓은 소박한 수준에서도 퇴보하고, 중국적인 맹신자와 일본적인 숭배자 간의 격렬하게 먹물 튀기는 전쟁에서 스스로 소멸하였다. 이 고대와 근대 간의 전쟁에서 근대는 고대인을 드높여 찬미함으로써 승리를 거두었다. 간가쿠샤, 즉 (친)중국적인 학자들은 자기 나라를 야만으로 폄하하고 모든 지혜는 중국에 있다고 주장하면서 중국 문헌과 철학을 해석하고 주석을 다는 것으로 자족했다. 와가쿠샤, 즉 (친)일본적인 학자들은 이런 태도를 반계몽적이며 비애국적이라 비난하고, 국민에게 중국을 배격하고 자체의 시와 역사 속에서 힘을 되찾자고 호소했다. 마부치는 중국인을 기질적으로 악덕한 민족이라 공격하고 일본인을 선천적으로 선한 민족이라 치켜세웠으며, 일본 문학과 철학이 초기 또는 상고 시대에 미숙했던 것은 일본인들이 미덕이나 지성에 있어 달리 교훈을 필요치 않았기 때문이라 말했다.*

마부치를 찾아 만나고 감화를 받은 젊은 의사 모토오리 노리나가는 이후 『고지키〔古事記〕』에 대한 서른네 권의 주석을 쓰는 데 34년간의 생애를 바쳤는데, 이 책은 일본인의 전설, 특히 신도(神道)에 대한 고전집이다. 이 주석집 『고지키덴〔古事記傳〕』은 일본 안팎의 중국인과 관련된 모든 것을 강타했다. 그는 이 주석에서 대담하게 일본 열도와 천황, 일본 민족에 대한 신적인 기원을 상술한 태초의 이야기를 문자 그대로 인정하고, 도쿠가와 섭정 통치의 면전에서 일본의 언어와 생활 방식, 전통으로 되돌아가고 궁극적으로는 불교를 대신해 신도

---

* 사토우 경(Sir E. Satow)의 마부치의 교훈에 대한 주석. "고대 시대 인간의 기질이 정직했을 때는 복잡한 도덕 체계가 필요하지 않았다. …… 당시에는 옳고 그름에 대한 가르침이 필요치 않았다. 하지만 마음이 사악한 중국인은 …… 외적으로만 선해 보일 뿐 그 행동이 지극히 악하여 사회가 도탄에 빠졌다. 정직한 일본인은 가르침 없이도 올바로 행할 수 있었다."[120]

를 부활시키고 쇼군에 대한 천황의 주권을 회복하자는 운동을 지식인들 사이에 촉구했다. 모토오리 노리나가는 "일본은 태양 여신 아마테라스를 낳은 나라다. 일본이 여타 모든 나라보다 우월함은 이 사실로 판명된다."라고 기록했다.[121] 그가 죽자 그의 제자 히라타가 이 주장을 이어받았다.

가장 한탄스러운 것은 일본이 신의 나라이며 일본 민족은 신의 후손이라는 이 두 가지 명백하고 근본적인 사실에 대해 너무나 무지하다는 점이다. 일본 민족이 중국, 인도, 러시아, 네덜란드, 샴, 캄보디아인 등과 다른 점은 수준의 차이가 아니라 종자의 차이다. 이 나라 민족이 이 나라를 신의 땅이라 부른 것은 허영심의 발로가 아니었다. 예외 없이 모든 나라를 창조한 신들은 신의 시대에 속했으며 모두 일본에서 태어났으므로, 일본은 그들의 모국이며 온 세상이 그 타당성을 인정한다. 조선이 이 진실을 처음으로 깨달았으며, 이들을 통해 이 사실이 온 세상에 점차 퍼지고 모든 이들에게 받아들여졌다. …… 물론 다른 민족들은 창조신들에 의해 이 세상에 나왔지만, 이자나기와 이자나미에 의해 생긴 것이 아니며 태양 여신을 낳지도 않았다. 이 점이 그들이 열등한 이유다.[122]

"천황을 높이고 외국 야만인을 물리치려는" 존황양이(尊皇攘夷) 운동을 추진한 이들도 이런 자들이었다. 19세기에 이 운동은 일본 국민을 고무시켜 막부를 전복시키고 천황가의 주권을 재수립했으며, 20세기에는 천황이 부활한 동방의 수많은 국민을 다스릴 때까지 만족하지 못하고 열렬한 애국주의를 고양시키는 데 주도적인 역할을 담당하고 있다.

30장　고대 일본의 정신과 예술

1. 언어와 교육

한편 일본인은 그러한 야만인인 중국인으로부터 문자 및 교육 체계를 빌려 왔다. 일본어는 특별히 민족 고유의 언어였는데, 추정하건대 몽골어로서 한국어와 유사하지만 이쪽 계열이나 다른 알려진 방언에서 유래했음이 논증되지는 않았다. 일본어는 다음절어이며 교착어이고 체계가 단순해 특히 중국어와 구별되었다. 기음(氣音)이 거의 없었으며, 후두음과 복합어는 전혀 없었고 마지막이 자음으로 끝나는 경우도 전혀 없었다.(ん(ン)은 예외) 거의 모든 모음이 곡조를 이루며 길게 발음되었다. 문법 체계 또한 자연스럽고 단순했다. 명사에는 성과 수가 없었고, 형용사에는 비교급이, 동사에는 인칭 변화가 없었다. 인칭 대명사가 거의 없었고 관계 대명사는 전혀 없었다. 반대로 형용사와 동사의 부정형 및 화법 변화는 있었는데, 전치사 대신 복잡한 후치사가 접미사를 변경하는 형태로 사용되었다. "저"나 "어르신" 같은 복잡한 존칭어가 1, 2인칭 대명사를 대신했다.

일본어는 기원후 수 세기 간 한반도와 중국에서 전래되기까지는 문자가 없었던 것이 분명하다. 그 후에도 수백 년간 일본인들은 중화 제국의 뜻글자로 자신들의 고운 말을 표현하는 데 만족했다. 일본어의 각 음절을 나타내는 데 완전한 형태의 한자가 사용되었기 때문에, 나라 시대 일본인들은 기록하기 위해 역사상 알려진 그 어떤 경우보다 애를 먹었다. 9세기에 언어의 효율성이라는 측면에서 두 가지 간단한 기록 형태가 만들어졌다. 각 경우, 초서체 형태로 축약된 한자가 일본 구어를 구성하는 마흔일곱 개 음절을 표현하는 데 사용되었다. 이 마흔일곱 자로 구성된 음절표가 기존 문자를 대신해 쓰였다.* 대다수 일본 문학이 한자로 되어 있고 대부분의 현존 작품이 가나 문자가 아니라 한자와 고어가 조합된 형태로 표현되어 있어, 서구 학자들이 원본으로 일본 작품에 정통하기는 거의 불가능하다. 일본 문학에 대한 서구인의 지식은 결과적으로 단편적이며 신뢰도가 떨어질 수밖에 없고 이에 대한 평가는 거의 의미가 없다. 이런 언어 장벽에 애를 먹은 예수회는 섬나라의 언어가 악마에 의해 고안되어 복음이 일본인들에게 전파되지 못하게 한다고 보고했다.[2]**

기록은 오랫동안 상층 계급의 사치품이었다. 19세기 후반까지 일반 대중들 사이에는 인쇄술 보급 요구가 전혀 없었다. 교토 시대에 명문가 자제들을 위한 학교가 운영되었다. 8세기 초엽에 덴치와 몬무 천황이 교토에 최초로 대학을 세웠다. 점차 지방 학교 제도가 정부 관리하에 발전하고 그 졸업생들에게 대학에 입학할 자격이 주어졌으며, 이들 대학 졸업생들이 해당 자격시험을 거쳐 관직에 들어갈 수 있었다. 봉건 시대 초기의 내전으로 이런 교육 제도는 발전이 저해되었으며, 도쿠가와 막부 체제하에서 평화가 회복되고 학문과 문학이 회복되기 전까지 정신적 수련은 소홀하게 취급되었다. 이

---

* 이들 음절 부호가 직선 형태의 가타카나 글자로 축약되어, 근대 일본에서 대중적인 출판물과 보다 큰 광고판, 조명 표지판에 사용되었다.[1]

** 문자처럼 인쇄술도 불교의 한 부분으로서 중국에서 전래되었다. 현존 세계 최고(最古) 활자는 서기 770년에 쇼토쿠 여황의 지시로 목판에 새겨진 불교 부적이다.[3] 분리형 활자가 1596년에 한반도에서 전래되었지만, 여전히 수많은 글자로 구성되어 그 인쇄 비용 때문에 1858년 천황 복위로 서구에 문호가 개방될 때까지 널리 사용되지 못했다. 오늘날도 일본 신문은 수많은 글자 폰트를 필요로 한다.[4] 하지만 이런 어려움에도 불구하고 일본 활자는 우리 시대 가장 매력적인 형태 가운데 하나다.

에야스는 사무라이들 열 명 중 아홉 명이 읽고 쓸 줄 모른다는 사실을 알고 분개해 마지 않았다.[5] 1630년에 하야시 라잔이 에도에 공직 및 유교 철학 양성소를 설립하였고, 이 기관이 나중에 도쿄 대학이 된다. 1666년에 구마자와 반잔이 시즈타니에 최초로 지방 대학을 세웠다. 정부는 교사가 검을 차고 사무라이의 신분을 과시할 수 있도록 허용함 으로써 학생과 의사, 승려 들이 가정이나 절에 사립 학교를 세워 초등 교육을 보급하도 록 유도했다. 1750년에 이런 학교가 800여 개 있었고 학생 수는 4만여 명 정도 되었다. 이들 기관의 수혜자는 전부 사무라이의 자제들이었다. 상인과 농민들은 평범한 훈장의 가르침을 받는 것으로 만족해야 했다. 부유한 여인들만 공식 교육을 받았다. 유럽처럼 일본에서도 일반 교육은 산업 사회가 될 때까지 기다려야 했다.[6]

2. 시

우리 시대까지 전해진 가장 오랜 일본 문학은 시 작품이고, 일본 학자들은 이 최초의 시를 가장 훌륭한 작품으로 평가한다. 가장 오래되었을 뿐 아니라 가 장 유명하기도 한 일본 책 중 하나가 바로 『만요슈〔萬葉集〕』인데, 이는 두 명의 편집자가 이전 4세기 동안 씌어진 4500여 수의 시를 20권의 책으로 엮은 것이 다. 이 책에는 특히 나라 시대의 시적 영화를 대표하는 히토마로와 아카히토의 작품이 실려 있다. 그의 사랑하는 이가 죽어 화장터의 연기가 구릉 사이로 오 를 때, 히토마로는 추도보다 더 간결한 애가를 다음과 같이 노래했다.

오, 저 외딴 하쓰세 산속 깊은 골짜기에

이리저리 떠도는 구름이

내 사랑하는 이일까?[7]

세월의 무상함에서 시를 보존하기 위한 또 다른 노력이 다이고 천황에 의해 이루어졌다. 그는 이전 150년간 씌어진 1100여 수의 시를 『고킨슈〔古今集〕』로 알려진 시집으로 한데 엮었다. 그의 주요 조력자는 시인이자 학자인 쓰라유키였는데, 이 책을 통해 단편적으로 전해지는 그의 간결한 시보다 이 시집의 서문이 오늘날 우리에게 더욱 흥미로운 것 같다.

일본 시는 하나의 씨앗이 되어 인간의 마음에서 싹터 참으로 언어를 풍요롭게 한다. …… 인간은 삼라만상을 보고 들으며 그 마음에서 일어나는 인상을 말로 표현하려 애쓴다. …… 그렇게 인간의 마음은 활짝 핀 꽃의 아름다움과 경이로운 새의 노랫소리, 전경을 흠뻑 적시는 감미로운 안개, 애처로운 연민을 자아내는 덧없는 아침 이슬을 말로 표현해 내었다. …… 시인은 봄날 아침 땅바닥이 떨어져 내린 벚꽃 꽃잎들로 하얗게 수놓인 것을 바라보거나 가을 저녁 떨어지는 낙엽의 살랑거리는 소리를 들으면서 시심이 발하고, …… 풀밭에 아롱져 맺힌 이슬방울을 지켜보면서 온몸을 떨었다.[8]

쓰라유키는 일본 시에서 거듭 되풀이되는 주제, 즉 화산 활동으로 멋진 풍경이 연출되고 풍족한 비로 푸르름이 더해진 자연 경관과 그 성쇠를 훌륭하게 묘사했다. 일본 시인들은 들판과 수풀과 바다의 싱그러운 경치, 산 개울에서 첨벙첨벙 뛰노는 송어, 잔잔한 연못에 갑자기 뛰어드는 개구리, 조수 간만 없이 잔잔한 해변, 비탈진 언덕에 차분하게 펼쳐진 안개, 접힌 풀잎에 보석처럼 아롱져 맺힌 빗방울 등을 즐거워했다. 종종 그들은 생명이 움터 자라는 세상을 예찬하고 덧없는 꽃과 사랑과 인생을 슬픈 가락으로 노래했다. 하지만 이 전사들의 나라는 전쟁에 대해서는 거의 노래하지 않았고, 다만 이따금씩 찬미로 마음을 고양시킬 뿐이었다. 나라 시대 이후 대부분의 시들은 그 형식이 간결하여, 『고킨슈』의 1100여 수의 시 가운데 다섯 수만 단카〔短歌〕, 즉 5, 7, 5, 7, 7의 운율을 지닌 오행시로 지어졌다. 이들 시에는 각운이 전혀 없었다. 일본어는 모음이 거의 변화 없이 끝나 시인이 형식에 변화를 줄 여지가 너무 적었기 때문이다. 또한 강세나 어조, 음절의 장단도 없었다. 어조를 고르기 위해 말 앞에 아무 의미 없이 붙인 "마쿠라고토바〔枕詞〕", 의미보다는 형식상 완성도를 높이기 위해 시 앞에 덧붙인 "홋쿠〔發句〕", 한 문장과 다음 문장을 연결해 의미가 놀랍게 다양해지도록 재치를 부린 중심어 등을 써서 교묘하게 말재주를 부렸다. 이들 장치는 영시의 두운법과 각운법처럼 세월이 흐르면서 정형화되어 갔으며, 이렇게 형식이 대중화되었다고 해서 시가 비속해지지도 않았다. 반대로 이들 고전 시는 사상과 형식에 있어 기본적으로 귀족적이다. 기품 있는 분위기에서 탄생한 이들 시는 도도하기 그지없는 절제미를 보여 주며 새로운 의미보다는 완벽한 형식을 추구한다. 감정을 표현하기보다는 억제하고, 너무나 자부심이 강해 간결하기 이를 데 없다. 표현상 이렇게 절제된 시는 세상 그 어디에도 없어, 마치 일본 역사가들의 허풍을 겸허하게 속죄하기로 작정한 듯하다. 서풍(西風)에 대해 세 쪽 정도 분량만 표현하면 서민들의 온갖 수다를 다 표현할 수 있다고 일본인들은 말한다. 진정한 예술가는 독자 대신 생각하기보다는 독자가 스스로 생각하게 만들어야 하며, 서구의 시인이 자기 혼자서 세세하게 묘사하려 애쓰는 모든 생각과 감정을 독자의 마음에 우러나게 할 수 있는 한 가지 신선한 통찰을 제시해야 하는 것이다. 일본인에게 있어 모든 시는 잔잔한 한순간의 영감이어야 한다.

따라서 이들 시나 일본의 보고(寶庫)인 "하야쿠닌잇슈〔百人一首〕"에서 영웅적이거나 서사적인 시풍, 또는 지속적이고 서정적인 분방함을 찾으려 한다면 실망하게 될 것이다. 이들 시인들은 인어정(Mermaid Tavern)에 모인 이들이 무모하게 기지를 부린 것처럼 시 한 구절에 자신의 운명을 걸려 했다. 가장 사랑하는 친구를 잃고 승려가 되어 그렇게 찾던 안식을 이세(Ise)의 사당에서 발견한 사이교 호시가 쓴 것은 「아도나이스(Adonais)」도 「리키다스(Lycidas)」도 아닌 바로 다음과 같이 간결한 시였다.

여기
무엇이 살고 있는지

나는 모른다.
하지만 내 마음은 감사로 가득하고
눈물이 흘러내린다.[9]

남편을 여읜 가가노 치요는 다음과 같이 간결한 시를 지었다.

모든 것이
한순간
꿈과 같구나.
나는 잠들고…… 일어난다.
얼마나 넓은지
홀로된 이 침상이.[10]

자식도 그녀를 떠나자, 다음 이행시를 다시 덧붙인다.

오늘은 얼마나 멀리 떠돌았을지,
잠자리를 잘 잡았던 너였지![11]

나라와 교토 황실에서는 단카의 작시가 귀족적인 놀이가 되었다. 인도에서는 코끼리 한 마리 값을 한 여인의 정절이 이 궁정에서는 종종 31자로 교묘히 표현된 시와 맞먹었다.[12] 천황이 던진 낱말을 받아 손님이 시를 지었다.[13] 말 잇기 식으로 이어서 시를 짓고 길을 가면서 단카를 암송하는 장면이 당대 문학 작품에 자주 등장한다.[14] 헤이안 시대 전성기에는 천황이 정기적으로 시 경연 대회를 개최하였고, 1500여 명의 출전자가 박학한 심사 위원 앞에서 단카를 지으며 우승을 다투었다. 951년에는 어가소(御歌所)가 설립되어 이들 대회를 관장하고 우승한 작품은 이 기관의 문서 보관소에 보관되었다.

16세기가 되면 일본 시는 너무 길어 숨이 가쁘다고 느끼고, 원래 한 사람이 완결 지었던 단카가 5, 7, 5의 총 열일곱 자로 구성된 "한 마디 말", 하이쿠로 다른 사람이 연이어 짓는 형태로 단축되었다. 이런 하이쿠 작시는 겐로쿠 시대(1688~1704년)에 처음 유행하여 이후 크게 성행했다. 이를 보면 일본인들은 정서적·지적 감수성에 있어 정신 사조가 급히 흥했다가 쇠하는 미국인과 아주 닮은 것 같다. 남자와 여자, 상인과 무사, 장인과 농부 등 누구나 할 것 없이 일상사를 소홀히 하며 앞사람의 하이쿠에 맞춰 즉시 다음 하이쿠를 지었다. 도박을 특히 좋아하는 일본인들은 하이쿠 경연 대회에 큰돈을 걸고 적극적인 이들은 아예 이를 업으로 삼아 매일 수천 명의 호주머니를 털었다. 마침내 정부는 시(詩) 유흥장을 급습하고 이 새 노름 예술을 금지할 지경에 이르렀다.[15] 하이쿠의 가장 걸출한 대가는 마쓰라 바쇼(1643~1694년)였는데, 요네 노구치에게 그의 탄생은 "우리 일본 역사상 최대의 사건"이었다.[16] 젊은 사무라이 바쇼는 스승이기도 했던 자기 주군의 죽음에 크게 충격을 받아 궁정 생활을 포기하고 모든 쾌락을 끊고 방랑과 명상, 가르침에 자신을 바쳤으며, 일본 문인들이 완벽하게 응축된 사례로 크게 존숭하는 자연 시에 자신의 평온한 철학을 담았다.

옛 연못,
변함없고, 물속에 뛰어드는 개구리 소리.

또는

풀잎, 그 위에
잠자리 한 마리가 내려앉으려 한다.[17]

3. 산문

1. 소설

일본 시가 너무 간결해 서구인들의 취향과 크게 상이하게 느껴진다면, 그 걸작품들이 스무 권, 가끔은 서른 권에 이르는 일본 소설이 위안이 될 것이다.[18] 이들 가운데 최고로 치는 작품은 (글자 그대로 영락없이 "겐지의 한담"인) 『겐지 모노가타리〔源氏物語〕』로서 그 분량이 무려 4234쪽에 달한다.[19] 이 실로 유쾌한 로맨스는 1001년경에 무라사키 시키부에 의해 씌어졌다. 고대 후지와라 가문의 혈통을 이어받은 그녀는 997년에 또 다른 후지와라와 결혼했지만, 4년 후에 남편을 여읜다. 그녀는 쉰네 권의 역사 소설을 쓰면서 슬픔을 달랬다. 자신이 구할 수 있는 모든 종이에 글을 채운 후, 그녀는 성스러운 불교 경전에 불경스럽게 손을 대 글을 쓸 종이로 사용한다.[20] 한때는 종이도 사치품이었던 것이다.

이야기의 주인공은 천황이 가장 총애하는 첩 기리쓰보가 낳은 아들이다. 이 애첩은 너무나 아름다워 다른 모든 첩들의 시기를 받고, 이들에 농락당해 죽음을 맞는다. 무라사키는 이 남자의 헌신적인 사랑을 너무 과장한 듯 천황을 위로할 길 없는 슬픈 모습으로 묘사한다.

세월이 흘러도 천황은 자신의 애첩을 잊을 수 없었다. 위로가 되리라는 기대로 수많은 여인이 황궁에 불려 갔지만, 자기가 그토록 사랑했던 애첩을 대신할 수 있는 여인은 어디에도 없다고 생각하며 천황은 그들 모두를 물리쳤다. …… 아침저녁으로 서로 나누었던 맹세, 한 쌍의 새가 함께 날갯짓하고 한 쌍의 나무가 서로 가지를 잇대듯 그렇게 살자는 맹세가 이루어지기를 운명이 허락하지 않았다고 그는 한결같이 믿었다.[21]

겐지는 기세당당한 태자로 자랐으며, 도덕이 아니라 외모가 그러했다. 그는 톰

존스(Tom Jones)처럼 변덕스럽게 정부를 갈아 치웠으며 성(性)을 가리지 않는
다는 점에서도 이 진부한 영웅을 답습했다. 그는 여성들의 우상으로 다정다감
하고 매력적이었으며 언제나 한 여자나 다른 여자를 골똘히 생각하고 동경했
으며, 이따금 "크게 슬퍼하며 아내의 집을 찾았다."[22] 무라사키는 흥겹게 그의
모험담을 늘어놓고, 외면할 수 없는 기품을 담고 그와 자신을 변호한다.

　젊은 왕자가 몇 번인가의 탈선에 빠지지 않았다면 그는 분명 자기 의무를 소홀히
했으리라 생각된다. 누구든 자기 행위가 보통 사람에게 전혀 허용될 것 같지 않은 경
우에도 아주 자연스럽고 당연하게 여길 때가 있다. …… 내가 어떤 것을 빠뜨렸다는
사실을 당신이 알고 즉시 그가 천황의 아들이라는 이유 때문에 내가 왜 그의 경솔한
언행을 무시하고 그의 행위에 호의를 표시해야 하는지 물은 후, 곧이어 이것은 역사
가 아니며 후세의 평가에 악영향을 주기 위해 날조된 이야기일 뿐이라고 말하는 것
을 내가 몰랐다면, 나는 그가 그렇게 감추려고 애쓰는 사생활 문제를 얘기하려 하지
않았을 것이다. 사실 험담꾼이라 불릴지 모르겠지만, 나는 말하지 않을 수 없다.[23]

바람을 피우다가 겐지는 병이 들고 자신의 방종했던 삶을 후회한다. 그는 신
앙에서 해답을 찾으려 절을 찾아간다. 하지만 거기서 한 사랑스러운 황실 여
인(그 이름은 겸허하게도 무라사키였다.)을 보고, 승려가 자신의 죄를 질책하는
중에도 그녀에 대한 생각으로 마음이 산란해진다.

　승려는 불확실한 이생의 삶과 다음 생의 응보에 대해 얘기하기 시작했다. 겐지는
자신이 저지른 죄가 이미 얼마나 중한지 생각하고 질겁한다. 이생에서의 나머지 삶
을 양심의 가책 가운데 살 것이란 생각만으로 그의 형편은 이미 최악이었다. 그런데
이생 너머에 또 다른 삶이 기다리고 있는 것이다. 어떤 무시무시한 형벌이 자신을 기
다리고 있을지! 승려는 시종 겐지에게 그의 사악함을 떠올려 번민케 했다. 외진 곳에
칩거해 수행자로 사는 길이 최선책이다! …… 하지만 그 순간 오후에 보았던 그 사랑

스러운 얼굴이 떠올랐다. 그녀에 대해 더 간절히 알고 싶은 마음에 그는 물었다. "당신과 함께 여기 사는 여인은 누군가요?"[24]

저자의 도움으로 첫 아내가 산고를 치르다 죽고, 겐지는 황실 여인 무라사키를 자기 집 안방에 들여놓는다.[*]

이 책이 영어로 번역된 다른 걸작품보다 유별나게 유리한 위치를 점하는 것은 탁월한 번역 때문인 것 같다. 피츠제랄드(Fitzgerald)처럼 웨일리(Waley)도 최초의 번역본을 수정 보완했을 것이다. 하여튼 잠시 동안 서구의 도덕률을 잊고 워즈워스(Wordsworth)가 말한 것처럼 남녀가 "공중의 날벌레처럼 짝을 이루는" 것을 허용할 수 있다면, 겐지의 이야기에서 일본 문학에 감춰진 가장 매력적인 아름다움을 얼핏 보게 될 것이다. 무라사키는 자연스럽고 여유롭게 글을 써 내려 간 지 얼마 되지도 않아 한 세련된 친구에 대한 매혹적인 한담으로 책장을 가득 메운다. 그녀의 여유로운 글 속에 등장하는 남녀들, 특히 아이들은 매력을 한껏 발산하며 아주 사실적으로 묘사되어 있다. 대부분의 생을 황궁과 호화로운 저택에서 살았음에도, 그녀가 묘사하는 세상에는 실제로 그렇게 살았거나 목격한 것처럼 실로 다채로운 삶이 담겨 있다.[**] 그녀가 그린 삶은 품위가 있으며 생계나 사랑과는 그다지 상관이 없다. 이런 한계 안에서 세상은 이목을 끌 특별한 인물이나 사건의 개입 없이 진솔하게 묘사된다. 무라사키는 우마노카미로 하여금 사실주의적인 화가에 대해 다음과 같이 말하게 한다.

---

* 필자는 아서 웨일리(Arthur Waley)가 무라사키의 이야기를 그렇게 완벽하게 번역한 총 네 권의 책 중 첫 번째 권 밖에 읽을 수 없는 짧은 생을 아쉬워한다.

** 무라사키는 서민 가정도 깊이 이해하고 다루어 우마노카미로 하여금 서기 1000년경의 여성 교육에 대해 근대적 성격의 탄원을 하게 한다. "외모를 개의치 않고 머리를 귀 뒤로 묶고 가사에 헌신하는 열성적인 주부가 있다. 남편은 집을 드나들면서 많은 것을 보고 들으며 낯선 이들과는 함께 나눌 수 없지만, 사려 깊게 공감하며 귀 기울여 들어주고 필요하면 함께 웃고 울어 줄 수 있는 친밀한 이와는 기꺼이 얘기를 나누려 한다. 그를 심하게 혼란에 빠뜨리거나 즐겁게 해 줄 정치 사건들도 있는데, 그는 따로 떨어져 앉아 이에 대해 얘기하고 싶어 하는 경우도 종종 있었다. 하지만 아내는 '무슨 일이에요?'라고 가볍게 말할 뿐 아무 관심도 보이지 않는다. 이런 경우에는 곧잘 짜증이 난다."[25]

사실적인 조화미와 형식미를 갖춘 평범한 언덕과 강, 어디서나 볼 수 있는 집들의 풍경. 이런 광경이 잔잔하게 그려지고, 세상을 등진 채 정겹게 둘러쳐진 울타리 너머 안뜰과 아담한 언덕 위에 서 있는 굵은 나무들이 차분하게 묘사되어 있으며, 이 모든 것들에 구성과 비율과 생명력이 적절히 배려되어 있다. 이런 작품은 최고 대가가 탁월한 기교를 부려야만 가능하며, 평범한 예술가라면 수천 번 거듭해서 실수할 수밖에 없을 것이다.[26]

얼마 지나지 않아 일본 소설은 『겐지』의 작품성에 필적하고 언어의 문학적 발전에 지대한 공헌을 하게 된다.[27] 18세기에 소설은 또 다른 전성기를 구가하여, 여러 소설가들이 분량이나 도색적인 자유로움에 있어 무라사키를 능가하면서 그 계보를 잇는다.[28] 산토 교덴은 1791년에 『교화집』을 발표하지만, 내용이 너무 저속해 당시 외설을 법으로 금하고 있던 당국은 그를 50일간 가택 연금시킨다. 산토 교덴은 담배쌈지와 가짜 약을 파는 행상이었고 매춘부와 결혼했으며 도쿄 유곽에 대한 소설로 첫 명성을 얻었다. 그는 점차 작품상 도덕적 진보를 보이긴 했지만 대중적인 인기도 포기하지 않았다. 인기에 고무된 그는 일본 소설사상 처음으로 원고료를 요구했다. 반면 그의 선배들은 저녁 식사 초대로 만족했던 것 같다. 대부분의 소설가들은 가난하고 자유분방한 생활을 하여, 사람들은 그들을 배우들과 함께 사회 최하층 계급으로 분류했다.[29] 교덴만큼 주목받지 못했지만 작품성은 더 뛰어났던 이는 교쿠테이 바킨(1767~1848년)이다. 그는 스콧(Scott)이나 뒤마(Dumas)처럼 역사를 생생한 로맨스로 변형시켰는데, 자신의 어떤 작품은 독자들의 성화에 못 이겨 백 권의 분량으로 늘려야 했다. 호쿠사이는 그 천재성으로 인해 서로 다퉈 헤어질 때까지 바킨의 일부 소설의 삽화를 그렸다.

이들 후기 소설가들 가운데 가장 유쾌한 기질의 인물은 짓펜샤 잇쿠(1831년 사망)로, 그는 일본의 르 사주(Le Sage)이며 디킨스(Dickens)였다. 잇쿠는 성인이 되면서 세 차례 결혼을 했는데, 그중 두 차례는 그의 문학적인 기질을 이해하지 못한 계부에 의해 일찍 끝나 버렸다. 그는 풍부한 유머로 가난을 이겨 냈으며, 가구는 전혀 없었고 단지 소지하고 있던 가구 그림만 벽에 덩그러니 걸어 두었다. 축제일에는 신에게 제물로 멋진 그림을 바쳤다. 바깥에서 목욕하다가 다른 사람의 눈에 띄면 그는 욕조를 머리에 뒤집어쓰고 집에 들어간 후 집 앞을 지나던 그 행인에게 재치 있게 말을 던지곤 했다. 그의 대표작인 『도카이도추 히자쿠리게〔東海道中膝栗毛〕』는 1802년부터 1822년에 걸쳐 열두 권으로 발표되었으며, 익살맞고 유쾌한 이야기를 펼쳐 보였다. 애스턴(Aston)은 이 작품을 "일본어로 된 가장 유머 넘치고 재미있는 책"이라 했다.[30] 임종 시 잇쿠는 제자들에게 당시 관례였던 화장을 하기 전에 자신이 엄숙히 맡긴 다발을 자기 시신 위에 두라 명했다. 장례식 때 기원이 끝나고 장작더미에 불이 붙여지자 폭죽이 흥겹게 터졌는데, 그가 맡긴 꾸러미 속에는 폭죽이 가득 담겨 있었던 것이다. 잇쿠는 자기 생애는 놀라움으로 가득할 것이라는 젊었을 적 약속을 죽으면서까지도 지킨 것이다.

2. 역사

그 둘 사이를 구별하는 데 어느 정도 애를 먹을지는 모르지만, 일본 역사서는 소설만큼 흥미롭지 못하다. 일본 문학에 있어 현존 최고(最古) 작품은 『고지키〔古事記〕』로서, 712년에 야스마로에 의해 한자로 씌어졌다. 이 책에서는 신화가 너무나 자주 사실을 대신하는 관계로 이 글을 역사로 받아들이기 위해서는 신도(神道)에 대한 절대 충성이 필요했다.[31] 645년의 대개혁 이후 정부는 과거를 다시 한 번 변형시킬 필요가 있다고 생각했으며, 이에 따라 720년경 중국 문헌에서 과감히 구절을 도용해 장식하고 가끔 연대순에 상관없이 그 말을 고대 일본인이 말한 것처럼 꾸며 새 역사, 즉 『니혼기〔日本紀〕』를 한자로 기술했다. 그럼에도 불구하고 이 책은 『고지키』보다 사실에 더 충실했고 일본 상고 시대 후기 역사 대부분의 토대를 마련했다는 데 그 의의가 있다. 그때부터 지금까지 이 나라에는 많은 역사서가 있었으며, 각 경우 모두 가장 최근보다 더욱 애국적이었다. 1334년에 기타바타케 지카후사는 다음과 같이 겸허하고 이제는 익숙해진 어조로 『진토쇼토키〔神皇正統記〕』를 썼다.

위대한 야마토(일본)는 신의 나라다. 신이 그 기초를 처음 세운 나라는 우리 땅밖에 없다. 그 오랜 혈통은 태양 여신에 의해서만 이어져 왔으며, 외국에서는 이런 유를 찾아볼 수가 없다. 그러므로 우리 땅을 신의 나라라 부른다.[32]

1649년에 처음 출간된 이 책은 고대 신앙 및 국가를 회복하려는 운동을 시작했으며, 이 운동은 모토오리의 열정적인 논쟁으로 정점에 이르렀다. 이에야스의 직계 손자인 미쓰쿠니는 『다이니혼시〔大日本史〕』에서 천황 및 봉건 시대 역사를 240권에 달하는 분량으로 기술했으며, 이는 그의 사후에 도쿠가와 막부를 전복시키는 역할을 담당하게 된다.

아마도 일본 역사가들 중 가장 학자적이며 공정한 이는 그 학식으로 17세기 후반 에도의 정신세계를 지배했던 아라이 하쿠세키일 것이다. 아라이 하쿠세키는 정통 그리스도교 신학을 "아주 유치하다."고 멸시하였지만,[33] 자기 민족이 역사로 오해한 일부 신화도 마찬가지로 대담하게 비웃었다.[34] 그의 최대 걸작 『한칸푸〔藩翰譜〕』는 다이묘에 대해 서른 권 분량으로 기술한 역사서로서 경이로운 문학 작품 가운데 하나다. 많은 연구가 뒷받침되었겠지만, 그 구성에는 불과 몇 개월밖에 걸리지 않았던 것 같다.[35] 그는 중국 철학을 연구함으로써 학식과 분별력을 얻을 수 있었다. 전승에 의하면 그가 유교 경전을 강의할 때 쇼군 이에노부는 넋을 잃고 존경스러운 마음으로 귀를 기울여 여름에는 자기 앞에 모기도 지나지 못하게 하고 겨울에 콧물을 풀 때는 얼굴을 돌렸다고 한다.[36] 자서전에서 그는 지극한 효심으로 아버지를 묘사해 일본인다움을 가장 간결하고 훌륭하게 보여 주었다.

철이 든 후 내 기억에 아버지의 일상은 언제나 같았다. 아버지는 언제나 해 뜨기 한 시간 전에 일어나 찬물로 목욕을 하고 머리를 단장하셨다. 한겨울에 어머니가 뜨거운 물을 준비하려 했지만 아버지는 이를 만류하셨는데, 하인을 번거롭게 하고 싶지 않으셨기 때문이다. 아버지가 70세가 넘으셨을 때, 어머니는 몇 살 위셨는데, 추운 날씨를 이기지 못하자 불 피운 화로를 들여 발 곁에 두고 주무셨다. 화로 옆에는 뜨거운 물이 든 주전자가 놓였고, 아버지는 일어나면 이 뜨거운 물을 드셨다. 두 분 다 불교를 숭상하셨다. 머리를 만지고 옷을 단장한 후에 아버지는 언제나 부처에 경배하셨다. …… 옷을 다 입으면 새벽이 지나기를 조용히 기다리다가 공무(公務)를 보러 나가셨다. …… 아버지는 절대 화를 내지 않으셨으며, 내 기억에 웃을 때도 경박하게 소리 내지 않으셨다. 어떤 사람을 꾸짖을 때도 심한 말은 좀처럼 하지 않으셨다. 대화 중에도 되도록 말을 삼가서 그 품행이 위엄 있으셨다. 나는 아버지가 놀라거나 당황해 하거나 조급해 하는 모습을 본 적이 없다. …… 아버지가 거처하시는 방은 대개 깨끗이 정돈되어 있었으며, 벽에는 낡은 그림이 매달려 있고 철따라 꽃 몇 송이만 화병에 꽂혀 있었다. 아버지는 이것들을 하루 종일 보면서 지내곤 하셨다. 아버지는 묵화를 약간 그리셨지만 화려한 유채화는 즐기지 않으셨다. 건강이 좋으면 절대 하인을 부리지 않고 직접 모든 일을 하셨다.[37]

3. 수필

아라이 하쿠세키는 역사가일 뿐 아니라 수필가이기도 하여, 일본 문학에서 가장 활기찬 부문일 수필에 눈부시게 기여했다. 소설에서처럼 수필에서도 정상은 여성의 몫이었다. 세이 쇼나곤의 『마쿠라조시(枕草子)』는 대개 이 분야 최초의 작품이자 최고의 작품으로 평가된다. 무라사키와 같은 세대 같은 궁정에서 자란 그녀는 자신의 세련되고 지극히 사적인 일상을 묘사하는 길을 택했다. 원문의 탁월한 작품성은 번역문을 통해서 추측할 수밖에 없다. 후지와라 가문 출신인 그녀는 성년이 된 후 황후를 보필하였다. 황후가 죽자 그녀는 궁을 떠나 어떤 이에 의하면 비구니가 되었다고 하기도 하고 어떤 이에 의하면 가난뱅이가 되었다고 하지만, 그녀가 쓴 책에 비추어 보면 어떤 쪽과도 어울리지 않는다. 그녀는 당대의 방만해진 기준에 맞춰 해이한 도덕을 따랐으며, 지나치게 고결하여 세상과 동떨어진 생각을 하지 않는다.

강연자는 잘생긴 남자여야 한다. 그러면 그의 얼굴에 눈을 맞추기가 더 쉽고, 그렇지 않으면 그 강연이 제대로 효과를 발하지 못한다. 시선이 갈 바를 몰라 주의가 산만해지기 때문이다. 따라서 얼굴이 못생긴 강연자는 책임이 막중하다. …… 강연자의 나이가 한창때라면 기꺼이 더 호의적으로 평가하고 싶다. 하지만 실제로 문제가 발생하면 그들의 죄악은 생각만 해도 아찔하다.[38]

그녀는 좋아하는 것과 싫어하는 것에 대해 짧은 목록을 만들었다.

마음이 즐거운 일들
　　수레가 넘치도록 가득 싣고 소풍 갔다 돌아오는 일,
　　보행자와 보조를 맞춰 소와 수레를 몰고 가는 일,
　　강물을 따라 뱃놀이하는 일,
　　이빨을 정성 들여 검게 칠하는 일.
마음이 울적한 일들
　　탁아소에서 아이가 죽었을 경우,
　　화로에 불이 꺼졌을 경우,
　　황소가 마부를 멀리하는 경우,
　　학자 집안에 여자아이들이 연이어 태어나는 경우.
혐오스러운 일들
　　말하고 있는 중에 "아, 내가 안다."라며 끼어들어 다른 의견을 내놓는 경우,
　　친한 사이인 남자가 전에 알던 여자에 대해 칭찬하는 말을 듣게 될 경우,
　　급한 일이 있는데 방문객이 얘기를 길게 늘어놓을 경우,
　　숨기고 싶은 남자나 상관없는 장소에서 잠이 든 남자가 코를 고는 경우,
　　벼룩.[39]

세이 쇼나곤과 일본 수필의 정상을 다툰 경쟁자는 가모노 초메이뿐이었다. 대를 이어 교토 가와이[河合] 신사(神社) 일을 맡지 못하게 되자 쵸메이는 불교 승려가 되고, 50세가 되자 산속 암자에 은거해 명상에 몰두한다. 거기서 그는『호조키[方丈記]』(1212년)라는 책명으로 분주한 세상과 작별을 고하는 글을 썼다. 도시 생활의 힘든 고초와 1181년의 대기근을 묘사한 후,* 그는 1제곱미터 넓이, 2미터 높이의 오두막에서 조용히 자연을 벗 삼으며 철학에 전념할 수 있음을 즐거워하는 자기 모습을 이야기한다. 그의 글을 읽는 미국인은 13세기 일본에서 소로(Thoreau)의 음성이 들리는 듯할 것이다. 분명 어느 세대에게나 월든(Walden) 호수가 있었던 것이다.

4. 연극

마지막으로 가장 이해하기 어려운 것이 일본 연극이다. 헨리 4세로부터 스코틀랜드의 매리 여왕 시기까지 영국의 전통적인 극장 문화 속에서 성장한 이들은 일본 노[能] 공연의 과장된 말과 무언의 몸짓이 무엇을 의미하는지 이해하기 어려울 것이다. 셰익스피어를 잊고 "보통 사람(Everyman)"으로 되돌아가야 하며, 최초의 그리스 종교와 근대 유럽 연극으로까지 더 거슬러 올라가야 한다. 그러면 옛적 신도(神道) 의식의 몸짓과 가구라[神樂] 춤에서 일본 연극의 노[能](또는 서정적인) 형식을 이루는 대화에 의해 무언의 몸짓이 설명되는 발전 과정이 보일 것이다. 14세기경에 불교 승려들은 행렬 의식에 합창곡을 더하고 그다음 개인 연기자를 더해 말뿐 아니라 연기도 하도록 구성했으며, 이로써 연극이 탄생했다.[40]

그리스의 경우처럼 이들 연극도 3부작으로 구성되었으며, 이따금씩 교겐[狂

<hr>

* 590쪽 참조.

言), 즉 소극(笑劇, 허튼소리)이 막간에 행해져 긴장된 감정과 생각을 진정시키거나 고조시켰다. 3부작의 제1부는 신을 달래는 데 바쳐져 종교적인 무언극 이상이 아니었다. 제2부는 중무장한 모습으로 진행되는데, 모든 악신을 쫓아 버리는 것이 목적이었다. 제3부는 분위기가 누그러져 매혹적인 자연 경관이나 유쾌한 생활의 단면이 표현되었다.[41] 시구는 대부분의 경우 열두 마디로 완결지어져 쓰였다. 연기자는 남자들이었고 시종 서서 연기했으며, 귀족들 중에서도 그러했다. 1580년경에 노부나가, 히데요시, 이에야스 세 사람 모두 노 공연에 연기자로 참가했음을 암시하는 당시 광고 전단이 남아 있다.[42] 모든 연기자는 나무를 정교하게 다듬은 가면을 썼으며, 이들 가면은 우리 시대 예술품 수집가들의 귀중한 소장품들이다. 무대 장치는 무미건조하여 관중들이 열정적으로 상상력을 발휘해 연기의 배경을 창조해야 했다. 줄거리는 아주 간결했으며 그다지 중요하지 않았다. 가장 인기 있던 이야기 가운데 하나는 떠돌이 수도승의 몸을 녹이려고 자신이 가장 아끼던 나무를 베어 땔감으로 삼은 한 가난한 사무라이에 관한 얘기다. 이 수도승은 자신의 섭정 신분을 밝히고 무사에게 후하게 보답한다. 서구인이 진부하고 우스꽝스럽게 보이는 오페라를 거듭 들으러 가는 것처럼 오늘날에도 일본인은 이 널리 알려진 이야기에 눈물을 흘리는데,[43] 탁월한 연기가 매번 연극의 힘과 의미를 더해 주기 때문이다. 여유 없이 사무적인 자세로 감상하는 여행객에게 이 서정시같이 극적인 공연은 감동을 주기보다 재미난 흥밋거리에 지나지 않을지 모른다. 그럼에도 한 일본 시인은 다음과 같이 말했다. "아, 얼마나 비극적이고 아름다운 노 연극인가! 나는 항상 노 연극이 서구 세계에 소개될 수 있다면 참으로 멋질 것이라 생각한다. 노 연극은 전혀 뜻밖의 이야기로서, 서구 연극에 커다란 반향을 일으킬 것이 분명하기 때문이다."[44] 하지만 일본 자신도, 오늘날에는 그렇게 열성적으로 공연하지만, 17세기 이후 이런 연극을 시도하지 않았다.

연극의 역사가 합창단이 주역을 맡다가 개인 역할이 우세해지는 쪽으로 서서히 변화해 가는 것은 대부분의 나라에서 동일하다. 또한 대부분의 경우 거기서 발전이 멈춘다. 일본 연극 예술이 전통 및 작품성에서 진보를 보이자, 대중적인 인물이 창조되어 연극을 지배하게 된다. 결국 무언극과 종교는 보조 역할로 물러나고, 연극은 격렬한 로맨스가 주를 이루는 개인 경연장으로 바뀌었다. 그렇게 일본의 가부키 시바이(歌舞伎芝居), 즉 대중 연극은 탄생했다. 그 첫 극단은 1600년경에 면벽에 질린 한 비구니에 의해 만들어졌으며, 오사카에 무대를 만들고 생계를 위해 춤을 공연했다.[45] 영국과 프랑스에서처럼, 여성이 무대에 서는 것은 불쾌하게 여겨져 금지되었다. 또한 (안전하게 변장한 경우는 제외하고) 상층 계급이 공연을 멀리했기 때문에, 연기자들은 거의 최하층 신분이 되고 그들 직업을 부도덕하고 부패해지지 않도록 보호해 줄 사회적 장치도 없었다. 부득이하게 남자가 여성 역할을 하고 관중뿐 아니라 스스로도 속을 정도로 여자 흉내를 냈으며, 여성 역할을 한 많은 연기자들이 무대 밖에서도 여성화되었다.[46] 조명 시설이 열악했기 때문이겠지만, 연기자들은 얼굴을 현란하게 색칠하고 화려한 디자인의 의상을 차려입고 자기 역할을 돋보이려 했다. 보통 무대 뒤나 주변에 합창단 및 개인 낭송자들이 대기해 있었는데, 이들은 가끔 연기자들이 무언의 몸짓을 연출할 때 대사를 낭송하는 역할을 맡았다. 관중은 다다미 바닥이나 양쪽 계단식 좌석에 앉았다.[47]

일본 대중 연극에 있어 가장 유명한 인물은 지카마쓰 몬자에몬(1653~1724년)이다. 일본인들은 그를 셰익스피어에 견준다. 이런 비교에 분개하는 영국 비평가들은 그의 작품이 폭력과 방종, 허풍과 상상으로 가득하다고 비난하고 "활기차고 세련되었지만 야만적"이라 평가한다.[48] 유사성이 있는 것은 분명하다. 이런 외국 연극은 언어적으로 그 의미나 뉘앙스를 포착하지 못하는 서구인에게는 단순한 통속극으로 비칠 수 있지만, 바로 그 이유 때문에 언어를 제대로 감상할 수 없고 그 생각을 따라갈 수도 없는 이들에게는 셰익스피어적인 연극이라는 인상을 남길지도 모르겠다. 지카마쓰 몬자에몬은 이야기를 로미오와 줄리엣 풍으로 절정에 이르게 하기 위해 연인들의 자살을 남용하는 것 같다. 그리고 이 때문이었는지 무대에서만이 아니라 실생활에서도 자살이 인기가 있었다.

외국 역사가는 이들 문제에 대해 기록만 할 뿐 판단할 수는 없다. 잠시 거쳐 가는 관찰자에게 일본인의 연기는 유럽인의 것보다 단순하고 미숙하면서 활기차고 강렬하다. 일본 연극은 오늘날 프랑스와 영국, 미국의 연극보다 더 서민적이고 통속적이며, 피상적인 주지주의 경향을 보이며 무기력함이 덜하다. 이와 반대로 일본 시는 가냘프고 창백하며 지나치게 기품 있고 세련되어 서정시가 거의 서사시와 같고, 서사시는 한데 쌓인 『일리아드』를 읽으라 한다면 호메로스 자신조차 고개를 끄덕일 정도로 지루한 서구인의 시와 너무나 대조를 이룬다. 일본 소설은 내용이 두드러지고 감상적인 것 같다. 영국 소설의 양대 걸작품 『톰 존스(*Tom Jones*)』와 『픽윅 유문록(*Pickwick Papers*)』은 분명 『겐지 모노가타리』와 『도카이도추 히자쿠리게』에 비견되며, 무라사키는 작품의 미묘함, 세련됨, 지적인 깊이 등에 있어 위대한 필딩(Fielding)을 능가하는 듯하다. 모든 것이 단조롭고 냉랭하며 모호하여, 서구인들에게 일본은 서구의 유산을 다 잊고 일본 문화에 완전히 정통할 때까지는 여전히 모호한 채로 남아 있을 것이다.

5. 작은 것들의 예술

일본인 삶의 거의 모든 외양이 그러했듯 일본 예술의 외양도 중국에서 유래했으며, 반면 일본의 모든 본질이 그러했듯 내적인 힘과 정신은 민족 고유의 것을 견지했다. 7세기에 불교를 일본에 들여온 사상과 이주의 물결이 신앙과 결부된 예술 형식 및 자극물 또한 마찬가지로 중국과 한반도에서 들여온 것이 사실이며, 그 기원에 있어서는 일본이 아니었던 것처럼 중국과 한반도도 아니었다. 문화 요소가 중국과 인도에서뿐만 아니라 아시리아와 그리스에서도 유입된 것이 사실이다. 예를 들어 가마쿠라 부처상은 일본 양식이라기보다는 그리스박트리아 양식에 보다 가깝다. 하지만 이런 외국의 자극물은 일본에서 창조적으로 활용되었다. 일본 민족은 아름다움과 추함을 신속히 분별해 갔다. 부유한 이들은 가끔 토지나 황금보다 예술품을 더 소중히 여겼고,* 예술가들도 남모르는 수고를 아끼지 않았다. 긴 도제 생활을 통해 힘들게 수련을 쌓았지만, 이들은 기능공이 받는 임금 이상을 거의 받지 못했다. 또한 잠시 부가 찾아와도 그들은 호방하게 다 써 버리고 이내 자연스럽고 편안한 가난으로 되돌아갔다.[50] 하지만 그들의 근면성과 취향과 기예는 고대 이집트와 그리스, 중세 중국의 예술가, 장인들과 비견될 만했다.

일본 민족의 삶은 깔끔하게 정돈된 집안, 아름다운 의복, 세련된 장신구, 자연스럽게 음악과 춤에 심취하는 등 그야말로 예술 자체였다. 삶과 마찬가지로 음악도 신으로부터 왔다. 이자나기와 이자나미는 세상이 창조될 때 함께 노래 불렀다. 전승에 의하면 그 후 1000년이 지나 서기 419년에 새 황궁의 완공을 축하해 열린 황실 연회에서 인쿄 천황은 와곤(和琴)(치터(ziter)의 일종)을 연주하고 황후는 춤을 추었다고 한다. 인쿄 천황이 죽자 한반도의 왕은 80여 명의 음악가를 보내 장례식에 참석게 하고, 이 음악가들은 일본인들에게 일부는 한반도에서 일부는 중국에서 또 일부는 인도에서 유래한 새 악기와 선법(旋法)을 가르쳐 주었다. 나라의 동대사(東大寺)에 대불이 세워졌을 때, 중국 당나라의 음악 대가가 의식을 기념해 연주하였다. 천황의 보물 창고였던 쇼소인(正倉院)에는 고대에 쓰였던 여러 악기가 지금도 보존되어 있다. 노래와 레시터티브, 궁정 음악과 승려들의 춤곡이 고전적인 형식을 갖추는 동안, 서민들은 비와(琵琶)나 사미센(三味線)을 퉁기며 민요를 불렀다.[51] 일본에는 위대한 작곡가도 없었으며 음악 관련 서적도 전혀 없었다. 다섯 개의 단음계로 조화롭게 연주되는 간단한 악곡에는 화성도 없었으며 장단조의 구별도 전혀 없었다. 하지만 거의 모든 일본인이 대륙에서 건너온 20여 가지 악기 중 하나를 연주할 수 있었다. 이들 악

---

* 히데요시의 장수들은 전쟁에 승리한 후 이따금씩 새로운 토지나 수입이 아니라 진기한 도자기를 상으로 즐겨 받았던 것 같다.[49]

기 중 어떤 것이라도 연주만 잘하면 최고의 춤곡을 연출할 수 있다고 일본인들은 말했다.[52] 일본에서 춤은 "그 어느 나라도 흉내 내지 못할 만큼 성행"했는데,[53] 사랑을 표현하기보다는 주로 종교나 공동체 의식의 보조 역할을 담당했으며 가끔 온 마을 사람들이 전통 의상을 차려입고 즐거운 행사에 참여해 혼연일체로 춤추며 흥을 더했다. 직업 무도인들이 청중들과 어울려 기예를 부리며 분위기를 돋우었다. 최고 계층의 남녀들도 이 예술에 크게 관심을 기울였다. 겐지 왕자가 친구인 도노추조와 "푸른 바다에 넘실대는 파도"를 춤추었을 때 그 자리의 모든 이들이 감동했다고 무라사키는 말한다. "내딛는 발걸음이 그렇게 섬세하고 한 동작 한 동작 몸짓이 그렇게 우아해 지켜보는 이들이 전혀 알아채지 못할 지경이었다. …… 그 춤이 얼마나 감동적이고 아름다웠던지, 춤이 다 끝나자 천황의 눈가에는 눈물이 맺히고 참석한 모든 황족과 귀족들도 크게 울었다."[54]

한편 여유 있는 이들은 무늬가 돋아 나오게 짠 직물과 채색 비단, 옛 일본 특유의 정교한 장신구로 몸을 단장했다. 여인들은 뒤에서 수줍어하는 모습으로 매혹적인 부채를 살랑살랑 흔들고, 남자들은 네쓰케〔根付〕와 인로〔印籠〕, 호화롭게 장식된 검을 차고 다녔다. 작은 상자 모양의 인로는 끈으로 허리띠에 고정시켰으며, 보통 상아나 나무를 정교하게 조각해 만든 몇 개의 갑으로 구성되었고, 담배나 동전, 필기도구, 기타 일상용품을 넣는 데 사용되었다. 끈이 허리띠에서 빠져나가지 않도록 끝에 네쓰케(네〔根〕는 '끝'이란 뜻이고, 쓰케〔付〕는 '고정시킨다'는 뜻이다.)를 달았는데, 비좁은 네쓰케 면 위에는 신이나 귀신, 도인이나 선녀, 새나 뱀 또는 도마뱀, 물고기나 곤충, 꽃이나 이파리, 사람들의 일상 풍경이 세련되게 조각되었다. 일본인은 여기에 세계 어느 민족도 따를 수 없는 장난기 넘치는 해학을 자유로우면서도 소박하게 표현하였으며, 아주 세심한 관찰을 통해서만 표현된 대상의 미묘함과 의미를 충분히 이해할 수 있다. 하지만 16세제곱센티미터도 안 되는 상아나 나무 위에 뚱뚱한 여인과 승려, 날랜 원숭이와 귀여운 곤충들로 묘사된 이 소우주를 얼핏 보기만 해도 일본 민족 특유의 열렬한 예술 정신을 충분히 확인할 수 있다.*

　히다리(왼손잡이라는 뜻) 진가로는 일본에서 가장 유명한 나무 조각가였다. 전설에 의하면 화가 난 정복자가 진가로가 섬기던 다이묘에게 딸의 목숨을 요구하자 진가로가 목 잘린 머리를 진짜같이 조각해 바쳤고, 정복자가 자기 주군의 딸을 죽인 벌로 이 예술가의 오른팔을 자르라고 명했다고 한다.[55] 끌로 닛코〔日光〕의 이에야스 능(陵)에 코끼리와 잠자는 고양이를 조각하고, 교토 서본원사(西本願寺)에 칙사문(勅使門)을 세운 이가 바로 진가로다. 진가로는 이 문 안쪽에 왕권을 제의받아 더럽혀진 귀를 씻은 현인과 강물을 더럽혔다고 이 현인과 다툰 완고한 소몰이꾼에 대한 이야기를 묘사했다.[56] 또한 진가로는 이제는 그 이름이 잊혔지만 수많은 목재 구조물을 아름답게 조각하고 옻칠로 윤을 낸 예술가들 중 가장 특출한 인물이었다. 이 섬나라는 옻나무가 서식하기에 특별히 알맞은 풍토를 지녀 세심한 주의를 기울여 재배된다. 이따금 장인들은 나무에 옻을 칠하고 그 위에 솜을 덧댄 후 다시 옻을 덧칠하기를 여러 번 한 후 나무를 조각했다. 하지만 이들은 점토로 모형을 정성껏 만들어 속이 빈 틀이 되게 하고 그 안에 옻을 다음번이 이전보다 더 두터워지게 여러 번 부어 상(像)을 제작하는 방식을 더 애용했다.[57] 일본 조각가들은 목재를 대리석만큼이나 유용한 재료로 활용해 사당과 묘소, 궁전 등을 아시아에서 가장 아름다운 장식품으로 가득 채웠다.

6. 건축

　서기 594년에 스이코 여황은 불교의 진리와 유용성을 확신하고 영토 전역에 절을 세우도록 지시했다. 이 명령을 받든 쇼토쿠 태자는 한반도의 승려와 건

축가, 목공, 청동 주물공, 도공, 석공, 금박공, 기와공, 직조공 및 기타 장인들을 들여왔다.[58] 일본 예술은 이렇게 방대한 규모로 문화가 수입됨으로써 비로소 시작된다. 이전에 신도(神道)는 화려한 건축물을 멀리하고 어떤 조각상도 만들지 않아 신이 잘못 전해지지 않도록 했던 것이다. 이때부터 절과 조각상이 전 국토를 가득 메우게 된다. 절은 기본적으로는 중국의 것과 동일했지만, 보다 화려하게 장식되고 정교한 조각으로 꾸며졌다. 또한 웅장한 도리이[鳥居]가 절 입구나 오르막길에 세워졌다. 목판 벽은 밝은 색으로 칠해지고 거대한 들보 위에는 기와지붕이 햇빛을 반사한 채 얹혔으며, 작은 구조물들, 이를테면 고루(鼓樓)나 탑이 본전(本殿)과 주변 나무들 사이에 세워졌다. 외국인 예술가들이 세운 가장 위대한 걸작은 616년경에 쇼토쿠 태자의 지휘 아래 나라(奈良) 근처에 세워진 법륭사(法隆寺)였다. 법륭사는 이후 수많은 지진을 견뎌 내고 헤아릴 수 없이 많은 석조 사찰보다 오래 유지되어 가장 생명력이 긴 건축물이라는 명성을 얻고, 이후 그 어떤 건축물도 따를 수 없는 간결한 웅장미로 영광이 더해졌다. 아마도 시대적으로는 약간 뒤지지만 그에 비견될 만큼 아름다운 건축물은 나라의 사찰들일 것이며, 그중에서도 동대사의 금당(金堂)은 균형미가 완벽에 가깝다. 랄프 애덤스 크램(Ralph Adams Cram)은 나라에는 "아시아 전역에서 가장 값진 건축물"이 있다고 말한다.[59]

일본 건축사에 있어 다음 전성기는 아시카가 막부 치세에 찾아왔다. 요시미쓰는 교토를 지상에서 가장 아름다운 수도로 만들기로 결심하고, 110미터 높이의 탑을 세워 신에게 바치고 모친을 위해서는 문 한 짝만 금괴 2만 개 값어치에(15만 달러) 상당하는 다카쿠라 황궁을, 자신을 위해서는 500만 달러를 들여 여화 황궁(麗花皇宮)을, 그리고 모든 이를 위해 은각사(銀閣寺)의 금각(金閣)을 지었다.[60] 히데요시도 쿠빌라이 칸과 경쟁해 모모야마[挑山]에 후시미[伏見] 성(城)을 세우고 다시 변덕을 부려 완공되고 몇 년 후 허물어 버렸다. 서본원사(西本願寺)에 옮겨 놓으려고 "하루 종일 걸려 정문"을 떼어 냈다는 사실로 그 웅장함이 미루어 짐작된다. 이 정문에 새겨진 조각을 감상하려면 하루 온종일 걸린다며 사람들은 찬탄해마지 않았다. 히데요시를 위해 익티노스(Ictinus)와 페이디아스(Pheidias)의 역할을 맡은 이는 가노 에이토쿠였다. 하지만 그는 아티카풍의 절제미보다는 베네찌아풍의 장려함을 선호했으며, 이전에는 일본이나 아시아에서 그처럼 화려한 장식을 볼 수 없었다. 또한 히데요시는 음울한 분위기의 오사카 성을 축조하여 일본의 피츠버그를 연출했으며 이후 자기 아들의 무덤이 되게 했다.

이에야스는 예술보다는 철학과 문학에 관심을 기울였다. 그러나 그의 손자 이에미쓰는 자신은 나무로 지은 판잣집에 만족하면서 모든 부와 예술을 아낌없이 쏟아부어 닛코의 이에야스 무덤 주위에 극동 지역에서 한 개인을 위해서는 가장 아름다운 기념물을 세웠다. 교토에서 145킬로미터 떨어진 이곳, 삼나무가 위엄 있게 늘어선 조용한 언덕 위에 쇼군의 건축가들은 먼저 드넓은 진입로를 만들고 그다음 화려하면서도 사랑스러운 요메이몬〔陽明門〕을, 그다음에는 감히 범접하지 못할 성스러운 다리 아래 개울 옆에 옻칠한 나무로 여인처럼 아름답고 가녀린 모양의 능과 사찰을 세웠다. 장식은 화려한 반면 건물은 가냘파 보이고, 그 양 사방은 연푸른 나무들 사이에서 진홍빛 연지처럼 온통 붉은 색으로 활활 타오른다. 해마다 봄이 되면 꽃으로 붉게 물드는 이 나라에서 그 민족정기를 돋우기 위해서는 더 밝고 강렬한 색상이 필요했는지 모른다.

이곳의 건축 양식은 결코 훌륭하다고 말할 수 없다. 지진 때문에 일본은 소박한 규모에 만족할 수밖에 없으며, 이 행성이 주름을 잡으면 한순간 와르르 무너지므로 하늘 높이 돌을 쌓을 수도 없다. 따라서 주택은 나무로 지어지고 단층이나 2층 이상 오르지 못한다. 계속 되풀이되는 화재와 정부의 명령으로 설사 여유가 있어도 기와지붕으로 목조 움막이나 저택을 덮어야 했다. 저택을 높이 지을 수 없었던 귀족들은 주거지를 200제곱미터로 제한한 천황의 포고에도 불구하고 저택을 넓게 지었다. 저택은 건물이 하나인 경우가 드물어 대개는 가문 내 가족들의 부속 건물이 포장길로 주요 건물과 연결된 형태였다. 식당과 거실과 침실은 구별되지 않았다. 같은 방이 온갖 용도로 사용되어 잠깐 사이에 식탁이 다다미에 펴지거나 밤중에는 벽장에 말려 있던 요가 펴졌다. 병풍을 쳐 공간을 나누거나 합쳤으며, 격자무늬 벽이나 창문이 달린 벽을 쉽게 접어 햇볕이나 차가운 밤공기가 드나들 수 있게 했다. 대나무를 잘게 쪼개 예쁘게 만든 차일로 가리면 그늘과 개인 공간이 만들어졌다. 창문은 사치품에 속했다. 가난한 집은 한여름 낮 동안은 양 사방이 활짝 열렸으며 겨울에는 기름종이로 추위를 막았다. 일본 건축 양식은 열대 지방부터 추운 날씨의 캄차카 반도에 이르기까지 실로 다양했다. 더 남쪽 마을의 허술하고 단순한 집들은 나름의 고유하고 아름다운 양식으로 한때 쾌활했던 태양의 후손들에 어울리는 형태를 갖추고 있다.

7. 금속과 조각상

사무라이의 검은 거처하는 집보다 더 강했다. 일본 대장장이는 다마스쿠스나 톨레도의 대장장이보다 칼날 제련 기술이 훨씬 뛰어나[61] 단칼에 어깨에서 허벅지까지 벨 수 있을 정도였으며, 손잡이 부분은 보석으로 너무나 화려하게 장식하거나 빼곡하게 상감 세공해 언제나 살인 행위에 어울리는 것은 아니었다. 청동 거울 또한 너무나 환하게 모습을 비춰 그 완벽함을 기리는 전설이 생겼다. 한 농부가 처음으로 거울을 사서는 그 안에 든 모습이 죽은 자기 아버지라 생각하며 소중한 보물로 간직했다. 하지만 의심 많은 아내가 그 거울을 찾아내 자기 정부(情婦)인 아내 또래 얼굴을 발견할까 봐 떨며 노심초사했다.[62] 한편 나라(奈良)에서 49톤이나 되는 괴물 같은 종이 주조되었는데(732년), 큰 나무 기둥으로 종의 바깥 면을 쳐 서양의 쟁쟁 울리는 종보다 더 감미로운 음이 나도록 했다.

일본의 토질은 화강암이나 대리석보다 질이 좋지 않아, 조각가들은 석재보다는 나무나 금속을 재료로 사용했다. 하지만 이런 재료의 열악함에도 불구하고, 그들은 모든 예술 중에서 가장 두드러지게 기술을 전수해 준 중국과 한반도의 스승들을 능가했다. 기타 모든 예술은 조각가들의 이처럼 불필요한 부분을 제거하는 끈기를 은밀하게 흉내 낸다. 일본 조각사에 있어 거의 최초이며 아마도 가장 위대한 걸작품은 법륭사의 석가삼존상(釋迦三尊像)으로, 연꽃잎 위에 부처가 좌정해 있고 그 양쪽에 보살이 자리해 있다. 그 뒤 청동으로 된 휘장과 후광은 타지마할에 있는 아우랑제브의 석조 휘장보다 그 아름다움에 있어 약간 뒤질 뿐이다. 누가 이 절을 세우고 이 상을 만들었는지는 전해지지 않는다. 한반도 사람이 가르쳤고 중국의 상을 본떴으며 인도에서 그 모티프를 빌렸고 천여 년에 걸쳐 멀리 이오니아의 그리스인이 영향을 주었다는 정도를 확인할 수 있을 뿐이다. 하지만 이 삼존불이 예술사상 가장 뛰어난 걸작품들 가운데 하나인 것은 분명하다.*

아마도 신장이 작고 신체가 야망과 재능을 다 담을 수 없었기에 일본인들은 거상을 즐겨 만들고, 이 불가사의한 예술에 있어 심지어 이집트인들보다 더한 성취를 보였던 것 같다. 747년에 일본에 천연두가 발생하자 쇼무 천황은 신들을 달래기 위해 기미마로에게 대불을 주조하게 했다. 기미마로는 청동 437톤, 황금 130킬로그램, 수은 75킬로그램, 목랍 7톤 그리고 수 톤의 목탄을 들이고, 2년간 일곱 차례의 시행착오를 거친 끝에 이 거상을 완성했다. 두상은 주형 하나로 주조했으며, 몸체는 몇 개의 금속판을 결합하고 금을 두텁게 입혔다. 나라에 세워진 냉랭한 표정의 이 불상보다 외국인이 보기에 더욱 인상적인 거상은 1252년에 오노 고로이에몬이 청동으로 주조한 가마쿠라 대불이다. 이 거상은 야외의 주위 나무들 사이에 좌정해 있어서인지 그 목적에 아주 어울려 보이며, 예술가는 정관(靜觀)과 평온으로 상징되는 불교 정신을 탁월한 간결미로 표현

---

* 아마도 위대한 쇼토쿠 태자가 이 걸작품과 관련이 있는 듯하다. 알려진 바로, 그는 끌을 부지런히 놀려 목재로 많은 조각을 했다.[63] 고보 대사(816년경)는 화가이자 조각가였으며 학자이자 성인이었다. 그의 다재다능함을 암시하는 대목으로, 호쿠사이는 그가 손과 발, 입을 이용해 한 번에 다섯 개의 붓을 놀려 그림을 그렸다고 한다.[64] 운케이(1180~1220년)는 자신과 많은 승려들의 개성 있는 반신상을 조각하고, 무시무시한 황천(黃泉)과 추한 용모로 모든 악귀를 쫓는 흉측한 신을 유쾌하게 조각으로 표현했다. 그의 부친 고케이와 아들 조케이, 제자인 조카쿠가 그를 도와 일본 목각을 정상에 올려놓았다.

해 냈다. 지금도 나라에 그 지붕이 보존되어 있지만 한때 사찰 내에 이 상이 보관되었는데, 1495년에 큰 해일이 일어나 사찰과 마을이 모두 파괴되고 이 청동 거상만 드넓은 지역을 휩쓴 파괴와 고통, 죽음의 아수라장 가운데 잔잔한 미소를 머금으며 홀로 남았다. 히데요시도 교토에 거상을 세웠다. 이 부처상을 세우기 위해 5년이란 시간과 5만 명의 인부가 동원되었으며, 위대한 다이코 자신도 인부 복장으로 금속을 입히고 그들을 도와 작업에 임했다. 하지만 1596년 이 거상이 세워지기 직전에 지진이 일어나 상이 무너지고, 그 안치할 사당도 산산이 부서져 그 잔해가 두상 근처에 흩어졌다. 전승에 의하면 히데요시는 떨어지는 상을 향해 활을 쏘며 경멸조로 "나는 막대한 비용을 들여 너를 여기 세웠건만 너는 자기 집도 보호하지 못한단 말이냐."라고 말했다고 한다.[65]

이런 거상부터 달랑거리며 매달려 있는 네쓰케에 이르기까지 일본 조각은 온갖 모양과 온갖 크기의 작품을 세상에 내놓았다. 오늘날의 다카무라처럼 일본의 대가들은 가끔씩 한 뼘도 안 되는 형상을 완성하려 수년에 걸쳐 각고의 노력을 기울이고, 뼈마디 굵은 80세 노인과 명랑한 대식가, 깊이 명상에 잠긴 수도승을 즐겨 표현했다. 해학이 그들을 지탱해 주는 버팀목이 되었지만, 그들이 힘써 이룬 대부분의 성과는 자신들보다는 교활한 주인들의 몫이었고, 작업 시에도 승려들에 의해 가해진 관습적인 처우와 주종 관계에 묶여 고통을 당했다. 승려들이 조각가에게서 원한 것은 매춘부가 아니라 신이었다. 그들은 백성을 신앙심으로 고무시키고, 심미감이나 황홀경을 불러일으키기보다는 경외감을 조장하기를 원했던 것이다. 손재간과 영혼이 종교에 메인 조각은 신앙심이 열심과 권력을 상실하면서 쇠퇴했다. 그리고 이집트에서와 마찬가지로 신앙심이 자취를 감추자 완고한 관습은 가혹한 종말을 맞게 된다.

8. 도예

유럽 서북부 지역이 그리스와 로마에서 문명을 전수받았다는 의미가 아니라면, 어떤 의미에서 중국과 한반도 문명이 일본에 전래되었다는 말은 전혀 타당하지 않다. 극동 지역의 모든 민족은 윤리적·문화적으로 하나의 구성체라 볼 수 있다. 그리고 한 나라가 여러 지방으로 구성되어 있듯, 각 지역은 자신이 속한 시대적·공간적 배경 아래 여타 지역의 예술과 문화에 의존하며 그와 비슷한 예술과 문화를 낳았다. 따라서 일본 도기는 극동 지역 도자기의 한 부분이자 양상이었고 근본적으로는 중국과 유사하였으며, 그러면서도 일본 고유의 섬세함과 세련됨을 각인시켰다. 7세기에 한반도 도공이 도래하기까지 일본 도기는 단순히 제조업에 지나지 않아 일반 용도에 맞춰 제작되고 그 형태가 세련되지 못했다. 분명 8세기 이전까지 극동에는 유약을 바른 도기가 없었고 하물며 자기는 더더욱 없었다.[66] 요업은 대개 13세기에 차〔茶〕가 전래되면서 예술로 발전했다. 중국 송대 찻잔이 차와 함께 전래되면서 일본인들의 영감을 불러일으켰다. 1223년에 일본 도공 가토 시로제몬이 중국으로 건너가 6년간 도예를 익힌 후 돌아와서 세토〔瀬戸〕에 자신의 공방을 차렸다. 그가 만든 도자기는 이 섬나라의 이전 모든 도기를 훨씬 능가하여 17세기가 되면 "중국 도자기(chinaware)"처럼 "세토모노", 즉 "세토 도자기"가 모든 일본 도자기의 대명사로 굳어지게 되고, 자기류를 일컫는 영어식 명칭이 된다. 쇼군 요리토모는 일반적인 공적에 대해 시로제몬의 차 단지를 그 안에 진기한 분말 차를 가득 담아 상으로 하사하는 관례를 세웠으며, 이로써 시로제몬의 앞날이 활짝 열리게 된다. 오늘날 남아 있는 도시로 야키* 유물들은 그 값을 헤아릴 수 없다. 이들 유물은 무늬가 돋아 나오게 짠 값비싼 천에 싸 가장 우아한 칠기에 보관되며, 그 소장가들의 말은 최고 감식가의 의견처럼 존중된다.[67]

300년이 지난 후, 또 다른 일본인 숀즈이가 그 유명한 중국 도자기에 매혹되어 도예를 익히러 바다를 건너갔다. 돌아온 후 그는 히젠〔肥前〕 지방의 아리타〔有田〕에 공방을

---

* 도시로는 시로제몬의 다른 이름이고, 야키는 도자기를 뜻한다.

세운다. 하지만 그는 중국의 것처럼 질이 좋은 점토를 얻기 위해 필요한 광물질이 일본 토질에서는 구하기 어렵다는 사실을 알고 당혹해 한다. 그래서 그의 작품에 대해 주성분 중 하나가 자기 직공들의 뼈였다는 말도 있었다. 그럼에도 회회청(回回靑) 빛을 띤 숀즈이의 도자기는 너무나 뛰어나 18세기 중국 도공들은 수출을 위해 그의 이름을 빌리고 그의 도자기를 흉내 내려 갖은 노력을 기울였다. 그의 현존 작품은 일본 최고 화가들의 가장 진귀한 그림만큼이나 높이 평가받고 있다.[68] 1605년경에 조선인 이삼평(李參平)이 아리타 지역의 이즈미 산에서 막대한 양의 자석광(磁石鑛)을 발견하여 그때부터 히젠은 일본 요업의 중심지가 되었다. 또한 아리타 지역에서 그 유명한 가키에몬이 나왔는데, 그는 중국인 조선술 대가로부터 에나멜을 입히는 기술을 배운 후 각고의 노력을 기울여 자기에 에나멜을 섬세하게 입히는 데 성공함으로써 자기 이름을 이 기법을 일컫는 고유 명칭이 되게 했다. 네덜란드 상인들이 막대한 양의 히젠 도자기를 이마리〔伊萬里〕 만의 아리타 항에서 유럽으로 실어 가서, 1664년 한 해에만 4만 4943점이 네덜란드에 수출되었다. 이 눈부신 이마리 도자기는 유럽에서 크게 인기를 끌었으며, 아에브레흐트 데 케이세르(Aebregt de Keiser)는 이에 영감을 얻어 델프트에 공장을 세우고 네덜란드 자기의 황금 시대를 열었다.

한편 다도(茶道)의 부상으로 도예의 발전이 가속화되었다. 1578년에 노부나가는 다도의 대가 리큐의 권유로 교토의 한 조선인 도공 집안에 찻잔과 다른 다도 용구를 대량으로 주문했다. 몇 년 후 히데요시는 이 집안에 금인(金印)을 상으로 내리고 그 도자기, 라쿠야키〔樂燒〕를 다도 의식에 거의 필수적인 도구로 삼았다. 히데요시의 장수들이 조선 정벌에 실패하고 돌아오면서 수많은 포로를 데려왔는데, 그들 중에는 병사들뿐 아니라 많은 예술가도 포함되어 있었다. 1596년에 시마즈 요시히로는 백여 명의 조선인 기술자를 사쓰마에 데려왔는데 이들 가운데 열일곱 명이 도공이었다. 이들과 그 후손들은 이탈리아의 한 마을이 우리 시대 파양스 도자기라는 명칭으로 그 이름을 남긴 바로 그 다채롭고 윤이 나는 도자기로 전 세계에 사쓰마의 명성을 떨치게 했다. 하지만 이 분야의 가장 위대한 대가는 교토의 도공 닌세이였다. 그는 에나멜을 입힌 파양스 도자기의 창시자일 뿐 아니라 자기 작품에 우아함과 도도한 절제미를 더해 이후 수집가들의 값진 소장품이 되게 했으며, 따라서 그의 표식은 일본의 어느 예술가보다 자주 위조되었다.[69] 그의 작품 때문에 화려한 파양스 도자기는 수도에서 열광적인 인기를 모았으며, 일부 교토 지역에서는 한 집 걸러 하나씩 작은 도예소가 생길 정도였다.[70] 닌세이에 버금가는 인물로 화가 고린의 형이기도 한 겐잔이 있다.

도자기에 얽혀 그렇게 자주 입에 오르내리는 로맨스로 고토 사이지로가 히젠에서 가가(加賀)로 도예 기술을 가져온 이야기가 전해진다. 구타니(九谷) 마을 근처에 도자기 재료로 안성맞춤인 토층이 발견되어, 그 지방 영주는 거기에 요업을 일으키기로 결심하고 고토를 히젠에 보내 도자기를 굽고 모양내는 방법을 알아오게 했다. 그러나 그 비결은 외부인에게 철저하게 비밀로 붙여졌다. 고토는 한동안 낙담하다가 마침내 도공 집안에 하인으로 가장해 들어간다. 3년이 지난 후 주인은 그를 도기 제작에 참여시키고 고토는 4년간 더 일한다. 그 후 그는 히젠에서 결혼해 아들까지 낳은 아내를 버리고 가가로 돌아가 자신이 익힌 모든 기술을 영주에게 알려 준다. 그때부터(1664년) 구타니의 도공이 대가가 되고 구타니야키(九谷燒)가 일본 최고 도자기들과 겨루게 된다.[71]

히젠 도자기는 18세기 내내 주도권을 유지했는데, 이는 히라도(平戶)의 영주가 그의 공방 장인들을 아낌없이 후원한 온정적 배려 때문이었다. 한 세기 동안(1750~1843년) 히라도의 미카와치야키(三川內燒) 청화 백자는 일본 자기의 정상에 군림했다. 19세기에 젠고로 호젠이 이를 교묘히 모방하고 종종 능가하기도 하면서 주도권을 교토로 옮겨 왔는데, 가끔 어느 것이 진품이고 어느 것이 복제품인지 분간이 가지 않을 정도였다. 19세기 말엽에 일본은 중국에서 전래된 이후 계속 유지되어 온 세련되지 못한 상태에서 탈피해 에나멜을 덧입힌 칠보 세공을 발전시켜 이 분야 세계 최고의 반열에 올랐다.[72] 이 시기에 다른 분야는 퇴보했는데, 일본 도자기에 대한 유럽 수요가 증가하자 이질적인 장식이 과다하게 추가되고 이런 경향이 기술에 영향을 끼쳐 전통 예술이 약화되었던 것이다. 어디서나 그렇지만 여기서도 산업 발전이 한동안 장해 요소로 작용했다. 대량 생산이 질적으로 우수한 제품을 대신하고 대량 소비가 다양한 취향을 대신했다. 아마도 발명이 물질적인 풍요를 낳고, 사회 조직 및 숙련도 향상이 여가를 가져와 창조적인 활용을 배운 다음에야 저주가 축복으로 바뀔 수 있을 것이다. 산업은 대다수 인간에게 안락함을 가져다 줄 것이며, 장시간에 걸친 값싼 노동력이 기계 작업으로 대치된 후 노동자는 다시 한 번 장인이 되어 개개인을 소중히 여기며 기계제품을 개성 있고 예술적인 작품으로 변화시킬 것이다.

9. 그림

일본 회화는 이 장(章)의 일부를 차지하는 다른 어떤 주제 이상으로 전문가가 다루어야 할 대상이다. 그런데 천사도 지나기를 꺼린 다른 난해한 분야와 함께 이 주제가 이 장에 포함되어야 한다면, 이는 잘못된 생각을 걷어 내어 대략적이나마 일본 문명의 특징을 독자가 알 수 있기를 바라는 마음에서다. 일본 회화의 걸작품들은 1200년이라는 오랜 역사 속에서 창조되었고 복잡 다양한 유파가 얽혀 있으며, 세월의 흐름 속에서 소실되거나 손상되고 거의 대부분 수집가들이 개별적으로 소장하고 있다.* 외국인이 연구 목적으로 접할 수 있는 몇 안 되는 명작도 형식과 방법, 스타일, 재료에 있어 서양 회화와 너무 차이가 나 서양의 사고방식으로는 믿을 만한 평가를 하기가 정말 어렵다.

일본인은 애초에 그 원형인 중국 회화처럼 글 쓰는 데 사용한 붓으로 그림을 그렸다. 그리스에서처럼 글에 사용된 문자와 화폭의 그림은 원래 하나였으며, 회화는 시각적인 예술이었던 것이다. 이런 최초의 사실이 극동 지역 회화의 특징을 반쯤 결정지었다. 재료는 간단하여 먹물과 붓, 먹지나 비단이 전부였다. 작업 과정은 힘들었다. 화가는 선 자세 대신에 무릎을 꿇고 바닥에 놓인 비단이나 종이를 굽어보는 자세를 취한다. 또한 일흔한 가지 다양한 화법을 자유자재로 구사하도록 붓놀림을 연습해야 한다.[73] 초기에 불교가 일본 예술을 지배했을 때는 프레스코 벽화가 주를 이루었으며, 아잔타와 투르키스탄의 방식을 많

---

* 도쿄의 베푸 씨가 소장했던 가노 유파의 최고 작품들은 1923년에 발생한 지진으로 거의 대부분 소실된 듯하다.

이 닮았다. 하지만 이름 있는 거의 모든 현존 작품은 마키모노〔卷物〕(두루마리), 가케모노〔掛物〕(족자), 병풍 등의 형태를 띠고 있다. 이들 그림은 미술관에 넘칠 정도로 진열되는 대신(일본에는 이런 미술관이 전혀 없다.) 소장가와 친구들이 사적으로 감상하거나 사찰이나 대저택, 일반 가정집에 장식의 일부로 진열되었다. 일본 회화에는 특정 인물의 초상화가 거의 없었으며, 대개는 자연 경관 또는 상무적인 장면을 묘사하거나 동물 또는 남녀 군상을 해학적이거나 풍자적으로 묘사하였다.

일본 회화는 사물 그대로를 묘사하는 대신 느낌에 시심을 담아 표현하여 사진보다 철학에 가까웠다. 일본 화가는 사실주의는 아예 제쳐 둔 채 실재 외형을 모사하려고 그다지 애쓰지 않았다. 그림자를 경멸해 본질과 상관없는 것으로 취급하고, "야외"에서 음양을 고려해 입체감을 살리지 않고 그리기를 더 좋아했다. 서구식 원근법 구도에 대해서도 미소만 지었다. 호쿠사이는 관조적인 견지에서 "일본 회화는 형식과 색상 표현에 있어 양각 효과를 전혀 시도하지 않는 반면, 유럽 회화는 양각 효과와 중첩 효과를 추구한다."라고 말했다.[74] 일본 화가는 대상보다는 느낌을 전달하고 표현하기보다는 암시하기를 좋아했다. 그의 생각에는 몇 가지 중요한 요소 이상으로 표현하는 것은 불필요했다. 일본 시에서처럼 감상하는 이가 자신의 상상력을 동원해 심미적인 결과를 얻을 수 있는 정도만 표현되면 충분했다. 화가도 시인이어서 선의 리듬과 음악적인 형식을 대상의 있는 그대로 모습이나 구조보다 훨씬 중요하게 보았다. 따라서 시인처럼 그도 자신의 느낌에 충실했다면 그 자체가 사실주의라고 느꼈다.

이 쉼 없이 분주한 제국에 회화를 전해 준 이는 한반도였을 것이다. 아마도 한반도 예술가들이 법륭사의 물 흐르듯 다채로운 프레스코 벽화를 그렸을 터인데, 왜냐하면 7세기 이전에는 그처럼 완벽하게 우수한 예술 작품을 갑자기 이룰 수 있는 어떤 요소도 일본 역사상 없었기 때문이다. 그 다음에는 고보 대사와 덴교〔傳敎〕 대사가 중국에 건너가 배워 옴으로써 전래되었다. 806년에 일본에 돌아온 고보 대사는 조각과 회화, 문학과 신앙에 전념했으며, 최고(最古) 걸작품 가운데 일부는 그의 다재다능한 붓을 통해 세상에 모습을 드러냈다. 중국에서 그랬던 것처럼 불교가 일본 예술을 고양시켰다. 참선을 통해 철학과 시만큼이나 색상과 형식에 창의성이 배양되었다. 르네상스기에 벽과 화폭에 성모의 수태와 십자가 고난이 묘사된 만큼 빈번하게 일본 예술에 아미타불이 등장했다. 승려 예이신 소주(1017년 사망)는 이 시대의 프라 안젤리코(Fra Angelico)이 자 엘 그레코(El Greco)였으며, 아미타불의 승천과 하강으로 그는 일본 역사상 가장 위대한 종교 화가가 되었다. 하지만 이 시기에 고세노 가나오카(950년경에 전성기 구가)에 의해 일본 회화가 세속화되기 시작했다. 새와 꽃, 동물들이 두루마리 위에서 신과 성인들과 다투기 시작했다.

하지만 고세의 붓은 여전히 중국식 사고방식을 표현하고 중국식 취향을 충실히 따랐다. 9세기에 중국과의 교류가 중단되어 최초로 5세기 동안 고립되는 시기를 맞자, 일본은 본국의 풍경과 주제를 자기 방식에 따라 화폭에 담기 시작했다. 1150년경에 교토의 천황과 귀족들의 후원을 받으며 국립 회화 학교가 세워지고, 외국의 모티프와 양식에 맞서 일본의 꽃과 경치로 수도의 여유로운 가정을 장식했다. 유파는 일본 양식을 구현한 야마토류와 와가류, 명망 있는 창립자의 이름을 딴 가스가, 13세기 대표 화가인 도사 곤노쿠미의 이름을 딴 도사파 등 대가들만큼이나 많았다. 도사파 계열의 모든 화가들은 이후 역사 내내 도사라는 이름을 받들었다. 이들은 국수주의자라는 말을 들을 만했는데, 이 집단의 붓 끝에서 두루마리 화폭에 그려진 사랑과 전쟁 이야기의 열정과 기운, 그리고 다채로운 빛깔의 해학은 중국 예술 어디에도 보이지 않기 때문이다. 다카요시는 매혹적인 겐지 이야기의 삽화를 화려한 유채색으로 그렸다. 도바 소조는 당대의 승려와 다른 불한당들을 원숭이와 개구리 모습을 빌려 생동감 있게 풍자했다. 12세기 말엽 후지와라 다카노부는 자신의 명망 있는 가문이 쌀과 술을 얻는 데 전혀 무용함을 깨닫고 생계를 위해 붓을 들고 중국과 전혀 다른 풍으로 요리토모와 다른 이들의 초상을 그렸다. 그의 아들 후지와라 노부자네는 끈기 있게 서른여섯 명의 시인 초상화를 그렸다. 또한 13세기에 가스가의 아들 게이온 또는 다른 이는 활기 넘치는 두루마리 그림을 남겼는데, 이는 데생 분야에서 세계적으로 가장 눈부신 걸작 가운데 하나다.

이들 토착적인 영감은 그 원천이 진부한 형식과 스타일로 서서히 고갈되어 갔다. 이제 일본 예술은 또다시 중국 송대의 문화 융성기 속에서 일어난 새 유파에 눈을 돌려 자양분을 섭취해야 했다. 한동안 통제가 어려울 정도로 모방 욕구가 강하게 일어나, 중화 제국을 한 번도 구경하지 못했음에도 일본 예술가들은 중국의 인물과 풍경을 그리는 데 전 생애를 바쳤다. 조 덴스는 열여섯 명의 라칸〔羅漢〕, 아르하트(불교 성인)을 그렸으며, 현재 워싱턴의 프리어 미술관에 소장되어 있다. 슈분은 중국에서 태어나 자란 것을 꺼리며 일본에 건너온 후 중국의 풍광을 상상력과 기억에 힘입어 그림으로 표현할 수 있었다.

일본 회화 예술의 가장 위대한 걸작이 탄생한 시기는 두 번째로 중국풍이 일본 미술을 지배한 바로 이 기간이었다. 셋슈는 아시카가 쇼군 요시미쓰가 세운 몇 개의 예술 학교 가운데 하나였던 상국사(相國寺)의 선승이었다. 그는 젊었을 때 이미 그림 실력으로 주변 사람들을 놀라게 했다. 그 경외감을 어떻게 표현할지 몰라, 그가 품행이 방정치 못해 기둥에 묶이자 발가락으로 생쥐를 살아 있는 듯 그렸는데 그 생쥐들이 살아나 그를 묶은 끈을 물어뜯었다는 전설이 생겨났다.[75] 중국 명나라의 대가를 직접 만나 보기를 갈망한 그는 절의 선임자와 쇼군의 신임장을 얻어 바다 건너 중국으로 갔다. 거기서 그는 중국의 회화가 쇠퇴하고 있음을 보고 실망했지만, 위대한 왕국의 다양한 삶과 문화를 목격한 것으로 위안을 삼고 머릿속에 수천 가지 영감을 가득 담은 채 본국으로 돌아왔다. 귀국 길 배에 중국의 예술가들과 귀족들이 동승하여 그에게 빈 종이를 잔뜩 건네며 더도 말고 몇 번의 붓놀림으로 그 위에 그림을 그려 달라고 요청했다는 재미난 이야기가 있다. 이 얘기에 따라 그의 예명이 "눈〔雪〕 속의 배"라는 뜻의 셋슈가 되었다.[76] 일본에 도착한 그는 왕자처럼 환대를 받았고, 쇼군 요시마사가 많은 재물을 하사한 것 같다. 하지만 (전해지는 얘기를 믿을 수 있다면) 그는 호의를 거절하고 조슈〔長州〕의 고향 마을로 내려갔다. 이제 그는 거의 모든 중국의 경치와 생활 단면들이 그의 붓을 통해 불멸의 형태가 갖춰질 때까지 마치

가벼운 소품을 그리듯 걸작들을 연이어 휘갈겨 그렸다. 면면이 그렇게 다양하고 개념과 수법이 그렇게 활기 넘치며 선이 그렇게 힘 있는 그림은 중국에서도 거의 볼 수 없었으며 일본에서는 전혀 유례를 찾을 수 없었다. 노년에 예술가들의 발걸음이 그의 문전에 끊이지 않았으며, 죽기 전에도 그는 최고 예술가로 영예를 누렸다. 유럽인이 레오나르도 다빈치의 작품을 대하듯, 오늘날 일본 수집가들은 셋슈의 그림을 그렇게 취급한다. 큰 화재가 났을 때 한 셋슈 작품 소장가가 불길을 피할 도리가 없음을 알고 칼로 자기 배를 갈라 값을 헤아릴 수 없는 셋슈 그림을 집어넣었으며, 나중에 그 그림이 반쯤 타 버린 시신 속에서 전혀 손상되지 않고 발견되었다는 사실 여부를 알 길 없는 한 이야기가 재미난 전설로 바뀌어 전해진다.[77]

중국 예술의 월등한 영향력은 아시카가 및 도쿠가와 막부 아래 봉건 영주들의 보호를 받던 수많은 예술가들 사이에서 계속 유지되었다. 모든 영주의 장원에는 공식 화가가 있었는데, 이들에게는 수많은 젊은 예술가들을 당장이라도 건물을 아름답게 꾸밀 수 있도록 교육시키는 임무가 맡겨졌다. 이제 사찰은 세력을 거의 다 잃었다. 경제 발전과 보조를 같이해 예술도 세속화되고 있었기 때문이다. 15세기 말엽, 가노 마사노부가 아시카가 막부의 수도 교토에 종교와 상관없이 자기 이름을 딴 회화 학교를 세우고 일본 예술의 고전적·중국적 전통을 엄격하게 고수했다. 그의 아들 가노 모토노부도 부친의 뜻을 이어 이런 화풍을 셋슈 다음으로 최고 수준에까지 끌어올렸다. 천재의 보다 중요한 특징인 집중력과 목표 의식을 여실히 보여 주는 일화가 전해진다. 모토노부가 한번은 한 무리의 두루미를 그리라는 명을 받았는데, 그는 밤마다 두루미처럼 걷고 행동했다고 한다. 그는 매일 밤 두루미 흉내를 내며 다음 날 그릴 내용을 구상했던 것이다. 다음 날 명성이 찾아오게 하려면 꿈을 안고 잠자리에 들어야 한다. 모토노부의 손자 가노 에이토쿠는 가노 가문의 자손이었음에도 선조들의 절제된 고전주의를 멀리 떠나 히데요시의 보호 아래 화려한 화풍을 추구했다. 가노 탄유는 교토에서 에도로 학교를 옮기고 도쿠가와 쇼군을 섬기며 닛코에 있는 이에야스 능을 꾸미는 데 동참했다. 하지만 시대정신에 순응했음에도 가노 가문의 힘은 소진되고, 일본은 새로운 시작을 맞기 위해 또 다른 대가를 찾게 된다.

1660년경 새 화가 집단이 무대에 등장하게 되는데, 이들은 지도자의 이름을 따 고 예쓰 고린파라 불렸다. 자연스럽게 발생한 철학과 양식상의 혼란 속에서 셋슈와 가노의 중국풍 양식 및 주제는 이제 보수적이고 진부한 것처럼 보였으며, 신세대 예술가들은 주제 의식과 영감을 본국의 풍경과 모티프에서 찾았다. 고예쓰는 위인은 위인으로서의 자질을 타고난다는 칼라일(Carlyle)의 투기 섞인 말을 떠올릴 만큼 다재다능한 인물이었다. 그는 금속과 옻, 나무를 재료로 삼아 서예가요 화가요 디자이너로서 탁월한 명성을 얻었다. 윌리엄 모리스(William Morris)처럼 그도 세련된 그림을 부활시켰으며 수하 장인들로 한 마을을 이루어 그들이 다양한 기예를 연마하도록 교육시켰다.[78] 도쿠가와 시대 화가들 가운데 그와 유일하게 정상을 다툴 수 있는 인물은 고린밖에 없었다. 나무와 꽃의 대가였던 고린은 비단 화폭에 일필휘지로 붓꽃 이파리 하나를 그려 생명력을 부여할 수 있었다고 당대인은 전한다.[79] 그만큼 일본 고유의 취향과 섬세함을 완벽하고 순수하게 표현해 낸 화가는 없었다.*

아주 엄밀하게 말하면 18세기에 마루야미 오쿄가 교토에 세운 것이 일본 회화 역사상 최후의 유파다. 평민 출신인 오쿄는 자신이 접한 유럽 회화에 자극받아 이제는 다 닳은 이전의 사실주의적·인상주의적 화풍을 버리고 단순한 일상생활을 실감나게 묘사하기로 결심했다. 그는 동물 그리기를 특별히 좋아해 수많은 주변 동물을 그 대상으로 삼았다. 한번은 그가 멧돼지를 그려 사냥꾼들에게 보여 주었는데, 그들이 그 멧돼지가 죽었다고 말하자 실망을 금치 못하고 거듭 되풀이해 그려 마침내는 멧돼지가 죽은 게 아니라 잠잘 뿐이라는 대답을 받아 냈다는 일화가 전해진다.[81] 교토의 귀족들이 궁핍해지자 오쿄는 중산층 사람들에게 자기 그림을 팔아야 할 처지가 되었다. 이런 경제 상황이 그가 대중적인 주제, 심지어 교토 화류계 여성에까지 관심을 돌린 것과 깊이 관련이 있었다. 선배 예술가들은 질겁했지만, 오쿄는 인습에 매이지 않고 자신의 화풍을 고

---

* 뉴욕 메트로폴리탄 미술관이 고린의 「파도도(波濤圖)」 병풍을 입수했는데, 르두(Ledoux)는 이 작품을 "이런 유로 일본 땅을 벗어난 가장 뛰어난 작품 가운데 하나"라고 공언했다.[80]

수했다. 모리 소센이 오쿄의 자연주의적인 모범을 받아들여 충실한 묘사를 위해 동물에 관심을 기울이고 더불어 살았으며, 마침내는 원숭이와 사슴에 관한 한 일본 최고의 화가가 되었다. 오쿄가 죽을 때쯤(1795년) 사실주의자들은 그 계보를 충실히 따르면서 세력을 형성하고, 완전히 대중적인 유파가 일본뿐 아니라 세계적으로도 이목을 사로잡게 된다.

10. 판화

일본 예술이 본토에서는 가장 천시되던 형식을 통해 서양 세계에 가장 널리 알려지고 영향력을 끼쳤다는 것은 아이러니한 역사의 또 다른 한 장면이다. 500여 년 전에 불교와 함께 일본에 전래된 판화 예술은 18세기 중엽에 책의 삽화와 일반 서민의 생활로 자리를 잡았다. 옛 주제와 방식은 신기하고 흥미로운 매력을 상실하였고, 사람들은 불교 성인과 중국 철학자들, 사색적인 동물과 고매한 꽃들에 물려 버렸다. 서서히 지배 세력으로 성장하고 있던 신흥 계급은 예술이 자기와 관련된 일을 투영하는 수단이 되기를 바랐고, 이런 욕구를 기꺼이 충족시키려는 예술가들이 나타나기 시작했다. 회화는 시간적인 여유와 경비를 필요로 하며 한 번에 한 장의 그림밖에 그릴 수 없었으므로, 신세대 예술가들은 자신들의 목적에 맞춰 판화를 이용해 목판에 그림을 새기고 일반 서민 구매자들의 요구량만큼 다량의 값싼 판화를 찍어 냈다. 이들 판화는 처음에는 손으로 색깔이 덧입혀지다가 1740년경에 세 개의 목판이 사용되었는데, 첫 번째 목판에는 무채색을 두 번째는 일부분 장밋빛 붉은색을 그리고 세 번째는 군데군데 초록색을 칠해 종이를 눌러 찍었다. 그리고 1764년에 마침내 하루노부가 최초로 다채색 판화 제작에 성공해 호쿠사이와 히로시게의 생기 넘치는 소묘를 위한 초석을 닦고, 문화적 병목 현상에 걸려 새로움을 갈구하던 유럽인에게 시사적이며 자극적인 역할을 담당하게 된다. 우키요에〔浮世繪〕, 즉 풍속화는 이렇게 탄생했다.

일반 서민을 예술 작품의 대상으로 삼은 것이 이들이 처음은 아니었다. 17세기 초에 이와사 마타베이는 여섯 폭짜리 병풍에 남녀와 아이들의 자유분방한 일상생활을 담아 사무라이를 놀라게 했다. 1900년에 일본 정부는 파리 전시회 출품용으로 이 병풍(히코네〔彦根〕병풍)을 선택하고 3만 엔(1만 5000달러)의 운송 보험을 들었다.[82] 1660년경에 교토의 의상 패턴을 디자인하던 히시카와 모로노부는 최초로 목판화를 제작했는데, 이는 책의 삽화로 처음 쓰였으며 그 후에 오늘날의 그림엽서처럼 서민들 간에 널리 보급되었다. 1687년경에는 오사카 극장 포스터를 디자인하던 도루 구조모토가 에도로 활동 무대를 옮겨 (수도에만 속해 있던) 우키요에파에게 당시 유명 배우를 묘사한 판화가 얼마나 유용한지를 가르쳐 주었다. 신세대 예술가들은 무대에서 요시와라의 매춘굴로 눈길을 돌려 가지각색의 덧없는 아름다움에 불멸의 풍취를 덧입혔다. 훤히 드러난 젖가슴과 속살이 내비치는 팔다리가 한때는 경건하고 사색적이던 일본 회화에 애교스럽게 수줍어하는 모습으로 끼어들었다.

이 예술의 대가들은 18세기 중엽에 등장했다. 하루노부는 같은 수의 목판을 이용해 12색, 심지어 15색 판화를 제작하고, 초기의 무대용 그림에 대해 반성하면서 일본 특유의 섬세함으로 행복해 하는 젊은이들의 우아한 세계를 표현했다. 기요나가는 최초로 이 유파를 예술적으로 정점에 이르게 했다. 그는 색상과 선을 교묘히 조합해 귀부인을 가냘프면서도 곧추선 모습으로 표현했다. 샤라쿠는 전 생애 가운데 2년간만 판화 제작에 힘쓴 것 같다. 하지만 기간이 그렇게 짧았음에도 그는 47인의 로닌〔浪人〕초상과 무대의 반짝 “스타”를 무자비하게 풍자한 그림으로 이 분야 최고 반열에 자기 이름을 우뚝 세웠다. 다재다능한 천재였던 우타마로는 선과 디자인의 대가로서 곤충부터 매춘부에 이르기까지 모든 삶을 판화로 표현했다. 그는 생애의 반을 요시와라에서 보내고 쾌락과 작업으로 자신을 소진시켰으며, 다섯 명의 첩과 어울려 노는 모습으로 히데요시를 그려 일 년간을 감옥에서 보냈다.(1804년)[83] 일상적인 모습의 평범한 사람들에 싫증이 난 우타마로는 세련되고 고분고분한 자기 애인을 거의 영혼만 남은 듯 가냘프고 머리는 비스듬하게 기울었으며 눈은 가늘고 길게 처지고 아래로 길게 늘어진 의상을 여러 겹으로 감싼 신비로운 모습으로 표현했다. 취향이 퇴보함에 따라 기이한 매너리즘에 빠지고 우키요예가 부패하고 쇠약해져 갈 때, 두 명의 가장 유명한 대가가 일어나 이 예술의 생명을 반세기 더 연장시킨다.

호쿠사이 자신이 그렇게 불렀듯 "그림에 미친 노인"은 거의 90세를 살았지만, 지고한 예술 경지와 짧은 인생을 한탄했다.

6세 때부터 온갖 종류의 사물을 그리려는 기이한 열정이 나를 사로잡았다. 50세가 되어 온갖 것을 묘사하여 상당수의 작품집을 발표했지만 어느 것도 만족스럽지 않았다. 진정한 작품 활동은 70세가 되어서야 시작되었으며, 이제 75세가 되면서 진정 자연을 제대로 감상할 수 있게 되었다. 그러므로 80세에 어느 정도 직관력에 다다르고, 90세에 더욱 발전되기를 바라며, 100세 때는 직관력이 완전히 예술의 경지에 이르렀다고 말할 수 있기를 바란다. 그리고 110세까지 살 수 있다면, 내가 긋는 선 하나하나, 찍는 점 하나하나에서 자연에 대한 생생하고 참된 이해심이 우러날 수 있기를 바란다. …… 나만큼 오래 살 사람들에게 나의 이 말이 지켜지는지 확인해 주기를 바란다. 이제 그림에 미친 노인이라 불리는 나 호쿠사이가 75세의 나이에 이글을 쓴다.[84]

대부분의 우키요예 예술가들처럼 그도 장인 신분이어서 거울 제작자의 아들로 태어났다. 예술가 슌소 아래에서 기술을 익히던 그는 독창성 때문에 쫓겨나 집으로 돌아온 후 오랜 세월을 가난과 고초 가운데 살았다. 그는 그림으로 생계를 잇기 어려워 음식물과 책력(册曆)을 파는 행상인이 된다. 집이 불탔을 때 그는 다만 다음과 같이 짤막하게 말했다.

다 불타 버렸다.
잿더미 가운데 저 꽃들은 얼마나 평화로운지![85]

89세 때 죽음이 찾아오자 그는 달갑지 않은 마음으로 "신이 10년만 더 생을 허락한다면 진정 위대한 화가가 될 수 있을 텐데."라고 말했다.[86]

그는 500권의 책에 3만여 점의 작품을 담아 후세에 남겼다. 자연에 스며 있는 예술적인 아름다움에 도취된 그는 산과 바위, 강과 다리, 폭포와 바다를 다양하면서도 애정 어린 형식으로 거듭 되풀이해서 묘사했다. 후지 산 36경을 책으로 엮어 출간한 후, 그는 불교의 전설적인 고승처럼* 성스러운 산기슭에 다시 돌아와 앉아 후지 산 100경을 그렸다. 『시인의 심상』이란 책에서 그는 일본 예술의 보다 고결한 주제로 돌아와, 다른 시인들과 함께 위대한 시인 이백(李白)을 벼랑과 폭포수 옆에 서 있는 모습으로 그렸다. 1812년에 그는 "만가〔漫畵〕"라 이름 붙인 15권의 책 중 제1권을 발표했다. 이들 책에 실린 그림은 서민들의 소박한 일상이 통쾌한 해학과 냉소적인 풍자를 담아 사실적으로 묘사되었다. 그는 이들 그림을 전혀 주의도 기울이지 않고 각별한 노력도 없이 하루에 10여 점씩 서민들의 구석구석 모든 일상을 다 묘사할 때까지 그려 냈다. 그처럼 풍요로우며 신속하고 예리한 통찰력을 보이고 원기 왕성하게 수법을 구사한 이는 일본에 또다시 없었다. 미국 비평가들이 휘트먼(Whitman)을 경멸하는 것처럼 일본 비평가들과 예술 집단이 호쿠사이를 멸시하였다면, 그 이유는 그의 사납게 휘몰아치는 붓놀림과 이따금씩 내비친 천박한 정신 때문이었다. 하지만 그가 죽었을 때, 겸손했을 때의 휘슬러(Whistler)가 그를 벨라스케스(Velasquez) 이후 가장 위대한 화가로 칭송한 사실[87]을 몰랐던 그의 이웃들은 그처럼 수수한 집에서 그렇게 조문 행렬이 끊이지 않는 것을 보면서 경이로워했다.

서방에서는 유명세가 덜했지만 동방에서는 더욱 존경받은 이가 최후의 우키요에 대가 히로시게(1796~1858년)였다. 그의 계열로 여겨지는 가지각색의 수많은 판화들이 히로시게에게 일본 최고의 풍경화가라는 명성을 안겨 준 기법으로 호쿠사이보다 더 충실하게 본국의 풍광을 표현하고 있다. 호쿠사이가 자

---

* 일본에서 추방된 후 날마다 바다를 건너와 성스러운 산을 바라보았다고 한다.

연을 대면하여 묘사한 것은 단순한 풍경이 아니라 풍경이 그의 상상력 속에서 자아낸 활달한 공상 세계였다. 반면 히로시게는 온갖 형태로 모습을 드러낸 세상 그 자체를 사랑하였으며, 어찌나 성실하게 있는 그대로 묘사하였던지 지금도 여행객이 그를 감동하게 한 바로 그 대상과 윤곽을 여전히 알아볼 수 있을 정도다. 1830년경에 그는 도쿄에서 교토까지 도카이도〔東海道〕나 역로(驛路)를 타고 길을 떠나 시인처럼 목적지보다는 도중에 마주치는 즐겁고 인상 깊은 경치에 더 관심을 기울였다. 마침내 여행을 마치자 그는 자신의 감상을 작품으로 만들어 그의 가장 유명한 작품집 『도카이도 53역참』을 세상에 내놓았다.(1834년) 그는 온갖 신비스러운 모습으로 눈앞에 펼쳐지는 비와 야경을 즐겨 묘사했으며, 이 주제에 대해 유일하게 그를 능가하는 휘슬러는 히로시게의 작품을 모델로 해 야경화를 그렸다.[88] 그 또한 후지 산을 사랑해 이 산의 36경을 작품화했다. 뿐만 아니라 그는 고향 도쿄도 사랑하여 죽기 직전에 에도 100경을 작품으로 완성했다. 그는 호쿠사이보다 몇 년 단명했지만 더욱 흡족한 마음으로 숨을 거두었다.

나는 이제 아즈마에 붓을 내려놓고
거룩한 땅 서방으로 길을 떠난다.
거기 그 유명한 풍경을 구경하기 위해.[89]*

11. 일본의 예술과 문명

오늘날 서구 정신의 냉소적 염세주의가 동방 산업의 발굴 아래 죽을 운명에 처한 한 문명의 마지막 양상인 것처럼, 일본 판화 예술은 서방 산업의 충격 아

---

* 히로시게의 탁월한 판화 작품들은 보스턴 박물관에서 볼 수 있다.

래 산산이 부서진 미묘하고 섬세한 문명의 거의 마지막 단계였다. 1853년까지 생존했던 중세 일본이 서방에 전혀 무해했기 때문에, 서구인은 짐짓 자만한 마음으로 그 아름다움을 감상할 수 있다. 연기 내뿜는 공장과 위협적인 포탄으로 대변되는 일본의 모습 속에서 과거의 매혹적이며 단정한 사랑스러움을 발견하기란 쉽지 않다. 서방이 활기를 잃고 있을 그때 구일본의 사회상은 참으로 잔혹해, 농부는 가난했고 노동자는 억압당했으며 여자는 노예나 다름없었고 어려운 시기에는 매춘부로 팔릴 수도 있었으며, 삶은 값어치가 없어 결국 평민에게 사무라이의 검을 제외하면 어떤 법도 없었다. 하지만 유럽도 상황은 마찬가지여서 남자들은 잔인했고 여자들은 종속된 위치에 있었으며, 농부는 가난했고 노동자는 억압당했으며 인생은 고되고 사상은 위태로워, 결국 영주와 왕의 뜻 외에는 어떤 법도 존재하지 않았다.

가난과 착취, 편협한 신앙의 와중에도 모든 돌을 아름답게 조각해 성당을 세우고, 자기를 희생하면서 후손에게 생각할 수 있는 권리를 남겨 주고, 정의를 위해 분투하여 가장 값지면서도 불확실한 유산인 인권을 쟁취해 내는 등 구유럽에 대해서도 애정을 느낄 수 있는 것처럼, 사무라이의 포악함 배후에서 지금도 수치(數値)와 부(富) 이상의 힘을 일본에 부여하고 있는 용기를 기리고, 나태한 승려들의 배후에서 불교의 시심과 시와 예술에 끊임없이 자양분을 공급하는 영감을 감지하며, 비수 같은 잔인함과 약자에 대한 강자의 허세 배후에서 가장 기품 있는 예절과 가장 유쾌한 의식, 온갖 아름다운 형태로 그 아름다움을 과시하는 자연에 대한 비길 데 없는 헌신을 목격할 수 있다. 여인들의 굴종 배후에는 아름다움과 감미로움과 비길 데 없는 우아함이 있다. 또한 가부장적 원리가 지배하는 가정에서도 동방의 정원에서 뛰노는 아이들의 행복한 웃음소리가 들린다.

오늘날 서구인들은 일본 시의 난해한 의미와 절제된 간결미에 좀처럼 감동되지 않는다. 하지만 우리 시대의 자유로운 시와 이미지즘(imagism)을 배태한 것은 다름 아니라 중국의 시와 이 일본 시였다. 일본 철학자들에게는 독창성이 부족하고 역사가들에게는 공정성이 부족하여 이들의 책이 이 나라의 무력과 외교력의 부속물이 아니기를 기대하기는 어렵다. 하지만 이런 것들은 일본의 생활에서 사소한 요소에 불과하다. 그들이 살고 있는 땅은 웅장한 건물을 세우기에는 너무나 위태로웠지만, 지어진 집들은 "심미적인 눈으로 보면 지금까지 설계된 그 어느 건물보다 완벽하다."[90] 작은 것들, 즉 여인의 의상, 예술적인 부채와 파라솔, 찻잔과 장난감, 인로와 네쓰케, 화려한 칠기와 정교하게 조각된 목기 등의 우아함과 아름다움에 있어서는 근대 시대 그 어느 나라도 일본과 견줄 수 없다. 오늘날 그 어느 민족도 절제되고 섬세한 장식, 국가 전반에 퍼져 있는 세련미와 안정감에 있어 일본인에 전혀 비할 바 되지 못한다. 일본 자기가 일본인 자신들에 의해서조차 중국 송대 및 명대의 자기보다 높이 평가되지 못하는 것이 사실이다. 하지만 중국 예술품만 제외하고는 일본 도공들의 작품 수준은 여전히 근대 유럽의 것들을 능가한다. 또한 일본 회화가 힘과 깊이에 있어 중국보다 못하고 일본 판화 역시 최악의 경우에는 벽보에 지나지 않고 기껏해야 국가적으로 기품과 취향을 완성하여 조악하게 급조한 찰나적인 보상물에 지나지 않을지 모르지만, 그럼에도 19세기 회화 예술을 혁신하고 새롭게 창조하며 수없이 실험하도록 자극한 것은 중국 회화이기보다는 일본 회화였으며 일본 묵화이기보다는 일본 판화였다. 이들 판화는 1860년 이후 교역이 재개되어 유럽으로 휩쓸려 들어가면서 모네와 마네, 드가, 휘슬러 등에게 크게 영향을 미쳤다. 이들은 레오나르도 다빈치부터 밀레에 이르기까지 거의 모든 유럽 회화를 지배한 "브라운소스(brown sauce)"를 버린 후, 유럽의 화폭을 햇볕으로 채우고 화가가 사진작가보다 시인이 되도록 격려했다. 거의 모든 당대인이 자기를 사랑하게 만든 허풍으로 휘슬러는 "아름다움에 관한 이야기는 파르테논 신전에서 대리석이 쪼개지고, 후지 산 기슭에서 호쿠사이의 부채에 새가 수놓아질 때 이미 완성되었다."라고 말했다.[91]

이 사실이 진실이 아니길 바란다. 하지만 알아채지도 못하는 사이에 구일본에 대한 진실이 되고 말았다. 일본은 호쿠사이가 죽은 후 4년이 지난 후 멸망하고 만 것이다. 고립된 동안 안락하고 평온하게 지내면서 일본은 노예가 되지 않으려면 세계와 보조를 함께해야 한다는 사실을 잊어버리고 말았다. 일본이 인로를 조각하고 부채를 꾸미고 있는 동안, 유럽은 동방에는 거의 전혀 알려지지 않은 과학을 발전시키고 있었다. 그리고 세계사적 사건의 흐름에서 동떨어진 채 실험실 안에서 해마다 발전해 간 바로 이 과학이 마침내 유럽을 기계화된 산업 사회로 만들어 아시아의 능숙한 장인이 손으로 제작하는 것보다 더욱 값싸게, 하지만 그 대신 미적 가치를 손상시키면서 생필품을 만들 수 있게 했다. 조만간 이들 값싼 제품이 아시아 시장을 점령하고 경제를 황폐화시켰으며 수공업 단계에서 기꺼운 마음으로 정체된 국가들의 정치적인 삶을 변화시켰다. 더 나쁜 것은 과학으로 폭약과 전함, 총이 만들어져 가장 영웅적인 사무라이의 검보다 더욱 완벽하게 살인을 자행할 수 있게 된 것이다. 비겁하게 이름을 감춘 포탄에 기사가 용감하게 맞선 것이 무슨 의미가 있었던가?

근대사에 있어 잠자던 일본이 서방의 대포 소리에 거칠게 깨어나서는 수업에 뛰어들어 그 가르침을 능가한 후에, 과학과 산업, 전쟁을 받아들이고 전투에서나 교역에서 모든 경쟁자를 물리치고 불과 두 세대 만에 세계에서 가장 공격적인 국가가 된 이 노정보다 더 놀랍고 불길한 현상은 없다.

31장　　　　　　　　　　신일본

1. 정치 혁명

문명의 종말이 외부에서 비롯되는 경우는 드물다. 내적인 부패로 사회 조직이 이완된 다음에야 외적인 영향력 또는 공격이 그 근본 구조를 변화시키거나 끝장을 낼 수 있는 것이다. 지배 가문이 영속적인 지배에 필요한 끈질긴 생명력과 교묘한 적응력을 자체 내에 담고 있는 경우 또한 드물다. 창건자는 비축된 힘을 반쯤 소진시키고 비범한 인물만이 감당할 수 있는 짐을 평범한 후계자에게 남겨 준다. 이에야스 이후 도쿠가와 막부는 그런대로 잘 통치했다. 하지만 이 계보에서 요시무네를 제외하고는 걸출한 통치자가 전혀 배출되지 못했다. 이에야스 사후 여덟 세대가 지나기도 전에 봉건 영주들이 이따금씩 반란을 일으키며 막부를 괴롭혔다. 세금은 지체되거나 아예 거두어지지 않아, 악착같은 근검절약에도 불구하고 에도의 국고는 국가 안전과 방위를 지원하기에 불충분해졌다.[1] 두 세기 이상 평화가 지속되면서 사무라이의 기강이 해이해지고 국민은 전쟁의 고초를 다 잊어버렸다. 쾌락적인 관습이 히데요시 시대의 금욕적인 소박함을 대신하여, 갑자기 국가 주권을 보호할 필요가 생겼을 때 이미 일본은 육체적·도덕적으로 무장 해제되어 있었다. 일본 지식인들은 외국과의 교류가 단절된 상황에서 조급해 하며 유럽과 미국의 증가하는 부와 다양한 문명에 대해 들뜬 마음으로 귀를 기울였다. 그들은 마부치와 모토오리를 연구하고 은밀히 쇼군을 천황의 정통성을 단절시킨 권력 탈취자로 낙인찍었다. 그들에게 도쿠가와 막부에 의해 단죄된 천황의 무능함과 열등함은 천황의 성스러운 혈통과 조화를 이룰 수 없었다. 요시와라와 기타 은신처에서 그들은 은밀히 막부를 전복하고 천황권을 부활시키자는 전단을 제작해 열정적으로 도시에 배포하기 시작했다.

1853년 이렇게 속수무책으로 지쳐 있는 정부에 미국 함대가 일본의 제재령을 무시하고 우라가(浦賀) 만에 들어와 일본 최고 당국자를 만나려 한다는 소식이 갑자기 전해졌다. 페리(Perry) 제독은 네 척의 군함과 560명의 수병을 이끌고 왔다. 그는 이 소규모 무력을 과시하는 대신 미국 정부는 몇 개의 교역 항을 개방하고 일본 해안에 좌초할 수 있는 미국 선원들에 대한 보호 장치를 마련해 주는 외에는 어떤 것도 요청하지 않는다는 내용의 정중한 전갈을 보냈다. 바로 그때 태평천국의 난이 발발해 페리 제독은 중국에 있는 기지로 돌아갔다. 하지만 1854년에 그는 더 많은 군함과 천황과 황후, 황족들에게 줄 향수, 시계, 난로, 위스키 등의 선물로 무장하고 다시 일본을 찾았다. 막 권력을 승계한 쇼군 이에사다는 선물은 천황가(家)에 전달하지 않았지만 가나가와 조약을 체결했는데, 이는 사실상 미국의 모든 요구를 인정한 것이었다. 페리 제독은 이 섬나라 사람들의 호의를 칭찬하면서, 선견지명이 부족하여 "일본인이 미국에 올 경우, 자유롭게 항해할 수 있고 캘리포니아의 황금 벌판에도 정착할 수 있을 것"이라고 공표했다.[2] 이 조약과 기타 조약으로 일본의 주요 항구가 외국과의 통상을 위해 개방되고 관세가 책정되었으며, 이 섬나라에서 범죄 행위로 기소

되는 유럽인과 미국인은 당사자국 영사 재판소에 회부된다는 조항도 승인되었다. 또한 제국 내에서 모든 그리스도교 박해가 중단되어야 한다는 조항도 삽입되어 받아들여졌다. 이와 함께 미국은 원한다면 일본에 무기와 전함을 판매하고 전쟁술에 있어서는 어처구니없을 정도로 평화로운 이 민족을 훈련해 줄 장교와 기술자도 제공해 줄 수 있다고 제안했다.[3]

일본 민족은 나중에는 진보와 운명을 위해 공평한 수단임을 인정하게 되지만 이런 굴욕적인 조약에 깊이 상처를 입었다. 일부는 어떤 대가를 치르더라도 외국인과 싸워 전부 쫓아내고 자족적인 농업 봉건 체제로 되돌아가기 원했지만, 다른 이들은 서방 세력을 배척하기보다 모방할 필요가 있으며, 계속되는 패배와 유럽이 당시 중국에 가하고 있던 경제적 속박을 피하기 위한 유일한 대책은 서구 산업과 현대식 전쟁술을 가능한 한 빨리 익히는 것이라 생각했다. 서구주의자들은 놀라운 수완으로 지방 영주들을 조력자로 삼아 막부를 전복하고 천황을 권좌에 복귀시켰으며, 다음에는 천황 권력을 이용해 봉건주의를 타파하고 서구 산업을 도입했다. 1867년 마침내 봉건 영주들이 마지막 쇼군 게이키를 설득해 양위시킨다. 게이키는 "거의 모든 행정 조치가 집행되지 않고 있다. 나는 부끄럽게도 현재의 불만족스러운 정세가 나의 부족과 무능으로 말미암았음을 인정한다. 외국과의 교류가 날마다 확대되고 있는 현실 속에서 정부 권력이 하나로 모아지지 않는다면 국가의 기초가 산산이 부서지고 말 것이다."라고 말했다.[4] 메이지 천황은 "도쿠가와 게이키가 행정 권한을 천황 궁에 돌려준다는 제안을 수락한다."라고 간명하게 답했다. 1868년 1월 1일, 새로운 메이지 시대가 공식적으로 시작되었다. 옛 신도(神道)가 수정되었으며, 복위한 천황은 신으로부터 혈통과 지혜를 이어받았고 따라서 그의 율령은 신이 내린 칙령으로 받아들여야 한다고 강렬하게 선전해 국민들을 납득시켰다.

새 권력으로 무장한 서구주의자들은 거의 기적에 가까울 정도로 신속하게 국가 개조에 성공했다. 이토와 이노우에는 온갖 난관과 장애를 극복하고 과감하게 유럽으로 건너가 유럽의 산업과 제도를 연구하고 철도와 증기선, 전신, 전함 등에 놀라움을 금치 못했으며, 일본을 유럽화하겠다는 애국적인 결심으로 활활 타올라 돌아왔다. 철도 건설과 전신 개통, 해군 양성을 위해 영국인을 들여오고, 법 개조와 군대 훈련은 프랑스인에게, 의료 및 보건 위생 조직은 독일인에게, 일반 교육 제도 수립은 미국인에게 맡겨졌다. 덧붙여 조각과 회화를 가르치기 위해 이탈리아인이 불려 왔다.[5] 일시적으로 어떤 경우에는 피를 흘리는 복고 운동이 있었으며, 가끔 일본 정신은 이 열광적이고 인위적인 개조 작업에 거부감을 드러냈다. 하지만 결국 기계가 자기 의지를 관철하여 산업 혁명이 일본을 정복했다.

이 혁명(근대사에서 유일하게 진정한 혁명)으로 구일본 사회에서는 가장 신분이 낮았던 제조업자와 상인, 금융업자들이 새로운 계급을 형성하고 부유한 경제 세력으로 부상한 것은 필연적인 일이었다. 이 부상하는 부르주아지는 조용히 자신들의 수단과 영향력을 이용해 처음에는 봉건주의를 타파하고, 그다음에는 복귀한 천황의 권한을 허울 좋은 허수아비로 격하시켰다. 1871년에 정부는 지방 영주들로 하여금 과거의 특권을 포기하게 하고 토지의 대가로 정부 채권을 나눠 주었다.* 신사회와 이해관계가 얽힌 옛 귀족들은 정부에 충성을 맹세했으며, 이로써 중세에서 근대 국가로의 이행이 피를 흘리지 않고 손쉽게 완수될 수 있었다. 유럽을 두 번째로 방문하고 막 돌아온 이토 히로부미는 독일 제도를 본떠 공작, 후작, 백작, 자작, 남작의 다섯 계급으로 구성된 신흥 귀족 계급을 형성했다. 하지만 이들은 봉건적인 적대자가 아니라 산업화 정권의 공복이었다.

이토는 겸허한 태도를 보이면서도 온 힘을 기울여 국가 정부 형태를 그에게는 방종해 보인 민주 정체가 되지 않게 하고, 모든 계층의 재능을 한데 모으고 격려함으로써 급속한 경제 발전을 이루려 애썼다. 1889년 그의 영도 아래 일본은 최초의 헌법을 선포했다. 법체계상 정점에는 천황이 있었으며, 그는 기술적

---

* 이 과정은 본질적으로 1789년 프랑스, 1862년 러시아, 그리고 1863년 미국에서 있었던 봉건 제도와 농노제 또는 노예제의 폐지와 동일했다.

으로 최고권자로서 전 영토의 세습권을 보유하고, 자신에게만 책임지는 육해군 통수권자였으며 제국에 단결권과 지속권, 천황의 위신을 부여했다. 그는 자신이 바라는 대로라면 입법권을 참의원과 중의원의 양당으로 구성된 의회에 위임하겠다고 기품 있게 동의했다. 하지만 장관은 그가 임명했고 행정부는 의회가 아니라 그에게 책임이 있었다. 그 아래 46만여 명의 유권자들이 있었고, 이들의 숫자는 재산 정도에 따라 엄격하게 제한되었다. 계속되는 공민권 자유화에 따라 유권자 수는 1928년에 1300만 명으로 증가했다. 관직 부패가 민주주의의 신장과 보조를 같이했다.[6]

새로운 법체계가 이런 정치 발전과 동반했으며(1881년), 대개는 나폴레옹 법전을 근거로 하고 봉건 시대의 중세 법에서 용기 있는 진전을 보여 주었다. 언론·출판·집회·신앙의 자유, 통신 및 거주 불가침 보장, 적법 절차가 아닌 한 체포 또는 형벌로부터의 보호 등 대부분의 시민권이 부여되었다.* 고문이 폐지되고 천민인 에타(穢多)가 열악한 신분에서 해방되었으며, 모든 계급이 이론적으로는 법 앞에 평등해졌다. 감옥이 개선되고 죄수들도 노역의 대가를 받았으며, 석방 시에는 사회에 진출해 농업 또는 상업에 종사할 수 있도록 얼마간의 자본이 지불되었다. 법이 이렇게 관대했음에도 범죄는 여전히 드물었다.[7] 준법이 문명의 한 지표라면 (약간의 암살을 허용할 경우) 일본은 근대 국가들 가운데 최고 문명국임이 틀림없다.

신헌법의 가장 중요한 특징은 육해군을 천황을 제외하고는 어떤 상관의 예하에도 두지 않았다는 점일 것이다. 1853년의 굴욕을 결코 잊을 수 없었던 일본은 군사력을 자기 운명의 주인으로, 궁극적으로는 동방의 영주로 삼기로 결심했다. 일본은 징병제를 실시할 뿐 아니라 국가의 모든 학교를 군사 야영장과 국수주의적 열정의 온상으로 만들었다. 편성 및 규율에 있어 놀랍게 수완을 부려 일본은 곧 자국 군대를 "외국 야만인"과 대등하다고 스스로 말할 정도까지

---

* 이들 권리는 만주 침공의 전쟁 열기에 의해 엄격히 제한되었다.

증강하고, 유럽이 계획했지만 끝내 실패한 중국 합병을 점차적으로 기도할 수 있게 된다. 1894년 중국이 조선에서 일어난 정변을 진정시키려 군대를 파병하고 종주권을 주장하며 집요하게 조선을 조공국으로 삼으려 한 데 분개한 일본은 옛 스승에 대해 전쟁을 선포하고 세계가 놀랄 만큼 신속하게 승리를 거두었으며, 중국에 조선이 독립국임을 인정하고 포르모사〔臺灣〕와 (랴오둥〔遼東〕 반도 끝자락에 위치한) 뤼순〔旅順〕 항을 할양하고 전쟁 배상금으로 2억 냥을 지불할 것을 강요했다. 독일과 프랑스가 일본에 (중국으로부터) 3000만 냥의 추가 배상금을 받는다는 조건으로 뤼순 항을 떠날 것을 "권고"함으로써 러시아를 지지했다. 일본은 이에 굴복했지만 보복할 날을 기다리면서 쓰라린 좌절감을 마음속 깊이 담아 두었다.

그 순간부터 일본은 러시아와의 충돌을 무섭게 준비했으며, 이후 이 충돌로 양대 제국의 제국주의적 팽창은 피할 수 없는 숙명이 된다. 러시아의 인도 진출을 두려워한 영국의 처지를 이용해 일본은 이 바다의 제왕과 동맹(1902~1922년)을 맺기로 결정했다. 한쪽이 제3의 세력과 전쟁을 벌일 경우 다른 쪽도 개입해 동맹국을 지원한다는 것이 조약의 요지였다. 이전 그 어느 때도 영국 외교가들이 이렇게 함부로 조약에 서명한 적은 거의 없었다. 1904년에 러일 전쟁이 발발하자, 영국과 미국의 은행가들로부터 거액의 자금을 지원받아 일본은 차르에게 승리를 거두었다.[8] 장군 노기는 뤼순 항을 점령하고 계속 북진해 선양〔瀋陽〕의 대학살(역사상 세계 대전 이전의 가장 피비린내 나는 전투)로 정세를 급변시켰다. 독일과 프랑스가 외교나 군사력으로 러시아를 도우러 올 것으로 생각되었다. 하지만 루스벨트(Roosevelt) 대통령이 그럴 경우 "신속히 일본 편에 설 것"이라 하여 이를 제지시켰다.[9] 한편 스물아홉 척의 러시아 함대가 일본 영해에서 일본과 맞서기 위해 희망봉을 돌아 당당하게 항해해 왔다. 이는 근대 전함으로서는 가장 긴 항해이기도 했다. 도고 제독은 알려진 바로는 해군 역사상 최초로 무선 전신을 이용해 러시아 함대의 경로를 보고받으면서 1905년 5월 27일에 쓰시마 해협에서 적함을 급습했다. 도고는 자신의 전 수하 지휘관들에게 "제국의 흥망은 이 전투에 달렸다."라는 인상적인 전갈을 보냈다.[10] 일본은 116명이 죽고 538명이 부상을 입은 반면, 러시아는 4000명이 죽고 7000명이 생포되었으며 전함 세 척을 제외하고는 모두 나포되거나 침몰되었다.

"일본 해의 전투"는 근대사의 전환점이었다. 이 전투로 인해 러시아의 중국 침공이 저지되고 유럽의 동방 지배에 종지부가 찍혔으며, 20세기 정치의 중심이 될 아시아가 부활하기 시작했다. 조그만 섬나라가 유럽에서 인구가 가장 많은 나라를 물리치는 광경을 보고 전 아시아가 용기를 얻었다. 중국은 혁명을 꾀하고 인도는 자유를 꿈꾸기 시작했다. 일본이 염두에 둔 것은 자유가 아니라 권력이었다. 일본은 러시아로부터 한반도에 대한 최고 권한을 인정받았으며, 1910년에는 한때 고도로 문명이 발달하고 유구한 역사를 자랑한 왕국을 공식적으로 합병했다. 1912년에 통치자·예술가·시인으로서 길고 자비로운 생을 보낸 후 죽으면서, 메이지 천황은 조상신들에게 그들이 창조했으며, 자신의 통치 초기에 불경한 서방의 손아귀에 놀아났던 국가가 이제는 동방의 최강국이 되고 역사의 중심이 되기 위해 나아가고 있다는 소식을 갖고 갈 수 있었다.

2. 산업 혁명

한편 반세기가 흐르면서 일본인의 모든 생활이 바뀌었다. 농부는 가난했지만 자유로웠다. 국가에 매년 세금을 내거나 임대료를 지불하고 약간의 토지를 소유할 수 있었다. 그가 토지를 떠나 도시 생활을 하기 원하면 영주는 이를 제지할 수 없었다. 이제 연안을 따라 대도시들이 늘어서 있었던 것이다. 도쿄에는 황궁과 귀족들의 저택, 드넓은 공원과 혼잡한 목욕탕이 들어서 있고, 인구는 런던과 뉴욕에만 뒤질 뿐이었다. 한때 어촌이고 성채에 불과했던 오사카는 이제 허름한 집들과 공장, 높은 건물 들이 혼잡하게 뒤섞인 일본 산업의 중심지가 되었다. 요코하마(橫浜)와 고베(神戶)에는 온갖 현대식 기계 장비를 갖춘 기업들이 있어 세계에서 두 번째로 큰 규모의 상선단이 그 거대한 부두에서 수많은 외국 항으로 출항했다.*

일본은 전례 없는 온갖 종류의 도움에 힘입어 봉건 사회에서 자본주의 사회로 순조롭게 이행할 수 있었다. 외국인 전문가가 불려오고 일본인 기능공들이 열심을 다해 그들의 지시를 따랐으며, 그 결과 15년도 채 되기 전에 영리한 기능공들이 기술 진보를 크게 이루자 외국인 전문가들은 대가를 지불받고 정중하게 고향으로 돌려보내졌다. 독일의 모범을 따라 정부는 우편·철도·전신·전화 사업을 국유화했다. 하지만 동시에 민간 기업에 너그럽게 자금을 빌려 주고 외국 기업과 경쟁할 수 있도록 고율 관세 정책으로 그들을 보호해 주었다. 1871년의 프랑스 배상금이 독일 산업화를 가속화시킨 그대로 1894년의 전쟁으로 중국으로부터 받은 배상금이 일본 산업을 재정적으로 지원하며 활성화시켰다. 한 세대 전의 독일처럼 일본도 현대식 장비와 봉건적인 규율로 시작할 수 있었으며, 반면 구래의 경쟁자들은 구식 장비와 반항적인 직공들로 인해 애를 먹고 있었다. 일본에서 동력은 값쌌고 공임도 저렴했다. 노동자들은 상사에게 충성스럽게 순종했다. 공장법은 늦게 들어와 관대하게 집행되었다.[11] 1933년에 오사카의 신식 방추(紡錐) 스물다섯 대를 처녀 한 명이 다루었던데 반해, 구식 랭커셔 방추는 남자 한 명이 여섯 대만 다룰 수 있을 뿐이었다.[12]

공장 수는 1908년부터 1918년 사이에 두 배로 늘었고, 1918년부터 1924년 사이에 다시 두 배로, 그리고 1931년이 되면 추가로 50퍼센트 늘어났다.[13] 이에 반해 서방의 산업은 불황의 나락으로 깊이 빠졌다. 1933년에 일본은 세계 최고 방직물 수출국이 되어 그해 세계 총 면직물 소비량 55억 야드 중 20억 야드를 수출했다.[14] 1931년에 금 본위제를 폐지하고 엔화 환율을 이전 가치의 40퍼센트로 떨어뜨림으로써, 일본은 1932~1933년 사이에 수출액이 50퍼센트 증가

---

* 마지막 공식 인구 조사에 의하면 요코하마의 인구는 62만 명, 고베는 78만 7000명, 오사카는 211만 4804명, 도쿄는 531만 1000명이었다.

했다.[15] 국내 및 해외 상업이 모두 번창하였고 미쓰이와 미쓰비시 같은 재벌가가 부를 크게 축적했으며, 정부가 산업 및 상업을 흡수하거나 통제해 군인들도 근로 계급에 합류하게 되었다.*

상업 발전으로 부유한 신흥 중산층이 부상하는 동안 육체 노동자가 낮은 생산 단가의 짐을 떠안았다. 일본은 이들의 희생으로 세계 시장에서 경쟁자들을 따돌릴 수 있었던 것이다. 1931년에 남자의 평균 임금은 하루당 1.17달러였고 여자의 경우는 48센트에 불과했다. 또한 산업 근로자의 51퍼센트가 여자였고, 이들 가운데 12퍼센트가 16세 미만의 소녀였다.[18]** 전쟁의 기운이 국가를 애국적인 일치단결의 분위기로 몰아가고 있던 1931년 당시에 파업이 빈번하고 공산주의가 성장하고 있었다. "위험한 사상"이 불법으로 간주되고, 일본에서는 한 번도 세력이 강했던 적이 없었던 노동조합도 극심한 제재를 당했다.[19] 오사카와 고베, 도쿄 등지에 대규모 빈민굴이 형성되었다. 도쿄의 경우 다섯 가구 중에 한 가구가 평균 7.5제곱미터에서 9.5제곱미터 되는 공간에서 생활했는데, 이는 2인용 침대를 두면 약간의 공간만 남을 정도였다. 고베의 경우에는 2만여 명의 빈민, 범죄자, 장애인, 매춘부들이 쓰레기 더미 가운데 살아 전염병이 창궐하고, 유아 사망률이 일본 여타 지역의 네 배에 달했다.[20] 가타야마 같은 공산주의자들과 가가와 같은 그리스도교 사회주의자들이 격렬하거나 온건한 방식으로 이런 상황에 맞서 싸웠고, 마침내 정부는 역사상 최대 규모로 빈민굴 일소 프로젝트에 착수했다.

---

* 육상 교역은 해상 교역만큼 급속히 성장하지 않았다. 육상에 산맥이 버티고 있어 해로가 선호되었던 것이다. 도로 조건은 서방에 비해 열악했고, 일본에서 자동차는 최근에야 소개되어 안전하지 못했다. 하지만 전통적으로 1880년대 초엽 미국인 선교사가 발명했다고 여겨지는 진릭샤(人力車)는[16] 미국 및 국산 자동차가 달리고, 32만여 킬로미터의 고속도로가 닦이기 전에 이미 사라지고 있었다. 일본 지하철은 유럽 및 미국의 지하철 수준에 필적했다. 1872년에 30여 킬로미터 길이로 처음 철도가 건설된 후, 1932년이 되면 이 기다란 섬나라에 2만 2000킬로미터의 철로가 놓이게 된다. (뤼순 항 근처에 위치한) 다이렌(大連)에서 만주의 수도 신킹(新京)(창춘(長春)의 옛 명칭)까지 급행열차가 시속 120킬로미터로 700킬로미터를 달린다.[17]

** 여공의 저임금 구조는 부분적으로 높은 이직률 때문이었다. 대개 여공들은 결혼 지참금을 모으면 직장을 그만두었다.

한 세대 전에 라프카디오 헌(Lafcadio Hearn)은 일본 근대 체제에 대해 다음과 같이 통렬하게 비판했다.

새 질서 아래 이 민족 역사상 전례를 찾을 수 없는 참상이 벌어지고 있다. 도쿄에 주민세도 낼 수 없는 빈민의 수가 5만 명을 넘는다는 사실에서 이 참상의 정도를 충분히 헤아릴 수 있다. 이 세금 액수는 불과 20센〔錢〕, 미화로는 10센트에 불과하다. 부가 소수에게 집중되기 전에는 전쟁으로 말미암은 일시적 결과를 예외로 하면 일본 어디에도 이런 궁핍이 결코 없었다.[21]

"부가 소수에게 집중되는 현상"은 문명화 과정에서 보편적으로 수반되는 현상임에 틀림없다. 일본 고용주들은 노동자의 상대적 비효율성과 일본의 낮은 생계비를 감안하면 너무 낮은 것은 아니라고 생각한다.[22] 생산 단가를 낮추기 위해 임금을 낮출 필요가 있고, 외국 시장을 장악하기 위해서는 생산 단가를 낮출 필요가 있으며, 산업 원자재와 연료를 수입에 의존하는 한 외국 시장이 필요하고, 전 국토의 12퍼센트만 경작 가능한 섬나라에서 늘어나는 인구를 부양하기 위해서는 산업이 필요하며, 또한 탐욕스러운 서방에 맞서 자신을 방어하는 데 꼭 필요한 부와 군사력을 획득하기 위해서도 산업이 필요하다는 것이 일본인들의 생각이다.

3. 문화 혁명

이런 산업 혁명의 와중에 사람들 자신은 변했을까? 일부 혁신적인 변화가 외적으로 드러난다. 대부분의 도시 남자들이 애처롭게 두 갈래로 나뉜 유럽 남성복에 매료되어 몸에 걸치고 있다. 하지만 여성들은 무늬가 돋아 나오게 짠 천으로 만든 띠를 등 뒤에서 나비 모양으로 묶어 허리를 두른 채 느슨하고 화려한 전통 의상을 계속 입고 있다.* 도로가 포장되어 신발이 나막신을 대신했다. 하지만 대부분의 남녀들은 여전히 맨발로 다닌다. 대도시에서는 서둘러 급조한 변화를 상징이라도 하듯 온갖 다양한 형태로 전통 의상과 유럽풍 의상이 뒤섞여 있는 모습을 쉽게 볼 수 있다.

　방을 드나들거나 거리를 거닐 때 남자가 여자를 앞서는 고대 관습도 여전했지만, 예절 또한 여전히 공손했다. 정중하게 빙 둘러말하고, 상스러운 말을 하는 경우는 드물었다. 형식적인 겸손으로 거친 자존심을 가리고 가장 지독한 적개심을 예법으로 치장했다. 세계 여느 남자들처럼 일본 남자의 성격도 상반되는 면들이 서로 짜깁기된 형태를 이룬다. 보통 사람들은 다양한 때 다양한 상황에서 폭력과 아량, 경솔함과 진지함, 인내와 용기, 겸손과 자존심을 상황에 따라 표출하기 때문이다. 따라서 일본인에 대해 편견을 가져서는 안 된다. 그들도 감상적이면서 현실적이고 민감하면서 금욕적이며 감정을 잘 드러내는가 하면 말이 없고 쉽게 흥분하는가 싶다가 차분하게 가라앉으며, 아주 유쾌하고 해학을 즐기며 즐거움을 추구하면서도 아름답게 자살을 기도하고, 동물에게는 자주, 여자에게는 가끔씩 다정하게 친절을 베풀면서도 이따금 동물과 남자들을 잔인하게 대한다.** 대부분의 일본인에게는 호전성과 용기, 죽음 앞에서의 비길 데 없는 당당함 등 온갖 전사의 자질이 있으며, 또 한편으로는 아주 빈번하게 예술가의 정신을 보여 주어 감각적이고 감수성이 예민하며 거의 본능적으로 정취에 사로잡힌다. 또한 침착하고 자만하지 않으며 검소하고 근면하며, 호기심이 많고 신중하고 충성스럽고 끈기 있어 세세한 부분에 대한 이해력이 놀라울 정도로 뛰어나다. 일본인은 신체가 작은 대부분의 사람들처럼 빈틈이 없고

---

* 여성들은 서구 형식의 교복 또는 작업복을 입고 작업에 임했으며, 남녀 모두 근무 시간 이후에는 전통 복장으로 편하게 갈아입었다.

** 1923년에 일어난 지진으로 크게 혼란한 가운데, 요코하마의 일본인들은 미국 구호물자의 도움을 받으면서 이 소동을 틈타 수백 명(어떤 이들은 수천 명이라 한다.)의 무장하지 않은 과격분자와 조선인들을 거리에서 무자비하게 학살했다.23 일부 열렬한 애국주의자들이 (극소수에 불과했던) 조선인이 정부를 전복시키고 천황을 살해하려 했다면서 일본인들을 분기시킨 것 같다.

유연하다. 또한 영리하여 사상 분야에 있어 그다지 독창적이지는 않지만 이해력과 적응력이 빠르고 실질적인 성과를 빨리 도출해 낸다. 프랑스인의 기상과 허영심, 영국인의 용기와 편협함, 이탈리아인의 혈기와 예술성, 미국인의 열정과 영리주의, 유대인의 감수성과 영민함, 이들 모든 요소가 일본인 안에 함께 어우러져 있다.

서방과의 접촉 및 충돌로 인해 일본인의 도덕 생활도 여러 면에서 변화를 가져왔다. 이 민족 고유의 성실함은 대체로 유지되었다.* 하지만 공민권 확대 및 상업의 첨예한 경쟁과 함께 일반 대중의 무절제한 습관, 산업 현장의 가혹한 착취, 금융상의 간교한 술수 등이 생활 속에 침투해 들어왔다. 무사도는 고급 군인들 사이 여기저기에 남아 있어 상업 및 정치적 간계에 대해 온건하고 품위 있는 제재 기능을 담당했다. 평민들이 충실하게 법을 준수했음에도 암살이 빈번했는데, 이는 반동적인 압제에 대한 교정책이 아니라 대개는 공격적인 애국주의를 고취하기 위함이었다. 감히 건드릴 수 없는 도야마가 이끈 흑룡회(黑龍會)는 일본 관료들 사이에 한반도 및 만주 정복 정책을 촉구하는 데 40년 이상을 헌신했다.[25]** 일본 정치 조직에서 암살은 이 목적 달성을 위한 인기 있는 수단이었다.

경제생활의 기초가 극심한 변화를 겪을 때 도덕적인 혼란이 수반되는 것은 극동이든 서방이든 마찬가지 현상이었다. 끝없는 세대 간 전쟁, 즉 지나치게 신중한 세대에 대한 혈기 방장한 젊은 세대의 반란이 개인주의적인 산업이 성장하고 종교적인 신앙이 약해지면서 격화되었다. 농촌에서 도시로의 이주가 이루어지고 정치 · 경제 사회의 책임 있는 법적 단위가 가족에서 개인으로 대체되면서, 가부장의 권위가 퇴색하고 오랫동안 전해 내려온 관습과 도덕이 미숙한 청춘의 성급한 판단에 자리를 내주었다. 대도

---

* 라프카디오 헌은 "나는 수백 년간 도둑질이 한 번도 발생하지 않은 구역에 살았는데, 메이지 시대에 새로 지어진 감옥은 텅 비고 전혀 쓸모가 없었다."라고 말했다.[24]
** 흑룡(黑龍)은 만주와 시베리아를 가르는 아무르 강을 지칭하는 중국 말이다. 일본인은 암살을 국외 추방의 위험 있는 대체 수단으로 생각한다.

시에서는 젊은이들이 부모가 짝지어 주는 중매결혼에 반항하고, 신혼부부는 신랑 아버지 집에 거처를 잡는 대신 따로 독립해서 살려는 경향이 증가했다. 여성의 급속한 사회 진출로 그들을 가사에 구속시키는 유대감이 해이해졌다. 이혼도 미국만큼 흔해졌다. 그 절차는 더욱 간편하여 이혼 서류에 서명하고 10센트의 수수료만 지불하면 끝났다.[26] 축첩은 법으로 금지되었지만 실제로는 법을 무시할 여력이 있는 자들에게 여전히 허용되었다.[27]

여느 곳처럼 일본에서도 기계는 성직자의 적이다. 스펜서(Spencer)와 스튜어트 밀(Stuart Mill)이 영국 기술과 함께 수입되었고, 일본 철학에 대한 공자의 지배가 갑자기 종말을 고했다. 1905년에 챔블레인(Chamberlain)은 "오늘날 학생 세대는 유달리 볼테르주의자다."라고 말했다.[28] 게다가 기계와의 현대적인 동맹을 통해 과학이 번성하여, 일본에서 우리 시대의 가장 뛰어난 일부 연구자들이 배출되었다.* 대부분 중국이나 한반도에 의존해 온 일본 의학은 유럽, 특히 독일의 모범과 자극에 힘입어 급속히 발전했다. 가타미네는 아드레날린 발견과 비타민 연구에 업적을 남겼으며, 기타사토는 파상풍과 폐렴에 대한 연구, 그리고 디프테리아의 항독소 개발에 공적을 남겼다. 무엇보다 유명하고 가장 뛰어난 성과는 노구치의 매독과 황열병에 대한 연구였다. 이들 성과는 일본이 학생 수준을 넘어 급속히 세계의 스승으로 성장했음을 의미한다.

히데요 노구치는 1876년에 작은 섬에서, 다른 아이는 당연히 받을 교육도 아버지가 포기하게 할 정도로 가난한 집에서 태어났다. 소홀히 여겨진 이 소년은 화로에 떨어져 왼손이 완전히 불타 없어지고 오른손도 사용할 수 없을 정도로 손상되었다. 상처와 불구 때문에 학교에서 따돌림을 당한 그는 자살을 기도하고, 때마침 그 마을을 찾은 외과 의사가 그의 오른손을 성공적으로 치료해 주

---

* 1853년 이전 일본 과학은 대부분 대륙에서 전래되었다. 일본 달력은 이전에는 월력에 기초하다가 604년경에 한반도의 승려에 의해 양력으로 교체되었다. 680년에 중국 변형본이 전래된 후, 일본은 중국식으로 현 통치 천황의 이름과 연도로 사건이 일어난 시기를 표시했다.(지금도 그러하다.) 일본이 그레고리력을 채택한 해는 1873년이었다.

어, 어린 노구치는 너무나 감사한 마음에 곧바로 의학에 헌신하게 된다. "나는 죽이는 대신에 사람 목숨을 구하는 나폴레옹이 되겠다. 나는 하루 네 시간씩 수면을 취하며 살아가겠다."라고 그는 큰소리로 말했다.[29] 무일푼이었던 그는 약국에서 일하며 주인을 설득해 의학 공부를 위한 돈을 빌렸다. 졸업 후에 그는 미국으로 건너가 워싱턴 군 의무대에 복무하며 경비를 벌었다. 록펠러의학연구재단이 실험실을 제공해 주었고, 노구치는 말 그대로 한 손으로 실험과 연구에 착수하여 충실한 결실을 거두었다. 그는 최초로 매독균 순수 배양에 성공하고 매독의 일반적인 마비 증상과 전위성(轉位性) 기능 장애 증상을 발견하였으며, 마침내 황열병 기생충균을 분리해 냈다.(1918년) 유명해져 잠시 풍족하게 지내다가, 그는 일본으로 돌아와 노모를 모시고 자신의 의학 공부를 위해 자금을 대 준 친절한 약국 주인에게 무릎 꿇고 감사를 드렸다. 그 후 그는 황금 해안(Gold Coast)을 따라 창궐하던 황열병을 연구하러 아프리카로 가서는 자신도 그에 감염되어 52세라는 이른 나이에 애석하게도 목숨을 잃었다.(1928년)

서방에서처럼 일본에서도 과학의 발전은 전통 예술의 쇠퇴를 가져왔다. 옛 귀족의 타도는 정취의 온상이 붕괴됨을 의미했고, 모든 세대는 예술의 기준을 스스로 새롭게 발전시켜야 했다. 일본 도자기를 찾아 외국 돈이 쇄도해 들자 제품을 급속히 양산하게 되고 일본 고유 디자인의 기준은 퇴색해 갔다. 구매자들이 옛 작품의 탐색에 나서자, 장인들은 위조자가 되고 중국에서처럼 일본에서도 골동품 제작이 가장 번성하는 현대 예술 가운데 하나가 되었다. 서방의 도래 이후 일본에서 유일하게 진전을 이룬 자기 예술은 칠보 세공뿐일 것이다. 수공예에서 기계로 혼란스럽게 이행하고 승리와 부의 화려한 명성으로 덧입혀진 외국의 취향과 방식이 갑자기 난입해 들어오자, 일본의 미적 감각이 흔들리고 안정되었던 정취가 약화되었다. 어쩌면 검을 선택한 일본은 이제 예술을 흉내 냈지만 지배와 전쟁의 대가가 된 로마의 역사를 되풀이할 운명인지도 모른다.*

---

* 국수주의 열기가 토착적인 모티프와 양식을 부활시켰다.

서구 양식을 흉내 내는 것이 신제국의 지식인들을 한 세대 동안 지배했다. 유럽인의 말이 범람했고 신문도 서구 방식으로 편성되었으며 공립 학교도 미국형을 모델로 수립되었다. 일본은 이 세상에서 가장 문학적인 국가가 되기로 대담하게 시도하고 성공한다. 1925년에 일본 전체 아이들 중 99.4퍼센트가 학교에 입학하고,[30] 1927년에는 전 국민의 93퍼센트가 글을 읽을 수 있었다.[31] 학생들은 세속적인 신학문에 종교심에 가까운 열정으로 몰두했다. 수많은 학생들이 지식에 대한 열정으로 건강을 해쳐,[32] 정부는 유도에서 야구에 이르기까지 온갖 종류의 운동 경기와 체조, 놀이를 장려하는 조치를 적극적으로 취해야 했다. 교육은 종교의 부속물에서 떨어져 나와 대부분의 유럽 국가들보다 더욱 철저히 세속화되었다. 5개 제국대학과 기타 41개 대학이 열정에 넘친 학생들로 가득했다. 1931년에 도쿄 제국대학 학생 수는 8064명이었으며 교토 대학은 5552명이었다.[33]

19세기 말엽의 일본 문학은 모방 풍조 속에 함몰되었다. 국수주의 정신이 다시 일어서고 일본 작가들이 고유의 방식으로 자신의 자원을 탐색할 때까지, 영국의 자유주의와 러시아의 사실주의, 니체주의자들의 개인주의, 미국의 실용주의가 번갈아 가며 지식인들의 정신을 휩쓸고 지나갔다. 1896년 당시 스물네 살이었던 한 젊은 여성 이치요가 일본 여성의 비참한 처지를 생생하게 묘사해 소설 분야에서 자연주의 운동을 펼치기 시작했다.[34] 1906년에 시인 도손은 장편 소설 『하카이〔破戒〕』를 써 이 운동을 정점으로 끌어올렸는데, 그는 이 소설에서 한 교사가 자기 아버지에게 자신이 에타 신분이라는 사실을 절대 밝히지 않겠다고 약속하고, 뛰어난 재능과 학식으로 고위직에 올라 명문가 여성과 사랑에 빠지게 되지만, 진실을 숨기지 못해 자기 신분을 고백하고 애인과 직업을 모두 버리고 영원히 일본을 떠난다는 이야기를 시적인 산문으로 표현했다. 이 소설은 에타 신분의 굴레를 역사 속에서 종결시키는 여론 형성에 크게 기여하였다.

서방의 영향력에 맞서 마지막까지 지탱한 일본 문화 형식은 단카와 홋카로서, 천황 복고 후 40년간 필수 일본 시 형식을 유지했지만 시심은 고갈되고 정교한 기교만 남았다. 그 후 1897년에 센다이(仙臺)의 젊은 교사였던 도손은 한 구절 한 구절이 혁신적으로 길게 구성된 시집을 단돈 15달러에 출판업자에게 팔아넘겼다. 우아한 경구에 싫증이 나 있던 대중들은 이 시 형식을 크게 반색하며 환영하고 출판업자는 떼돈을 벌었다. 다른 시인들도 도손이 실험한 형식을 따르고, 마침내 오랜 세월 그 형식을 지배해 온 단카와 홋카는 종말을 고하게 된다.[35]

새로운 형식에도 불구하고 옛 제국의 시 경연 대회는 여전히 지속되었다. 매년 천황이 주제를 발표하고 그에 대한 시를 지어 모범을 보였다. 황후가 그를 따르고, 그다음 2만 5000여 명에 이르는 온갖 형편의 사람들이 황궁 어가소(御歌所)에 자신이 지은 시를 제출했다. 그러면 이 땅의 최고 시인들이 이 작품들을 심사하여 그중 최고 작품 열 편을 선정해 천황과 황후 앞에서 낭독하고 출판물 신년호에 싣는다.[36] 이는 당대 가장 긴박한 상황에 처한 국가의 삶에서 문학이 여전히 생기발랄한 요소임을 입증하면서, 한순간이나마 그 영혼을 영리주의와 전쟁에서 돌려놓기에 안성맞춤인 훌륭한 관습이었다.

4. 신제국

급속히 부강해져 갔지만 신일본의 기초는 취약했다. 일본의 인구는 쇼토쿠 태자 시대에 300여만 명이었고, 히데요시 때에는 1700여만 명, 요시무네 치하에서는 3000여만 명이었으며, 메이지 치세 말기(1912년)에 이르면 5500여만 명에 이르렀다.* 이처럼 인구는 한 세기만에 두 배가 된 반면 산지가 섬 양쪽으

---

* 1934년에 (일본, 한반도, 포르모사(臺灣) 및 기타 군소 속령을 합한) 일본 제국의 총 인구수는 8000만 명에 이르렀으며, 일본이 만주를 속령으로 삼는 데 성공하면 산업 및 전쟁 수행에 있어 관할권 내에 들어오는 인구는 1억 1000만 명이나 될 것이다. 일본 본토 인구만 해마다 100만 명씩 늘어나는 반면 미국은 급속히 정체 상태에 빠지고 있어, 인구 면에서 양국은 조만간 대등해질 형세다.

로 늑골처럼 뻗어 있는 지형 조건상 경작지는 극히 제한되어 있어, 곱절씩 늘어나는 인구를 부양하기가 참으로 곤란한 형편이었다. 본국 인구만 미국의 절반에 가까운데, 이를 부양할 토지는 미국의 20분의 1에 불과했던 것이다.[37] 따라서 제국 체제를 유지할 수 있는 길은 제조업뿐이었지만, 산업의 필수 요소인 자원과 연료가 일본에는 애처로울 정도로 부족했다. 산맥에서 바다로 흐르는 하천을 수력 자원으로 활용할 수 있었지만, 이 자원을 완전히 개발해도 현재 사용 에너지원의 3분의 1만 더 추가될 뿐이었고,[38] 장래 수요량으로는 턱없이 부족했다. 석탄광이 규슈〔九州〕와 홋카이도〔北海道〕 여기저기에서 발견되었지만 지형이 험난해 개발이 쉽지 않았으며, 석유도 사할린에서만 났다. 산업의 핵심 요소인 철도 일본 본토에는 거의 전무하다시피 했다.[39] 결국 강자의 논리와 값비싼 원자재 및 에너지원으로 인해 일본 서민의 생계 수준은 열악해질 수밖에 없었고, 그 결과 소비는 생산에 더욱 뒤처져 갔다. 해마다 설비가 개선된 공장에서 쏟아져 나온 잉여 제품을 국내 시장은 도저히 소화할 수 없었고 불가피하게 해외 시장을 필요로 하게 되었다.

제국주의, 즉 경제 체제가 정부를 자신의 대리인으로 삼아 연료와 시장, 원자재 그리고 배당금을 조달해 줄 해외 식민지를 통제하려는 노력은 이런 상황에서 탄생했다. 일본은 이런 기회와 자원을 어디서 얻을 수 있었는가? 인도차이나와 인도, 오스트레일리아, 필리핀 등지에는 기회를 찾을 여지가 없었다. 이들 지역은 이미 서구 열강이 선점하였으며, 백인 편에 선 두터운 관세 장벽이 일본을 배척하고 있었다. 그런데 중국이 공교롭게도 일본의 시장이 되기로 작정이나 한 듯 일본 바로 앞에 버티고 있었다. 석탄과 철이 풍부하고 섬나라에서는 좀처럼 재배하기 어려운 밀도 풍부했으며 산업과 세금, 전쟁에 긴요한 인력도 풍부한 만주 지역이 어찌할 도리 없이 일본에 복속되었다. 도대체 이런 권리는 어디서부터 왔는가? 영국이 인도와 오스트레일리아에, 프랑스가 인도차이나에, 독일이 산둥 성에, 러시아가 뤼순 항에, 미국이 필리핀에 행한 것과 같은 권리, 즉 강자가 자기 필요를 채우는 권리였으며, 이는 결국 어떤 해명도 필요치 않는 권리였다. 다원주의자가 생각하기에 성공을 위해서는 어떤 수단이든 허용될 수 있었던 것이다.

일본에 이런 기회가 밀려든 것은 처음에는 세계 대전을 통해, 그다음에는 유럽과 미국의 경제 침체를 통해서였다. 전쟁터가 된 대륙은 산업 측면에서는 이상적인 해외 시장이기도 해 (미국에서처럼) 일본에서도 생산이 가속화되었을 뿐 아니라, 전쟁 당사자였던 유럽 열강의 세력이 약화되자 일본이 동방을 거의 전횡할 수 있었다. 1914년에 일본은 산둥 지역을 침공하고 그 이듬해에 중국에 "21개 조항"을 요구했는데, 이에 의하면 전 중국이 조그만 섬나라 일본의 거대한 식민지가 될 터였다.

21개 조항은 크게 다섯 가지 요구로 분류된다. 첫째, 중국은 일본의 산둥 성 종주권을 인정한다. 둘째, 만주 및 몽골 동부 지역에서의 일본의 산업상 특혜 및 기타 특권을 인정한다. 셋째, 대륙 본토의 가장 큰 광산 회사를 중국과 일본의 합작 회사 형태로 운영한다. 넷째, (푸저우〔福州〕 근처 석탄 매장지에 대한 미국 요구를 겨냥한 것으로) "어떤 섬, 연안의 어떤 항구나 부두도 제3세력에 할양할 수 없음"을 분명히 명시한다. 다섯째, 이후 중국은 정치·경제·군사상 문제를 일본인 자문관과 상의하도록 한다. 이 요구 조건에 의하면 중국 주요 도시의 치안 당국은 중국인과 일본인이 합동으로 관리하고 중국은 자국 군수품의 최소 50퍼센트를 일본으로부터 구입하며, 일본은 중국에 세 개 주요 철도를 건설하고 또한 푸젠〔福建〕 성에 철도와 광산, 항구를 자유롭게 건설할 수 있다.[40]

미국은 이들 조항 가운데 일부가 중국의 영토 보전과 개방 원칙에 위배된다고 항의했다. 일본은 다섯 번째 요구 조건을 철회한 후, 1915년 5월 7일에 나머지 조항을 최후통첩으로 중국에 제시했다. 중국은 그다음 날 이를 수락한다. 중국인들의 일본 제품 불매 운동이 잇달아 일어났지만, 일본은 교역 흐름은 최저가를 따라 움직이므로 불매 운동은 조만간 수그러들 것이라는 역사적으로 검증된 가정에 근거해 정책을 추진해 갔다. 1917년에 온화한 성품의 자작 이시이가 미국에 일본의 입장을 설득력 있게 설명해 미 국무 장관 랜싱(Lansing)으로 하여금 "일본이 중국, 특히 속령과 인접한 지역에 대한 특권을 가짐"을 인정하는 협정에 조인하게 했다. 1922년에는 미 국무 장관 휴즈(Hughes)가 일본을 설득해 중국의 개방 원칙을 인정하고 해군력을 영국과 미국의 60퍼센트까지 유지한다는 워싱턴 조약에 조인하도록 했다.* 조약을 체결하면서 일본은 전쟁 중에 독일로부터 탈취한 산둥 성 일부를(칭다오〔青島〕) 중국에 반환하는 데 동의했다. 이제 영일(英日) 동맹은 조용히 역사의 무대에서 사라지고 미국이 조심스럽게 영구적인 평화를 꿈꿨다.

이 미래에 대한 활기찬 확신이 미국 외교사상 최대의 실수를 낳았다. 일본인의 캘리포니아 이주가 태평양 연안 국민을 힘들게 한다는 사실을 안 테오도르 루즈벨트 대통령은 1907년에 대중적인 허세 배후에 감춘 분별력으로 일본 정부와 은밀히 "신사협정"을 체결해 일본이 미국에 노동자를 이주시키지 않겠다는 약속을 받아 냈다. 하지만 높은 출산율은 서구 열강을 계속 괴롭혀 일부 국가는 자기 속국에 외국인 입국을 제지하는 법을 제정하였다. 1924년에 이민을 제한하기로 결정하면서 미국 의회는 축소된 규모의 유럽 민족 이민 할당 원칙을 적용하고 아시아 민족의 입국은 전면 금지하기로 했다.** 인종적인 차이나 세력에 상관없이 모든 민족에게 할당 원칙이 적용되어도 비슷한 결과를 낳을 수 있었을 터여서, 국무 장관 휴즈는 "의도한 목적 달성을 위해 전혀 불필요한 입법"이라고 불만을 토로했다.[41] 하지만 이 조치로 심각한 결과가 초래될 수 있다는 일본 대사의 경고성 발언은 성급한 이들에게 위협으로 간주되어 적개심이 활활 타오르는 가운데 이민법이 통과되었다.

의도적인 것처럼 보인 모욕에 전 일본이 격분해 회의가 소집되고 언론이 들고 일어났으며 애국지사는 이노우에 자작의 집 문전에서 할복을 행해 국가적인 수치심을 표현했다. 1923년에 일어난 지진으로 국력이 약해졌다고 판단한

---

* 5:5:3의 비율은 영국과 미국의 방위에 필요한 연안 또는 속령을 일본의 제한된 보호령과 비교하여 결정되었다.
** 이 원칙에 따라 1890년의 미국 내 전체 인구 대비 각국 거주민 수와 동일한 비율로 연간 각국 이주민 수가 허용되었다.

일본 지도자들은 평화를 견지하며 때를 기다리기로 했다. 자연스러운 일련의 사건들을 통해 미국과 유럽이 언젠가 약해질 것이고 그러면 다시 기회를 잡아 기다렸던 복수를 할 수 있을 것이다.

세계 대전에 이어 전례 없는 불황이 찾아오자, 일본은 극동의 맹주가 되겠다는 오랜 꿈을 실현할 기회가 왔음을 감지했다. 중국과의 경쟁으로 자신들이 건설한 철도와 여타의 투자가 붕괴될지 모른다고 은밀히 두려워하는 가운데 만주의 중국 당국자로부터 자국 사업가가 억울한 대우를 받았다고 공표하면서, 1931년 9월에 일본은 일방적으로 만주를 침공했다. 정변과 분열, 정치 부패로 갈피를 못 잡던 중국은 다시 일본 제품 불매 운동을 펴는 외에 달리 통일된 저항을 할 여력이 없었다. 불매 운동을 조장한다고 근거가 불확실한 억지를 부리며 일본이 상하이를 침공했을 때(1932년), 중국의 극히 일부 세력만 침공에 맞서 일어섰다. 미국의 반대에 대해 유럽 열강은 원칙적으로만 조심스럽게 동의했는데, 저 멀리 극동에 대한 백인의 지배가 이렇게 극적으로 종결되지 않도록 일치단결하여 단호히 대처하기에는 각자의 이해관계가 너무 깊이 얽혀 있었던 것이다. 국제연맹이 얼(Earl)로 하여금 위원회를 인솔해 철저하고 공정하게 조사해 보고토록 했으나, 일본은 1935년에 미국이 적국들에 의한 재판은 개의치 않는다며 국제사법재판소를 탈퇴한 것과 동일한 사유로 연맹을 탈퇴했다. 불매 운동으로 1932년 8월부터 1933년 5월까지 일본 제품의 중국 수출이 47퍼센트까지 하락했다. 하지만 일본 상인이 필리핀과 말레이 연합주, 남태평양 등지에서 중국 상인을 쫓아내고, 곧이어 1934년에 일본 외교관들이 중국 정치인들의 도움을 입어 중국이 서양 제품에 반하고 일본 제품에 우호적인 관세법에 서명하도록 했다.[42]

1932년 3월에 일본 당국은 중국 만주 지역의 상속자 푸이(溥儀)를 새로 세운 만주국의 통치자로 앉혔으며, 2년 후에 그를 황제로 격상시키고 연호는 강덕(康德)으로 정했다. 일본인 또는 일본 권력에 순종하는 중국인이 관직에 앉혀졌다. 하지만 모든 관직의 배후에는 일본 자문관이 버티고 있었다.[43] "개방"

원칙이 여전히 기술적으로 유지되었지만, 만주국의 상권과 자원은 일본인의 수중에 장악되었다.[44] 일본인 이주는 저지되었지만, 막대한 일본 자본이 침투해 들어갔다. 영리·군사 목적으로 철도가 건설되고 도로가 확장되었으며, 소비에트(Soviet)로부터 중국 동부 지역 철도를 사들이려는 협상이 개시되었다. 의기양양하고 유능한 일본 군대가 새 국가를 조직하고 도쿄 정부의 정책을 관철시켰으며, 페이핑(北平)(베이징의 옛 이름 - 옮긴이)까지 진군한 후 여유롭게 후퇴해 다음 기회를 노렸다.

한편 난징(南京)의 일본 대표부는 금력을 동원해 중국인의 정치·경제적인 일상사에 미치는 일본의 지도력을 중국 정부가 인정하도록 했다. 정복에 의해서든 돈줄을 통해서든 중국이 정복되자, 이제 일본은 한때 러시아 제국이었으며 이제는 소비에트 사회주의 연방공화국이 된 구적(舊敵)과 맞설 준비가 되었다. 칼간과 우르가를 통과하는 몽골 대상로나 만주국과 치타의 접경 지역 또는 극동의 단선 철로인 시베리아 횡단 철도가 새 국가를 두르고 있는 수많은 취약 지점 중 하나를 겨냥해, 일본군은 중국과 블라디보스토크, 바이칼 호수 건너편 지역과 러시아 중심지를 잇는 척수를 강타하거나 차단할 수 있다. 러시아도 열광적이고도 과감하게 피할 수 없는 충돌에 대비하고 있다. 쿠즈네츠크와 마그니토고르스크에 거대한 석탄광을 개발하고 철공장을 세워 거대 군수 공장으로 변형시킬 수 있게 했다. 블라디보스토크에는 일련의 잠수함이 일본 함대를 맞을 준비를 갖추고 있고, 수백 대의 폭격기가 일본의 생산·운송 중심지와 나무가 드문드문 서 있는 도시들을 주시하고 있다.

이 불길한 전경 뒤에는 서구 세력이 맥없이 실의에 빠져 서 있다. 미국은 중국 시장을 잃어 안달이 나 있고, 프랑스는 얼마나 더 인도차이나를 지배할 수 있을지 불안해 하며, 영국은 오스트레일리아와 인도 지배를 염려하고 중국뿐 아니라 동방의 전 제국 속령에서 일본이 급부상하는 모습을 당혹스럽게 지켜보고 있다. 그럼에도 프랑스는 일본을 적대하기보다는 재정적으로 지원하며 우호 관계를 유지하려 한다. 또한 신중한 영국은 아시아 상권을 다투는 경쟁자들이 서로를 파괴해 또다시 자신들이 세계를 제패할 날을 그 어느 때보다 끈기 있게 기다리고 있다. 이해관계의 갈등이 나날이 첨예해지고 노골적인 시장 경제 체제로 더욱 접근해 가고 있다. 일본은 외국 석유 회사에 비상시를 대비해 반년 간 자국을 유지할 수 있는 양을 공급해 줄 것을 요구하고 있다. 만주국은 문호를 닫고 일본으로부터만 석유를 공급받고 있다. 일본은 미국의 항의와 우루과이 대통령의 거부권에 맞서면서 우루과이 입법부로부터 라플라타 강에 일본 제품의 무관세 입항 또는 제조를 위한 자유 무역항 개설을 허락받았다. 독일의 급속한 남아메리카 상권 장악으로 세계 대전이 유발되고 미국이 이에 참여한 이후, 이 전략 요충지에서부터 라틴 아메리카에 대한 상업적·금융적 세력 확장이 유례없는 속도로 진행될 형세다. 전쟁의 상흔이 아물기 시작하면서 또 다른 일정이 준비되고 있다.

미국은 일본과 싸워야 하는가? 현 경제 체제는 과학과 관리, 노동력에 의해 창출된 부를 너무나 후하게 투자자들에게 나눠 주어 정작 대다수 생산자들은 자신들이 생산한 만큼 되살 여력이 거의 없다. 생산된 잉여 제품은 자국 생산을 중단하지 않는다면 구매력을 확대하는 유일한 대안으로 해외 시장 정복을 필요로 한다. 하지만 이는 서양보다 일본 경제 체제에 더 적합한 말이어서, 일본 또한 집중된 부를 유지하고 자국 산업에 필수적인 원자재와 연료를 확보하려면 해외 시장을 정복해야 한다. 냉정한 역사의 아이러니로서, 1853년에 미국이 깨운 평온한 농경 국가 일본이 산업과 교역에 휩쓸려 들어 이제는 미국이 잉여 제품을 소화할 풍요로운 창구로 기대를 건 바로 그 아시아 시장을 저가 공세로 점령하고, 정복과 외교력으로 지배하려 온 힘을 기울이고 있는 것이다. 두 국가가 하나의 시장을 놓고 다투다가 경제전에서 패한 국가가 자원과 군사력에서 우세하면 상대에게 전쟁을 거는 것이 역사의 상례였다.*

---

* 이 내용은 1934년에 씌어졌다.

마치는 글

서양이 물려받은 동양의 유산

지금까지 가장 큰 대륙의 가장 풍요로운 문명을 4000년의 역사를 가로지르며 서둘러 훑어보았다. 이들 문명을 이해하거나 공정하게 평가한다는 것은 불가능한 일이다. 어떻게 한 사람이 짧은 생애 동안 한 인종의 유산을 이해하고 평가할 수 있겠는가? 한 민족의 제도와 관습, 예술, 도덕은 수많은 시행착오가 자연스럽게 정선되고 전 세대의 정형화되지 않은 지혜가 축적된 결과로서, 한 철학자의 지성이나 연구자의 지력으로 충분히 이해될 수 있는 것이 아니며, 하물며 공정하게 평가한다는 것은 더욱 어려운 일이다. 유럽과 미국은 아시아의 응석받이 아이이자 손자여서 고전기 이전의 풍요로운 유산을 결코 이해하지 못했다. 하지만 이제 서방이 동방으로부터 전수받거나 오늘날 제한된 지식에 의해 최초로 동방에서 발생한 것으로 밝혀진 그 예술과 생활 방식을 개괄하다

보면, 어느덧 자기도 모르는 새에 어떤 문명의 윤곽이 그려지는 것을 확인하게 된다.

문명의 첫 번째 요소는 노동, 즉 경작과 산업, 운송과 교역이다. 이집트와 아시아에서 역사상 밝혀진 최초의 경작,* 최초의 관개 시설, 분명 그것 없이는 근대 문명이 존재하기 어려웠을 맥주, 포도주, 차 등 힘을 북돋는 최초의 음료가 확인된다. 수공예와 공학이 볼테르 이전의 유럽에서처럼 모세 이전의 이집트에서 고도로 발전했다. 벽돌로 지은 건축물은 적어도 사르곤 1세 시대까지 거슬러 올라간다. 도공의 물레와 마차 바퀴는 엘람에서 처음 등장하고, 아마포와 유리는 이집트에서, 비단과 폭약은 중국에서 처음 등장한다. 말이 중앙아시아에서 메소포타미아와 이집트, 유럽으로 내달린다. 페니키아의 선박은 페리클레스 시대 이전에 아프리카를 횡단했으며, 나침반은 중국에서 유래해 유럽의 상업 혁명을 낳았다. 수메르에서는 최초의 사업 계약서, 최초의 신용 제도, 최초의 금 및 은 본위제가 사용되었다. 또한 중국은 금이나 은을 종이로 대체하는 기적을 처음으로 이루었다.

문명의 두 번째 요소는 씨족과 가족, 법과 국가를 통해 생활과 사회를 구성하고 보호하는 정치 체제다. 마을 공동체가 인도에서, 도시 국가가 수메르와 아시리아에서 일어났다. 이집트는 인구 조사를 실시하고 소득세를 징수하였으며, 최소한의 힘으로 유구한 세월 동안 국내 평화를 유지했다. 우르 엔구르와 함무라비는 대법전을 정립하고, 다리우스는 행정이 가장 뛰어난 제국 가운데 하나를 건설했다.

문명의 세 번째 요소는 풍속과 관습, 관용과 양심으로 대변되는 도덕성이다. 법이 영혼에 자리 잡고 마침내 옳고 그름에 대한 판단과 욕구의 규제를 낳는데, 이것이 없이는 사회가 모래처럼 와해되거나 완고한 국가로 전락하고 말 것이다. 예법이 이집트와 메소포타미아, 페르시아의 옛 궁정에서 형성되었다. 오늘

---

* 농경과 가축 사육은 신석기 시대 아시아만큼이나 신석기 시대 유럽도 오래되었을 수 있다. 하지만 아프리카와 아시아의 신석기 문화가 유럽의 경우보다 역사가 더 오래되었다고 말하는 것이 더 적절할 것이다. 6장 참조.

날에도 극동 지역은 거칠고 성마른 서방에 예절과 위엄을 가르쳐 줄 수 있다. 일부일처제가 이집트에서 모습을 나타내 아시아의 불공평하지만 우생학적으로는 우수한 일부다처제와 오랜 기간 서로 경쟁한 후 자신을 입증하고 살아남았다. 이집트에서 최초로 사회 정의가 울려 퍼지고, 유대에서 최초로 박애에 대한 호소가 일어나고 최초로 인간의 도덕의식이 정형화되었다.

문명의 네 번째 요소는 종교로서, 인간은 초자연적인 믿음을 통해 고단한 삶의 위안을 얻고 인격이 함양되었으며 사회의식과 질서를 강화했다. 수메르와 바빌로니아, 유대에서 유럽의 가장 값진 신화와 전통이 유전되었다. 동방의 토양에서 창조와 홍수, 인간의 타락과 구속 이야기가 자라났다. 수많은 모신들 중에서 마침내 하이네(Heine)가 마리아를 그렇게 부른 것처럼 "모든 시 가운데 가장 사랑스러운 꽃"인 성모가 탄생했다. 팔레스타인에서 일신교가 일어나고, 문학사상 가장 아름다운 아가(雅歌)와 찬가, 그리고 역사상 가장 고독하며 겸허하고 가장 감동적인 인물이 태어났다.

문명의 다섯 번째 요소는 과학으로서, 명확하게 관찰하고 정확히 기술하며 공정하게 실험하고 서서히 그리고 객관적으로 지식을 축적해 보다 완전한 예측과 통제가 가능하게 되었다. 이집트는 산술과 기하학을 발전시키고 달력을 완성했다. 이집트 제사장과 의사들은 의술을 행하고 질병을 검진하였으며 각종 수술을 실시해 히포크라테스 선서 같은 유(類)를 예견하게 했다. 바빌로니아는 별을 관측하고 12궁도를 도표로 나타내어, 우리 시대가 1달을 4주로 1시간을 60분으로 1분을 60초로 나눌 수 있게 했다. 인도는 간결한 수 체계와 오묘한 십진법을 아랍 세계에 전해 주는 한편, 유럽에는 교묘한 최면술과 예방 접종 기법을 가르쳐 주었다.

문명의 여섯 번째 요소는 철학으로서, 최초 원인자와 그 종국적 의미에 대한 용기 있지만 덧없는 탐구, 진리와 아름다움, 덕과 정의, 이상적인 인간과 국가에 대한 사색 등 일종의 총체적 전망을 포착하려 시도했는데, 무한자만이 이들 주제를 다룰 수 있다는 사실을 인간은 겸허한 마음이 되어서야 비로서 깨닫게 된다. 이들 모든 사색은 유럽보다 조금 앞서 동방에서 일어났다. 유럽이 아직 야만인으로 있을 때, 이집트인과 바빌로니아인은 인간 본성과 운명에 대해 숙고했으며 유대인은 삶과 죽음에 대해 불멸의 주석을 달았다. 인도인은 최소한 엘레아의 파르메니데스와 제논의 시대에 이미 논리와 인식을 자유자재로 구사했다. 우파니샤드는 형이상학을 탐구했고 부처는 소크라테스가 태어나기 몇 세기 전에 너무나 현대적인 심리학을 제시했다. 또한 인도가 철학을 종교에 담가 이성을 소망에서 해방하는 데 실패했다면, 중국은 결연히 사상을 세속화하여 또다시 소크라테스 이전에 이미 우리 시대 삶의 지침이 되고 명예롭게 국가를 통치하고자 하는 이들에게 영감을 주기에 손색이 없는 한 지혜로운 사상가를 낳았다.

문명의 일곱 번째 요소는 문학으로, 말을 전달하고 젊은 세대를 교육하며 글 형식을 발전시키고, 시와 희곡을 창작하며 로맨스를 자극하고 과거 사실을 기록으로 남긴다. 역사상 알려진 최초의 학교는 이집트와 메소포타미아에 세워졌다. 최초의 공무원 양성 학교도 이집트에 있었다. 분명 문자는 아시아에서 나왔다. 알파벳과 종이와 잉크는 이집트에서, 인쇄술은 중국에서 발명되었다. 바빌로니아인은 최초의 문법 책과 사전을 편집하고 최초로 장서를 수집한 것 같다. 인도의 학교들은 플라톤의 아카데메이아보다 앞섰을 것이다. 아시리아인은 연대기를 역사로, 이집트인은 역사를 서사시로 승화시켰고, 극동 지역은 정묘한 통찰력을 한순간의 심상으로 표현해 온갖 탁월함을 담은 섬세한 시 형식을 현대 세계에 전해 주었다. 그 유품이 고고학자들에 의해 발굴된 나보니도스와 아슈르바니팔은 고고학자들이었다. 우리 시대 아이들을 즐겁게 해 주는 일부 우화는 그 근원이 고대 인도까지 거슬러 올라간다.

문명의 여덟 번째 요소는 다채로운 색상과 리듬, 형식으로 삶을 우아하게 장식하는 예술이다. 육체를 꾸미는 가장 단순한 외관에서도 이미 이집트와 수메르, 인도 문명의 초기 시대부터 세련된 의상, 정교한 보석들, 그리 단정해 보이지 않는 화장품이 있었다. 멋진 가구와 단아한 도자기, 상아와 목재로 된 탁월한 조각들이 이집트의 무덤을 가득 채웠다. 분명 그리스는 아시아와 크레타뿐 아니라 당시에도 나일 강에 반사되어 흐릿하게 잔영이 남아 있던 걸작들에서 기교를 배웠음에 틀림없다. 이집트와 메소포타미아에서 그리스는 도리스와 이오니아 양식 원기둥의 원형을 발견했다. 또한 같은 땅에서 원기둥뿐 아니라 아치와 돔, 둥근 천장과 채광층(層)이 우리 시대까지 전해졌다. 고대 근동의 지구라트는 오늘날 미국 건축 기술이 형성되는 데 일익을 담당했다. 중국 회화와 일본 판화는 19세기 유럽 예술의 색조와 경향을 바꾸어 놓았다. 중국 자기는 새로운 표준을 세워 유럽과 다투었다. 음울하고 웅장한 그레고리오 성가는 그 기원을 세계 각지로 흩어져 위축된 채 회당에 모여 애처롭게 노래 부른 유대인의 시대로 거슬러 올라가야 한다.

문명의 일부 요소들과 동방이 서방에 전해 준 일부 유산을 요약하면 이상과 같다.

이렇듯 그 유산이 풍요로웠음에도 고전 시대 세계를 위해 여전히 많은 유산이 덧붙여질 수 있었다. 크레타는 이집트만큼이나 오랜 문명을 건설했고 아시아·아프리카·그리스 문화를 잇는 교량 역할을 한다. 그리스는 예술을 변형시켜 규모 대신 완벽함에 중점을 두고, 이집트의 남성적인 건축과 조각상에 여성적인 형식과 마감을 섬세하게 결합시켜 예술사의 가장 위대한 한 장면을 연출한다. 그리스는 모든 문학 영역에 창조적이며 풍요롭고 자유로운 정신을 구현해 굽이치는 서사시와 심원한 비극, 명랑한 분위기의 희극과 매혹적인 역사 서술을 유럽 문학의 자양분으로 남겨 준다. 또한 그리스는 학교를 세우고, 찰나의 영광을 꽃피운 기간 동안 세속적이고 독립적인 사고방식을 수립한다. 이집트와 동방에서 전수받은 수학과 천문학, 물리학과 의학을 전례 없이 발전시키고, 과학적인 삶과 자연주의적인 시각을 창안해 내며 철학에 의식과 체계를 부여하고 인생 문제를 합리적으로 사고하며, 식자층을 교권주의와 미신에서 해방시키고 초자연적인 절대자로부터 도덕성의 분리를 시도한다. 나아가 인간을 예속민이 아니라 시민으로 생각하고 정치적인 자유와 시민권, 전례 없는 정신적 · 도덕적 자유를 부여해 마침내는 민주주의를 창조하고 개인을 역사의 무대에 우뚝 세운다.

로마가 이 풍요로운 문화를 넘겨받아 전 지중해 세계에 확산시키고 500여 년간 야만인의 공격으로부터 보호하며, 이후 로마 문학과 라틴어를 통해 북유럽에 이를 전수해 주는 임무를 맡는다. 로마는 여성에게 이전에는 전혀 알지 못했을 권력과 당당함, 정신적인 해방을 안겨 준다. 또한 로마는 유럽에 새로운 체계의 달력을 전해 주고 정치 조직과 사회 안전에 대한 원리를 가르쳐 주며, 개인의 권리를 질서 정연한 법체계 가운데 정립해 오랜 기간의 가난과 혼란, 미신 속에서도 대륙이 유지될 수 있도록 해 주었다.

한편 근동과 이집트는 그리스와 로마의 교역 및 사상에 자극받아 다시 한 번 전성기를 맞는다. 카르타고가 시돈과 티레의 온갖 사치와 부를 부활시킨다. 세계 각지로 이산되었지만 여전히 충성스러운 유대인의 손에 의해 탈무드가 완성된다. 과학과 철학이 알렉산드리아에서 번성하고 유럽과 동방 문화가 뒤섞인 가운데서 한편으로는 그리스 · 로마 문명을 파괴하고, 또 한편으로는 이를 보존하거나 증강시킬 운명의 종교가 탄생한다. 페리클레스의 아테네, 아우구스투스의 로마, 헤롯 시대의 예루살렘 등 고전 고대 전성기 시대를 맞을 모든 준비가 갖추어졌다. 이제 플라톤과 카이사르 그리고 그리스도가 그 주역이 될 3막극 희곡이 무대에서 상연될 것이다.

참고문헌

ALLEN, GRANT: Evolution of the Idea of God. New York, 1897.

ANDREWS, ROY C.: On the Trail of Ancient Man. New York, 1930.

ARMSTRONG, R. C.: Light from the East: Studies in Japanese Confucianism. University of Toronto Press, 1914.

ARNOLD, SIR EDWIN: The Song Celestial, or *Bhagavad-Gita*. London, 1925.

ARRIAN: Anabasis of Alexander, and Indica. London, 1893.

ASTON, W. G.: History of Japanese Literature. New York, 1899.

AYSCOUGH, FLORENCE: Tu Fu: The Autobiography of a Chinese Poet. Boston, 1929.

BABUR: The Babur-nama in English. Tr. by Annette Beveridge. London, 1922.

BAIKIE, REV. JAS.: The Amarna Age. New York, 1926.

BARNES, JOS., ed.: Empire in the East. New York, 1934.

BARNETT, L. D.: Antiquities of India. New York, 1914.

BARNETT, L. D.: The Heart of India. London, 1924.

BEBEL, AUGUST: Woman under Socialism. New York, 1923.

BESANT, ANNIE: India. Madras, 1923.

BINYON, LAURENCE: Flight of the Dragon. London, 1927.

BISLAND, ELIZABETH(Mrs. E. B. Wetmore): Three Wise Men of the East. Chapel Hill, N. C., 1930.

BOAS, FRANZ: Anthropology and Modern Life. New York, 1928.

BORCHARDT UND RICKE: Egypt. Berlin, 1929.

BOULGER, D. C.: History of China. 4v. London, 1881.

BREASTED, JAS. H.: Ancient Records of Egypt. 5v. Chicago, 1906.

BREASTED, JAS. H.: Ancient Times. Boston, 1916.

BREASTED, JAS. H.: The Conquest of Civilization. New York, 1926. (A revision of *Ancient Times.*)

BREASTED, JAS. H.: The Dawn of Conscience. New York, 1933.

BREASTED, JAS. H.: The Development of Religion and Thought in Ancient Egypt. New York, 1912.

BREASTED, JAS. H.: A History of Egypt. New York, 1912.

BREASTED, JAS. H.: The Oriental Institute. Chicago, 1933.

BRIFFAULT, ROBERT: The Mothers. 3v. New York, 1927.

BRINKLEY, CAPT. F.: China: Its History, Arts and Literature. 10v. Boston, 1902.

BRINKLEY, CAPT. F.: Japan: Its History, Arts and Literature. 8v. Boston and Tokyo.

BROWN, BRIAN: The Story of Confucius. Philadelphia, 1927.

BROWN, BRIAN: Wisdom of the Egyptians. New York, 1923.

BROWN, BRIAN: Wisdom of the Hebrews. New York, 1925.

BROWN, BRIAN: Wisdom of the Hindus. New York, 1921.

BROWN, PERCY: Indian Painting. Calcutta, 1927.

BRYAN, J. J.: The Literature of Japan. London, 1929.

BÜCHER, KARL: Industrial Evolution. New York, 1901.

BUCKLE, H. T.: Introduction to the History of Civilization in England. 4v. New York, 1913.

BULLEY, MARGARET: Ancient and Medieval Art. New York, 1914.

BUXTON, L. H. DUDLEY: The Peoples of Asia. New York, 1925.

CAMBRIDGE ANCIENT HISTORY. Vols. i-vi. New York, 1924.

CANDEE, HELEN: Angkor the Magnificent. New York, 1924.

CAPART, JEAN: Lectures on Egyptian Art. Univ. of N. C. Press, 1928.

CAPART, JEAN: Thebes. London, 1926.

CARLYLE, THOS.: Complete Works, Vol. I, Heroes and Hero Worship.

CARPENTER, EDWARD: Pagan and Christian Creeds. New York, 1920.

CHAMBERLAIN, B. H.: Things Japanese. London, 1905.

CHAMBERLAIN, W. H.: Soviet Russia. Boston, 1930.

CHATTERJI, JAGADISH C.: The Hindu Realism. Allahabad, 1912.

CHATTERJI, JAGADISH C.: India's Outlook on Life. New York, 1930.

CHILDE, V. GORDON: The Dawn of European Civilization. New York, 1925.

CHILDE, V. GORDON: The Most Ancient East. London, 1928.

CHIROL, SIR VALENTINE: India. London, 1926.

CHU HSI: The Philosophy of Human Nature. London, 1922.

CHURCHWARD, JAS.: The Children of Mu. New York, 1931.

CHURCHWARD, JAS.: The Lost Continent of Mu. New York, 1932.

CLOSE, UPTON(Josef Washington Hall): Challenge: Behind the Face of Japan. New York, 1934.

CLOSE, UPTON: The Revolt of Asia. New York, 1928.

CONFUCIUS: Analects, in Legge, Jas.: The Chinese Classics; Vol. I: The Life and Teachings of Confucius. London, 1895.

CONFUCIUS: The Book of History; rendered and compiled by W. G. Old. London, 1918.

COOK'S GUIDE TO PEKING. Peking, 1924.

COOMARASWAMY, ANANDA K.: The Dance of Siva. New York, 1924.

COOMARASWAMY, ANANDA K.: History of Indian and Indonesian Art. New York, 1927.

COTTERILL, H. B.: A History of Art. 2v. New York, 1922.

COWAN, A. R.: A Guide to World History. London, 1923.

COWAN, A. R.: Master Clues in World History. London, 1914.

CRANMER-BYNG, L.: The Book of Odes. London, 1927.

CRAWLEY, E.: The Mystic Rose. 2v. New York, 1927.

CROCE, BENEDETTO: Esthetic. London, 1922.

CURTIS, W. E.: Modern India. New York, 1909.

DARMESTETER, JAS., ed. and tr.: The Zend-Avesta. 2v. Oxford, 1895.

DARWIN, CHARLES: Descent of Man. New York, A. L. Burt, no date.

DARWIN, CHARLES: Journal of Researches into the Geology and Natural History of the Various Countries Visited during the Voyage of H. M. S. *Beagle* round the World. London, 1910.

DAS GUPTA, SURENDRANATH: A History of Indian Philosophy. Cambridge U. P., 1922.

DAS GUPTA, SURENDRANATH: Yoga as Philosophy and Religion. London, 1924.

DAVIDS, T. W. RHYS: Buddhist India. New York, 1903.

DAVIDS, T. W. RHYS: Dialogues of the Buddha; being vols. ii–iv of Sacred Books of the Buddhists. Oxford, 1923.

DAWSON, MILES: Ethics of Confucius. New York, 1915.

DAWSON, MILES: The Ethical Religion of Zoroaster. New York, 1931.

DAY, CLIVE: A History of Commerce. London, 1926.

DELAPORTE, L.: Mesopotamia. London, 1925.

DE MORGAN, JACQUES: Prehistoric Man. New York, 1925.

DEUSSEN, PAUL: The Philosophy of the Upanishads. Edinburgh, 1919.

DEUSSEN, PAUL: System of the Vedanta. Chicago, 1912.

DHALLA, M. N.: Zoroastrian Civilization. New York, 1922.

DICKINSON, G. LOWES: An Essay on the Civilization of India, China and
    Japan. New York, 1926.

DIODORUS SICULUS: library of History. Loeb Classical Library. Vol. i, New
    York, 1933.

DOANE, T. W.: Bible Myths, and Their Parallels in Other Religions. New York,
    1882.

DOWNING, DR. J. G.: "Cosmetics, Past and Present," in Journal of the American
    Medical Society, June 23, 1934.

DUBOIS, ABBÉ J. A.: Hindu Manners, Customs and Ceremonies. Oxford, 1928.

DURCKHEIM, EMILE: The Elementary Forms of the Religious Life. New York,
    1915.

DUTT, R. C.: The Civilization of India. Dent, London, n.d.

DUTT, R. C.: The Economic History of India: 1757–1837. 5th ed. Kegan Paul,
    London, n.d.

DUTT, R. C.: The Economic History of India in the Victorian Age. 5th ed.
    London, n.d.

DUTT, R. C., tR.: The Ramayana and Mahabharata. Everyman Library.

EDDY, SHERWOOD: The Challenge of the East. New York, 1931.

EDMUNDS, A. J.: Buddhist and Christian Gospels. 2v. Philadelphia, 1908.

EKKEN, KAIBARA: The Way of Contentment. Tr. Hoshino. London, 1913.

ELLOT, SIR CHARLES: Hinduism and Buddhism. 3v. London, 1921.

ELLIS, HAVELOCK: Man and Woman. New York, 1900.

ELLIS, HAVELOCK: Studies in the Psychology of Sex. 6v. Philadelphia, 1910–
    11.

ELPHINSTONE, MOUNTSTUART: History of India. London, 1916.

ENCYCLOPEDIA BRITANNICA. 14th edition.

ERMAN, ADOLF: Life in Ancient Egypt. London, 1894.

ERMAN, ADOLF: Literature of the Ancient Egyptians. London, 1927.

FARNELL, L. R.: Greece and Babylon. Edinburgh, 1911.

FAURE, ELIE: History of Art. 4v. New York, 1921.

FEBVRE, LUCIEN: Geographical Introduction to History. New York 1925.

FENOLLOSA, E. F.: Epochs of Chinese and Japanese Art. 2v. New York, 1921.

FERGUSON, J. C.: Outlines of Chinese Art. University of Chicago, 1919.

FERGUSSON, JAS.: History of Indian and Eastern Architecture, 2v. London, 1910.

FERGUSSON, JAS.: History of Architecture in All Countries. 2v. London, 1874.

FICKE, A. D.: Chats on Japanese Prints. London, 1915.

FIRISHTAH, MUHAMMAD QASIM: History of Hindostan. Tr. Alex. Dow. 3v. London, 1803.

FISCHER, OTTO: Die Kunst Indiens, Chinas und Japans. Berlin, 1928.

FRAZER, SIR J. G.: Adonis, Attis, Osiris. London, 1907.

FRAZER, SIR J. G.: The Golden Bough. One-volume ed. New York, 1930.

FRAZER, R. W.: Literary History of India. London, 1920.

FREUD, S.: Totem and Tabbo. Leipzig, 1913.

FRY, R. E., ed.: Chinese Art. New York, 1925.

FÜLOP-MILLER, RENÉ: Lenin and Gandhi. London, 1927.

GANDHI, M. K.: His Own Story. Ed. by C. F. Andrews. New York, 1930.

GANDHI, M. K.: Young India, 1924-6. New York, 1927.

GANGOLY, O. C.: Art of Java. Calcutta, n.d.

GANGOLY, O. CO.: Indian Architecture. Calcutta, n. d.

GARBE, RICHARD, ed: The Samkhya-Pravacana-Bhasya, or Commentary on the Exposition of the Sankhya Philosophy by Vijnanabhikshu. Harvard University, 1895.

GARRISON, F. H.: History of Medicine. Phila., 1929.

GATENBY, E. V.: The Cloud-Men of Yamato. London, 1929.

GEORG, EUGEN: The Adventure of Mankind. New York, 1931.

GILES, H. A.: Gems of Chinese Literature: Prose. Shanghai, 1923.

GILES, H. A.: History of Chinese Literature. New York, 1928.

GILES, H. A.: Introduction to the History of Chinese Pictorial Art. Shanghai,

1918.

GILES, H. A.: Quips from a Chinese Jest-Book. Shanghai, 1925.

GOLDENWEISER, A. A.: History, Psychology and Culture. New York, 1933.

GOUR, SIR HARI SINGH: The Spirit of Buddhism. Calcutta, 1929.

GOWEN, H. H.: History of Indian Literature. New York, 1931.

GOWEN, H. H.: Outline History of Japan. New York, 1927.

GOWEN, H. H. and HALL, JOSEF W. ("Upton Close"): Outline History of China. New York, 1927.

GRAETZ, H.: Popular History of the Jews. 8v. New York 1919.

GRANET, MARCEL: Chinese Civilization. New York, 1930.

GRAY, R. M. and PAREKH, M. C.: Mahatma Gandhi. Calcutta, 1928.

GROSSE, ERNST: Beginnings of Art. New York, 1897.

GUÉNON, RENÉ: Man and His Becoming according to the Vedanta, London, 1928.

GULLAND, W. G.: Chinese Porcelain, 2v. London, 1911.

HALL, JOSEF W.: Eminent Asians. New York, 1929.

HALL, MANLY P.: Encyclopedic Outline of Masonic, Hermetic, Qabbalistic and Rosicrucian Symbolical Philosophy. San Francisco, 1928.

HALLAM, H.: View of the State of Europe during the Middle Ages. New York, 1845.

HARDIE, J. KEIR: India: Impressions and Suggestions. London, 1909.

HARDING, T. SWANN: Fads, Frauds and Physicians. New York, 1930.

HARPER, R. F., ed.: Assyrian and Babylonian Literature. New York, 1904.

HARPER, R. F., ed.: The Code of Hammurabi. University of Chicago, 1904.

HAVELL, E. B.: Ancient and Medieval Architecture of India. London, 1915.

HAVELL, E. B.: Ideals of Indian Art. New York, 1920.

HAVELL, E. B.: History of Aryan Rule in India. Harrap, London, n.d.

HAYES, E. C.: Introduction to the Study of Sociology. New York, 1918.

HEARN, LAFCADIO: Japan: an Interpretation. New York, 1928.

HERACLITUS: Fragments, tr. by G. T. W. Patrick. Baltimore, 1889.

HERODOTUS: Histories, tr. by Cary. London, 1901.

HIMES, NORMAN: Medical History of Contraception. In MS.

HIPPOCRATES: Works, tr. Jones. Loeb Classical Library. London, 1923.

HIRTH, FRIEDRICH: Ancient History of China. New York, 1923.

HOBHOUSE, L. T.: Morals, in Evolution. New York, 1916.

HOBSON, R. L.: Chinese Art. New York, 1927.

HOERNLÉ, R. F. A.: Studies in Contemporary Metaphysics. New York, 1920.

HOLLAND, CLIVE: Things Seen in Japan. Seeley, Service & Co., London, n.d.

HOLY BIBLE; Revised Version. American Bible Society, New York, 1914.

HOWARD, CLIFFORD: Sex Worship. Chicago, 1909.

HUART, CLEMENT: Ancient Persian and Iranian Civilization. New York, 1927.

HU SHIH: Development of the Logical Method in Ancient China. Shanghai, 1922.

HUME, R. E., ed.: The Thirteen Principal Upanishads. Oxford U. P., 1921.

HUNTINGDON, E.: Civilization and Climate. Yale U. P., 1905.

HUNTINGDON, E.: The Pulse of Asia. Boston, 1907.

INDIAN YEAR BOOK, 1929. Bombay, 1929.

JASTROW, MORRIS, JR.: The Book of Job. Phila., 1920.

JASTROW, MORRIS, JR.,: The Civilization of Babylonia and Assyria. Phila., 1915.

JASTROW, MORRIS, JR.: A Gentle Cynic. Phila., 1919.

JEWISH ENCYCLOPEDIA. 12v. New York, 1901.

JOSEPHUS, F.: Works, tr. Whiston. 2v. Boston, 1811.

JUNG, C. G.: Psychology of the Unconscious. New York, 1916.

KABIR: Songs, tr. Tagore. New York, 1915.

KALIDASA: Sakuntala. Prepared for the English Stage by Kedar nath Das Gupta and Laurence Binyon. London, 1920.

KALLEN, H. M.: The Book of Job as a Greek Tragedy. New York, 1918.

KAPILA: Aphorisms of the Sankhya Philosophy. Allahabad, 1852.

KEYSERLING, COUNT HERMANN, ed.: The Book of Marriage. New York, 1926.

KEYSERLING, COUNT HERMANN: Creative Understanding. New York, 1929.

KEYSERLING, COUNT HERMANN: Travel Diary of a Philosopher. 2v. New York, 1925.

KÖHLER, KARL: History of Costume. New York, 1928.

KOHN, HANS: History of Nationalism in the East. New York, 1929.
KROPOTKIN, PETER: Mutual Aid. New York, 1902.

LACROIX, PAUL: History of Prostitution. 2v. New York, 1931.
LAJPAT RAI, L.: England's Debt to India. New York, 1917.
LAJPAT RAI, L.: Unhappy India. Calcutta, 1928.
LANGDON, S.: Babylonian Wisdom. London, 1923.
LATOURETTE, K. S.: The Chinese: Their History and Culture. 2v. New York, 1934.
LAYARD, A. H.: Nineveh and Its Remains. 2v. London, 1850.
LEDOUX, L. V.: The Art of Japan. New York, 1927.
LEGENDRE, DR. A. F.: Modern Chinese Civilization. London, 1929.
LEGGE, JAS.: The Chinese Classics translated into English. Vol. I: The Life and Teachings of Confucius. London, 1895.
LEGGE, JAS.: The Sacred Books, of China: The Texts of Taoism. 2v. Oxford U. P., 1927.
LEONARD, W. E.: Gilgamesh, a Rendering in Free Rhythm. New York, 1934.
LETOURNEAU, C. F.: Evolution of Marriage and the Family. New York, 1891.
LILLIE, ARTHUR: Rama and Homer. London, 1912.
LI PO: Works, done into English verse by Shigeyoshi Obata. New York, 1928.
LIPPERT, JULIUS: Evolution of Culture. New York, 1931.
LO KUAN-CHUNG: Romance of the Three Kingdoms. Tr. C. H. Brewitt-Taylor. 2v. Shanghai, 1925.
LORENZ, D. E.: The 'Round the World Traveler. New York, 1927.
LOTI, PIERRE: India. London, 1929.
LOWIE, R. H.: Are We Civilized? New York, 1929.
LOWIE, R. H.: Primitive Religion. New York, 1924.
LUBBOCK, SIR JOHN: The Origin of Civilization. London, 1912.
LULL, R. S., ed.: The Evolution of Man. Yale U. P., 1922.

MACAULAY, T. B.: Critical and Historical Essays. Everyman Library. 2v.
MACDONELL, A. A.: History of Sanskrit Literature. New York, 1900.
MACDONELL, A. A.: India's Past. Oxford, 1927.
MAINE, SIR HENRY: Ancient Law. Everyman Library.

MALLOCK, W.: Lucretius on Life and Death. Phila., 1878.

MARSHALL, SIR JOHN: Prehistoric Civilization of the Indus. Illustrated London News, Jan. 7, 1928.

MASON, O. T.: Origins of Invention. New York, 1899.

MASON, W. A.: History of the Art of Writing. New York, 1920.

MASPERO, G.: Art in Egypt. New York, 1922.

MASPERO, G.: The Dawn of Civilization: Egypt and Chaldaea. London, 1897.

MASPERO, G.: The Struggle of the Nations: Egypt, Syria and Assyria. London, 1896.

MASPERO, G.: The Passing of the Empires. London, 1900.

MCCABE, JOS.: The Story of Religious Controversy. Boston, 1929.

MCCRINDLE, J. W.: Ancient India as described by Megasthenes and Arrian. Calcutta, 1877.

MELAMED, S. M.: Spinoza and Buddha. Chicage, 1933.

MENCIUS: Works, tr. Legge. 2v. Oxford, 1895.

MENCKEN, H. L.: Treatise on the Gods. New York, 1930.

MINEY, R. J.: Shiva, or the Future of India. London, 1929.

MONIER-WILLIAMS, SIR M.: Indian Wisdom. London, 1893.

MOON, P. T.: Imperialism and World Politics. New York, 1930.

MORET, A. and DAVY, G.: From Tribe to Empire. New York, 1926.

MUKERJI, D. G.: A Son of Mother India Answers. New York, 1928.

MUKERJI, D. G.: Visit India with Me. New York, 1929.

MÜLLER-LYER, F.: Evolution of Modern Marriage. New York, 1930.

MÜLLER-LYER, F.: The Family. New York, 1931.

MÜLLER-LYER, F.: History of Social Development. New York, 1921.

MÜLLER, MAX: Lectures on the Science of Language. 2v. New York, 1866.

MÜLLER, MAX: Six Systems of Indian Philosophy. London, 1919.

MÜLLER, MAX: India: What Can It Teach Us? London, 1919.

MURASAKI, LADY: The Tale of Genji, tr. Arthur Waley. London, 1927.

MURDOCH, JAS.: History of Japan. 3v. London, 1925.

MURRAY, G.: Aristophanes and the War Party. London, 1919.

MUTHU, D. C.: The Antiquity of Hindu Medicine and Civilization. London, 1930.

NAG, KALIDAS: Greater India. Calcutta, 1926.

NAIDU, SAROJINI: The Sceptred Flute: Songs of India. New York, 1928.

NIETZSCHE, F.: Genealogy of Morals. London, 1913.

NITOBÉ, INAZO: Bushido: The Soul of Japan. New York, 1905.

NIVEDITA, SISTER(Margaret E. Noble): The Web of Indian Life. London, 1918.

NOGUCHI, YONE: The Spirit of Japanese Poetry. London, 1914.

NORTON, H. K.: China and the Powers. New York, 1927.

OKAKURA-KAKUSO: The Book of Tea. New York, 1912.

OLMSTEAD, A. T.: History of Assyria. New York, 1923.

OPPENHEIMER, FRANZ: The State. Indianapolis, 1914.

OSBORN, H. F.: Men of the Old Stone Age. New York, 1915.

OTTO, RUDOLF: Mysticism, East and West. New York, 1932.

PARK, NO YONG: Making a New China. Boston, 1929.

PARMELEE, M.: Oriental and Occidental Culture. New York, 1928.

PEFFER, N.: China: The Collapse of a Civilization. New York, 1930.

PELLIOT, P.: Les grottes de Touen-Houang. 6v. Paris, 1914-29.

PERROT, G. and CHIPIEZ, C.: History of Art in Chaldea and Assyria. 2v. London, 1884.

PETRIE, SIR W. FLINDERS: Egypt and Israel. London, 1925.

PETRIE, SIR W. FLINDERS: The Formation of the Alphabet. London, 1912.

PETRIE, SIR W. FLINDERS: The Revolutions of Civilization. London, 1911.

PIJOAN, JOS.: History of Art. 3v. New York, 1927.

PITKIN, W. B.: A Short Introduction to the History of Human Stupidity. New York, 1932.

PITTARD, E.: Race and History. New York, 1926.

PLATO: Dialogues. Tr. Jowett. 4v. New York, n.d.

PLUTARCH: Lives. 3v. Everyman Library.

POLO, MARCO: Travels, ed. Manuel Komroff. New York, 1926.

POTTER, CHARLES F.: The Story of Religion. New York, 1929.

POWYS, J. C.: The Meaning of Culture. New York, 1929.

PRATT, W. S.: The History of Music. New York, 1927.

QUINTUS CURTIUS: Works, tr. Knight. Cambridge, England, 1882.

RADAKRISHNAN, S.: The Hindu View of Life. London, 1928.

RADAKRISHNAN, S.: Indian Philosophy. 2vo. Macmillan, New York, n.d.

RATZEL, F.: History of Mankind. 2v. London, 1896.

RAWLINSON, GEO.: Five Great Monarchies of the Ancient Eastern World. 3v. New York, 1887.

RAWLINSON, GEO., ed.: Herodotus. 4v. London, 1862.

REDESDALE, LORD: Tales of Old Japan. London, 1928.

REICHWIN, A.: China and Europe: Intellectual and Artistic Contacts in the Eighteenth Century. New York, 1925.

REINACH, S.: Orpheus: A History of Religions. New York, 1909 and 1930.

RENAN, E.: History of the People of Israel. 5v. New York, 1888.

RENARD, G.: Life and Work in Prehistoric Times. New York, 1929.

REPORT OF THE INDIAN CENTRAL COMMITTEE. Calcutta, 1929.

RICKARD, T. A.: Man and Metals. 2v. New York, 1932.

RIVERS, W. H. PITT: Instinct and the Unconscious. Cambridge U. P., 1920.

RIVERS, W. H. PITT: Social Organization. New York, 1924.

ROBIE, W. F.: The Art of Love. Boston, 1921.

ROBINSON, J. H.: article "Civilization" in Encyclopedia Britannica, 14th ed.

ROLLAND, ROMAIN: Mahatma Gandhi. New York, 1924.

ROLLAND, ROMAIN: Prophets of the New India. New York, 1930.

ROSS, E. A.: The Changing Chinese. New York, 1911.

ROSS, E. A.: Foundations of Sociology. New York, 1905.

ROSS, E. A.: Social Control. New York, 1906.

ROSTOVTZEFF, M.: A History of the Ancient World. 2v. Oxford, 1930.

RUSSELL, BERTRAND: Marriage and Morals. New York, 1929.

SANGER, WM.: History of Prostitution. New York, 1910.

SANSUM, DR. W. D.: The Normal Diet. St. Louis, 1930.

SARKAR, B. K.: Hindu Achievements in Exact Science. New York, 1918.

SARRE, F.: Die Kunst des alten Persien. Berlin, 1925.

SARTON, GEO.: Introduction to the History of Science. Vol. I. Baltimore, 1930.

SCHÄFER, H. and ANDRAE, W.: Die Kunst des alten Orients. Berlin, 1925.

SCHNEIDER, HERMANN: History of World Civilization. Tr. green. 2v. New York, 1931.

SCHOPENHAUER, A.: The World as Will and Idea. Tr. H aldane and Kemp. 3v. London, 1883.

SEDGWICK, W. and TYLER, H.: Short History of Science. New York,1927.

SEWELL, ROBERT: A Forgotten Empire, Vijayanagar. London, 1900.

SHAW, G. B.: Mand and Superman. New York,1914.

SHELLEY, P. B.: Complete Works. London, 1888.

SHONAGON, LADY SEI: Sketch Book; tr. N. Kobayashi. London, 1930.

SHOTWELL, JAS. T.: The Religious Revolution of To-day. Boston, 1913.

SIDHANTA, N. K.: The Heroic Age of India. New York,1930.

SIMON, SIR JOHN, Chairman: Report of the Indian Statutory Commission. 2v. London, 1930.

SIREN, OSVALD: Chinese Paintings in American Collections. 5v. Paris, 1927.

SKEAT, W. W.: Etymological Dictioary of the English Language. Oxford, 1893.

SMITH, A. H.: Chinese Characteristics. New York,1894.

SMITH, G. ELLIOT: The Ancient Egyptians and the Origin of Civilization. London, 1923.

SMITH, G. ELLIOT: Human History. New York,1929.

SMITH, W. ROBERTSON: The Religion of the Semites. New York, 1889.

SMITH, V. A.: Akbar. Oxford, 1919.

SMITH, V. A.: Asoka. Oxford, 1920.

SMITH, V. A.: Oxford History of India. Oxford, 1923.

SOLLAS, W. J.: Ancient Hunters. New York, 1924.

SPEARING, H. G.: Childhood of Art. New York, 1913.

SPENCER, HERBERT: Principles of Sociology. 3v. New York, 1910.

SPENGLER, OSWALD: Decline of the West. 2v. New York, 1926-8.

SPINOZA, B.: Ethic, tr. W. H. White. New York, 1883.

SPRENGLING, M.: The Alphabet: Its Rise and Development from the Sinai Inscriptions. Oriental Institute Publications. Chicago, 1931.

STEIN, SIR M. AUREL: Innermost Asia. 4v. Oxford, 1928.

STRABO: Geography. 8v. Loeb Classical Library. New York, 1917-32.

SUMNER, W. G.: Folkways. Boston, 1906.

SUMNER, W. G. and KELLER, A. G.: Science of Society. 3v. New Haven, 1928.

SUNDERLAND, J. T.: India in Bondage. New York, 1929.

SUTHERLAND, A.: Origin and Growht of the Moral Instincts. 2v. London. 1898.

SUTHERLAND, G. A., ed.: A System of Diet and Dietetics. New York, 1925.

SUZUKI, A. T.: Brief History of Early Chinese Philosophy. London, 1914.

SYKES, SIR PERCY: Persia. Oxford, 1922.

TABOUIS, G. R.: Nebuchadnezzar. New York, 1931.

TACITUS: Histories. Tr. Murphy. London, 1930.

TAGORE, R.: Chitra. London, 1924.

TAGORE, R.: The Gardener. Leipzig, 1921.

TAGORE, R.: Gitanjali and Fruit-Gathering. New York, 1918.

TAGORE, R.: My Reminiscences. New York, 1917.

TAGORE, R.: Personality. London, 1916.

TAGORE, R.: Sadhana: The Realization of Life. Leipzig, 1921.

TARDE, G.: The Laws of Imitation. New York, 1903.

THOMAS, E. D.: Chinese Political Thought. New York, 1927,

THOMAS, E. J.: Life of Buddha. New York, 1927.

THOMAS, W. I.: Source Book for Social Origins. Boston, 1909.

THOMSON, E. J.: Rabindranath Tagore. Calcutta, 1921.

THOREAU, H. D.: Walden. Everyman Library.

THORNDIKE, LYNN: Short History of Civilization. New York, 1926.

TIETJENS, EUNICE, ed.: Poetry of the Orient. New York, 1928.

TOD, LT.-COL. JAS.: Annals and Antiquities of Rajasthan. 2v. Calcutta, 1894.

TSURUMI, Y.: Present Day Japan. New York, 1926.

Tu Fu: Poems, tr. Edna Worthley Underwood and Chi Hwang Chu. Port-land, Me., 1929.

TYLOR, E. B.: Anthropology. New York, 1906.

TYLOR, E. B.: Primitive Culture. 2v. New York, 1889.

TYRRELL, C. A.: The Royal Road to Health. New York, 1912.

UNDERWOOD, A. C.: Contemporary Thought of India. New York, 1931.

VAN DOREN, MARK: Anthology of World Poetry. New York, 1928.

VENKATESWARA, S. V.: Indian Culture through the Ages. Vol. I: Education and the Propagation of Culture. London, 1928.

VINOGRADOFF, SIR P.: Outlines of Historical Jurisprudence. 2v. Oxford, 1922.

VOLTAIRE, F. M. A. DE: Works. 32v. New York, 1927.

WALEY, ARTHUR: Introduction to the Study of Chinese Painting. London, 1923.

WALEY, ARTHUR: 170 Chinese Poems. New York, 1923.

WALSH, CLARA A.: The Master-Singers of Japan. London, 1914.

WANG YANG-MING: The Philosophy of, tr. by F. G. Henke. London and Chicago, 1916.

WARD, C. O.: The Ancient Lowly. 2v. Chicago, 1907.

WATTERS, T.: On Yuan Chuang's Travels in India. 2v. London, 1904.

WEIGALL, ARTHUR: Life and Times of Akhnaton. New York, 1923.

WEIGALL, ARTHUR: Life and Times of Cleopatra. New York, 1924.

WESTERMARCK, E.: History of Human Marriage. 2v. London, 1921.

WESTERMARCK, E.: Origin and Development of the Moral Idas. 2v. London, 1917-24.

WESTERMARCK, E.: Short History of Marriage. New York, 1926.

WHITE, E. M.: Woman in World History. Jenkins, London, n.d.

WHITE, W. A.: Mechanism of Character Formation. New York, 1916.

WHITMAN, WALT: Leaves of grass. Phila., 1900.

WILHELM, R.: Short History of Chinese Civilization. New York, 1929.

WILHELM, R.: The Soul of China. New York, 1928.

WILLIAMS, E. T.: China Yesterday and Today. New York, 1927.

WILLIAMS, H. S.: History of Science. 5v. New York, 1904.

WILLIAMS, S. WELLS: The Middle Kingdom. 2v. New York, 1895.

WILLIS, R.: Benedict de Spinoza. London, 1870.

WINTERNITZ, M.: History of Indian Literature. Vol. I. Calcutta, 1927.

WOOD, ERNEST: An Englishman Defends Mother India. Madras, 1929.

WOOLLEY, C. LEONARD: The Sumerians. Oxford, 1928.

WORLD ALMANAC, 1935. New York, 1935.

WU, CHAO-CHU: The Nationalist Program for China. Yale U. P., 1929.

XENOPHON: Anabasis. Loeb Classical Library.
XENOPHON: Cyropædia. Loeb Classical Library.

YANG CHU: Garden of Pleasure. London, 1912.

ZIMAND, SAVEL: Living India. New York, 1928.

14장

1. Rolland, R., *Prophets of the New India*, 395, 449-50.

1a. Winternitz, M., *A History of Indian Literature*, i, 8.

2. 위의 책, 18-21.

3. Keyserling, Count H., *Travel Diary of a Philosopher*, 265.

4. Chirol, Sir Valentine, *India*, 4.

5. Dubois, Abbé J. A., *Hindu Manners, Customs and Ceremonies*, 95, 321.

6. Smith, Vincent, *Oxford History of India*, 2; Childe, V. G., *The Most Ancient East*, 202; Pittard, *Race and History*, 388; Coomaraswamy, *History of Indian and Indonesian Art*, 6; Parmelee, M., *Oriental and Occidental Culture*, 23-4.

7. Marshall, Sir John, *The Prehistoric Civilization of the Indus, Illustrated London News*, Jan. 7, 1928, 1.

8. Childe, 209.

9. Muthu, D. C., *The Antiquity of Hindu Medicine*, 2.

10. Sir John Marshall in *The Modern Review*, Calcutta, April 1932, 367.

11. Coomaraswamy in *Encyclopedia Britannica*, xii, 211-12.

12. New York *Times*, Aug. 2, 1932.

13. Macdonell, A. A., *India's Past*, 9.

14. 위의 책.

15. Childe, 211.

16. Woolley, 8.

17. Childe, 202.

18. 위의 책, 220, 211.

19. New York *Times*, April 8, 1932.

20. Gour, *Spirit of Buddhism*, 524; Radhakrishnan, S., *Indian Philosophy*, 75.

21. Smith, *Oxford History*, 14.

22. Davids, T. W. Rhys, *Dialogues of the Buddha*, being vols. ii-iv. of *Sacred Books of the Buddhists*, ii, 97; Venkateswara, 10.

23. Monier-Williams, Sir M., *Indian Wisdom*, 227.

24. Winternitz, 304.

25. Jastrow, 85.

26. Winternitz, 64.

27. Westermarck, *Moral Ideas*, i, 216, 222; Havell, E. B., *History of Aryan Rule in India*, 35; Davids, *Buddhist India*, 51; *Dialogues of the Buddha*, iii, 79.

28. Buxton, *The Peoples of Asia*, 121.

29. Davids, *Buddhist India*, 56, 62; Smith, *Oxford History*, 37.

30. Sidhanta, N. K., *The Heroic Age of India*, 206; *Mahabharata*, IX, v, 30.

31. Havell, 33.

32. Dutt, R. C., tr., *The Ramayana and*

Mahabharata, Everyman Library, 189.

33. Davids, *Buddhist India*, 60.

34. Davids, *Dialogues*, ii, 114, 128.

35. Dutt, R. C., *The Civilization of India*, 21; Davids, *Buddhist India*, 55.

36. Macdonell, *India's Past*, 39.

37. Gray, R. M. and Parekh, M. C., *Mahatma Gandhi*, 37.

38. *Buddhist India*, 46, 51, 101-2; Winternitz, 64.

39. *Buddhist India*, 90, 96, 70, 101.

40. 위의 책, 70, 98; Winternitz, 65; Havell, *History*, 129; Muthu, 11.

41. Winternitz, 212.

42. *Buddhist India*, 100-1.

43. 위의 책, 72.

44. Dutt, *Ramayana*, 231.

45. Jabez T., *India in Bondage*, 178; Strabo, XV, i, 53.

46. Winternitz, 66-7.

47. Venkateswara, 140.

48. Sidhanta, 149; Tagore in Keyserling, *The Book of Marriage*, 108.

49. Sidhanta, 153.

50. Dutt, *Ramayana*, 192.

51. Smith, *Oxford History*, 7; Barnett, L. D., *Antiquities of India*, 116.

52. Havell, *History*, 14; Barnett, 109.

53. Monier-Williams, 439; Winternitz, 66.

54. Lajpat Rai, L., *Unhappy India*, 151, 176.

55. *Mahabharata*, III, xxxiii, 82; Sidhanta, 160.

56. Sidhanta, 165, 168; Barnett, 119; Briffault, i, 346.

57. Radhakrishnan, i, 119; Eliot, Sir Charles, *Hinduism and Buddhism*, i, 6; *Buddhist India*, 226; Smith, 70; Das Gupta, Surendranath, *A Histroy of Indian Philosophy*, 25.

58. *Buddhist India*, 220-4; Radhakrishnan, i, 483.

59. 위의 책, 117.

60. Winternitz, 140.

61. Hume, R. E., *The Thirteen Principal Upanishads*, 169.

62. Das Gupta, 6.

63. Radhakrishnan, i, 76.

64. Eliot, i, 58; Macdonell, 32-3.

65. Eliot, i, 62; Winternitz, 76.

66. Eliot, i, 59.

67. Radhakrishnan, i, 105.

68. 위의 책, 78.

69. *Brihadaranyaka Upanishad*, i, 4; Hume 81.

70. Radhakrishnan, i, 114-5.

71. *Katha Upanishad*, i, 8; Radhakrishnan, i, 250; Müller, Max, *Six Systems of Hindu Philosophy*, 131.

72. Eliot, i, xv; *Buddhist India*, 241; Radhakrishnan, i, 108.

73. 위의 책, 107; Winternitz, 215; Gour, 5.

74. Frazer, R. W., *A Literary History of India*, 243.

75. Dutt, *Ramayana*, 318; Briffault, i, 346, iii, 188.

76. Macdonell, 24.

77. Winternitz, 208; Das Gupta 21.

78. *Buddhist India*, 241.

79. Winternitz, 207.

80. Dutt, *Civilization of India*, 33.

81. Müller, Max, *Lectures on the Science of Language*, ii, 234-7, 276; Skeat, W. W., *Etymological Dictionary of the English Language*, 729f.

82. Elphinstone, M., *History of India*, 161.

83. *Buddhist India*, 153; Winternitz 41-4.

84. 위의 책, 31-2; Macdonell, 7; *Buddhist India*, 114.

85. 위의 책, 120.

86. Müller, Max, *India: What Can It Teach Us?*, London, 1919, 206; Winternitz, 32.

87. Dubois, 425.

88. Radhakrishnan, i, 67; Eliot, i, 51.

89. 위의 책, i, 53.

90. Winternitz, 69, 79; Müller, *India*, 97; Macdonell, 35.

91. Tr. by Macdonell in Tietjens, Eunice, *Poetry of the Orient*, 248.

92. Tr. by Max Müller in Smith, *Oxford History*, 20.

93. Müller, *India*, 254.

94. Winternitz, 243; Radhakrishnan, i, 137; Deussen, Paul, *The Philosophy of the Upanishads*, 13.

95. Eliot, i, 51; Radhakrishnan. i, 141.

96. Chatterii J. C., *India's Outlook on Life*, 42.

97. *Chandogya Upanishad*, v, 2; Hume 229.

98. Radhakrishnan, 143.

99. Eliot, i, 93.

100. Hume, 144.

101. *Shvetashvatara Upanishad*, i, 1; Radhakrishnan, i, 150.

102. Hume, 412.

103. *Katha Upanishad*, ii, 23; *Brihadaranyaka Upanishad* iii, 5, iv, 4; Radhakrishnan, i, 177.

104. *Katha Upan.*, iv, 1; Radhakrishnan, i, 145.

105. *Katha Upan.*, ii, 24.

106. *Chandogya Upan.*, vi, 7.

107. Radhakrishnan, i, 151.

108. 위의 책, i, 94, 96.

109. *Brih. Upan.*, ii, 2, iv, 4.

110. 위의 책, iii, 9.

111. *Chand. Upan.*, vi, 12.

112. Radhakrishnan, i, 249-51; Macdonell, 48.

113. *Brih. Upan.*, iv, 4.

114. Radhakrishnan, i, 239.

115. *Mundaka Upan.*, iii, 2; Radhakrishnan, i, 236.

15장

1. *Chand. Upan.*, i, 12; Radhakrishnan, 1. 149.

2. 위의 책, 278.

3. Hume, 65.

4. Davids, *Dialogues of the Buddha*, ii, 73-5; Radhakrishnan, i, 274.

5. Dutt, *Ramayana*, 60-1.

6. Müller, *Six Systems*, 17; Radhak., i,

278.

7. Eliot, i, xix; Müller, *Six Systems*, 23;
   Davids, *Buddhist India*, 141.

8. Radhak., i, 278.

9. Monier-Williams, 120-2.

10. Das Gupta, 78; Radhak., i, 279.

11. 위의 책, 281.

12. Das Gupta, 79.

13. Monier-Williams, 120; Müller, *Six
    Systems*, 100.

14. Radhak., i, 280.

15. 위의 책, 281-2.

16. 위의 책, 287; Smith, *Oxford History*,
    50.

17. Radhak., i, 301.

18. 위의 책, 329; Eliot, i, 106.

19. 위의 책.

20. Radhak, i, 331, 293.

21. 위의 책, 327; Eliot, i, 110, 113, 115;
    Smith, *Oxford History*, 53; Smith,
    Vincent, *Akbar*, 167; Dubois, 521.

22. Smith, *Oxford History*, 210.

23. Eliot., i, 112.

24. 위의 책, 115.

25. Thomas, E. J., *The Life of Buddha as
    Legend and History*, 20.

26. Eliot, i, 244n.

27. Gour, introd.; Davids, *Dialogues*, ii,
    117; Radhak., i, 347, 351; Eliot, i,
    133, 173.

28. Thomas, E. J., 31-3.

29. Eliot, i, 131; Venkateswara, 169;
    Havell, *History*, 49.

30. Thomas, 50-1.

31. 위의 책, 54.

32. 위의 책, 55.

33. 위의 책, 65.

34. Radhak., i, 343-5.

35. Eliot, i, 129.

36. *Dialogues*, ii, 5.

37. Gour, 405.

38. *Dialogues*, iii, 102.

39. Thomas, 87.

40. Radhak., i, 363.

41. Eliot, i, 203.

42. 위의 책, 250.

43. Dutt, *Civilization of India*, 44.

44. Radhak., i, 475.

45. *Dialogues*, iii, 154.

46. Radhak., i, 421.

47. *Dialogues*, ii, 35.

48. 위의 책, 186.

49. 위의 책, 254.

50. 위의 책, 280-2.

51. 위의 책, 37.

52. Radhak., i, 356; Gour, 10.

53. Radhak., i, 438, 475; *Dialogues*, ii,
    123; Eliot, i, xxii.

54. Radhak., i, 354.

55. 위의 책, 424; Gour, 10; Eliot, i, 247.

56. Gour, 542; Radhak., i, 465.

57. Eliot, i, xcv.

58. Gour, 280-4.

59. Eliot, i, xxii.

60. Gour, 392-4; Radhak., i, 355.

61. Thomas, 208.

62. Radhak, i, 456.

63. 위의 책, 375.

64. 위의 책, 369, 385, 392; *Buddhist India*, 188, 257; Thomas, 88.

65. Das Gupta, 240; Gour, 335.

66. Eliot, i, 191; *Dialogues*, ii, 188.

67. Eliot, i, 210; *Dialogues*, ii, 71.

68. Eliot, i, Radhak, i, 389.

69. Thomas, 189.

70. Macdonell, 48; Radhak., i, 444; Eliot, i, xxi.

71. Gour, 312-4, 333.

72. *Dialogues*, ii, 190.

73. Eliot, i, 224; Müller, *Six Systems*, 373; Thomas, 187.

74. Radhak, i, 446.

75. Eliot, i, 224.

76. 위의 책, i, 227; Thomas, 145.

77. *Dialogues*, ii, 55, iii, 94; Watters, Thos. *On Yuan Chwang's Travels in India*, i, 374.

78. Thomas, 134.

79. *Buddhist India*, 300; Radhak, i, 351.

80. Thomas, 100.

81. 위의 책, 100-2.

82. *Dialogues*, ii, 1-26.

83. Eliot, i, 160.

84. *Dialogues*, iii, 87.

85. 위의 책, 108.

86. Thomas, 153.

16장

1. Arrian, *Anabasis of Alexander*, V, 19, VI, 2.

2. Smith, *Oxford History*, 66.

3. Kohn, H., *History of Nationalism in the East*, 350.

4. Arrian, *Indica*, X.

5. Dutt, *Civilization of India*, 50

6. Arrian, *Anabasis*, VI, 2.

7. 위의 책, V, 8; Strabo, XV, i, 28.

8. *Enc. Brit.*, xii, 212.

9. Smith, *Oxford History*, 62.

10. Arrian, *Indica*, X.

11. Havell, 75.

12. Smith, *Oxford History*, 77.

13. 위의 책, 114.

14. 위의 책, 79.

15. Havell, *History*, 82-3.

16. Sarton, 147; Macdonell, *India's Past*, 170.

17. Smith, *Oxford History*, 84.

18. Smith, *Akbar*, 396.

19. Smith, *Oxford History*, 76, 87.

20. 위의 책, 311.

21. Strabo, XV, i, 40.

22. Havell, 82.

23. Barnett, 99-100; Havell, 82.

24. 위의 책, 69, 80.

25. 위의 책, 74.

26. 위의 책, 71f; Barnett, 107.

27. Davids, *Buddhist India*, 264; Havell, 위의 책.

28. Strabo, XV, i, 51.

28a. Havell, 78.

28b. Smith, *Oxford History*, 87.

29. *Candide*.

30. Havell, 88.

31. 위의 책, 91-2; Smith, *Oxford History*, 101.

32. Smith, V., Asoka, 67; Davids,

Buddhist India, 297.

33. Smith, *Asoka*, 92.

34. 위의 책, 60.

35. Provincial Edict I; Havell, 93.

36. Havell, 100; Smith, *Asoka*, 67.

37. Watters, ii, 91.

38. Muthu, 35.

39. Rock Edict XIII.

40. Havell, 100; Smith, *Oxford History*, 135; Melamed, S. M., *Spinoza and Buddha*, 302-3, 308.

41. Rock Edict VI.

42. Pillar Edict V.

43. Watters, 99.

44. Davids, *Buddhist India*, 308; Smith, *Oxford History*, 126.

45. 위의 책, 155.

46. Nag, Kalidas, *Greater India*, 27.

47. Besant, Annie, *India*, 15.

48. Smith, *Ox. H.*, 154.

49. Tr. by James Legge, in Gowen, *Indian Literature*, 336.

50. Havell, 158.

51. Nag, 25.

52. Havell, E. B., *The Ancient and Medieval Architecture of India*, xxv.

53. 위의 책, 207.

54. Watters, i, 344.

55. Havell, *History*, 204.

56. Watters, ii, 348-9; Havell, 203-4.

57. Fenollosa, E. F., *Epochs of Chinese and Japanese Art*, i, 85.

58. Arrian, *Anabasis*, V, 4.

59. Tod, Lt.-Col. James, *Annals and Antiquities of Rajasthan*, ii, 115.

60. Tod, i, 209.

61. Keyserling, *Travel Diary*, i, 184.

62. Tod, i, 244f.

63. Smith, *Ox. H.*, 311.

64. 위의 책, 304.

65. 위의 책, 309.

66. 위의 책, 308; Havell, *History*, 402.

67. Smith, *Ox. H.*, 308-10.

68. 위의 책, 312-13.

69. 위의 책, 314.

70. 위의 책, 309.

71. Sewell, Robert, *A Forgotten Empire, Vijayanagar*, in Smith, *Ox. H.*, 306.

72. *Tabakat-i-Nasiri*, in Smith, *Ox. H.*, 192.

73. Havell, *History*, 286.

74. Elphinstone, Mountstuart, *History of India*, 333, 337-8.

75. *Tabakat-i-Nasiri*, in Smith, Ox. H., 222-3.

76. Smith, 226, 232, 245.

77. Ibn Batuta, in Smith, 240.

78. Smith, 303.

79. Smith, 234.

80. 위의 책.

81. *Queen Mab*.

82. Havell, *History*, 368.

83. 위의 책; Smith, 252.

84. Elphinstone, 415; Smith, *Akbar*, 10.

85. Smith, *Ox. H.*, 321.

86. Firishtah, Muhammad Qasim, *History of Hindustan*, ii, 188.

87. Elphinstone, 430.

88. Babur, *Memoirs*, 1.

89. Smith, *Akbar*, 98, 148, 358; Havell, *History*, 479.

90. Smith, *Akbar*, 226, 379, 383; Besant, 23.

91. Smith, *Akbar*, 333.

92. Firishtah, 399.

93. Smith, *Akbar*, 406.

94. Smith, *Akbar*, 333-6, 65, 77, 343, 115, 160, 108; Smith, *Ox. H.*, 311; Besant, *India*, 23.

95. Havell, *History*, 478.

96. Smith, *Akbar*, 424-5.

97. 위의 책, 235-7.

98. Frazer, *History of Indian Literature*, 358.

99. Havell, *History*, 499.

100. Brown, Percy, *Indian Painting*, 49; Smith, *Akbar*, 421-2.

101. 위의 책, 350; Havell, *History*, 493-4.

102. 위의 책, 494.

103. 위의 책, 493.

104. Frazer, 357.

105. Smith, *Akbar*, 133, 176, 181, 257, 350; Havell, *History*, 493, 510.

106. Smith, *Akbar*, 212.

107. 위의 책, 216-21.

108. Smith, *Akbar*, 301, 323, 325.

109. Smith, *Ox. H.*, 387.

110. Elphinstone, 540.

111. Lorenz, D. E., *'Round the World Traveler*, 373.

112. Smith, *Ox. H.*, 395.

113. 위의 책, 393.

114. Elphinstone, 586.

115. 위의 책, 577; Smith, *Ox. H.*, 445-7.

116. 위의 책, 439.

117. Fergusson, Jas., *History of Indian and Eastern Architecture*, ii, 88.

118. Tod, i, 349.

119. Smith, *Ox. H.*, 448.

120. 위의 책, 446.

17장

1. Smith, *Akbar*, 401; *Indian Year Book*, Bombay, 1929, 563; Minney, R. J., *Shiva: or The Future of India*, 50.

2. Havell, *History*, 160; Eliot, ii, 171; Dubois, 190.

3. Parmelee, 148n.

4. Simth, *Ox. H.*, 315.

5. Havell, 80, 261.

6. Strabo, XV, i, 40; Siddhanta, 180; Dubois, 57.

7. Barnett, 107; Havell, *Ancient and Medieval Architecture*, 208; Tod, i, 362.

8. Sarkar, B. K., *Hindu Achievements in Exact Science*, 68.

9. III, 102.

10. Strabo, XV, i, 44.

11. Sarkar, 68; Lajpat Rai, L., *England's Debt to India*, 176.

12. Havell, *Architecture*, 129; Fergusson, *Indian Architecture*, ii, 208.

13. Lajpat Rai, *England's Debt*, 176.

14. Moon, P. T., *Imperialism and World Politics*, 292.

15. Lajpat Rai, *England's Debt*, 121.

16. III, 106.

17. Sarton, 535.

18. Lajpat Rai, *England's Debt*, 123.

19. 위의 책.

20. Polo, *Travels*, 307.

21. Muthu, 100.

22. Venkateswara, 11; Smith, *Ox. H.*, 15.

23. Lajpat Rai, *England's Debt*, 162-3.

24. Havell, *History*, 75, 130.

25. 위의 책, 140.

26. Lajpat Rai, *England's Debt*, 165.

27. Barnett, 211-15.

28. Macdonell, 265-70.

29. Smith, *Akbar*, 157.

30. Fragment XXVII B in McCrindle, J. W., *Ancient India as Described by Megasthenes and Arrian*, 73.

31. Monier-Williams, 263; Minney, 75.

32. Barnett, 130; Monier-Williams, 264.

33. Dubois, 657.

34. Sidhanta, 178; Havell, *History*, 234; Smith, *Ox. H.*, 312.

35. Besant, 23; Dutt, *Civilization of India*, 121.

36. Dubois, 81-7.

37. Lajpat Rai, *England's Debt*, 12.

38. Smith, *Akbar*, 389-91.

39. 위의 책, 393.

40. 위의 책, 392.

41. Watters, i, 340.

42. Elphinstone, 329; Smith, *Ox. H.*, 257.

43. Elphinstone, 477.

44. Smith, *Ox. H.*, 392.

45. Smith, *Akbar*, 395.

46. 위의 책, 108.

47. Lajpat Rai, *Unhappy India*, 315.

48. Minney, 72.

49. Lajpat Rai, *England's Debt*, 25.

50. Macaulay, T. B., Essay on Clive, in *Critical and Historical Essays*, i, 544.

51. Havell, *History*, 235; Havell, *Architecture*, xxvi.

52. Laws of Manu, vii, 15, 20-4, 218, in Monier-Williams, 256, 285.

53. Smith, *Ox. H.*, 229.

54. 위의 책, 266.

55. Barnett, 124; Dubois, 654; Smith, *Ox. H.*, 109.

56. Dubois, 654.

57. Smith, *Ox. H.*, 249.

58. 위의 책, 249, 313; Barnett, 122.

59. Monier-Williams, 204-6.

60. Max Müller, *India*, 12.

61. Dubois, 722.

62. Monier-Williams, 203, 233, 268.

63. Simon, Sir John, Chairman, *Report of the Indian Statutory Commission*, i, 35.

64. Davids, *Buddhist India*, 150.

65. Tod, i, 479; Hallam, Henry, *View of the State of Europe during the Middle Ages*, ch. vii, p. 263.

65a. Barnett, 106; Dubois, 177.

66. Manu xix, 313; Monier-Williams, 234.

67. Maine, *Ancient Law*, 165; Monier-Williams, 266.

68. Barnett, 112.

69. Lubbock, *Origin of Civilization*, 379.

70. Winternitz, 147; Radhak, i, 356; Monier-Williams, 236.

71. Dubois, 590-2.

72. Barnett, 123; Davids, *Dialogues*, ii, 285.

73. Havell, *History*, 50.

74. Monier-Williams, 233.

75. Dubois, 98, 169.

76. Manu, i, 100; Monier-Williams, 237.

77. Dubois, 176.

78. Manu, iii, 100.

79. Barnett, 114.

80. Dubois, 593.

81. Manu, viii, 380-1.

82. Manu, xi, 206.

83. Barnett, 123.

84. 위의 책, 121; Winternitz, 198.

85. Eliot, i, 37; Simon, i, 35.

86. Manu, iv, 147.

87. 위의 책, ii, 87.

88. XI, 261.

89. IV, 27-8.

90. Dubois, 165, 237, 249.

91. 위의 책, 187.

92. Manu, ii, 177-8.

93. VIII, 336-8.

94. II, 170.

95. Book xviii; Arnold, Sir Edwin, *The Song Celestial*, 107.

96. Tagore, R., *Sadhana*, 127.

97. Smith, *Ox. H.*, 42.

98. 위의 책, 34.

99. IX, 45.

100. Barnett, 117.

101. Sumner, *Folkways*, 315.

102. Tod, i, 602; Smith, *Ox. H.*, 690.

103. Wood, Ernest, *An Englishman Defends Mother India*, 103.

104. Dubois, 205; Havell, E. B., *The Ideals of Indian Art*, 93.

105. Tagore in Keyserling, *The Book of Marriage*, 104, 108.

106. Hall, Josef ("Upton Close"), *Eminent Asians*, 505.

107. Lajpat Rai, *Unhappy India*, 186.

108. Dubois, 231; *Census of India*, 1921, i, 151; Mukerji, D. G., *A Son of Mother India Answers*, 19.

109. Barnett, 115.

110. Lajpat Rai, *Unhappy India*, 159.

111. Robie, W. F., *The Art of Love*, 18f; Macdonell, 174.

112. Robie, 36.

113. 위의 책, 32.

114. Frazer, *Adonis*, 54-5; Curtis, W. E., *Modern India*, 284-5.

115. Dubois, 585.

116. The "Fifty Stanzas" of Bilhana, in Tietjens, 303-6.

117. Coomaraswamy, A. K., *Dance of Shiva*, 103, 108.

118. Monier-Williams, 244.

119. Dubois, 214.

120. Strabo, I, i, 62.

121. Manu, III, 12-15, ix, 45, 85, 101; Monier-Williams, 243.

122. Tod, i, 284n.

123. Nivedita, Sister (Margaret E. Noble), *The Web of Indian Life*, 40.
124. Barnett, 109.
125. XV, i, 62.
126. Havell, Ideals, 91.
127. Bebel, *Woman under Socialism*, 52.
128. Tod, i, 604.
129. Barnett, 109.
130. Dubois, 339-40.
131. Manu, iv, 43; Barnett, 110.
132. Manu, v, 154-6.
133. Westermarck, *Moral Ideas*, ii, 650.
134. Dubois, 337.
135. Tagore, R., *Chitra*, 45.
136. Manu, ix, 18.
137. III, 33, 82; Sidhanta, 160.
138. Frazer, R. W., 179.
139. VIII, 416.
140. Monier-Williams, 267; Tod, i, 605.
141. Barnett, 116; Westermarck, ii, 650.
142. Manu, ix, 2, 12, iii, 57, 60-3.
143. Tod, i, 604.
144. II, 145; Wood, 27.
145. Tod, i, 590n; Zimand, S., *Living India*, 124-5.
146. Dubois, 313.
147. Herodotus, IV, 71, V, 5.
148. *Enc. Brit.*, xxi, 624.
149. *Rig-veda*, x, 18; Sidhanta, 165n.
150. I, 125, xv, 33, xvi, 7, xii, 149; Sidhanta, 165.
151. Smith, *Ox. H.*, 309.
152. XV, i, 30, 62.
153. *Enc. Brit.*, xxi, 625.
154. Tod, i, 604; Smith, *Ox. H.*, 233.
155. Coomaraswamy, *Dance of Shiva*, 93.
156. Smith, *Ox. H.*, 309.
157. Manu, v, 162, ix, 47, 65; Parmelee, 114.
158. Lajpat Rai, *Unhappy India*, 198.
159. 위의 책, 192, 196.
160. Tod, i, 575.
161. Dubois, 331.
162. 위의 책, 78, 337, 355, 587; Sumner, *Folkways*, 457.
163. Dubois, 340; Coomaraswamy, *Dance*, 94.
164. Bebel, 52; Sumner, 457.
165. IV, 203.
166. Wood, 292, 195.
167. Lajpat Rai, *Unhappy India*, 284.
168. 위의 책, 280.
169. Watters, i, 152.
170. Dubois, 184, 248; Wood, 196.
171. Sumner, 457.
172. Dubois, 708-10.
173. Dubois, 237f.
174. Sumner, 457; Wood, 343.
175. Wood, 286.
176. Dubois, 325.
177. 위의 책, 78.
178. 위의 책, 341; Coomaraswamy, *History*, 210.
179. Dubois, 324.
180. Loti, Pierre, *India*, 113; Parmelee, 138.
181. Loti, 210.
182. Dubois, 662.

183. Westermarck, i, 89.

184. Macaulay, *Essays*, i, 562.

185. Manu, viii, 103-4; Monier-Williams, 273.

186. Watters, i, 171.

187. Müller, *India*, 57.

188. Hardie, J. Keir, *India*, 60.

189. Mukerji, *A Son*, 43.

190. Smith, *Ox. H.*, 666f.

191. Dubois, 120.

192. Dubois, 660.

193. Frazer, R. W., 163; Dubois, 509.

194. Simon, i, 48.

195. Müller, *India*, 41.

196. Davids, *Dialogues*, ii, 9-11.

197. Skeat, *s. v. check*; *Enc. Brit.*, art, "Chess."

198. Dubois, 670.

199. *Enc. Brit.*, viii, 175.

200. Havell, *History*, 477.

201. Nivedita, 11f.

202. Dubois, 595.

203. Briffault, iii, 198.

204. Gandhi, M. K., *His Own Story*, 45.

205. Davids, *Buddhist India*, 78.

206. Watters, i, 175.

207. Westermarck, i, 244-6.

18장

1. Davids, *Dialogues*, iii, 184.

2. Winternitz, 562.

3. Fergusson, i, 174.

4. Edmunds, A. J., *Buddhistic and Christian Gospels*, Philadelphia, 1908, 2v.

5. Havell, *History*, 101; Eliot, i, 147.

6. Eliot, ii, 110.

7. 위의 책, i, xciii; Simon, i, 79.

8. Sarton, 367, 428; Smith, *Ox. H.*, 174; Fenollosa, ii, 213; i, 82; Nag, 34-5.

9. Fergusson, i, 292.

10. Monier-Williams, 429.

11. Dubois, 626; Doane, *Bible Myths*, 278f Carpenter, Edward, *Pagan and Christian Creeds*, 24.

12. Indian Year Book, 1929, 21.

13. Eliot, ii, 222.

14. Lorenz, 335; Dubois, 112.

15. *Modern Review*, Calcutta, April, 1932, p. 367; Childe, *The Most Ancient East*, 209.

16. Rawlinson, *Five Great Monarchies*, ii, 335n.

17. Eliot, ii, 288; Kohn, 380.

18. Eliot, ii, 287.

19. *Modern Review*, June, 1931, p. 713.

20. Eliot, ii, 282.

21. 위의 책, 145.

22. Dubois, 571, 641.

23. 위의 책; Coomaraswamy, *History*, 68, 181.

24. Lorenz, 333.

25. Wood, 204; Dubois, 43, 182, 638-9.

26. Zimand, 132.

27. Wood, 208.

28. Eliot, i, 211.

29. Havell, *Architecture*, xxxv.

30. Winternitz, 529.

31. *Vishnupurana*, z, 16, in Otto, Rudolf,

Mysticism, East and West, 55-6.

32. Dubois, 545; Eliot, i, 46.

33. Monier-Williams, 178, 331; Dubois, 415; Eliot, i, lxviii, 46.

34. Eliot, i, lxvi; Fülop-Miller, R., *Lenin and Gandhi*, 248.

35. Manu, xii, 62; Monier-Williams, 55, 276; Radhak., i, 250.

36. Watters, i, 281.

37. Dubois, 562.

38. 위의 책, 248.

39. Eliot, i, lxxvii; Monier-Williams, 55; *Mahabharata*, XII, 2798; Manu, iv, 88-90, xii, 75-77, iv, 182, 260, vi, 32, ii, 244.

40. Dubois, 565.

41. Eliot, i, lxvi.

42. Winternitz, 7.

43. "The Failure of Every Philosophical Attempt in Theodicy," 1791, in Radhak., i, 364.

44. *Mahabharata*.

45. Brown, Brian, *Wisdom of the Hindus*, 32.

46. *Ramayana*, 152.

47. Brown, B., *Hindus*, 222f.

48. Rolland, R., *Prophets of the New India*, 49.

49. Dubois, 379f.

50. Briffault, ii, 451.

51. Davids, *Buddhist India*, 216; Dubois, 149, 329, 382f.

52. Sumner, *Folkways*, 547; Eliot, ii, 143; Dubois, 629; Monier-Williams, 522-3.

53. Dubois, 541, 631.

54. Murray's *India*, London, 1905, 434.

55. Eliot, ii, 173.

56. Dubois, 595.

57. Vivekananda in Wood, 156.

58. Havell, *Architecture*, 107; Eliot, ii, 225.

59. Wood, 154.

60. Simon, i, 24; Lorenz, 332; Eliot, ii, 173; Dubois, 296.

61. Monier-Williams, 430.

62. Dubois, 647.

63. Winternitz, 565; Smith, *Ox. H.*, 690.

64. Dubois, 597.

65. *Enc. Brit.*, xiii, 175.

66. Smith, *Ox. H.*, 155, 315.

67. Dubois, 110.

68. 위의 책, 180-1.

69. Eliot, iii, 422.

70. Dubois, 43; Wood, 205.

71. Dubois, 43.

72. Watters, i, 319.

73. Dubois, 500-9, 523f.

74. 위의 책, 206.

75. Eliot, ii, 322.

76. Radhak., i, 345.

77. 위의 책, 484.

78. Arnold, *The Song Celestial*, 94.

79. Brown, B., *Hindus*, 218-20; Barnett, *The Heart of India*, 112.

80. Elphinstone, 476; Lot, 34; Eliot i, xxxvii, 40-1; Radhak., i, 27; Dubois, 119n.

81. Kohn, 352.

82. Smith, Ox, M., x, 352.

83. Gour, 9.

19장

1. Spencer, *Sociology*, iii, 248.

2. Sarton, 378.

3. 위의 책, 409, 428; Sedgwick and Tyler, 160.

4. Barnett, 188-90.

5. Muthu, 97.

6. De Morgan in Sarkar, 8.

7. Reference Lost.

7a. *Journal of the American Oriental Society*, Vol. 51, No. 1, p. 51.

8. Sarton, 601.

9. Monier-Williams, 174; Sedgwick 159; Sarkar, 12.

10. 위의 책.

11. Muthu, 92; Sedgwick 157f.

12. 위의 책; Lowie, R. H., *Are We Civilized?*, 269; Sarkar, 14.

13. Muthu, 92; Sarkar, 14-15.

14. Monier-Williams, 183-4.

15. Sedgwick, 157.

16. Sarkar, 17.

17. Sedgwick, 157; Muthu, 94; Sarkar, 23-4.

18. Muthu, 97; Radhak., i, 317-8.

19. Sarkar, 36f.

20. 위의 책, 37-8.

21. Muthu, 104; Sarkar, 39-46.

21a. 위의 책, 45.

22. Garrison, 71; Sarkar, 56.

23. Sarkar, 57-9.

24. 위의 책, 63.

25. Lajpat Rai, *Unhappy India*, 163-4.

26. Sarkar, 63.

27. 위의 책, 65.

28. Muthu, 14.

29. Sarton, 77; Garrison, 71.

30. Barnett, 220.

31. Muthu, 50.

32. 위의 책, 39; Barnett, 221; Sarton, 480.

33. Sarton, 77; Garrison, 72.

34. Muthu, 26; Macdonell, 180.

35. Garrison, 29.

36. Muthu, 26.

37. 위의 책, 27.

38. Garrison, 70.

39. 위의 책, 71.

40. Macdonell, 179.

41. Harding, T. Swann, *Fads, Frauds and Physicians*, 147.

42. Watters, i, 174; Venkateswara, 193.

43. Barnett, 224; Garrison, 71.

44. 위의 책, Muthu, 33.

45. Garrison, 71; Lajpat Rai, *Unhappy India*, 286.

46. Eliot, i, lxxxix; Lajpat Rai, 285.

47. Muthu, 44.

48. Garrison, 73.

49. 위의 책, 72.

50. Macdonell, 180.

51. Havell, *History*, 255.

52. Lajpat Rai, 287.

53. Radhak, i, 55.

54. Müller, *Six Systems*, 11; Havell,

History, 412.

55. Das Gupta, 406.

56. Havell, *History*, 208.

57. Coomaraswamy, *Dance*, f. p. 130.

58. Davids, *Dialogues*, ii, 26f; Müller, *Six Systems*, 17; Radhak, i, 483.

59. Keyserling, *Travel Diary*, i, 106; ii, 157.

60. Müller, *Six Systems*, 219, 235; Radhak., i, 57, 276, ii, 23; Das Gupta, 8.

61. Radhak., ii, 36, 43.

62. 위의 책, 34, 127, 173; Müller, 427.

63. Radhak., i, 281, ii, 42, 134.

64. Gowen, *Indian Literature*, 127; Radhak, ii, 29, 197, 202, 227; Dutt, *Civilization of India*, 35; Müller, 438; Chatterji, J. C., *The Hindu Realism*, 20, 22.

65. Radhak., ii, 249.

66. 위의 책.

67. Gowen, 128.

68. 위의 책, 30; Monier-Williams, 78; Müller, 84, 219f.

68a. XII, 13703.

68b. Radhak., ii, 249.

69. Macdonell, 93.

70. Müller, x.

71. Kapila, *The Aphorisms of the Sankhya Philosophy*, Aph. 79.

72. Gour, 23.

73. Eliot, ii, 302; Monier-Williams, 88.

74. Kapila, Aph. 98.

75. Monier-Williams, 84.

76. Müller, xi.

77. Kapila, Aph. 100; Monier-Williams, 88.

78. Kapila, p. 75, Aph. 67.

79. Radhak., i, 279.

80. Brown, B., *Hindus*, 212.

81. Eliot, ii, 301.

82. Kapila in Brown, B., *Hindus*, 213.

83. Kapila, Aph. 56.

84. 위의 책, Aphs. 83-4.

85. Brown, B., 211.

86. Monier-Williams, 90-1.

87. 위의 책, 92.

88. *Rig-veda* x, 136.3; Radhak., i, 111.

89. Eliot, i, 303.

90. Arrian, *Anabasis*, VII, 3.

91. Radhak., ii, 340.

92. Watters, i, 148.

93. Polo, 300.

94. Lorenz, 356.

95. Chatterji, *India's Outlook on Life*, 61n; Radhak., i, 337.

96. Müller, *Six Systems*, 324-5.

97. Coomaraswamy, *Dance*, 50; Radhak., ii, 344; Das Gupta, S., *Yoga as Philosophy and Religion*, vii; Parmelee, 64; Eliot, i, 303-4; Davids, *Buddhist India*, 242.

98. Chatterji, *India's Outlook*, 65.

99. Müller, *Six Systems*, 349.

100. *The World as Will and Idea*, tr. Haldane and Kemp, iii, 254; Eliot, i, 309.

101. Radhak., ii, 360.

102. Vyasa in Radhak., ii, 362.

103. Eliot, i, 305; Radhak., ii, 371; Müller, 308-10, 324-5.

104. Chatterji, *Realism*, 6; Dubois, 98.

105. Patanjali in Brown, B., *Hindus*, 183; Radhak., i, 366.

106. Das Gupta, *Yoga*, 157; Eliot, i, 319; Chatterji, *India's Outlook*, 40.

107. Dubois, 529, 601.

108. Eliot, ii, 295.

109. Radhak., ii, 494; Das Gupta, *History*, 434.

110. Radhak., i, 45-6.

111. Radhak., ii, 528-31, 565-87; Deussen, Paul, *System of the Vedanta*, 241-4; Macdonell, 47; Radhakrishnan, S., *The Hindu View of Life*, 65-6; Otto, 3.

112. Eliot, i, xlii-iii; Deussen, *Vedanta*, 272, 458.

113. Radhak., ii, 544f.

113a. Guénon, René, *Man and His Becoming*, 259.

114. Deussen, 39, 126, 139, 212.

115. Coomaraswamy, *Dance*, 113.

116. Müller, *Six Systems*, 194.

117. Eliot, ii, 312; Deussen, 255, 300, 477; Radhak., ii, 633, 643.

118. Deussen, 402-10, 457.

119. Eliot, ii, 40.

120. Deussen, 106.

121. 위의 책, 286.

122. Radhak., ii, 448

123. Müller, *Six Systems*, 181.

124. Radhak., ii, 771.

125. Dickinson, G. Lowes, *An Essay on the Civilizations of India, China and Japan*, 33.

126. *Isavasya Upanishad*, in Brown, B., Hindus, 159.

127. 위의 책.

128. *De Intellectus Emendatione*.

129. Otto, 219-32.

20장

1. Das Gupta, *Yoga*, 16; Radhak., ii, 570.

2. Macdonell, 61; Winternitz, 46-7.

3. *Mahabharata*, II, 5; Davids, *Buddhist India*, 108.

4. 위의 책, 118.

5. Indian Year Book, 1929, 633.

6. Winternitz, 33, 35.

7. Lajpat Rai, *Unhappy India*, 18, 27.

8. Venkateswara, 83; Max Müller in Hardie, 5.

9. Smith, *Ox. H.*, 114.

10. Venkateswara, 83; Havell, *History*, 409.

11. Venkateswara, 85, 100, 239.

12. 위의 책, 114, 84; Frazer, R. W., 161.

13. Venkateswara, 148.

14. Havell, *History*, Plate XLI.

15. Venkateswara, 231-2; Smith, *Ox. H.*, 61; Havell, *History*, 140; Muthu, 32, 74; *Modern Review*, March, 1915, 334.

16. Watters, ii, 164-5.

17. Venkateswara, 239, 140, 121, 82; Muthu, 77.

18. Tod, i, 348n.

19. 위의 책.

20. *Ramayana,* 324.

21. Eliot, i, xc.

22. Tietjens, 246.

23. VI, 13, 50.

23a. *Ramayana,* 303-7.

24. V, 1517; Monier-Williams, 448.

25. Brown, B., *Hindus,* 41.

26. Winternitz, 441.

27. Brown, B., 27.

28. Eliot, ii, 200.

29. Radhak., i, 519; Winternitz, 17.

30. Professor Bhandakar in Radhak., i, 524.

31. Richard Garbe, 앞의 책.

32. Arnold, *The Song Celestial,* 4-5.

33. 위의 책, 9.

34. 위의 책, 41, 31.

35. Macdonell, 91.

36. Gowen, 251; Müller, *India,* 81.

37. Arthur Lillie, *Rama and Homer.*

38. Dutt, *Ramayana,* 1-2.

39. 위의 책, 77.

40. 위의 책, 10.

41. 위의 책, 34.

42. 위의 책, 36.

43. 위의 책, 47, 75.

44. 위의 책, 145.

45. Gowen, *Indian Literature,* 203.

46. 위의 책, 219.

47. Macdonell, 97-106.

48. Gowen, 361.

49. 위의 책, 363.

50. Monier-Williams, 476-94.

51. Gowen, 358-9.

52. Coomaraswamy, *Dance,* 33.

53. Kalidasa, *Shakuntala,* 101-3.

54. 위의 책, 139-40.

55. Tr. by Monier-Williams, in Gowen, 317.

56. Frazer, R. W., 288.

57. Kalidasa, xiii.

58. Macdonell, 123-9.

59. Macdonell in Tietjens, 24-5.

60. Gowen, 407-8.

61. 위의 책, 504.

62. Tietjens, 301; Gowen, 411-13; Barnett, *Hart of India,* 121.

63. Frazer, R. W., 365; Gowen, 487.

63a. Coomaraswamy, *Dance,* 105; Rolland, *Prophets,* 6n.

64. Barnett, *Heart,* 54.

65. Sir George Grierson in Smith, *Akbar,* 420.

66. Macdonell, 226; Winternitz, 476; Gandhi, *His Own Story,* 71.

67. Barnett, *Heart,* 63.

68. Venkateswara, 246, 249; Havell, *History,* 237.

69. Frazer, R. W., 318n.

70. 위의 책, 345.

71. Eliot, ii, 263; Gowen, 491; Dutt, 101.

72. Tr. by Tagore.

73. Kabir, *Songs of Kabir,* tr. by R. Tagore, 91, 69.

74. Eliot, ii, 262.

75. 위의 책, 265.

21장

1. Coomaraswamy, *History*, 4.

2. 위의 책, Plate II, 2.

3. Fergusson, i, 4.

4. Smith, *Akbar*, 412.

5. Coomaraswamy, fig. 381.

6. 위의 책, 134.

7. 위의 책, figs. 368-78.

8. 위의 책, 139.

9. 위의 책, 137.

10. 위의 책, 138.

11. Smith, *Akbar*, 422.

12. Coomaraswamy, *Dance*, 73.

13. Program of dances by Shankar, New York, 1933.

14. Coomaraswamy, *Dance*, 75, 78.

15. Brown, Percy, *Indian Painting*, 121.

16. Childe, *Ancient East*, 37; Brown, P., 15, 111.

17. Havell, *Ideals*, 132; Brown, P., 17.

18. 위의 책, 38.

19. 위의 책, 20.

20. Faure, *History of Art*, ii, 26; and Havell, *Architecture*, 150.

21. Brown, P., 29-30.

22. Havell, *Architecture*, Plate XLIV; Fischer, Otto, *Die Kunst Indiens, Chinas und Japans*, 200.

23. Havell, *Architecture*, 149.

24. Coomaraswamy, *History*, figs. 7 and 185.

25. Havell, *Architecture*, Pl. XLV.

26. Fischer, *Tafel* VI.

27. 위의 책, 188-94.

28. Coomaraswamy, *Dance*, Pl. XVIII.

29. Coomaraswamy, *History*, fig. 269.

30. Brown, P., 120.

31. Fischer, 273.

32. Brown, P., 8, 47, 50, 100; Smith, *Ox. H.*, 128; Smith, *Akbar*, 428-30.

33. Brown, P., 85.

34. 위의 책, 96.

35. 위의 책, 89; Smith, *Akbar*, 429.

36. 위의 책, 226.

37. Coomaraswamy, *Dance*, 26.

38. Havell, *Ideals*, 46.

39. Fenollosa, i, 30; Fergusson, i, 52; Smith, *Ox. H.*, 111.

40. Gour, 530; Havell, *History*, 111.

41. Coomaraswamy, *History*, 70.

42. Fenollosa, i, 4, 81; Thomas, E. J., 221; Coomaraswamy, *Dance*, 52; Eliot, i, xxxi; Smith, *Ox. H.*, 67.

43. Fischer, 168; Central Museum, Lahore.

44. Fenollosa, i, 81.

45. Coomaraswamy, *History*, fig. 168.

46. Ca. 950 A.D.; Coomaraswamy, *History*, fig. 222; Lucknow Museum.

47. Ca. 1050A .D.; Coomaraswamy, *History*, fig. 223; Lucknow Museum.

48. Ca. 750 A.D.; Havell, *History*, f. p. 204.

49. Ca. 950 A.D.; Coomaraswamy, *History*, Pl. LXX.

50. Ca. 700; Havell, History, f. 244.

51. Ca. 750; Coomaraswamy, *Dance*, p. 26.

52. Ca. 1650; Coomaraswamy, *History*, fig. 248.

53. Fenollosa, i, f. 84.

54. Fischer, *Tafel* XVI; Coomaraswamy, *History*, CVI; Boston Museum of Fine Arts.

55. Coomaraswamy, fig. 333.

56. Gangoly, O. C., *Indian Architecture*, xxxiv-viii.

57. 위의 책.

58. Havell, *Ideals*, f. 168.

59. Metropolitan Museum of Art, New York City; Coomaraswamy, *History*, fig. 101.

60. Havell, *Ideals*, f. 34.

61. Ca. 100 A.D.; Coomaraswamy, XCVIII.

62. 위의 책, XCV.

63. Havell, *History*, 104; Fergusson, i, 51.

64. Davids, *Buddhist India*, 70.

65. Havell, *Architecture*, 2; Smith, *Ox. H.*, 111; Eliot, iii, 450; Coomaraswamy, *History*, 22.

66. Spooner, D. B., in Gowen, 270.

67. Fischer, 144-5.

68. Smith, *Ox. H.*, 112.

69. Havell, *History*, 106; Coomaraswamy, *History*, 17.

70. Havell, *Architecture*, 55.

71. Fergusson, i, 119.

72. Coomaraswamy, *History*, fig. 54.

73. 위의 책, fig. 31.

73a. Fergusson, i, 55; Coomaraswamy, 19.

74. Fischer, 186.

75. 위의 책, *Tafel* IV.

76. 위의 책, 175.

77. Havell, *Architecture*, 98, and Pl. XXV.

78. Fergusson, ii, 26.

79. Havell, *Architecture*, Pl. XIV.

80. Fergusson, ii.

81. Coomaraswamy, LXVIII.

82. Fergusson, ii, 41 and Pl. XX.

83. 위의 책, 101.

84. Fergusson, ii, Pl. XXIV.

85. 위의 책, 138-9.

86. Coomaraswamy, *History*, fig. 252.

87. Havell, *History*, f. p. 344.

88. Havell, *Architecture*, Plates LXXIVVI.

89. Fischer, 214-5.

90. Loti, 168; Fergusson, ii, 7, 32, 87.

91. Fergusson, ii, 133.

92. Fergusson, i, 352.

93. 위의 책, Pl. XII, p. 424.

94. 위의 책.

95. Gangoly, Pl. LXXIV.

96. Coomaraswamy, *History*, fig. 211; Fischer, 251.

97. Fergusson, i, 448.

98. Macdonell, 83.

99. Coomaraswamy, *History*, fig. 192; Fischer, 221.

100. 위의 책, 222.

101. Havell, *Architecture*, 195; Fergusson, i, 327, 342, 348.

102. Mukerji, D. G., *Visit India with Me*, New York, 1929, 12.

103. Coomaraswamy, *History*, 95, Pl. LII.

104. Fischer, 248-9; Fergusson, i, 362-6.

105. 위의 책, 368-72.

106. Coomaraswamy.

107. Coomaraswamy, *History*, XCVI.

108. 위의 책, 169.

109. Gangoly, 29.

110. Coomaraswamy, *History*, fig. 349; Gangoly, xi.

111. Gangoly, xii-xv.

112. Candee, Helen C., *Angkor the Magnificent*, 302.

113. 위의 책, 186.

114. 131, 257, 294.

115. 258.

116. Fischer, 280.

117. Coomaraswamy, *History*, 173.

118. Havell, *History*, 327, 296, 376; *Architecture*, 207; Fergusson, ii, 87, 7.

119. Smith, *Ox. H.*, 223; Frazer, R. W., 363.

120. Smith, f. 329.

121. Fergusson, ii, 309.

122. 위의 책, 308n.

123. Lorenz, 376.

124. Chirol, *India*, 54.

125. Lorenz, 379.

126. Smith, *Ox. H.*, 421.

22장

1. Zimand, 31.

2. Smith, *Ox. H.*, 502.

3. Zimand, 32

4. 위의 책, 31-4; Smith, 505; Macauley, i, 504, 580; Dutt, R. C., *The Economic History of India in the Victorian Age*, 18-23, 32-3.

5. Macaulay, i, 568-70, 603.

6. Dutt, *Economic History*, 67, 76, 375; Macaulay, i, 529.

7. 위의 책, 528.

8. Dutt, xiii, 399, 417.

9. Sunderland, 135; Lajpat Rai, *Unhappy India*, 343.

10. Dubois, 300.

11. 위의 책, 607.

12. Eliot, iii, 409.

13. Monier-Williams, 126.

14. Frazer, R. W., 397.

15. 위의 책, 395.

16. Eliot, i, xlvi.

17. Rolland, *Prophets*, 119; Zimand, 85-6; Wood, 327; Eliot, i, xlviii; Underwood, A. C., *Contemporary Thought of India*, 137f.

17a. Rolland, 61, 260.

18. 위의 책, xxvi; Eliot, ii, 162.

19. Brown, B., *Hindus*, 269.

20. Rolland, 160, 243; Brown, B., 264-5.

21. Rolland, 427.

22. 위의 책, 251, 293, 449-50.

23. 위의 책, 395.

24. Tagore, R., *Gitanjali*, New York, 1928, xvii; *My Reminiscences*, 15, 201, 215.

25. Thompson, E. J., *Rabindranath Tagore*,

82.

26. Tagore, R., *The Gardener*, 74-5.

27. Tagore, *Gitanjali*, 88.

28. Tagore, *Chitra*, pp. 57-8.

29. Tagore, *The Gardener*, 84.

30. Thompson, E. J., 43.

31. 위의 책, 94, 99; Fülop-Miller, 246; Underwood, A. C., 152.

32. Tagore, R., *Sadhana*, 25, 64.

33. *The Gardener*, 13-15.

34. Kohn, 105.

35. Zimand, 181; Lorenz, 402; Indian Year Book, 1929, 29.

36. "Close, Upton" (Josef Washington Hall), *The Revolt of Asia*, 235; Sunderland, 204; Underwood, 153.

37. Smith, *Ox. H.*, 35.

38. Simon, i, 37; Dubois, 73.

39. 위의 책, 190.

40. Havell, *History*, 165; Lorenz, 327.

41. Kohn, 426.

42. Simon, i, 38.

43. Lajpat Rai, *Unhappy India*, lviii, 191; Mukerji, *A Son*, 27; Sunderland, 247; New York *Times*, Sept. 24, 1929, Dec. 31, 1931.

44. Wood, 111; Sunderland, 248.

45. Indian Year Book, 23.

46. Wood, 117.

47. Kohn, 425.

48. Prof. Sudhindra Bose, in *The Nation*, New York, June 19, 1929.

49. New York *Times*, June 16, 1930.

50. Hall, J. W., 427; Fülop-Miller, 272.

51. 위의 책, 171.

52. 위의 책, 174-6.

53. Gandhi, M. K., *Young India*, 123.

54. 위의 책, 133.

55. Hall, 408.

56. Fülop-Miller, 202-3.

57. Ganadhi, *Young India*, 21.

58. Rolland, *Mahatma Gandhi*, 7.

59. 위의 책, 40; Hall, 400.

60. Gray and Parekh, *Mahatma Gandhi*, 27; Parmelee, 302.

61. Simon, i, 249.

62. Fülop-Miller, 299; Rolland, *Gandhi*, 220; Kohn, 410-12.

63. Fülop-Miller, 177.

64. 위의 책, 315.

65. 위의 책, 186.

66. Gandhi, *Young India*, 869, 2.

67. Hall, 506; Fülop-Miller, 227.

68. Zimand, 220.

69. Fülop-Miller, 171-2.

70. 위의 책, 207, 162.

23장

1. Gowen and Hall, *Outline History of China*, 50; Hirth, F., *Ancient History of China*, 155.

1a. Reichwein, A., *China and Europe: Intellectual and Artistic Contacts in the Eighteenth Century*, 92.

2. 위의 책, 89f.; Voltaire, *Works*, New York, 1927, xiii, 19.

3. Keyserling, *Creative Understanding*, 122, 203; *Travel Diary*, ii, 67, 58, 50, 57,

48, 68.

4. Lippert, 91; Keyserling, *Travel Diary*, ii, 53.

5. Smith, A. H., *Chinese Characteristics*, 98.

6. Williams, S. Wells, *Middle Kingdom*, i, 5; Brinkley, Capt. F., *China: Its History, Arts and Literature*, x, 3.

7. 위의 책, 2; Hall, J. W., *Eminent Asians*, 41.

8. Pittard, 397; Buxton, 153; Granet, *Chinese Civilization*, New York, 1930, 63; Latourette, K. S., *The Chinese: Their History and Culture*, 35-6; New York *Times*, Feb. 15, 1933.

9. Lowie, 182; Fergusson, J., *History of Indian and Eastern Architecture*, ii, 468; Legendre, A. F., *Modern Chinese Civilization*, 234; Granet, 64.

10. 위의 책, 215, 230.

11. Gowen and Hall, 26-7.

12. Confucius (?), *Book of History*, rendered and compiled by W. G. Old, 20-1.

13. Giles, Gems, 72.

14. Hirth, 40.

15. 위의 책, 53-7.

16. Wilhelm, R., *Short History of Chinese Civilization*; 124; Granet, 86.

17. 위의 책, 87.

18. Confucius, *Analects*, XIV, xviii, 2, in Legge, Jas., *Chinese Classics*, Vol. I: *Life and Teachings of Confucius*.

19. Legge, 213n.

20. Hirth, 107-8; Latourette, i, 57; Gowen and Hall, 64; Schneider, H., ii, 796-8.

21. Granet, 78.

22. 위의 책, 32-3; Hu Shih, *Development of the Logical Method in Ancient China*, 22; Latourette, ii, 52.

23. 위의 책, 58-9; Granet, 87-8; Hirth, 110.

24. Giles, H. A., *History of Chinese Literature*, 5.

25. *Book of Odes*, I, x, 8, and xii, 10, in Hu Shih, Pt. I, p. 4.

26. Cranmer-Byng, L., *The Book of Odes*, 51.

27. Tr. by Helen Waddell in Van Doren, *Anthology of World Poetry*, 1.

28. Yang Chu's *Garden of Pleasure*, 64.

29. Fenollosa, E. F., *Epochs of Chinese and Japanese Art*, 14; Hirth, 59-62; Hu Shih, 28f; Suzuki, D. T., *Brief History of Early Chinese Philosophy*, 14; Murdoch, Jas., *History of Japan*, iii, 108.

30. Hu Shih, 12.

31. Legge, 75n.

32. Giles, *History*, 57; Legge, Jas., *The Texts of Taoism*, i, 4-5.

33. Giles, *History*, 57; Giles, *Gems*, 55.

34. Legge, *Texts of Taoism*, i, 4f.

35. II, lxxxi, 3; I, lxv, 1-2.

36. Suzuki, 81.

37. II, lvii, 2-3; lxxx.

38. Yang Chu, 16, 19; Schneider, ii, 810; Hu Shih, 14; Wilhelm, *Short History*, 247.

39. I, xvi, 1-2.

40. I, xliii, 1; xlix, 2; lxi, 2; lxiii, 1;
    lxxviii, 1; lxxxi, 1; Giles, *History*, 73.

41. II, lxi, 2.

42. II, lvi, 1-2.

43. Granet, 55.

44. II, lvi, 2.

45. I, xvi, 1; II, lvi, 3; Parmelee, 43.

46. Legge, *Texts of Taoism*, 34; *Life and
    Teachings of Confucius*, 64.

47. Legge, *Texts*, 34.

48. 위의 책.

49. Szuma Ch'ien in Legge, *Life*, 58n.

50. 위의 책.

51. Legge, *Life*, 55-8; Wilhelm, R., *Soul of
    China*, 104.

52. Hirth, 229.

53. *Analects*, VII, xiii.

54. VIII, viii.

55. XV, xv.

56. VII, viii.

57. VII, xii.

58. VI, ii, XI, iii.

59. XVII, xxii; XVI; xlvi.

60. Legge, *Life*, 65.

61. 위의 책, 79.

62. V, xxvii.

63. VII, xxxii.

64. XIII, x.

65. IX, iv.

66. VII, I.

67. IV, xiv.

68. Legge, *Life*, 67.

69. XII, xi.

70. Legge, *Life*, 68.

71. 위의 책, 72.

72. 위의 책, 75.

73. IX, xvii.

74. Legge, 83.

75. 위의 책, 82.

76. XV, xviii.

77. II, iv.

78. Legge, 82.

79. Mencius, *Works of*, tr. by Legge, III,
    L, iv, 13.

80. Wilhelm, *Short History*, 143; Legge,
    Life, 16.

81. 위의 책, 267, 27; Hu Shih, 4.

82. XV, 40.

83. II, xvii.

84. XIII, iii.

85. III, xiii, 2.

86. IX, xv.

87. Legge, *Life*, 101; Giles, *History*, 33;
    Suzuki, 20.

88. Legge, 101.

89. XI, xi.

90. VI, 20.

91. VII, 20.

92. XV, ii.

93. *Great Learning*, I, 4-5, in Legge, *Life*,
    266.

94. XIV, xlv.

95. XV, xxxi; II, xiv; XIII, iii, 7.

96. VI, xvi.

97. *Doctrine of the Mean*, XII, 4, in Legge.

98. *Analects*, II, xiii.

99. *Doctrine of the Mean*, XIV, 5.

100. XV, xviii-xx.

101. XIV, xxix; XI, xiii, 3; *D. of M.*, XXXIII, 2.

102. 위의 책, XI, 3.

103. *Li-chi*, XVII, i, 11-2.

104. Spinoza, *Ethics*, Bk. III, Prop. 59.

105. *D. of M.*, XXIX, tr. by Suzuki, 64.

106. Suzuki, 63.

107. *Analects*, XII, ii; V, xvi.

108. XV, xxiii.

109. XIV, xxxvi, 1-2.

109a. IV, xvii.

109b. XII, vi.

110. XIII, xxiii.

111. *D. of M.*, XIV, 3.

112. IV, xxiv; V, iii, 2; XVII, vi; XV, xxi.

113. V, xvi; XVI, xiii, 5.

114. XVI, 10.

115. I, ii, 2; Legge, *Life* 106.

116. IV, xviii; *Li-chi*, XII, i, 15; Brown, B., *Story of Confucius*, 183.

117. *Great Learning*, X, 5.

118. *Analects*, XII, vii.

119. XII, xix; II, ii, xx.

120. XII, xxiii, 3.

121. *D. of M.*, XX, 4.

122. *Analects*, XIII, x-xii.

123. *Great Learning*, X, 9.

124. *Analects*, XII, xix; XV, xxxviii.

125. *Li-chi*, XVII, i, 28; iii, 23; Brown, *Story of Confucius*, 181.

126. *Analects*, XX, iii, 3.

127. *Li-chi*, XXVII, 33; XXIII, 7-8.

128. 위의 책, VII, i, 2-3.

129. Latourette, i, 80-1.

130. Legge, *Life*, 106.

131. *D. of M.*, XXX-XXXI.

132. Hu Shih, 109f.

133. Hirth, 307.

134. Mencus, VII, i, 26, in Hu Shih, 58.

135. Hu Shih, 72.

136. 위의 책, 57, 75; Latourette, i, 78.

137. Hirth, 281.

138. Hu Shih, 69-70.

139. Thomas, E. D., *Chinese Political Thought*, 29-30.

140. Hu Shih, 58.

141. Mencius, Introd., 111.

142. Wilhelm, *Short History*, 150; Hu Shih 110.

143. Hu Shih, 62.

144. Mencius, Introd., 93.

145. Yang Chu, 10, 51; Latourette, i, 80.

146. Mencius, Introd., 96; Yang Chu, 57.

147. Mencius, Introd., 96-7.

148. Hirth, 27-9.

149. Mencius, III, ii, 9.

150. Mencius, Introd., 14-18.

151. 위의 책. 42.

152. 위의 책, I, ii, 3; ii, 5; pp. 156, 162.

153. 위의 책, 12.

154. VI, i, 2.

155. I, i, 7.

156. III, i, 3.

157. I, i, 3.

158. II, i, 5.

159. Thomas, E. D., 37; Williams, S. Wells, i, 670.

160. IV, ii, 19.

161. Mencius, Introd., 30-1.

162. VI, ii, 4.

163. VII, ii, 4.

164. Thomas, E. D., 37.

165. I, i, 3.

166. II, ii, 4.

167. VII, ii, 14.

168. V, ii, 9; I, ii, 6-8.

169. Mencius., Introd., 84.

170. 위의 책, 79-80.

171. 위의 책, 86.

172. Hu Shih, 152.

173. Legge, *Texts of Taoism*, V, 5.

174. 위의 책, Introd., 37.

175. XVII, 11.

176. Thomas, E. D., 100.

177. XI, 1.

178. XVI, 2; IX, 2.

179. XII, 11.

180. XII, 2.

181. II, 2; XX, 7; Giles, *Gems*, 32.

182. II, 7; XXII, 5.

183. VI, 7.

184. Suzuki, 36.

185. XVII, 4; Hu Shih, 146.

186. XVIII, 6.

187. II, 11; tr. by Giles, *History*, 63.

188. Giles, *History*, 68.

189. Reichwein, 79f.

190. 위의 책.

191. 위의 책, 84.

192. Wilhelm, *Soul of China*, 233.

193. Voltaire, *Works*, iv, 82.

194. Reichwein, 131; Hirth, vii.

24장

1. Giles, *Gems*, 33.

2. Granet, 37; Gowen and Hall, 84; Giles, *History*, 78.

3. Granet, 41.

4. Voltaire, *Works*, iv. 82.

5. Granet, 37, 97-8, 101-3; Boulger, D. C., *History of China*, i, 68-70; Wilhelm, *Short History*, 157.

6. Boulger, i, 71.

7. Granet, 38.

8. 위의 책.

9. 위의 책, 103; Schneider, ii, 790; Wilhelm, *Short History*, 160-1; Lautourette, i, 96.

10. Gowen and Hall, 84f; Giles, *History*, 78.

11. Hall, J. W., *Eminent Asians*, 6.

12. Boulger, i, 64.

13. 위의 책, 62; Latourette, i, 99.

14. Granet, 38-40; Boulger, i, 77; Giles in G(owen) & H(all), 92.

15. Boulger, i, 106; Granet, 44.

16. Szuma Ch'ien in Granet, 113.

17. 위의 책.

18. Granet, 112-3.

19. 위의 책, 118.

20. Fenollosa, i, 77.

21. Waley, Arthur, *Introduction to the Study of Chinese Painting*, 27; G & H, 102.

22. Granet, 113-5.

23. Wilhelm, *Short History*, 186, 194.

24. Lautourette, i, 121.

25. 위의 책, 120-2.

26. 위의 책, 122.

27. G & H, 118.

28. 위의 책, 117-21.

29. Fenollosa, i, 117.

30. Voltaire, *Works*, xiii, 26.

31. Tu Fu, *Poems*, tr. by Edna W. Underwood, xli.

32. Li-Po, *Works*.

33. Tu Fu, xlviii.

34. Li-Po, 1.

35. Tu Fu, xli.

36. Murdoch, *History of Japan*, i, 146.

37. Waley, *Chinese Painting*, 142.

38. 위의 책, 97.

39. Wilhelm, *Short History*, 224.

40. Williams, S. Wells, i, 696f.

41. Li-Po, 20.

42. 위의 책, 95.

43. 위의 책, 30.

44. Williams, S. Wells, i, 697.

45. Li-Po, 31.

46. G & H, 113.

47. Li-Po, 100.

48. 위의 책, 84.

49. 138.

50. 191.

51. 71.

52. 55.

53. 97.

54. 위의 책, ii.

55. 위의 책, 25.

56. Giles, *History*, 50.

57. Van Doren, *Anthology*, 18-20.

58. Waley, Arthur, 170 *Chinese Poems*, 106-8.

59. 위의 책, 162.

60. 위의 책, 168.

61. Van Doren, 24.

62. Giles, *History*, 156; Ayscough, Florence, *Tu Fu: The Autobiography of a Chinese Poet*, 105.

63. 위의 책, 75.

64. Tu Fu, *Poems*, 118, 184, 154.

65. 위의 책, 95.

66. 30, 7, 132.

67. 137.

68. 72, 133, introd.

69. Williams, S. Wells, i, 602.

70. Giles, *History*, 276.

71. 위의 책, 102.

72. 위의 책.

73. Thomas, E. D., 5.

74. Giles, *History*, 200-3.

75. 위의 책, 160.

76. G & H, 156.

77. Wilhelm, *Short History*, 255; Giles, *History*, 258.

78. Williams, S. Wells, i, 820; Latourette, ii, 220.

79. 위의 책, 221.

80. Wilhelm, 141.

81. Giles, *Gems*, 117.

25장

1. G & H, 142.

2. 위의 책, 141.

3. 위의 책, 140-3; Latourette, i, 252-7; Wilhelm, 237-8; Murdoch, iii, 106f; Fenollosa, ii, 33, 57.

4. G & H., 133, quoting Walter T. Swingle, Librarian of the U. S. Dept. of Agriculture.

5. Carter, *Invention of Printing* 2.

6. 위의 책, 3.

7. 위의 책, 96.

8. Sarton, 369.

9. Carter, 25.

10. 위의 책, 145; Sarton, 512.

11. Carter, 41.

12. 위의 책, 43, 183.

13. G & H, 133.

14. Carter, 250.

15. 위의 책, 178, 171.

16. 위의 책, 177-8; Sarton, 663.

17. 위의 책, G & H, 164; Giles, *History*, 296.

18. Chu Hsi, *Philosophy of Human Nature*, 75; Bryan, J. J., *Literature of Japan*, 122; Latourette, i, 262-3; Wilhelm, *Short History*, 249-50; Aston, W. G., *History of Japanese Literature*, 226-7.

19. Wilhelm, 249-50.

20. Wang Yang-ming, *Philosophy*, tr. by Fredk. G. Henke, 177-8.

21. Armstrong, R. C., *Light from the East: Studies in Japanese Confucianism*, 121; Brinkley, Capt. F., *Japan: Its History, Arts and Literature*, iv, 125.

22. Wang Yang-Ming, 8, 12, 50, 59.

23. Brinkley, *Japan*, iv, 125.

24. Wang Yang-ming, 106, 52.

25. 위의 책, 115-6.

26. Hobson, R. L., *Chinese Art*, 14.

27. *Encyc. Brit.*, xiii, 575.

28. Hobson, R. L., Pl. LXXXIII.

29. 위의 책, XCI.

30. *Encyc. Brit.*, xiii, f. p. 576.

31. Hobson, R. L., LXXVIII.

32. 위의 책, LXXVII, 1.

33. Lorenz, '*Round the World Traveler*, 197.

34. *Encyc. Brit.*, xii, 864.

35. Fry, R. E., *Chinese Art*, 31; Granet, 37, Encyc. *Brit.*, iv, 245.

36. *Chinese Art*, 33.

37. Fischer, Otto, 374.

38. *Encyc. Brit.*, Pl. XIV, f. p. 246; collection of Mr. Warren E. Cox.

39. *Chinese* Art, 47.

40. Fergusson, Jas., *History of Indian and Eastern Architecture*, ii, 454.

41. Fergusson, Jas., in Williams, S. Wells, i, 727.

42. Stein, Sir A., *Innermost Asia*, Vol. iii, Pl. XXV; Pelliot, Vol. iv, Pl. CCXXV.

43. Fergusson, ii, 464.

44. Coomaraswamy, *History*, 152.

45. Williams, S. Wells, i, 744.

46. Lorenz, 203.

47. Cook's, *Guide to Peking*, 28, 30.

48. Fergusson, ii, 481.

49. Legendre, 79.

50. 위의 책, 156.

51. Smith, *Chinese Characteristics*, 134.

52. Waley, *Chinese Painting*, 69-70.

53. Siren, Osvald, *Chinese Paintings in American Collections*, i, 36.

54. Giles, H. A., *Introduction to the History of Chinese Pictorial Art*, 2.

55. Wilhelm, *Short History*, 38.

56. Giles, *Pictorial Art*, 3.

57. 위의 책; Waley, *Chinese Painting*, 32.

58. Fenollosa, ii, p. xxx.

59. Waley, *Chinese Painting*, 45.

60. *Encyc. Brit.*, art. on "Chinese Painting," Pl. II, 6.

61. Fischer, 325-31.

62. Waley, 49.

63. 위의 책, 51.

64. Giles, *Pictorial Art*, 21.

65. Tu Fu, 97, 175, 187.

66. Giles, *Pictorial Art*, 79.

67. Wilhelm, 244.

68. Waley, 183.

69. Giles, 47-8.

70. 위의 책, 50; Binyon, L., *Flight of the Dragon*, 43.

71. Giles, 47.

72. Croce, Benedetto, *Esthetic*, 50.

73. Waley, 117.

74. Binyon, 111.

75. Siren, i, Plates 5-8; Encyc. *Brit.*, "Chinese Painting," Pl. II, 4.

76. Fenollosa, ii, 27.

77. Waley, 177.

78. G & H, 146.

79. A Chinese writer in Giles, *Pictorial Art*, 115.

80. Fischer, 492.

81. Fenollosa, ii, 42.

82. 위의 책, 62.

83. Gulland, W. G., *Chinese Porcelain*, i, 16.

84. *Chinese Art*, 11.

85. 위의 책, 2.

86. Hsieh Ho in Coomaraswamy, *Dance of Siva*, 43.

87. Binyon 65-8; *Chinese Art*, 47.

88. Okakura-Kakuso, *The Book of Tea*, 108.

89. Gulland, i, 3.

90. *Encyc. Brit.*, xviii, 361.

91. *Encyc. Brit.*, xviii, 362; Carter, 93.

92. 위의 책.

93. Brinkley, *China*, ix, 229.

94. 위의 책, 62.

95. 위의 책, 87; Gulland, 139.

96. Brinkley, 75.

97. G & H, 165.

98. Brinkley, *China*, ix, 210, 215.

99. 위의 책, 376, 554; *Encyc. Brit.*, art. "Ceramics."

26장

1. Polo, *Travels*, 78, 188.

2. 위의 책, v-vii.

3. Polo, 232-40.

4. 152.

5. 129.

6. G & H, 135f.

7. Giles, *History*, 248-9.

8. Polo, 172.

9. Giles, 247.

10. Polo, 158.

11. 위의 책, 125.

12. 149.

13. P. xxiv of Komroff's Introduction.

14. G & H, 172.

15. 위의 책.

16. Latourette, i, 330; Wilhelm, *Short History*, 260; G & H, 195; Giles, *History*, 291; Gulland, W. G., ii, 288.

17. G & H, 209.

18. 위의 책, 227.

19. Parmelee, 218; Bisland, Elizabeth, *Three Wise Men of the East*, 125.

20. Wilhelm, 204; Latourette, i, 203; G & H, 186; Brinkley, *China*, x, 4.

21. Latourette, i, 289.

22. Brinkley, 12.

23. Williams, S. Wells, i, 770.

24. 위의 책, 762.

25. Wilhelm in Keyserling, *Book of Marriage*, 133; Waley, *Chinese Painting*, 165.

26. Legendre, 23.

27. 위의 책, 75; Park, No Yong, *Making a New China*, 122.

28. Smith, *Chinese Characteristics*, 127.

29. Polo, 236.

30. Pitkin, *Short Introduction*, 182.

31. Wilhelm, *Short History*, 64.

32. Mason, *Art of Writing*, 154–79.

33. Legndre, 67, 113.

34. Okakura, 3, 36.

35. Granet, 144–5.

36. Legendre, 114.

37. Wilhelm, *Soul of China*, 339.

38. Smith, *Charateristics*, 21; Park, No Yong, 123; Legendre, 86; Williams, S. Wells, i, 775–80.

39. Latourette, i, 225.

40. Park, 121; Smith, *Characteristics*, 19.

41. Eddy, Sherwood, *Challenge of the East*, 81.

42. Giles, *Gems*, 285.

43. Murdoch, iii, 262.

44. Sarton, 452.

45. National Geographical Magazine, April, 1932, p. 511.

46. Sumner and Keller, iii, 2095.

47. Wilhelm, *Short History*, 134; Wilhelm, *Soul of China*, 361–2; G & H, 59.

48. Polo, 236.

49. Peffer, N., *China: the Collapse of a Civilization*, 25–32; Parmelee, 101; Legendre, 57.

50. Williams, S. Wells, i, 413; Wilhelm, *Short History*, 11.

51. Park, 85; G & H, 290.

52. Park, 67.

53. Latourette, ii, 206; G & H, 2–3.

54. Renard, 161.

55. Park, 92.

56. Sumner, *Folkways*, 153; Latourette, i, 63.

57. 위의 책, 252.

58. Polo, 159; Carter, 77.

59. Carter, 92.

60. 위의 책.

61. Carter, 93.

62. Polo, 170n.

63. Legendre, 107-10.

64. Sarton, 371, 676; Schneider, ii, 860.

65. Sarton, 183, 410.

66. Waley, *Chinese Painting*, 30.

67. Schneider, ii, 837.

68. Voltaire, *Works*, iv, 82; Hirth, 119; Wilhelm, *Soul*, 306.

69. 위의 책, 436, 481; Garrison, 73.

70. Latourette, 313; Garrison, 75.

71. Williams, S. Wells, i, 738; Legendre, 56.

72. Wilhelm, *Short History*, 79, 81; Smith, *Characteristics*, 290, 297; Spengler, O., *Decline of the West*, ii, 286; Granet, 163; Latourette, ii, 163-5.

73. Smith, *Characteristics*, 292; Suzuki, 47, 112, 139; Wilhelm, *Short History*, 69.

74. Hirth, 81.

75. 위의 책, 118; Smith, 164, 331.

76. Granet, 321.

77. Wilhelm, *Soul*, 125.

78. Legge, *Texts of Taoism*, i, 41.

79. Suzuki, 72; Wilhelm, *Short History*, 248.

80. Waley, *Chinese Painting*, 28.

81. Potter, Chas. F., *Story of Religion*, 198.

82. Wilhelm, *Soul*, 357; Murdoch, iii, 104; Waley, 33-4, 79; Sarton, 470, 552; Carter, 32; Gulland, 27; Latourette, i, 171, 214; ii, 154-5; G & H, 104; Schneider, ii, 803.

83. Smith, *Characteristics*, 89; Latourette, ii, 129; Parmelee, 81.

84. Smith, 304; Legendre, 197.

85. Wilhelm, *Short History*, 224; Lorenz, 202.

86. G & H, 118, 527.

87. Fenollosa, ii, 149.

88. Voltaire, *Works*, xiii, 29.

89. Quoted by Wilhelm in Keyserling, *Book of Marriage*, 137.

90. Mencius, IV, i, 26.

91. Latourette, ii, 197; Granet, 321; Williams, S. Wells, i, 836; Legendre, 26.

92. Wilhelm in Keyserling, 137; Wilhelm, *Soul*, 22; Wilhelm, *Short Hstory*, 104; Smith, 213.

93. Granet, 345; Williams, S. Wells, i, 836; Westermarck, *Moral Ideas*, i, 462; Ellis, H., *Studies in the Psychology of Sex*, vol. ii, *Sexual Inversion*, 6f.

94. Briffault, iii, 346.

95. 위의 책; Wilhelm in Keyserling, 126.

96. Williams, S. Wells, i, 834.

97. Brinkley, *China*, 101.

98. Polo, 134, 152, 235.

99. Parmelee, 182; Briffault, ii, 333.

100. Waley, 170 *Chinese Poems*, 19; Keyserling, *Travel Diary*, ii, 97.

101. Hirth, 116.

102. Williams, S. Wells, 785.

103. Wilhelm, in Keyserling, *Book of Marriage*, 134.

104. Briffault, ii, 263.

105. Williams, S. Wells, i, 407-8.

106. Park, 133.

107. Wilhelm, *Short History*, 59; Wilhelm,

in Keyserling, 123; Briffault, i, 362f.

108. Thomas, E. D., 134; Briffault, i, 368.

109. Granet, 43.

110. Briffault, ii, 331.

111. Cranmer-Byng, *The Book of Odes*, 11; Giles, History, 108, 274.

112. Smith, 194; Sumner and Keller, iii, 1754; Legendre, 18.

113. *Li-chi*, IX, iii, 7; Smith, 215; Sumner and Keller, iii, 1844.

114. Briffault, ii, 331.

115. Waley, 170 *Chinese Poems*, 94.

116. Armstrong, 56.

117. Williams, S. Wells, i, 825.

118. Westermarck, *Moral Ideas*, i, 89; Keyserling, *Travel Diary*, ii, 65; Smith, 192; Legendre, 122.

119. Wilhelm, *Soul*, 309.

120. Voltaire, *Works*, xiii, 19.

121. Brinkley, *China*, x, 37, 44, 49.

122. Smith, 225.

123. Thomas, E. D., 236; Williams, S. Wells, i, 504; Latourette, ii, 46.

124. Garrison, 75.

125. Williams, i, 391-2; Latourette, ii, 46.

126. Williams, ii, 512; Hirth, 123; Wilhelm, *Soul*, 19.

127. Brinkley, 3.

128. 위의 책, 78.

129. Williams, i, 544.

130. Legendre, 158; Hall, J. W., *Eminent Asians*, 35.

131. Williams, i, 569.

132. Latourette, ii, 21; Brinkley, *China*, x, 86.

27장

1. Latourette, i, 313.

2. Lorenz, 248.

3. Latourette, i, 314.

4. Lorenz, 248; G & H, 238.

5. Norton, H. K., *China and the Powers*, 55; Latourette, Williams, i, 367; Peffer, 57.

6. Latourette, i, 376, 385; Norton, 56.

7. Park, 149.

8. Peffer, 88f; Latourette, i, 413.

9. Hall, *Eminent Asians*, 17; Peffer, 151.

10. Latourette, i, 411.

11. Hall, 33.

12. Peffer, 93.

13. G & H, 314.

14. N. Y. *Times*, Feb. 11, 1934.

15. Eddy, *Challenge of the East*, 73.

16. Park, 86.

17. Latourette, ii, 93-6.

18. Eddy, 74.

19. Park, 89.

20. Eddy, 89.

21. Peffer, 241.

22. Peffer, 251.

23. *Modern Review*, Calcutta, May 1, 1931.

24. Peffer, 185.

25. Latourette, ii 174.

26. 위의 책, 176.

27. Parmelee 94.

28. Park, 135; Lorenz, 192.

29. Wu, Chao-chu, *The Nationalist Program
    for China*, 28.
30. Legendre, 240.
31. Park, 114.
32. Close, Upton, *Revolt of Asia*, 245.
33. Lorenz, 250.
34. Hu Shih, 8.
35. 위의 책, 7.

28장

1. The *Kojiki* (681-711), in Murdoch, i,
    59f, and Gowen, H. H., *Outline History
    of Japan*, 37f.
2. Murdoch, iii, 483.
3. Gowen, *Japan*, 13; Chamberlain, B. H.,
    Things Japanese, 249.
4. Gowen, 25.
5. Gowen, 17, 21; Chamberlain, B. H.,
    195; Redesdale, Lord, *Tales of Old
    Japan*, 2.
6. Chamberlain, B. H., 127.
7. Gowen, 99; Murdoch, iii, 211, 395-7;
    Chamberlain, 130.
8. 위의 책, 128.
9. Hearn, Lafcadio, *Japan: An Inter-
    pretation*, 455.
10. Gowen, 61; Murdoch, i, 38.
11. 위의 책.
12. Hearn, 448; Fenollosa, ii, 159.
13. Fenollosa, i, 64; Murdoch, i, 98-9.
14. Gowen, 64.
15. Murdoch, i, 94, 97.
16. Armstrong, 5, 18.
17. 위의 책, 2.

18. Hearn, 53.
19. Murdoch, i, 39.
20. Brinkley, Capt. F., *Japan: Its History,
    Arts and Literature*, v, 118. Hearn, 45,
    51.
21. Gowen, 67.
22. 위의 책, 65.
23. 위의 책, 118.
24. Murdoch, i, 240-1.
25. 위의 책, i, 377-8; Gowen, 116.
26. Murasaki, Lady, *Tale of Genji*, 27.
27. Tietjens, 156; tr. Curtis Hidden Page.
28. Close, Upton, *Challenge: Behind the Face
    of Japan*, 28; Gowen, 105; Latourette,
    i, 226.
29. Fenollosa, i, 149.
30. Brinkley, *Japan* iv, 148.
31. Fenollosa, i, 153.
32. Murdoch, i, 279.
33. Brinkley, i, 230.
34. Murdoch, i, 228-30.
35. Gowen, 147.
36. Murdoch, ii, 711.
36a. Close, *Challenge*, 54.
37. Gowen, 156.
38. 위의 책, 161-2; Murdoch, i, 545;
    Brinkley, ii, 190.
39. 위의 책, ii, 108; viii, 17.
40. Close, 33.
41. 위의 책, 34.
42. Murdoch, ii, 305.
43. 위의 책, ii, 311.
44. Froez in Murdoch, ii, 369.
45. Gowen, 191.

46. Murdoch, ii, 89, 90, 238; Hearn,
  365; Gowen, 191.
47. Hearn, 365.
48. Murdoch, ii, 241.
49. 위의 책, 243.
50. Close, 44.
51. Brinkley, ii, 219.
52. Armstrong, 35.
53. Close, 56.
54. 위의 책, 57-8.
55. Aston, 218-9; Bryan, 117.
56. Murdoch, ii, 492f.
57. 위의 책, ii, 288.
58. Brinkley, ii, 205.
59. Murdoch, iii, 315-30.
60. Hearn, 390.

29장

1. Hearn, 3.
2. Okakura, 10, 8.
3. Brinkley, iv, 6-7, 134; Murdoch, iii,
  171.
4. Brinkley, ii, 115; iv, 172.
5. 위의 책, iv, 36.
6. Chamberlain, B. H., 415.
7. Nitobe, Inazo, *Bushido, the Soul of Japan*,
  18.
8. Brinkley, iv, 147, 217; Redesdale, 40.
9. Section 45 of Iyeyasu's "Legacy," in
  Hearn, 193; Murdoch, iii, 40.
10. 위의 책.
11. J. H. Longford, in Murdoch, iii, 40n.
12. Nitobe, 23.
13. Brinkley, iv, 56.

14. 위의 책, 142, 109.
15. Hearn, 313; Gowen, 251.
16. 위의 책, 364.
17. Murdoch, iii, 221; Aston, 231;
  Chamerlain, *Things Japanese*, 220-1;
  Hearn, 318.
18. Close, 59; Nitobe, 141.
19. Redesdale, 13, 16-7, 272; Aston,
  230; Murdoch, iii, 235.
20. Nitobe, 121.
21. Murdoch, i, 188-9.
22. Brinkley, *Japan*, iv, 53; Hearn 328.
23. Brinkley, iv, 55, 92; Close, 58.
24. Brinkley, iv, 61.
25. 위의 책, 63.
26. Hearn, 195.
27. Close, 58.
28. Hearn, 378.
29. Murdoch, iii. 336; Brinkley, iv, 67.
30. Hearn, 260, 255; Murdoch, i, 172;
  Brinkley, i, 238, 241; iv, 111.
31. Gowen, 97.
32. Chamberlain, 150; Redesdale, 116;
  Armstrong, 19.
33. Brinkley, i, 133.
34. Murdoch, i, 17.
35. Brinkley, v, 195; ii, 118.
36. Gowen, 98.
37. Brinkley, ii, 118; v, 1; Murdoch, i,
  603.
38. 위의 책.
39. Close, 341.
40. Aston, 149-50.
41. *History of Japan*, iii, 21, in Murdoch,

iii, 171.

42. Close, 369.

43. Murdoch, iii, 446-50.

44. *Encyc. Brit.*, viii, 910.

45. Gowen, 115.

46. Sansum, W. D., M. D., *Normal Diet*, 76.

47. Brinkley, i, 209, 213.

48. Shonagon, Lady Sei, *Sketch Book*, 29.

49. Brinkley, iv, 176-81; ii, 92, 104; Hearn, 257; Holland, Clive, *Things Seen in Japan*, 172.

50. Brinkley, i, 139, 209-10; iv, 160, 175, 180.

51. Brinkley, iv, 176.

52. Chamberlain, 60.

53. 위의 책.

54. Murdoch, i, 40.

55. Brinkley, iv, 164.

56. 위의 책.

57. 위의 책, i, 146; ii, 106.

58. 위의 책, ii, 111-2.

59. Gatenby, E. V., *Cloud Men of Yamato*, 35-6.

60. Brinkley, ii, 258-66.

61. Okakura, 15.

62. Gowen, 213.

63. 위의 책.

64. Okakura, 139; Brinkley, iii, 9.

65. Walsh, Clara, *Master-Singers of Japan*, 108.

66. Gowen, 23.

67. Binyon, 30.

68. Gatenby, 25.

69. Hearn, 85.

70. 위의 책, 75, 80-1, 89; Murdoch, iii, 75.

71. Aston, 232; Hearn, 78; Redesdale, 92; Brinkley, i, 149.

72. Armstrong, 55.

73. Brinkley, i, 188.

74. Shonagon, 50.

75. Brinkley, iv, 142; Close, 62; Chamberlain, 504.

76. 위의 책, 501; Keyserling, *Travel Diary*, ii, 171.

77. Close, 61.

78. Hearn, 68, 83.

79. Genesis, ii, 24; Chamberlain, 166.

80. Nitobe, 141.

81. Bryan, 88.

82. Redesdale, 37; Ficke, A. D., *Chats on Japanese Prints*, 210; Chamberlain, 525; Keyserling, *Travel Diary*, ii, 200.

83. Brinkley, iv., 116.

84. 위의 책, 120.

85. Murdoch, iii, 216.

86. Brinkley, ii, 49.

87. Redesdale, 34.

88. Brinkley, v, 257.

89. By Prince Aki, 740 A.D., in Gatenby, 33.

90. Tr. by Curtis Hidden Page, in Tietjens, 144.

91 Brinkley, v, 207; Murdoch, iii, 112.

92. 위의 책, ii, 18-9.

93. 위의 책, ii, 18; Brinkley, i, 181.

94. 위의 책, i, 182.

95. Murdoch, i, 489.

96. 위의 책, 603.

97. 위의 책, 605; Armstrong, 171.

98. Brinkley, v, 254.

99. Murdoch, iii, 101, 113.

100. 위의 책, 115-9.

101. Armstrong, 65f.

102. 위의 책, 76, 78; Aston, 263-4.

103. Ekken, Kaibara, *Way of Contentment*, tr. by K. Hoshino, 7f.

104. 위의 책, 90.

105. 24, 17.

106. 24.

107. 33, 39, 43.

108. 35, 44, 59, 61, 49, 54.

109. Murdoch, iii, 127.

110. Armstrong, 133.

111. 위의 책.

112. Murdoch, iii, 129f.

113. Armstrong, 222.

114. 위의 책, 236f, 226.

115. 263-4.

116. 261.

117. 241f.

118. 255; Murdoch, iii, 481.

119. 위의 책, iii, 343-4.

120. 위의 책, 474.

121. 위의 책, 476f, 485; Aston, 319-32.

122. Murdoch, iii, 491-2.

30장

1. Close, 28.

2. Bryan, 13-15; Aston, 56-7; Gowen, 125.

3. Carter, 35.

4. 위의 책, 178.

5. Close, 77.

6. Brinkley, i, 229; iv, 136.

7. Gatenby, 27.

8. Bryan, 54, 74.

9. Aston, 263.

10. Tr. by Curtis Hidden Page, in Tietjens, 162.

11. Tietjens, 163.

12. Murdoch, i, 515.

13. Murasaki, Lady, 239.

14. 위의 책, 149, 235; Shonagon, 51.

15. Murdoch, iii, 326.

16. Noguchi, Yone, *Spirit of Japanese Poetry*, 11.

17. Gatenby, 97-102; Tietjens, 159.

18. Holland, 157.

19. Murdoch, iii, 470.

20. Gowen, 128.

21. Murasaki, 33, 29.

22. 위의 책, 75.

23. 98, 134.

24. 144.

25. 46.

26. 50.

27. Bryan, 65; Gowen, 128.

28. Holland, 137; Aston, 56.

29. 위의 책, 346-8, 391.

30. 위의 책, 269-71.

31. 위의 책, 392.

32. Murdoch, i, 571.

33. Aston, 255.

34. Brinkley, v, 112.

35. Aston, 249.

36. Gowen, 268.

37. Murdoch, iii, 240.

38. Aston, 116.

39. 위의 책, 114f.

40. Aston, 197-9; Bryan, 100.

41. Redesdale, 84.

42. Close, 65.

43. Okakura, 132.

44. Noguchi, 11.

45. Bryan, 136.

46. Brinkley, iv, 110.

47. 위의 책, vi, 113-5.

48. Aston, 279.

49. Okakura, 112; Brinkley, viii, 29.

50. Brinkley, vii, 319.

51. *Encyc. Brit.*, vii, 960.

52. Brinkley, i, 219; iv, 156; Chamberlain, 340-3.

53. Brinkley, iv, 78.

54. Murasaki, 212.

55. Chamberlain, 84.

56. Brinkley, vii, 157.

57. 위의 책, vii, 84.

58. Fenollosa, i, 56.

59. Gowen, 105.

60. Murdoch, i, 593.

61. Ledoux, L. V., *Art of Japan*, 62.

62. Armstrong, 9.

63. Brinkley, vii, 77.

64. Gowen, 124.

65. 위의 책, 213.

66. Brinkley, viii, 11.

67. 위의 책, 265.

68. 25.

69. 180.

70. 185.

71. 236.

72. Brinkley, vii, 339.

73. 위의 책, 9.

74. Binyon, 53.

75. 위의 책, 20.

76. Fenollosa, ii, 81.

77. Okakura, 113.

78. *Encyc. Brit.*, vii, 964.

79. Ledoux, 26.

80. 위의 책, 28.

81. Gowen, 284.

82. Fenollosa, ii, 183.

83. Ficke, 282-94.

84. Gowen, 285; Ficke, 363.

85. Noguchi, 27.

86. Ficke, 363.

87. Gowen, 284.

88. Fenollosa, ii, 204.

89. Gowen, 286.

90. Dickinson, G. Lowes, 65.

91. *Ten O'Clock*.

31장

1. Murdoch, iii, 456; Gowen, 287.

2. 위의 책, 298-9.

3. 300.

4. 312.

5. Brinkley, iv, 217.

6. 위의 책, 81, 256.

7. Close, 325.

8. 위의 책, 165.

9. Gowen, 349.

10. Close, 149.

11. Gowen, 376.

12. Close, 372.

13. *World Almanac*, 1935, p. 667.

14. Close, 395.

15. *Almanac*, 668; Close, 391; N. Y. *Times*, April 15, 1934.

16. Gowen, 341.

17. Colse, 289.

18. Eddy, 119; Park, 250; Holland, 148-52; Barnes, Jos., ed., *Empire in the East*, 70.

19. Eddy, 124f.

20. 위의 책, 118, 136.

21. Hearn, 488.

22. Barnes, 69; Close, 373.

23. Close, 344.

24. Hearn, 17.

25. Close, 134-42.

26. Chamberlain, 314; Close, 302.

27. 위의 책, 198.

28. Chamberlain, 447.

29. Close, 177f.

30. Eddy, 127.

31. *Almanac*, 669.

32. Brinkley, v, 83.

33. *Almanac*, 669.

34. Tsurumi, Y., *Present-Day Japan*, 68f.

35. Walsh, 116; Bryan, 40, 194.

36. Tsurumi, 59.

37. Gowen, 416.

38. Barnes, 51.

39. 위의 책, 48-50, 197.

40. Gowen, 369-70.

41. 위의 책, 402.

42. Barnes, 75; Close, 377.

43. *Almanac*, 674.

44. Barnes, 62.

기원전

4000	마이소르 신석기 문화
2900	모헨조다로 문화
1600	아리안의 인도 침입
1000~500	베다의 형성
800~500	우파니샤드
599~527	자이나교의 창시자 마하비라
563~483	부처
500	의사 수슈루타
500	카필라와 샹키아 철학
500	최초의 푸라나 경전들
329	그리스인들의 인도 침입
325	알렉산드로스가 인도를 떠남
322~185	마우리아 왕조
322~298	찬드라굽타 마우리아
302~298	파탈리푸트라의 메가스테네스
273~232	아소카

서기

120	쿠샨 왕 카니슈카
120	의사 차라카
320~530	굽타 왕조
320~330	찬드라굽타 1세
330~380	사무드라굽타
380~413	비크라마디티아
399~414	중국 승려 파히엔의 인도 체류
100~700	사원들과 아잔타의 프레스코화들
400	시인 겸 희곡 작가 칼리다사
455~500	훈족의 인도 침입
499	수학자 아리아바타
505~587	천문학자 바라하미히라
598~660	천문학자 브라흐마굽타
606~648	하르샤바르다나 왕
608~642	찰루키아 왕조의 풀라케신 2세
629~645	유안 츄왕의 인도 체류
629~650	티베트의 왕 송찬감포
630~800	티베트의 황금기
639	송찬감포가 티베트의 수도인 라사를 세움
712	아랍인들의 신드 주(州) 점령
750	팔라바 왕국의 부상
750~780	자바 섬의 보로부두르 사원 건축
760	카일라샤 사원
788~820	베단타 철학자 샹카라
800~1300	캄보디아의 황금기
800~1400	라지푸타나의 황금기
900	출라 왕국의 부상
973~1048	아랍인 학자 알베루니
993	델리 건설
1008	술탄 마흐무드의 인도 침입
1076~1126	찰루키아 왕조의 비크라마디티아
1114	수학자 바스카라
1150	앙코르와트 건축
1186	투르크족의 인도 침입
1206~1526	술탄의 델리 통치
1206~1210	술탄 쿠트부드딘 아이바크
1288~1293	마르코 폴로의 인도 체류
1296~1315	술탄 알라우드딘
1303	알라우드딘의 치토르 점령
1325~1351	술탄 마호메트 빈 투글라크
1336	비자야나가르 건설
1336~1405	티무르(타메를란)
1351~1388	술탄 피로즈 샤
1398	티무르의 인도 침입
1440~1518	시인 카비르
1469~1538	시크교의 창시자 바나 나나크
1483~1530	바부르가 무굴 왕조를 세움
1483~1573	시인 수르 다스

---

* 서기 1600년 이전 연대는 불확실하며, 기원전 329년 이전의 연대는 추정치이다.

1498	바스코 다 가마의 인도 도착
1509~1529	크리슈나 데바 라야의 비자야나가르 통치
1510	포르투갈인들의 고아 점령
1530~1542	후마윤
1532~1624	시인 툴시다스
1542~1545	세르 샤
1555~1556	후마윤의 복위와 사망
1560~1605	아크바르
1565	탈리코타에서 비자야나가르의 몰락
1600	동인도회사의 설립
1605~1627	제항기르
1628~1658	샤 제한
1631	뭄타즈 마할 사망
1632~1653	타지마할 건립
1658~1707	아우랑제브
1674	프랑스인들의 퐁디셰리 주 발견
1674~1680	라자 시바지
1690	영국인들의 캘커타 발견
1756~1763	인도에서 프랑스와 영국의 전쟁
1757	플라시 전투
1765~1767	벵골 총독 로버트 클라이브
1772~1774	벵골 총독 워렌 헤이스팅스
1788~1795	워렌 헤이스팅스에 대한 재판
1786~1793	벵골 총독 콘 월리스 경
1798~1805	벵골 총독 웰슬리 후작
1828~1835	인도 총독 겸 장군 윌리엄 카벤디시 벤팅크 경
1828	람 모훈 로이의 브라마소마즈 발견
1829	사티 폐지
1836~1886	라마크리슈나
1857	세포이 항쟁
1858	영국의 인도 점령
1861	라빈드라나트 타고르 출생
1863~1902	비베카난다
1869	모한다스 카람찬드 간디 출생
1875	다야난다의 아리아소마즈 창설
1880~1884	총독 리폰 후작
1885	인도국민의회 창설
1889~1905	총독 커즌 남작
1916~1921	총독 첼름스퍼드 남작
1919	암리차르
1921~1926	총독 레딩 백작
1926~1931	총독 어윈 경
1931~	총독 윌링던 경

기원전

2852~2205	전설적인 통치자들:
2852~2737	복희
2737~2697	신농
2697~2597	황제
2356~2255	요
2255~2205	순
2205~1766	하 왕조
2205~2197	우
1766~1123	상 왕조(혹은 은 왕조)
1766~1753	탕
1198~1194	무신론자 황제 우위
1154~1123	악의 모델 주신(혹은 주왕)
1122~255	주 왕조
1122~1115	무왕
1123	문왕의 활약
1115~1078	성왕
1115~1079	주공, 주례의 저자(?)
770~255	봉건 시대
683~640	제 나라의 재상 관중
604~517	노자(?)
551~478	공자
498	공자, 노나라 군주 정공을 도와 공무 수행
497	공자, 형조 판서
496	공자의 은퇴
496~483	공자의 유랑 생활
450	묵자의 활약
403~221	전국 시대
390	양주의 활약
372~289	맹자
370	장자 출생
350	굴원 사망
305	순자 출생

233	한비자 사망
230~222	시황제의 중국 통일
255~206	진 왕조
221~211	'최초의 황제' 시황제
기원전 206~	한 왕조
서기 221	
179~157	문제
145	사마천 출생
140~87	개혁가 황제 무제

서기

5~25	사회주의자 황제 왕망
67	불교의 중국 전래
100	중국 최초의 종이 제조자
200~400	타타르족의 중국 침입
221~264	삼국 시대
221~618	군소 왕조들의 난립 시대
365~427	도연명
364	고개지의 활약
490~640	불교 조각의 전성 시대
618~905	당 왕조
618~627	고조
627~650	태종
651~716	이사훈
699~759	왕유
700년경	오도자 출생
705~762	이태백
712~770	두보
713~756	현종
755	안녹산의 난
768~824	한유
722~846	백거이
907~960	5대 시대
932~953	중국 고전들의 목판 인쇄
950	최초의 지폐 등장

*기원전 551년 이전의 연대는 모두 근사치이며, 서기 1800년 이전의 연대는 모두 불확실하다.

960~1127	북송 왕조
960~976	태조
970	중국 최초의 대백과사전
1069~1076	사회주의자 재상 왕안석의 통치
1040~1106	이공린
1041	필승의 활자 제조
1100	곽희 출생
1101~1126	예술가 황제 휘종
1126	타타르족이 휘종의 수도 변량(카이펑)을 약탈함. 임안(항저우)으로 천도
1127~1279	남송 왕조
1130~1200	주희
1161	전쟁에서 화약을 최초로 사용
1162~1227	칭기즈칸
1212	칭기즈칸의 중국 침입
1260~1368	원(몽골) 왕조
1269~1295	쿠빌라이 칸
1269	마르코 폴로 베네찌아를 떠나 중국으로 향함
1295	마르코 폴로 베네찌아 도착
1368~1644	명 왕조
1368~1399	태조
1403~1425	성조(영락제)
1517	광저우의 포르투갈인들
1571	스페인의 필리핀 점령
1573~1620	신종(만력제)
1637	광저우의 영국 무역상들
1644~1912	청(만주) 왕조
1662~1722	강희제
1736~1796	건륭제
1795	1차 아편 무역 금지
1800	2차 아편 무역 금지
1823~1901	이홍장
1834~1908	서태후(황태후)
1839~1842	1차 아편 전쟁
1850~1864	태평천국운동
1856~1860	2차 아편 전쟁
1858~1860	러시아의 아무르 강 이북 중국 영토 점령
1860	프랑스의 인도차이나 점령
1866~1925	쑨이셴(손문)
1875~1908	광서제
1894	중일 전쟁
1898	독일의 자오저우 만 점령, 미국의 필리핀 점령
1898	광서제의 개혁 칙령들
1900	의화단운동
1905	과거 제도 폐지
1911	신해혁명
1912	(1~3월) 쑨이셴 중국 공화국 임시 수반
1912~1916	중국 정부 수반 위안스카이(원세개)
1914	일본의 자오저우 만 점령
1915	21개 조항
1920	중국 학교들의 백화 채택
1926	장제스(장개석)와 보로딘의 북부 장악
1927	공산주의 반대자들의 반발
1931	일본의 만주 점령

1. 역사적 배경

1. 원시 시대

기원전

660년경	몽골인 도래
660~585년경	진무(神武) 천황(?)

서기

412~453	인쿄(允恭) 천황
522	불교 도래
592~621	쇼토쿠(聖德) 태자 섭정
593~628	스이코(推古) 여황
645	대개혁

2. 천황 시대

668~671	덴치(天智) 천황
690~702	지토(指統) 천황
697~707	몬무(文武) 천황
702	대보율령(大寶律令)
710~794	헤이조(平城) 시대, 수도 나라(奈良)
724~756	쇼무(聖武) 천황
749~759	고켄(孝謙) 천황
765~770	고켄(孝謙) 천황
794~1192	헤이안(平安) 시대, 수도 교토(京都)
877~949	요제이(陽成) 천황
898~930	다이고(醍醐) 천황
901~922	'엔기'의 시대

3. 봉건 시대

1186~1199	미나모토 요리토모(源賴朝)
1203~1219	미나모토 사네토모(源實朝)
1200~1333	가마쿠라(鎌倉) 막부(幕府)
1199~1333	호조씨(北條氏) 섭정기
1222~1282	니치렌(日蓮), 일연종(日蓮宗) 시조
1291	쿠빌라이 칸의 침공
1318~1339	고다이고(後醍醐) 천황
1335~1573	아시카가(足利) 막부
1387~1395	아시카가 요시미쓰(足利義滿)
1436~1480	아시카가 요시마사(足利義政)
1573~1582	오다 노부나가(織田信長)
1581~1598	도요토미 히데요시(豊臣秀吉)
1592	히데요시 조선 정벌 실패
1597	히데요시 서양 선교사 축출
1600	세키가하라(關ヶ原) 전투
1603~1867	도쿠가와(德川) 막부
1603~1616	도쿠가와 이에야스(德川家康)
1605	오사카(大阪) 함락
1614	이에야스의 반(反)그리스도교 칙령
1605~1623	도쿠가와 히데타다(德川秀忠)
1623~1651	도쿠가와 이에미쓰(德川家光)
1657	도쿄(東京) 대화재
1680~1709	도쿠가와 쓰나요시(德川綱吉)
1688~1703	겐로쿠(元祿) 시기
1709~1712	도쿠가와 이에노부(德川家宣)
1716~1745	도쿠가와 요시무네(德川吉宗)
1721	요시무네, 일본 법전 편찬
1787~1836	도쿠가와 이에나리(德川家齊)
1853~1858	도쿠가와 이에사다(德川家定)
1858~1866	도쿠가와 이에모치(德川家茂)
1866~1868	도쿠가와 게이키(德川慶喜)

2. 문학

845~903	스가와라 미치자네(菅原道眞), 문학의 수호성인

---

*통치자의 연대는 즉위 연도와 사망 연도를 나타낸다. 일부는 양위했거나 암살되었거나 폐위당했다.

1. 시

665~731	다히토
737	히토마로 사망
724~756	아카히토
750	만요슈(萬葉集)
883~946	쓰라유키
905	고킨슈(古今集)
1118~1190	사이교 호시(西行法師)
1234	햐쿠닌잇슈(百人一首)
1643~1694	마쓰라 바쇼(松尾芭蕉)
1703~1775	가가노 치요(千代尼) 여류 시인

2. 희곡

1350~1650	노(能) 공연
1653~1724	지카마쓰 몬자에몬(近松門左衛門)

3. 소설

978~1031(?)	무라사키 시키부(紫式部) 여류 소설가
1001~1004	겐지 모노가타리(源氏物語)
1761~1816	산토 교덴(山東京傳)
1767~1848	교쿠테이 바킨(曲亭馬琴)
1831	짓펜샤 잇쿠(十返舍一九) 사망

4. 역사와 학문

712	고지키(古事記)
720	니혼기(日本紀)
1334	기타바타케 지카후사(北畠親房)의 진토쇼토키(神皇正統記)
1622~1704	도쿠가와 미쓰쿠니(德川光圓)
1630	하야시 라잔(林羅山) 도쿄 대학 설립
1657~1725	아라이 하쿠세키(新井白石)
1697~1769	가모 마부치(賀茂眞淵)
1730~1801	모토오리 노리나가(本居宣長)

5. 수필

1000년경	세이 쇼나곤(淸少納言) 여류 작가
1154~1216	가모노초메이(鴨長明)

6. 철학

1560~1619	후지와라 세이가(藤原惺窩)
1583~1657	하야시 라잔(林羅山)
1608~1648	나카에 도주(中江藤樹)
1630~1714	가이바라 엣켄(貝原益軒)
1619~1691	구마자와 반잔(熊澤蕃山)
1627~1705	이토 진사이(伊藤仁齋)
1666~1728	오규 소라이(秋生祖徠)
1670~1736	이토 도가이(伊藤東涯)

3. 예술

1. 건축

616년경	법륭사(法隆寺)
1400년경	요시미쓰 궁전
1543~1590	가노 에이토쿠(狩野永德)
1630년경	이에야스 능(陵)

2. 조각

747	나라(奈良)의 대불(大佛)
774~835	고보 대사(弘法大師)
1180~1220	운케이(運慶)
1252	가마쿠라 대불
1594~1634	히다리 진가로

3. 도기

1229년경	시로제몬
1650년경	가키에몬
1655년경	닌세이(仁淸)
1663~1743	겐잔(乾山)
1664년경	고토 사이지로(後藤才次郎)
1855	젠고로 호젠 사망

<table>
<tr><td colspan="2">4. 회화</td><td>1600년경</td><td>고예쓰</td></tr>
<tr><td>950년경</td><td>고세노 가나오카(巨勢金岡)</td><td>1578~1650</td><td>이와사 마타베이(岩佐又兵衛)</td></tr>
<tr><td>1010년경</td><td>다카요시</td><td>1602~1674</td><td>가노 단유(狩野探幽)</td></tr>
<tr><td>1017년경</td><td>예이신 소주</td><td>1618~1694</td><td>히시카와 모로노부(菱川師宣)</td></tr>
<tr><td>1053~1140</td><td>도바 소조</td><td>1661~1716</td><td>오가타 고린(尾形光琳)</td></tr>
<tr><td>1146~1205</td><td>후지와라 다카노부(藤原隆信)</td><td>1718~1770</td><td>스즈키 하루노부(鈴木春信)</td></tr>
<tr><td>1250년경</td><td>게이온(?)</td><td>1733~1795</td><td>마루야마 오쿄(圓山應擧)</td></tr>
<tr><td>1250년경</td><td>도사 곤노쿠미</td><td>1742~1814</td><td>도리이 기요나가(鳥居淸長)</td></tr>
<tr><td>1351~1427</td><td>조 덴스</td><td>1747~1821</td><td>모리 조젠</td></tr>
<tr><td>1400년경</td><td>덴쇼 슈분(天章周文)</td><td>1753~1806</td><td>우타마로(歌麿)</td></tr>
<tr><td>1420~1506</td><td>셋슈(雪舟)</td><td>1790년경</td><td>도슈사이 샤라쿠(東洲齊寫樂)</td></tr>
<tr><td>1490</td><td>가노 마사노부(狩野正信) 사망</td><td>1760~1849</td><td>가츠시카 호쿠사이(葛飾北齋)</td></tr>
<tr><td>1476~1559</td><td>가노 모토노부(狩野元信)</td><td>1797~1858</td><td>안도 히로시게(安藤廣重)</td></tr>
</table>

<h2 style="text-align:center">4. 신일본</h2>

<table>
<tr><td>1853</td><td>페리(Perry) 제독 우라가(浦賀) 만 도착</td><td>1895</td><td>포르모사(臺灣) 합병</td></tr>
<tr><td></td><td></td><td>1902~1922</td><td>영일 동맹</td></tr>
<tr><td>1854</td><td>페리 제독 제2차 방문</td><td>1904</td><td>러일 전쟁</td></tr>
<tr><td>1854</td><td>가나가와(神奈川) 조약</td><td>1910</td><td>조선 합병</td></tr>
<tr><td>1862</td><td>리차드슨(Richardson) 사건</td><td>1912</td><td>메이지 시대 종결</td></tr>
<tr><td>1862</td><td>가고시마(鹿兒島) 폭격</td><td>1912~1925</td><td>다이쇼(大正) 천황</td></tr>
<tr><td>1863</td><td>이토 히로부미(伊藤博文)와 이노우에 가오루(井上馨) 유럽 방문</td><td>1914</td><td>칭다오(靑島) 점령</td></tr>
<tr><td></td><td></td><td>1915</td><td>21개 요구 조항</td></tr>
<tr><td>1868</td><td>천황 복고</td><td>1917</td><td>랜싱 – 이시이(Lansing-Ishii) 협정</td></tr>
<tr><td>1868~1912</td><td>메이지(明治) 천황</td><td>1922</td><td>워싱턴(Washington) 조약</td></tr>
<tr><td>1870</td><td>도쿄가 제국의 수도가 되다</td><td>1924</td><td>일본인 미국 이주 제한</td></tr>
<tr><td>1871</td><td>봉건 제도 폐지</td><td>1925</td><td>히로히토(裕仁) 천황</td></tr>
<tr><td>1872</td><td>첫 일본 철도</td><td>1931</td><td>만주 침공</td></tr>
<tr><td>1877</td><td>사쓰마(薩摩) 반란</td><td>1932</td><td>상하이(上海) 공격</td></tr>
<tr><td>1889</td><td>신헌법</td><td>1935</td><td>워싱턴 조약 종결 통고</td></tr>
<tr><td>1894</td><td>청일 전쟁</td><td></td><td></td></tr>
</table>

왕수민 서강대학교에서 철학과 역사학을 전공했다. 현재 전문 번역가로 활동하고 있다. 옮긴 책으로 『문명 이야기 ─ 신앙의 시대』, 『영웅들의 세계사』, 『집중력의 탄생』, 『포르노 보는 남자, 로맨스 읽는 여자』, 『인간욕구를 경영하라』, 『부의 제국』(공역), 『마이크로트렌드』(공역) 등이 있다.

한상석 서울교육대학과 안양대학교 신학과 및 신학대학원 신학과를 졸업하고, 숭실대학교 대학원 철학과를 수료했다. 옮긴 책으로 『나를 찾아온 철학씨』, 『모두스 비벤디』, 『시장체제』, 『어떻게 성숙한 자답게 살 수 있는가』, 『죽음 그 후』 등이 있다.

문명 이야기

동양 문명 1-2 ─ 수메르에서 일본까지

1판 1쇄 펴냄 2011년 5월 30일
1판 6쇄 펴냄 2021년 8월 18일

지은이   윌 듀런트
옮긴이   왕수민, 한상석
발행인   박근섭, 박상준
펴낸곳   (주)민음사

출판등록 1966. 5. 19.(제16-490호)
서울특별시 강남구 도산대로1길 62(신사동) 강남출판문화센터 5층 (우편번호 06027)
대표전화 02-515-2000, 팩시밀리 02-515-2007
홈페이지 www.minumsa.com

한국어판 ⓒ (주)민음사, 2011. Printed in Seoul, Korea.

ISBN 978-89-374-8356-1 04900
ISBN 978-89-374-8361-5 (세트)

* 잘못 만들어진 책은 구입처에서 교환해 드립니다.